NomosStudium

Prof. Dr. Christoph Hirsch

Schuldrecht
Allgemeiner Teil

10. Auflage

Die Deutsche Nationalbibliothek verzeichnet diese Publikation in der Deutschen Nationalbibliografie; detaillierte bibliografische Daten sind im Internet über http://dnb.d-nb.de abrufbar.

ISBN 978-3-8487-2876-3 (Print)
ISBN 978-3-8452-7276-4 (ePDF)

Die Auflagen 1.-6. sind in Carl Heymanns Verlag erschienen.

10. Auflage 2017

Vorwort

Für die 10. Auflage habe ich wieder alle wichtigen Entscheidungen und viele Äußerungen der Literatur eingearbeitet, so dass das Werk jetzt auf dem Stand vom 1. August 2016 ist. Außerdem habe ich versucht, den Text etwas zu straffen. Das gilt insbesondere für das sechste Kapitel („Widerruf von Verbraucherverträgen"), in dem nun nicht mehr alle Ausnahmen vom Widerrufsrecht angesprochen werden. Denn ein gutes Lehrbuch sollte nicht mit Einzelheiten belastet werden, die sowieso niemand behalten kann. Trotz der Straffung sind die Randnummern im Wesentlichen gleich geblieben. Dadurch soll es den Lesern, die auf Randnummern des vorliegenden Werks verwiesen werden, leichter fallen, sich in der Neuauflage zurechtzufinden.

Wie bisher steht am Anfang aller 54 Abschnitte (Paragrafen) ein Einführungsfall aus der Praxis, der ausführlich im Gutachtenstil besprochen wird. Ihm folgen systematische Erläuterungen, die zwar im üblichen Lehrbuchstil geschrieben sind, aber besonders viele ausformulierte kleine Fälle aus der Rechtsprechung enthalten. Sie lesen sich manchmal fast wie Kurzgeschichten im Miniaturformat und machen (hoffentlich) die sehr abstrakten Gesetzesbestimmungen anschaulicher.

Besonders wichtige Themen des Allgemeinen Schuldrechts werden auch anhand von 26 Flussdiagrammen erläutert, die den Leserinnen und Lesern helfen sollen, sich im Dschungel der Vorschriften zurechtzufinden. Da sie Teil des Gesamtkonzepts sind, werden sie im Text immer wieder zitiert. Sie sind am Ende des Inhaltsverzeichnisses aufgeführt und über

www.hirsch-sat.nomos.de

abrufbar. Auf dieser Internetseite stehen sie unter der Überschrift „Extras/Materialien" (unterhalb der Abbildung des Buches). Es wird empfohlen, sie auszudrucken und beim Lesen neben das Buch zu legen.

Wie immer möchte ich alle Leserinnen und Leser ermuntern, mir Anregungen und Kritik unter

hirsch@ortscheit.de

zukommen zu lassen. Ich freue mich über jede Stellungnahme, antworte gern und werde versuchen, Änderungswünsche in der nächsten Auflage zu berücksichtigen.

Zum Schluss möchte ich noch meiner Frau für ihre Unterstützung und unseren Kindern Victoria und Jan für ihr sehr erfolgreiches Korrekturlesen danken.

Saarbrücken, im August 2016 *Christoph Hirsch*

Inhaltsverzeichnis

Dreizehntes Kapitel: Die Rechtsnachfolge in Forderungen und Schulden

Vierzehntes Kapitel: Mehrheit von Schuldnern oder Gläubigern

Die zu diesem Buch gehörenden Flussdiagramme

können unter

www.hirsch-sat.nomos.de

heruntergeladen und ausgedruckt werden. Sie stehen dort unter der Überschrift „Extras/Materialien“ unterhalb der Abbildung des Buches.

1. Der Leistungsort des Verkäufers
2. Gattungsschuld
3. Einbeziehung von AGB
4. Inhaltskontrolle der AGB
5. Rücktrittsfolgen I
6. Rücktrittsfolgen II
7. Widerrufsrecht – Überblick
8. Ausnahmen nach § 312 Abs. 2
9. Ausnahmen nach § 312 Abs. 3 bis 6
10. Ausnahmen nach § 312g Abs. 2
11. Informationspflichten bei Außerhalb-Verträgen
12. Informationspflichten im Internethandel
13. Rechtsfolgen des Widerrufs
14. Die Rechtzeitigkeit des Widerrufs
15. Verbundene Verträge
16. Gläubigerverzug
17. Zahlungsverzug eines Verbrauchers
18. Zahlungsverzug eines *Nicht*-Verbrauchers
19. Schadensersatz wegen nicht erbrachter Leistung
20. Rücktritt wegen nicht erbrachter Leistung
21. Schadensersatz nach § 311a oder § 283
22. Unmöglichkeit nach § 326
23. Schlechterfüllung einer Leistungspflicht
24. Umfang des Schadensersatzes
25. Pkw-Unfallschäden
26. Aufrechnung nach der Abtretung

Abkürzungsverzeichnis

aA	anderer Ansicht
aaO	am angegebenen Ort
Abs.	Absatz
AcP	Archiv für die civilistische Praxis (Zeitschrift)
aE	am Ende
AG	Amtsgericht oder Aktiengesellschaft
AGB	Allgemeine Geschäftsbedingungen
AktG	Aktiengesetz
Alt.	Alternative
Anm	Anmerkung
AnwBl	Anwaltsblatt
AP	Nachschlagewerk des Bundesarbeitsgerichts
ArbG	Arbeitsgericht
ArchBürgR	Archiv für bürgerliches Recht (Zeitschrift)
Art.	Artikel
Aufl.	Auflage
BAföG	Bundesausbildungsförderungsgesetz
BAG	Bundesarbeitsgericht
BAGE	Entscheidungen des Bundesarbeitsgerichts
Bamberger/Roth	Bamberger/Roth, Bürgerliches Gesetzbuch, 3. Auflage, 2012
BAnz	Bundesanzeiger
BauR	Zeitschrift für das gesamte öffentliche und private Baurecht
BayObLG	Bayerisches Oberstes Landesgericht
BB	Der Betriebs-Berater (Zeitschrift)
Bd	Band
bestr.	bestritten
BetrVG	Betriebsverfassungsgesetz idF vom 25. September 2001
BeurkG	Beurkundungsgesetz
BFH	Bundesfinanzhof
BGB	Bürgerliches Gesetzbuch
BGB-AT	Hirsch, BGB Allgemeiner Teil, 9. Aufl. 2016
BGBl	Bundesgesetzblatt
BGH	Bundesgerichtshof
BGHSt	Entscheidungen des Bundesgerichtshofs in Strafsachen
BGHZ	Entscheidungen des Bundesgerichtshofs in Zivilsachen
BJagdG	Bundesjagdgesetz
BKR	Zeitschrift für Bank- und Kapitalmarktrecht
BlGBW	Blätter für Grundstücks-, Bau- und Wohnungsrecht
BNotO	Bundesnotarordnung
BRAGO	Bundesgebührenordnung für Rechtsanwälte
BRAO	Bundesrechtsanwaltsordnung
Brox/Walker	Brox/Walker, Allgemeines Schuldrecht, 40. Aufl 2016
BSG	Bundessozialgericht
BT-Drs	Bundestags-Drucksache
BVerfG	Bundesverfassungsgericht
BVerfGE	Entscheidungen des Bundesverfassungsgerichts
BVerwG	Bundesverwaltungsgericht
BWNotZ	Zeitschrift für das Notariat in Baden-Württemberg

cic	culpa in contrahendo (Verschulden vor Vertragsschluss)
CMR	Übereinkommen über den Beförderungsvertrag im internationalen Straßengüterverkehr
CR	Computer und Recht (Zeitschrift)
DAR	Deutsches Autorecht (Zeitschrift)
DB	Der Betrieb (Zeitschrift)
dh	das heißt
Diss	Dissertation
DJ	Deutsche Justiz (Zeitschrift)
DJT	Deutscher Juristentag
DNotV	Zeitschrift des Deutschen Notarvereins
DNotZ	Deutsche Notarzeitschrift
DÖV	Die Öffentliche Verwaltung (Zeitschrift)
DPA	Deutsches Patentamt
DRiZ	Deutsche Richterzeitung
DRpfl	Deutsche Rechtspflege (Zeitschrift)
DRZ	Deutsche Rechtszeitschrift
DStR	Deutsches Steuerrecht (Zeitschrift)
DVBl	Deutsches Verwaltungsblatt
DWW	Deutsche Wohnungswirtschaft (Zeitschrift)
DZWiR	Deutsche Zeitschrift für Wirtschaftsrecht
EGBGB	Einführungsgesetz zum BGB
Erman/...	Handkommentar zum Bürgerlichen Gesetzbuch, 14. Auflage, 2014
EuGH	Gerichtshof der Europäischen Gemeinschaften
EuZW	Europäische Zeitschrift für Wirtschaftsrecht
eV	eingetragener Verein
EWiR	Entscheidungen zum Wirtschaftsrecht
EWS	Europäisches Wirtschafts- und Steuerrecht
f	eine folgende Seite oder Randnummer oder ein folgender Paragraf
FamRZ	Zeitschrift für das gesamte Familienrecht
FernUSG	Fernunterrichtsschutzgesetz vom 4. 12. 2000
FD	Flussdiagramm – Siehe die Liste am Ende des Inhaltsverzeichnisses
ff	zwei oder mehr folgende Seiten, Randnummern oder Paragrafen
FGG	Gesetz über die freiwillige Gerichtsbarkeit
FPR	Familie, Partnerschaft, Recht (Zeitschrift)
FS	Festschrift
FuR	Familie und Recht
GBO	Grundbuchordnung
GebrMG	Gebrauchsmustergesetz
GenG	Genossenschaftsgesetz
GewA	Gewerbearchiv
GewO	Gewerbeordnung
GG	Grundgesetz für die Bundesrepublik Deutschland
GmbH	Gesellschaft mit beschränkter Haftung
GmbHG	Gesetz betreffend die Gesellschaften mit beschränkter Haftung
GRUR	Gewerblicher Rechtsschutz und Urheberrecht (Zeitschrift)
GrZS	Großer Senat in Zivilsachen
GVG	Gerichtsverfassungsgesetz
GWB	Gesetz gegen Wettbewerbsbeschränkungen (Kartellgesetz)

HaftpflG	Haftpflichtgesetz
HGB	Handelsgesetzbuch
HintO	Hinterlegungsordnung
Hk-BGB/...	Handkommentar zum BGB, 7. Aufl. 2012
hL	herrschende Lehre
hM	herrschende Meinung
HRR	Höchstrichterliche Rechtsprechung (Zeitschrift)
HuW	Haus und Wohnung (Zeitschrift)
idF	in der Fassung
idR	in der Regel
InsO	Insolvenzordnung
iS	im Sinne
iSv	im Sinne von
JA oder JABl	Juristische Arbeitsblätter (Zeitschrift)
Jauernig/Bearbeiter...	Jauernig, Bürgerliches Gesetzbuch, 16. Aufl, 2015
JR	Juristische Rundschau
Jura	Juristische Ausbildung (Zeitschrift)
JurBüro	Das juristische Büro (Zeitschrift)
JuS	Juristische Schulung (Zeitschrift)
JW	Juristische Wochenschrift
JZ	Juristenzeitung
KG	Kommanditgesellschaft oder Kammergericht
KJ	Kritische Justiz (Zeitschrift)
KTS	Zeitschrift für Konkurs-, Treuhand- und Schiedsgerichtswesen
KunstUrhG	Kunsturhebergesetz
LAG	Landesarbeitsgericht
Larenz	Larenz, Lehrbuch des Schuldrechts, Band I, Allgemeiner Teil, 14. Aufl 1987
LG	Landgericht
LM	Lindenmaier/Möhring, Nachschlagewerk des BGH in Zivilsachen
Looschelders	Looschelders, Schuldrecht Allgemeiner Teil, 14. Aufl 2016
LuftVG	Luftverkehrsgesetz
MaBV	Makler- und Bauträgerverordnung vom 7. 11. 1990
MDR	Monatsschrift für Deutsches Recht
mE	meines Erachtens
Medicus/Lorenz	Schuldrecht I, Allgemeiner Teil, 21. Aufl, 2015
MedR	Medizinrecht (Zeitschrift)
MittBayNot	Mitteilungen des Bayerischen Notarvereins (Zeitschrift)
MMR	Multi Media & Recht (Zeitschrift)
MüKo/...	Münchener Kommentar zum BGB, Band 2: Schuldrecht - Allgemeiner Teil, 7. Aufl. 2016
mwN	mit weiteren Nachweisen
NdsRpfl	Niedersächsische Rechtspflege (Zeitschrift)
NJ	Neue Justiz (Zeitschrift)
NJW	Neue Juristische Wochenschrift
NJWE-MietR	NJW-Entscheidungsdienst Miet- und Wohnungsrecht
NJW-RR	NJW-Rechtsprechungs-Report Zivilrecht (Zeitschrift)

NK-BGB/Bearb.	Nomos-Kommentar BGB, 3. Auflage 2015
Nr.	Nummer
NRW	Nordrhein-Westfalen
NuR	Natur und Recht (Zeitschrift)
NZA	Neue Zeitschrift für Arbeits- und Sozialrecht
NZBau	Neue Zeitschrift für Baurecht
NZG	Neue Zeitschrift für Gesellschaftsrecht
NZV	Neue Zeitschrift für Verkehrsrecht
OHG	Offene Handelsgesellschaft
OLG	Oberlandesgericht
OLG-NL	OLG-Rechtsprechung Neue Länder (Zeitschrift bis 2006)
OLGZ	Entscheidungen der Oberlandesgerichte in Zivilsachen
OWiG	Gesetz über Ordnungswidrigkeiten
Palandt/...	Palandt, Bürgerliches Gesetzbuch, 75. Aufl, 2016
PartGG	Partnerschaftsgesellschaftsgesetz v 25. 7. 1994
PatG	Patentgesetz
ProdHaftG	Produkthaftungsgesetz
PWW/Bearb.	Prütting/Wegen/Weinreich, BGB-Kommentar, 11. Aufl 2016
r + s	Recht und Schaden (Zeitschrift)
RabelsZ	Zeitschrift für ausländisches und internationales Privatrecht
RBerG	Rechtsberatungsgesetz
RdA	Recht der Arbeit (Zeitschrift)
RdE	Recht der Energiewirtschaft (Zeitschrift)
RdL	Recht der Landwirtschaft (Zeitschrift)
Rw	Rechtswissenschaft (Zeitschrift)
Rn	Randnummer(n)
RG	Reichsgericht
RGZ	Entscheidungen des Reichsgerichts in Zivilsachen
RIW	Recht der internationalen Wirtschaft (Zeitschrift)
Rpfl	Der Deutsche Rechtspfleger (Zeitschrift)
RpflG	Rechtspflegergesetz
RRa	Reiserecht aktuell (Zeitschrift)
RWP	Rechts- und Wirtschaftspraxis (Zeitschrift)
S	Seite
SBT	Hirsch, Schuldrecht Besonderer Teil, 4. Aufl. 2016
SGB	Sozialgesetzbuch
SMG	Gesetz zur Modernisierung des Schuldrechts vom 26. 11. 2001
Soergel/...	Soergel, Bürgerliches Gesetzbuch, 13. Aufl, 2000 ff
SpuRt	Zeitschrift für Sport und Recht
st Rspr	ständige Rechtsprechung
Staudinger/ Bearb.	Staudinger, Kommentar zum BGB, Neubearbeitung 2009 ff
StBerG	Steuerberatungsgesetz
StGB	Strafgesetzbuch
StPO	Strafprozessordnung
str	strittig
StuW	Steuer und Wirtschaft (Zeitschrift)
StVG	Straßenverkehrsgesetz
StVO	Straßenverkehrs-Ordnung

TKG	Telekommunikationsgesetz v. 22. 6. 2004
UrhG	Urheberrechtsgesetz
uU	unter Umständen
UWG	Gesetz gegen den unlauteren Wettbewerb
VAG	Versicherungsaufsichtsgesetz idF v 17. 12. 1992
VerkMitt	Verkehrsrechtliche Mitteilungen
VersR	Versicherungsrecht (Zeitschrift)
VG	Verwaltungsgericht
VGH	Verwaltungsgerichtshof
vgl	vergleiche
VIZ	Zeitschrift für Vermögens- und Investitionsrecht
VOB	Verdingungsordnung für Bauleistungen
Vor	Vorbemerkung (vor einer Kommentierung)
VRS	Verkehrsrechts-Sammlung (Zeitschrift)
VuR	Verbraucher und Recht (Zeitschrift)
VVG	Gesetz über den Versicherungsvertrag vom 23. 11. 2007
WEG	Wohnungseigentumsgesetz
WEM	Wohnungseigentümer-Magazin
WEZ	Zeitschrift für Wohnungseigentumsrecht
WG	Wechselgesetz
WiB	Wirtschaftliche Beratung (Zeitschrift)
WM	Wertpapiermitteilungen, Zeitschrift für Wirtschafts- und Bankrecht
WoM	Wohnungswirtschaft und Mietrecht (Zeitschrift)
WuB	Wirtschafts- und Bankrecht (Zeitschrift)
WuM	Wohnungswirtschaft und Mietrecht (Zeitschrift)
WZG	Warenzeichengesetz
zB	zum Beispiel
ZEuP	Zeitschrift für Europäisches Privatrecht
ZEV	Zeitschrift für Erbrecht und Vermögensnachfolge
ZfA	Zeitschrift für Arbeitsrecht
ZfBR	Zeitschrift für deutsches und internationales Baurecht
ZfHK	Zeitschrift für das gesamte Handelsrecht und Konkursrecht
ZfIR	Zeitschrift für Immobilienrecht
ZfS	Zeitschrift für Schadensrecht
ZGR	Zeitschrift für Unternehmens- und Gesellschaftsrecht
ZGS	Zeitschrift für das gesamte Schuldrecht
ZHR	Zeitschrift für das gesamte Handelsrecht und Wirtschaftsrecht
ZIP	Zeitschrift für Wirtschaftsrecht (und Insolvenzpraxis)
ZMR	Zeitschrift für Miet- und Raumrecht
ZPO	Zivilprozessordnung
ZRP	Zeitschrift für Rechtspolitik
ZS	Zivilsenat
ZUM	Zeitschrift für Urheber- und Medienrecht
ZVG	Zwangsversteigerungsgesetz
ZZP	Zeitschrift für Zivilprozess

Erstes Kapitel: Schuldverhältnisse

§ 1 Schuldverhältnisse aus Verträgen und andere Schuldverhältnisse

Fall 1: HIV-positiv §§ 241, 823 1

Im Februar 1984 wurde Frau Hannelore Martens im Hamburger Universitätskrankenhaus Eppendorf am Zwölffingerdarm operiert. Dabei wurde ihr eine Blutkonserve verabreicht, die das Krankenhaus aus dem Blut des Dauerspenders X gewonnen hatte. X war ein junger Mann, der schon häufig Blut im Universitätskrankenhaus Eppendorf gespendet hatte. Damals war das HIV im Blut noch nicht nachweisbar. Es bestand aber bereits der Verdacht, dass Aids durch Blut übertragen wird. Und es war bekannt, dass Homosexuelle mit häufigem Partnerwechsel und Heroinabhängige (durch infizierte Injektionsnadeln) besonders häufig betroffen waren. X erhielt deshalb ein Merkblatt, in dem darauf hingewiesen wurde, dass „Homosexuelle mit Partnerwechsel" und „Drogenabhängige" nicht Blut spenden sollten. Außerdem musste X eine Erklärung unterschreiben, in der er im Einzelnen bestätigte, dass er sich gesund fühle. In dieser Erklärung war jedoch nicht von Aids, Homosexualität und Drogenabhängigkeit die Rede. Im Juni 1985 stellte sich heraus, dass X seit längerer Zeit heroinabhängig und HIV-positiv war. Im März 1986 teilte das Krankenhaus Frau Martens mit, dass sie Blut des Spenders X erhalten hatte. Eine Untersuchung ergab, dass nicht nur sie selbst Trägerin des HIV ist, sondern auch ihr Ehemann. Es steht fest, dass Frau Martens durch die ihr verabreichte Blutkonserve infiziert wurde und dass sie das Virus auf ihren Ehemann übertragen hat. Beide Eheleute wollen den Träger des Krankenhauses, das Land Hamburg, auf Schadensersatz in Anspruch nehmen. (Nach BGHZ 114, 284)

a) Besteht zwischen Frau Martens und dem Land als dem Träger des Krankenhauses ein Schuldverhältnis?

b) Besteht zwischen Herrn Martens und dem Land ein Schuldverhältnis?

Zu a) Das Gesetz gibt zunächst im ersten Paragrafen des Schuldrechts (des Buches 2 „Recht der Schuldverhältnisse") eine Art Definition des Begriffs „Schuldverhältnis" (§ 241 Abs. 1 S. 1: „Kraft des Schuldverhältnisses ist der Gläubiger berechtigt, von dem Schuldner eine Leistung zu fordern"). Erst viel später, in § 311 Abs. 1, bestimmt das Gesetz, *wie* ein Schuldverhältnis begründet wird, nämlich im Regelfall durch einen „Vertrag zwischen den Beteiligten". Zu fragen ist deshalb, ob Frau Martens mit dem Krankenhaus einen Vertrag geschlossen hat. Der Krankenhausaufnahmevertrag ist nicht gesetzlich geregelt, jedenfalls nicht unter den „Einzelnen Schuldverhältnissen" (ab § 433). Aber das ist kein Problem, weil dann einfach passende Vorschriften anderer (gesetzlich geregelter) Verträge auf ihn Anwendung finden, insbesondere die §§ 611 ff. Den Krankenhausaufnahmevertrag hat auch dann Frau Martens selbst geschlossen, wenn sie *gesetzlich* versichert war, nicht etwa die Krankenkasse für sie. Ihr Vertragspartner war das Land Hamburg als Träger des Krankenhauses. Bei ihrer Infektion bestand deshalb ein entsprechender Vertrag und damit auch ein Schuldverhältnis. Dieses Schuldverhältnis ist zwar mit der Entlassung der Patientin Martens und der Bezahlung der Rechnung im Wesentlichen erloschen. Aber Verträge können auch nach der Erfüllung ihrer Hauptpflichten noch erhebliche Wirkungen entfalten. So kann der Krankenhaus- 2 aufnahmevertrag noch die Basis sein für Schadensersatzansprüche wegen eines Behandlungsfehlers.

Zu b) Zu fragen ist, ob auch zwischen dem Land Hamburg und Herrn Martens ein *Schuldverhältnis* besteht. Wie gesagt, bestimmt § 311 Abs. 1, dass ein Schuldverhältnis in erster Linie durch einen Vertrag begründet wird. Aber es ist offensichtlich, dass Martens *keinen Vertrag* mit dem Krankenhaus (und damit auch nicht mit dem Land) geschlossen hatte. Insbesondere war Martens als Ehemann nicht automatisch in das vertragliche Schuldverhältnis zwischen seiner Frau und dem Land einbezogen.

Aber § 311 Abs. 1 macht die Einschränkung: „... soweit nicht das Gesetz ein anderes vorschreibt". Diese Worte verweisen auf die Tatsache, dass das Gesetz ein Schuldverhältnis gelegentlich *ohne* Vertragsschluss entstehen lässt. Die wichtigsten Schuldverhältnisse dieser Art sind die *gesetzlichen Schuldverhältnisse*. Sie kommen nicht durch Willenserklärungen (Antrag und Annahme) zustande, sondern aufgrund eines tatsächlichen Verhaltens oder Vorgangs, aus dem das Gesetz die Entstehung eines Schuldverhältnisses ableitet. Zu den gesetzlichen Schuldverhältnissen gehören die durch „unerlaubte Handlungen" begründeten (§§ 823 ff; Rn 11, Spalte d). Im vorliegenden Fall kommt § 823 Abs. 1 mit den Worten in Betracht: „Wer ... fahrlässig ... die Gesundheit ... eines anderen widerrechtlich verletzt, ist dem anderen zum Ersatze des daraus entstehenden Schadens verpflichtet." Dieser Satz soll im Folgenden Schritt für Schritt geprüft werden, wobei die Reihenfolge der Worte etwas umgestellt wird:

„Wer ... die Gesundheit ... eines anderen ... verletzt ..." Wer einen anderen mit dem HIV infiziert, verletzt dessen Gesundheit. Das gilt auch dann schon, wenn es bei dem Betroffenen noch nicht zum Ausbruch der Immunschwächekrankheit Aids gekommen ist. Zunächst hat das Personal des Krankenhauses (und damit letztlich das verklagte Land Hamburg) nur *Frau* Martens infiziert. Es ist deshalb zu fragen, ob es auch *Herrn* Martens verletzt hat. Das ist zu bejahen. Denn ohne die Erkrankung seiner Frau wäre auch Herr Martens nicht erkrankt, so dass die Gesundheitsschädigung seiner Frau kausal war für seine Erkrankung.[1]

„... fahrlässig ..." Fahrlässig handelt, wer die im Verkehr erforderliche Sorgfalt außer Acht lässt (§ 276 Abs. 2). Mit dem „Verkehr" ist der Rechtsverkehr gemeint, also die Gesamtheit der Beziehungen der am Rechtsleben beteiligten Personen. Die Frage war deshalb, ob das Klinikpersonal die damals möglichen und nötigen Maßnahmen getroffen hatte, um einen HIV-positiven Spender vom Blutspenden abzuhalten. Diese Frage, die die Kernfrage des ganzen Prozesses war, hat der BGH verneint. Er war nämlich zu Recht der Meinung, dass das Krankenhaus den Spender X wesentlich nachdrücklicher, ja geradezu drastisch auf die tödlichen Gefahren hätte aufmerksam machen müssen, die – auch nach dem damaligen Kenntnisstand – durch die Blutspende eines HIV-Positiven entstehen. Diese Pflicht bestand für das Krankenhaus nicht nur im Hinblick auf Frau Martens, sondern auch mit Rücksicht auf ihren Ehemann. Damit steht fest, dass das Land Hamburg über das von ihm angestellte Klinikpersonal die Gesundheit von Herrn Martens fahrlässig verletzt hat.

„... widerrechtlich ..." Das Wort widerrechtlich war in diesem Fall unproblematisch, weil es keinen Rechtfertigungsgrund – wie etwa Notwehr (§ 227) – für das Verhalten der Klinik gab.

„... ist dem anderen zum Ersatze des daraus entstehenden Schadens verpflichtet." Der BGH hat entschieden, dass das Land alle Kosten zu tragen hat, die Martens zur Behandlung seiner Krankheit aufwenden muss.

---

1 Es handelt sich um eine adäquate Kausalität (Rn 1036).

Aber die Einzelheiten des Schadensersatzes interessieren hier eigentlich nicht. Denn es ist ja nur gefragt, ob zwischen dem Träger des Krankenhauses und Martens ein *Schuldverhältnis* bestand. Nachdem feststeht, dass die Voraussetzungen des § 823 Abs. 1 gegeben sind, kann diese Frage bejaht werden. Denn wenn der Tatbestand des § 823 erfüllt ist, ist ein gesetzliches Schuldverhältnis – und damit natürlich auch überhaupt ein Schuldverhältnis – entstanden.

Lerneinheit 1

3 **Literatur:** *Diercks-Harms*, Bewirtungsvertrag – Stornogebühren für Sternemenüs, MDR 2016, 6; *Niesler*, Transport von Kindern zu Sportveranstaltungen – zur Abgrenzung von rechtsgeschäftlichem Schuldverhältnis und bloßer Gefälligkeit, jM 2016, 103; *Paulus*, Die Abgrenzung zwischen Rechtsgeschäft und Gefälligkeit am Beispiel der Tischreservierung, JuS 2015, 496; *Wiedemann*, Richterliche Rechtsfortbildung, NJW 2014, 2407 (zur Fortbildung des Rechts durch die Gerichte); *Jäckel/Tonikidis*, Der Anspruchsausschluss im Fall einer unbestellten Leistung – Ist § 241a I BGB richtlinienkonform? JuS 2014, 1064; *Köhler*, Unbestellte Leistungen – Die richtlinienkonforme Auslegung am Beispiel des neugefassten § 241a BGB, JuS 2014, 865.

I. Kommentierung von § 241 Abs. 1 S. 1

4 Das Buch „Recht der Schuldverhältnisse" beginnt mit dem bedeutungsvollen Satz: „Kraft des Schuldverhältnisses ist der Gläubiger berechtigt, von dem Schuldner eine Leistung zu fordern" (§ 241 Abs. 1 S. 1). Dieser Satz soll näher erläutert werden.

5 *„Kraft des Schuldverhältnisses ..."* Ein Schuldverhältnis ist ein zwischen mindestens zwei Personen bestehendes Rechtsverhältnis, das die eine Person berechtigt, von der anderen eine Leistung zu fordern. Die berechtigte Person nennt man Gläubiger, die verpflichtete Person Schuldner. Ein Schuldverhältnis entsteht idR durch einen Vertrag (Rn 12), es kann aber auch durch ein einseitiges Rechtsgeschäft (Rn 19) oder kraft Gesetzes entstehen (Rn 20). Der Begriff „Schuldverhältnis" hat nichts mit „Schuld" im Sinne von Vorwerfbarkeit (Vorsatz oder Fahrlässigkeit) zu tun, sondern bedeutet nur, dass jemand einem anderen eine Leistung *schuldet*, also etwas *schuldig* ist. Diese Feststellung enthält nicht den geringsten Vorwurf, nicht einmal einen leichten Beigeschmack.

Das Schuldverhältnis kann auch mehr als zwei Personen umfassen, nämlich bei einer sogenannten Mehrheit von Schuldnern oder einer Mehrheit von Gläubigern (§§ 420 ff; Rn 1234 ff) oder beim Gesellschaftsvertrag. In seinen höher entwickelten Formen ist das Schuldverhältnis ein kompliziertes Geflecht von Pflichten und jeweils mit ihnen verknüpften Rechten und Gegenrechten. Man hat das Schuldverhältnis deshalb ein „sinnhaftes Gefüge" oder einen „Organismus" genannt.

6 *„... ist der Gläubiger berechtigt ..."* Gläubiger ist, wer aufgrund des Schuldverhältnisses von einem anderen (dem Schuldner) eine Leistung verlangen kann. Bei den wichtigsten Schuldverhältnissen, den gegenseitigen Verträgen (§§ 320 bis 326), sind allerdings *beide* Vertragspartner sowohl Gläubiger als auch Schuldner, weil beide eine Leistung zu fordern und zu erbringen haben (Rn 16).

7 *„... von dem Schuldner ..."* Schuldner ist derjenige, der dem Gläubiger eine Leistung schuldet. Der Begriff „Schuldner" ist also moralisch ebenso neutral wie der Begriff „Schuldverhältnis". Er bedeutet nur, dass der Betreffende *etwas schuldig* ist, nämlich eine Leistung.

8 „... *eine Leistung* ...“ Die *Leistung* besteht meist in einem Tun, zB in der Zahlung eines Geldbetrags, in der Übereignung einer Sache oder in der Verrichtung von Diensten. Wie § 241 Abs. 1 S. 2 ausdrücklich sagt, kann die Leistung aber auch in einem Unterlassen bestehen, zB im Unterlassen von Lärmbelästigung durch eine Diskothek oder im Unterlassen einer unlauteren Werbung.

9 „... *zu fordern.*“ Das Recht des Gläubigers, vom Schuldner eine Leistung zu verlangen, nennt das Schuldrecht eine *Forderung.* Dieser Begriff ist inhaltsgleich mit dem in § 194 Abs. 1 definierten Begriff „Anspruch“. Eine Forderung ist die Kehrseite der Schuld. Denn was aus Sicht des Schuldners eine Schuld ist, ist aus Sicht des Gläubigers eine Forderung. Die Forderung ist ein relatives Recht, denn der Gläubiger kann sie nur gegenüber dem Schuldner geltend machen, nicht auch gegenüber Dritten.

Der Gläubiger kann auch auf einen Teil seiner Forderung verzichten und nur den anderen Teil fordern. *Beispiel:* British Airways bot Flüge Frankfurt-London-Frankfurt an, die weniger als die Hälfte dessen kosteten, was für einen normalen Hin- und Rückflug zu zahlen war. M kaufte zwei Tickets, flog mit dem einen nach London und wollte mit dem anderen nach Frankfurt zurückfliegen. Das wurde ihm jedoch verwehrt mit der Begründung, das zweite Ticket sei verfallen, weil er das erste nur zur Hälfte genutzt habe. Damit verstieß British Airways gegen den Grundsatz, dass es dem Gläubiger freisteht, auf einen Teil seiner Forderung zu verzichten.[2]

II. Entstehung und Einteilung der Schuldverhältnisse

10 *Vertrag:* In der Regel wird ein Schuldverhältnis durch ein mehrseitiges Rechtsgeschäft begründet, nämlich durch einen *Vertrag.* Das bestimmt § 311 Abs. 1 mit den Worten: „Zur Begründung eines Schuldverhältnisses durch Rechtsgeschäft ... ist ein Vertrag zwischen den Beteiligten erforderlich ...“

Einseitiges Rechtsgeschäft: Mit den anschließenden Worten „... soweit nicht das Gesetz ein anderes vorschreibt“ verweist § 311 Abs. 1 auf die Möglichkeit, Schuldverhältnisse ausnahmsweise auch anders zu begründen, zB durch ein *einseitiges* Rechtsgeschäft (Rn 19).

Gesetzliches Schuldverhältnis: Das Schuldverhältnis kann nicht nur durch ein (mehrseitiges oder einseitiges) Rechtsgeschäft begründet werden, sondern auch durch *Gesetz* (*gesetzliche Schuldverhältnisse;* Rn 20).

2 BGH NJW 2010, 1958.

Eine Übersicht über die verschiedenen Möglichkeiten, ein Schuldverhältnis zu begründen, gibt folgende Darstellung:

11

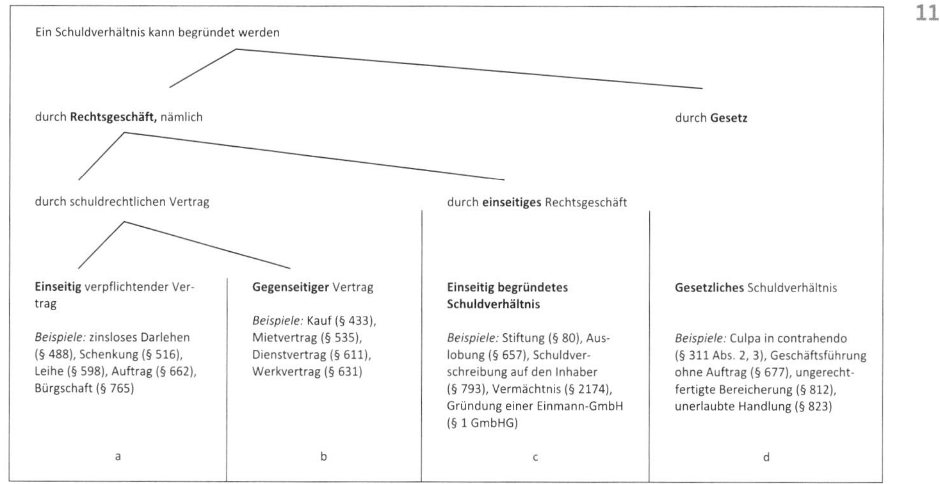

III. Entstehung durch Rechtsgeschäft

1. Entstehung durch Vertrag

a) Begriff des Vertrags

12 Bei der Frage, wie ein Schuldverhältnis begründet werden kann, stellt § 311 Abs. 1 zu Recht den „Vertrag" ganz in den Vordergrund. Ein Vertragsschluss ist nicht nur der häufigste Grund für das Entstehen eines Schuldverhältnisses, sondern begründet auch die wirtschaftlich weitaus wichtigsten Schuldverhältnisse. Diese Bedeutung hat der Gesetzgeber dadurch gewürdigt, dass er den „Schuldverhältnissen aus Verträgen" einen eigenen Abschnitt gewidmet hat, den „Abschnitt 3", der mit § 311 beginnt.

Mit dem Wort „Vertrag" ist der schuldrechtliche Vertrag gemeint, also der Vertrag, der Rechte und Pflichten begründet (Verpflichtungsgeschäft),[3] zB der Kaufvertrag (§ 433). Nicht gemeint sind die Verträge, die eine Verfügung zum Inhalt haben (Verfügungsgeschäfte) und deren Hauptbeispiel die Übereignung ist (§ 929)[4]. Sie begründen kein Schuldverhältnis, sondern wirken auf ein bestehendes Recht ein. Die schuldrechtlichen Verträge kann man unter verschiedenen Gesichtspunkten aufteilen. Die wichtigste Aufteilung ist die in *einseitig verpflichtende* und *gegenseitige* Verträge.

b) Einseitig verpflichtende Verträge

13 *Definition:* Einseitig verpflichtende Verträge sind Verträge, in denen sich nur *ein* Partner zu einer Leistung verpflichtet, so dass seiner Leistung keine Gegenleistung des anderen Partners gegenübersteht (Schaubild Spalte a). Einseitig verpflichtende Verträge sind also Verträge über *unentgeltliche* Leistungen. Das Hauptbeispiel für einen einseitig verpflichtenden Vertrag ist der Schenkungsvertrag (§ 516), in dem sich der Schen-

3 BGB-AT Rn 318 ff.
4 BGB-AT Rn 324 f.

ker ohne Gegenleistung zu einer Zuwendung aus seinem Vermögen verpflichtet. Weitere Beispiele sind der Auftrag (§ 662) und die Bürgschaft (§ 765). Der Auftrag verpflichtet nur den Beauftragten, der Auftraggeber ist ausschließlich Gläubiger. Im Bürgschaftsvertrag verpflichtet sich der Bürge gegenüber dem Gläubiger, ohne Gegenleistung mit seinem ganzen Vermögen für die Verbindlichkeit des Schuldners einzustehen.

14 Bei einseitig verpflichtenden Verträgen gibt es im Prinzip nur *einen* Schuldner und *einen* Gläubiger. Allerdings muss auch beim einseitig verpflichtenden Vertrag der Nutznießer (Gläubiger) gelegentlich eine Leistung erbringen. Aber diese Leistung stellt nie ein Entgelt dar, sondern ist immer nur eine Nebenleistung. *Beispiel:* Der Entleiher hat aufgrund des Leihvertrags einen Anspruch auf den unentgeltlichen zeitweisen Gebrauch einer Sache (§ 598). Eine Gegenleistung für die Gebrauchsüberlassung erbringt er nicht (sonst würde es sich um einen Mietvertrag handeln). Da dem Entleiher aber nur der *zeitweise* Gebrauch gestattet ist, muss er die Sache nach Ablauf der Leihfrist zurückgeben (§ 604). Hinsichtlich dieser Verpflichtung ist *der Entleiher* deshalb Schuldner. Aber diese Schuld ist keine Gegenleistung für die zeitweise Gebrauchsüberlassung, sondern eine sich aus der Natur der Leihe ergebende Nebenpflicht. Das ist gefühlsmäßig auch jedem Laien klar: Wenn eine Frau ihren Partner zart darauf hinweist, dass sie ihm ihr Auto unentgeltlich zur Verfügung gestellt hat, möchte sie nicht hören: „Was heißt hier unentgeltlich? Ich hab dir dein Auto schließlich zurückgegeben!“

Da der Entleiher nicht nur in der Rolle des Gläubigers, sondern *nach Übergabe* der Sache in der Rolle des Schuldners auftritt, kann man für die Leihe (und einige ähnliche Verträge wie unverzinsliches Darlehen) die besondere Kategorie „unvollkommen zweiseitig verpflichtende Verträge“ schaffen. Diese Kategorie ist aber unnötig. Wichtig allein ist: Es gibt gegenseitige Verträge und andere – und diese anderen sind alle dadurch gekennzeichnet, dass die versprochene Leistung unentgeltlich erfolgt und deshalb die §§ 320 bis 326 nicht angewendet werden dürfen. Ob auch der (einzige) Gläubiger im Verlauf der Vertragsabwicklung mal zu einer Leistung (nie zu einer Gegenleistung) verpflichtet ist, ist unerheblich.

Verwechselungsgefahr: Anfänger verwechseln manchmal die einseitig verpflichtenden Verträge mit den einseitigen Rechtsgeschäften.[5] Deshalb: Alle Verträge kommen durch zwei Willenserklärungen zustande (Antrag und Annahme, §§ 145 ff), sind also mehrseitige Rechtsgeschäfte. Aber innerhalb der Verträge unterscheidet man dann noch einmal zwischen den einseitig verpflichtenden und den gegenseitigen (Schaubild Rn 11, Spalten a und b).

c) Gegenseitige Verträge (§§ 320 bis 326)

15 Viel häufiger als einseitig verpflichtende Verträge sind Verträge, in denen sich *beide Partner* zu einer Leistung verpflichten *(„gegenseitige Verträge“)*. Dass diese Verträge in der Praxis die Regel sind, ist einleuchtend – denn wer tut schon etwas umsonst?

Sprachlicher Hinweis: Man darf die gegenseitigen Verträge nur so bezeichnen, also zB nicht das Wort „verpflichtend“ einfügen. Denn es handelt sich – wie sich aus den §§ 320 ff ergibt – um einen Terminus technicus des Gesetzes. Im Gegensatz dazu ist der Ausdruck „einseitig verpflichtender Vertrag“ nicht verbindlich, weil das Gesetz für diesen Vertragstyp keine Bezeichnung kennt.

5 BGB-AT Rn 82 ff

Definition: Ein gegenseitiger Vertrag (§§ 320 bis 326) ist ein Vertrag, in dem sich beide Partner in der Weise zu einer Leistung verpflichten, dass die Leistung des einen Partners die Gegenleistung (das Entgelt) für die Leistung des anderen darstellt. Gegenseitige Verträge sind also Verträge über entgeltliche Leistungen. Anders gesagt: Gegenseitige Verträge sind Verträge über den *Austausch von Leistungen* (Austauschverträge). Jeder Partner des gegenseitigen Vertrags ist sowohl *Schuldner* der von ihm zu erbringenden Leistung als auch *Gläubiger* der Gegenleistung. 16

Hauptfall Kaufvertrag: Das wichtigste Beispiel für einen gegenseitigen Vertrag ist natürlich der Kaufvertrag: Der Verkäufer schuldet die Übergabe und Übereignung der mangelfreien Kaufsache (§ 433 Abs. 1 S. 1, 2), der Käufer schuldet die Zahlung des Kaufpreises (§ 433 Abs. 2). Umgekehrt ist der Verkäufer der Gläubiger des Zahlungsanspruchs (§ 433 Abs. 2) und der Käufer der Gläubiger des Anspruchs auf (Übergabe und) Übereignung der Kaufsache (§ 433 Abs. 1). Alle wichtigen Verträge sind gegenseitige, zu nennen sind neben dem Kaufvertrag etwa der Mietvertrag, der Dienstvertrag, der Werkvertrag und der Reisevertrag, aber die Liste ist lang. 17

Dass etwa der *Mietvertrag* ein gegenseitiger Vertrag ist, ergibt sich deutlich aus § 535 Abs. 1 S. 1 einerseits und Abs. 2 andererseits (bitte lesen). Der *Darlehensvertrag* (§ 488) ist ein gegenseitiger Vertrag, wenn das Darlehen zu verzinsen ist. Da es auch (zB unter Freunden) unverzinsliche Darlehen gibt, sagt § 488 Abs. 1 S. 2 etwas ungeschickt, der Darlehensnehmer sei verpflichtet, „einen geschuldeten Zins“ zu zahlen (gemeint ist „einen *gegebenenfalls* geschuldeten Zins“). Allein die Zinszahlungen stellen die Gegenleistung für die zeitweise Überlassung des Kapitals dar. Die Rückzahlung des Kapitals (§ 488 Abs. 1 S. 2) ist keine Gegenleistung des Darlehensnehmers, sondern eine Selbstverständlichkeit, die sich aus dem Wesen des Darlehens ergibt.

Synallagma: Die beiden Hauptpflichten eines gegenseitigen Vertrags stehen im sogenannten *Gegenseitigkeitsverhältnis* oder *Synallagma.* 18

Das gilt nicht für *Nebenpflichten,* die es im gegenseitigen Vertrag auch gibt. Nebenpflichten sind Pflichten, die nicht entgolten werden, für die der andere Teil also keine Gegenleistung erbringt. Eine wichtige Gruppe der Nebenpflichten bilden die in § 241 Abs. 2 umschriebenen Verhaltenspflichten. *Beispiel 1:* Der Vermieter von Räumen ist zur Nebenkostenabrechnung verpflichtet (das Gesetz nennt sie in § 556 Betriebskosten). Der Mieter zahlt die Miete aber nur für die zeitweise Überlassung der Mietsache, nicht für die Nebenkostenabrechnung. *Beispiel 2:* Der Mieter von Räumen ist am Ende der Mietzeit zur Rückgabe der Schlüssel verpflichtet. Aber dafür bekommt er kein Entgelt. Deshalb handelt es sich nicht um eine (im Synallagma stehende) Hauptpflicht, sondern um eine Nebenpflicht, die nicht den Regeln der §§ 320 ff unterliegt.

2. Entstehung durch einseitiges Rechtsgeschäft (einseitig begründete Schuldverhältnisse)

Ausnahmsweise kann ein Schuldverhältnis auch durch ein einseitiges Rechtsgeschäft begründet werden (Schaubild Rn 11, Spalte c). Der Schulfall dafür ist die *Auslobung* (§ 657). *Beispiel:* Nachdem die Sparkasse S auf Plakaten eine Belohnung von 5 000 Euro für die Aufklärung des Raubmords an ihrem Filialleiter F ausgesetzt hatte, wurde der Täter durch einen Hinweis des X überführt. X wusste von der ausgesetzten Belohnung nichts. Die S ist trotzdem verpflichtet, X die Belohnung zu gewähren (§ 657). Das Schuldverhältnis zwischen S und X ist nicht etwa durch Antrag und Annahme (§§ 145 ff) entstanden: Das Plakat kann kein Antrag sein, weil sich seine Aussage nicht 19 an eine bestimmte Person richtet (§ 130 Abs. 1 S. 1), sondern an die Allgemeinheit.[6] Der Hinweis des X ist die „Vornahme" der entsprechenden „Handlung" (§ 657), also ein Realakt, keine Willenserklärung – und schon deshalb keine Annahme.[7]

Andere Beispiele sind die Gründung einer privatrechtlichen Stiftung (§ 80) und die Gründung einer Einmann-GmbH (§ 1 GmbHG). Auch durch ein Vermächtnis (§ 1939) kann einseitig ein Schuldverhältnis begründet werden. *Beispiel:* Erblasser E verpflichtete testamentarisch seinen Alleinerben A, seinen Neffen N als Gesellschafter in die Familien-KG aufzunehmen. Damit hatte N als Vermächtnisnehmer gegen den A (den Erben und Schuldner) nach § 2174 einen Anspruch auf Aufnahme in die KG. Wenn A diese Pflicht nicht übernehmen will, muss er das Erbe ausschlagen.

IV. Entstehung durch Gesetz (gesetzliche Schuldverhältnisse)

20 Manchmal knüpft das Gesetz an ein bestimmtes Verhalten oder an einen bestimmten Vorgang die Rechtsfolge, dass jemand einem anderen eine Leistung schuldet, ohne dass sich dieser Schuldner zu der Leistung rechtsgeschäftlich (freiwillig) verpflichtet hätte. Der Ausdruck „gesetzliche Schuldverhältnisse" besagt also, dass die Schuld nicht auf einem Rechtsgeschäft beruht, sondern dass *das Gesetz* die Verpflichtung anordnet, gegen den Willen oder zumindest ohne den Willen des Schuldners. Der Begriff besagt nicht etwa, dass diese Schuldverhältnisse gesetzlich geregelt seien. Denn das gilt auch für die meisten *rechtsgeschäftlich* begründeten Schuldverhältnisse (zB für den Kaufvertrag, der in den §§ 433 ff ausführlich geregelt ist).

Das Buch „Recht der Schuldverhältnisse" kennt sechs gesetzliche Schuldverhältnisse:

21 *Unerlaubte Handlungen (§§ 823 ff):* Sehr häufig wird ein gesetzliches Schuldverhältnis durch eine unerlaubte Handlung begründet (§§ 823 ff). *Beispiel 1:* Fall 1, Rn 1. *Beispiel 2:* Eine Versicherungsgesellschaft riet ihren Versicherten, keine Mietwagen der X-Gesellschaft zu mieten, da deren Tarife überteuert seien. Darin lag ein rechtswidriger Eingriff in den eingerichteten und ausgeübten Gewerbebetrieb der X-Gesellschaft.[8] Ein weites Anwendungsgebiet des § 823 sind natürlich die Straßenverkehrsunfälle. Wer infolge einer Verkehrswidrigkeit von einem anderen angefahren wird, hat gegen ihn einen Schadensersatzanspruch, auch wenn er den Schädiger vorher noch nie gesehen hatte. Auch das Opfer einer Straftat hat kraft Gesetzes gegen den Täter einen Schadensersatzanspruch (§ 823 Abs. 2 S. 1).

22 *Ungerechtfertigte Bereicherung (§§ 812 ff):* Ein gesetzliches Schuldverhältnis entsteht auch durch „ungerechtfertigte Bereicherung" (§§ 812 ff). Denn wer etwas erhalten hat, auf das er keinen Rechtsanspruch hat, muss das Erlangte wieder herausgeben. Dass er sich dazu nicht vertraglich verpflichtet hat, ist gleichgültig. *Beispiel 1:* K wurde beim Kauf eines Gebrauchtwagens von V arglistig getäuscht und hat den Kaufvertrag wirksam angefochten (§ 123). Da die Nichtigkeit zurückwirkt (§ 142 Abs. 1), ist K ohne rechtlichen Grund (ohne wirksamen Kaufvertrag) Eigentümer des Fahrzeugs geworden und muss es deshalb als „ungerechtfertigte Bereicherung" nach § 812 rückübereignen. Natürlich erhält er nach der gleichen Vorschrift auch den Kaufpreis zurück. *Beispiel 2:* X gab Y 7 500 Euro als Darlehen, damit er an einem verbotenen Glücksspiel teilnehmen konnte. Y hat das Geld „ungerechtfertigt" erhalten, weil der Darlehensvertrag

6 Zur Empfangsbedürftigkeit von Anträgen BGB-AT Rn 169.
7 Zur Auslobung SBT Rn 741.
8 BGH WM 1998, 2534.

(wegen des Verwendungszwecks des Geldes) nichtig war.[9] Y muss die Summe deshalb nach § 812 Abs. 1 S. 1 zurückzahlen (soweit er sie nicht verspielt hat, § 818 Abs. 2). *Beispiel 3:* Die Studentin S stellte bei Durchsicht ihrer Kontoauszüge fest, dass ihr 34 564 Euro gutgeschrieben worden waren. Leider handelte es sich um ein Versehen. S hat „etwas ... erlangt", nämlich eine Forderung gegen ihre Bank in Höhe von 34 564 Euro. Aber ihre Rechtsposition hat keinen „rechtlichen Grund" (§ 812 Abs. 1 S. 1), so dass sie die Rückbuchung hinnehmen muss.

23 *Geschäftsführung ohne Auftrag (§§ 677 ff):* Ein gesetzliches Schuldverhältnis wird auch durch eine Geschäftsführung ohne Auftrag begründet (§§ 677 ff). Wer anstelle eines anderen in dessen Interesse gehandelt hat, kann Ersatz der Aufwendungen verlangen, die ihm bei seiner ungebetenen, aber hilfreichen Geschäftsführung entstanden sind (§ 683 S. 1). Die Verfasser des BGB haben bei der Geschäftsführung ohne Auftrag eigentlich an Fälle beherzter Hilfeleistung in Notfällen gedacht, aber der Anwendungsbereich ist seitdem sehr ausgedehnt worden.[10]

24 *Culpa in contrahendo (§ 311 Abs. 2, 3):* Ein gesetzliches Schuldverhältnis entsteht auch durch die Aufnahme von Vertragsverhandlungen (§ 311 Abs. 2 Nr. 1; Rn 830 ff) und sogar schon durch das Betreten eines Geschäftslokals in der Absicht, *möglicherweise* einen Vertrag zu schließen (§ 311 Abs. 2 Nr. 2). Das Gesetz bezeichnet das so entstehende Rechtsverhältnis in der Überschrift des § 311 als „rechtsgeschäfts*ähnliches* Schuldverhältnis". Damit ist gemeint, dass es *nicht* auf einem Rechtsgeschäft beruht, dass es aber einem vertraglich begründeten Schuldverhältnis angenähert („ähnlich") ist. Die schuldhafte Verletzung dieses Schuldverhältnisses ist eine *culpa in contrahendo* und führt zu einem Schadensersatzanspruch.

Falsche Gewinnmitteilung: Die vier großen gesetzlichen Schuldverhältnisse werden durch zwei weniger wichtige ergänzt: Wer als Unternehmer (§ 14) gegenüber einem Verbraucher (§ 13) „den Eindruck erweckt", dieser habe einen Preis gewonnen, den er nur noch abzurufen brauche, ist zur Auszahlung verpflichtet (§ 661a). Es handelt sich (was der Gesetzeswortlaut nicht erkennen lässt) um ein gesetzliches Schuldverhältnis, weil dem Mitteilenden Ausreden abgeschnitten werden sollen (wie die Berufung auf mangelnde Ernstlichkeit).[11]

Einbringung von Sachen in ein Hotel: Wer eine Sache in ein Hotelzimmer eingebracht hatte, hat im Fall eines Diebstahls einen Ersatzanspruch gegen den Hotelwirt (§ 701). Da es nicht darauf ankommt, ob zwischen dem Gast und dem Hotelier bereits ein Beherbergungsvertrag geschlossen war, handelt es sich um ein gesetzliches Schuldverhältnis.[12]

V. Ausdrücklich kein Entstehen eines Schuldverhältnisses durch unverlangte Zusendung

25 Im Prinzip legt das BGB nur fest, wie ein Schuldverhältnis *entsteht*. Es wäre auch schwierig, alle Umstände aufzuzählen, durch die *kein* Schuldverhältnis begründet wird. Aber in § 241a macht das Gesetz – in Ausführung einer Brüsseler Richtlinie – eine Ausnahme. Denn nach § 241a entsteht ein Schuldverhältnis ausdrücklich *nicht* da-

9 OLG Celle NJW-RR 1987, 1190.
10 SBT Rn 1771 ff.
11 Lorenz NJW 2000, 3305 (3307); ihm folgend BGHZ 165, 172 Rn 26; Näheres SBT Rn 1816.
12 SBT Rn 1822.

durch, dass ein Unternehmer einem Verbraucher ohne Bestellung Waren zusendet oder für ihn Dienste erbringt (§ 241a).

Dass diese Regelung an prominenter Stelle – am Anfang des Buches 2 „Recht der Schuldverhältnisse" und zwischen zwei Paragrafen von erhabener Bedeutung – eingefügt wurde, kann man unpassend finden. Aber der Platz wurde ausgesucht, um deutlich zu machen, dass die Zusendung nicht nur *vertragliche* Ansprüche ausschließt, sondern auch keine Aufbewahrungs- oder Rückgabepflicht aus einem *gesetzlichen* Schuldverhältnis begründet. Allerdings macht § 241a Abs. 2 bei den gesetzlichen Ansprüchen eine Ausnahme für den Fall, dass sich die unbestellte Zusendung (oder Dienstleistung) als das herausstellt, was man einen „Irrläufer" nennt, und der Verbraucher das erkannt hat oder hätte erkennen können. In diesem Fall sind „gesetzliche Ansprüche ... nicht ausgeschlossen".

26 Während Abs. 2 unverändert geblieben ist, sind die Absätze 1 und 3 mit Wirkung vom 13. Juni 2014 geändert worden.[13]

- Abs. 1 enthält jetzt eine Definition des Begriffs „Ware". Die Definition hier einzufügen, hat einen ausschließlich formalen Grund: § 241a ist (seiner Zahl nach) der erste Paragraf des BGB, in dem dieser Begriff verwendet wird. Inhaltlich passt die Definition hier nicht, weil es im Rahmen des § 241a natürlich nie um Sachen geht, die „auf Grund von Zwangsvollstreckungsmaßnahmen oder anderen gerichtlichen Maßnahmen verkauft werden". Deshalb hätte man diese Möglichkeit in § 241a nicht ausdrücklich ausschließen müssen. Man hätte insgesamt auf eine Definition des Begriffs „Waren" verzichten können.[14]
- Der alte Abs. 3 wurde gestrichen. Er ermöglichte es einem Versandhändler, statt der bestellten Ware eine andere zu schicken und darauf hinzuweisen, dass der Verbraucher sie kostenlos zurückschicken könne. In diesem Fall konnte sich der Verbraucher nicht auf § 241a berufen. Das gilt heute nicht mehr. Der Versandhändler muss deshalb vor dem Versand der Ersatzsache das Einverständnis des Verbrauchers einholen. Anderenfalls liegt ein Fall des § 241a nF vor.[15]

Der neue Abs. 3 bestimmt, dass von den Regelungen nicht durch vertragliche Vereinbarungen zum Nachteil des Verbrauchers abgewichen werden darf. Diese in vielen anderen Fällen sinnvolle Bestimmung wirkt hier deplaziert. Denn § 241a setzt ja einen Überrumpelungsversuch voraus. Sich vorzustellen, der Unternehmer vereinbare mit dem Verbraucher, dass er ihm ungebeten Waren zuschicken darf, die den Verbraucher verpflichten, ist fast lustig.

§ 2 Das Buch „Recht der Schuldverhältnisse"

27 **Fall 2: Teurer Audi A3**

Hanna Hubmann schloss einen Leasingvertrag mit der Rheinland-Leasing-Gesellschaft mbH (RLG) über einen neuen Audi A3. Die monatlichen Leasingraten beliefen sich auf 379

13 Art. 27 Verbraucherrechterichtlinie 2011/83/EU (VRRL), vgl. BT-Drs. 17/12637, 44. Infolge dieser Richtlinie wurden die Absätze 1 und 3 des § 241a geändert (Gesetz v. 20. September 2013, BGBl. I, 3642).

14 Wendehorst NJW 2014, 577 (578).

15 Amtliche Begründung, BT-Dr. 17/12637, 45.

Euro, die Laufzeit des Vertrags betrug 42 Monate. In dem von der RLG vorformulierten Vertrag heißt es:

> *„Nach Zahlung sämtlicher Leasingraten verbleibt am Vertragsende ein offener Betrag von 19 455,48 Euro, der durch den Verkauf des Fahrzeugs zu tilgen ist. Reicht dazu der von der RLG beim Kfz-Handel tatsächlich erzielte Gebrauchtwagenerlös (Restwert) nicht aus, garantiert der Leasingnehmer den Ausgleich des Differenzbetrags."*

Nach Ablauf der Leasingzeit gab Frau Hubmann das Fahrzeug an die RLG zurück, die es für 12 047,89 Euro verkaufte. Den Differenzbetrag von 7 407,59 Euro verlangt die RLG von Frau Hubmann. Diese hält den Betrag für überhöht. Außerdem ist sie der Meinung, dass der Leasingvertrag nicht gesetzlich geregelt sei, so dass sich die RLG nicht auf eine gesetzliche Bestimmung berufen könne. (Nach BGH NJW 2014, 2940)

28 Zu prüfen ist, ob es im BGB einen Paragrafen gibt, der der RLG als Anspruchsgrundlage dienen kann. Man beginnt die Suche nach der Anspruchsgrundlage mit der Frage, ob zwischen den Beteiligten ein Schuldverhältnis besteht (§ 241 Abs. 1 S. 1; Rn 4 ff). In Betracht kommt hier ein Vertrag (Rn 12), nämlich ein Leasingvertrag. Nun muss geprüft werden, ob der Leasingvertrag im BGB unter den sogenannten „Einzelnen Schuldverhältnissen" geregelt ist (§§ 433 bis 853). Dazu kann man im Inhaltsverzeichnis des BGB nachsehen. Aber unter den 27 Titeln des Abschnitts 8 „Einzelne Schuldverhältnisse" findet sich der Leasingvertrag nicht. Das ist erstaunlich, weil der Leasingvertrag seit über 60 Jahren auch in Deutschland verbreitet ist und deshalb eine gesetzliche Regelung schon seit Langem verdient hätte. Aber da das nicht geschehen ist,[16] gehört auch dieser Vertrag zu den vielen *atypischen oder unbenannten Verträgen*, für die eine spezielle Regelung fehlt (Rn 34 f).

In solchen Fällen prüft man, ob ein im BGB geregelter Vertragstyp dem betreffenden Vertrag so ähnlich ist, dass seine Vorschriften (zumindest teilweise) analog angewendet werden können. Tatsächlich haben die Gerichte schon sehr früh die Vorschriften über den Mietvertrag herangezogen. Denn dieser Vertragstyp hat mit dem Leasingvertrag gemein, dass jemand (Vermieter/Leasinggeber) eine Sache einem anderen (Mieter/Leasingnehmer) auf Zeit zur Benutzung überlässt und dafür ein Entgelt bekommt (Miete/Leasingrate). Aber es gibt keine Vorschrift des Mietrechts (§§ 535 ff), die die Frage regeln würde, ob am Ende der Mietzeit ein Ausgleich zu zahlen ist. Denn dies Problem taucht bei der Miete nicht auf.

Zu prüfen wäre deshalb, ob die Vorschriften des *Allgemeinen* Schuldrechts (§§ 241 bis 432) eine Lösung anbieten. Diese Vorschriften sind im Prinzip auf *alle* Schuldverhältnisse anzuwenden, also auch auf den Leasingvertrag. Aber keine von ihnen regelt die hier zu beantwortende Frage.

Es kann also nur auf den Vertrag zurückgegriffen werden, den die Parteien geschlossen haben. Dieser regelt die Frage eindeutig in dem Sinne, dass Frau Hubmann den geforderten Differenzbetrag zu zahlen hat. Nun könnte man natürlich fragen, warum der hier erörterte Fall drei Gerichte beschäftigen musste (Landgericht und Oberlandesgericht Düsseldorf sowie den BGH), wenn schließlich doch das gilt, was im Vertrag steht. Dazu ist zu sagen, dass die Gerichte auch die Frage prüfen, ob eine Vertragsklausel mit Recht und Gerechtigkeit vereinbar ist. Da die fragliche Klausel eine Allgemeine Geschäftsbedingung (AGB) ist, hat der BGH geprüft, ob sie nach den §§ 305b bis 309 unwirksam ist (Rn 170 ff), hat das aber verneint. Außerdem ist der BGH der Frage nachgegangen, ob sich die fragliche Klausel in das

16 Ausnahme in § 506 Abs. 2 im Rahmen des Verbraucherschutzes (SBT Rn 1082 ff). Dort wird der Leasingvertrag aber nicht einmal als solcher bezeichnet.

Gesamtbild eines Leasingvertrags einfügt. Das hat er bejaht. Denn jeder Leasingvertrag ist darauf angelegt, dass der Leasingnehmer durch die Zahlungen des Leasingnehmers all seine Ausgaben und seine sonstigen Kosten und einen angemessenen Gewinn erwirtschaften kann (so genannte Vollamortisation). Um dies berechtigte Ziel zu erreichen, durfte die RLG im Vertrag festlegen, dass Frau Hubmann den Mindererlös ausgleichen musste.

Ein Unbehagen bleibt bei der Höhe des nachzuzahlenden Betrags von über 7 000 Euro. Die RLG hatte (durch die Formulierung der fraglichen AGB) die Vermutung nahe gelegt, Frau Hubmann müsse nur in einem eher unwahrscheinlichen Ausnahmefall etwas nachzahlen. In Wirklichkeit wird die RLG von Anfang an gewusst haben, dass die Leasingraten nicht ausreichen konnten, um den Wertverlust der 42 Monate auszugleichen, und dass deshalb der veranschlagte Restwert von über 19 000 Euro viel zu hoch angesetzt war. Vielen Leasinggebern ist es offenbar nur wichtig, durch niedrige Leasingraten Interessenten anzulocken, wohl wissend, dass das dicke Ende nachkommt. Aber an diesen Bedenken hat der BGH den Anspruch der RLG nicht scheitern lassen, so dass Frau Hubmann den Prozess (auch) vor dem BGH verloren hat.

Lerneinheit 2

I. Überblick

29 Der Gesetzgeber hat das Buch 2 des BGB in acht „Abschnitte" unterteilt, von denen keiner „Allgemeiner Teil" oder „Allgemeines Schuldrecht" und keiner „Besonderer Teil" oder „Besonderes Schuldrecht" heißt. Trotzdem haben sich diese Bezeichnungen durchgesetzt. Denn es ist offensichtlich, dass das Buch 2 in zwei Teile gegliedert ist:

- In den Abschnitten 1 bis 7 (§§ 241 bis 432) stehen die Regeln, die für alle oder zumindest für mehrere Arten von Schuldverhältnissen gelten. Diesen Teil nennt man deshalb „Schuldrecht Allgemeiner Teil" oder „Allgemeines Schuldrecht".
- Im „Abschnitt 8. Einzelne Schuldverhältnisse" (§§ 433 bis 853) hat der Gesetzgeber in 27 Titeln einzelne Schuldverhältnisse konkret geregelt. Diesen Teil nennt man deshalb den „Schuldrecht Besonderer Teil" oder „Besonderes Schuldrecht".

Mit dieser Gliederung folgt der Gesetzgeber innerhalb des Schuldrechts demselben Aufbauprinzip, das er dem ganzen BGB zugrunde gelegt hat: So wie im „Buch 1. Allgemeiner Teil" alle Vorschriften zusammengefasst sind, die für jedes der folgenden vier Bücher gelten, hat der Gesetzgeber auch innerhalb des Buchs „Recht der Schuldverhältnisse" die allgemeingültigen Regeln sozusagen „vor die Klammer gezogen", um sie nicht nachher bei den einzelnen Schuldverhältnissen mehrfach aufstellen zu müssen. Dieses Verfahren erschwert sicherlich das Verständnis, es hat aber den großen Vorteil, dass es das Schuldrecht fast vollständig von Wiederholungen befreit.

II. Der Allgemeine Teil des Schuldrechts

30 Wenn man sich im Inhaltsverzeichnis des BGB die Überschriften der Abschnitte und Titel des Allgemeinen Schuldrechts ansieht, kann man oft nur erraten, welche Probleme das Gesetz hier geregelt hat. Es sind vorrangig die Fragen, die sich bei Störungen in der Abwicklung der Schuldverhältnisse ergeben, nämlich bei sogenannten *Pflichtverletzungen.* Darunter versteht man in erster Linie die Fälle, in denen der Schuldner seine Leistung zu spät erbringt *(Verzug des Schuldners)*, nicht erbringen kann *(Unmöglichkeit der Leistung)* oder seine Pflicht schlecht erfüllt *(Schlechterfüllung)*. Die sich daraus

ergebenden Fragen hat das Gesetz ausführlich behandelt, nur ergibt sich leider aus keiner Überschrift, wo die entsprechenden Regeln zu finden sind. Denn die meisten von ihnen sind versteckt unter der nichtssagenden Überschrift „Titel 1. Verpflichtung zur Leistung" (§§ 241 bis 292). Nur der *Verzug des Gläubigers*, der (im Gegensatz zum wichtigen Schuldnerverzug) eine eher bescheidene Rolle spielt, hat einen eigenen Titel bekommen (§§ 293 ff). Man muss den Aufbau des Allgemeinen Schuldrechts schon deshalb als etwas unglücklich bezeichnen.

31 Der Gliederungsgedanke des Gesetzes ist im Kern folgender:

- Im „Abschnitt 3. Schuldverhältnisse aus Verträgen" (§§ 311 bis 360) hat der Gesetzgeber die Vorschriften zusammengefasst, die nur anzuwenden sind, wenn das Schuldverhältnis auf einem *Vertrag* beruht. Sie sind folglich unanwendbar auf andere Schuldverhältnisse – also auf Schuldverhältnisse aufgrund von einseitigen Rechtsgeschäften (Rn 19) und auf gesetzliche Schuldverhältnisse (Rn 20 ff).
- Innerhalb der Verträge gibt es bekanntlich noch die besondere Gruppe der *gegenseitigen Verträge* (Rn 16). Ihnen hat das Gesetz den kurzen, aber gewichtigen Titel „Gegenseitiger Vertrag" gewidmet (§§ 320 bis 326).
- Alle anderen Paragrafen gelten für *alle* Arten von Schuldverhältnissen, also für gegenseitige Verträge, einseitig verpflichtende Verträge, Schuldverhältnisse aus einseitigen Rechtsgeschäften und für gesetzliche Schuldverhältnisse.

III. Der Besondere Teil des Schuldrechts

32 Im „Abschnitt 8. Einzelne Schuldverhältnisse" hat der Gesetzgeber in 27 Titeln – teilweise unterteilt in Untertitel, Kapitel und Unterkapitel – viele Schuldverhältnisse speziell geregelt, beginnend mit dem wichtigsten Schuldverhältnis weltweit, dem Kaufvertrag (§§ 433 ff). Als das BGB am 1. Januar 1900 in Kraft trat, umfasste der Abschnitt „Einzelne Schuldverhältnisse" nur 25 Titel, wobei jedem Titel nur ein Schuldverhältnis zugeordnet war. Im Jahre 1979 wurde zum ersten Mal ein Schuldverhältnis neu aufgenommen, nämlich der Reisevertrag (§§ 651a bis 651m), woran man sehen kann, dass die Deutschen ein besonders reisefreudiges Volk sind. Der Reisevertrag bekam aber keinen eigenen Titel, sondern wurde zusammen mit dem (ihm eng verwandten) Werkvertrag in einem Titel zusammengefasst.

Zwanzig Jahre später, im Jahre 1999, wurden in das BGB Regelungen über wichtige Bereiche des Bankrechts aufgenommen, die bis dahin überhaupt nicht kodifiziert waren, insbesondere Vorschriften über die Eröffnung und Führung eines Girokontos und über den Überweisungsverkehr (§§ 675c bis 676c). Typisch für diese Neuregelungen ist, dass sie nicht einer nationalen Initiative entspringen, sondern die Umsetzung von Richtlinien der Europäischen Union darstellen.

Die am 1. Januar 2002 in Kraft getretene Schuldrechtsreform hat auch den Besonderen Teil des Schuldrechts stark verändert. Neu aufgenommen wurden zB Bestimmungen, die bisher in Verbraucherschutzgesetzen enthalten waren. So wurde aus dem Teilzeit-Wohnrechtegesetz „Titel 2. Teilzeit-Wohnrechteverträge" (§§ 481 bis 487), und die bisher im Verbraucherkreditgesetz geregelte Materie wurde in den neu gestalteten „Titel 3" übernommen (§§ 488 bis 505).

33 In den „Einzelnen Schuldverhältnissen" regelt das Gesetz grundsätzlich nicht mehr die Probleme, die es bereits im Allgemeinen Teil des Schuldrechts geklärt hat. So darf man dort zB keine Bestimmungen zu den Themen „Unmöglichkeit der Leistung", „Schuld-

nerverzug", „Gläubigerverzug", „Schadensersatz" oder „Abtretung" erwarten. Aber keine Regel ohne Ausnahme: Gelegentlich enthalten die Einzelnen Schuldverhältnisse doch eine Bestimmung, die eine im Allgemeinen Schuldrecht bereits entschiedene Frage aufgreift und für das konkrete Schuldverhältnis abweichend regelt. Dann geht natürlich diese Bestimmung als Sondernorm den Vorschriften des Allgemeinen Schuldrechts vor. Denn die spezielle Regelung verdrängt immer die generelle.

IV. Gesetzlich nicht geregelte Schuldverhältnisse

34 Schon beim Inkrafttreten des BGB war der Besondere Teil des Schuldrechts unvollständig, denn es fehlten Vorschriften über bereits damals gängige und wichtige Verträge wie den Bankvertrag (zwischen Kreditinstitut und Kunde) und den Vertrag zwischen dem Inhaber eines Hotels und dem Hotelgast.[17] Diese Lücke hat sich im Lauf der Jahrzehnte vergrößert, weil das Wirtschaftsleben immer neue Vertragstypen hervorgebracht hat. Da der Gesetzgeber weitgehend untätig blieb, ist heute die Liste der sogenannten *atypischen* oder *nicht benannten* Verträge lang. Zu ihnen gehören zB der Leasingvertrag (Fall 2, Rn 27), der Baubetreuungsvertrag (zwischen Baubetreuer und Bauherr), der Bewachungsvertrag (zwischen einem Bewachungsunternehmer und seinem Kunden), der Factoringvertrag, der Franchisevertrag sowie der Automatenaufstellvertrag. Dass solche Verträge gleichwohl zulässig sind, ergibt sich aus dem Grundsatz der Vertragsfreiheit, auf dem das ganze Zivilrecht aufbaut und von dem auch § 311 Abs. 1 ausgeht.

35 Bei den unbenannten Verträgen stellt sich die Frage, wie ein Richter den Rechtsstreit entscheiden soll, obwohl besondere Vorschriften fehlen. Das klingt schwieriger als es ist. Wie sich aus dem folgenden Abschnitt V ergibt, gibt es viele Quellen des Rechts, so dass ein Ausfall von speziellen Vorschriften im Besonderen Schuldrecht hingenommen werden kann.

V. Reihenfolge der Prüfung bei schuldrechtlichen Problemen

36 Wenn man einen Schuldrechtsfall lösen will, der zumindest teilweise gesetzlich geregelt ist, und man den richtigen Lösungsweg nicht kennt, stellt sich die Frage, wo und in welcher Reihenfolge man suchen soll. Dafür gibt es eine einfache Regel: Zuerst dort, wo *die speziellste Regel* steht oder stehen könnte! Findet man an dieser Stelle eine einschlägige Vorschrift, ist man sicher, dass sie gilt und dass man sich die Suche nach weiteren Regelungen sparen kann. Daraus ergibt sich bei der Prüfung eines schuldrechtlichen Vertrags folgende Reihenfolge:

37
- Die speziellste Regelung enthalten die Vertragsbestimmungen, die zwischen den Parteien *individuell* ausgehandelt wurden. Sie können aber nichtig sein, zB wegen Formmangels (§ 125), wegen Sittenwidrigkeit (§ 138), wegen eines Gesetzesverstoßes (§ 134) und aus anderen Gründen.
- In zweiter Linie ist zu fragen, ob *Allgemeine Geschäftsbedingungen* heranzuziehen sind. Sie stehen an zweiter Stelle, weil individuell ausgehandelte Vertragsbestimmungen den AGB vorgehen (§ 305b). AGB sind nur dann Vertragsbestandteil, wenn

17 Die §§ 701 bis 704 regeln nur zwei gesetzliche Schuldverhältnisse, die durch die Aufnahme eines Gastes in ein Hotel begründet werden (Rn 24 und ausführlich SBT Rn 1822).

sie wirksam einbezogen wurden (§ 305 Abs. 2 mit § 310 Abs. 1)[18] und keine inhaltlichen Mängel aufweisen (§§ 307 bis 309; Rn 171 ff).

- Enthalten weder die individuellen Bestimmungen des Vertrags noch die AGB die Lösung des Problems, ist zu prüfen, ob der fragliche Vertrag unter einen der gesetzlich geregelten Vertragstypen des *Besonderen Schuldrechts* einzuordnen ist. In diesem Fall gehen diese Bestimmungen den im Allgemeinen Schuldrecht enthaltenen vor. Denn das BGB ist so aufgebaut, dass man es „von hinten lesen“ muss.[19]
- Fehlen Sondervorschriften des Besonderen Schuldrechts, gelten die Regeln des *Allgemeinen Schuldrechts*. Dabei ist zu beachten, dass für die Hauptpflichten aus gegenseitigen Verträgen die §§ 320 bis 326 Vorrang haben vor allen anderen Bestimmungen und dass bei Verträgen die §§ 311 ff den übrigen Bestimmungen vorgehen. **38**
- Wenn das Schuldrecht die Frage nicht beantwortet, kann sich die Antwort aus dem *Allgemeinen Teil des BGB* ergeben, also aus dem Buch 1. So gibt es im Schuldrecht bewusst keine Vorschriften über den Abschluss eines Vertrags – die Lösung ergibt sich aus den §§ 145 ff.
- Wenn eine gesetzliche Regelung fehlt, findet sich die Lösung meist im Richterrecht (der gefestigten Rechtsprechung, hauptsächlich der des BGH) oder ergibt sich aus der Literatur (insbesondere aus Aufsätzen und aus den Kommentaren zum BGB). Dieses ungeschriebene Recht hat besondere Bedeutung für Rechtsfragen, die sich aus unbenannten Verträgen ergeben (Rn 34).

18 Zur Einbeziehung von AGB in den Vertrag siehe BGB-AT Rn 277 ff.
19 Medicus/Lorenz Rn 36.

Zweites Kapitel: Inhalt der Schuldverhältnisse

§ 3 Der Leistungsort des Verkäufers

Fall 3: Vermischtes Dieselöl § 269 39

Die Krieger KG betreibt in Mönchengladbach eine Spedition mit 56 Lkw und unterhält für diese Fahrzeuge eine eigene Tankstelle. Den Dieselkraftstoff bezog sie jahrelang von der „Düsseldorfer Mineralöl-Handelsgesellschaft mbH" (DMH). Die DMH wies regelmäßig darauf hin, dass sie ihren Lieferungen ihre AGB zugrunde lege. Die Krieger KG hatte dem nie widersprochen. In diesen AGB heißt es unter Nr. 13: „Erfüllungsort ist Düsseldorf." Die DMH lässt das Dieselöl regelmäßig durch den Transportunternehmer Ludwig Prüm zu ihren Kunden fahren. Ein Angestellter der Krieger KG bestellte bei der DMH 60 000 l Dieselkraftstoff. Am nächsten Tag fuhr einer von Prüms Fahrern mit einem Tanklastzug bei der DMH vor und lud die bestellten 60 000 l. Auf dem Transport von Düsseldorf nach Mönchengladbach wurde das Dieselöl auf eine nicht mehr aufklärbare Weise mit Heizöl vermischt. Die Krieger KG, die davon nichts wusste, ließ das Öl in einen ihrer Tanks füllen. Etwa zwei Wochen später wurde dieser Tank von einem Treibstoff-Kontrolltrupp der Zollverwaltung untersucht. Dieser stellte fest, dass der Inhalt zu 7 % aus Heizöl bestand. Das Hauptzollamt beschlagnahmte daraufhin den gesamten Tankinhalt und ließ ihn abtransportieren. Nach den Zollbestimmungen steht der Krieger KG keine Entschädigung zu. Sie verlangt jetzt von der DMH die Rückzahlung des Kaufpreises. Diese beruft sich darauf, dass der von ihr gelieferte Treibstoff einwandfrei gewesen sei. a) Welcher Ort war der Leistungsort der DMH? b) Handelte es sich in diesem Fall um Hol-, Bring- oder Schickschuld? c) Wer trug die Nachteile, die sich aus der Verschlechterung der Ware auf dem Transportweg ergeben haben? (Nach BGHZ 113, 106)

Zu a): Der Leistungsort der Verkäuferin DMH ergibt sich aus § 269 Abs. 1 und 2. Danach soll es in erster Linie darauf ankommen, ob im Einzelfall ein Leistungsort „bestimmt" war (§ 269 Abs. 1). Eine solche Bestimmung könnte sich aus den AGB der DMH ergeben, wenn diese wirksam vereinbart worden sind. Nach § 310 Abs. 1 S. 1 kann sich ein Unternehmer (§ 14) wie die Krieger KG nicht auf den Schutz des § 305 Abs. 2 berufen. Die AGB der DMH sind bereits dann in den Vertrag einbezogen, wenn die DMH vor Vertragsschluss auf sie hingewiesen und die Krieger KG ihrer Einbeziehung nicht widersprochen hatte.[1] Das ist hier der Fall. Dem Kaufvertrag über das Dieselöl lagen also die AGB der DMH zugrunde, in denen bestimmt ist: „Erfüllungsort ist Düsseldorf". Das im geschäftlichen Verkehr übliche Wort „Erfüllungsort" ist gleichbedeutend mit dem Begriff „Leistungsort" (Rn 47). Leistungsort war also Düsseldorf. 40

Zu b): Nunmehr ist zu fragen, ob es sich um eine Hol-, Bring- oder Schickschuld handelte. Zunächst kann man die Bringschuld (Rn 56) ausschließen. Denn bei einer Bringschuld muss der Verkäufer die Ware zum Käufer bringen, also am Sitz des Käufers übergeben. Leistungsort ist deshalb bei der Bringschuld immer der Sitz des Käufers. Diese Möglichkeit ist im vor- 41

1 BGB-AT Rn 291 ff.

liegenden Fall durch die Bestimmung, dass Düsseldorf Leistungsort sein solle, ausgeschlossen worden. In Betracht kommen also nur eine Holschuld und eine Schickschuld.

Eine Holschuld (Rn 52) kann auch nicht vorliegen, weil die Ware nach der vertraglichen Vereinbarung nicht von der Krieger KG in Düsseldorf zu holen war. Vielmehr ergibt sich aus dem Sachverhalt, dass die DMH ein anderes Unternehmen mit dem Transport beauftragt hatte, nämlich Prüm. Es kann sich folglich nur um eine *Schickschuld* handeln, die, wenn es um die Lieferung einer Kaufsache geht, „Versendungskauf" genannt wird (Rn 62). Aus dem FD „Der Leistungsort des Verkäufers" ergibt sich folgender Lösungsweg: 1. Ja (b) – 2. Ja – 3. Nein (Spalte 6).

42 *Zu c):* Nach § 447 Abs. 1 geht beim Versendungskauf die Gefahr „auf den Käufer über, sobald der Verkäufer die Sache dem Spediteur ... ausgeliefert hat". Diese „Gefahr" ist die Gefahr der zufälligen Verschlechterung der Kaufsache auf dem Wege vom Verkäufer zum Käufer, die sogenannte *Transportgefahr* (Rn 67). Nach § 447 trug die Krieger KG das Risiko, dass der Dieselkraftstoff beim Transport auf eine nicht mehr aufklärbare Weise verdorben wurde. Sie muss deshalb den Kaufpreis bezahlen, obwohl sie verdorbenes Dieselöl erhalten hat und es nicht einmal behalten durfte.

Lerneinheit 3

43 **Literatur:** *Schermaul*, Die Auswirkung des § 474 IV BGB auf den Versendungskauf, JuS 2014, 781; *Ringe*, Der Nacherfüllungsort im Kaufrecht, NJW 2012, 3393; *Bernhard*, Holschuld, Schickschuld, Bringschuld – Auswirkungen auf Gerichtsstand, Konkretisierung und Gefahrübergang, JuS 2011, 9; *Döll*, Sitz des Verkäufers als Ort der Nacherfüllung, DAR 2011, 85; *Ayad/Schnell*, Sitz des Verkäufers als Ort der Nacherfüllung, BB 2010, 3051; *Rauscher*, Internationaler Gerichtsstand des Erfüllungsorts – Abschied von Tessili und de Bloos, NJW 2010, 2251.

I. Der Leistungsort des Verkäufers

44 *Allgemeines:* Das BGB bestimmt nur allgemein, wo ein „Schuldner" seine „Leistung" zu erbringen hat (§ 269). Der Begriff „Leistung" ist sehr vielfältig, weil er alles umfasst, wozu sich eine Person verpflichten kann. Der Einfachheit halber soll im Folgenden zunächst unter dem „Schuldner" immer ein *Verkäufer* verstanden werden und folglich unter der *Leistung* immer die vom Verkäufer nach § 433 Abs. 1 geschuldete Übergabe und Übereignung der Kaufsache. Erst danach wird die Geldschuld behandelt (ab Rn 75 ff) und zum Schluss der Leistungsort für andere Leistungen (ab Rn 97 ff).

45 *Definition:* Der Leistungsort des Verkäufers ist der Ort, an dem der Verkäufer tätig werden muss, um die nach § 433 Abs. 1 S. 1 von ihm geschuldete Übergabe und Übereignung der Kaufsache zu ermöglichen (§ 269 Abs. 1). Der Leistungsort des Verkäufers ist nach § 269 Abs. 1 idR nicht der Sitz des Käufers, sondern sein eigener Sitz, also der Sitz des *Verkäufers* (Holschuld, Schickschuld). Ist der Verkäufer ein Gewerbetreibender und wohnt er nicht am Sitz seines Unternehmens, so ist nicht sein Wohnsitz, sondern der Ort seines *Unternehmens* für alle geschäftlichen (nicht privaten) Verkäufe sein Leistungsort (§ 269 Abs. 2).

Gefahrübergang: Der Leistungsort des Verkäufers ist zugleich der Ort, an dem die Gefahr der Beschädigung oder des Verlustes auf den Käufer übergeht (§§ 446, 447).

46 *Leistungsstelle bei Platzgeschäften:* Leistungsort iSv § 269 ist nur die politische Gemeinde. Die Frage, welcher Ort Leistungsort ist, kann sich deshalb eigentlich nur stel-

len, wenn Verkäufer und Käufer ihren Sitz in verschiedenen Gemeinden haben. Aber die Regeln über den Leistungsort gelten *entsprechend,* wenn Verkäufer und Käufer am selben Ort ansässig sind, also für sogenannte „Platzgeschäfte". In diesen Fällen geht es um die Frage, ob das Grundstück des Käufers oder das des Verkäufers die sogenannte *Leistungsstelle* ist.

47 *Leistungsort und „Erfüllungsort":* Das Gesetz spricht in § 269 Abs. 1 vom „Ort für die Leistung" und in Abs. 3 kurz vom „Leistungsort". Leider verwendet das Gesetz in den §§ 447 und 644 Abs. 2 stattdessen den Ausdruck „Erfüllungsort". Dieser Sprachgebrauch ist verwirrend, weil es nicht zwei Wörter für denselben Begriff geben sollte (leider wurde es versäumt, diesen alten Fehler im Rahmen der Schuldrechtsreform endlich zu korrigieren). Aber da der Gesetzgeber selbst beide Ausdrücke verwendet, sind beide korrekt. Im Wirtschaftsleben ist der Ausdruck „Erfüllungsort" sogar üblicher als der Ausdruck „Leistungsort" (zB in der häufigen AGB-Klausel: „Erfüllungsort für beide Teile ist ...").

II. Die Bestimmung des Leistungsorts

48 *Vertragliche Festlegung:* Nach § 269 Abs. 1 ist in erster Linie zu fragen, ob die Vertragsparteien den Leistungsort vertraglich festgelegt haben („Ist ein Ort für die Leistung weder bestimmt ..."). Solch eine vertragliche Vereinbarung ist unbeschränkt zulässig. Wenn sie in den AGB eines der beiden Vertragspartner enthalten ist, muss jedoch geprüft werden, ob die AGB wirksam einbezogen worden sind (§ 305 Abs. 2, aber auch § 310 Abs. 1 S. 1).

49 *„Natur des Schuldverhältnisses":* Wenn der Leistungsort nicht vertraglich festgelegt wurde, soll „aus den Umständen, insbesondere aus der Natur des Schuldverhältnisses" entnommen werden, wo der Schuldner zu leisten hat (§ 269 Abs. 1). Aus der Natur *anderer Verträge* – also außerhalb des Kaufvertrags – ergibt sich oft, wo der Schuldner zu erfüllen hat. So ist etwa aus dem Vertrag mit einem Fußball-Schiedsrichter unschwer zu entnehmen, dass der Schiedsrichter seine Leistung auf dem Fußballplatz zu erbringen hat. Aber aus der Natur des *Kaufvertrags* ergibt sich so gut wie nie, welcher Ort der Leistungsort des Verkäufers sein soll. Auch aus den *Umständen* des Kaufvertrags ist das idR nicht zu entnehmen. Nach § 269 Abs. 3 darf sogar aus dem Umstand, dass der Verkäufer die Ware an den Käufer versendet – sogar auf *seine* (des Verkäufers) Kosten – nicht etwa geschlossen werden, dass der Bestimmungsort der Ware (Sitz des Käufers) der Leistungsort sei.

50 *Grundregel:* Wenn es an einer vertraglichen Vereinbarung fehlt und auch die Natur des Schuldverhältnisses keinen Aufschluss bringt, ist der Wohnsitz/Geschäftssitz des *Verkäufers* sein Leistungsort, *also* der Ort für die Übergabe der Kaufsache (§ 269 Abs. 1, Abs. 2). Falls sich der Sitz des Verkäufers zwischenzeitlich geändert hat, ist der Sitz entscheidend, den der Verkäufer beim Abschluss des Kaufvertrags hatte (§ 269 Abs. 1).

III. Holschuld, Bringschuld, Schickschuld

1. Holschuld

51 Vom Leistungsort hängt es ab, ob im Einzelfall eine *Holschuld, Bringschuld oder Schickschuld* (ein Versendungskauf) vorliegt. Das Gesetz kennt diese Ausdrücke nicht, sie sind aber sehr anschaulich und allgemein üblich.

52 *Definition der Holschuld:* Die vom Verkäufer nach § 433 Abs. 1 S. 1 geschuldete Leistung ist eine Holschuld, wenn der Käufer sich die Ware beim Verkäufer *holen* muss. Eine Holschuld liegt vor, …

- … wenn der Sitz des Verkäufers vertraglich als sein Leistungsort bestimmt wurde und er sich nicht verpflichtet hat, den Transport der Ware zu organisieren (FD „Der Leistungsort des Verkäufers", Spalte 7).
- … wenn sich weder aus dem Vertrag noch aus den Umständen ergibt, wie die Ware zum Käufer kommen soll (§ 269 Abs. 1 aE; FD „Der Leistungsort des Verkäufers", Frage 1 Nein, Spalte 11). Die Holschuld ist damit vom Gesetz zum *Regelfall* erklärt worden. *Beispiel 1:* K kauft im Selbstbedienungsladen einen Liter Milch. *Beispiel 2:* Ein Hamburger Kaufmann kaufte Stahlbleche bei einem Essener Hersteller, ohne dass Fragen der Übergabe und des Transports vertraglich vereinbart wurden.

53 *Leistungsort* ist in den Fällen der Holschuld der Wohnsitz des Verkäufers bzw sein Geschäftssitz (§ 269 Abs. 2). Zum Leistungsort kann vertraglich auch ein anderer zum Verkäufer gehörender Ort bestimmt sein, zB ein vom Verkäufer unterhaltenes auswärtiges Lager oder der Ort, an dem der Lieferant des Verkäufers seinen Sitz hat. Der Verkäufer nimmt am Leistungsort die von ihm geschuldete *Leistungshandlung* vor, nämlich die Übergabe und die Übereignung der Kaufsache nach § 433 Abs. 1 S. 1.

54 *Durchführung:* Bei einer Holschuld muss sich der Käufer zum Verkäufer begeben. Falls die Ware das erfordert, muss der Käufer mit einem Transportfahrzeug erscheinen. Natürlich kann er mit der Abholung auch einen Transportunternehmer beauftragen. Es ist jedenfalls Sache des *Käufers,* den Transport zu organisieren und zu bezahlen.

55 *Gefahrübergang*: Mit der Übergabe der Ware an den Käufer geht gemäß § 446 S. 1 auch die „Gefahr" auf den Käufer über. Es handelt sich um die Gefahr der zufälligen Verschlechterung der Ware oder ihres Untergangs auf dem Transport. „Zufällig" ist ein Ereignis, das weder der Gläubiger vorsätzlich oder fahrlässig herbeigeführt hat noch der Schuldner (Rn 415).

Holschuld bei grenzüberschreitenden Warenlieferungen: Im internationalen Handel wird häufig die Incotermsklausel „FOB" (oder „fob") vereinbart („free on board"). Das bedeutet, dass der Käufer mit einem von ihm organisierten Schiff im Verschiffungshafen zu erscheinen hat (das ist meist der für den Verkäufer nächstgelegene Hafen). Wenn die Ware die Schiffsreling überschreitet, gehen die Gefahr und die Pflicht zur Kostentragung auf den Käufer über (FD „Der Leistungsort des Verkäufers", Spalte 3).[2]

2. Bringschuld

a) Allgemeines

56 *Definition:* Die vom Verkäufer nach § 433 Abs. 1 S. 1 geschuldete Leistung ist eine Bringschuld, wenn der Verkäufer die Kaufsache zum Käufer bringen muss oder an einen anderen mit dem Käufer vereinbarten Ort.

57 *Leistungsort* des Verkäufers ist der Wohnsitz/Geschäftssitz des Käufers oder ein auf Wunsch des Käufers vertraglich bestimmter anderer Ort.

---

2 Baumgart/Hopt, HGB, Anhang Incoterms, 4. FOB; BGH NJW 2009, 2606 Rn 18. Die Regeln der Holschuld gelten damit erst ab Überschreiten der Reling, vorher liegt eine Bringschuld vor.

b) Bringschuld im kaufmännischen Geschäftsverkehr

58 Unter Kaufleuten ergibt sich eine Bringschuld des Verkäufers nur, wenn sie vereinbart ist (FD „Der Leistungsort des Verkäufers“, Spalte 8). *Beispiel:* In den wirksam einbezogenen Einkaufsbedingungen eines Herstellers heißt es: „Leistungsort für alle Lieferungen ist unser Werk in Stuttgart.“ Solche Vereinbarungen sind sehr häufig, da Unternehmen mit großer Nachfragemacht (zB die Automobilhersteller und die Filialunternehmen des Einzelhandels) entsprechende Klauseln in ihre Einkaufs-AGB aufgenommen haben.

c) Bringschuld bei der Belieferung von Endverbrauchern

59 *Nicht im Pkw zu transportieren:* Wenn es um die Belieferung eines Verbrauchers geht, sind Rechtsprechung und Wissenschaft bei der Annahme einer Bringschuld trotz § 269 Abs. 3 großzügig. Denn dann wird – auch ohne ausdrückliche Vereinbarung über einen Leistungsort – eine Bringschuld angenommen, wenn der Käufer im geschäftlichen Einzugsbereich des Verkäufers wohnt, die Ware mit einem Pkw schlecht oder gar nicht zu transportieren wäre und sich der Verkäufer zur Zustellung bereit erklärt hat (FD, Spalte 9). Das Schulbeispiel für solch eine Bringschuld ist der Kauf von Kohlen oder Heizöl.[3] Weitere Beispiele sind die Lieferung von Möbeln,[4] einer Badewanne oder einer Waschmaschine.

Kaufsachen mit Montageverpflichtung: Wenn sich der Verkäufer verpflichtet, die Ware nicht nur zu liefern, sondern auch an Ort und Stelle zu montieren (Hauptfall Einbauküchen), handelt es sich nach der „Natur des Schuldverhältnisses“ um eine *Bringschuld.* Das gilt nicht nur für die Montage, sondern auch für die Kaufsache, also für die gesamte Leistung.[5]

Strom, Zeitungen: Die Lieferung von Strom, Gas, Wasser und Fernwärme durch die Stadtwerke wird ebenfalls als Bringschuld angesehen,[6] ebenso die Zustellung der Morgenzeitung.[7] Zu beachten ist aber, dass § 269 in diesen Fällen nicht unmittelbar anwendbar ist, weil es sich um „Platzgeschäfte“ handelt (Rn 46).

d) Durchführung, Gefahrtragung

60 *Durchführung:* Bei der Bringschuld muss der Verkäufer die Ware auf seine Kosten zum Käufer bringen. Tut er das nicht mit einem eigenen Fahrzeug, muss er einen Transportunternehmer als seinen Erfüllungsgehilfen (§ 278) einsetzen.

61 *Gefahrübergang*: Die auf dem Transportweg lauernde „Gefahr des zufälligen Untergangs und der zufälligen Verschlechterung“ der Kaufsache geht bei der Bringschuld erst in dem Augenblick auf den Käufer über, in dem der Verkäufer ihm die Sache am Bestimmungsort (Leistungsort) aushändigt oder aushändigen lässt (§ 446 S. 1). Der Verkäufer trägt also während des Transports die Gefahr des zufälligen Untergangs und der zufälligen Verschlechterung (die Transportgefahr). Wenn der Verkäufer wünscht, dass dieses Risiko versichert wird, muss er das auf eigene Rechnung tun.

3 Bernhard, JuS 2011, 9 (10); BGH NJW 1991, 915; Palandt/Grüneberg § 269 Rn 12.
4 OLG Oldenburg NJW-RR 1992, 1527.
5 BGH NJW 2014, 454 Rn 13-19.
6 BGH NJW 2003, 3418; LG Darmstadt RdE 1994, 75.
7 Offen gelassen von AG Hanau NJW 1989, 398.

3. Schickschuld/Versendungskauf

62 *Definition:* Ein Versendungskauf liegt vor, wenn der Verkäufer sich verpflichtet hat, die Kaufsache für den Käufer an dessen Wohnsitz/Geschäftssitz zu versenden, ohne diesen Ort zum Leistungsort zu machen. Gewöhnlich nennt man diese Schuld eine *Schickschuld.* Nur dann, wenn es sich um die Pflichten eines Verkäufers handelt, spricht man von einem *Versendungskauf.* Der Versendungskauf ist also ein Unterfall der *Schickschuld.* Er ist sehr häufig, denn Warenschulden im Handelsverkehr sind im Zweifel Schickschulden.[8] Das ergibt sich aus § 269 Abs. 3, demzufolge es sich, wenn der Verkäufer die Versendung übernommen hat, im Zweifel nicht um eine Bring-, sondern um eine Schickschuld (einen Versendungskauf) handelt. Im FD „Der Leistungsort des Verkäufers" steht der Versendungskauf (die Schickschuld) in den Spalte 1, 4, 5, 6 und 10.

Beispiele: Kauf von Dieselöl durch einen Unternehmer, dem das Öl von einem Fuhrunternehmer gebracht wird (Fall 3, Rn 39), Überseegeschäft mit der Klausel „c & f" (cost and freight; FD Spalte 1). Die Bestellung einer Ware bei einem Versandunternehmen ist im Prinzip auch ein Versendungskauf. Wenn der Käufer Verbraucher ist, gilt für diese Fälle aber § 474 Abs. 4 (Rn 71; FD Spalte 5).

63 *Leistungsort, Leistungshandlung:* Leistungsort ist beim Versendungskauf (wie bei der Holschuld) der Sitz des *Verkäufers.* Denn § 269 Abs. 3 bestimmt ausdrücklich, dass sich aus der vom Verkäufer übernommenen Verpflichtung, die Ware zu versenden, nicht ergeben soll, dass (wie bei der Bringschuld) der Bestimmungsort der Leistungsort ist. Der Verkäufer erbringt deshalb die von ihm geschuldete Leistung, indem er die Kaufsache an seinem Sitz einem Transportunternehmer übergibt. Diese sogenannte *Leistungshandlung* ist vom Leistungserfolg (Rn 64) streng zu unterscheiden. Die Übergabe an das Transportunternehmen kann der Verkäufer auch an einem anderen Ort veranlassen, zB dort, wo sich die Kaufsache gerade befindet.[9] Es ist auch nicht nötig, dass ein Transportunternehmer eingeschaltet wird. Vielmehr kann der Verkäufer die Sache auch auf ein eigenes Transportmittel laden lassen (Rn 65).

64 *Erfolgsort, Leistungserfolg:* Der vom Verkäufer nach § 433 Abs. 1 zu erbringende *Erfolg*, nämlich die Übergabe der Kaufsache und ihre Übereignung nach § 929, kann beim Versendungskauf nicht am Sitz des Verkäufers, sondern erst am Bestimmungsort der Sendung eintreten.[10] Denn der Käufer nimmt erst dort die Sache in Empfang. Der Sitz des Käufers ist deshalb der Ort des *Leistungserfolgs* (im Gegensatz zur Leistungshandlung, Rn 63). Weil der vom Verkäufer geschuldete Erfolg erst an diesem Ort eintritt, wird der Ort der Ablieferung *„Erfolgsort"* genannt. Nur beim Versendungskauf sind Leistungsort und Erfolgsort *nicht* identisch. Den Begriff *„Erfolgsort"* oder ein entsprechendes Wort kennt das BGB nicht. Der in der Sache treffende Ausdruck hat den Nachteil, dass man ihn leicht mit dem Ausdruck „Erfüllungsort" (Rn 47) verwechseln kann. Als Eselsbrücke hilft: Nur die beiden Ausdrücke mit gleichem Ende („...ungsort") sind bedeutungsgleich, die beiden Ausdrücke mit gleichem Anfang („Erf...") bilden strenge Gegensätze.

65 *Übergabe an ein Transportunternehmen:* Im Normalfall beschränkt sich die Pflicht des Verkäufers darauf, einen Dritten mit dem Transport zu beauftragen (zB DHL, Hermes

8 BGH NJW 1991, 915.
9 BGH NJW 1991, 915.
10 BGHZ 1, 4.

Europe, DB Schenker, Lufthansa Cargo). Der Verkäufer ist dann zwar der Vertragspartner des Transportunternehmers, aber dieser ist nicht sein Erfüllungsgehilfe nach § 278 (Rn 431). Darin liegt einer der vielen wichtigen Unterschiede zur Bringschuld (Rn 56 ff). Der Verkäufer kann auch eigene Leute und eigene Transportmittel einsetzen, ohne aus dem Versendungskauf eine Bringschuld zu machen. Die Übergabe muss nicht am Sitz des Verkäufers erfolgen, die Parteien können auch vereinbaren, dass die Ware dem Transportunternehmer an einem dritten Ort übergeben werden soll.

66 *Kosten der Versendung:* Die Kosten des Transports trägt, soweit vertraglich nichts anderes vereinbart ist, der *Käufer* (§ 448 Abs. 1 – bitte lesen). Es kommt aber häufig vor, dass der *Verkäufer* die Kosten übernimmt. Auch das begründet jedoch nach ausdrücklicher Anordnung in § 269 Abs. 3 keine Bringschuld.

67 *Gefahrübergang:* Sobald der Verkäufer die Kaufsache an den Transportunternehmer übergeben hat, geht im Regelfall die „Gefahr" auf den Käufer über (§ 447 Abs. 1). Aus der Schwestervorschrift § 446 S. 1 ergibt sich, dass mit dem Wort „Gefahr" die „Gefahr des zufälligen Untergangs und der zufälligen Verschlechterung" der Kaufsache gemeint ist. Statt „Gefahr" sagt man auch *„Transportgefahr"* oder – weil es letztlich darum geht, ob der Kaufpreis trotz der Beschädigung zu zahlen ist – die „Preisgefahr".[11] In der Gefahrtragung liegt der wichtigste Unterschied zur Bringschuld, denn bei dieser ist die Ware bekanntlich auf Gefahr des Verkäufers unterwegs (Rn 61). *Beispiele:* Auf dem Transport wird Dieselöl mit Heizöl vermischt,[12] auf dem Seeweg verdirbt Mais,[13] beim Lkw-Transport gehen Bleche verloren.[14] Allerdings trägt die Verlustgefahr nur dann der Käufer, wenn der Verkäufer beweisen kann, dass er die Sache dem Transportunternehmer übergeben hat. *Weiteres Beispiel:* V, ein Verbraucher (§ 13), bot bei eBay eine Rolex Daytona an, die K für 9 300 Euro ersteigerte. Bei K kam aber nur ein Paket mit einer leeren Holzbox an. V kann nicht beweisen, dass sich die Uhr in dem von ihm abgeschickten Paket befand. Weil § 447 die Übergabe an das Transportunternehmen voraussetzt, die in diesem Fall nicht beweisbar ist, trug K nicht die Gefahr.[15]

68 *„Frei Haus":* Es kann auch vereinbart werden, dass trotz eines Versendungskaufs der *Verkäufer* die Gefahr tragen soll. Das nimmt der BGH an bei Vereinbarung der Klausel „frei Haus".[16] Der Unterschied zur Bringschuld beschränkt sich dann praktisch auf die Frage des Leistungsorts (der trotz dieser Klausel beim Verkäufer liegt).

69 *Abgrenzung von der Bringschuld:* Ob ein Versendungskauf oder eine Bringschuld vorliegt, ist am äußerlichen Ablauf des Transports nicht zu erkennen. Ein Film, der zeigen würde, wie der Verkäufer die Sache auf einen Lkw laden und später beim Käufer abladen lässt, würde die Zuschauer in der Frage: „Versendungskauf oder Bringschuld?" ratlos lassen. Wie bereits gesagt (Rn 65), ist es auch unerheblich, ob der Name des Verkäufers oder der eines Spediteurs auf dem Lkw steht. Die Unterscheidung zwischen

11 „Preisgefahr" ist ein unklarer Ausdruck, weil bei zusammengesetzten Wörtern, die auf „...gefahr" enden, ein gefährliches Ereignis den Anfang bilden sollte (Ansteckungsgefahr, Verlustgefahr, Einsturzgefahr, Verletzungsgefahr) oder mindestens ein Risikobereich (Transportgefahr). Der Preis stellt aber keine Gefahr und keinen Risikobereich dar.

12 BGHZ 113, 106 = Fall 3, Rn 39.

13 BGH NJW 1984, 567.

14 BGH NJW 1965, 1324.

15 LG Berlin NJW 2003, 3493. Da der Verkäufer Verbraucher war, lag kein Verbrauchsgüterkauf vor, so dass § 474 Abs. 4 die Anwendung von § 447 nicht ausschloss.

16 NJW 1991, 2638; ebenso OLG Karlsruhe NJW-RR 1993, 1316; OLG Köln BB 1995, 747.

Bring- und Schickschuld ist nur möglich, wenn man die vertragliche Vereinbarung kennt und deshalb weiß, welcher Ort der *Leistungsort* ist. Der Gesetzgeber hatte von Anfang an die Gefahr erkannt, dass die Schickschuld mit der Bringschuld verwechselt werden kann, und hat deshalb mit § 269 Abs. 3 für Klarheit gesorgt. Er hätte dort auch formulieren können: „Aus dem Umstand allein, dass der Verkäufer die Kosten der Versendung übernommen hat, ist nicht zu entnehmen, dass es sich um eine Bringschuld handeln soll."

IV. Verbrauchsgüterkauf

70 Durch die Schuldrechtsreform ist (in Ausführung einer EU-Richtlinie) ein neuer Sonderfall des Kaufvertrags geschaffen worden, der „Verbrauchsgüterkauf" (§§ 474 ff). Ein Verbrauchsgüterkauf liegt nach § 474 Abs. 1 vor, wenn ein Verbraucher (§ 13) von einem Unternehmer (§ 14) „eine bewegliche Sache ... kauft".

71 § 474 Abs. 4 bestimmt, vereinfacht gesagt, dass im Fall eines Verbrauchsgüterkaufs *§ 447 keine Anwendung* findet. Streng genommen, gilt er in einem exotischen Ausnahmefall doch, nämlich „wenn der *Käufer*", *also der Verbraucher,* „den Spediteur ... beauftragt hat" und zwar ohne Vorgaben des Unternehmers (FD „Der Leistungsort des Verkäufers", Frage 4, Ja, Spalte 4). Das kommt praktisch nicht vor. Im Regelfall trägt also der Unternehmer und *nicht* der kaufende Verbraucher nach § 447 die Transportgefahr (FD, Spalte 5). Das ist angemessen, weil der verkaufende Unternehmer das Transportrisiko versichern und damit leichter tragen kann als der Verbraucher. *Beispiel:* Der Verbraucher (§ 13) K aus Köln hatte 36 Flaschen Wein bei der Winzerin W aus Traben-Trarbach bestellt. Während des Transports gab es einen extremen Kälteeinbruch, so dass einige Flaschen trotz ordnungsgemäßer Styroporverpackung gefroren. Dieses Risiko hätte früher nach § 447 K getragen, aber heute geht die Gefahr erst in dem Augenblick auf den kaufenden Verbraucher über, in dem der Unternehmer die Sache an der Haustür des Käufers übergibt oder übergeben lässt (wie nach § 446 S. 1). Im Beispielsfall musste also K die geplatzten Flaschen nicht bezahlen (FD „Der Leistungsort des Verkäufers", Spalte 5).

72 Es liegt nahe, aus § 474 Abs. 4 zu entnehmen, dass es sich im Regelfall bei einem Verbrauchsgüterkauf, soweit er Distanzkauf ist, um eine Bringschuld handele.[17] Aber so ist § 474 Abs. 4 nicht gemeint. Der Gesetzgeber hat nämlich die Bestimmungen über den Leistungsort (§ 269) unberührt gelassen und nur die Gefahrtragung geändert. Das bedeutet, dass ein Versendungskauf vorliegt (Leistungsort beim Verkäufer), nur mit der Besonderheit eines von § 447 abweichenden Gefahrübergangs.[18] Die Konstruktion ist also die gleiche wie bei der Klausel „frei Haus" (Rn 68) und bei der Geldschuld nach § 270 (Rn 83).

73 Der Unterschied zur Bringschuld besteht darin, dass nach § 269 Abs. 1, Abs. 3 der Leistungsort beim Verkäufer liegt und die Transportkosten nach § 448 Abs. 1 vom Käufer zu tragen sind (was aber häufig anders vereinbart wird). Der Unterschied zeigt sich besonders dann, wenn der Verbraucher den Unternehmer (Verkäufer) verklagen möchte. *Beispiel:* Im vorigen Fall streiten sich Herr K und Frau W, ob Herr K auch die geplatzten Flaschen bezahlen muss. Wenn Herr K Frau W verklagen will, ist Traben-

17 So Brüggemeier WM 2002, 1376 (1386).
18 Lorenz JuS 2004, 105; Wertenbruch JuS 2003, 625.

Trarbach als Erfüllungsort (Leistungsort) nach § 29 ZPO örtlich zuständig (nicht, wie es bei einer Bringschuld wäre, Köln).

Für Verbrauchsgüterkäufe (§ 474 Abs. 1) gilt also folgende Regelung:

74

- *Einkäufe im Laden:* Ein Kaufvertrag, der im Laden eines Einzelhandelsgeschäfts von einem Verbraucher geschlossen wird und sich auf handliche Sachen bezieht, ist nach wie vor als Holschuld anzusehen (Rn 52).
- *Bezug von Heizöl, sperrigen Sachen (Möbeln) und Gas/Wasser:* In diesen Fällen bleibt es bei der bisherigen Regelung, dass eine Bringschuld vorliegt (Rn 59). Es ist nicht anzunehmen, dass der Gesetzgeber diese (für Verbraucher noch günstigere) Regelung ändern wollte.
- *Bezug von Waren im Versandhandel oder im E-Commerce:* Wenn der Verkäufer ein Unternehmer (§ 14) ist (zB Otto-Versand oder amazon) und der Käufer ein Verbraucher (§ 13), gilt § 474 Abs. 4 (oben Rn 71; FD „Der Leistungsort des Verkäufers", Spalte 5). Beim Kauf über eBay ist zu unterscheiden: Ist der Verkäufer ein Unternehmer (der zB importierte Waren in größeren Stückzahlen anbietet oder sogenannter Powerseller ist), und ist der Käufer ein Verbraucher, gilt § 474 Abs. 4. Ist der Verkäufer aber, wie meist, ein nichtprofessioneller Anbieter (Verbraucher), gilt § 447.

§ 4 Der Leistungsort des Geldschuldners

Fall 4: Skonto von 3 % § 270

75

Die Polstermöbelfabrik Hesse & Co KG aus Frankfurt-Rödelheim bezog jahrelang Matratzen und Matratzenrahmen von der König GmbH aus Kaiserslautern. Es war vereinbart, dass bei Zahlung binnen 45 Tagen nach Rechnungseingang ein Skonto von 3 % des jeweiligen Rechnungsbetrags gewährt werden sollte. Die Hesse & Co KG zog bei jeder Lieferung vom Rechnungsbetrag 3 % ab und zahlte mit einem Scheck, den sie genau 45 Tage nach Rechnungseingang zur Post brachte. Insgesamt hat die Hesse & Co Skonti in Höhe von 20.950,24 Euro einbehalten. Die König GmbH ist der Meinung, Hesse & Co habe die Skonti zu Unrecht abgezogen, weil die Schecks bei ihr immer erst nach Ablauf der 45-Tagefrist eingegangen und ihr noch später gutgeschrieben worden seien. Die König GmbH hat deshalb Hesse & Co auf Zahlung von 20.950,24 Euro verklagt. (Nach BGH NJW 1998, 1302)

76

Die Entscheidung hängt davon ab, wann die Zahlung erfolgt ist. Nach Ansicht der Hesse & Co KG erfolgte sie, als sie die Schecks in den Postbriefkasten warf, während nach Ansicht der König GmbH die Zahlung erst erfolgte, als die Schecks bei ihr eingegangen waren.

Die richtige Lösung dieser Frage ergibt sich aus dem Wesen der Geldschuld als einer *Schickschuld* (§ 270). Nach § 270 Abs. 1 hat der Schuldner Geld zwar auf seine Kosten und Gefahr an den Gläubiger zu übermitteln. Aber die Frage, welcher Ort der Leistungsort ist, soll durch diese Regelung nicht berührt werden (§ 270 Abs. 4). Auch für die Geldschuld gilt deshalb der aus § 269 Abs. 1 und Abs. 3 folgende Grundsatz, dass der Wohn- bzw der Geschäftssitz des Schuldners der Leistungsort ist. Leistungsort bei der Erfüllung ihrer Zahlungsverpflichtung war für die Hesse & Co also ihr Geschäftssitz in Frankfurt am Main. Dort musste sie die geschuldete *Leistungshandlung* erbringen, also die Schecks zur Post geben. Der Leistungserfolg, das heißt die Gutschrift auf dem Konto der König GmbH, erfolgte dann später in Kaiserslautern.

Es kommt für die *Rechtzeitigkeit* der Zahlung – also für die Frage, wann gezahlt worden ist – auf den Zeitpunkt der sogenannten *Leistungshandlung* an, nicht auf den Zeitpunkt des Leistungserfolgs. Das bedeutet: Für die Rechtzeitigkeit der Zahlung war entscheidend, wann die Hesse & Co KG die Schecks in den Postbriefkasten geworfen hatte. Ob der Eingang der Schecks bei der König GmbH oder gar die Gutschrift auf ihrem Konto noch innerhalb der 45-Tagefrist erfolgte, war dagegen gleichgültig. Die Hesse & Co KG hat also Recht.

Der BGH hat in der zugrunde liegenden Entscheidung zu Recht darauf hingewiesen, dass es der König GmbH frei gestanden hätte, eine andere Skontovereinbarung zu schließen. Sie hätte zB vereinbaren können, dass der Scheck jeweils innerhalb der Frist *eingegangen* oder dass sogar die Gutschrift innerhalb der Frist erfolgt sein musste. Da sie das nicht getan hatte, musste sie die gesetzliche Regelung hinnehmen.

Lerneinheit 4

77 **Literatur:** *Heyers,* Rechtsnatur der Geldschuld und Überweisung: Welche Konsequenzen sind aus der Rechtsprechung des EuGH für das nationale Recht zu ziehen? JZ 2012, 398; *Schwab,* Geldschulden als Bringschulden? NJW 2011, 2833; *Bernhard*, Holschuld, Schickschuld, Bringschuld – Auswirkungen auf Gerichtsstand, Konkretisierung und Gefahrübergang, JuS 2011, 9; *Kaiser*, Rechtzeitigkeit der Zahlung bei Banküberweisung – Konsequenzen der aktuellen EuGH-Rechtsprechung, BC 2008, 257; *Scheuren-Brandes*, EuGH kürt Geldschuld bei Banküberweisung zur Bringschuld?! ZIP 2008, 1463.

I. Besonderheiten der Geldschuld

78 Geld nimmt in mehrfacher Hinsicht gegenüber allen anderen Gegenständen des Rechtsverkehrs eine Sonderstellung ein. Zwei Besonderheiten ragen heraus: Der Wert des Geldes ergibt sich nicht aus Eigenschaften der einzelnen Banknote oder der Münze, sondern aus der allgemeinen Überzeugung, dass ein bestimmter Geldbetrag einen bestimmten Wert darstelle. Zu den Besonderheiten der Geldschulden gehört außerdem ihre Häufigkeit. Da als Gegenleistung für fast alle Waren und Dienstleistungen Geld gezahlt wird, besteht ziemlich genau die Hälfte aller Leistungen aus einer Zahlung.

Geld ist der Oberbegriff für Bargeld und Buchgeld.

79 *Bargeld* (oder Sachgeld) ist die zusammenfassende Bezeichnung für Münzen und Banknoten. Im weiteren Sinne umfasst der Begriff Bargeld auch ausländische Zahlungsmittel. Im engeren Sinne sind damit nur die gesetzlichen Zahlungsmittel gemeint, also in Deutschland Euro-Münzen und -Noten. Münzen und Geldnoten werden wie bewegliche Sachen behandelt, man erwirbt also zB an ihnen Eigentum nach § 929 durch Übergabe und Einigung.

80 *Buchgeld* ist jedes Guthaben (Forderung gegen ein Kreditinstitut), über das der Gläubiger sofort durch Überweisung, Lastschrift, Debitkarte oder Scheck verfügen kann.[19] Das Buchgeld steht dem Bargeld nicht ganz gleich, weil es nicht gesetzliches Zahlungsmittel ist. Geldschulden sind deshalb grundsätzlich durch Barzahlung zu erfüllen. Der Schuldner darf nur dann mit Buchgeld zahlen, wenn der Gläubiger damit einverstan-

19 Palandt/Grüneberg §§ 244/245 Rn 4.

den ist. Das Einverständnis liegt aber bereits in der Tatsache, dass der Schuldner sein Konto bekanntgegeben hat.

81 Eine *Geldschuld* ist die Verpflichtung des Schuldners, dem Gläubiger Geld entweder durch Übereignung von Bargeld oder als Buchgeld durch Überweisung, Lastschrift oder Scheck zukommen zu lassen. Die Geldschuld ist eine Verpflichtung zur Wertverschaffung (*Wertverschaffungsschuld)*. Daraus folgt auch, dass die Vorschriften über die Gattungsschulden (§ 243; Rn 109) auf Geldschulden nur sehr beschränkt anwendbar sind.[20]

II. Die Geldschuld als qualifizierte Schickschuld

82 Die Frage, wo ein Geldschuldner zu leisten hat, ist in erster Linie in § 270 geregelt, der aber wiederum auf die Grundnorm des § 269 verweist. Aus dem Zusammenhang dieser Vorschriften ergibt sich, dass die Geldschuld nach dem Willen des Gesetzes eine *Schickschuld mit Gefahr- und Kostentragung durch den Schuldner* ist. § 270 soll hier Schritt für Schritt erläutert werden:

„Geld ...“ Unter „Geld“ ist sowohl Sachgeld als auch Buchgeld zu verstehen (Rn 78). Mit Sachgeld zahlt man bar, mit Buchgeld bargeldlos.

„... hat der Schuldner im Zweifel ...“ § 270 gilt nur insoweit, als die Parteien nichts anderes vereinbart haben und sich aus den Umständen nichts anderes ergibt. Solche Ausnahmen von § 270 sind häufig (Rn 89 ff).

83 *„... auf seine Gefahr ...“* Wenn die Geldsumme nie beim Gläubiger ankommt, muss der Schuldner einen weiteren Zahlungsversuch machen, und zwar auch dann, wenn er den Grund des Misslingens nicht verschuldet hat. Er trägt also die sogenannte *Gefahr des zufälligen Untergangs*. Es handelt sich um dieselbe Transportgefahr, die für den Bereich der Warenlieferung in Rn 55, 61 und 67 erörtert wurde. Da § 270 Abs. 1 auf Regelungen der Postkutschenzeit zurückgeht, kann man sich die Situation ganz romantisch vorstellen: Der Schuldner, der 100 000 Golddukaten von Augsburg nach Lübeck zu zahlen hat, muss, wenn der Geldtransport von Räubern überfallen wird, die gleiche Summe noch einmal auf den Weg schicken – so lange, bis das Geld in Lübeck ankommt. Das gilt auch heute noch. *Beispiel:* Die A-KG übersandte ihrer Lieferantin mit einfachem Brief einen Verrechnungsscheck über 306.250 Euro, der bei der Post verloren ging. Eine unbekannte Person, die einen gestohlenen Reisepass vorlegte, zog den Scheck bei einer Volksbank ein. Da die A-KG die „Gefahr“ trug, musste sie noch einmal zahlen.[21]

„... und seine Kosten ...“ Der Schuldner trägt die Kosten der Übermittlung, also die Kosten der Überweisung oder die Kosten der sonstigen Übermittlung (zB das Porto der Scheckübersendung).

„... dem Gläubiger ... zu übermitteln“ Die Übermittlung des Geldes ist die vom Schuldner zu erbringende *Leistungshandlung*. Sie ist entscheidend für den Zeitpunkt der Zahlung (Rn 86), bewirkt aber noch nicht den geschuldeten Erfolg, nämlich das Erlöschen der Geldschuld (Rn 88).

„... an dessen Wohnsitz ...“ Wenn die Forderung für den Gläubiger eine geschäftliche (gewerbliche) Forderung ist, tritt nach § 270 Abs. 2 an die Stelle seines Wohnsitzes sein

20 HM, zB MüKo/Grundmann §§ 244/245 Rn 4: nur § 300 Abs. 2 analog; aA BGHZ 83, 300.
21 BGH NJW 1998, 2898; ähnliches Ergebnis, aber falsche Begründung LG Ulm NJW 1998, 270.

Geschäftssitz. Der Wohn- oder Geschäftssitz ist aber nur für die Barzahlung wichtig. Bei der bargeldlosen Zahlung muss der Schuldner das Geld nicht an den Wohn- oder Geschäftssitz des Gläubigers übermitteln, sondern auf sein Konto überweisen.

84 *„Die Vorschriften über den Leistungsort bleiben unberührt."* Schwierig wird es durch diesen kurzen, aber inhaltsschweren Absatz 4. Betrachtet man nämlich nur § 270 Abs. 1, glaubt man an eine Bringschuld. Denn bei dieser ist es ja normal, dass der Schuldner die Sache auf seine Gefahr und seine Kosten dem Gläubiger an dessen Sitz zu übermitteln hat (Rn 61). § 270 Abs. 4 macht aber klar, dass es sich nicht um eine Bringschuld handeln kann. „Die Vorschriften über den Leistungsort" sind nämlich die Vorschriften des § 269. Nach § 269 Abs. 1 und Abs. 2 ist aber im Zweifel der Wohn- oder Geschäftssitz des Schuldners sein Leistungsort. § 270 Abs. 4 sagt also nichts anderes, als dass auch bei der Zahlung der Wohn- oder Geschäftssitz des *Schuldners* der Leistungsort sein soll.[22] Folglich kann es sich bei der Geldschuld nur um eine *Schickschuld* handeln,[23] allerdings um eine Schickschuld, bei der der Schuldner die Kosten und das Risiko des Transports trägt. Insofern entspricht die Geldschuld dem unter Rn 67 genannten Versendungskauf und dem Verbrauchsgüterkauf (Rn 71), nur dass in diesen Fällen nach dem Gesetz die Kosten vom Empfänger zu tragen sind.

85 *Erfolgsort:* Wie beim Versendungskauf, dem anderen häufigen Unterfall der Schickschuld, muss man auch bei der Geldschuld zwischen dem Leistungsort und dem „Erfolgsort" unterscheiden (Rn 64). Der Erfolgsort ist der Sitz des Geldgläubigers, weil erst bei ihm der *Leistungserfolg* eintritt.[24] Denn erst durch den Eingang der Zahlung beim Gläubiger wird die Geldforderung erfüllt, so dass sie erlischt (§ 362).

III. Der Zeitpunkt der Zahlung

1. Die Leistungshandlung entscheidet über die Rechtzeitigkeit

86 Dass Geldschulden Schickschulden sind, hat weitreichende Konsequenzen für die Frage, *wann* der Schuldner bezahlt hat. Da sein Wohn- oder Geschäftssitz der Leistungsort ist (§§ 270 Abs. 4, 269 Abs. 1), darf er seine Leistungs*handlung* an seinem Sitz vornehmen. Für die Rechtzeitigkeit der Überweisung kommt es deshalb darauf an, wann der Schuldner die Leistungshandlung vorgenommen, also das zur Überweisung Erforderliche getan hat.[25] Das Datum der Gutschrift auf dem Konto des Gläubigers ist gleichgültig (Fall 4, Rn 75).[26] Die Verzögerungsgefahr trägt also der Gläubiger; sie fällt nicht unter den Begriff der „Gefahr" in § 269 Abs. 1.

87 Wenn der Geldschuldner bis zum dritten Werktag eines Monats einen Betrag zu zahlen hat, reicht es aus, wenn er an diesem Tag

- die Überweisung im Onlinebanking vornimmt und sein Konto gedeckt ist
- seinem Kreditinstitut den Überweisungsauftrag vorlegt[27]
- den Betrag bar bei seinem Kreditinstitut einzahlt, auch wenn der *Gläubiger* dort kein Konto unterhält, oder

22 BGH NJW 1998, 1302; OLG Stuttgart WM 1993, 17.
23 BGH NJW 1995, 1546.
24 BGH aaO.
25 LG Frankfurt/M NJW-RR 1994, 305.
26 BGH NJW 1964, 499; OLG Köln NJW-RR 1990, 285.
27 LG Frankfurt/M NJW-RR 1994, 305; BFH WM 1986, 431.

- einen Brief mit einem entsprechenden Scheck in den Postbriefkasten[28] oder in den Hausbriefkasten des Gläubigers wirft.[29]

Auch wenn es für die Rechtzeitigkeit der Zahlung nicht darauf ankommt, wann das Geld beim Gläubiger eingeht, muss es natürlich überhaupt beim Gläubiger ankommen. Denn der Schuldner trägt ja die Transportgefahr (Rn 83).

2. Der Leistungserfolg entscheidet über das Erlöschen der Schuld

88 Erst wenn der Gläubiger über das Geld verfügen kann, ist allerdings der geschuldete Leistungs*erfolg* eingetreten, die Schuld also erloschen (§ 362). Denn der Erfolgsort ist ja bei der Schickschuld der Sitz des Gläubigers. Man muss also bei der Zahlung streng zwischen den Fragen unterscheiden: „Wann ist *gezahlt* worden?" und „Wann ist die Schuld *erloschen?*" Bei der Barzahlung fallen beide Zeitpunkte meist zusammen, aber auch nicht immer. *Beispiel:* Über längere Zeit lieh Frau K ihrer damaligen Freundin B kleinere Bargeldbeträge oder bezahlte Rechnungen für sie. Schließlich schuldete Frau B ihr 650 Euro. Nach mehreren Mahnungen steckte Frau B einen Briefumschlag mit 650 Euro in den Hausbriefkasten von Frau K, aber dort ging das Geld auf ungeklärte Weise verloren.[30] Wenn es auf die Rechtzeitigkeit der Zahlung angekommen wäre, wäre der Einwurf in den Hausbriefkasten entscheidend gewesen. Aber es ging um die Frage, ob die Schuld nach § 362 Abs. 1 erloschen ist (Rn 219). Das ist zu verneinen, weil Bargeld durch Einigung und Übergabe übereignet wird (§ 929 S. 1) und erst die Übereignung die Schuld erlöschen lässt (§ 362 Abs. 1). Nach § 270 Abs. 1 trug Frau B das Risiko, dass das Geld auf dem Weg vom Hausbriefkasten in die Hand von Frau K verloren ging (Transportgefahr). Der Einwurf in den Hausbriefkasten stellt zwar den Zugang einer Willenserklärung sicher (§ 130 Abs. 1), aber nicht den Zugang von Geld. Frau B muss deshalb noch einmal zahlen.

IV. Abweichende Regelungen

1. Abweichende vertragliche Regelungen

89 *Holschuld:* Wenn die Parteien Zahlung im Lastschriftverfahren vereinbart haben, muss sich der Gläubiger das Geld vom Konto des Schuldners holen.[31] Eine Holschuld liegt auch vor, wenn Zahlung mit einer Kreditkarte vereinbart ist.[32] Der Schuldner muss nur für Deckung sorgen. Kraft Gesetzes ist die Wechselschuld eine Holschuld (Art. 38 Abs. 1 WG), denn der Wechselschuldner kann am Zahlungstag oft gar nicht wissen, wer sein aktueller Gläubiger ist, und kann deshalb auch nicht von sich aus an ihn zahlen. Wie bei jeder Holschuld trägt der Gläubiger die Transportgefahr, § 270 gilt also auch in diesem Punkt nicht.

90 *Bringschuld:* Wenn die Parteien vereinbart haben, dass der *Gläubigersitz* Leistungsort sein soll, handelt es sich um eine Bringschuld. Für die Rechtzeitigkeit der Zahlung kommt es dann auf den Eingang der Summe beim Gläubiger an.[33] *Beispiel:* N schloss

28 BGH NJW 1998, 1302; BSG NJW 1988, 2501; OLG Frankfurt MDR 1999, 667.
29 BGH NJW 2002, 1788.
30 AG Köln NJW 2006, 1600 mit richtigem Ergebnis, aber ungenauer Begründung. Die Behauptung der Schuldnerin, sie habe das Geld in den Briefkasten gesteckt, war natürlich unglaubhaft. Aber es kam aus den genannten Gründen nicht darauf an.
31 BGH NJW 2008, 3348 Rn 24; BGH NJW 1984, 871 (872).
32 Staudinger/Bittner § 270 Rn 17; MüKo/Krüger § 270 Rn 11; offen gelassen von BGH NJW 2010, 2719 Rn 52.
33 BGH NJW 1971, 380.

bei der V-Versicherungs AG eine Lebensversicherung über 100 000 Euro ab, zahlte die erste Prämie bei seiner Bank ein und nahm sich sofort danach das Leben. Das war zu früh. Denn nach den Versicherungsbedingungen waren die Geschäftsräume des Vorstands für beide Seiten Erfüllungsort. Die erste Prämie war deshalb erst gezahlt, als sie auf dem Konto der V-AG gutgeschrieben war. Und erst in diesem Augenblick begann der Versicherungsschutz. Die Versicherungssumme wurde der Witwe deshalb nicht ausgezahlt.

Datum der Gutschrift: Im Vertrag kann für die Rechtzeitigkeit der Zahlung auch der Tag der Gutschrift festgelegt werden, ohne dass damit der Leistungsort geändert wird.[34]

2. Abweichende europäische Regelung nach § 286 Abs. 3 S. 1

91 Für einen wichtigen Sonderfall, § 286 Abs. 3 S. 1, hat der EuGH entschieden, dass es für die Fristeinhaltung auf den Tag der *Gutschrift* ankommt, so dass die Geldschuld insoweit zu einer Bringschuld wird (Rn 534).[35] Das widerspricht der deutschen Regelung in den §§ 270 Abs. 4, 269 Abs. 1, ergibt sich aber aus der Europäischen Richtlinie, auf die § 286 Abs. 3 zurückgeht. Die Anwendung der Richtlinie setzt allerdings voraus, dass

- es sich um eine Forderung handelt, die im *Geschäftsverkehr* entstanden ist, also ohne Beteiligung eines Verbrauchers (§ 13),
- die Forderung ein Entgelt ist für eine Lieferung oder eine Dienstleistung (Entgeltforderung) und
- es um die Berechnung von Verzugszinsen geht.

Das bedeutet, dass die Entscheidung des EuGH sich auf einen engen Bereich beschränkt und die §§ 270 Abs. 4, 269 Abs. 1 nicht verdrängt. Trotzdem liegt es natürlich nahe, um der Einheitlichkeit willen alle Geldschulden zu Bringschulden zu machen.[36] Doch wäre eine so radikale Änderung des § 270 Sache des deutschen Gesetzgebers, sie stände der Rechtsprechung nicht zu.[37] Außerhalb des § 286 Abs. 3 S. 1 bleibt es deshalb bei der Regelung des § 270 Abs. 4.[38]

V. Einheitlicher Leistungsort bei gegenseitigen Verträgen

92 Die beiden Leistungen eines gegenseitigen Vertrags haben grundsätzlich ihren jeweils eigenen Leistungsort, nicht einen einheitlichen.[39] *Beispiel:* Bei einem Kaufvertrag ist der Leistungsort für die Lieferung der Kaufsache idR der Sitz des Verkäufers (nämlich bei Holschuld und Versendungskauf), während der Zahlungsort/Leistungsort des Käufers idR dessen Wohn- oder Geschäftssitz ist. Nach § 29 Abs. 1 ZPO ist „für Streitigkeiten aus einem Vertragsverhältnis ... das Gericht des Ortes zuständig, an dem die streitige Verpflichtung zu erfüllen ist“. Das bedeutet, dass der Käufer den Verkäufer an dessen Sitz auf Lieferung zu verklagen hat und der Verkäufer den Käufer an dessen

---

34 BGH NJW 1998, 2664; OLG Koblenz MDR 1993, 213.
35 EuGH (1. Kammer) NJW 2008, 1935.
36 Staudinger, DNotZ 2009, 198; Palandt/Grüneberg, § 270 Rn 5; offen gelassen von BGH NJW 2010, 2879 Rn 36.
37 Das gilt, obwohl die §§ 270, 269 selbst eine Berücksichtigung der Umstände zulassen (Faust JuS 2009, 81 [83]).
38 Schwab NJW 2011, 2838; OLG Stuttgart NJW 2012, 2360.
39 BGH NJW 1995, 1546.

Sitz auf Zahlung. Für eine Prozessführung ist das ein oft unbefriedigender Zustand, weil ein einheitlicher Prozessstoff durch unterschiedliche Gerichtsstände auseinandergerissen werden kann.

93 Bei einigen gegenseitigen Verträgen wird deshalb angenommen, dass die Geldschuld dort zu leisten ist, wo die andere Leistung zu erbringen ist. Das steht mit § 269 Abs. 1 in Einklang, der zunächst auf die „Natur des Schuldverhältnisses" abstellt, bevor er den Sitz des Schuldners für maßgeblich erklärt. Die Tendenz der Rechtsprechung, einen einheitlichen Erfüllungsort anzunehmen, ist zwar rückläufig,[40] aber durchaus noch aktuell.[41]

- Bei Bauverträgen ist der Ort des Bauwerks für beide Seiten der Leistungsort, so dass der Bauunternehmer den Bauherrn am Ort des Bauwerks auf Zahlung des Werklohns verklagen kann.[42]
- Bei einem Vertrag über die Lieferung von Energie und Wasser ist der Ort der Abnahme für beide Seiten der Leistungsort.[43]
- 94 Der Träger eines Krankenhauses kann seine Patienten am Sitz des Krankenhauses auf Zahlung verklagen, weil hier für beide Parteien der Schwerpunkt des Vertrages liegt. *Beispiel:* P, ein serbischer Staatsangehöriger mit Wohnsitz in Belgrad, hatte sich in einem Berliner Krankenhaus für über 171 000 Euro behandeln lassen, aber nur eine Abschlagszahlung geleistet. Der Krankenhausträger konnte P vor dem Berliner Landgericht auf Zahlung verklagen.[44] Diese Regelung gilt aber nicht für die ambulante Behandlung durch einen niedergelassenen Arzt. Dieser muss seinen Patienten deshalb an dessen Wohnsitz verklagen.[45]

95 Für die meisten Schuldverhältnisse gilt kein einheitlicher Leistungsort. So erfüllt ein Mandant seine Zahlungspflicht ganz normal an seinem Wohn- bzw Geschäftssitz, nicht am Sitz der Kanzlei.[46] Denn die Tätigkeit des Anwalts am Ort seiner Kanzlei prägt den Anwaltsvertrag nicht so entscheidend, dass auch die Zahlung dort zu erfolgen hätte.[47]

96 Auch für Kaufverträge gibt es grundsätzlich keinen einheitlichen Leistungsort. Nur bei Bargeschäften des täglichen Lebens kann ausnahmsweise der Ort des Ladens als Zahlungsort angesehen werden.[48] Das gilt aber nicht für Distanzkäufe.[49]

§ 5 Der Leistungsort in anderen Fällen

Fall 5: Arbeitszeugnis §§ 630, 269

97

Frau Franke war zunächst als Anwaltsgehilfin bei Rechtsanwalt Busemann in Kassel tätig und wechselte dann zu Rechtsanwalt Anker, der seine Kanzlei ebenfalls in Kassel betreibt.

40 BGH NJW 1996, 1819.
41 BGH NJW 2012, 860 Rn 16
42 BGHZ 157, 20 (25); BGH NJW 1986, 935.
43 BGH NJW 2003, 3418.
44 BGH NJW 2012, 860 Rn 12 ff
45 LG Mainz NJW 2003, 1612; AG Frankfurt NJW 2000, 1802.
46 BGHZ 157, 20 (24) – das war bis dahin sehr streitig.
47 So schon BayObLG NJW 2003, 366; LG München NJW 2001, 1583.
48 OLG Stuttgart NJW 1982, 529.
49 OLG Düsseldorf NJW 1991, 1492.

Frau Franke bat Herrn Busemann um ein Arbeitszeugnis. Am 28. November schrieb Anker im Namen von Frau Franke an seinen Kollegen Busemann, Frau Franke habe „bis heute noch kein Zeugnis trotz mehrfacher Mahnungen erhalten", und forderte ihn auf, es bis zum 5. Dezember zu erteilen. Busemann antwortete am folgenden Tag, das Zeugnis sei zwischenzeitlich geschrieben worden und liege zur Abholung bereit. Frau Franke holte das Zeugnis jedoch nicht ab, sondern ließ am 20. Dezember durch Anker beim Arbeitsgericht Klage erheben mit dem Antrag, Busemann zu verurteilen, ihr ein „qualifiziertes Zeugnis zu erstellen und zu übersenden". Busemann erwiderte mit Schriftsatz vom 29. Januar, Frau Franke könne sich das gewünschte Zeugnis in seiner Kanzlei abholen. Daraufhin erklärte Anker, es sei seiner Mandantin wegen ihrer belasteten Beziehung zu Busemann nicht zuzumuten, nochmals in dessen Kanzlei „anzutanzen". Muss sich Frau Franke das Zeugnis holen oder muss es ihr Busemann zusenden? (Nach BAG NJW 1995, 2373)

98 Zu prüfen ist, ob eine Bring-, Hol- oder Schickschuld, vorliegt. Dabei ist zu beachten, dass es sich bei der Aushändigung des Zeugnisses weder um die Pflichten eines Verkäufers handelt noch um eine Geldschuld, also nicht um einen der bereits erörterten Fälle.

Die Pflicht des Arbeitgebers, dem Arbeitnehmer ein Zeugnis auszustellen, ergibt sich aus § 630 S. 4. Aber der Leistungsort für die Übergabe des Zeugnisses ist gesetzlich nicht festgelegt. Es gab darüber in diesem Falle – wie fast immer – auch keine vertragliche Vereinbarung. Zu fragen ist deshalb, ob der Leistungsort für die Übergabe eines Arbeitszeugnisses „aus den Umständen, insbesondere aus der Natur des Schuldverhältnisses, zu entnehmen" ist (§ 269 Abs. 1). Das ist nicht der Fall, denn es folgt nicht aus der Natur des Arbeitsvertrags, wie das Zeugnis vom Arbeitgeber zum Arbeitnehmer kommt. Deshalb „hat die Leistung an dem Orte zu erfolgen, an welchem der Schuldner zur Zeit der Entstehung des Schuldverhältnisses seinen Wohnsitz hatte" (§ 269 Abs. 1 aE). Schuldner der Aushändigung ist Busemann, so dass die Übergabe bei ihm zu erfolgen hat. Dabei ist nicht sein „Wohnsitz" maßgeblich, sondern der Ort seiner Kanzlei. Das kann nicht *unmittelbar* aus § 269 Abs. 2 entnommen werden, weil ein Rechtsanwalt nicht – wie § 269 Abs. 2 voraussetzt – ein Gewerbe betreibt, sondern einen Freien Beruf ausübt. Aber analog § 269 Abs. 2 ist als Leistungsort (bzw „Leistungsstelle"; Rn 46) Busemanns Kanzlei anzusehen.

Nachdem feststeht, dass die Kanzlei der Leistungsort ist, kommt keine Bringschuld mehr in Betracht, sondern nur noch eine Hol- oder eine Schickschuld. Eine Schickschuld läge vor, wenn sich Busemann bereit erklärt hätte, das Zeugnis (auf seine Kosten oder auf Kosten von Frau Franke) mit der Post zu übersenden oder durch einen Boten übergeben zu lassen. Das hat Busemann aber nicht zugesagt. Deshalb bleibt nur eine Holschuld übrig. Dieses Ergebnis entspricht auch der einhelligen Ansicht in der arbeitsrechtlichen Literatur und Rechtsprechung.[50]

Ausnahmsweise kann im Einzelfall die Übergabe des Zeugnisses eine Schickschuld sein, zB wenn der Arbeitnehmer seinen Wohnsitz zwischenzeitlich an einen weit entfernten Ort verlegt hat, so dass ihm ein persönliches Erscheinen nicht mehr zugemutet werden kann. Dieser Fall lag aber nicht vor. Auch Frau Frankes Argument, wegen der gestörten persönlichen Beziehung zu Herrn Busemann sei ihr nicht zuzumuten, nochmals in dessen Kanzlei „anzutanzen", ist nicht überzeugend, weil sie sich eines Boten bedienen könnte, zB einer Bekann-

50 BAG NJW 1995, 2373 mit weiteren Nachweisen.

ten oder ihres neuen Arbeitgebers Anker. Es bleibt also dabei, dass sich Frau Franke das Zeugnis holen muss (Holschuld).

Nachbemerkung: Man kann diesem Fall amüsante Seiten abgewinnen, aber eigentlich ist er ein trauriges Beispiel für sture Rechthaberei und für den Missbrauch der Justiz. Da beide beteiligten Anwälte ständig am gleichen Gericht zu tun hatten und ihnen dort auch Gerichtsfächer zugewiesen waren, hätten sie durch eine informelle Übergabe den Streit leicht aus der Welt schaffen können. Dass sich trotzdem drei Gerichte einschließlich des obersten Gerichts für Arbeitssachen mit diesem lächerlichen Fall beschäftigen mussten, ist beschämend. Dabei ist die Schuld der beiden beteiligten Rechtsanwälte noch größer als die Schuld der Anwaltsgehilfin. Denn Rechtsanwälte sollten sich bemühen, Streit zu schlichten und nicht zu entfachen.

Lerneinheit 5

99 **Literatur:** *Ringe,* Der Nacherfüllungsort im Kaufrecht, NJW 2012, 3393; *Bernhard,* Holschuld, Schickschuld, Bringschuld – Auswirkungen auf Gerichtsstand, Konkretisierung und Gefahrübergang, JuS 2011, 9; *Unberath/Cziupka,* Der Leistungsort der Nacherfüllung, JZ 2008, 867; *Philipowski,* Ort der Leistungen eines Testamentsvollstreckers, IStR 2008, 104

I. Einführung

100 Wenn man an den Leistungsort denkt, dann meist im Zusammenhang mit der Lieferung einer Kaufsache oder der Zahlung eines Geldbetrags. Deshalb wurden diese beiden wichtigsten Fälle der Leistung und des Leistungsorts auch vorangestellt. Es gibt aber natürlich sehr viele andere Leistungen, die ein Schuldner zu erbringen haben kann. § 269 Abs. 1 schreibt auch für diese Fälle vor, dass sich der Leistungsort in erster Linie nach der Vereinbarung richtet, in zweiter Linie nach der Natur der zu erbringenden Leistung und dass erst in dritter Linie der Sitz des Schuldners maßgebend ist. Es gilt also das unter Rn 48 bis 50 für die Übergabe der Kaufsache Gesagte in allgemeinerer Form auch für alle anderen Leistungen.

II. Holschuld

101 Die von den Angehörigen der Freien Berufe geschuldeten Tätigkeiten sind grundsätzlich Holschulden (Rn 52). Denn nach der Grundregel des § 269 Abs. 1 ist ein Freiberufler im Zweifel berechtigt, am Ort seiner Praxis oder seines Büros zu leisten (§ 269 Abs. 2). Wer von einem Arzt behandelt werden will, muss sich im Prinzip die Behandlung in dessen Praxis holen oder zu ihm in die Klinik kommen.[51] Wer vom Anwalt beraten werden will, muss sich idR in dessen Kanzlei begeben.[52] Aber auch Handwerker können häufig erwarten, dass sich ihr Gläubiger die Leistung an ihrem Geschäftssitz holt. Ein Kfz-Reparaturbetrieb zB darf erwarten, dass der Kunde mit seinem Wagen in die Werkstatt kommt.[53] Ein Textilfabrikant, der seinem Handelsvertreter Auskunft über die provisionspflichtigen Geschäfte schuldet, darf diese Auskunft an seinem Geschäftssitz erteilen.[54] Ein Arbeitgeber braucht einem ausgeschiedenen Arbeitnehmer

51 OLG Celle NJW 1990, 777.
52 BGH NJW 1991, 3095.
53 OLG Frankfurt DB 1978, 2217.
54 BGH NJW 1988, 966.

das Zeugnis nur in seinem Büro zu übergeben (Fall 5, Rn 97).[55] Auch die Rückgabe einer mangelhaften Kaufsache infolge eines Rücktritts (§§ 434, 437 Nr. 2) ist eine Holschuld. *Beispiel:* Der Verkäufer mangelhafter Dachziegel muss die Ziegel vom Dach des Käufers abdecken und von dessen Grundstück abfahren.[56]

Wenn der Schuldner (Arzt, Rechtsanwalt, Monteur) seine Leistung an einem anderen Ort erbringen soll (Bringschuld), bedarf es in diesen Fällen einer besonderen Vereinbarung.

III. Bringschuld

102 Dass eine Bringschuld (Rn 56) vorliegt, ergibt sich außerhalb von Kaufverträgen oft „aus der Natur des Schuldverhältnisses" (§ 269 Abs. 1)

- *Arbeitnehmer:* Ein Arbeitnehmer muss die von ihm geschuldete Tätigkeit (§ 611) an dem ihm vom Arbeitgeber zugewiesenen Arbeitsplatz ausüben, also zum Arbeitgeber *bringen.*[57] Anderes gilt nur ausnahmsweise, zB für einen Außendienstmitarbeiter.[58] Auch die Rückgabe von Sachen, die der Arbeitgeber dem Arbeitnehmer überlassen hatte, ist eine Bringschuld.[59]
- *Bauunternehmer:* Jeder am Bau tätige Handwerksbetrieb muss die von ihm vertraglich übernommene Aufgabe (§ 631) an der Baustelle erfüllen, also dorthin bringen.[60] Ebenso ist für Lieferung und Montage einer Ladeneinrichtung der Ort des Ladens der Leistungsort.[61]
- *Leihe:* Die Rückgabe einer entliehenen Sache (§ 604) ist eine Bringschuld.[62] *Beispiel:* Der Münchener Tierfotograf T hatte dem Stuttgarter V-Verlag leihweise 383 Dias für ein geplantes Vogelbuch überlassen. 351 nicht benötigte Dias schickte V zurück, aber sie kamen nie an. Die Transportgefahr trug V, weil München für die Rücksendung Leistungsort war.[63]

IV. Schickschuld

103 Eine Schickschuld kann nur vorliegen, wenn eine Sache zu versenden oder Geld zu zahlen ist. Die meisten Schickschulden finden sich deshalb bei der Lieferung von Kaufsachen (Rn 62 ff) und bei der Zahlung von Geld (Rn 82 ff). Aber auch bei anderen Verträgen, insbesondere bei Miet-, Leih- und Leasingverträgen oder bei Werkverträgen, müssen oft Sachen versandt werden, so dass eine Schickschuld vorliegen kann. *Beispiel 1:* Ein Konzertveranstalter übersandte mit der Post Eintrittskarten, die beim Besteller nicht ankamen. „Kauf" von Eintrittskarten ist Werkvertrag, so dass Schickschuld vorliegt, kein Versendungskauf. Aber § 447 dürfte analog anwendbar sein. [64] *Beispiel 2:* E schickte dem Uhrmacher U eine alte Armbanduhr zur Reparatur. U übergab die reparierte Uhr der Post, aber sie ging auf dem Weg verloren. Es handelt sich um eine

55 BAG NJW 2000, 1060; 1995, 2373 = Fall 5, Rn 97.
56 BGHZ 87, 104.
57 BAG NZA 1986, 366; BGH NJW 1985, 1286.
58 BAG NJW-RR 1988, 482.
59 LAG RhPf NZA-RR 1997, 1631.
60 BGH NJW 1986, 935.
61 OLG Saarbrücken NJW 1992, 988.
62 OLG Köln BB 1972, 1526; Palandt/Weidenkaff § 604 Rn 1.
63 BGH NJW 2007, 1809 Rn 19; ebenso (auch zu zurückgeschickten Dias) BGH GRUR 2002, 282.
64 AG Schopfheim NJW-RR 1994, 1263.

Schickschuld, keine Bringschuld, weil Leistungsort für die Rücksendung im Zweifel der Sitz des Schuldners U ist (§ 269 Abs. 1), auch wenn die Kosten der Versendung von U übernommen worden sein sollten (§ 269 Abs. 3). Die Transportgefahr trug deshalb E (§ 447 ist nur analog anzuwenden, weil es sich nicht um einen Kaufvertrag handelt).

§ 6 Gattungsschuld

Fall 6: Verlorener Camcorder §§ 243, 269 104

Der technische Angestellte Michael Unhold bestellte bei der Mediaversand-AG (MAG) nach deren Katalog einen Camcorder von Sony der Serie DCR-HC40. Den Kaufpreis überwies eine von Unhold eingeschaltete Kreditbank. Es steht fest, dass die MAG den Camcorder der Deutschen Paket-Service-GmbH (DPS) zum Transport übergeben hat. Unhold behauptet, ihm sei der Camcorder nie zugestellt worden, die Unterschrift auf dem Ablieferungsbeleg sei gefälscht. Das Gegenteil kann weder die MAG noch die DPS beweisen.

a) Handelte es sich ursprünglich um eine Gattungsschuld?

b) Ist die Konkretisierung eingetreten?

c) Kann Unhold die Lieferung eines (weiteren) Camcorders der Serie DCR-HC40 verlangen? (Nach BGH NJW 2003, 3341)

Zu a): Zu prüfen ist, ob die MAG nach § 243 Abs. 1 „eine nur der Gattung nach bestimmte Sache" schuldete. Entscheidend für die Beantwortung dieser Frage ist der Zeitpunkt des Vertragsschlusses (Rn 113). Der Camcorder müsste bei (oder kurz nach) *Vertragsschluss*[65] „nur der Gattung nach" – also nur nach technischen Merkmalen – bestimmt gewesen sein. 105

Wer sich noch nicht mit dem Begriff der Gattungsschuld beschäftigt hat, würde hier wahrscheinlich antworten: „Der Camcorder war nicht nur nach Merkmalen bestimmt. Es sollte ja nicht *irgendein* Camcorder sein, sondern es sollte sich um ein ganz bestimmtes Modell eines bestimmen Herstellers handeln, das unter einer bestimmten Katalognummer angeboten wurde. Deshalb kann keine Gattungsschuld bestanden haben." Das wäre aber falsch. Die fragliche „Gattung" wurde in diesem Fall nicht durch sämtliche am Markt angebotenen Camcorder-Modelle gebildet, sondern durch alle Camcorder des Typs Sony DCR-HC40. Und im Zeitpunkt des Vertragsschlusses stand noch nicht fest, mit welchem Camcorder dieser (engen) Gattung die MAG den Vertrag erfüllen wollte. Es lag also eine Gattungsschuld vor (§ 243 Abs. 1).

Zu b): Die sogenannte *Konkretisierung* tritt ein, wenn sich das Schuldverhältnis auf eine ganz bestimmte, konkrete Einzelsache beschränkt, im vorliegenden Fall auf die Lieferung des Camcorders, der später tatsächlich versandt wurde. Die Konkretisierung setzt voraus, dass „der Schuldner das zur Leistung einer solchen Sache seinerseits Erforderliche getan" hat (§ 243 Abs. 2). Diese ungenaue Formulierung musste der Gesetzgeber wählen, weil „das seinerseits Erforderliche" ganz unterschiedlich ist, je nachdem, ob es sich um Hol-, Bring- oder Schickschuld handelt (Rn 123 ff). 106

65 Der Vertrag zwischen einem Versandhändler und seinem Kunden kommt zustande, wenn der Versandhändler intern entscheidet, die Bestellung auszuführen. Auf den Zugang der Annahme wird in diesen Fällen nach der Verkehrssitte verzichtet (§ 151; BGB-AT Rn 214, Beispiel 2).

Im vorliegenden Fall liegt ein Versendungskauf (eine Schickschuld) vor (Rn 62).[66] Deshalb trat die Konkretisierung ein, als die MAG der DPS das Paket mit dem Camcorder übergab. In diesem Augenblick wurde aus der Gattungsschuld praktisch eine Stückschuld.

107 *Zu c):* Solange noch die Gattungsschuld bestand, war die MAG verpflichtet, sich einen Camcorder der zugesagten Art zu beschaffen und alles daranzusetzen, den Vertrag mit (irgendeinem) Stück dieser Gattung zu erfüllen. Diese Verpflichtung ergibt sich aus den – auf die Gattungsschuld gemünzten – Worten in § 276 Abs. 1 S. 1: „... insbesondere aus der Übernahme ... eines Beschaffungsrisikos ..." Diese Verschaffungspflicht ist mit der Konkretisierung erloschen (Rn 126). Denn mit ihr beschränkte sich das Schuldverhältnis auf den Sony-Camcorder, den die MAG der DPS übergeben hatte (§ 243 Abs. 2). Durch den endgültigen Verlust dieses bestimmten Camcorders ist es der MAG unmöglich geworden, mit *diesem* Gerät den Kaufvertrag zu erfüllen. Die MAG ist dadurch von ihrer Lieferpflicht frei geworden (§ 275 Abs. 1 – bitte lesen). Die Gattungsschuld lebt nicht wieder auf. Noch einmal liefern muss die MAG also nicht.[67]

Lerneinheit 6

108 **Literatur:** *Derleder*, Beschaffungsrisiko, Lieferungsengpass und Leistungsfrist – Vom Smartphone zum Solarmodul, NJW 2011, 113; *Musielak,* Die Nacherfüllung beim Stückkauf, NJW 2008, 2801; *Gsell,* Beschaffungsnotwendigkeit und Ersatzlieferung beim Stück- und beim Vorratskauf, JuS 2007, 97; *Canaris,* Die Bedeutung des Übergangs der Gegenleistungsgefahr im Rahmen von § 243 II BGB und § 275 II BGB, JuS 2007, 793; *Lorenz,* Leistungsgefahr, Gegenleistungsgefahr und Erfüllungsort beim Verbrauchsgüterkauf – BGH, NJW 2003, 3341, JuS 2004, 105.

I. Begründung der Gattungsschuld

1. Einführung

109 *Definition:* Eine *Gattungsschuld* ist die Verpflichtung zur Übergabe einer Sache, die im Zeitpunkt der Begründung der Verpflichtung nicht konkret-individuell, sondern nur *nach Merkmalen* bestimmt ist (§ 243 Abs. 1). Der Schuldner bestimmt anschließend, mit welcher konkreten Sache er seine Verpflichtung erfüllt. Insofern hat er ein Wahlrecht zwischen mindestens zwei verschiedenen individuellen Sachen, die zu der vereinbarten „Gattung" gehören. *Beispiel:* Lieferung (irgend)einer fabrikneuen Armbanduhr aus der Serie „Lange 1" der Uhrenfabrik A. Lange & Söhne, Glashütte in Sachsen. *Hinweis:* Anfänger meinen oft zu Unrecht, es könne sich in einem solchen Fall nicht um eine Gattungsschuld handeln (so schon Rn 105).

110 *Verpflichtung zur Verschaffung einer Sache:* Der Hauptfall der Gattungsschuld ist der Gattungs*kauf*. Aber auch andere Verträge, die den Schuldner verpflichten, eine Sache zur Verfügung zu stellen (sei es für immer oder auf Zeit), sind mögliche Anwendungsfälle der Gattungsschuld, zB Schenkung, Miete, Leihe und Leasing.[68]

---

66 Zugleich handelt es sich um einen Verbrauchsgüterkauf (§ 474 Abs. 1), denn Unhold ist als Angestellter immer Verbraucher (§ 13), während eine AG immer Unternehmerin ist (§ 14). Obwohl damit die Anwendung von § 447 ausgeschlossen ist (§ 474 Abs. 4; oben Rn 71), bleibt der Kauf ein Versendungskauf (Lorenz, JuS 2004, 105; oben Rn 72).

67 BGH NJW 2003, 3341. Aber Unhold kann den von ihm gezahlten Kaufpreis zurückverlangen (§§ 326 Abs. 1, 4, 346).

68 BGH NJW 1982, 873.

111 *Stückschuld:* Den Gegensatz zur Gattungsschuld bildet die *Stückschuld.* Sie verpflichtet den Schuldner zur Lieferung einer Sache, die bereits im Zeitpunkt der Begründung der Verpflichtung konkret-individuell bestimmt wurde. *Beispiel:* K kauft im Geschäft des V den vor ihm stehenden, von ihm schon ausgepackten und ausprobierten Laserdrucker „Oki C 3300". Lesen Sie dazu bitte im FD „Gattungsschuld" die Frage 1.

112 *Wahlschuld:* In den §§ 262 bis 265 ist die *Wahlschuld* geregelt, die mit der Gattungsschuld nicht verwechselt werden darf. *Beispiel:* Frau Voss züchtet weiße Großspitze. Nach dem Kaufvertrag, den sie mit Krüger geschlossen, soll das zu liefernde Tier dadurch bestimmt werden, dass Krüger sich einen Welpen aussucht. Soweit betrachtet, könnte es sich um eine Gattungsschuld handeln.[69] Aber ein Umstand passt nicht zur Definition der Gattungsschuld: Bei der Gattungsschuld bestimmt der *Schuldner (Lieferant),* mit welchem Gegenstand er die Schuld erfüllt, während sich hier der *Gläubiger (Käufer)* den Hund aussuchen darf. Es liegt deshalb eine Wahlschuld vor (§ 262).[70]

2. Besonderheiten der Gattungsschuld

a) Gattungsschuld ist eine Frage des Zeitpunktes

113 Eine Unterscheidung zwischen Gattungsschuld und Stückschuld ist nur möglich, wenn man streng auf den entscheidenden Zeitpunkt abstellt, nämlich den *Zeitpunkt der Begründung der Verpflichtung.* Da die meisten Gattungsschulden auf Verträgen beruhen, kann man auch sagen: den Zeitpunkt des Vertragsschlusses. Wenn der geschuldete Gegenstand in diesem Zeitpunkt noch nicht konkret-individuell bestimmt war, liegt eine Gattungsschuld vor, mag die Konkretisierung (Rn 121 ff) auch Sekunden nach dem Vertragsschluss vorgenommen werden.

b) Gattungsschuld ist eine Frage der Vereinbarung

114 Der geschuldeten *Sache* kann man es nie ansehen, ob sie Gegenstand einer Gattungsschuld oder einer Stückschuld ist. *Beispiel:* Apfelsinen können genauso gut als Gattungsschuld wie als Stückschuld gekauft werden, es kommt allein auf die Vertragsgestaltung an. Sagt die Kundin zur Marktfrau: „Diese drei Orangen hätte ich gern", kommt ein Stückkauf zustande. Sagt sie: „Ein Kilo Orangen bitte", ist ein Gattungskauf gegeben.

Den Vertragsparteien bleibt es auch überlassen, wie weit oder wie eng sie die Grenzen der Gattung ziehen wollen, aus der der Schuldner leisten soll. *Beispiel:* Man kann bei einer Getränkehandlung einen Kasten Bier mit 20 Flaschen zu 0,5 l bestellen und dabei mit dem Lieferanten vereinbaren: Schlicht „Bier" oder „Bier der Bruch-Brauerei" oder aber ganz konkret „Bruch Zwickel". In all diesen Fällen liegt eine Gattungsschuld vor, nur ist sie jedes Mal enger gefasst. Je genauer die Merkmale festgelegt sind, desto unwichtiger wird die Bestimmung in § 243 Abs. 1, nach der „eine Sache von mittlerer Art und Güte" geschuldet wird. Im zuletzt genannten Fall („Bruch Zwickel") hat der Verkäufer überhaupt keine Möglichkeit mehr, unter verschiedenen Qualitäten auszusu-

69 Dagegen spricht auch nicht, dass Tiere keine Sachen sind. Denn in diesem Fall werden sie wie Sachen behandelt (§ 90a S. 3).

70 Etwas ungeschickt heißt es in § 262, dass im Zweifel der *Schuldner* das Wahlrecht habe. Dadurch gerät die Wahlschuld in eine unnötige Nähe zur Gattungsschuld. In der Praxis steht meist dem Gläubiger das Wahlrecht zu.

chen. Trotzdem ist eine Gattungsschuld gegeben, weil der Verkäufer unter verschiedenen Kästen mit Zwickelbier von Bruch aussuchen darf.

115 *„Beschränkte Gattungsschuld“*: Zur Eingrenzung einer Gattung kann auch die Herkunft der Ware dienen. So kann zB vereinbart werden, dass sie vom Lager, vom Landgut oder aus der Fabrikation des Schuldners geliefert werden soll. Der Schuldner ist dann nicht verpflichtet, Ware anderer Herkunft in seine Beschaffungspflicht einzubeziehen. In diesen Fällen spricht man von *„beschränkter Gattungsschuld“* oder von *„Vorratsschuld“* (FD „Gattungsschuld“, Spalte 2). *Beispiel:* Verkauft sind nicht schlechthin „4 000 t Gasöl“, sondern 4 000 t Gasöl aus einer größeren Ladung eines bestimmten Tankers.[71] Die Vorratsschuld hat für den Schuldner den Vorteil, dass er bei Untergang des gesamten Vorrats oder bei endgültigem Ausfall seiner Produktionsanlagen von seiner Beschaffungspflicht (Rn 117) frei wird.

c) „... eine Sache von mittlerer Art und Güte“

116 Viele Studierende wissen nicht, was eine Gattungsschuld ist, wie sie entsteht und welchen Regeln sie unterliegt. Aber dass der Schuldner bei der Gattungsschuld „eine Sache von mittlerer Art und Güte“ zu leisten hat, wissen fast alle. Das ist verständlich, denn diese Bestimmung ist die einzige, die § 243 Abs. 1 enthält. Aber unter den vielen Regeln über die Gattungsschuld, die man kennen sollte, ist sie eigentlich die unwichtigste. Trotzdem dazu einige Bemerkungen:

Gattungsschuld hat immer zur Folge, dass der Schuldner unter mehreren Sachen gleicher Art auswählen darf und muss. Wenn die geschuldete Sache ein *fabrikneues Serienerzeugnis* ist, sind in der Regel alle in Frage kommenden Sachen von gleicher Qualität. Die Bestimmung, dass der Schuldner „eine Sache von mittlerer Art und Güte zu leisten“ hat, hat in diesen Fällen keine Bedeutung. Wenn dagegen der geschuldete Gegenstand ein *Naturprodukt* ist (zB Erdbeeren), wird es Qualitätsunterschiede geben, so dass § 243 Abs. 1 eine sinnvolle Regel ist. Dabei ist aber zu beachten, dass die Parteien die Gattung im Vertrag meist ziemlich genau festlegen. So werden zB nicht „Erdbeeren“ geschuldet, sondern Erdbeeren einer bestimmten Handelsklasse und eines bestimmten Herkunftslandes. In solchen Fällen muss der Schuldner aus der konkret umschriebenen Gattung leisten. Nur innerhalb dieser engen Gattung muss er dann „mittlere Art und Güte“ liefern.

d) Gattungsschulden sind Beschaffungsschulden (§ 276 Abs. 1 S. 1)

117 Da der Schuldner einer Gattungsschuld nicht ein bestimmtes Stück schuldet, sondern irgendeines aus der vereinbarten Gattung, muss er sich ein solches Stück besorgen, wenn er es nicht auf Lager hat. Mit dem Abschluss eines Vertrages über eine Gattungsschuld hat er das *„Beschaffungsrisiko“* übernommen (§ 276 Abs. 1 S. 1). Er muss deshalb auch dann für seine Unfähigkeit, die Sache zu beschaffen, einstehen, wenn ihm *kein Verschulden* zur Last fällt (genauer Rn 700). *Beispiel 1:* Eine polnische Exportgesellschaft verkaufte einer saarländischen Konservenfabrik 4 609 t frische Einlegegurken, berief sich aber später darauf, sie könne wegen einer Missernte nicht liefern.[72] Da sie das Beschaffungsrisiko übernommen hatte, ist sie trotzdem lieferpflichtig. Sie muss sich die Gurken zur Not auf dem Weltmarkt beschaffen. Erfüllt sie diese Pflicht nicht,

71 BGH WM 1973, 363.
72 OLG Saarbrücken NJW 2000, 670.

ist sie – und das ist der entscheidende Punkt – auch *ohne Verschulden* schadensersatzpflichtig (Rn 700). *Beispiel 2:* V verkaufte K einen Porsche des Typs 959, der noch gar nicht auf dem Markt war und von dem anschließend nur 200 Stück gebaut wurden. V wurde von Porsche nicht beliefert und konnte deshalb seinerseits nicht liefern. Da er das Beschaffungsrisiko übernommen hatte, musste er K Schadensersatz leisten, in diesem Fall sogar in erheblicher Höhe (Fall 29, Rn 689).[73]

Dem Gattungsschuldner wird seine strenge Beschaffungspflicht erst erlassen, wenn er ein konkretes Stück aus der Gattung ausgewählt und für die Lieferung bereitgestellt hat (§ 243 Abs. 2: *Konkretisierung* Rn 121).

3. Gattungsschuld und vertretbare Sachen

a) Vertretbare Sachen

118 Die Gattungsschuld muss streng vom Begriff der „vertretbaren Sache" unterschieden werden (§ 91). Die Vermengung und Verwechselung dieser beiden Begriffe ist ein häufiger Anfängerfehler. Vertretbare Sachen sind Sachen, die massenhaft vorhanden sind, ohne dass sich die einzelnen Stücke in einer charakteristischen Weise voneinander unterscheiden. Das BGB definiert deshalb die vertretbaren Sachen in § 91 als solche, „die im Verkehre nach Zahl, Maß oder Gewicht bestimmt zu werden pflegen". Nach der Definition in § 91 sind vertretbare Sachen:

- Naturprodukte wie zB Sisal, Mangan, Wolle, Apfelsinen, Eisenerz; zu ihnen gehören auch landwirtschaftlich genutzte Tiere (§ 90a Satz 3) und
- fabrikneue Serienerzeugnisse, zB ein fabrikneuer Golf LS, eine neue Couch Beverly, 500 g Maizena, Profilstahl, 100 ml Chanel Nr. 5.

b) Nicht vertretbare Sachen

119 *Nicht vertretbare* Sachen sind Sachen, die sich in charakteristischer Weise von anderen, ähnlichen Sachen unterscheiden und denen deshalb eine gewisse Individualität zukommt. Zu den *nicht* vertretbaren Sachen gehören alle Grundstücke (deshalb spricht § 91 nur von „beweglichen Sachen"), Kunstwerke und Sonderanfertigungen sowie gebrauchte Sachen (Hauptfälle: Antiquitäten und Gebrauchtwagen).

c) Unterschiede zwischen Gattungsschuld und vertretbaren Sachen

120 Ob eine Sache vertretbar ist oder nicht, wird *objektiv* entschieden, also von der Verkehrsanschauung (zB vom Handel), nicht subjektiv von den Vertragsparteien. Eine vertretbare Sache ist also immer und überall eine vertretbare Sache. Das kann sich nur für ein bestimmtes Stück im Laufe der Zeit ändern, wenn zB aus einem Neuwagen (vertretbare Sache) ein Gebrauchtwagen wird (nicht vertretbare Sache). Im strengen Gegensatz dazu entscheiden die *Vertragsparteien* – und nur sie – ob eine Schuld eine *Gattungsschuld* oder eine Stückschuld sein soll. Man kann deshalb einer Sache nie ansehen, ob sie Gegenstand einer Stück- oder einer Gattungsschuld ist. Um das festzustellen, muss man den Vertrag und den Zeitpunkt seines Abschlusses kennen.

Es gibt auch keinen festen Zusammenhang zwischen einer Gattungsschuld und einer vertretbaren Sache. Natürlich ist oft eine vertretbare Sache Gegenstand einer Gat-

73 BGH NJW 1994, 515. Dazu Derleder NJW 2011, 113 (114).

tungsschuld, aber das muss nicht so sein, und es besteht nicht einmal eine Vermutung dafür. Jeder Supermarkt ist voll von vertretbaren Sachen, aber dort werden nur Stückkäufe abgeschlossen (über die vom Kunden aufs Band gelegten Artikel). Allerdings ist zuzugeben, dass nicht vertretbare Sachen in der Regel Gegenstand einer Stückschuld sind, zB beim Grundstückskauf oder bei der Versteigerung eines van Gogh. Aber auch das muss nicht so sein: Wer sich bei Sixt einen Audi A8 reservieren lässt, begründet eine *Gattungsschuld* (über irgendeinen Audi A8 aus der Sixt-Flotte). Aber die Gattungsschuld bezieht sich auf eine nicht vertretbare Sache, nämlich einen Gebrauchtwagen.

II. Konkretisierung der Gattungsschuld

1. Voraussetzungen der Konkretisierung

a) Allgemeines

121 Die Ungewissheit, mit welcher konkreten Sache der Schuldner erfüllen wird, muss irgendwann ihr Ende haben. Denn spätestens mit der Übereignung einer bestimmten Kaufsache macht der Verkäufer deutlich, dass diese *eine* Sache der geschuldete Gegenstand sein soll. Gehört er zur vereinbarten Gattung, ist die Schuld erloschen (§ 362). Die *Erfüllung* muss also der späteste denkbare Zeitpunkt sein, in dem die Gattungsschuld sich auf eine bestimmte Sache beschränkt, also konkretisiert (FD „Gattungsschuld“, Frage 3).

Es ist aber sehr wohl denkbar, die Konkretisierung früher eintreten zu lassen. Da die Konkretisierung für den Schuldner Vorteile hat (Rn 126), setzt das Gesetz im Schuldnerinteresse den Zeitpunkt der Konkretisierung möglichst früh an.[74] Es umschreibt die Voraussetzungen der Konkretisierung mit den unbestimmten Worten, der Schuldner müsse „das seinerseits Erforderliche“ getan haben (§ 243 Abs. 2). Die Verfasser des BGB haben sich aber bewusst so unbestimmt ausgedrückt. Denn was das „Erforderliche“ ist, richtet sich danach, ob eine Hol-, Bring- oder Schickschuld vorliegt.

122 *Vertragsgemäße Qualität:* In allen drei Fällen (Hol-, Bring- und Schickschuld) setzt die Konkretisierung allerdings voraus, dass die Sache mindestens „von mittlerer Art und Güte“ ist, also nicht minderwertig oder mangelhaft (§ 243 Abs. 1; FD „Gattungsschuld“, Frage 6). Wenn allerdings der Gläubiger die nicht vertragsgemäße Sache annimmt, tritt Konkretisierung ein.[75]

b) Das „seinerseits Erforderliche“ bei der Holschuld

123 *Aussonderung:* Bei der Holschuld (Rn 52) muss der Schuldner zunächst die Ware aussondern, dh er muss sie von anderen Sachen der gleichen Gattung trennen und irgendwie als die für den Gläubiger bestimmte Ware kennzeichnen.

Wörtliches Angebot: Nach der Aussonderung muss er dem Gläubiger die Sache wörtlich (zB mündlich, telefonisch, brieflich oder per E-Mail) anbieten. Kommt der Gläubiger dann nicht innerhalb einer angemessenen Frist, tritt die Konkretisierung ein.[76] Wenn der Schuldner mit dem Gläubiger ein *Kalenderdatum* für die Abholung verein-

74 An anderer Stelle, in § 300 Abs. 2, eröffnet das Gesetz noch eine weitere Möglichkeit des Gefahrübergangs auf den Gläubiger, die aber keine praktische Bedeutung hat (Rn 478).

75 BGH NJW 1982, 873.

76 Soergel/Teichmann § 243 Rn 10.

bart hatte, braucht der Schuldner nicht einmal wörtlich anzubieten (FD „Gattungsschuld“, Frage 5). In diesem Fall tritt die Konkretisierung ein, wenn der Abholzeitpunkt überschritten ist (entsprechend der Regelung für den Gläubigerverzug in § 296).

c) Das „seinerseits Erforderliche“ bei der Bringschuld

124 *Tatsächliches Angebot:* Bei der Bringschuld (Rn 56) hat der Schuldner die Konkretisierung erst herbeigeführt, wenn er die Sache am Sitz des Gläubigers (oder an dem sonstigen Abladeort) *tatsächlich angeboten* hat. „Tatsächlich“ ist das Gegenteil von „wörtlich“, setzt also voraus, dass der Schuldner die Sache bei sich hat und übergeben kann. Ob der Gläubiger zu Hause ist und die Sache entgegennehmen kann oder will, ist für die Konkretisierung gleichgültig. Denn es wäre ungerecht, wenn der Gläubiger die Konkretisierung, die ja zu einer Besserstellung des Schuldners führt, verhindern könnte (FD „Gattungsschuld“, Frage 9).

Fraglich ist, ob der Schuldner bei der Bringschuld die Sache bereits ausgesondert haben muss. *Beispiel:* Heizölhändler H wollte zur vereinbarten Zeit an K 5 000 l von insgesamt 12 000 l Heizöl seines Tankwagens liefern, traf aber K nicht an. Obwohl H nicht aussondern konnte, müsste die Konkretisierung erfolgt sein. Eine separate Belieferung kann nicht erwartet werden, und die vertragswidrige Abwesenheit des Käufers darf den Verkäufer nicht benachteiligen.

d) Das „seinerseits Erforderliche“ bei der Schickschuld (beim Versendungskauf)

125 *Übergabe an den Frachtführer:* Bei der Schickschuld (Rn 62) braucht der Schuldner die Sache nur auf den Weg zu bringen. Er hat also das „seinerseits Erforderliche“ getan, wenn er die Sache dem Frachtführer oder dem eigenen Fahrer übergeben hat.[77] Das gilt auch für den Verbrauchsgüterkauf (§ 474).[78] Auf die Ankunft beim Gläubiger kommt es für die Konkretisierung nicht an (FD „Gattungsschuld“, Frage 10).

2. Rechtsfolgen der Konkretisierung

126 Die Konkretisierung hat zur Folge, dass „sich das Schuldverhältnis auf diese Sache“ beschränkt (§ 243 Abs. 2). Aus der Gattungsschuld wird damit praktisch eine Stückschuld. Da die Stückschuld vom Gesetz als Normalfall angesehen wird, kann man auch sagen, dass durch die Konkretisierung aus dem Ausnahmefall der Gattungsschuld der Normalfall der Stückschuld wird.

Die Konkretisierung ist für den Schuldner deshalb wichtig, weil mit ihr die „Beschaffungspflicht“ nach § 276 Abs. 1 S. 1 (Rn 117) endet. Wenn die durch die Konkretisierung bestimmte einzelne Sache untergeht oder zerstört wird, braucht der Schuldner nämlich kein anderes Stück mehr zu beschaffen (§ 275 Abs. 1). Es gibt aber Fälle, in denen der Schuldner daran interessiert ist, die Konkretisierung rückgängig zu machen. *Beispiel:* In Fall 6 (Rn 104) hätte es für die MAG einen Vorteil, einen anderen Camcorder der Serie DCR-HC40 liefern zu dürfen. Aber in diesem Fall ist, wie in den meisten anderen, ein Rückgängigmachen der Konkretisierung nicht möglich.[79] Es kann aber ein neuer Vertrag geschlossen werden.

77 OLG Köln NJW 1995, 3128.
78 BGH NJW 2003, 3341 = Fall 6 Rn 104.
79 Canaris JuS 2007, 793.

§ 7 Die Einrede des nicht erfüllten gegenseitigen Vertrags (§ 320)

127 **Fall 7: Gesperrter Mobilfunkanschluss** § 320

Karin Kolbe schloss einen Mobilfunk-Vertrag mit der Congstar GmbH, einer hundertprozentige Tochtergesellschaft der Deutschen Telekom AG. In den AGB der Congstar, die dem Vertrag zugrunde lagen, hieß es unter 11.2: „Ist der Kunde mit Zahlungsverpflichtungen in Höhe von mindestens 15,50 Euro in Verzug, kann Congstar den Mobilfunkanschluss auf Kosten des Kunden sperren." Ein Jahr nach Vertragsschluss war Frau Kolbe mit der Zahlung von 16,00 Euro im Verzug. Die Congstar sperrte ihr daraufhin den Anschluss. War sie dazu berechtigt? (Nach BGH NJW 2011, 2122)

128 Die Frage, ob der Partner eines gegenseitigen Vertrags seine Leistung vorläufig zurückhalten kann, regelt § 320 Abs. 1 S. 1, der wieder Schritt für Schritt geprüft werden soll:

„Wer aus einem gegenseitigen Vertrage verpflichtet ist ..." Die Congstar GmbH hatte sich für einen längeren Zeitraum zur Herstellung von Mobilfunkanschlüssen verpflichtet und Frau Kolbe zu einer entsprechenden Bezahlung. Die Verpflichtung des Mobilfunkanbieters und die Zahlungspflicht des Kunden stehen in dem für gegenseitige Verträge typischen Austauschverhältnis oder Synallagma (Rn 18). „Aus einem gegenseitigen Vertrage verpflichtet" sind natürlich immer beide Parteien. Im vorliegenden Fall muss man sich aber die Congstar als Verpflichtete vorstellen, denn sie will ja von ihrem Leistungsverweigerungsrecht Gebrauch machen.

„... kann die ihm obliegende Leistung ..." Diese Leistung ist die laufende Vermittlung von Mobilfunkverbindungen.

„... bis zur Bewirkung der Gegenleistung verweigern ..." Die „Gegenleistung" ist die Zahlung durch Frau Kolbe. Die Congstar könnte also nach dieser Vorschrift Ihre Leistung so lange verweigern, bis Frau Kolbe ihre Zahlung „bewirkt". Wie sich aus § 322 Abs. 1 ergibt, bedeutet das praktisch, dass beide Partner ihre Leistungen „Zug um Zug" bewirken müssen, also gleichzeitig (Rn 144).

„... es sei denn, dass er vorzuleisten verpflichtet ist." Diese Worte werfen die Frage auf, ob die Congstar vorleistungspflichtig ist, dh ob sie *vor* der Bezahlung durch Frau Kolbe leisten muss. Das ist zu bejahen, weil die Dienstleistungen der Mobilfunkanbieter erst nachträglich zu vergüten sind. Nach dem Wortlaut des § 320 Abs. 1 S. 1 könnte die Congstar also nicht die Einrede des nichterfüllten gegenseitigen Vertrags erheben.

Aber in diesem Fall ist – entgegen dem Gesetzeswortlaut – ein Zurückbehaltungsrecht nach § 320 zulässig. Das liegt daran, dass ein Mobilfunkvertrag ein Dauerschuldverhältnis begründet, das inhaltlich einem *Dauerlieferungsvertrag* (über den dauernden Bezug von Waren) entspricht. Bei Dauerlieferungsverträgen ist seit langem anerkannt, dass der vorleistungspflichtige Lieferant (Verkäufer) die *künftige* Lieferung verweigern kann, wenn der Kunde *frühere* Lieferungen nicht bezahlt hat. Wenn man ihm die Einrede des nichterfüllten gegenseitigen Vertrags verweigern würde, müsste er ständig weiter liefern, obwohl der Käufer mit der Bezahlung früheren Lieferungen in Verzug ist. Das kann von § 320 nicht gemeint sein. Die Worte „es sei denn, dass er vorzuleisten verpflichtet ist" sind deshalb einschränkend auszulegen. Sie beziehen sich auf Fälle, in denen ein *einmaliger* Leistungsaustausch stattfindet und ein Teil sich zur Vorleistung verpflichtet hat.

Die Congstar darf also weitere Leistungen verweigern, um die Bezahlung bereits *erbrachter* Leistungen zu erzwingen. Der BGH hat das in der zugrunde liegenden Entscheidung so formuliert: „Dementsprechend ist es möglich, das Zurückbehaltungsrecht nach § 320 Abs. 1 hinsichtlich noch zu erbringender Mobilfunkdienstleistungen auszuüben ... Es genügt, dass die ... Zahlung für ... vorangegangene zeitliche Abschnitte nicht erbracht worden ist.“[80]

Es stellt sich jedoch die Frage, ob das Zurückbehaltungsrecht „wegen verhältnismäßiger Geringfügigkeit des rückständigen Teils gegen Treu und Glauben verstoßen würde“ (§ 320 Abs. 2). Zu fragen ist also, ob die Summe von 16,00 Euro, mit der Frau Kolbe im Verzug ist, als verhältnismäßig geringfügig betrachtet werden muss. Das würde der Congstar das Recht nehmen, den Anschluss zu sperren. Der BGH hat diese Frage bejaht. Denn für den Festnetzbereich gibt es eine Regelung dieser Frage, und dort lässt der Gesetzgeber ein Leistungsverweigerungsrecht erst ab einem Zahlungsrückstand von 75 Euro zu (§ 45k Abs. 2 S. 1 TKG). Deshalb dürfen die AGB der Mobilfunkanbieter auch erst von dieser Größenordnung an ein Leistungsverweigerungsrecht nach § 320 Abs. 1 vorsehen.[81] Die AGB-Klausel der Congstar GmbH, die eine Sperrung bereits ab einem Rückstand von 15,50 Euro vorsah, war deshalb nach § 307 unwirksam.

Lerneinheit 7

129 **Literatur:** *Neumann*, Anschlusssperre wegen Zahlungsverzugs beim Handykauf? MMR 2014, 581; *Meyer*, Leistungswilligkeit und böswilliges Unterlassen beim Annahmeverzug im gekündigten Arbeitsverhältnis, NZA-RR 2012, 337; *Weber*, Das Zurückbehaltungsrecht des Steuerberaters im Lastschriftverfahren unter besonderer Berücksichtigung des neuen SEPA-Lastschriftverfahrens, DStR 2012, 1296; *Bonifacio*, Einzelaspekte der Versorgungssperre im Wohnungseigentumsrecht, ZMR 2012, 330; *Raue/Timme*, Ausschluss des Zurückbehaltungsrechts bei fehlender Mängelanzeige, NZM 2011, 846; *Weber*, Das Zurückbehaltungs- und Leistungsverweigerungsrecht des Steuerberaters nach Mandatsbeendigung, DStR 2011, 2168; *Streyl*, Zur Interessenabwägung bei der Versorgungssperre, NZM 2011, 765.

I. Hintergrund

130 Beim gegenseitigen Vertrag sind bekanntlich mindestens zwei Leistungen im Spiel, die jeweils um der anderen willen erbracht werden (Rn 15). Aus dieser engen Verknüpfung von Leistung und Gegenleistung (Synallagma) folgert § 320, dass im Prinzip kein Partner eines gegenseitigen Vertrags leisten muss, wenn er nicht gleichzeitig die Leistung des anderen Teils erhält. § 320 dient dazu, auf den anderen Teil „Druck zur Erfüllung der ... im Gegenseitigkeitsverhältnis ... stehenden Verbindlichkeit auszuüben“.[82]

Die Einrede des nicht erfüllten gegenseitigen Vertrags (§ 320) ist ein Sonderfall des allgemeinen Zurückbehaltungsrechts nach § 273 (Rn 151). Sie wird hier zuerst behandelt, weil sie als Sonderregelung der allgemeinen Regel vorgeht und deshalb auch bei der Lösung eines Falles zuerst geprüft werden muss.

80 NJW 2011, 2122 Rn 31 mit Nachweisen aus der Literatur.
81 BGH NJW 2011, 2122 Rn 32 ff
82 NJW 2015, 3087 Rn 61; ähnlich NJW-RR 2011, 447; 1993, 2674; BGHZ 100, 157.

II. Definition, rechtliche Einordnung

131 *Definition:* Die Einrede des nicht erfüllten gegenseitigen Vertrags (§ 320) ist die Erklärung, die aus einem gegenseitigen Vertrag geschuldete Leistung so lange zurückzuhalten, bis der andere Teil die Leistung erbringt, die das Entgelt (die Gegenleistung) für die zurückgehaltene Leistung darstellt. Wird die Einrede erhoben, hat das zur Folge, dass die Vertragspartner ihre Leistungen gleichzeitig (Zug um Zug) erbringen müssen (§ 322 Abs. 1). Wenn eine Partei allerdings vorzuleisten verpflichtet ist, steht ihr die Einrede nicht zu (§ 320 Abs. 1 S. 1).

Beispiel 1: V hatte sein Grundstück an K verkauft, aber noch nicht die Auflassung erklärt (§ 925). V kann sie verweigern, bis der Kaufpreis bezahlt ist. Zugleich kann K die Zahlung verweigern, bis V die Auflassung erklärt hat.[83] *Beispiel 2:* Dem K war eine IT-Anlage unvollständig geliefert worden. Er durfte deshalb die Bezahlung eines Teils des Kaufpreises bis zur vollständigen Lieferung verweigern.[84]

Rechtliche Einordnung: Die Einrede des nicht erfüllten gegenseitigen Vertrags ist eine *aufschiebende* (dilatorische) Einrede,[85] also ein Gegenrecht des Schuldners, mit dem er seine Verpflichtung nicht endgültig verweigert, sondern nur vorübergehend. Das Gegenstück zur aufschiebenden Einrede ist die dauernde oder peremptorische Einrede.[86] Die Einrede des nicht erfüllten gegenseitigen Vertrags wird mit dem Ziel erhoben, den anderen Teil zur Vertragserfüllung anzuhalten, genauer zu einer Leistung „Zug um Zug" (§ 322; Rn 144).

132 *Schuldner/Gläubiger:* Da beim gegenseitigen Vertrag immer beide Partner Schuldner und Gläubiger sind, sind die Ausdrücke „Schuldner" und „Gläubiger" missverständlich (Rn 713). Man definiert sie aus Sicht der Leistung, die Probleme macht oder – positiv ausgedrückt – im Mittelpunkt des Interesses steht. Das ist hier die verweigerte Leistung. Deshalb nennt man den in § 320 Abs. 1 S. 1 mit „Wer" bezeichneten Partner, der „die ihm obliegende Leistung" verweigern will, „Schuldner".

III. Voraussetzungen

1. Gegenseitigkeit der beiden Leistungen

133 *Gegenseitiger Vertrag:* Die Einrede des nichterfüllten gegenseitigen Vertrags setzt zunächst voraus, dass die Beteiligten die Partner eines gegenseitigen Vertrags sind. Man kann auch betonen: *eines* gegenseitigen Vertrags, denn es dürfen der Einrede nicht zwei Verträge zugrunde liegen. *Beispiel:* Frau K hatte mit H zwei Stromlieferungsverträge geschlossen, einen für ihre Gaststätte und einen zur Versorgung ihrer Wohnung. H konnte nicht aufgrund von § 320 Abs. 1 die Versorgung der *Wohnung* verweigern wegen Zahlungsrückständen bei der *Gaststätte.* In einem solchen Fall kann nur ein Zurückbehaltungsrecht nach § 273 in Frage kommen (Fall 8, Rn 147).[87]

134 *Gegenseitigkeitsverhältnis:* Die zurückgehaltene Leistung muss im Gegenseitigkeitsverhältnis (Synallagma) zu der beanspruchten Leistung des anderen Teils stehen. Die zurückgehaltene Leistung muss also das Entgelt für die andere Leistung darstellen und

83 BGH NJW 1992, 556.
84 BGH NJW 1991, 2135.
85 BGB-AT Rn 1195.
86 BGB-AT Rn 1194; wichtigster Fall: Verjährung (§ 214).
87 BGH NJW 1991, 2645.

darf nicht nur eine Nebenpflicht, zB eine Schutz- oder Informationspflicht nach § 241 Abs. 2 sein. *Beispiel 1:* K bestellte bei V 3 000 Tragetaschen zu einem vereinbarten Preis. Da er die ihm nach steuerlichen Vorschriften zustehende Rechnung nicht erhielt, wollte er den Kaufpreis zurückhalten. Die Ausstellung einer Rechnung ist aber keine Hauptleistung aus einem Kaufvertrag, deshalb stand ihm ein solches Zurückbehaltungsrecht nach § 320 nicht zu (aber nach § 273).[88] *Beispiel 2:* Die Vermieterin V verlangte von der Mieterin M die Zustimmung zu einer Mieterhöhung. M verweigerte die Zustimmung, weil zunächst Mängel der Wohnung (undichte Balkontür, undichte Fenster) beseitigt werden müssten.[89] Die beiden Ansprüche standen nicht im Gegenseitigkeitsverhältnis, weil die Zustimmung nicht die Gegenleistung für die Mängelbeseitigung war. Deshalb könnte M nicht die Einrede aus § 320 erheben.[90]

135 *Zeitliche Verschiebung zwischen Leistung und Gegenleistung:* Das Gegenseitigkeitsverhältnis bleibt auch bei einer zeitlichen Verschiebung von Leistung und Gegenleistung bestehen. Deshalb kann der Verkäufer die weitere Belieferung von der Zahlung alter Schulden abhängig machen, obwohl die offenen Beträge nicht die Gegenleistung für die verweigerte Neubelieferung darstellen. Das gilt auch für andere Dauerschuldverhältnisse. *Beispiel 1:* Eine Mobilfunkanbieterin sperrte den Anschluss wegen nichtbezahlter Telefonrechnungen (Fall 7, Rn 127).[91] *Beispiel 2:* Die A-GmbH stellte B als Betriebsleiter ein, zahlte ihm aber für die Monate April bis Juli kein Gehalt. B konnte deshalb nach § 320 seine weitere Arbeitsleistung verweigern.[92]

2. Nichterfüllung durch den anderen Teil

136 Die Leistung des anderen Teils (des Vertragspartners, auf den Druck ausgeübt werden soll) muss noch ausstehen, entweder ganz oder zu einem wesentlichen Teil. Aus welchen Gründen der andere noch nicht geleistet hat und ob auf seiner Seite ein Verschulden vorliegt, ist gleichgültig. Auch wenn der andere bereits *teilweise* erfüllt hat, darf der Schuldner grundsätzlich seine *gesamte* Leistung zurückhalten, um die Restleistung zu erzwingen.[93] Nur bei „verhältnismäßiger Geringfügigkeit“ des noch ausstehenden Teils kann die Verweigerung unzulässig sein (§ 320 Abs. 2; Rn 140).

3. Keine Vorleistungspflicht des verweigernden Teils

137 Der Schuldner darf die Leistung nicht zurückhalten, wenn er „vorzuleisten verpflichtet ist“ (§ 320 Abs. 1 S. 1 aE). Eine solche Vorleistungspflicht kann vom Gesetz angeordnet sein, kann sich aber auch aus dem Wortlaut des Vertrags oder aus seiner Rechtsnatur ergeben.

Kaufvertrag: Beim Kaufvertrag schreibt das Gesetz nicht vor, dass eine Seite vorleistungspflichtig ist. Der Kaufvertrag ist deshalb auch der typische Anwendungsfall des § 320. Vertraglich wird allerdings vielfach eine Vorleistungspflicht vereinbart. *Beispiel 1:* Der Verkäufer eines Hauses hatte dem Käufer den Kaufpreis gestundet. Er war deshalb hinsichtlich seiner Pflicht zur Eigentumsverschaffung (§ 433 Abs. 1 S. 1) vorleis-

88 OLG München NJW 1988, 270.
89 OLG Frankfurt NJW 2000, 2115.
90 OLG Frankfurt aaO; sehr strittig.
91 BGH NJW 2011, 2122; AG Frankfurt/Main NJW 1994, 2770.
92 BAG NJW 1997, 274; das BAG wendet allerdings § 273 an (wie Tscherwinka BB 1995, 618; wie hier Palandt/Grüneberg § 320 Rn 4).
93 Palandt/Grüneberg § 320 Rn 8.

tungspflichtig.[94] *Beispiel 2:* Bei einem Versendungskauf (Rn 62) ist der Verkäufer vorleistungspflichtig, weil er die Ware auf den Weg bringen muss, der Käufer aber den Kaufpreis bis zur Ablieferung am Bestimmungsort verweigern darf.[95] Die im grenzüberschreitenden Handel übliche Klausel „cash against documents" macht den *Käufer* vorleistungspflichtig, weil er nicht erst bei Lieferung der Ware, sondern schon gegen Aushändigung der Dokumente zahlen muss.[96]

138 *Werkvertrag:* Beim Werkvertrag (§ 631) sieht das Gesetz vor, dass der Unternehmer den Werklohn erst beanspruchen kann, wenn er das Werk vollendet hat und die Abnahme vorliegt (§ 641 Abs. 1 S. 1). Der Werkvertrag ist deshalb das Schulbeispiel für eine Vorleistungspflicht im gegenseitigen Vertrag. In letzter Zeit hat der Gesetzgeber aber die strenge Vorleistungspflicht des Unternehmers gelockert.[97] Bei Großprojekten wird oft zusätzlich im Vertrag festgelegt, dass nach Baufortschritt zu zahlen ist (§ 641 Abs. 1 S. 2).

Reisevertrag: Nach der gesetzlichen Regelung des Reisevertrags (§§ 651a bis m) ist der Reisende nicht vorleistungspflichtig. Die AGB der Reiseveranstalter dürfen aber vorsehen, dass der Reisende den Reisepreis schon vor Reisebeginn zu zahlen hat, allerdings nur gegen Übergabe eines „Sicherungsscheins" (§ 651k Abs. 4 S. 1). Der Sicherungsschein schützt den Reisenden insbesondere vor dem Risiko, dass der Reiseveranstalter zahlungsunfähig wird und deshalb das von ihm beauftragte Lufttransportunternehmen den Rückflug verweigert.

Dauerschuldverhältnisse: Auf praktische Schwierigkeiten stößt der Grundsatz „Leistung nur Zug um Zug" bei Dauerschuldverhältnissen. Der Arbeitgeber müsste dem Arbeitnehmer alle Sekunde einen Cent geben und der Mieter dem Vermieter alle Stunde einen Euro bringen, wenn eine wirkliche Gleichzeitigkeit der Leistungen erreicht werden sollte. Große Bedeutung kommt dieser Frage aber meist nicht zu. So sieht das Gesetz vor, dass ein Wohnraummieter „spätestens bis zum dritten Werktag" eines Monats *im Voraus* zahlen muss (§ 556b Abs. 1), ohne dass das als ungerechte Benachteiligung des Mieters angesehen würde.

Entfall der Vorleistungspflicht: Soweit überhaupt eine Vorleistungspflicht besteht, entfällt sie in zwei Fällen:

- Der andere Teil (der Anspruch auf die vorrangig zu erbringende Leistung hätte) ist in Vermögensverfall geraten (§ 321 Abs. 1 S. 1: „mangelnde Leistungsfähigkeit").
- Der andere Teil hat grundlos, aber endgültig und ernsthaft erklärt, nicht erfüllen zu wollen.[98] Der Vorleistungspflichtige kann sich auch dann auf § 321 Abs. 1 S. 1 berufen, wenn der andere Teil nur *vorübergehend* nicht leisten kann.[99]

4. Das Problem der Verjährung

139 Es kommt vor, dass die Forderung desjenigen, der seine Leistung nach § 320 verweigert, verjährt ist. *Beispiel:* V und K hatten einen Kaufvertrag über ein Reihenhaus geschlossen. Nach dem Vertrag brauchte V die Auflassung (§ 925) erst nach vollständi-

94 BGH NJW 1986, 1164.
95 BGHZ 74, 142.
96 BGH NJW 1987, 2435.
97 SBT Rn 542 bis 545.
98 BGH NJW 1997, 938.
99 BGH NJW 2010, 1272 Rn 18. Dazu Kaiser NJW 2010, 1254.

ger Zahlung des Kaufpreises zu erklären. Es gelang K, die Zahlung der letzten Kaufpreisrate so lange zu verzögern, bis er die Einrede der Verjährung erheben konnte. V verweigerte daraufhin nach § 320 Abs. 1 die Auflassung.[100] Es stellte sich die Frage, ob V mithilfe des § 320 eine Zahlung erzwingen konnte, die er wegen Verjährung nicht mehr hätte gerichtlich durchsetzen können. § 215 gibt dem V im Prinzip dieses Recht. Denn seine durch Verjährung geschwächte Gläubigerstellung schließt „die Geltendmachung eines Zurückbehaltungsrechts nicht aus, wenn der Anspruch in dem Zeitpunkt noch nicht verjährt war, in dem erstmals … die Leistung verweigert werden konnte". V konnte bereits unmittelbar nach Abschluss des Kaufvertrags die Auflassung unter Berufung auf § 320 Abs. 1 verweigern. Zu dieser Zeit war sein Anspruch auf den Kaufpreis noch nicht verjährt. Die einmal entstandene „Zurückbehaltungslage"[101] bleibt V auch nach Eintritt der Verjährung erhalten (§ 215). Das führt dazu, dass V seine Forderung – trotz ihrer Verjährung – mit dem Hebel des § 320 noch durchsetzen kann.[102]

5. Vereinbarkeit mit Treu und Glauben

140 *„Geringfügigkeit des rückständigen Teiles":* Einen Sonderfall, in dem eine Leistungsverweigerung treuwidrig und deshalb unzulässig ist, beschreibt das Gesetz in § 320 Abs. 2. *Beispiel 1:* Großhändler K kaufte von V für fast 100 000 Euro eine IT-Anlage. Im Preis enthalten war eine vierstündige Schulung des Personals. Diese Teilleistung war die einzige, die V noch nicht erbracht hatte. Da sie, gemessen an der Gesamtleistung des V, geringfügig war, durfte K nicht aus diesem Grund die Zahlung des gesamten Kaufpreises verweigern.[103] Er durfte aber einen angemessenen Teil seiner Leistung zurückbehalten. Bei der Festlegung dieses Betrags braucht der Schuldner nicht bescheiden oder gar ängstlich zu sein. Einen Anhaltspunkt gibt § 641 Abs. 3: Ein Bauherr darf, um den nötigen Druck auszuüben, vom Werklohn doppelt so viel einbehalten, wie die Nachbesserung voraussichtlich kosten wird. Bei Grundstückkaufkaufverträgen kann der Verkäufer aber nicht auf Nachsicht hoffen. *Beispiel 2:* K hatte von V für 1,3 Millionen Euro ein Grundstück gekauft. V hat das Grundstück bis auf eine Teilfläche übereignet. Obwohl diese Teilfläche nur einen Wert von 6 000 Euro hatte, durfte K nach § 320 Abs. 1 S. 1 die Zahlung des gesamten Kaufpreises verweigern.[104]

141 *Eigene Vertragstreue:* Der Schuldner darf die Einrede des § 320 nur geltend machen, wenn er bereit ist, die von ihm geschuldete Leistung zu erbringen und die Gegenleistung anzunehmen.[105] Denn die Einrede „dient dazu, den anderen Teil zur Erfüllung des mit der Einrede geltend gemachten Anspruchs anzuhalten".[106] Deshalb kann derjenige, der diese Leistung erklärtermaßen nicht mehr haben will, sich die Einrede nicht zu Nutze machen.

142 *Monopolbetriebe:* Wenn ein Monopolbetrieb, zB ein Strom-, Wasser- oder Gasversorgungsunternehmen von seinem Recht aus § 320 Abs. 1 Gebrauch macht, ist der Kunde besonders hart betroffen, soweit er nicht auf einen anderen Versorger umsteigen kann.

100 BGH NJW 2006, 2773.
101 MüKo/Krüger § 273 Rn 34.
102 BGH NJW 2006, 2773.
103 BGH NJW 1993, 1381.
104 BGH NJW 1997, 938.
105 BGH NJW 2002, 3541 mwN; OLG Saarbrücken NJW 1996, 3086.
106 BGH NJW 2002, 3541 unter Hinweis auf NJW 1982, 874.

Trotzdem ist auch hier das Zurückbehaltungsrecht nicht unzulässig (Fall 8, Rn 147).[107]

6. Leistungsverweigerung mit erkennbarem Bezug auf die fehlende Gegenleistung

143 Weil das Gesetz das Recht aus § 320 als (aufschiebende) Einrede ausgebildet hat, muss sich der Schuldner auf sein Leistungsverweigerungsrecht berufen, wenn er eine Verurteilung zur Leistung Zug um Zug erreichen will (§ 322 Abs. 1).[108] Zwar braucht der Schuldner nicht die korrekten Worte zu benutzen und muss sich nicht einmal *ausdrücklich* äußern. Es muss aber „der Wille, die eigene Leistung im Hinblick auf das Ausbleiben der Gegenleistung zurückzuhalten, eindeutig erkennbar" sein.[109] Es reicht deshalb nicht, wenn der Schuldner seine Leistung nur aus anderen Gründen verweigert. *Beispiel:* Weil die von ihm gemieteten Büroräume Mängel aufwiesen, hätte M einen Teil der Miete nach § 320 einbehalten können. Er machte aber nur geltend, V habe ihm einen Teil der Miete erlassen und er könne mit eigenen Forderungen aufrechnen. Da M zum Thema Zurückbehaltungsrecht geschwiegen hatte, durfte das Gericht § 320 nicht von sich aus anwenden.[110] Anderenfalls würde es gegen seine Pflicht zur Neutralität verstoßen.

Ausnahme Verzug: Den Schuldnerverzug (§ 286) vermeidet der Schuldner auch dann, wenn er sich *nicht* auf sein Leistungsverweigerungsrecht beruft (Rn 146).

IV. Rechtsfolgen

144 *Erfüllung Zug um Zug:* Wenn die genannten Voraussetzungen vorliegen, braucht der Schuldner erst dann zu leisten, wenn auch sein Partner seine Leistung erbringt. Wenn der Schuldner im Prozess (also als Beklagter) die Einrede des nicht erfüllten gegenseitigen Vertrags erhebt, schützt ihn das zwar nicht vor einer Verurteilung. Aber er wird dann nur zur *„Erfüllung Zug um Zug"* verurteilt (§ 322 Abs. 1). Nach der Legaldefinition in § 274 Abs. 1 bedeutet das, dass der Beklagte (Schuldner) „zur Leistung gegen Empfang der ihm gebührenden Leistung" verurteilt wird. Er braucht also nicht zu leisten, ohne seinerseits zu bekommen, was ihm zusteht.

145 *Sprachlicher Hinweis:* In der Umgangssprache und von Journalisten wird der Ausdruck „Zug um Zug" leider meist im Sinne von „nach und nach" verwendet („Der Ausbau des Kabelnetzes soll Zug um Zug erfolgen"). Die korrekte Bedeutung („Leistung gegen Gegenleistung") kennen offenbar nur noch wenige.

„§ 320 sperrt § 286": Eine weitere sehr wichtige Rechtsfolge besteht – wie bereits angedeutet (Rn 143) – darin, dass ein Schuldner, dem die Einrede des nichterfüllten gegenseitigen Vertrags zusteht, nicht in Schuldnerverzug geraten kann (ausführlich Rn 501 f).[111] Der Geltendmachung der Einrede bedarf es dazu nicht (anders im Fall des § 273; Rn 160).

107 BGH NJW 1991, 2645.
108 BGH NJW 1992, 566.
109 BGH NJW 2008, 2254 Rn 13; BGHZ 168, 64.
110 NJW 2008, 2254 Rn 13.
111 Staudiger/Otto § 320 Rn 55; MüKo/Emmerich § 320 Rn 37; BGH NJW 2010, 1272 Rn 23.

V. Das Ende des Verweigerungsrechts

146 Das Leistungsverweigerungsrecht des § 320 endet, wenn eine seiner Voraussetzungen entfällt. Es endet außerdem, wenn der andere Teil die fragliche Leistung erbracht hat, und schließlich, wenn das Vertragsverhältnis endet.[112] Die zurückbehaltene Leistung ist dann im Grundsatz sofort zu erbringen.

§ 8 Das Allgemeines Zurückbehaltungsrecht

Fall 8: Stromversorgung §§ 273, 274 147

Frau Gabi Krüger betrieb eine in Hamburg, T-Straße, gelegene Gaststätte. Die Stromrechnungen für diese Gaststätte hatte sie monatelang nicht bezahlt. Als die Zahlungsrückstände 6.237,41 Euro betrugen, kündigte die Hamburgische Electricitäts-Werke AG (HEW) den Stromliefervertrag und schaltete den Strom ab. Frau Krüger gab daraufhin die Gaststätte auf. Die HEW beliefert aufgrund eines anderen Vertrags auch Frau Krügers Wohnung in der B-Straße mit Strom. Die Stromrechnungen wurden und werden von der Sozialhilfe bezahlt. Die HEW erklärte jedoch, sie werde auch den Strom für die Wohnung sperren, falls nicht innerhalb von zwei Wochen eine Einigung über die Begleichung der Rückstände aus der Belieferung der Gaststätte erzielt werde. Da es zu keiner Vereinbarung kam, schaltete die HEW den Strom ab. (Nach BGH NJW 1991, 2645)

148 Im Grundsatz muss die HEW Frau Krüger mit Strom beliefern, weil sie dazu nach dem zwischen ihr und Frau Krüger bestehenden Stromliefervertrag verpflichtet ist. Es ist aber zu prüfen, ob sich die HEW auf den Standpunkt stellen darf, dass sie ihre Leistung in Zukunft nur noch zu erbringen brauche, wenn auch Frau Krüger ihre Schuld aus dem Vertrag T-Straße bezahle.

In Betracht kommt zunächst die Einrede des nicht erfüllten gegenseitigen Vertrags (§ 320; Rn 131).[113] Es fehlt aber an der Voraussetzung des § 320, dass Leistung und Gegenleistung aus *demselben* gegenseitigen Vertrag geschuldet sein müssen. Denn die Schulden stammen aus dem Vertrag über die Belieferung der Gaststätte, während sich die verweigerte Leistung auf den Vertrag über die Belieferung der Wohnung bezieht. Folglich ist zu prüfen, ob die HEW das allgemeine Zurückbehaltungsrecht des § 273 geltend machen kann. Geprüft wird wieder schrittweise:

„Hat der Schuldner ...“ Der Schuldner ist derjenige, der seine Leistung vorläufig verweigert, also das Zurückbehaltungsrecht geltend macht. Das ist die HEW. Gläubigerin ist dementsprechend Frau Krüger.

„... einen fälligen Anspruch gegen den Gläubiger ...“ Die HEW hat gegen ihre Gläubigerin Krüger einen fälligen Zahlungsanspruch aus dem Vertrag T-Straße.

„... aus demselben rechtlichen Verhältnis, auf dem seine Verpflichtung beruht ...“ Die Verpflichtung der HEW zur Versorgung mit Strom beruht auf dem Stromliefervertrag B-Straße.

112 BGH NJW 2015, 2087 Rn 61; NJW-RR 2011, 447.

113 Das Zurückbehaltungsrecht war in den Versorgungsbedingungen der HEW geregelt. Der BGH hat aber trotzdem die §§ 320, 273 geprüft, weil die Versorgungsbedingungen einen Stromkunden nicht schlechter stellen dürfen, als er nach den genannten Vorschriften stehen würde.

Demgegenüber beruht der Anspruch der HEW auf Zahlung der Rückstände auf dem Vertrag T-Straße. Es ist deshalb fraglich, ob die Verpflichtung der HEW einerseits und ihr Anspruch andererseits „aus demselben rechtlichen Verhältnis" stammen. Wenn man diese Worte unvoreingenommen liest, müsste man zu dem Ergebnis kommen, dass sie im vorliegenden Fall nicht vorlägen, weil es sich um *zwei* Verträge handelt. Aber Rechtsprechung und Lehre legen die Worte „dasselbe rechtliche Verhältnis" weit aus. Es ist deshalb im Grundsatz durchaus möglich, als Schuldner die Leistung aus *einem* Vertrag zu verweigern, wenn man aus einem *anderen* Vertrag einen fälligen Anspruch gegen den Gläubiger hat.

Erforderlich ist nur, dass Verpflichtung und Anspruch in einem engen „natürlichen und wirtschaftlichen Zusammenhang stehen".[114] Die Frage ist also, ob der Vertrag zur Versorgung der Gaststätte in einem so engen natürlichen und wirtschaftlichen Zusammenhang mit dem Vertrag über die Belieferung der Wohnung steht, dass Frau Krüger gegen Treu und Glauben verstoßen würde (§ 242), wenn sie auf der weiteren Versorgung ihrer Wohnung bestehen würde, ohne die Rückstände aus dem Vertrag T-Straße zu begleichen. Der BGH hat diese Frage verneint, und zwar deshalb, weil es sich bei dem einen Vertrag um die Versorgung des *Gewerbebetriebs* handelte und bei dem anderen Vertrag um die Versorgung von Frau Krügers *Wohnung*. Er schreibt dazu, diese Verträge seien „derart unterschiedlichen Lebensbereichen zugeordnet und zur Befriedigung so verschiedenartiger Bedürfnisse bestimmt, dass es nicht gegen Treu und Glauben" verstoße, wenn Frau Krüger die weitere Versorgung ihrer Wohnung verlange, ohne die alten Schulden aus dem Betrieb der Gaststätte bezahlt zu haben. Der BGH kommt also zu Recht zu dem Ergebnis, dass die HEW Frau Krüger nicht von der Stromversorgung ihrer Wohnung ausschließen durfte.

Allerdings hat der BGH angedeutet, dass er bereits bei einem geringfügig anderen Sachverhalt anders entschieden hätte. Wenn Frau Krüger nämlich Gaststätte und Wohnung im selben Haus betrieben hätte und beide Bereiche über denselben Hausanschluss versorgt worden wären, hätte die HEW das Zurückbehaltungsrecht geltend machen können.

Lerneinheit 8

149 **Literatur:** Siehe Rn 129. *Hinz*, Das Zurückbehaltungsrecht bei mangelhafter Mietsache, ZMR 2016, 253; *A. Maier*, § 215 BGB und die verjährte „dolo agit"-Einrede, VuR 2015, 407 (zum Zurückbehaltungsrecht); *Gasch/Dingler*, Das Zurückbehaltungsrecht des Generalunternehmers wegen nicht nachgewiesener Beitragsabführung durch den Nachunternehmer vor und nach Insolvenzeintritt, BauR 2015, 1055; *Liebheit*, Die Parkzeitüberschreitung eines Kunden begründet kein Selbsthilferecht zum Abschleppen seines Fahrzeugs, DAR 2014, 516.

I. Hintergrund

150 Wenn die Partner eines gegenseitigen Vertrags im Prinzip das Recht haben, ihre Leistung bis zur Bewirkung der Gegenleistung zu verweigern (§ 320), liegt die Frage nahe, warum dieses Recht dem Schuldner nicht auch außerhalb von gegenseitigen Verträgen zugebilligt werden soll. Tatsächlich hat das Gesetz einen entsprechenden Grundsatz in § 273 für alle Schuldverhältnisse aufgestellt. Aber das Zurückbehaltungsrecht nach § 273 geht in Einzelheiten nicht so weit wie das nach § 320.

114 So der BGH in der zugrunde liegenden Entscheidung.

II. Definition

151 § 273 Abs. 1 endet mit dem in Klammern gesetzten Wort „Zurückbehaltungsrecht". Daraus müsste man schließen, dass die vorangehenden Worte eine Definition dieses Begriffs enthalten. Die formalen Anforderungen an eine Definition werden aber nicht annähernd erreicht. Man kann jedoch etwa so definieren:

Das in § 273 geregelte Zurückbehaltungsrecht ist das Recht des Schuldners, seine Leistung so lange zurückzuhalten, bis der Gläubiger seinerseits eine fällige Verpflichtung erfüllt, die „aus demselben rechtlichen Verhältnis" (dem gleichen Lebensbereich) stammt.

Das Zurückbehaltungsrecht ist (wie die Einrede aus § 320) eine *aufschiebende* Einrede, weil sie nur ein vorübergehendes Leistungsverweigerungsrecht begründet, nämlich bis zur Bewirkung der Gläubigerleistung.

III. Voraussetzungen des § 273 Abs. 1

152 *Kein Fall des § 320:* Der Schuldner muss zwar seinerseits gegen den Gläubiger einen Anspruch haben, also selbst dessen Gläubiger sein. Aber die beiden Ansprüche dürfen nicht auf *demselben gegenseitigen Vertrag* beruhen und im Gegenseitigkeitsverhältnis (Synallagma) stehen. Denn in diesem Fall geht § 320 als Sonderregel vor.

153 *Nur zwei Beteiligte:* Der Schuldner der einen Leistung muss der Gläubiger der anderen Leistung sein.[115] Ein Zurückbehaltungsrecht im Dreiecksverhältnis gibt es nicht (Grundsatz der Gegenseitigkeit oder der Identität der Parteien).

Keine Gleichartigkeit: Die beiden Ansprüche dürfen nicht gleichartig sein, also insbesondere nicht beide auf Zahlung eines Geldbetrags lauten.[116] Denn für diesen Fall gibt es die Möglichkeit der Aufrechnung (§ 387).

154 *Fälligkeit:* Der Anspruch dessen, der das Zurückbehaltungsrecht ausübt (des Schuldners), muss fällig sein (§ 271). Anderenfalls könnte er den anderen (den Gläubiger) mithilfe des Zurückbehaltungsrechts zwingen, vor der Fälligkeit zu leisten.

155 *Konnexität der Ansprüche:* Es ist nicht erforderlich, dass beide Ansprüche (wie bei § 320) auf demselben *Vertrag* beruhen. Für § 273 müssen beide Ansprüche nur „aus demselben rechtlichen Verhältnis" stammen. Dabei wird das „rechtliche Verhältnis" nicht juristisch, sondern wirtschaftlich verstanden. Es genügt, wenn den beiden Ansprüchen „ein innerlich zusammenhängendes, einheitliches Lebensverhältnis zugrunde liegt, beide Ansprüche also aus Rechtsgeschäften hervorgegangen sind, die in einem solchen natürlichen und wirtschaftlichen Zusammenhang stehen, dass es gegen Treu und Glauben verstoßen würde, wenn der eine Anspruch ohne Rücksicht auf den der anderen Seite zustehenden geltend gemacht und durchgesetzt werden könnte".[117] *Beispiel:* M hatte seinem Vermieter V eine Mietsicherheit („Kaution") von 480 Euro gezahlt, aber V hatte sie nicht (wie § 551 Abs. 3 S. 1 vorschreibt) auf ein Sparkonto eingezahlt, sondern verbraucht. § 320 schied aus, weil nur das Überlassen der Mietsache und die Zahlung der Miete im Gegenseitigkeitsverhältnis stehen (der Mieter schuldet kein Entgelt als Gegenleistung für die korrekte Anlage der Kaution). Aber M durfte

115 BGH NJW 2000, 278.
116 BGH NJW 2000, 278.
117 BGH NJW 2004, 3484 (3485) unter Hinweis auf BGHZ 115, 99 (103).

nach § 273 einen Betrag in Höhe der Kaution von der Miete abziehen und V dadurch zwingen, die Kaution ordnungsgemäß anzulegen.[118]

IV. Rechtsfolgen des § 273

156 *Leistung Zug um Zug:* Der Schuldner kann „die geschuldete Leistung verweigern, bis die ihm gebührende Leistung bewirkt wird" (§ 273 Abs. 1). Das bedeutet, dass beide Leistungen „Zug um Zug" zu erfüllen sind, also gleichzeitig (§ 274 Abs. 1). Im Prozess führt die Einrede des Zurückbehaltungsrechts deshalb dazu, „dass der Schuldner zur Leistung gegen Empfang der ihm gebührenden Leistung ... zu verurteilen ist" (§ 274 Abs. 1). Allerdings kann der Gläubiger das Zurückbehaltungsrecht unterlaufen, indem er, statt die geschuldete Leistung zu erbringen, Sicherheit leistet (§ 273 Abs. 3, § 232).

Kein Schuldnerverzug: Wenn der Schuldner die Einrede aus § 273 geltend gemacht hat, kommt er – solange ihre Voraussetzungen fortbestehen – nicht in Schuldnerverzug.

V. Einzelfragen

1. Das Zurückbehaltungsrecht des Herausgabepflichtigen

157 Nach § 273 Abs. 2 kann auch derjenige, der eine Sache herauszugeben hat, ein Zurückbehaltungsrecht haben. *Beispiel 1:* Frau W hatte eine ihr zugelaufene Katze gefüttert. Sie hatte dadurch „Verwendungen auf den Gegenstand" gemacht und brauchte die Katze ihrem Eigentümer nur gegen Erstattung der Futterkosten zurückzugeben. *Beispiel 2:* Frau F hatte ihren Pkw rechtswidrig auf dem Grundstück des G geparkt. G ließ das Fahrzeug für 219,50 Euro abschleppen und anderswo abstellen. G war Frau F einerseits „zur Herausgabe eines Gegenstands verpflichtet". Ihm stand aber andererseits gegen sie „ein fälliger Anspruch ... wegen eines ihm durch diesen verursachten Schadens" zu. Denn der Wagen hatte ihm einen Schaden von 219,50 Euro verursacht. G konnte deshalb den Wagen nach § 273 Abs. 2 zurückbehalten, bis Frau F die Abschleppkosten bezahlt hatte.[119]

2. Ausschluss des Zurückbehaltungsrechts

158 *Ausschluss „aus dem Schuldverhältnis":* Wenn „aus dem Schuldverhältnis sich ein anderes ergibt", ist das Zurückbehaltungsrecht ausgeschlossen (§ 273 Abs. 1). Ein solcher Ausschluss kann vertraglich vereinbart sein oder sich im Einzelfall aus dem Gesetz ergeben (zB aus § 175 Hs. 2).

Ausschluss nach Treu und Glauben: Das Zurückbehaltungsrecht kann im Einzelfall auch aus Gründen der Gerechtigkeit ausgeschlossen sein. *Beispiel 1:* G hatte gegen S Anspruch auf eine Leistung. S machte ein Zurückbehaltungsrecht geltend und berief sich dazu auf eine (angebliche) Forderung gegen G, deren Klärung so schwierig und zeitraubend gewesen wäre, dass G auf unabsehbare Zeit gehindert gewesen wäre, seine Forderung durchzusetzen.[120] *Beispiel 2:* A konnte nur eine Geringfügigkeit fordern, wollte aber eine für den Gläubiger wichtige Leistung zurückbehalten. In einem solchen Fall wird § 320 Abs. 2 analog angewendet.[121] *Beispiel 3:* X hatte nach einem Unfall

---

118 BGH NJW 2009, 3505 Rn 10.
119 BGH NJW 2012, 528 Rn 5.
120 BGH NJW 2000, 948; 1990, 1171.
121 BGH NJW 1988, 2607.

den Ackerschlepper des Landwirts Y geborgen, aber monatelang nicht herausgegeben. Er machte die Herausgabe von der Zahlung eines „Standgelds" von enormer Höhe abhängig. Aber diese Forderung wäre ohne seine Weigerung, den Ackerschlepper herauszugeben, gar nicht in dieser Höhe entstanden.[122]

Ausschluss aus der Natur des geltend gemachten Anspruchs: An Geschäftspapieren, die der andere Teil für die Fortführung seiner Geschäfte benötigt, besteht generell kein Zurückbehaltungsrecht.[123] Der Gesetzgeber hat aber zugunsten der Rechtsanwälte deren Zurückbehaltungsrecht an Akten ihrer Mandanten wesentlich weiter gefasst (§ 50 Abs. 3 S. 1 BRAO). Ein Rechtsanwalt darf, sofern das nicht ausnahmsweise zu einer besonders schweren Beeinträchtigung seines Mandanten führt (§ 50 Abs. 3 S. 2 BRAO), auch das Zurückhalten der Geschäftsunterlagen „als Druckmittel"[124] zur Begleichung seines Honoraranspruchs verwenden.

3. Verjährung

159 Auch derjenige, der eine *nicht* verjährte Forderung schuldet, kann eine verjährte Forderung für ein Zurückbehaltungsrecht nutzen (§ 215). Es gilt das Gleiche wie für § 320 (Rn 139).[125]

4. Erhebung der Einrede

160 *Keine Berücksichtigung von Amts wegen:* Der Schuldner, der im Prozess als Beklagter das Zurückbehaltungsrecht geltend machen will, muss das zum Ausdruck bringen. Denn es handelt sich nur um eine aufschiebende (dilatorische) Einrede, so dass sie der Richter nicht von Amts wegen beachten darf. Insofern besteht kein Unterschied zu § 320 (Rn 143).

161 *Kein „automatischer" Ausschluss des Schuldnerverzugs:* Anders als im Fall des § 320 (Rn 146), kann der Schuldner den Verzug nur vermeiden, wenn er sich auf sein Zurückbehaltungsrecht beruft.[126] Der Schuldner kommt also in Verzug, wenn er sein Zurückbehaltungsrecht nicht ausdrücklich oder konkludent geltend macht. Denn anders als im Fall des § 320 muss sein Partner mit der Erhebung der Einrede – die ja oft aus einem anderen Schuldverhältnis hergeleitet ist – nicht rechnen.

122 BGH NJW 2004, 3484.
123 BGH NJW 1997, 2944.
124 BGH NJW 1997, 2944.
125 Palandt/Grüneberg § 215 Rn 2.
126 BGH NJW-RR 2005, 1041, 1042; BGH NJW 2007, 1269 Rn 28.

Drittes Kapitel: AGB und Anpassung von Verträgen

§ 9 Die Gestaltung von Verträgen durch AGB

Fall 9: Unklarheiten im Geschäftsführervertrag §§ 305c, 310 162

Im April 2004 wählte die Gesellschafterversammlung der „Chemische Werke Astragon GmbH" den Chemiker Dr. Balthasar Bertram zum Geschäftsführer der GmbH. Die GmbH legte Bertram den Entwurf eines Anstellungsvertrags vor. Über einige Bestimmungen wurde wochenlang verhandelt, insbesondere über die Höhe des Gehalts und die Laufzeit des Vertrags. § 27 des Entwurfs wurde aber ohne Diskussion unverändert in den Vertrag übernommen. Er lautet verkürzt: „Alle Ansprüche aus diesem Dienstvertrag ... verfallen, wenn sie nicht innerhalb von drei Monaten ... schriftlich geltend gemacht worden sind." Diese Bestimmung hatte die GmbH vorher noch nicht verwendet und sie hatte auch nicht vor, sie später in andere Verträge zu übernehmen. Ein Jahr nach Vertragsschluss machte Bertram gegenüber der GmbH Ansprüche geltend. Die Gesellschafter erklärten im Namen der GmbH, dass diese Ansprüche nach § 27 des Vertrags verfallen seien. Bertram bestreitet nicht, dass er die Dreimonatsfrist nicht eingehalten hat, ist aber der Meinung, dass § 27 nicht eindeutig formuliert sei. Er beruft sich dazu auf § 305c Abs. 2. Die GmbH ist der Meinung, dass diese Vorschrift nicht anwendbar sei. Zu Recht? (Nach BAG NJW 2010, 2827)

163 Die Anwendung von § 305c Abs. 2 würde voraussetzen, dass es sich bei § 27 um eine Allgemeine Geschäftsbedingung handelt. Der Begriff wird in § 305 Abs. 1 S. 1 definiert. Danach sind Allgemeine Geschäftsbedingungen „alle für eine Vielzahl von Verträgen vorformulierten Vertragsbedingungen". Dass § 27 „vorformuliert" war, wird man sagen können, denn er wurde vor Beginn der Vertragsverhandlungen einseitig von der GmbH formuliert und anschließend Bertram als fertige Bestimmung vorgelegt. Die GmbH hat diese Geschäftsbedingung aber nicht „für eine Vielzahl von Verträgen" vorformuliert. Denn laut Sachverhalt hatte sie diese Klausel vorher noch nicht verwendet und hatte auch nicht die Absicht, sie später in andere Verträge zu übernehmen. Damit liegt keine Allgemeine Geschäftsbedingung vor, so dass eine unmittelbare Anwendung von § 305c Abs. 2 ausscheidet (FD „Einbeziehung von AGB", Frage 1, Nein, Spalte 11).

164 Zu prüfen ist aber, ob sich Bertram über § 310 Abs. 3 Nr. 2 auf § 305c Abs. 2 berufen kann. § 310 Abs. 3 setzt zunächst voraus, dass es sich um einen Vertrag „zwischen einem Unternehmer und einem Verbraucher" handelt. Die GmbH ist ohne Zweifel Unternehmerin (§ 14). Zu fragen ist aber, ob Bertram Verbraucher ist (§ 13). Viele Geschäftsführer fühlen sich als Kaufmann und damit als Unternehmer iSv § 14, sind es aber nicht. Denn Geschäftsführer bieten nicht am Markt auf *eigene* Rechnung Waren oder Dienstleistungen an. Sie betreiben deshalb weder ein Gewerbe (§ 14: „... ihrer gewerblichen Tätigkeit ...") noch üben sie einen Freien Beruf aus („ihrer selbstständigen beruflichen Tätigkeit"). Nur die GmbH selbst ist Gewerbetreibende. Bertram war deshalb bei Abschluss des Vertrags (wie auch vorher und nachher) ein Verbraucher (§ 13).

§ 310 Abs. 3 Nr. 2 setzt voraus, dass es sich um eine vorformulierte Vertragsbedingung handelt, was, wie gesagt, für § 27 des Vertrags zutrifft. Zu beachten ist, dass die Nr. 2 keine *AGB* verlangt, also auf das Merkmal „für eine Vielzahl von Verträgen" verzichtet. Das wird verstärkt durch die Worte: „... auch dann Anwendung, wenn diese nur zur einmaligen Verwendung bestimmt sind ..." § 27 des Vertrags war, wie bereits festgestellt, zur „einmaligen Verwendung" bestimmt.

Schließlich ist noch zu prüfen, ob Bertram „aufgrund der Vorformulierung" auf den Inhalt des § 27 „keinen Einfluss nehmen konnte". Bei Unklarheit wäre es Bertrams Aufgabe gewesen darzulegen, dass er keinen Einfluss nehmen konnte.[1] Das ist ihm offenbar gelungen, jedenfalls ist das BAG zu dem Ergebnis gekommen, dass Bertram keine Einflussmöglichkeit hatte.

Da alle Voraussetzungen des § 310 Abs. 3 Nr. 2 vorlagen, war zu Bertrams Gunsten „§ 305c Abs. 2" anzuwenden. Bertram konnte also seine Ansicht, dass § 27 unklar sei und das zulasten der GmbH gehe, auf § 305c Abs. 2 stützen.

Lerneinheit 9

165 **Literatur:** *Bunte*, Folgenbeseitigungsanspruch nach dem UWG bei unzulässigen AGB-Klauseln? ZIP 2016, 956; *J. Schmidt*, Vom „Stellen" zum „Aushandeln" von AGB, NZM 2016, 377; *Kaeding*, Die Inhaltskontrolle von Geschäftsbedingungen im unternehmerischen Geschäftsverkehr, BB 2016, 450; *Leuschner*, Die Kontrollstrenge des AGB-Rechts, NJW 2016, 1222; *Lingemann/Otte*, Der neue § 309 Nr. 13 BGB – Das Ende des schriftlichen Geltendmachens arbeitsvertraglicher Ausschlussfristen, NZA 2016, 519; *Nicola*, AGB-Kontrolle nach neuem Schuldrecht: Verjährungsverkürzungs- und Haftungsausschlussklauseln bei geschlossenen Fonds, VuR 2016, 203; *Schulze-Hagen*, Allgemeine Geschäftsbedingungen im unternehmerischen Geschäftsverkehr mit Fokus auf den Bau und Anlagenbau, NZBau 2016, 395; *W. Müller*, Plädoyer für eine weniger starre AGB-Kontrolle im unternehmerischen Geschäftsverkehr am Beispiel des Gewerberaummietrechts, NZM 2016, 185; *von Westphalen*, Plädoyer für ein Beibehalten der strengen Rechtsprechung zur AGB-Klauselkontrolle im unternehmerischen Bereich am Beispiel des Gewerberaummietrechts, NZM 2016, 369; Wagner/Wagner, Abschied von der Schriftform: Zum Änderungsbedarf bei AGB für B2C-Geschäfte nach der jüngsten Änderung des AGB-Rechts, BB 2016, S. 707.

I. Einführung

1. Behandlung der AGB in den Lehrbüchern zum Allgemeinen Teil des BGB

166 § 305 Abs. 1 und Abs. 2 wird oft schon in den Lehrbüchern zum Allgemeinen Teil des BGB behandelt. Denn wenn es um den Abschluss von Verträgen geht (§§ 145 ff), liegt es nahe, auch über die Einbeziehung von AGB zu sprechen.[2] Im Folgenden werden diese beiden Themen deshalb nur kurz behandelt. Etwas ausführlicher geht es um die Frage, welche Grenzen das BGB den AGB *inhaltlich* setzt (Rn 170 ff).

2. Ziele der gesetzlichen Regelung

167 Allgemeine Geschäftsbedingungen (AGB) spielen bei der Vertragsgestaltung eine überragende Rolle, weil heute fast alle Unternehmer über AGB verfügen und versuchen, sie

1 BGH NJW 2008, 2250 Rn 20, 23.
2 BGB-AT, Rn 261 ff und 277 ff.

in die von ihnen geschlossenen Verträge einzubeziehen. Teilweise sollen AGB dazu dienen, Lücken des Gesetzes sinnvoll zu schließen. Aber in erster Linie besteht die Absicht, gesetzliche Bestimmungen zum eigenen Vorteil abzuändern. Der Gesetzgeber hat deshalb schon vor mehr als 30 Jahren den Schutz der Verbraucher vor unzulässigen AGB zu seinen Zielen erklärt. Er erreicht das auf doppelte Weise:

- Die Einbeziehung von AGB in den Vertrag wird bewusst erschwert (§ 305 Abs. 2). Dadurch soll verhindert werden, dass einem Verbraucher (§ 13)[3] die für ihn oft nachteiligen Bestimmungen allzu leicht untergeschoben werden können.
- Die §§ 308 und 309 enthalten eine Auflistung einzelner Klauseln, die gegenüber Verbrauchern nicht verwendet werden dürfen. Da nicht alle ungerechten Klauseln aufgeführt werden können und außerdem immer neue erdacht werden, hat der Gesetzgeber mit § 307 eine Grundnorm formuliert, die alle inhaltlich unwirksamen Klauseln erfasst und so als Auffangtatbestand dient.

3. Definition der AGB

168

§ 305 Abs. 1 beginnt mit einer Definition des Begriffs „Allgemeine Geschäftsbedingungen", die dreierlei voraussetzt:

- Sie müssen „für eine *Vielzahl von Verträgen*" vorformuliert sein (FD „Einbeziehung von AGB", Frage 1, Ja). Damit ist gemeint, dass sie nicht nur für den Vertrag vorformuliert wurden, um den es konkret geht, sondern zugleich für mehrere Verträge (ohne dass diese Verträge schon feststehen müssten). Wenn es sich um eine vorformulierte Klausel handelt, die *nur einmal* verwendet werden sollte, handelt es sich nicht um eine AGB. Aber ein davon betroffener Verbraucher kann trotzdem geschützt sein (§ 310 Abs. 3 Nr. 2; Rn 179 ff; FD „Einbeziehung von AGB", Spalte 11).
- Es muss sich um „*vorformulierte* Vertragsbedingungen" handeln (§ 305 Abs. 1 S. 1). Sie müssen also von einem Vertragspartner (dem sogenannten „Verwender") fertig formuliert in die Verhandlungen eingeführt worden sein.
- Zum Begriff der AGB gehört auch, dass der Verwender sie bei Vertragsschluss „der anderen Vertragspartei ... *stellt*" (§ 305 Abs. 1 S. 1 aE). Erforderlich ist deshalb, dass der eine Teil den vorformulierten Text „unter Inanspruchnahme einseitiger Gestaltungsmacht zur Vertragsgrundlage erhoben und ihn damit ... gestellt" hat.[4] Ohne „Stellen" keine AGB! Denn „charakteristisch für AGB" ist „die Einseitigkeit ihrer Auferlegung".[5] Es kann deshalb sein, dass ein zum Vertragsschluss verwendeter Formularvertrag keine AGB darstellt. *Beispiel:* Der Büroangestellte K wollte den Volvo der Hausfrau V kaufen. Jeder hatte sich ein Formular für einen Gebrauchtwagenkauf besorgt, war aber auch bereit, das Formular des anderen zu verwenden. In diesem Fall hat nicht der, dessen Formular schließlich genommen wurde, dessen Formulierungen „gestellt", so dass es sich nicht um AGB handelt (FD „Einbeziehung von AGB", Spalte 9).[6]

3 BGB-AT Rn 27 ff.
4 BGH NJW 2010, 1131 Rn 16
5 BGH aaO Rn 12 und 18
6 BGH aaO Rn 9 ff.

Den Gegensatz zu den AGB bilden Vertragsbedingungen, die „zwischen den Vertragsparteien im Einzelnen ausgehandelt sind" (§ 305 Abs. 1 S. 3),[7] sowie die vorformulierten Vertragsbedingungen, die „nur zur *einmaligen* Verwendung bestimmt" waren (§ 310 Abs. 3 Nr. 2; Rn 179 ff; Fall 9, Rn 162). § 305 Abs. 1 S. 2 macht deutlich, dass AGB in vielerlei Gestalt auftreten können, der Begriff also in einem sehr weiten Sinne zu verstehen ist.[8]

II. AGB gegenüber einem *Verbraucher*

1. Einführung

168a Die §§ 305 bis 309 gehen – ohne das zu erwähnen – davon aus, dass der von den AGB des Verwenders Betroffene ein Verbraucher ist (§ 13). Deshalb beginnt die folgende Darstellung auch mit den Fällen, in denen AGB gegenüber einem *Verbraucher* verwendet werden.

Auf die *Person des Verwenders* (§ 305 Abs. 1 S. 1) kommt es dem Gesetzgeber nie an. Es spielt also keine Rolle, ob der Verwender selbst Unternehmer oder Verbraucher ist. Meist wird er Unternehmer sein. Aber weil es darauf nicht ankommt, gelten die folgenden Ausführungen auch dann, wenn ein Verbraucher (was auch vorkommt) der Verwender ist. Wichtig ist zunächst nur, dass der von den AGB Betroffene Verbraucher ist. *Beispiel:* Die Lehrerin L vermietete ihr Ferienhaus auf Rügen an das Ehepaar E. Für den Mietvertrag benutzte sie ein Vertragsformular, das sie aus einer Zeitschrift ausgeschnitten hatte. Die Eheleute E sind als Urlauber immer Verbraucher. Frau L ist zwar selbst Verbraucherin, aber sie musste als Verwenderin die gleichen Regeln beachten, die auch ein Unternehmer als Vermieter eines Ferienhauses gegenüber Verbrauchern einhalten muss.

2. Einbeziehung von AGB nach § 305 Abs. 2

169 Die fraglichen AGB müssen wirksam in den Vertrag einbezogen worden sein, weil sie nicht (wie Gesetzesvorschriften) von sich aus gelten, also ohne vertragliche Grundlage. § 305 Abs. 2 schreibt vor, dass der Verwender den Verbraucher „bei" Vertragsschluss (nicht nachher!) auf die Existenz seiner AGB hinweisen (§ 305 Abs. 2 Nr. 1) *und* ihm gleichzeitig Gelegenheit geben muss, sie zu lesen (§ 305 Abs. 2 Nr. 2). Wenn der Verwender nur *eine* der beiden Voraussetzungen erfüllt, werden die AGB nicht Vertragsbestandteil (FD „Einbeziehung von AGB", Frage 9, Nein, Spalte 5). *Beispiel:* Der Lebensversicherer L hatte dem Versicherungsnehmer V beim Vertragsschluss neben anderen Drucksachen auch eine „Verbraucherinformation" überreicht, hatte aber nirgends darauf hingewiesen, dass sie Vertragsbestandteil werden sollte. Damit hatte L zwar die Voraussetzungen der Nr. 2 erfüllt, aber nicht die der Nr. 1, so dass die „Verbraucherinformation" nicht Vertragsbestandteil geworden ist.[9]

---

7 BGB-AT Rn 264.

8 BGB-AT Rn 269 ff.

9 BGH NJW 2012, 3647 Rn 33. Der BGH spricht der Verbraucherinformation die AGB-Eigenschaft ab, aber das ist nicht richtig. Es handelt sich um AGB, aber sie wurden nicht wirksam einbezogen.

3. Anwendung und Auslegung von AGB

a) *Vorrang der Individualabrede*

170 Wenn eine AGB von dem abweicht, was individuell verabredet wurde, geht die individuelle Vereinbarung vor (§ 305b). Eine solche Diskrepanz ergibt sich häufig, wenn ein angestellter Verkäufer oder Außendienstmitarbeiter dem Kunden mündlich etwas zusagt, was den AGB widerspricht. Dann gilt die mündliche Zusage. Allerdings muss der Kunde damit rechnen, dass der Verwender die mündliche Zusage bestreitet oder behauptet, sein Mitarbeiter habe keine entsprechende Vollmacht besessen (§§ 177 ff).

b) *Überraschende Klauseln*

170a Die AGB dürfen nicht so „ungewöhnlich" sein, dass der Vertragspartner mit ihnen nicht zu rechnen braucht" (§ 305c Abs. 1). § 305c nennt in seiner Überschrift solche Klauseln „überraschend". *Beispiel:* L unterzeichnete einen Anzeigenauftrag, hatte aber nicht erkannt, dass an versteckter Stelle des Formulars stand, die Anzeige solle auch in elf anderen Regionalausgaben der Zeitung erscheinen.[10]

c) *Auslegung*

170b Nach § 305c Abs. 2 gehen „Zweifel bei der Auslegung Allgemeiner Geschäftsbedingungen zu Lasten des Verwenders". Es gilt also die für den anderen Teil günstigste Auslegung. Wenn es um die Frage geht, ob eine AGB der Inhaltskontrolle nach den §§ 307 bis 309 standhält (Rn 171 f), ist allerdings von der *kundenfeindlichsten* Auslegung auszugehen. Wenn nämlich *diese* Auslegung zur Unwirksamkeit der AGB führt (§ 306 Abs. 1, Abs. 2) ist der Kunde besser gestellt. Deshalb gilt der zunächst paradox klingende Satz, dass „die scheinbar ‚kundenfeindlichste' Auslegung im Ergebnis regelmäßig die dem Kunden günstigste" ist.[11] Erst wenn feststeht, dass die Klausel in jeder denkbaren Auslegung *wirksam* ist, gilt wiederum die dem Kunden *günstigste* Auslegung.[12]

d) *Intransparenz*

170c Manchmal sind AGB „nicht klar und verständlich" formuliert. Wenn darin eine „unangemessene Benachteiligung" liegt (§ 307 Abs. 1 S. 2 verweist auf S. 1), ist die Klausel unwirksam. *Beispiel:* K hatte mit dem britischen Lebensversicherer B einen Kapitalanlagevertrag in der Form eines Lebensversicherungsvertrags geschlossen. In den sehr umfangreichen Versicherungsbedingungen hatte sich B an versteckter Stelle und sehr verklausuliert das Recht vorbehalten, vertragliche Rechte und Pflichten einseitig nach eigenem Ermessen abzuändern. Darin lag ein Verstoß gegen das Transparenzgebot, so dass die Bestimmung nach § 307 Abs. 1 S. 2 unwirksam war.[13]

---

10 LG Saarbrücken NJW-RR 2002, 915.
11 BGHZ 175, 76 Rn 9; BGHZ 158, 149, 155; BGH NJW 2012, 1431 Rn 32.
12 BGHZ 176, 244 Rn 19.
13 BGH NJW 2012, 3647 Rn 61 f.

4. Inhaltskontrolle

a) Einführung

171 Das wichtigste Anliegen der §§ 305 bis 310 ist es, AGB einer *inhaltlichen* Überprüfung zu unterziehen und die AGB, die den Vertragspartner des Verwenders unangemessen benachteiligen, für unwirksam zu erklären. Der Grundsatz lautet: Nicht alles, was man aufgrund einer individuellen, (annähernd) gleichberechtigten Vertragsverhandlung in einem Vertrag vereinbaren kann, darf ein Verwender auch *durch AGB* zum Bestandteil des Vertrags machen. Das „Kleingedruckte" beurteilt der Gesetzgeber also wesentlich kritischer. Das ist auch berechtigt, weil der Verwender seinem Vertragspartner durch seine AGB häufig Regelungen auferlegen will, die dieser bei freien Vertragsverhandlungen nicht akzeptiert hätte.

Dies Anliegen wird durch eine Doppelstrategie verwirklicht: Die §§ 308 und 309 enthalten eine Aufzählung einzelner unwirksamer Klauseln, während § 307 eine Generalnorm oder Auffangvorschrift darstellt.

b) Die Klauselverbote der §§ 308, 309

171a Das Gesetz führt in den §§ 308, 309 einzelne Klauseln auf, die aus inhaltlichen Gründen „unwirksam" (nichtig) sind. Der Gesetzgeber hat die Fülle der Klauselverbote auf zwei Paragrafen aufgeteilt, aber unter einem unglücklichen, fast kuriosen Gesichtspunkt:

- § 308 soll die Klauseln enthalten, deren Umschreibung unbestimmte Rechtsbegriffe erfordert.[14] *Beispiel:* § 308 Nr. 1 enthält die Worte „unangemessen lange oder nicht hinreichend bestimmte Fristen". Dieser Begriff ist so unbestimmt, dass er einer „Wertung" (Auslegung) bedarf.
- In § 309 sollen hingegen die Klauselverbote stehen, die *ohne unbestimmte* Rechtsbegriffe auskommen und deshalb keiner richterlichen Wertung bedürfen („Klauselverbote ohne Wertungsmöglichkeit").

Aber die Vorstellung, es könne eine umfangreiche Regelung „ohne Wertungsmöglichkeit" geben, ist unrealistisch.[15] Diese Art der Aufteilung hilft außerdem dem Suchenden in keiner Weise, die richtige Bestimmung zu finden. Die §§ 308, 309 müssen deshalb leider als ein einziger ungeordneter Haufen von Klauselverboten bezeichnet werden.

Die §§ 308, 309 sind so umfangreich, dass sie nicht zusammenhängend besprochen werden können, sondern nur nach und nach im Rahmen ihres jeweiligen Hintergrundes. *Beispiel:* Nach § 309 Nr. 8 b aa kann der Verkäufer einer neuen Sache in seinen AGB seine Haftung für Mängel der Kaufsache nicht gänzlich ausschließen. Diese Bestimmung wird in den Lehrbüchern zum Besonderen Schuldrecht im Zusammenhang mit der Sachmängelhaftung des Verkäufers erörtert.

---

14 Deshalb trägt § 308 die Überschrift „Klauselverbote mit Wertungsmöglichkeit". Logisch richtiger, aber sprachlich noch unschöner wäre „mit Wertungs*notwendigkeit*".

15 Unbestimmte Rechtsbegriffe in § 309 sind beispielsweise „wesentlich niedriger" (§ 309 Nr. 5 b) und „unverhältnismäßig hoher Teil des Entgelts" (§ 309 Nr. 8 b dd).

c) Die Generalnorm des § 307

172 Natürlich kann kein Gesetzgeber alle bereits bekannten unzulässigen Klauseln einzeln aufführen. Und selbst wenn das möglich wäre, würden findige Unternehmens-Juristen gleich wieder neue Fallstricke erfinden. Aus diesem Grunde hat der Gesetzgeber in § 307 eine Generalnorm geschaffen, die in allgemeiner Form alle Fälle erfasst, die eine unzulässige Beeinträchtigung der Gegenseite darstellen. § 307 hat damit die Funktion einer Auffangnorm.

Reihenfolge der Prüfung: Obwohl § 307 seinem Standort nach den §§ 308, 309 vorgeht, ist er nach ihnen zu prüfen. Denn es muss zuerst festgestellt werden, ob die fragliche Klausel nach den §§ 308, 309 verboten ist. Nur wenn sie dort nicht aufgeführt ist, muss sie an § 307 gemessen werden.

Es kommt nach § 307 Abs. 1 S. 1 darauf an, ob die Klausel „den Vertragspartner des Verwenders entgegen den Geboten von Treu und Glauben unangemessen" benachteiligt. Die Maßgeblichkeit von „Treu und Glauben" ist ein tragender Grundsatz, der insbesondere in den §§ 242, 157 und 162 angesprochen wird. *Beispiel:* British Airways bot Flüge Frankfurt-London-Frankfurt an, die weniger als die Hälfte dessen kosteten, was für einen normalen Hin- und Rückflug zu zahlen war. M kaufte zwei Tickets, flog mit dem einen nach London und wollte mit dem anderen nach Frankfurt zurückfliegen. Das wurde ihm jedoch mit der Begründung verwehrt, das zweite Ticket sei verfallen, weil er das erste nur zur Hälfte genutzt habe. British Airways berief sich auf eine AGB mit folgendem Wortlaut: „Wenn Sie nicht alle Flight Coupons in der im Flugschein angegebenen Reihenfolge nutzen, wird der Flugschein von uns nicht eingelöst und verliert seine Gültigkeit." Diese AGB entsprach keiner der zahlreichen Klauseln, die in den §§ 308, 309 aufgeführt sind, so dass der BGH sie anhand von § 307 geprüft hat. Die Klausel verstieß gegen den Grundsatz, dass es dem Gläubiger freisteht, auf einen Teil seiner Forderungen zu verzichten (zu diesem Sachverhalt schon Rn 9). Damit benachteiligte sie M entgegen den Geboten von Treu und Glauben unangemessen und war nach § 307 unwirksam.[16]

172a Der in § 307 Abs. 1 genannte Begriff „unangemessene Benachteiligung", wird in § 307 Abs. 2 durch zwei Fallgruppen konkretisiert.

- In Nr. 1 stellt das Gesetz darauf ab, ob die fragliche Klausel „mit wesentlichen Grundgedanken der gesetzlichen Regelung ... nicht zu vereinbaren ist". Maßstab der Beurteilung sind also diejenigen Normen des gesetzten Rechts, deren Grundentscheidungen nicht zur Disposition durch AGB stehen. AGB dürfen deshalb den Charakter eines Vertragstyps nicht so verändern, dass seine Eigenheiten verloren gehen. *Beispiel:* Makler dürfen in ihren AGB den Maklervertrag nicht so umgestalten, dass eine Provision entgegen § 652 Abs. 1 S. 1 auch ohne Zustandekommen des gewünschten Vertrags zu zahlen ist.[17]
- Nach Nr. 2 kommt es darauf an, ob die Klausel wesentliche Rechte und wesentliche Pflichten so einschränkt, dass „die Erreichung des Vertragszwecks gefährdet ist". Bei den wesentlichen *Rechten* handelt es sich natürlich um solche des Vertragspartners und bei den wesentlichen *Pflichten* um die des Verwenders. Da § 307 Abs. 2 Nr. 2 nicht auf die gesetzliche Regelung, sondern auf den Vertragszweck abstellt, ist sie besonders wichtig für Verträge, die nicht gesetzlich geregelt sind und die deshalb

16 BGH NJW 2010, 1958.
17 BGHZ 99, 374 (382); BGH NJW-RR 1997, 1146.

nicht nach Nr. 1 beurteilt werden können („unbenannte" Verträge). Eine besondere Bedeutung hat § 307 Abs. 2 Nr. 2 für AGB, mit denen der Verwender seine Haftung einschränken möchte. Solche *Freizeichnungsklauseln* bilden einen Schwerpunkt fast aller AGB. *Beispiel:* X hat gegenüber A eine seiner Vertragspflichten leicht fahrlässig verletzt. Er beruft sich auf seine AGB, in denen er eine Haftung für *einfache* Fahrlässigkeit ausgeschlossen hat. Ein solcher Haftungsausschluss ist nicht nach § 309 Nr. 7 b unwirksam. Aber die Unwirksamkeit der Klausel kann sich aus § 307 Abs. 1 S. 1, Abs. 2 Nr. 2 ergeben, wenn X eine sogenannte *Kardinalpflicht* verletzt hat.[18]

d) Keine Preiskontrolle

172b Die inhaltliche Kontrolle bezieht sich nicht auf Bestimmungen, die Art und Umfang von Leistung und Gegenleistung festlegen (§ 307 Abs. 3 S. 1). Denn die Gerichte sollen keine Preiskontrollen durchführen. Deshalb unterliegen nur die AGB einer Überprüfung, die – ähnlich wie Gesetze und Verordnungen – allgemeine Regeln enthalten. § 307 Abs. 3 S. 1 sagt das mit den Worten, dass die Klauselkontrolle nur für AGB gelte, „durch die von Rechtsvorschriften abweichende oder diese ergänzende Regelungen vereinbart werden". Von § 307 Abs. 3 S. 1 nicht betroffen sind aber AGB-Klauseln, die künftige Preiserhöhungen und die Art ihrer Berechnung regeln.[19]

5. Rechtsfolge

173 *Bei Wirksamkeit:* Wenn die fragliche Klausel wirksam einbezogen wurde (§ 305 Abs. 2) und auch inhaltlich nicht beanstandet werden kann (§§ 307 bis 309), ist sie wirksamer „Bestandteil des Vertrags" (§ 305 Abs. 2 aA).

173a *Bei Unwirksamkeit:* Wenn die fragliche Klausel nach § 305 Abs. 2 nicht Vertragsbestandteil geworden oder nach den §§ 307 bis 309 unwirksam ist, ist im Regelfall nicht der ganze Vertrag nichtig, vielmehr „bleibt der Vertrag im Übrigen wirksam" (§ 306 Abs. 1). Das ist eine bemerkenswerte Ausnahme von § 139, demzufolge eine Teilnichtigkeit im Zweifel zur Gesamtnichtigkeit des Vertrags führt.[20] § 306 Abs. 2 bestimmt, dass sich der Inhalt des Vertrags „nach den gesetzlichen Vorschriften" richtet. Die Lücke, die sich durch die Unwirksamkeit der Klausel ergeben hat, wird also durch die entsprechende Gesetzesnorm geschlossen oder – wenn sie fehlt – durch das einschlägige Richterrecht.

Nur in ganz seltenen Ausnahmefällen macht die Unwirksamkeit der AGB den ganzen Vertrag unwirksam (§ 306 Abs. 3). Das ist der Fall, wenn der Fortbestand des reduzierten Vertrags für eine Vertragspartei „eine unzumutbare Härte" darstellen würde. Zu beachten ist, dass es sich bei der betroffenen Vertragspartei auch um den Verwender handeln kann. Das Gesetz zeigt also Milde auch gegenüber dem, der die unzulässige Klausel verwendet hat.

---

18 BGHZ 93, 29 (48); 89, 363 (366/367); BGH NJW 1993, 335; Palandt/Grüneberg § 309 Rn 48.
19 BGH NJW 2014, 3508 Rn 17; BGH NJW 2014, 2708 Rn 14 ff.
20 BGB-AT Rn 783.

III. AGB gegenüber einem Unternehmer

1. Einführung

174 Bisher ging es um die zahlreichen Fälle, in denen der Vertragspartner des Verwenders ein *Verbraucher* (§ 13) ist. Jetzt geht es um die Fälle, in denen AGB *gegenüber einem Unternehmer* durchgesetzt werden sollen. In beiden Fällen kommt es – das soll noch einmal betont werden – *nicht* darauf an, ob der *Verwender* Verbraucher oder Unternehmer ist.

Wenn man die §§ 305 bis 310 in der Reihenfolge liest, in der sie im Gesetz stehen, muss man über lange Zeit den Eindruck haben, es komme nicht darauf an, ob die „andere Vertragspartei" Verbraucher sei oder Unternehmer. Sehr spät, nämlich erst in § 310 Abs. 1 S. 1, macht das Gesetz deutlich, dass die Unternehmer und die juristischen Personen des öffentlichen Rechts nur teilweise geschützt werden.

2. Die Beteiligten

a) Unternehmer und juristische Personen des öffentlichen Rechts

175 § 310 Abs. 1 S. 1 nennt (als von den fremden AGB Betroffene) zunächst die *Unternehmer (§ 14),* zu denen – soweit sie beruflich-geschäftlich auftreten – alle Selbstständigen gehören (zB Kaufleute und sonstige Gewerbetreibende, aber auch Freiberufler wie Rechtsanwälte mit eigener Kanzlei und niedergelassene Ärzte). Außerdem gehören die Unternehmen in der Rechtsform einer Handelsgesellschaft immer zu den Unternehmern (zB AG, GmbH oder KG). Unternehmer gelten als geschäftlich erfahren und brauchen deshalb weniger Schutz als Verbraucher.

Das Gleiche gilt für die *juristischen Personen des öffentlichen Rechts.* Zu ihnen zählen insbesondere die Gebietskörperschaften (zB die Bundesrepublik Deutschland, die Bundesländer, die Kreise und Gemeinden), die Kammern (zB IHK, RA-Kammern), die großen Religionsgemeinschaften und die Anstalten des öffentlichen Rechts (wie zB die Rundfunkanstalten der ARD). Sie gelten als rechtlich versiert, schon weil bei ihnen die Juristen einen starken Einfluss haben. [21]

b) Die Verwender

176 Zu beachten ist, dass § 310 Abs. 1 S. 1 nichts über die Person des *Verwenders* sagt (der bekanntlich in § 305 Abs. 1 S. 1 definiert ist). Es kommt also nicht darauf an, ob *er* Verbraucher oder Unternehmer ist. Es gibt im Folgenden nur zwei Konstellationen, die sich in ihrer rechtlichen Behandlung aber nicht unterscheiden.

- *AGB eines Unternehmers in einem Vertrag mit einem anderen Unternehmer:* Wenn der von fremden AGB Betroffene ein Unternehmer ist, dann ist natürlich meist der Verwender auch ein Unternehmer. Beispiel: Die Volkswagen AG vereinbart mit einem Zulieferer die Geltung ihrer Einkaufs-AGB.
- *AGB eines Verbrauchers in einem Vertrag mit einem Unternehmer:* Die meisten Laien gehen davon aus, AGB würden immer von Unternehmern (§ 14) gestellt. Das muss aber nicht so sein. Auch Verbraucher können AGB verwenden, auch gegen-

21 Die folgenden Worte („öffentlich-rechtliche Sondervermögen") hätten längst gestrichen werden müssen, weil sie sich auf die Deutsche Bundesbahn und die Deutsche Bundespost bezogen, die in dieser Rechtsform nicht mehr existieren.

über Unternehmern. *Beispiel:* Der Richter am Amtsgericht R ist Eigentümer eines Mietshauses. Er setzt seine Mietverträge am PC immer aus den gleichen Textbausteinen zusammen. Aufgrund eines solchen Mietvertrags hat er Büroräume an den Steuerberater S vermietet. R ist Verbraucher (§ 13), aber er ist (weil er seine AGB dem Mietvertrag zugrunde legt) in diesem Fall „Verwender" (§ 305 Abs. 1 S. 1). S ist Unternehmer (§ 14), aber nicht Verwender, er ist vielmehr die „andere Vertragspartei" (§ 305 Abs. 1 S. 1).

3. Einbeziehung der AGB

177 § 310 Abs. 1 S. 1 erklärt § 305 Abs. 2 und 3 für unanwendbar, wenn die AGB „gegenüber einem Unternehmer oder einer juristischen Person des öffentlichen Rechts" verwendet werden. § 310 Abs. 1 S. 1 hinterlässt durch seine Negativ-Formulierung („finden keine Anwendung") eine Lücke. Denn die Frage, wie AGB in diesen Fällen einbezogen werden, ist nirgends geregelt. Sicher ist nur, dass AGB auch gegenüber einem Unternehmer und einer Behörde nicht von selbst gelten (also einbezogen werden müssen), dass aber der Verwender nicht alle Hürden des § 305 Abs. 2 zu nehmen braucht. Es wird angenommen, dass der Verwender auch einen Unternehmer (bzw eine Behörde) *vor* oder *bei* Vertragsschluss auf seine AGB hinweisen muss (FD „Einbeziehung von AGB", Frage 10). Dagegen müssen einem Unternehmer die gegnerischen AGB *nicht vorher vorgelegt* werden.[22] Vereinfacht kann man deshalb sagen: § 305 Abs. 2 Nr. 1 ist zu beachten, Nr. 2 nicht.

4. Schutz des Unternehmers vor nachteiligen AGB

a) Die §§ 305b und 305c schützen auch Unternehmer

178 Die Anwendung der §§ 305b und 305c wird in § 310 Abs. 1 S. 1 nicht ausgeschlossen. Das bedeutet, dass sich auch Unternehmer gegenüber dem Verwender auf den Schutz dieser Vorschriften berufen können. Deshalb geht es im FD „Einbeziehung von AGB" auch erst ab Frage 5 darum, ob der von einer AGB Betroffene ein Verbraucher oder ein Unternehmer ist. *Beispiel:* Kaufmann K wollte sein Unternehmen in ein Internet-Branchenverzeichnis eintragen lassen – wie allgemein üblich unentgeltlich. Das ihm von der X-GmbH vorgelegte Antragsformular enthielt an versteckter Stelle den unauffälligen Hinweis, dass K für die Eintragung 650 Euro pro Jahr zu zahlen habe. Diese Klausel wurde nicht Vertragsbestandteil (§ 305c Abs. 1).[23] Es gelten die Ausführungen zu den §§ 305b und 305c unter Rn 170 bis 170b.

b) Inhaltliche Unwirksamkeit nur nach § 307

178a Der bedeutendste Unterschied zwischen dem Schutz von Verbrauchern einerseits und Unternehmern und Behörden andererseits besteht darin, dass Unternehmer und Behörden sich *nicht* auf den Schutz der §§ 308 und 309 berufen können (§ 310 Abs. 1 S. 1). Genau genommen wird in § 310 Abs. 1 S. 1 nF nicht der *ganze* § 308 von der Anwendung ausgenommen, sondern nur „§ 308 Nummer 1, 2 bis 8". Auf den ersten Blick könnte man meinen, dass das alle Nummern des § 308 seien. Aber im Jahre 2014 wurden in § 308 die Nummern 1a und 1b eingefügt, die in 310 Abs. 1 S. 1 nF bewusst

22 BGB-AT Rn 292.
23 BGH NJW-RR 2012, 1261

nicht genannt werden. Diese sind deshalb auch zu Gunsten von Unternehmern und Behörden anwendbar (siehe Rn 536b).

Aber im Grundsatz sind Unternehmer und Behörden vor nachteiligen AGB nur durch die Generalnorm des § 307 geschützt. *Beispiel:* Der Filialunternehmer F schloss mit V einen Mietvertrag über ein Ladenlokal. In dem von V vorgelegten Formularmietvertrag heißt es, die von F anteilig zu tragenden Nebenkosten umfassten auch die Kosten für „Hausmeister, Betriebspersonal, Center-Manager und Verwaltung". Der Begriff „Center-Manager" ist „nicht klar und verständlich". Der Unternehmer F konnte sich auf das sogenannte *Transparenzgebot* (§ 307 Abs. 1 S. 2) berufen.[24]

Wenn Unternehmer sich zwar auf § 307 berufen können, aber im Wesentlichen nicht auf § 308 und nie auf § 309, stellt sich natürlich die Frage, ob sich ein Unternehmer oder eine Behörde auch dann auf § 307 berufen kann, wenn die fragliche Klausel in § 308 oder § 309 aufgeführt ist. Das Gesetz hat das in § 310 Abs. 1 S. 2 ausdrücklich (wenn auch etwas umständlich) bejaht (FD „Inhaltskontrolle der AGB", Frage 10).

„Indiz": Nach Ansicht des BGH kommt einem Klauselverbot in den §§ 308, 309 sogar „eine indizielle Bedeutung für die Annahme einer unangemessenen Benachteiligung" auch gegenüber Unternehmern und Behörden zu.[25] Das führt dazu, dass die meisten Klauselverbote der §§ 308, 309 – auf dem Umweg über § 307 – auch für Nicht-Verbraucher gelten. Es ist allerdings „auf die im Handelsverkehr geltenden Gewohnheiten und Gebräuche ... angemessen Rücksicht zu nehmen" (§ 310 Abs. 1 S. 2 Hs 2).

IV. Vorformulierte Vertragsbedingungen, aber keine AGB

1. Hintergrund

179 Die §§ 305 ff gehen davon aus, dass es sich um *AGB* handelt, also um Klauseln, die „für eine *Vielzahl* von Verträgen" vorformuliert sind. Nun gibt es aber auch Fälle, in denen ein Unternehmer (§ 14) einem Verbraucher (§ 13) Formulierungen vorlegt, die zwar vorformuliert sind, aber nicht für eine Vielzahl von Verträgen, sondern zum *einmaligen Gebrauch*. Auch solche Bestimmungen können für den Verbraucher nachteilig sein. Deshalb versucht § 310 Abs. 3 Nr. 2 einen Verbraucher auch in dieser Situation zu schützen.

2. Voraussetzungen des § 310 Abs. 3 Nr. 2

180 *Vorformulierte Vertragsbedingungen:* § 310 Abs. 3 Nr. 2 setzt zunächst voraus, dass es sich um „vorformulierte Vertragsbedingungen" handelt. In dieser Hinsicht unterscheiden sich diese Vertragsbedingungen nicht von AGB (§ 305 Abs. 1 Nr. 1; Rn 168).

Einmalige Verwendung: Während AGB „für eine *Vielzahl* von Verträgen" vorformuliert sein müssen, setzt § 310 Abs. 3 Nr. 2 das Gegenteil voraus, nämlich dass die vorformulierten Vertragsbedingungen „zur *einmaligen* Verwendung bestimmt sind" (FD „Einbeziehung von AGB", Frage 1, Nein, Spalte 11). *Beispiel:* Die A-GmbH hatte in den Vertragsentwurf, den sie dem Chemiker B vorlegte, eine Bestimmung aufgenommen, die sie noch nicht verwendet hatte und auch nicht in weiteren Verträgen verwenden wollte (Fall 9, Rn 162).[26]

24 BGH NJW 2012, 54 Rn 15.
25 BGHZ 103, 316, 328; ähnlich BGH NJW 2007, 3774 Rn 12.
26 Siehe auch BGB-AT Rn 262.

Keine Möglichkeit der Einflussnahme: § 310 Abs. 3 S. 2 verlangt ferner, dass „der Verbraucher aufgrund der Vorformulierung“ auf den Inhalt der Klausel „keinen Einfluss nehmen konnte“. Die Beweislast liegt beim Verbraucher.[27] Im Streitfall muss deshalb der Verbraucher behaupten und beweisen, dass ihm der Unternehmer keine Möglichkeit der Einflussnahme eingeräumt hatte.

3. Rechtsfolgen

181 § 310 Abs. 3 Nr. 2 gibt dem Verbraucher längst nicht alle Rechte, die einem Verbraucher gegen *AGB* zur Verfügung stehen, aber doch einige der wichtigsten. Denn die Vorschrift erklärt die §§ 305c Abs. 2, 306 sowie 307 bis 309 für anwendbar (sowie Art. 46b EGBGB). Der Verbraucher ist deshalb vor mehrdeutigen Klauseln geschützt (§ 305c Abs. 2) und kann sich auf die Klauselverbote der §§ 308, 309 und auf die Generalnorm des § 307 berufen (§ 310 Abs. 3 Nr. 2).

Der Grund ist folgender: Die in § 310 Abs. 3 Nr. 2 genannten Vertragsbestimmungen sind zwar keine AGB (weil es an der Absicht der Mehrfachverwendung fehlt). Aber es ist für den Verbraucher ziemlich gleichgültig, ob der ihm vorgelegte Text speziell für ihn aufgesetzt oder mehrfach verwendet wurde (oder mehrfach werden soll). Wenn er den Text nicht ändern kann, ist der Verbraucher nämlich im einen wie im anderen Fall beim Vertragsschluss in einer „Friss, Vogel, oder stirb“-Situation. Deshalb muss ihm nachträglich geholfen werden.

§ 10 Anpassung von Verträgen

182 **Fall 10: Keine Förderung der Photovoltaikanlage** § 313

Die PVA GmbH baut und betreibt Photovoltaikanlagen. Im Februar 2010 schloss sie mit der Gutsbesitzerin Olga von Schalckenberg einen „Pacht- und Gestattungsvertrag“, der eine Laufzeit von 24 Jahren haben sollte. In dem Vertrag gestattete Frau von Schalckenberg der GmbH, auf einer ihr gehörenden 82 000 qm großen Ackerfläche eine Photovoltaikanlage zu errichten und zu betreiben. Die GmbH verpflichtete sich, dafür jährlich 17 300 Euro zu zahlen. Frau von Schalckenberg hatte für diese Fläche bisher von einem Landwirt eine jährliche Pacht von 820 Euro erhalten. Ihr war bewusst, dass die von der GmbH zu zahlende Pacht nur deshalb so viel höher war, weil die GmbH für die Einspeisung des Stroms in das öffentliche Netz rund 32 Cent pro Kilowattstunde erhalten sollte.

Schon einen Monat nach dem Vertragsschluss wurde im Bundestag ein Gesetzentwurf eingebracht, der das Ziel hatte, keinen Solarstrom mehr zu fördern, der auf Ackerflächen produziert wird. Dementsprechend wurde noch im Jahre 2010 das Erneuerbare-Energien-Gesetz (EEG) geändert. Danach werden Photovoltaikanlagen auf Ackerflächen nur noch gefördert, wenn der zur Errichtung nötige Bebauungsplan vor dem 25. März 2010 beschlossen worden ist. Die zuständige Gemeinde verabschiedete den Bebauungsplan aber erst am 30. Juni 2010. Die GmbH hätte deshalb bei einer Durchführung des Projekts für die Kilowattstunde weniger als 5 Cent erlöst. Sie hat deshalb keinen Bauantrag gestellt und das

27 BGH NJW 2008, 2250 Rn 18. Das gilt auch für den Umstand, dass die Klausel vorformuliert ist (BGH aaO).

Projekt aufgegeben. Sie ist vom Vertrag zurückgetreten und beruft sich dazu auf einen Wegfall der Geschäftsgrundlage. Zu Recht? (Nach OLG Saarbrücken NJW 2012, 3731)

183 Es ist zu prüfen, ob eine Störung der Geschäftsgrundlage nach § 313 vorliegt. Dazu soll § 313 Schritt für Schritt zitiert und geprüft werden.

„Haben sich Umstände, die zur Grundlage des Vertrags geworden sind, ...“ Zur Grundlage des Vertrags könnte der Umstand geworden sein, dass der auf der Pachtfläche erzeugte Solarstrom für 32 Cent verkauft werden konnte. Dieser Umstand war nicht nur für die GmbH wichtig, sondern auch für Frau von Schalckenberg. Denn sie erzielte durch den Vertrag eine Pacht, die 21-mal höher war als die Pacht, die sie bisher von einem landwirtschaftlichen Pächter erhalten hatte. Man kann deshalb nicht sagen, dass die Zahlung oder Nichtzahlung einer Subvention allein Sache der GmbH gewesen wäre. Auch aus Sicht von Frau von Schalckenberg war die hohe staatliche Förderung die Grundlage des Vertrags, weil sie selbst von dieser Förderung erheblich profitierte. Die Errichtung der Solaranlage wurde dadurch zu einem *gemeinsamen* Projekt, das auf der hohen staatlichen Förderung aufbaute.

„... nach Vertragsschluss schwerwiegend verändert ...“ Die schwerwiegende Veränderung lag darin, dass das EEG nach Vertragsschluss die Förderung des Solarstroms für das geplante Projekt ausschloss. Das hatte zur Folge, dass die GmbH nur noch rund ein Sechstel des geplanten Erlöses hätte erzielen können, nämlich etwa 5 Cent statt 32 Cent. Ein solcher Rückgang der Erlöse ist „schwerwiegend“.

„... und hätten die Parteien den Vertrag nicht oder mit anderem Inhalt geschlossen, wenn sie diese Veränderung vorausgesehen hätten, ...“ Wenn die GmbH vorausgesehen hätte, dass die beabsichtigte Solaranlage nicht mehr öffentlich gefördert werden würde, hätte sie den Pachtvertrag nicht geschlossen. Damit wäre der Vertrag nicht zustande gekommen. Aber auch Frau von Schalckenberg hätte redlicherweise von einem Vertragsschluss abgesehen, wenn sie die Streichung der Förderung vorausgesehen hätte.

„... so kann Anpassung des Vertrags verlangt werden, ...“ Die GmbH verlangt nicht eine Anpassung des Vertrags, sondern seine *Aufhebung*. Diesen Fall regelt § 313 Ab. 3, auf den weiter unten eingegangen wird. Aber die folgenden Worte sind auch dann zu beachten.

„... soweit einem Teil unter Berücksichtigung aller Umstände des Einzelfalls, insbesondere der vertraglichen oder gesetzlichen Risikoverteilung, ...“ Mit dem Stichwort „Risikoverteilung“ spricht das Gesetz einen wichtigen Aspekt an. Wenn nämlich einer der Vertragspartner erkennbar allein das Risiko des Scheiterns tragen sollte, kann er sich nicht (zu Lasten seines Partners) auf einen Wegfall der Geschäftsgrundlage berufen. Dieser Punkt ist hier problematisch, weil es anerkannt ist, dass ein Pächter das Risiko trägt, mit dem gepachteten Objekt keinen Gewinn zu erzielen oder sogar Verluste zu machen. Deshalb gilt die Erwartung des Pächters, mit dem Pachtobjekt Gewinn zu erzielen, nicht als (immer gemeinsame) Geschäftsgrundlage. Das ist im vorliegenden Fall aber anders zu sehen. Dass die Durchführung des Pachtvertrags unter den veränderten Umständen zu einem völligen Misserfolg geworden wäre, lag nicht an der Geschäftsuntüchtigkeit der GmbH, sondern an der radikalen Änderung der gesetzlichen Regelung. Das Risiko einer solchen Gesetzesänderung sollte nach dem mutmaßlichen Willen der Vertragspartner nicht allein die GmbH tragen. Das ergibt sich auch daraus, dass die Solaranlage – wie oben schon festgestellt – ein gemeinsames Projekt war.

„... das Festhalten am unveränderten Vertrag nicht zugemutet werden kann." Das Festhalten am Vertrag ist der GmbH nicht zuzumuten, weil in diesem Fall eine hohe Investition zu einem noch höheren Verlust führen würde.

„(3) Ist eine Anpassung des Vertrags nicht möglich oder einem Teil nicht zumutbar, so kann der benachteiligte Teil vom Vertrag zurücktreten. ..." Eine Anpassung des Vertrags würde bedeuten, dass etwa die verpachtete Fläche verkleinert oder (bei gleicher Fläche) die Pacht reduziert würde. Das würde dem Projekt aber nicht zur Wirtschaftlichkeit verhelfen. Deshalb ist eine Anpassung für die GmbH nicht zumutbar. Folglich kann die GmbH vom Vertrag zurücktreten. Die Kündigung wird nicht nach § 313 Abs. 3 S. 2 durch eine Kündigung ersetzt. Der „Pacht- und Gestattungsvertrag" sollte zwar ein „Dauerschuldverhältnis" begründen. Aber die Parteien hatten noch nicht mit der Durchführung des Vertrags begonnen, so dass der Rücktritt nicht ausgeschlossen war.

Lerneinheit 10

184 **Literatur Geschäftsgrundlage allgemein:** *Schröder*, Einseitige Mieterhöhung ohne das Verfahren nach § 558 BGB wegen Wegfalls der Geschäftsgrundlage? ZMR 2015, 823; *Bolz,* Führen andere Baugrundverhältnisse zu einer Störung der Geschäftsgrundlage? ZfBR 2014, 419; *Thole,* Renaissance der Lehre von der Neuverhandlungspflicht bei § 313 BGB? JZ 2014, 443; *Loyal,* Vertragsaufhebung wegen Störung der Geschäftsgrundlage, NJW 2013, 417; *Janda,* Störung der Geschäftsgrundlage und Anpassung des Vertrages, NJ 2013, 1.

Literatur Geschäftsgrundlage familiärer Beziehungen: *Wever*, Die Rückabwicklung der Schwiegerelternschenkung in der Praxis, FamRZ 2016, 857; *Moes*, Der Vermögensausgleich bei aufgelöster Lebensgemeinschaft, FamRZ 2016, 757; *Herr*, „Das ist schon lange her!" – Das Problem der „Abschreibung" im Nebengüterrecht und wie man es in den Griff bekommt ..., NZFam 2015, 1033; *Horndasch*, Rückforderung von ehebezogenen Schenkungen der Schwiegereltern, jM 2015, 458.

Literatur Preisanpassungsklauseln: *Rehart/Lolacher*, (Transparenz-)Verstöße bei Preisanpassungsklauseln in Online-AGB – Anforderungen zur Vermeidung des Abmahnrisikos am Beispiel aus dem Energiesektor, MMR 2016, 305; *Eckhoff*, Zur Zulässigkeit von Preisanpassungsklauseln in AGB, GWR 2016, 243; *Kleinlein/Schubert,* Kontrolle von Entgelten monopolistischer und marktbeherrschender Anbieter, NJW 2014, 3191.

I. Störung der Geschäftsgrundlage

1. Einleitung

185 Im Jahre 1921 veröffentlichte der große deutsche Jurist Paul Oertmann ein Buch mit dem Titel „Die Geschäftsgrundlage, ein neuer Rechtsbegriff", in dem er nachwies, dass das BGB die Geltung einer vertraglichen Regelung in einigen Fällen vom Fortbestand bestimmter grundlegender Voraussetzungen abhängig gemacht hat. Das Buch erschien gerade zur rechten Zeit, denn es gab dem Reichsgericht ab 1923 die theoretische Grundlage, die Flut von Rechtsproblemen zu lösen, die durch die galoppierende Inflation in Deutschland entstanden waren. Auch nach dem Ende der Inflation ist die Lehre von der Geschäftsgrundlage fester Bestandteil unserer Rechtsordnung geblieben. Sie dient in erster Linie dazu, bei Verträgen, die auf einen Leistungsaustausch gerichtet sind, schwerwiegende Verschiebungen des Gleichgewichts von Leistung und Gegenleistung in den Grenzen des Zumutbaren zu halten.[28]

28 Ähnlich BGH NJW 1993, 850.

Der alte Wunsch, eine Vorschrift über die Störung der Geschäftsgrundlage in das BGB aufzunehmen, ist erst zum 1. Januar 2002 im Rahmen der großen Schuldrechtsreform in Erfüllung gegangen. In der amtlichen Begründung zu § 313 heißt es, die gesetzliche Regelung wolle „lediglich die von der Rechtsprechung entwickelten Leitlinien in allgemeiner Form im Gesetz niederlegen“.[29] Inhaltlich änderte sich also nichts, so dass weiterhin von den Grundsätzen ausgegangen werden kann, die Rechtsprechung und Lehre in vielen Jahrzehnten herausgearbeitet haben.

2. Definitionen und Rechtsnatur

a) Definitionen

„*Störung* der Geschäftsgrundlage“ – so die offizielle Überschrift des § 313 – ist der *Oberbegriff* für den Wegfall (§ 313 Abs. 1) und das Fehlen (§ 313 Abs. 2) der Geschäftsgrundlage. 186

Wegfall der Geschäftsgrundlage ist die schwerwiegende *Veränderung* von Umständen, von deren Fortbestand die Vertragsparteien beim Vertragsschluss ausgegangen sind und die sie „zur Grundlage des Vertrags“ gemacht haben (§ 313 Abs. 1).

Fehlen der Geschäftsgrundlage ist das *Nichtbestehen* von Umständen, von deren Bestand die Parteien beim Vertragsschluss irrtümlich ausgegangen sind und die sie „zur Grundlage des Vertrags“ gemacht haben (§ 313 Abs. 2). Diese Alternative der Störung der Geschäftsgrundlage ist sehr viel seltener als der Wegfall. Sie wird gesondert erläutert (Rn 201 f).

In beiden Fällen, kann „Anpassung des Vertrags verlangt werden“, wenn die Parteien bei Kenntnis der Sachlage oder der künftigen Entwicklung „den Vertrag nicht oder mit anderem Inhalt geschlossen“ hätten (§ 313 Abs. 1).

b) Definition des BGH

Die gesetzliche Regelung geht auf eine Definition zurück, die der BGH seit Jahrzehnten fast unverändert verwendet:[30] 186a

> „Geschäftsgrundlage sind die bei Vertragsschluss bestehenden gemeinsamen Vorstellungen beider Parteien oder die dem Geschäftsgegner erkennbaren und von ihm nicht beanstandeten Vorstellungen der einen Vertragspartei von dem Vorhandensein oder dem künftigen Eintritt gewisser Umstände, sofern der Geschäftswille der Parteien auf dieser Vorstellung aufbaut.“[31]

Dass der BGH diese Definition heute noch verwendet, ist insofern berechtigt, als § 313 keine ausdrückliche Definition der Geschäftsgrundlage enthält. Aber es ist schon etwas sonderbar, dass der BGH in vielen Entscheidungen allein von seiner Definition ausgeht und § 313 nur erwähnt, aber nicht prüft,[32] in anderen Fällen nicht einmal erwähnt[33].

---

29 BT-Drucks. 14/6040, 175.
30 BGHZ 163, 42; BGH NJW 2004, 58; ähnlich 2001, 1204.
31 BGHZ 182, 218 Rn 24; BGHZ 190, 212 Rn 21 (beide VII. Senat); BGH NJW 2012, 1718 Rn 26 (VIII. Senat); ähnlich NJW 2010, 2884 Rn 14 (XII. Senat). Mit geringfügigen Abweichungen NJW 2010, 522 Rn 35.
32 BGHZ 182, 218 Rn 23 ff; NJW 2010, 522 Rn 34 ff.
33 Etwa BGHZ 190, 212 Rn 21 ff; NJW 2010, 2884 Rn 13 ff.

c) Rechtsnatur

187 Bei der Störung der Geschäftsgrundlage handelt es sich um einen beiderseitigen Motivirrtum. Er ist deshalb ein *Motivirrtum,* weil die Parteien durchaus das erklärt haben, was sie auch erklären wollten, aber in ihren Vorstellungen, Erwartungen oder Absichten (also in ihren Motiven) von falschen Voraussetzungen ausgegangen sind.[34] Es ist ein *beiderseitiger* Motivirrtum, weil beide Parteien von derselben Fehlvorstellung ausgegangen sind und sie zur Grundlage (zum Motiv) ihrer jeweiligen Willenserklärung gemacht haben.

II. Wegfall der Geschäftsgrundlage

1. Voraussetzungen

a) Gemeinsame Erwartungen

188 Im Folgenden geht es zunächst um den *Wegfall* der Geschäftsgrundlage (§ 313 Abs. 1). Das *Fehlen* der Geschäftsgrundlage (§ 313 Abs. 2) wird ab Rn 201 behandelt. Am Anfang wird jeweils der entsprechende Abschnitt des Gesetzestextes zitiert. Im Text wird auch auf die BGH-Definition (Rn 186a) zurückgegriffen. Erst beide Texte gemeinsam ergeben ein vollständiges Bild.

„Haben sich Umstände …“: Die Vertragsparteien müssen beim Vertragsschluss von bestimmten „Umständen“ ausgegangen sein. Aus dem Gesamtzusammenhang ergibt sich, dass diese Umstände (bei der Variante *Wegfall* der Geschäftsgrundlage) beim Vertragsschluss auch wirklich vorgelegen haben. Der Irrtum der Parteien liegt darin, dass sie sie für unveränderlich gehalten haben. Der Irrtum bezieht sich also nicht auf die (beim Vertragsschluss bestehende) Gegenwart, sondern auf die *Zukunft.* Die BGH-Definition spricht deshalb zu Recht vom „künftigen Eintritt gewisser Umstände“.

b) Grundlage des Vertrags

189 *„… die zur Grundlage des Vertrags geworden sind …“:* Die Vertragsparteien müssen ihren Geschäftswillen *gemeinsam* auf dem Fortbestand der fraglichen Umstände aufgebaut haben. Denn nur dann werden die Umstände zur Grundlage des *Vertrags* (und nicht nur zur Grundlage einer der beiden zum Vertrag führenden Willenserklärungen). Die BGH-Definition sagt das mit den Worten: „… sofern der Geschäftswille der Parteien auf diesen Vorstellungen aufbaut …“ Die Parteien müssen also unausgesprochen zu erkennen gegeben haben, dass der Vertrag nur sinnvoll ist, wenn die fraglichen Umstände fortbestehen oder andere (störende) Umstände nicht eintreten.

Es reicht aber aus, wenn *eine* Partei erkennbar ihren Geschäftswillen auf dem Fortbestand eines solchen Umstands aufgebaut und die andere das nicht beanstandet hat. Das ergibt sich nicht aus dem Wortlaut des § 313 Abs. 1, aber deutlich aus den Worten der BGH-Definition: „…oder die dem Geschäftsgegner erkennbaren und von ihm nicht beanstandeten Vorstellungen der einen Vertragspartei …“

Beweispflichtig für das Vorliegen *gemeinsamer* Vorstellungen ist derjenige, der sich auf die Störung der Geschäftsgrundlage beruft.[35]

34 BGB-AT Rn 553.
35 BGH NJW 2003, 510.

Gleichwertigkeit von Leistung und Gegenleistung: Bei der wichtigsten Gruppe von Verträgen, den gegenseitigen Verträgen (§§ 320 ff; Rn 15 ff), haben die auf Dauer angelegten für die Parteien eine besondere Bedeutung (Dauerschuldverhältnisse, zB aufgrund von Mietverträgen, Arbeitsverträgen, Versicherungsverträgen, Erbbaurechtsverträgen). Bei diesen Verträgen ist stillschweigende Geschäftsgrundlage die Gleichwertigkeit von Leistung und Gegenleistung.[36] Das ist so selbstverständlich, dass derjenige, der sich auf diese Geschäftsgrundlage beruft, nicht beweisen – und nicht einmal vortragen – muss, dass sie bei Abschluss des Vertrags bestand.[37]

c) Kein ausdrücklicher Inhalt des Vertrags

190 Die Vertragsparteien haben diese grundlegenden Umstände „nicht zum eigentlichen Vertragsinhalt" erhoben.[38] Sie haben insbesondere dem Eintritt dieser Umstände *nicht* den Rang einer Bedingung gegeben. Denn in diesem Fall würden sich die Rechtsfolgen nach § 158 Abs. 1 oder 2 richten. Anders gesagt: Geschäftsgrundlage „kann nicht sein, was die Parteien vereinbart haben, sondern lediglich das, was sie ihrer Vereinbarung zugrunde gelegt haben".[39]

d) Schwerwiegende Veränderung

191 *„... nach Vertragsschluss schwerwiegend verändert ...":* Die Umstände, die bei Vertragsschluss vorhanden waren und von deren Unveränderlichkeit die Parteien bei Abschluss des Vertrags gemeinsam ausgegangen waren, haben sich später grundlegend verändert. *Beispiel:* Verkäufer und Käufer eines Grundstücks gingen gemeinsam davon aus, ein Dritter werde seine erforderliche Zustimmung zum Kaufvertrag geben, was er aber nicht tat.[40] Ein weiteres *Beispiel* ist Fall 10, Rn 182.

Da sich die gemeinsam zugrunde gelegten Umstände „*schwerwiegend* verändert" haben müssen, kommt eine nur geringfügige Verschiebung nicht in Betracht. *Beispiel:* Frau A war als Abteilungsleiterin beim Filialunternehmer F angestellt. Sie wusste seit Monaten, dass das Unternehmen ein Sanierungsfall und sein Fortbestand sehr zweifelhaft war. Sie schloss am 8. Juni einen Abfindungsvergleich, in dem ihr F die Zahlung von 50 000 Euro zusagte. Einen Tag später musste F den Antrag auf Eröffnung des Insolvenzverfahrens stellen. Das stellte keine schwerwiegende Veränderung der am Vortag bestehenden Umstände dar.[41]

e) Anderer Vertragsinhalt bei Kenntnis

192 *„... und hätten die Parteien den Vertrag nicht oder mit anderem Inhalt geschlossen, wenn sie diese Veränderung vorausgesehen hätten ...":* Mit diesen Worten kommt eine hypothetische Überlegung ins Spiel. Denn es geht jetzt nicht mehr um die Frage, wie es beim Vertragsschluss wirklich zugegangen ist, sondern wie es gewesen wäre, wenn ... Es muss also gefragt werden, wie sich die Parteien entschieden hätten, wenn sie die Entwicklung schon beim Vertragsschluss gekannt hätten. Nur wenn der Richter den Eindruck hat, dass sie dann den Vertrag übereinstimmend anders oder gar nicht ge-

---

36 Bamberger/Roth/Unberath § 313 Rn 34; NK-BGB/Krebs § 313 Rn 62; BGH NJW 2014, 3439 Rn 18.
37 BGH NJW 2014, 3439 Rn 18.
38 BGH NJW 2010, 2884 Rn 14 (XII. Senat).
39 BGHZ 190, 212 Rn 21; BGH NJW 2014, 3439 Rn 16.
40 BGH NJW 1993, 1641.
41 BAG NJW 2012, 3390 Rn 31 ff

schlossen hätten, handelt es sich um eine Veränderung der Umstände, die die Geschäftsgrundlage wegfallen lässt. Wenn sich der Partner dessen, der sich auf den Wegfall der Geschäftsgrundlage beruft, *nicht* redlicherweise auf eine Änderungs- oder Ausstiegsklausel hätte einlassen müssen, liegen die Voraussetzungen des § 313 Abs. 1 nicht vor.

f) Kein Risikogeschäft für nur eine Partei

193 *„... soweit einem Teil unter Berücksichtigung aller Umstände des Einzelfalls, insbesondere der vertraglichen oder gesetzlichen Risikoverteilung ...“:* Mit dem wichtigen Begriff „Risikoverteilung“ spricht das Gesetz die Tatsache an, dass viele Verträge ein spekulatives Element enthalten. Denn oft schließt einer der beiden Parteien den Vertrag, um ein zwar ungewisses, aber umso lukrativeres Ergebnis zu erzielen. Wenn sich diese Erwartung später nicht erfüllt, geht das allein zulasten dieser Partei. Mit anderen Worten: § 313 kann nicht angewendet werden, wenn „sich ein Risiko verwirklicht, das nach der vertraglichen Regelung in den Risikobereich einer Partei fällt“.[42] Dass eine Partei das Risiko allein zu tragen hat, kommt oft vor.

Beispiel 1: Eine Spielbank-Gesellschaft mietete Räume in einem Schweriner Einkaufscenter. Das Casino wurde aber vom Publikum nur unzureichend angenommen, weil viele Flächen des Centers leer standen oder ungeeigneten Mietern überlassen wurden. Ein Wegfall der Geschäftsgrundlage lag nicht vor, weil der Mieter das Risiko trägt, mit dem Mietobjekt Verluste zu machen.[43] *Beispiel 2:* Die K-AG, eine Herstellerin von Aluminiumoxid, benötigt ständig sehr große Mengen Erdgas. Sie verhandelte mit einem Gasversorger über einen Dreijahresvertrag und entschied sich schließlich gegen einen indexierten Preis und für einen Festpreis. Als der Gaspreis fiel, verlangte sie eine Preisanpassung und berief sich dabei auf eine AGB des Vertrags, die mit § 313 weitgehend übereinstimmt. Das war aber erfolglos. Denn die K-AG hatte sich nach langen Überlegungen (und offenbar in Erwartung steigender Preise) für einen Festpreis entschieden. Damit hatte sie erkennbar das Risiko sinkender Preise übernommen.[44]

g) Untragbare Folgen für die betroffene Partei

194 *„... das Festhalten am unveränderten Vertrag nicht zugemutet werden kann“:* Nicht jede „einschneidende Veränderung“ führt zu einer Vertragsanpassung. Erforderlich ist vielmehr, dass „ein Festhalten an der vereinbarten Regelung für die betroffene Partei zu einem nicht mehr tragbaren Ergebnis führt“.[45] Der wichtige Grundsatz der Vertragstreue („pacta sunt servanda“) hat grundsätzlich Vorrang. Denn der Wegfall der Geschäftsgrundlage darf nur angenommen werden „zur Vermeidung untragbarer, mit Recht und Gerechtigkeit schlechthin unvereinbarer Folgen“.[46] Die Nachteile können darin liegen, dass die zu erbringende Leistung vom Schuldner ganz ungewöhnliche Opfer fordert.[47] Falls die Leistung allerdings überhaupt nicht mehr erbracht werden kann, gelten die Regeln über die Unmöglichkeit der Leistung (§§ 275, 283, 326; ab Rn 635). Eine noch hinnehmbare Beeinträchtigung führt nicht zum Wegfall der Geschäftsgrund-

42 BGH NJW 1993, 1856; ähnlich NJW 1993, 259.
43 BGH NJW 2006, 899 Rn 30; ähnlich schon NJW 2000, 354 (Hotel Goldene Pforte) und NJW 2000, 1714.
44 BGH NJW 2013, 2745 Rn 14 ff, besonders Rn 26.
45 BGH NJW 2012, 1718 Rn 30.
46 BGH NJW 2010, 1874 Rn 24; BGHZ 181, 77 (97).
47 BGH NJW 1985, 314.

lage. *Beispiel:* Zeitungsverleger Z hatte sich gegenüber einer ehemaligen RAF-Terroristin verpflichtet, ein bestimmtes Foto von ihr nicht mehr im Zusammenhang mit Berichten über Haftlockerungen oder eine Haftentlassung zu verwenden. Später wollte er diese Verpflichtung nicht mehr gelten lassen und berief sich auf einen Fortfall der Geschäftsgrundlage. Aber er durfte das Foto in anderem Zusammenhang verwenden und andere Fotos der Exterroristin generell. Deshalb sah der BGH in der Beschränkung zu Recht keine untragbare Belastung.[48]

Unzumutbar kann die Situation nicht nur für den *Schuldner* geworden sein, sondern im Einzelfall auch für den *Gläubiger,* nämlich wenn der Wert der Schuldnerleistung unangemessen stark gesunken ist. Voraussetzung für eine Anhebung der Schuldnerleistung ist dann, dass der Gläubiger seine „Interessen nicht einmal mehr annähernd gewahrt sehen kann".[49] Das ist zB anzunehmen, wenn sein Anspruch auf wiederkehrende Geldleistungen (zB Erbbauzinsen) durch die Geldentwertung über die Hälfte seines ursprünglichen Wertes verloren hat (unten Rn 197).

h) Nicht in § 313 genannte Voraussetzungen

195 *Keine absichtliche Beeinflussung durch den, der sich auf den Wegfall beruft:* Die Änderung der Verhältnisse muss sich ohne Zutun der Parteien ergeben haben. Sie darf insbesondere nicht von demjenigen herbeigeführt worden sein, der sich auf den Wegfall der Geschäftsgrundlage beruft.[50]

Keine andere gesetzliche Regelung: § 313 ist nicht anzuwenden, wenn schon eine andere Vorschrift eine angemessene Lösung ermöglicht. Das ist zB der Fall, wenn der Vertrag entsprechend ausgelegt werden kann (§§ 133, 157), bereits eine entsprechende Bedingung enthält (§ 158) oder die Möglichkeit besteht, ihn nach den §§ 123 oder 119 anzufechten oder (zB nach § 626) fristlos zu kündigen. Das wird manchmal übersehen.[51]

Einen gesetzlich besonders geregelten Fall des Wegfalls der Geschäftsgrundlage stellt § 779 dar.[52] Das gilt auch für § 812 Abs. 1 S. 2 Var. 2[53] sowie für § 36 UrhG[54]. Nach dem Grundsatz, dass die speziellere Regelung die allgemeinere verdrängt, haben diese Vorschriften Vorrang vor § 313.

2. Rechtsfolge

196 *„... so kann Anpassung des Vertrags verlangt werden ...":* Sind die genannten Voraussetzungen gegeben, kann derjenige Vertragspartner, der durch die veränderten Umstände unzumutbar benachteiligt wird, die Anpassung des Vertrags verlangen (§ 313 Abs. 1). Ziel der Anpassung ist es, eine für beide Parteien zumutbare Lösung zu finden. Zu fragen ist deshalb, was redlich denkende Vertragsparteien vereinbart hätten, „wenn sie diese Veränderung vorausgesehen hätten" (§ 313 Abs. 1).[55] Die Anpassung kann

48 NJW 2010, 1874 Rn 26 f.
49 BGH NJW 1990, 2620.
50 BGH NJW 1997, 731 und 320; BGHZ 129, 297; Ausnahme: BAG BB 1996, 2624.
51 BAG NJW 1996, 476; BGH NJW 1984, 1746 und OLG Karlsruhe NJW 1992, 3176.
52 BGH NJW 2000, 2497; 1994, 434; SBT Rn 1327.
53 Dazu BGH NJW 1992, 2690; Esser/Eike Schmidt, Schuldrecht I/1, § 5 Abs. 4 S. 1; SBT Rn 1404 ff.
54 BGHZ 137, 387: Asterix.
55 Ähnlich schon BGH NJW 1993, 259; NJW 1990, 2620.

dazu führen, dass die Parteien die Nachteile je zur Hälfte zu tragen haben.[56] Durch die Anpassung darf die Vereinbarung aber nicht stärker als unbedingt nötig verändert werden.[57]

Die benachteiligte Partei kann die andere auf Mitwirkung verklagen, notfalls auf Zustimmung zu einer konkreten Form der Anpassung. Eine unberechtigte, aber beharrliche Verweigerung macht die andere Partei schadensersatzpflichtig (§ 280 Abs. 1).[58]

197 *Rücktritt:* Nach § 313 Abs. 3 S. 1 „kann der benachteiligte Teil vom Vertrag zurücktreten". Aber dieses Recht hat er nur, wenn eine Anpassung ausnahmsweise nicht möglich oder unzumutbar ist.[59] *Beispiel 1:* Fall 10 (Rn 182). *Beispiel 2:* Die Stadt S hatte ein Grundstück gegen ein Grundstück des B getauscht. Die Parteien waren davon ausgegangen, dass beide Grundstücke etwa gleich groß waren, doch war das Grundstück des B um 35 % kleiner. B weigerte sich zu Unrecht, den Vertrag anzupassen. Da noch andere Umstände hinzukamen, war die S ausnahmsweise zum Rücktritt berechtigt.[60]

Kündigung: Bei einem Dauerschuldverhältnis tritt an die Stelle des Rücktritts ein außerordentliches Kündigungsrecht (§ 313 Abs. 3 S. 2).[61] Die Aufhebung des Vertrags wird aber „von der Rechtsprechung nur als letzte Möglichkeit anerkannt".[62] Ein Beispiel dafür sind die unten genannten Leasingfälle (Rn 199).

3. Fallgruppen

a) Wiederkehrende Zahlungen

198 Wenn die Zahlung wiederkehrender Geldleistungen ohne Anpassungsklausel vereinbart wurde, kann der Gläubiger uU verlangen, dass der zu zahlende Betrag wegen Wegfalls der Geschäftsgrundlage in gewissen Zeitabständen der allgemeinen Geldentwertung angepasst wird. Allerdings bestehen vielfach Sondervorschriften. So kann die Wohnraummiete nicht nach § 313 erhöht werden, sondern nur nach den engen Voraussetzungen der §§ 557 ff.

Für die Erhöhung von Erbbauzinsen gibt es keine gesetzliche Regelung. Sie können deshalb nach § 313 angehoben werden, aber meist erst dann, wenn ihr Wert durch die Geldentwertung um drei Fünftel zurückgegangen ist, also auf 40 % ihres Ursprungswertes.[63]

b) Familienrecht

199 *Zuwendungen unter Ehegatten:* Eine *Schenkung* unter Ehegatten liegt nur dann vor, wenn die Zuwendung „unentgeltlich im Sinne echter Freigiebigkeit ... zur freien Verfügung des Empfängers ... erfolgt und nicht an die Erwartung des Fortbestehens der Ehe geknüpft" ist.[64] Wenn die Zuwendung in der Erwartung erfolgt, die Ehe werde Bestand haben und der Zuwendende werde an der Zuwendung teilhaben können, spricht

56 BGH NJW 2002, 3234.
57 BAG NJW 2003, 3005.
58 BGHZ 191, 139 Rn 33 f.
59 PWW/Medicus/Stürner § 313 Rn 28.
60 BGHZ 191, 139 Rn 22 ff.
61 BGH NJW 1997, 1702.
62 BGH NJW 1997, 2184.
63 BGH NJW 1993, 52 mwN; NJW 1990, 2620. § 9a ErbbauG sieht keine Erhöhung vor, sondern will im Gegenteil die Erhöhung von Erbauzinsen beschränken.
64 BGH NJW 2014, 2638 Rn 9.

der BGH von einer „ehebezogenen Zuwendung".[65] *Beispiel 1:* Ein Ehemann hatte ein Grundstück auf seine Frau übertragen, um es dem Gläubigerzugriff zu entziehen.[66] *Beispiel 2:* Frau F hatte ihren späteren Ehemann X im Hinblick auf die künftige Ehe in erheblichem Umfang beim Bau eines Einfamilienhauses unterstützt. Da das Grundstück X gehörte, gehörte ihm auch das Haus (§ 946). Nach dem Scheitern der Ehe konnte Frau F einen Ausgleich nach den Regeln des Wegfalls der Geschäftsgrundlage verlangen.[67]

200 *Zuwendungen unter Lebenspartnern:* Der BGH geht davon aus, dass auch bei Lebenspartnern die Erwartung, die Beziehung werde Bestand haben, die Geschäftsgrundlage einer Zuwendung sein kann.[68] Vorausgesetzt wird aber, dass die Zuwendung deutlich über die gegenseitige Unterstützung bei der Haushaltsführung hinausgeht. *Beispiel:* Z, der in bescheidenen Verhältnissen lebt, übertrug einen Sparbrief im Wert von 25 000 Euro auf seine Lebensgefährtin Y in der erklärten Absicht, sie für den Fall seines Ablebens abzusichern. Nachdem Y sich von ihm getrennt hatte, war die Geschäftsgrundlage entfallen und Z konnte den Betrag zurückfordern.[69]

Zuwendungen von Schwiegereltern: Die Zuwendungen von Schwiegereltern gelten heute als Schenkung (§ 516),[70] deren Geschäftsgrundlage aber ebenfalls entfallen kann.[71] *Beispiel:* X baute auf eigenem Grund ein Einfamilienhaus. Er erhielt von der Mutter seiner Ehefrau E einen Zuschuss von 128 000 Euro. Geschäftsgrundlage war, dass die Ehe Bestand haben und deshalb das Haus auch der E zur Verfügung stehen werde. Mit dem Auszug der E und der Scheidung entfiel diese Geschäftsgrundlage.[72]

III. Fehlen der Geschäftsgrundlage

1. Einleitung

201 Wenn die Parteien beim Abschluss des Rechtsgeschäfts von Voraussetzungen ausgegangen sind, die schon *zu dieser Zeit* nicht gegeben waren, liegt ein *Fehlen* der Geschäftsgrundlage vor (§ 313 Abs. 2).

Unterschied zu Absatz 1: Während § 313 Abs. 1 voraussetzt, dass die Parteien die künftige Entwicklung falsch eingeschätzt hatten, sind sie im Fall des § 313 Abs. 2 irrtümlich von einem Umstand ausgegangen, der schon beim Vertragsschluss nicht (oder anders als angenommen) bestand.

Kritik: Die Formulierung in § 313 Abs. 2, dass „wesentliche Vorstellungen ... sich als falsch herausstellen" macht nicht deutlich, dass sich die „wesentlichen Vorstellungen" auf die Umstände *zur Zeit des Vertragsschlusses* bezogen haben müssen. Wenn sie sich auf *die Zukunft* bezogen haben, liegt nämlich ein Fall des § 313 Abs. 1 vor. In der schon mehrfach zitierten BGH-Definition (Rn 186a) tritt der Unterschied deutlicher hervor. Denn der BGH unterscheidet danach, ob sich die gemeinsamen Vorstellungen

65 BGHZ 142, 137 (147 f); SBT Rn 369.
66 BGH NJW 1992, 238.
67 BGH NJW 1992, 427.
68 BGH NJW 2013, 2187 Rn 17 ff; BGHZ 183, 242 Rn 25; BGHZ 177, 193 Rn 40.
69 BGH NJW 2014, 2638 Rn 10 ff.
70 BGH NJW 2015, 1014 Rn 14 sowie 2015, 690 Rn 17. Jahrzehntelang sah der BGH in diesen Zuwendungen nur eine „unbenannte Zuwendung". Das änderte sich erst mit der Entscheidung BGHZ 184, 190 Rn 19 ff.
71 BGHZ 184, 190 Rn 25 ff; bestätigt von BGH NJW 2010, 2884; NJW 2012, 523.
72 BGH NJW 2010, 2884 Rn 14; differenzierend BGH NJW 2015, 1014 Rn 25.

auf das „Vorhandensein ... gewisser Umstände" beziehen oder auf den „künftigen Eintritt gewisser Umstände".

Beispiel 1: Frau M brachte ihre minderjährige Tochter T in die Städtische Klinik Koblenz und gab bei der Aufnahme an, T sei über ihren Vater, den Dachdecker S, bei der AOK versichert. Als die Rechnung über 4 700 Euro eintraf, stellte sich heraus, dass T nicht versichert war. Der gemeinsame Irrtum der M und des Klinikträgers über den Versicherungsschutz ließ von Anfang an die Geschäftsgrundlage fehlen (siehe aber unten Rn 201a).[73] *Beispiel 2:* Die Vertragsparteien setzten bei der vorweggenommenen Erbfolge den damaligen Wert eines Grundstücks und eines Familienbetriebs wesentlich zu hoch an.[74] *Beispiel 3:* B wollte einen Klinikkomplex abreißen lassen und veranstaltete dazu eine Ausschreibung. In die Unterlagen schrieb er „Estrichstärke 3 cm (geschätzt)". U, der den Zuschlag erhielt, hatte sich darauf verlassen, dass diese Angabe zumindest ungefähr richtig war, und hatte keine eigenen Messungen vorgenommen. Während der Abrissarbeiten stellte sich heraus, dass der Estrich etwa sieben Zentimeter stark war. Der BGH ist davon ausgegangen, dass beide Vertragspartner gemeinsam von 3 cm Estrich ausgegangen waren und darin die (oder eine) Geschäftsgrundlage zu sehen war.[75] Da diese Geschäftsgrundlage schon beim Abschluss des Vertrags nicht gegeben war, lag ein Fehlen der Geschäftsgrundlage vor.

2. Voraussetzungen und Rechtsfolgen

201a *Voraussetzungen:* Das Gesetz hat das Fehlen der Geschäftsgrundlage in § 313 Abs. 2 bewusst nicht als eigenständigen Tatbestand ausgebildet, sondern verweist generell auf Abs. 1. Deshalb müssen alle in den Rn 188 bis 195 genannten Voraussetzungen gegeben sein. Auch das Fehlen der Geschäftsgrundlage führt nur zur Vertragsanpassung, wenn der fragliche Umstand nicht ausschließlich in die Risikosphäre einer der beiden Vertragsparteien fällt. *Beispiel:* Im obigen Beispiel mit der Klinik Koblenz trug die Mutter das Risiko, dass ihre Tochter nicht krankenversichert war. Denn für Versicherungsschutz zu sorgen und richtige Angaben zu machen, ist die Aufgabe der Eltern, nicht des Krankenhauses.[76] Frau M hatte deshalb die 4.700 Euro zu zahlen.

Rechtsfolgen: Auch in den Rechtsfolgen besteht kein Unterschied zwischen dem *Fehlen* und dem *Wegfall* der Geschäftsgrundlage (Rn 196).

IV. Einseitige Bestimmung eines Entgelts

1. Einführung

202 *Vorbemerkung:* Die im Folgenden kurz zu besprechenden §§ 315 bis 319 haben mit der Störung der Geschäftsgrundlage wenig zu tun. Eine Parallele liegt nur darin, dass auch durch die „einseitigen Leistungsbestimmungsrechte" (so die Überschrift des Untertitels 4) der Inhalt eines Vertrags geändert wird. Der Hauptgrund dafür, dass sie hier unter der Überschrift „Anpassung von Verträgen" zusammen mit der Störung der Geschäftsgrundlage behandelt werden ist, dass sie eine zu geringe Bedeutung haben, um in einem Lehrbuch des Allgemeinen Schuldrechts einen eigenen Paragrafen beanspruchen zu können.

---

73 BGHZ 163, 42, 48 f.
74 BGH NJW 1991, 1345.
75 BGHZ 190, 212. Der BGH hat die Sache aber zur weiteren Sachaufklärung zurückverwiesen.
76 BGHZ 163, 42 (49).

Funktion der Vorschrift: § 315 Abs. 1 regelt den Fall, dass ein Vertrag einem der Vertragspartner das Recht einräumt, einseitig „die Leistung“ zu bestimmen. Bei gegenseitigen Verträgen (§§ 320 ff) handelt es sich bei der zu bestimmenden Leistung meist um die Geldleistung (Zahlung).

Nach § 315 Abs. 2 ist die Bestimmung der Leistung ein einseitiges Rechtsgeschäft („durch Erklärung“). Die Worte „gegenüber dem anderen Teil“ machen deutlich, dass die eine Willenserklärung gegenüber dem Vertragspartner abgegeben werden und ihm zugehen muss (§ 130 Abs. 1 S. 1; empfangsbedürftige Willenserklärung). Die Leistungsbestimmung erfolgt also durch einseitiges Rechtsgeschäft mit empfangsbedürftiger Willenserklärung und gehört damit zur gleichen Gruppe wie die Kündigung, der Rücktritt und die Anfechtung (Rn 26a).

§ 316 bestimmt, dass das Bestimmungsrecht im Zweifel dem *Gläubiger* der zu bestimmenden Leistung zusteht, nicht dem Schuldner. Die zur Preisbestimmung berechtigte Partei darf die Leistung aber nicht willkürlich festsetzen, sondern muss sie „nach billigem Ermessen“ bestimmen (§ 315 Abs. 1).[77]

2. Preisanpassungen

202a

Der Fall, dass sich die Vertragsparteien schon beim Vertragsschluss nicht auf die Gegenleistung (die Höhe der Zahlungsverpflichtung) geeinigt haben, sondern deren Bestimmung dem Zahlungsgläubiger überlassen, spielt in der Praxis keine Rolle. Denn es gibt idR keinen Grund, den Umfang der Zahlungspflicht von vornherein offen zu lassen.

Bei Dauerschuldverhältnissen besteht aber vielfach die Notwendigkeit, das Entgelt der späteren wirtschaftlichen Entwicklung anzupassen. In der Praxis sind deshalb Preisanpassungsklauseln häufig, besonders in den Verträgen der Versorgungsunternehmen und der Kreditinstitute.

Preisanpassungsklauseln sind grundsätzlich wirksam. Sie sind bei langfristigen Verträgen sogar nötig, um Leistung und Gegenleistung im Gleichgewicht zu halten.[78] Wären Preisanpassungsklauseln verboten, müsste der Schuldner der Sachleistung schon beim Vertragsschluss das vom Kunden zu zahlende Entgelt so hoch ansetzen, dass er spätere Verluste vermeiden kann. Das würde auch den Interessen seines Vertragspartners widersprechen.[79] *Beispiel 1:* Die G-GmbH versorgt Ostsachsen mit Erdgas. Sie nahm eine Preiserhöhung vor, die ihr Kunde K nicht gelten lassen wollte. Die G berief sich auf den mit K abgeschlossenen Vertrag, dessen § 2 Abs. 2 lautet: „Die G ist berechtigt, die Gaspreise zu ändern, wenn eine Preisänderung durch den Vorlieferanten der G erfolgt.“ [80]

Ein Preisanpassungsrecht berechtigt nur dazu, den Preis nach *„billigem Ermessen“* zu bestimmen (§ 315 Abs. 1).[81] *Beispiel 2:* Ein Potsdamer Segelverein hatte mit der Bundeswasserstraßenverwaltung (WSV) einen Vertrag geschlossen, der den Verein berechtigte, nicht nur die Wasserfläche eines Sees zu nutzen, sondern auch eine am Ufer be-

77 Das Wort „billig“ hat hier die ursprüngliche Bedeutung von „angemessen“ oder „gerecht“. Diese Bedeutung kommt noch in der Redewendung: „Das kann ich billigen“ zum Ausdruck.
78 BGHZ 176, 244 Rn 14; BGH NJW 2012, 2187 Rn 31; 2009, 2051 Rn 23.
79 BGH NJW 2012, 2187 Rn 31; 2010, 2793 Rn 34; BGHZ 172, 315.
80 BGHZ 176, 244 Rn 17 ff.
81 BGHZ 176, 244 Rn 20.

findliche Steganlage und eine Slipanlage. In dem Vertrag heißt es: „Die WSV prüft nach Ablauf von jeweils drei Jahren ..., ob das Nutzungsentgelt noch ortsüblich oder sonst angemessen ist. Bei einer Änderung setzt sie den zusätzlich oder den weniger zu zahlenden Betrag nach billigem Ermessen (§ 315 BGB) fest." Mit den Worten „ortsüblich" und „angemessen" hatte die WSV deutlich gemacht, dass sie ihre Entscheidung „nach billigem Ermessen" treffen werde.[82] Das wird dadurch unterstrichen, dass die Vertragsbestimmung ausdrücklich auch eine Herabsetzung der Miete vorsieht.

Beweislast: Wer behauptet, dass die Bestimmung nicht nach billigem Ermessen erfolgt sei, trägt dafür die Beweislast. Aber seinen Gegner, der allein die Grundlagen seiner Preisgestaltung kennt, trifft eine sekundäre Darlegungslast und manchmal sogar die Beweislast.[83]

3. § 315 und § 307

202b Wenn ein Lieferant einen Vertrag mit einem gewerblichen Großabnehmer schließt, ist der Vertrag manchmal individuell ausgehandelt. Eine Preisanpassungsklausel wird dann nach § 315 beurteilt, nicht nach § 307.[84] Die meisten Verträge mit gewerblichen Abnehmern – und alle mit Verbrauchern – schließt ein Versorgungsunternehmen aber aufgrund seiner AGB. Die Preisanpassungsklauseln werden in diesen Fällen nicht an § 315 gemessen, sondern an § 307.[85] *Beispiel 1:* In dem Erdgas-Fall (Rn 202a, Beispiel 1) hat der BGH den zitierten § 2 Abs. 2 des Gasversorgungsvertrags nach § 307 geprüft, nicht nach § 315. Der BGH hat die Klausel wegen eines Verstoßes gegen das Fairnessgebots des § 307 für unwirksam erklärt. Denn § 2 Abs. 2 berechtigte die G zwar, die Preise zu *erhöhen,* verpflichtete sie aber nicht, die Preise zu senken, wenn ihr Einkaufspreis sank.[86] § 2 Abs. 2 des Vertrags wäre, wenn es sich um eine *individuell* ausgehandelte Vertragsbestimmung gehandelt hätte, an § 315 Abs. 1 gescheitert, weil es sich nicht um eine Preisbestimmung „nach billigem Ermessen" handelte. Aber in den Entscheidungsgründen spielte § 315 Abs. 1 keine Rolle.

Beispiel 2: Die AGB der Sparkassen enthielten bis 2009 folgende Klausel: „Soweit nichts anderes vereinbart ist, werden die Entgelte ... von der Sparkasse unter Berücksichtigung der Marktlage (zB Veränderung des allgemeinen Zinsniveaus) und des Aufwands nach ... billigem Ermessen festgelegt und geändert."[87] Da es sich auch bei dieser Bestimmung um eine Allgemeine Geschäftsbedingung handelte, hat der BGH ihre Unwirksamkeit nur anhand von § 307 beurteilt. Die Klausel scheiterte, weil sie die Sparkassen berechtigte, die Zinsen zu erhöhen, sie aber nicht verpflichtete, sie gegebenenfalls zu senken.[88]

82 BGH NJW 2012, 2187 Rn 26 f.

83 BGH NJW 2014, 3089 Rn 14 ff.

84 So etwa in BGH NJW 2014, 3089.

85 BGHZ 185, 96 Rn 26; BGH NJW 2014, 3508 Rn 15 ff.

86 BGHZ 176, 244 Rn 17 ff. Zur Unwirksamkeit einer Preisanpassungs-AGB auch BGHZ 182, 59 und zu dieser Entscheidung (bestätigend) BVerfG NJW 2011, 1339.

87 BGH NJW 2009, 2051.

88 BGH NJW 2009, 2051 Rn 32 unter Verweisung auf Rn 26.

Viertes Kapitel: Erlöschen der Schuldverhältnisse

§ 11 Erfüllung und andere Möglichkeiten des Erlöschens

Fall 11: Veruntreutes Notaranderkonto § 362 203

Die Eheleute Vranitzky verkauften Frau Kroll ihr Einfamilienhaus durch einen von Notar Notte beurkundeten Kaufvertrag. In dem Vertrag wurde vereinbart, dass Frau Kroll den Kaufpreis von 195 000 Euro auf ein Anderkonto des Notars einzahlen sollte. Notte war verpflichtet, diesen Betrag an die Eheleute Vranitzky zu überweisen, sobald Frau Kroll im Grundbuch als neue Eigentümerin eingetragen sein würde. Kurz nachdem Frau Kroll den letzten Teilbetrag auf das Notaranderkonto eingezahlt hatte, stellte sich heraus, dass Notte den vollen Betrag abgehoben und veruntreut hat. Frau Kroll ist der Meinung, sie habe den Kaufpreis bezahlt, während die Eheleute Vranitzky von ihr erneute Zahlung verlangen. (Nach BGHZ 87, 156)

Vorbemerkung: Die Vereinbarung, den Kaufpreis auf ein Notaranderkonto einzuzahlen, hat folgenden Hintergrund: Für den Grundstücksverkäufer besteht die Sorge, der Käufer könnte als neuer Eigentümer ins Grundbuch eingetragen werden, ohne vorher den Kaufpreis bezahlt zu haben. Andererseits hat der Käufer die Befürchtung, der Verkäufer könnte den Kaufpreis entgegennehmen, aber anschließend die Grundbucheintragung verweigern. Deshalb können die Parteien vereinbaren, dass der Kaufpreis zunächst auf ein Notaranderkonto eingezahlt wird. Der Notar überweist erst dann den Betrag auf ein Konto des Verkäufers, wenn feststeht, dass dem Käufer die Eintragung im Grundbuch und damit der Eigentumserwerb nicht mehr genommen werden kann. Auf diese Weise ist die in § 320 vorgesehene Leistung beider Parteien Zug um Zug (Rn 144) zu verwirklichen. 204

Nun aber zur Lösung des Falles! Frau Kroll braucht nur dann nicht noch einmal zu zahlen, wenn ihre Schuld erloschen ist. Ob das der Fall ist, hängt davon ab, ob sie „die geschuldete Leistung an den Gläubiger bewirkt" hat (§ 362 Abs. 1). Aber Frau Kroll hat nicht an die Eheleute Vranitzky gezahlt, sondern an Notte. Nach § 362 Abs. 1 kann die Kaufpreisschuld deshalb nicht erloschen sein.

Zu prüfen ist aber, ob die Schuld nach § 362 Abs. 2 erloschen ist. Notte war ein „Dritter" im Sinne dieser Vorschrift (Rn 225). Wenn der Schuldner an einen Dritten gezahlt hat, verweist § 362 Abs. 2 auf § 185. Es kommt deshalb darauf an, ob Notte die Einzahlung der Summe auf sein Anderkonto als Erfüllung angenommen hat, und zwar *„mit Einwilligung des Berechtigten"* (§ 185 Abs. 1), also der Eheleute Vranitzky. Die Einwilligung ist bekanntlich die vorherige Zustimmung (§ 183). Zu fragen ist deshalb, ob die Vranitzkys den Willen gehabt haben, Notte solle das Geld mit der Überweisung auf sein Anderkonto *für sich* in Empfang nehmen und dadurch solle Frau Krolls Schuld erlöschen. Das ist aber nicht anzunehmen. Wie der traurige Ausgang des Falles zeigt, kann kein vernünftiger Grundstücksverkäufer damit einverstanden sein, dass die Kaufpreisschuld bereits mit der Einzahlung auf das Anderkonto des Notars erlischt. So muss man auch den Willen der Eheleute Vranitzky deuten. Die Kauf- 205 preisschuld sollte nach ihrem unausgesprochenen, aber klar erkennbaren Willen erst mit Gutschrift auf *ihrem eigenen* Konto erlöschen.

Daraus folgt, dass Frau Kroll nicht befreiend auf das Notarkonto gezahlt hat und deshalb den Kaufpreis noch einmal zahlen muss – diesmal an die Eheleute Vranitzky. Ihr steht zwar ein Schadensersatzanspruch gegen Notte zu, doch wird ihr der nicht viel nützen, wenn Notte (wie zu vermuten ist) zahlungsunfähig ist.

Lerneinheit 11

206 **Literatur:** *Brechtel*, Die Leistung an Erfüllungs statt im Kontext der bargeldlosen Zahlung, WM 2016, 1057; *Hadding*, Erfüllung der Geldschuld im SEPA-Basislastschriftverfahren, WM 2014, 97; *Martens*, Grundfälle zu Geld und Geldschulden, JuS 2014, 105; *Freitag*, Die Geldschuld im europäischen Privatrecht, AcP Bd. 213 (2013), 128; *Omlor*, Die neue Einzugsermächtigungslastschrift – Von der Genehmigungs- zur Einwilligungstheorie, NJW 2012, 2150; *v. Wilmowsky*, Teilleistung des Schuldners vor dem Insolvenzverfahren, KTS 2012, 285; *Dräger*, Überweisung auf ein anderes Konto als vom Gläubiger angegeben - Erfüllungswirkung als direkter Weg zu sachgerechten Ergebnissen, MDR 2012, 1009.

I. Erlöschen der Schuld

207 Der Abschnitt 4 „Erlöschen der Schuldverhältnisse“ (§§ 362 bis 397) regelt in vier „Titeln“ die verschiedenen Möglichkeiten, wie eine Schuld erlöschen kann. „Erfüllung“ lautet die Überschrift des ersten Titels. Die Erfüllung führt also zum Erlöschen der Schuld. Die Erfüllung erfolgt in erster Linie dadurch, dass „die geschuldete Leistung an den Gläubiger bewirkt wird“ (§ 362 Abs. 1).

208 *Zahlungen und andere Leistungen:* Bei den Fragen der Erfüllung geht es in Rechtsprechung und Literatur fast nur um *Geldschulden*, folglich um Zahlungen. Deshalb werden diese im Folgenden vorrangig behandelt. Die Regeln lassen sich aber im Einzelfall auch auf die Erfüllung anderer Verbindlichkeiten übertragen.

II. Bewirken der geschuldeten Leistung

1. Leistungshandlung und Leistungserfolg

209 Mit den Worten „Leistung ... bewirkt“ meint § 362 nicht, dass der Schuldner nur die Leistungs*handlung* vornimmt, sondern dass er den Leistungs*erfolg* herbeiführt.[1] Diese Unterscheidung ist insbesondere für Schickschulden wichtig. *Beispiel:* Verkäufer V übergab, wie mit K vereinbart, die Kaufsache an den Frachtführer F, der sie zwei Tage später bei K ablieferte (Versendungskauf; Rn 62). Mit der Übergabe der Kaufsache an F war zwar die von V geschuldete Leistungs*handlung* abgeschlossen. Aber der Leistungs*erfolg* – die nach § 433 Abs. 1 S. 1 geschuldete Übereignung – trat erst ein, als F die Kaufsache an K übergab. Erst dadurch erlosch die Schuld des V (§ 362 Abs. 1).

Ähnlich ist es bei der Geldschuld, die nach dem Willen des Gesetzes eine Schickschuld ist (§§ 270 Abs. 4, 269 Abs. 1; Rn 82 ff). Die Leistungs*handlung* besteht darin, entweder Bargeld abzusenden oder die Überweisung von Buchgeld zu veranlassen. Die Leistungshandlung ist bekanntlich maßgebend für die Rechtzeitigkeit der Zahlung (Rn 86). Die Erfüllungswirkung nach § 362 kann aber erst mit dem Leistungs*erfolg* eintre-

1 BGH NJW 1999, 210; 1994, 1403.

ten, also wenn der Gläubiger das Geld „endgültig zur freien Verfügung erhält".[2] Das ist bei einer Überweisung der Fall, wenn der Betrag dem Konto des Gläubigers gutgeschrieben wird.[3]

2. Erfüllung einer Geldschuld

210 Wenn es um die Zahlung eines Geldbetrags geht, ist zu unterscheiden:

- *Barzahlung:* Geldschulden sind in der Regel bar, dh durch Übereignung von Bargeld (Banknoten und Münzen) zu bezahlen (§ 929 S. 1).[4] Der Einwurf von Bargeld in den Hausbriefkasten des Gläubigers führt nicht zur Erfüllung, weil es an der von § 929 S. 1 geforderten Übergabe fehlt. Die Schuld ist deshalb erst erloschen, wenn der Gläubiger das Geld dem Briefkasten entnimmt.[5]
- 211 *Zahlungsvorgang:* Was früher „Überweisung auf das Girokonto des Gläubigers" genannt wurde, nennt das Gesetz heute einen „Zahlungsvorgang" (§ 675f Abs. 3 S. 1), der durch einen „Zahlungsauftrag" ausgelöst wird, den der „Zahler seinem Zahlungsdienstleister ... erteilt" (§ 675f Abs. 3 S. 2).[6] Der Zahlungsvorgang steht der Barzahlung gleich, wenn der Gläubiger ausdrücklich Überweisung gewünscht oder sein Konto auf Briefbogen, Rechnungen oder in sonstiger Weise bekannt gemacht hat.[7] Der Zahlungsvorgang führt dann zur *Erfüllung*.[8] Der BGH hat früher die Ansicht vertreten, Überweisungen seien nach § 364 Abs. 1 Leistungen an Erfüllungs statt,[9] hat aber später – angesichts der nahezu einhelligen Kritik der Literatur – diese Frage als „untergeordnet" bezeichnet.[10]

212 *Lastschriftverfahren:* Der Zahlungsvorgang kann auch dadurch ausgelöst werden, dass der Zahlungsempfänger (*Gläubiger*) die Belastung des vom Zahler (Schuldner) unterhaltenen Zahlungskontos veranlasst. Es gibt zwei Arten des Lastschriftverfahrens. *Beim Einzugsermächtigungsverfahren* (auch Einziehungsermächtigungsverfahren) ist die Belastung des Schuldnerkontos nur wirksam, wenn der Schuldner/Zahler sie autorisiert hat (§ 675j Abs. 1 S. 1), nach § 675j Abs. 1 S. 2 entweder vorher (Einwilligung) oder nachträglich (Genehmigung).[11] Deshalb tritt vor der Zustimmung keine Erfüllung ein.[12]

Beim *Abbuchungsauftragsverfahren* (Abbuchungsverfahren) hat der Schuldner seinen Zahlungsdienstleister (sein kontoführendes Kreditinstitut) angewiesen, alle Lastschriften eines konkret benannten Dritten (seines Gläubigers, des Zahlungsempfängers) einzulösen. Ein Widerrufsrecht hat der Zahler nur bis zum Tag vor der Abbuchung (§ 675p Abs. 2 S. 2). Nach Einlösung der Lastschrift kann der Zahler die Kontobelastung nicht mehr rückgängig machen.[13] Die Vereinbarung des Abbuchungsauftragsverfahrens ist deshalb für den Schuldner gefährlich.

---

2 BGH NJW 1999, 210; 1996, 1207.
3 BGH NJW 1999, 210.
4 BGHZ 98, 24.
5 AG Köln NJW 2006, 1600. Zu dieser Entscheidung schon Rn 88.
6 SBT Rn 798 ff.
7 BGHZ 98, 24.
8 MüKo/Fetzer § 362 Rn 20; Palandt/Grüneberg § 362 Rn 9.
9 BGHZ 87, 156.
10 NJW 1999, 210; BGHZ 98, 24.
11 BGHZ 144, 349; van Gelder WM 2000, 101.
12 BGHZ 174, 84 Rn 13.
13 BGHZ 95, 103, 105; BGH NJW 2008, 2495 Rn 17.

213 *Richtiges Konto:* Wenn der Gläubiger dem Schuldner für die Überweisung ein bestimmtes Konto angegeben hat, führt die Überweisung auf ein anderes Konto idR nicht zur Erfüllung.[14] *Beispiel:* G hatte S aufgefordert, die geschuldeten 108 548 Euro auf das Anderkonto seines Anwalts zu überweisen. S überwies den Betrag aber auf ein defizitäres Konto des G, was zur Folge hatte, dass G über den Betrag nicht verfügen konnte. S musste deshalb erneut zahlen, diesmal auf das richtige Konto.[15]

3. Keine Teilleistungen

214 § 266 sagt in erfreulicher Kürze, dass der Schuldner nicht zu Teilleistungen berechtigt ist. Die Vorschrift will eine Belästigung des Gläubigers durch mehrfache Leistungen verhindern. Der Gläubiger kann aber, wenn er will, die Teilleistung annehmen und er muss dies sogar tun, wenn er anderenfalls gegen Treu und Glauben (§ 242) verstoßen würde.[16] Lehnt der Gläubiger die Teilleistung zu Recht ab, kann der Schuldner in Verzug kommen (§ 286).

4. Leistung durch einen Dritten

a) Die Person des „Dritten"

215 *Dritter ist nicht der Erfüllungsgehilfe:* § 267 regelt die Frage, ob auch ein „Dritter" anstelle des Schuldners die Leistung erbringen kann. Wenn man § 267 Abs. 1 S. 1 unbefangen liest, denkt man beim „Dritten" an einen Erfüllungsgehilfen (§ 278). *Beispiel:* B beauftragte den Malermeister M mit der Renovierung seiner Wohnung, M schickte seinen Gesellen G als seinen Erfüllungsgehilfen. Aber § 267 meint keinen, der im Auftrag und nach Weisungen des Schuldners tätig werden soll.

Eigene Leistung des Dritten: Nur wer durch eine *eigene* Leistung eine fremde Verpflichtung erfüllen will, ist Dritter iSv § 267 Abs. 1 S. 1. Der Dritte muss deshalb – im Gegensatz zum Erfüllungsgehilfen (§ 278) – „in eigener Regie" tätig werden (Rn 448).[17] Anders gesagt, ist „Dritter" nur, wer mit dem erkennbaren Willen handelt, durch eine *eigene* Leistung eine fremde Verpflichtung zu erfüllen.[18] *Beispiel:* Die Studentin S hat sich im Mietvertrag zur monatlichen Überweisung der Miete verpflichtet, aber die Überweisungen kommen von ihrer Mutter.[19]

b) Höchstpersönliche Leistung

216 Wenn die geschuldete Leistung durch die Persönlichkeit des Schuldners oder durch seine besonderen Fähigkeiten geprägt wird oder durch das Vertrauen, das der Gläubiger gerade ihm entgegenbringt, kann kein Dritter die Leistung erbringen. § 267 ist dann unanwendbar. *Beispiel:* Der Fabrikant F hatte den bekannten Architekturfotografen A mit Aufnahmen eines Fabrikneubaus beauftragt. A kann die Erfüllung dieser Verpflichtung nicht einem Dritten überlassen. Das ergibt sich aber schon aus dem Grund-

14 BGH NJW-RR 2008, 1512 Rn 14; aA Dräger MDR 2012, 1009
15 OLG Hamburg NJW 2011, 3524; MüKo/Fetzer § 362 Rn 21
16 BGH VersR 1954, 298.
17 Larenz § 14 II.
18 BGH NJW 1995, 128.
19 § 362 Abs. 1 nimmt durch seine Passiv-Formulierung („Leistung ... bewirkt wird") auf § 267 Abs. 1 S. 1 Bezug, indem er die Möglichkeit offen lässt, dass auch ein Dritter die Leistung bewirken kann.

satz, dass kein Schuldner seine Verpflichtung auf einen Dritten übertragen kann, ohne dass der Gläubiger zugestimmt hat (§§ 414, 415; Rn 1208 ff).

§ 267 bezieht sich also nur auf Leistungen, die auch von Dritten erbracht werden können. Diese Leistungen sind häufig, denn in den meisten Fällen ist der Gläubiger weniger an der Person des Schuldners interessiert als am Erfolg. Insbesondere *Zahlungen* gehören zu den Leistungen, die der Schuldner nach § 267 Abs. 1 S. 1 „nicht in Person" zu erbringen hat. Denn es gibt keine unpersönlichere Leistung als eine Zahlung.

c) Rechtsfolge

217 Der Dritte kann die Leistung des Schuldners erbringen. Die Einwilligung („vorherige Zustimmung" nach § 183 S. 1) des Schuldners ist nicht erforderlich (§ 267 Abs. 1 S. 2). Nur wenn sowohl der Gläubiger als auch der Schuldner die Einmischung des Dritten zurückweisen, kann der Dritte die Leistung nicht erbringen (§ 267 Abs. 2).[20]

5. Zuordnung von Schuld und Zahlung

218 Die Schuld kann nur erlöschen, wenn die Leistung einer bestimmten Schuld zugeordnet werden kann.[21] *Beispiel:* S überwies exakt den Betrag seiner Einlageschuld, nämlich 1 530 000 Euro. Dann ist die Zuordnung eindeutig.[22] Sie kann aber Schwierigkeiten machen, wenn der Schuldner dem Gläubiger mehrere Beträge schuldet und weniger zahlt als die Gesamtsumme. Nach § 366 gilt dann Folgendes: Vorrang hat eine Vereinbarung der Parteien über die Frage, welche Schuld erlöschen soll, denn § 366 ist abdingbar. Besteht keine Vereinbarung, so erlischt nach § 366 Abs. 1 die vom *Schuldner* angegebene Verbindlichkeit.[23] Der Gläubiger hat in dieser Frage kein Mitspracherecht. Wenn der Schuldner keinen Verwendungszweck angegeben hat, bestimmt nicht der Gläubiger die Reihenfolge, sondern § 366 Abs. 2.[24]

Die AGB der Kreditinstitute sehen meist vor, dass das Institut nach eigenem Ermessen bestimmen darf, auf welche Schuld des Schuldners ein eingehender Betrag verrechnet wird.[25] Solche Klauseln können aber gegen § 307 verstoßen.[26]

6. Rechtsfolge der Erfüllung

a) Erlöschen

219 Wenn der Schuldner den Leistungserfolg bewirkt hat, erlischt nach § 362 „das *Schuldverhältnis*". Gemeint ist damit, dass die erfüllte *Schuld* erlischt, nicht notwendig das ganze Schuldverhältnis.[27] *Beispiel 1:* Mieter M zahlte pünktlich seine Miete für April 2013. Damit erlosch seine entsprechende Zahlungsschuld für den Monat April, aber natürlich nicht das Mietverhältnis. *Beispiel 2:* V übereignete K die Kaufsache, ohne dass K den Kaufpreis bezahlt hatte. Dann erlosch zwar die Schuld des V aus § 433 Abs. 1 S. 1, aber nicht die des K aus § 433 Abs. 2. Selbst dann, wenn *beide* Vertrags-

20 BGH NJW 1996, 2791.
21 BGHZ 51, 157.
22 BGH NJW 2001, 3781.
23 BGH NJW 1993, 2043.
24 Beispielsfall in BGH NJW 1991, 2629.
25 BGH NJW 1997, 2046.
26 BGH NJW 1999, 2043.
27 BGHZ 10, 391, 395; BGH NJW 2007, 3488 Rn 17.

partner ihre Hauptpflichten erfüllt haben, kann das Schuldverhältnis noch fortbestehen. *Beispiel 3:* Der Käufer machte nach Zahlung des Kaufpreises berechtigte Ansprüche wegen eines Sachmangels geltend (§ 434). Das durch den Kaufvertrag begründete Schuldverhältnis als Ganzes ist in diesem Fall nicht erloschen.[28] *Beispiel 4:* X hatte sein Hanggrundstück teilweise abgegraben und schuldete deshalb dem Eigentümer des oberhalb gelegenen Grundstücks Maßnahmen, um das Abrutschen des Hangs zu verhindern. X ließ eine Trägerbohlwand errichten. Durch dieses Bewirken der geschuldeten Leistung erlosch seine Schuld.[29]

b) Ausnahme bei Vorbehalt

220 Ob die Erfüllung zum Erlöschen der Schuld führt, kann davon abhängen, ob der Leistende einen Vorbehalt gemacht hat. Dabei ist zu unterscheiden:[30]

- *Schwacher Vorbehalt:* Wenn der Schuldner nur vermeiden will, dass seine Leistung als Anerkenntnis nach § 212 Abs. 1 Nr. 1 gewertet wird,[31] kann er einen Vorbehalt machen, etwa „ohne Anerkennung einer Rechtspflicht". Ein solcher Vorbehalt schließt die Erfüllungswirkung nicht aus.
- 221 *Starker Vorbehalt:* Wenn aber der Schuldner zugleich mit der Leistung seine Verpflichtung oder die Berechtigung des Gläubigers in Frage stellt, führt die Leistung nicht zur Erfüllung. *Beispiel 1:* S war in erster und zweiter Instanz verurteilt worden, an G fast 15 Millionen Euro zu zahlen. Er hatte die Hoffnung nicht aufgegeben, vor dem BGH noch Recht zu bekommen, überwies aber den Betrag. Dazu schrieb er an G: „Die Zahlung erfolgt lediglich zur Abwendung der Zwangsvollstreckung und kann deshalb nicht als Erfüllung der behaupteten Ansprüche betrachtet werden." Der BGH nahm den S beim Wort und sah in der Überweisung keine Erfüllung.[32] *Beispiel 2:* P hatte von V landwirtschaftliche Flächen gepachtet. Er überwies die Pacht an den Anwalt des V, schrieb diesem aber: „Gleichzeitig beauflagen (sic!) wir Sie zu prüfen, ob Ihr Mandant berechtig ist, die Pachtzinszahlungen in Empfang zu nehmen. Nur für diesen Fall sind Sie berechtigt, die Pacht an ihn weiterzureichen." Da P die Zahlung unter eine Bedingung gestellt hatte, hatte sie keine Erfüllungswirkung.[33]

c) Quittung

222 Mit der Erfüllung erlangt der Schuldner einen Anspruch auf Erteilung einer Quittung (§ 368). Die Quittung dient ihm zum Beweis seiner Leistung. Eine Quittung liegt nicht nur vor, wenn ein Geldgläubiger den Empfang des geschuldeten Geldes bestätigt, sondern auch, wenn zB ein Käufer oder Leasingnehmer den Empfang der gelieferten Ware bescheinigt.[34] Ein Möbelhändler darf deshalb verlangen, dass seine Kunden die Klausel „Ware erhalten" unterschreiben, aber nicht „Ware *in einwandfreiem Zustand* erhal-

---

28 Palandt/Grüneberg Vor § 362 Rn 5.
29 BGH NJW 1995, 3189.
30 BGHZ 152, 233 (244 f); 139, 357 (367 f); BGH NJW 2007, 1269 Rn 19; allgemeine Meinung: MüKo/Fetzer § 362 Rn 5, Bamberger/Roth/Dennhardt § 362 Rn 40; NK-BGB/Avenarius § 362 Rn 13.
31 Oder als bewusste Leistung auf eine Nichtschuld nach § 814 (SBT Rn 1395 f).
32 NJW 2012, 1717 Rn 7: „Eine Leistung unter dem Vorbehalt der Rückforderung hat keine Erfüllungswirkung".
33 BGH NJW 2007, 1269 Rn 22.
34 BGH NJW 1993, 1381.

ten". Denn darin läge ein nicht unerheblicher Rechtsverzicht.[35] Die Quittung spielt eine besondere Rolle, wenn ein unbefugter Dritter eine vom Gläubiger unterschriebene Quittung überreicht und der Schuldner ihn gutgläubig für ermächtigt hält, das Geld einzuziehen (§ 370 – bitte lesen!).

Schuldschein: Wenn der Schuldner über die Schuld einen Schuldschein ausgestellt hatte, kann er dessen Rückgabe verlangen (§ 371).

7. Erfüllungsvertrag?

223 *Vertragstheorie:* Nach der heute nicht mehr vertretenen „*Vertragstheorie*" gehört zur Erfüllung ein Vertrag zwischen Gläubiger und Schuldner über die Aufhebung des Schuldverhältnisses. Für diese Theorie spricht, dass das Gesetz selbst die Erfüllung in § 362 Abs. 2 – durch die Verweisung auf § 185 – als Verfügung, also als Rechtsgeschäft ansieht (Rn 226). Gegen die Vertragstheorie aber spricht, dass es in den meisten Fällen gekünstelt wirkt, eine besondere Einigung der Parteien über das Erlöschen der Schuld zu fordern. Wenn zB ein Gärtner vertragsgemäß eine Hecke geschnitten hat, wäre es etwas abwegig, von ihm eine Einigung mit seinem Vertragspartner über die Erfüllung seiner Schuld zu verlangen.[36]

224 *Theorie der realen Leistungsbewirkung:* Die herrschende Meinung vertritt deshalb heute die „*Theorie der realen Leistungsbewirkung*",[37] der sich auch der BGH angeschlossen hat.[38] Nach ihr besteht die Erfüllung allein darin, dass der Schuldner die Leistung tatsächlich bewirkt. Einer Willenserklärung bedarf es dazu nicht. Das Hauptargument für diese Theorie ist, dass das Gesetz in § 362 Abs. 1 nichts von einer Einigung der Parteien sagt.

Allerdings ist die Erfüllung in seltenen Ausnahmefällen kein reiner Realakt. *Beispiel:* In dem unter Rn 221 genannten Beispiel 1 hatte der Schuldner erklärt, seine Zahlung solle nicht als Erfüllung angesehen werden. Obwohl die Überweisung erfolgt war und deshalb eine reale Leistungsbewirkung vorlag, trat wegen der rechtsgeschäftlichen Erklärung des S keine Erfüllung ein.[39] Auch das Gesetz geht gelegentlich davon aus, dass eine Erfüllung einer Erklärung bedarf. Wenn nämlich die Leistung mehr als einer Schuld zugeordnet werden kann, erwartet § 366 Abs. 1, dass der Schuldner zu seiner Leistung eine Erklärung abgibt (Rn 218). Ähnlich ist es, wenn der Schuldner nicht mehrere *Verpflichtungen* hat, sondern für *eine* Leistung mehrere *Gläubiger* infrage kommen und nicht klar ist, für welchen der Schuldner die Leistung erbracht hat.[40]

Durch die Tatsache, dass es bei einem verschwindend geringen Teil aller Erfüllungstatbestände Zweifel gibt, die durch Erklärungen oder Vereinbarungen oder durch Auslegung geklärt werden müssen, kann die Theorie der realen Leistungsbewirkung nicht in Frage gestellt werden.[41]

---

35 OLG Koblenz NJW 1995, 3392.
36 Beispiel von Larenz § 18 I 5.
37 Larenz § 18 I, Medicus/Lorenz Rn 276, Palandt/Grüneberg § 362 Rn 1.
38 NJW 2015, 2497 Rn 13; 2014, 1547 Rn 21; BGHZ 186, 269 Rn 25.
39 NJW 2012, 1717 Rn 7: „Eine Leistung unter dem Vorbehalt der Rückforderung hat keine Erfüllungswirkung".
40 BGH NJW 2007, 3488 Rn 20.
41 Gernhuber, Die Erfüllung und ihre Surrogate, § 5 II; Bülow JuS 1991, 531.

8. Leistung an einen Dritten

a) Allgemeines

225 Die Leistung muss grundsätzlich „an den *Gläubiger* bewirkt" werden (§ 362 Abs. 1). Der Schuldner kann aber auch, wenn der Gläubiger das wünscht, befreiend an einen „Dritten" zahlen (§ 362 Abs. 2). Dritter in diesem Sinne ist jemand, der die Zahlung nicht für den Gläubiger, sondern *für sich selbst* annimmt. Kein Fall des § 362 Abs. 2 liegt deshalb vor, wenn der Schuldner an jemand zahlt, der die Leistung für den Gläubiger in Empfang nimmt, zB an seinen Mitarbeiter, Familienangehörigen oder Boten. Eine Überweisung auf das *Bankkonto* des Gläubigers ist Leistung an den Gläubiger selbst und nicht an seine Bank, denn diese ist nur *Zahlstelle* des Gläubigers.[42]

b) Einwilligung

226 Der Schuldner kann auf Weisung des Gläubigers an einen (soeben definierten) Dritten zahlen. § 362 Abs. 2 deutet dies als einen Fall des § 185 Abs. 1, was etwas problematisch ist, weil heute die Erfüllung nicht mehr als Rechtsgeschäft angesehen wird (Rn 223 f). Aber es bleibt richtig, dass der Schuldner nur mit vorheriger Zustimmung (Einwilligung) des Gläubigers wirksam an einen Dritten zahlen kann. *Beispiel 1:* V hatte sein amerikanisches Unternehmen für 200 000 Dollar an K verkauft. K überwies vereinbarungsgemäß einen Teilbetrag von 5 000 Dollar an den Schwiegersohn S des V, für den das Geld endgültig bestimmt war.[43] Für diesen Fall verweist § 362 Abs. 2 auf § 185. Da V seine Einwilligung nach § 183 zur Zahlung an S gegeben hatte, erlosch die Schuld mit der Gutschrift auf dem Konto des S (§ 185 Abs. 1). *Beispiel 2:* V verkaufte K ein Grundstück, das noch mit einer Hypothek der B-Bank belastet war. Um sie abzulösen, wies V den K an, einen Teil des Kaufpreises an die B-Bank zu überweisen, was K tat. In Höhe dieses Teilbetrags erlosch die Kaufpreisschuld nach § 362 Abs. 2.[44] *Beispiel 3:* H war einem Immobilienfonds der X beigetreten und hatte dafür ein Darlehen bei der B aufgenommen. Er wies die B an, das Kapital an die X zu überweisen. Mit der Gutschrift auf dem Konto der X hatte die B dem H das Darlehen „zur Verfügung" gestellt (§ 488 Abs. 1 S. 1).[45] Damit war die im Darlehensvertrag übernommene Zahlungsschuld der B erloschen (§ 362 Abs. 2).

c) Genehmigung durch den Gläubiger

227 Wenn der Schuldner eigenmächtig oder irrtümlich an einen Dritten geleistet hat, kann der Gläubiger diese Leistung genehmigen und so die Erfüllungswirkung herbeiführen (§§ 362 Abs. 2, 185 Abs. 2 S. 1 Alt. 1, 184 Abs. 1). *Beispiel:* S wollte 182 000 Euro auf das Konto der Z-GmbH überweisen, überwies die Summe aber versehentlich auf ein Konto der ZE-GmbH, einer Schwestergesellschaft. Der Geschäftsführer der Z-GmbH genehmigte die Zahlung an die ZE. Dadurch erlosch die Schuld des S gegenüber der Z-GmbH.[46]

42 BGH NJW 1985, 2700; BGHZ 72, 316.
43 BGH NJW 1999, 210.
44 BGH NJW 1998, 746.
45 BGHZ 144, 331 (336/337); BGH NJW 2006, 1788 Rn 31.
46 BGH NJW 2006, 503 Rn 27; allerdings scheiterte die Erfüllung in diesem Fall aus einem anderen Grund.

d) *Zahlung auf ein Treuhandkonto*

228 Keine Erfüllung tritt ein, wenn der Schuldner den Betrag auf ein Treuhandkonto überweist, aber der Gläubiger mit der Zahlung auf dieses Konto nicht einverstanden ist. *Beispiel:* Die Versicherungsgesellschaft V sollte 11 000 Euro an die geschädigte Frau G zahlen, die durch Rechtsanwalt R vertreten wurde. Die V überwies den Betrag aber entgegen ausdrücklicher Weisung versehentlich nicht an Frau G, sondern auf ein debitorisches Konto des (hoffnungslos überschuldeten) R. Da Frau G die Zahlung an R begreiflicherweise nicht genehmigte (§§ 362 Abs. 2, 185 Abs. 2, 184 Abs. 1), trat keine Erfüllung ein.[47]

Die Überweisung auf ein Treuhandkonto führt sogar dann nicht zur Erfüllung, wenn eine Überweisung auf dieses Konto vereinbart war.[48] *Beispiel:* Fall 11 (Rn 203).[49] Denn die Zahlung auf das Treuhandkonto (Notaranderkonto) ist kein Fall des § 362 Abs. 1, sondern des § 362 Abs. 2. Deshalb führt die Gutschrift auf dem Konto des Treuhänders ohne Zustimmung des Gläubigers nicht zur Erfüllung.[50] Die Schuld erlischt erst, wenn der Betrag (durch Überweisung des Treuhänders) auf dem Konto des Gläubigers gutgeschrieben worden ist.

Es kommt auch vor, dass nicht der Käufer, sondern eine Bank oder Bausparkasse auf ein (vom Gläubiger angegebenes) Notaranderkonto zahlt. Dann trägt die Bank oder Bausparkasse das Risiko, dass das Geld vom Notar veruntreut wird.[51] Dieses Risiko kann das Kreditinstitut auch nicht durch AGB auf seine Kunden abwälzen.[52] Die Untreue des Notars trifft also immer den Einzahler.

III. Andere Formen der Erfüllung

1. Überblick

229 Wenn der Schuldner dem Gläubiger eine andere als die geschuldete Leistung anbietet, kann der Gläubiger zwischen drei Möglichkeiten wählen:

- Er kann die angebotene Leistung als vollwertigen Ersatz für die eigentlich geschuldete Leistung akzeptieren, also *„an Erfüllungs statt"* annehmen. Damit erlischt die Schuld gemäß § 364 Abs. 1 (Rn 230).
- Der Gläubiger kann aber auch die angebotene Leistung nur hilfsweise akzeptieren, indem er sich zu dem Versuch bereit erklärt, diese Leistung zu verwerten. Eine solche Leistung des Schuldners nennt man eine Leistung *„erfüllungshalber"*.
- Schließlich kann der Gläubiger die angebotene Leistung auch ablehnen, weil es ja nicht die geschuldete ist. Er kommt dann nicht etwa in Annahmeverzug (§§ 293 ff), sondern umgekehrt der Schuldner uU in Schuldnerverzug (§ 286).

47 OLG Karlsruhe NJW 1997, 1587.
48 BGH NJW 1997, 2104.
49 BGHZ 87, 156; ähnlich BGH NJW 1994,1403.
50 OLG Hamburg NJW 1996, 1289.
51 BGH NJW 1998, 3200.
52 BGH aaO.

2. Annahme an Erfüllungs statt

a) Definition

230 Eine *Annahme an Erfüllungs statt* ist die Annahme einer Leistung, die zwar von der geschuldeten abweicht, aber vom Gläubiger als vollwertiger Ersatz akzeptiert wird (§ 364 Abs. 1). Die Annahme an Erfüllungs statt führt zum Erlöschen der Schuld.

b) Beispiele

231 *Beispiel 1:* L hatte beim Reiseveranstalter R für sich und seine Familie eine Reise auf die Malediven gebucht mit Unterbringung in einer „Wasservilla". Kurz nach der Ankunft bot der Reiseleiter der Familie an, ohne Aufpreis in die teurere Präsidentensuite umzuziehen, was L annahm.[53] Damit erlosch die Pflicht des R, die Familie in der Wasservilla unterzubringen. *Beispiel 2:* K kaufte vom Autohändler A ein Camaro Z 28 Coupé und gab seinen Pontiac Firebird in Zahlung.[54] Der BGH nimmt in diesen Fällen an, dass die Parteien im Kaufvertrag dem Käufer das Recht zugebilligt haben, für einen Teil des Kaufpreises nach § 364 Abs. 1 sein Altfahrzeug in Zahlung zu geben.[55] In der Literatur werden meist andere Konstruktionen bevorzugt.[56] Die Probleme zeigen sich erst nach einem Rücktritt (§ 346). Nach der zutreffenden Ansicht des BGH muss der Käufer dann das Altfahrzeug zurücknehmen. Entsprechendes gilt bei einem Leasingvertrag.[57]

c) Zeitpunkt

232 Es wird nicht vorausgesetzt, dass der Schuldner dem Gläubiger erst bei Fälligkeit, also überraschend, die Ersatzleistung anbietet. Vielmehr kann eine entsprechende Vereinbarung zwischen Gläubiger und Schuldner schon vor der Fälligkeit getroffen werden. Sie gibt dem Schuldner eine (nicht gesetzlich geregelte) *Ersetzungsbefugnis*.[58] Macht der Schuldner von ihr Gebrauch, so führt das zu einer Leistung an Erfüllungs statt nach § 364 Abs. 1.[59]

d) Rechtsfolgen

233 Wenn der Gläubiger die abweichende Leistung an Erfüllungs statt annimmt, erlischt die Schuld (§ 364 Abs. 1). Der Gläubiger ist jedoch nicht schutzlos, wenn sich nachher die Ersatzleistung als mangelhaft herausstellt. Vielmehr wird er von § 365 so gestellt, als hätte er die Ersatzleistung vom Schuldner *gekauft*. Er hat also die (in § 437 aufgeführten) Rechte, die einem Käufer bei einem Sachmangel (§ 434) bzw einem Rechtsmangel (§ 435) zustehen. *Beispiel:* Als die Familie L in die Präsidentensuite umgezogen war (Rn 231, Beispiel 1), fiel Frau L die Granitplatte des Waschtischs auf den großen Zeh. R hatte eigentlich „in gleicher Weise wie ein Verkäufer Gewähr zu leisten" (§ 365). Aber für Reiseverträge passt § 651f Abs. 1 besser.

---

53 OLG Frankfurt BeckRS 2012, 13239 (Besprechung von Mäsch JuS 2013, 70).
54 BGH NJW 2003, 505.
55 BGH aaO; BGHZ 128, 111, 115.
56 Dubischar JuS 1985, 15; Behr AcP 185 (1985), 401; Honsell Jura 1983, 523.
57 BGH NJW 2003, 505.
58 Palandt/Grüneberg § 262 Rn 7.
59 BGH NJW 1984, 429.

3. Annahme erfüllungshalber

a) Definition

234 Eine Annahme erfüllungshalber liegt vor, wenn der Gläubiger eine von der geschuldeten abweichende Leistung mit der Absicht annimmt, daraus Befriedigung zu suchen. Die Annahme erfüllungshalber führt nicht zum Erlöschen der Schuld. Den Ausdruck „erfüllungshalber" kennt das Gesetz nicht. Es regelt diesen Fall aber andeutungsweise in § 364 Abs. 2.

b) Anwendungsfälle

235 *Übernahme einer neuen Verbindlichkeit (§ 364 Abs. 2):* Den Hauptfall der Annahme erfüllungshalber beschreibt § 364 Abs. 2 mit den Worten, dass „der Schuldner zum Zwecke der Befriedigung des Gläubigers diesem gegenüber eine neue Verbindlichkeit" übernimmt. Das Gesetz will nicht ausschließen, dass auch in diesen Fällen von den Parteien ausnahmsweise eine Leistung an Erfüllungs statt gewollt ist, doch stellt es in § 364 Abs. 2 durch die Worte „im Zweifel" eine gegenteilige Vermutung auf. Häufige Fälle sind die Begleichung einer Geldschuld durch Hingabe eines Wechsels[60] oder eines Schecks.[61]

236 *Andere Fälle einer Leistung erfüllungshalber:* Wenn jemand an der Ladenkasse mit seiner Debitkarte und Eingabe seiner PIN „bezahlt" (POS-System), fordert er sein Kreditinstitut auf, den fraglichen Betrag zulasten seines Kontos an den Gläubiger zu überweisen. In seiner Autorisierungsantwort übernimmt das Kreditinstitut diese Verpflichtung gegenüber dem Gläubiger (Händler).[62] Da der Händler nur die *Aussicht* auf eine Gutschrift erlangt, liegt keine Erfüllung, sondern nur eine Annahme erfüllungshalber vor.[63]

Auch außerhalb des bargeldlosen Zahlungsverkehrs gibt es Fälle einer Annahme erfüllungshalber. So kann auch eine *Sache* (zB eine Antiquität oder eine Goldmünze) erfüllungshalber in Zahlung gegeben werden. Es ist nicht so, dass in diesen Fällen immer eine Leistung an Erfüllungs statt vorläge. Ob der eine oder der andere Fall gegeben ist, ergibt sich aus einer Interpretation des Verhaltens und der Interessen des Gläubigers.

c) Rechtsfolgen

237 Die Rechtsfolge ergibt sich aus den Worten in § 364 Abs. 2 „... so ist im Zweifel nicht anzunehmen, dass er die Verbindlichkeit an Erfüllungs statt übernimmt". Das ist schlecht formuliert, besser wäre: „... nicht anzunehmen, dass *der Gläubiger* die Verbindlichkeit an Erfüllungs statt *annimmt*". Noch besser: „... nicht anzunehmen, dass der Gläubiger die *Forderung* an Erfüllungs statt annimmt", denn aus Sicht des Gläubigers ist es eine Forderung. Aber wie man auch formuliert, klar ist: Durch die Annahme *erfüllungshalber* erlischt die Schuld im Regelfall nicht – darin liegt gerade der Gegensatz zur Annahme an Erfüllungs statt.

Das leuchtet besonders ein bei der Hingabe eines Schecks oder eines Wechsels: Ein Gläubiger, der Barzahlung oder Überweisung beanspruchen kann, lässt sich auf einen Scheck oder gar auf einen Wechsel nur unter der Bedingung ein, dass dieser auch ein-

60 BGHZ 96, 182.
61 BGH NJW 1996, 1961.
62 Gößmann WM 1998, 1270.
63 Pfeiffer NJW 1997, 1036; MüKo/Fetzer § 364 Rn 8.

gelöst wird. Auf seine ursprüngliche Forderung will er verständlicherweise nicht verzichten. *Beispiel:* K hat dem V zur Begleichung des Kaufpreises einen Wechsel ausgestellt. V hat dann gegen K zwei Ansprüche, als Grundforderung den Zahlungsanspruch aus dem Kaufvertrag (§ 433 Abs. 2) und zusätzlich den Anspruch aus dem Wechsel. Die Kaufpreisforderung erlischt erst mit der Gutschrift des Betrags auf dem Konto des Verkäufers.[64] Allerdings trägt der Verkäufer das Risiko, dass einer seiner Mitarbeiter den Scheck unterschlägt und zu seinen Gunsten einzieht.[65]

Stundung der Grundforderung: Die Grundforderung ist zunächst gestundet. Der Gläubiger ist verpflichtet, in erster Linie Befriedigung aus dem erfüllungshalber übertragenen Gegenstand zu suchen.[66] Hat der Gläubiger einen Scheck oder Wechsel genommen und nimmt er trotzdem den Schuldner aus dem Kausalgeschäft (dem zugrunde liegenden Geschäft, also zB dem Kaufvertrag) in Anspruch, kann der Schuldner die *Einrede der Scheck- bzw Wechselhingabe* erheben.[67] Erst wenn der Versuch der Befriedigung aus dem erfüllungshalber übertragenen Gegenstand fehlschlägt, entfällt die Stundung und der Gläubiger darf wieder die eigentlich geschuldete Leistung verlangen.[68]

Die Schuld erlischt, wenn der Gläubiger die geschuldete Leistung aus dem erfüllungshalber angenommenen Gegenstand erlangt hat,[69] zB durch Gutschrift der Scheck- oder Wechselsumme.[70]

IV. Andere Wege, die zum Erlöschen führen

238 Im „Abschnitt 4. Erlöschen der Schuldverhältnisse", also in den §§ 362 ff, sind bekanntlich vier Gründe des Erlöschens aufgeführt: *Erfüllung, Hinterlegung, Aufrechnung und Erlass.* Die nächstliegende und häufigste Art und Weise, das Schuldverhältnis erlöschen zu lassen, ist natürlich die *Erfüllung* der Schuld (§ 362 Abs. 1), die bereits ausführlich besprochen wurde

239 *Hinterlegung:* Die Hinterlegung (§§ 372 ff) hat der Gesetzgeber detailfreudig in 15 Paragrafen geregelt. Sie spielt aber in der Praxis fast keine Rolle. Deshalb nur kurz: Eine Hinterlegung kommt nur in Betracht, wenn der Schuldner „Geld, Wertpapiere", „sonstige Urkunden" oder „Kostbarkeiten" schuldet und wenn der Gläubiger „im Verzug der Annahme" ist (§ 372 S. 1). Sie kommt auch in Betracht, wenn der Schuldner ohne Fahrlässigkeit nicht weiß, wer sein Gläubigers ist (S. 2). Diese Voraussetzung liegt nicht vor, wenn sich der Schuldner nur nicht die Mühe machen will, einfache Rechtsfragen von einem Anwalt klären zu lassen.[71]

Aufrechnung: Auch durch eine Aufrechnung (§ 387) kann sich der Schuldner von seiner Verbindlichkeit befreien. Die Aufrechnung spielt in der Praxis eine wichtige Rolle und ist auch dogmatisch interessant. Sie wird deshalb im Folgenden ausführlich behandelt (Rn 241 ff).

239a *Erlass:* Die Schuld erlischt schließlich auch dann, „wenn der Gläubiger dem Schuldner durch Vertrag die Schuld erlässt" (§ 397 Abs. 1). Wie die Worte „durch Vertrag" klarmachen, handelt es sich nicht um ein einseitiges Rechtsgeschäft. Ein Gläubiger, der seinem Schuldner die

64 BGH NJW 1996, 1961.
65 BGH aaO.
66 BGH NJW 1992, 683.
67 BGH NJW 1996, 1961; BGHZ 96, 182.
68 BGH NJW 1992, 683.
69 BGH NJW 1998, 746; BGHZ 98, 182.
70 BGHZ 131, 74.
71 BGH NJW 2003, 1809.

Schuld erlassen will, braucht also das Einverständnis des Schuldners. Der Erlassvertrag ist eine Verfügung[72] und bedarf deshalb eines zugrunde liegenden Verpflichtungsgeschäfts. Das ist idR ein Schenkungsvertrag (§ 516).

Ein Erlassvertrag kommt unter Freunden vor, aber nur selten unter Geschäftsleuten. Ein Richter darf deshalb nur mit äußerster Vorsicht bei Prozessgegnern[73] und Geschäftspartnern von einem Erlass ausgehen.[74] Wenn feststeht, „dass eine Forderung entstanden ist, verbietet dieser Umstand im Allgemeinen die Annahme, der Gläubiger habe sein Recht einfach wieder aufgegeben",[75] insbesondere konkludent.[76] Die Annahme eines Erlasses setzt „den unmissverständlichen rechtsgeschäftlichen Willen voraus, auf die Forderung zu verzichten".[77] Anderenfalls ist nicht von ihm auszugehen.[78]

Es kommt aber vor, dass Gläubigerbanken einem in Schwierigkeiten geratenen Unternehmer einen Teil seiner Schulden erlassen, um später wenigstens den anderen Teil ihrer Forderungen realisieren zu können.[79] Ein alltäglicher Fall eines Erlasses ist die Skontovereinbarung: Dem Vertragspartner, der die Zahlung schuldet, wird ein geringfügiger Teil erlassen, wenn er bis zu einem bestimmten Termin zahlt. Es handelt sich dann um einen (nach § 158 Abs. 1 bedingten) Teilerlass.[80]

240 *Unmöglichkeit der Leistung:* Es gibt einen häufigen Grund des Erlöschens, der nicht im „Abschnitt 4. Erlöschen der Schuldverhältnisse" (§§ 362 bis 397) genannt ist: Nach § 275 Abs. 1 ist der „Anspruch auf Leistung ausgeschlossen, soweit diese für den Schuldner ... unmöglich ist". Das bedeutet, dass die Schuld erlischt, wenn sie vom Schuldner nicht erbracht werden kann. *Beispiel:* M hat den Mietwagen zu Schrott gefahren, so dass er seine Rückgabepflicht nach § 546 Abs. 1 nicht mehr erfüllen kann. Seine Schuld erlischt deshalb (§ 275 Abs. 1), was aber nicht bedeutet, dass er keinen Schadensersatz zu leisten hat (§ 283).

§ 12 Aufrechnung

Fall 12: Fußpflegesalon §§ 387, 488

241

Frau Anna Ulla Frieda Rech betreibt seit drei Jahren einen Fußpflegesalon. Um ihn zu erweitern, nahm sie bei der Volksbank ein Darlehen über 10 000 Euro auf. Frau Rech hatte 36 Raten zu zahlen, die Zins und Tilgung enthielten. Ein Jahr nach Auszahlung des Darlehens fielen allgemein die Sollzinsen der Kreditinstitute. Frau Rech bat deshalb die Volksbank um eine Zinssenkung, was diese ablehnte. Daraufhin nahm Frau Rech bei der Städtischen Sparkasse einen Kredit über 7 000 Euro zu einem Zins auf, der deutlich unter dem lag, den sie an die Volksbank zu zahlen hatte. Frau Rech zahlte diesen Betrag auf ihr Girokonto bei der Volksbank ein und erklärte die Aufrechnung gegen die Darlehensforderung der Volksbank.

72 BGB-AT Rn 324.
73 BGH NJW 1997, 3019.
74 BGH NJW 1994, 379.
75 BGH NJW 2002, 1044; ähnlich NJW 2010, 64 Rn 18; 2001, 2325; BAG NJW 2008, 461 Rn 20.
76 BGH NJW 2002, 1788.
77 BGH NJW 2016, 1391 Rn 13.
78 BGH NJW 2006, 1511 Rn 10; 2001, 2325.
79 BGH NJW 1995, 1281.
80 OLG Stuttgart NJW 2012, 2360.

Die Darlehensforderung betrug damals noch 6 700 Euro. Die Volksbank ist der Meinung, die Aufrechnung sei unwirksam. Zu Recht?

Das Gesetz hat die vier Voraussetzungen der Aufrechnung in § 387 aufgeführt, die im Einzelnen geprüft werden sollen:

242 *„Schulden zwei Personen einander Leistungen, ...“* Diese Voraussetzung nennt man „Gegenseitigkeit“ (Rn 248). Frau Rech schuldet der Volksbank den Betrag, der vom Kapital des Darlehens noch offen ist, also 6 700 Euro (§ 488 Abs. 1). Auch die Volksbank schuldet Frau Rech Geld. Denn ein Habensaldo auf einem Girokonto ist eine Schuld des Kreditinstituts gegenüber seinem Kunden. Die Volksbank schuldet Frau Rech deshalb den auf ihrem Girokonto gutgeschriebenen Betrag von 7 000 Euro. Die Gegenseitigkeit ist damit gegeben.

„... die ihrem Gegenstand nach gleichartig sind ...“ Da es sich in beiden Fällen um Euro-Forderungen handelt, ist die Gleichartigkeit gegeben. Dass die beiden Geldforderungen nicht die gleiche Höhe haben, ist unschädlich.

„... so kann jeder Teil seine Forderung gegen die Forderung des anderen Teiles aufrechnen ... “ Im vorliegenden Fall ist Frau Rech der Teil, der „seine Forderung gegen die Forderung des anderen Teiles aufrechnen“ will.

„... sobald er die ihm gebührende Leistung fordern ... kann.“ Die Frau Rech gebührende Leistung ist die Auszahlung des auf ihrem Konto gutgeschriebenen Betrags von 7 000 Euro. Da der Inhaber eines Girokontos jederzeit die Auszahlung seines Guthabens verlangen kann, ist die Fälligkeit der Frau Rech zustehenden Forderung gegeben. Diese Forderung nennt man „Aktivforderung“, weil sie dem aktiven Teil (dem Aufrechnenden) zusteht. Frau Rech kann also die ihr „gebührende Leistung fordern“.

„... und die ihm obliegende Leistung bewirken kann.“ Diese letzte Voraussetzung der Aufrechnung nennt man die „Erfüllbarkeit der Passivforderung“ (Rn 252). Die Frau Rech „obliegende Leistung“ ist die Rückzahlung des noch offenen Darlehensbetrages von 6 700 Euro. Zu fragen ist deshalb, ob Frau Rech diesen Betrag schon jetzt zurückzahlen darf. Nach dem Vertrag hatte der Kredit eine feste Laufzeit von 36 Monaten. Normalerweise nimmt jeder Gläubiger eine Zahlung seines Schuldners auch *vor* der Fälligkeit gern entgegen. Aber ein Kreditinstitut, das ein Darlehen zu einem festen Zinssatz auf eine bestimmte Zeit vergeben hat, ist nicht verpflichtet, die vorzeitige Rückzahlung zuzulassen. Das ergibt sich aus § 489 Abs. 1, der für ein Darlehen mit „gebundenem Sollzinssatz“ (dh einem Festzins) eine Kündigung nur in zwei Fällen zulässt (§ 489 Abs. 1 Nr. 1, Nr. 2). Diese beiden Ausnahmefälle sind nicht gegeben, so dass eine Kündigung nicht zulässig ist (und damit auch keine vorzeitige Rückzahlung). Eine etwas andere Regelung würde gelten, wenn Frau Rech das Darlehen als *Verbraucherin* aufgenommen hätte (Verbraucherdarlehensvertrag, §§ 491 ff).[81] Aber Frau Rech hat den Darlehensvertrag für Zwecke ihres Betriebs abgeschlossen, also als Unternehmerin (§ 14). Sie ist deshalb nicht zur vorzeitigen Rückzahlung berechtigt.

Damit steht fest, dass das vierte Erfordernis der Aufrechnung, die *Erfüllbarkeit* der Passivforderung, *nicht* gegeben ist. Folglich ist die Aufrechnungserklärung unwirksam (§ 387). Beide Forderungen bestehen noch fort: Frau Rech schuldet einerseits noch den restlichen Darlehensbetrag und verfügt andererseits noch über das Guthaben von 7 000 Euro. Dieses Ergebnis ist auch gerecht. Frau Rech darf nicht durch die Hintertür (die Aufrechnung) das errei-

81 Ein Verbraucher darf ein Verbraucherdarlehen jederzeit zurückzahlen (§ 500 Abs. 2), muss dann aber im Regelfall eine (beschränkte) Vorfälligkeitsentschädigung bezahlen (§ 502; SBT Rn 1068).

chen, was sie durch die Haustür (die Kündigung des Darlehensvertrags) nicht erreichen kann.

Lerneinheit 12

243 **Literatur:** *Förster,* Wesentliche Vertragsverletzung und Aufrechnung von Forderungen nach UN-Kaufrecht, NJW 2016, 830; *Steiner,* Aufrechnungserklärungen gegenüber dem Testamentsvollstrecker, ZEV 2016, 24; *Schumann,* Die prozessuale Behandlung der Aufrechnung mit einer rechtswegfremden Forderung, DStR 2015, 700; *Hambloch,* Wann kann ein Rechtsanwalt mit Gebührenforderungen gegen den Mandanten gegenüber einer Forderung einer Rechtsschutzversicherung aufrechnen? JurBüro 2014, 227; *Retzlaff,* Kein Anerkenntnis durch Aufrechnung, NJW 2013, 2854; *Marchal,* Aufrechnung mit Umsatzsteuerforderungen in der Insolvenz, BB 2013, 33; *Ghassemi-Tabar/Schweitzer,* Aufrechnungsbeschränkungen im Gewerberaummietrecht, ZfIR 2012, 224.

I. Einführung

244 Die Aufrechnung ist in ihren Grundzügen so einfach und alltäglich, dass sie jedes Kind versteht. *Beispiel:* Mutter M schuldet ihrer zwölfjährigen Tochter Luise 10 Euro Taschengeld, hat aber von Luise noch 8 Euro zu bekommen. M erklärt ihrer Tochter, dass sie das Taschengeld verrechne, und zahlt ihr nur zwei Euro. Auch eine Zwölfjährige versteht sofort, was gemeint ist.

Interessenlage: Wenn zwei Personen sich gegenseitig Geld schulden und eine von ihnen die Aufrechnung erklärt, geschieht das häufig nur aus Bequemlichkeit. Denn auf diese Weise entfällt für den Beteiligten, der den kleineren Betrag schuldete, der Zahlungsvorgang.

In manchen Fällen hat aber die Aufrechnung für den Aufrechnenden eine wesentlich größere Bedeutung, nämlich dann, wenn sein Schuldner nicht zahlen will oder nicht zahlen kann. Dann sagt sich der Aufrechnende: „Mein Schuldner ist zwar zahlungsunfähig und deshalb würde ich die 200 000 Euro, die ich von ihm noch zu bekommen habe, nie mehr sehen. Aber zum Glück schulde ich ihm ja selbst noch 198 000 Euro. So kann ich aufrechnen und verliere nur 2 000 Euro." Denn durch die Aufrechnung setzt der Gläubiger seine Forderung auch dann im Wege der Selbsthilfe durch, wenn der Schuldner nicht zahlen will oder kann.

245 *Definition:* Aufrechnung ist die Verrechnung einer Forderung mit einer gleichartigen Gegenforderung (§ 387). Die Aufrechnung bewirkt, dass die Forderungen erlöschen, soweit sie sich decken (§ 389).

246 *Rechtsnatur:* Die Aufrechnung ist ein einseitiges Rechtsgeschäft, weil sie nach § 388 S. 1 „durch Erklärung", also durch eine einzige Erklärung (ohne Gegenerklärung) erfolgt. Diese eine Willenserklärung ist empfangsbedürftig, weil sie „gegenüber dem anderen Teil" abzugeben ist, also richtig adressiert werden muss und erst mit ihrem Zugang wirksam wird (§ 130 Abs. 1 S. 1). Die Aufrechnung ist deshalb ein einseitiges Rechtsgeschäft mit empfangsbedürftiger Willenserklärung (Rn 26a) und steht insofern der Kündigung und der Aufrechnung gleich.

Zugleich ist die Aufrechnung allerdings eine *Verfügung,*[82] denn sie wirkt auf zwei bestehende Rechte (Forderungen) dergestalt ein, dass diese ganz oder teilweise erlöschen

82 BGB-AT Rn 329.

(§ 389). Die Aufrechung ist, wie viele Verfügungsgeschäfte, bedingungsfeindlich (§ 388 S. 2). *Beispiel:* A schrieb an B, er erkläre hiermit für den Fall, dass B nicht bis zum 4. April seine Schulden bezahle, die Aufrechnung. Eine solche „Aufrechnung" wäre unwirksam (§ 388 S. 2).

247 *Verrechnungsvertrag:* Von der Aufrechnung zu unterscheiden ist der *Verrechnungsvertrag.* Er ist im Gegensatz zur Aufrechnung kein einseitiges Rechtsgeschäft, sondern ein *Vertrag,* stellt aber ebenfalls eine Verfügung dar. Er ist nicht gesetzlich geregelt, aber selbstverständlich zulässig und nicht an die strengen Voraussetzungen der Aufrechnung gebunden.[83]

II. Voraussetzungen der Aufrechnung

1. Gegenseitigkeit

248 *„Schulden zwei Personen einander Leistungen, ..."* An der Aufrechnung dürfen nur zwei Personen beteiligt sein, dh der Schuldner der einen Forderung muss identisch sein mit dem Gläubiger der anderen Forderung und umgekehrt. Ist diese Identität nicht gegeben, ist die Aufrechnung unzulässig.[84] *Beispiel:* Eine Wohnungseigentümergemeinschaft verlangte wegen Mängeln der Wohnanlage Zahlung vom Bauträger. Diesem standen noch Kaufpreisansprüche gegen einzelne Eigentümer zu, aber er konnte mit ihnen nicht aufrechnen. Denn die Wohnungseigentümergemeinschaft ist nicht identisch mit den Wohnungseigentümern, die noch Kaufpreisschulden hatten.[85]

249 *Terminologisches:* Die sogenannte *„Gegenseitigkeit"* hat natürlich nichts mit den „gegenseitigen Verträgen" (§§ 320 ff) zu tun. Bei den gegenseitigen Verträgen werden aufgrund desselben Vertrags *unterschiedliche* Leistungen ausgetauscht, bei der Aufrechnung hingegen stehen sich aus getrennten Rechtsgründen Forderungen auf *gleichartige* Leistungen gegenüber. Um Verwechselungen zu vermeiden, sagen manche Autoren deshalb statt „Gegenseitigkeit" *„Wechselseitigkeit".*

2. Gleichartigkeit

250 § 387 verlangt, dass die Leistungen *„ihrem Gegenstand nach gleichartig sind ..."* Die beiden Forderungen müssen deshalb auf die Leistung gleicher vertretbarer Sachen (§ 91) gerichtet sein. *Beispiel:* A importiert brasilianischen Orangensaft. Sein Konkurrent B und er helfen sich gelegentlich aus, wenn einer zu viel, der andere zu wenig Ware hat. Beide können ihre Forderungen gegeneinander aufrechnen. In der Praxis werden aber fast nur Geldforderungen aufgerechnet.

„Gleichartig" bedeutet nicht, dass die beiden Forderungen aus demselben Schuldgrund hergeleitet sein müssen. Es ist deshalb unerheblich, wie es zu den jeweiligen Forderungen gekommen ist. „Gleichartig" heißt auch nicht, dass beide Forderungen die gleiche Höhe haben müssten. Man kann deshalb mit einer 100-Euro-Forderung gegen eine 100 000-Euro-Forderung aufrechnen, muss dann allerdings noch 99 900 Euro bezahlen. Es reicht aus, wenn beide Forderungen *im Ergebnis* auf eine Zahlung gerichtet sind. *Beispiel:* Herr M verlangte von seiner geschiedenen Frau Zugewinnausgleich (und damit Zahlung), während Frau M „auf *Einwilligung* in die Auszahlung" eines

83 BGH NJW 1985, 2409.
84 Eine Ausnahme gilt nur im Fall der Abtretung nach § 406 (Rn 1195 ff).
85 BGH NJW 1992, 435. Ebenso OLG Stuttgart NJW 2013, 699.

Geldbetrags klagte. Die Frau M zustehende Forderung war eigentlich auf die Abgabe einer Willenserklärung gerichtet. Aber die Durchsetzung dieser Forderung (die Abgabe der Willenserklärung) hätte zu einem Zahlungsanspruch gegen Herrn M geführt. Der BGH hat deshalb beide Forderungen zu Recht als gleichartig angesehen.[86]

3. Fälligkeit und Durchsetzbarkeit der Aktivforderung

251 Der Aufrechnende muss, „...*die ihm gebührende Leistung fordern* ...“ können. Denn wer die Aufrechnung erklärt, greift – bildlich gesprochen – seinem Schuldner in die Brieftasche und nimmt sich dort selbst die nötigen Scheine heraus. Man darf deshalb nur dann die Aufrechnung erklären, wenn man auch sofortige Zahlung verlangen könnte. Das bedeutet, dass die Forderung des Aufrechnenden (die sogenannte *Aktivforderung)* fällig und durchsetzbar (klagbar) sein muss.

Fälligkeit: Wann eine Leistung fällig ist, bestimmt § 271 Abs. 1. Sie ist fällig, wenn der Schuldner sie nicht nur erbringen *„kann“* (§ 271 Abs. 2), sondern sie erbringen *muss* (§ 271 Abs. 1; Rn 492 ff). *Beispiel:* Vermieter V hatte versehentlich den Polo seines Mieters M auf dem Parkplatz des Hauses angefahren. Als M ihm im Januar 2013 die Rechnung der Werkstatt präsentierte, sagte V, er rechne mit seinen Mietansprüchen der Monate Februar bis Dezember 2013 auf. Das war unzulässig, weil diese Ansprüche noch nicht fällig waren.

Durchsetzbarkeit: Wie sich aus § 390 ergibt, ist selbst eine fällige Forderung nur dann zur Aufrechnung geeignet, wenn sie durchsetzbar (klagbar) ist, wenn ihr also keine Einrede des Schuldners entgegensteht. Eine Ausnahme besteht nur für verjährte Forderungen (Rn 257).

4. Erfüllbarkeit der anderen Forderung (der Passivforderung)

252 Der Aufrechnende muss *„die ihm obliegende Leistung bewirken“* können. Der Aufrechnende muss also berechtigt sein, die von ihm geschuldete Leistung erbringen zu *dürfen.* Das bedeutet nicht, dass sie schon fällig sein müsste. Es ist also nicht erforderlich, dass er sie bereits erfüllen *muss,* Voraussetzung ist nur, dass er sie bewirken *darf* oder – wie das Gesetz sagt – bewirken *„kann“.* Um diesen kleinen, aber feinen Unterschied zu verstehen, muss man sich klarmachen, dass der Aufrechnende durch die Aufrechnung seine Verbindlichkeit gegenüber dem anderen begleicht (zumindest teilweise). Bildlich gesprochen, steckt er dem anderen das geschuldete Geld in dessen Brieftasche. Das entspricht aber nicht in jedem Fall dem Interesse des Gläubigers:

- *Erfüllbarkeit:* Fast immer wird sich ein Gläubiger freuen, wenn er sein Geld möglichst früh bekommt. Deshalb darf der Schuldner seine Schulden im Prinzip auch schon vor ihrer Fälligkeit bezahlen (§ 271 Abs. 2). Die Pflicht des Schuldners ist also idR schon vor ihrer Fälligkeit „erfüllbar“. In diesen Fällen ist die vierte von § 387 genannte Voraussetzung der Aufrechnung gegeben.
- *Keine Erfüllbarkeit:* Von dem Grundsatz der Erfüllbarkeit vor Fälligkeit gibt es aber Ausnahmen, „wenn der Gläubiger ein rechtlich geschütztes Interesse daran hat, die

86 NJW 2000, 948.

Leistung nicht vorzeitig entgegennehmen zu müssen",[87] sondern sie erst am Fälligkeitstag zu bekommen. *Beispiel:* Fall 12, Rn 241.[88]

5. Kein Aufrechnungsverbot

253 Eine wirksame Aufrechnung setzt außerdem voraus, dass die Aufrechnung nicht vertraglich oder gesetzlich ausgeschlossen ist (Einzelheiten Rn 257 ff).

6. Aufrechnungserklärung

254 Wer die Aufrechnung will, muss sie gegenüber dem anderen erklären (§ 388 S. 1, § 130 Abs. 1 S. 1; Rn 246). Das Wort „Aufrechnung" braucht er dabei nicht zu verwenden, es genügt (wie üblich), wenn sich seine Absicht aus seinen Worten oder den Umständen ergibt (§§ 133, 157). Ein Richter darf deshalb an den Wortlaut der Aufrechnungserklärung keine übertriebenen Anforderungen stellen.[89]

III. Rechtsfolge der Aufrechnung

255 *Erlöschen:* Durch die Aufrechnung erlöschen die beiden Forderungen in der Höhe, in der sie sich decken (§ 389), so dass die geringere Forderung ganz, die höhere teilweise erlischt. Dieses Erlöschen ist der Grund dafür, dass der Gesetzgeber die Aufrechnung im Abschnitt „Erlöschen der Schuldverhältnisse" geregelt hat.

256 *Rückwirkung:* Die Wirkung der Aufrechnung wird von § 389 zurückverlegt auf den Zeitpunkt, in dem die Aufrechnungslage zum ersten Mal gegeben war, also die Aufrechnungsvoraussetzungen (§ 387) erstmalig vorlagen. Denn von diesem Zeitpunkt an brauchte sich der Aufrechnende in Höhe seiner eigenen Forderung nicht mehr als Schuldner des anderen zu fühlen.

IV. Aufrechnungsverbote

1. Gesetzliche Aufrechnungsverbote

a) Einredebehaftete Forderung

257 Im Prinzip kann niemand mit einer Forderung aufrechnen, die durch eine Einrede geschwächt ist (§ 390). Dazu ist nicht erforderlich, dass der andere die Einrede bereits erhoben hat.[90] In Betracht kommen alle Leistungsverweigerungsrechte, die der Schuldner im konkreten Fall geltend machen kann.

Ausnahme Verjährung (§ 215): An anderer Stelle, in § 215, bestimmt das Gesetz, dass es doch eine Einrede gibt, die die Aufrechnung *nicht* ausschließt, nämlich die Einrede der Verjährung. Allerdings macht § 215 eine Voraussetzung: Der Gläubiger einer verjährten Forderung kann nur aufrechnen, wenn seine Forderung (sein Anspruch) „in dem Zeitpunkt noch nicht verjährt war, in dem erstmals aufgerechnet ... werden konnte." Entscheidend ist also derselbe Zeitpunkt, auf den die Aufrechnung nach § 389 zurückwirkt. *Beispiel:* Mieter M ist nach ordnungsmäßiger Kündigung ausgezogen und

87 BGH NJW 1993, 2105.
88 Einen ähnlichen Fall, in dem die Aufrechnung gegen einen Darlehens-Rückzahlungsanspruch ausgeschlossen war, behandelt die Entscheidung BGH NJW 2012, 445.
89 BVerfG NJW-RR 1993, 764.
90 BGH ZIP 2005, 1559 (1560); NJW 2002, 3541; 2001, 287.

verlangt die von ihm gezahlte Mietkaution zurück. Vermieter V rechnet mit einer verjährten Forderung auf. Als diese Forderung noch nicht verjährt war, bestand bereits der Anspruch auf Rückzahlung der Kaution. Die Aufrechnung ist deshalb wirksam.[91]

b) Vorsätzlich begangene unerlaubte Handlung

258 Wer vorsätzlich eine unerlaubte Handlung begangen hat (§§ 823 ff), kann sich seiner Zahlungspflicht nicht dadurch entziehen, dass er gegenüber dem Geschädigten aufrechnet (§ 393). Den Grund für diese Regelung kann man sich am besten an folgendem Schulfall klarmachen: Der wohlhabende G hatte gegen S eine höhere Geldforderung, die er allerdings nicht realisieren konnte, weil S vermögenslos ist. G schlug deshalb S die Fensterscheiben ein und erschoss seinen Hund. Als S Schadensersatz verlangte, erklärte G die Aufrechnung. Die wird aber von § 393 ausgeschlossen.

Anders gesagt: Das Opfer einer vorsätzlichen Schädigung kann immer die *Bezahlung* seiner Schadensersatzforderung verlangen und braucht sich nicht die Aufrechnung mit einer Gegenforderung des Schädigers gefallen zu lassen. *Beispiel 1:* E stellte seinen Lkw mit Zustimmung des W auf dessen Gelände ab. W unterschlug den Lkw, indem er ihn an einen holländischen Händler verkaufte und übereignete. Gegen den Anspruch des E aus § 823 wollte W mit einer Standgeld-Forderung aufrechnen, aber scheiterte an § 393.[92] *Beispiel 2:* Rechtsanwalt R verklagte im Auftrag seines Mandanten M erfolgreich dessen Schuldner S. Dieser überwies 160 000 Euro auf ein Treuhandkonto des R. R veruntreute die Summe, so dass M gegen R ein Anspruch aus einer vorsätzlichen unerlaubten Handlung zusteht. Gegen diese Forderung darf R nicht mit seiner Gebührenforderung aufrechnen.[93] *Beispiel 3:* Frau L hatte im Geschäft ihres Ehemannes gearbeitet und bei dieser Gelegenheit unerlaubt Geld aus der Geschäftskasse entnommen. Gegen den Anspruch ihres Mannes durfte sie nicht mit einer Gehaltsforderung aufrechnen.[94] *Beispiel 4:* Zwischen Y und Z kam es zu einer Schlägerei, in deren Verlauf Y einen Kieferbruch erlitt und Z eine Gehirnerschütterung. Beide durften nicht mit ihrem Schadensersatzanspruch gegen den des anderen aufrechnen. Denn das Aufrechnungsverbot gilt uneingeschränkt.[95]

Zu beachten ist, dass der Täter einer *fahrlässig* (§ 276 Abs. 2) begangenen unerlaubten Handlung durchaus aufrechnen darf. Denn er hat die Aufrechnungslage nicht absichtlich herbeigeführt. Wichtig ist auch, dass das *Opfer* einer vorsätzlichen unerlaubten Handlung natürlich seinerseits aufrechnen darf. So dürfte M in Beispiel 2 aufrechnen und damit den Gebührenanspruch des R begleichen. Das wird er aber kaum tun.

c) Unpfändbare Forderungen

259 *Pfändung einer Forderung:* § 394 S. 1 spricht von einer Forderung, die „der Pfändung *nicht* unterworfen ist". Das wirft zunächst die Frage auf, wie eine Forderung der Pfändung unterworfen werden kann. *Beispiel:* Autohändler A hat aus dem Verkauf eines Ferrari eine Kaufpreisforderung gegen S, der seinerseits aus der Vermietung eines Geschäftshauses laufende Ansprüche gegen M hat. Dann kann A seine Forderung da-

91 BGHZ 101, 244 (252). Siehe auch BGH NJW 2016, 52 Rn 10 ff („Wölbung des Pflasters).
92 OLG Köln VRS 1999/2000, 19.
93 BGH NJW 2007, 2490; ähnlicher Fall BGH NJW 1967, 2012.
94 BGH NJW 1977, 529.
95 BGH NJW 2009, 3508. Anders etwa Erman/Wagner § 393 Rn 2; Jauernig/Stürner § 393 Rn 1.

durch realisieren, dass er im Wege der Zwangsvollstreckung die Forderungen des S gegen M pfänden und sich überweisen lässt (geregelt in den §§ 829, 857 ZPO).

Der Pfändung nicht unterworfene Forderungen: Manche Forderungen sind kraft Gesetzes ganz oder teilweise „der Pfändung nicht unterworfen", nämlich solche Forderungen, auf die ihr Gläubiger zu seinem Lebensunterhalt angewiesen ist. Hauptbeispiele sind die Lohn- und Gehaltsansprüche der Arbeitnehmer gegen ihren Arbeitgeber und die Ansprüche auf Sozialleistungen. Die Frage, welche Forderungen bis zu welcher Höhe im Einzelnen unpfändbar sind, ist in verschiedenen Gesetzen geregelt, insbesondere in der ZPO (§§ 850 ff) und im SGB (SGB I §§ 54 ff). Dabei ist zu beachten, dass Arbeitnehmereinkommen idR nicht insgesamt unpfändbar sind, sondern nur ihr Sockelbetrag, während Einkommensspitzen sehr wohl der Pfändung unterliegen. Welcher Betrag einem Arbeitnehmer im konkreten Fall verbleiben muss, richtet sich nach seinem Nettoeinkommen und der Zahl der von ihm zu unterhaltenden Personen (§ 850c ZPO).

Eine Aufrechnung ist auch ausgeschlossen sein, wenn sie mit Treu und Glauben (§ 242) unvereinbar wäre. So sind idR Ansprüche auf Geldentschädigung wegen menschenunwürdiger Haftbedingungen[96] oder überlanger Dauer eines Amtshaftungsprozesses[97] unpfändbar. Nur ausnahemsweise gilt etwas anderes. *Beispiel:* X wurde wegen wiederholten sexuellen Missbrauchs von Kindern zu Sicherungsverwahrung verurteilt, musste aber später nach Änderung der Rechtslage entlassen werden. Er machte eine Haftentschädigung in Höhe von rund 240 000 Euro geltend. Nach seiner Entlassung wurde er rückfällig und wegen schwerer sexueller Nötigung eines geistig Behinderten erneut zu einer Haftstrafe mit anschließender Sicherungsverwahrung verurteilt. Aus *diesem* Verfahren macht die Justizverwaltung gegen ihn einer Forderung von 38 000 Euro geltend und rechnet gegen seinen Anspruch auf Haftentschädigung auf. Diese Aufrechnung war zulässig.[98]

260 *Keine Pfändung – keine Aufrechnung:* § 394 nimmt auf die Vorschriften über die Unpfändbarkeit Bezug und bestimmt, dass eine Forderung ihrem Gläubiger nicht im Wege der Aufrechnung entzogen werden darf, soweit sie nicht gepfändet werden kann. Der einzige, der einem Arbeitnehmer seinen Lohn- oder Gehaltsanspruch im Wege der Aufrechnung kürzen könnte, ist sein Arbeitgeber. § 394 verbietet also einem Arbeitgeber, seinem Arbeitnehmer das Existenzminimum im Wege der Aufrechnung zu nehmen. Eine Ausnahme besteht, wenn der Arbeitgeber einen Anspruch aus einer vorsätzlich begangenen unerlaubten Handlung (§§ 823 ff) gegen seinen Mitarbeiter hat. *Beispiel:* Der Bankdirektor X der B-Bank unterstützte vorsätzlich eine kriminelle Scheckreiterei und schädigte dadurch das Vermögen seiner Arbeitgeberin B. Die B durfte mit ihrer Schadensersatzforderung gegen den Gehaltsanspruch des X aufrechnen.[99]

2. Vertragliche Aufrechnungsverbote

a) Aufrechnungsverbot durch Individualvereinbarung

261 Die Vertragsparteien können in einen Vertrag die *einzeln und individuell* ausgehandelte Bestimmung aufnehmen, dass die Aufrechnung für einen der Vertragspartner oder für

96 BGHZ 182, 301.
97 BGHZ 189, 65.
98 BGH NJW 2016, 636 Rn 11 ff.
99 BAG NZA 1997, 1108.

beide ausgeschlossen sein soll. Denn § 387 ist abdingbar. Von einem solchen Aufrechnungsverbot wird gern Gebrauch gemacht, um Geschäftspartner daran zu hindern, unter phantasievoller Berufung auf angebliche Gegenforderungen die Bezahlung zu verweigern. Ein individuell vereinbartes Aufrechnungsverbot kann sich auch konkludent aus dem Gesamtzusammenhang des Vertrags ergeben.[100]

b) Aufrechnungsverbot durch AGB

262 *Aufrechnungsverbot gegenüber Verbrauchern:* Ein Aufrechnungsverbot kann grundsätzlich auch Inhalt von Allgemeinen Geschäftsbedingungen sein. Die Klausel muss dann aber die in § 309 Nr. 3 genannten Einschränkungen beachten.[101] Unzulässig ist danach etwa folgende Klausel: „Unser Vertragspartner darf auch nicht mit einer unbestrittenen oder rechtskräftig festgestellten Forderung aufrechnen." Das Gegenteil darf aber Inhalt von AGB sein. *Beispiel:* In den AGB eines Architekten hieß es: „Eine Aufrechnung gegen den Honoraranspruch ist nur mit einer unbestrittenen oder rechtskräftig festgestellten Forderung zulässig." Diese Klausel ist nach § 309 Nr. 3 wirksam, aber der BGH hat sie überraschenderweise für unzulässig erklärt.[102] Auf § 309 Nr. 3 ist er dabei nicht eingegangen.[103] Zweifellos *unwirksam* ist dagegen die Formulierung: „Die Aufrechnung ist nur zulässig mit Forderungen, die von uns anerkannt ... oder rechtskräftig festgestellt sind."[104] Denn in diesem Fall soll es nicht ausreichen, dass die Forderung nicht bestritten ist, sie soll sogar ausdrücklich anerkannt worden sein.

263 *Aufrechnungsverbot gegenüber Unternehmern:* Auf § 309 kann sich ein Unternehmer (§ 14) nicht unmittelbar berufen (§ 310 Abs. 1 S. 1). Aber über § 307 kann der Schutz der §§ 308, 309 auch Unternehmern zukommen (§ 310 Abs. 1 S. 2 Hs. 1). Für § 309 Nr. 3 trifft das zu: Deshalb ist auch ein Aufrechnungsverbot gegenüber Unternehmern, das gegen § 309 Nr. 3 verstößt, unwirksam (§ 307).[105]

3. Aufrechnungsverbot nach Treu und Glauben

264 Auch ohne gesetzliche Bestimmung und ohne Vereinbarung ist die Aufrechnung verboten, „wenn nach dem besonderen Inhalt des zwischen den Parteien begründeten Schuldverhältnisses der Ausschluss als stillschweigend vereinbart angesehen werden muss (§ 157) oder wenn die Natur der Rechtsbeziehung oder der Zweck der geschuldeten Leistung eine Erfüllung im Wege der Aufrechnung als mit Treu und Glauben unvereinbar (§ 242 BGB) erscheinen lassen".[106] Zu nennen sind hauptsächlich zwei Fallgestaltungen:

265 *Bewusste Herbeiführung der Aufrechnungslage zum Nachteil des Gläubigers:* Es kann einem Schuldner nach Treu und Glauben verwehrt sein, sich seiner Zahlungspflicht dadurch zu entziehen, dass er sich heimlich eine Forderung gegen seinen Gläubiger verschafft und die Aufrechnung erklärt. *Beispiel:* X hatte sich in einem Vergleich gegen-

100 OLG Köln NJW 1987, 262.
101 BGH NJW 2002, 2779 zu § 11 Abs. 1 AGB-Sparkassen.
102 BGH NJW 2011, 1729 Rn 15.
103 Das ist nur teilweise dadurch zu erklären, dass das bis zum 31. Dezember 2001 geltende Recht anzuwenden war.
104 BGH NJW 1994, 657 (658); 2007, 3421 Rn 14 ff (zu einer Klausel gegenüber einem Unternehmer, § 310 Abs. 1 S. 1).
105 BGH NJW 2007, 3421 Rn 20: Mietvertrag über eine Zahnarztpraxis; NJW-RR 2006, 1350; NJW 1994, 657, 658.
106 BGHZ 189, 45 Rn 27; ähnlich schon BGHZ 113, 90 (unter II 4) und später BGH NJW 1993, 2041.

über Y zur Zahlung verpflichtet, verschaffte sich aber (über eine Abtretung) eine Forderung gegen ihn, um aufrechnen zu können. Da sich X im Vergleich (§ 779) ausdrücklich zur *Zahlung* (nicht zur Aufrechnung) verpflichtet hatte, musste er auch zahlen. Die Aufrechnung verstieß unter diesen Umständen gegen Treu und Glauben.[107]

266 *Aufrechnung durch den Treuhänder:* Ein Treuhänder darf nicht gegenüber dem Treugeber mit einer Forderung aufrechnen, die mit dem Treuhandverhältnis in keinem Zusammenhang steht. *Beispiel 1:* G hatte dem H einen Teil seines Vermögens zur Verwaltung übertragen. Später verlangte er von H, dass dieser ihm das aus dem Treuhandauftrag Erlangte herausgab. H erklärte daraufhin die Aufrechnung mit einer Forderung gegen G, die mit der Treuhand nichts zu tun hatte.[108] Das war unzulässig. Denn der Treugeber vertraut dem Treuhänder nicht deshalb Vermögenswerte an, damit dieser eine eigene Forderung gegen den Treugeber leichter durchsetzen kann. Es gibt aber Ausnahmen.[109] Was für den Treuhänder gilt, kann auch für einen Beauftragten gelten.[110] Auch hinsichtlich einer Mietkaution besteht ein stillschweigend vereinbartes Aufrechnungsverbot. *Beispiel 2:* Die Eheleute E waren Mieter des A gewesen, bevor sie in eine Wohnung des B zogen. Als die Eheleute am Ende der Mietzeit die Rückzahlung der Mietkaution verlangten, erklärte B die Aufrechnung mit einer Forderung, die er sich von A hatte abtreten lassen. Aber der Vermieter ist gewissermaßen der Treuhänder der ihm vom Mieter anvertrauten Mietkaution. Deshalb durfte B die abgetretene Forderung, die mit dem Mietverhältnis zwischen ihm und den Eheleuten nichts zu tun hatte, nicht zur Aufrechnung verwenden.[111] Außerdem bestand das unter Rn 265 genannte Aufrechnungsverbot.

107 BGH WM 1993, 520.
108 BGH NJW 1994, 2885.
109 BGH NJW 1993, 2041.
110 BGH NJW 2003, 140: Rechtsanwalt.
111 BGH NJW 2012, 3300 Rn 10.

Fünftes Kapitel: Rücktritt und Kündigung

§ 13 Rechtsfolgen des Rücktritts

Fall 13: Zweibrücker Wallach Leon § 346

267

Die Eheleute Meißner schenkten ihrer 16-jährigen Tochter Karina den Zweibrücker Wallach Leon. Als Karina zwei Jahre später volljährig wurde, wollte sie den Führerschein machen. Da ihr dazu das Geld fehlte, schloss sie mit Thomas Fahrtmann, der für seine Tochter ein Reitpferd suchte, einen Vertrag. In ihm verpflichtete sich Karina, Fahrtmann den Wallach zu übereignen. Als Gegenleistung verpflichtete sich Fahrtmann, alle Kosten zu tragen, die Karina für den Erwerb der Fahrerlaubnis aufzuwenden haben würde. Karina übereignete Fahrtmann das Pferd. Da Fahrtmann nicht zahlte, trat Karina nach Fristsetzung vom Vertrag zurück. Fahrtmann kann den Wallach nicht zurückgeben, weil er ihn seiner Tochter übereignet hat. Karina hat inzwischen ermittelt, dass Leon 6 000 Euro wert ist. Sie verlangt deshalb von Fahrtmann als Wertersatz diesen Betrag. Fahrtmann ist bereit, Wertersatz zu leisten, will aber nur die Summe zahlen, die Karina für den Erwerb der Fahrerlaubnis aufgewendet hat, nämlich 2 290 Euro. (Nach BGHZ 178, 355)

268

Zu prüfen ist, ob Fahrtmann Wertersatz zu leisten hat, und wenn ja, in welcher Höhe. Die Pflicht, nach einem Rücktritt Wertersatz zu leisten, ist in § 346 Abs. 2 geregelt. Diese Vorschrift setzt zunächst einen wirksamen Rücktritt voraus. Zu prüfen ist deshalb, ob Karina wirksam vom Kaufvertrag[1] zurückgetreten ist (§ 346 Abs. 1). Sie hatte sich nicht „vertraglich den Rücktritt vorbehalten", so dass nur ein „gesetzliches Rücktrittsrecht" in Frage kommt. Fahrtmann hatte den fälligen Kaufpreis auch nach Fristsetzung nicht gezahlt. Karina konnte deshalb nach § 323 Abs. 1 zurücktreten. Ihr stand damit „ein gesetzliches Rücktrittsrecht zu" (§ 346 Abs. 1; Rn 279).

Da Karina wirksam zurückgetreten ist, sind „die empfangenen Leistungen zurückzugewähren" (§ 346 Abs. 1). Karina hat den Kaufpreis noch nicht erhalten, so dass sie nichts zurückzugewähren hat. Aber Fahrtmann müsste nach § 929 Satz 1 den Wallach rückübereignen (§ 346 Abs. 1). Zu prüfen ist jedoch, ob er stattdessen Wertersatz zu leisten hat. Infrage kommt § 346 Abs. 2 mit den Worten: „Statt der Rückgewähr ... hat der Schuldner Wertersatz zu leisten, soweit ... 2. er den empfangenen Gegenstand ... veräußert ... hat, ..." Das Wort „veräußern" hat nicht (wie viele Laien meinen) die Bedeutung von „verkaufen", sondern meint das Verfügungsgeschäft, hier die Übertragung des Eigentums nach § 929 Satz 1. Es ist also unerheblich, dass Fahrtmann Leon an seine Tochter *verschenkt* hat, entscheidend ist, der er ihn an sie nach § 929 Satz 1 übereignet hat.

---

1 Die Parteien haben einen eigenartigen Kaufvertrag geschlossen, weil die Höhe des Kaufpreises im Vertrag nicht festgelegt, sondern nur so umschrieben wurde, dass sie später ermittelt werden konnte. Aber das reicht aus. Der Originalsachverhalt enthält noch eine weitere Komplikation: Fahrtmann war nämlich Fahrlehrer und übernahm anfangs selbst den Fahrunterricht. Das ändert aber nichts an der Einordnung des Vertrags als Kaufvertrag. Denn Fahrtmann hatte sich nicht zum Unterricht, sondern – wie § 433 Abs. 2 verlangt – zur Zahlung eines *Geldbetrags* verpflichtet. Dass er teilweise selbst die Stunden übernahm, entsprach wohl einer ihm eingeräumten Ersetzungsbefugnis (Rn 232).

Anders gesagt: Fahrtmann kann seine Pflicht, das Pferd nach § 346 Abs. 1 zurückzuübereignen, nicht erfüllen, weil er es veräußert hat und deshalb nicht mehr Eigentümer des Pferdes ist. Deshalb muss er nach § 346 Abs. 2 S. 1 Nr. 2 Wertersatz leisten.[2]

Zu fragen ist nun, in welcher Höhe Fahrtmann Wertersatz zu leisten hat. Der nächstliegende Gedanke ist natürlich, dass Fahrtmann den Wert zu ersetzen hat, den Leon auf dem Markt (objektiv) hat. Dieser Wert beträgt nach Karinas Erkundigungen 6 000 Euro. Aber das Gesetz schreibt in § 346 Abs. 2 S. 2 Hs. 1 etwas anderes vor: Im Vertrag war für Karinas Verpflichtung, Leon zu übereignen, „eine Gegenleistung bestimmt", nämlich die Zahlung des Betrags, den Karina für den Erwerb der Fahrerlaubnis aufzuwenden haben würde. Diese Gegenleistung hat unstreitig einen Wert von 2 290 Euro. Nach § 346 Abs. 2 S. 2 Hs. 1 ist dieser Betrag „bei der Berechnung des Wertersatzes zugrunde zu legen". Der BGH hat deshalb entschieden, dass der (hier Fahrtmann genannte) Beklagte als Wertersatz für das Pferd nur 2 290 Euro zu zahlen hat.

Dies Ergebnis ist sicher überraschend, entspricht aber allein dem klaren Wortlaut des § 346 Abs. 2 S. 2 Hs. 1. Der Gesetzgeber will vermeiden, dass durch einen Rücktritt die Gewichte von Leistung und Gegenleistung verschoben werden. Anders gesagt: Wenn ein Ungleichgewicht zwischen den beiden Leistungen eines gegenseitigen Vertrags besteht, soll es nicht über einen Rücktritt ausgeglichen werden. Auf den vorliegenden Fall bezogen, bedeutet das: Karina hatte leichtfertig ein 6 000 Euro teures Reitpferd für weniger als 40 % seines Wertes verkauft. Sie soll diesen Fehler nicht dadurch wettmachen können, dass sie den Rücktritt erklärt und Wertersatz verlangt. Dagegen kann man sicher einwenden, dass Karina zum Rücktritt gezwungen wurde, weil Fahrtmann den Kaufpreis nicht bezahlt hat, und dass es nicht ihre Schuld ist, dass sie nicht mehr die Rückübereignung des Pferdes, sondern nur noch Wertersatz verlangen kann. [3] Aber das Gesetz macht auch für diesen Fall keine Ausnahme.

Wie man sieht, hätte Karinas Anwalt das gleiche Ergebnis erreicht, wenn er Fahrtmann schlicht auf Erfüllung des Vertrags, also auf Zahlung des Kaufpreises verklagt hätte (§ 433 Abs. 2). Denn der Betrag, den Fahrtmann als Wertersatz zahlen muss, hat (nicht zufällig, sondern nach § 346 Abs. 2 S. 2 Hs. 1) die gleiche Höhe wie der Kaufpreis.

Aus dem FD „Rücktrittsfolgen I" ergibt sich der Lösungsweg so: 1. Ja – 2. Nein, Buchst. b) – 5. Ja (Spalte 5).

Lerneinheit 13

269 **Literatur:** *Zumpf*, Kündigung – oder Rücktritt vom Tourneevertrag? ZUM 2016, 393; *Köck*, Rückabwicklung Kaufvertrag – Berechnung gezogener Nutzungen des Käufers (Wertersatz), ZfS 2015, 483; *Weiss*, Das Verhältnis von Rücktritt und Schadensersatz statt der Leistung – Autonomie statt künstlicher Parallelität, NJW 2015, 3393; *Stephan Lorenz*, Das „Zurückspringen" der Gefahr auf den Verkäufer und seine Folgen – Zur Anwendbarkeit von § 285 BGB im Rahmen des Rückgewährschuldverhältnisses, NJW 2015, 1725; *v. Reichenberg*, Rücktritt und Schadensersatz

2 Der VIII. Zivilsenat des BGH ist in seiner zugrunde liegenden Entscheidung nicht auf die Frage eingegangen, ob es dem (hier Fahrtmann genannten) Rückgabeschuldner nach § 275 Abs. 1 *unmöglich* war, das Pferd von seiner Tochter zurückzuerwerben. Wie der V. Senat rund einen Monat früher entschieden hatte, kommt aber ein Wertersatz nur in Frage, wenn dem Rückgabeschuldner der Rückerwerb unmöglich ist (BGHZ 178, 182; dazu Rn 283a).

3 Canaris hat sich dafür ausgesprochen, § 346 Abs. 2 S. 2 Hs. 1 teleologisch zu reduzieren, wenn der Verkäufer wegen Zahlungsverzugs zurücktritt und der Kaufpreis deutlich niedriger war als der Wert der Kaufsache (FS Herbert Wiedemann [2002], 22 ff). Dem ist aber die hM nicht gefolgt.

bei Verjährung und absoluter Unverhältnismäßigkeit, NJW 2015, 2833; *Vuia,* Praxisrelevante Probleme bei der Rückabwicklung von Kaufverträgen über Gebrauchtwagen, NJW 2015, 1047.

I. Einleitung

1. Allgemeines

270 Im vorigen Kapitel war davon die Rede, dass die Erfüllung und ihre Surrogate das Schuldverhältnis erlöschen lassen. Aber ein Schuldverhältnis endet nicht immer auf diese sozusagen normale Weise. Manchmal möchte sich ein Beteiligter vom Vertrag lösen, bevor dieser beiderseitig erfüllt ist. In diesem Fall kann er seinen Partner darum bitten, den Vertrag einverständlich aufzuheben. Ein solcher *Aufhebungsvertrag* ist nicht gesetzlich geregelt, aber selbstverständlich zulässig.

271 Viel häufiger und wichtiger ist aber der *Rücktritt,* durch den eine Vertragspartei den Vertrag *einseitig* aufhebt. Da Verträge grundsätzlich zu erfüllen sind, kann das Rücktrittsrecht einem Vertragspartner nicht nach Belieben zustehen. Er darf deshalb nur zurücktreten, wenn er sich entweder das Rücktrittsrecht im Vertrag vorbehalten hat (vertragliches Rücktrittsrecht) oder wenn das Gesetz ihm das Rücktrittsrecht gewährt (gesetzliches Rücktrittsrecht). Deshalb beginnt § 346 mit den Worten: „Hat sich eine Vertragspartei vertraglich den Rücktritt vorbehalten *oder* steht ihr ein gesetzliches Rücktrittsrecht zu, ..." Nur gelegentlich differenziert das Gesetz zwischen diesen beiden möglichen Gründen für einen Rücktritt, zB in § 347 Abs. 1 S. 2: „Im Fall eines *gesetzlichen* Rücktrittsrechts ..."

2. Definition des Rücktritts

272 *Definition:* Der Rücktritt ist eine von einer Vertragspartei abgegebene Willenserklärung mit dem Inhalt, den Vertrag rückgängig machen zu wollen. Der Rücktritt ist nur wirksam, wenn sich ein entsprechendes Rücktrittsrecht des Zurücktretenden aus dem Vertrag oder aus dem Gesetz ergibt. Durch den Rücktritt wird das Vertragsverhältnis in ein Abwicklungsverhältnis umgestaltet, dh beide Parteien sind nicht mehr zur Erfüllung des Vertrags, sondern nur noch zur Rückgewähr der empfangenen Leistungen verpflichtet (§ 346 Abs. 1).

273 *Rechtsnatur:* Der Rücktritt ist ein einseitiges Rechtsgeschäft, weil er nur *einer* Erklärung bedarf (§ 349: „durch Erklärung"). Diese eine Willenserklärung muss an eine bestimmte Person gerichtet werden (§ 349: „gegenüber dem anderen Teile"), ist also empfangsbedürftig. Sie wird deshalb erst mit ihrem Zugang beim Rücktrittsgegner wirksam (§ 130 Abs. 1 S. 1). Folglich ist der Rücktritt ein einseitiges Rechtsgeschäft mit empfangsbedürftiger Willenserklärung (wie zB Kündigung, Anfechtung und Bevollmächtigung). Das Rücktrittsrecht ist ein *Gestaltungsrecht,* weil es dem Rücktrittsberechtigten das Recht gibt, das Vertragsverhältnis in ein Rückabwicklungsverhältnis umzugestalten.

3. Abgrenzung von ähnlichen Rechtsinstituten

274 *Anfechtung*: Die Anfechtung[4] macht das angefochtene Rechtsgeschäft von Anfang an nichtig (§ 142 Abs. 1), gestaltet das Schuldverhältnis also nicht lediglich um. Die Rück-

4 Aufgrund einer arglistigen Täuschung oder einer Drohung (§ 123), eines Irrtums des Anfechtenden (§ 119) oder einer falschen Übermittlung (§ 120); siehe BGB-AT Rn 458 ff, 513 ff.

gewähr der bereits erbrachten Leistungen erfolgt nach den Regeln der ungerechtfertigten Bereicherung (§§ 812 ff). Durch den *Rücktritt* wird ein Vertrag dagegen nicht nichtig, sondern ändert nur sein Ziel. Die Rückabwicklung erfolgt beim Rücktritt außerdem nach eigenen Vorschriften, nämlich nach den §§ 346, 347.

275 *Auflösende Bedingung*: Bei Eintritt einer auflösenden Bedingung (§ 158 Abs. 2) wird das Rechtsgeschäft für die Zukunft *automatisch* (ohne besondere Willenserklärung) aufgelöst.[5] Im Gegensatz dazu bedarf es für den *Rücktritt* einer Willenserklärung (§ 349). Außerdem wirkt der Rücktritt *zurück* (Rückabwicklungsschuldverhältnis).

276 *Kündigung*: Die Kündigung ist wie der Rücktritt ein einseitiges Rechtsgeschäft mit empfangsbedürftiger Willenserklärung. Sie löst ein Dauerschuldverhältnis (insbesondere einen Dienst- oder Mietvertrag) für die Zukunft auf, nicht wie der Rücktritt auch für die Vergangenheit. Die erbrachten Leistungen sind deshalb nicht zurückzugewähren. Im Allgemeinen Schuldrecht ist nur die *fristlose* Kündigung in allgemeiner Form geregelt (§ 314; Rn 300 ff).

Widerruf: Hat ein Verbraucher aufgrund einer besonderen gesetzlichen Vorschrift ein Widerrufsrecht (Rn 313 ff), kann er durch die Erklärung des Widerrufs den wirksam geschlossenen Vertrag in ein Rückabwicklungsverhältnis umgestalten (§ 355 Abs. 1 S. 1; Rn 358 ff). Die Rechtsfolgen des Widerrufs stimmen weitgehend mit denen des Rücktritts überein (§ 357 Abs. 1 S. 1).

277 *Kulanzumtausch:* Viele Geschäftsleute gewähren ihren Kunden das Recht, die gekaufte Sache innerhalb einer Frist zurückzugeben („Umtausch nur innerhalb von sieben Tagen gegen Vorlage dieses Kassenzettels"). Vorausgesetzt wird nur, dass dem Kunden die Ware nachträglich nicht gefällt, *nicht,* dass sie einen Mangel hat (in diesem Fall hat der Käufer die in § 437 aufgezählten Rechte). Der Geschäftsinhaber will mit dem Angebot des Kulanzumtauschs den Kaufentschluss erleichtern. Er vereinbart mit dem Kunden kein vertragliches Rücktrittsrecht, sondern gewährt ein (gesetzlich nicht geregeltes) Sonderrecht. Der Kunde muss die Ware in einem Zustand zurückgeben, der einen erneuten Verkauf als Neuware möglich macht. Ob sich der Verkäufer zur Rückzahlung des Kaufpreises verpflichtet hat oder nur zu einer Gutschrift (einem Gutschein), ist eine Frage der Vereinbarung.[6]

II. Voraussetzungen des Rücktritts

1. Bestehen eines Rücktrittsrechts

a) Vertragliches Rücktrittsrecht (Rücktrittsvorbehalt)

278 § 346 Abs. 1 beschreibt das vertragliche Rücktrittsrecht mit den Worten: „Hat sich eine Vertragspartei vertraglich den Rücktritt vorbehalten ..." Es gibt hauptsächlich zwei Gründe für ein solches Rücktrittsrecht:

Unsicherheit: Eine Partei ist noch unsicher, ob sie den beabsichtigten Vertrag erfüllen kann oder erfüllen will, legt aber Wert darauf, ihn schon abzuschließen. *Beispiel 1:* Der Käufer eines Grundstücks behielt sich ein Rücktrittsrecht für den Fall vor, dass die Finanzierung des Kaufpreises scheitern sollte.[7] *Beispiel 2:* Ein Filmproduzent plante eine Fernsehserie über das Alte Testament. Der Verleger V erwarb für 1,5 Millionen

5 BGB-AT Rn 364.
6 Palandt/Weidenkaff Vor § 454 Rn 3.
7 BGH NJW 2002, 3164.

Euro das Recht, eine entsprechende Buchreihe herauszubringen. Er konnte aber laut Vertrag zurücktreten, wenn kein deutscher Vollprogrammsender die Serie übernehmen würde.[8] *Beispiel 3:* B stand mit D in Verhandlungen über den Kauf eines Baugrundstücks. Zugleich schloss er mit W einen Vertrag über ein Fertighaus, das auf diesem Grundstück errichtet werden sollte. In dem Vertrag mit W hatte er sich ein Rücktrittsrecht vorbehalten für den Fall, dass der Kauf des Grundstücks an der Höhe des von D verlangten Kaufpreises scheitern sollte.[9]

Druckmittel: Ein anderer Grund für die Vereinbarung eines Rücktrittsrechts kann darin bestehen, dass eine Partei Druck auf ihren Vertragspartner ausüben möchte, damit er eine bestimmte Erwartung oder Auflage erfüllt. *Beispiel 1:* Im Rahmen der Gewerbeförderung verkaufte die Stadt S dem Inhaber eines Autohauses ein (an sein Betriebsgrundstück angrenzendes) Grundstück zu einem Vorzugspreis. Die S behielt sich aber ein Rücktrittsrecht für den Fall vor, dass der Erwerber die zugesagte Betriebserweiterung nicht innerhalb einer bestimmten Frist vornahm.[10] *Beispiel 2:* Laut Vertrag hatten die Verkäufer eines Grundstücks ein Rücktrittsrecht, falls der Kaufpreis nicht vereinbarungsgemäß gezahlt werden würde.[11]

Im Vertrag können sich auch beide Parteien ein Rücktrittsrecht vorbehalten.[12]

b) *Gesetzliches Rücktrittsrecht*

279

Rücktrittsrecht nach § 323: Wenn ein Vertragspartner den Rücktritt erklärt, tut er das in den weitaus meisten Fällen nicht aufgrund eines Rücktrittsvorbehalts, sondern weil *das Gesetz* ihm dieses Recht gibt *(„gesetzliches Rücktrittsrecht")*. Wenn nämlich der eine Partner eines gegenseitigen Vertrags die von ihm geschuldete Leistung nicht oder nicht vertragsgemäß erbringt, muss der andere Partner die Möglichkeit haben, sich vom Vertrag zu lösen (§ 323). Für dieses gesetzliche Rücktrittsrecht, das noch ausführlich dargestellt wird (Rn 606 ff), verweist das BGB auf die §§ 346 ff.

Kauf- und Werkvertrag: Einen großen weiteren Anwendungsbereich erhalten die §§ 346 ff dadurch, dass sie auch Anwendung finden, wenn eine Kaufsache einen Sach- oder Rechtsmangel hat. In diesem Fall kann nämlich der Käufer (nach Ablauf einer Frist zur Nacherfüllung) zurücktreten, also die Kaufsache zurückgeben und sein Geld zurückverlangen (§§ 434, 437 Nr. 2, 346). Das gleiche Recht hat auch der Besteller eines Werks, wenn es mangelhaft ist (§ 634 Nr. 3).

2. Erklärung des Rücktritts

280

Wer den Rücktritt will, muss ihn erklären. Es reicht nicht aus, wenn die Parteien, ohne dass eine Rücktrittserklärung vorliegt, übereinstimmend davon ausgehen, „dass das Vertragsverhältnis gescheitert ist".[13]

Wer den Rücktritt erklärt, tut dies nach § 349 einseitig (einseitiges Rechtgeschäft; oben Rn 273). Diese eine Willenserklärung wird nach § 130 Abs. 1 S. 1 erst mit ihrem Zu-

8 BGH NJW 2002, 669.
9 BGHZ 165, 325.
10 BGH NJW 1993, 1926.
11 BGH NJW 1990, 2068.
12 BGH NJW 1997, 1231.
13 BGH NJW 2000, 278.

gang wirksam. Kann der Rücktritt laut Vertrag nur innerhalb einer bestimmten Frist erklärt werden, muss er deshalb innerhalb dieser Frist *zugehen.*[14]

III. Wirkung des Rücktritts: Rückgewährschuldverhältnis

281 Nach heute allgemein vertretener Ansicht macht der Rücktritt den Vertrag nicht etwa nichtig (wie es die Anfechtung tut), sondern gestaltet ihn nur in ein *Abwicklungsverhältnis* (Rückgewährschuldverhältnis) um.[15] Dieses Abwicklungsverhältnis ist kein gesetzliches Schuldverhältnis, sondern das durch den Rücktritt umgestaltete ursprüngliche Vertragsverhältnis.[16] Der Vertrag bleibt also im Prinzip bestehen, er ändert nur sozusagen sein Vorzeichen (aus Plus wird Minus) oder seine Richtung (aus vorwärts wird rückwärts). Das bedeutet:

- Soweit Vertragspflichten noch nicht erfüllt sind, erlöschen sie. Denn durch den Rücktritt „wird der Erfüllungsanspruch beseitigt".[17] Diese Rechtsfolge des Rücktritts ist nicht in das Gesetz aufgenommen worden, weil sie für selbstverständlich gehalten wurde.
- Empfangene Leistungen sind zurückzugewähren (§ 346 Abs. 1), und zwar Zug um Zug (§ 348), also gleichzeitig. Diese Rückgabepflicht erfolgt nicht, wie bei nichtigen Verpflichtungsgeschäften, nach den §§ 812 ff, sondern nach den eigenen Regeln des Rücktritts. Soweit eine Herausgabe nicht möglich ist, muss Wertersatz geleistet werden (§ 346 Abs. 2, 3).
- Gezogene Nutzungen sind herauszugeben (§ 346 Abs. 1, 347 Abs. 1; Rn 287).
- Wer das Empfangene zurückgibt oder Wertersatz leistet, hat grundsätzlich Anspruch auf Ersatz notwendiger Verwendungen (§ 347 Abs. 2 S. 1) und werterhöhender anderer Aufwendungen (§ 347 Abs. 2 S. 2).

Die Regeln des (völlig überfrachteten) § 346 erschließen sich einem besser, wenn man nach dem Gegenstand differenziert, der zurückzugewähren ist. In Betracht kommt eine Sache (Rn 282 ff), Geld (Rn 292 ff) oder eine unkörperliche Leistung wie eine Dienst- oder Werkleistung (Rn 294 ff). So ist die folgende Darstellung deshalb aufgebaut – und die FD „Rücktrittsfolgen I" und „Rücktrittsfolgen II" ebenfalls.

IV. Zurückzugewähren ist eine Sache

1. Die Sache hat sich im Einflussbereich des Rückgabeschuldners nicht verändert

282 Im einfachsten Fall ist es den Parteien möglich, „die empfangenen Leistungen zurückzugewähren" (§ 346 Abs. 1). Dann sind sie dazu verpflichtet. *Beispiel:* Der zurückzugebende Herrenanzug ist ungetragen und auch sonst noch in einem tadellosen Zustand.

14 BGH NJW 1979, 2032.
15 BGH NJW 1998, 3268; 1990, 2068.
16 Palandt/Grüneberg Vor § 346 Rn 2.
17 BGH NJW 1990, 2068.

2. Die Sache hat sich in tatsächlicher oder rechtlicher Hinsicht verändert

a) „… verbraucht, … verarbeitet oder umgestaltet …“

283 Häufig kann der Rückgabeschuldner die Sache nicht (oder nicht unverändert) zurückgewähren, weil er sie „verbraucht, … verarbeitet oder umgestaltet“ hat (§ 346 Abs. 2 S. 1 Nr. 2; FD „Rücktrittsfolgen I“, Spalten 2 bis 4). *Beispiel:* K, ein Fabrikant von Tiefkühlpizzen, hat die gelieferten Salamischeiben bereits verarbeitet und kann sie deshalb nicht zurückgeben. Er muss dann im Prinzip Wertersatz leisten. „*Wertersatz*“ ist der Ersatz des Wertes, den die Leistung für den Empfänger (den Rückgabeschuldner) hatte.

Achtung! Die Höhe des Wertersatzes richtet sich *nicht* nach dem tatsächlichen Wert der Sache. Vielmehr bestimmt § 346 Abs. 2 S. 2 Hs. 1, dass die „*Gegenleistung* … bei der Berechnung des Wertersatzes zugrunde zu legen“ ist. Bei einem Kaufvertrag bedeutet das, dass der Käufer als Wertersatz das zahlt, was als Kaufpreis vereinbart war (§ 346 Abs. 2 S. 2 Hs. 1). Der Rücktritt des Verkäufers ist in diesen Fällen unnötig, weil er auch schlicht den Kaufpreis einklagen kann (Fall 14, Rn 267).

Mangelhafte Kaufsache: Wenn die Kaufsache einen Mangel hat und der Käufer das erst *bei der Verarbeitung*, Umgestaltung oder (zu ergänzen) beim Verbrauch festgestellt hat, kann er zurücktreten, ohne Wertersatz leisten zu müssen (§ 346 Abs. 3 S. 1 Nr. 1; FD „Rücktrittsfolgen I“, Frage 4, Ja, Spalte 2). *Beispiel:* Der Käufer K des vorigen Beispiels stellte erst nach der Herstellung von 25 000 Pizzen fest, dass die gelieferte Salami ranzig war. K leistet entgegen § 346 Abs. 2 S. 1 Nr. 2 keinen Wertersatz (§ 346 Abs. 3 S. 1 Nr. 1).

b) Die Sache ist „… veräußert, belastet …“

283a Der Rückgabeschuldner muss ebenfalls Wertersatz leisten, wenn er die Sache veräußert oder belastet hat. Die Sache ist „veräußert“, wenn der Rückgabeschuldner sie an einen Dritten übereignet hat (Verfügungsgeschäft nach § 929 oder den §§ 873, 925). *Beispiel:* In Fall 14 (Rn 267) hatte der Käufer F das Pferd an seine Tochter übereignet. Mit „belastet“ ist hauptsächlich der Fall gemeint, dass der Käufer das gekaufte Grundstück mit einer Grundschuld belastet hat. § 346 Abs. 2 sagt nur, dass der Rückgewährschuldner„statt der Rückgewähr … Wertersatz zu leisten“ hat. Daraus könnte man schließen, dass es ihm weitgehend freisteht, ob er die Sache zurückerwirbt (bzw die Belastung rückgängig macht) oder ob er Wertersatz leistet. Aber nach einer verbreiteten Ansicht in der Literatur,[18] der sich der BGH angeschlossen hat,[19] besteht ein solches Wahlrecht nicht. Der Wertersatz kommt vielmehr nur in Betracht, wenn es dem Rückgewährschuldner *unmöglich* ist (§ 275 Abs. 1), den empfangenen Gegenstand zurückzuerwerben bzw die Belastung löschen zu lassen (FD „Rücktrittsfolgen I“, Frage 5, Ja, Spalte 5). *Beispiel:* Frau K hatte vom Ehepaar V ein mit einem Einfamilienhaus bebautes Grundstück gekauft. Zur Finanzierung des Kaufpreises nahm Frau K ein Darlehen bei der Sparkasse auf und ließ für diese eine Grundschuld eintragen. Nach einem wirksamen Rücktritt stellte sich die Frage, ob Frau K die Belastung beseitigen musste oder ob sie das Grundstück (gegen Wertersatz) *mit* der Grundschuld den Eheleuten V zurückgeben durfte. Für die zweite Ansicht spricht, dass § 346 Abs. 2 S. 1 Nr. 2 aus-

18 Schwab JuS 2002, 630; Bamberger/Roth/Grothe § 346 Rn 37; Palandt/Grüneberg § 346 Rn 8a. Anders etwa Staudinger/Kaiser § 346 Rn 153; MüKo/Gaier § 346 Rn 39.
19 BGHZ 178, 182 Rn 17 und BGHZ 178, 355 Rn 16 f.

drücklich den Fall nennt, dass der empfangene Gegenstand „belastet“ ist, und für diesen Fall ohne Weiteres Wertersatz zulässt. Aber der BGH hat entschieden, dass Frau B nur dann Wertersatz leisten darf, wenn es ihr *unmöglich* ist, die Belastung zu beseitigen. Denn „die primären Rückgewährpflichten nach § 346 Abs. 1 BGB gehen der Verpflichtung zum Wertersatz nach § 346 Abs. 2 BGB vor“.[20]

c) Die Sache hat sich „verschlechtert“ oder ist „untergegangen“

284 *Grundsatz:* Wenn der Schuldner die Sache nicht mehr im ursprünglichen Zustand zurückgeben kann, weil sie sich „verschlechtert“ hat, oder er sie *gar nicht* zurückgeben kann, weil sie „untergegangen“ (zerstört, verloren) ist, zahlt er im Prinzip Wertersatz (§ 346 Abs. 2 S. 1 Nr. 3).

Der Schuldner darf den Wertersatz auch dann wählen, wenn ihm eine Reparatur der Sache möglich wäre. Im Fall der *Beschädigung* der Sache gilt also nicht die strenge Regel, dass ein Wertersatz nur in Frage kommt, wenn die Wiederherstellung der Sache unmöglich ist (Rn 283a). Anders gesagt: Ob dem Rückgabeschuldner die Reparatur möglich oder unmöglich ist, spielt keine Rolle. Er kann die Sache in beiden Fällen unrepariert zurückgeben und Wertersatz leisten (§ 346 Abs. 2 Nr. 3 Hs. 1).

285 *„Bestimmungsgemäße Ingebrauchnahme“:* Die Pflicht zum Wertersatz gilt aber nur dann, wenn die Verschlechterung über Gebrauchsspuren hinausgeht. Denn eine Verschlechterung, die „durch die bestimmungsgemäße Ingebrauchnahme“ entstanden ist, bleibt „außer Betracht“ (§ 346 Abs. 2 S. 1 Nr. 3 Hs. 2; FD Frage 6, Ja, Spalte 7). *Beispiel:* Frau V verkaufte ihr neues Imbisslokal noch vor der Eröffnung an Frau K, behielt sich aber ein Rücktrittsrecht vor. Nachdem Frau K die neuen Küchengeräte „bestimmungsgemäß“ in Gebrauch genommen hatte, machte Frau V von ihrem Rücktrittsrecht Gebrauch. Sie musste die (erhebliche!) Wertminderung hinnehmen, die durch die Benutzung der Geräte entstanden war.[21] Wer eine neue Sache verkauft hat, sollte sich deshalb sehr genau überlegen, ob er zurücktritt. Allerdings schließt § 346 Abs. 2 S. 1 Nr. 3 Hs. 2 nicht aus, dass Frau K Wertersatz für die Nutzung der Küchengeräte zu leisten hat (§ 346 Abs. 2 S. 1 Nr. 1; Rn 289).

285a *Ursache im Verantwortungsbereich des Gläubigers:* In den Fällen der Verschlechterung und des Untergangs gibt es noch eine weitere, in § 346 Abs. 3 S. 1 Nr. 2 genannte Ausnahme: Der Gläubiger hat „die Verschlechterung oder den Untergang„ dann „zu vertreten“,[22] wenn deren Ursache in seinem Verantwortungsbereich liegt (FD „Rücktrittsfolgen I“, Frage 7, Ja, Spalte 8). *Beispiel:* K kaufte vom Züchter Z einen Langhaardackel. Dieser verendete drei Wochen nach Abschluss des Kaufvertrags an einer Infektion, die er sich noch bei Z zugezogen hatte.

286 *Eigenübliche Sorgfalt:* Wenn der Rückgewährschuldner von einem *gesetzlichen* (keinem vertraglich vorbehaltenen) Rücktrittsrecht Gebrauch gemacht hat, werden ihm gewisse Eigenheiten nachgesehen (§ 346 Abs. 3 S. 1 Nr. 3; FD „Rücktrittsfolgen I“, Frage 8, Ja, Spalte 9). *Beispiel:* Der alleinerziehende Klaus K hatte für seine 16-jährige Tochter beim Kaufhaus V eine Stereoanlage gekauft, die auch nach dem zweiten Reparaturversuch noch Aussetzer beim Abspielen von CDs zeigte. Herr K trat deshalb

---

20 BGHZ 178, 182 Rn 27.

21 BGH NJW 1984, 2937.

22 Der Begriff „zu vertreten“ ist untechnisch verwendet. Es ist nicht erforderlich, dass die Voraussetzungen des § 276 Abs. 1 vorliegen (Palandt/Grüneberg § 436 Rn 12).

wirksam vom Kaufvertrag zurück (§§ 437 Nr. 2, 323). Bei der Rückgabe beanstandete der Abteilungsleiter, dass die Anlage mit Aufklebern verunziert war, die sich nur schwer entfernen ließen. Aber K erlaubt generell seiner Tochter, ihre Sachen mit Aufklebern zu versehen. Er kann deshalb geltend machen, dass er „diejenige Sorgfalt beobachtet hat, die er in eigenen Angelegenheiten anzuwenden pflegt" (§§ 346 Abs. 3 S. 1 Nr. 3, 277). Nach dem Willen des Gesetzgebers soll der Käufer keine Nachteile aus dem ihm aufgezwungenen Rücktritt haben, auch dann nicht, wenn er die Sache im Wortsinn „eigenartig" behandelt hat. Denn er durfte ja davon ausgehen, dass sie für immer ihm gehöre.

Die ihm eigene Sorgfalt darf der Rückgabeschuldner allerdings nur anwenden, solange er den Rücktrittsgrund nicht kennt.[23] Denn nur in dieser Zeit darf er davon ausgehen, Eigentümer zu sein und zu bleiben. Sobald er weiß, dass er zurücktreten kann, verdient er keine Schonung mehr. Das gilt erst recht, wenn er tatsächlich zurückgetreten ist. Denn von diesem Augenblick an besteht das Schuldverhältnis, das als Rückgewährschuldverhältnis bezeichnet wird und die Rechte und Pflichten neu bestimmt. Darauf weist § 346 Abs. 4 (unnötigerweise) hin.

3. Herausgabe von Nutzungen

a) Grundsatz

287

Beide Parteien haben nach dem Rücktritt nicht nur „die empfangenen *Leistungen* zurückzugewähren", sondern auch „die gezogenen *Nutzungen* herauszugeben" (§ 346 Abs. 1). „Nutzungen" sind nach § 100 im Wesentlichen „die ... Vorteile, welche der Gebrauch der Sache ... gewährt". Die Nutzung ist sehr unterschiedlich zu bewerten, je nachdem, ob die Sache vermietet oder selbst genutzt wurde (Rn 288 f).

Sprachlicher Hinweis: § 346 Abs. 1 verwendet die Wörter „zurückzugewähren" und „herauszugeben" so, dass man den Eindruck haben kann, sie seien austauschbar. Bei näherem Hinsehen fällt aber auf, dass nur *Leistungen* „zurückzugewähren" und nur *Nutzungen* „herauszugeben" sind. Das ist wichtig zu Beginn von § 346 Abs. 2 S. 1 und unter Nr. 1. Denn dort wird nur verkürzt von „Rückgewähr" und von „Herausgabe" gesprochen. Damit sind die „Rückgewähr der empfangenen Leistungen" und die „Herausgabe der gezogenen Nutzungen" gemeint. Man kann sich das so merken: Zurückgewähren kann man nur das, was man empfangen hat (Leistungen). Herausgeben kann man auch das, was man *nicht* empfangen hat (Nutzungen).

b) Vermietung

288

Wenn der Schuldner die herauszugebende Sache vermietet hatte, muss er die erzielte Miete als „gezogene Nutzungen" herausgeben (§§ 346 Abs. 1, 100, 99; FD „Rücktrittsfolgen I", Spalte 11). *Beispiel:* Der Käufer eines Mietshauses war wirksam zurückgetreten. Er muss dann nicht nur das Haus herausgeben (gegebenenfalls rückübereignen, §§ 873, 925), sondern auch die Mieteinnahmen herausgeben.[24]

23 Sehr strittig, wie hier MüKo/Gaier § 346 Rn 57; Lorenz NJW 2005, 1889 (1893). Anders (auch noch über den Rücktritt hinaus) Heinrichs FS E. Schmidt, 181; Palandt/Grüneberg § 346 Rn 13b.

24 BGH NJW-RR 2006, 890.

c) Eigennutzung

289 Wenn der Schuldner die Sache selbst genutzt hat, ist die Herausgabe der gezogenen Nutzungen „nach der Natur des Erlangten ausgeschlossen" (§ 346 Abs. 2 S. 1 Nr. 1), so dass Wertersatz zu leisten ist (FD „Rücktrittsfolgen I", Frage 10, Ja, Spalte 12). Für die Berechnung der Höhe des Wertersatzes unterscheidet der BGH zwischen beweglichen Sachen und Immobilien:

- *Bewegliche Sachen:* Für die Nutzung einer beweglichen Sache ist nicht die entsprechende Miete anzusetzen, sondern nur der Wertverlust.[25] *Beispiel:* K hatte von V einen neuen Audi A 6 Quattro TDI gekauft, war aber vom Kauf zurückgetreten. Bei der Rückgabe war der Wagen bereits 97 000 km gefahren. Das Gericht ging von einer zu erwartenden Gesamtleistung von 250 000 km aus und kam so zu einem Nutzungsentgelt pro 1 000 km von 0,4 % des Kaufpreises.[26] Auch ein Verbraucher (§ 13) ist nach dem Rücktritt verpflichtet, den Wert der Nutzung zu ersetzen.[27] Das ist deshalb nicht selbstverständlich, weil ein Verbraucher, der als Käufer eine bewegliche mangelhafte Kaufsache zurückgibt, um eine mangelfreie zu erhalten *(Ersatzlieferung)*, für die Nutzung der zurückgegebenen Kaufsache *keinen* Wertersatz zu leisten braucht (§§ 474 Abs. 2 S. 1, 439 Abs. 4).
- *Immobilien:* Für die Eigennutzung einer Immobilie ist idR die ortsübliche Miete anzusetzen.[28] Denn bei Immobilien ist – im Gegensatz zu beweglichen Sachen – das Mieten eine wirtschaftlich sinnvolle Alternative zum Kauf.

d) Keine Nutzung

290 Wenn der Schuldner die Sache weder vermietet noch selbst genutzt hat, obwohl das wirtschaftlich sinnvoll (und ihm auch möglich) gewesen wäre, muss er im Prinzip Wertersatz leisten (§ 347 Abs. 1 S. 1; FD „Rücktrittsfolgen I", Frage 12, Ja, Spalte 14). Er entgeht der Ersatzpflicht nur, wenn die Voraussetzungen des § 347 Abs. 1 S. 2 gegeben sind. Dazu muss der Rückgewähr*schuldner* (nicht der -gläubiger) zurückgetreten sein, und zwar aufgrund eines *gesetzlichen* Rücktrittsrechts. Und es muss der eigenüblichen Sorgfalt des Schuldners entsprechen (§ 277), in solchen Fällen die Sache weder selbst zu nutzen noch zu vermieten (FD Frage 11, Ja, Spalte 13). *Beispiel:* K hatte eine Ferienwohnung auf Fehmarn gekauft, trat aber später wegen eines Mangels erfolgreich zurück. Als er die Wohnung nach einem dreijährigen Prozess zurückgab, hatte er sie nie genutzt oder vermietet. Es entspricht aber seiner Gewohnheit, in Vermögensangelegenheiten nachlässig zu sein.

4. Ersatz von Verwendungen auf die Sache

291 Nicht nur der *Gläubiger* des Herausgabeanspruchs kann Forderungen stellen (auf Rückgewähr der Sache und Herausgabe der Nutzungen), auch der *Schuldner* kann uU Ansprüche geltend machen, nämlich auf Ersatz „notwendiger Verwendungen" auf die Sache (§ 347 Abs. 2 S. 1) oder in seltenen Fällen auf Ersatz „anderer Aufwendungen" (§ 347 Abs. 2 S. 2). Erste Voraussetzung für einen solchen Anspruch ist aber, dass der

25 BGHZ 158, 63 (68); BGHZ 115, 54.
26 OLG Karlsruhe NJW 2003, 1950. Basis für die Berechnung ist der Kaufpreis *einschließlich* MWSt (BGH NJW 2014, 2436 Rn 11 ff).
27 BGH NJW 2010, 148 Rn 14 ff. Dazu Höpfner NJW 2010, 127.
28 BGHZ 167, 108 Rn 14 ff; anders der VII. Zivilsenat in BGHZ 164, 235.

Schuldner die Sache entweder zurückgegeben oder Wertersatz geleistet hat (Einzelheiten in § 347 Abs. 2 S. 1 und in Frage 13 des FDs). *Beispiel:* K hatte ein Hengstfohlen ersteigert, das er nach einem Rücktritt vom Vertrag zurückgab. Er konnte die von ihm aufgewendeten Futter- und Tierarztkosten als notwendige Verwendungen ersetzt verlangen (§ 347 Abs. 2 S. 1).[29]

Wenn § 347 Abs. 2 nicht zum Ziel führt, kann § 284 helfen, der der Rücktrittsregelung sogar vorgeht.[30] *Beispiel:* K hatte einen gebrauchten Passat gekauft und eine Navigationsanlage einbauen lassen. Später erklärte er wegen eines Mangels erfolgreich den Rücktritt. Die Navigationsanlage war nicht nach § 347 Abs. 2 S. 1 als notwendige Verwendung anzusehen, auch nicht nach § 347 Abs. 2 S. 2 als werterhöhende Aufwendung. Allerdings konnte K in diesem Fall auch Schadensersatz geltend machen[31] und damit den Ersatz vergeblicher Aufwendungen nach § 284. Diese Vorschrift gab ihm das Recht, Erstattung der Kosten für den Einbau der Anlage zu verlangen.[32]

V. Zurückzugewähren ist Geld

1. Das Geld wurde genutzt

292 Wer Geld erhalten hat, muss es nach dem Rücktritt zurückzahlen (§ 346 Abs. 1: „... die empfangenen Leistungen zurückzugewähren ...“). Das ist unproblematisch, schwieriger ist die Frage zu beantworten, ob er auch Zinsen zu zahlen hat. Zinsen, die der Rückgewährschuldner erzielt hat, sind aus seiner Sicht „Nutzungen“ (§§ 100, 99). Wer Geld zinstragend angelegt hat, hat deshalb die Zinsen als Nutzungen herauszugeben“ (§ 346 Abs. 1: „und die gezogenen Nutzungen herauszugeben“). Darauf bezieht sich die Frage 3 des FD „Rücktrittsfolgen II“, das von jetzt ab gilt. Der Rückgabeschuldner hat das Geld auch dann genutzt, wenn er mit ihm eine verzinsliche Schuld abgelöst hat. Denn es macht keinen Unterschied, ob der Schuldner mit dem Geld Habenzinsen erwirtschaftet oder Sollzinsen erspart hat.[33]

2. Das Geld wurde nicht angelegt

Wenn das Geld *nicht* verzinslich angelegt wurde, ist zu unterscheiden:

293
- *Der Rücktritt bezieht sich auf einen Vertrag über ein verzinsliches Darlehen (§ 346 Abs. 2 S. 2 Hs. 2).* Wenn der Partner eines Darlehensvertrags (§§ 488 ff) zurückgetreten ist, muss der Darlehensnehmer das Kapital zurückzahlen und der Darlehensgeber im Prinzip die erhaltenen Tilgungszahlungen und die Zinsen erstatten (§ 346 Abs. 1). Aber dann hätte der Darlehensnehmer für die Zeit zwischen Auszahlung und Rücktritt über das Kapital zinsfrei verfügen können. Deshalb muss er auch „die gezogenen Nutzungen herausgeben“ (§ 346 Abs. 1). Da man kein verzinsliches Darlehen aufnimmt, um das Kapital zinstragend anzulegen, kann der Darlehensnehmer als Nutzung keine Zinsen herausgeben, sondern muss Wertersatz leisten (§ 346 Abs. 2 S. 1 Nr. 1). Die Höhe des Wertersatzes bestimmt sich nach der Höhe der vertraglich vereinbarten Gegenleistung (§ 346 Abs. 2 S. 2 Hs. 1). Die Gegenleis-

29 BGHZ 170, 31 Rn 41.
30 Allerdings setzt § 284 voraus, dass derjenige, der Verwendungsersatz geltend macht, neben dem Rücktritt auch Schadensersatz verlangen könnte (Rn 680, 1001). Jeder Schadensersatzanspruch wiederum verlangt ein Vertretenmüssen der Gegenseite.
31 Dieser kann dann nach § 325 mit einem Rücktritt kombiniert werden.
32 BGHZ 163, 381 (385).
33 Flume in Gedächtnisschrift für Knobbe-Keuk (1997), 128 f; BGHZ 138, 160 (165) zu § 818.

tung war die vereinbarte Verzinsung. Deshalb muss der Darlehensnehmer im Prinzip Wertersatz in Höhe der Vertragszinsen zahlen. Im Ergebnis muss der Darlehensgeber also die Zinsen nicht herausgeben, sondern kann sie gleich behalten. Hier öffnet sich aber für den Darlehensnehmer einen Spaltbreit die Aussicht, etwas weniger an Wertersatz leisten zu müssen: § 346 Abs. 2 S. 2 Hs. 2 erlaubt ihm nämlich den Nachweis, dass der Nutzen, den er aus dem Darlehenskapital gezogen hat, geringer war als der vereinbarte Zinssatz. Gemeint ist: Der Darlehensnehmer kann nachzuweisen versuchen, dass der vertragliche Zinssatz nicht dem damaligen Marktzins entsprach, sondern überhöht war. Wenn ihm das gelingt, zahlt er einen geringeren Wertersatz. Im Ergebnis muss der Darlehensgeber dann einen Teil der gezahlten Zinsen erstatten (FD „Rücktrittsfolgen II", Spalte 3).

- *Derjenige, der das Geld zurückzuzahlen hat, ist auch der, der zurückgetreten ist, und zwar aufgrund eines gesetzlichen Rücktrittsrechts (§ 347 Abs. 1 S. 2):* Der in § 347 Abs. 1 S. 2 genannte „Berechtigte" ist der Rücktrittsberechtigte. Die Vorschrift setzt voraus, dass der Geldschuldner selbst den Rücktritt erklärt hat und dass er dabei von einem *gesetzlichen* Rücktrittsrecht Gebrauch gemacht hat. Außerdem muss es nach § 277 zu seinen Gewohnheiten gehören, in solchen Fällen auch eigenes Geld *nicht* zinstragend anzulegen (FD, Frage 6, Spalte 5). *Beispiel:* V hatte K sein Springpferd für 19 000 Euro verkauft und eine Anzahlung von 3 500 Euro erhalten. Da K den Rest nicht zahlte, erklärte V nach Fristsetzung den Rücktritt vom Vertrag (§ 323 Abs. 1 S. 1). V hat den Betrag von 3 500 Euro zwei Monate lang nicht verzinslich angelegt. Er kann geltend machen, dass er *eigenes* Geld in solchen Fällen ebenfalls nicht zinstragend anlegt (§ 347 Abs. 1 S. 2, § 277). Der Grund für diese Milde des Gesetzgebers ist folgender: Wer von einem gesetzlichen Rücktrittsrecht Gebrauch macht, ist von seinem Vertragspartner zu Unrecht benachteiligt worden (sonst gäbe das Gesetz ihm kein Rücktrittsrecht) und haftet deshalb weniger streng.

293a

- *Alle anderen Fälle (§ 347 Abs. 1 S. 1):* Wenn kein Fall des § 347 Abs. 1 S. 2 vorliegt, ist zu fragen, ob ein wirtschaftlich denkender Mensch nach „den Regeln einer ordnungsgemäßen Wirtschaft" das Geld genutzt hätte (§ 347 Abs. 1 S. 1; FD „Rücktrittsfolgen II", Frage 7). Das kann manchmal verneint werden. *Beispiel:* V verkaufte sein gebrauchtes Motorrad an K. Im Kaufvertrag hatte er die Laufleistung falsch angegeben, so dass K wirksam den Rücktritt erklärte. V musste den Kaufpreis von 5 900 Euro zurückzahlen. Da er ihn nicht verzinslich angelegt hatte, stellte sich die Frage, ob er Zinsen als Wertersatz zu zahlen hatte. Auf § 347 Abs. 1 S. 2 konnte V sich nicht berufen, denn nicht er, sondern K hatte den Rücktritt erklärt. Trotz § 347 Abs. 1 S. 1 sah der BGH aber keinen Grund, V zu einer Zinszahlung zu verurteilen.[34]

Selbst wenn die Geldanlage vernünftig gewesen wäre, ist noch zu fragen, ob sie dem Schuldner „möglich gewesen wäre" (§ 347 Abs. 1 S. 1; FD „Rücktrittsfolgen II", Frage 7). Nur wenn auch das der Fall war, muss der Rückzahlungs-Schuldner Wertersatz zahlen, also im Ergebnis die Geldschuld verzinsen.

34 BGHZ 170, 86 Rn 38.

VI. Zurückzugewähren wäre eine Dienstleistung

294 Wenn es sich bei dem Erlangten um eine Dienst- oder Werkleistung handelt (§ 611, § 631), ist die Rückgewähr „nach der Natur des Erlangten ausgeschlossen“ (§ 346 Abs. 2 S. 1 Nr. 1), so dass im Prinzip nach § 346 Abs. 2 S. 1 „statt der Rückgewähr ... Wertersatz zu leisten“ ist.

Bei der Berechnung des Wertersatzes ist der Wert der vereinbarten Gegenleistung „zugrunde zu legen“ (§ 346 Abs. 2 S. 2 Hs. 1).[35] Diese Worte bedeuten nicht, dass der Wertersatz in jedem Fall die gleiche Höhe wie die vereinbarte Gegenleistung haben muss. *Beispiel:* B beauftragte den Unternehmer U, ein Haus für 70 000 Euro zu sanieren. Später beanstandete B mehrere Mängel und setzte U eine Frist zu ihrer Beseitigung. Da das Werk auch nach Ablauf der Frist noch nicht mängelfrei war, trat B wirksam vom Vertrag zurück. *Lösung:* Es geht nicht um eine Sache, die B zurückgeben könnte, sondern um Sanierungsarbeiten, also um eine Werkleistung. Weil deren „Rückgewähr ... nach der Natur des Erlangten ausgeschlossen ist“, schuldet B Wertersatz (§ 346 Abs. 2 S. 1 Nr. 1). Da das Werk des U mangelhaft ist, wäre es ungerecht, wenn U die vereinbarten 70 000 Euro in voller Höhe fordern könnte. Aber das schreibt das Gesetz auch nicht vor. Denn bei der Berechnung des Wertersatzes ist die vertraglich vereinbarte Gegenleistung von 70 000 Euro lediglich „zugrunde zu legen“ (§ 346 Abs. 2 S. 2 Hs. 1). Nach Ansicht der hM,[36] der sich der BGH angeschlossen hat,[37] kann B deshalb den Werklohn herabsetzen, und zwar in analoger Anwendung von § 638 Abs. 3, also nach den Regeln der Minderung (FD „Rücktrittsfolgen II“, Frage 9, Ja, Spalte 8).

§ 14 Kündigung

Fall 14: Flexitanks § 314

295 *Die Bückerhoff-KG stellt Behälter aus Kunststoff her. Sie wollte im Jahre 2002 ihr Produktionsprogramm um die damals neuen Flexitanks erweitern. Dabei handelt es sich um elastische Behälter für Flüssigkeiten mit einem Fassungsvermögen von 10 000 bis 100 000 l, die in Norm-Containern transportiert werden können. Lothar Löwe ist Inhaber eines Ingenieurbüros und besitzt umfassende Kenntnisse auf dem Gebiet der Flexitanks. Die Bückerhoff-KG schloss mit ihm einen Beratervertrag, in dem sich Löwe verpflichtete, die Bückerhoff-KG bei der Entwicklung, Produktion und Vermarktung „eines elastischen Beutels für große Mengen von Flüssigkeit“ umfassend zu beraten. Die Bückerhoff-KG verpflichtete sich ihrerseits, Löwe nach dem Beginn der Produktion eine Provision in bestimmter Höhe für jeden verkauften Flexitank zu zahlen. Sie verpflichtete sich ferner, das ihr von Löwe vermittelte Know-how nicht an Konkurrenzunternehmen weiterzugeben. Die Laufzeit des Vertrags begann am 15. Januar 2003 und war auf zwanzig Jahre festgelegt. Eine ordentliche Kündigung schloss der Vertrag aus. Eine außerordentliche Kündigung sollte zulässig sein, falls die Bückerhoff-KG „das Verbot der Weitergabe von Know-how an einen Dritten, der ein Konkurrenzunternehmen darstellt“, verletzte.*

35 BGHZ 178, 355.
36 PWW/ Medicus/Stürner § 346 Rn 10; Staudinger/Kaiser § 346 Rn 156 ff; Gaier WM 2002, 1.
37 BGH NJW 2011, 3085 Rn 11.

Am 21. Juli 2004 erfuhr Löwe, dass die Bückerhoff-KG von ihm stammendes Know-how an einen Wettbewerber weitergegeben hatte. Es kam zu Verhandlungen, in deren Verlauf Bückerhoff jede Vertragsverletzung verneinte und erklärte, weiterhin geheimes Know-how an den Wettbewerber weitergeben zu wollen. Deshalb kündigte Löwe den Vertrag fristlos durch Anwaltsschreiben vom 17. August 2004. Löwe verlangt nun von der Bückerhoff-KG, ihm bis zum Ende der Vertragslaufzeit (also bis zum 15. Januar 2023) für jeden verkauften Flexitank die vereinbarte Provision zu zahlen. Die Bückerhoff-KG ist der Meinung, Löwe habe die fristlose Kündigung zu spät ausgesprochen, außerdem könne ihm nicht für eine Beratungstätigkeit von weniger als einem Jahr eine Provision über einen Zeitraum von fast 20 Jahren zustehen. (Nach BGH NJW 2011, 1438)

296 Die Berechtigung zur Kündigung „aus wichtigem Grund" könnte sich aus § 314 ergeben. Zwischen der Bückerhoff-KG und Löwe bestand ein „Dauerschuldverhältnis", weil der von ihnen geschlossene Vertrag die Parteien 20 Jahre lang zu immer neuen Leistungen verpflichtete (Rn 301). Da die Parteien einen Vertrag geschlossen hatten, der nicht gesetzlich geregelt ist (einen Know-how-Vertrag oder Beratervertrag), besteht keine Sondervorschrift über die fristlose Kündigung, die dem § 314 vorgehen könnte (Rn 304).

§ 314 Abs. 1 macht die fristlose Kündigung davon abhängig, dass ein „wichtiger Grund" vorliegt. Zu prüfen wäre deshalb, ob ein solcher, in § 314 Abs. 1 S. 2 definierter Grund vorlag. Aber im vorliegenden Fall ist eine solche Prüfung nicht erforderlich. Denn im Vertrag war vereinbart, dass Löwe fristlos kündigen durfte, wenn die Bückerhoff-KG ihre Verpflichtung zur Geheimhaltung verletzte. Da dieser Fall eingetreten ist, lag für Löwe ein *wichtiger Grund* vor.

Fraglich ist jedoch, ob nach § 314 Abs. 2 S. 1 eine *Abmahnung* erforderlich war und ob Löwe sie ausgesprochen hat. Die Abmahnung wäre in diesem Fall erforderlich gewesen, weil der „wichtige Grund in der Verletzung einer Pflicht aus dem Vertrag" bestand, nämlich in der Verletzung der Geheimhaltungspflicht (Rn 305). Ob Löwe eine Abmahnung ausgesprochen hat, sagt der Sachverhalt nicht. Aber nach § 314 Abs. 2 S. 2 findet § 323 Abs. 2 entsprechende Anwendung. Da die Bückerhoff-KG Löwe gegenüber jede Vertragsverletzung bestritt und ankündigte, weiterhin geheime Informationen weitergeben zu wollen, hat sie eine Änderung ihres Verhaltens „ernsthaft und endgültig verweigert" (§ 323 Abs. 2 Nr. 1). Die Abmahnung war deshalb entbehrlich (§§ 314 Abs. 2 S. 2, 323 Abs. 2 Nr. 1).

Zu fragen ist weiterhin, ob Löwe die in § 314 Abs. 3 genannte „angemessene Frist" eingehalten hat. Die Frist begann am 21. Juli 2004, als Löwe von dem Vertragsbruch erfuhr. Die Bückerhoff-KG hat die Ansicht vertreten, als angemessene Frist sei – in Analogie zu § 626 Abs. 2 – eine Frist von zwei Wochen anzusehen. Dem hat sich der BGH aber nicht angeschlossen. Der Gesetzgeber hat sich bei der Formulierung des § 314 (im Jahre 2001) gerade nicht an § 626 Abs. 2 orientiert, sondern hat eine flexible Frist vorgesehen. Zwischen der Kenntnis und der Kündigung lag weniger als ein Monat. Das spricht dafür, dass die Frist angemessen war. Etwas anderes würde nur gelten, wenn die Bückerhoff-KG aufgrund der Länge der Frist glauben durfte, Löwe werde die Weitergabe der Informationen hinnehmen. Davon kann aber keine Rede sein. Löwe hat unverzüglich, nachdem er Kenntnis erhalten hatte, Verhandlungen mit der Bückerhoff-KG aufgenommen. Deren Ausgang durfte er abwarten.

Da die fristlose Kündigung wirksam war, kann Löwe von der Bückerhoff-KG Schadensersatz verlangen.[38] Dieser Anspruch besteht normalerweise nur bis zu dem Zeitpunkt, zu dem der Schuldner (der Kündigungsgegner) sich seinerseits durch ordentliche Kündigung vom Vertrag hätte lösen können.[39] Im vorliegenden Fall stand der Bückerhoff-KG aber laut Vertrag nicht das Recht zur ordentlichen Kündigung zu. Deshalb schuldet sie Löwe „Schadensersatz für die gesamte Laufzeit".[40]

Löwe kann verlangen, so gestellt zu werden, wie er bei ordnungsgemäßer Vertragserfüllung gestanden hätte. Dann hätte er vom Beginn der Produktion an bis zum Ende der Vertragslaufzeit Anspruch auf die vereinbarte Provision gehabt. Dem kann die Bückerhoff-KG nicht entgegenhalten, dass Löwe nur ein knappes Jahr für sie tätig gewesen sei und deshalb nicht für fast zwanzig Jahre Anspruch auf das vereinbarte Entgelt haben könne. Denn die Bückerhoff-KG hat es sich selbst zuzuschreiben, dass Löwe keine Gelegenheit hat, ihr bis zum Ende der Vertragslaufzeit mit seinem Rat zur Seite zu stehen. Schließlich hat sie selbst den Grund für die fristlose Kündigung geschaffen und damit indirekt Löwe die Möglichkeit genommen, seinerseits den Vertrag zu erfüllen.

Lerneinheit 14

297 **Literatur:** *Stürner*, Die Kündigung von Dauerschuldverhältnissen aus wichtigem Grund nach § 314 BGB, Jura 2016, 163; *Zumpf*, Kündigung – oder Rücktritt vom Tourneevertrag? ZUM 2016, 393; *Söbbing*, Außerordentliche Kündigung wegen Verletzung eines Code of Conduct? GWR 2014, 78; *Bonitz/Schramm*, Repetitio (non) est mater studiorum – Wiederholung nicht nötig! WM 2013, 1637; *Link/Soergel*, Die außerordentliche Kündigung eines Fitnessstudiovertrags nach § 314 BGB bei einem Wechsel des Wohnsitzes, NJOZ 2012, 2057; *Elmenhorst/Schopp*, Die Beendigung markenrechtlicher Abgrenzungsvereinbarungen, WRP 2012, 1356.

I. Einführung

298 Im vorigen Abschnitt (§ 13, Rn 267 ff) ging es um den Rücktritt. Er führt zur Rückabwicklung von Schuldverhältnissen, die darauf angelegt sind, von beiden Seiten innerhalb kurzer Zeit erfüllt zu werden (man könnte sie „Kurzschuldverhältnisse" nennen). Der Rücktritt führt bekanntlich zur Rückabwicklung der erbrachten Leistungen (§ 346).

299 *Gegensatz Kündigung:* Wenn im Rahmen eines *Dauerschuldverhältnisses* (zB Mietvertrag, Versicherungsvertrag, Arbeitsvertrag, Rn 301) bereits Leistungen erbracht worden sind, ist eine Rückgewähr der erhaltenen Leistungen erschwert oder nicht möglich.[41] In diesen Fällen tritt deshalb an die Stelle des Rücktritts die Kündigung. Der Unterschied zum Rücktritt besteht auch darin, dass die Kündigung nur in die Zukunft wirkt.

300 *Rechtliche Einordnung der Kündigung:* Die Kündigung ist kein Vertrag, sondern ein einseitiges Rechtsgeschäft (sogar das bekannteste Beispiel für einseitige Rechtsgeschäfte). Die entsprechende Willenserklärung ist „einem anderen gegenüber abzugeben" (§ 130 Abs. 1 S. 1), also empfangsbedürftig.[42] Das Recht zu kündigen ist ein Gestal-

38 Der BGH hat allerdings nicht mitgeteilt, welche Schadensersatz-Anspruchsgrundlage er für gegeben hielt (BGH aaO Rn 32).
39 BGHZ 122, 9 (14).
40 BGH NJW 2011, 1438 Rn 32.
41 Ausnahme zB BGH NJW 2002, 1870.
42 Das Gesetz sagt das nirgends mit erkennbarer Deutlichkeit.

tungsrecht, unterliegt also nicht der Verjährung,[43] aber muss häufig innerhalb einer *Ausschlussfrist* ausgeübt werden (zB § 314 Abs. 3, § 626 Abs. 2 S. 1).

Es gibt zwei Arten der Kündigung:

- *Ordentliche Kündigung:* Die ordentliche Kündigung wird nicht schon mit ihrem Zugang (§ 130 Abs. 1) wirksam, sondern erst nach Ablauf einer Frist, der sogenannten *Kündigungsfrist.* Im Allgemeinen Schuldrecht gibt es keine Vorschriften über eine ordentliche Kündigung, nur im Besonderen Schuldrecht. Bekannte Beispiele sind im Mietrecht die §§ 543, 569 und im Dienstvertragsrecht die §§ 621, 622.
- *Kündigung aus wichtigem Grund:* Die Kündigung aus wichtigem Grund ist eine Kündigung „ohne Einhaltung einer Kündigungsfrist“ (§ 314 Abs. 1 S. 1). Man nennt sie deshalb auch *fristlose* Kündigung.[44] Sie wird schon mit ihrem Zugang wirksam. [45] Die Schuldrechtsreform hat § 314 neu in das BGB aufgenommen. Damit gibt es zum ersten Mal überhaupt eine Kündigungsvorschrift im Allgemeinen Schuldrecht.

II. Voraussetzungen einer Kündigung nach § 314

1. Dauerschuldverhältnis

301 Eine Kündigung nach § 314 setzt – wie jede Kündigung – in erster Linie ein „Dauerschuldverhältnis“ voraus (§ 314 Abs. 1 S. 1).

Definition: Ein Dauerschuldverhältnis ist ein Schuldverhältnis, das nicht auf die einmalige Erbringung einer Leistung gerichtet ist (oder auf den einmaligen *Austausch* von Leistungen), sondern das einen Partner (oder beide) auf eine gewisse Dauer zu Leistungen verpflichtet. Typisch für Dauerschuldverhältnisse sind deshalb die zeitliche Ausdehnung und die Tatsache, dass der Umfang der zu erbringenden Leistungen nicht von vornherein feststeht, sondern von der Dauer abhängt.[46]

Die wichtigsten Verträge, die ein Durchschnittsbürger in seinem Leben schließt, sind Dauerschuldverhältnisse, nämlich der Arbeitsvertrag (§§ 611 ff), der Wohnraum-Mietvertrag (§§ 535 ff), der Zahlungsdiensterahmenvertrag (§ 675f Abs. 2, früher Girovertrag) und der Vertrag über eine Kfz-Haftpflichtversicherung nach dem Pflichtversicherungsgesetz (PflVG). Zu den Dauerschuldverhältnissen gehören aber auch die Pacht (§ 581), die Leihe (§ 598), der Darlehenvertrag (§ 488), der Sachdarlehensvertrag (§ 607), die Verwahrung (§ 688), die Gesellschaft (§ 705) und die Bürgschaft (§ 765). Dazu kommen zahlreiche nicht gesetzlich geregelte Verträge wie der Leasingvertrag und der Franchisevertrag.

302 Auch ein *Kaufvertrag* kann als Dauerschuldverhältnis angelegt sein, wenn auf längere Zeit eine unbestimmte Menge geliefert und abgenommen werden soll. *Beispiele* sind die Verträge zwischen einem Versorgungsunternehmen und seinen Abnehmern über die

---

43 Denn nach § 194 unterliegen nur „Ansprüche“ der Verjährung.

44 Eine „fristlose Kündigung aus wichtigem Grund“ ist eine Tautologie (ein weißer Schimmel). Die Kündigung nach § 627 scheint eine fristlose Kündigung *ohne* wichtigem Grund zu sein. Aber sie ist keine fristlose, sondern eine kurzfristige Kündigung (§ 627 Abs. 2 S. 1).

45 Im Mietrecht gibt es auch die *„außerordentliche“* Kündigung, die sowohl fristlos (§ 543), als auch in gesetzlicher Frist erfolgen kann (§ 573d). In der Überschrift zu § 543 (und in dessen erstem Satz) hat der Gesetzgeber alle drei Ausdrücke gehäuft.

46 MüKo/Gaier § 314 Rn 5.

Lieferung von Wasser, Gas und elektrischer Energie[47] und zB der Vertrag zwischen einer Brauerei und einem Gastwirt über die Belieferung mit Bier und anderen Getränken.

2. Wichtiger Grund

a) Definition

303 Ein „wichtiger Grund" liegt vor, wenn (verkürzt) „dem kündigenden Teil ... die Fortsetzung des Vertragsverhältnisses ... nicht zugemutet werden kann" (§ 314 Abs. 1 S. 2). Diese Formulierung ist nicht für § 314 erfunden worden, sondern wurde aus anderen Bestimmungen übernommen, die eine fristlose Kündigung regeln (zB § 543 Abs. 1 S. 2 und § 626 Abs. 1). *Beispiel 1:* X hatte bei der V-AG einen privaten Krankheitskostenversicherungsvertrag abgeschlossen. Er reichte drei Jahre lang verfälsche Rezepte ein und erschwindelte sich dadurch Zahlungen von fast 4 000 Euro. Der V-AG war dadurch die Fortsetzung des Vertrags nicht mehr zumutbar, so dass ein wichtiger Grund zur Kündigung nach § 314 vorlag.[48]

Umstände, die im Risikobereich des Kündigenden liegen, stellen grundsätzlich keinen wichtigen Grund dar. *Beispiel 2:* Die N-GmbH hatte große Mengen Gasöl im Tanklager der T-OHG eingelagert. Die T machte seit Jahren Verluste. Um die Insolvenz zu vermeiden, beschlossen die Gesellschafter, den gesamten Betrieb einzustellen. Sie kündigten deshalb den Lagervertrag „aus wichtigem Grund". Der BGH sah in den finanziellen Schwierigkeiten aber zu Recht keinen wichtigen Grund zur Kündigung (Fall 24, Rn 566).[49]

Wenn ein wichtiger Grund vorliegt, ist auch ein Dauerschuldverhältnis kündbar, das *auf bestimmte Zeit* (und damit in dieser Zeit eigentlich unkündbar) abgeschlossen worden ist. Das ist ein wesentlicher Unterschied zur ordentlichen Kündigung (unten Rn 310), die in diesen Fällen ausgeschlossen ist.

b) Kein Bestehen einer Sonderregelung

304 Soweit Dauerschuldverhältnisse gesetzlich geregelt sind, enthalten sie oft Vorschriften über die Kündigung aus wichtigem Grund (zB § 490 für den Darlehensvertrag, die §§ 543, 569 für den Mietvertrag und § 626 Abs. 1 für den Dienstvertrag). Diese Vorschriften verdrängen als Sondervorschriften § 314.[50]

Wenn keine Sondervorschrift über eine fristlose Kündigung besteht, ist immer § 314 anzuwenden. Denn bei Dauerschuldverhältnissen haben beide Seiten stets das Recht zur außerordentlichen (fristlosen) Kündigung, sofern ein wichtiger Grund vorliegt.[51] Dies Recht kann nicht durch AGB eingeschränkt oder gar ausgeschlossen werden (§ 307 Abs. 1).[52]

---

47 Medicus/Lorenz nennen sie „Bezugsverträge" (Rn 13).
48 BGH NJW 2012, 376. Die Kündigung nach § 314 wurde in diesem Fall nicht durch § 206 Abs. 1 S. 1 VVG ausgeschlossen.
49 NJW 2005, 1360 (1361).
50 BT-Drucks. 14/6040, 177; Schuhmacher/Mohr DB 2002, 1606, v. Hase NJW 2002, 2278.
51 MüKo/Gaier § 314 Rn 1; BGH NJW 2013, 1431 Rn 27.
52 MüKo/Gaier § 314 Rn 4; BGH NJW 2012, 1431 Rn 27.

3. Abmahnung

305 Wenn der „wichtige Grund“ in einer *Pflichtverletzung* besteht, muss der fristlosen Kündigung eine *Abmahnung* vorausgehen (§ 314 Abs. 2 S. 1). Die Abmahnung braucht nicht die Ankündigung zu enthalten, im Wiederholungsfall werde fristlos gekündigt.[53] Aber sie muss den Schuldner „darauf hinweisen, dass er vertragliche Pflichten verletzt hat und ihm für den Fall eines weiteren Vertragsverstoßes Konsequenzen drohen“.[54] Es reicht nicht aus, nur das Verhalten der Gegenseite zu rügen. *Beispiel:* Z schrieb seinem Vertragspartner, dieser habe ihm zu hohe Zinsen berechnet, und bat um eine Gutschrift. Darin lag noch keine Abmahnung.[55]

Statt der Abmahnung kann der Gläubiger eine Frist „zur Abhilfe“ setzen (§ 314 Abs. 2 S. 1). Auch das dient dazu, dem Schuldner den Ernst der Lage vor Augen zu führen.

306 *Entfall der Abmahnung:* Manchmal kann der Gläubiger auf eine Abmahnung (oder eine Frist zur Abhilfe) verzichten. § 314 Abs. 2 S. 2 verweist dazu auf § 323 Abs. 2. Das ist sachgerecht, weil bei Dauerschuldverhältnissen die Kündigung die gleiche Funktion hat wie der Rücktritt bei „Kurzschuldverhältnissen“. *Beispiel:* In dem Fall mit dem betrügerischen Versicherungsnehmer (Rn 303, Beispiel 1) war das nötige Vertrauensverhältnis so beschädigt, dass „besondere Umstände“ vorlagen, die die sofortige fristlose Kündigung rechtfertigten (§§ 314 Abs. 2 S. 2, 323 Abs. 2 Nr. 3).[56]

4. Angemessene Frist nach Kenntnis vom Kündigungsgrund

307 Nachdem der Kündigende vom Kündigungsgrund erfahren hat, kann er sich nicht beliebig viel Zeit lassen, sondern muss „innerhalb einer angemessenen Frist kündigen“ (§ 314 Abs. 3). Diese „angemessene Frist“ ist keine Verjährungs- sondern eine Ausschlussfrist.[57] Wenn nicht innerhalb der Frist gekündigt worden ist, gilt der Kündigungsgrund als verziehen. Die Frist ist auch deshalb einzuhalten, damit der Kündigungsberechtigte sein Kündigungsrecht nicht über einen längeren Zeitraum als Druckmittel einsetzen kann. § 314 Abs. 3 ist erkennbar angelehnt an den (viel älteren) § 626 Abs. 2. Die dort genannte Zweiwochenfrist ist aber nicht schematisch auf § 314 Abs. 3 übertragbar,[58] die Frist kann auch „Monate“ betragen.[59] Der BGH ist teilweise sehr großzügig. *Beispiel:* V verlangte vom Mietinteressenten K eine „Vorvermieterbescheinigung“, in der der bisherige Vermieter des K die pünktliche Mietzahlung bestätigen sollte. K legte eine Bescheinigung vor, aber sie war gefälscht. V bemerkte das einige Monate nach Abschluss des Mietvertrags, aber erst drei Jahre später kündigte er aus diesem Grund fristlos. Nach Ansicht des BGH erfolgte die Kündigung nur „möglicherweise“ nicht mehr innerhalb der von § 314 Abs. 3 umschriebenen Frist.[60]

---

53 MüKo/Gaier § 314 Rn 16; Palandt/Grüneberg § 314 Rn 8.
54 BGH NJW 2012, 53 Rn 17; 2008, 1303 Rn 7; 2002, 3541.
55 BGH NJW 2012, 53 Rn 21
56 BGH NJW 2012, 376. Der BGH erwähnt § 314 Abs. 2 S. 2 nicht.
57 BGB-AT Rn 1198.
58 BGH NJW 2011, 1438 Rn 28.
59 BGHZ 133, 331 (135).
60 NJW 2014, 1954 Rn 20. Der BGH hat die Sache deshalb an das Berufungsgericht zurückverwiesen.

5. Kündigungserklärung ohne Wenn und Aber

308 Da die Kündigung Ausübung eines Gestaltungsrechts ist (Rn 300), darf sie nicht von einer Bedingung (§ 158) oder einer Befristung abhängig gemacht werden.[61] *Beispiel:* M kündigte den Mietvertrag über Gewerberäume wegen Baumängeln „außerordentlich“, setzte aber hinzu: „Die Kündigung wird nicht mit sofortiger Wirkung ausgesprochen, sondern zu dem Zeitpunkt, an dem wir andere Geschäftsräume beziehen können.“ Dieser Zusatz machte die Kündigung unwirksam.[62]

Keine Teilkündigung: Eine Teilkündigung ist unzulässig, wenn sie dazu führt, dass der Vertrag gegen den Willen des anderen inhaltlich verändert wird.[63] Etwas anderes gilt, wenn mehrere Verträge bestehen. *Beispiel:* H kündigte gegenüber seiner Bank den Vertrag über die Ausgabe und die Nutzung einer Debitkarte (Girocard), ließ aber den Zahlungsdiensterahmenvertrag bestehen. Das war zulässig.[64]

III. Rechtsfolgen einer Kündigung aus wichtigem Grund

309 Mit dem Zugang der fristlosen Kündigung (§ 130 Abs. 1 S. 1) endet das Schuldverhältnis. Darin liegt der Unterschied zur ordentlichen Kündigung, die das Schuldverhältnis erst mit Ablauf der Kündigungsfrist beendet.

Eine Rücknahme der Kündigung ist nach ihrem Zugang nicht mehr möglich. Die Kündigung kann nur einvernehmlich aufgehoben werden (durch Vertrag mit dem Kündigungsempfänger).[65]

Der Kündigende kann aus dem gleichen („wichtigen“) Grund, der ihm die Kündigung gestattete, einen Schadensersatzanspruch gegen seinen Vertragspartner haben. Dieser Anspruch erfasst aber nur die Schäden, die bis zu dem Zeitpunkt eingetreten sind, zu dem der Schuldner (der Kündigungsgegner) sich seinerseits durch eine ordentliche Kündigung vom Vertrag hätte lösen können.[66]

IV. Ordentliche Kündigung

310 Wenn nicht die Voraussetzungen einer fristlosen Kündigung vorliegen, kann jeder Vertragspartner das Dauerschuldverhältnis nur durch *ordentliche* Kündigung beenden. Bei ihr gibt es eine Frist zwischen dem Zugang der Kündigungserklärung (§ 130) und der Beendigung des Dauerschuldverhältnisses. Die ordentliche Kündigung ist nicht (wie die fristlose Kündigung in § 314) im Allgemeinen Teil des Schuldrechts geregelt, sondern nur von Fall zu Fall im Rahmen der Einzelnen Schuldverhältnisse. *Beispiel:* § 573c bestimmt die Kündigungsfristen im Mietrecht. Die Grundregel heißt: Ein Wohnraummieter kann bis zum dritten Werktag eines Kalendermonats zum Ablauf des übernächsten Monats kündigen (§ 573c Abs. 1 S. 1). Die Kündigungsfrist beträgt also knapp drei Monate.

61 BGB-AT Rn 378.
62 BGH NJW 2004, 284.
63 BGH NJW 2006, 430 Rn 12.
64 BGH NJW 2006, 430 Rn 14.
65 BGH NJW 1998, 2664.
66 BGHZ 122, 9 (14); BGH NJW 2011, 1438 Rn 32.

Eine ordentliche Kündigung ist nicht immer möglich, man muss unterscheiden:

311
- *Abschluss des Vertrags auf unbestimmte Zeit:* Dauerschuldverhältnisse werden idR *auf unbestimmte Zeit* abgeschlossen. *Beispiele:* Unbefristeter Arbeitsvertrag, unbefristeter Mietvertrag. In diesem Fall kann der Vertrag grundsätzlich jederzeit von beiden Partnern unter Einhaltung der Kündigungsfrist gekündigt werden.

312
- *Abschluss des Vertrags auf bestimmte Zeit:* Ein Dauerschuldverhältnis kann aber auch auf *bestimmte* Zeit abgeschlossen werden. *Beispiel:* Der Leasingnehmer A und die Leasinggesellschaft L haben den Vertrag „fest auf drei Jahre" geschlossen. Dann endet er mit Ablauf der vereinbarten Zeit. Eine ordentliche Kündigung kommt in diesen Fällen nicht in Betracht, wohl aber die (nie auszuschließende) fristlose Kündigung.

Sechstes Kapitel: Widerruf von Verbraucherverträgen

§ 15 Außerhalb von Geschäftsräumen geschlossene Verträge

Fall 15: 9 000 Euro für die Vermittlung einer Partnerin § 312b

313

Frau Schmatke betreibt in Stuttgart eine Partnervermittlung. In der Stuttgarter Zeitung veröffentlichte sie eine Anzeige mit dem Bild einer gut aussehenden, „Ilona" genannten Frau, die angeblich einen Partner suchte. Woldemar Kliem rief die angegebene Telefonnummer an und sagte einer von Frau Schmatkes Mitarbeiterinnen, er habe Interesse, „Ilona" kennenzulernen. Die Mitarbeiterin erwiderte, ihre Kollegin Fuhrmann könne ihn am nächsten Tag in seiner Wohnung aufsuchen. Kliem nahm diesen Vorschlag an. Frau Fuhrmann füllte in Kliems Wohnzimmer das Formular eines Partnervermittlungsvertrags aus, das Kliem und sie anschließend unterzeichneten. In dem Vertrag verpflichtete sich Frau Schmatke, Herrn Kliem gegen ein Entgelt von 9 000 Euro mehrere Partnerinnen vorzuschlagen. Eine Information über das Widerrufsrecht enthielt der Vertrag nicht. Später leistete Kliem vereinbarungsgemäß eine Anzahlung von 5 000 Euro und erhielt die Adressen von zwei Frauen. Da die in der Anzeige vorgestellte „Ilona" nicht darunter war, forderte Kliem Frau Schmatke auf, ihm die Unterlagen von „Ilona" zuzusenden. Frau Schmatke erwiderte, dass ihr das nicht möglich sei, weil sich diese Kundin inzwischen für einen anderen Herrn entschieden habe. Kliem will den Vertrag widerrufen. Hat er ein Widerrufsrecht? (Nach BGHZ 185, 192)

314

Kliem könnte ein Widerrufsrecht nach § 312g Abs. 1 haben, der verkürzt lautet: „Dem Verbraucher steht bei außerhalb von Geschäftsräumen geschlossenen Verträgen ... ein Widerrufsrecht gemäß § 355 zu."

Bevor geprüft werden kann, ob die in § 312g Abs. 1 genannten Voraussetzungen gegeben sind, muss festgestellt werden, ob § 312g überhaupt anwendbar ist. Denn § 312 stellt drei Hürden auf.

- Zunächst verlangt § 312 Abs. 1 für alle Paragrafen der „Kapitel 1 und 2 dieses Untertitels" (zu denen auch § 312g gehört), dass ein Verbrauchervertrag nach § 310 Abs. 3 vorliegt („sind nur auf Verbraucherverträge im Sinne des § 310 Abs. 3 anzuwenden"). Kliem müsste also Verbraucher sein (§ 13) und Frau Schmatke Unternehmerin (§ 14 Abs. 1). Welchen Beruf Kliem ausübt, sagt der Sachverhalt nicht. Er könnte deshalb Kaufmann oder sonstiger Gewerbetreibender sein oder einen freien Beruf ausüben. Aber selbst wenn das der Fall sein sollte, war Kliem im vorliegenden Fall Verbraucher. Denn es ging um die Vermittlung einer Partnerin, also um seinen Privatbereich. Er ist deshalb eine „natürliche Person, die ein Rechtsgeschäft zu Zwecken" abgeschlossen hat, „die überwiegend weder ihrer gewerblichen noch ihrer selbstständigen beruflichen Tätigkeit zugerechnet werden kann" (§ 13 nF). Frau Schmatke hingegen hat „in Ausübung ihrer gewerblichen ... Tätigkeit" gehandelt und ist deshalb Unternehmerin (§ 14 Abs. 1).
- Aber § 312 Abs. verlangt noch mehr, nämlich dass der konkrete Verbrauchervertrag zu denen gehört, „die eine entgeltliche Leistung des Unternehmers zum Gegenstand haben". Damit ist gemeint, dass sich der Verbraucher zur Zahlung und der Unternehmer zu der

anderen Leistung verpflichtet haben muss (Rn 323). Das ist gegeben, weil der Verbraucher Kliem der zahlende Partner ist (FD „Widerrufsrecht - Überblick", Frage 2, Ja).

- Schließlich führt § 312 in den Absätzen 2 bis 6 zahlreiche Verträge auf, bei denen entweder kein Widerrufsrecht besteht oder nur in Ausnahmefällen. Eigentlich müsste jetzt einzeln geprüft werden, ob einer dieser Fälle vorliegt, etwa anhand der beiden FD „Ausnahmen nach § 312 Abs. 2" und „Ausnahmen nach § 312 Abs. 3 bis 6". Aber es soll hier die Feststellung genügen, dass keine der genannten Ausnahmen vorliegt.

Damit steht fest, dass die Anwendung von § 312g nicht ausgeschlossen ist. Von den beiden in Abs. 1 genannten Alternativen kommt der „außerhalb von Geschäftsräumen geschlossene Vertrag" in Betracht (kurz Außerhalb-Vertrag). Er wird in § 312b Abs. 1 S. 1 definiert, indem vier Variationen genannt werden (Nr. 1 bis 4). Hier kommt § 312b Abs. 1 S. 1 Nr. 1 in Betracht. Diese Vorschrift verlangt zunächst, dass ein Verbraucher und ein Unternehmer die Vertragspartner sind, was bereits geprüft und bejaht wurde. Ferner müsste der Vertrag „an einem Ort geschlossen" worden sein, „der kein Geschäftsraum des Unternehmers ist". Da der Vertrag in Kliems Wohnung geschlossen wurde, ist diese Voraussetzung erfüllt. Da sich Kliem und Frau Schmatke – diese vertreten durch ihre Mitarbeiterin Fuhrmann (§ 312b Abs. 1 S. 2) – beim Vertragsschluss in Kliems Wohnung aufhielten, schlossen sie den Vertrag auch „bei gleichzeitiger körperlicher Anwesenheit". Damit liegen die Voraussetzungen eines Außerhalb-Vertrags vor (312b Abs. 1 S. 1 Nr. 1).

Nun müsste geprüft werden, ob einer der in § 312g Abs. 2 genannten Fälle gegeben ist, in denen kein Widerrufsrecht besteht (Rn 331). Aber auch hier soll die Feststellung genügen, dass das nicht der Fall ist (nachzuprüfen anhand des FD „Ausnahmen nach § 312g Abs. 2"). Kliem hat deshalb ein Widerrufsrecht nach § 312g Abs. 1, der auf § 355 verweist.

Aus dem FD „Widerrufsrecht – Überblick" ergibt sich die Lösung so: 1. Ja – 2. Ja – 3. Nein – 4. Nein – 5. Ja – 6. Nein – 7. Nein – 9. Nein (Spalte 7).

Lerneinheit 15

315 **Literatur:** *Klocke*, Das Widerrufsrecht bei beweglichen Geschäftsräumen, EuZW 2016, 411; *Koch*, Ausweitung des Verbraucherschutzrechts: Der Widerruf im Mietrecht, VuR 2016, 92; *Lindner*, Rechtsfolgen nach einem verbraucherprivatrechtlichen Widerruf des Mietvertrags, ZMR 2016, 356; *Jacoby*, Verbraucherschutz – Widerrufsrecht bei Verwalterverträgen, ZWE 2016, 68; *Bauer/Arnold/Zeh*, Widerruf von Arbeits- und Aufhebungsverträgen – Wirklich alles neu? NZA 2016, 449; *Maume*, Der umgekehrte Verbrauchervertrag, NJW 2016, 1041; *Jost*, Das Verbraucherwiderrufsrecht bei Außergeschäftsraumverträgen nach Umsetzung der Verbraucherrechterichtlinie, jM 2016, 94; *Becker*, Verbraucherwiderruf des Verwaltervertrags? NZM 2016, 249; *Ernst*, Zeitlich gebundene und zu reservierende Dienstleistungen im neuen Fernabsatzrecht (§ 312 g Abs. 2 Nr. 9 BGB), VuR 2015, 337; *Hoffmann*, Personalsicherheiten als Außergeschäftsraumverträge, ZIP 2015, 1365; *Horst*, Mietrechtliche Auswirkungen eines erweiterten Widerrufsrechts nach der Verbraucherrechterichtlinie, DWW 2015, 2; *Artz/Brinkmann/Ludwigkeit*, Widerruf von Autokaufverträgen – Neue Rechtslage bei Haustürgeschäften und finanzierten Verträgen, DAR 2015, 507; *Meier*, Sind Bürgschaften wieder unwiderruflich? ZIP 2015, 1156; *Rätze*, Rechtsprechungsübersicht: Ein Jahr neues Verbraucherrecht, VuR 2015, 299; *Raue*, Verbraucherschutz bei besonderen Vertriebsformen nach Umsetzung der Verbraucherrechterichtlinie, Jura 2015, 326; *Stürner*, Grundstrukturen des Verbrauchervertrags im BGB, Jura 2015, 30; *Kramme*, Die Einbeziehung von Pflichtinformationen in Fernabsatz- und Außergeschäftsraumverträge, NJW 2015, 279; *Wilke*, Verbraucherschutz im internationalen Zuständigkeitsrecht der EU – Status quo und Zukunftsprobleme, EuZW 2015, 13.

I. Überblick

1. Doppelter Schutz der Verbraucher

316 *Schutz vor AGB:* Seit vierzig Jahren verstärkt der Gesetzgeber den Schutz der Verbraucher vor Übervorteilung. Das wichtigste Verbraucherschutzgesetz war früher das AGB-Gesetz, das seit 1976 die Verbraucher vor den Tücken des „Kleingedruckten" schützte (heute §§ 305 bis 310; ausführlich schon Rn 162 ff).

Schutz vor Überrumpelung: Daneben hat es sich aber als nötig erwiesen, die Verbraucher auch vor unüberlegten Vertragsschlüssen zu bewahren. Das Mittel hierzu ist das *Widerrufsrecht:* In bestimmten Fällen wird dem Verbraucher das Recht gewährt, den von ihm geschlossenen Vertrag innerhalb von 14 Tagen zu widerrufen (§ 355 Abs. 2 S. 1). Ein solches Widerrufsrecht gibt es nicht etwa – wie viele Laien meinen – bei *allen* Verträgen eines Verbrauchers, sondern nur in den folgenden Fällen.

2. Zwei Wege zum Widerrufsrecht

a) Ungewöhnliche Umstände des Vertragsschlusses

317 Das Widerrufsrecht steht dem Verbraucher in erster Linie bei Verträgen zu, die unter ungewöhnlichen, für den Verbraucher nachteiligen Bedingungen geschlossen werden:

- *Außerhalb von Geschäftsräumen geschlossene Verträge: Es handelt sich um* Verträge, die ein Verbraucher an einem Ort geschlossen hat, „der kein Geschäftsraum des Unternehmers ist" (§ 312 b Abs. 1 S. 1 Nr. 1). In den Nummern 2 bis 4 wird diese Definition modifiziert (Rn 320 bis 322). Um nicht immer die amtliche Bezeichnung *„außerhalb von Geschäftsräumen geschlossene Verträge" verwenden zu müssen, werden sie hier kurz „Außerhalb-Verträge" genannt.*
- *Fernabsatzverträge: Es handelt sich um* Verträge, bei deren Abschluss sich der Verbraucher mit dem Unternehmer oder dessen Leuten nicht im gleichen Raum befindet. Der Vertragsschluss erfolgt in diesen Fällen insbesondere über das Internet, aber auch telefonisch oder durch eine Bestellpostkarte (§ 312c Abs. 1, 2; Rn 344).

b) Widerrufsrecht bei bestimmten Vertragstypen

318 Daneben hat der Verbraucher ein Widerrufsrecht bei Verträgen mit bestimmten Inhalten, unabhängig davon, unter welchen Umständen der Vertrag geschlossen wurde. Der wichtigste Vertrag dieser Art ist der *Verbraucherdarlehensvertrag.* Das ist ein Darlehensvertrag zwischen einem Unternehmer (fast immer einem Kreditinstitut) und einem Verbraucher als Darlehensnehmer über ein verzinsliches Darlehen (§ 491 Abs. 1). Der Verbraucher hat ein Widerrufsrecht nach § 495 Abs. 1, der auf § 355 verweist, auch wenn kein Außerhalb-Vertrag nach § 312b vorliegt und kein Fernabsatzvertrag nach § 312c.

Ferner gehören zu dieser zweiten Gruppe die Finanzierungsleasingverträge (§ 506 Abs. 2), die Teilzahlungsgeschäfte (§§ 506 Abs. 3, 507 f) und die Ratenlieferungsverträge (§ 510). Ein Widerrufsrecht gibt es außerdem nach § 485 bei einem Teilzeit-Wohnrechtevertrag.

Die Schuldrechtsreform hat nur die außerhalb von Geschäftsräumen geschlossenen Verträge (Außerhalb-Verträge, §§ 312b) und die Fernabsatzverträge (§ 312c) in den *Allgemeinen* Teil des Schuldrechts aufgenommen, während die übrigen Verbraucherverträge, die ein Widerrufsrecht gewähren, im Besonderen Teil des Schuldrechts, also in den „Einzelnen Schuldverhältnissen" (§§ 433 ff) geregelt sind.[1] Das hat auch einen guten Grund. Denn die Außerhalb-Verträge und die Fernabsatzverträge stellen nur auf *die Art des Vertragsschlusses* ab – inhaltlich stellen sie keine eigenen Vertragstypen dar. Deshalb passen sie nicht in den Besonderen Teil. Hingegen sind die anderen Verbraucherverträge jeweils eigene Vertragstypen. So gehört zB der Verbraucherdarlehensvertrag zu den Darlehensverträgen (§§ 488 ff), so dass er zu Recht dort geregelt ist (§§ 491 ff). Für ein Lehrbuch des *Allgemeinen* Schuldrechts ergibt sich daraus die Konsequenz, dass nur die Außerhalb-Verträge und die Fernabsatzverträge zu behandeln sind.

II. Voraussetzungen eines „außerhalb von Geschäftsräumen geschlossenen Vertrags"

1. Ein besonderer Ort des Vertragsschlusses

a) Nr. 1: „Kein Geschäftsraum des Unternehmers"

319 § 312b Abs. 1 S. 1 Nr. 1 nennt nicht einzelne Orte, die für „außerhalb von Geschäftsräumen geschlossene Verträge" infrage kommen, sondern formuliert negativ: Tauglicher Ort ist jeder Ort, der „kein Geschäftsraum des Unternehmers" ist. Der Begriff „Geschäftsräume" wird in Abs. 2 S. 1 definiert. Dadurch wird deutlich, dass auch „*bewegliche* Gewerberäume" Geschäftsräume sein können, zB Stände auf Wochenmärkten, Weihnachtsmärkten oder Messen.

Eigenes Wohnzimmer: Bei § 312b Abs. 1 S. 1 Nr. 1 ist in erster Linie an einen Raum zu denken, der zum Wohnraum (Wohnung oder Wohnhaus) des Verbrauchers gehört. *Beispiel 1:* Fall 15, Rn 313. *Beispiel 2:* Steuerberater S begab sich in die Wohnung des Ehepaars E, um die Steuererklärung zu besprechen. Dabei erfuhr er, dass Frau E erwog, sich mit einem Fitness-Studio selbstständig zu machen. S bot an, den erforderlichen Existenzgründungsbericht anzufertigen, womit Frau E einverstanden war. Frau E kann den Vertrag nach den §§ 312b Abs. 1 S. 1 Nr. 1, 312g Abs. 1, 355 widerrufen.[2]

Es kommt nicht darauf an, ob gerade die Wohnzimmer-Atmosphäre für den Vertragsschluss ursächlich war.

Anderer Wohnraum: Es muss aber nicht der Wohnraum *des Verbrauchers* sein. *Beispiel:* Frau Y wurde zu einer Tupperware-Party eingeladen, die ihre Freundin H in ihrem Haus veranstaltete und auf der die Tupperware-Vertreterin V Waren verkaufte. Da das Haus der H kein Geschäftsraum der V war, ist § 312b Abs. 1 Nr. 1 anzuwenden.

Arbeitsplatz: Infrage kommt auch der Arbeitsplatz des Verbrauchers. *Beispiel 3:* Die M-GmbH bestellte telefonisch bei der X-GmbH einen Miet-Lkw. Der Fahrer F der X fuhr den Lkw auf den Hof der M und suchte jemand, der das Mietvertragsformular unterschrieb. Er fand nur den bei der M als Lkw-Fahrer beschäftigten L. Diesem fiel

1 Es gibt allerdings Ausnahmen. Die Rechtzeitigkeit des Widerrufs ist auch für die „Einzelnen Schuldverhältnisse'" im Allgemeinen Schuldrecht geregelt, so in § 356a (Teilzeit-Wohnrechteverträge), 356b (Verbraucherdarlehensverträge) und in § 356c (Ratenlieferungsverträge). Dasselbe gilt für die Rechtsfolgen des Widerrufs: § 357a Abs. 3 (Verbraucherdarlehensverträge), 357b (Teilzeit-Wohnrechteverträge) und 357c (Ratenlieferungsverträge).

2 BGH NJW 2008, 435 Rn 9.

nicht auf, dass er laut Formular durch seine Unterschrift zum „2. Mieter“ wurde, also für die Zahlung der Miete mithaften sollte.[3]

Öffentlich zugänglicher Ort: Auch ein neutraler Ort kommt für § 312b Abs. 1 Nr. 1 in Betracht. *Beispiel 4:* Verbraucher V schloss mit dem Bauunternehmer U einen Bauvertrag in einem öffentlich zugänglichen Café.[4]

b) Nr. 2: „... ein Angebot abgegeben hat”

320 Nach § 312b Abs. 1 S. 1 Nr. 2 muss nicht der *Vertragsschluss* an einem Ort geschehen sein, der kein Geschäftsraum des Unternehmers ist. Es reicht aus, wenn der Verbraucher „unter den in Nummer 1 genannten Umständen ein Angebot abgegeben hat”. Mit dem umgangssprachlichen Wort „Angebot” ist der Antrag auf Abschluss eines Vertrags gemeint (§ 145 ff).[5] Der Verbraucher muss also an einem Ort, der kein Geschäftsraum des Unternehmers ist, den ersten Schritt zum Vertragsschluss getan haben, indem er einen (immer verbindlichen) Antrag erklärt hat. Es schadet dann nichts, wenn der *Vertragsschluss* in einem Geschäftsraum des Unternehmers erfolgt. *Beispiel:* Frau S arbeitete in der Villa des Ehepaars X als Tageshaushälterin. In der Küche der Villa riet Frau X Frau S, sich an einer Gesellschaft zu beteiligen, die von ihrem Mann und ihr beherrscht wurde.[6] Später unterschrieb Frau S den Vertrag im Büro des X, aber das nahm dem Vertrag nicht seinen Charakter als außerhalb von Geschäftsräumen geschlossener Vertrag.

c) Nr. 3: „... unmittelbar zuvor ... angesprochen”

321 Die Nummer 3 erfasst hauptsächlich folgenden Fall: V wurde vor dem Geschäft des Unternehmers U von dessen Mitarbeiter M „persönlich und individuell angesprochen” und hat „unmittelbar” danach im Geschäft des U den Vertrag geschlossen. Es sind leichte Variationen denkbar. Aber wichtig ist, dass V „unmittelbar zuvor” angesprochen wurde. Wenn zwischen dem Ansprechen und dem Vertragsschluss eine Zeitspanne liegt, in der sich V frei entscheiden konnte, liegt kein Fall der Nr. 3 vor.

d) Nr. 4: „Ausflug”

322 § 312b Abs. 1 S. 1 Nr. 4 erfasst Verträge, die „auf einem Ausflug geschlossen werden“, an dessen Organisation der Unternehmer beteiligt war und den er dazu nutzt, um für seine Waren oder Dienstleistungen zu werben oder entsprechende Verträge zu schließen. Gemeint sind die früher beliebten „Kaffeefahrten“, bei denen der Unternehmer den (meist älteren) Teilnehmern Gegenstände des täglichen Gebrauchs zu völlig überhöhten Preisen anbietet. Man könnte einwenden, dass die Nr. 4 überflüssig sei, weil diese Fälle schon von Nr. 1 erfasst würden. Aber es könnte sein, dass die Kaffeefahrt zu einem Ausstellungsraum (Laden, Geschäftsraum) des Unternehmers führt und die Verträge dort geschlossen werden. Dann ist Nr. 4 anzuwenden, aber nicht Nr. 1.

3 BGH NJW 2007, 2110 Rn 24.
4 BGHZ 171, 364 Rn 16.
5 Zu dem Begriff „Angebot“ siehe Rn 455.
6 BGH NJW 1996, 926.

2. Der Verbraucher als Zahlender

323 Wenn man § 312b unbefangen liest, müssten seine Voraussetzungen auch vorliegen, wenn es der *Unternehmer* ist, der die *Zahlung* verspricht, während sich der Verbraucher zu einer anderen Leistung verpflichtet. *Beispiel:* U, der gewerbsmäßig Unfallfahrzeuge aufkauft, kam zu V und schloss in dessen Wohnzimmer einen Kaufvertrag über den Polo des V. Scheinbar sind alle in § 312b Abs. 1 Nr. 1 genannten Voraussetzungen gegeben. Aber § 312 Abs. 1 schließt in solchen Fällen § 312b aus. Denn nach ihm sind die „Vorschriften der Kapitel 1 und 2 dieses Untertitels" (zu denen auch § 312b gehört) „nur auf Verbraucherverträge ... anzuwenden, die eine *entgeltliche Leistung* des Unternehmers zum Gegenstand haben". Damit ist gemeint: Der Verbraucher muss sich zur *Zahlung* verpflichtet haben, der Unternehmer zu der anderen Leistung (nicht umgekehrt).[7] Im Beispielsfall ist deshalb § 312b nicht anwendbar.

3. Der Grund des Widerrufsrechts im Fall des § 312b

324 Wenn einem Verbraucher an einem für ihn ungewohnten Ort ein Vertragsschluss nahegebracht wird, kann er sich häufig nicht so frei entscheiden wie in einem Laden oder in einem Büroraum des Unternehmers. Es besteht deshalb die „Gefahr, bei der Anbahnung eines Vertrags in einer ungewöhnlichen räumlichen Situation überrumpelt und zu einem unüberlegten Geschäftsabschluss veranlasst zu werden".[8] Aus diesem Grund gibt das Gesetz dem Verbraucher in diesem Fall prinzipiell ein Widerrufsrecht (§§ 312b, 312g Abs. 1, 355).

III. Rechtsfolgen

325 Liegen die Voraussetzungen eines Außerhalb-Vertrags vor (§ 312 b Abs. 1 S. 1), so „steht dem Verbraucher ein Widerrufsrecht gemäß § 355 zu" (§ 312g Abs. 1). Das gilt aber nur im Grundsatz, denn es gibt viele Ausnahmen (nach § 312 Abs. 1 bis 6 und nach § 312g Abs. 2; Rn 327 ff).

Subsidiarität: Es kann vorkommen, dass derselbe Vertrag sowohl ein Außerhalb-Vertrag ist als auch ein Vertrag, der aufgrund einer anderen Vorschrift dem Verbraucher ein Widerrufsrecht gewährt (Rn 325). In diesem Fall richtet sich das Widerrufsrecht nicht nach § 312b, sondern nach der anderen Vorschrift (§ 312g Abs. 3). *Beispiel:* Der Mitarbeiter einer Sparkasse schloss mit dem Verbraucher V in dessen Wohnung einen Darlehensvertrag. Wenn dem V ein Widerrufsrecht nach § 495 Abs. 1 zusteht (aber auch nur dann), verdrängt § 495 Abs. 1 das Widerrufsrecht aus § 312g Abs. 1.

Unabdingbarkeit, Umgehungsverbot (§ 312k): Von den §§ 312 bis 312k darf „nicht zum Nachteil des Verbrauchers ... abgewichen werden" (§ 312k Abs. 1 S. 1). Sie dürfen auch nicht „umgangen werden" (§ 312k Abs. 1 S. 2).

IV. Sonderfälle

326 *Bürgschaften:* Ob auch eine (in einer Wohnung vereinbarte) Bürgschaft ein Außerhalb-Vertrag nach § 312b sein kann, war lange strittig, sogar unter den Senaten des BGH. *Dagegen* spricht, dass die Bürgschaft nicht die Voraussetzungen des § 312 Abs. 1 er-

7 Amtliche Begründung, BT-Drs. 17/12637, 45. Ein anderes Entgelt als Geld scheidet aus. Siehe auch BGH NJW 2015, 1009 Rn 23.
8 BGHZ 165, 363 Rn 13; BGH NJW 2007, 2110 Rn 27.

füllt. Denn sie ist kein Vertrag, in dem sich ein Verbraucher zu einer Geldzahlung verpflichtet gegen eine andere Leistung, die der Unternehmer zu erbringen hat. Vielmehr verpflichtet sich der Verbraucher als Bürge zum Einstehen für eine fremde Schuld (§ 765 Abs. 1), während sich der Gläubiger (oft ein Kreditinstitut) gegenüber dem Bürgen weder zu einer Zahlung noch zu einer anderen Leistung verpflichtet (einseitig verpflichtender Vertrag.[9] Der EuGH hatte die Streitfrage nach der früheren Rechtslage vermittelnd entschieden.[10] Der inzwischen zuständige XI. Zivilsenat des BGH hat sich der vielfältigen Kritik[11] an diesem Urteil angeschlossen und entschieden: Ein Verbraucher, der außerhalb von Geschäftsräumen einen Bürgschaftsvertrag unterschreibt, kann sich auf § 312b berufen – ob der Hauptschuldner seinerseits Verbraucher ist, ist gleichgültig.[12] Der BGH durfte von der Entscheidung des EuGH abweichen, weil das europäische Recht generell gestattet, dass das nationale Recht den Verbraucherschutz noch stärker betont als die europäische Richtlinie. Es ist davon auszugehen, dass die vor dem 13. Juni 2014 bestehende Rechtslage auch nach der Gesetzesänderung fortbesteht.[13]

Existenzgründer: Auf der Grenze zwischen einem Verbraucher und einem Unternehmer steht jemand, der sich auf die Selbstständigkeit vorbereitet (Existenzgründer). Er gilt noch als Verbraucher, wenn er sich noch nicht endgültig für die Selbstständigkeit entschieden hat. *Beispiel:* Frau E gab einem Steuerberater den Auftrag, das von ihr erdachte Unternehmenskonzept zu prüfen und einen Existenzgründungsbericht zu erstellen. Sie galt noch als Verbraucherin.[14] Wer aber einen Vertrag schließt, um den Entschluss zur Selbstständigkeit in die Tat umzusetzen, ist bereits als Unternehmer anzusehen. *Beispiele:* Mietvertrag über Geschäftsräume, Abschluss eines Franchisevertrags, Einkauf in eine Gemeinschaftspraxis[15].

V. Ausnahmen vom Widerrufsrecht

1. Dreizehn Ausnahmen nach § 312 Abs. 2

a) Einführung

327 § 312 Abs. 2 nennt 13 Vertragstypen, auf die nur die Absätze 1, 3, 4 und 6 des (insgesamt unbedeutenden) § 312a anzuwenden sind. Das bedeutet in erster Linie, dass für diese Verträge *nicht die wichtigen §§ 312b, 312c und 312g gelten.* Es liegt deshalb kein Außerhalb-Vertrag (§ 312b) und kein Fernabsatzvertrag vor (§ 312c), auch wenn deren Voraussetzungen eigentlich gegeben wären. Folglich gibt es auch kein Widerrufsrecht (§ 312g). Stattdessen gelten für diese Verträge nur die genannten vier Absätze des harmlosen § 312a (zu ihnen Rn 329). Ein Verbraucher, der einen der 13 in § 312b Abs. 2 genannten Verträge geschlossen und mit einem Widerrufsrecht gerechnet hat, muss sich so fühlen wie ein Kind, das bei der Verlosung auf einem Kindergeburtstag statt des erhofften Hauptpreises nur einen Buntstift gewonnen hat.

9 BGHZ 113, 287.
10 NJW 1998, 1295 – Dietzinger.
11 Drexel JZ 1998, 1046 (1055); Lorenz NJW 1998, 2937 (2939); Auer ZBB 1999, 161 (168); Canaris AcP 200 (2000), 273 (353).
12 BGHZ 165, 363.
13 Palandt/Grüneberg § 312 Rn 5; Wendehorst NJW 2014, 577 (580); anders v. Loewenich NJW 2014, 1409 (1411) mit der Begründung, dass Abweichungen (auch zu Gunsten des Verbrauchers) nach der neuen Richtlinie nicht mehr zulässig seien.
14 BGH NJW 2008, 435.
15 BGHZ 162, 253 (257).

b) Beispiele

328 Die 13 Ausnahmen darzustellen, würde den Umfang des Lehrbuchs und die Aufnahmekapazität der Leser überschreiten. Alle Ausnahmen des Absatzes 2 stehen aber mit ihren Differenzierungen im FD „Ausnahmen nach § 312 Abs. 2". Im Folgenden werden nur exemplarisch die Nummern 5 und 9 kurz vorgestellt:

Personenbeförderung (§ 312 Abs. 2 Nr. 5): Dass von „den Vorschriften der Kapitel 1 und 2 dieses Untertitels" nur die vier Absätze des § 312a anzuwenden sind, gilt auch für „Verträge über die Beförderung von Personen" (§ 312 Abs. 2 Nr. 5), also für den Straßenbahn-, Bus-, Taxi-, Eisenbahn-, Schiffs- und Flugverkehr. *Beispiel:* Verbraucher V hatte bei U für 9.30 Uhr ein Taxi bestellt, wollte aber um 9.00 Uhr den Widerruf erklären. U wies ihn zu Recht darauf hin, dass er kein Widerrufsrecht habe.

Vertragsschluss an Automaten (§ 312 Abs. 2 Nr. 9): An einem Automaten oder in „automatisierten Geschäftsräumen" wie einem Parkhaus wird der Vertrag geschlossen, „ohne dass die Vertragsparteien gleichzeitig körperlich anwesend sind" (§ 312c Abs. 2), so dass an einen Fernabsatzvertrag zu denken ist. Aber Vertragsschluss und Erfüllung (durch Leistung und Gegenleistung) erfolgen nahezu gleichzeitig. Der Unternehmer hat deshalb keine Zeit, den Verbraucher nach § 312d über sein Widerrufsrecht zu informieren, und der Verbraucher hat keine Gelegenheit, zwischen Vertragsschluss und beiderseitiger Erfüllung den Widerruf zu erklären. Beides entfällt deshalb.

c) Rechtslage

329 Von den §§ 312 bis 312h finden auf die in § 312 Abs. 2 genannten Verträge nur die Absätze 1, 3, 4 und 6 des § 312a Anwendung (§ 312 Abs. 2 aA):

- *Abs. 1:* Wer als Unternehmer zum Abschluss eines dieser Verträge einen Verbraucher anruft, hat seine Identität und seine geschäftliche Absicht offenzulegen.
- *Abs. 3:* Die Vereinbarung einer Zahlung, die „über das vereinbarte Entgelt für die Hauptleistung" hinausgeht, können die Parteien „nur *ausdrücklich* treffen" (S. 1). Eine Vereinbarung mithilfe einer „Voreinstellung" ist unwirksam (§ 312a Abs. 3 S. 2). Eine „Voreinstellung" ist eine Vertragsklausel, die der Verbraucher ausdrücklich ablehnen müsste, wenn er sie nicht wirksam werden lassen wollte.
- *Abs. 4:* Der Verbraucher muss die Möglichkeit haben, den von ihm geschuldeten Geldbetrag ohne Kosten zu zahlen, insbesondere durch Überweisung von seinem Konto auf das des Unternehmers. Das Gesetz verwendet den Begriff „Zahlungsmittel" (Bar- oder Buchgeld), meint aber Zahlungssysteme wie eine Kreditkarte oder PayPal.
- *Abs. 6:* Der Vertrag bleibt auch dann wirksam, wenn eine Bestimmung nach § 312a Abs. 3 oder Abs. 4 „nicht Vertragsbestandteil geworden oder ... unwirksam" ist.

2. Weitere vier Ausnahmen nach § 312 Abs. 3 bis Abs. 6

330 § 312 nennt in den Absätzen 3 bis 6 vier Verträge, auf die – auch wenn es sich um Verbraucherverträge nach § 312 Abs. 1 handelt – die §§ 312 bis 312h *nur eingeschränkt* anzuwenden sind. Diese vier Verträge unterscheiden sich von den in Abs. 2 genannten in folgender Weise:

- Für die in Abs. 2 aufgezählten 13 Verträge gelten nur (wie mehrfach betont) die Absätze 1, 3, 4 und 6 des § 312a.
- Bei den vier in § 312 Abs. 3 bis 6 genannten Verträgen ist die Rechtslage differenzierter, so dass gelegentlich auch ein Widerrufsrecht besteht (zB FD „Ausnahmen nach § 312 Abs. 3 bis 6“, Spalte 1).

Auch für diese Ausnahmen gilt, dass eine eingehende Erläuterung die Kapazität dieses Buches und die Merkfähigkeit der Leser überfordern würde. Sie sind aber alle differenziert im FD „Ausnahmen nach § 312 Abs. 3 bis 6“ dargestellt. Im Folgenden sollen wenige Bemerkungen zu den Absätzen 3 und 4 genügen:

Verträge über soziale Dienstleistungen: Zu den in Abs. 3 genannten sozialen Dienstleistungen zählt insbesondere die Betreuung von Kindern, Kranken und Alten (zB Aufnahme in ein Altenheim, Kurzzeitpflege, „Essen auf Rädern“). *Beispiel:* Frau F hat in ihrer Wohnküche mit U, dem Betreiber eines Pflegeheims, einen Vertrag über die Betreuung ihrer 92-jährigen Mutter geschlossen. Da die Voraussetzungen des § 312b Abs. 1 S. 1 Nr. 1 gegeben sind, hat Frau F ein Widerrufsrecht (§ 312g Abs. 1). Das wird von § 312 Abs. 3 Nr. 7 bestätigt, weil dort § 312g für anwendbar erklärt wird. Deshalb muss U Frau F über ihr Widerrufsrecht informieren (§ 312 Abs. 3 Nr. 6).

Mietverträge über Wohnraum: § 312 Abs. 4 S. 1 verweist für den Abschluss von Wohnraum-Mietverträgen auf Abs. 3 und damit auf die Verträge über soziale Dienstleistungen. Deshalb sind von den §§ 312 bis 312h auf Wohnraum-Mietverträge nur die in § 312 Abs. 3 Nr. 1 bis 7 genannten Vorschriften anzuwenden. *Beispiel:* Frau X hatte von der U-GmbH ein Appartement gemietet, das ihre Freundin Y übernehmen wollte. Diese schloss in der Wohnung mit einem Vertreter der U-GmbH einen Mietvertrag. Obwohl die Voraussetzungen des § 312b Abs. 1 S. 1 Nr. 1 vorliegen, hat Frau Y kein Widerrufsrecht, weil sie „die Wohnung zuvor besichtigt hat“ (§ 312 Abs. 4 S. 2).

3. Noch mehr Ausnahmen nach § 312g Abs. 2

331 Wenn man die zahlreichen Ausnahmen, die § 312 in den Absätzen 2 bis 6 aufführt, durchgesehen und festgestellt hat, dass sie für den konkret zu beurteilenden Vertrag das Widerrufsrecht nicht ausschließen, könnte man davon ausgehen, dass der Verbraucher ein Widerrufsrecht nach § 312g Abs. 1 hat. Aber § 312g Abs. 2 nennt 13 weitere Fälle, in denen kein Widerrufsrecht gegeben ist, obwohl die Voraussetzungen des § 312g Abs. 1 vorliegen.

Der Unterschied zwischen den in § 312 und den in § 312g genannten Ausnahmen liegt in Folgendem:

- Für die in § 312 Abs. 2 genannten Verträge gilt *insgesamt* nicht das Recht der Verbraucherverträge, also keiner der §§ 312 bis 312h – mit der geringfügigen Ausnahme des § 312a Absätze 1, 3, 4 und 6.
- Für die in § 312 Abs. 3 bis 6 genannten Verträge gilt meist mehr als nur § 312a mit seinen vier genannten Absätzen.
- Dagegen besteht für die in § 312g Abs. 2 genannten Ausnahmen im Prinzip der volle Verbraucherschutz der §§ 312 bis 312h, es *entfällt nur ein Recht, allerdings das wichtigste, nämlich das Widerrufsrecht.*

Die 13 in § 312g Abs. 2 genannten Fälle sind im FD „Ausnahmen nach § 312g Abs. 2“ dargestellt. Im Folgenden sollen nur einige Gruppen kurz erwähnt werden:

Vom Unternehmer nicht anderweitig verwendbare Leistungen: § 312g Abs. 2 verwehrt dem Verbraucher ein Widerrufsrecht, wenn der Unternehmer seine Leistung nicht für einen anderen Kunden verwenden könnte. Zu dieser Gruppe können die Nummern 1, 4, 9 und 11 gerechnet werden. *Beispiel:* N ließ sich von seinen Fotos ein Fotobuch herstellen. In dem Schreiben, das dem Buch beilag, heißt es korrekt: „Nach § 312g Abs. 2 S. 1 Nr. 1 BGB haben Sie kein Widerrufsrecht."

Schneller Wertverlust: Zu dieser Gruppe gehören Verträge über die Lieferung von frischen Lebensmitteln und von Schnittblumen. Beispiel: In den AGB von Aldi-Blumenservice heißt es: „Bei Schnittblumen handelt es sich um schnell verderbliche Ware. Ein Widerruf ist deshalb ausgeschlossen (§ 312g Abs. 2 S. 1 Nr. 2 BGB)."

Entsiegelte Ware: Sachen, *die aus hygienischen Gründen versiegelt waren (Nr. 3), können nach der Entsiegelung aus naheliegenden Gründen nicht zurückgegeben werden. Deshalb entfällt das Widerrufsrecht. Das gilt auch für Audio-, Video- und Software-Datenträger (Nr. 6).* Wenn in diesen Fällen ein Widerruf auch nach der Entsiegelung erlaubt wäre, könnte unbeschränkt kopiert werden.

Gefahr einer Spekulation auf Kosten des Unternehmers: Zu dieser Gruppe gehören die Nummern 5 und 8. Ein Verbraucher, der Aktien, Gold, Schweinehälften oder andere Gegenstände, die einen wechselnden Börsenwert haben, über das Internet gekauft hat, könnte auf die Idee kommen, den Widerruf zu erklären, wenn er feststellt, dass er sich verspekuliert hat (Kursrückgang). Das will Nr. 8 aus gutem Grund verhindern. Keinen spekulativen Charakter hat allerdings der Kauf von Heizöl durch einen Verbraucher.[16] Eher lustig ist die Nr. 12, die die Rückgabe eines Lotterieloses ausschließt (natürlich nur einer Niete). Um unseriöse Anbieter abzuschrecken, die Wetten und andere Glücksspiele am Telefon oder außerhalb von Geschäftsräumen anbieten, gewährt die Nr. 12 in diesen Fällen ein Widerrufsrecht.

VI. Informationspflichten bei Außerhalb-Verträgen

1. Sonderfall Schnellreparatur

332 In Art. 246a § 2 Abs. 1 EGBGB geht es darum, dass ein Verbraucher in seiner Wohnung einen Vertrag mit einem Handwerker über Reparatur- oder Instandsetzungsarbeiten schließt (FD „Informationspflichten bei Außerhalb-Verträgen", Frage 1). Art. 246a § 2 hat einen „lächerlich schmalen Anwendungsbereich",[17] weil der Werklohn 200 Euro nicht übersteigen darf und „die beiderseitigen Leistungen *sofort* erfüllt werden" müssen.[18] Die Vorschrift wird hier nur deshalb gleich zu Anfang erwähnt, damit im Folgenden von allen anderen Verträgen gesprochen werden kann, ohne auf die Ausnahme in § 2 hinweisen zu müssen.

16 BGH NJW 2015, 2959 Rn 20 (zu § 312d Abs. 4 Nr. 6 aF).

17 Wendehorst NJW 2014, 577 (581 rechts).

18 Art 246a § 2 EGBGB sollte die Formalien für den Handwerker vereinfachen. Aber eine Vereinfachung ist den Verfassern der EU-Richtlinien offenbar unmöglich. Es ist deshalb allen Handwerkern zu empfehlen, nie einen Hausbesuch ohne ihren Anwalt zu machen.

2. Informationspflichten bei anderen Außerhalb-Verträgen

a) Verweisung auf Art. 246a EGBGB

333 Beim Abschluss aller anderen Außerhalb-Verträge (§ 312b) hat der Unternehmer eine umfassende Informationspflicht. Ausgangspunkt ist § 312d Abs. 1 S. 1, der allerdings keine eigenen Vorschriften enthält, sondern nur auf den umfangreichen, aus vier Paragrafen bestehenden Art. 246a EGBGB verweist. Damit hat das Gesetz die Regelung der Informationspflichten pauschal in das EGBGB verlagert. Im BGB selbst geht es nur um Nebenfragen der Information, nämlich in § 312e um die Nebenkosten (Rn 334) und in § 312f um die Pflicht, dem Verbraucher nach Abschluss des Vertrags einen vollständigen Vertragstext zu übermitteln (Rn 335). Einen detaillierten Überblick über die Informationspflichten im Zusammenhang mit einem Außerhalb-Vertrag (§ 312b) gibt das FD „Informationspflichten bei Außerhalb-Verträgen".

b) Informationen vor Vertragsschluss

334 *Informationen über den Vertragsinhalt:* Der Unternehmer muss den Verbraucher vor Vertragsschluss ausführlich über alle Punkte des abzuschließenden Vertrags informieren. Dazu verweist § 312d Abs. 1 S. 1 auf Art. 246a § 1 Abs. 1 S. 1 EGBGB. Dort sind in 16 (!) Nummern alle Punkte aufgezählt, für die sich ein Kunde interessieren kann (FD „Informationspflichten bei Außerhalb-Verträgen", Spalte 4). Dazu zählen zB „die wesentlichen Eigenschaften der Waren oder Dienstleistungen" (Nr. 1) sowie die Firma und die Adresse des Unternehmers (Nr. 2). Ab Nr. 10 beginnt der Text jeweils mit dem Wort „gegebenenfalls", was deutlich macht, dass diese Angaben nur zu machen sind, wenn das nach dem konkreten Vertrag sinnvoll ist.

Versandkosten: Eine Sonderrolle spielt die Angabe der Versandkosten und anderer Nebenkosten (Art. 246a § 1 Abs. 1 S. 1 Nr. 4 EGBGB). Während ein Unterlassen der übrigen geforderten Angaben vom Gesetz nicht speziell sanktioniert wird, führt die Nichtangabe dieser Kosten dazu, dass der Unternehmer sie später nicht geltend machen kann (§ 312e; FD „Informationspflichten bei Außerhalb-Verträgen", Spalte 3).

Informationen über das Widerrufsrecht: Das Widerrufsrecht hat auch im Hinblick auf die Belehrungspflichten des Unternehmers eine ganz überragende Bedeutung (Art. 246 § 1 Abs. 2 EGBGB). Diese Belehrungspflichten müssten eigentlich hier behandelt werden, nämlich unter dem Stichwort „Informationspflichten *vor* Vertragsschluss". Im FD ist es auch so eingeordnet (Spalten 5 bis 9). Aber hier im Text wird die Widerrufsbelehrung erst später in einem eigenen Abschnitt behandelt (Rn 336 ff).

c) Informationen nach Vertragsschluss

335 *Abschrift:* Der Unternehmer muss *nach* dem Vertragsschluss dem Verbraucher ein von beiden Parteien unterzeichnetes Exemplar des Vertrags aushändigen, vom Gesetz etwas altmodisch „Abschrift" genannt (§ 312f Abs. 1 Nr. 1; FD „Informationspflichten bei Außerhalb-Verträgen", Frage 6). Der Verbraucher soll auf diese Weise den Vertragsinhalt nachlesen können. Das Wort „unterzeichnet" verlangt nur, dass die Parteien durch die Unterzeichnung identifizierbar sind; eine Schriftform nach § 126 muss nicht vorliegen.[19]

19 Amtl. Begründung BT-Drs. 17/12637, 55 (links).

Bestätigung: Statt der „Abschrift" kann der Unternehmer dem Verbraucher eine „Bestätigung des Vertrags" zukommen lassen, die den Vertragstext und die in Art. 246a EGBG genannten Angaben enthält (§ 312f Abs. 1 S. 1 Nr. 2 und S. 3). Diese können entfallen, wenn der Verbraucher sie schon erhalten hat (Abs. 2 S. 3; FD „Informationspflichten bei Außerhalb-Verträgen", Frage 9).

VII. Widerrufsbelehrung bei Außerhalb-Verträgen

1. Bedeutung der Widerrufsbelehrung

336 Das Widerrufsrecht ist das wichtigste Recht des Verbrauchers im Rahmen der Außerhalb-Verträge (§ 312b) und der Fernabsatzverträge (§ 312c). Weil einem das beste Recht nichts nützt, wenn man es nicht kennt, ist es die Aufgabe des Unternehmers, den Verbraucher über sein Widerrufsrecht zu belehren. Die Einzelheiten hat der Gesetzgeber ausgelagert, indem er sie in Art. 246a § 1 Abs. 2 EGBGB geregelt hat (auf den § 312d Abs. 1 S. 1 verweist).

2. Inhalt der Widerrufsbelehrung

337 Der Unternehmer ist nach Art. 246a § 1 Abs. 2 S. 1 Nr. 1 EGBGB „verpflichtet, den Verbraucher zu informieren 1. über die Bedingungen, die Fristen und das Verfahren für die Ausübung des Widerrufsrechts nach § 355 Abs. 1 BGB ..."[20] Eine so allgemein gehaltene Anweisung ist für den Unternehmer, der ja idR ein juristischer Laie ist, nicht umsetzbar. Deshalb bestimmt Art. 246a § 1 Abs. 2 S. 2, dass „der Unternehmer ... diese Informationspflichten dadurch erfüllen" kann, dass „er das in der Anlage 1 vorgesehene Muster für die Widerrufsbelehrung zutreffend ausgefüllt in Textform übermittelt".

Die Muster-Widerrufsbelehrung ist als „Anlage 1 zu Artikel 246a § 1 Absatz 2 Satz 2" im Anschluss an Art. 248 § 19 EGBGB abgedruckt. Das Muster scheint zunächst von erfreulicher Kürze zu sein. Der Unternehmer darf es aber nicht einfach wörtlich übernehmen, sondern muss amtlich vorformulierte Ergänzungen vornehmen, gegebenenfalls an sechs Stellen. Diese Stellen sind im Gesetzestext an den Ziffern erkennbar, die in eckige Klammern gesetzt sind. Welche Ergänzung einzufügen ist, richtet sich nach der Art des konkreten Vertrags. In das folgende Muster einer Widerrufsbelehrung sind die Ergänzungen eingefügt, die Frau Schmatke im Fall 15 (Rn 313) in das Formular hätte einfügen müssen (die Ergänzungen sind kursiv gesetzt):

338

Widerrufsbelehrung

Widerrufsrecht

Sie haben das Recht, binnen vierzehn Tagen ohne Angabe von Gründen diesen Vertrag zu widerrufen.

Die Widerrufsfrist beträgt vierzehn Tage ab dem Tag [1] *des Vertragsschlusses.*

Um Ihr Widerrufsrecht auszuüben, müssen Sie uns [2], *Partnervermittlung Waltraut-Elvira Schmatke e. K., Am Hopfenrain,* 70563 *Stuttgart, E.-Mail-Adresse: WES@Lebensglück.de,*

20 Die Worte „... sowie das Muster-Widerrufsformular in der Anlage 2" haben eine geringe Bedeutung. Dieses Formular darf nicht mit dem „Muster für die Widerrufsbelehrung" (Abs. 2 S. 2) verwechselt werden. Es soll dem Verbraucher *den Widerruf erleichtern*. Der Unternehmer kann, aber muss es nicht anbieten (Muster für die Widerrufsbelehrung, Gestaltungshinweis 3).

mittels einer eindeutigen Erklärung (z.B. in einem mit der Post versandten Brief, einem Telefax oder einer E-Mail)[21] über Ihren Entschluss, diesen Vertrag zu widerrufen, informieren. Sie können dafür das beigefügte Muster-Widerrufsformular verwenden, das jedoch nicht vorgeschrieben ist. [3]

Zur Wahrung der Widerrufsfrist reicht es aus, dass Sie die Mitteilung über die Ausübung des Widerrufsrechts vor Ablauf der Widerrufsfrist absenden.

Folgen des Widerrufs

Wenn Sie diesen Vertrag widerrufen, haben wir Ihnen alle Zahlungen, die wir von Ihnen erhalten haben ... unverzüglich und spätestens binnen vierzehn Tagen ab dem Tag zurückzuzahlen, an dem die Mitteilung über Ihren Widerruf dieses Vertrags bei uns eingegangen ist. Für diese Rückzahlung verwenden wir dasselbe Zahlungsmittel, das Sie bei der ursprünglichen Transaktion eingesetzt haben, es sei denn, mit Ihnen wurde ausdrücklich etwas anderes vereinbart; in keinem Fall werden Ihnen wegen dieser Rückzahlung Entgelte berechnet. [4]

3. Rechtsfolgen einer unterlassenen Widerrufsbelehrung

339 Wenn der Unternehmer den Verbraucher gar nicht, nicht vollständig oder nicht rechtzeitig über sein Widerrufsrecht informiert hat, beginnt die Widerrufsfrist nicht (§ 356 Abs. 3 S. 1; FD „Informationspflichten bei Außerhalb-Verträgen", Spalte 9). Zu beachten ist, dass § 356 Abs. 3 S. 1 nur (und ganz allein!) Art. 246a § 1 Abs. 2 S. 1 *Nummer 1* nennt. Anders gesagt: Die Rechtsfolge, dass die Widerrufsfrist nicht beginnt, wird allein durch eine Missachtung der *Nr. 1 ausgelöst*, also durch die Nichteinhaltung der Verpflichtung zur Information über das *Widerrufsrecht*. Ein Verstoß gegen andere Informationspflichten verhindert *nicht* den Beginn der Widerrufsfrist (FD „Informationspflichten bei Außerhalb-Verträgen", Spalten 5 bis 8).

Dass die Widerrufsfrist nicht beginnt, bedeutet, dass der Verbraucher nicht innerhalb von 14 Tagen widerrufen muss, sondern das auch noch nach Monaten tun kann.[22] Wegen dieser – für den Unternehmer sehr nachteiligen – Rechtsfolge spielt die Widerrufsbelehrung unter allen Informationspflichten eine Sonderrolle. Denn die Nichtbeachtung der weitaus meisten anderen Informationspflichten löst höchstens Schadensersatzforderungen nach den allgemeinen Regeln aus (§§ 280 Abs. 1, 311 Abs. 2). Die einzigen Informationspflichten, deren Nichtbeachtung von den hier interessierenden Vorschriften selbst mit einer Sanktion belegt wird, finden sich im FD „Informationspflichten bei Außerhalb-Verträgen" in den Spalten 3 und 9. Dabei steht die in Spalte 9 genannte Rechtsfolge (§ 356 Abs. 3 S. 1) ganz im Vordergrund.

4. Nebeninformationen zum Widerrufsrecht

340 Der Unternehmer muss den Verbraucher auch über bestimmte Sonderregelungen informieren, die im Zusammenhang mit dessen Widerrufsrecht stehen (FD „Informationspflichten bei Außerhalb-Verträgen", Spalten 5 bis 8). *Beispiel:* Nach einem Widerruf taucht die Frage auf, wer die Kosten der Rücksendung zu tragen hat (§ 357 Abs. 6). Der Unternehmer muss den Verbraucher darüber schon vor Abgabe von dessen Ver-

21 Wortlaut von mir grammatisch korrigiert.
22 Allerdings lässt § 356 Abs. 3 S. 2 das Widerrufsrecht nach einem Jahr und 14 Tagen erlöschen (Rn 368).

tragserklärung informieren (Art. 246a § 1 Abs. 2 S. 1 Nr. 2; FD „Informationspflichten bei Außerhalb-Verträgen“, Spalte 5).

Wichtig ist, dass eine Verletzung der im FD in den Spalten 5 bis 8 genannten Informationspflichten für den Unternehmer nur zu einer (eher theoretischen) Schadensersatzpflicht nach den §§ 280 Abs. 1, 311 Abs. 2 führen kann. Es besteht die Gefahr, auch bei *ihrer* Nichtbeachtung vom Nichtbeginn der Widerrufsfrist auszugehen. Aber § 356 Abs. 3 S. 1 nennt nur die Nr. 1!

§ 16 Fernabsatzverträge

341 **Fall 16: Keine Gestalttherapie**

Die Medikus Seminare GmbH veranstaltet Lehrgänge für Naturheilverfahren. Im Jahre 2010 bot sie auf ihrer Internetseite das Seminar „Gestalttherapie“ an, das vom April 2011 bis zum Mai 2012 stattfinden und 1 980 Euros kosten sollte. Frau Leonie Link, eine kaufmännische Angestellte, meldete sich im August 2010 über die Internetseite der Medikus GmbH zu diesem Seminar an. Dazu musste sie eine Eingabemaske ausfüllen. Eine Widerrufsbelehrung befand sich dort nicht. Frau Link hätte sie sich nur auf der Homepage der GmbH ansehen und anschließend kopieren und speichern können, tat das aber nicht. Am Ende der Eingabemaske wurde die Frage gestellt: „Widerrufsbelehrung zur Kenntnis genommen und ausgedruckt oder abgespeichert?“ Um die Anmeldung abschicken zu können, musste Frau Link auf dem dazu gehörigen Kästchen (der Checkbox) ein Häkchen setzen. Frau Link tat das, weil sie sich sonst nicht hätte anmelden können. Noch am selben Tag bekam Frau Link per E-Mail eine Anmeldebestätigung, die ebenfalls keine Widerrufsbelehrung enthielt. Vier Monate später sagte Frau Link ihre Teilnahme ab und bat um Stornierung der Rechnung. Die Medikus Seminare GmbH antwortete, Frau Link habe den Widerruf nach Ablauf der 14-tägigen Widerrufsfrist erklärt, so dass der Widerruf unwirksam sei. Frau Link entgegnete, da sie keine Widerrufsbelehrung erhalten habe, habe die Widerrufsfrist gar nicht begonnen und könne deshalb auch nicht abgelaufen sein. Dem widersprach die GmbH. Sie ist der Meinung, sie habe Frau Link über deren Widerrufsrecht ordnungsgemäß belehrt. Ist das richtig? (Nach BGH NJW 2014, 2857)

341a Die Parteien streiten nur über die Frage, ob die GmbH Frau Link korrekt über ihr Widerrufsrecht belehrt hat. Sie sind sich einig über folgende Punkte, die aus diesem Grund hier nicht vertieft werden sollen:

- Frau Link hat mit der GmbH einen Fernabsatzvertrag nach § 312c geschlossen (Rn 344) und hat deshalb im Prinzip ein Widerrufsrecht nach § 312g Abs. 1.
- Das Widerrufsrecht war nicht nach § 312 Abs. 1 bis Abs. 6 ausgeschlossen und entfiel auch nicht nach § 312g Abs. 2.
- Frau Link hat in ihrer E-Mail erklärt, dass sie vom Vertrag zurücktreten und die Rechnung stornieren wolle. Aus dieser Erklärung ist „der Entschluss ... zum Widerruf des Vertrags eindeutig“ hervorgegangen (§ 355 Abs. 1 S. 3). Die Verwendung des Fachausdrucks „Widerruf“ war dazu nicht erforderlich.
- Frau Link musste den Widerruf innerhalb der Widerrufsfrist von 14 Tagen erklären (§ 355 Abs. 2 S. 1).

Die Parteien streiten aber über die Frage, ob die Widerrufsfrist begonnen hatte. Das Gesetz sagt es negativ: Die Frist begann nicht, bevor die Medikus GmbH ihre Kundin Link korrekt über das Widerrufsrecht informiert hatte (§ 356 Abs. 3 S. 1; Rn 365). Wegen der Informationspflichten des Unternehmers verweist § 312d Abs. 1 S. 1 auf Art. 246a EGBGB. Aus ihm ergibt sich, dass die Informationen inhaltlichen und formalen Anforderungen genügen müssen:

- *Inhaltlich:* Der Unternehmer muss den Verbraucher „über die Bedingungen, die Fristen und das Verfahren für die Ausübung des Widerrufsrechts ..." informieren (Art. 246a § 1 Abs. 2 S. 1 Nr. 1 EGBGB).
- *Formal:* Die Widerrufsbelehrung muss auch einer formalen Anforderung genügen, die bei Außerhalb-Verträgen im Hintergrund bleibt, aber im Fernabsatz eine große Rolle spielt. Der BGH sagt das in der zugrunde liegenden Entscheidung so: Die „bloße Abrufbarkeit der Widerrufsbelehrung auf einer gewöhnlichen Webseite ... des Unternehmers reicht ... nicht aus, weil die Belehrung auf diese Weise nicht ... in den Machtbereich des Verbrauchers gelangt".[23] Zu Einzelheiten siehe Rn 346.

Weil die Medikus GmbH Frau Link keine E-Mail mit dem Text der Widerrufsbelehrung geschickt und sie damit nicht „unterrichtet" hat (§ 356 Abs. 3 S. 1), hat sie nicht den Beginn der Widerrufsfrist ausgelöst. Aus diesem Grund konnte der Widerruf nicht verspätet sein.[24] Über den Inhalt der Widerrufsbelehrung teilt der Sachverhalt nichts mit, so dass offen bleibt, ob er korrekt war. Aber darauf kommt es in diesem Fall nicht mehr an.

Nun könnte man einwenden, dass Frau Link mit dem Ankreuzen des Kästchens bestätigt habe, die Widerrufsbelehrung (wie es in der Eingabemaske hieß) „zur Kenntnis genommen und ausgedruckt oder abgespeichert" zu haben. Darauf könnte man folgern, dass Frau Link damit das Recht verloren habe, jetzt das Gegenteil zu behaupten. Aber es handelt sich bei den zitierten Worten der Eingabemaske um eine AGB der GmbH, die nach § 309 Nr. 12 Buchst. b unwirksam ist. Der Hintergrund ist folgender: Es ist Sache des Unternehmers zu beweisen, dass seine Widerrufsbelehrung dem Verbraucher zugegangen ist. Mit der fraglichen Klausel wollte die GmbH die Beweislast Frau Link zuschieben. Denn für den Fall, dass Frau Link später den Zugang bestreiten würde, sollte sie für diese Behauptung die Beweislast tragen. Dadurch hätte „der Verwender die Beweislast zum Nachteil des anderen Vertragsteils" geändert (§ 309 Nr. 12). Die Klausel ist deshalb unwirksam. Der Widerruf ist wirksam.

Aus dem FD „Widerrufsrecht – Überblick" ergibt sich die Lösung so: 1. Ja – 2. Ja – 3. Nein – 4. Nein – 5. Ja (b) – 6. Nein – 7. Nein – 9. Nein (Spalte 7).

Lerneinheit 16

342 **Literatur:** *Fervers*, Die Button-Lösung im Lichte der Rechtsgeschäftslehre, NJW 2016, 2289; *Kaufhold*, Internationale Webshops – anwendbares Vertrags- und AGB-Recht im Verbraucherverkehr, EuZW 2016, 247; *Ostendorf*, Geplanter neuer Rechtsrahmen für Online-Warenhandel und Bereitstellung digitaler Inhalte im Europäischen Binnenmarkt, ZRP 2016, 69; *Peintinger*, Widerrufsrechte beim Erwerb digitaler Inhalte – Praxisvorschläge am Beispiel des Softwarekaufs ..., MMR 2016, 3; *Wawryka/Stiegler*, Umbruch der Gewährleistungsrechte beim Fernabsatzverkehr? ... BB 2016, 903; *Wendland*, Ein neues europäisches Vertragsrecht für den Online-Handel?

23 NJW 2014, 2857 Rn 19 unter Hinweis auf EuGH NJW 2012, 2637 Rn 32 ff.
24 Er kam anderseits aber auch nicht so spät, dass das Widerrufsrecht bereits erloschen gewesen wäre (§ 356 Abs. 3 S. 2; Rn 365).

EuZW 2016, 126; *S. Neumann,* Patzer im neuen Widerrufsrecht, jM 2015, 316; *Baudenbacher/Haas,* Webseiten als dauerhafte Datenträger, GRUR Int. 2015, 519; *Ernst,* Zeitlich gebundene und zu reservierende Dienstleistungen im neuen Fernabsatzrecht (§ 312 g Abs. 2 Nr. 9 BGB), VuR 2015, 337; *Raue,* Verbraucherschutz bei besonderen Vertriebsformen nach Umsetzung der Verbraucherrechterichtlinie, Jura 2015, 326; *Janal,* Der Beginn der Widerrufsfrist im neuen Fernabsatzrecht, VuR 2015, 43.

I. Hintergrund

343 Die Vorschriften über den Fernabsatz sollen zwei Nachteile ausgleichen, die es beim Vertragsschluss im Laden nicht gibt: Der Verbraucher kennt in den meisten Fällen den Vertragsgegenstand (die Sache oder die Dienstleistung) zwar aus Beschreibungen und Abbildungen, kann sie aber nicht vor Abschluss des Vertrags in Augenschein nehmen und prüfen. Außerdem hat er keinen Menschen vor sich, dessen Vertrauenswürdigkeit er beurteilen und den er um Informationen bitten kann. § 312c verfolgt die Absicht, diese Nachteile durch ein Widerrufsrecht des Verbrauchers auszugleichen.[25]

§ 312c beschränkt die Anwendbarkeit der Vorschrift nicht auf bestimmte Gruppen von Verträgen. Inhalt des Fernabsatzvertrags kann also nicht nur die Verpflichtung zur Übereignung von Sachen (Kaufvertrag) oder zur Erbringung von Dienstleistungen sein (zB Fortbildung, Fall 16), sondern auch jede andere Leistung.

II. Voraussetzungen eines Fernabsatzvertrags

344 *Verbrauchervertrag nach § 312 Abs. 1:* Nach § 312c Abs. 1 setzt ein Fernabsatzvertrag voraus, dass ein Vertragspartner Verbraucher ist (§ 13) und der andere Unternehmer (§ 14). Aber das reicht nicht aus. Denn § 312 Abs. 1, über den die §§ 312 bis 312h erst anwendbar werden, verlangt eine bestimmte (allerdings auch fast immer gegebene) Rollenverteilung: Nach ihm muss der *Unternehmer* die Ware oder die Dienstleistung schulden, der *Verbraucher* die Zahlung (Rn 323).

Fernkommunikationsmittel: Ein Fernabsatzvertrag ist nur gegeben, wenn die Parteien „für die Vertragsverhandlungen und den Vertragsschluss ausschließlich Fernkommunikationsmittel verwenden“ (§ 312c Abs. 1). Diese werden in Abs. 2 definiert als Kommunikationsmittel, „die zur Anbahnung oder zum Abschluss eines Vertrags eingesetzt werden können, ohne dass die Vertragsparteien gleichzeitig körperlich anwesend sind ...“ (§ 312c Abs. 2). Gedacht ist natürlich in erster Linie an Vertragsschlüsse durch moderne Medien wie die in Abs. 2 ausdrücklich genannten „E-Mails“, „SMS“ sowie „Rundfunk und Telemedien“.[26] Aber auch die altmodischen „Briefe“ und „Telefonanrufe“ werden ausdrücklich als „Fernkommunikationsmittel“ genannt. Deshalb fällt auch die herkömmliche Bestellung bei einem Versandunternehmen mittels Bestellkarte unter § 312c.

Für den Fernabsatz organisiertes System: Eine weitere Voraussetzung für die Anwendung des § 312c ergibt sich aus dem „es-sei-denn“-Satz aE von § 312c Abs. 1. Nach ihm liegt ein Fernabsatzvertrag nur vor, wenn der Vertragsschluss „im Rahmen eines für den Fernabsatz organisierten Vertriebs- oder Dienstleistungssystems erfolgt“. *Beispiel:* Die Medikus GmbH bewarb ihr Seminar „Gestalttherapie“ auf ihrer Homepage

25 BGHZ 154, 239 (242); BGH NJW 2004, 3699 (3700); Bamberger/Roth/Schmidt-Räntsch § 312b Rn 1; MüKo/Wendehorst § 312b Rn 1.

26 Hier kann schon ein Mausklick die Annahme eines Antrags bedeuten (BGH NJW 2002, 363).

(Fall 16, Rn 341). Daraus ergibt sich, dass sie ein für den Fernabsatz organisiertes Dienstleistungssystem betreibt. Durch die Formulierung „... es sei denn, dass ...“ macht das Gesetz deutlich, welcher Fall der Regelfall ist und welcher die Ausnahme. Dass ein Unternehmer einen Vertrag über ein Fernkommunikationsmittel schließt, aber *kein Fall* des § 312c vorliegt, ist die Ausnahme. Wer sich auf sie beruft (das wird immer der Unternehmer sein), muss das Vorliegen der Ausnahme beweisen.

Keine Ausnahme nach den §§ 312 Abs. 2 bis 6 und 312g Abs. 2: § 312, der in seinen Absätzen 2 bis 6 die Rechte der Verbraucher stark reduziert (Rn 327 ff), gilt auch für Fernabsatzverträge. Denn auch sie gehören zu den „Verbraucherverträgen im Sinne des § 310 Abs. 3..., die eine entgeltliche Leistung des Unternehmers zum Gegenstand haben“ (§ 312 Abs. 1). Auch § 312g Abs. 2, der das Widerrufsrecht für die in den Nummern 1 bis 13 genannten Verträge ausschließt (Rn 331), bezieht sich nicht nur auf Außerhalb-Verträge, sondern auch auf Fernabsatzverträge. Denn beide Arten des Verbrauchervertrags werden in § 312g Abs. 1 genannt. Vor einer Anwendung der Vorschriften über Fernabsatzverträge ist deshalb immer zu prüfen, ob sie von den genannten Ausnahmevorschriften im konkreten Fall ausgeschlossen werden.

III. Informationspflichten im Fernabsatzvertrag

1. Beschränkung der Darstellung auf Internetverträge

345 Bei der Darstellung der Informationspflichten, die der Unternehmer bei einem Fernabsatzvertrag (§ 312c) zu erfüllen hat, müsste eigentlich differenziert werden: Zunächst die Regeln, die für alle Fernabsatzverträge gelten, also auch für die, die durch Brief, Postkarte oder Telefon zustande kommen. Und dann die Vorschriften, die zusätzlich gelten, wenn der Fernabsatzvertrag „im elektronischen Geschäftsverkehr“ geschlossen wird (§§ 312i und 312j), also hauptsächlich über E-Mails. Aber um die Darstellung zu vereinfachen, soll es nur um die zuletzt genannten Fernabsatzverträge gehen. Es werden deshalb die §§ 312i und 312j von vornherein einbezogen.

So verfährt auch das FD „Informationspflichten im Internethandel“, das wie alle FDe im Internet zu finden ist (Adresse im Vorwort). Um den Überblick zu behalten, legen Sie sich das Blatt am besten neben das Buch. Das FD ist auch deshalb eine wichtige Ergänzung des folgenden Textes, weil es Einzelheiten enthält, die im Text aus Platzgründen nicht dargestellt werden können.

2. Grundlagen

a) *Form der Informationen*

346 Der Unternehmer muss den Verbraucher „nach Maßgabe des Artikels 246a“ EGBGB informieren (§ 312d Abs. 1 S. 1). Es gilt also im Wesentlichen das Gleiche wie für die Außerhalb-Verträge (Rn 333 ff).[27]

Dauerhafter Datenträger: Bei einem Fernabsatzvertrag muss der Unternehmer die Informationen in einer dem benutzten Fernkommunikationsmittel „angepassten Weise zur Verfügung stellen“ (Art. 246a § 4 Abs. 3 S. 1 EGBGB). Bei einem Vertragsschluss über das Internet stellt der Unternehmer die Informationen „auf einem dauerhaften Datenträger zur Verfügung“ (S. 2). Der „dauerhafte Datenträger“ wird in § 126b S. 2

27 Wenn das Fernkommunikationsmittel „nur begrenzten Raum oder begrenzte Zeit für die dem Verbraucher zu erteilenden Informationen“ bietet, wird die Informationspflicht eingeschränkt (Art. 246 § 3 S. 1 EGBGB).

definiert. Er muss es dem Empfänger (Verbraucher) ermöglichen, „eine auf dem Datenträger befindliche, an ihn persönlich gerichtete Erklärung so aufzubewahren oder zu speichern, dass sie ihm während eines ... angemessenen Zeitraums zugänglich ist" (§ 126b S. 2 Nr. 1). Die Widerrufsbelehrung ist sozusagen eine Bringschuld des Unternehmers, keine Holschuld des Verbrauchers. Deshalb muss sich der Verbraucher nicht die Belehrung beim Unternehmer holen, vielmehr muss der Unternehmer dafür sorgen, dass die Belehrung dem Verbraucher zugeht. Außerdem muss im Interesse des Empfängers sichergestellt sein, dass der Absender die Erklärung nicht mehr verändern kann (§ 126b S. 2 Nr. 2). Damit gehört eine E-Mail zu den „dauerhaften Datenträgern".[28] Ob der Verbraucher den Inhalt der E-Mail tatsächlich speichert, ist gleichgültig.[29] Die Information muss „lesbar" sein (also aus Schriftzeichen bestehen) und „die Person des erklärenden Unternehmers" nennen (Art. 246a § 4 Abs. 3 S. 2 EGBGB).[30]

Kein dauerhafter Datenträger ist die Internetseite des Unternehmers (siehe die Lösung des Falles 16, Rn 341).[31] Denn die bloße Abrufbarkeit führt nicht zu einer an den Empfänger „persönlich gerichteten Erklärung" (§ 126b S. 2 Nr. 1) und erst recht nicht dazu, dass sie „in den Machtbereich des Verbrauchers gelangt".[32] Außerdem ist – solange der Text nur auf der Homepage des Unternehmers steht – gerade *nicht* sichergestellt, dass der Text (wie es § 126b S. 2 Nr. 2 verlangt) unverändert bleibt.

b) Technische Hilfen

347 Der Unternehmer muss auch Hinweise geben, „mit deren Hilfe der Kunde Eingabefehler vor Abgabe seiner Bestellung erkennen und berichtigen kann" (§ 312i Abs. 1 S. 1 Nr. 1).

§ 312i weist einige Besonderheiten auf. Er steht im „Untertitel 2. Grundsätze bei Verbraucherverträgen und besondere Vertriebsformen", der mit § 312 beginnt. Er gehört aber nicht zu dem Stichwort „Verbraucherverträge", sondern zum Stichwort „besondere Vertriebsformen". Denn § 312i geht gerade nicht davon aus, dass der Vertragspartner des Unternehmers Verbraucher ist. Weil er Unternehmer sein *kann*, wird er in § 312i neutral „Kunde" genannt. Da er aber auch Verbraucher sein kann, findet die Vorschrift in dem hier diskutierten Zusammenhang Anwendung.

d) Sanktionen

348 Der Gesetzgeber hat im Grundsatz davon abgesehen, die Einhaltung der Informationspflichten dadurch zu erzwingen, dass er bei einem Verstoß Sanktionen verhängt. Der Unternehmer kann aber nach den allgemeinen Vorschriften (insbesondere nach den §§ 280 Abs. 1, 311 Abs. 2) schadensersatzpflichtig sein, wenn er eine der genannten Informationen unterlässt. Von dem Grundsatz, Verstöße gegen die Informationspflichten nicht zu sanktionieren, gibt es nur drei Ausnahmen, eine weniger wichtige (§ 312e;

28 So die amtliche Begründung zu § 126b nF in BT-Drs. 17/12637 S. 44.

29 So richtig NK-BGB/Ring § 355 Rn 59; MüKo/Einsele § 126b Rn 4; Palandt/Ellenberger § 126b Rn 3; Palandt/Grüneberg § 355 Rn 20. Denn anderenfalls hätte der Empfänger es in der Hand, die Wirksamkeit der Widerrufsbelehrung willkürlich zu verhindern.

30 Der Gesetzgeber hat offenbar übersehen, dass er schlicht „Textform" hätte verlangen können (§ 126b). Denn die Textform setzt alle in Art. 246a § 4 Abs. 3 S. 2 genannten Kriterien voraus und ist offensichtlich gemeint.

31 Amtliche Begründung BT-Drs. 17/12637 S. 44 unter Hinweis auf EuGH NJW 2012, 2637.

32 BGH NJW 2014, 2857 (= Fall 16, Rn 341) Rn 19 zur Rechtslage vor dem 13. Juni 2014, die aber insofern unverändert geblieben ist. Siehe auch EuGH NJW 2012, 2637 Rn 32 ff.

FD „Informationspflichten im Internethandel", Spalte 1), eine wichtige (§ 312j Abs. 4, FD „Informationspflichten im Internethandel, Spalte 10) und eine von überragender Wichtigkeit. Diese Ausnahme bezieht sich auf die Pflicht, den Verbraucher über sein *Widerrufsrecht* zu informieren (Art. 246a § 1 Abs. 2 S. 1 Nr. 1 EGBGB; dazu FD „Informationspflichten im Internethandel", Spalte 7 und Rn 353 f).

3. Zeitliche Reihenfolge der Informationen

a) Informationen vor Abgabe der Bestellung

349 *Informationen über Produkt und Preis:* Der Unternehmer muss zahlreiche Informationen über die von ihm angebotene Leistung zur Verfügung stellen (Art. 246a § 1 S. 1 Nummern 1 bis 16 EGBGB), und zwar *bevor* der Verbraucher seine Bestellung abgegeben hat (Art. 246a § 4 Abs. 1 EGBGB). Insofern gilt das Gleiche wie für die Außerhalb-Verträge (§ 312b). Wie dort (Rn 334) gilt auch hier § 312e: Nebenkosten, insbesondere Versandkosten, die der Unternehmer nicht genannt hat, kann er nachher nicht geltend machen (FD „Informationspflichten im Internethandel", Spalte 1).

Informationen über das Widerrufsrecht: Selbstverständlich muss der Unternehmer den Verbraucher auch über sein Widerrufsrecht informieren, und zwar „vor Abgabe von dessen Vertragserklärung" (Art. 246a § 4 Abs. 1; FD Informationspflichten im Internethandel, Frage 3, Spalten 3 bis 6). Deshalb müsste die Widerrufsbelehrung eigentlich hier behandelt werden. Aber sie ist so wichtig, dass sie in einem eigenen Abschnitt dargestellt wird (Rn 353 f).

b) Informationen „unmittelbar" vor der Bestellung „in hervorgehobener Weise"

350 § 312j Abs. 2 verpflichtet den Unternehmer, dem Verbraucher fünf der in Art. 246a § 1 Abs. 1 S. 1 genannten 16 Punkte noch einmal kurz vor der Bestellung in besonderer Weise nahe zu bringen (FD „Informationspflichten im Internethandel", Spalte 8). Zu den fünf Punkten gehören die Charakteristika der Unternehmer-Leistung (Nr. 1) und der vom Verbraucher zu zahlende Betrag (Nr. 4). Die anderen drei Punkte (Nummern 5, 11 und 12) beziehen sich auf Verträge, die auf eine längere Zeit geschlossen werden.

Zeitpunkt und Ort: Der Unternehmer muss die genannten Informationen „unmittelbar bevor der Verbraucher seine Bestellung abgibt ... in hervorgehobener Weise zur Verfügung stellen" (§ 312j Abs. 2). Der richtige Ort ist deshalb die Bildschirmseite, auf der der Kunde erklärt, den Vertrag schließen zu wollen. Konkret gesagt, müssen die fünf Informationen unmittelbar über dem Button aufgeführt werden, dessen Anklicken zur Bestellung führt (Rn 351). Zwischen den fünf Informationen und dem Button dürfen keine anderen Hinweise stehen.[33]

Besonderheiten des § 312j: Die Vorschrift bezieht sich wie § 312i auf Verträge, die „im elektronischen Geschäftsverkehr" geschlossen werden. Aber im Gegensatz zu § 312i muss der Kunde jetzt ein Verbraucher sein. Trotzdem liegt nicht einfach ein Fernabsatzvertrag nach § 312c vor. Denn dieser bezieht ja auch Vertragsschlüsse ein, die mithilfe der altmodischen Postkarten und Telefonanrufe zustande gekommen sind. Demgegenüber betrifft § 312j nur Verbraucherverträge im *elektronischen* Geschäftsverkehr.

33 Amtliche Begründung BT-Drs 17/7745, 11; Bergt NJW 2012, 3541.

c) Informationen während des Bestellvorgangs (Button-Lösung)

351 Von den zahlreichen Vorschriften, die ein Unternehmer im Internet zu beachten hat, ist § 312j Abs. 3 besonders wichtig (sogenannte Button-Lösung; FD „Informationspflichten im Internethandel", Frage 4, Spalten 9 und 10). Ihr Hintergrund ist folgender: Verbraucher wurden früher häufig zu der Annahme verleitet, eine Ware oder Dienstleistung kostenlos bestellen zu können, und klickten deshalb einen Button an, der eine Beschriftung trug wie „Bestellen". *Beispiel:* Die Y-GmbH bot im Internet Routenplanungen, Liedtexte und Kochrezepte an. Interessenten mussten ihre Adressdaten angeben und einen Button anklicken. Dieser trug die harmlose Aufschrift „Jetzt anmelden" und ein Sternchen. In einem Kasten neben der Anmeldemaske befand sich folgender Text, der ebenfalls mit einem Sternchen versehen war: „Durch Drücken des Buttons ‚Jetzt anmelden' entstehen Ihnen Kosten von 96 Euro inkl. Mwst pro Jahr ... Vertragslaufzeit 2 Jahre ..." Die Y-GmbH forderte später von jedem, der den Button angeklickt hatte, 192 Euro.[34]

Diesem Missstand will die Neuregelung abhelfen. Wenn die Website vorsieht, dass der Kunde bestellt, indem er eine Schaltfläche (einen Button) anklickt, muss „die Schaltfläche gut lesbar mit *nichts anderem als den Wörtern ‚zahlungspflichtig bestellen'* ... beschriftet" sein (§ 312j Abs. 3 S. 2). Als Alternative kommt nur eine ebenso kurze und „eindeutige Formulierung" infrage (S. 2 aE), etwa das Wort „kaufen".[35] Wird die Bestellung nicht über das Anklicken einer Schaltfläche vorgenommen, muss der Verbraucher auf andere Weise „mit seiner Bestellung ausdrücklich bestätigt" haben, „dass er sich zu einer Zahlung verpflichtet" (§ 312j Abs. 3 S. 1).

Rechtsfolge bei Nichtbeachtung: Ihre überragende Bedeutung erhält die Button-Regelung durch § 312j Abs. 4: Wenn sich der Verbraucher nicht iSv Abs. 3 *ausdrücklich* zur Zahlung verpflichtet hat, kommt der Vertrag nicht zustande (FD „Informationspflichten im Internethandel", Spalte 10).

d) Informationen nach Eingang der Bestellung

352 Der Unternehmer hat den Eingang der Bestellung unverzüglich per E-Mail zu bestätigen (§ 312i Abs. 1 S. 1 Nr. 3 sowie S. 2; FD „Informationspflichten im Internethandel", Spalte 11).

Informationen nach Vertragsschluss: Der Verbraucher muss die Möglichkeit haben, die Vertragsbestimmungen „bei" (also unmittelbar *nach*) Vertragsschluss zu speichern (§ 312i Abs. 1 S. 1 Nr. 4). Aber der Unternehmer muss noch mehr tun: Er hat dem Verbraucher „eine Bestätigung des Vertrags" zukommen zu lassen, „in der der Vertragsinhalt wiedergegeben ist" (§ 312f Abs. 2 S. 1). Er muss das „innerhalb einer angemessenen Frist nach Vertragsschluss" tun, „spätestens ... bei der Lieferung der Ware" bzw vor Beginn der Dienstleistung. Zu den Einzelheiten siehe FD „Informationspflichten im Internethandel", Fragen 5 bis 8.

34 OLG München NJW 2013, 398. Der 2. Strafsenat des BGH hat in einem sehr ähnlichen Fall den Angeklagten zu einer Freiheitsstrafe von zwei Jahren verurteilt (NJW 2014, 2595).

35 Amtliche Begründung BT-Drs 17/7745, 12.

IV. Widerrufsbelehrung

1. Überblick

353 Bisher war von den allgemeinen Informationspflichten die Rede, die der Unternehmer im Internethandel gegenüber Verbrauchern zu erfüllen hat. Nun geht es um die Widerrufsbelehrung. Weil der Unternehmer sie dem Verbraucher *vor* Abgabe von dessen Vertragserklärung zugehen lassen muss (Art. 246a § 4 Abs. 1 EGBGB) hätte die Widerrufsbelehrung bereits unter Rn 349 dargestellt werden müssen. Aber da sie besonders wichtig ist, wird sie hier gesondert erläutert. Die Grundregeln der Widerrufsbelehrung sind für Außerhalb-Verträge (§ 312b) und Fernabsatzverträge (§ 312c) identisch:

- Die Einzelheiten hat das BGB in das EGBGB ausgelagert: § 312d Abs. 1 S. 1 verweist auf Art. 246a EGBGB und damit auch auf dessen § 1 Abs. 2 (Rn 337).
- Der Unternehmer ist verpflichtet, den Verbraucher, dem ein Widerrufsrecht nach § 312g Abs. 1 zusteht, zu informieren „1. über die Bedingungen, die Fristen und das Verfahren für die Ausübung des Widerrufsrechts nach § 355 Abs. 1 BGB" (Art. 246a § 1 Abs. 2 S. 1 Nr. 1 EGBGB).
- Der Unternehmer „kann diese Informationspflichten dadurch erfüllen, dass er das in der Anlage 1 vorgesehene Muster für die Widerrufsbelehrung zutreffend ausgefüllt in Textform übermittelt" (Art. 246a § 1 Abs. 2 S. 2). Das amtliche Muster ist bekanntlich als Anlage 1 zum EGBGB im Anschluss an Art. 248 § 19 EGBGB zu finden. Es wurde bereits anhand eines Außerhalb-Vertrags vorgestellt (Rn 338).

Im Wesentlichen kann deshalb auf die Darstellung der Widerrufsbelehrung bei Außerhalb-Verträgen verwiesen werden (Rn 336 ff).

3. Form der Widerrufsbelehrung

354 Art. 246a § 4 Abs. 1 EGBGB (auf den § 312d Abs. 1 S. 1 verweist) muss der Unternehmer dem Verbraucher alle Informationen (und damit auch die Widerrufsbelehrung) „in klarer und verständlicher Weise zur Verfügung stellen". Für die Form der Widerrufsbelehrung gelten die allgemeinen Regeln, die für alle Informationen in Art. 246a § 4 Abs. 1 und speziell für Fernabsatzverträge in Abs. 3 festgelegt sind. Es kann deshalb auf die Ausführungen Rn 346 verwiesen werden. Besonders wichtig ist, dass der Unternehmer seiner Informationspflicht nicht dadurch genügt, dass er die Widerrufsbelehrung auf seiner Homepage lesbar macht.

Kästchen zum Ankreuzen: In letzter Zeit machen immer mehr Unternehmer den Vertragsschluss im Internet davon abhängig, dass der Verbraucher ein Kästchen anklickt, neben dem etwa folgender Satz steht: „Die Widerrufsbelehrung habe ich zur Kenntnis genommen und gespeichert." Das ist raffiniert. Aber der BGH hat diese Art der „Widerrufsbelehrung" zu Recht nicht gelten lassen (siehe die Lösung des Falles 16, Rn 341).[36]

Der Unternehmer muss den Verbraucher im Zusammenhang mit dessen Widerrufsrecht auch über bestimmte Sonderregelungen informieren (FD „Informationspflichten im Internethandel", Spalten 3 bis 6). Es handelt sich um die gleichen Vorschriften, die auch für Außerhalb-Verträge gelten (Rn 340).

---

36 BGH NJW 2014, 2857.

§ 17 Widerruf und Widerrufsfolgen

355 **Fall 17: Wasserbett „Las Vegas"** §§ 312c, 357

Volker Hagen bietet im Internet Wasserbetten an. Kevin Kauder interessierte sich für das Wasserbett „Las Vegas". Hagen schickte ihm eine E-Mail mit angehängter Worddatei, die einen Antrag (ein Angebot) enthielt und eine korrekte Widerrufsbelehrung, in der es heißt:

> *„Können Sie uns die empfangene Leistung ganz oder teilweise nicht oder nur in verschlechtertem Zustand zurückgewähren, müssen Sie uns insoweit gegebenenfalls Wertersatz leisten. Bei der Überlassung von Sachen gilt dies nicht, wenn die Verschlechterung der Sache ausschließlich auf deren Prüfung – wie sie Ihnen etwa im Ladengeschäft möglich gewesen wäre – zurückzuführen ist. Im Übrigen können Sie die Wertersatzpflicht vermeiden, indem Sie die Sache nicht wie Ihr Eigentum in Gebrauch nehmen und alles unterlassen, was deren Wert beeinträchtigt. ... Im Hinblick auf die o. g. Widerrufsbelehrung weisen wir ergänzend darauf hin, dass durch das Befüllen der Matratze des Wasserbetts regelmäßig eine Verschlechterung eintritt, da das Bett nicht mehr als neuwertig zu veräußern ist."*

Kauder bestellte das Wasserbett, das am 1. September geliefert und anschließend von Kauder bezahlt wurde. Kauder baute das Bett auf und befüllte die Matratze mit Wasser. Am 5. September schrieb er in einer E-Mail an Hagen, dass er von seinem Widerrufsrecht Gebrauch mache. Nachdem Hagen das Bett abgeholt hatte, forderte ihn Kauder auf, den Kaufpreis zurückzuzahlen. Hagen erstattete aber nur den Teil des Kaufpreises, der auf die Heizung entfiel (258 Euro). Als Begründung gab er an, dass das Bett nach der Befüllung nicht mehr verkäuflich sei. Kauder besteht auf der Rückzahlung des vollen Kaufpreises von 1 165 Euro. Zu Recht? (Nach BGHZ 187, 268)

355a Kauder und Hagen gehen zu Recht von folgenden Grundlagen aus, die aus diesem Grund hier nicht weiter diskutiert werden:

- Es liegt ein Fernabsatzvertrag nach § 312c vor.
  - Auch wenn Kauder Gewerbetreibender oder Angehöriger eines freien Berufs sein sollte, hat er das Bett doch nicht in dieser Eigenschaft gekauft, sondern für seine Wohnung. Er ist deshalb als Verbraucher anzusehen (§ 13). Hagen ist als beruflich handelnder Händler ein Unternehmer (§ 14).
  - Der Vertrag kam allein unter Verwendung des Internets, nämlich durch die in § 312c Abs. 2 ausdrücklich genannten „E-Mails" zustande. Da Hagen Internethändler ist, erfolgte der Vertragsschluss auch „im Rahmen eines für den Fernabsatz organisierten Vertriebssystems", so dass die in § 312c Abs. 1 Hs. 2 genannte Ausnahme nicht gegeben ist.
- Im vorliegenden Fall schließt § 312 in seinen Absätzen 1 bis 6 die Anwendung des § 312g nicht aus. Es liegt auch kein in § 312g Abs. 2 genannter Ausnahmefall vor. Deshalb gibt § 312g Abs. 1 Kauder ein Widerrufsrecht nach § 355.
- Die Widerrufsfrist begann mit Erhalt der Ware (§ 356 Abs. 2 Nr. 1 Buchst. a). Da die Lieferung am 1. September erfolgte und Kauder den Widerruf am 5. September erklärt hat, hat er die Widerrufsfrist eingehalten.

Hagen und Kauder streiten aber darüber, ob Kauder „Wertersatz für einen Wertverlust der Ware zu leisten“ hat (§ 357 Abs. 7 aA; Rn 362). Die Positionen kann man so umreißen:
- Hagen beruft sich darauf, dass das Befüllen der Matratze „zur Prüfung der Beschaffenheit, der Eigenschaften und der Funktionsweise der Waren nicht notwendig war“ (§ 357 Abs. 7 Nr. 1). Außerdem macht er geltend, dass er Kauder „über sein Widerrufsrecht unterrichtet“ habe (§ 357 Abs. 7 Nr. 2).
- Kauder vertritt die Ansicht, dass er keinen Wertersatz schulde, weil das Befüllen des Wasserbetts eine Prüfung darstelle, die notwendig gewesen sei, um die Beschaffenheit, die Eigenschaften und die Funktionsweise des Wasserbetts zu prüfen.

Der BGH hat das Befüllen der Matratze als (noch) notwendige *Prüfung* gewertet und hat dafür hauptsächlich zwei Argumente angeführt:
- Wer im Fernabsatz einen Schrank-Bausatz kauft und die Teile zusammenbaut, nimmt damit nur eine notwendige „Prüfung der Beschaffenheit, der Eigenschaften und der Funktionsweise“ vor. Denn er kann erst nach dem Aufbau des Schranks entscheiden, ob dieser ihm zusagt. Dann muss das auch für ein Wasserbett gelten.[37]
- Das Recht, die Kaufsache zu Hause zu prüfen, soll den Internetkäufer möglichst weitgehend einem Käufer gleichstellen, der im Ladengeschäft kauft. Letzterer kann aber meist ein Muster sehen und ausprobieren, etwa ein als Ausstellungsstück aufgebautes Wasserbett. Deshalb muss ein Verbraucher auch im Fernabsatz die Möglichkeit haben, das Wasserbett zu befüllen und anschließend eine Liegeprobe zu machen.[38]

Nachdem feststeht, dass die unter § 357 Abs. 7 Nr. 1 genannte Voraussetzung nicht gegeben ist, brauchen zwei Fragen nicht mehr geprüft zu werden: Es kommt nicht darauf an, ob die Matratze einen Wertverlust erlitten hat (was allerdings anzunehmen sein dürfte). Es braucht auch nicht geprüft zu werden, ob U den V „über sein Widerrufsrecht unterrichtet hat“ (§ 357 Abs. 7 Nr. 2). Denn wenn von zwei Voraussetzungen, die kumulativ vorliegen müssen, eine nicht gegeben ist, entfällt die Rechtsfolge. Kauder hat deshalb keinen Wertersatz zu leisten (Umkehrschluss aus § 357 Abs. 7).

Aus dem FD „Rechtsfolgen des Widerrufs“ ergibt sich die Lösung so: 1. c), cc – 10. Ja (unterstellt) – 11. Nein (Spalte 15).

Lerneinheit 17

356

Literatur: *Singbartl/Zintl*, Schadensersatzhaftung des Verbrauchers bei nicht erfolgter oder fehlerhafter Widerrufsbelehrung, NJW 2016, 1848; *Klocke*, Die Auswirkung der unterbliebenen Beifügung des Widerrufsformulars auf den Beginn der Widerrufsfrist, VuR 2015, 293; *Hoffmann/Schneider*, Die Rücksendung der Ware als Widerrufserklärung, NJW 2015, 2529; *Korch*, Die 40-Euro-Mahnpauschale beim Verbrauchervertrag ..., NJW 2015, 2212. Siehe auch die Literaturangaben unter Rn 342.

I. Einleitung

357

Zwei Orte der gesetzlichen Regelung: Das Recht der Verbraucherverträge und damit des Widerrufs ist im Allgemeinen Schuldrecht nicht zusammenhängend geregelt, sondern in zwei durch viele andere Paragrafen getrennten Bereichen:

37 BGH in der zugrunde liegenden Entscheidung BGHZ 187, 268 Rn 21.
38 BGH aaO Rn 23.

- Einmal im „Untertitel 2. Grundsätze bei Verbraucherverträgen und besondere Vertriebsformen", also in den §§ 312 bis 312k. Diesen Bereich könnte man als die 312-Familie bezeichnen, weil alle Paragrafen mit der Zahl 312 beginnen.
- Zum Zweiten ist die Materie im „Titel 5. Rücktritt; Widerrufsrecht bei Verbraucherverträgen" geregelt, und zwar in dessen „Untertitel 2. Widerrufsrecht bei Verbraucherverträgen", also in den §§ 355 bis 361. Dieser Standort (unter einem Dach mit dem Rücktritt) lag nahe, weil die Rechtsfolgen des Widerrufs denen des Rücktritts ähnlich sind. Die §§ 355 bis 361 enthielten in der Urfassung des BGB Rücktrittsregeln. Sie wurden frei, als das Rücktrittsrecht im Rahmen der Schuldrechtsreform erheblich gestrafft wurde.

Zusammenführung der Darstellung: Bisher wurden die beiden Arten des Vertragsschlusses, die zu einem Widerrufsrecht führen können – der Außerhalb-Vertrag (§ 312b) und der Fernabsatzvertrag (§ 312c) – getrennt dargestellt. Im Folgenden geht es nur noch um den zweiten Regelungsbereich, also um die §§ 355 bis 361. Sie regeln den Widerruf, die Widerrufsfrist und die Widerrufsfolgen. Weil diese Vorschriften sowohl für Außerhalb-Verträge wie für Fernabsatzverträge gelten, werden beide Arten des Verbrauchervertrags im Folgenden zusammen behandelt.

II. Rechtsfolgen des Widerrufs

1. Allgemeine Rechtsfolgen

358 Mit dem Zugang des Widerrufs „sind der Verbraucher und der Unternehmer an ihre auf den Abschluss des Vertrags gerichteten Willenserklärungen nicht mehr gebunden" (§ 355 Abs. 1 S. 1). Damit wird der Vertrag in ein Abwicklungsschuldverhältnis umgewandelt. Das bedeutet, dass beide Parteien ihre ursprünglichen Vertragspflichten nicht mehr zu erfüllen haben und die erhaltenen Leistungen zurückgewähren müssen. Das gleicht den Rechtsfolgen des Rücktritts (§ 346; Rn 281 ff). Und tatsächlich waren die Rechtsfolgen des Widerrufs bis zum 12. Juni 2014 durch Verweisungen auf die Rücktrittsfolgen geregelt. Aber heute gibt es für die Folgen des Widerrufs eigenständige Vorschriften, und zwar in § 357 gemeinsam für Außerhalb-Verträge und Fernabsatzverträge. Dieser Paragraf ist einer der wenigen gelungenen des neuen Widerrufsrechts. Er ist zwar notgedrungen lang, ist aber übersichtlich gegliedert. Und er verlangt nur selten ein Hin- und Herspringen zwischen den §§ 312 ff, 355 ff und Art. 246a EGBGB.

2. Kaufverträge

a) Überblick

359 Für zwei seltene Arten des Kaufvertrags hat das Gesetz die Widerrufsfolgen speziell geregelt, nämlich für Verträge über die Belieferung mit Wasser, Gas, Strom oder Fernwärme in § 357 Abs. 8 und für Verträge über die Überspielung digitaler Inhalte in § 357 Abs. 9 (FD „Rechtsfolgen des Widerrufs", Spalten 1 und 2).

Aber die große Masse der Kaufverträge wird vom Unternehmer nicht dadurch erfüllt, dass er die Kaufsache durch Rohre oder Kabel zum Verbraucher schickt, sondern durch die Zusendung in einem Paket, einem Container, als Schüttgut auf einem Lkw oder in ähnlicher Weise. Die Rechtsfolgen des Widerrufs sind für solche Kaufverträge in § 357 Absätze 1 bis 7 geregelt. Es geht um die drei Themen, die im Folgenden unter b), c) und d) dargestellt sind (FD „Rechtsfolgen des Widerrufs", Spalten 3 bis 16).

b) Rückzahlung durch den Unternehmer

360 Es gibt zwei Gründe für eine Rückzahlung durch den Unternehmer:

- Er muss die *Kosten der Hinsendung* erstatten, aber natürlich nur, wenn der Verbraucher sie getragen hat (§ 357 Abs. 2 S. 2; FD „Rechtsfolgen des Widerrufs", Fragen 2 und 3). Da in der Praxis meist der Unternehmer die Hinsendekosten übernimmt, ist die Vorschrift ohne große Bedeutung.
- Der Unternehmer hat aber immer den *Kaufpreis* zurückzuzahlen, und zwar innerhalb von 14 Tagen (§ 357 Abs. 1). Die Frist beginnt „mit dem *Zugang* ... der Widerrufserklärung" (§ 355 Abs. 3 S. 2), genauer am Ende dieses Tages (187 Abs. 1). Der Unternehmer muss jedoch im Regelfall die Rückzahlung des Kaufpreises erst veranlassen, wenn er die Ware zurückbekommen hat oder ihm ein Nachweis der Rücksendung vorliegt (§ 357 Abs. 4 S. 1; FD „Rechtsfolgen des Widerrufs", Fragen 4 und 5).[39]

c) Rücksendung der Kaufsache

361 *Frist:* Der Verbraucher muss die Kaufsache spätestens nach 14 Tagen zurückschicken (§ 357 Abs. 1). Diese Frist beginnt „mit der *Abgabe* der Widerrufserklärung" (§ 355 Abs. 3 S. 2), genauer am Ende dieses Tages (§ 187 Abs. 1). Die Sendung muss nicht am letzten Tag der Frist ankommen, sondern muss spätestens an diesem Tag *abgesendet* werden (§ 355 Abs. 3 S. 3). Eine Verzögerung auf dem Transportweg geht also zu Lasten des Unternehmers. Diese Bestimmung erinnert an ähnliche Regelungen für die Absendung und den Zugang von *Willenserklärungen* (§ 121 Abs. 1 S. 2 und § 355 Abs. 1 S. 5).

Transportkosten: § 357 berücksichtigt die Möglichkeit, dass der Unternehmer die Abholung angeboten hat (Abs. 4 S. 2) oder zumindest die Übernahme der Kosten (Abs. 6 S. 2). Aber wenn beides nicht der Fall ist, muss der Verbraucher die Kaufsache auf seine Kosten zurücksenden (Abs. 6 S. 1), wenn er über diese Pflicht korrekt informiert wurde (FD „Rechtsfolgen des Widerrufs", Frage 9).

Transportgefahr: In jedem Fall trägt aber der Unternehmer die Transportgefahr (§ 355 Abs. 3 S. 4). Er trägt also das Risiko, dass die Ware auf dem Weg vom Verbraucher zum Unternehmer beschädigt wird oder untergeht. Diese „Gefahr" ist aus den §§ 447 und 474 Abs. 4 bekannt (Rn 45, 55, 61, 67). Aber der Gesetzgeber musste eine eigene Regelung schaffen, weil es nicht (wie bei den genannten Vorschriften) um die Transportgefahr bei der *Hinsendung* geht, sondern um die Gefahr bei der *Rücksendung*.

d) Wertersatz

362 *Zur Prüfung ... notwendig:* Aus § 357 Abs. 7 Nr. 1 ist zu entnehmen, dass der Verbraucher die Kaufsache einer Behandlung unterziehen darf, die „zur Prüfung der Beschaffenheit, der Eigenschaften und der Funktionsweise der Waren ... notwendig" ist. Allzu eng sind diese Grenzen nicht zu ziehen. *Beispiel:* In Fall 17 (Rn 355) gehörte das Befüllen des Wasserbetts zur notwendigen Prüfung, so dass der Verbraucher keinen

39 § 357 Abs. 4 S. 1 beginnt mit den Worten: „Bei einem *Verbrauchsgüterkauf* ..." (Legaldefinition in § 474 Abs. 1 S. 1). Aber diese Voraussetzung ist ungeschickt, weil es in den meisten Absätzen des § 357 um Kaufverträge und damit um Verbrauchsgüterkäufe geht.

Wertersatz zu leisten hatte.[40] In diesen Fällen kommt es auf Abs. 7 Nr. 2 nicht an, weil der Wertersatz schon entfällt, wenn eine der beiden Bedingungen nicht gegeben ist.

Zur Prüfung nicht notwendig: Wenn der Verbraucher über die Grenzen einer sinnvollen Prüfung hinausgegangen ist und die Ware dadurch „einen Wertverlust" erlitten hat, hat er im Prinzip „Wertersatz" in Geld zu leisten. *Beispiel:* Frau F hat das Kleid nicht nur anprobiert, sondern hat die Schilder entfernt und das Kleid bei einer Party getragen.

Unterrichtung: Die Verpflichtung zum Wertersatz setzt voraus, dass der Unternehmer den Verbraucher nach Art. 246a § 1 Abs. 2 S. 1 Nr. 1 EGBGB „über sein Widerrufsrecht unterrichtet" hatte (§ 357 Abs. 7 Nr. 2; FD „Rechtsfolgen des Widerrufs", Frage 12). In der genannten Vorschrift des EGBGB (der wichtigen Nr. 1) steht über eine Belehrung zum Wertersatz nichts. Aber die Einzelheiten, die die Widerrufsbelehrung enthalten muss, werden nicht von der Nr. 1, sondern vom amtlichen Muster einer Widerrufsbelehrung und seinen vorgeschriebenen Ergänzungen festgelegt. Zu den amtlichen Ergänzungen gehört auch ein Hinweis auf die Grenzen einer Prüfung, der sich an Abs. 7 orientiert.[41] Wenn der Verbraucher über sein Widerrufsrecht *nicht* ordnungsgemäß unterrichtet wurde, zahlt er keinen Wertersatz und auch keinen Schadensersatz, selbst bei Vorsatz nicht. Das ist problematisch.[42]

3. Verträge über eine Dienstleistung

363 § 357 Abs. 8 regelt den Fall, dass der Unternehmer sich zur „Erbringung von Dienstleistungen" verpflichtet hat. Auch für Dienstleistungen gilt § 357 Abs. 1, so dass der Verbraucher „die empfangenen Leistungen ... spätestens nach 14 Tagen zurückzugewähren" hat. Man kann eine Dienstleistung aber meist nicht wie eine Kaufsache zurückgeben. Es bleibt dann nur die Möglichkeit des Wertersatzes, also der Zahlung einer Summe, die dem Wert der Dienstleistung entspricht. Das wollte der Gesetzgeber aber nicht allgemein vorschreiben. Er hat das nur für einen einzigen Fall geregelt, der im FD „Rechtsfolgen des Widerrufs" mit den Fragen 13 bis 16 erfasst wird.

Beispiel: In Fall 15 (Rn 313) hatten die Parteien die empfangenen Leistungen spätestens nach 14 Tagen zurückzugewähren (§ 357 Abs. 1). Diese Frist begann für Frau Schmatke „mit dem Zugang ... der Widerrufserklärung" (§ 355 Abs. 3 S. 2). Sie musste also die 5 000 Euro innerhalb dieser Frist erstatten. Frau Schmatkes Dienstleistung (Übermittlung von zwei Adressen) kann Kliem nach der Natur des Erlangten nicht zurückgewähren. Ein *Wertersatz* käme nur in Betracht, wenn Kliem von Frau Schmatke „ausdrücklich verlangt" gehabt hätte, dass diese „mit der Leistung vor Ablauf der Widerrufsfrist" beginnen solle (§ 357 Abs. 8 S. 1). Schon daran scheitert Frau Schmatkes Anspruch auf Wertersatz. Es kommt ein zweiter Grund hinzu: Frau Schmatke hatte Kliem nicht über sein Widerrufsrecht informiert, so dass auch die in § 257 Abs. 8 S. 2 genannte Voraussetzung nicht erfüllt war.

---

40 BGHZ 187, 268 Rn 21.

41 Muster für die Widerrufsbelehrung, Anlage 1 zum EGBGB, Gestaltungshinweise, Nr. 5, Buchstabe c).

42 Singbartl/Zintl NJW 2016, 1848.

III. Widerruf und Widerrufsfrist

1. Widerruf

364 *Rechtliche Einordnung:* Nach § 355 Abs. 1 S. 2 erfolgt der Widerruf „durch Erklärung gegenüber dem Unternehmer". Diese Worte sind angelehnt an die Formulierung des § 349, aus der sich bekanntlich ergibt, dass der Rücktritt ein einseitiges Rechtsgeschäft mit empfangsbedürftiger Willenserklärung ist (Rn 273). Das gilt auch für den Widerruf.

Inhalt: Da der Widerruf nur „eindeutig" sein muss (§ 355 Abs. 1 S. 3), braucht er nicht die Worte „Widerruf„ oder „widerrufen" zu enthalten, solange nur klar wird, welcher Vertrag gemeint ist und dass er nicht aufrechterhalten werden soll (§ 133). *Beispiel 1:* Der Verbraucher schrieb, dass er den Vertrag „anfechte". Obwohl eine Anfechtung ganz andere Voraussetzungen und Rechtsfolgen hat (§ 142 Abs. 1), war dieser Ausdruck als Widerruf zu verstehen. [43] *Beispiel 2:* Frau Link schrieb, *sie sage ihre Teilnahme ab und bitte um Stornierung der Rechnung* (Fall 16, Rn 341). Diese Worte wurden vom BGH stillschweigend als Widerruf angesehen.[44]

Insbesondere muss der Widerruf „keine Begründung enthalten" (§ 355 Abs. 1 S. 2). Deshalb ist jeder Grund zulässig. *Beispiel:* B bot im Internet Matratzen mit „Tiefpreisgarantie" an. C kaufte zwei Matratzen, verlangte aber später 32,98 Euro, weil er die Matratzen anderswo billiger gesehen hatte. Da B nicht bereit war zu zahlen, erklärte C den Widerruf. Das durfte er, obwohl er nicht mit der Qualität der Matratzen unzufrieden war, sondern nur mit deren Preis.[45]

Formlosigkeit: Der Widerruf bedarf keiner Form. Das ergibt sich daraus, dass das Gesetz in § 355 Abs. 1 S. 3 keine Form vorschreibt, sondern nur Eindeutigkeit verlangt. Der Widerruf kann deshalb mündlich erfolgen, ferner in *Textform (§ 126b, etwa* durch E-Mail oder Fax*), in elektronischer Form (§ 126a) und selbstverständlich auch in Schriftform (§ 126). Da der Verbraucher im Streitfall die Rechtzeitigkeit seines Widerrufs beweisen muss, ist allerdings von einem mündlichen (telefonischen) Widerruf abzuraten.*

Kommentarlose Rücksendung? Strittig ist, ob der Verbraucher den Widerruf auch dadurch erklären kann, dass er die Kaufsache schlicht zurücksendet. Dagegen spricht, dass dies bis zum 12. Juni 2014 eine ausdrücklich zulässige Form des Widerrufs war und diese Vorschrift gestrichen wurde. Aber nach deutschem Recht kann eine formlos zulässige Willenserklärung immer auch konkludent erfolgen. Hätte der Gesetzgeber diese Möglichkeit für den Widerruf ausschließen wollen, hätte er das ausdrücklich tun müssen. Es ist deshalb davon auszugehen, dass eine kommentarlose Rücksendung auch in Zukunft als wirksamer Widerruf anzusehen ist.[46]

---

43 BGH NJW 2007, 2110 Rn 28.
44 BGH NJW 2014,
45 BGH NJW 2016, 1951 Rn 15 ff.
46 Jenal WM 2012, 2314; Hoffmann/Schneider NJW 2015, 2529 (2532); anders Palandt/Grüneberg § 355 Rn 5 (einschränkend Rn 6).

2. Beginn der Widerrufsfrist

a) Grundvoraussetzung: Korrekte Belehrung

365 Die wichtigste Voraussetzung für den Beginn der 14-tägigen Widerrufsfrist (§ 355 Abs. 2 S. 1) ist eine korrekte Belehrung (§ 356 Abs. 3 S. 1; FD „Die Rechtzeitigkeit des Widerrufs“, Frage 1, Ja). Im Übrigen richtet sich der Beginn nach der Art des Vertrags:

b) Beginn mit Vertragsschluss

366 In zwei *Spezialfällen des Kaufvertrags* – der Belieferung mit Wasser, Gas, Strom oder Fernwärme und der Übermittlung von „digitalen Inhalten“ – beginnt die Widerrufsfrist „mit *Vertragsschluss*“ (§ 356 Abs. 2 Nr. 2 Var. 1 und Var. 2; FD „Die Rechtzeitigkeit des Widerrufs“, Spalten 1 und 3). Genauer gesagt, beginnt die Frist am Ende des Tages, an dem der Vertrag geschlossen wurde (§ 187 Abs. 1).

Wenn der Unternehmer eine *Dienstleistung* zu erbringen hat, gibt es zwar eine Sonderregelung für das frühzeitige *Erlöschen* des Widerrufsrechts (Rn 369; FD „Die Rechtzeitigkeit des Widerrufs“, Fragen 5 bis 7), aber es fehlt eine Sonderbestimmung über den *Beginn* der Frist. Es gilt deshalb § 355 Abs. 2 S. 2, so dass die Widerrufsfrist „mit *Vertragsschluss*“ beginnt (FD „Die Rechtzeitigkeit des Widerrufs“, Spalte 12).

c) Beginn mit Erhalt der Ware

367 Bei einem normalen Kaufvertrag, bei dem die Kaufsache nicht durch Rohre, Kabel oder drahtlos übermittelt wird, sondern durch die Übergabe eines Pakets oder auf ähnliche Weise, beginnt die Widerrufsfrist, „sobald der Verbraucher … die *Waren erhalten* hat“ (§ 356 Abs. 2 Nr. 1 Buchst. a). Diese Art von Kaufverträgen steht in der Praxis natürlich ganz im Vordergrund, so dass der Beginn „mit Vertragsschluss“ (§ 355 Abs. 2 S. 2), der die Regel bilden sollte, tatsächlich den Ausnahmefall darstellt.

Wenn die Ware in mehreren Sendungen zugestellt wird, stellt sich die Frage, ob die Frist durch die erste oder die letzte Zustellung in Gang gesetzt wird. Der Gesetzgeber hat sich viel Mühe gemacht, in diesen Fällen den Beginn im Einzelnen festzulegen (§ 356 Abs. 2 Nr. 1 Buchstaben b bis d; FD „Die Rechtzeitigkeit des Widerrufs“, Spalten 6 bis 8).

Lieferung erst nach Fristablauf? Schon früh sind Verkäufer auf die Idee zu kommen, in ihre AGB eine Klausel mit etwa folgendem Inhalt aufzunehmen: „Soweit dem Käufer ein Widerrufsrecht zusteht, erfolgt die Lieferung erst nach Ablauf der Widerrufsfrist.“ Das ist insbesondere beim Verkauf eines neuen Pkw naheliegend. Denn wenn der Verbraucher erst mit dem Fahrzeug fährt und dann den Widerruf erklärt, kann das für den Verkäufer zu einem erheblichen Verlust führen. Der seit Juni 2014 an § 308 Nr. 1 angehängte Halbsatz sollte diese Praxis ausdrücklich legalisieren (bitte lesen!). Aber diese Vorschrift führt zu fundamentalen logischen Widersprüchen. Denn ein Verkäufer kann gar nicht „nach Ablauf der Widerrufsfrist … leisten“ (§ 308 Nr. 1 Hs. 2), wenn die Widerrufsfrist – wie § 356 Abs. 2 Nr. 1 bestimmt – erst mit der Leistung beginnt. Andererseits kann die Widerrufsfrist nie beginnen, wenn ihr Beginn von der Lieferung abhängig ist und diese nicht erfolgt. Man kann das Problem lösen, indem man die widersinnige AGB nach § 307 (der gegenüber § 308 höherrangig ist) für unwirksam hält.[47] Die bessere Lösung ist mE aber folgende: Da § 308 Nr. 1 Hs. 2 nur § 355 Abs. 1 und 2 erwähnt (nicht § 356), kann seine Geltung auf Fälle des § 355 Abs. 2 S. 2 beschränkt werden. Damit wäre der Logik Genüge getan. Denn wenn die Widerrufsfrist mit *Vertragsschluss* beginnt, ist es kein Verstoß gegen die Logik, wenn der Unternehmer erst nach Ablauf der Widerrufsfrist zur Leistung verpflichtet ist.

3. Erlöschen des Widerrufsrechts

a) Spätes Erlöschen

368 Wenn die Widerrufsfrist wegen fehlender oder unzureichender Belehrung nicht begonnen hat (§ 356 Abs. 3 S. 1), kann sie auch nicht enden. Die Folge wäre, dass der Verbraucher noch nach Jahren den Widerruf erklären könnte. *Beispiel:* Der Sachverhalt des Falles 15 (Rn 313) sagt nicht, ob Kliem den Widerruf innerhalb der 14-Tage-Frist erklärt hat. Aber das ist auch nicht nötig. Denn Frau Schmatke hatte Kliem nicht nach § 312d Abs. 1 S. 1 über sein Widerrufsrecht informiert. Aus diesem Grunde hatte die Widerrufsfrist nicht begonnen (§ 356 Abs. 3 S. 1) und konnte deshalb nach damaligem Recht auch nicht abgelaufen sein. Aber ein Widerrufsrecht ohne jede zeitliche Beschränkung ist den Unternehmern kaum zuzumuten. Deshalb gilt heute eine zeitliche Grenze:

Achtung, wichtig: § 356 Abs. 3 S. 2 normiert seit dem 21. März 2016 eine *Ausschlussfrist* von einem Jahr und 14 Tagen. Diese (eigenartig krumme) Frist beginnt am Ende des Tages, an dem die Widerrufsfrist bei ordnungsgemäßer Belehrung begonnen hätte (§ 356 Abs. 3 S. 2; FD „Die Rechtzeitigkeit des Widerrufs“, Frage 8). Diese Regelung bedeutet in der Entwicklung des Widerrufsrechts einen tiefen Einschnitt. Aber sie ist ein guter Kompromiss zwischen den Interessen der Beteiligten: Der (nicht über seine Rechte belehrte) Verbraucher hat zwar nicht unbegrenzte Zeit zum Widerruf, aber immerhin mehr als ein Jahr. Und der Unternehmer kann wenigstens nach dieser Zeit sicher sein, keinen Widerruf mehr hinnehmen zu müssen.

b) Frühes Erlöschen

369 Das Widerrufsrecht erlischt nicht nur nach langer Zeit, wenn keine korrekte Belehrung erfolgt ist (§ 356 Abs. 3 S. 2). Es kann auch sehr früh erlöschen, aber nur in zwei Spezialfällen, nämlich wenn es um die Belieferung mit *digitalen Inhalten* geht (§ 356 Abs. 5) oder um besondere *Dienstleistungen* (§ 356 Abs. 4 S. 1). In beiden Fällen setzt das frühe Erlöschen in erster Linie voraus, dass der Verbraucher ausdrücklich erklärt hat, der Unternehmer solle seine Leistung schon vor Ablauf der Widerrufsfrist erbringen. Wenn der Unternehmer sich dem Verbraucher zuliebe darauf eingelassen hat, soll ihn der Verbraucher nicht mit einem Widerruf überraschen können (Näheres im FD „Die Rechtzeitigkeit des Widerrufs“, Spalte 2 und Spalte 9).

4. Keine weiteren Ansprüche

370 § 361 Abs. 1 stellt klar, dass „keine weiteren Ansprüche gegen den Verbraucher infolge des Widerrufs“ bestehen. Das gilt (wie immer bei den Widerrufsfolgen) auch für Fernabsatzverträge. Ein Verbraucher hat deshalb nach dem Widerruf eines *Kaufvertrags*

47 NK/Kollmann § 308 Rn 15; Palandt/Grüneberg § 308 Rn 9.

höchstens zwei Pflichten: Rücksendung der Kaufsache (im Prinzip auf seine Kosten) und möglicherweise Zahlung von Wertersatz.

§ 18 Der Widerruf verbundener Verträge

371 **Fall 18: Finanzierte Eigenheimzulage** § 358

Die Privatbank Rust GmbH & Co KG hatte gemeinsam mit der E-Wohnungsbaugenossenschaft eG ein „Steuersparmodell" entwickelt. Danach sollten Interessenten gegen Zahlung eines Geldbetrags Geschäftsanteile der Genossenschaft erwerben, um anschließend beim Finanzamt eine Eigenheimzulage beantragen zu können. Die an die Genossenschaft zu zahlende Summe sollte von der Rust-Bank finanziert werden. Zu diesem Zweck hatte die Rust-Bank ein Darlehensantrags-Formular entwickelt und der Genossenschaft zur Verfügung gestellt.

Der Angestellte Klaus Klingmann hatte von seinem Steuerberater den Tipp bekommen, einer Wohnungsbaugenossenschaft beizutreten, um die staatliche Eigenheimzulage zu erhalten. Er sprach mit einem Mitarbeiter der E-Genossenschaft, der ihm empfahl, Genossenschaftsanteile für 6 000 Euro zu erwerben, aber den Betrag finanzieren zu lassen. Dazu legte er ihm das von der Rust-Bank gestaltete Formular vor, das Klingmann unterschrieb. Die Rust-Bank nahm Klingmanns Darlehensantrag an und überwies der Genossenschaft – wie im Vordruck des Darlehensvertrags vorgesehen – den vereinbarten Betrag von 6 000 Euro. Klingmann wurde Mitglied der Genossenschaft und überwies der Rust-Bank monatlich einen bestimmten Betrag für Zins und Tilgung.

Später widerrief Klingmann den Darlehensvertrag mit der Rust-Bank. Es steht fest, dass der Widerruf wirksam ist. Klingmann ist der Ansicht, dass die Rust-Bank ihm – gegen Abtretung seiner Genossenschaftsanteile – seine Zins- und Tilgungsleistungen zurückzahlen müsse. Ist das richtig? (Nach BGH NJW 2011, 2198).

372 Zu prüfen ist, ob Klingmann seine Ansicht auf § 358 Abs. 4 S. 5 stützen kann. Dazu müssen zunächst die Voraussetzungen des § 358 Abs. 2 nF gegeben sein:

„Hat der Verbraucher ..." Klingmann ist ein Angestellter und damit ein Verbraucher (§ 13).

„... seine auf den Abschluss eines Darlehensvertrags gerichtete Willenserklärung ..." Das Gesetz fordert keinen *Verbraucher*darlehensvertrag, nur einen Darlehensvertrag (§ 488). Dieser liegt vor.

„... auf Grund des § 495 *Absatz* 1 *oder des* § 514 *Absatz* 2 *Satz* 1 *wirksam widerrufen ..."* § 514 setzt voraus, dass „... ein Unternehmer einem Verbraucher ein *unentgeltliches* Darlehens gewährt" hat. Das ist nicht gegeben, weil Klingmann Zinsen zu zahlen hatte. Er müsste deshalb den Darlehensvertrag nach § 495 Abs. 1 widerrufen haben. Dieser setzt einen *Verbraucher*darlehensvertrag voraus. Von seinen beiden Unterarten kommt hier der „Allgemein-Verbraucherdarlehensvertrag" in Betracht.[48] Diesen definiert § 491 Abs. 2 S. 1. Bei dem Vertrag zwischen Klingmann und der Rust-Bank handelt es sich um einen „entgeltlichen" Darlehensvertrag, weil das Darlehen zu verzinsen war. Die Rust-Bank ist nach § 14 Unterneh-

48 Siehe dazu SBT Rn 1040 ff.

merin und Klingmann ist, wie schon festgestellt, Verbraucher (§ 13).[49] Damit ist der von § 495 Abs. 1 geforderte Verbraucherdarlehensvertrag gegeben. Im Sachverhalt steht außerdem, dass der Widerruf wirksam war.

„... *so ist er auch nicht mehr an diejenige Willenserklärung gebunden, die auf den Abschluss eines ... Vertrags über die Lieferung einer Ware oder die Erbringung einer anderen Leistung gerichtet ist.*" Dass es beim Beitritt zu einer Genossenschaft nicht um die „Lieferung einer Ware geht", liegt auf der Hand. Aber auch die andere Alternative ist nicht gegeben. Denn beim Beitritt zu einer Genossenschaft geht es nicht um die Verpflichtung, eine „Leistung" zu erbringen. Aber der BGH hat in diesem Fall den Beitrittsvertrag als einen Vertrag angesehen, der den im Gesetz genannten Verträgen gleichgestellt werden kann. Denn Klingmann war nicht daran interessiert, Mitglied der Genossenschaft zu werden, es ging ihm nur darum, steuerliche Vorteile zu erlangen.[50]

„... *mit diesem Darlehensvertrag verbundenen ...*" Diese zunächst ausgelassenen Worte werfen die Frage auf, ob der Beitrittsvertrag und der Darlehensvertrag „verbunden" waren. Nach § 358 Abs. 3 S. 1 sind sie dann verbunden,

„... *wenn das Darlehen ganz oder teilweise der Finanzierung des anderen Vertrags dient ...*" Das Darlehen der Rust-Bank diente ganz der Finanzierung des Beitritts zur Genossenschaft.

„... *und beide Verträge eine wirtschaftliche Einheit bilden.*" Wann eine wirtschaftliche Einheit gegeben ist, veranschaulicht § 358 Abs. 3 S. 3:

„Eine wirtschaftliche Einheit ist insbesondere anzunehmen, wenn der Unternehmer selbst die Gegenleistung des Verbrauchers finanzfiert, ..." Dieser Fall liegt nicht vor, weil die Genossenschaft Klingmann nicht selbst das Darlehen gewährt hat.

„... *oder im Fall der Finanzierung durch einen Dritten, ...*" Die Finanzierung erfolgte durch einen Dritten, nämlich durch die Rust-Bank.

„... *wenn sich der Darlehensgeber bei der Vorbereitung oder dem Abschluss des Darlehensvertrags der Mitwirkung des Unternehmers bedient.*" Die Rust-Bank hat der Genossenschaft die Formulare für den Darlehensvertrag in der Erwartung zur Verfügung gestellt, dass die Genossenschaft sie allen Interessenten zur Verfügung stellen und so der Rust-Bank neue Kunden zuführen würde. Sie hat sich auf diese Weise beim Abschluss des Darlehensvertrags „der Mitwirkung" der Genossenschaft „bedient". Damit steht fest, dass der Vertrag über den Beitritt zur Genossenschaft und der Darlehensvertrag „verbundene Verträge" waren. Folglich ist Klingmann nach dem Widerruf des Darlehensvertrags auch an den Beitritt zur Genossenschaft „nicht mehr ... gebunden" (§ 358 Abs. 2 nF). Fortzufahren ist deshalb mit § 358 Abs. 4 S. 1 Hs. 1:

„Auf die Rückabwicklung des verbundenen Vertrags sind ... § 355 Abs. 3 und ... die §§ 357 bis 357b entsprechend anzuwenden." Das heißt, dass auch der Beitritt zur Genossenschaft als von Klingmann widerrufen gilt und nach den §§ 355 Abs. 3 und 357 abgewickelt wird. Das würde bedeuten, dass Klingmann jedem seiner beiden Vertragspartner das zurückzugewähren hätte, was er von ihm erlangt hat, und seinerseits das zurückerhielte, was er dem jeweiligen Vertragspartner zugewendet hat (§ 355 Abs. 3 S. 1). Klingmann hätte es also bei der Abwicklung der beiden Verträge mit zwei Vertragspartnern zu tun, die man im Stadium

49 Es liegt auch kein Immobiliar-Verbraucherdarlehensvertrag vor (§ 491 Abs. 2 Nr. 6).
50 So der BGH in der zugrunde liegenden Entscheidung NJW 2011, 2198 Rn 12.

der Abwicklung auch als Gegner bezeichnen kann. Zwei Gegner zu haben, kann aber große Nachteile bringen.

Hier setzt § 358 Abs. 4 S. 5 an:

„Der Darlehensgeber tritt im Verhältnis zum Verbraucher hinsichtlich der Rechtsfolgen des Widerrufs in die Rechte und Pflichten des Unternehmers aus dem verbundenen Vertrag ein, ...“ Das bedeutet, dass die Rust-Bank in alle Rechte und Pflichten der Genossenschaft eintritt, die sich aus der Rückabwicklung des Beitritts zur Genossenschaft ergeben. Klingmann hat es auf diese Weise nach seinem Widerruf nur noch mit *einem* Vertragspartner zu tun, nämlich mit der Rust-Bank. Das gilt allerdings unter einer Voraussetzung:

„... wenn das Darlehen dem Unternehmer bei Wirksamwerden des Widerrufs bereits zugeflossen ist.“ Bereits vor dem Wirksamwerden des Widerrufs hatte die Rust-Bank der Genossenschaft den vollen Darlehensbetrag überwiesen. Deshalb ist die Bedingung erfüllt.

Da die Rechte und Pflichten der beiden Klingmann-Vertragspartner sich in der Hand der Rust-Bank vereinen, erhält Klingmann alles, was er an beide Vertragspartner geleistet hat, von der Rust-Bank zurück und muss alles, was er von beiden Vertragspartnern erlangt hat, der Rust-Bank erstatten. Klingmann hatte die Zins- und Tilgungsleistungen gegenüber der Rust-Bank erbracht, so dass er sie von ihr zurückerhält. Von der Genossenschaft hatte Klingmann die Beteiligung erlangt. Er muss sie an den einzigen Partner abtreten, den er noch hat, nämlich an die Rust-Bank (§ 355 Abs. 3 S. 1).

Daraus ergibt sich, dass die von Klingmann vertretene Rechtsansicht in beiden Punkten richtig ist.

Aus dem FD „Verbundene Verträge“ ergibt sich die Lösung so: 1. Nein – 3. Ja – 4. Ja, Buchstabe b) – 7. Nein – 8. Ja, Buchstabe e – 6. Ja (Spalte 3).

Lerneinheit 18

373 **Literatur:** *Petersen,* Der Durchgriff im Schuldrecht, JA 2016, 260; *Rosenkranz,* Das Umsetzungsgesetz zur Wohnimmobilienkreditrichtlinie und die verbundenen Verträge, NJW 2016, 1473; *Göhrmann,* Verbraucherdarlehen: Kein Verbundgeschäft bei Versicherungsnehmerstellung des Kreditinstitutes, BKR 2014, 409; *Riehm,* Das Ende der „Null-Prozent-Finanzierungen“? NJW 2014, 3692; *Wendt/Lorscheid-Kratz,* Das Widerrufsrecht bei „zusammenhängenden Verträgen", BB 2013, 2434; *Limbach,* Der Widerruf subventionierender Mobilfunkverträge, NJW 2011, 3770; *Schürnbrand,* Reichweite des Widerrufsdurchgriffs bei Darlehensverträgen mit Restschuldversicherung, BKR 2011, 309; *Wildemann,* Das Widerrufsrecht bei verbundenen Geschäften – Richtlinienwidrigkeit der §§ 358, 359a BGB, VuR 2011, 55; *Knops,* Darlehens- und Restschuldversicherungsvertrag als verbundene Geschäfte – Rechtsfolgen für die Praxis, ZIP 2010, 1265; *Wedemann,* Die Beurkundungsbedürftigkeit verbundener Verträge bei Grundstücksgeschäften, WM 2010, 395.

I. Wirtschaftliche Einheit eines Sachvertrags mit einem Darlehensvertrag

374 Das Verständnis des § 358 erschließt sich am besten, wenn man mit Abs. 3 beginnt. Denn dieser schildert die Grundvoraussetzungen, die sowohl für Abs. 1 als auch für Abs. 2 gegeben sein müssen:

- Ein Verbraucher hat einen „Vertrag über die Lieferung einer Ware oder über die Erbringung einer anderen Leistung“ geschlossen (§ 358 Abs. 3 S. 1). Es handelt sich oft um einen Kauf- oder einen Werkvertrag, es kann aber zB auch der Beitritt zu einer Genossenschaft sein (Fall 18). Der Einfachheit halber wird dieser Vertrag im Folgenden „Sachvertrag“ genannt (im Gegensatz zum Darlehensvertrag).

- Der Verbraucher hat ferner mit einem *anderen* Unternehmer (meist einem Kreditinstitut) einen Darlehensvertrag geschlossen (§ 358 Abs. 3 S. 1).[51]
- Beide Verträge sind *„verbundene Verträge“*, weil das Verbraucherdarlehen der Finanzierung des anderen Vertrags (des Sachvertrags) dient und „beide Verträge eine wirtschaftliche Einheit bilden“ (§ 358 Abs. 3 S. 1). Letzteres ist insbesondere der Fall, wenn der Darlehensgeber den anderen Unternehmer dafür eingesetzt hatte, den Abschluss des Darlehensvertrags zu vermitteln, wenn er sich also seiner „bedient“ hat (§ 358 Abs. 3 S. 2).

Absicht des Gesetzes: § 358 will den Verbraucher vor den Nachteilen schützen, die ihm bei einem Widerruf aus der „Aufspaltung eines wirtschaftlich einheitlichen Vertrags“ in einen Vertrag mit sofortiger Zahlungspflicht und „einen damit verbundenen Darlehensvertrag“ drohen.[52] Anders gesagt: Der Verbraucher soll bei einem Widerruf weitgehend so gestellt werden, als habe er es nur mit *einem* Vertrag und *einem* Vertragspartner zu tun.

Keine Erweiterung auf den Rücktritt: § 358 gilt nur, wenn der Verbraucher den *Widerruf* erklärt, nicht den Rücktritt. *Beispiel:* Gebrauchtwagenhändler U bot dem Verbraucher/Consumer C einen Gebrauchtwagen an und gleichzeitig die Vermittlung eines entsprechenden Kredits durch die D-Bank. C ging auf beides ein. Später trat er gegenüber U wegen eines Mangels vom Kaufvertrag zurück (§ 437 Nr. 2). In diesem Fall ist § 358 nicht anzuwenden, aber möglicherweise § 359.[53]

Gleichzeitige Bindung: § 358 ist nur anwendbar, wenn der Verbraucher *gleichzeitig* – nicht nacheinander – an zwei Verträge gebunden ist. *Beispiel:* C kaufte von X einen Anhänger und schloss gleich anschließend einen Leasingvertrag mit dem Leasinggeber Y, der die Pflichten des C aus dem Kaufvertrag übernahm. Da C zunächst nur dem X und danach nur dem Y verpflichtet war, lagen die Voraussetzungen eines verbundenen Vertrags nicht vor.[54]

II. Der Sachvertrag soll widerrufen werden

1. Voraussetzungen des § 358 Abs. 1

375

Sachvertrag als widerrufbarer Verbrauchervertrag: § 358 Abs. 1 setzt voraus, dass es sich beim Sachvertrag um einen widerrufbaren Vertrag handelt, also insbesondere um einen Außerhalb-Vertrag (§ 312b) oder einen Fernabsatzvertrag (§§ 312c). Denn anderenfalls könnte der Verbraucher den Vertrag nicht widerrufen haben. Wenn der Sachvertrag zu denen gehört, die kein Widerrufsrecht gewähren, ist Abs. 1 nicht anwendbar (aber möglicherweise Absatz 2). *Beispiel:* Der Vertrag, der den Beitritt zu einer Genossenschaft zum Gegenstand hat, ist nicht widerrufbar. Deshalb konnte der Verbraucher in Fall 18 (Rn 371) nur nach § 358 Abs. 2 den Darlehensvertrag widerrufen.

---

51 § 358 Abs. 3 S. 2 berücksichtigt allerdings auch den Fall, dass „der Unternehmer selbst die Gegenleistung des Verbrauchers finanziert“. Diese Variante spielte aber in der Praxis des § 358 keine Rolle.

52 Palandt/Grüneberg § 358 Rn 1.

53 BGH NJW 2015, 3455 Rn 16 ff.

54 BGH NJW 2014, 1519 Rn 16.

Verbundene Verträge: Der Sachvertrag muss im Sinne von § 358 Abs. 3 S. 1, 2 mit einem Darlehensvertrag (§ 488 Abs. 1) „verbunden“ sein.[55].

Nur ein „Darlehensvertrag“: Es wird sich oft um einen *Verbraucher*darlehensvertrags (§ 491 Abs. 1) handeln. Aber erforderlich ist das nicht, weil § 358 Abs. 1 bewusst nur von einem „Darlehensvertrag“ spricht. Auf diese Weise kann es sich auch um einen Vertrag handeln, den § 491 Abs. 2 ausdrücklich aus dem Kreis der Verbraucherdarlehensverträge ausschließt.[56]

Widerruf des Sachvertrags: Der Verbraucher hat „seine auf den Abschluss eines Vertrags über die Lieferung einer Ware oder die Erbringung einer anderen Leistung ... gerichtete Willenserklärung“ – also kurz den Sachvertrag – „wirksam widerrufen“ (§ 358 Abs. 1; FD „Verbundene Verträge“, Frage 4, Ja, Alternative a). *Beispiel:* Verbraucher/Consumer C empfing in seinem Wohnzimmer den Vertreter H des Dachdeckers U. C unterschrieb einen Werkvertrag über die Neueindeckung seines Daches. Da er den Werklohn nicht aufbringen konnte, legte ihm H ein Antragsformular der D-Bank vor, den C unterschrieb. Nach dem Darlehensvertrag muss C an die D monatlich 230 Euro an Zins und Tilgung zahlen. Nunmehr hat C den Außerhalb-Vertrag (den Werkvertrag) nach den §§ 312b Abs. 1 S. 1, 312g Abs. 1, 355 Abs. 1 S. 1 wirksam widerrufen.

2. Rechtsfolgen

376 Der Widerruf hat eine Doppelwirkung:

- Er wandelt den (widerrufenen) *Sachvertrag* in ein Rückabwicklungsverhältnis um (§ 355 Abs. 3 S. 1).
- Zugleich ist der Verbraucher auch an den *Darlehensvertrag* „nicht mehr gebunden“ (§ 358 Abs. 1), so dass auch für diesen § 355 Abs. 3 gilt (§ 358 Abs. 4 S. 1). Es wird also so angesehen, als sei der Darlehensvertrag widerrufbar gewesen (was nicht so sein muss, weil es ja kein *Verbraucher*darlehensvertrag sein muss) und als habe der Verbraucher ihn ebenfalls widerrufen. Im obigen Beispielsfall braucht also C an die D-Bank keine Zahlungen mehr zu leisten (§§ 358 Abs. 4 S. 1, 355 Abs. 3 S. 1, 357a Abs. 3).

Wenn die Darlehenssumme „dem Unternehmer bei Wirksamwerden des Widerrufs bereits zugeflossen“ war, hat es der Verbraucher (zu seinem Vorteil) bei der Abwicklung beider Verträge nur noch mit *einem* Partner zu tun, nämlich mit dem Darlehensgeber. Denn nach § 358 Abs. 4 S. 5 tritt dieser „... in die Rechte und Pflichten des Unternehmers ... ein“ (FD „Verbundene Verträge“, Frage 6, Ja, Spalte 3).

III. Der Darlehensvertrag soll widerrufen werden

1. Voraussetzungen des § 358 Abs. 2

377 *Verbundene Verträge:* Der Darlehensvertrag muss im Sinne von § 358 Abs. 3 S. 1, 2 mit dem Sachvertrag „verbunden“ sein.

55 Wenn es an der Verbundenheit fehlt, kann die Wirkung des Absatzes 1 dennoch eintreten, wenn nämlich die nach dem Sachvertrag zu erbringende Leistung im Darlehensvertrag „genau angegeben“ ist (§ 359a Abs. 1).

56 BT-Drs. 17/5097, 17 (rechts).

Widerruf des Darlehensvertrags: § 358 Abs. 2 geht von zwei Möglichkeiten aus: Der Verbraucher kann den Darlehensvertrag „auf Grund des § 495 Absatz 1" widerrufen haben. Das setzt voraus, dass der Darlehensvertrag ein Verbraucherdarlehensvertrag nach § 491 Abs. 1 ist. Oder der Verbraucher hat den Widerruf nach § 514 Abs. 2 Satz 1 erklärt. § 514 wurde erst mit Wirkung vom 31. März 2016 eingefügt und gibt auch bei bestimmten *unentgeltlichen* Darlehensverträgen einem Verbraucher ein Widerrufsrecht.

Der Sachvertrag muss kein widerrufbarer Vertrag sein: § 358 Abs. 2 setzt nicht voraus, dass der Verbraucher auch den Sachvertrag (etwa nach § 312g) widerrufen könnte. Es kann sich also um einen ganz normalen (in einem Geschäftslokal abgeschlossenen) Vertrag handeln. Dieser breite Anwendungsbereich gibt § 358 Abs. 2 eine große Bedeutung. *Beispiel:* In Fall 18 (Rn 371) konnte Klingmann den Vertrag, den er mit der Genossenschaft geschlossen hatte, nicht widerrufen. Er konnte sich von *beiden* Verträgen nur lösen, indem er nach § 495 den Verbraucherdarlehensvertrag widerrief.

2. Rechtsfolgen

378

Der Widerruf hat auch hier eine Doppelwirkung:

- Er wandelt den Darlehensvertrag in ein Rückabwicklungsverhältnis um (§§ 495 Abs. 1, 355 Abs. 1 S. 1, Abs. 3 S. 1, 357a Abs. 3).
- Zugleich gilt der Widerruf auch für den *Sachvertrag*. Denn der Verbraucher ist durch den wirksamen Widerruf des Darlehensvertrags auch an den Sachvertrag „nicht mehr ... gebunden" (§ 358 Abs. 2). Durch seine Koppelung an den Verbraucherdarlehensvertrag wird der eigentlich nicht widerrufbare Sachertrag im Ergebnis widerrufbar.

Für die „Rückabwicklung des verbundenen Vertrags", hier also des Sachvertrags, gilt § 355 Abs. 3 (§ 358 Abs. 4 S. 1). Es besteht also immer die Pflicht, „die empfangenen Leistungen unverzüglich zurückzugewähren (§ 355 Abs. 3 S. 1). Aber der Gesetzgeber hat berücksichtigt, dass die Sachverträge sehr unterschiedlich sein können und deshalb auch für ihre Abwicklung unterschiedliche Regelungen bestehen müssen. Deshalb heißt es in § 358 Abs. 4 S. 1: „... und je nach Art des verbundenen Vertrags die §§ 357 bis 357b." Dem trägt das FD „Verbundene Verträge" in den Spalten 7 bis 11 Rechnung.

3. Darlehenssumme bereits beim Unternehmer

379

Wenn der Unternehmer (des Sachvertrags) den Darlehensbetrag zum Zeitpunkt des Widerrufs bereits erhalten hatte, hat es der Verbraucher bei der Abwicklung beider Verträge nur noch mit dem Darlehensgeber zu tun (§ 358 Abs. 4 S. 5; oben Rn 376; FD „Verbundene Verträge", Frage 6, Spalte 3). *Beispiel 1:* Im Fall 18 (Rn 371) erhielt Klingmann von der Bank alle Zahlungen zurück, die er an sie geleistet hatte, und musste ihr im Gegenzug seinen Anteil an der Genossenschaft übertragen.[57] *Beispiel 2:* Frau C nahm als Verbraucherin einen Kredit bei der D-Bank auf. Den größten Teil der Summe ließ sie sich auszahlen und einen kleinen Teil (885 Euro) an U überweisen, mit dem sie einen verbundenen Vertrag geschlossen hatte. Sie widerrief den Darlehensvertrag und forderte die D auf, ihr ua die an U geflossenen 885 Euro zurückzuzahlen. Auf

57 BGH NJW 2011, 2198 Rn 18.

die Auszahlung dieses Betrags hatte sie aber keinen Anspruch.[58] Denn die D war „in die Rechte und Pflichten des Unternehmers“ U eingetreten, die dieser gegenüber Frau C hatte (§ 358 Abs. 4 S. 5). Zu den Pflichten des U gegenüber Frau C hätte es gehört, ihr die 885 Euro zu erstatten. Diese Pflicht hatte U nun gegenüber der D.

IV. Sonderfälle

1. Finanzierter Grundstückskaufvertrag

380 Den „finanzierten Erwerb eines Grundstücks“ regelt das Gesetz nur in § 358 Abs. 3 S. 3. Da sich der ganze Absatz 3 ausschließlich mit der Frage beschäftigt, wann ein Darlehensvertrag mit einem anderen Vertrag „verbunden“ ist, ist nur diese Frage für den Grundstückskauf speziell geregelt. Der Sache nach kann es sich bei einem Grundstückskauf aber nur um einen Fall des § 358 Abs. 2 handeln. Denn ein Grundstückskaufvertrag selbst ist nicht widerruflich, so dass allein ein Widerruf des Darlehensvertrags in Betracht kommt.

§ 358 Abs. 3 S. 3 macht durch seine anschaulichen Formulierungen deutlich, dass Grundstückskauf und Darlehensvertrag nur in seltenen Fällen als verbundene Verträge anzusehen sind (FD „Verbundene Verträge“, Frage 2, Spalte 1). Nur wenn das Kreditinstitut mit dem Immobilien-Anbieter – es handelt sich hauptsächlich um Anbieter von Eigentumswohnungen – so eng zusammengearbeitet hat, dass es weitgehend selbst den Vertrieb übernommen hatte, führt ein Widerruf des Verbraucherdarlehensvertrags dazu, dass auch der Grundstückskauf rückabgewickelt wird (§§ 358 Abs. 2 S. 1, Abs. 4 S. 1, 355 Abs. 3 S. 1).

§ 358 Abs. 3 S. 3 will vor allem deutlich machen, dass bei Grundstücksgeschäften ein verbundener Vertrag *nicht* schon in den Normalfällen eines Haus- oder Wohnungskaufs vorliegt. *Beispiel:* C interessierte sich für den Erwerb einer Eigentumswohnung, die ihm der Vertreter eines Immobilienvermarkters angeboten hatte. Er sprach mit einem Mitarbeiter der D-Bank über ein Darlehen. Die D prüfte überschlägig den Wert der Immobilie und gewährte dann ein Darlehen zur Finanzierung des Kaufpreises. Später stellte sich heraus, dass C eine so genannte Schrottimmobilie gekauft hatte. Er versuchte deshalb, über einen Widerruf des Verbraucherdarlehensvertrags auch den Kaufvertrag rückgängig zu machen (§ 358 Abs. 2). Fälle dieser Art hat es zu Tausenden gegeben, aber der BGH hat auch schon vor Einfügung von Abs. 3 S. 3 im Regelfall eine Mitverantwortung der Banken abgelehnt. Wenn eine Bank die Frage prüft, in welcher Höhe die zu kaufende Immobilie (durch eine Grundschuld) beliehen werden kann, prüft sie im eigenen Interesse überschlägig auch den Marktwert der Immobilie. Aber damit übernimmt sie keine Mitverantwortung für den Kaufvertrag.

2. Einwendungsdurchgriff nach § 359

381 Wenn verbundene Verträge vorliegen (§ 358 Abs. 3), kann der Verbraucher in manchen Fällen dem Kreditgeber auch Einwendungen aus dem Sachvertrag entgegenhalten (§ 359 Abs. 1 S. 1; FD „Verbundene Verträge“, Frage 9). *Beispiel:* U verkaufte Frau C eine neue Einbauküche und vermittelte die Finanzierung des Kaufpreises durch die D-Bank. Diese überwies den Kaufpreis an U, und Frau C zahlte die vereinbarten Darle-

58 BGH NJW 2016, 2118 Rn 30 ff (zu § 358 aF). Der IX. Zivilsenat tut sich erstaunlich schwer, dies Ergebnis zu begründen.

hensraten an die D. Später erklärte Frau C wegen Mängeln der Küche zu Recht die Minderung um 845 Euro (§ 441). *Lösung:* Frau C schuldet U nicht mehr den Kaufpreis, weil dieser ihm bereits zugeflossen ist. Frau C kann deshalb gegenüber U nicht mehr die Zahlung des Kaufpreises in Höhe des Minderungsbetrags verweigern. § 359 Abs. 1 S. 1 gibt ihr aber das gleiche Recht gegenüber der D: Denn sie darf in entsprechender Höhe „die Rückzahlung des Darlehens" gegenüber der D verweigern. Dadurch vermindert sich der Darlehensbetrag, den Frau C an die D zurückzuzahlen hat.

Auch an § 359 ist zu erkennen, dass der Gesetzgeber die Verbraucher vor den Nachteilen schützen will, die sich bei verbundenen Verträgen durch die Aufspaltung in zwei Verträge und damit auf zwei Vertragspartner ergeben. Es wird die Situation simuliert, die bei einem normalen Kaufvertrag besteht: Der Käufer erklärt wegen eines Mangels gegenüber dem Verkäufer die Minderung (§ 441 Abs. 1 S. 1) und zahlt einen geringeren Kaufpreis.

Die einzelnen Voraussetzungen des § 359 ergeben sich aus den Fragen 3, 9 und 10 des FD „Verbundene Verträge".

3. Zusammenhängende Verträge

382

Der Gesetzgeber hat in § 360 Abs. 1 S. 1 folgenden Fall geregelt:

- Ein Verbraucher hat einen Vertrag wirksam widerrufen.
- Er möchte aus diesem Grund auch von einem anderen Vertrag befreit werden, aber die Voraussetzungen eines verbundenen Vertrags nach § 358 Abs. 3 liegen *nicht vor.*

Dem Verbraucher kann geholfen werden, wenn immerhin ein *„zusammenhängender* Vertrag" gegeben ist, der in § 360 Abs. 2 S. 1 und S. 2 (etwas nebelhaft) definiert wird. Dass es sich um einen zusammenhängenden Vertrag handelt, kann man am ehesten daran erkennen, dass er durch den Widerruf des Hauptvertrags sinnlos wird.[59] *Beispiel:* Die Bank B verlangte bei Abschluss des Verbraucherdarlehensvertrags, dass C eine Restschuldversicherung abschloss, was dieser aus eigenen Mitteln tat. Als C den Darlehensvertrag widerrufen hatte, war der Versicherungsvertrag sinnlos. Auf ihn als den „zusammenhängenden Vertrag" war deshalb § 358 Abs. 4 Sätze 1 bis 3 analog anzuwenden (§ 360 Abs. 1 S. 2). § 360 wird im FD „Verbundene Verträge" in Frage 11 berücksichtigt.

59 Wendt/Lorscheid/Kratz BB 2013, 2434; Palandt/Grüneberg § 360 Rn 2.

Siebtes Kapitel: Verantwortlichkeit des Schuldners

§ 19 Vorsatz und Fahrlässigkeit

Fall 19: Übereifrige Putzfrau §§ 276, 277

383

Frau Sonja Fehling war seit mehreren Jahren für ein monatliches Entgelt von 320 Euro als Reinigungskraft in der radiologischen Gemeinschaftspraxis Dr. Heilmeyer und Partner GbR tätig. An einem Sonntag machte sie einen Besuch bei Frau Zenker, einer Angestellten der GbR, die über den Praxisräumen wohnte. Später wollte Frau Zenker Frau Fehling zur Haustür begleiten, als beide aus der Praxis einen Alarmton hörten. Da die Eingangstür zur Praxis nicht verschlossen war, betraten sie die Räume und bemerkten, dass der Alarm vom wichtigsten medizinischen Gerät der GbR ausging, einem Magnetresonanztomographen (MRT), im Volksmund „Kernspin" genannt. Obwohl ihr das Gerät nur vom Staubwischen her bekannt war, wollte Frau Fehling versuchen, den Ton abzustellen. Die Steuereinheit besitzt vier Schaltknöpfe in blauer Farbe. Darüber befindet sich ein deutlich größerer roter Schaltknopf mit der Aufschrift „magnet stop". Um diesen Schalter zu betätigen, muss man zunächst eine durchsichtige Klappe anheben. Frau Fehling tat das und drückte dann den roten Schaltknopf in der Hoffnung, damit den Alarm auszuschalten. Sie löste dadurch aber einen sogenannten MRT-Quench aus. Dabei wird das im Gerät als Kühlmittel eingesetzte Helium in wenigen Sekunden ins Freie abgeleitet, was das elektromagnetische Feld des Geräts zusammenbrechen lässt. Die danach nötige Reparatur dauerte drei Tage und kostete fast 31 000 Euro. Die GbR verlangt von Frau Fehling als Schadensersatz diese Summe und zusätzlich den Ausgleich ihres Umsatzausfalls, insgesamt 47 000 Euro. (Nach BAG NJW 2011, 1096)

a) Die GbR ist der Ansicht, dass Frau Fehling den MRT schuldhaft beschädigt habe. Ist das richtig?

b) Nach der Rechtsprechung des BAG muss ein Arbeitnehmer bei einfacher (leichter) Fahrlässigkeit den von ihm angerichteten Schaden nur zur Hälfte tragen, während er bei grober Fahrlässigkeit den Schaden in vollem Umfang zu ersetzen hat. Liegt grobe Fahrlässigkeit vor?

384

Zu a): „Schuldhaft" ist der Oberbegriff für „vorsätzlich" und „fahrlässig". Frau Fehling hat den Schalterknopf zwar bewusst und gewollt gedrückt. Aber sie wollte den dadurch ausgelösten Erfolg nicht herbeiführen. Die Beschädigung des MRT beruhte deshalb nicht auf Vorsatz (Rn 392).

Zu prüfen ist jedoch, ob Frau Fehling *fahrlässig* gehandelt hat. Der Begriff „fahrlässig" wird in § 276 Abs. 2 definiert. Es kommt darauf an, ob Frau Fehling „die im Verkehr erforderliche Sorgfalt außer Acht" gelassen hat. Zu fragen ist deshalb, ob sich Frau Fehling im Umgang mit dem teuren Diagnosegerät so sorgfältig verhalten hat, wie man das von ihr erwarten durfte. Dagegen spricht einiges: Frau Fehling war bekannt, dass sie das Gerät nicht bedienen konnte und sie insbesondere nicht wusste, welchen Schaltknopf man drücken musste, um den Alarm abzustellen. In diesem Fall gehörte es zur „erforderlichen Sorgfalt", zunächst einen der Ärzte oder einen anderen Fachmann anzurufen und um Anweisung zu bitten. Da

Frau Fehling das nicht tat, sondern auf gut Glück einen der Schaltknöpfe drückte, hat sie die im Verkehr erforderliche Sorgfalt außer Acht gelassen und deshalb den Schaden *fahrlässig* herbeigeführt. Mit dieser Feststellung bleibt zunächst offen, ob Frau Fehling *leicht* fahrlässig oder *grob* fahrlässig gehandelt hat. Aber unter a) ist ja auch nur gefragt, ob ein *Verschulden* vorliegt. Und das ist in beiden Fällen der Fahrlässigkeit gegeben.

385 *Zu b):* Für die Frage, ob die GbR als Arbeitgeberin Frau Fehling zur Hälfte von der Haftung freistellen muss, kommt es – so steht es schon im Sachverhalt – nach der Rechtsprechung des BAG darauf an, ob Frau Fehling *grob* fahrlässig oder nur *leicht* fahrlässig gehandelt hat. Der hinter dieser Rechtsprechung stehende Gedanke ist folgender: Ein Arbeitnehmer läuft vielfach Gefahr, bei der Arbeit seinem Arbeitgeber versehentlich Schaden zuzufügen. Es wäre ungerecht, wenn der Arbeitgeber seine Mitarbeiter mit diesem Risiko und seinen möglicherweise weitreichenden Folgen in jedem Fall allein lassen dürfte. Deshalb müssen Arbeitnehmer für Schäden, die sie nur *leicht* fahrlässig herbeigeführt haben, nur zur Hälfte einstehen. Andererseits soll ein Arbeitnehmer auch keinen Freibrief für Leichtsinn und unverantwortliche Nachlässigkeit erhalten und haftet deshalb für *grobe* Fahrlässigkeit in vollem Umfang allein.

Objektive Voraussetzungen: Der Begriff „grobe Fahrlässigkeit" wird vom BGB zwar gelegentlich verwendet, aber nicht definiert (Rn 400). In Anlehnung an § 276 Abs. 2 kann man sagen, dass grobe Fahrlässigkeit vorliegt, wenn jemand die im Verkehr erforderliche Sorgfalt in *ungewöhnlich hohem Maße* außer Acht lässt oder das nicht beachtet, was sich in der konkreten Situation jedem anderen aufgedrängt hätte. Für eine grobe Fahrlässigkeit müssen also Umstände vorliegen, die das Verhalten nicht nur als Unaufmerksamkeit, sondern als unbegreiflichen Leichtsinn erscheinen lassen. Beispielsweise würde es als *leichte* Fahrlässigkeit einer Reinigungskraft anzusehen sein, wenn sie versehentlich eine Vase umstößt oder beim Reinigen eines Geräts unbeabsichtigt einen freiliegenden Schalter berührt und dadurch betätigt.

Demgegenüber gibt es im vorliegenden Fall Umstände, die weit über eine Unaufmerksamkeit oder eine Ungeschicklichkeit hinausgehen: Wer als Laie vor einem ihm unbekannten, sehr teuren und komplizierten medizinischen Gerät steht, darf nicht auf gut Glück irgendwelche Knöpfe drücken. Das gilt auch dann, wenn das Gerät ein akustisches Alarmsignal aussendet. Denn das wahllose Drücken eines roten, durch einen Plexiglasdeckel besonders gesicherten Schalters ist auch bei einem Alarmton durch nichts zu rechtfertigen. Da Frau Fehling solche Überlegungen nicht anstellte oder leichtfertig beiseite schob, hat sie *objektiv* die erforderliche Sorgfalt in ungewöhnlichem Maße außer Acht gelassen.

Subjektive Voraussetzungen: Während die Frage der *einfachen* Fahrlässigkeit nur nach *objektiven* Kriterien beurteilt wird (Rn 396), verlangt die Rechtsprechung für die *grobe* Fahrlässigkeit, dass dem Betroffenen auch *subjektiv* ein schwerer Vorwurf zu machen ist. Zu fragen ist deshalb, ob Frau Fehling nach ihrem Kenntnisstand und ihrer Erfahrung in der Lage gewesen wäre, sich anders zu verhalten (Rn 401). Bei der Beurteilung dieser subjektiven Seite wäre zugunsten von Frau Fehling anzuführen, dass sie nur eine Reinigungskraft ist und deshalb nicht den Sorgfaltsansprüchen genügen kann, die an medizinisch-technisches Fachpersonal zu stellen ist. Aber darum geht es nicht. Frau Fehling ist nicht der Vorwurf zu machen, dass sie das Gerät *falsch* bedient hat, sondern dass sie es *überhaupt* bedient hat. Dass man sich als Laie von solchen Geräten fernzuhalten hat, musste ihr auch als Reinigungskraft klar sein, zumal sie seit Jahren in der Praxis tätig war. Deshalb sind auch die *subjektiven* Voraussetzungen einer groben Fahrlässigkeit gegeben.

Nach seinen eigenen Grundsätzen hätte das BAG Frau Fehling verurteilen müssen, den vollen Schaden in Höhe von 47 000 Euro zu ersetzen. Es hat Frau Fehling aber nur zur Zahlung einer Summe verurteilt, die ihrem Jahreslohn entsprach.[1] Das ist menschlich verständlich, aber juristisch nicht nachvollziehbar. Denn es besteht im deutschen Zivilrecht der Grundsatz, dass auch hohe Schäden vollständig auszugleichen sind (Rn 869). Ein niedriges Einkommen führt nicht zu einer Begrenzung der Haftung.

Um Frau Fehling zu entlasten, hätte das BAG ein *Mitverschulden* der GbR annehmen können (§ 254; Rn 945). Denn die Ärzte hatten (aus Gründen, die im Urteil nicht genannt werden) über das Wochenende die Eingangstür zur Praxis unverschlossen gelassen und damit erst Frau Fehlings eigenmächtiges Handeln ermöglicht. Außerdem ist zu vermuten, dass eine bessere Sicherung des roten Schaltknopfs nötig und möglich gewesen wäre.[2] Das BAG ist aber auf ein Mitverschulden nicht eingegangen.

Lerneinheit 19

386 **Literatur:** *Fleischer/Danninger,* Der Sorgfaltsmaßstab in der Personengesellschaft (§ 708 BGB), NZG 2016, 481; *Walker,* Haftungsprivilegierungen, JuS 2015, 865; *Diehl,* Erhöhung des Schmerzensgeldes bei grob fahrlässigem Verhalten des Unfallschädigers, ZfS 2015, 686; *Rother,* Beweislast für Verschulden bei unerlaubter Handlung, NJ 2012, 317; *Borges,* Haftung für Identitätsmissbrauch im Online-Banking, NJW 2012, 2385; *Hering,* Die grob fahrlässige Herbeiführung eines Versicherungsfalls, SVR 2011, 363; *Wessel,* Stillschweigende Haftungsbeschränkungen im Straßenverkehr – insbesondere bei Gefälligkeits- und Probefahrten sowie Auslandsunfällen und im Sport, VersR 2011, 569; *Lorenz,* Grundwissen – Zivilrecht: Vertretenmüssen (§ 276 BGB), JuS 2007, 611; *Medicus,* Schulden und Verschulden, DZWIR 2007, 221.

I. Der Grundsatz der Verschuldenshaftung

1. Verschuldensprinzip

387 Das BGB legt in § 276 Abs. 1 S. 1 fest, dass der Schuldner im Grundsatz Vorsatz und Fahrlässigkeit zu vertreten hat. Man kann auch sagen, dass der Schuldner *nur* Vorsatz und Fahrlässigkeit zu vertreten hat. Denn das in § 276 Abs. 1 S. 1 verankerte Verschuldensprinzip befreit ihn grundsätzlich von einer Haftung für Folgen, die er weder vorsätzlich noch fahrlässig herbeigeführt hat, für die er also, wie man in der Umgangssprache sagen würde, „nichts kann". *Beispiel 1:* A zog einen breiten, zur Aufnahme schwerer Lasten geeigneten Einkaufswagen durch die Fliesenabteilung eines Baumarktes der B-GmbH. Trotz aller Sorgfalt stieß er an eine Palette, auf der zur Dekoration ein Turm aus Fliesen aufgebaut worden war. In diesem Fall hat A die im Verkehr erforderliche Sorgfalt beachtet, so dass die B-GmbH gegen ihn keine Ansprüche geltend machen kann. Dass sein Verhalten für die Beschädigung *kausal* war, begründet für sich allein keine Schadensersatzpflicht (zur Kausalität Rn 1033 f). *Beispiel 2:* Der Polizeibeamte P war bei der Veranstaltung „Rhein in Flammen" als Motorradstreife eingesetzt. Er fuhr mit etwa 30 km/h an mehreren Reisebussen vorbei, die an der rechten Straßenseite parkten. Zwischen zwei Bussen tauchten plötzlich zwei alkoholisierte Frauen auf

1 Dabei hat das BAG unreflektiert unterstellt, dass die Beklagte ausschließlich bei der GbR beschäftigt war, was eher unwahrscheinlich ist.

2 Die GbR hatte vorgetragen, es habe sich auf der Schalttafel der Hinweis befunden: „Bei Alarm ‚alarm silence' drücken, nicht ‚mag stop'. Es wird teuer!" Das BAG hat diesen Vortrag aber unberücksichtigt gelassen.

und betraten sofort die Straße. P wich nach links aus, stürzte und verletzte sich. In diesem Fall konnte dem P nicht der Vorwurf der Fahrlässigkeit gemacht werden.[3]

388 „*Verschulden*" ist der Oberbegriff für Vorsatz (Rn 392) und Fahrlässigkeit (Rn 395). Vorsatz und Fahrlässigkeit sind also die beiden Formen des Verschuldens.

389 *Beurteilungsmaßstab, keine Anspruchsgrundlage:* Zu beachten ist, dass § 276 keine Anspruchsgrundlage ist.[4] Der Gläubiger kann also nie aufgrund von § 276 einen Anspruch geltend machen. § 276 Abs. 1 S. 1 gibt vielmehr nur den *Maßstab zur Beurteilung* des Schuldnerverhaltens.

390 *„... zu vertreten":* Viele Anspruchsgrundlagen setzen voraus, dass der Schuldner den fraglichen Umstand „zu vertreten" hat. So entfällt zB nach § 280 Abs. 1 S. 2 die Haftung, wenn „der Schuldner die Pflichtverletzung *nicht* zu vertreten hat". Solche Formulierungen verweisen auf § 276 Abs. 1 S. 1, demzufolge der Schuldner im Prinzip Vorsatz und Fahrlässigkeit „zu vertreten" hat (Ausnahmen unter Rn 402 ff).

2. Rechtswidrigkeit

391 *Rechtswidrig* (widerrechtlich) ist jeder Erfolg, der von der Rechtsordnung nicht gebilligt wird, dh jede Verletzung eines fremden Rechtsguts, die nicht durch einen Rechtfertigungsgrund gerechtfertigt ist.[5] *Beispiel 1:* Der Verkäufer einer IT-Anlage lieferte das dazugehörige Handbuch nicht. Dieses Verhalten ist die Nichterfüllung einer vertraglichen Pflicht und deshalb rechtswidrig. Ein Verhalten, das von der Rechtsordnung gebilligt oder sogar gefordert wird, ist nicht rechtswidrig. *Beispiel 2:* V hatte an M Räume für den Betrieb eines Restaurants vermietet. M beanstandete bauliche Mängel, die V beseitigen ließ. In dieser Zeit konnte M den Betrieb nur eingeschränkt fortführen. Obwohl V dadurch zeitweise seine vertragliche Pflicht zur Überlassung der Räume nicht erfüllte, handelte er nicht rechtswidrig. Denn § 535 Abs. 1 S. 2 verpflichtet den Vermieter, die Räume in einem vertragsgemäßen Zustand zu erhalten.[6]

II. Vorsatz

392 *Definition:* Vorsätzlich handelt, wer einen rechtswidrigen Erfolg herbeiführt und dabei die Tatumstände kennt und den rechtswidrigen Erfolg will oder billigend in Kauf nimmt. Vorsatz ist dementsprechend Kennen und Wollen des rechtswidrigen Erfolgs.[7] Dass man von Vorsatz nur sprechen kann, wenn ein *rechtswidriger* Erfolgs angestrebt wird,[8] weiß auf seine Weise schon jedes Kind. In der Umgangssprache sagt man zwar statt „vorsätzlich" „absichtlich". Aber diesen Ausdruck verwenden auch Kinder nur, wenn sie den eingetretenen Erfolg für unzulässig halten („Das hast du absichtlich gemacht!"). *Beispiel:* Im obigen Fall 2 (Rn 391) war das Verhalten des Vermieters nicht rechtswidrig. Er hat deshalb den Betrieb des Mieters *nicht vorsätzlich* behindert, obwohl er die Erhaltungsmaßnahmen bewusst und gesteuert in Auftrag gegeben hat.[9]

---

3 BGH NJW 2010, 927 Rn 13. Zum gleichen Sachverhalt BGH NJW 2009, 930.
4 Allgemeine Meinung, zB MüKo/Grundmann § 276 Rn 1; Palandt/Grüneberg § 276 Rn 1.
5 Palandt/Grüneberg § 276 Rn 8.
6 BGH NJW 2015, 2419 Rn 37 f.
7 Ähnlich MüKo/Grundmann § 276 Rn 154; Palandt/Grüneberg § 276 Rn 10.
8 Staudinger/Caspers § 276 Rn 12 mwN. Darin sind sich die Lehren vom Erfolgsunrecht und vom Verhaltensunrecht einig (Erman/Westermann § 276 Rn 4 ff; MüKo/Grundmann § 276 Rn 12 ff).
9 BGH NJW 2015, 2419 Rn 31 f, 37 f.

Im Einzelnen setzt Vorsatz voraus:

393
- *Kennen:* Vorsätzlich handelt nur, wer die Tatumstände kennt und den Erfolg voraussieht (Wissenselement).
- *Wollen:* Der Handelnde muss die Verletzung der ihn treffenden Pflicht wollen (Wollenselement).
- *Rechtswidrigkeit:* Vorsätzlich handelt nur, wer rechtswidrig handelt (Rn 391).
- *Bewusstsein der Rechtswidrigkeit:* Voraussetzung ist ferner, dass der Betreffende sich der Rechtswidrigkeit (Pflichtwidrigkeit) seines Handelns bewusst ist.[10] Wer nicht weiß, dass er gegen ein Verbot oder gegen eine ihm obliegende Pflicht verstößt, handelt nicht vorsätzlich.[11] Der nahe liegende Einwand, dass man sich dann einer Haftung leicht mit der Behauptung entziehen könne, man habe sein Verhalten für erlaubt gehalten, trifft allerdings nicht zu. Denn wer behauptet, er sei sich der Pflichtwidrigkeit seines Handelns nicht bewusst gewesen, muss das beweisen.[12] Außerdem liegt auch bei fahrlässigem Rechtsirrtum das für eine Haftung erforderliche Verschulden vor (Rn 398).

394 *Direkter und bedingter Vorsatz:* Von *direktem Vorsatz* spricht man, wenn der Schuldner den rechtswidrigen Erfolg will. *Bedingter Vorsatz* liegt vor, wenn der Schuldner den rechtswidrigen Erfolg zwar nicht will, ihn aber für möglich hält und billigend in Kauf nimmt.[13] Er handelt dann nach dem Motto: „Na, wenn schon!“

III. Fahrlässigkeit

1. Einfache (leichte) Fahrlässigkeit

a) Definition

395 Nach der berühmten Definition in § 276 Abs. 2 handelt fahrlässig, *„wer die im Verkehr erforderliche Sorgfalt außer Acht lässt“*. Das BGB setzt dabei stillschweigend voraus, dass das fragliche Verhalten zu einem rechtswidrigen Zustand oder Erfolg führt. Denn ein Verhalten, das einen *rechtmäßigen* Erfolg herbeiführt, kann nicht fahrlässig sein. *Beispiel:* Weil M das korrekte Datum vergessen hatte, überreichte er seiner Frau F zwei Tage zu früh den obligatorischen Rosenstrauß zum Hochzeitstag. Frau F könnte dann nicht sagen: „Mein Mann hat mir fahrlässig am falschen Tag Rosen geschenkt.“ Insofern gilt das Gleiche wie beim Vorsatz (Rn 392). Man muss deshalb die Definition des Gesetzes etwa so vervollständigen: Fahrlässig handelt, wer die im Verkehr erforderliche Sorgfalt außer Acht lässt *und dadurch einen rechtswidrigen Zustand oder Erfolg herbeiführt.* „Verkehr“ bedeutet „Rechtsverkehr“, also die Beziehungen der Personen, die an einem Rechtsverhältnis beteiligt sind. Der Straßenverkehr ist nur ein Teil dieses Verkehrs.

b) Objektiver Maßstab – aber mit Differenzierungen

396 *„Erforderlich“* ist die Sorgfalt, die objektiv geboten ist.[14] Es kommt also grundsätzlich nicht darauf an, welchen Bildungsstand oder welche Kenntnisse oder Gewohnheiten

10 Palandt/Grüneberg § 276 Rn 11; BGH NJW 2010, 596 Rn 38; BGHZ 151, 337 (343).
11 BGHZ 118, 208; NJW 2002, 3255.
12 BGH NJW 2009, 2298.
13 BGH NJW 1986, 180.
14 BGH NJW 2000, 2812, 2813; 1989, 2465.

der Schuldner hat, sondern welches Verhalten die Situation verlangt. *Beispiel 1:* B befüllte den unterirdischen Tank einer Tankstelle mit Dieselöl und löste dann den Schlauch vorschriftswidrig, so dass eine Dieselölfontäne aus dem Tank schoss. Es kam nicht darauf an, ob B bei seiner Schulung darauf hingewiesen worden war, wie man in solchen Fällen den Schlauch löst, sondern welche Maßnahmen objektiv erforderlich waren. Deshalb hat B fahrlässig gehandelt.[15] *Beispiel 2:* P hatte eine landwirtschaftliche Fläche gepachtet. D, der ihm unbekannt war, bot ihm an, kostenlos 4 000 t „Biodünger" auf dem Feld abzuladen. Später stellte sich heraus, dass der „Biodünger" mit krebserregenden Industrieabfällen vermischt war. P hätte erkennen müssen, dass mit dem Angebot des D etwas nicht stimmen konnte, und hat deshalb fahrlässig an der Vergiftung des Bodens mitgewirkt.[16]

397 *Differenzierungen:* Der Grundsatz, dass alle Menschen die objektiv erforderliche – und damit die gleiche – Sorgfalt einzuhalten haben (Rn 396), wird in der Praxis etwas differenzierter gesehen. Denn der Einzelne muss sich an den Anforderungen messen lassen, die konkret von Angehörigen seines Berufes oder seiner Stellung erwartet werden können.[17] *Beispiel 1:* R versteigert Antiquitäten aller Art, nicht speziell antike Teppiche. X überließ ihm einen persischen Teppich, für den R nach ausführlicher Begutachtung ein Mindestgebot von 900 Euro festsetzte. Der Teppich wurde für 19 700 Euro versteigert, was X freute. Aber einige Zeit später versteigerte Christie's denselben Teppich für umgerechnet 7,2 Millionen Euro. X verlangte von R Schadensersatz mit der Begründung, er habe bei der Bewertung die erforderliche Sorgfalt verletzt. Aber von einem so genannten Universalversteigerer kann nicht verlangt werden, dass er das über 70 Jahre alte Spezialbuch besitzt, anhand dessen Christie's den besonderen Wert des Teppichs erkannt hatte.[18] *Beispiel 2:* Von einem Betreuer (§ 1896), der von Beruf Rechtsanwalt ist, wird ein höheres Maß an Sorgfalt erwartet als von weniger qualifizierten Betreuern.[19] *Beispiel 3:* An die „rechtlich versierten Fachkräfte" eines Kreditinstituts sind „strengere Sorgfaltsanforderungen zu stellen als an einen juristisch nicht vorgebildeten Durchschnittsbürger".[20]

c) Fahrlässiger Rechtsirrtum

398 *Rechtsirrtum von Laien:* Wer sich später erfolgreich darauf berufen will, er habe sich *unverschuldet* in einem Rechtsirrtum befunden, muss „die Rechtslage unter Einbeziehung der höchstrichterlichen Rechtsprechung sorgfältig prüfen"[21] und muss „soweit erforderlich, Rechtsrat einholen".[22] Aus diesen Worten wird deutlich, dass die Gerichte nur in seltenen Fällen einen Rechtsirrtum für nicht fahrlässig halten. *Beispiel 1:* M wollte für einige Jahre in Kanada arbeiten und bat deshalb seinen Vermieter V, zwei seiner drei Zimmer untervermieten zu dürfen. V lehnte ab. Ob V dazu berechtigt war, wurde damals im Schrifttum unterschiedlich beurteilt; höchstrichterliche Rechtsprechung fehlte. Erst der BGH entschied anhand dieses Falles, dass V verpflichtet war, die Zustimmung zu erteilen. Aber das Risiko der Fehleinschätzung trug V. Er hat fahrläs-

15 BGH NJW 1995, 1150.
16 BGH NJW 2010, 2341 Rn 16.
17 BGH NJW 2003, 2311; BGHZ 113, 304.
18 OLG München NJW 2015, 81.
19 BGH NJW 2004, 220.
20 BGHZ 167, 223 Rn 29; ähnlich BGH NJW 2005, 1576, 1579; 2005, 1190, 1191.
21 BGH NJW 2015, 2419 Rn 63.
22 BGH NJW 2010, 2339 Rn 3; 2001, 3114.

sig gehandelt und musste deshalb M als Schadensersatz für entgangene Untermiete 8 000 Euro zahlen.[23] Wer sich auf ein höchstrichterliches Urteil berufen kann, handelt aber nicht fahrlässig. *Beispiel 2:* Die BASF lehnte die Wiedereinstellung einer kaufmännischen Angestellten ab und bezog sich dabei auf ein Urteil des BAG. Auch wenn das BAG später anders entschied, beruhte die Rechtsansicht der BASF nicht auf Fahrlässigkeit.[24]

Rechtsirrtum eines Anwalts: Besonders streng sind die Anforderungen, die an Rechtsanwälte zu stellen sind. Bei ihnen ist jeder Rechtsirrtum fahrlässig, auch die Unkenntnis einer entlegenen Tarifbestimmung.[25] Wenn ein Anwalt ein Gesetz anzuwenden hat, das erst vor kurzem geändert wurde, sind die an ihn zu stellenden Anforderungen nicht geringer, sondern noch höher.[26] Auch die neueste Rechtsprechung der Obergerichte muss ein Anwalt kennen. Es wird nämlich von ihm erwartet, dass er sich „anhand einschlägiger Fachliteratur ... über den aktuellen Stand der Rechtsprechung informiert".[27]

d) Abgrenzung vom Vorsatz

399 Die Frage, ob Vorsatz oder Fahrlässigkeit vorliegt, ist – weil es sich um eine innere Tatsache handelt – für einen Richter oft nicht leicht zu entscheiden. Bei einer Geschwindigkeitsüberschreitung im Straßenverkehr oder beim Fahren unter Alkoholeinfluss verschwimmt die Grenze oft ganz.[28] Das Gericht muss dann notfalls argumentieren, bei massiven Geschwindigkeitsüberschreitungen „dränge" sich die Annahme vorsätzlicher Begehung „auf".[29]

Die Abgrenzung kann auch Probleme machen, wenn der Täter den Erfolg 1 vorsätzlich, aber den Erfolg 2 fahrlässig herbeigeführt hat. *Beispiel:* Einem 16-jährigen Auszubildenden war es ausdrücklich untersagt, den Gabelstapler zu benutzen. Er setzte sich (vorsätzlich) über dieses Verbot hinweg und beschädigte sodann (fahrlässig) das Hallentor.[30]

Insgesamt spielt die Abgrenzung von Vorsatz und Fahrlässigkeit im Zivilrecht keine große Rolle (anders als im Strafrecht). Denn das Gesetz verlangt im Allgemeinen nur ein Vertretenmüssen, so dass es auf die Frage, ob noch Fahrlässigkeit oder schon Vorsatz vorliegt, nicht ankommt.[31] § 826, der ausdrücklich Vorsatz verlangt, ist eine der seltenen Ausnahmen.

2. Grobe Fahrlässigkeit

400 Der Begriff *„grobe Fahrlässigkeit"* wird vom BGB zwar verwendet (zB in § 277), aber nicht definiert. Man kann eine Definition aus § 276 Abs. 2 ableiten und sagen: Grob

23 BGH NJW 2014, 2717 Rn 19 ff.
24 BAG NJW 2015, 3678 Rn 27 bis 33.
25 BerlVerfGH NJW 2003, 1517; erstaunlich mild zur Sorgfalt eines Notars BGH NJW 2001, 70.
26 BGH NJW 2011, 387 Rn 19.
27 BGH NJW 2011, 387 Rn 19.
28 ZB OLG Düsseldorf NZV 1995, 161; OLG Celle NZV 1997, 320.
29 BGH NZV 1997, 529.
30 BAG NJW 2003, 377 mit verwirrenden Ausführungen zu Vorsatz und Fahrlässigkeit.
31 MüKo/Grundmann § 276 Rn 150.

fahrlässig handelt, wer „die im Verkehr erforderliche Sorgfalt *in ungewöhnlich hohem Maße* verletzt“.[32] Nach anderen Definitionen liegt grobe Fahrlässigkeit vor,

- wenn der Schuldner das „unbeachtet lässt, was im gegebenen Fall jedem einleuchten“ musste[33] oder „sich jedem aufgedrängt hätte“[34] oder
- „wenn ganz nahe liegende Überlegungen nicht angestellt oder beiseite geschoben wurden“.[35]

Die Frage, ob leichte oder grobe Fahrlässigkeit vorliegt, kann ein Richter vielfach nicht ohne das Gutachten eines Sachverständigen entscheiden (zB in einem Prozess gegen einen Arzt). Aber die Frage ist eine juristische und muss deshalb vom *Richter* entschieden werden, das Gutachten ist nur die Basis seiner Entscheidung.[36]

Beispiel 1: Frau G verwahrte ihre Debitkarte (früher Girocard, Bankkarte, ec-Karte) und die dazu gehörige PIN im gleichen Portemonnaie auf.[37] *Beispiel 2:* N missachtete eine rote Ampel und handelte deshalb grob fahrlässig. Eine Ausnahme würde bestehen, wenn er zunächst angehalten hätte und nur irrtümlich zu früh losgefahren wäre.[38] *Beispiel 3:* X telefonierte mit seinem Mobiltelefon, das er mit der linken Hand ans Ohr hielt, während er mit der rechten Hand seinen Smart mit 110 km/h durch die Kurven lenkte, in denen 60 km/h erlaubt waren.[39] *Beispiel 4:* Eine Narkoseärztin verabreichte bei einer Magenoperation einer Patientin mit der Blutgruppe Null zwei Blutkonserven der Blutgruppe A, worauf die Patientin starb. Da die Ärztin, ohne in einer Stresssituation zu sein, gleich mehrere Sicherheitsvorschriften missachtet hatte, sprach das BAG von „besonders grober (gröbster)“ Fahrlässigkeit.[40] Diese Bezeichnung ist aber außerhalb des Arbeitsrechts nicht üblich.

401 *Subjektiver Vorwurf:* Nach § 276 Abs. 2 gilt bei der Prüfung der Frage der Fahrlässigkeit ein rein *objektiver* Maßstab. Denn es kommt allein darauf an, welche Sorgfalt im konkreten Fall „erforderlich“, also objektiv geboten war. *Grobe* Fahrlässigkeit setzt aber nicht nur einen *objektiv* schweren, sondern zugleich auch einen „in subjektiver Hinsicht schlechthin unentschuldbaren Verstoß gegen die Anforderungen der konkret erforderlichen Sorgfalt“ voraus.[41] Mit dem Wort „subjektiv“ soll deutlich gemacht werden, dass im Fall der groben Fahrlässigkeit den Schuldner auch persönlich der Vorwurf schweren Verschuldens treffen muss.[42] Um das zu beurteilen, müssen die persönlichen (individuellen) Fähigkeiten und Erfahrungen des Schuldners in die Beurteilung einbezogen werden. Dann liegt auch bei einem objektiv schweren Pflichtenverstoß nicht immer grobe Fahrlässigkeit vor. *Beispiel:* B und K, zwei junge Medizinerinnen aus Deutschland, waren in einem Mietwagen in Südafrika unterwegs und mussten sich erst an den Linksverkehr gewöhnen. Frau B bog von einem Feldweg versehentlich auf die *rechte* Seite einer Landstraße ein und kollidierte mit einem entgegenkommenden Fahrzeug. Der Verstoß gegen das Linksfahrgebot war ein objektiv grober Pflichtenver-

32 BGH NJW 2001, 286.
33 BGH NJW 2007, 2988 Rn 15; BGH NJW 1992, 310; BGHZ 89, 153.
34 BGH NJW 2001, 286; 1992, 3235; 1992, 316.
35 BGH NJW 2001, 286.
36 BGH NJW 2015, 1601 Rn 16.
37 BGHZ 160, 308 (312); 145, 337 (340). Ebenso für eine SIM-Karte, die mit der PIN beschriftet war, OLG Brandenburg NJW 2014, 3457 Rn 14 ff.
38 BGH NJW 2003, 1118.
39 LG Berlin Mitte NJW 2005, 442.
40 NJW 1998, 1810. Siehe auch BGH NJW 2012, 227 Rn 8; BGHZ 172, 1 Rn 25.
41 BGH NJW 2016, 2024 Rn 71; ähnlich 2009, 1482 Rn 34.
42 BGH NJW 2001, 2092; 1992, 2418.

stoß, aber „keine subjektiv schlechthin unentschuldbare Pflichtverletzung", weil die junge Deutsche aufgrund einer „automatisierten Verhaltensweise" rechts fuhr.[43] Es lag deshalb nur einfache Fahrlässigkeit vor. Der Unterschied war wichtig, weil Frau K gegen Frau B nur bei grober Fahrlässigkeit Schadensersatzansprüche gehabt hätte (dazu Rn 409 aE).

IV. Mildere Haftung

1. Allgemeines

402 Der Grundsatz, dass der Schuldner „Vorsatz und Fahrlässigkeit zu vertreten" hat (§ 276 Abs. 1 S. 1), gilt nicht uneingeschränkt. Das ergibt sich aus § 276 Abs. 1 S. 1 selbst, nach dem der Schuldner Vorsatz und Fahrlässigkeit nur zu vertreten hat, „wenn eine strengere oder mildere Haftung weder bestimmt noch aus dem sonstigen Inhalt des Schuldverhältnisses ... zu entnehmen ist". Manchmal ist nämlich bestimmt, dass der Schuldner weniger zu vertreten hat (Haftungsmilderungen/Haftungserleichterungen), und manchmal, dass er mehr zu vertreten hat (Haftungsverschärfungen). Auch *vertraglich* können die Partner den Haftungsmaßstab anders als in § 276 Abs. 1 S. 1 festlegen.

2. Der Schuldner haftet überhaupt nicht, also nicht einmal für Vorsatz

403 Das Gesetz bestimmt nie, dass der Schuldner nicht einmal für Vorsatz haftet. Aber selbst vertraglich kann dem Schuldner die Haftung wegen Vorsatzes nicht *im Voraus* erlassen werden (§ 276 Abs. 3), weil er anderenfalls einen Freibrief hätte, alles kurz und klein zu schlagen. Nur im Nachhinein kann der Gläubiger dem Schuldner die Haftung für sein vorsätzliches Verhalten erlassen. Von einer Haftung für Vorsatz seiner Erfüllungsgehilfen kann sich der Schuldner dagegen von vornherein freizeichnen (§ 278 S. 2), allerdings nicht durch AGB (§ 309 Nr. 7 b Var. 2).

3. Der Schuldner haftet nur für Vorsatz

404 Das *Gesetz* ordnet nirgends an, dass der Schuldner nur für Vorsatz haftet, also für keinerlei Fahrlässigkeit. Nur durch eine *individuell* ausgehandelte Vertragsklausel kann die Haftung des Schuldners auf Vorsatz beschränkt werden. Durch *AGB* kann der Verwender seine Haftung für grobe Fahrlässigkeit nicht ausschließen (§ 309 Nr. 7 b Var. 1). Mit anderen Worten: Er kann seine Haftung nicht auf Vorsatz beschränken.

4. Der Schuldner haftet nur für Vorsatz und grobe Fahrlässigkeit

a) Einführung

405 *Grobes Verschulden:* Vorsatz und grobe Fahrlässigkeit werden manchmal unter dem Begriff *„grobes Verschulden"* zusammengefasst.[44] Wenn sich die Haftung auf dieses grobe Verschulden beschränkt, ist dem Schuldner die Haftung für *einfache* (leichte) Fahrlässigkeit erlassen. Die Grenze der Schuldnerhaftung verläuft dann quer durch das weite Feld der Fahrlässigkeit.

---

43 BGH NJW 2009, 1482 Rn 35, 37.

44 § 309 Nr. 7 (Überschrift) sowie Nr. 7 Buchstabe b (ebenfalls Überschrift). Man darf aber nicht von einer „Haftungsbeschränkung auf Vorsatz und grobes Verschulden" sprechen (so aber BGH NJW 2005, 422 [424] unter 1).

Ob grobe Fahrlässigkeit vorliegt, darf *nur* in den Fällen geprüft werden, in denen es auf die Abgrenzung von grober und einfacher Fahrlässigkeit ankommt. Anfänger schreiben aber auch in anderen Fällen gern: „Damit steht fest, dass A grob fahrlässig gehandelt hat." Das übersehen auch Richter manchmal.[45] Der BGH überlässt die Entscheidung, ob einfache oder grobe Fahrlässigkeit vorliegt, weitgehend „der tatrichterlichen Würdigung",[46] also den Richtern des LG oder des OLG. Denn diese Gerichte können Zeugen hören oder sonstigen Beweis erheben, der BGH nicht.

b) Gesetzliche Vorschriften

406 *Gläubigerverzug (§ 300):* Wenn der Gläubiger die vom Schuldner angebotene Leistung nicht angenommen hat (Gläubigerverzug, §§ 293 ff), hat der Schuldner ein Problem. Denn er wird von seiner Pflicht nicht frei, sondern muss seine Leistung erneut anbieten. § 300 verschafft ihm aber Erleichterung. Denn sobald der Gläubiger in Verzug geraten ist, hat der Schuldner nur noch „Vorsatz und grobe Fahrlässigkeit zu vertreten" (§ 300 Abs. 1); die Haftung für einfache Fahrlässigkeit ist ihm also erlassen (Rn 473).

407 *Unentgeltliche Tätigkeit:* In den Genuss dieser Haftungserleichterung kommen auch Schuldner, die unentgeltlich tätig werden und deshalb eine gewisse Nachsicht erwarten dürfen, zB der Vorstand eines Vereins (§ 31a Abs. 1 S. 1), der Verleiher (§ 599), der Helfer in der Not (§ 680) und der Finder (§ 968). Auch der Schenker genießt dieses Haftungsprivileg (§ 521). *Beispiel:* A schenkte dem Landwirt B als Bullenfutter eine Tanklastwagenfüllung Kartoffelpülpe, deren Anwendung zum Tod von 40 Bullen führte. A haftete nach § 521 nur für Vorsatz und grobe Fahrlässigkeit.[47]

Bankrecht: Wer beim Online-Banking einen Fehler gemacht hat, haftet dem Kreditinstitut nur bei Vorsatz und grober Fahrlässigkeit auf vollen Schadensersatz (§ 675v Abs. 2). *Beispiel 1:* K wurde von einem Betrüger dazu verleitet, zehn TAN anzugeben („Pharming"). Kurz darauf wurden 5 000 Euro von seinem Konto auf ein griechisches Konto überwiesen. Es kam darauf an, ob das Verhalten des K als grob oder als leicht fahrlässig anzusehen war. Bei grober Fahrlässigkeit hatte K den vollen Schaden zu tragen (§ 675v Abs. 2). Bei leichter Fahrlässigkeit musste sich K nur mit 150 Euro am Schaden der Bank beteiligen (Abs. 1).[48] Manchmal kommt es auch auf die einfache oder grobe Fahrlässigkeit des *Kreditinstituts* an. *Beispiel 2:* X legte der D-Bank einen gefälschten Scheck zum Inkasso vor und die Bank löste ihn ein. Sie trug den Schaden nur, wenn sie die Fälschung *grob* fahrlässig übersehen hatte (Art. 21 ScheckG).[49]

408 *Versicherungsrecht:* Früher musste ein Versicherungsnehmer seinen Schaden selbst tragen, wenn er den Versicherungsfall grob fahrlässig herbeigeführt hatte. Heute gilt eine flexible Regelung, die sich nach der Schwere des (grob fahrlässigen) Verhaltens richtet (§ 81 Abs. 2 VVG).[50] *Beispiel 1:* K pflegte seinen Pkw morgens vorzuwärmen, indem er einen Heizlüfter auf den Beifahrersitz stellte. Eines Tages fand er sein Auto ausgebrannt vor. Er hatte den Schaden grob fahrlässig verursacht, aber sein Kaskoversicherer wurde dadurch nicht ohne Weiteres frei.[51] Die AGB eines Kfz-Vermieters müssen

45 OLG Hamm VersR 1983, 566.
46 Etwa NJW 2003, 2903.
47 BGHZ 93, 23.
48 NJW 2012, 2422 Rn 17. Der BGH musste die Frage nicht entscheiden, weil die damalige Rechtslage eine andere war.
49 BGH BB 2000, 1056; BGH NJW 1992, 3235.
50 BGHZ 191, 150 Rn 12..
51 OLG Hamm NZV 1997, 313 mit anderem Ergebnis nach damaliger Rechtslage.

die flexible Regelung des § 81 Abs. 2 VVG übernehmen. *Beispiel 2:* Ein Kfz-Vermieter bot in seinen AGB an, dass der Mieter durch Zahlung eines besonderen Entgelts eine „vertragliche Haftungsfreistellung" erreichen konnte. Trotzdem sollte der Mieter im Fall *grober* Fahrlässigkeit den Schaden in vollem Umfang tragen. Das war ein Verstoß gegen § 307 Abs. 1 S. 1, Abs. 2 Nr. 1.[52]

c) Individual-vertragliche Beschränkung auf grobes Verschulden

409 Manchmal entnehmen die Gerichte den Umständen des konkreten Falles, dass die Parteien stillschweigend die Haftung aus einer unerlaubten Handlung *vertraglich* auf grobes Verschulden beschränkt haben. *Beispiel 1:* Viele Sportvereine übernehmen einen Schaden, soweit der Übungsleiter nur leicht fahrlässig gehandelt hat. Würden die Übungsleiter auch für diese Fahrlässigkeit persönlich haften, würde es für die Vereine noch schwerer, Übungsleiter zu finden. Andererseits würde es die Übungsleiter zur Nachlässigkeit verleiten, wenn sie auch für grobe Fahrlässigkeit nicht zu haften brauchten. *Beispiel 2:* T nahm als Mitglied der Rennradabteilung eines Sportvereins an einer Trainingsfahrt teil. In solchen Fällen wird allgemein mit einem Abstand von etwa 1,5 m gefahren. R, der Vordermann des T, stürzte. Da T weder bremsen noch ausweichen konnte, stürzte er ebenfalls. Er nahm den Haftpflichtversicherer des R auf Schadensersatz in Anspruch. Aber dieser lehnte eine Zahlung zu Recht ab, weil auch R nicht haftete. Denn alle Teilnehmer einer solchen Fahrt schließen gegenseitig eine Haftung für *einfache* Fahrlässigkeit stillschweigend aus.[53] *Beispiel 3:* S wollte 26 Burschenschafter, die auf einem Anhänger an Biertischen saßen, unentgeltlich zu einer Maifeier auf eine Burg fahren. In einer Kurve kippte der Anhänger, zahlreiche Burschen wurden verletzt. Das OLG Frankfurt nahm einfache Fahrlässigkeit des S an und eine stillschweigende Haftungsbeschränkung auf Vorsatz und grobe Fahrlässigkeit.[54] *Beispiel 4:* Im Beispielsfall Rn 401 ist der BGH zu Recht davon ausgegangen, dass die beiden Medizinerinnen vor Antritt der Fahrt stillschweigend auf Ansprüche aus einfacher Fahrlässigkeit verzichtet hatten. Deshalb war es wichtig, dass keine grobe Fahrlässigkeit vorlag.[55]

d) Beschränkung auf grobes Verschulden durch AGB

410 Nach § 309 Nr. 7 b kann ein Verwender nicht durch AGB seine Haftung für *grobe* Fahrlässigkeit ausschließen. Daraus könnte man schließen, dass die Haftung für *einfache* Fahrlässigkeit durch AGB ausgeschlossen werden könne. Dieser Umkehrschluss ist aber unzulässig. Eine Klausel, die die Haftung des Verwenders für einfache Fahrlässigkeit ausschließt, kann nämlich gegen § 307 Abs. 2 Nr. 2 verstoßen. *Beispiel:* In den AGB der B-GmbH, die eine Autowaschanlage betreibt, hieß es: „Eine Haftung für die Beschädigung der außen an der Karosserie angebrachten Teile ... bleibt ausgeschlossen, es sei denn, dass den Waschanlagenunternehmer eine Haftung aus grobem Verschulden trifft." Ein Außenspiegel des Kunden K wurde beim Waschvorgang abgerissen. Es lag nur einfache Fahrlässigkeit der B vor, aber sie musste zahlen, weil die Beschränkung ihrer Haftung auf grobes Verschulden (= Haftungsausschluss für einfache

52 BGH NJW 2014, 3234 Rn 8 ff.
53 AG Nordhorn NJW 2015, 3524. Dasselbe gilt für Motorradfahrer, die im Pulk fahren und dabei den gesetzlich vorgeschriebenen Abstand nicht einhalten (OLG Frankfurt NJW 2015, 3522 Rn 12).
54 NJW 2006, 1004.
55 NJW 2009, 1482 Rn 15, 29 ff.

Fahrlässigkeit) nach § 307 Abs. 2 Nr. 2 eine „unangemessene Benachteiligung“ des Kunden darstellte.[56]

5. Eigenübliche Sorgfalt

411 Manchmal gestattet das Gesetz dem Schuldner die Sorgfalt, die *„er in eigenen Angelegenheiten anzuwenden pflegt“* (§ 277). Darin liegt ein Entgegenkommen, denn in eigenen Angelegenheiten sind viele Menschen etwas nachlässiger, als es der strenge Maßstab des § 276 Abs. 1 S. 1 zulassen würde. Wer nur für die eigenübliche Sorgfalt einzustehen hat, hat aber dadurch, wie § 277 ausdrücklich sagt, keinen Freibrief für *grobe* Fahrlässigkeit.

In den Genuss der milderen Haftung kann kraft Gesetzes nur kommen, wer etwas *unentgeltlich* tut. Zu diesem privilegierten Personenkreis gehören der unentgeltlich tätige Verwahrer (§ 690), derjenige, der im familiären Bereich tätig wird (Ehegatten nach § 1359, Eltern nach § 1664 Abs. 1) und der Gesellschafter (§ 708). Aber ein Gesellschafter kann sich nicht immer erfolgreich auf § 708 berufen. *Beispiel:* Die Bauingenieure B und S, die eine Gesellschaft des BGB bildeten, hatten die Statik eines Parkhaus-Neubaus zu berechnen. Dabei machte S schwere Fehler. Er berief sich B gegenüber darauf, dass er ihm nach § 708 nur für die eigenübliche Sorgfalt hafte. Aber damit hätte er nur Erfolg gehabt, wenn B von der Nachlässigkeit schon vorher gewusst hätte.[57]

Keine Geltung im Straßenverkehr: Die Abstufung auf die eigenübliche Sorgfalt gilt nicht im Straßenverkehr und allgemein nicht im Zusammenhang mit motorgetriebenen Fahrzeugen. *Beispiel:* Frau C fuhr auf dem Gardasee Wasserski. Das Zugboot führte ihr Ehemann, der mit dem Boot nicht vertraut war. Als Frau C dem Boot sehr nahe war, wollte ihr Ehemann vorwärts fahren, fuhr aber infolge eines Bedienungsfehlers rückwärts. Frau C geriet in die Schraube des Bootes und wurde schwer verletzt. Eine Haftungsmilderung nach den §§ 1359, 277 kam nicht in Betracht, weil § 277 nicht auf das Führen eines motorgetriebenen Fahrzeugs angewendet wird. Deshalb war das Verhalten des Ehemanns nach dem strengeren Maßstab des § 276 zu beurteilen.[58]

Den Haftungsmaßstab der eigenüblichen Sorgfalt konnte man lange als eine leicht antiquierte Regelung betrachten. Aber die Neugestaltung des Rücktrittsrechts zeigt in den §§ 346 Abs. 3 S. 1 Nr. 3 und 347 Abs. 1 S. 2, dass eine Haftungsbeschränkung auf die eigenübliche Sorgfalt auch heute noch zu den angemessenen Lösungen gezählt wird (Rn 286).

6. Ausnahme: Keine Haftung des Arbeitnehmers für „leichteste Fahrlässigkeit“

412 Nach § 276 Abs. 1 S. 1 BGB würde ein Arbeitnehmer seinem Arbeitgeber für alle Schäden haften, die er bei Durchführung der ihm übertragenen Arbeit fahrlässig verursacht. Das wird zu Recht als sozial nicht gerechtfertigt angesehen. Ein Arbeitnehmer haftet deshalb seinem Arbeitgeber für solche Schäden nicht, die auf „leichtester Fahr-

56 NJW 2005, 422 (424).
57 BGH NJW 2013, 3572 Rn 14 f. Dazu MüKo-BGB/Schäfer/Ulmer § 708 Rn 20; BaRo/Schöne § 708 Rn 19.
58 BGH NJW 2009, 1875 Rn 12 ff.

lässigkeit" beruhen.[59] Den Begriff der „leichtesten Fahrlässigkeit" gibt es aber nur im Arbeitsrecht! Er darf außerhalb des Arbeitsrechts nicht verwendet werden.

V. Strengere Haftung

1. Allgemeines

413 § 276 Abs. 1 S. 1 spricht ausdrücklich den Fall an, dass „eine *strengere* ... Haftung ... bestimmt" oder „aus dem sonstigen Inhalt des Schuldverhältnisses" zu entnehmen ist, und erwähnt dabei die „Übernahme einer Garantie oder eines Beschaffungsrisikos".

2. Haftung ohne Verschulden

a) Haftung für Zufall

414 Eine „strengere ... Haftung" als die für Vorsatz und Fahrlässigkeit ist eine Haftung, die auch vom Schuldner nicht verschuldete Ereignisse und Vorgänge einschließt. Er haftet dann auch für Zufall.

415 *Zufall* ist ein Ereignis, das weder der Schuldner schuldhaft (vorsätzlich oder fahrlässig) herbeigeführt hat noch der Gläubiger und das ihnen auch nicht über ein Verschulden ihrer Hilfspersonen zugerechnet werden kann (§ 278). Ob ein Außenstehender schuldhaft gehandelt hat, ist unerheblich. *Unrichtig* ist es, den Zufall als ein Ereignis zu definieren, das von beiden Parteien nicht zu *vertreten* ist.[60] Denn sowohl der Schuldner als auch der Gläubiger können im Einzelfall ein zufälliges Ereignis zu *vertreten* haben, nämlich wenn ihnen das Zufallsrisiko zugewiesen ist (siehe den nächsten Absatz). Um einen Zufall handelt es sich dann trotzdem. Das Gesetz ordnet die Haftung für Zufall häufiger an, als man annehmen sollte.

Verzugshaftung: Nach § 287 S. 2 haftet der Schuldner, der sich im Schuldnerverzug befindet „auch für Zufall". *Beispiel:* Z sollte den entliehenen Unimog schon am Dienstag zurückgeben, hatte das aber vergessen. Am Freitag erlitt das Fahrzeug beim Fällen von Bäumen ohne Verschulden des Z einen Totalschaden. Z haftet dann für die Unmöglichkeit der Rückgabe, weil er nach § 287 S. 2 „auch für Zufall" haftet (Rn 697 ff).

b) „Übernahme einer Garantie oder eines Beschaffungsrisikos"

416 *„Übernahme einer Garantie" (§ 276 Abs. 1 S. 1):* Ohne Verschulden haftet der Schuldner auch, wenn er eine „Garantie" übernommen hatte (§ 276 Abs. 1 S. 1). *Beispiel:* Verkäufer V hatte zugesichert, dass das Bild „Blick auf den Bodensee bei Langenargen" von Purrmann stamme. Später stellte sich die Zuschreibung als falsch heraus. K verlangt Schadensersatz. V beruft sich darauf, dass er – was zutrifft – ohne Fahrlässigkeit von der Echtheit des Bildes ausgegangen war. Das nützt ihm aber nichts, da die Garantie das Verschulden ersetzt. V hat deshalb den Mangel des Bildes „zu vertreten" (§ 276 Abs. 1 S. 1).

417 *„Übernahme ... eines Beschaffungsrisikos" (§ 276 Abs. 1 S. 1):* Wenn sich der Verkäufer nach § 243 Abs. 1 zur Beschaffung einer nur der Gattung nach bezeichneten Kauf-

---

59 Großer Senat des BAG BAGE 78, 56; NJW 2004, 2469. Außerdem gilt die Verschuldensvermutung des § 280 Abs. 1 S. 2 nicht zulasten des Arbeitnehmers (§ 619a).

60 So aber Staudinger/Löwisch/Feldmann § 287 Rn 10 und 17 und Erman/Hager § 287 Rn 2: Zufall ist „jeder Umstand, für den der Schuldner wie der Gläubiger nicht einstehen müssen". Dazu Hirsch Jura 2003, 42, Fn. 27.

sache verpflichtet hat (Gattungsschuld), hat er das „Beschaffungsrisiko“ übernommen (§ 276 Abs. 1 S. 1; Rn 117). Er muss deshalb für seine Unfähigkeit, die Sache zu beschaffen, auch dann einstehen, wenn ihm kein Verschulden zur Last fällt (siehe auch Rn 700). *Beispiel:* Rn 117, Beispiel 1.[61]

418 *Geldschuld:* Um die Übernahme des Beschaffungsrisikos handelt es sich auch, wenn jemand die Zahlung eines Geldbetrags verspricht.[62] Denn wer eine Zahlungspflicht übernimmt, behauptet, Geld zu haben oder beschaffen zu können („Geld hat man“; Rn 518, 644). *Beispiel:* M hatte eine Wohnung des V gemietet. Er zahlte zwei Monate lang keine Miete und berief sich auf unverschuldete finanzielle Schwierigkeiten. Aber V durfte ihm kündigen, weil ein Mieter (wie jeder Geldschuldner) „verschuldensunabhängig für seine finanzielle Leistungsfähigkeit einzustehen hat“.[63]

3. Gefährdungshaftung

419 Ein Tierhalter haftet für Schäden, die das Tier anrichtet, auch dann, wenn er nach § 276 Abs. 2 die im Verkehr erforderliche Sorgfalt beachtet hat (§ 833 S. 1; Abschwächung für Nutztiere in Satz 2). Ein Hotelier haftet kraft Gesetzes für den Verlust von Sachen, die der Gast eingebracht hat, auch ohne Verschulden (§ 701 Abs. 3).[64]

Eine solche *Gefährdungshaftung* trifft Tierhalter und Hoteliers selten, viel häufiger die Betreiber gefährlicher Anlagen. Prominentestes Beispiel ist die Haftung des Kfz-Halters nach § 7 StVG. Auch für andere Sachen gibt es eine Gefährdungshaftung. So führt nach dem Produkthaftungsgesetz (ProdHaftG) das Inverkehrbringen gefährlicher Produkte zu einer verschuldensunabhängigen Haftung des Herstellers, Importeurs oder Händlers. Ebenso haften Hersteller von Arzneimitteln auch ohne Verschulden für bestimmte Schäden ihrer Produkte (§ 84 Arzneimittelgesetz).

420 *Höhere Gewalt:* Auch wenn die Gefährdungshaftung sehr weit geht, schließt sie doch meist eine Haftung für „höhere Gewalt“ aus. So bestimmt § 7 Abs. 2 StVG, dass der Halter eines Kraftfahrzeugs nicht haftet, „wenn der Unfall durch höhere Gewalt verursacht wird“ (ebenso zB für Bahnunfälle § 1 Abs. 2 Haftpflichtgesetz). *Höhere Gewalt* ist „ein von außen kommendes, keinen betrieblichen Zusammenhang aufweisendes und auch durch äußerste vernünftigerweise zu erwartende Sorgfalt nicht abwendbares Ereignis“.[65] Zu ihnen zählen Naturkatastrophen, Kriege und folgenreiche Terroranschläge wie der des 11. September 2001.[66] *Beispiel 1:* Ein „Katastrophenregen“ führte dazu, dass das Niederschlagswasser wieder aus der Kanalisation austrat und zu Überschwemmungen führte. Da ein Regen dieser Stärke nur alle hundert Jahre vorkommt, handelte es sich um höhere Gewalt, für die die Gemeinde nicht zu haften hatte.[67] *Beispiel 2:* Im November 2005 fielen bei einem plötzlichen Wintereinbruch im Münsterland mehr als 80 Strommaste um, was zu einem weitgehenden Stromausfall führte. Der Energieversorger konnte sich auf höhere Gewalt berufen.[68] Der Begriff „höhere Gewalt“ spielt wegen § 651j auch für Reiseveranstalter und Reisende eine Rolle.

61 OLG Saarbrücken NJW 2000, 670.
62 BGHZ 143, 373 [378/379] zum früheren Recht; BGH NJW 2006, 986 Rn 10; 1999, 1470 [1475] mwN.
63 BGH NJW 2015, 1296 Rn 20.
64 SBT Rn 1831.
65 BGHZ 100, 185 (188) zu § 651j unter Hinweis auf RGZ 117, 12 (13); BGH NJW 2002, 2238 (2240).
66 LG Frankfurt/M, NJW 2003, 2618.
67 BGHZ 159, 19.
68 LG Essen NJW 2007, 3787.

VI. Zurechnungsfähigkeit

421 Ein schuldhaftes Verhalten führt nur dann ohne Weiteres zur Haftung des Schuldners, wenn dieser volljährig und geistig normal entwickelt ist. In anderen Fällen muss noch die *Zurechnungsfähigkeit des Schuldners* geprüft werden. Denn § 276 Abs. 1 S. 2 macht durch die Verweisung auf die §§ 827 und 828 deutlich, dass bestimmte Personengruppen gar nicht, andere nur beschränkt schuldfähig (zurechnungsfähig) sind:

422 *Geisteskranke (§ 827 S. 1):* Wer dauernd oder vorübergehend geistesgestört ist, ist für sein Verhalten „nicht verantwortlich“ (§ 827 S. 1). Diese Personen haben also die Folgen ihres Handelns nicht zu vertreten, auch wenn dieses Handeln, nach allgemeinen Maßstäben beurteilt, schuldhaft wäre (§ 276 Abs. 1 S. 2). Dieser Personenkreis kann auch keine Willenserklärungen abgeben, ist also geschäftsunfähig (§§ 104 Nr. 2, 105 Abs. 1, 2).

Rausch: Personen, die sich in einem von ihnen selbst herbeigeführten Rauschzustand befinden, sind für ihre Taten verantwortlich, weil ihnen das Sich-in-den-Rausch-Versetzen zugerechnet wird (§ 827 S. 2).

423 *Kinder bis einschließlich sechs Jahre:* Wer erst sechs Jahre alt ist oder jünger, ist für sein Verhalten „nicht verantwortlich“ (§ 828 Abs. 1).

Sieben, acht oder neun Jahre alte Kinder im Verkehr: Kinder, die zwar sieben, aber noch nicht zehn Jahre alt sind, haften nicht für einen von ihnen verursachten Verkehrsunfall, sofern sie nicht vorsätzlich gehandelt haben (§ 828 Abs. 2 S. 1, 2). Mit dem in § 828 Abs. 2 S. 1 genannten „Kraftfahrzeug“ ist in erster Linie ein fahrendes[69] oder ein verkehrsbedingt haltendes,[70] seltener ein abgestelltes Fahrzeug gemeint.[71]

424 *Jugendliche von 7 bis einschließlich 17 Jahren:* Soweit es sich nicht um einen Verkehrsunfall nach § 828 Abs. 2 handelt, kommt es darauf an, ob der Jugendliche in der Lage war, seine Verantwortung *zu erkennen* (§ 828 Abs. 3).[72] Es ist gleichgültig, ob er die Fähigkeit besaß, sich seiner Einsicht entsprechend *zu verhalten*.[73] Wenn er „nicht die zur Erkenntnis der Verantwortlichkeit erforderliche Einsicht“ hatte, ist er für die Tat nicht verantwortlich (§§ 276 Abs. 1 S. 2, 828 Abs. 3).

§ 20 Haftung für Erfüllungsgehilfen

Fall 20: Whiskyschmuggel § 278

425 *Matthias Memmler, der Inhaber eines holzverarbeitenden Betriebes in Wiesbaden, hatte den Innenausbau eines Schulneubaus in Doha (Scheichtum Katar) übernommen. Mit dem Transport des Materials nach Doha beauftragte er den Transportunternehmer Klaus Karst. Aufgrund der Bestimmungen des internationalen Straßengüterverkehrs, die dem Vertrag zu Grunde lagen, haftete Karst nur für Vorsatz und grobe Fahrlässigkeit. Karst hatte zugesichert, dass das Holz spätestens am 26. September in Doha sein werde. Vor der Abfahrt hatte Memmler den beiden Fahrern des Lkw, Zinke und Bödel, ausdrücklich untersagt, Alkohol*

69 BGHZ 161, 180.
70 BGH NJW 2007, 2113.
71 BGH NJW 2009, 3231 Rn 7.
72 SBT Rn 1562.
73 BGHZ 161, 180 (187).

zu schmuggeln, und sie auf die strengen Zollvorschriften der arabischen Länder hingewiesen. Anschließend ließ er sie eine entsprechende Erklärung unterschreiben. Trotzdem versteckten Zinke und Bödel heimlich 100 Flaschen „Chivas Regal" unter der Ladung. Bei der Zollkontrolle an der jordanisch-saudischen Grenze wurde der Schmuggel entdeckt. Zinke und Bödel wurden verhaftet, der Lkw und die Ladung beschlagnahmt. Nach längeren Verhandlungen gelang es Memmler, wenigstens das Frachtgut freizubekommen. Es wurde auf einen anderen Lkw umgeladen, dabei jedoch zum großen Teil beschädigt. Die Ladung traf erst am 24. Oktober in Doha ein. Memmler konnte deshalb den vertraglich vereinbarten Fertigstellungstermin nicht einhalten und musste für jeden Tag der Überschreitung eine Vertragsstrafe von 13 500 Euro zahlen. Memmler verlangt von Karst Schadensersatz in Höhe von 340 008,24 Euro. Karst hält sich nicht für schadensersatzpflichtig und führt zur Begründung an:

a) Er als Memmlers Vertragspartner habe sich korrekt verhalten; für seine Leute brauche er nicht zu haften.

b) Wenn er wirklich für seine Mitarbeiter grundsätzlich verantwortlich sein sollte, so doch nicht in diesem Fall. Denn Zinke und Bödel hätten nicht „in Ausübung", sondern nur „bei Gelegenheit" ihrer Tätigkeit geschmuggelt, so dass ihm ihr Verhalten nicht zuzurechnen sei.

c) Falls auch das nicht anerkannt werde, scheide seine Haftung zumindest deshalb aus, weil sich Zinke und Bödel nur leicht fahrlässig verhalten hätten. (Nach BGH VersR 1985, 1060)

426 Zu a): Karst hat sicher Recht, wenn er meint, er persönlich habe sich nichts zu Schulden kommen lassen. Aber nach § 278 S. 1 könnte Karst trotzdem verantwortlich sein. Es kommt darauf an, ob Zinke und Bödel „Personen" waren, deren sich Karst „zur Erfüllung seiner Verbindlichkeit bedient" hat. Karsts Verbindlichkeit war der Transport der Holzteile von Wiesbaden nach Doha. Zur Erfüllung dieser Vertragspflicht hatte er sich seiner Fahrer Zinke und Bödel „bedient". Deshalb wird ihm ein Verschulden seiner Erfüllungsgehilfen so zugerechnet, als sei es sein eigenes Verschulden. Karst wird also grundsätzlich so behandelt, als habe er selbst am Lenkrad des Lkw gesessen (Rn 442).[74]

427 Zu b): Karsts nächstes Argument ist schon überzeugender. Der Schuldner haftet (nach allgemeiner Meinung, nicht nach dem Wortlaut des § 278) nur für solche Handlungen seiner Erfüllungsgehilfen, die diese *in Ausübung* ihrer Verrichtung begangen haben.[75] Damit fallen solche Taten aus der Haftung nach § 278 heraus, die ein Erfüllungsgehilfe nur *bei Gelegenheit* der Verrichtung begangen hat (Rn 438). Es ist also zu prüfen, wie weit oder wie eng der Zusammenhang zwischen der Transportaufgabe der beiden Fahrer einerseits und ihrem Alkoholschmuggel andererseits war. Um zwei Extreme zu nennen: Wenn sie ihr Fahrzeug überladen und dadurch einen Unfall verursacht hätten, wäre das sicher „in Ausübung" ihrer Tätigkeit geschehen. Andererseits: Wenn sie Herrn Memmler bei ihrem Gespräch mit ihm bestohlen hätten, wäre das nur das Ausnützen der „Gelegenheit" gewesen. Der zu beurteilende Fall liegt zwischen den Extremen, aber er neigt doch deutlich der Kategorie „in Ausübung" zu. Der BGH schreibt:

74 Dieser Grundsatz ergibt sich zusätzlich aus § 428 HGB.
75 So auch § 428 S. 1 HGB.

„Der notwendige innere sachliche Zusammenhang zeigt sich ... darin, dass der Schmuggelversuch während des eigentlichen Beförderungsvorgangs und unter Verwendung desselben auch zum Transport verwendeten Fahrzeugs vorgenommen wurde. Das Verhalten der Fahrer gefährdete damit den unbehinderten Lauf des Frachtguts unmittelbar und stellt sich als eine Verletzung der vertraglichen Obhutspflicht über das Frachtgut dar."

Zinke und Bödel haben also in Ausübung der ihnen von Karst übertragenen Aufgabe geschmuggelt.

428 Zu c): Im Sachverhalt heißt es, dass Karsts Haftung auf Vorsatz und grobe Fahrlässigkeit beschränkt war; für *leichte Fahrlässigkeit* sollte er also nicht haften. Zuerst ist zu prüfen, ob Zinke und Bödel vorsätzlich oder fahrlässig gehandelt haben. Bei dieser Frage muss man unterscheiden: Hinsichtlich des Whiskyschmuggels haben sie *vorsätzlich* gehandelt, denn sie kannten alle Tatumstände und wollten den rechtswidrigen Erfolg. Aber um den Whiskyschmuggel geht es hier nur mittelbar. Im Hinblick auf die Beschädigung der Ware und die Verzögerung des Transports haben Zinke und Bödel *nicht vorsätzlich* gehandelt. Denn sie wollten natürlich nicht vom Zoll überführt werden und wollten deshalb auch alle damit verbundenen Folgen nicht.

Zu fragen ist aber, ob sie den Schaden *grob fahrlässig* herbeigeführt haben (Rn 400). Dabei ist zu bedenken, dass Memmler sie ausdrücklich vor einem Alkoholschmuggel gewarnt und sie auf die strengen Zollkontrollen in arabischen Ländern hingewiesen hatte. Zinke und Bödel wussten also, wie gefährlich ihr Vorhaben war. Es lag auf der Hand, dass der Alkoholschmuggel auffliegen konnte und dass dann die Fracht beschlagnahmt und – wenn überhaupt – mit erheblicher Verzögerung weiterbefördert werden würde. Wenn Zinke und Bödel diese Möglichkeiten nicht in Betracht zogen, haben sie das unbeachtet gelassen, was im gegebenen Fall jedem hätte einleuchten müssen. Sie haben deshalb die im Verkehr erforderliche Sorgfalt in ungewöhnlicher, schlechthin unentschuldbarer Weise verletzt, also grob fahrlässig gehandelt.

Karst hat folglich mit seinen drei Einwendungen dreifach Unrecht.

Lerneinheit 20

429 **Literatur:** *Baumert*, Rechtsdienstleistungen durch einen Rechtsanwalt als Erfüllungsgehilfen nach dem RDG im Umbruch, NJ 2015, 89; *Thiele*, Zertifizierer als Erfüllungsgehilfen des Bauherrn bei Windenergie-Offshore-Bauprojekten, NZBau 2015, 541; *Weller*, Die Verantwortlichkeit des Händlers für Herstellerfehler, NJW 2012, 2312; *Führich*, Flughafenbetreiber als Erfüllungsgehilfe des Luftfahrtunternehmens, RRa 2012, 166; *Klees*, Der Hersteller als Erfüllungsgehilfe des Verkäufers, MDR 2010, 305; *Bieder*, Einschränkungen der privilegierten Arbeitnehmerhaftung für leitende Angestellte, DB 2008, 638; *Lorenz*, Grundwissen – Zivilrecht, Haftung für den Erfüllungsgehilfen (§ 278 BGB), JuS 2007, 983.

I. Einführung

1. Hintergrund

430 Der Inhaber eines Unternehmens führt die von ihm übernommenen Arbeiten meist nicht selbst aus, sondern hat dafür seine Leute. Das ist natürlich in Ordnung. Aber „wer den Vorteil der Arbeitsteilung in Anspruch nimmt, soll auch deren Nachteil tragen, nämlich das Risiko, dass der an seiner Stelle handelnde Gehilfe schuldhaft recht-

lich geschützte Interessen des Gläubigers verletzt".[76] Wenn der Erfüllungsgehilfe einen Fehler macht, muss sich deshalb der Chef so behandeln lassen, als habe er den Fehler selbst gemacht. Das ist in Kürze der Sinn des § 278.

2. Definitionen

431 *Erfüllungsgehilfe:* Ein Erfüllungsgehilfe ist eine (natürliche oder juristische) Person, deren sich der Schuldner „zur Erfüllung seiner Verbindlichkeit bedient" (§ 278 S. 1). Erfüllungsgehilfe ist deshalb, wer „mit dem Willen des Schuldners bei der Erfüllung der ihm obliegenden Verbindlichkeit als seine Hilfsperson tätig" wird.[77]

Gesetzlicher Vertreter: In § 278 S. 1 wird der gesetzliche Vertreter dem Erfüllungsgehilfen gleichgestellt. Gesetzliche Vertreter sind in erster Linie die Eltern (§ 1629), der Vormund und der Betreuer (§ 1902). *Beispiel:* Rechtsanwalt R war zum Betreuer der 87-jährigen Frau T bestellt. Er schloss in ihrem Namen ein Rechtsgeschäft mit X ab, durch das sich X benachteiligt fühlte. Frau T muss sich das Verhalten ihres gesetzlichen Vertreters R nach § 278 S. 1 zurechnen lassen. Einen „Schutz des Geschäftsunfähigen" gibt es hier natürlich nicht,[78] denn es ist nicht das Verhalten von Frau T, sondern das des R zu beurteilen. Der Begriff des gesetzlichen Vertreters umfasst auch die verfassungsmäßig berufenen Organe juristischer Personen, insbesondere den Vorstand eines eingetragenen Vereins, den GmbH-Geschäftsführer sowie den Vorstand einer AG und einer Genossenschaft.[79] Aber die juristische Person haftet für das Verhalten ihrer Organe nicht nach § 278, sondern analog §§ 31, 89, also ohne Haftungsbeschränkung (Rn 445).[80]

Im Folgenden ist nur noch vom Erfüllungsgehilfen die Rede, mitgemeint ist aber immer der gesetzliche Vertreter.

3. Die Person des Erfüllungsgehilfen

432 Oft stellt man sich unter einem Erfüllungsgehilfen einen Fahrer oder einen Handwerksgesellen vor. *Beispiel:* M, der Inhaber eines Malergeschäfts, schloss einen Vertrag mit A über das Tapezieren von dessen Wohnung. Der Geselle, der im Auftrag des M tapezierte, war Erfüllungsgehilfe des M für die von M dem A nach § 631 geschuldete Leistung. Aber nicht nur Handwerksgesellen oder Lkw-Fahrer können Erfüllungsgehilfen sein. Der Begriff „Erfüllungsgehilfe" lässt weder Rückschlüsse auf den Beruf der Person noch auf ihre wirtschaftliche oder gesellschaftliche Stellung zu. Anders als der Begriff des Verrichtungsgehilfen (§ 831; Rn 449) setzt der Begriff des Erfüllungsgehilfen nicht voraus, dass der Schuldner die Sachkenntnis und die Machtmittel besitzt, um dem für ihn tätigen Erfüllungsgehilfen Weisungen zu erteilen oder ihn zu beaufsichtigen. Es ist auch gleichgültig, ob der Schuldner seinen Erfüllungsgehilfen kontrollieren kann.[81] Es kommt allein darauf an, dass der Erfüllungsgehilfe mit Wissen und Wollen des Schuldners dessen Aufgabe ganz oder teilweise erfüllt.

---

76 BGH NJW 1996, 464.
77 BGHZ 161, 255 (259); 13, 111 (113); 62, 119 (124); BGH NJW 2003, 348.
78 BGH NJW 1997, 581.
79 BGB-AT Rn 851; str.
80 Palandt/Grüneberg § 278 Rn 6.
81 BGH NJW 1993, 1704: in den USA tätiger Bruder des in Deutschland lebenden Schuldners.

4. Beispiele für Erfüllungsgehilfen

433 *Rechtsanwälte und Notare:* Es gehört nicht zum Begriff des Erfüllungsgehilfen, dass er dem Schuldner in seiner Fachkenntnis unterlegen ist. Deshalb können auch Notare[82] und Rechtsanwälte Erfüllungsgehilfen ihres Mandanten (des Schuldners) sein. *Beispiel 1:* Mieter M kürzte auf Anraten seines Rechtsanwalts R die dem V geschuldete Miete, aber wie sich herausstellte, zu Unrecht. M muss dem V nach § 278 für die Kürzung einstehen, weil ihm das Verschulden des R zugerechnet wird.[83] Ein Rechtsanwalt kann auch Erfüllungsgehilfe eines Kollegen sein. *Beispiel 2:* B hatte Rechtsanwalt R mit der Prozessführung beauftragt. R ließ sich im Termin von dem bei ihm angestellten Kollegen K vertreten. K war damit gegenüber B der Erfüllungsgehilfe des R.[84]

Ärzte: Ein Behandlungsvertrag über eine stationäre Behandlung kommt zwischen dem Patienten und dem Träger der Klinik zustande (§ 630a Abs. 1). Die Klinikärzte sind Erfüllungsgehilfen des Trägers. Ein Arzt kann sogar Erfüllungsgehilfe einer Hebamme sein. *Beispiel 3:* Frau B betrieb als Hebamme ein sogenanntes Geburtshaus. Sie schloss mit den Schwangeren eigene Verträge und bediente sich zu deren Erfüllung teilweise des Gynäkologen Dr. P. Durch Verschulden des P kam ein Kind mit schweren Behinderungen zur Welt. Dass P als Arzt gegenüber Frau B fachlich weisungsbefugt war, hinderte nicht seine Einordnung als ihr Erfüllungsgehilfe.[85] Frau B haftet deshalb gegenüber dem behinderten Kind für den von P verursachten Schaden.

Architekten sind im Verhältnis zu den am Bau tätigen Unternehmern die Erfüllungsgehilfen des Bauherrn.[86] Bei einem Baumangel, der teilweise vom Bauunternehmer, teilweise vom Architekten zu verantworten ist, muss deshalb der Bauherr einen Teil des Schadens selbst tragen (§ 254 Abs. 2 S. 2).[87]

433a *Unternehmen:* Auch große Unternehmen können Erfüllungsgehilfen sein. *Beispiel:* Frau F hatte ein ICE-Ticket Solingen-Dresden erworben und dadurch mit der DB Fernverkehr AG einen Beförderungsvertrag geschlossen. Sie verunglückte auf einer vereisten Stelle des Hauptbahnhofs Solingen. Eigentümerin der Bahnhöfe ist die „DB Station & Service AG". Sie übernimmt auf den Bahnhöfen die Verkehrssicherungspflicht der DB Fernverkehr AG und war deshalb bei der vertraglich geschuldeten Verkehrssicherung die Erfüllungsgehilfin der DB Fernverkehr AG gegenüber Frau F.[88] Die Deutsche Post ist für ihre Kunden Erfüllungsgehilfin bei der Beförderung von Briefen und Paketen.[89]

Kein Erfüllungsgehilfe: Wer bei einem Händler eine Sache gekauft hat, die sich als mangelhaft herausstellt, kann vom Händler nur dann Schadensersatz fordern, wenn dieser den Mangel zu vertreten hat (§§ 437 Nr. 3, 280, 281). Es stellt sich dann die Frage, ob dem Verkäufer ein Verschulden seines Lieferanten oder des Herstellers zugerechnet werden kann. Aber diese Personen sind keine Erfüllungsgehilfen des Händlers.[90]

---

82 BGHZ 123, 1; 62, 119.
83 BGH NJW 2012, 2882 Rn 22; siehe auch BGH NJW 2013, 1431 Rn 48.
84 BGH NJW 1993, 1323.
85 BGHZ 161, 255 (261).
86 BGHZ 179, 55 Rn 33 ff.
87 BGH NJW 2014, 3645 Rn 24.
88 BGH NJW 2012, 1083 Rn 9.
89 BGH NJW 2009, 2197 Rn 13.
90 So der BGH mit der hM, zB NJW 2014, 2183 Rn 31. Anders etwa PWW/Schmidt § 437 Rn 46 und Weller NJW 2012, 2312 (2315).

5. Erfüllungsgehilfe des Erfüllungsgehilfen

434 Ein Erfüllungsgehilfe kann seinerseits einen Erfüllungsgehilfen einsetzen, für den der Schuldner dann ebenfalls einzustehen hat.[91] *Beispiel 1:* X hatte mit dem Reiseveranstalter R einen Reisevertrag geschlossen (§ 651a). Erfüllungsgehilfin des R gegenüber X war (unter mehreren anderen) die Flughafengesellschaft F. Deren Angestellter A verursachte einen Schaden des X. Für diesen musste R gegenüber X einstehen. Denn A war der Erfüllungsgehilfe der F, also der Erfüllungsgehilfe der Erfüllungsgehilfin.[92] *Beispiel 2:* In dem obigen Beispiel mit der Frau, die auf dem Bahnhof Solingen verunglückt war (Rn 433a), war die DB Station & Service AG die Erfüllungsgehilfin der DB Fernverkehr AG. Aber auch die Erfüllungsgehilfin hatte eine Erfüllungsgehilfin eingesetzt. Denn die DB Station & Service AG hatte den Winterdienst ihrerseits an ein Reinigungsunternehmen delegiert.[93] Das brauchte Frau F aber nicht weiter zu interessieren. Für sie war nur wichtig, dass ihre Vertragspartnerin DB Fernverkehr AG für den Schaden aufkommen musste, den die Erfüllungsgehilfin ihrer Erfüllungsgehilfin verschuldet hatte.

II. Voraussetzungen einer Haftung für Erfüllungsgehilfen

1. Bestehen eines Schuldverhältnisses

435 *Kein Erfüllungsgehilfe ohne Schuldverhältnis:* § 278 darf nur angewendet werden, wenn zwischen dem Gläubiger (dem Geschädigten) und dem Schuldner (für den der Gehilfe arbeitet) ein Schuldverhältnis bestand, *bevor* der Gehilfe tätig wurde. Denn der Erfüllungsgehilfe ist eine Person, deren sich der Schuldner „zur Erfüllung seiner Verbindlichkeit bedient“ (§ 278 S. 1). Solange noch keine Verbindlichkeit besteht, kann ein Mitarbeiter deshalb höchstens *Verrichtungsgehilfe* sein (§ 831; unten Rn 449).

Art des Schuldverhältnisses: Die „Verbindlichkeit“ kann auf einem Vertrag oder auf einem gesetzlichen Schuldverhältnis beruhen. Zu diesen Schuldverhältnissen gehört auch das vertragsähnliche Vertrauensverhältnis, das durch die Anbahnung von Vertragsverhandlungen begründet wird und dessen Verletzung eine culpa in contrahendo darstellt (§§ 311 Abs. 2, 241 Abs. 2; Rn 830).[94] Zur Not reicht auch eine rechtliche Beziehung, die nicht die Qualität eines Schuldverhältnisses erreicht, aber doch gegenseitige Verhaltenspflichten nach § 241 Abs. 2 begründet, eine sogenannte „rechtliche Sonderverbindung“.[95]

Unterlassen: Die Verbindlichkeit kann auch in einem Unterlassen bestehen. *Beispiel:* Autohändler A hatte sich einem Mitbewerber gegenüber verpflichtet, nicht mehr mit dem Slogan „Das 5-Sterne-Auto-Zentrum“ zu werben. In der Z-Zeitung erschien trotzdem eine Werbung mit diesem Text. A konnte nachweisen, dass es sich um ein Versehen der Z-GmbH handelte, die die Z-Zeitung verlegt. Aber das nützte ihm nichts, denn die Z-GmbH war seine Erfüllungsgehilfin hinsichtlich der von ihm übernommenen Unterlassungspflicht.[96]

91 BGH NJW 1988, 1907.
92 OLG Düsseldorf NJW-RR 1992, 1330.
93 BGH NJW 2012, 1083.
94 BGH NJW 1991, 2556.
95 BGHZ 93, 283.
96 BGH NJW 1988, 1907; ähnlich BGH NJW 1998, 3342; 1986, 127.

2. Erfüllung einer Pflicht des Schuldners

436 Wenn im Rahmen eines Schuldverhältnisses eine Leistung einem Dritten übertragen wurde und dieser einen Fehler gemacht hat, ist manchmal zweifelhaft, wem dieser Fehler zugerechnet wird. *Beispiel 1:* B beauftragte die U-GmbH, in seinem Grundstück eine Druckleitung zu verlegen. Zugleich verpflichtete er sich, die Planung zu erstellen, und beauftragte damit den Ingenieur P. Später stellte sich heraus, dass P falsch geplant und deshalb die U falsch verlegt hatte. Es fragte sich, wessen Erfüllungsgehilfe P war, wer also der „Schuldner" war. P war der Erfüllungsgehilfe des B, weil dieser ihn beauftragt hatte.[97] Hätte die U-GmbH auch die Planung geschuldet, wäre P *ihr* Erfüllungsgehilfe gewesen. *Beispiel 2:* Der Gynäkologe G entnahm Frau F eine Gewebeprobe. Da die Untersuchung von Gewebeproben den Pathologen vorbehalten ist, ließ G sie vom Pathologen P untersuchen. P machte dabei einen ärztlichen Kunstfehler. P wäre nur dann der Erfüllungsgehilfe des G, wenn G sich gegenüber Frau F auch zur Gewebeuntersuchung verpflichtet hätte. Da aber G diese Untersuchung gar nicht machen durfte, konnte Frau F nicht annehmen, er habe sich ihr gegenüber zu dieser Leistung verpflichten wollen. P war deshalb nicht der Erfüllungsgehilfe des G.[98]

Versendungskauf: Der Verkäufer verpflichtet sich beim Versendungskauf nicht zum Transport der Kaufsache, sondern nur zur *Organisation* des Transports (Rn 62).[99] Der Frachtführer ist deshalb kein Erfüllungsgehilfe des Verkäufers. Wenn der Verkäufer den Transport aber selbst ausführt, haftet er für seine Leute als seine Erfüllungsgehilfen, weil der Käufer anderenfalls niemand hätte, an den er sich halten könnte.[100]

3. Schuldhaftes Handeln des Erfüllungsgehilfen

437 § 278 setzt „ein Verschulden" des Erfüllungsgehilfen voraus. Der Erfüllungsgehilfe muss also vorsätzlich oder fahrlässig gehandelt haben.

Mildere Haftung: Wenn für den Schuldner eine Haftungsmilderung besteht (Rn 402 ff), gilt sie auch für den Erfüllungsgehilfen. Das gilt aber nicht umgekehrt: Eine Haftungsmilderung, die dem *Erfüllungsgehilfen* zugutekommt, gilt nicht für den Schuldner. *Beispiel:* A beauftragte den Unternehmer U mit Arbeiten, die dieser von seinem Mitarbeiter C ausführen ließ. C verursachte leicht fahrlässig einen Schaden, für den A den U haftbar machen möchte. U hält sich nicht für verpflichtet. Er verweist darauf, dass C ihm aus arbeitsrechtlichen Gründen nicht für den leicht fahrlässig verursachten Schaden hafte und er, U, deshalb auch A nicht zu haften habe. Auf die arbeitsrechtliche Haftungsmilderung kann sich U aber nicht gegenüber seinem Auftraggeber A berufen.[101]

4. Handeln „bei Gelegenheit" oder „in Erfüllung" der Verbindlichkeit

a) Bei Gelegenheit

438 In § 278 ist von einem Handeln „bei Gelegenheit" oder „in Erfüllung" nicht die Rede. Aber Rechtsprechung und Lehre unterscheiden in dieser Weise: Für schuldhaftes Verhalten des Erfüllungsgehilfen *bei Gelegenheit* der Erfüllung haftet der Schuldner

97 BGH NJW 2010, 2571 Rn 18.
98 BGH NJW 1999, 2731.
99 BGH NJW 1991, 915.
100 Hüffer JuS 1988, 129; Palandt/Grüneberg § 278 Rn 14; BGH VersR 1970, 934.
101 BGH NJW 1995, 1150.

nicht.[102] Ein solcher Fall ist gegeben, wenn die schädigende Handlung der Hilfsperson in *keinem sachlichen Zusammenhang* mit der ihr übertragenen Aufgabe steht. *Beispiel 1:* Unternehmer U ließ von seinem Mitarbeiter M drei Fenster bei B erneuern. M nutzte die Gelegenheit, um die Möglichkeit eines Einbruchs auszubaldowern. Eine Woche später brach er mit zwei Mittätern in das Haus des B ein. Für den durch den Einbruch entstandenen Schaden haftet U dem B nicht. Denn das Ausbaldowern hatte nichts zu tun mit der Tätigkeit, die U dem B schuldete (Einbau der Fenster), sondern geschah nur „bei Gelegenheit" dieser Tätigkeit. *Beispiel 2:* Frau A wurde als Aushilfskraft einer GmbH regelmäßig für Botengänge zur Sparkasse eingesetzt. Sie forderte dort eigenmächtig einen vorcodierten Vordruck an, den sie später dazu missbrauchte, sich 160 000 Euro überweisen zu lassen. Der Sparkasse entstand dadurch ein Schaden in gleicher Höhe, dessen Ersatz sie von der GmbH verlangte. Der BGH sah aber die Fälschung als ein Handeln „bei Gelegenheit" an, so dass der Schaden der GmbH nicht zuzurechnen war.[103]

b) Regelfall: Handeln in Erfüllung

439 Meist steht das schädigende Verhalten der Hilfsperson „in einem unmittelbaren sachlichen Zusammenhang" mit den Aufgaben, die der Hilfsperson „zugewiesen waren".[104] Dann handelt der Erfüllungsgehilfe „in Erfüllung" der vom Schuldner zu leistenden Verbindlichkeit, so dass der Schuldner dem Gläubiger für den Schaden haftet. Im Zweifel ist von einer Ausübung „in Erfüllung" auszugehen. Denn der Schuldner hat seinen Erfüllungsgehilfen ausgesucht und kann ihn überwachen. Er steht deshalb dem Erfüllungsgehilfen näher als der Gläubiger. Außerdem hat die übertragene Tätigkeit dem Gehilfen die Ausübung der Tat zumindest erleichtert oder er hätte sie sogar ohne die übertragene Tätigkeit überhaupt nicht ausführen können.[105]

Eine Handlung „in Erfüllung" wird nicht dadurch ausgeschlossen, dass der Erfüllungsgehilfe den Weisungen seines Chefs (des Schuldners) vorsätzlich zuwiderhandelt (Argument: § 278 S. 2).[106] Sogar für strafbare Handlungen seiner Hilfspersonen muss der Schuldner einstehen.[107] *Beispiel 1:* Lkw-Fahrer, die unter der Fracht Whisky schmuggeln, handeln noch „in Erfüllung" des ihnen übertragenen Transports (Fall 20, Rn 425). *Beispiel 2:* X war beim Bewachungsunternehmer B als Wachmann eingestellt. Er legte in einer Halle, die er bewachen sollte, Feuer.[108] B musste dafür einstehen. *Beispiel 3:* B hatte sich Frau K gegenüber verpflichtet, für sie größere Summen in den USA anzulegen, und übertrug diese Aufgabe seinem dort lebenden Bruder X als seinem Erfüllungsgehilfen. Dieser unterschlug das Geld. Die Unterschlagung geschah „in Erfüllung" der dem X von B übertragenen Aufgabe.[109]

---

102 HM; BGH NJW 1991, 3208; so jetzt § 428 Satz 1 HGB für den Frachtvertrag.

103 NJW 1994, 3344. Aber Frau A hat wohl doch noch „in Erfüllung" der ihr übertragenen Aufgabe gehandelt. Denn ohne ihre Beschäftigung bei der GmbH hätte sie von der Sparkasse keinen Vordruck bekommen. Auch der BGH hätte übrigens ein Handeln „in Erfüllung" angenommen, wenn Frau A nicht Botin, sondern *Buchhalterin* der GmbH gewesen wäre (so im Fall BGH NJW 1997, 2236).

104 BGH NJW 1999, 1031; 1994, 3344; ähnlich 1993, 1704 und 1991, 3208.

105 Hk-BGB/Schulze § 278 Rn 11.

106 BGH NJW 1999, 1031; 1997, 1233 und 1994, 3344 mwN.

107 BGH NJW 1997, 2236; 1994, 3344.

108 BGH NJW 1999, 1031 = Fall 33, Rn 769.

109 BGH NJW 1993, 1704.

5. Keine abweichende vertragliche Regelung

440 *Individualvereinbarung:* Eine Haftung für den Erfüllungsgehilfen setzt schließlich voraus, dass sie nicht wirksam vertraglich ausgeschlossen wurde. Der Schuldner kann vereinbaren, dass er für seine Erfüllungsgehilfen nicht haftet, also nicht einmal für deren *vorsätzliches* Handeln (so ausdrücklich § 278 S. 2). *Beispiel:* Eine Raiffeisengenossenschaft vereinbarte mit einem Kunden: „Für ihre Erfüllungsgehilfen haftet die Genossenschaft nur im Rahmen ihres eigenen Auswahl- und Überwachungsverschuldens."[110] Damit haftete die Genossenschaft nur für ihr *eigenes* Verschulden bei der Auswahl und Beaufsichtigung ihrer Mitarbeiter, nicht für das (fremde) Verschulden ihrer Erfüllungsgehilfen.

441 *AGB:* Durch AGB kann der Schuldner seine Haftung für Vorsatz und grobe Fahrlässigkeit seiner Erfüllungsgehilfen nicht ausschließen (§ 309 Nr. 7 Buchst. b). Über die §§ 310 Abs. 1 S. 2 und 307 gilt das grundsätzlich auch zugunsten eines Gläubigers, der Unternehmer ist.[111]

III. Rechtsfolgen und Abgrenzung

1. Rechtsfolgen

442 *Haftung für fremde Schuld:* Sind die genannten Voraussetzungen gegeben, hat der Schuldner das Verschulden seines Erfüllungsgehilfen „zu vertreten wie eigenes Verschulden" (§ 278 S. 1). Das Verhalten des Erfüllungsgehilfen wird dem Schuldner also so zugerechnet, als habe er selbst in gleicher Weise gehandelt. Diese Haftung ist eine Haftung für *fremdes* Verschulden, nicht für eigenes. Denn es wird gar nicht unterstellt, dass sich der Schuldner selbst schuldig gemacht habe, etwa durch schlechte Beaufsichtigung des Erfüllungsgehilfen. Deshalb kommt es auf diese Frage auch nicht an.

443 *Keine Möglichkeit der Entschuldigung:* Eine Exkulpationsmöglichkeit (wie nach § 831 Abs. 1 S. 2; Rn 449) gibt es für den Schuldner nicht. *Beispiel:* Notar N sollte für seinen Mandanten M das Grundbuch einsehen, übertrug diese Aufgabe aber dem in seiner Kanzlei tätigen Rechtsanwalt R. R deutete eine Grundbucheintragung falsch, was bei M zu einem Schaden führte. Zum Argument des N, er habe Rechtsanwalt R „gehörig ausgewählt und überwacht", sagte der BGH zu Recht, auf dieses Vorbringen komme es „aus Rechtsgründen nicht an".[112]

444 *Eigene Haftung des Erfüllungsgehilfen:* Der Erfüllungsgehilfe selbst haftet dem Gläubiger nicht aus § 278. Es steht dem Geschädigten aber frei, auch den Erfüllungsgehilfen in Anspruch zu nehmen. Dies ist sogar für ihn der einzige Weg, wenn sein Schuldner die Haftung für seine Erfüllungsgehilfen wirksam ausgeschlossen hatte. Als Anspruchsgrundlage gegen den Erfüllungsgehilfen kommt dann allerdings – da ein Vertrag fehlt – nur § 823 in Betracht.

---

110 BGH NJW 1995, 1150.
111 HM, zB Palandt/Grüneberg § 309 Rn 48.
112 NJW 1996, 464.

2. Zur Abgrenzung

a) *Organ einer juristischen Person*

445 § 31 regelt die Haftung des eingetragenen Vereins für seinen Vorstand und – in analoger Anwendung – auch die Haftung der GmbH für ihre(n) Geschäftsführer sowie die Haftung der AG und der Genossenschaft für ihren Vorstand. Auf den genannten Personenkreis wird deshalb nur § 31, nicht § 278 angewendet.

b) *Vertreter*

Die Verwechselung der Begriffe „Vertreter" und „Erfüllungsgehilfe" ist ein häufiger Anfängerfehler. Deshalb muss man sich merken:

446
- Vertreter ist, wer erkennbar im Namen einer anderen Person eine *Willenserklärung* abgibt (§ 164 Abs. 1 S. 1).
- Erfüllungsgehilfe ist, wer anstelle einer anderen Person eine (eigentlich von dieser geschuldete) *Leistung* erbringt.

447 Niemand ist immer Bevollmächtigter oder immer Erfüllungsgehilfe, er kann vielmehr mal so, mal so auftreten. Beide Funktionen haben auch nichts mit einer sozialen Stellung zu tun, etwa so, dass Arbeiter Erfüllungsgehilfen wären, Angestellte dagegen Vertreter. Allein entscheidend ist, ob es um die Zurechnung einer *Willenserklärung* geht (dann ist § 164 zu prüfen) oder um die Zurechnung eines *vorwerfbaren Verhaltens* (dann geht es um § 278).

Das vorwerfbare Verhalten kann aber auch in der Abgabe einer Erklärung bestehen, so dass dieselbe Person in derselben Sache sowohl Erfüllungsgehilfe also auch Vertreter sein kann. *Beispiel:* Die X-AG vertrieb Kapitalanlagen und setzte dafür H als Vertreter ein. H schädigte den Zimmermann Z dadurch, dass er ihm gegenüber die frei erfundene Behauptung aufstellte: „Die X-AG garantiert Ihnen eine Verzinsung von mindestens 8 %." Z nimmt die X-AG auf Schadensersatz in Anspruch. H war hinsichtlich der von ihm im Namen der X-AG abgegebenen Erklärung deren Vertreter (§ 164 Abs. 1). Er war aber auch ihr Erfüllungsgehilfe, weil er gegenüber Z die eigentlich von der X-AG geschuldete Aufklärung und Beratung wahrzunehmen verpflichtet war (§ 278 S. 1). Da Z einen Schadensersatzanspruch gegen die X-AG geltend macht, kommt H in der Rolle des Erfüllungsgehilfen in Betracht.[113]

c) *„Dritter"*

448 Auch der in § 267 genannte Dritte kann mit dem Erfüllungsgehilfen verwechselt werden. Denn nach § 267 kann „ein Dritter die Leistung bewirken", wenn der Schuldner nicht in Person zu leisten hat (Rn 215). Aber unter dem Dritten muss man sich eine Person vorstellen, die nicht nach Weisung und unter Aufsicht des Schuldners tätig wird wie der Erfüllungsgehilfe im Regelfall, sondern die ohne Wissen des Schuldners oder doch „in eigener Regie"[114] die geschuldete Leistung bewirkt.

113 Ähnlicher Sachverhalt BGH NJW 1998, 2898 und BGH NJW 1992, 2080.

114 Larenz § 14 II.

d) Verrichtungsgehilfe

449 Ein besonders naheliegender Anfängerfehler ist die Verwechselung des Erfüllungsgehilfen mit dem Verrichtungsgehilfen. Verrichtungsgehilfe ist, wer von einem anderen „zu einer Verrichtung bestellt" ist und „in Ausführung der Verrichtung einem Dritten widerrechtlich ... Schaden ... zufügt" (§ 831 Abs. 1 S. 1). Das Rechtsverhältnis zwischen dem Geschäftsherrn und dem Verrichtungsgehilfen ist oft ein Arbeitsverhältnis. Es ist also im Prinzip das gleiche Verhältnis wie zwischen dem Schuldner und seinem Erfüllungsgehilfen.

Der große Unterschied besteht in der *Person des Geschädigten*. Denn im Fall des § 831 stand dieser bei Eintritt des Schadens noch in *keiner schuldrechtlichen Beziehung* zum Geschäftsherrn. *Beispiel:* K erteilte dem Transportunternehmer T den Auftrag, Waren zu transportieren. T setzte dazu seinen Fahrer F ein. F verschuldete einen Unfall, durch den der Passant P verletzt und die Ware des K beschädigt wurde. In diesem Fall haftet T *dem K* nach § 278 für die Fahrlässigkeit seines Erfüllungsgehilfen F. Denn zur Zeit des Unfalls war F dabei, die von T dem K geschuldete Transportleistung zu erbringen. Dagegen haftet T *dem P* nur aus § 831. Auf § 278 kann sich P nicht berufen, weil der Transport keine Leistung war, die T dem P schuldete. Die Rechtsstellung des P ist schwach. Denn T kann versuchen, sich ihm gegenüber zu exkulpieren (zu entschuldigen).[115] Gelingt ihm das, ist seine Haftung ausgeschlossen (§ 831 Abs. 1 S. 2 – bitte lesen). Diese Möglichkeit hat T gegenüber K bekanntlich nicht (Rn 443).

115 SBT Rn 1694 ff.

Achtes Kapitel: Gläubigerverzug, Schuldnerverzug und Nichtleistung

§ 21 Gläubigerverzug

Fall 21: Spiel- und Erotikfilme § 295

450

Die Optifon-GmbH rüstet Hotelzimmer mit Pay-TV-Anlagen aus. Die entsprechenden Spiel- und Erotikfilme bezog sie aufgrund eines langfristigen Liefervertrags von der Bornow-KG. Zwischen den Vertragspartnern kam es zu Problemen, die der Geschäftsführer der Optifon-GmbH zum Anlass nahm, den Liefervertrag fristlos zu kündigen. Die Bornow-KG erklärte (wie inzwischen feststeht, zu Recht), die Kündigung sei unwirksam, und bestand auf der Erfüllung des noch zwei Jahre laufenden Vertrags. Sie forderte die Optifon-GmbH auf ihr mitzuteilen, von welchen Filmen sie welche Stückzahlen benötige. Die Optifon-GmbH antwortete darauf nicht und bezog keine Filme mehr von der Bornow-KG. Ist sie dadurch in Gläubigerverzug geraten? (Nach BGH NJW 2002, 3541)

451

Nach § 293 kommt der Gläubiger in Verzug, wenn er die ihm „angebotene Leistung nicht annimmt". Zu prüfen ist deshalb zuerst, wer in diesem Fall der „Gläubiger" ist. Bei gegenseitigen Verträgen wie dem vorliegenden sind bekanntlich immer beide Partner Schuldner und Gläubiger (Rn 16, 132). Unter dem Gesichtspunkt des Gläubigerverzugs ist die Partei „Gläubiger", die die ihr gebührende Leistung nicht annimmt. Im vorliegenden Fall hat nicht die Bornow-KG hat die Annahme der Bezahlung verweigert, sondern die Optifon-GmbH die Annahme der Filme. Deshalb ist sie im Rahmen des Gläubigerverzugs die Gläubigerin.

Wenn die Bornow-KG die Optifon-GmbH in Gläubigerverzug bringen wollte, musste sie ihre Leistung nach § 294 grundsätzlich „so, wie sie zu bewirken ist, *tatsächlich*" anbieten. Das Wort „*tatsächlich*" würde im vorliegenden Fall bedeuten, dass die Bornow-KG die betreffenden Filme der Optifon-GmbH konkret und abladebereit vorführen müsste, so dass die Optifon-GmbH „nur noch zuzugreifen" brauchte (Rn 457). Das hat die Bornow-KG nicht getan. Vielmehr hat sie die Optifon-GmbH nur aufgefordert, den Vertrag zu erfüllen und weitere Titel und Mengen zu bestimmen. Darin lag kein *tatsächliches* Angebot, es könnte darin aber ein *wörtliches* Angebot zu sehen sein (§ 295; Rn 463).

Ein *wörtliches* Angebot würde nach § 295 S. 1 Var. 1 ausreichen, wenn die Optifon-GmbH der Bornow-KG erklärt hätte, dass sie „die Leistung nicht annehmen werde". Das hat die Optifon-GmbH nicht wörtlich so gesagt. Aber sie hat die fristlose Kündigung des Vertrags erklärt. Auch wenn diese Kündigung nicht wirksam war, hat die Optifon durch sie zum Ausdruck gebracht, dass sie keine weiteren Filme von der Bornow-KG mehr annehmen werde.

Damit reichte für den Gläubigerverzug ein *wörtliches* Angebot der Schuldnerin Bornow-KG (§ 395 S. 1 Var. 1). Bei einem engen Wortverständnis hat die Bornow-KG ihre Leistung nicht angeboten. Aber sie hat die Optifon-GmbH aufgefordert, den Vertrag weiterhin zu erfüllen. Darin lag ein „wörtliches Angebot", der Optifon-GmbH weitere Filme zu liefern (§ 295 S. 1).

Zu den wesentlichen Voraussetzungen des Gläubigerverzugs gehört auch, dass der Schuldner im Zeitpunkt seines Angebots wirklich in der Lage war, die Leistung zu erbringen (§ 297). Da die Bornow-KG über die geschuldete Ware verfügte, ist auch diese Voraussetzung gegeben. Damit geriet die Optifon-GmbH durch das wörtliche Angebot der Bornow-KG in Gläubigerverzug.

Aus dem FD „Gläubigerverzug" ergibt sich folgender Lösungsweg: 1. Nein – 7. Ja – 8. Ja – 9. Ja (Spalte 7).

Nachbemerkung: Das Ergebnis hätte auch auf § 295 S. 1 Var. 2 gestützt werden können. Denn „zur Bewirkung der Leistung" (der Lieferung weiterer Filme) war „eine Handlung des Gläubigers", also der Optifon-GmbH, „erforderlich". Die Bornow-KG hätte nämlich nur liefern können, wenn die Optifon-GmbH ihr zuvor mitgeteilt hätte, welche Filme sie aus dem Angebot der KG haben wollte und in welchen Mengen (FD „Gläubigerverzug", Spalte 11).

Lerneinheit 21

452 **Literatur:** *Glöckner,* § 642 BGB – Tatbestand und Rechtsfolgen im System des Leistungsstörungsrechts, BauR 2014, 368; *Greiner,* Direktionsrecht und Direktionspflicht, Schadensersatz und Annahmeverzug bei Leistungshinderung des Arbeitnehmers, RdA 2013, 9; *Niemeyer/König*, Annahmeverzug durch überhöhte Klage Zug um Zug, NJW 2013, 3213; *Meyer*, Leistungswilligkeit und böswilliges Unterlassen beim Annahmeverzug im gekündigten Arbeitsverhältnis, NZA-RR 2012, 337; *Stähler,* Voraussetzungen des Annahmeverzugs bei Arbeitsunfähigkeit des Arbeitnehmers, NZA-RR 2012, 117; *Dötterl,* Die Verantwortlichkeit des Gläubigers, ZGS 2011, 115.

I. Allgemeines

453 *Definition:* Der Gläubigerverzug ist die Verzögerung der Schuldnerleistung, die dadurch eintritt, dass der Gläubiger die ihm vom Schuldner ordnungsgemäß angebotene Leistung nicht annimmt (§ 293). Aus welchem Grund er das nicht tut, ist gleichgültig. Insbesondere kommt es auf ein Verschulden (Vorsatz und Fahrlässigkeit) des Gläubigers nicht an.

454 *Obliegenheit:* Die Annahme der Leistung ist keine Verpflichtung oder *Schuld* des Gläubigers, denn niemand kann in seiner Eigenschaft als Gläubiger etwas schulden; nur der Schuldner schuldet etwas. Der Gläubiger schadet sich aber selbst, wenn er bei der Schuldnerleistung nicht mitwirkt. Die Annahme der Leistung ist deshalb für den Gläubiger eine Verpflichtung gegen sich selbst, eine sogenannte *Obliegenheit.*[1]

455 *„Angebot" – richtig verwendet:* Der Schuldner muss seine Leistung dem Gläubiger anbieten. Das Gesetz nennt das ein *„Angebot"*. Leider ist es auch unter Juristen üblich geworden, den „Antrag", der zum Vertragsschluss nötig ist (§§ 145 ff), als „Angebot" zu bezeichnen.[2] Man muss sich deshalb klarmachen, dass das Wort „Angebot" – richtig verwendet – nichts mit dem *Abschluss* eines Vertrags zu tun hat, sondern mit seiner *Erfüllung,* insbesondere mit dem Gläubigerverzug.

456 *Gläubigerverzug oder Annahmeverzug?* Der Titel 2 trägt die Überschrift „Verzug des Gläubigers". Auch in den §§ 293 bis 304 spricht das Gesetz immer nur vom „Verzug des Gläubigers" oder kurz vom „Verzug", nie vom „Annahmeverzug". Die korrekte Kurzbezeichnung lautet also „Gläubigerverzug". Daneben ist aber auch der gleichbe-

1 Larenz § 25 I, III.
2 Zu dieser Unsitte BGB-AT Rn 170.

deutende Ausdruck „Annahmeverzug“ üblich geworden. Als in unserer Zeit die BGB-Paragrafen amtliche Überschriften bekamen, hat man § 293 die Überschrift „Annahmeverzug“ gegeben. Wahrscheinlich beruht die Wahl dieses Ausdrucks auf Gedankenlosigkeit.[3] Aber seitdem gilt noch mehr als zuvor, dass beide Ausdrücke korrekt sind.

II. Gläubigerverzug durch tatsächliches Angebot

1. Tatsächliches Angebot

a) „Nur noch zuzugreifen“

457 Grundsätzlich muss der Schuldner seine Leistung „tatsächlich“ anbieten (§ 294). *„Tatsächlich“* ist das Gegenteil von „wörtlich“ (§ 295 S. 1). Beim tatsächlichen Angebot muss der Schuldner alles so vorbereitet haben, dass der Gläubiger – wie schon das Reichsgericht sehr plastisch zu sagen pflegte – *„nur noch zuzugreifen braucht“* (FD „Gläubigerverzug, Frage 1).[4] Der Schuldner darf sich also nicht vornehm zurückhalten, sondern muss manchmal geradezu aufdringlich werden. *Beispiel 1:* S hatte an G eine bestimmte Summe zu zahlen. Um G in Gläubigerverzug zu setzen, musste S ihn entweder aufsuchen und die entsprechenden Geldscheine bei sich haben[5] oder den Betrag auf ein Konto des G überweisen.[6] Die bloße Erklärung zahlen zu wollen, wäre kein „tatsächliches Angebot“, sondern ein „wörtliches“, das nur in bestimmten Fällen ausreicht (§ 295; Rn 463). *Beispiel 2:* Das Ehepaar B besaß Eintrittskarten für eine Opernaufführung, Beginn 19.00 Uhr. Um 19.03 wurden die Türen zum Zuschauerraum geschlossen. Um 19.04 Uhr kam das Ehepaar B, wurde aber nicht mehr eingelassen.[7] Der Träger der Oper hat die von ihm geschuldete Leistung am richtigen Ort zur richtigen Zeit (nämlich bis 19.03 Uhr) tatsächlich angeboten (§ 294). Als feststand, dass die Eheleute das Angebot nicht mehr annehmen konnten (um 19.04 Uhr), kamen sie in Gläubigerverzug (§ 293).[8] *Beispiel 3:* Bauunternehmer B sollte in einem Neubau die Deckenverkleidung anbringen. Seine Mitarbeiter warteten auf der Baustelle, und B machte dem Bauherrn deutlich, dass sie bereit waren, jederzeit mit den Arbeiten zu beginnen.[9] *Beispiel 4:* Ein Arbeitnehmer begab sich „zur vertraglich vereinbarten Zeit an den vereinbarten Arbeitsort“ und bot dort „die nach dem Vertrag geschuldete Arbeitsleistung“ an.[10] Nur dadurch konnte er seine Leistung „tatsächlich“ anbieten. Besonders viel wird von dem erwartet, der eine *Auflassung* schuldet (siehe das *Beispiel* in Rn 502).[11]

458 Soweit im Einzelfall die Voraussetzungen eines tatsächlichen Angebots nicht erfüllt sind, ist zu prüfen, ob ein wörtliches Angebot ausreichte (§ 295) oder ausnahmsweise gar kein Angebot erforderlich war (§ 296).

3 § 300 erhielt die Überschrift „Wirkungen des *Gläubiger*verzugs“. Einen Sinn darf man dahinter nicht vermuten.
4 BGH NJW 1996, 923; BGHZ 90, 354.
5 RGZ 85, 416.
6 BGH NJW 1983, 2437.
7 AG Aachen NJW 1997, 2058.
8 Auf § 296 muss nicht zurückgegriffen werden, da das Angebot nach § 294 *tatsächlich* erfolgte (anders Deckers, JuS 1999, 1160).
9 Von BGH NJW 2003, 1601 fälschlich nur als *wörtliches* Angebot angesehen.
10 BAG NJW 2006, 1453 Rn 16.
11 BGHZ 116, 244, 250; bestätigt in NJW 1994, 3351.

b) *Richtiger Ort, richtige Zeit*

459 Der Schuldner bietet nur dann „tatsächlich" an, wenn er am richtigen Ort (dem Leistungsort, Rn 45 ff) zur rechten Zeit (§ 271; Rn 493 ff) die Leistung so, wie sie geschuldet ist, anbietet. Der Schuldner kann den Gläubiger nicht dadurch in Verzug setzen, dass er seine Leistung zB *vor* ihrer Fälligkeit oder unvollständig oder mangelhaft anbietet. *Beispiel 1:* S bot statt der geschuldeten 13 195 Euro nur 8 400 Euro an, die G wegen § 266 nicht anzunehmen brauchte.[12] Durch die Nichtannahme kam deshalb nicht G in Gläubigerverzug, sondern möglicherweise S in Schuldnerverzug. *Beispiel 2:* Mieter M wollte nach dem Ende der Mietzeit die gemieteten Räume in ungeräumtem Zustand zurückgeben, was der Vermieter nicht zu akzeptieren brauchte. Er kam deshalb durch die Nichtannahme nicht in Gläubigerverzug.[13]

2. Nichtannahme durch den Gläubiger

460 § 293 setzt schließlich voraus, dass der Gläubiger die Leistung „nicht annimmt". *Warum* der Gläubiger nicht annimmt, ist gleichgültig. Insbesondere kommt es *nicht auf ein Verschulden* des Gläubigers an. Der Gläubiger kommt deshalb auch dann in Verzug, wenn er die angebotene Leistung aus nachvollziehbaren persönlichen Gründen nicht annehmen kann. Den Gläubiger so leicht in Verzug kommen zu lassen, ist vertretbar, weil die Nachteile, die der Gläubiger durch seinen Verzug erleidet, gering sind (Rn 472 ff). In beiden Punkten besteht ein wesentlicher Unterschied zum Schuldnerverzug (§ 286).

461 *Nichtanbieten der Gegenleistung (§ 298):* Der Nichtannahme der Leistung steht es gleich, wenn der Gläubiger zwar annehmen will, aber eine gleichzeitig geschuldete und vom Schuldner verlangte Gegenleistung nicht anbietet (§ 298; FD „Gläubigerverzug", Frage 3, Ja, Frage 4, Nein). *Beispiel:* Der Käufer wollte zwar die Nachnahmesendung in Empfang nehmen, aber nicht bezahlen.

462 *Überraschender Zeitpunkt (§ 299):* Wenn der Schuldner zu einer zwar erlaubten (§ 271 Abs. 2), aber überraschenden Zeit seine Leistung tatsächlich anbietet und der Gläubiger vorübergehend nicht annahmebereit ist, kommt er nicht in Verzug (§ 299; FD „Gläubigerverzug", Frage 6, Ja). *Beispiel:* Der Verkäufer hatte sich für „Ende der Woche" angesagt und kam mit der Ware am Freitag um 14.00 Uhr. Aber gerade zu dieser Zeit war der Käufer für zwei Stunden nicht zu Hause.

III. Wörtliches Angebot

1. Grundsatz

463 Der Gläubiger kann auch durch ein „wörtliches Angebot" in Gläubigerverzug gesetzt werden (§ 295). Aber der Schuldner kann nicht nach Belieben entscheiden, ob er seine Leistung nach § 294 „tatsächlich" anbietet oder „wörtlich". Nur in bestimmten Fällen genügt ein wörtliches (briefliches, telefonisches) Angebot (§ 295). Das wörtliche Angebot wird als geschäftsähnliche Erklärung angesehen.[14]

---

12 BGH NJW 1983, 2437.

13 BGH NJW 1983, 1049.

14 BGB-AT Rn 57 ff, meist „geschäftsähnliche *Handlung*" genannt.

2. Anwendungsfälle

a) Annahmeverweigerung

464 „... *wenn der Gläubiger ihm erklärt hat, dass er die Leistung nicht annehmen werde ...*" Wenn der Gläubiger die Leistung rundweg ablehnt, kann man vom Schuldner nicht verlangen, dass er sich die Mühe macht, seine Leistung „tatsächlich" anzubieten. Es genügt deshalb in diesen Fällen ein wörtliches Angebot (§ 295; FD „Gläubigerverzug", Frage 8). *Beispiel:* Fall 21, Rn 450. Ein Gläubiger, der die Annahme von einer unzulässigen Bedingung abhängig macht, steht dem gleich, der die Annahme verweigert.[15]

b) Handlung des Gläubigers erforderlich

465 „... *wenn zur Bewirkung der Leistung eine Handlung des Gläubigers erforderlich ist ...*" (§ 295 S. 1 Var. 2). Oft muss der Gläubiger vorbereitende Maßnahmen ergriffen haben, bevor der Schuldner mit seiner Leistung beginnen kann. Dann reicht eine wörtliche Aufforderung aus (FD „Gläubigerverzug", Frage 12). *Beispiel:* Steuerberater S sollte für seinen Mandanten M die Steuererklärung anfertigen, konnte damit aber nicht beginnen, bevor er nicht die Unterlagen bekommen hatte. S konnte M in Gläubigerverzug setzen, indem er ihn telefonisch oder brieflich an seine Pflichten erinnerte.

466 „... *insbesondere wenn der Gläubiger die geschuldete Sache abzuholen hat*" (§ 295 S. 1 Var. 3). Diese Variante ist nur ein Unterfall zu den Worten „eine Handlung des Gläubigers erforderlich ist". Sie betrifft die Holschuld (Rn 52, 101). Bei ihr braucht der Schuldner dem Gläubiger nur mitzuteilen, dass er die Leistung in Empfang nehmen könne (FD „Gläubigerverzug", Spalte 11). *Beispiel:* Die Inhaberin einer Bilderrahmenwerkstatt rief bei G an und teilte ihm mit, dass er sein Bild abholen könne.

§ 395 S. 2 beschreibt keinen weiteren Fall, in dem ein wörtliches Angebot genügt. Er stellt nur dem „wörtlichen Angebot" des Satzes 1 die „Aufforderung" zum Tätigwerden gleich. Denn es ist letztlich gleichgültig, ob der Schuldner schreibt: „*Ich* möchte tätig werden" (Angebot der Leistung) oder: „Werden *Sie* bitte tätig" (Aufforderung an den Gläubiger, die erforderliche Handlung vorzunehmen).

3. Leistungsfähigkeit des Schuldners

467 § 297 stellt klar, dass eine Unfähigkeit des Schuldners zur Leistung[16] den Gläubigerverzug ausschließt (FD „Gläubigerverzug, Frage 9, Nein). Diese Regelung ist in den Fällen des wörtlichen Angebots (§ 295) wichtig. Denn es besteht die Gefahr, dass der Schuldner mit seinem wörtlichen Angebot blufft, also in Wirklichkeit nicht leisten könnte. *Beispiel:* Ein Arbeitnehmer bot seinem Arbeitgeber seine Arbeitskraft brieflich an, während er sich in einer ärztlich verordneten Kur befand. Er konnte den Arbeitgeber damit nicht in Gläubigerverzug setzen (§ 297).[17]

---

15 BGH NJW 1997, 581.

16 Es muss sich um eine vorübergehende Unfähigkeit handeln. Denn wenn der Schuldner *endgültig* nicht leisten kann, liegt ein Fall der Unmöglichkeit vor (§ 275 Abs. 1), der den Gläubigerverzug ausschließt (Rn 480).

17 BAG NJW 1986, 2846.

IV. Ausnahmsweise gar kein Angebot

1. Kalendermäßige Bestimmung

468 *Eine Zeit „nach dem Kalender bestimmt“:* § 296 S. 1 setzt voraus, dass der Gläubiger seine Mitwirkung an einem (oder bis zu einem) bestimmten Kalendertag vornehmen sollte, das aber nicht getan hat. Der Fall ähnelt dem in § 295 S. 1 Var. 2 und 3 beschriebenen. Der Unterschied besteht nur darin, dass es jetzt für diese Mitwirkungshandlung des Gläubigers einen kalendermäßig festgelegten Termin gibt. In diesem Fall kommt der Gläubiger, wenn er untätig bleibt, mit Ablauf des Tages im Prinzip in Verzug (§ 296 S. 1). *Beispiel:* Bauherr G sollte sein Haus laut Vertrag bis zum 5. Mai mit einem Arbeitsgerüst versehen haben, damit S am nächsten Tag mit dem Streichen der Fassade beginnen konnte. Da das Gerüst nicht vorhanden war, kam G mit Ablauf des 5. Mai in Gläubigerverzug (FD „Gläubigerverzug“, Frage 14, Nein). Der Verzug ist nur ausgeschlossen, wenn S zu dieser Zeit nicht leistungsfähig war (Frage 16, Nein).

Hat der Gläubiger seinen Teil beigetragen, muss der Schuldner seine Leistung natürlich anbieten, und zwar tatsächlich (§ 294). Das meint § 296 S. 1 mit den Worten „... so bedarf es des Angebots nur, wenn der Gläubiger die Handlung rechtzeitig vornimmt“ (FD „Gläubigerverzug“, Frage 15).

469 *Wenn „der Handlung ein Ereignis vorauszugehen hat“:* Nach § 296 S. 2 kommt der Gläubiger ebenfalls ohne Angebot des Schuldners in Verzug, wenn er untätig bleibt, obwohl der Termin für seine Mitwirkungshandlung von einem bestimmten Ereignis ab kalendermäßig berechenbar war (§ 296 S. 2). *Beispiel:* Die Jaguar-Vertretung S stellte fest, dass der Wagen ihres Kunden G Öl verlor. G musste zu einer dringenden Geschäftsreise aufbrechen, aber versprach, das Fahrzeug am Tag nach seiner Rückkehr zu bringen. Er kam am 16. Mai zurück. Mit Ablauf des 17. Mai geriet er in Gläubigerverzug (§ 296 S. 2). Denn seine Rückkehr war „das Ereignis“, von dem ab sich der Termin berechnen ließ.

2. Ernsthafte und endgültige Annahmeverweigerung

470 Rechtsprechung und Lehre haben dem in § 296 genannten Fall zu Recht noch einen zweiten hinzugefügt: Wenn der Gläubiger die Annahme der Leistung so ernsthaft und endgültig verweigert, dass selbst das (für solche Fälle von § 295 S. 1 vorgesehene) wörtliche Angebot des Schuldners als nutzlose Förmlichkeit erscheinen würde, braucht der Schuldner nicht einmal wörtlich anzubieten (FD „Gläubigerverzug“, Frage 10). Der Gläubiger kommt dann schon aufgrund seiner Weigerung in Verzug.[18] *Beispiel:* Die Gesellschafter der X-GmbH hatten den Geschäftsführer G abberufen und an seiner Stelle Z zum Geschäftsführer ernannt. Die GmbH hatte damit zu erkennen gegeben, dass sie unter keinen Umständen bereit war, G weiterhin zu beschäftigen. G brauchte seine Dienste deshalb nicht einmal *wörtlich* anzubieten.[19] Wenn der Gläubiger hingegen die Annahme zwar verweigert, aber damit offensichtlich noch nicht sein letztes Wort gesprochen hat, muss der Schuldner wörtlich anbieten (§ 295 S. 1 Var. 1).

18 BGH NJW 2001, 287; MüKo/Ernst § 295 Rn 6.
19 BGH NJW 2001, 287. Ebenso BAG in ständiger Rechtsprechung, zB NJW 2009, 2907.

3. Leistungsfähigkeit des Schuldners

471 Wenn es überhaupt keines Angebots bedarf (§ 296), ist die Gefahr besonders groß, dass der Schuldner zu der Zeit, zu der der Gläubiger in Verzug käme, nicht leisten könnte. In diesem Fall verhindert § 297 den Eintritt des Gläubigerverzugs (so auch schon Rn 467).

V. Rechtsfolgen des Gläubigerverzugs

1. Allgemeines

472 Der Gläubigerverzug hat – ganz im Gegensatz zum Schuldnerverzug – keine einschneidenden Rechtsfolgen. Wichtiger sind die Rechtsfolgen, die er *nicht* hat: Der Schuldner wird nicht etwa von seiner Leistungspflicht frei, muss die Leistung also noch einmal anbieten. Und der Gläubiger ist nicht etwa schadensersatzpflichtig.

2. Einzelne Rechtsfolgen

a) Haftungserleichterung

473 Da der Schuldner getan hat, was er tun musste, aber seine Leistung unverschuldet nicht losgeworden ist, gewährt ihm das Gesetz gewissermaßen eine Marscherleichterung: Er darf sich jetzt leichte Fahrlässigkeiten erlauben (§ 300 Abs. 1). Das Gesetz sagt es umgekehrt: „Der Schuldner hat ... nur Vorsatz und *grobe* Fahrlässigkeit zu vertreten." Diese Vorschrift spielt in der Rechtsprechung (und damit im wirklichen Leben) keine Rolle. Es gibt eigentlich nur diesen *Schulfall:* V wollte die von K gekaufte Waschmaschine zur vereinbarten Zeit bei K aufstellen, traf aber niemand an. Auf der Rückfahrt wurde die Maschine infolge leichter Fahrlässigkeit des V zerstört. Ein Verschulden des V liegt aber trotzdem nicht vor (§ 300 Abs. 1).

b) Verlustgefahr bei Gattungsschuld

474 § 300 Abs. 2 ordnet an, dass eine noch nicht konkretisierte Gattungsschuld (§ 243 Abs. 1; Rn 109) mit Eintritt des Gläubigerverzugs in einem wesentlichen Punkt der Stückschuld gleichgestellt wird. Denn mit Eintritt des Gläubigerverzugs „geht die Gefahr ... auf den Gläubiger über". Mit dem Wort „Gefahr" ist die Gefahr gemeint, keine Leistung zu erhalten, jedoch die Gegenleistung erbringen zu müssen.[20] Aber § 300 Abs. 2 ist eine Vorschrift ohne praktische Bedeutung. Sie setzt nämlich voraus, dass die Gattungsschuld beim Gläubigerverzug immer noch Gattungsschuld, also noch nicht konkretisiert ist (§ 243 Abs. 2; Rn 121). Das kommt in der Praxis nicht vor, weil die Konkretisierung schon vor dem Gläubigerverzug eintritt. Die in Lehrbüchern[21] und Kommentaren genannten Anwendungsfälle des § 300 Abs. 2 – es sind bei aller Suche nur zwei – wirken deshalb konstruiert und lebensfremd.

c) Erstattung von Mehraufwendungen

475 Der Schuldner kann verlangen, dass der Gläubiger ihm die Kosten erstattet, die ihm durch das erfolglose Angebot und die anschließende Aufbewahrung entstanden sind

---

20 Diese Gefahr wird meist (unschön und unlogisch) „Leistungsgefahr" genannt, müsste jedoch sprachlich noch unschöner, aber logisch besser „Leistungsanspruchs-Verlustgefahr" heißen.

21 Etwa Brox/Walker § 26 Rn 14.

(§ 304). Diese Vorschrift hat eine gewisse praktische Bedeutung. *Beispiel 1:* V hatte Maschinen aus China importiert und an K verkauft, der sie zu Unrecht nicht abnahm. V, der die Maschinen bei sich einlagerte, konnte die Erstattung der ihm entstandenen Kosten verlangen.[22] *Beispiel 2:* Die Eheleute K kauften auf einer Haushaltsmesse von V eine Einbauküche. In den AGB des V hieß es: „Führt Annahmeverzug des Käufers zu einer Verzögerung der Auslieferung, so hat der Käufer dem Verkäufer für die Verzugsdauer die bei der Spedition üblichen Lagerkosten zu erstatten." Diese Klausel führt nicht zu einer unangemessenen Benachteiligung von Verbrauchern (§ 307), weil sie im Wesentlichen § 304 entspricht.[23] Andere unbedeutende Rechte hat der Schuldner nach den §§ 301 bis 303 (bitte lesen).

d) § 326 Abs. 2

476 Wenn im Rahmen eines gegenseitigen Vertrags eine der beiden Leistungen unmöglich geworden ist, spielt die Frage eine Rolle, ob die Unmöglichkeit in einem Zeitpunkt eingetreten ist, zu dem der Gläubiger im Verzug war (§ 326 Abs. 2 S. 1 Var. 2). Die etwas komplizierte Regelung kann man nur verstehen, wenn man sich bereits mit den Vorschriften über die Unmöglichkeit der Leistung vertraut gemacht hat (Rn 736).

e) Voraussetzung des Schuldnerverzugs im gegenseitigen Vertrag

477 Der Gläubigerverzug hat bei Hauptpflichten aus gegenseitigen Verträgen eine Rechtsfolge, die zwar nicht im Gesetz ausdrücklich genannt wird, die aber in ihrer Bedeutung über alle anderen Rechtsfolgen hinausgeht. Denn der Gläubigerverzug ist in diesen Fällen, so eigenartig das klingt, die Voraussetzung für den Schuldnerverzug (Einzelheiten Rn 501).

f) Gefahrübergang

478 Das Kaufrecht regelt in § 446, wann „die Gefahr des zufälligen Untergangs und der zufälligen Verschlechterung" der Kaufsache auf den Käufer übergeht. Die Antwort lautet in erster Linie: Mit der Übergabe der Kaufsache vom Verkäufer an den Käufer (§ 446 S. 1). Aber nicht nur die Übergabe löst diese Rechtsfolge aus. Sie tritt auch ein, „wenn der Käufer im Verzug der Annahme ist" und die Kaufsache in dieser Zeit beim Verkäufer durch Zufall untergeht oder beschädigt wird (§ 446 S. 3). Die Einzelheiten gehören ins Kaufrecht.

VI. Ende des Gläubigerverzugs

479 *Annahme:* Der Gläubigerverzug endet in erster Linie, wenn der Gläubiger die Leistung schließlich doch annimmt.

480 *Eintritt der Unmöglichkeit:* Manchmal wird die geschuldete Leistung unmöglich, während der Gläubiger im Verzug ist. Dann endet mit dem Eintritt der Unmöglichkeit der Gläubigerverzug.[24] *Beispiel:* Frau F hatte den LH-Flug Frankfurt-Las Palmas, 11. Juli, 5.45 Uhr gebucht, traf aber erst beim Start des Flugzeugs in der Wartehalle ein. Damit war die Beförderungsleistung, die die Lufthansa für sie zu erbringen hatte, unmöglich

---

22 BGH NJW 1996, 1464.

23 BGHZ 170, 1, Rn 33 ff. Die leichte Abweichung von § 304 ist gerechtfertigt, weil sich U als Kaufmann (§ 1 Abs. 1 HGB) auf § 354 Abs. 1 HGB berufen kann, auch gegenüber Nichtkaufleuten (§ 345 HGB).

24 BGH NJW 1992, 1173.

geworden (absolutes Fixgeschäft, Rn 640). Deshalb kann Frau F nicht mehr im Gläubigerverzug sein, vielmehr gilt von jetzt ab § 275 Abs. 1 mit den in § 275 Abs. 4 genannten Vorschriften.

VII. Sonderfall § 615

1. Gewöhnliche Voraussetzungen des Gläubigerverzugs

481 Im Dienstvertragsrecht, nämlich in § 615 S. 1, regelt das Gesetz den Fall, dass „der Dienstberechtigte mit der Annahme der Dienste in Verzug" kommt. Mit den Worten „... mit der Annahme ... in Verzug ..." bezieht sich § 615 auf die §§ 293 ff. Insofern ist § 615 zunächst nicht ungewöhnlich. *Beispiel:* Privatpatient P vergaß, zum vereinbarten Termin in die Sprechstunde der Internistin Dr. I zu kommen. Das ist ein Fall des § 296: Das Erscheinen in der Praxis war „die von dem Gläubiger vorzunehmende Handlung", und der vereinbarte Termin war „nach dem Kalender bestimmt", so dass P auch ohne wörtliches Angebot nach § 296 S. 1 in Gläubigerverzug kam.

2. Ungewöhnliche Rechtsfolge: Volle Gegenleistung

482 Aber § 615 S. 1 belässt es nicht bei den geringfügigen Rechtsfolgen des Gläubigerverzugs (§§ 300 ff), sondern ordnet eine viel weiter gehende Konsequenz an: Im Beispielsfall kann Frau Dr. I (die „Verpflichtete") nach § 615 Satz 1 „für die infolge des Verzugs nicht geleisteten Dienste die vereinbarte Vergütung verlangen". Sie braucht ihre Dienste auch nicht etwa zu späterer Zeit nachzuholen („... ohne zur Nachleistung verpflichtet zu sein"). Sie muss sich nur das anrechnen lassen, was sie in der Zeit des Gläubigerverzugs durch die Behandlung eines anderen Patienten verdient hat oder hätte verdienen können (§ 615 S. 2).

483 Wenn es § 615 nicht gäbe, könnte die Ärztin des Beispielsfalls versuchen, den Schaden, den sie durch das Ausbleiben des P erlitten hat, im Wege des Schadensersatzes geltend zu machen. Dann müsste P aber sein Versäumnis zu *vertreten* haben (§ 280 Abs. 1 S. 2). § 615 hat für den Dienstverpflichteten den Vorteil, dass es nicht auf die Gründe des Fernbleibens ankommt. Deshalb muss im Beispielsfall der Privatpatient das Honorar auch dann zahlen, wenn er gute Gründe für sein Nichterscheinen hatte.[25] Für den vergeblich wartenden Tennistrainer, den versetzten Rechtsanwalt und alle anderen Dienstverpflichteten gilt natürlich dasselbe wie für den Arzt.

484 *Arbeitsrecht:* Die größte Bedeutung hat § 615 im Arbeitsrecht. Dort gilt zwar der Grundsatz „Lohn nur gegen Arbeit", aber er hat zahlreiche Ausnahmen. Eine besonders wichtige beschreibt § 615 S. 1 (beachte aber auch S. 3). Denn wenn der Arbeitgeber die ihm tatsächlich angebotene Arbeitsleistung nicht annimmt (§§ 293, 294) kommt er in Gläubigerverzug und muss nach § 615 S. 1 das Gehalt oder den Lohn so zahlen, als sei gearbeitet worden. In manchen Fällen braucht der Arbeitnehmer analog § 296 seine Dienste gar nicht anzubieten und behält trotzdem seinen Lohn- oder Gehaltsanspruch (siehe das *Beispiel* in Rn 470).

25 Da ein Arzt gegen einen *Kassenpatienten* keinen Honoraranspruch hat, sondern nur gegen die kassenärztliche Vereinigung, lehnen es die meisten Gerichte ab, § 615 auch auf Kassenpatienten anzuwenden (LG Hannover NJW 2000, 1799; AG Tettnang NJW 2000, 1800; AG Dieberg NJW-RR 1998, 1520). Das AG Nordhorn geht auf § 615 gar nicht ein, sondern versucht, den Fall über § 242 zu lösen (NJW 2000, 1799).

§ 22 Verzug des Schuldners mit einer Zahlung

485 **Fall 22: Vergesslicher Psychotherapeut** § 286

Klaus Kegel betreibt eine Praxis für Psychotherapie. Er ließ sich als Privatpatient vom Hautarzt Dr. Henke behandeln und erhielt am 31. Januar 2015 eine Rechnung über 467,87 Euro. In dieser Rechnung war nicht davon die Rede, dass Kegel auch ohne Mahnung nach 30 Tagen in Verzug komme. Kegel ärgerte sich über die Höhe der Rechnung und vergaß ihre Bezahlung. Am 15. März 2015 erhielt er ein mit „Mahnung" überschriebenes Schreiben mit einer dringenden Zahlungsaufforderung. Ist Kegel mit der Zahlung in Verzug – und wenn ja, ab wann?

486 Kegel ist dann im Zahlungsverzug (Schuldnerverzug), wenn die Voraussetzungen des § 286 gegeben sind:

Fälligkeit: Der von Dr. Henke in Rechnung gestellte Betrag wurde mit Ablauf des Tages fällig, an dem die Rechnung Kegel zugegangen war.[26]

Durchsetzbarkeit: In § 286 steht nicht, dass die Forderung des Gläubigers durchsetzbar sein müsse. Aber nach allgemeiner Meinung kommt der Schuldner nicht in Verzug, solange ihm gegen die Forderung eine Einrede zusteht, etwa die der Verjährung oder der Stundung (Rn 498 ff). Kegel stand jedoch gegen Dr. Henkes Anspruch keine Einrede zu.

Nachholbarkeit: Auch von einer Nachholbarkeit steht nichts in § 286. Aber dass die vom Schuldner zu erbringende Leistung nachholbar (also nicht unmöglich) sein muss, ergibt sich aus dem Zusammenhang der Vorschriften. Wenn die zu erbringende Leistung in einer Zahlung besteht, spielt die Nachholbarkeit aber keine Rolle. Denn eine Zahlung ist immer noch möglich, also nachholbar (Rn 505).

Mahnung oder Entfall der Mahnung im Einzelfall: In § 286 Abs. 1 S. 1 heißt es: „... so kommt er durch die Mahnung in Verzug." Eine Mahnung ist hier erst am 15. März erfolgt. Zu prüfen ist aber, ob Kegel schon vorher nach § 286 Abs. 2 ohne Mahnung in Verzug gekommen ist. Das ist aber nicht der Fall, weil die Voraussetzungen der dort genannten vier Nummern nicht gegeben sind. Insbesondere war der Zahlungstermin nicht von beiden Parteien auf einen Kalendertag festgelegt worden (Nr. 1). Er war auch nicht von einem bestimmten Ereignis aus berechenbar (Nr. 2), und die Zahlung wurde von Kegel nicht „ernsthaft und endgültig verweigert" (Nr. 3).

Kegel könnte aber nach der 30-Tage-Regelung des § 286 Abs. 3 S. 1 ohne Mahnung in Verzug gekommen sein. Diese Vorschrift setzt zunächst voraus, dass es sich um eine „Entgeltforderung" handelt. Das ist der Fall, weil der Rechnungsbetrag das Entgelt (die Gegenleistung) für Dr. Henkes ärztliche Bemühungen ist. Zu beachten ist aber, dass § 286 Abs. 3 S. 1 Hs. 2 die 30-Tage-Regelung ausschließt, wenn Kegel Verbraucher ist und er nicht „auf diese Folgen in der Rechnung ... besonders hingewiesen worden ist". Kegel ist als niedergelassener Psychotherapeut ein Freiberufler, so dass er immer dann als Unternehmer gilt, wenn er *beruflich* ein Rechtsgeschäft abschließt (§ 14). Aber als Patient ist jeder Mensch (jede natürliche Person) immer Verbraucher (§ 13), so auch Kegel. Es fehlt, wie sich aus dem Sachver-

26 Das ergibt sich aus § 12 Abs. 2 der Gebührenordnung für Ärzte (GOÄ).

halt ergibt, in der Rechnung der ausdrückliche Hinweis auf die 30-Tage-Regelung. Deshalb gilt die Bestimmung in diesem Fall nicht.

Vertretenmüssen: Zum Schluss ist noch Abs. 4 zu prüfen. Normalerweise kommt ein Schuldner nicht in Verzug, wenn er die Verspätung „nicht zu vertreten hat" (§ 286 Abs. 4). Diese Worte verweisen auf § 276 Abs. 1. Für einen Geldschuldner gilt das aber nur eingeschränkt. Denn jeder, der sich zu einer Zahlung verpflichtet, übernimmt die Garantie, am Fälligkeitstag zahlungsfähig zu sein. Das ergibt sich aus den Worten in § 276 Abs. 1 S. 1: „... aus der Übernahme einer Garantie oder eines Beschaffungsrisikos ..." (Rn 518). Die Voraussetzung des Vertretenmüssens war also in diesem Fall gegeben.

Damit liegen alle Voraussetzungen des Schuldnerverzugs vor. Kegel ist also durch Zugang der Mahnung mit Ablauf des 15. März 2015 (§ 187 Abs. 1) in Schuldnerverzug gekommen (§ 286 Abs. 1 S. 1).

Aus dem FD „Zahlungsverzug eines Verbrauchers" ergibt sich die Lösung so: 1. Ja – 2. Ja – 3. Ja (Mahnung) – 4. Ja – 5. Nein – 7. Ja – 6. Nein (Spalte 2). – *Alternativ:* 8. Ja – 9. Nein (Spalte 9).

Lerneinheit 22

487

Literatur: *Richter,* Zur Anwendbarkeit der Verzugspauschale nach § 288 V BGB im Arbeitsrecht, ArbRAktuell 2016, 229; *Körber,* Das Recht der Pflichtverletzungen im Allgemeinen Schuldrecht, JA 2016, 429, 554, 673; *Blank,* Die Kündigung wegen Zahlungsverzugs, WuM 2015, 3; *Brisch/Müller-ter Jung*, Zahlungsverzug des TK-Kunden: Sperre vs. außerordentliches Kündigungsrecht, CR 2015, 81; *Faust,* Das Gesetz zur Bekämpfung von Zahlungsverzug im Geschäftsverkehr, DNotZ 2015, 644; *Flatow,* Zahlungsverzugskündigung bei Alleinverschulden des Jobcenters, NZM 2015, 654; *Freitag,* Unternehmenskredit und Zahlungsverzug, ZIP 2015, 1805; *Husemann,* Die „dynamische Wirksamkeitsregelung" als Ergebnis einer missglückten Umsetzung der Zahlungsverzugsrichtlinie, JR 2015, 601 (zu § 271a); Korch, Die 40-Euro-Mahnpauschale beim Verbrauchervertrag, NJW 2015, 2212; *Schulze/Steinen,* Kündigung wegen Zahlungsverzugs – Wann müssen die Kündigungsvoraussetzungen vorliegen? IMR 2015 131; *Korch,* Die 40-Euro-Mahnpauschale beim Verbrauchervertrag ..., NJW 2015, 2212; *Heger,* Zahlungsverzug im Geschäftsverkehr: Zugang der Rechnung, BC 2014, 162.

I. Pflichtverletzungen

488

Bisher ging es um den *Gläubiger*verzug (§§ 293 ff), also um Fälle, in denen der Gläubiger seine Obliegenheit zur Mitwirkung bei der Leistung des Schuldners nicht erfüllt hat. Jetzt geht es um den *Schuldner*verzug. Man könnte denken, dass es keinen großen Unterschied mache, ob der Gläubiger oder der Schuldner im Verzug sei. Aber der Unterschied ist außerordentlich groß, nicht nur was die Voraussetzungen und die Rechtsfolgen angeht, sondern auch im Hinblick auf die Bedeutung in der Praxis. Das liegt daran, dass allein der *Schuldner* zu einer Leistung verpflichtet ist. Deshalb ist eine Verzögerung, die von ihm ausgeht, wesentlich folgenreicher als eine Verzögerung, die auf den Gläubiger zurückgeht.

Wenn man die gesetzliche Regelung des Gläubigerverzugs und Schuldnerverzugs betrachtet, vermutet man jedoch, dass der Gläubigerverzug sehr viel gewichtiger sei. Denn das BGB hat dem Gläubigerverzug einen eigenen Titel gewidmet („Titel 2. Verzug des Gläubigers"), während es den wichtigen Schuldnerverzug nur kurz geregelt und in dem umfangreichen „Titel 1. Verpflichtung zur Leistung" (§§ 241 bis 292) versteckt hat.

Während der Gläubigerverzug ein Einzelphänomen ist, ist der Schuldnerverzug Teil eines großen Rechtsgebiets innerhalb des Schuldrechts, das *„Pflichtverletzungen"* genannt wird. Dieser Ausdruck geht auf den zentralen § 280 Abs. 1 S. 1 zurück, der mit den gewichtigen Worten beginnt: „Verletzt der Schuldner eine Pflicht aus dem Schuldverhältnis ..." Eine „Pflichtverletzung" liegt vor, wenn der Schuldner die ihm obliegende Pflicht nicht so erfüllt hat, wie der Gläubiger das erwarten durfte. Unter dem Begriff der Pflichtverletzung fasst man also alle Störungen zusammen, die bei der Erfüllung des Schuldverhältnisses auf Seiten des Schuldners auftreten können.

489 Im Vordergrund stehen drei Pflichtverletzungen: die vom Schuldner zu vertretende Verzögerung der Leistung, die Unmöglichkeit seiner Leistung und deren Schlechterfüllung. Diese drei möglichen Formen des Misslingens kann man im Rechtsverkehr allenthalben beobachten:

- Der Installateur kann den Rohrbruch zu spät, gar nicht oder schlecht reparieren.
- Der Möbelhändler kann das Sofa zu spät, gar nicht oder in defektem Zustand liefern.
- Der Rechtsanwalt kann seinen Mandanten zu spät, gar nicht oder schlecht beraten.

Auch außerhalb von Rechtsbeziehungen, im privaten Bereich, gibt es diese Unterschiede. So kann man zB seiner Schwiegermutter zum Geburtstag zu spät, gar nicht oder unhöflich gratulieren.

490 Die folgende Darstellung beginnt mit den Voraussetzungen und Rechtsfolgen einer *verzögerten* Leistung. Diesen Fall regelt § 280 nicht abschließend. Vielmehr verweist § 280 Abs. 2 insoweit auf die „zusätzliche Voraussetzung des § 286". Zur Vereinfachung beschränkt sich die Erörterung des Schuldnerverzugs zunächst auf den Fall, dass der Schuldner *Geld schuldet* und verspätet zahlt. Die Fälle, in denen der Schuldner mit einer anderen Leistung im Verzug ist (zB als Verkäufer mit der Lieferung der Kaufsache), werden erst später behandelt (Rn 537 ff).

II. Traditionelle Voraussetzungen des Zahlungsverzugs eines Verbrauchers

491 Ob ein Geldschuldner mit der Zahlung im Verzug ist, richtet sich nach § 286. Im Folgenden wird zunächst die sozusagen klassische Verzugsregelung dargestellt, dh ohne den später eingefügten Absatz 3 (zu ihm Rn 529 ff).

Der Schuldnerverzug hat insgesamt fünf Voraussetzungen, von denen allerdings im Fall der Geldschuld zwei bedeutungslos sind. Es lohnt sich, die fünf Voraussetzungen auswendig zu lernen, damit man sie später nicht mühsam aus § 286 zusammensuchen muss (wo sie ohnehin nicht alle zu finden sind):

1. Fälligkeit
2. Durchsetzbarkeit
3. Nachholbarkeit
4. Mahnung oder Entfall der Mahnung im Einzelfall und
5. Vertretenmüssen (§ 286 Abs. 4)

1. Fälligkeit

Aus den Worten des § 286 Abs. 1 S. 1 „... die nach dem Eintritt der Fälligkeit erfolgt" ergibt sich, dass der Schuldnerverzug in erster Linie die *Fälligkeit* der Leistung voraussetzt (FD „Zahlungsverzug eines Verbrauchers", Frage 1). 492

Fälligkeit: Eine Leistung wird fällig, sobald „der Gläubiger die Leistung verlangen kann"[27] oder – was dasselbe ist – sobald der Schuldner sie erbringen muss (nicht nur erbringen *darf*). Diesen Zeitpunkt nennt man die Leistungszeit.

Leistungszeit (§ 271): Nach § 271 Abs. 1 kann die Leistungszeit auf vier Weisen festgelegt sein:

- *Vertrag:* In erster Linie ist zu prüfen, ob im Vertrag „eine Zeit für die Leistung ... bestimmt" ist. Es gilt dann diese Bestimmung. Sie muss einvernehmlich getroffen worden sein, nicht einseitig durch den Schuldner oder den Gläubiger.[28] *Beispiel 1:* Im Grundstückskaufvertrag heißt es: „Der Kaufpreis ist zu zahlen am 1. Juli 2015." Der Schuldner darf dann im Zweifel vorher zahlen, der Gläubiger die Zahlung aber nicht vorher verlangen (§ 271 Abs. 2). *Beispiel 2:* In einem Rahmenvertrag zwischen zwei Telekommunikationsunternehmen ist bestimmt: „Der Rechnungsbetrag muss spätestens am 30. Tag nach dem Zugang der Rechnung auf dem in der Rechnung angegebenen Konto gutgeschrieben oder verrechnet sein."[29] Diese Klausel bestimmt den 30. Tag als Leistungszeit, lässt die Zahlung also an diesem Tag fällig werden. Es ist nicht etwa so, dass der Betrag schon mit dem Zugang der Rechnung fällig wäre und dem Schuldner nur eine Schonfrist von 30 Tagen eingeräumt würde.[30] *Beispiel 3:* In den AGB eines Küchenhändlers heißt es: „Der Verkäufer ist zur vorzeitigen Lieferung berechtigt." Diese Klausel verstößt gegen § 307, weil sie dem Verwender das Recht geben soll, die Fälligkeit auch gegen eine vertragliche Vereinbarung vorzuverlegen.[31] 493
- *Gesetz:* Legt der Vertrag nicht die Leistungszeit fest, gilt eine eventuell vorhandene gesetzliche Regelung. *Beispiele:* Der Werklohn ist bei der Abnahme fällig (§ 641 Abs. 1 S. 1) und die Miete für Wohnraum am 3. Werktag eines Monats (§ 556b). 494
- *Umstände:* Wenn die Leistungszeit auch nicht gesetzlich – und damit gar nicht – geregelt ist, ist sie „aus den Umständen zu entnehmen" (§ 271 Abs. 1). 495
- *Sofort:* Nur wenn sich die Leistungszeit aus keiner der drei genannten Quellen ergibt, ist die Leistung *bei Vertragsschluss* fällig, nämlich *„sofort"* (§ 271 Abs. 1). Für den Verbrauchsgüterkauf (§ 474 Abs. 1) gilt abweichend, dass die Leistungen etwas gemächlicher erbracht werden dürfen, nämlich „unverzüglich" (§ 474 Abs. 3 S. 1), aber auch sofort (S. 3).[32] 496

27 BGHZ 171, 33 Rn 16; MüKo/Krüger § 271 Rn 2; Bamberger/Roth/Unberath § 271 Rn 2; Palandt/Grüneberg § 271 Rn 1.

28 So schon die Begründung zum SMG (BT-Drucks. 14/6040, 145 f); auch Palandt/Grüneberg § 286 Rn 2. Der X. Zivilsenat des BGH macht seit langem Ausnahmen für Betriebe der Daseinsvorsorge: Diese sollen zur einseitigen Bestimmung der Leistungszeit nach den §§ 316 Abs. 1, 315 berechtigt sein (BGH NJW 2006, 3271 Rn 7; 2005, 1772) – sehr fraglich.

29 BGHZ 171, 33.

30 BGHZ 171, 33 Rn 17; 125, 343.

31 BGHZ 170, 1 Rn 5 bis 14. Das Recht zur willkürlichen Vorverlegung wäre gerade bei der Lieferung einer Einbauküche nachteilig, weil der Kunde sie erst brauchen kann, wenn er Platz geschaffen hat.

32 Wie sich daraus ergibt, bezeichnen die Begriffe unterschiedliche Zeitspannen. „Unverzüglich" wird in § 121 Abs. 1 definiert als „ohne *schuldhaftes* Zögern". Dagegen bedeutet „sofort" so viel wie „ohne *jedes* Zögern".

497 *Unbestimmte Geldforderung:* Fraglich ist, wann ein Zahlungsanspruch fällig ist, dessen Höhe der Gläubiger erst festlegen und in seiner Rechnung mitteilen muss. Ein solcher Anspruch wird grundsätzlich schon in dem Zeitpunkt fällig, in dem der Gläubiger die Rechnung hätte erteilen können.[33] *Ausnahmen:* Erst mit Zugang der Rechnung werden fällig die Gebührenforderungen der Ärzte (§ 12 Abs. 2 GOÄ) und der Architekten (§ 8 HOAI) sowie Ansprüche der Vermieter auf eine Nebenkostennachzahlung.[34]

2. Durchsetzbarkeit

a) Einleitung

498 Auch bei Fälligkeit kommt der Schuldner nur in Verzug, wenn der Gläubiger seine Forderung auch gerichtlich durchsetzen könnte (FD „Zahlungsverzug eines Verbrauchers“, Frage 2). Diese Voraussetzung, die man „Durchsetzbarkeit“ nennt, steht nicht in § 286. Die Durchsetzbarkeit ist insbesondere dann *nicht* gegeben, wenn dem Schuldner eine *Einrede* zusteht, die ihn berechtigt, die Zahlung vorübergehend oder endgültig zu verweigern.[35] In Betracht kommen hauptsächlich die folgenden Einreden:

b) Einrede der Verjährung

499 Wenn die Forderung verjährt ist, kann der Schuldner die Einrede der Verjährung erheben (§ 214). Der Gläubiger kann ihn dann nicht mehr in Verzug setzen.[36]

c) Einrede der Stundung

500 Solange die Zahlung vom Gläubiger gestundet ist, kann sich der Schuldner auf die Stundung berufen und kommt so nicht in Verzug.

d) Einrede des nichterfüllten gegenseitigen Vertrags

501 Der Schuldner eines gegenseitigen Vertrags kommt mit seiner Hauptleistung so lange nicht in Schuldnerverzug, wie er die Einrede des nichterfüllten gegenseitigen Vertrags aus § 320 erheben kann (Rn 131). *Beispiel:* K hatte im Juweliergeschäft des V eine Armbanduhr gekauft, die V erst bestellen musste. Die Uhr sollte am 16. Januar 2015 im Laden des V bezahlt und übereignet werden. Als K an diesem Tag bei V erschien, sagte V: „Ich habe die Uhr noch nicht erhalten. Aber zahlen Sie bitte wie vereinbart heute, sonst kommen Sie in Zahlungsverzug.“ K erwiderte zu Recht: „Solange Sie mir die Uhr nicht übergeben, komme ich nicht in Verzug.“ Erst wenn V ihm die Uhr vorlegen würde, um sie ihm nach § 929 zu übereignen, und K nicht zahlen könnte oder wollte, käme er in Zahlungsverzug.

502 Der Verzug ist bereits ausgeschlossen, wenn der Schuldner die *Möglichkeit* hat, die Einrede geltend zu machen. Dass er sie wirklich erhoben hat, ist nicht erforderlich.[37] Ein Verkäufer, der den Käufer in Verzug setzen will, muss deshalb die Lieferung so anbieten, dass der Käufer durch die Nichtannahme nach § 293 in Gläubigerverzug ge-

---

33 Palandt/Grüneberg § 271 Rn 7.
34 BGHZ 113, 188, 191 f.
35 HM und st Rspr, BGH NJW 2001, 3535; 1999, 2110.
36 BGHZ 104, 6.
37 BGHZ 116, 244; BGH NJW 1997, 938.

rät.[38] *Beispiel:* K kaufte von V durch notariellen Vertrag ein Grundstück. Die Auflassung nach § 925 erklärte V noch nicht. Später mahnte V die Zahlung des Kaufpreises an, wodurch K eigentlich in Schuldnerverzug gekommen sein müsste (§ 286 Abs. 1 S. 1). Aber K brauchte nur Zug um Zug gegen die Auflassung zu zahlen, so dass er die Einrede nach § 320 erheben konnte. Um K in Schuldnerverzug zu setzen, musste V seine eigene Leistung (seine Auflassungserklärung) „tatsächlich" (§ 294) anbieten.[39] V vereinbarte deshalb mit einem Notar einen Termin für die Auflassung, teilte diesen dem K rechtzeitig mit und erschien selbst.[40] K kam nicht und geriet dadurch in Gläubigerverzug. Erst dadurch verlor er die Einrede aus § 320, so dass er in Schuldnerverzug geriet. Im gegenseitigen Vertrag lautet deshalb der Grundsatz: „Kein Schuldnerverzug ohne Gläubigerverzug."

e) Einrede des Zurückbehaltungsrechts

503 Der Schuldner kann den Eintritt des Verzugs auch verhindern, wenn er ein Zurückbehaltungsrecht nach § 273 geltend macht (Rn 151). Er muss diese Einrede aber erheben, wenn er den Verzug verhindern will, eine Automatik wie bei § 320 gibt es nicht (Rn 161).[41]

f) Sonstige Fälle der Zug-um-Zug-Leistung

504 Auch einige andere Pflichten müssen Zug um Zug erfüllt werden, zB die Rückgabepflichten nach einer Anfechtung wegen arglistiger Täuschung,[42] nach einem Rücktritt oder beim „Großen Schadensersatz".[43] Auch in diesen Fällen kann man seinen Partner nur in Schuldnerverzug setzen, wenn man die Voraussetzungen des Gläubigerverzugs geschaffen hat.

3. Nachholbarkeit

505 Wenn es sich *nicht* um eine Geldschuld handelt, ist die „Nachholbarkeit der Leistung" eine wichtige Voraussetzung des Schuldnerverzugs (Rn 543). Sie steht nicht im Gesetz, ergibt sich aber aus der Abgrenzung des Schuldnerverzugs von der Unmöglichkeit. Auf die *Geldschuld* sind jedoch die Begriffe „Nachholbarkeit" und „Unmöglichkeit" nicht anwendbar. Denn eine Zahlung ist immer möglich und damit immer nachholbar. Für eine Zahlung kann es zwar *sehr* spät sein, aber nie *zu* spät. Denn selbst nach Jahren kann der Gläubiger mit dem Geldbetrag noch etwas anfangen.[44] Die Voraussetzung „Nachholbarkeit" wird deshalb im Rahmen einer Geldschuld nicht geprüft!

---

38 BGH NJW 2005, 2848; 1996, 923; 1995, 587.
39 Da die Voraussetzungen der §§ 295, 296 nicht vorliegen.
40 BGHZ 116, 244; bestätigt in NJW 1994, 3351.
41 BGH NJW-RR 2005, 1041 (1042).
42 BGH NJW 1995, 587.
43 BGH NJW 1997, 581.
44 Im Regelfall wird der Gläubiger wegen der verspäteten Zahlung Verzugszinsen verlangen. Das ändert aber nichts daran, dass er den geschuldeten Geldbetrag gern annimmt.

4. Mahnung

a) Einleitung

506 Die in § 286 Abs. 1 genannte „Mahnung" ist sicher die bekannteste Voraussetzung des Schuldnerverzugs. Allein in Abs. 1 kommt dieses Wort dreimal vor. Zugleich lässt sich die Mahnung aber auch am vielfältigsten ersetzen (FD „Zahlungsverzug eines Verbrauchers", Frage 3). Sie bildet deshalb den Hintergrund für den ganzen Absatz 2.

Definition: Die Mahnung ist eine formlose Erklärung des Gläubigers, die er nach der Fälligkeit dem Schuldner zukommen lässt und in der er „unzweideutig zum Ausdruck bringt, dass er die geschuldete Leistung verlangt".[45]

Es ist für eine Mahnung keinesfalls erforderlich, dass der Gläubiger dem Schuldner *eine Frist* setzt! Die Notwendigkeit einer Fristsetzung gibt es auch, aber in einem ganz anderen Zusammenhang (§§ 281, 323). Sie soll dem Gläubiger einen Schadensersatzanspruch statt der Leistung oder einen Rücktritt ermöglichen (Rn 580).

b) Zeitpunkt

507 *Mahnung nach Fälligkeit:* Die Mahnung muss *nach* der Fälligkeit erfolgen (§ 286 Abs. 1 S. 1: „... die nach dem Eintritt der Fälligkeit erfolgt ..."). Eine Mahnung vor der Fälligkeit ist unbeachtlich. *Beispiel:* Der Stoffhersteller V hatte mit K, einem Fabrikanten für Herrenoberbekleidung, „drei Monate Zahlungsziel" vereinbart. Vor Ablauf der drei Monate ging bei K eine „Mahnung" ein. Da noch keine Fälligkeit bestand, hatte sie keine Wirkung.

Keine Gleichzeitigkeit von Fälligkeit und Mahnung: Nach dem klaren Gesetzeswortlaut, demzufolge die Mahnung *„nach* dem Eintritt der Fälligkeit" erfolgen muss, darf die Mahnung *nicht gleichzeitig* mit einem Schreiben erklärt werden, das überhaupt erst die Fälligkeit auslöst. *Beispiel:* Ein Physiotherapeut schrieb in der Rechnung: „Den Rechnungsbetrag überweisen Sie bitte bis zum 5. Oktober 2004 auf das rechts unten angegebene Konto."[46] Die Formulierung selbst könnte als Mahnung verstanden werden. Aber da die Fälligkeit der Leistung erst mit dem Zugang der Rechnung eintrat, wurde diese „Mahnung" nicht *nach* der Fälligkeit erklärt. Der X. Zivilsenat des BGH hat allerdings die Ansicht vertreten, die Mahnung könne „mit der Erklärung verbunden werden, welche die Fälligkeit erst herbeiführt", insbesondere mit der Rechnung.[47] Der III. Zivilsenat hat diese (schwer nachvollziehbare) Ansicht nicht direkt abgelehnt, ihr aber mit dem Satz: „Dabei handelt es sich indessen um Ausnahmefälle" eine generelle Bedeutung genommen.[48]

c) Inhalt, Form, Alternativen

508 *Zuvielforderung:* Wenn in der Mahnung eine zu hohe Summe genannt wird, ist zu unterscheiden: Die Mahnung ist nicht wegen der Zuvielforderung unwirksam, wenn die geforderte Leistung die geschuldete nur unwesentlich übersteigt[49] und der Schuldner

45 BGH NJW 1998, 2132.
46 BGH NJW 2008, 50.
47 NJW 2006, 3271 Rn 10 unter Berufung auf seine Entscheidung NJW 2005, 1772. Ebenso schon RGZ 50, 255 (261); zustimmend Gsell (Urteilsanmerkung NJW 2008, 52).
48 NJW 2008, 50 Rn 11.
49 Wenn die Rechnungssumme nur zu 64 % berechtigt ist, liegt diese Voraussetzung aber nicht mehr vor (aA BGH NJW 2006, 3271 Rn 17).

die wahre Summe selbst berechnen und davon ausgehen kann, der Gläubiger werde auch den geringeren Betrag annehmen.[50] In anderen Fällen kann eine „Zuvielforderung" zur Unwirksamkeit der Mahnung führen.

Form und Inhalt: Die Mahnung bedarf keiner Form, sie kann also mündlich oder auch konkludent erklärt werden. Die Verwendung der Worte „mahnen" oder „Mahnung" ist nicht erforderlich. Auch ein höfliches Schreiben kann eine Mahnung sein, solange es einen erkennbaren Aufforderungscharakter hat.[51] Das gilt auch für eine Zahlungserinnerung, die mit einer humorvollen Zeichnung versehen ist.[52] Wenn die Mahnung nicht vom Gläubiger, sondern von einem Dritten stammt, müssen die Voraussetzungen des § 164 Abs. 1 gegeben sein, also Vertretungsmacht und erkennbares Handeln im Namen des Gläubigers.[53]

509 *Klage statt Mahnung:* Der Gläubiger kann die Mahnung überspringen und gleich auf Zahlung klagen. Auch dadurch gerät der Schuldner in Verzug (§ 286 Abs. 1 S. 2). Dass eine Klage ohne vorherige Mahnung erlaubt sein soll, löst bei vielen Laien Erstaunen aus. Tatsächlich klagt in der Praxis kaum ein Gläubiger ohne vorherige Mahnung, schon um das Prozessrisiko zu minimieren.

Mahnbescheid statt Mahnung: Die Mahnung kann auch durch die Zustellung eines *Mahnbescheids* ersetzt werden (§ 286 Abs. 1 S. 2). Weil „Mahnung" und „Mahnbescheid" ähnlich klingen, werden sie von Laien leicht verwechselt. Aber sie unterscheiden sich grundlegend: Während die Mahnung den Schuldnerverzug auslöst, kann der Mahnbescheid die Klage ersetzen, solange es um einen Zahlungsanspruch geht (§ 688 ZPO). Wegen seiner viel größeren Bedeutung kann zwar der Mahnbescheid die Mahnung ersetzen, aber niemals die Mahnung den Mahnbescheid.

d) Beginn des Verzugs

510 Da der Schuldner „durch die Mahnung in Verzug" kommt (§ 286 Abs. 1 S. 1), ist der *Zugang* der Mahnung entscheidend (§ 130 Abs. 1 S. 1 analog). Aber nach § 187 Abs. 1 beginnt der Verzug nicht schon mit dem Zugang der Mahnung (etwa um 16.34 Uhr), sondern erst am Ende dieses Tages. Der erste Verzugstag ist deshalb der auf den Zugang der Mahnung folgende Tag.[54] Mit Beginn dieses Tages kann der Schuldner den Verzug nicht mehr abwenden, auch nicht dadurch, dass er noch an diesem Tag bezahlt. Man darf deshalb im Gutachten nicht schreiben: „Da S nicht unverzüglich nach Zugang der Mahnung zahlte, kam er in Verzug".

Mahnung mit Fristsetzung: Wenn der Gläubiger dem Schuldner im Mahnschreiben eine Frist setzt (was er für eine Mahnung bekanntlich nicht tun muss), ist trotzdem der *Zugang* der Mahnung entscheidend, nicht das Fristende. *Beispiel:* Verkäufer V hatte die Kaufsache geliefert und K am 1. Dezember eine Rechnung geschickt. Am 10. Dezember ging K ein Schreiben zu, in dem ihn V aufforderte, den Kaufpreis nunmehr „bis zum 14. Dezember zu zahlen". *Lösung:* K kam am 10. Dezember um 24.00 Uhr in Verzug, nicht erst mit Ablauf des 14. Dezember.[55] Denn es bestand für V kein Anlass, dem säumigen K mit einer Stundung um weitere vier Tage entgegenzukommen.

50 BGHZ 146, 24 (35); BGH NJW 2006, 3271 Rn 16; 2006, 769 Rn 24.
51 BGH NJW 1998, 2132.
52 Falsch AG Gütersloh NJW 1983, 1621.
53 BGH NJW 2006, 687 Rn 12 f.
54 Schneider NJW 1980, 1375.
55 So aber OLG Rostock NJW 1995, 3127; Ziegeltrum JuS 1986, 705 (709).

Der wichtige Grundsatz einer „interessengerechten Auslegung“ (§§ 133, 157)[56] ergibt vielmehr, dass V durch die Fristsetzung den Druck auf K erhöhen, nicht abbauen wollte.[57]

5. Entfall der Mahnung im Einzelfall

a) Kalenderbestimmung

511 Nach § 286 Abs. 2 Nr. 1 ist eine Mahnung entbehrlich, wenn „für die Leistung eine Zeit nach dem Kalender bestimmt ist“. § 286 Abs. 2 Nr. 1 geht auf den alten römischen Rechtssatz „dies interpellat pro homine“ zurück (der Tag mahnt anstelle des Menschen). Der Zahltag muss nicht beim Vertragsschluss vereinbart werden, die Parteien können ihn auch nachträglich festlegen.[58] Wichtig ist nur, dass eine solche Bestimmung *einvernehmlich* erfolgt, nicht einseitig durch den Gläubiger.[59]

512 *Beispiele für eine Kalenderbestimmung:* Der klassische Fall einer kalendermäßigen Bestimmung ist natürlich die Angabe eines Datums („Zahlung am 29. Dezember 2015“). Aber auch „heute in einer Woche“ oder „am Donnerstag“ oder „morgen“ sind Kalenderbestimmungen. Denn jeder Schuldner kann sich dann die Leistungszeit in seinen Kalender schreiben. „Ende Februar“ ist der 28. bzw 29. Februar (§ 192) und stellt ebenfalls eine kalendermäßige Bestimmung der Leistungszeit dar.[60] Dass die Jahresangabe fehlt, schadet nichts, weil natürlich der laufende bzw der kommende Februar gemeint ist.

513 *Bestimmung eines Zeitraums:* Die Bestimmung muss nicht einen bestimmten Tag nennen, sie kann auch einen Zeitraum angeben. Dann ist die Leistung am letzten Tag der Frist fällig. *Beispiel 1:* Die Vertragsbestimmung: „Die Zahlung erfolgt bis spätestens 30. November“ legt die Leistungszeit auf den 30. November, also auf ein Kalenderdatum.[61] *Beispiel 2:* „Zahlung 1. Dekade Juli“ bedeutet, dass spätestens am 10. Juli zu zahlen ist, auch wenn schon früher gezahlt werden darf.[62]

Häufigkeit: Kalenderbestimmungen sind sehr häufig, weil sie in Miet- und Darlehensverträgen die Regel sind. *Beispiel 1:* Zur Zins- und Tilgungsleistung heißt es im Darlehensvertrag: „Die Summe von 345 Euro wird am 12. eines jeden Monats vom Konto des Darlehensnehmers abgebucht.“ *Beispiel 2:* Im Wohnraum-Mietvertrag fehlte eine Angabe zur Fälligkeit der Mietzahlung. Deshalb war die Miete „spätestens bis zum dritten Werktag“ eines Monats zu zahlen (§ 556b Abs. 1). Darlehensnehmer und Mieter kommen deshalb regelmäßig ohne Mahnung in Verzug (§ 286 Abs. 2 Nr. 1).

b) Kalendermäßige Berechenbarkeit der Leistung

514 Einer Mahnung bedarf es nach § 286 Abs. 2 Nr. 2 ebenfalls nicht, wenn sich der Zahlungstermin von einem Ereignis ab berechnen lässt. Das Ereignis muss an einem zunächst noch ungewissen Tag eintreten. Wenn das Datum des „Ereignisses“ bei der Vereinbarung schon feststand, handelt es sich um einen Fall der Nr. 1. Auch die Vereinba-

56 BGB-AT Rn 149 f.
57 Anders Palandt/Grüneberg § 286 Rn 17: „Auslegungsfrage“.
58 BGH NJW 2002, 1274.
59 Ganz hM, BGH NJW 2008, 50; 2006, 3271; Erman/Hager § 286 Rn 40; Staudinger/Bittner § 271 Rn 19; Staudinger/Löwisch § 286 Rn 68; MüKo/Ernst § 286 Rn 56.
60 BGH NJW 1982, 1279.
61 BGH NJW 1996, 2027.
62 BGH NJW 1984, 48.

rung nach Nr. 2 darf nicht einseitig vom Gläubiger festgesetzt worden sein, sie muss sich (wie im Fall der Nr. 1) aus einer *Vereinbarung* ergeben. Das „Ereignis" ist oft der Zugang der Rechnung. *Beispiel 1:* Im Vertrag heißt es: „Der Rechnungsbetrag muss spätestens am 30. Tag nach dem Zugang der Rechnung auf dem in der Rechnung angegebenen Konto gutgeschrieben oder verrechnet sein."[63]

Verzugsbeginn: Der Schuldnerverzug beginnt auch im Fall der Nr. 2 an dem berechenbaren Tag um 24.00 Uhr (§ 187 Abs. 1) oder – was dasselbe ist – am folgenden Tag um 00.00 Uhr. Ein Problem taucht auf, wenn der letzte Tag der Frist auf einen Sonntag, einen Feiertag oder einen Sonnabend fällt. *Beispiel:* Im vorigen Beispielsfall 1 fiel der 30. Tag auf einen Sonnabend. Der Rechnungsbetrag wurde dem Konto erst am folgenden Montag gutgeschrieben. Es stellte sich deshalb die Frage, ob auch auf diesen Fall § 193 anzuwenden ist. Der BGH hat das mit guten Gründen bejaht. Der Schuldner geriet deshalb trotz der späten Gutschrift nicht in Verzug.[64]

c) Ernsthafte Weigerung

515 Wenn der Schuldner seine Verpflichtung so nachdrücklich bestreitet, dass eine Mahnung eine leere Förmlichkeit wäre, darf der Gläubiger auf sie verzichten (§ 286 Abs. 2 Nr. 3). Denn es kann niemand zugemutet werden etwas zu tun, was offensichtlich aussichtslos ist. *Beispiel:* A hatte sein Tenorsaxophon in der örtlichen Zeitung inseriert, und B hatte es nach Besichtigung gekauft. Übereignung und Bezahlung waren noch nicht erfolgt. Später schrieb B an A, er „nehme Abstand" vom Kauf, und machte deutlich, dass er keinesfalls zahlen werde. In dieser Lage durfte A von einer Mahnung absehen (mehr zur Weigerung Rn 592 f).

d) Entfall der Mahnung nach den Umständen

516 Die Mahnung kann auch „aus besonderen Gründen unter Abwägung der beiderseitigen Interessen" entbehrlich sein (§ 286 Abs. 2 Nr. 4), also nach Treu und Glauben (§ 242). *Beispiel:* Der Schuldner bat nach Fälligkeit um Entschuldigung für seine Verspätung und versprach baldige Zahlung. Er hat sich dadurch selbst gemahnt, so dass der Gläubiger das nicht seinerseits zu tun brauchte. Durch seine Selbstmahnung kam er in Verzug.[65]

Wenn der Verzug nach den soeben genannten Vorschriften bereits eingetreten ist, kann der Gläubiger nicht mehr mahnen. Versucht er es trotzdem, handelt es sich im Rechtssinne nicht um eine Mahnung. Das ist wichtig für den Verzugsbeginn. Denn in diesem Fall beginnt der Schuldnerverzug nicht erst mit dem Zugang der angeblichen „Mahnung".

6. Vertretenmüssen

517 Nach § 286 Abs. 4 kommt der Schuldner nicht in Verzug, wenn er die Verzögerung „nicht zu vertreten" hat (FD „Zahlungsverzug eines Verbrauchers", Frage 4). „Zu vertreten" hat der Schuldner im Prinzip Vorsatz und Fahrlässigkeit (§ 276 Abs. 1 S. 1).

---

63 BGHZ 171, 33.
64 BGHZ 171, 33 Rn 24.
65 Allgemeine Meinung, zB Erman/Hager § 286 Rn 46; Palandt/Grüneberg § 286 Rn 25; Staudinger/Emmerich § 536a Rn 16; BGH NJW 2009, 2600 Rn 24.

Versteckte Beweislastregelung: Die Formulierung des § 286 Abs. 4 lässt erkennen, dass das Gesetz das Vertretenmüssen für den Normalfall hält, das Nichtvertretenmüssen für den Ausnahmefall. Man muss die Vorschrift nämlich so lesen: „Der Schuldner kommt nicht in Verzug, solange er die Verzögerung *ausnahmsweise* nicht zu vertreten hat." Die Darlegungs- und Beweislast für das Vorliegen des Ausnahmefalls liegt immer bei dem, der sich auf ihn beruft, hier also beim Schuldner: Kann er nicht beweisen, dass ihm die Verzögerung nicht anzulasten ist (oder schweigt der Sachverhalt dazu), ist von seinem Vertretenmüssen auszugehen (ausführlich Rn 550). Hätte das Gesetz dem *Gläubiger* die Beweislast zuweisen wollen, hätte es formuliert: „Der Schuldner kommt nur in Verzug, wenn er die Verzögerung zu vertreten hat."

518 Wer sich zu einer Zahlung verpflichtet, übernimmt eine „Garantie" für seine Zahlungsfähigkeit und das „Beschaffungsrisiko" (§ 276 Abs. 1; Rn 117, 417). Mangelnde finanzielle Leistungsfähigkeit ist deshalb kein Entschuldigungsgrund („Geld hat man", Rn 418, 644). *Beispiel:* Die Zahlung verzögerte sich, weil die Bank das dem Schuldner zugesagte Darlehen nicht rechtzeitig bereitgestellt hatte.

Manchmal liegt die verzögerte Zahlung aber nicht am Geldmangel. Dann muss geklärt werden, ob die Nichtzahlung auf Fahrlässigkeit beruhte. *Beispiel 1:* Der Tiefbauunternehmer T hatte die Pfahlgründung für ein neues Parkhaus übernommen. Der Bauherr B zahlte den Werklohn nicht, weil er annahm, dass die Werkleistung des T mangelhaft sei. Aber diese Annahme beruhte auf einer fahrlässigen Fehleinschätzung.[66] Deshalb war die Zahlung infolge eines Umstandes unterblieben, den B nach § 276 Abs. 1, Abs. 2 zu vertreten hatte. B musste den Werklohn zuzüglich Zinsen zahlen. *Beispiel 2:* Z und U hatten Räume für den Betrieb eines Restaurants gemietet. Sie nahmen infolge von Fahrlässigkeit an, dass sie berechtigt seien, die Miete erheblich zu kürzen (fahrlässiger Rechtsirrtum, Rn 398). Das von § 286 Abs. 4 verlangte Verschulden lag deshalb vor.[67]

III. Das Ende des Zahlungsverzugs

Der Verzug endet durch folgende Vorgänge:

519
- *Zahlung:* Mit Ablauf des Tages, an dem der Schuldner gezahlt hat, ist der Verzug beendet.[68] Für die Frage, *wann* der Schuldner gezahlt hat, ist die 30-Tage-Regelung zu beachten, wenn an der Zahlung kein Verbraucher beteiligt ist. Denn dann gilt erst der Tag der Gutschrift als Tag der Zahlung (Rn 534).
- *Gläubigerverzug:* Der Verzug endet ebenfalls, wenn der Schuldner die Zahlung so anbietet, dass der Gläubiger durch die Nichtannahme des Geldes in Gläubigerverzug nach den §§ 293 ff kommt.[69]
- *Entfall einer Verzugsvoraussetzung:* Der Verzug endet auch, wenn nicht mehr alle seine Voraussetzungen vorliegen, zB der Anspruch inzwischen verjährt ist.[70]

66 BGH NJW 2015, 2419 Rn 62 ff. Siehe auch BGH NJW 2012, 2882 Rn 19 bis 21.
67 BGH NJW 2006, 51 Rn 11.
68 Das gilt auch dann, wenn die Zahlung zur Abwendung der Zwangsvollstreckung erfolgt (BGH NJW 2012, 1717 Rn 11).
69 BGH NJW 2000, 506; OLG Saarbrücken NJW 1996, 3086.
70 BGHZ 104, 6.

- *Rücktritt:* Wenn der Gläubiger den Rücktritt erklärt hat, ist damit der Verzug des Schuldners beendet. Die Rechtsfolgen richten sich dann für die Zukunft nur noch nach den §§ 346 ff.

IV. Rechtsfolgen des Zahlungsverzugs

1. Fortbestand der Leistungspflicht, kein Rücktrittsrecht des Gläubigers

520 Der Verzug entlässt den Schuldner nicht etwa aus seiner Zahlungspflicht. Denn eine Zahlung ist ja immer nachholbar (Rn 505). Und es gibt natürlich keinen Grund, den Schuldner für seine Bummelei auch noch mit der Befreiung von seiner Zahlungspflicht zu belohnen. Der Schuldner, der sich im Verzug befindet, muss die Zahlung also schnellstens nachholen.

Aber auch der Gläubiger hat nicht das Recht, sich *allein* wegen des Schuldnerverzugs vom Vertrag zu lösen! Das Rücktrittsrecht steht dem Gläubiger (zumindest im Prinzip) erst zu, wenn er dem Schuldner eine Frist zur Zahlung gesetzt hat und diese ergebnislos abgelaufen ist (§ 323 Abs. 1; Rn 613).

2. Verzugszinsen

a) Grund der Zinspflicht

521 Wer zeitweise auf ihm zustehendes Geld verzichten muss, kann auf zwei verschiedene Weisen einen Schaden erleiden: Wenn er auf das Geld angewiesen ist, kann er gezwungen sein, bei einer Bank einen Kredit aufzunehmen (§ 488). Der dann von ihm zu zahlende Zins ist der Schaden, der ihm durch den Verzug seines Schuldners entstanden ist. Es kann aber auch sein, dass der Gläubiger das Geld nicht braucht. Dann könnte er es jedoch, hätte er es rechtzeitig bekommen, zinstragend angelegt haben. Auch in diesem Fall ist ihm also durch den Verzug des Schuldners ein Zinsschaden entstanden. Aus den genannten Gründen gewährt das Gesetz dem Geldgläubiger – ohne dass dieser einen Schaden nachweisen müsste – einen Anspruch auf *Verzugszinsen.*

§ 288 ist wie eine Anspruchsgrundlage formuliert. Der Systematik entspricht es aber eher, auch in diesem Fall in § 280 Abs. 1 die Anspruchsgrundlage zu sehen. § 288 hat dann die Funktion, Art und Umfang des Schadensersatzes festzulegen.[71]

b) Beginn der Zinspflicht

522 Die Worte „während des Verzugs" in § 288 Abs. 1 S. 1 bedeuten, dass die Zinspflicht mit dem ersten Verzugstag beginnt. Das ist der Tag, der auf den Zugang (§ 130) der Mahnung (§ 286 Abs. 1 S. 1) oder auf den für die Zahlung festgelegten Kalendertag folgt (§ 286 Abs. 2 oder Abs. 3). Der letzte Zinstag ist der Tag, an dem der Verzug endet, insbesondere durch die Zahlung der fraglichen Summe (Rn 519).

c) Zinshöhe

523 *Ausgangspunkt Basiszinssatz:* Die Höhe der Verzugszinsen hat das Gesetz in § 288 Abs. 1 S. 2 von dem in § 247 genannten „Basiszinssatz" abhängig gemacht. Dieser wird jeweils zum Beginn eines Kalenderhalbjahres neu festgesetzt. § 247 ist deshalb der einzige Paragraf des BGB, der sich ständig ändert (bei einer neuen Schönfelder-Lie-

71 Anders NK-BGB/Schulte-Nölke § 288 Rn 3; Looschelders Rn 597.

ferung kann man ziemlich sicher sein, dass man an dieser Stelle ein neues Blatt einordnen muss). Der Basiszinssatz orientiert sich an dem Zinssatz, zu dem die Kreditinstitute selbst Geld am Kapitalmarkt aufnehmen können. Steigt er, steigen auch die Kreditzinsen, die die Kreditinstitute von ihren Darlehensnehmern verlangen, und umgekehrt. Dass § 288 jetzt (im Gegensatz zu seinem früheren Wortlaut) einen *flexiblen* Zinssatz festlegt, ist ein großer Fortschritt.

Fünf Prozentpunkte über dem Basiszinssatz: Der Verzugszins hat nach § 288 Abs. 1 S. 2 eine Höhe von fünf *Prozentpunkten* über dem Basiszinssatz. Es wäre falsch zu sagen, er liege um 5 % über dem Basiszinssatz (= 105 % des Basiszinssatzes). Wenn der Gläubiger trotzdem „5 % über dem Basiszins" fordert, ist dieser Fehler im Wege der Auslegung nach § 133 zu korrigieren.[72]

Neun Prozentpunkte über dem Basiszinssatz: Wenn es um eine Entgeltforderung geht (dazu gleich) und auf beiden Seiten kein Verbraucher (§ 13) beteiligt ist, ist der Verzugszinssatz um vier Punkte höher, liegt also um *neun Punkte* über dem Basiszinssatz (§ 288 Abs. 2; FD „Zahlungsverzug eines Nicht-Verbrauchers", Spalte 8, Buchst. a).

Eine *Entgeltforderung* ist eine Forderung, die im Rahmen eines gegenseitigen Vertrags die Gegenleistung für eine Sach- oder Dienstleistung darstellt. *Beispiele:* Kaufpreis, Beratungsgebühr eines Anwalts, Werklohn. *Keine* Entgeltforderung liegt vor, wenn der Geldschuldner die Summe aus einem anderen Rechtsgrund schuldet. *Beispiel 1:* D war verpflichtet, „bei Fälligkeit das zur Verfügung gestellte Darlehen zurückzuzahlen" (§ 488 Abs. 1 S. 2). *Beispiel 2:* L hatte einen VW Caddy geleast. Bei der Rückgabe des Fahrzeugs musste er einen Minderwertausgleich zahlen. Diese Summe war kein Entgelt für die Überlassung des Leasingfahrzeugs, also keine Entgeltforderung.[73] *Beispiel 3:* Der Versandhändler B hatte nach dem Widerruf seines Kunden C den Kaufpreis zurückzuzahlen (§ 357 Abs. 1). Diese Rückzahlung ist keine Gegenleistung für eine Leistung des C.[74] In den Beispielsfällen konnte der Schuldner nur nach § 286 Abs. 1 oder 2 in Verzug kommen.

Höhere Zinsen: Nach § 288 Abs. 3 kann der Gläubiger *„höhere Zinsen verlangen"*, wenn es dafür einen *„anderen Rechtsgrund"* gibt (FD „Zahlungsverzug eines Verbrauchers", Frage 6). *Beispiel:* X hatte bei der B-Bank ein Darlehen aufgenommen, das laut Vertrag mit 8,5 % zu verzinsen war. Er kam in Verzug, so dass die B-Bank Zinsen nach § 288 verlangen könnte. Wenn diese zB 7,75 % betragen sollten, müsste sich die B-Bank nicht mit diesen niedrigeren Verzugszinsen begnügen, sondern könnte weiterhin die höheren Vertragszinsen verlangen.[75]

3. 40 Euro, Unabdingbarkeit

524 *40 Euro:* Wenn der Schuldner kein Verbraucher ist und es sich um eine *Entgeltforderung* handelt (Rn 523), verpflichtet § 288 Abs. 5 S. 1 den säumigen Schuldner, an den Gläubiger eine Pauschale von 40 Euro zu zahlen (FD „Zahlungsverzug eines *Nicht*-Verbrauchers", Spalte 8, Buchst. c). Dieser Betrag soll Kosten der Rechtsverfolgung ab-

72 OLG Hamm NJW 2005, 2238 zu einem Prozessvergleich; die gegenteilige Ansicht von Hartmann (NJW 2004, 1358) ist abwegig.

73 BGH NJW 2014, 1171 Rn 13.

74 Korch NJW 2015, 2212.

75 § 288 Abs. 3 spielt in der gegenwärtigen Niedrigzinsphase kaum eine Rolle (siehe BGHZ 104, 337 [342]; NJW 2000, 1408).

decken, ist aber nicht von ihrem Nachweis abhängig. Macht der Gläubiger solche Kosten geltend, muss er sich jedoch die Pauschale anrechnen lassen (§ 288 Abs. 5 S. 3).

Vertraglicher Ausschluss: Wirtschaftlich starke Schuldner (Unternehmer oder Behörden), die eine Entgeltforderung zu zahlen haben, neigen offenbar dazu, schon im Vertrag ihre Verpflichtung zur Zahlung von Verzugszinsen auszuschließen. Deshalb erklärt § 288 Abs. 6 solche Vereinbarungen für unwirksam oder schränkt sie stark ein (Einzelheiten in § 288 Abs. 6 Sätze 1 bis 4).

4. Weiterer Schaden

a) Darlehenszinsen

525 Ein „weiterer Schaden" (§ 288 Abs. 4) kann sich ergeben, wenn der Gläubiger gezwungen ist, als Überbrückung einen Bankkredit in Anspruch zu nehmen. Er kann dann dessen Zinsen als Verzugsschaden ersetzt verlangen. Das ist für ihn natürlich nur interessant, wenn er der Bank einen Zinssatz schuldet, der über dem des § 288 liegt. Dieser Fall dürfte gegenwärtig, da die Verzugszinsen hoch und die Darlehenszinsen niedrig sind, nur selten vorkommen.

Ein Gläubiger, der keinen Überbrückungskredit braucht, kann auch darlegen, dass er die geschuldete Summe (ab etwa 2 500 Euro) bei rechtzeitiger Zahlung zinstragend angelegt hätte.[76] Es ist aber in heutiger Zeit kaum anzunehmen, dass er dadurch einen höheren Zinssatz erreicht hätte als nach § 288.

b) Kosten der Rechtsverfolgung

526 Der Geldgläubiger kann auch den Ersatz eines anderen Schadens fordern, der ihm durch den Verzug entstanden ist (§§ 280 Abs. 1, 2, 286). Ein häufiges Beispiel sind die Kosten der Rechtsverfolgung, insbesondere von Anwaltsschreiben. Dabei ist aber genau darauf zu achten, ob der Schaden vor oder nach Verzugsbeginn eingetreten ist:

Vor Verzugsbeginn: Da erst der Zugang des Mahnschreibens den Verzug auslöst (§ 286 Abs. 1 S. 1), sind die Kosten des Mahnschreibens *kein* Verzugsschaden. Der Gläubiger muss sie also selbst tragen. *Beispiel:* Verbraucher B hatte Rechnungen des Mobilfunkanbieters M nicht bezahlt. M ging davon aus, dass B in Verzug geraten sei, was nicht zutraf. M schaltete ein Inkassobüro ein und verlangte von B die Erstattung der Inkasso-Kosten in Höhe von 432 Euro. Aber das an B gerichtete Schreiben des Inkassobüros *war die Mahnung*, so dass B die Kosten nicht zu tragen hatte.[77] Auch Anwaltskosten, die dem Gläubiger vor Verzugsbeginn entstanden sind, muss der Schuldner nicht erstatten.[78]

Nach Verzugsbeginn: Der Gläubiger kann die Kosten einer Zahlungsaufforderung geltend machen, soweit diese nach Verzugseintritt dem Schuldner zugegangen ist. *Beispiel:* M hatte die Miete bis zum dritten Werktag eines Monats zu zahlen (§ 556b Abs. 1), kam aber mit der Zahlung in Rückstand. Vermieter V schickte ihm deshalb ein als „Mahnung" bezeichnetes Schreiben und stellte ihm dafür 10 Euro in Rechnung. *Lösung:* M war mit Ablauf des dritten Werktags auch ohne Mahnung in Verzug geraten (§ 286 Abs. 2 Nr. 1). Das mit „Mahnung" bezeichnete Schreiben war deshalb nur

76 BGH NJW 1995, 733.
77 OLG Brandenburg NJW 2014, 3457 Rn 17 ff (22).
78 BGH NJW 2007, 1346 Rn 33.

eine Zahlungsaufforderung. Da sie jedoch den berechtigten Interessen des Vermieters diente, sind die Schreib- und Portokosten ein durch den Verzug veranlasster Schaden, der nach den §§ 280 Abs. 1, Abs. 2, 286 zu ersetzen ist. Aber der Betrag von 10 Euro war deutlich zu hoch. Sogar 5,95 Euro sind zu viel, wenn nicht nachgewiesen wird, dass dieser Betrag „dem nach dem gewöhnlichen Lauf der Dinge zu erwartenden Schaden entspricht".[79] 2,50 Euro sind angemessen.[80]

c) Inkasso

527 Viele Unternehmer beauftragen nach einer erfolglosen Mahnung einen Inkassounternehmer mit dem Eintreiben des geforderten Betrags. Aber wenn dem ein betrügerisches (Internet)Geschäfte zugrunde liegt (Stichworte: Abo-Fallen, sittenwidrige Handyverträge oder Gewinnspiele), besteht keine Hauptforderung und damit auch keine Forderung auf Erstattung der Inkassokosten. Auch wenn es tatsächlich eine Hauptforderung gibt, sind die geforderten Inkassogebühren oft wesentlich überhöht. In letzter Zeit sind immer mehr Unternehmer dazu übergegangen, ihre Forderungen durch selbst gegründete Inkassounternehmen eintreiben zu lassen. Dadurch sollen Tätigkeiten, die der Unternehmer selbst auszuführen hat (und die er dem Kunden nicht berechnen kann), künstlich zu Fremdkosten werden, die auf den Kunden abgewälzt werden können. Die durch solch ein „Konzerninkasso" entstehenden Kosten sind vom Verbraucher nicht zu ersetzen.[81]

d) Einschaltung eines Rechtsanwalts

528 Es ist auch nicht immer berechtigt, die Kosten eines Anwalts geltend zu machen. *Beispiel:* Mieter M hatte von der V-GmbH eine Wohnung gemietet. M war mit zwei Monatsmieten im Verzug. Die V wollte dem M deshalb (zu Recht) kündigen. Obwohl die V eine sehr große Zahl von Wohnungen vermietet und über geschultes Personal verfügt, beauftragte sie einen Rechtsanwalt mit der Kündigung. Sie zahlte dem Anwalt (angeblich) für das Kündigungsschreiben 402,82 Euro und verlangte diesen Betrag von M als Verzugsschaden. Aber es handelte sich *nicht* um einen Schaden, der durch den Verzug des M entstanden war. Denn ein Großvermieter kann einfache Kündigungsschreiben selbst verfassen.[82]

V. Die 30-Tage-Regelung

1. Grundsatz

529 Da die Zahlungsmoral in Europa immer schlechter wurde, hat eine EU-Richtlinie im Jahre 2000 eine Regelung getroffen,[83] die als § 286 Abs. 3 in deutsches Recht umgesetzt wurde. Sie verfolgt die Absicht, die Verzugsvoraussetzungen leichter herbeizuführen und so den Gläubigern zu helfen.

79 OLG Hamburg NJW 2015, 85 Rn 4.

80 AG Brandenburg NJW 2007, 2268 unter Hinweis auf 21 (!) gleichlautende erst- oder zweitinstanzliche Urteile.

81 Jäckle NJW 2013, 1393.

82 BGH NJW 2011, 296. Der IX. Zivilsenat des BGH hat es einem Gläubiger erlaubt, auch in einem einfachen Fall die Kosten eines Rechtsanwalts in Rechnung zu stellen (NJW 2015, 3793).

83 Richtlinie 2000/35/EG des Europäischen Parlaments und des Rates vom 29. Juni 2000 (ABl. EG Nr. L 200,35.

2. Nur Entgeltforderungen

530 § 286 Abs. 3 bezieht sich nur auf Entgeltforderungen (Rn 523). *Beispiele:* Kaufpreis, Werklohnforderung, Behandlungsgebühr eines Arztes. Wenn es um eine andere Forderung geht, kann der Schuldner nicht nach 30 Tagen automatisch in Verzug geraten.

3. Hinweis in der Rechnung

531 Wenn das Entgelt von einem Unternehmer (§ 14) oder eine Behörde geschuldet wird, bedarf es keines Hinweises auf die 30-Tage-Regelung (Umkehrschluss aus § 286 Abs. 3 S. 1 Hs. 2).

Wenn der Geldschuldner ein *Verbraucher* ist (§ 13), gilt die 30-Tage-Regelung nur, wenn er „auf diese Folgen in der Rechnung … besonders hingewiesen worden ist" (§ 286 Abs. 3 S. 1 Hs. 2; FD „Zahlungsverzug eines Verbrauchers", Frage 9, Nein, Spalte 9). *Beispiel:* Fall 2 (Rn 485).

4. Berechnung der Frist

a) Beginn der Frist

532 Die 30-Tage-Frist beginnt nach § 286 Abs. 3 S. 1 „nach Fälligkeit und Zugang einer Rechnung …" Der Fristbeginn setzt also zweierlei voraus, die Fälligkeit des Zahlungsanspruchs und den Zugang der Rechnung (bzw der „gleichwertigen Zahlungsaufstellung"). Entscheidend für den Fristbeginn ist der *spätere* der beiden Zeitpunkte. *Beispiel:* Die Entgeltforderung wurde am 18. Januar 2013 fällig, die Rechnung ging am 23. Januar zu. Dann begann die 30-Tage-Frist am 23. Januar um 24.00 Uhr (§ 187 Abs. 1).

Zugang bestritten: Wenn der Schuldner den Zugang der Rechnung leugnet und der Gläubiger ihn nicht beweisen kann, tritt kein Verzug nach § 286 Abs. 3 S. 1 oder 2 ein.

Nur das Datum des Zugangs ist unsicher: Wenn feststeht, dass die Rechnung zugegangen ist, aber der Zeitpunkt des Zugangs ungewiss ist, ist zu unterscheiden:

- Wenn der Schuldner ein *Nicht-Verbraucher* ist (Unternehmer oder Behörde), tritt an die Stelle des (unsicheren) Datums des Rechnungszugangs das Datum, an dem der Geldschuldner die ihm gebührende *Leistung empfangen* hat (§ 286 Abs. 3 S. 2; FD „Zahlungsverzug eines *Nicht*-Verbrauchers", Frage 12, Ja).
- Ein *Verbraucher* kommt in diesem Fall nicht in Verzug. Denn § 286 Abs. 3 S. 2 ist ausdrücklich *nicht* gegenüber einem Verbraucher anwendbar.

b) Berechnung der Frist

533 Da es sich um eine Frist von 30 Tagen handelt, nicht um eine Frist von einem Monat oder vier Wochen, muss ausgezählt werden, an welchem Tag die Frist endet. Wenn die Frist in einem Kalendermonat beginnt, der 30 Tage hat, ist die Frist tatsächlich zugleich die Monatsfrist. *Beispiel:* Fristbeginn 6. April, 24.00 Uhr, Ende am 6. Mai, 24.00 Uhr. Wenn die Frist in einem Kalendermonat mit 31 Tagen beginnt, endet sie scheinbar einen Tag früher.

Anlehnung an eine Vierwochenfrist: Man kann die Frist berechnen, indem man zuerst im Kalender nachsieht, wann eine Frist von vier Wochen (immer gleich 28 Tage) abgelaufen wäre. Wochenfristen beginnen und enden am gleichen Wochentag (§ 188

Abs. 2), zB am Donnerstag. Zu dem Datum, an dem eine Vierwochenfrist abgelaufen wäre, rechnet man zwei Tage hinzu und erhält so die 30-Tage-Frist. *Beispiel:* Die Rechnung ging dem Käufer am Donnerstag, dem 27. Mai zu. Am Donnerstag, dem 24. Juni wäre eine Frist von vier Wochen abgelaufen, so dass die 30-Tage-Frist am 26. Juni um 24.00 Uhr endet (§ 188 Abs. 1). Wenn der 26. Juni ein Sonntag, ein Feiertag oder ein Sonnabend ist, verschiebt sich das Fristende auf den nächsten Werktag (§ 193).

5. Der Tag der Zahlung

534 Bei der Frage, an welchem Tag der Schuldner gezahlt hat, ist wieder zu unterscheiden:

- Wenn es sich um eine Forderung handelt, die *im Geschäftsverkehr* entstanden ist, also ohne Beteiligung eines Verbrauchers (§ 13), ist die Frist nur eingehalten, wenn die geschuldete Summe spätestens am 30. Tag dem Konto des Gläubigers *gutgeschrieben* wurde.[84] Das widerspricht der deutschen Regelung in den §§ 270 Abs. 4, 269 Abs. 1 (Rn 86 f), ergibt sich aber aus der Europäischen Richtlinie, auf die § 286 Abs. 3 zurückgeht. Dass hier zwischen Verbrauchern und Nicht-Verbrauchern zu unterscheiden ist, liegt daran, dass sich die Europäische Richtlinie nur auf Geschäfte zwischen Unternehmern bezieht. Es steht Deutschland deshalb frei, es in den Fällen einer Verbraucher-Beteiligung bei der herkömmlichen Regelung zu belassen.
- Wenn der Schuldner ein Verbraucher ist, ist die Frist eingehalten, wenn die geschuldete Summe spätestens am 30. Tag auf den Weg gebracht wurde (§§ 270 Abs. 4, 269 Abs. 1; Rn 86 f).

6. Rechtsfolge der Nichtzahlung

535 Wenn der Geldschuldner nicht innerhalb der 30-Tage-Frist gezahlt hat, ist er ohne Mahnung im Verzug. Er kann aber versuchen nachzuweisen, dass er die Verzögerung nicht zu vertreten hat. Denn § 286 Abs. 4 gilt auch für die 30-Tage-Regelung.

„Spätestens“: Zu beachten ist, dass in § 286 Abs. 3 S. 1 das wichtige Wort „spätestens“ steht. Das bedeutet, dass der Verzug lange vor Ablauf der 30-Tage-Frist eintreten kann, nämlich nach Abs. 1 durch Mahnung oder nach Abs. 2 durch Kalenderbestimmung oder Verweigerung. § 286 Abs. 3 hat also nur dann einen eigenen Anwendungsbereich, wenn der Verzug nicht aus anderen Gründen schon früher eingetreten ist.

VI. Vereinbarung einer späten Fälligkeit

1. Einleitung

536 Es ist häufig vorgekommen, dass Großschuldner – hauptsächlich Auftraggeber großer Bauvorhaben – sich im Vertrag (Werkvertrag) das Recht gesichert haben, das geschuldete Entgelt erst sehr spät zu zahlen. Das „Gesetz zur Bekämpfung von Zahlungsverzug im Geschäftsverkehr …“[85] hat deshalb § 271a in das BGB eingefügt und dem § 288 die Absätze 5 und 6 angefügt. § 271a erschwert es den Schuldnern einer Entgeltforderung, vertraglich eine späte Fälligkeit ihrer Zahlungspflicht zu vereinbaren. Ausgenommen sind nur Schuldner, die *Verbraucher* sind (§ 271a Abs. 5 Nr. 2). Aber diese Personen kommen nur selten auf solche Ideen und könnten sie auch kaum durchsetzen.

---

84 EuGH (1. Kammer) NJW 2008, 1935.
85 BGBl 2014 I Nr. 35, S. 1218.

2. Voraussetzungen des § 271a Abs. 5

536a Es muss sich um eine *„Entgeltforderung“* handeln (§ 271a Abs. 1 S. 1, § 286 Abs. 5 S. 1), also um eine Geldforderung, die sich aus einer Waren- oder Dienstleistung ergibt (Rn 523).

Der Schuldner der Entgeltforderung darf kein Verbraucher sein (§ 271a Abs. 5 Nr. 2, § 286 Abs. 5 S. 1). Es muss sich also um einen Unternehmer (§ 14) oder eine Behörde handeln (Gebietskörperschaft oder sonstige juristische Person des öffentlichen Rechts oder Einrichtung der öffentlichen Hand).

Da das Gesetz die öffentlichen Auftraggeber deutlich strenger behandelt als die Unternehmer, haben sich diese offenbar bisher besonders lange Fristen für die Zahlung einräumen lassen. Im Einzelnen sind drei Fälle zu unterscheiden:

- Ein *Unternehmer* (§ 14) hat „ausdrücklich“ vereinbart (zB durch seine AGB), dass er sich für die Zahlung mehr als 60 Tage Zeit nehmen darf – gerechnet vom Eingang der Rechnung an (§ 271a Abs. 1 S. 2). Eine solche Vereinbarung ist nur wirksam, wenn sie „nicht grob unbillig ist“ (§ 271a Abs. 1 S. 1; FD „Zahlungsverzug eines *Nicht*-Verbrauchers“, Frage 5).
- Ein *öffentlicher Auftraggeber* (§ 98 Nummern 1 bis 3 GWB) hat „ausdrücklich“ vereinbart, dass er erst mehr als 30 Tage nach Empfang der Gegenleistung zu zahlen braucht. Diese Vereinbarung ist nur wirksam, wenn sie im konkreten Fall „sachlich gerechtfertigt“ ist (§ 271a Abs. 2 Nr. 1; FD, Frage 7).
- Ein öffentlicher Auftraggeber hat vereinbart, dass er für die Bezahlung mehr als 60 Tage Zeit hat. Diese Vereinbarung ist „unwirksam“ (§ 271a Abs. 2 Nr. 2; FD „Zahlungsverzug eines *Nicht*-Verbrauchers“, Spalte 6).

Ist die Vereinbarung unwirksam, „bleibt der Vertrag im Übrigen wirksam“ (§ 271a Abs. 4). Diese Bestimmung ist erkennbar angelehnt an § 306 Abs. 1.

3. Ergänzung der §§ 308 und 310

536b In § 308 sind die Nummern 1a und 1b eingefügt worden. Sie sollen sicherstellen, dass die Grundentscheidungen des § 271a auch nicht durch AGB ausgehöhlt werden können. Da § 308 bisher insgesamt nicht angewendet werden durfte, wenn die AGB gegenüber einem Nicht-Verbraucher verwendet wurden (§ 310 Abs. 1 S. 1 aF), musste § 310 geändert werden. Abs. 1 S. 1 ist jetzt so formuliert, dass die neuen Bestimmungen (§ 308 Nr. 1a und Nr. 1b) auch gelten, wenn die AGB sich gegen einen Nicht-Verbraucher richten. *Beispiel:* Ein Bundesland vergab den Auftrag zur Erneuerung einer Brücke an den Bauunternehmer U, behielt sich aber in seinen AGB das Recht vor, erst 50 Tage nach Rechnungserhalt zu zahlen. Diese Frist ist nach § 308 Nr. 1a „im Zweifel ... unangemessen lang“. Auf diese Vorschrift kann sich U stützen, weil in § 310 Abs. 1 S. 1 nur „§ 308 Nummer 1, 2 bis 8 ...“ von der Anwendung auf Unternehmer ausgeschlossen ist. Die Nummern 1a und 1b sind nicht erwähnt, sind also anwendbar und können den U schützen.

§ 23 Verzug des Schuldners mit einer anderen Leistung

537 **Fall 23: Verspätete Übergabe der Wohnung** §§ 280, 286

Die Vollhard-KG hatte ein älteres Mietshaus erworben, um es modernisieren zu lassen, in Eigentumswohnungen umzuwandeln und diese anschließend zu verkaufen. Florian Kampe, der mit seiner Familie zur Miete wohnte, kaufte mit notariellem Vertrag vom 9. Januar 2009 eine der noch nicht renovierten Eigentumswohnungen. In dem Vertrag verpflichtete sich die Vollhard-KG, die Wohnung bis zum 31. August 2009 bezugsfertig herzustellen und zu übergeben. Aber die Fertigstellung der neuen Wohnung verzögerte sich um zwei Jahre, so dass die Familie Kampe erst Ende August 2011 einziehen konnte. Bis zu diesem Tag wohnte sie weiterhin in der Mietwohnung, für die Kampe eine monatliche Kaltmiete von 305,80 Euro zu zahlen hatte. Kann Kampe als Schadensersatz die Erstattung der Kaltmieten verlangen? (Nach BGH NJW 2014, 1374)

538 Anspruchsgrundlage für den geltend gemachten Schadensersatz könnte § 280 Abs. 1, Abs. 2 mit § 286 sein. Danach müsste die Vollhard-KG „eine Pflicht aus dem Schuldverhältnis" verletzt haben. Die Vollhard-KG hat die Wohnung nicht am 31. August 2009 übergeben, so dass sie insofern ihre vertragliche Pflicht verletzt hat. Aber § 280 Abs. 1 reicht als Anspruchsgrundlage nicht aus. Da Kramer einen *„Schadensersatz wegen Verzögerung der Leistung"* geltend macht, müssen nach § 280 Abs. 2 die „zusätzlichen Voraussetzungen des § 286" gegeben sein. Zu prüfen ist deshalb, ob sich die Vollhard-KG nach § 286 im Schuldnerverzug befand.

Fälligkeit: Die von der Vollhard-KG übernommene Verpflichtung zur Übergabe der Eigentumswohnung war laut Vertrag bis zum 31. August 2009 zu erfüllen. Damit durfte die Vollhard-KG vorher erfüllen, musste aber die Leistung spätestens mit Ablauf des 31. August erbracht haben. Die Übergabe war deshalb an diesem Tage fällig (§ 271 Abs. 1).

Durchsetzbarkeit: Kampes Anspruch aus § 433 Abs. 1 S. 2 stand keine Einrede (etwa der Verjährung) entgegen.

Nachholbarkeit: Die Übergabe der Wohnung war auch nach dem 31. August 2009 noch möglich, also nachholbar. Das ist schon daran zu erkennen, dass die Wohnung später tatsächlich übergeben wurde.

Mahnung oder kalendermäßige Bestimmung der Leistungszeit: Die Leistungszeit war vertraglich auf den 31. August festgelegt worden, also auf einen bestimmten Tag (auch wenn schon vorher erfüllt werden durfte). Nach § 286 Abs. 2 Nr. 1 war deshalb die Mahnung entbehrlich. Die Vollhard-KG kam mit Ablauf des 31. August 2009 in Verzug.

Verschulden: Ob der Vollhard-KG der Vorwurf der Fahrlässigkeit oder sogar des Vorsatzes zu machen wäre (§ 286 Abs. 4), sagt der Sachverhalt nicht. Aber da sich die Vollhard-KG exkulpieren müsste, was sie nicht getan hat, muss von ihrem Vertretenmüssen ausgegangen werden (Rn 550). Es stellt sich hier die gleiche Frage wie in § 280 Abs. 1 S. 2, und sie wird auch ähnlich (nämlich durch eine Schuldvermutung) entschieden.[86]

86 Dass die Verfasser der Schuldrechtsreform im Fall des Verzugs das Vertretenmüssen doppelt zur Voraussetzung gemacht haben, zeigt eine gewisse Ungeschicklichkeit.

Da die Voraussetzungen des § 286 vorliegen, ist der Schadensersatzanspruch grundsätzlich berechtigt (§ 280 Abs. 1, Abs. 2). Denn jeder Schuldnerverzug ist eine vorwerfbare Pflichtverletzung nach § 280 Abs. 1.

Die Höhe des Schadensersatzanspruchs ergibt sich aus § 249 Abs. 1 mit § 251 Abs. 1. Nach § 249 Abs. 1 hat die Vollhard-KG „den Zustand herstellen, der bestehen würde, wenn der zum Ersatz verpflichtende Umstand nicht eingetreten wäre". Der „zum Ersatz verpflichtende Umstand" ist die Verspätung der Leistung, hier also die Verspätung der Wohnungsübergabe. Die Vollhard-KG muss Kampe so stellen, als habe sie die Wohnung pünktlich übergeben. Dann hätte Kampe am 1. September 2009 einziehen können, hätte also von diesem Tag an nicht mehr die monatliche Miete von 305,80 Euro bezahlen müssen. Der durch den Verzug entstandene Schaden beläuft sich demnach auf 7 339, 20 Euro (24 mal 305,80 Euro). Da dieser Zustand nicht mehr nach § 249 Abs. 1 in natura (in Wirklichkeit) hergestellt werden kann, hat die Vollhard-KG Kampe „in Geld zu entschädigen" (§ 251 Abs. 1). Die von Kampe gezahlten Nebenkosten („Betriebskosten", § 556) kann Kampe nicht geltend machen, weil sie auch in der neuen Wohnung angefallen wären.[87]

Nachbemerkung: Bei genauerer Betrachtung ist Kampe durch die Erstattung der Mieten noch nicht voll entschädigt. Kampe hat nämlich mit seiner Familie zwei Jahre lang unter beengten Umständen in einer kleinen Wohnung leben zu müssen, während die Familie bei vertragsgemäßer (rechtzeitiger) Erfüllung unter komfortablereren Umständen hätte wohnen können. Zu diesem sogenannten Nichtvermögensschaden siehe das Beispiel unter Rn 1024a, das denselben Sachverhalt noch einmal aufnimmt.

Lerneinheit 23

539

Literatur: *Ostendorf/von Laer,* Die Bestimmung der Verjährungsfristen für die Geltendmachung von Verzugszinsen, NJW 2013, 1479; *Derleder,* Beschaffungsrisiko, Lieferungsengpass und Leistungsfrist – Vom Smartphone zum Solarmodul, NJW 2011, 113; *Lorenz,* Schuldnerverzug und wirksame Mahnung des Gläubigers, ZGS 2011, 111; *Bredemeyer,* Zur Abgrenzung der Schadensarten bei § 280 BGB, ZGS 2010, 71; *Ludes/Lube,* Fristsetzung – Das Verlangen nach „umgehender" Leistung bei §§ 281, 286 und 323 BGB, MDR 2009, 1317; *Gsell,* Beschaffungsnotwendigkeit und Ersatzlieferung beim Stück- und beim Vorratskauf, JuS 2007, 97; *Herresthal,* Der Ersatz des Verzugsschadens beim Rücktritt vom Vertrag, JuS 2007, 798.

I. Diesmal geht es nicht um Geld

540

In der vorigen Lerneinheit ging es um den Verzug des Schuldners mit einer von ihm geschuldeten *Zahlung.* Im Folgenden ist die verzögerte Leistung eine andere. Es geht darum, ob jemand im Verzug ist, der zB die Lieferung einer Kaufsache, den Bau eines Hauses, eine Beratung oder eine Reise schuldet. Solche Pflichten sind genauso häufig wie Zahlungspflichten. Denn fast alle Zahlungen erfolgen im Austausch gegen eine Leistung, die *nicht* Zahlung ist.

Die Zahlung von den sonstigen möglichen Leistungen eines Schuldners zu trennen, ist sinnvoll, weil die Verzugsvoraussetzungen leicht unterschiedlich sind. Sie sind zwar für alle Schuldner (alle Leistungen) in § 286 geregelt, aber es gibt Abweichungen. So kommt § 286 Abs. 3 nur für Geldschulden in Betracht (Rn 520). Dafür spielen zB die Voraussetzung der Nachholbarkeit und des Vertretenmüssens in den anderen Fällen

87 Wenn Kampe den Kaufpreis über einen Kredit finanzieren lassen musste, kann er Zinsen gespart haben. Diese müsste er sich schadensmindernd anrechnen lassen (Vorteilsausgleich, Rn 1062).

eine Rolle, während sie bei Geldschulden nicht oder nur eingeschränkt geprüft zu werden brauchen.

Auf den folgenden Seiten wird der Leser, weil es auch jetzt um § 286 geht, oft auf Bekanntes stoßen. Aber vielfach wird auch, um unnötige Wiederholungen zu vermeiden, auf die Ausführungen zum Zahlungsverzug verwiesen.

II. Voraussetzungen des Schuldnerverzugs außerhalb von Zahlungen

1. Fälligkeit

541 Zur Fälligkeit (§ 286 Abs. 1 S. 1) siehe zunächst Rn 492 ff. Die Leistungszeit sollte im Vertrag möglichst klar vereinbart werden. Zu warnen ist vor weichen Formulierungen wie „ungefähr“, „möglichst“ oder „etwa“. *Beispiel:* In einem Vertrag wurde vereinbart: „Die Eigentumswohnung wird *voraussichtlich* bis zum 30. September 1998 bezugsfertig sein.“ Welche Mühe es macht, in einem solchen Fall den Zeitpunkt der Fälligkeit zu bestimmen, ist in der entsprechenden Entscheidung des BGH nachzulesen. [88]

2. Durchsetzbarkeit

542 Zur „Durchsetzbarkeit“ siehe Rn 498 ff. Auch wenn es nicht um eine Zahlung geht, kann eine Einrede den Schuldnerverzug ausschließen, zB die Einrede des Zurückbehaltungsrechts (Rn 503). *Beispiel:* Frau A hatte ihren Pkw auf dem Grundstück des B unzulässig abgestellt. B ließ den Pkw abschleppen. Frau A hatte nun gegen B einen Anspruch auf Herausgabe ihres Fahrzeugs, und B hatte gegen Frau A einen Anspruch auf Erstattung der Abschleppkosten. Als Frau A, ohne gezahlt zu haben, die Herausgabe ihres Fahrzeugs verlangte, machte B ein Zurückbehaltungsrecht geltend (§ 273). Dadurch fehlte es dem Anspruch der Frau A auf Herausgabe an der Durchsetzbarkeit. B kam deshalb mit der Herausgabe nicht in Schuldnerverzug (Rn 502).[89] Das würde sich erst ändern, wenn B auch noch *nach* Zahlung der Kosten die Herausgabe verweigern würde.

3. Nachholbarkeit

543 Auch die Voraussetzung, die man *„Nachholbarkeit“* nennt, wurde schon angesprochen. Während sie, wenn es um eine Zahlung geht, keine Rolle spielt (Rn 505), ist sie wichtig bei anderen geschuldeten Leistungen. *Beispiel:* G hatte für Montagabend die Jahresversammlung seiner Handelsvertreter einberufen. A sollte als Zauberer auftreten, konnte aber wegen eines Autounfalls nicht kommen. Es wäre sinnlos zu sagen, er sei mit seinem Auftritt im Verzug. Denn die Leistung des A war ein absolutes Fixgeschäft (Rn 638) und ist inzwischen unmöglich. Damit ist die Nachholbarkeit entfallen.

Die Nachholbarkeit lässt sich am elegantesten beweisen, wenn man schreiben kann: „Dass die Leistung auch nach ihrer Fälligkeit noch nachholbar war, ergibt sich schon daraus, dass sie später tatsächlich erbracht wurde.“

---

88 NJW 2002, 1568.
89 BGH NJW 2012, 528 Rn 5.

4. Mahnung oder Entbehrlichkeit der Mahnung

a) Mahnung

544 Bei dem Wort „Mahnung" (§ 286 Abs. 1 S. 1) denken die meisten Menschen an eine Aufforderung zur *Zahlung* (Rn 506). Aber das ist zu eng. Auch ein Gläubiger, der Anspruch auf eine andere Leistung hat, kann den Schuldner mahnen und muss das sogar tun, um ihn in Verzug zu setzen. *Beispiel 1:* Der bei Fälligkeit nicht belieferte Käufer K mahnte den Verkäufer, die Kaufsache nunmehr zu liefern. *Beispiel 2:* A wartete vergebens auf die Steuererklärung, die sein Steuerberater vorzulegen sich verpflichtet hatte. Er kann ihn mahnen, indem er zB telefonisch auf baldiger Vorlage besteht.

545 *Kein Mahnbescheid:* Fast alles, was unter Rn 506 ff zur Mahnung gesagt wurde, gilt auch, wenn die fragliche Leistung *keine Zahlung* ist. Zu beachten ist aber: Der Gläubiger kann zwar (wie bei der Zahlung) die Mahnung überspringen und gleich auf Leistung *klagen* (§ 286 Abs. 1 S. 2). Aber mit dem in § 286 Abs. 1 S. 2 ebenfalls genannten *Mahnbescheid* (Rn 509) kann man nur einen Zahlungsanspruch geltend machen kann (§ 688 Abs. 1 ZPO).

b) Entbehrlichkeit der Mahnung

- 546 *Kalenderbestimmung (§ 286 Abs. 2 Nr. 1):* Auch für andere Leistungen als Zahlungen gilt, dass „eine Zeit nach dem Kalender bestimmt" ist, wenn sich der Schuldner schon beim Vertragsschluss die Leistungszeit in seinen Kalender schreiben kann (Rn 511). *Beispiel:* U hatte den Zuschlag für das Verputzen eines größeren Neubaus erhalten. Im Vertrag stand: „Mit den Arbeiten ist am 24. Juni 2014 zu beginnen."
- 547 *Kalendermäßige Berechenbarkeit der Leistung (§ 286 Abs. 2 Nr. 2):* Wenn sich der Schuldner den Tag der Leistung nicht schon beim Vertragsschluss in den Kalender schreiben, aber später die Leistungszeit anhand eines Ereignisses berechnen kann, liegt ein Fall des § 286 Abs. 2 Nr. 2 vor (Rn 514). *Beispiel:* Im Vertrag wurde vereinbart: „Lieferung 14 Tage nach Abruf der Ware." Da zum Zeitpunkt dieser Vereinbarung noch nicht feststand, wann der Abruf erfolgen würde, stand zwar der Liefertermin noch nicht bei Vertragsschluss fest (Nr. 1). Aber nach Nr. 2 war der Abruf „ein Ereignis", und die Leistungszeit ließ sich vom Zugang des Abrufs ab „nach dem Kalender berechnen". Der Schuldner kam deshalb auch ohne Mahnung in Verzug, wenn er nicht am 14. Tag nach dem Abruf lieferte.[90]
- 548 *Weigerung (§ 286 Abs. 2 Nr. 3):* Wenn der Schuldner seine Verpflichtung so nachdrücklich bestreitet, dass eine Mahnung eine leere Förmlichkeit wäre, darf der Gläubiger auf sie verzichten (§ 286 Abs. 2 Nr. 3; Rn 515). *Beispiel:* Die deutsche Ferrari-Importgesellschaft hatte sich gegenüber ihrem Vertragshändler K in einem Kaufvertrag verpflichtet, ihm zwei Fahrzeuge zu liefern, damit er sie an zwei bestimmte Kunden weiterverkaufen konnte. Später weigerte sich die Importgesellschaft, den Kaufvertrag zu erfüllen. Sie lehnte dies so ernsthaft und endgültig ab, dass eine Mahnung aussichtslos erscheinen musste. Sie kam damit ohne Mahnung in Schuldnerverzug.[91]
- 549 *Besondere Gründe (§ 286 Abs. 2 Nr. 4):* Auch nach den besonderen Umständen kann die Mahnung entbehrlich sein (§ 286 Abs. 2 Nr. 4; Rn 516). *Beispiel:* G ist

90 Siehe auch BGH NJW 2002, 1274.
91 BGH NJW 2000, 1191.

Mitglied der Wohnungseigentümergemeinschaft W. Seine Wohnung befindet sich im obersten Stockwerk. Der Dachstuhl war vom Schwamm befallen, so dass Wasser in die Wohnung des G eingedrungen war. G machte geltend, die W sei mit der Sanierung des Daches im Verzug. Die W bestritt das mit der Begründung, G habe sie nicht gemahnt. Aber sie wusste aus einem selbstständigen Beweisverfahren, dass der Dachstuhl vollständig saniert werden musste. Sie hatte auch schon einen Handwerker mit einer Teilsanierung beauftragt, die dieser allerdings als nicht ausreichend abgelehnt hatte. Sie wusste außerdem, dass das Ordnungsamt der Stadt die Sanierung angeordnet hatte. Unter diesen Umständen war die W auch ohne Mahnung im Verzug (§ 286 Abs. 2 Nr. 4).[92]

Die Alternativen zur Mahnung, die durch § 286 Abs. 3 eröffnet werden (Rn 529 ff), beziehen sich nur auf Geldschulden.

5. Vertretenmüssen

550 Wie bereits ausgeführt (Rn 517 f), verlangt § 286 Abs. 4, dass der Schuldner die Verzögerung zu vertreten hat (§ 276 Abs. 1), wobei sich der Schuldner entlasten muss. Wenn der Sachverhalt zu den Gründen der Verzögerung schweigt, ist deshalb vom Verschulden des Schuldners auszugehen.

Im Hinblick auf § 286 Abs. 4 besteht zwischen der Geldschuld und anderen geschuldeten Leistungen ein großer Unterschied. Denn einen Mangel an Geld hat man grundsätzlich zu vertreten (Rn 517), während die Verzögerung einer anderen Leistung im Einzelfall sehr wohl entschuldigt sein kann:

551 - *Vertretenmüssen:* Ein Schuldner, der den Termin vergessen hat oder als Grund für seine Verspätung Arbeitsüberlastung angibt, hat fahrlässig gehandelt (§ 276 Abs. 2).

552 - *Kein Vertretenmüssen:* Gelegentlich liegen Umstände vor, die den Schuldner entlasten und damit den Verzug ausschließen. *Beispiel:* U hatte sich verpflichtet, im Neubau eines Sportzentrums an einem bestimmten Tag die Umkleidekabinen aufzustellen. Aber er konnte den Termin nicht einhalten, weil der Boden an diesem Tag noch nicht gefliest war.[93] Die Leistung des U ist „infolge eines Umstandes" (der fehlenden Vorarbeit) unterblieben, „den er nicht zu vertreten hat" (§ 286 Abs. 4).

III. Das Ende des Schuldnerverzugs

553 Der Verzug mit einer Waren- oder Dienstleistung endet auf die gleiche Weise wie der Verzug mit einer Zahlung (Rn 519). *Beispiel:* H sollte für B, der eine Druckerei betreibt, eine Software entwickeln. H war im Verzug. Als er bei B das weitere Vorgehen besprechen wollte, wurde er nach einem Streit des Hauses verwiesen. Dadurch geriet B in Gläubigerverzug (§ 293). Der Gläubigerverzug des B beendete den Schuldnerverzug des H.[94]

---

92 BGH NJW 2012, 2955 Rn 22.
93 BGH NJW 1999, 1108.
94 BGH NJW 2007, 2761 Rn 7.

IV. Der Anspruch auf Ersatz des Verzugsschadens

1. Einführung

554 Wer alle Voraussetzungen, die für einen Schuldnerverzug gegeben sein müssen (Rn 541 bis 552), geprüft und bejaht hat, könnte der Ansicht sein, dass sich daraus ein Anspruch auf Ersatz des Verzugsschadens ergebe. Das ist aber nicht der Fall, weil *§ 286 keine Anspruchsgrundlage* ist. § 286 legt nur fest, unter welchen Voraussetzungen der Verzug eintritt, ist also gewissermaßen eine einzige große Definitionsnorm.

555 Als Anspruchsgrundlage für den Ersatz des Verzugsschadens kommt kein Paragraf des Verzugsrechts infrage. (Das ist ein Unterschied zum Zahlungsverzug, weil man § 288 als Anspruchsgrundlage ansehen kann, Rn 521.) Als Anspruchsgrundlage kommt nur § 280 Abs. 1 in Betracht, sozusagen die Mutter der Schadensersatz-Anspruchsgrundlagen (und wohl die wichtigste Vorschrift des Schuldrechts überhaupt).

2. Voraussetzungen

a) Pflichtverletzung

556 § 280 Abs. 1 S. 1 setzt voraus, dass *„der Schuldner eine Pflicht aus dem Schuldverhältnis ...“* verletzt hat, also eine „Pflichtverletzung“ vorliegt (Rn 488). Die wichtigste Pflicht aus dem Schuldverhältnis ist die Pflicht des Schuldners, die von ihm geschuldete Leistung bei Fälligkeit zu erbringen. Tut er das nicht, „so kann der Gläubiger Ersatz des hierdurch entstehenden Schadens verlangen“ (§ 280 Abs. 1 S. 1). Wenn die Pflichtverletzung in der Verzögerung der Leistung besteht, ist der „hierdurch entstehende Schaden“ der Schaden, der dem Gläubiger durch die Verspätung der Leistung entsteht.

b) Vertretenmüssen

557 Nach § 280 Abs. 1 S. 2 gilt die Schadensersatzpflicht allerdings *„nicht, wenn der Schuldner die Pflichtverletzung nicht zu vertreten hat“*. Zu vertreten hat der Schuldner bekanntlich nach § 276 Abs. 1 S. 1 (von Ausnahmen abgesehen) Vorsatz und Fahrlässigkeit. Die Verspätung der Leistung muss also darauf beruhen, dass der Schuldner den Termin aus Fahrlässigkeit (§ 276 Abs. 2), zB aus Vergesslichkeit, nicht eingehalten hat. Oder es muss Vorsatz vorliegen (das wäre zB der Fall, wenn ein Handwerker aus Verärgerung nicht kommen würde).

558 *Darlegungs- und Beweislast:* § 280 Abs. 1 S. 2 enthält eine versteckte Beweisregel, genau wie § 286 Abs. 4 (Rn 550): Denn dass der Schuldner die Pflichtverletzung *nicht* zu vertreten hat, ist bewusst als *Ausnahme* formuliert worden. Gelesen werden muss nämlich: „Dies gilt nicht, wenn *ausnahmsweise* ...“ Das Vertretenmüssen soll als Normalfall angesehen werden. Nicht der Gläubiger muss deshalb dem Schuldner das Verschulden nachweisen, sondern der Schuldner muss sich entschuldigen (exkulpieren). Kann er das nicht, hat er die Verspätung zu vertreten.

Für die *Prozessführung* ergibt sich aus den beiden Sätzen des § 280 Abs. 1 eine feste Rollenverteilung: Der Gläubiger (Kläger) muss beweisen, dass der Schuldner (der Beklagte) seine Pflicht objektiv verletzt hat, so dass eine Pflichtverletzung vorliegt (S. 1). Gelingt ihm das, besteht nach S. 2 die widerlegliche Vermutung, dass der Schuldner die

Pflichtverletzung nach § 276 zu vertreten hat. Will der Schuldner das nicht gelten lassen, liegt die Darlegungs- und Beweislast in diesem Punkt bei ihm.[95]

Fallbearbeitung: Aus den genannten Gründen muss/darf der Bearbeiter eines Falles vom Verschulden des Schuldners ausgehen, wenn der Sachverhalt nicht einen triftigen Entschuldigungsgrund nennt.

c) Voraussetzungen des § 286

559 § 280 Abs. 1 ist eine vielfach anwendbare Norm, keine Spezialregel für den Verzugsschaden. Deshalb verlangt § 280 Abs. 2 auch das Vorliegen der besonderen Voraussetzungen des Verzugs. Anders gesagt: Es reicht nicht aus, wenn der Schuldner infolge von Vorsatz oder Fahrlässigkeit den Termin verpasst und damit eine vorwerfbare Pflichtverletzung nach § 280 Abs. 1 begangen hat, es müssen auch alle fünf unter den Randnummern 491 bis 517 genannten Voraussetzungen des Schuldnerverzugs vorliegen (§ 286). Alternativ können auch die Voraussetzungen der 30-Tage-Regelung gegeben sein (Rn 529 ff).

560 *Doppeltes Vertretenmüssen:* Da zu den in § 286 genannten Verzugsvoraussetzungen auch das Vertretenmüssen gehört (§ 286 Abs. 4), verlangt das Gesetz im Fall des Verzugsschadens, die Schuldfrage doppelt zu prüfen, einmal bei § 280 Abs. 1 S. 2 und dann noch einmal bei § 286 Abs. 4. Aber immerhin sind sich beide Vorschriften (durch die eingearbeitete Beweislastverteilung) so ähnlich, dass die Prüfung nicht zu verschiedenen Ergebnissen führen kann.

Aufbau der Fallbearbeitung: Wenn ein Anspruch auf Ersatz des Verzugsschadens zu prüfen ist, geht man nicht so vor, wie die bisherigen Ausführungen vermuten lassen könnten. Man prüft also nicht zuerst § 280 Abs. 1 S. 1, dann § 280 Abs. 1 S. 2 und schließlich § 286. Vielmehr reicht es aus, die Voraussetzungen des § 286 zu prüfen. Sind sie gegeben, liegt immer auch eine zu vertretende Pflichtverletzung nach § 280 Abs. 1 vor. Man muss sich nur klarmachen, dass die *Anspruchsgrundlage* immer § 280 Abs. 1 ist.

3. Rechtsfolge

561 Wenn die unter den Randnummern 556 bis 559 genannten Voraussetzungen gegeben sind, hat der Gläubiger Anspruch auf Ersatz seines Verzugsschadens.

Definition: Der Verzugsschaden ist der Schaden, den der Gläubiger dadurch erleidet, dass der Schuldner die Leistung nicht rechtzeitig erbracht hat.

Schadensersatz neben *der Leistung:* Der Schuldner muss den Verzugsschaden ausgleichen *und* die geschuldete Leistung in vollem Umfang erbringen. Aus Sicht des Gläubigers bedeutet das, dass er zwei Ansprüche gegen den Schuldner hat, den fortbestehenden Erfüllungsanspruch *und* den Anspruch auf Ausgleich des Verzugsschadens. Der Ersatz des Verzugsschadens tritt also nicht an die Stelle der geschuldeten Leistung (das wäre Schadensersatz *statt* der Leistung, Rn 586), sondern tritt *neben* die Verpflichtung zur Erfüllung (Schadensersatz *neben* der Leistung, Rn 989). Dasselbe gilt übrigens

95 Dass der Schuldner auch die Darlegungslast trägt, bedeutet, dass der Kläger (Gläubiger) zum Vertretenmüssen nichts vorzutragen braucht. Seine Klage ist auch ohne Ausführungen zu diesem Punkt schlüssig (Lorenz, JuS 2007, 213).

auch für die Verzugszinsen, weil ihre Zahlung zusätzlich zur Zahlung des Kapitals geschuldet wird.

562 *Umfang:* § 249 Abs. 1 bestimmt den Umfang des zu ersetzenden Schadens. Der „zum Ersatz verpflichtende Umstand" ist der Verzug. Man kann deshalb § 249 Abs. 1 auf den Fall des Verzugs so zuspitzen: Wer zum Ersatz des Verzugsschadens verpflichtet ist, hat den Zustand herzustellen, der bestehen würde, wenn der Verzug *nicht* eingetreten wäre. Der Schuldner muss also den Gläubiger so stellen, wie dieser stehen würde, wenn er die Leistung pünktlich erhalten hätte.

Der Schadensersatz ist – insofern abweichend von § 249 Abs. 1 – in *Geld* zu leisten (§ 251 Abs. 1). Denn „die Herstellung" – also die *tatsächliche* Herstellung des Zustands, der ohne Verzug bestehen würde – ist „nicht möglich" (§ 251 Abs. 1; Rn 899). *Beispiel 1:* Fall 23, Rn 537. *Beispiel 2:* K wollte mit der V-Versicherungs-AG einen Lebensversicherungsvertrag über 400 000 Euro schließen, brauchte dazu aber ein Gesundheitszeugnis seines Hausarztes Dr. X. Dieser kam mit der Anfertigung des Zeugnisses in Verzug, kurz darauf starb K. Seine Witwe kann von Dr. X im Prinzip Ersatz ihres Verzugsschadens in Höhe von 400 000 Euro verlangen.[96] *Beispiel 3:* W kam gegenüber B mit der Herausgabe des reparierten Fahrzeugs in Verzug. Er hat dem B für die Zeit des Verzugs die Miete für ein vergleichbares Ersatzfahrzeug zu ersetzen.[97]

4. Beginn und Ende der Schadensersatzpflicht

563 *Beginn des Verzugsschadens:* Da der Verzugsschaden der Schaden ist, der dem Gläubiger *infolge* des Verzugs entsteht, kann er erst *nach* Verzugseintritt entstehen. *Beispiel:* K war von V seit einer Woche trotz Zusage nicht beliefert worden. Das Mahnschreiben ließ K von einem Anwalt aufsetzen. Später stellte er die Anwaltsgebühr dem V als Verzugsschaden in Rechnung. Das war unzulässig, weil V erst *durch* die Mahnung in Verzug gekommen war. Kosten, die *vor* Verzugseintritt entstanden sind, stellen keinen Verzugsschaden dar.[98]

Ende des Verzugsschadens: Wenn der Verzug beendet ist, kann kein weiterer Verzugsschaden mehr entstehen. Aber selbstverständlich besteht der Anspruch des Gläubigers auf Ersatz des bis dahin entstandenen Verzugsschadens fort.

V. Weitere Rechtsfolgen des Schuldnerverzugs

1. Fortbestand der Leistungspflicht, kein Rücktrittsrecht

564 Wie bereits dargelegt, entlässt der Schuldnerverzug den Schuldner natürlich nicht aus seiner Leistungspflicht. Denn die Leistung ist ja definitionsgemäß nachholbar (Rn 505). Der Anspruch auf den Verzugsschaden nach § 280 Abs. 1 tritt deshalb *neben* den fortbestehenden Erfüllungsanspruch, nicht an seine Stelle. Der Gläubiger hat während des Schuldnerverzugs nebeneinander zwei Ansprüche gegen den Schuldner. Deshalb ist der Anspruch auf den Verzugsschaden ein Anspruch auf Schadensersatz *neben* der Leistung, nicht „statt der Leistung" (so schon Rn 561).

---

96 BGH VersR 1981, 452 (453). In einem ähnlichen Fall sah der BGH lediglich die Verzugsvoraussetzungen nicht als gegeben an (NJW 2006, 687 Rn 9).
97 BGH NJW 2006, 63 (64 unter I 3 a).
98 BGH NJW 1985, 324; BayObLG NJW-RR 1993, 280; LG Paderborn MDR 1983, 225.

Der *Gläubiger* hat *nicht* das Recht, sich allein infolge des Schuldnerverzugs vom Vertrag zu lösen. Das wissen viele Laien nicht und machen dadurch schwere Fehler. *Beispiel:* Laut Kaufvertrag sollte V die Ware am 18. Mai liefern. Da er das nicht tat, erklärte K am 19. Mai den Rücktritt vom Vertrag und verweigerte am 20. Mai die Annahme der Ware. Das war ein Fehler. Denn das Rücktrittsrecht steht dem nichtbelieferten Käufer erst zu, wenn er dem Verkäufer eine Frist zur Lieferung gesetzt hat und diese ergebnislos abgelaufen ist (§ 323 Abs. 1; Rn 613). Das Recht, *ohne* Fristsetzung zurückzutreten, hat der Gläubiger nur ausnahmsweise (§ 323 Abs. 2).

2. Haftung für Zufall

565 § 287 normiert zwei Verzugsfolgen. Während § 287 S. 1 ohne große Bedeutung ist, spielt S. 2 zumindest in Klausuren eine wichtige Rolle. Ihm zufolge haftet der Schuldner während seines Verzugs auch für Schäden, die durch *Zufall* entstanden sind. Durch § 287 S. 2 wird also, wie es in § 276 Abs. 1 S. 1 heißt, „eine strengere ... Haftung ... bestimmt".

„Zufall" ist ein Ereignis, das weder der Schuldner noch der Gläubiger verschuldet hat (Rn 415). *Beispiel:* W, der Inhaber einer Kfz-Werkstatt, sollte einen Chevrolet Blazer reparieren und stellte ihn auf seinem Hof ab. Er war mit der Rückgabe in Verzug, als das Fahrzeug durch Hagel beschädigt wurde. W war nicht verpflichtet, das Fahrzeug unter einem Dach abzustellen, so dass ihn nicht der Vorwurf der Fahrlässigkeit traf. Der Hagelschaden beruhte auf Zufall. Aber W haftete für diesen Zufall nach § 287 S. 2.[99]

§ 24 Schadensersatz wegen nicht erbrachter Leistung

566 **Fall 24: Keine weitere Einlagerung von Gasöl** § 281

Die Gasoline AG handelt mit Gasöl. Sie schloss mit der Schlüter Tanklager OHG im Jahre 2002 einen Vertrag über die Einlagerung von Gasöl. Der Vertrag hatte eine Laufzeit bis Ende März 2005. Da die Schlüter OHG seit Jahren Verluste machte, fehlte ihr das Geld, um – wie die Umweltbehörde verlangte – die Tankbehälter mit einem doppelten Boden zu versehen. Um die drohende Insolvenz zu vermeiden, beschlossen die Gesellschafter, den Tanklagerbetrieb vollständig einzustellen. Sie kündigten deshalb alle Lagerverträge fristlos „aus wichtigem Grund". Die Gasoline AG widersprach der Kündigung, aber die Schlüter OHG verweigerte jedes Gespräch und erklärte nachdrücklich, sie sei nicht bereit, den Vertrag weiterhin zu erfüllen. Die Gasoline AG ließ deshalb im Juni 2003 das eingelagerte Gasöl abtransportieren und bei anderen Unternehmen einlagern. Ihr sind dadurch Mehrkosten in Höhe von 181 876,07 Euro entstanden. Die Gasoline AG verlangt von der Schlüter OHG Schadensersatz in dieser Höhe. (Nach BGH NJW 2005, 1360)

567 Es ist zu prüfen, ob die Gasoline AG den von ihr geltend gemachten Schadensersatzanspruch auf § 280 Abs. 1 mit § 281 Abs. 1 S. 1 stützen kann. Die erste Voraussetzung des § 281 ist, dass der Schuldner „die fällige Leistung nicht ... erbringt" (§ 281 Abs. 1 S. 1). Die

99 BGH NJW 2006, 63 Rn 32 (unter I 3, Buchst. f).

„Leistung“ der Schlüter OHG war das Einlagern. Diese Leistung war auch im Juni 2003 „fällig“, wurde aber von der Schlüter OHG nicht mehr erbracht.

§ 281 setzt unausgesprochen voraus, dass die Leistung noch nachholbar ist (Rn 576). Zumindest darf die fragliche Leistung nicht mit Sicherheit unmöglich sein, weil in diesem Fall § 283 anzuwenden wäre. Das Einlagern ist jedoch nicht unmöglich geworden. Denn die Schlüter OHG wäre auch nach dem Juni 2003 in der Lage gewesen, das Gasöl einzulagern. Sie *wollte* den Vertrag nur nicht mehr erfüllen, weil sie weitere Verluste vermeiden wollte.

§ 281 Abs. 1 S. 1 verweist außerdem auf die „Voraussetzungen des § 280 Abs. 1“. Zunächst muss nach § 280 Abs. 1 S. 1 eine Pflichtverletzung vorliegen. Die Pflichtverletzung liegt in der Tatsache, dass die Schlüter OHG die von ihr vertraglich übernommene Pflicht nicht erfüllt hat. Außerdem verlangt § 280 Abs. 1 S. 2, dass die Schlüter OHG die Nichtleistung nach § 276 Abs. 1 S. 1 „zu vertreten“ hat oder sich zumindest nicht überzeugend entschuldigen kann. An dieser Stelle ist zu prüfen, ob die Schlüter OHG – wie sie meint – den Vertrag „aus wichtigem Grund“ nach § 314 kündigen konnte. Drohende Verluste sind kein wichtiger Grund für eine fristlose Kündigung. Die OHG hat sich also aufgrund eines fahrlässigen Rechtsirrtums (§ 276 Abs. 2) geweigert, den Vertrag zu erfüllen, und hat damit die Nichterfüllung schuldhaft herbeigeführt. Sie hat deshalb die Nichtleistung zu vertreten (§ 276 Abs. 1 S. 1).

Das allein gab der Gasoline AG allerdings noch keinen Anspruch auf Schadensersatz, vielmehr hätte sie dazu der OHG im Prinzip eine Frist zur Leistung setzen müssen (§ 281 Abs. 1 S. 1). Da es daran fehlt, ist zu fragen, ob die Fristsetzung entbehrlich war, weil „der Schuldner die Leistung ernsthaft und endgültig verweigert“ hat (§ 281 Abs. 2 Var. 1). Die Schlüter OHG hat keinen Zweifel daran gelassen, dass sie nicht gewillt war, den Vertrag zu erfüllen. Wenn die Gasoline AG sie gleichwohl durch eine Fristsetzung zur Leistung aufgefordert hätte, hätte sie deshalb etwas Aussichtsloses versucht. Folglich durfte die Gasoline AG nach § 281 Abs. 2 von einer Fristsetzung absehen und sofort Schadensersatz statt der Leistung verlangen (§ 281 Abs. 1 S. 1).

Aus dem FD „Schadensersatz wegen nicht erbrachter Leistung“ ergibt sich die Lösung so: 1. Ja – 2. Ja – 3. Ja – 4. Ja – 5. Ja – 6. Ja: Schadensersatz statt der Leistung – 7. Nein – 11. Ja, ernsthafte und endgültige Weigerung – 10. Buchst. a (Spalte 4)

Lerneinheit 24

568 Literatur: *v. Reichenberg*, Rücktritt und Schadensersatz bei Verjährung und absoluter Unverhältnismäßigkeit, NJW 2015, 2833; *Giebel/Malten*, Schadensersatz bei Ausfällen von TK-Netzen – Haftung des Diensteanbieters gegenüber Unternehmenskunden, MMR 2014, 302: *Nietsch*, Schadensersatz beim Deckungskauf trotz Erfüllung, NJW 2014, 2385; *Benicke/Hellwig*, Das System der Schadensersatzhaftung wegen Leistungspflichtverletzung, NJW 2014, 1697; *Chr. Hirsch*, Schadensersatz statt oder neben der Leistung – Aktuelle Fragen der Abgrenzung, JuS 2014, 97; *Lorenz*, Grundwissen – Zivilrecht: Schadensarten bei der Pflichtverletzung (§ 280 Abs. 2, 3 BGB), JuS 2008, 203.

I. Einleitung

1. Zum Aufbau der folgenden Darstellung

569 Im Hinblick auf den Verzug (§ 286) und seine Folgen wurde die Geldschuld von allen anderen Schulden getrennt behandelt. Denn trotz der einheitlichen Regelung in § 286

ergeben sich so viele Unterschiede, dass sich eine getrennte Darstellung empfiehlt. Aber diese beiden getrennten Stränge laufen jetzt wieder zusammen! In den folgenden Ausführungen kann der Gläubiger also sowohl Anspruch auf eine Zahlung haben also auch auf eine andere Leistung. Oder anders gesagt: Der Schuldner kann irgendein Tun oder Unterlassen schulden, es muss sich *nicht* um eine Geldschuld handeln.

2. Der Verzicht auf die geschuldete Leistung

570 Bisher wurde immer unterstellt, dass der bei Fälligkeit nicht bediente Gläubiger weiterhin auf die ihm geschuldete Leistung wartet und nur seinen Verzugsschaden geltend macht (Geldschuld: § 288, in anderen Fällen: §§ 280 Abs. 1, 2, 286). Manche Gläubiger sind aber nicht so geduldig, sondern wollen, wenn sie nicht bezahlt oder beliefert worden sind, unter Verzicht auf die ihnen geschuldete Leistung Schadensersatz verlangen (§ 281) oder vom Vertrag zurücktreten (§ 323; Rn 602 ff). In welchen Fällen das möglich ist, wird im Folgenden besprochen.

Die Bedeutung der Fristsetzung: Viele Laien meinen, sie könnten, wenn ihr Vertragspartner nicht rechtzeitig geleistet hat, ohne Weiteres die genannten Rechte (Schadensersatz und/oder Rücktritt) geltend machen. Das ist aber ein großer Irrtum! Auch der vom Verhalten seines Schuldners zu Recht enttäuschte Gläubiger wird vom Gesetz noch am Vertrag festgehalten. Das Gesetz verlangt nämlich grundsätzlich von ihm, dass er seinem Schuldner, bevor er auf die Leistung verzichten darf, noch eine angemessene Frist zu Leistung setzt. Erst wenn der Schuldner auch nicht innerhalb dieser letzten Frist tätig geworden ist, ist der Gläubiger frei, Schadensersatz statt der Leistung zu verlangen oder vom Vertrag zurückzutreten. Das ist in Kurzform der Inhalt der wichtigen §§ 281 und 323 Abs. 1. Wer das gefühlsmäßig für eine unnötige Verzögerung hält, identifiziert sich zu sehr mit der Rolle des Gläubigers und sollte mehr an die Interessen des Schuldners denken (zB des Verkäufers). Es ist ein wichtiges Recht des Schuldners, durch eine Fristsetzung noch eine letzte Chance zur Erfüllung seiner Pflichten zu bekommen. Dieses Recht ist für den Schuldner so wichtig, dass es ihm nicht durch die AGB des Gläubigers genommen werden kann. Das gilt nicht nur, wenn der Schuldner Verbraucher ist (§ 309 Nr. 4), sondern über § 307 auch zugunsten von Unternehmern.[100]

II. Voraussetzungen eines Schadensersatzanspruchs nach § 281

1. Irgendein Schuldverhältnis

571 Es ist gleichgültig, ob der Schuldner ein Partner aus einem gegenseitigen Vertrag ist oder ob er die Leistung aufgrund eines anderen Schuldverhältnisses schuldet. § 281 unterscheidet sich in diesem Punkt scharf von (dem noch zu besprechenden) § 323. Denn während das Gesetz einen *Rücktritt* nur im Rahmen eines *gegenseitigen Vertrags* zulässt (Rn 606), steht der Schadensersatzanspruch nach § 281 im Prinzip jedem Gläubiger offen.

2. Fälligkeit der Leistung

572 § 281 setzt voraus, dass die fragliche Leistung *fällig* ist („Soweit der Schuldner die fällige Leistung ...“; FD „Schadensersatz wegen nicht erbrachter Leistung“, Frage 1). Die

100 BGH NJW 1986, 842; OLG Köln NJW 1991, 301.

Leistungszeit muss also erreicht oder überschritten sein. Denn von einer noch nicht fälligen Leistung kann man nicht sagen, dass der Schuldner sie nicht erbracht habe (er hat dafür ja noch Zeit). Es ist der gleiche (in § 271 geregelte) Begriff der Fälligkeit wie in § 286 Abs. 1 S. 1 (Rn 492 ff). *Beispiel:* Wenn der *Verkäufer* zurücktreten will, muss die Zahlung des Kaufpreises fällig sein (§ 433 Abs. 2). Wenn der *Käufer* zurücktreten will, muss die vom Verkäufer geschuldete Übergabe und Übereignung (§ 433 Abs. 1 S. 1) fällig sein.

3. Durchsetzbarkeit

573 Wenn dem Schuldner gegen die Forderung des Gläubigers eine (dauernde oder aufschiebende) Einrede zusteht, kann der Gläubiger nicht nach § 281 vorgehen. Es reicht aus, dass die Einrede besteht, der Schuldner braucht sie nicht geltend zu machen. *Beispiele:* Die Einrede der Verjährung (§ 214) und die des nicht erfüllten gegenseitigen Vertrags (§ 320). Es gilt das zum Verzug Gesagte (Rn 498 ff).

4. Nicht erbrachte Leistung

a) „Nicht ... erbringt"

574 § 281 Abs. 1 S. 1 vermengt mit den Worten „nicht oder nicht wie geschuldet erbringt" zwei ganz verschiedene Bereiche. Die hier allein interessierende Nichtleistung ist mit den Worten „nicht ... erbringt" umschrieben. Mit den Worten „nicht *wie geschuldet* erbringt" ist die Schlechterfüllung gemeint (Rn 774 ff). Dass der Gesetzgeber beide Pflichtverletzungen in einem Satz geregelt hat, erleichtert das Verständnis nicht.[101]

Die Worte *„nicht ... erbringt"* setzen nur voraus, dass der Schuldner die fällige Leistung nicht pünktlich erbracht hat. Aus welchen Gründen die Leistung unterblieben ist, spielt keine Rolle (sie darf nur nicht unmöglich sein, Rn 576). Bei einem Dauerschuldverhältnis kann auch die Weigerung des Schuldners, in Zukunft noch seine vertragliche Pflicht zu erfüllen, ein Nichterbringen sein. *Beispiel:* Fall 24, Rn 566.[102]

b) Verzug (§ 286) wird nicht vorausgesetzt

575 Es wäre ein Fehler, in diesem Zusammenhang die Verzugsvoraussetzungen zu prüfen (§ 286). Die Schuldrechtsreform hat bewusst mit der früheren Regelung gebrochen, die in solchen Fällen Verzug voraussetzte. Das ist zwar eine erfreuliche Vereinfachung, aber sie entspricht nicht dem Rechtsgefühl. Denn wenn das Gesetz für den Ersatz des Schadens, der durch die *Verspätung* entstanden ist, Verzug verlangt (§§ 286, 280), geht man unwillkürlich davon aus, dass der (ja eigentlich weiter gehende) Schadensersatz „statt der Leistung" nach § 281 auch Verzug voraussetzt. Man muss sich deshalb besonders merken, dass das nicht der Fall ist.[103]

---

101 Diese Engführung wiederholt sich in § 323 Abs. 1 mit den Worten „nicht oder nicht vertragsgemäß".
102 BGH NJW 2005, 1360 (zu § 326 aF).
103 Wenn der Gläubiger die Fristsetzung ausgesprochen hat, sind aber die Verzugsvoraussetzungen gegeben. Denn die Fristsetzung ist als Mahnung zu verstehen (MüKo/Ernst § 281 Rn 18, Palandt/Grüneberg § 281 Rn 7).

5. Nachholbarkeit

576 § 281 fordert nicht ausdrücklich, dass die Leistung noch nachholbar ist. Aber diese Voraussetzung ergibt sich aus dem Zusammenhang, insbesondere aus der Abgrenzung zu § 283: Diese Vorschrift setzt (durch ihre Verweisung auf § 275) die Unmöglichkeit der Leistung (oder ihr gleichstehende Fälle) voraus (Rn 674). Deshalb geht § 281 stillschweigend davon aus, dass die nicht erbrachte Leistung noch möglich ist. Es ist zu Recht bemängelt worden, dass sich der wahre Regelungsumfang des § 281 erst ergibt, wenn man auch § 283 gelesen hat.

Ungewissheit: Wenn der Gläubiger nicht weiß, ob der Schuldner die Leistung noch erbringen kann, sollte er allerdings nach § 281 vorgehen. Denn dieser Weg ist auch dann erfolgreich, wenn sich nachträglich herausstellen sollte, dass die Leistung des Schuldners unmöglich war.

6. Zu vertretende Pflichtverletzung

a) Pflichtverletzung

577 § 281 Abs. 1 S. 1 verlangt, dass die „Voraussetzungen des § 280 Abs. 1“ vorliegen. Der Schuldner muss also durch die Nichtleistung „eine Pflicht aus dem Schuldverhältnis ... verletzt“ haben (§ 280 Abs. S. 1). Das ist unproblematisch. Denn wenn der Schuldner seine Leistung nicht termingerecht erbringt, liegt darin immer eine Pflichtverletzung. Der Begriff der Pflichtverletzung, für sich genommen, setzt kein Vertretenmüssen voraus!

b) Zu vertreten

578 Die Pflichtverletzung muss aber auch, wie sich aus der Verweisung auf § 280 Abs. 1 S. 2 ergibt, vom Schuldner *zu vertreten* sein (§§ 276 bis 278). Zumindest muss der Schuldner – wie die Negativformulierung des § 280 Abs. 1 S. 2 andeutet – außerstande sein, sein Nichtvertretenmüssen zu beweisen. Geldmangel ist bekanntlich nie ein Entschuldigungsgrund, denn „Geld hat man“ (Rn 418, 518, 644). Aber in anderen Fällen ist sorgfältig abzuwägen, ob ein Vertretenmüssen vorliegt. *Beispiel:* Weil sie schwanger geworden war, kündigte Frau F den Vertrag mit ihrem Fitnessstudio und zahlte keine Beiträge mehr. Der Inhaber des Fitnessstudios verlangte von Frau F Schadensersatz nach § 281. Der Amtsrichter gab ihm Recht und verurteilte Frau F zur Fortzahlung des Beitrags. Er befand, die Folgen ihrer Schwangerschaft seien für Frau F vorhersehbar gewesen und seien deshalb von ihr zu vertreten. Das Bundesverfassungsgericht musste den Amtsrichter darauf hinweisen, dass er damit Art. 6 Abs. 4 GG verletzt hatte.[104] Frau F hatte die Nichtzahlung deshalb nicht zu vertreten.

Verhältnis zu § 280: Die amtliche Begründung zur Schuldrechtsreform legt Wert auf die Feststellung, dass § 281 keine eigenständige Anspruchsgrundlage ist, sondern nur den Schadensersatzanspruch aus § 280 Abs. 1 modifiziert.[105] Dann ist § 281 aber falsch formuliert. Denn er nennt selbst alle seine Anspruchsvoraussetzungen, gerade auch durch die Verweisung auf § 280 Abs. 1, und nennt vor allem auch den von ihm gewährten Anspruch („... kann der Gläubiger ... Schadensersatz statt der Leistung ver-

104 NJW 2005, 2383.
105 BT-Drucks. 14/6040, 137 rechts.

langen ...“).[106] Für die praktische Anwendung des § 281 spielt die Frage seiner Selbstständigkeit oder Unselbstständigkeit aber keine Rolle.

7. Schaden, der durch die Leistung noch hätte abgewendet werden können

579 *Schadensersatz* statt *der Leistung:* § 281 gewährt nur den Ersatz des Schadens, der durch eine (verspätete) Leistung noch hätte abgewendet werden können (FD „Schadensersatz wegen nicht erbrachter Leistung“, Frage 6, Ja). Anders gesagt: § 281 erfasst den Schaden, der durch das endgültige Ausbleiben der Leistung entstanden ist. § 281 wandelt den ursprünglichen Anspruch auf eine *Leistung* um in einen Anspruch auf *Schadensersatz* in Geld. Der Schadensersatzanspruch tritt also an die Stelle des ursprünglichen Leistungsanspruchs wie eine Beinprothese an die Stelle des Beins. Da der Schadensersatz statt der ursprünglichen Leistung gezahlt wird, nennt ihn § 281 Abs. 1 S. 1 treffend „Schadensersatz *statt* der Leistung“. *Beispiel:* K hatte von V 16 000 CDs für 134 000 Euro gekauft, aber sich hartnäckig geweigert, sie zu bezahlen. Daraufhin ließ V die CDs nach Ankündigung versteigern, was einen Erlös von 23 000 Euro ergab.[107] Die von K zu erbringende Leistung war die Zahlung der 134 000 Euro (gegen Übereignung der CDs). Der Schadensersatz *statt der Leistung* tritt an die Stelle der geschuldeten Leistung. Der Schadensersatz ist also gleich der Differenz zwischen dem vereinbarten Kaufpreis und dem Versteigerungserlös, beträgt also 111 0000 Euro. Diesen Betrag muss K zahlen.

579a *Kein Schadensersatz* neben *der Leistung:* Wenn der Gläubiger „Schadensersatz *neben* der Leistung“ verlangt (Rn 561, 679), darf § 281 nicht angewendet werden. Denn dieser Schadensersatz bildet den Gegensatz zum „Schadensersatz *statt* der Leistung“, den § 281 allein erfasst. Es geht beim Schadensersatz *neben* der Leistung um den Ersatz eines Schadens, der schon endgültig eingetreten ist und deshalb durch eine nachgeholte Leistung nicht mehr ausgeglichen werden könnte. Dieser Schaden ist ausschließlich nach § 280 Abs. 1 zu ersetzen (FD „Schadensersatz wegen nicht erbrachter Leistung“, Frage 6, Nein, Spalte 11). *Beispiel:* G übergab U seinen Sportwagen mit dem Auftrag, die Bremsen zu reparieren. U gab den Wagen als repariert zurück, hatte die Reparatur aber irrtümlich nicht durchgeführt. Beim nächsten Ausflug versagten die Bremsen, so dass G einen Unfall erlitt. G macht den Unfallschaden geltend. *Lösung:* U hat die geschuldete Leistung nicht erbracht, so dass er sie immer noch schuldet. Aber der Unfallschaden würde durch eine Reparatur der Bremsen nicht beseitigt. Der Anspruch auf Ersatz des Unfallschadens tritt deshalb *neben* den Anspruch auf die vertraglich geschuldete Leistung und ist folglich ein Anspruch auf Schadensersatz *neben* der Leistung. Dass § 281 diesen Schaden nicht erfassen will, zeigt sich schon daran, dass § 281 Abs. 1 S. 1 vom Gläubiger verlangt, eine „Frist zur Leistung“ zu setzen. Solch eine Fristsetzung ist sinnlos, wenn der Schaden durch ein Nachholen der Leistung (Erfüllung) nicht mehr ausgeglichen werden könnte. Das Gesetz kennt für einen solchen Schadensersatz keinen Ausdruck, es hat sich aber die Bezeichnung „Schadensersatz *neben* der Leistung“ durchgesetzt (ausführlich zum Schadensersatz neben der Leistung Rn 988 ff).

106 v. Wilmowsky, JuS 2002, Heft 1, Beilage, 4: „Klarer kann man eine Anspruchsgrundlage nicht formulieren“; Wieser NJW 2003, 2432, Fn 1).
107 BGH NJW 2002, 506.

8. Angemessene Frist zur Leistung

a) Frist

580 Bevor der Gläubiger einen Schadensersatz *statt* der Leistung geltend machen kann, muss er dem Schuldner eine letzte Gelegenheit geben, die Leistung doch noch zu erbringen.[108] Er muss ihm deshalb „eine angemessene Frist" setzen und deutlich machen, dass er innerhalb der Frist die Leistung verlangt (§ 281 Abs. S. 1 aE; FD „Schadensersatz wegen nicht erbrachter Leistung", Frage 7). Die Frist „soll dem Schuldner eine letzte Chance zur ordnungsgemäßen Durchführung des Vertrags eröffnen".[109]

Zeitpunkt: Die Frist darf erst gesetzt werden, wenn die Leistung fällig ist. Eine vor der Fälligkeit gesetzte Frist ist unbeachtlich.[110] Denn die Fristsetzung soll dem Schuldner eine *zweite* Chance geben. Das ist nur möglich, wenn er die erste vertan hat, indem er bei Fälligkeit nicht geleistet hat.

Für die Bestimmung der Frist hat der Gläubiger zwei Möglichkeiten:

581
- Meist wird er angeben, welcher Kalendertag der letzte Tag der Frist sein soll. *Beispiel:* „Für die Zahlung des Kaufpreises setze ich Ihnen eine Frist bis zum 2. Februar" oder „Ich gebe Ihnen ab heute eine Woche Zeit."

582
- Der BGH hat entschieden, dass der Gläubiger auch sagen darf: „Ich fordere Sie auf, die Ware *umgehend* zu liefern."[111] Das ist auf den ersten Blick erstaunlich, weil man mit dem Wort „umgehend" keine Frist verbindet. Zu bedenken ist aber, dass das BGB selbst mit einem Wort eine Frist bezeichnet, nämlich mit dem Wort „unverzüglich" (§ 121 Abs. 1). In solchen Fällen ist das Fristende zwar nicht bestimmt, aber *bestimmbar*, und das genügt. Deshalb reichen auch Ausdrücke aus wie „so schnell wie möglich" oder „in angemessener Zeit".[112]
- Sogar die Drohung mit einer Klage genügt für eine Fristsetzung („Entweder wird das Pferd umgetauscht oder wir gehen rechtlich gegen euch vor"). Denn darin liegt nach Ansicht des BGH „bei verständiger Würdigung unmissverständlich die Aufforderung, umgehend Abhilfe" zu schaffen.[113] Der Grund dieser Großzügigkeit lässt sich vermuten: Die zugrunde liegende europäische Richtlinie[114] verlangt nur, dass der Schuldner „nicht innerhalb einer angemessenen Frist Abhilfe geschaffen hat". Diese Frist muss ihm nicht der Gläubiger gesetzt haben.

Aus der Fristsetzung muss erkennbar sein, welche Leistung der Gläubiger erwartet.[115] Es dürfen aber keine großen Anforderungen an die Genauigkeit seiner Bezeichnung gestellt werden.[116]

Keine Frist zur Erklärung: Der Gläubiger muss die Frist „... *zur Leistung* ..." setzen. Er darf den Schuldner nicht zur Abgabe einer Erklärung auffordern, zB zur Erklärung darüber, ob er bereit sei, seiner Pflicht nachzukommen.[117] Auch Vorhaltungen reichen

---

108 Zu den Ausnahmefällen nach § 281 Abs. 2 siehe unten Rn 592 ff.
109 BGH NJW 1996, 1814.
110 BGH NJW 2012 3714 Rn 16 (zum Rücktritt).
111 BGH NJW 2009, 3153 Rn 10.
112 BGH aaO.
113 BGH NJW 2015, 2564 Rn 12. Es ging in diesem Fall um eine Fristsetzung zur Nacherfüllung (SBT Rn 100 [Fall] und Rn 111).
114 Art. 3 Abs. 5 VerbrauchsgüterkaufRL 1999/44 EG.
115 BGH NJW 2006, 2116.
116 BGH NJW 2010, 2200 Rn 16.
117 OLG München ZMR 1997, 178.

nicht. *Beispiel:* X hatte sich gegen eine erhebliche Zuwendung verpflichtet, die alte Frau A zu pflegen. Da er das nicht tat, schrieb sie ihm, er habe sich seit Jahren nicht mehr um sie gekümmert und solle sich bei ihr melden. Darin lag keine Aufforderung zur Leistung.[118]

Keine Frist „zur Nacherfüllung“: Am Ende von § 281 Abs. 1 S. 1 stehen auch die Worte „oder zur Nacherfüllung“. Sie beziehen sich auf die Worte „oder nicht wie geschuldet erbringt“ am Anfang von § 281 Abs. 1 S. 1, also auf den Fall der Schlechterfüllung, der ab Rn 769 behandelt wird. Das Wort „Nacherfüllung“ darf im Rahmen einer Nichtleistung gar nicht erwähnt werden!

Einer Form (Schriftform) bedarf die Fristsetzung nicht. Es empfiehlt sich aber aus Beweisgründen, die Frist in einem eingeschriebenen Brief oder, bei mündlicher Erklärung, vor Zeugen zu setzen.

b) Angemessenheit der Frist

583 Welche Frist *„angemessen“* ist, richtet sich nach den Umständen des Einzelfalls.[119] Der Gläubiger darf bei der Bemessung der Frist berücksichtigen, dass „der Schuldner lediglich Gelegenheit erhalten soll, seine im Wesentlichen abgeschlossene Leistung vollends zu erbringen“.[120] Die Nachfrist darf deshalb kurz sein, und zwar umso kürzer, je länger die Leistung bereits fällig ist.[121] *Beispiel:* Kaufmann K hatte zum Zwecke des Wiederverkaufs bei V Ware gekauft. V kannte die Eiligkeit und wusste, dass seine Leistung schon mehrere Tage überfällig war. K setzte ihm die kurze Frist von zwei Tagen, aber das war in diesem Fall eine angemessene Frist.[122]

Zu kurze Frist: Unterschreitet die Frist das angemessene Maß, ist die Fristsetzung dadurch nicht unwirksam. Durch eine zu knapp bemessene Frist wird vielmehr eine angemessene Frist in Lauf gesetzt.[123] Aus Schuldnersicht heißt das: Der Schuldner darf eine zu kurze Frist nicht missachten, hat aber mehr Zeit, als ihm zugebilligt wurde. Wenn jedoch die Frist schon abgelaufen war, als dem Schuldner die Fristsetzung zuging, liegt nicht eine zu kurze, sondern gar keine Fristsetzung vor.[124]

c) Verwechselungsgefahr

584 Man darf die Fristsetzung keinesfalls mit der Mahnung (§ 286 Abs. 1 S. 1) verwechseln. Dieser Fehler liegt nahe, weil es sich in beiden Fällen um Erklärungen handelt, die der Gläubiger nach Fälligkeit und Nichtleistung an den Schuldner richtet. Die Ähnlichkeit wird noch größer, wenn der Gläubiger die Mahnung – was gar nicht erforderlich ist – mit einer Fristsetzung verbindet (Rn 510). Aber beide Erklärungen verfolgen ganz unterschiedliche Ziele: Mit der Mahnung macht der Gläubiger deutlich, dass er die Leistung noch erwartet (und gegebenenfalls seinen Verzugsschaden geltend machen will). Wenn der Gläubiger nach § 281 Abs. 1 S. 1 eine Frist setzt, erwartet er meist nicht mehr die Leistung, sondern will einen Anspruch auf „Schadensersatz statt der Leistung“ vorbereiten oder seinen Rücktritt vom Vertrag.

118 BGH NJW 2011, 224 Rn 7.
119 BGH NJW 1985, 2640.
120 BGH NJW 1982, 1279; ähnlich OLG Düsseldorf NJW-RR 1992, 951.
121 BGH aaO.
122 OLG Köln MDR 1993, 317.
123 BGH NJW 1985, 2640.
124 BGH NJW 1996, 1814.

9. Erfolgloser Ablauf der Frist

585 Der Gläubiger muss die Frist „erfolglos" gesetzt haben. Das bedeutet, dass der Schuldner die Leistung nicht in der Frist erbracht haben darf. Die Frage, ob der Schuldner noch rechtzeitig geleistet hat, darf der Gläubiger streng beurteilen. Wenn der Schuldner einen Tag *nach* Ablauf der angemessenen Frist leistet, muss der Gläubiger das nicht nach Treu und Glauben als noch rechtzeitige Leistung akzeptieren.[125] Denn § 281 ist striktes Recht und deshalb den Grundsätzen von Treu und Glauben nur beschränkt zugänglich.

Bei einem *Versendungskauf* (§ 447) hat der Verkäufer rechtzeitig geliefert, wenn er die Leistungs*handlung* noch innerhalb der Frist vorgenommen hat (Rn 63). Er muss deshalb die Sache nur innerhalb der Frist auf den Weg bringen.[126] Wann sie ankommt, ist gleichgültig.

Hat der Schuldner die Frist eingehalten und vollständig geleistet, ist ein Schadensersatzanspruch „statt der Leistung" nach § 281 ausgeschlossen. Es könnten sich aber andere Gründe für einen Schadensersatzanspruch ergeben. War der Schuldner im Verzug, kann der Gläubiger in jedem Fall seinen (bis zur Leistung aufgelaufenen) Verzugsschaden nach den §§ 280 Abs. 1, 2, 286 Abs. 1 geltend machen.

III. Rechtslage nach Fristablauf

1. Der Gläubiger verlangt Schadensersatz statt der Leistung

586 *Wichtigste Rechtsfolge:* Nach Ablauf der Frist „kann der Gläubiger ... Schadensersatz statt der Leistung verlangen" (§ 281 Abs. 1 S. 1; FD „Schadensersatz wegen nicht erbrachter Leistung", Frage 10, Spalte 4). Diese Rechtsfolge des Fristablaufs steht ganz im Vordergrund, weil § 281 Abs. 1 S. 1 sie als einzige nennt und der „Schadensersatz statt der Leistung" sogar Eingang in die Paragrafenüberschrift gefunden hat. Es ist deshalb eher zu betonen, dass es noch andere Möglichkeiten gibt (Rn 589 ff).

587 *Geld als Ersatz für die nicht erbrachte Leistung:* Der Schadensersatz „statt der Leistung" tritt als Ausgleich an die Stelle der nicht erbrachten Leistung, nicht neben sie (dazu schon Rn 579). Er heißt deshalb auch ganz anschaulich „Schadensersatz *statt* der Leistung" (so die amtliche Überschrift des § 281 und der Text in Abs. 1 S. 1). § 281 setzt also voraus, dass die Leistung endgültig nicht erbracht wird und dass an ihre Stelle der Schadensersatzanspruch tritt. *Beispiel:* K hatte beim Händler V einen Chevrolet Van gekauft, aber kurz darauf grundlos den „Rücktritt" erklärt. Er musste nach den §§ 280 Abs. 1, 3, 281 Abs. 1 S. 1 Schadensersatz zahlen.[127] An die Stelle des nicht gezahlten Kaufpreises tritt nicht etwa der Kaufpreis selbst (in voller Höhe), denn V behält ja das Fahrzeug. Der Schadensersatz umfasst in solchen Fällen hauptsächlich den entgangenen Gewinn (§ 252 S. 1; Rn 994 ff).

Abgrenzung vom Verzugsschaden: Der von § 281 erfasste Schaden ist ein völlig anderer als der Verzugsschaden nach § 280 Abs. 1, 2 mit § 286. Denn der Anspruch auf den Verzugsschaden entsteht trotz der späteren Leistung. Er tritt deshalb *neben die Leistung,* nicht an ihre Stelle (Rn 561, 579a).

125 BGH NJW 1974, 360.
126 BGH NJW 1991, 1292.
127 BGH NJW 2009, 1588 Rn 8.

588 *Untergang des ursprünglichen Anspruchs (§ 281 Abs. 4):* Der Anspruch auf die Leistung muss natürlich irgendwann erlöschen, weil der Gläubiger nicht sowohl Schadensersatz nach § 281 („... *statt* der Leistung ...") als auch die geschuldete Leistung selbst verlangen kann. Nach früherem Recht erlosch der Anspruch des Gläubigers auf die ursprüngliche Leistung, sobald die Frist ergebnislos abgelaufen war. Das entsprach aber in vielen Fällen nicht den Interessen der Parteien, die manchmal auch noch nach Ablauf der Frist eine Erfüllung des ursprünglichen Anspruchs wünschten. Die Schuldrechtsreform hat deshalb in § 281 Abs. 4 den Untergang des ursprünglichen Anspruchs nicht vom Ablauf der Frist, sondern von der Entscheidung des Gläubigers zugunsten des Schadensersatzanspruchs abhängig gemacht. *Beispiel:* Mieter M war vertraglich verpflichtet, die Wohnung am Ende der Mietzeit renoviert zu übergeben, tat das aber nicht. Vermieter V setzte ihm eine Frist von 14 Tagen und verlangte nach deren erfolglosem Ablauf Schadensersatz. Der Anspruch auf die Renovierung ging noch nicht mit dem Ablauf der Frist unter, sondern erst, als V Schadensersatz verlangte (§ 281 Abs. 4).

2. Der Gläubiger verlangt Erfüllung

589 Der Gläubiger hat auch nach Fristablauf „Anspruch auf die Leistung". Denn dieser Anspruch geht – wie eben ausgeführt – *nicht* mit dem Ablauf der Frist unter, sondern erst, „sobald der Gläubiger statt der Leistung Schadensersatz verlangt hat" (§ 281 Abs. 4). Der Gläubiger kann sich also, etwas überraschend, auch nach dem erfolglosen Fristablauf an den Schuldner mit der Forderung wenden, die (bereits zweimal!) ausgebliebene Leistung doch noch zu erbringen (FD „Schadensersatz wegen nicht erbrachter Leistung", Spalte 5).

Das bedeutet, dass dem Gläubiger in der Zeit zwischen Fristablauf und Schadensersatzverlangen zwei Ansprüche zustehen. Sie stehen zu einander in elektiver Konkurrenz.[128] Der Schuldner muss nach Fristablauf deshalb auf zwei sehr unterschiedliche Ansprüche des Gläubigers gefasst sein. Diese Ungewissheit hätte § 281 abmildern können, etwa durch eine Frist, innerhalb derer der Gläubiger sich zu entscheiden hätte. Der Gesetzgeber hat das Problem ausführlich diskutiert, aber sich dafür entschieden, dem Gläubiger unbefristet freie Hand zu lassen.[129]

Wenn der Gläubiger erneut Leistung verlangt, stellt sich die Frage, ob er dadurch seinen bereits erworbenen Schadensersatzanspruch verliert.[130] Der BGH hat die Frage zu Recht verneint. Wenn der Schuldner wieder nicht erfüllt, kann der Gläubiger *ohne neue Fristsetzung* Schadensersatz statt der Leistung verlangen.[131] Zwar lässt § 281 Abs. 4 den Erfüllungsanspruch erlöschen, wenn der Gläubiger Schadensersatz verlangt. Diese Vorschrift lässt sich aber nicht in der Weise rumdrehen, dass der Schadensersatzanspruch erlöschen soll, wenn der Gläubiger Erfüllung verlangt.[132] Das Erfüllungsver-

128 BGH NJW 2006, 1198 (zum Rücktritt nach § 323); Bressler NJW 2004, 3382; Lorenz NJW 2006, 1889, 1892. Für eine Wahlschuld (§§ 262 ff) Schwab JR 2003, 133, 134, aber das damit bezweckte Recht zur Fristsetzung (§ 264 Abs. 2) ist entbehrlich.

129 BT-Drucks. 14/6040, 139–141.

130 So noch OLG Celle NJW 2005, 2094 (als Berufungsinstanz in der Sache BGH NJW 2006, 1198).

131 BGH NJW 2006, 1198 Rn 16; MüKo/Ernst § 281 Rn 75; Althammer ZGS 2005, 375, 376; Palandt/Grüneberg § 281 Rn 49.

132 Althammer ZGS 2005, 375 (377); BGH NJW 2006, 1198 Rn 19.

langen kann auch keinesfalls als Verzicht auf den bereits erworbenen Schadensersatzanspruch verstanden werden.[133]

3. Rücktritt

590 Der Gläubiger kann nach Ablauf der Frist auch alternativ den Rücktritt erklären (§ 323; dazu unten ab Rn 602). Er ist nicht auf einen Schadensersatzanspruch beschränkt. Der Rücktritt setzt allerdings voraus, dass die unterbliebene Schuldnerleistung eine Hauptpflicht aus einem gegenseitigen Vertrag war (§ 323 Abs. 1: „Erbringt bei einem gegenseitigen Vertrag ..."). Der Gläubiger kann sich auch für eine Kombination entscheiden. Denn er kann, wie § 325 ausdrücklich festlegt, sowohl zurücktreten als auch (kumulativ) „Schadensersatz statt der Leistung" verlangen.

4. Ersatz vergeblicher Aufwendungen

591 Als Alternative zum Schadensersatz statt der Leistung kann der Geschädigte im Prinzip auch nach § 284 den Ersatz seiner „vergeblichen Aufwendungen" verlangen (FD „Schadensersatz wegen nicht erbrachter Leistung", Spalte 7). Die beiden Ansprüche schließen sich allerdings aus. Denn § 284 beginnt mit den Worten: „Anstelle des Schadensersatzes statt der Leistung ..." Zu den Einzelheiten des § 284 siehe Rn 1001 ff.

IV. Sonderfälle

1. Fristsetzung entbehrlich

a) Ernsthafte und endgültige Weigerung

592 Manchmal ist der Gläubiger von der Pflicht befreit, dem Schuldner eine Frist zur Erbringung der Leistung zu setzen. Denn § 281 Abs. 2 nennt zwei Fälle, in denen der Gläubiger keine Frist zu setzen braucht.

Var. 1 bestimmt, dass die Fristsetzung entbehrlich ist, *„wenn der Schuldner die Leistung ernsthaft und endgültig verweigert ..."* (FD „Schadensersatz wegen nicht erbrachter Leistung", Frage 11, Ja, Spalte 8). Diese Formulierung ist bereits aus § 286 Abs. 2 Nr. 3 bekannt (Rn 515, 548). An die Annahme einer endgültigen Erfüllungsverweigerung sind „strenge Anforderungen zu stellen".[134] Eine Erfüllungsverweigerung liegt nur vor, „wenn der Schuldner unmissverständlich und eindeutig zum Ausdruck bringt, er werde seinen Vertragspflichten unter keinen Umständen nachkommen".[135] Solange die Möglichkeit besteht, „dass der Schuldner noch umgestimmt werden kann, muss ein solcher Versuch unternommen werden".[136] Es müsste eine *„zwecklose und überflüssige Handlung"* darstellen, wenn der Gläubiger dem Schuldner trotz dessen entschiedener Haltung noch eine letzte Frist einräumen wollte.[137] *Beispiel 1:* Fall 24, Rn 566. *Beispiel 2:* K hatte von V einen gebrauchten Mercedes 190 Diesel gekauft, teilte aber fünf Tage später mit, er bekomme von seiner Bank nicht den erforderlichen Kredit. Trotz mehrfacher Aufforderung zahlte K nicht.[138] *Beispiel 3:* X schloss mit der Bank B einen Darlehensvertrag über 286 000 Euro, verweigerte aber später beharrlich die Ab-

133 BGH NJW 2006, 1198 Rn 20 unter Hinweis auf RGZ 102, 262 (265).
134 BGH NJW 2011, 2872 Rn 14; 1996, 1814.
135 BGH NJW 2011, 2872 Rn 14.
136 BGH NJW 1997, 51.
137 BGH NJW 1998, 534.
138 BGH NJW 1994, 2478.

nahme des Darlehens mit der Begründung, der beabsichtigte Grundstückskauf habe sich zerschlagen.[139] *Beispiel 4:* Die Gemeinde G hatte den S beauftragt, ein Schulgebäude einzurüsten und hatte mit ihm vereinbart, das Gerüst bis zum Ende der Umbauarbeiten stehen zu lassen. Aber S begann schon lange vorher das Gerüst abzubauen und ließ sich durch keine Vorhaltungen davon abbringen.[140]

593 *Vorübergehende Weigerung:* Der Schuldner muss die Leistung nicht für alle Zeit verweigern, es reicht aus, wenn er sich nachdrücklich weigert, sie innerhalb einer *angemessenen Frist* zu erbringen. *Beispiel:* K hatte beim Möbelhändler M ein Schrankbett gekauft, aber M hatte nicht geliefert. Schließlich erklärte M am 2. August verbindlich, er könne „frühestens in der letzten Augustwoche“ liefern. Wenn K dem M anschließend eine angemessene Frist gesetzt hätte, wäre diese Frist Mitte August abgelaufen, also zu einer Zeit, für die M die Lieferung ernsthaft verweigert hatte. Die Fristsetzung durfte deshalb entfallen.[141]

594 *Keine Erfüllungsverweigerung* liegt vor, wenn der Schuldner sich nur unklar, hinhaltend oder gar nicht äußert. *Beispiel:* Der Mieter zog aus, ohne seine Pflicht zur Wiederherstellung des alten Zustands erfüllt, aber auch ohne diese Arbeiten verweigert zu haben. Der Vermieter konnte deshalb nicht nach § 281 Abs. 2 auf die Fristsetzung verzichten. [142]

b) Besondere Umstände

595 § 281 Abs. 2 Var. 2 beschreibt einen weiteren Fall, in dem die Fristsetzung entfallen kann, tut das jedoch mit ungenauen Formulierungen („... besondere Umstände ... Abwägung der beiderseitigen Interessen ...“). Aber die Ungenauigkeit ist Absicht, denn sie soll „den Gerichten Bewertungsspielräume eröffnen“[143] und so gerechte Entscheidungen ermöglichen. *Beispiel 1:* V verkaufte dem Landwirt K Dünger, lieferte aber nicht. Inzwischen war die Zeit für die Düngung der Felder vorbei, deshalb brauchte K dem V keine Frist zu setzen.[144] *Beispiel 2:* Die Eheleute E waren beim Kauf eines Hauses vom Verkäufer V arglistig getäuscht worden. Wegen des gestörten Vertrauensverhältnisses war es den Eheleuten nicht zuzumuten, dem V eine Frist zu setzen.[145]

2. Der Schuldner hat Teilleistungen erbracht

596 Die Worte *„Hat der Schuldner eine Teilleistung bewirkt ...“* in § 281 Abs. 1 S. 2 beziehen sich auf den Fall, dass die Leistung ihrer Natur nach teilbar ist und der Schuldner einen Teil erbracht hat. Es kommt dann auf die Interessenlage des Gläubigers an (FD „Schadensersatz wegen nicht erbrachter Leistung“, Frage 9):

597
- *„Großer Schadensersatz“:* Wenn der Gläubiger „an der Teilleistung kein Interesse hat“, kann er „Schadensersatz statt der *ganzen* Leistung“ verlangen (§ 281 Abs. 1 S. 2). Für diesen Schadensersatz hat das Gesetz keine Bezeichnung, aber man nennt ihn allgemein den „großen Schadensersatz“ (FD „Schadensersatz wegen nicht erbrachter Leistung“, Spalte 2). *Beispiel:* U sollte für B ein umfangreiches Software-

139 BGH NJW 1991, 1817.
140 BGH NJW 2013, 1670 Rn 21.
141 BGH NJW 1984, 48.
142 BGH NJW 1988, 1178.
143 BGH NJW 2007, 835 Rn 12.
144 Beispiel nach BT-Drucks. 14/6040, 186.
145 BGH NJW 2007, 835 Rn 13; LG Bonn NJW 2004, 74.

programm entwickeln, das nach Fristablauf immer noch nicht fertig war. B konnte es insgesamt zurückweisen und Schadensersatz statt der ganzen Leistung verlangen.[146] Der Schuldner hat dann natürlich das Recht, den vom Gläubiger abgelehnten Torso zurückzuverlangen. Der Gläubiger muss deshalb die erhaltene Teilleistung nach den Rücktrittsvorschriften zurückgeben (§ 281 Abs. 5).

598 ■ „*Kleiner Schadensersatz*“: Kann der Gläubiger die erhaltene Teilleistung brauchen, muss er sie behalten und kann nur für den ausgebliebenen Teil Schadensersatz verlangen (§ 281 Abs. 1 S. 2; FD „Schadensersatz wegen nicht erbrachter Leistung“, Spalte 3). Dieser Schadensersatz wird „kleiner Schadensersatz“ genannt. Denn da der zu zahlende Geldbetrag nur an die Stelle der nicht erbrachten Leistung tritt, ist er geringer als im Fall des großen Schadensersatzes.

3. Unterlassungspflichten

599 § 281 Abs. 3 regelt den Fall, dass „nach der Art der Pflichtverletzung eine Fristsetzung nicht in Betracht“ kommt. Diese Worte beziehen sich auf Unterlassungspflichten.[147]. Bei ihnen tritt an die Stelle einer Fristsetzung eine Abmahnung. *Beispiel:* L war Leiter der technischen Entwicklung der A-GmbH gewesen. Er hatte sich in seinem Arbeitsvertrag verpflichtet, nach seinem Ausscheiden ein Jahr lang nicht für ein Konkurrenzunternehmen tätig zu sein, verstieß aber gegen diese Verpflichtung. Zwar sagt § 241 Abs. 1 S. 2, dass die geschuldete „Leistung ... auch in einem Unterlassen bestehen“ kann. Aber die A-GmbH könnte L schlecht (wie es § 281 Abs. 1 S. 1 verlangt) eine „Frist zur Leistung“ setzen. Deshalb eröffnet § 281 Abs. 3 der A die Möglichkeit, durch eine Abmahnung einen Anspruch auf Schadensersatz zu erlangen.

V. Vergleich zwischen Schadensersatz statt der Leistung (§ 281) und Verzugsschaden

600 § 281 einerseits und die §§ 286 Abs. 1, 280 Abs. 1, 2 andererseits haben gemein, dass sie die Verspätung der Leistung voraussetzen und dem Gläubiger einen Schadensersatzanspruch geben. Aber im Übrigen unterscheiden sie sich grundlegend:

- Der Anspruch auf den Verzugsschaden gleicht nur die Nachteile aus, die durch die *Verspätung* der Leistung entstanden sind. Er tritt deshalb *neben* den Erfüllungsanspruch, nicht an seine Stelle (Rn 561, 579a).[148] Aus diesem Grund ist er ein Beispiel für den Schadensersatz *neben* der Leistung. Er ist sogar der wichtigste Anwendungsfall.
- Der von § 281 gewährte Schadensersatz wird von § 281 Abs. 1 S. 1 selbst als „Schadensersatz *statt der Leistung*“ bezeichnet. Er tritt – wie seine amtliche Bezeichnung deutlich macht – *an die Stelle* der eigentlich geschuldeten Leistung, die endgültig ausgeblieben ist (Rn 587).

601 Wenn der Gläubiger Schadensersatz statt der Leistung verlangt, geht dadurch nicht etwa ein bereits entstandener Anspruch auf Ersatz des Verzugsschadens unter. Vielmehr bestehen diese beiden Arten der Schadensberechnung nebeneinander fort.[149] Der Gläu-

146 BGH NJW 2010, 2200.
147 Schmidt-Räntsch, Das neue Schuldrecht (2002), 122.
148 Der Verzugsschaden wird deshalb auch nicht in § 280 Abs. 3 erwähnt, der alle Regeln zum „Schadensersatz statt der Leistung“ anführt.
149 So schon für die frühere Rechtslage BGH NJW 1997, 1231; BGHZ 88, 46, modifiziert durch BGH NJW 1994, 2480.

biger braucht dem Schuldner allerdings nicht zwei getrennte Schadensberechnungen aufzumachen, sondern kann den Verzugsschaden auch in den Schaden „statt der Leistung" einbeziehen. Das liegt auch deshalb nahe, weil beide Anspruchsgrundlagen ihre Wurzeln in § 280 Abs. 1 haben.

§ 25 Rücktritt wegen nicht erbrachter Leistung

Fall 25: Motoryacht § 323

602

Am 29. März bestellte Krieger bei dem Motorboothändler Haase eine aus den USA zu importierende Motoryacht mit Trailer. Den Kaufpreis von 42 500 Euro zahlte Krieger bei Vertragsschluss. Die Lieferung sollte „in acht bis zehn Wochen" erfolgen. Nach zehn Wochen erkundigte sich Krieger mehrfach telefonisch bei Haase, wann das Boot denn nun geliefert werde. Haase entgegnete jedes Mal, dass er das leider noch nicht sagen könne. Am 13. Juli suchte Krieger Haase in dessen Geschäft auf und erklärte ihm, dass er Ende Juli mit seiner Familie Urlaub auf dem Wasser machen wolle. Er setzte hinzu: „Sie müssen mir spätestens bis zum 20. Juli das Boot besorgen." Als auch daraufhin nichts erfolgte, schrieb Krieger am 26. Juli an Haase: „Da ich bis heute von Ihnen keine Nachricht erhalten habe, bis wann das bezahlte Boot ausgeliefert wird, sehe ich mich gezwungen, den Bootskauf vom 29. März zu kündigen." Am 5. August teilte Haase Krieger mit, dass das Boot nunmehr zur Auslieferung bereitstehe. Krieger, der sich inzwischen eine andere Yacht gekauft hat, verweigert die Abnahme und verlangt von Haase die Rückzahlung des Kaufpreises. (Nach BGH NJW 1992, 235)

603

Nach dem Kaufvertrag ist Krieger zur Zahlung des Kaufpreises und zur Abnahme der Yacht verpflichtet (§ 433 Abs. 2). Er könnte jedoch von dieser Verpflichtung durch einen Rücktritt frei geworden sein.

Eine Rücktrittserklärung ist nur wirksam, wenn dem Erklärenden aufgrund einer vertraglichen oder gesetzlichen Bestimmung ein Rücktrittsrecht zusteht (§ 346 Abs. 1). Zu prüfen ist deshalb, ob die Voraussetzungen des § 323 Abs. 1 vorliegen. Diese Vorschrift soll wieder abschnittsweise geprüft werden:

„(1) *Erbringt bei einem gegenseitigen Vertrag ...*" In einem Kaufvertrag verpflichten sich beide Vertragspartner zu einer Leistung, um die Gegenleistung zu bekommen. Der Kaufvertrag ist deshalb ein gegenseitiger Vertrag und ist sogar das Hauptbeispiel für einen solchen Vertrag (Rn 16).

„... *der Schuldner ...*" Der „Schuldner" ist Haase, weil es in diesem Fall um *seine* Leistung geht, nämlich um die Lieferung des Bootes. Wenn es um Kriegers Zahlungsverpflichtung ginge, wäre er „der Schuldner".

„... *eine fällige Leistung ...*" Wann die Leistung fällig war, ist § 271 zu entnehmen, der zuerst auf die Vereinbarung abstellt. Zu liefern war das Boot laut Vertrag „in 8–10 Wochen". Das bedeutet, dass es acht Wochen nach Abschluss des Kaufvertrags geliefert werden *konnte*, aber nach zehn Wochen geliefert werden *musste*, also Mitte Juni (§ 271). Es fällt auf, dass § 323 nur die *Fälligkeit* der Leistung voraussetzt, *nicht etwa den Verzug* des Schuldners. § 323 entspricht also in diesem Punkt (und mehreren anderen) den Voraussetzungen des § 281.

„... nicht oder nicht vertragsgemäß, ..." Haase hat die Leistung nach Fälligkeit „nicht" erbracht, weil er nicht geliefert hat. Die Worte „oder nicht vertragsgemäß" sind zu vernachlässigen. Sie wären anwendbar, wenn Haase ein mangelhaftes Boot geliefert hätte.

„... so kann der Gläubiger, wenn er dem Schuldner ... eine angemessene Frist zur Leistung ... bestimmt hat ..." Ein Rücktrittsrecht ergibt sich für Krieger erst, wenn er Haase nach Fälligkeit eine angemessene Frist „zur Leistung", also für die Lieferung gesetzt hat. In der Erklärung vom 13. Juli („Sie müssen mir spätestens bis zum 20. Juli das Boot besorgen") liegt eine Fristsetzung. Die Frist war kurz, aber noch „angemessen", weil Krieger schon lange wartete und Haase in der Lage sein musste, das Boot nunmehr in einer Woche zu beschaffen.

Die Worte „... oder Nacherfüllung ..." beziehen sich auf den hier nicht vorliegenden Fall der Schlechterfüllung.

„... erfolglos ..." Die von Krieger gesetzte Frist war *erfolglos,* weil Haase nicht innerhalb der Frist geliefert hat.

„... vom Vertrag zurücktreten, ..." Krieger hatte mit Ablauf der Frist das Recht, vom Vertrag zurückzutreten. Er hat in seinem Schreiben vom 26. Juli erklärt, er sehe sich gezwungen, den Bootskauf „zu kündigen". Auch wenn dieser Ausdruck nicht korrekt war, machte er doch hinreichend deutlich, dass Krieger sich im Sinne eines Rücktritts vom Vertrag lösen wollte (§ 133). Der Rücktritt war nach § 349 an Haase zu richten und musste ihm nach § 130 Abs. 1 S. 1 zugehen. Diese Voraussetzungen sind ebenfalls gegeben.

Kriegers wirksamer Rücktritt führt nach § 346 Abs. 1 dazu, dass er das Boot nicht abzunehmen braucht und den von ihm gezahlten Kaufpreis von Haase zurückverlangen kann (Rn 281).

Lerneinheit 25

604 **Literatur:** Siehe auch Rdn 568; *Kohler,* Gewährleistung und Vergütungsanspruch in Fällen des § 323 VI BGB – Rechtsfragen bei Mangelbehebungsverweigerung von Patienten, AcP Bd. 215 (2015), 165; *Jaensch,* Die Erheblichkeit der Pflichtverletzung, jM 2015, 15; *Riehm,* Irrungen und Wirrungen zur Fristsetzung und ihrer Entbehrlichkeit – Die Konsequenzen der Änderung des § 323 II BGB, NJW 2014, 2065; *Bassler/Büchler,* Die Reform des Rücktrittsrechts, AcP Bd. 214 (2014), 888; *Weiss,* Neujustierung im Rücktrittsrecht, NJW 2014, 1212; *Martis,* Kauf – Ausschluss des Rücktrittsrechts bei unerheblichen Pflichtverletzungen, MDR 2014, 942; *Schmitt,* Die Änderungen beim Rücktrittsrecht nach § 323 BGB durch das Gesetz zur Umsetzung der Verbraucherrechterichtlinie, VuR 2014, 90.

I. Aufbau des Gesetzes

605 § 323 hat fast die gleichen Voraussetzungen wie § 281: Auch hier hat der Schuldner trotz Fälligkeit nicht geleistet, weswegen ihm der Gläubiger eine letzte Frist setzt. Aber bei dem verfolgten Ziel ergibt sich aber ein großer Unterschied: Denn der Gläubiger will keinen Schadensersatz, sondern den Rücktritt vom Vertrag.

Ort der gesetzlichen Regelung: Wegen der fast identischen Voraussetzungen würde man vermuten, dass die Voraussetzungen des Rücktritts sehr nahe bei § 281 geregelt wären. Aber sie finden sich erst in § 323. Der Grund ist ein formaler. Das Gesetz gibt dem Gläubiger nur dann ein Rücktrittsrecht, wenn sein Schuldner mit einer Pflicht aus einem *gegenseitigen Vertrag* (Rn 16) im Rückstand ist. Deshalb sind die Voraussetzungen des Rücktritts im „Titel 2. Gegenseitiger Vertrag“ geregelt (§§ 320 ff).

II. Voraussetzungen des Rücktritts wegen Nichtleistung nach § 323 Abs. 1

1. Gegenseitiger Vertrag

606 Da § 323 mit den Worten „Erbringt bei einem gegenseitigen Vertrag ...“ beginnt, muss ein gegenseitiger Vertrag vorliegen (FD „Rücktritt wegen nicht erbrachter Leistung“, Frage 1). Das ergibt sich eigentlich auch schon daraus, dass § 323 im „Titel 2. Gegenseitiger Vertrag“ steht. Der Gläubiger eines einseitig verpflichtenden Vertrags oder eines gesetzlichen Schuldverhältnisses hat kein Rücktrittsrecht. Das folgt aus seiner Interessenlage. Denn wer ohne eine (von ihm selbst zu erbringende) Gegenleistung eine Leistung fordern kann, ist nicht daran interessiert, durch einen Rücktritt auf diese Forderung zu verzichten. Nur wer selbst zu leisten hat, kann den Wunsch haben, durch einen Rücktritt die von ihm bereits erbrachte Leistung zurückzuerhalten oder – falls er noch nicht geleistet hat – von seiner Verpflichtung frei zu werden (§ 346).

607 *Zumindest erhebliche Nebenleistung:* Die in § 323 Abs. 1 erwähnte „Leistung“ muss *keine Hauptleistung* aus einem gegenseitigen Vertrag sein, es kann sich auch um eine Nebenpflicht handeln.[150] Allerdings berechtigt die Nichterfüllung einer *unerheblichen* Leistung nicht zum Rücktritt. Das ordnet § 323 für eine *nicht* erbrachte Leistung nicht ausdrücklich an, wohl aber für eine unerhebliche Leistung, die der Schuldner „nicht vertragsgemäß“, also *schlecht* erbracht hat (§ 323 Abs. 5 S. 2). Da ein Unterschied in der Sache nicht zu erkennen ist, muss § 323 Abs. 5 S. 2 im Bereich der Nichtleistung analog angewendet werden.[151] Die Verletzung einer *Verhaltenspflicht* (§ 241 Abs. 2) darf allerdings nicht vorliegen, weil dieser Fall gesondert in § 324 geregelt ist (Rn 820 ff).

2. Fälligkeit der Leistung des Schuldners

608 *Schuldner:* § 323 Abs. 1 verwendet den Ausdruck „Schuldner“. Dieser Begriff ist bei einem gegenseitigen Vertrag problematisch, weil bei diesen Verträgen bekanntlich immer beide Partner Schuldner und Gläubiger sind. Man muss sich deshalb klar machen, dass die mit „Schuldner“ bezeichnete Vertragspartei die ist, die ihre Leistung nicht ordnungsgemäß erbracht hat. Die andere Vertragspartei wird „Gläubiger“ genannt.

609 *Fälligkeit:* Die vom Schuldner zu erbringende Leistung muss fällig sein (§ 323 Abs. 1: „eine fällige Leistung“; FD „Rücktritt wegen nicht erbrachter Leistung“, Frage 2). „Fällig“ bedeutet, dass die Leistungszeit (§ 271; Rn 492 bis 496) erreicht oder überschritten sein muss. Wenn zB der *Verkäufer* zurücktreten will, muss die Zahlung des Kaufpreises in diesem Sinne fällig sein. Wenn der *Käufer* zurücktreten will, muss die vom Verkäufer geschuldete Übergabe und Übereignung (§ 433 Abs. 1 S. 1) fällig sein. Die Voraussetzung der Fälligkeit ist bereits von der Aufrechnung (Rn 251), von § 286 Abs. 1 S. 1 (Rn 492 ff) und von § 281 Abs. 1 S. 1 (Rn 572) her bekannt.

Rücktritt vor Fälligkeit: § 323 Abs. 4 eröffnet die Möglichkeit, den Rücktritt auch schon *vor* der Fälligkeit zu erklären, doch beschränkt sich das in der Praxis auf seltene

150 BT-Drucks. 14/6040, 183; Palandt/Grüneberg § 323 Rn 1.
151 Palandt/Grüneberg § 323 Rn 10 und 32; Jauernig/Stadler § 323 Rn 20, 5a.

Fälle (FD „Rücktritt wegen nicht erbrachter Leistung“, Frage 12). *Beispiel:* D hatte sich gegenüber A verpflichtet, dessen Garten neu zu gestalten und die Arbeiten bis zum 15. September abzuschließen. Er hatte für die Arbeit drei Monate veranschlagt, hatte aber am 1. September noch nicht begonnen. Da er nicht mehr pünktlich fertig werden kann, kann A schon am 1. September den Rücktritt erklären. Siehe zu § 323 Abs. 4 auch Rn 625.

3. Durchsetzbarkeit

609a Der Anspruch des Gläubigers muss durchsetzbar sein (FD „Rücktritt wegen nicht erbrachter Leistung“, Frage 3). Dieser Begriff ist ebenfalls bereits bekannt: Aufrechnung (§ 387; Rn 251), Schuldnerverzug (§ 286 Abs. 1 S. 1; Rn 498 ff, 542) und Nichterfüllung (§ 281 Abs. 1 S. 1; Rn 573). An der Durchsetzbarkeit fehlt es, wenn dem Schuldner ein Gegenrecht (eine Einrede oder Einwendung) zusteht,[152] aber auch im Insolvenzverfahren. *Beispiel:* Die X-GmbH hatte ihrer Abteilungsleiterin A gekündigt, aber mit ihr später einen Vergleich geschlossen, der eine Abfindung von 55 000 Euro vorsah. Einen Tag nach Abschluss des Vergleichs musste die X-GmbH die Eröffnung des Insolvenzverfahrens beantragen. Infolgedessen konnte Frau A ihre Forderung nur noch zur Tabelle anmelden, nicht mehr einklagen. Die Forderung war damit nicht mehr durchsetzbar. Damit entfiel für Frau A das Recht, wegen der Nichtzahlung der 55 000 Euro vom Vertrag zurückzutreten.[153]

4. Nachholbarkeit

610 § 323 ist so zu verstehen, dass die fragliche Leistung *nachholbar* sein muss (FD „Rücktritt wegen nicht erbrachter Leistung“, Frage 4). Denn die Unmöglichkeit der geschuldeten Leistung regelt § 326 (Rn 742). Wenn jedoch der Gläubiger nicht weiß, ob der eine oder der andere Fall vorliegt, sollte er dem Schuldner eine Frist setzen. Er ist dann auf der sicheren Seite, weil die Fristsetzung im Fall der Unmöglichkeit unschädlich ist, aber bei Nachholbarkeit unverzichtbar.

5. Nichtleistung

611 § 323 setzt nur voraus, dass der Schuldner die fällige Leistung *nicht erbringt* (FD „Rücktritt wegen nicht erbrachter Leistung“, Frage 5). Warum er das nicht tut, ist gleichgültig. Die folgenden beiden Punkte spielen deshalb für § 323 *keine Rolle:*

- *Vertretenmüssen:* Besonders wichtig ist, dass § 323 *kein Vertretenmüssen* voraussetzt. Es ist also gleichgültig, ob auf Seiten des Schuldners die Voraussetzungen des § 276 Abs. 1 gegeben sind. In diesem Punkt liegt ein wesentlicher Unterschied zu § 281 (Rn 578). Der Grund ist folgender: Das Recht, Schadensersatz zu verlangen, ist ein scharfes Schwert in der Hand des Gläubigers. Dieses Recht soll ihm deshalb nur zustehen, wenn der Schuldner sein Verhalten nach § 276 Abs. 1 S. 1 zu vertreten (insbesondere verschuldet) hat. Das Rücktrittsrecht ist demgegenüber ein recht mildes Mittel, das dem Gläubiger auch zustehen muss, wenn der Schuldner seine Nichtleistung nicht zu vertreten hat. Der Gläubiger hat also nur dann ein Wahlrecht zwischen Schadensersatz nach § 281 und Rücktritt nach § 323, wenn der Schuldner die Nichtleistung zu vertreten hat.

152 Herresthal Jura 2008, 561.
153 BAG NJW 2012, 3390 Rn 35.

- *Schuldnerverzug:* § 323 setzt auch nicht voraus, dass der Schuldner mit seiner Leistung im Verzug ist. § 286 ist deshalb nicht zu prüfen. In diesem Punkt besteht eine Übereinstimmung mit § 281 (Rn 575).

6. Keine Verantwortlichkeit des Gläubigers

612 Eine weitere Voraussetzung des Rücktritts nach § 323 ist, dass der Gläubiger nicht selbst die Gründe zu verantworten hat, auf die er seinen Rücktritt stützt (§ 323 Abs. 6; FD „Rücktritt wegen nicht erbrachter Leistung", Frage 6; ausführlich Rn 626).

7. Erfolgloser Ablauf einer angemessenen Frist

613 *Fristsetzung nach Fälligkeit:* Wenn die Fristsetzung nicht ausnahmsweise nach § 323 Abs. 2 entfällt (Rn 618 ff), muss der Gläubiger dem Schuldner „... eine angemessene Frist ..." für die Leistung bestimmen. Dabei ist der Zeitpunkt zu beachten: Der Gläubiger darf die Frist nicht vor dem Eintritt der Fälligkeit setzen.[154]

Nichtleistung: Ein Rücktritt setzt voraus, dass die Frist „erfolglos" war. Wenn der Schuldner innerhalb der Frist vollständig geleistet hat, ist ein Rücktritt ausgeschlossen (FD „Rücktritt wegen nicht erbrachter Leistung", Spalte 2; zur Teilleistung siehe Rn 627).

III. Rechtsfolgen

614 Hat der Schuldner die Frist verstreichen lassen, ohne die Leistung zu erbringen, war die Fristsetzung „erfolglos" (FD „Rücktritt wegen nicht erbrachter Leistung", Spalte 6). Es ergeben sich dann folgende Möglichkeiten:

- 614a *Rücktritt:* Der Gläubiger kann „vom Vertrag zurücktreten" (§ 323 Abs. 1 S. 1). Es handelt sich um ein *„gesetzliches* Rücktrittsrecht" (§ 346 Abs. 1). Der Gläubiger muss zwar den Rücktritt *erklären* (§ 349), muss dabei aber nicht das Wort „Rücktritt" verwenden. Ausreichend ist zB auch: „... fühlen wir uns nicht mehr an den Vertrag gebunden"[155] oder „... sehe ich mich gezwungen, ... zu kündigen" (Fall 25, Rn 602).[156] Sogar eine „Anfechtung" kann nach § 133 als Rücktritt verstanden werden.[157] Mit dem Zugang der Rücktrittserklärung (§ 130) ist der Vertrag in ein Rückabwicklungsverhältnis umgewandelt (§ 346), so dass der Gläubiger keine Erfüllung mehr verlangen kann.
- 615 *Erfüllung:* Solange der Gläubiger weder den Rücktritt erklärt noch Schadensersatz verlangt hat, besteht eine eigenartig unbestimmte Rechtslage, in der der Gläubiger unter mehreren Rechten wählen kann (ähnlich Rn 586 ff). Denn allein durch den Fristablauf verliert der Gläubiger nicht den Erfüllungsanspruch, das geschieht erst durch die Rücktrittserklärung (§§ 349, 346 Abs. 1) oder durch ein Schadensersatzverlangen (§ 281 Abs. 4). Besteht der Gläubiger in dieser Zeit auf Erfüllung, verliert er dadurch nicht sein einmal erworbenes Rücktrittsrecht.[158] Er kann deshalb, wenn

154 Allgemeine Meinung: Soergel/Gsell § 323 Rn 68; Bamberger/Roth/Grothe § 323 Rn 11; BGH NJW 2012, 3714 Rn 15 f
155 BGH NJW 1981, 679.
156 BGH NJW 1992, 235.
157 BGHZ 168, 64.
158 BGH NJW 2006, 1198 Rn 16 ff gegen Schwab JR 2003, 133 (136).

der Schuldner die Erfüllung ablehnt, noch den Rücktritt erklären. Einer erneuten Fristsetzung bedarf es dazu nicht.[159] Es gilt das Gleiche wie unter Rn 589.

616 - *Schadensersatz:* Wie § 325 klarstellt, schließt ein Rücktritt einen Schadensersatzanspruch *nicht* aus. Da § 325 nur vom „Schadensersatz" spricht, ist sowohl ein Schadensersatz *statt* der Leistung gemeint (§ 280 Abs. 3; Rn 586 f), als auch ein Schadensersatz *neben* der Leistung (Rn 579a). Allerdings müssen die Voraussetzungen des Schadensersatzanspruchs vorliegen (was wegen des dort geforderten Vertretenmüssens nicht selbstverständlich ist).

617 - *Ersatz vergeblicher Aufwendungen:* Anstelle von Schadensersatz statt der Leistung kann der Gläubiger auch nach § 284 den Ersatz vergeblicher Aufwendungen verlangen (Rn 591, 1001 ff). Da ein Rücktritt einen Schadensersatzanspruch nicht ausschließt (§ 325), schließt er auch nicht den alternativen Anspruch auf Ersatz vergeblicher Aufwendungen aus. Die Rechte, die der Gläubiger durch einen Rücktritt erlangt (§§ 346, 347), können hinter dem zurückbleiben, was er nach § 284 verlangen kann. In diesem Fall ist § 284 vorzuziehen und hat auch Vorrang.[160]

IV. Sonderfälle

1. Fristsetzung entbehrlich

a) Ernsthafte und endgültige Weigerung

618 Eine Fristsetzung ist entbehrlich, wenn eine der in § 323 Abs. 2 genannten Voraussetzungen gegeben ist. (FD „Rücktritt wegen nicht erbrachter Leistung", Frage 11).[161] Der Rücktritt ist aber auch in diesen Fällen zu erklären, es entfällt nur die Fristsetzung.

Wenn der Schuldner sich so strikt weigert, die Leistung zu erbringen, dass eine Fristsetzung eine leere (aussichtslose) Förmlichkeit wäre, darf der Gläubiger auf die Frist verzichten (§ 323 Abs. 2 Nr. 1). Denn das Gesetz verlangt von niemand, dass er etwas Aussichtsloses oder Sinnloses tut. Es gelten die Ausführungen zu der entsprechenden Regelung in § 281 Abs. 2 (Rn 592 bis 594).

b) Relatives Fixgeschäft

619 Beim relativen Fixgeschäft wird dem Gläubiger der „fix"[162] zu erbringenden Leistung ebenfalls die Fristsetzung erlassen (§ 323 Abs. 2 Nr. 2). *Beispiel 1:* G hatte ein Taxi für 12.45 Uhr bestellt, das nicht kam. G kann ohne Fristsetzung zurücktreten und mit einem anderen Taxiunternehmen einen Vertrag schließen. *Beispiel 2:* Die Q-GmbH, die eine Lebensmittelkette betreibt, wollte in einer bestimmten Kalenderwoche ihr Firmenjubiläum feiern und hatte dazu goldfarbene Einkaufswagen-Chips bei einem chinesischen Hersteller bestellt. In dem Vertrag wurde auf das Datum des Jubiläums hingewiesen und „spätestens eintreffend Freihafen Hamburg, 36. Kalenderwoche" vereinbart. Bei einer Havarie ging die Ware verloren. Da die Q die gekauften Chips erklärter-

159 Althammer ZGS 2005, 375 (377).

160 BGHZ 163, 381 (385); dazu SBT Rn 214 und Gsell NJW 2006, 125.

161 Die letzte Voraussetzung (§ 323 Abs. 2 Nr. 3) kommt hier nicht in Betracht, weil sie keine Nichtleistung, sondern eine Schlechtleistung betrifft.

162 Der Wortbestandteil „Fix" hat nichts mit dem umgangssprachlichen Wort „fix" iSv „schnell" zu tun, sondern kommt von dem lateinischen Wort fixus = befestigt, unverrückbar, das auch in den Wörtern Fixstern, Fixkosten, Kruzifix und fixieren enthalten ist.

maßen nur in der bestimmten Woche brauchen konnte, konnte sie ohne Fristsetzung zurücktreten (§ 323 Abs. 2 Nr. 2).[163]

Der mit Wirkung vom 13. Juni 2014 neu gefasste § 323 Abs. 2 Nr. 2[164] verwendet nicht den Ausdruck „relatives Fixgeschäft" und definiert ihn deshalb auch nicht. Aber aus dem Zusammenhang ergibt sich, dass ein Rücktritt wegen eines relativen Fixgeschäfts nur möglich ist, wenn folgende Voraussetzungen gegeben sind:

- Es gibt einen „im Vertrag bestimmten Termin" für die Leistung oder eine „im Vertrag bestimmte Frist", innerhalb derer die Leistung bewirkt werden soll (§ 323 Abs. 2 Nr. 2). 620
- Die „termin- oder fristgerechte Leistung" ist „für den Gläubiger wesentlich".
- Der Gläubiger hat das dem Schuldner „vor Vertragsschluss" mitgeteilt. Oder er hat es nicht mitgeteilt, aber diese Interessenlage des Gläubigers ergab sich „auf Grund anderer den Vertragsabschluss begleitender Umstände".
- Der Schuldner hat die Leistung bis zu dem bestimmten Termin oder innerhalb der Frist *„nicht bewirkt"*. *Hinweis:* Manchmal wird dem Fall, dass der Schuldner die Leistung „nicht bewirkt", der Fall gleichgestellt, dass er die Leistung „nicht vertragsgemäß" (schlecht) erbringt (zB in § 323 Abs. 1). Diese Gleichstellung gibt es hier nicht. Nr. 2 regelt nur Fälle *nicht* erbrachter Leistung! 621
- Die Leistung war auch nach dem vereinbarten Termin noch möglich (nachholbar). Diese Voraussetzung steht nicht in § 323 Abs. 2 Nr. 2. Aber sie ergibt sich aus folgender Überlegung: Wenn die Leistung mit der Terminüberschreitung unmöglich wurde, gelten die Regeln über die Unmöglichkeit der Leistung. Das bedeutet bei einem Termingeschäft, dass ein *absolutes* Fixgeschäft vorliegt (Rn 638). 622

Die Voraussetzungen der Nr. 2 sind in der Neufassung viel zu eng geraten. Man kann nur helfen, indem man die Vorschrift weit auslegt. Das dürfte durch eine Analogie zu § 281 Abs. 2 Var. 2 zu rechtfertigen sein (Rn 595).[165]

623 *Anfängerfehler:* Man darf ein Fixgeschäft nach § 323 Abs. 2 Nr. 2 nicht schon annehmen, wenn in einem Sachverhalt ein genauer Termin für eine Leistung angegeben ist. Ein genauer Termin ist eine notwendige, aber keine hinreichende Bedingung für die Annahme eines relativen Fixgeschäfts.

c) Besonderes Interesse

624 Während § 323 Abs. 2 Nr. 2 nF nur anwendbar ist, wenn die geschuldete Leistung unterblieben ist („nicht bewirkt"), bezieht sich die ebenfalls neu gefasste Nr. 3 nur auf Leistungen, die erbracht wurden, aber *„nicht vertragsgemäß"* also schlecht. Auf diese Weise haben die beiden Alternativen des Scheiterns, die in § 323 Abs. 1 genannt sind („nicht oder nicht vertragsgemäß") je eine eigene Sonderregelung erfahren. Da es hier nur um die Fälle geht, in denen der Schuldner seine Leistung *„nicht"* erbracht hat (§ 323 Abs. 1) wird die Nr. 3 nicht erläutert.

---

163 Sachverhalt in Anlehnung an BGH NJW 2006, 501.
164 Art. 1 des Gesetzes v. 20. 9. 2013 (BGBl. 1 S. 3642).
165 Riehm NJW 2014, 2065 (2068). Zur Frage einer Regelungslücke auch BT-Drs.17/12637, 59 (rechte Spalte).

2. Rechte des Gläubigers vor der Fälligkeit

625 § 323 Abs. 1 verlangt vom Gläubiger, dass er die Fälligkeit der Leistung abwartet. Er ist allerdings auch vor der Fälligkeit nicht rechtlos. Denn wenn „offensichtlich ist, dass die Voraussetzungen des Rücktritts eintreten werden", kann er auch schon vor der Fälligkeit zurücktreten (§ 323 Abs. 4; Rn 609).

Aber Vorsicht: § 323 Abs. 4 berechtigt vor der Fälligkeit nicht zur *Fristsetzung*, sondern nur zum *Rücktritt*. Nach Eintritt der Fälligkeit kann sich der Gläubiger nicht mehr auf § 323 Abs. 4 stützen (FD „Rücktritt wegen nicht erbrachter Leistung", Frage 2, Nein, Frage 12). Diese Einschränkungen machen den Umgang mit § 323 Abs. 4 in der Praxis kompliziert. *Beispiel:* Der Immobilienkaufmann S hatte sich gegenüber G verpflichtet, ein Fachmarktzentrum bezugsfertig zu errichten, und zwar bis zum 30. Juni 2008. Im Mai 2008 musste S eingestehen, dass das Zentrum erst Anfang September bezugsfertig sein würde. G hätte deshalb zu diesem Zeitpunkt nach § 323 Abs. 4 ohne Fristsetzung zurücktreten können. Aber statt zurückzutreten setzte er dem S am 3. Juni eine *Frist zur Fertigstellung*, was § 323 Abs. 4 nicht vorsieht. Ungeschickterweise räumte er dem S auch noch eine sehr lange Frist ein, nämlich bis zum 31. Juli. Die Frist endete also erst, als am 30. Juni die Fälligkeit bereits eingetreten war. Am 1. August erklärte G den Rücktritt. Aber *nach* dem Eintritt der Fälligkeit kann der Gläubiger seinen Rücktritt nicht mehr (ohne Fristsetzung) auf § 323 Abs. 4 stützen, sondern nur noch auf Abs. 1. G hätte deshalb am 1. August, statt zurückzutreten, nach Abs. 1 zunächst (erneut) eine Frist setzen und ihren Ablauf abwarten müssen.[166] G hat also so ziemlich alles falsch gemacht, was falsch zu machen war: Am 3. Juni hätte er, statt eine Frist zu setzen, zurücktreten müssen und am 1. August hätte er, statt zurückzutreten, eine Frist setzen müssen.

3. Ausschluss des Rücktrittsrechts

626 Wie bereits oben kurz erwähnt (Rn 612) kann der Gläubiger nur zurücktreten, wenn er nicht selbst die Gründe zu verantworten hat, auf die er seinen Rücktritt stützt (§ 323 Abs. 6). Das Gesetz nennt zwei Fälle (FD „Rücktritt wegen nicht erbrachter Leistung", Frage 6):

Überwiegende Verantwortung des Gläubigers: Zunächst ist der Rücktritt „ausgeschlossen, wenn der Gläubiger für den Umstand, der ihn zum Rücktritt berechtigen würde, allein oder weit überwiegend verantwortlich ist" (§ 323 Abs. 6 Var. 1). Das leuchtet ein, denn ohne diese Vorschrift könnte sich der Gläubiger seinen Rücktrittsgrund selbst schaffen. Das Gesetz spricht von „verantwortlich", nicht von „vertreten", verwendet also nicht den aus § 276 Abs. 1 S. 1 gewohnten Ausdruck. Das liegt daran, dass § 276 auf den *Gläubiger* nicht unmittelbar anwendbar ist. Aber man wird sagen können, dass der Gläubiger analog § 276 Abs. 1 S. 1 für Vorsatz und Fahrlässigkeit „verantwortlich" ist. *Beispiel:* X hatte mit der alten Frau A einen gegenseitigen Vertrag geschlossen, der ihn verpflichtete, Frau A in ihrem Haus zu pflegen. X tat das lange Zeit nicht. Frau A zog in ein Alten- und Pflegeheim und erklärte den Rücktritt. Der „Umstand", der Frau A „zum Rücktritt berechtigen würde", war die Untätigkeit des X. Aber für diesen Umstand könnte Frau A durch ihren Umzug ins Heim „weit über-

166 BGH NJW 2012, 3714 Rn 17.

wiegend verantwortlich" sein (§ 323 Abs. 6). Denn im Heim konnte X sie nicht pflegen.[167]

Verzug des Gläubigers: Der Rücktritt ist nach § 323 Abs. 6 Var. 2 auch ausgeschlossen, wenn die Erfüllung zu einer Zeit gescheitert ist, als der Gläubiger im Gläubigerverzug war (§ 293).

4. Der Schuldner hat nur eine Teilleistung erbracht

a) Grundregel

627

§ 323 Abs. 5 S. 1 regelt den Fall, dass der Schuldner die geschuldete Leistung nur teilweise erbracht hat und der Gläubiger deshalb zurücktreten möchte. Dann kommt es auf die Interessenlage des Gläubigers an:

- Wenn der Gläubiger „an der Teilleistung kein Interesse hat", kann er „vom ganzen Vertrag" zurücktreten (§ 323 Abs. 5 S. 1; FD „Rücktritt wegen nicht erbrachter Leistung" Frage 9, Ja, Spalte 3). Diese Regelung entspricht dem sogenannten „großen Schadensersatz" (§ 281 Abs. 1 S. 2; Rn 597). Man könnte ihn deshalb auch den „großen Rücktritt" nennen.
- Wenn dagegen die Teilleistung für den Gläubiger brauchbar ist, muss er sie behalten und kann den Rücktritt nur hinsichtlich des nicht erbrachten Teils erklären (Umkehrschluss aus § 323 Abs. 5 S. 1; FD Frage 9, Nein). Das entspricht dem „kleinen Schadensersatz" (Rn 598).

b) Teilbarkeit und Unteilbarkeit der beiderseitigen Leistungen

628

Beide Leistungen sind teilbar: Da § 323 Abs. 5 S. 1 von einer Teilleistung ausgeht, ist klar, dass die Leistung des *Schuldners* teilbar sein muss. Unausgesprochen setzt die Vorschrift aber auch die Teilbarkeit der Leistung voraus, die der rücktrittswillige *Gläubiger* zu erbringen hat. § 323 Abs. 5 S. 1 geht nämlich davon aus, dass sich die Leistung des Gläubigers an den Wert anpassen lässt, der dem vom Schuldner erbrachten Torso entspricht. *Beispiel:* V sollte 34 000 Flaschen Parfüm liefern, lieferte aber nur 80 %. Dann kann sich der Rücktritt des K (nach Fristsetzung) nur auf die nicht gelieferten Flaschen beziehen. Im Ergebnis behält er also die Ware, zahlt aber 20 % weniger. Das ist unproblematisch, weil eine Zahlung immer teilbar ist (FD „Rücktritt wegen nicht erbrachter Leistung", Frage 10, Ja, Spalte 4).

Die Leistung des Zurücktretenden ist nicht teilbar: Die Leistung des Gläubigers kann aber auch unteilbar sein. *Beispiel:* V verkaufte dem Handwerker K eine Eigentumswohnung in einem Altbau. Die Gegenleistung des K sollte nur zum kleineren Teil aus einer Zahlung bestehen und im Wesentlichen mit Renovierungsarbeiten verrechnet werden, die K zu erbringen hatte. K führte die Arbeiten nur teilweise aus, so dass V nach erfolgloser Fristsetzung vom Vertrag zurücktrat. Die Frage, ob V an der von K erbrachten Teilleistung Interesse hatte, stellte sich in diesem Fall nicht. Denn V konnte seine eigene Leistung (die Übereignung der Eigentumswohnung) „nur ganz erbringen oder ganz davon absehen".[168] Er konnte sie nicht an den Umfang der von K erbrachten Leistung anpassen. Deshalb konnte (musste) V vom *ganzen* Vertrag zurücktreten (FD „Rücktritt wegen nicht erbrachter Leistung", Frage 10, Nein, Spalte 5).

167 BGH NJW 2011, 224 Rn 11 (vom BGH in diesem Fall offen gelassen).
168 BGH NJW 2010, 146 Rn 17.

5. Vollzogenes Dauerschuldverhältnis

629 § 323 schließt einen Rücktritt bei Dauerschuldverhältnissen (Rn 301, zB Mietverhältnis, Darlehensverhältnis, Arbeitsverhältnis,) nicht ausdrücklich aus. Aber es ist seit langem gewohnheitsrechtlich anerkannt, dass es bei bereits vollzogenen Dauerschuldverhältnissen keinen Rücktritt geben kann.[169] Bei ihnen tritt an die Stelle des Rücktritts die Kündigung aus wichtigem Grund (§ 314), soweit bereits mit der Erfüllung des Dauerschuldverhältnisses begonnen wurde, es also „vollzogen" ist (Rn 299).[170] Die von den §§ 346 ff vorgesehene Rückabwicklung ist in diesen Fällen unmöglich, weil die länger zurückliegenden Leistungen nicht mehr zurückgewährt werden können. *Beispiel:* Der Arbeitnehmer A ist seit einer Woche unentschuldigt der Arbeit ferngeblieben. Der Arbeitgeber kann das Arbeitsverhältnis möglicherweise kündigen. Aber ein Rücktritt nach § 323 ist ausgeschlossen, weil ein Arbeitnehmer ausgefallene Stunden nicht nachholen darf.

V. Rücktritt und Schadensersatz

630 Der Rücktritt unterscheidet sich grundlegend vom „Schadensersatz statt der Leistung" nach § 281:

- *„Rücktritt als Rückschritt":* Der *Rücktritt* führt dazu, dass der Zustand wiederhergestellt wird, der bei Vertragsschluss bestand, also vor Vertragserfüllung (§ 346). Der Begriff ist sehr anschaulich, weil der Zurücktretende wirklich einen Schritt *zurücktritt.* Denn er bekommt nur das wieder, was er selbst einmal geleistet hatte und muss das Empfangene zurückgeben.
- *„Schritt nach vorn":* Ganz im Gegensatz dazu soll durch den Schadensersatz statt der Leistung der Zustand hergestellt werden, der nach einer ordentlichen Vertragserfüllung *in Zukunft* bestanden *hätte.* Der Schadensersatz führt also zu einem *Schritt nach vorn.* Der Gläubiger erhält etwas, was er vorher nicht hatte, aber laut Vertrag hätte bekommen sollen. *Beispiel:* K hatte durch notariellen Vertrag von V dessen Reihenhaus für 380 000 Euro gekauft. Später verweigerte V die Auflassung und damit die Eintragung des K in das Grundbuch. K hat inzwischen das benachbarte Reihenhaus für 420 000 Euro gekauft. Dann kann er im Wege des Schadensersatzes den Mehraufwand von 40 000 Euro verlangen (§§ 281, 249, 251). Über einen Rücktritt kann er dies Ergebnis natürlich nicht erreichen.

169 BGH NJW 1981, 1264; BGHZ 50, 312.
170 Palandt/Grüneberg § 323 Rn 4.

Neuntes Kapitel: Unmöglichkeit der Leistung

§ 26 Der Begriff der Unmöglichkeit

Fall 26: Keine Karibik-Kreuzfahrt § 275 Abs. 1 631

Günter Erhardt buchte für sich und seine Frau über ein Reisebüro in Kiel bei der Reederei „Royal Caribbean International Inc." eine Karibik-Kreuzfahrt, die am 19. April 2010 in Fort Lauderdale beginnen sollte. Den Hinflug organisierten die Eheleute selbst, indem sie für den 17. April einen Linienflug mit der Lufthansa von Hamburg nach Lauderdale buchten. Anfang April stieß der isländische Vulkan Eyjafjallajökull große Aschewolken aus. Aus diesem Grund wurde in Europa ein allgemeines Flugverbot angeordnet, dem auch der gebuchte Flug nach Fort Lauderdale zum Opfer fiel. Die Eheleute Erhardt konnten das Schiff nicht erreichen, so dass die Kreuzfahrt ohne sie stattfand. Ist der Flug unmöglich geworden? Ist auch die Kreuzfahrt unmöglich geworden? (Nach BGH NJW 2013, 1674)

a) Der Flug nach Fort Lauderdale 632

Das BGB definiert nicht die Begriffe „unmöglich" oder „Unmöglichkeit", verwendet sie aber mehrfach. So spricht § 275 Abs. 1 im Hinblick auf die „Leistung" des Schuldners davon, dass „diese für den Schuldner oder für jedermann unmöglich ist". Der Flug wurde wegen des angeordneten Flugverbots für die Lufthansa unmöglich (subjektive Unmöglichkeit, Rn 635). Er war aber – da auch keine andere Fluggesellschaft starten durfte – auch „für jedermann unmöglich" (objektive Unmöglichkeit). Man kann dagegen nicht einwenden, dass der Flug ja nach Aufhebung des Verbots durchgeführt werden konnte. Denn jeder Vertrag über die Beförderung mit einer Linienmaschine ist ein so genanntes absolutes Fixgeschäft mit der Folge, dass die Beförderung unmöglich wird, wenn der Passagier nicht erscheint oder der konkrete Flug ausfällt (Rn 638, 640).

b) Die Kreuzfahrt

Die Reederei „Royal Caribbean International Inc." war vertraglich verpflichtet, die Eheleute Ehrhardt an der Kreuzfahrt teilnehmen zu lassen. Diese Leistung wurde für sie unmöglich, als feststand, dass die Eheleute beim Ablegen des Schiffs in Fort Lauderdale nicht an Bord waren. Damit war der Anspruch auf diese Leistung für die Eheleute „ausgeschlossen" (§ 275 Abs. 1). Man könnte zwar auch sagen, dass es *den Eheleuten* unmöglich wurde, an der Fahrt teilzunehmen. Aber das ist nicht die Blickrichtung des Gesetzes. Denn es definiert die Unmöglichkeit nicht aus Sicht des Gläubigers, sondern immer aus Sicht des Schuldners (so auch in § 275 Abs. 1).

In diesem Fall liegt der Einwand nahe, dass die Kreuzfahrt für die Royal Caribbean nicht unmöglich wurde, weil die Fahrt ja tatsächlich stattfand.[1] Aber diese Argumentation beruht auf einem Missverständnis. Zwar war es der Royal Caribbean durchaus möglich, die von ihr geschuldete Leistung gegenüber denjenigen Reisenden zu erbringen, die sich rechtzeitig eingefunden hatten. Aber darauf kommt es nicht an. Im Verhältnis der Royal Caribbean zu den Eheleuten ist allein entscheidend, dass es ihr unmöglich wurde, ihre Verpflichtung *die-*

1 So Tonner in seiner Urteilsanmerkung NJW 2013, 1676; Mäsch JuS 2013, 746.

sen gegenüber zu erfüllen. Der BGH hat die Rechtslage deshalb so beurteilt: „Die Kreuzfahrt als solche konnte zwar durchgeführt werden, an ihr teilzunehmen war aber den Reisenden unmöglich."[2]

Lerneinheit 26

633 **Literatur:** *Zwirlein,* Das Leistungsverweigerungsrecht aus § 275 II 1 BGB, JA 2016, 252; *Treichel,* Nochmals: Das Leistungsverweigerungsrecht nach § 275 III GB im Spannungsfeld von Beruf und Familie, NZA 2016, 459; *Brei,* Unmöglichkeit der vertraglich geschuldeten Stellung einer (Mobiliar-) Sicherheit, NJ 2016, 275; *Vogel,* Funktionalität technisch nicht herstellbar: Vertragsanpassung vor Unmöglichkeit! IBR 2014, 588; *Freitag,* Rechtsfolgen der Unmöglichkeit und Unzumutbarkeit der Leistung, NJW 2014, 113; *Greiner,* Direktionsrecht und Direktionspflicht, Schadensersatz und Annahmeverzug bei Leistungshinderung des Arbeitnehmers, RdA 2013, 9; *Ackermann,* Schadensersatz statt der Leistung: Grundlagen und Grenzen, JuS 2012, 865; *Link/Soergel,* Die außerordentliche Kündigung eines Fitnessstudiovertrags nach § 314 BGB bei einem Wechsel des Wohnsitzes, NJOZ 2012, 2057.

I. Einleitung

634 Die §§ 281 und 323 setzen voraus, dass die nicht erbrachte Leistung noch erbracht werden kann (Nachholbarkeit der Leistung, Rn 543, 576, 610). Im Folgenden geht es um die Fälle, in denen die Leistung des Schuldners *nicht* mehr nachholbar, sondern unmöglich ist.

II. Unmöglichkeit im engeren Sinne

1. Subjektive und objektive Unmöglichkeit

635 *Unmöglichkeit* ist der Oberbegriff für die subjektive und die objektive Unmöglichkeit der Leistung (§ 275 Abs. 1).

- *Subjektive Unmöglichkeit* (oder Unvermögen) liegt vor, wenn die „Leistung ... für den *Schuldner* ... unmöglich ist" (§ 275 Abs. 1). Es ist dann der *Schuldner* zur Leistung unfähig, aber zumindest eine andere Person könnte die Leistung erbringen.[3] *Beispiel:* H hatte M eine Wohnung vermietet, konnte sie ihm aber nicht überlassen, weil er sie inzwischen an D übereignet hatte. D wäre die Überlassung an M möglich. Deshalb liegt bei H eine subjektive Unmöglichkeit vor.
- *Objektive Unmöglichkeit* liegt vor, wenn die „Leistung ... für jedermann unmöglich ist" (§ 275 Abs. 1). Es ist dann nicht nur der Schuldner zur Leistung unfähig, sondern *niemand* kann die geschuldete Leistung erbringen. *Beispiel:* Steuerberater K hatte die Praxis des Steuerberaters V gekauft. Er betrieb sie aber so nachlässig, dass er inzwischen alle Mandanten verloren hat. V verlangt von K die Rückgabe der Praxis. Aber da die Praxis nicht mehr existiert, ist es K unmöglich, sie zurückzugeben. Das wäre auch für jede andere Person unmöglich.[4] Denn es geht nicht um irgendeine Steuerberaterpraxis, sondern um eine bestimmte.

Da § 275 Abs. 1 beide Erscheinungsformen gleichstellt, braucht im Gutachten nicht diskutiert zu werden, welche vorliegt.

---

2 NJW 2013, 1674 Rn 20. Genau genommen war es (wie gesagt) der *Reederei* unmöglich, ihre Leistung zu erbringen, nämlich die Eheleute an Bord zu nehmen, sie zu nächtigen und zu verpflegen.

3 Dauner-Lieb in NK-BGB § 275 Rn 34; BGH NJW 2013, 152 Rn 31

4 OLG Hamm NJW 2012, 1743 (1746).

2. Gegensatz: Nachholbarkeit

636 „*Nachholbarkeit*" ist die fortbestehende Erbringbarkeit der Leistung. Sie ist das Gegenteil der Unmöglichkeit. Die Nachholbarkeit der Leistung muss bekanntlich beim Verzug des Schuldners vorliegen (§ 286; Rn 543) und bei der Nichtleistung nach den §§ 281 und 323 (Rn 576 und 610). Das Kriterium der Nachholbarkeit dient dazu, diese Fälle von den Fällen der Unmöglichkeit abzugrenzen, um die es im Folgenden geht.

3. Tatsächliche (physische) Unmöglichkeit

637 Die vom Schuldner zu erbringende Leistung kann aus vielen Gründen unmöglich sein oder werden, zB aus naturwissenschaftlichen oder technischen Gründen. *Beispiel 1:* Der Versandhändler M hatte einen (durch Konkretisierung nach § 243 Abs. 2) individualisierten Camcorder verschickt, der auf dem Transportweg endgültig verloren ging. Da M nur diesen einen Camcorder schuldete, ist seine Leistung unmöglich geworden (Fall 6, Rn 104).[5] *Beispiel 2:* K hatte vom Bauträger B ein neues Reihenhaus gekauft, dem das nördlich anzubauende Reihenhaus fehlte. B wurde deshalb verurteilt, die nördliche Giebelwand wetterfest zu isolieren. Bevor B das tun konnte, wurde ein weiteres Reihenhaus angebaut. Die Isolierung wurde B dadurch unmöglich (Zweckerreichung).[6] *Beispiel 3:* U hatte sich gegenüber B verpflichtet, ein neu errichtetes Bürohaus mit einer Glasfassade aus über 3 000 Einzelscheiben zu versehen. Um die Gefährdung von Passanten auszuschließen, musste U gewährleisten, dass nach dem Aufhängen keine einzige Scheibe zu Bruch ging. Diese Verpflichtung zu erfüllen, ist jedoch objektiv unmöglich. Denn es lässt sich nicht verhindern, dass einige Scheiben unsichtbare Einschlüsse von Nickelsulfid aufweisen und deshalb brechen.[7] *Beispiel 4:* Fabrikant F stellte fest, dass einige seiner Arbeiter wertvolles Material unterschlugen. Privatdetektiv P sollte, als scheinbar neuer Mitarbeiter eingeschleust, die Verdächtigen überwachen. Aber P enttarnte sich durch Ungeschicklichkeit selbst. Damit war die von ihm geschuldete Überwachung unmöglich geworden.[8]

Die Leistung des Schuldners kann auch dadurch unmöglich werden, dass der Gläubiger nicht mehr in der Lage ist sie anzunehmen. Der „Kathederfall" dazu ist der Fahrschüler, der erblindet. Aber es gibt auch echte Fälle. *Beispiel 1:* Z hatte sich verpflichtet, Frau A zu Hause zu pflegen. Er kann seine Leistung nicht mehr erbringen, weil Frau A in ein Pflegeheim gezogen ist.[9] *Beispiel 2:* A hatte eine Urlaubsreise gebucht, verstarb aber am Urlaubsort, so dass der Reiseveranstalter von diesem Tage an die von ihm nach § 651a Abs. 1 S. 1 geschuldeten Reiseleistungen nicht mehr erbringen konnte.[10]

5 BGH NJW 2003, 3341.
6 BGH NJW 1994, 314.
7 BGH NJW 2014, 3365 Rn 23.
8 BGH NJW 1990, 2549.
9 BGH NJW 2011, 225 Rn 12.
10 LG Frankfurt/M NJW 1991, 498.

4. Absolute Fixgeschäfte

a) Definition

638 Absolute Fixgeschäfte sind Verträge, bei denen „die Leistungszeit so wesentlich ist, dass die Leistung nur zu einer bestimmten Zeit erbracht werden kann, die Verfehlung dieses Zeitpunkts die Leistung also *dauernd unmöglich* macht“.[11]

Gegensatz relatives Fixgeschäft: Das absolute Fixgeschäft darf nicht mit dem *relativen Fixgeschäft* verwechselt werden (§ 323 Abs. 2 Nr. 2; Rn 619). Der Unterschied besteht darin, dass beim relativen Fixgeschäft die Leistung auch nach Überschreiten der Leistungszeit noch möglich (nachholbar) ist, beim absoluten Fixgeschäft nicht. Ob ein relatives Fixgeschäft vorliegt, richtet sich nach der Interessenlage des Gläubigers: Wenn für ihn die Einhaltung der Leistungszeit lediglich von entscheidender Bedeutung ist, liegt ein relatives Fixgeschäft vor. Ob ein *absolutes* Fixgeschäft vorliegt, wird dagegen nicht von der Interessenlage des Gläubigers bestimmt, sondern von der Frage, ob die Leistung noch nachholbar oder schon unmöglich ist.

b) Veranstaltungen

639 *Ausfall einer Veranstaltung:* Wenn der Veranstalter eine Theatervorstellung, ein Konzert, eine Sportveranstaltung oder eine Pauschalreise absagt, ist es ihm nicht möglich, die versprochene Leistung zu erbringen.

Der Besucher kommt nicht: Ein Konzert zu hören, ist für Nichtanwesende unmöglich. Deshalb wird die vom Konzertveranstalter (Schuldner) zu erbringende Leistung (Darbietung des Konzerts) für jede Minute unmöglich, in der der Karteninhaber (Gläubiger) nicht anwesend ist. Dasselbe gilt natürlich auch von anderen Veranstaltungen. *Beispiel:* Fall 26, Rn 631.

Engagierte Künstler: Für Künstler, die speziell für eine Aufführung engagiert wurden, ist die Veranstaltung ein absolutes Fixgeschäft. *Beispiel 1:* Eine Opernsängerin war für bestimmte Abende verpflichtet worden, konnte aber wegen eines Unfalls nicht auftreten. Damit wurde die von ihr zu erbringende Leistung unmöglich.[12] *Beispiel 2:* T hatte den Sänger S für eine Aufführung von Mendelssohn-Bartholdys Oratoriums „Elias“ engagiert, die aber nicht zustande kam. Damit war die von T geschuldete Leistung unmöglich geworden.[13]

c) Flüge

640 *Der Fluggast kommt zu spät:* Der Vertrag über eine Personenbeförderung mit einer Linienmaschine wird für einen konkreten Flug abgeschlossen. Wenn der Fluggast nicht rechtzeitig den Abfertigungsschalter erreicht und deshalb nicht befördert werden kann, wird mit Schließen der Bordtüren die vom Lufttransportunternehmen dem Fluggast geschuldete Leistung unmöglich.[14] Aus diesem Grund ist ein Luftbeförderungsvertrag nach richtiger Ansicht ein absolutes Fixgeschäft.[15] Das Interesse des Ticketinhabers an dem Flug spielt bei der Frage, ob ein absolutes Fixgeschäft vorliegt (und damit Un-

11 BGH NJW 2001, 2878.
12 Fall 30, Rn 704.
13 Anders AG Münster NJW 2009, 780.
14 BGHZ 77, 320; LG Berlin NJW 1982, 343.
15 BGH NJW 1979, 459; OLG Frankfurt NJW-RR 1997, 1136; OLG Düsseldorf NJW 1997, 930; AG Simmern, RRa 2005, 279; AG Köln NJW 2002, 833; AG Hamburg TranspR 1999, 210.

möglichkeit), keine Rolle. Auch wenn sein Interesse an der Beförderung (wie fast immer) fortbesteht oder sogar steigt, liegt Unmöglichkeit vor. Denn diese hängt nicht von der Interessenlage ab, sondern von der Durchführbarkeit. Der Fluggast und der Unternehmer können sich natürlich darauf einigen, dass das Ticket auf einen späteren Flug umgeschrieben wird.

5. Dauerschuldverhältnisse

641 *Mietverträge:* Wenn bei einem Mietvertrag die Mietzeit vertraglich festgelegt ist, wird für jeden Tag, an dem die Übergabe der Mietsache unterblieben ist, dem Vermieter (Schuldner) die Gebrauchsüberlassung unmöglich.[16]

Arbeitsverträge: Im Rahmen eines Vollzeitarbeitsverhältnisses ist die Verpflichtung des Arbeitnehmers ein absolutes Fixgeschäft. Die Arbeitsleistung wird für jeden Tag, an dem sie nicht erbracht wird, unmöglich, weil der Arbeitnehmer sie aus arbeitsrechtlichen Gründen nicht nachholen darf.[17] Wenn sich ein Arbeitnehmer verpflichtet, nach seinem Ausscheiden nicht für die Konkurrenz zu arbeiten, besteht die von ihm übernommene Leistung in einem Unterlassen (§ 241 Abs. 1 S. 2). Die Leistung wird für jeden Tag unmöglich, an dem er für ein Konkurrenzunternehmen tätig ist.[18]

Aber nicht alle Dauerverpflichtungen werden durch Zeitablauf unmöglich. *Beispiel:* Unternehmer U bezog im Rahmen eines langfristigen Kooperationsvertrags vom Zulieferer Z regelmäßig Teile für seine Produkte. Wenn die Lieferungen des Z zeitweilig ausbleiben, können sie durchaus nachholbar bleiben, müssen also nicht mit Zeitablauf unmöglich werden.[19]

6. Rechtliche Unmöglichkeit

642 *Rechtliche Unmöglichkeit* liegt vor, „wenn ein geschuldeter Erfolg aus Rechtsgründen nicht herbeigeführt werden kann oder nicht herbeigeführt werden darf".[20] *Beispiel 1:* V stellte bei eBay ein Stromaggregat zur Versteigerung. Der Kaufvertrag kam mit K als dem Meistbietenden zustande. Aber V verkaufte und übereignete das Gerät an D. Damit war es V aus Rechtsgründen subjektiv unmöglich geworden, dem K die geschuldete Leistung zu erbringen.[21] *Beispiel 2:* X hatte sich verpflichtet, dem Y einen ausländischen Doktortitel zu vermitteln, der in Europa geführt werden darf. Aber es ist unmöglich, einen solchen „Doktortitel" zu beschaffen. *Beispiel 3:* Mieter M verlangte von seinem Vermieter V, einen Mangel der vermieteten Eigentumswohnung abzustellen. Das war aus Rechtsgründen nur möglich, wenn die anderen Wohnungseigentümer dem nötigen Umbau zustimmten. Das lehnten sie jedoch endgültig ab.[22]

7. Keine Unmöglichkeit bei Doppelverpflichtung

643 Wenn jemand über denselben Gegenstand zwei Verpflichtungsgeschäfte abschließt, meinen die meisten Laien, die Erfüllung des zweiten Vertrags sei ihm unmöglich. Das ist aber nicht richtig. *Beispiel 1:* V bot seinen Passat im Internet zu einem ungewöhn-

16 BGH NJW 2001, 2878; 1992, 3226; 1991, 3277; NJW-RR 1991, 267; Ausnahme in BGH NJW 1992, 3226.
17 BAG NJW 2015, 3678 Rn 23 und 1530 Rn 22.
18 BAG NJW 1986, 1192.
19 BGH NJW 2002, 3541: Lieferung von Filmvideos; NJW 2001, 2878: Musikproduktionsvertrag.
20 BGH NJW 2013, 152 Rn 33.
21 BGH NJW 2015, 1009 Rn
22 BGH NZM 2005, 820.

lich niedrigen Preis an und schloss kurz darauf mit sieben Interessenten je einen Kaufvertrag. Er verlangte und bekam jeweils eine Anzahlung, übereignete den Wagen aber keinem. Dann sind alle sieben Kaufverträge wirksam, und jeder Käufer kann Erfüllung verlangen, ohne dass sich V auf Unmöglichkeit berufen könnte. Erst wenn V einem der Käufer den Wagen übereignen würde, wäre ihm die Erfüllung der übrigen Verträge unmöglich (§ 275 Abs. 1). *Beispiel 2:* M ist Mieter eines städtischen Grundstücks, auf dem er einen gebührenpflichtigen Parkplatz betreibt. Für ein Wochenende vermietete die Stadt einen Teil der Fläche erneut, diesmal an Betreiber von Marktständen. Diesen die Standplätze zu überlassen, war der Stadt möglich, auch wenn sie dadurch vertragsbrüchig wurde. Die Verträge sind deshalb wirksam. Nachdem die Stände aufgebaut waren, war es der Stadt allerdings (hinsichtlich der doppelt vermieteten Teilflächen) unmöglich, ihre Verpflichtung gegenüber M zu erfüllen (§ 275 Abs. 1).[23]

8. Sonderfall Geldschuld

644 *„Geld hat man“:* Die Regeln des BGB über Unmöglichkeit und Unvermögen sind auf Dienst- und Sachleistungen zugeschnitten und passen nicht für die Verpflichtung zur Zahlung. Weil Geld immer vorhanden ist, kann es einem Schuldner nie (objektiv) unmöglich werden zu zahlen. Wer sich zur Zahlung verpflichtet hat, kann sich deshalb nicht auf seine persönliche Zahlungsunfähigkeit (sein „Unvermögen“) berufen. Es ist ein tragender Grundsatz unseres Zivilrechts, dass Geldmangel – auch ein unverschuldeter – den Schuldner nicht von seiner Zahlungspflicht befreit.[24] Dieser Grundsatz wird (leicht scherzhaft) mit dem Satz „Geld hat man“ bezeichnet. Damit ist gemeint: Wenn man sich zu einer Zahlung verpflichtet, hat man zum vereinbarten Zeitpunkt das nötige Geld zu haben.

In seltenen Fällen kann allerdings auch eine Zahlung unmöglich werden. *Beispiel:* Die Versicherungsmaklerin X hatte die Aufgabe übernommen, im Auftrag von Versicherungsgesellschaften Prämien einzuziehen und diese treuhänderisch bei einer Bank einzuzahlen. Frau X wählte dazu die BFI-Bank, obwohl diese in keinem guten Ruf stand. Die Bank wurde zahlungsunfähig, die nicht gesicherten Einlagen sind verloren. Frau X konnte deshalb den von ihr treuhänderisch verwalteten Betrag von mehr als einer Million Euro nicht an ihre Treugeber abführen. Hier handelte es sich nicht um einen Betrag, den Frau X aus ihrem Vermögen zu zahlen hatte, sondern um eine konkrete, sozusagen individualisierte Summe, nämlich den auf das BFI-Konto eingezahlten Treuhandbetrag. Mit seinem Verlust war es Frau X unmöglich, ihn an die Treugeber auszuzahlen.[25]

9. Rechtsfolgen der Unmöglichkeit

a) Entfall der Leistungspflicht

645 Die generelle Rechtsfolge der Unmöglichkeit ist nach § 275 Abs. 1, dass der Schuldner von seiner Leistungspflicht frei wird. § 275 unterscheidet nicht danach, ob es sich um eine anfängliche oder nachträgliche, verschuldete oder nicht verschuldete Unmöglichkeit handelt. Das ist eine erfreuliche Vereinfachung, denn es war früher umstritten, ob

23 BGHZ 167, 312.

24 K. Schmidt, Geldrecht C 29; Palandt/Grüneberg §§ 244/245 Rn 14; allg. Meinung; Zum Spruch: „Geld hat man“ schon Rn 418, 518.

25 BGH NJW 2006, 986.

diese Rechtsfolge wirklich in allen Fällen der Unmöglichkeit eintrat. Die Befreiung von der Leistungspflicht im Fall der Unmöglichkeit geht auf den römischen Grundsatz „Ad impossibilia nemo tenetur" zurück (zu unmöglichen [Leistungen] kann niemand verpflichtet werden).

b) *Rechte des Gläubigers*

646 Der Gläubiger verliert zwar, wie sich aus § 275 Abs. 1 ergibt, in jedem Fall seinen Anspruch auf die unmögliche Leistung. Das bedeutet aber nicht, dass er leer ausgeht. Denn im Regelfall muss der Schuldner den Gläubiger für das Ausbleiben der Leistung entschädigen. Das Gesetz führt in § 275 Abs. 4 alle Normen auf, aus denen sich bei Unmöglichkeit der Schuldnerleistung Rechte des Gläubigers ergeben können. Diese Vorschriften werden in den folgenden Abschnitten erläutert (Rn 650 ff).

III. Der Unmöglichkeit gleichgestellte Fälle

1. Grobes Missverhältnis

a) *Aufwand*

647 Nach § 275 Abs. 2 S. 1 kann der Schuldner die Leistung verweigern, wenn der dazu erforderliche Aufwand „in einem groben Missverhältnis zu dem Leistungsinteresse des Gläubigers steht". Er macht dann ein Gestaltungsrecht (eine Einwendung) geltend, die den Anspruch des Gläubigers auf die Leistung untergehen lässt.[26] Im Gegensatz dazu lässt § 275 Abs. 1 den Anspruch kraft Gesetzes entfallen.

Im Fall des § 275 Abs. 2 S. 1 ist zunächst zu ermitteln, wie hoch der Aufwand wäre, den der Schuldner betreiben müsste, um die von ihm geschuldete Leistung zu erbringen. *Beispiel:* P hatte ein landwirtschaftliches Grundstück gepachtet, auf dem er Mais anbaute. Er nahm das Angebot des ihm unbekannten X an, kostenlos auf das Gelände mehr als 4 000 t „Biodünger" aufzubringen. Später stellte sich heraus, dass dieser mit einem krebserregenden Stoff verseucht war, der aus Industrieabfällen stammte. Die Behörden haben den Anbau von Pflanzen auf diesem Feld untersagt und Maßnahmen zum Schutz des Grundwassers eingeleitet. Der Verpächter V verlangte von P, den Boden auszutauschen. P berief sich auf § 275 Abs. 2. Weil die Kosten des Bodenaustauschs nicht ermittelt waren, verwies der BGH den Rechtsstreit zur weiteren Sachverhaltsaufklärung an das OLG zurück.[27]

b) *Leistungsinteresse des Gläubigers*

647a Sodann ist das *„Leistungsinteresse des Gläubigers"* abzuschätzen, also das Interesse, das der Gläubiger an der vom Schuldner aus Kostengründen verweigerten Leistung hat.[28] *Beispiel:* Im obigen Beispiel ist zu fragen, welches Interesse V an einer Dekontaminierung hat. Dazu muss festgestellt werden, welche Wertsteigerung das Grundstück durch den Bodenaustausch erfahren würde. Wenn das Grundstück danach einen Wert von 100 000 Euro hätte und jetzt einen Wert von 20 000 Euro hat, beträgt das Interes-

---

26 Freitag NJW 2014, 113 (114 f).
27 BGH NJW 2010, 2341.
28 MüKo/Ernst § 275 Rn 78.

se des V an einer Wiederherstellung 80 000 Euro. Es ist falsch in diesem Fall zu sagen, das Leistungsinteresse des V sei gleich dem „Wert des Grundstücks".[29]

c) Aufwand und Interesse

647b Wenn der Aufwand des Schuldners einerseits und das berechtigte Interesse des Gläubigers an der Leistung andererseits „in einem groben Missverhältnis" stehen, kann der Schuldner die Leistung verweigern. Dabei ist aber ein strenger Maßstab anzulegen. Denn der Schuldner hat das Recht zur Verweigerung nur „unter Beachtung des Inhalts des Schuldverhältnisses und der Gebote von Treu und Glauben" (§ 275 Abs. 2 S. 1 verweist damit auf § 242). Die Leistung zu erbringen, „muss den Schuldner deutlich mehr kosten als es dem Gläubiger nützt".[30] Das Bestehen des Gläubigers auf Erfüllung muss deshalb geradezu als Missbrauch seiner Rechtsposition erscheinen. *Beispiel:* L hatte ein Gebäude teilweise auf dem Grundstück seines Nachbarn B errichtet. B verlangte den Abriss des überbauten Gebäudeteils. Es kam darauf an, ob die „Diskrepanz zwischen dem Interesse des B ... an der Beseitigung des Überbaus und dem hierzu notwendigen Aufwand hinreichend" groß war.[31]

Leistungshindernis zu vertreten: Bei der Frage, welcher Aufwand dem Schuldner zuzumuten ist, soll auch berücksichtigt werden, „ob der Schuldner das Leistungshindernis zu vertreten hat" (§ 275 Abs. 2 S. 2). Zu vertreten hat der Schuldner bekanntlich im Prinzip Vorsatz und Fahrlässigkeit (§ 276 Abs. 1 S. 1). *Beispiel:* Im Beispiel mit dem vergifteten Boden war zu fragen, ob P fahrlässig gehandelt hat, als er dem X glaubte, dieser werde ihm kostenlos 4 000 t Biodünger liefern. Der BGH hat zu Recht erhebliche Anzeichen für eine Verletzung der im Verkehr erforderlichen Sorgfalt gesehen.[32] Dadurch war dem P mehr Aufwand zuzumuten als bei fehlendem Verschulden. Aber bei Kosten von beispielsweise 500 000 Euro und einer Wertsteigerung um 80 000 Euro dürfte selbst in diesem Fall ein grobes Missverhältnis und damit ein Verweigerungsrecht gegeben sein.

d) Abgrenzung von Absatz 1

647c Manchmal ist schwer zu entscheiden, ob ein Fall der Unmöglichkeit nach Abs. 1 oder ein Fall des Abs. 2 vorliegt. Die Frage kann dann aber wegen der gleichen Rechtsfolge oft dahingestellt bleiben. *Beispiel 1:* V hatte K einen Ring verkauft, er fiel ihm aber vor der Übereignung ins Meer. Mit diesem auf Heck[33] zurückgehenden Beispiel wollte die Regierungsbegründung die Bedeutung des damals neuen § 275 Abs. 2 verdeutlichen.[34] Aber es dürfte sich eher um einen Fall des Abs. 1 handeln.[35] *Beispiel 2:* V hat seine Eigentumswohnung, die Teil einer großen Wohnanlage ist, an M vermietet. M verlangte von ihm Maßnahmen, die verhindern sollten, dass Regenwasser in den Keller und die Tiefgarage eindrang. Eine Beseitigung dieser Baumängel ist aber nur möglich, wenn die

29 So aber BGH NJW 2010, 2341 Rn 20.
30 Medicus/Lorenz Rn 424.
31 BGH NJW 2008, 3122 Rn 18.
32 AaO Rn 16. Der BGH musste aber nicht endgültig entscheiden, weil er die Sache an das Berufungsgericht zurückgewiesen hat.
33 Grundriß des Schuldrechts (1929), 89.
34 BT-Drucks. 14/6040, 129.
35 Staudinger/Löwisch/Caspers § 275 Rn 25; Looschelders JuS 2010, 849 (851).

Betonwanne, in der das Haus steht, neu gebaut wird. Das setzt den Abriss der gesamten Wohnanlage voraus.[36]

e) Verhältnis zu § 313

647d Es gibt einen fließenden Übergang von Fällen der wirtschaftlichen Unmöglichkeit zu den Fällen, in denen sich der Schuldner wegen später auftretender außerordentlicher Schwierigkeiten auf eine *Störung der Geschäftgrundlage* berufen kann (§ 313; Rn 186 ff). Im Prinzip verdrängt die Sondervorschrift des § 313 die allgemeinere des § 275 Abs. 2.[37] Es gibt aber Ausnahmen, in denen ein Wahlrecht besteht.[38]

2. Unzumutbarkeit

648 Der Schuldner kann die Leistung auch dann verweigern, wenn er sie persönlich zu erbringen hat und sein Interesse an der Nichterfüllung objektiv erheblich größer ist als das Interesse des Gläubigers an der Erfüllung (§ 275 Abs. 3). Das Besondere an dieser Vorschrift ist ihre Voraussetzung, dass es sich um eine vom Schuldner *persönlich zu erbringende* Leistung handeln muss. *Beispiel 1:* Eine Opernsängerin verweigerte ihren Auftritt, weil ihr Kind schwer erkrankt war.[39] Manchmal beruft sich ein Schuldner aber zu Unrecht darauf, dass ihm die geschuldete Leistung nicht zugemutet werden könne. *Beispiel 2:* Die damals 60-jährige Filmschauspielerin S sollte die beste Freundin der weiblichen Hauptperson spielen. Nach zwei Drehtagen änderte die Regisseurin die Besetzung. S sollte jetzt die 60-jährige *Mutter* der Hauptperson spielen, was sie ablehnte („Dafür sehe ich ja viel zu jung aus!"). Da ihr die Umbesetzung zuzumuten war, konnte sie sich nicht auf § 275 Abs. 3 berufen.[40]

3. Rechtsfolgen

649 In den Fällen der Abs. 2 und 3 wird der Schuldner *nicht* (wie nach Abs. 1) automatisch von seiner Leistungspflicht frei. Er muss vielmehr „die Leistung verweigern" und damit eine *Einrede* geltend machen. Tut er das zu Recht, ist die Rechtsfolge aber dieselbe wie nach Abs. 1: Der Schuldner wird frei. Das bedeutet allerdings nicht, dass er keinen Schadensersatz zu leisten hätte. Deshalb verweist § 275 Abs. 4 auf die allgemeinen Vorschriften über die Unmöglichkeit der Leistung. Soweit der Schuldner eigentlich nach § 249 Abs. 1 Naturalrestitution geschuldet hätte, hat er nach § 251 Abs. 2 S. 1 Geldersatz zu leisten (Rn 899).

§ 27 Anfängliche Unmöglichkeit

Fall 27: Verschwiegenes Vorkaufsrecht § 311a

650 *Frau Mehlhose bewohnt seit 1992 als Mieterin eine von sieben Wohnungen eines Hamburger Mehrfamilienhauses. Frau Visser, die Hauseigentümerin und Vermieterin, wandelte die*

36 BGH NZM 2005, 820.
37 MüKo/Ernst § 275 Rn 21; Palandt/Grüneberg § 275 Rn 29; Schulze/Ebers JuS 2004, 265; aA Canaris JZ 2001, 499 (501): Vorrang des § 275 Abs. 2. Unklar BT-Drucks. 14/6040, 129 f einerseits, 174 ff andererseits.
38 MüKo/Ernst § 275 Rn 23.
39 Als Beispiel angeführt in BT-Drucks. 14/6040, 130.
40 BAG NJW 2008, 780 Rn 43.

Wohnungen vier Jahre später, im Jahre 1996, in Eigentumswohnungen um. Im Jahre 2011 verkaufte sie durch notariell beurkundeten Vertrag alle sieben Eigentumswohnungen für 1,3 Millionen Euro an Willi Hausmann. Nachdem dieser als neuer Eigentümer in das Grundbuch eingetragen war, stellte er sich Frau Mehlhose als neuen Vermieter vor und bot ihr die von ihr bewohnte Eigentumswohnung für 266 000 Euro zum Kauf an. Er wies darauf hin, dass er die anderen sechs Wohnungen bereits zu diesem Preis verkauft habe. Weil Frau Mehlhose das nicht geheuer war, konsultierte sie einen Anwalt. Dieser klärte sie darüber auf, dass Frau Visser ihre Absicht, die Wohnung zu verkaufen, Frau Mehlhose rechtzeitig hätte mitteilen müssen. Frau Visser war auch verpflichtet, Frau Mehlhose auf ihr gesetzliches Vorkaufsrecht hinzuweisen. Beides hat sie nicht getan. Auf Anraten ihres Anwalts schrieb Frau Mehlhose an Frau Visser, dass sie von ihrem Vorkaufsrecht Gebrauch mache. (Nach BGH NJW 2015, 1516)

651 Den rechtlichen Hintergrund dieses Falles bildet ein Paragraf des Mietrechts, nämlich § 577, dessen erster Satz Schritt für Schritt geprüft werden soll:

„Werden vermietete Wohnräume, an denen nach der Überlassung an den Mieter Wohnungseigentum begründet worden ist ...“ Nachdem Frau Mehlhose als Mieterin eingezogen war, hat Frau Visser an der Frau Mehlhose überlassenen Wohnung Wohnungseigentum begründet.

„... an einen Dritten verkauft ...“ Die zur Eigentumswohnung gewordene Wohnung wurde an Hausmann verkauft.

„... so ist der Mieter zum Vorkauf berechtigt.“ Das in den §§ 463 ff geregelte Vorkaufsrecht wird normalerweise vertraglich begründet. In § 577 Abs. 1 S. 1 hat der Gesetzgeber dieses Recht dem Mieter der betroffenen Wohnung aus sozialen Gründen kraft Gesetzes zugesprochen. Frau Mehlhose erwarb also mit dem Abschluss des Vertrags zwischen Frau Visser und Hausmann kraft Gesetzes ein Vorkaufsrecht. Das bedeutet, dass sie das Recht hat, in den mit Hausmann geschlossenen Vertrag auf der Käuferseite einzutreten, allerdings beschränkt auf die von ihr bewohnte Wohnung.

„Die Ausübung des Vorkaufsrechts erfolgt durch schriftliche Erklärung des Mieters gegenüber dem Verkäufer“. § 577 Abs. 3 macht mit diesen Worten klar, dass eine notarielle Beurkundung in solchen Fällen nicht erforderlich ist. Es genügte, dass Frau Mehlhose Frau Visser schriftlich mitteilte, sie übe ihr Vorkaufsrecht aus. Mit dem Zugang dieses Schreibens kam ein Kaufvertrag zwischen Frau Mehlhose und Frau Visser zustande, der inhaltlich dem Kaufvertrag entspricht, den Frau Visser über die fragliche Wohnung mit Hausmann geschlossen hat.

Daraus ergibt sich für Frau Visser eine unangenehme, aber selbstverschuldete Rechtslage. Das Gesetz erwartete von ihr, dass sie ihrer Mieterin Mehlhose rechtzeitig mitteilte, sie wolle die Wohnung verkaufen, dass sie den Vertrag mit Hausmann zur Information vorlegte und Frau Mehlhose über ihr Vorkaufsrecht informierte (§ 577 Abs. 2). Hätte Sie das getan und hätte Frau Mehlhose unter diesen Umständen ihr Vorkaufsrecht ausgeübt, hätte Frau Visser die Wohnung an Frau Mehlhose problemlos übereignen können. Jetzt kann sie diese Pflicht aus § 433 Abs. 1 S. 1 aber nicht mehr erfüllen, weil sie inzwischen (mit der Eintragung des Erwerbers Hausmann in das Grundbuch) nicht mehr Eigentümerin der Wohnung ist.

Zu prüfen ist deshalb, ob Frau Mehlhose Schadensersatz nach § 311a Abs. 2 S. 1 verlangen kann. Da diese Vorschrift auf § 311a Abs. 1 aufbaut, sind zunächst dessen Voraussetzungen zu prüfen. Es ist deshalb zu fragen, ob „der Schuldner nach § 275 Abs. 1 bis 3 nicht zu leisten braucht ..." Die Schuldnerin ist Frau Visser, denn sie war aufgrund des Kaufvertrags verpflichtet, Frau Mehlhose „die Sache zu übergeben und das Eigentum an der Sache zu verschaffen" (§ 433 Abs. 1 S. 1). Zu prüfen ist, ob sie nach § 275 Abs. 1 diese Leistung nicht zu erbringen braucht. Das ist dann gegeben, wenn es ihr „unmöglich" ist, Frau Mehlhose die verkaufte Wohnung zu übereignen (§ 275 Abs. 1). Das ist der Fall. Zwar könnte Hausmann die Wohnung übereignen, sodass die von Frau Visser geschuldete Leistung nicht „für jedermann unmöglich" ist. Aber sie ist für Frau Visser unmöglich, also „für den Schuldner" (§ 275 Abs. 1). Das reicht aus.

652 § 311a Abs. 1 setzt ferner voraus, dass „das Leistungshindernis schon bei Vertragsschluss vorliegt". Das „Leistungshindernis" ist die Tatsache, dass die fragliche Wohnung Hausmann gehört. Das war bereits bei Abschluss des Kaufvertrags zwischen Frau Mehlhose und Frau Visser der Fall.

653 Nachdem feststeht, dass die Voraussetzungen des § 311a Abs. 1 gegeben sind, ist zu prüfen, ob Frau Mehlhose Schadensersatz nach § 311a Abs. 2 verlangen kann. Das Gesetz geht in Abs. 2 S. 1 vom Bestehen der Schadensersatzpflicht aus. Aber Abs. 2 S. 2 lässt dem Schuldner mit den Worten „Das gilt nicht, wenn ..." die Möglichkeit, die Schadensersatzpflicht abzuwenden. Frau Visser müsste dazu vortragen und beweisen, dass sie „das Leistungshindernis bei Vertragsschluss nicht kannte", also davon ausging, die fragliche Wohnung gehöre noch ihr. Diesen Beweis kann Frau Visser selbstverständlich nicht führen.

Damit steht fest, dass Frau Mehlhose von Frau Visser „Schadensersatz statt der Leistung" fordern kann. Frau Mehlhose kann also verlangen, so gestellt zu werden, als sei der Vertrag ordnungsgemäß erfüllt worden (§§ 249 Abs. 1, 251 Abs. 1). Dann hätte Frau Mehlhose die Wohnung zu dem Preis gekauft, den Frau Visser mit Hausmann vereinbart hatte. Dieser Preis liegt um 79 000 Euro unter dem Betrag, zu dem Hausmann die Wohnung Frau Mehlhose angeboten hat. Weil er alle anderen Wohnungen zu diesem Preis verkauft hat, kann angenommen werden, dass der von Hausmann genannte Betrag dem Marktwert entspricht. Die Differenz von 79 000 Euro schuldet deshalb Frau Visser Frau Mehlhose als Schadensersatz.

Aus dem FD „Schadensersatz nach § 311a oder § 283" ergibt sich die Lösung so: 1. Ja – 2. Ja – 3. Ja (Spalte 1).

Lerneinheit 27

654 **Literatur:** Siehe Rn 633.

I. Einführung

1. „... schon bei Vertragsschluss"

655 § 311a Abs. 1 setzt zunächst voraus, dass sich der Schuldner in einem Vertrag zu einer Leistung verpflichtet hat, die entweder unmöglich ist (§ 275 Abs. 1; Rn 635) oder deren Erfüllung der Schuldner nach § 275 Abs. 2 oder Abs. 3 zu Recht verweigert hat. Das ist nichts Ungewöhnliches. Das Besondere an § 311a ist, dass die Unmöglichkeit

(oder die ihr gleichgestellte Unzumutbarkeit) „schon *bei Vertragsschluss*" vorgelegen haben muss. Es muss deshalb ein Fall der *anfänglichen* Unmöglichkeit vorliegen.

656 Man kann die zahlreichen und sehr unterschiedlichen Fälle der Unmöglichkeit unter vielen Gesichtspunkten ordnen. Aber die erste und wichtigste Aufteilung ist die zwischen *anfänglicher* und *nachträglicher* Unmöglichkeit (zu ihr ab Rn 670). Das liegt daran, dass die anfängliche Unmöglichkeit in § 311a vom Gesetz selbstständig und abweichend geregelt worden ist und dadurch einen gewissen Exotenstatus hat.

Den Fall der anfänglichen Unmöglichkeit kann es nur bei Schuldverhältnissen geben, die auf einem *Vertrag* beruhen, nicht bei gesetzlichen Schuldverhältnissen. Denn das Gesetz ordnet nichts an, was von vornherein unmöglich ist. Es ist deshalb folgerichtig, dass sich § 311a nur auf *vertraglich* geschuldete Leistungen bezieht.

2. Objektive und subjektive anfängliche Unmöglichkeit

a) Objektive anfängliche Unmöglichkeit

657 Innerhalb der anfänglichen Unmöglichkeit kann man noch einmal unterscheiden, und zwar zwischen objektiver und subjektiver Unmöglichkeit (dazu schon Rn 635). In manchen Fällen ist die versprochene Leistung für jedermann, also objektiv unmöglich. *Beispiel 1:* Eine „Magierin" versprach ihrer Kundin, deren ungetreuen Partner durch Einsatz übersinnlicher Kräfte zur Rückkehr zu bewegen.[41] *Beispiel 2:* Die versprochene Leistung, eine völlig bruchsichere Glasfassade zu errichten (Rn 637, Beispiel 3), war von Anfang an objektiv unmöglich.[42] *Beispiel 3:* Rechtsanwalt R verkaufte eine seiner Honorarforderungen an seinen Steuerberater S und trat sie an ihn ab. Da die Abtretung einer anwaltlichen Honorarforderung an einen Nicht-Anwalt nach § 134 nichtig ist (Rn 1173), ist der Kaufvertrag auf eine von Anfang an unmögliche Leistung gerichtet.[43] *Beispiel 4:* V vermietete an M Räume für den Betrieb eines Speiselokals, doch war die (für den Betrieb einer Gastwirtschaft erforderliche) behördliche Genehmigung aus bautechnischen Gründen ausgeschlossen. Die von V geschuldete Leistung war deshalb anfänglich unmöglich.[44]

b) Subjektive anfängliche Unmöglichkeit

658 § 311a Abs. 1 setzt voraus, dass „der Schuldner nach § 275 Abs. 1 … nicht zu leisten braucht". Da in § 275 Abs. 1 auch der Fall genannt ist, dass gerade *der Schuldner* die Leistung nicht erbringen kann (Rn 635), kommt § 311a auch bei *subjektiver* anfänglicher Unmöglichkeit in Betracht. Man spricht dann auch von anfänglichem *Unvermögen*. *Beispiel 1:* K schloss mit V einen Kaufvertrag über ein Neufahrzeug bestimmter Ausstattung. Aber zu dieser Zeit hatte der Hersteller die Produktion dieses Typs bereits eingestellt.[45] Ein anderer Händler könnte vielleicht noch liefern, aber V nicht mehr. *Beispiel 2:* Frau B schenkte durch einen notariell beurkundeten Vertrag ihrem Großneffen einen Miteigentumsanteil an einem Mietshaus. Nachher stellte sich heraus, dass Frau B sich zu Unrecht für eine Miteigentümerin des Hauses gehalten hatte.[46]

---

41 LG Kassel NJW 1985, 1642.

42 BGH NJW 2014, 3365 Rn 22 ff.

43 BGH NJW 1995, 2026 zu § 49b Abs. 4 S. 2 BRAO.

44 BGH NJW 1997, 2813; ähnlicher Fall BGH NJW 1999, 635. Nach Überlassung des Mietobjekts an den Mieter wird § 311a Abs. 2 aber von § 536a Abs. 1 verdrängt.

45 OLG Düsseldorf DAR 2001, 359.

46 BGH NJW 2000, 2101.

II. Keine Unwirksamkeit des Vertrags aus diesem Grund

659 Es ist dem Gesetzgeber wichtig zu betonen, dass die anfängliche Unmöglichkeit *nicht* zur Nichtigkeit des Vertrags führt. § 311a Abs. 1 sagt wohlweislich nicht, dass der Vertrag wirksam sei, sondern nur, dass es „der Wirksamkeit eines Vertrags" nicht entgegenstehe, wenn er auf eine anfänglich unmögliche Leistung gerichtet sei. Der Vertrag kann nämlich durchaus aus einem anderen Grund nichtig sein. *Beispiel:* A versprach B, ihm gegen Entgelt den Titel „Dr. h. c." so zu verschaffen, dass B ihn legal in Deutschland führen dürfe. Dieser Vertrag war auf eine von Anfang an unmögliche Leistung gerichtet, aber nicht deshalb nichtig, sondern nach § 138 Abs. 1.[47]

III. Schadensersatz

1. Abweichende Regelung des Vertretenmüssens

660 Es ist ein Grundsatz des deutschen Zivilrechts, dass ein Schadensersatzanspruch nur gegeben ist, wenn der Schuldner sein entsprechendes Verhalten zu vertreten hat (§ 276 Abs. 1 S. 1). Diesen Grundsatz verwirklicht das Schuldrecht idR dadurch, dass es für einen Schadensersatzanspruch auf § 280 Abs. 1 und damit insbesondere auf § 280 Abs. 1 S. 2 hinweist. So heißt es zB in § 281 Abs. 1 S. 1: „... unter den Voraussetzungen des § 280 Abs. 1 ..." § 311a geht einen anderen Weg, denn er verweist nicht auf § 280 Abs. 1 S. 2, sondern formuliert – etwas spät und versteckt in Abs. 2 S. 2 – die Verschuldensvoraussetzung selbstständig, indem er auf das Wissen des Schuldners abstellt. Die amtliche Begründung zu § 311a betont zu Recht, dass § 311a als einzige aus einer Pflichtverletzung hergeleitete Anspruchsgrundlage für Schadensersatz nicht auf der Grundnorm des § 280 basiert, sondern selbstständig ist.[48] Der Grund ist folgender: § 280 Abs. 1 S. 1 setzt voraus, dass der Schuldner „eine Pflicht aus dem Schuldverhältnis" verletzt hat. Bei anfänglicher Unmöglichkeit bezieht sich das Verschulden des Schuldners aber (sofern es überhaupt gegeben ist) auf die Zeit *vor der Begründung des Schuldverhältnisses.* Der Schuldner kann deshalb keine „Pflicht aus dem Schuldverhältnis" verletzt haben.

2. Schadensersatz statt der Leistung

a) Grundsatz

661 Der Gläubiger der anfänglich unmöglichen Leistung kann im Prinzip Schadensersatz statt der Leistung verlangen (§ 311a Abs. 2 S. 1). Denn der Schuldner ist ja eine wirksame Verpflichtung eingegangen (§ 311a Abs. 1) und muss für seine Leistungsfähigkeit einstehen.[49] Damit stellt das Gesetz die Vermutung auf, dass der Schuldner seine Unfähigkeit zur Leistung zu vertreten hat.

b) Ausnahme

662 Das Gesetz sagt nicht positiv, unter welchen Voraussetzungen der Schuldner haftet, sondern formuliert negativ: „Dies gilt nicht, wenn ..." Damit macht § 311a Abs. 2 S. 2 deutlich, dass es sich bei der Nicht-Haftung um eine Ausnahme handelt, auf die sich

---

47 OLG Stuttgart NJW 1996, 665.

48 BT-Drucks. 14/4060, 166.

49 Um eine „Garantie" handelt es sich aber nicht, weil ein Vertretenmüssen erforderlich ist (anders Looschelders, JuS 2010, 849, 856.

der Schuldner berufen muss und deren Voraussetzungen er entsprechend zu beweisen hat:

663 ■ *„... wenn der Schuldner das Leistungshindernis bei Vertragsschluss nicht kannte ...“:* Erste Voraussetzung für den Entfall der Schadensersatzpflicht ist, dass der Schuldner bei Vertragsschluss nicht wusste, dass er nicht würde leisten können.

664 ■ *„... und seine Unkenntnis auch nicht zu vertreten hat“:* Zusätzlich muss der Schuldner darlegen und notfalls beweisen, dass er seine Unwissenheit auch nicht nach § 276 Abs. 1 S. 1 zu vertreten hat (§ 311a Abs. 2 S. 2). Falls der Gläubiger ebenfalls wusste (oder vermuten musste), dass die versprochene Leistung anfänglich unmöglich war, kann ihn ein Mitverschulden zuzurechnen sein.[50]

Beispiel 1: Frau B hielt sich aufgrund eines Testaments für eine Miteigentümerin des Grundstücks Wielandstraße 12 und schenkte ihrem Großneffen diesen Miteigentumsanteil. Später tauchte überraschend ein jüngeres Testament auf, demzufolge Frau B nicht Miterbin des Grundstücks ist. Frau B handelte bei der Annahme, sie könne den Miteigentumsanteil verschenken und übertragen, nicht fahrlässig und ist deshalb nicht schadensersatzpflichtig. *Beispiel 2:* U hatte sich zu der von Anfang an unmöglichen Leistung verpflichtet, eine absolut bruchsichere Glasfassade zu errichten (Rn 637, Beispiel 3). Seine Haftung war nur ausgeschlossen, wenn er „das verbleibende Risiko von Nickelsulfid-Einschlüssen nicht kannte und diese Unkenntnis nicht zu vertreten“ hatte.[51]

665 Keine Rolle spielt, ob der *Gläubiger* die Unmöglichkeit kannte oder kennen musste (Definition in § 122 Abs. 2). Aus diesem Grunde kann die Frau, die ihren Partner durch übersinnliche Kräfte zurückgewinnen wollte, Schadensersatz verlangen (Beispiel 1, Rn 657). Es kann ihr aber nach Treu und Glauben (§ 242) verwehrt sein, Schadensersatz zu verlangen. Es kommt auch ein Mitverschulden in Betracht (Rn 666).

666 *Schadensersatz statt der Leistung:* Wenn sich der Schuldner nicht nach § 311a Abs. 2 S. 2 entlasten konnte, kann der Gläubiger der von Anfang an unmöglichen Leistung „Schadensersatz *statt* der Leistung“ verlangen (§ 311a Abs. 2 S. 1). Mit diesen Worten bezeichnet der Gesetzgeber bekanntlich den Schadensersatz, der an die Stelle der unmöglichen Leistung tritt, also deren Wert repräsentiert (Rn 579, 586 ff).

3. Aufwendungsersatz

667 Alternativ kann der Gläubiger auch „nach seiner Wahl ... Ersatz seiner Aufwendungen“ nach § 284 verlangen (§ 311a Abs. 2 S. 1). Das ist zu empfehlen, wenn die Aufwendungen höher gewesen sein sollten als das Interesse des Gläubigers an der eigentlichen Leistung (ausführlich zum „Ersatz vergeblicher Aufwendungen“ Rn 591, 680, 1001 ff). Als weitere Möglichkeit steht dem Gläubiger offen, das stellvertretende commodum zu verlangen (§ 285; Rn 683, 754).

---

50 Erman/Kindl § 311a Rn 10; MüKo/Ernst § 311a Rn 68; BGH NJW 2014, 3365 Rn 29.

51 BGH NJW 2014, 3365 Rn 28. Da es um den Mangel eines Werks ging, war § 311a über § 634 Nr. 4 anzuwenden.

IV. Andere Rechte

668 *Schadensersatz neben der Leistung:* Der Schuldner ist gegebenenfalls nach § 311a Abs. 2 auch zum Schadensersatz *neben* der Leistung verpflichtet. Denn § 311a Abs. 2 tritt auch insofern an die Stelle des § 280 Abs. 1.[52]

Teilunmöglichkeit: 311a Abs. 2 S. 3 regelt den Fall, dass die (anfängliche) Unmöglichkeit sich nur auf einen Teil der geschuldeten Leistung bezieht und der Schuldner den möglichen Teil der Leistung bewirkt hat. § 311a Abs. 2 S. 3 verweist auf § 281 Abs. 1 S. 2, 3 und § 281 Abs. 5 (Rn 596 ff).

669 *Entfall der Gegenleistung im gegenseitigen Vertrag:* Wenn die anfänglich unmögliche Leistung als Hauptleistung im Rahmen eines gegenseitigen Vertrags (§§ 320 ff) versprochen worden war, regelt § 326 das Schicksal der vom Gläubiger zu erbringenden Gegenleistung (ausführlich ab Rn 742).

§ 28 Nachträgliche Unmöglichkeit – Der Schuldner hat die Unmöglichkeit verschuldet

Fall 28: Dienstwagen Audi A6 § 283

670 *Im April 2004 wählte die Gesellschafterversammlung der „Chemische Werke Astragon GmbH" den Chemiker Dr. Balthasar Bertram zum Geschäftsführer der GmbH. Die GmbH, vertreten durch ihre Gesellschafter, verpflichtete sich im Anstellungsvertrag, Bertram einen Audi A6 als Dienstwagen zur Verfügung zu stellen, den er auch privat nutzen durfte. Das Nutzungsrecht hatte Entgeltcharakter und wurde mit monatlich 598 Euro bewertet. Ein Jahr später, im April 2005 kündigte die GmbH das Anstellungsverhältnis fristlos. Bertram musste am 28. April 2005 seinen Dienstwagen zurückgeben. Er bot an, nach wie vor für die GmbH zu arbeiten, aber das wurde von der GmbH abgelehnt. Es steht inzwischen fest, dass die Voraussetzungen einer fristlosen Kündigung nicht vorlagen. Das Anstellungsverhältnis endete deshalb nicht schon im April 2005, sondern erst Ende Mai 2007. Bertram verklagt nun die GmbH auf Schadensersatz wegen des unberechtigten Entzugs seines Dienstwagens. Er verlangt den Betrag von 598 Euro für die Monate Mai 2005 bis einschließlich Mai 2007, also für 25 Monate. Zu Recht? (Nach BAG NJW 2010, 2827)*

671 *Vorbemerkung:* Aufmerksamen Lesern wird aufgefallen sein, dass der Sachverhalt so beginnt wie schon ein anderer Einleitungsfall (Fall 9, Rn 162). Tatsächlich gehen beide Fälle auf dieselbe BAG-Entscheidung zurück, behandeln aber ganz unterschiedliche Aspekte dieser Entscheidung.

Zu prüfen ist, ob Bertram den geltend gemachten Schadensersatz in Höhe von (25 mal 598 =) 14 950 Euro nach § 283 S. 1 verlangen kann. § 283 S. 1 verweist zunächst auf § 275. Zu fragen ist deshalb, ob es der Astragon GmbH inzwischen unmöglich geworden ist, Bertram den Dienstwagen zur Verfügung zu stellen (§ 275 Abs. 1). Dabei ist zu beachten, dass die Pflicht der Astragon nicht darin bestand, Bertram das Fahrzeug für *irgendwelche* 25 Monate

52 So die Gesetzesbegründung (BT-Drs. 14/6040, 166 [linke Spalte]); MüKo/Ernst § 311a Rn 65; BGH NJW 2014, 3365 Rn 27; anders Jauernig/Stadler § 311a Rn 13.

zu überlassen, sondern dass sich diese Pflicht auf die Monate Mai 2005 bis einschließlich Mai 2007 bezog. Es ist der Astragon nicht mehr möglich, Bertram für diesen Zeitraum das Fahrzeug zu überlassen. Damit ist der Astragon GmbH die Erfüllung der Pflicht unmöglich geworden (§ 275 Abs. 1).

§ 283 S. 1 verlangt nicht ausdrücklich, dass die Unmöglichkeit *nachträglich* (nach Vertragsschluss) eingetreten ist. Aber so ist § 283 zu verstehen, weil die *anfängliche* Unmöglichkeit abschließend in § 311a geregelt ist. Da es der Astragon erst nach Vertragsschluss unmöglich geworden ist, Bertram das Fahrzeug zu überlassen, liegt eine *nachträgliche* Unmöglichkeit vor.

§ 283 S. 1 gewährt dem Gläubiger den Schadensersatzanspruch nur „unter den Voraussetzungen des § 280 Abs. 1“. Zu prüfen ist zunächst, ob eine Pflichtverletzung vorliegt (§ 280 Abs. 1 S. 1). Eine Pflichtverletzung ist jedes Tun oder Unterlassen, das eine vom Schuldner zu erfüllende Haupt- oder Nebenpflicht verletzt. Auf ein Verschulden kommt es hier noch nicht an. Zu den vertraglich übernommenen Pflichten der Astragon gehörte die Überlassung des Dienstwagens. Diese Pflicht hat sie im fraglichen Zeitraum nicht erfüllt, also verletzt.

§ 283 S. 1 verweist auch auf § 280 Abs. 1 S. 2. Weitere Voraussetzung des § 283 ist also, dass die Astragon GmbH die Unmöglichkeit *zu vertreten* hat oder zumindest eine entsprechende Vermutung nicht entkräften kann. Zu vertreten hat der Schuldner grundsätzlich Vorsatz und Fahrlässigkeit (§ 276 Abs. 1 S. 1). Ob die Astragon GmbH – vertreten durch ihre Gesellschafterversammlung – fahrlässig gehandelt hat, als sie die fristlose Kündigung aussprach und Bertram folglich das Fahrzeug entzog, sagt der Sachverhalt nicht. Aber § 280 Abs. 1 S. 2 enthält dazu eine Vermutung, denn er beginnt mit den Worten „Dies gilt *nicht*, wenn ...“ Daraus ergibt sich, dass das *Nicht*vertretenmüssen als Ausnahme angesehen werden soll, deren Voraussetzungen der *Schuldner* darlegen und beweisen muss. Die Astragon GmbH müsste also beweisen, dass ihr aus der unberechtigten Kündigung nicht nach § 276 Abs. 2 der Vorwurf der Fahrlässigkeit zu machen ist. Diesen Beweis hat sie nicht angetreten. Es ist deshalb von ihrem Verschulden auszugehen. Damit sind alle Voraussetzungen des § 283 S. 1 erfüllt. Bertram kann den Wert der Dienstwagennutzung als „Schadensersatz statt der Leistung“ verlangen.[53] Die Berechnung des Schadens erfolgt nach den §§ 249 Abs. 1, 251 Abs. 1.

Nachbemerkung: Bertram verlangt, so gestellt zu werden, als habe er den Dienstwagen in einer Zeit fahren können, in der er seine eigene Gegenleistung (die Geschäftsführertätigkeit) nicht erbracht hat. Da die Fahrzeugnutzung Teil seines Geschäftsführergehalts war, scheint das dem Grundsatz „Lohn nur gegen Arbeit“ zu widersprechen. Aber Bertram hat nach der unberechtigten Kündigung seine Arbeitskraft angeboten. Nach § 615 S. 1 konnte er deshalb „die vereinbarte Vergütung verlangen, ohne zur Nachleistung verpflichtet zu sein“. Bertram wird also vom Gesetz so behandelt, als habe er in den 25 Monaten seine Geschäftsführertätigkeit ausgeübt.

Nach dem FD „Schadensersatz nach § 311a oder § 283“ ergibt sich folgende Lösung: 1. Nein – 5. Ja – 6. Nein – 7. Nein – 8. Nein, weil Bertram die tatsächliche Nutzung des Audi behalten will (und muss).

53 BAG NJW 2010, 2827 Rn 14.

Lerneinheit 28

672 **Literatur:** *Weiss,* Das Verhältnis von Rücktritt und Schadensersatz statt der Leistung – Autonomie statt künstlicher Parallelität, NJW 2015, 3393; *Freitag,* Rechtsfolgen der Unmöglichkeit und Unzumutbarkeit der Leistung, NJW 2014, 113; *Nietsch,* Schadensersatz beim Deckungskauf trotz Erfüllung, NJW 2014, 2385; *Benicke/Hellwig,* Das System der Schadensersatzhaftung wegen Leistungspflichtverletzung, NJW 2014, 1697; *Chr. Hirsch,* Schadensersatz statt oder neben der Leistung – Aktuelle Fragen der Abgrenzung, JuS 2014, 97.

I. Voraussetzungen eines Schadensersatzanspruchs nach § 283 S. 1

1. Irgendeine geschuldete Leistung

673 § 283 bezieht sich auf *alle denkbaren* Leistungen. Es kommt nicht darauf an, ob die unmöglich gewordene Leistung eine Haupt- oder Nebenpflicht aus einem gegenseitigen Vertrag ist und ob sie aus einem einseitig verpflichtenden Vertrag stammt oder aus einem gesetzlichen Schuldverhältnis. *Beispiel 1:* Im Fall 28 (Rn 670) hatte die Überlassung des Dienstwagens (als Teil der Vergütung) Entgeltcharakter, war also eine *Haupt*pflicht aus einem gegenseitigen Vertrag. *Beispiel 2:* Die S-GmbH, die Großmärkte betreibt, wurde von B mit Pflanzen beliefert. Sie konnte die Behälter, in denen die Pflanzen geliefert wurden, nicht zurückgeben. Die Rückgabe war eine *Neben*pflicht aus einem gegenseitigen Vertrag. Trotzdem war § 283 anzuwenden.[54] Aber § 283 ist zB auch im Rahmen eines einseitig verpflichtenden Vertrags anzuwenden. *Beispiel 3:* Der Frankfurter Filialleiter einer ausländischen Bank wurde im Frankfurter Flughafen bei der Personenkontrolle aufgefordert, seine Rolex in einen Kasten zu legen. Dadurch war ein unentgeltlicher Verwahrungsvertrag nach § 688 zu Stande gekommen.[55] Als der Kasten aus dem Röntgengerät herauskam, fehlte die Rolex. Der Bundesrepublik Deutschland (als Dienstherrin der Kontrolleure) ist die Rückgabe unmöglich geworden, so dass sie Schadensersatz nach § 283 leisten muss.[56]

2. Nachträgliche Unmöglichkeit oder gleichgestellte Fälle

674 § 283 setzt voraus, dass der Schuldner „nach § 275 Abs. 1 bis 3 nicht zu leisten" braucht. Die vom Schuldner zu erbringende Leistung muss deshalb entweder unmöglich geworden sein (§ 275 Abs. 1) oder der Schuldner muss sie zu Recht nach den Absätzen 2 oder 3 verweigert haben (Rn 647 ff). *Beispiel:* Arbeitgeber A war nach dem Arbeitsvertrag verpflichtet, am Ende eines Kalenderjahrs mit dem leitenden Angestellten L für das neue Jahr eine „Zielvereinbarung" zu treffen, nach der sich der dem L zu zahlende Bonus richten sollte. Im November 2005 hatte A mit L immer noch keine Zielvereinbarung für das Jahr 2005 getroffen. Sie war durch Zeitablauf unmöglich geworden (§ 275 Abs. 1).[57]

§ 283 S. 1 geht stillschweigend davon aus, dass die Unmöglichkeit (bzw ein ihr gleichgestellter Fall) noch nicht bei Begründung des Schuldverhältnisses bestand, sondern nachträglich eingetreten ist. Denn die Fälle *anfänglicher* Unmöglichkeit werden exklusiv von § 311a erfasst. § 283 ist deshalb nur anzuwenden, wenn die geschuldete Leis-

54 BGH NJW 1997, 1578.
55 Es handelt sich allerdings um eine öffentlich-rechtliche Verwahrung, so dass die §§ 688 ff nur analog angewendet werden können.
56 AG Frankfurt/M NJW 2008, 2273.
57 BAG NJW 2008, 872 Rn 46.

tung bei Begründung des Schuldverhältnisses (also insbesondere bei Abschluss des Vertrags) noch möglich war, aber später unmöglich geworden ist.

3. Vom Schuldner verschuldet

a) Grundsatz

675 *Vertretenmüssen:* Durch die Verweisung auf § 280 Abs. 1 macht § 283 S. 1 deutlich, dass die Unmöglichkeit der Leistung zunächst eine Pflichtverletzung darstellen muss (§ 280 Abs. 1 S. 1). Das ist unproblematisch, weil jede Nichterfüllung einer Pflicht eine Pflichtverletzung darstellt. Wichtig ist aber der Hinweis auf § 280 Abs. 1 S. 2, der deutlich macht, dass der Schuldner die Unmöglichkeit der Leistung zu vertreten haben muss (FD „Schadensersatz nach § 311a oder § 283", Frage 5). Zumindest muss er außerstande sein, die in § 280 Abs. 1 S. 2 aufgestellte Vermutung, er habe die Unmöglichkeit zu vertreten, zu widerlegen (Rn 578). Die folgende Darstellung ist so aufgebaut, dass zunächst die Fälle erläutert werden, in denen der Schuldner *schuldhaft* gehandelt hat. Die anderen Fälle des Vertretenmüssens folgen ab Rn 689.

676 *Beispiel 1:* Fall 28, Rn 670. *Beispiel 2:* Der Schönheitschirurg Dr. S ist Inhaber einer Privatklinik. Er weist in seiner Werbung darauf hin, wie wichtig die richtige Wahl des Arztes gerade bei Schönheitsoperationen ist. Mit Frau G vereinbarte er, dass er die gewünschte Fettabsaugung und Bauchdeckenplastik selbst vornehmen werde. Als Frau G aus der Narkose erwachte, stellte sie fest, dass sie von dem angestellten Arzt X operiert worden war. Die geschuldete Tätigkeit – die von S ausgeführte Operation – ist nachträglich unmöglich geworden, weil sie nicht wiederholt werden kann. S hat die Unmöglichkeit seiner Leistung vorsätzlich herbeigeführt, weil er die Operation heimlich und vertragswidrig auf X übertragen hatte. Er ist Frau G deshalb schadensersatzpflichtig.[58] *Beispiel 3:* Rechtsanwältin R hatte einen Flug mit der Lufthansa nach Nürnberg gebucht, wo sie um 10.00 Uhr einen Gerichtstermin wahrzunehmen hatte. Das Flugzeug war in der Nacht aufgebrochen worden und durfte nicht starten. Der Lufthansa war es deshalb unmöglich, ihre Leistung zu erbringen. Sie konnte nicht nachweisen, dass sie das Flugzeug mit der gebotenen Sorgfalt hatte bewachen lassen. Sie ist der R deshalb schadensersatzpflichtig.[59]

Verhältnis zu § 280: Nach der amtlichen Begründung stellt nicht § 283 die Anspruchsgrundlage dar, sondern § 280 Abs. 1.[60] § 283 erfüllt aber – gerade durch seine Verweisung auf die §§ 275 und 280 Abs. 1 – alle Voraussetzungen einer eigenständigen Anspruchsgrundlage. Die Frage ist jedoch theoretischer Natur und für die Rechtsanwendung ohne Bedeutung.

b) Haftungserleichterungen

677 Manchmal genießt der Schuldner eine Haftungserleichterung, so dass er für einfache Fahrlässigkeit oder für seine eigenübliche Nachlässigkeit nicht haftet (Rn 402 ff). Dann gelten die §§ 283, 280 Abs. 1 oft nicht (FD „Schadensersatz nach § 311a oder § 283", Frage 6, Ja, Spalte 5). *Beispiel:* Verkäufer V wollte zur vereinbarten Zeit ein bestimm-

---

58 OLG Koblenz NJW 2008, 1679. Etwas problematisch ist hier die Frage, ob Frau G ein Schaden entstanden ist, obwohl die Operation (offenbar zufriedenstellend) durchgeführt wurde. Deshalb ist es für Frau G vorteilhafter, den von ihr gezahlten Betrag nach § 326 Abs. 1 S. 1 Hs. 1 zurückzufordern (Rn 745).

59 AG Köln NJW 2002, 833.

60 BT-Drucks. 14/6040, 142; kritisch zu Recht Kupisch NJW 2002, 1401.

tes technisches Gerät beim Käufer K abliefern, um es ihm zu übereignen (§ 433 Abs. 1 S. 1). Er traf aber niemand an. Auf der Rückfahrt wurde das Gerät durch einfache Fahrlässigkeit des V vollständig zerstört. V wird von seiner Pflicht zur Übereignung frei (§ 275 Abs. 1). K befand sich beim Eintritt der Unmöglichkeit im Gläubigerverzug, so dass V nicht mehr für leichte Fahrlässigkeit haftete (§ 300 Abs. 1). Damit fehlte das für den Schadensersatzanspruch erforderliche Vertretenmüssen. V hat keinen Schadensersatz nach § 283 zu leisten (§ 280 Abs. 1 S. 2).

II. Rechtsfolgen

1. Schadensersatz „statt der Leistung"

678 Liegen die Voraussetzungen des § 283 S. 1 vor, kann der Gläubiger „Schadensersatz statt der Leistung verlangen" (§ 283 S. 1). Das bedeutet bekanntlich, dass an die Stelle der ursprünglich geschuldeten Leistung deren Geldwert tritt. Die Berechnung des Schadens erfolgt nach den §§ 249 ff (Einzelheiten Rn 993 ff). *Beispiel 1:* Fall 28, Rn 670. *Beispiel 2:* V stellte ein Stromaggregat bei eBay zu Versteigerung. Der Kaufvertrag kam zum Preis von einem Euro mit K als dem Höchstbietenden zustande. V weigerte sich, das Aggregat zu übereignen, stattdessen verkaufte und übereignete er es an D (siehe Rn 642, Beispiel 1). Da V sein Unvermögen (§ 275 Abs. 1) vorsätzlich herbeigeführt hat, musste er K als Schadensersatz die Differenz zwischen dem Wert des Aggregats (8 500 Euro) und dem vereinbarten Kaufpreis (1 Euro) bezahlen.[61] *Beispiel 3:* Air France bot Flugtickets München-Paris-München zu einem Preis an, der wesentlich unter dem eines normalen *einfachen* Flugs lag. G erwarb zwei Tickets und flog mit dem einen nach Paris. Am nächsten Tag wollte er mit dem anderen Ticket zurückfliegen, aber das verwehrte ihm Air France in Verkennung der Rechtslage. G flog mit Lufthansa nach München.[62] Air France hat den von ihr geschuldeten Rückflug (absolutes Fixgeschäft, Rn 638, 640) schuldhaft unmöglich gemacht und muss G deshalb die Kosten des Lufthansa-Tickets ersetzen (§ 283 S. 1).

2. Schadensersatz „neben" der Leistung

679 Der Gläubiger kann auch den Schaden ersetzt verlangen, der ihm infolge der Pflichtverletzung an seinem *übrigen Vermögen* entstanden ist. *Beispiel:* U hatte in ein Privatflugzeug des B ein neues Tankanzeigegerät eingebaut, hatte es aber falsch verkabelt, so dass es immer einen vollen Tank anzeigte. Der Pilot bemerkte deshalb nicht, dass der Tank leer war. Er musste auf einer Wiese notlanden, was einen Schaden von 120 000 Euro verursachte.[63] Der Schaden zeigt sich hier nicht am eigentlichen Werk (dem Einbau des Anzeigegeräts), sondern an einem anderen Rechtsgut des B, nämlich an seinem Flugzeug. Der Schaden könnte nicht durch einen erneuten (nunmehr korrekten) Einbau ausgeglichen werden und auch nicht dadurch, dass U – als Schadensersatz „statt" der Leistung – einen Geldbetrag zahlt, der dem Wert seiner Arbeit entspricht. Der Schaden am Flugzeug wird als Schadensersatz *neben* der Leistung ausgeglichen. Dieser Anspruch ergibt sich nur und unmittelbar aus § 280 Abs. 1, nicht aus § 283 (siehe auch Rn 988 ff).

---

61 BGH NJW 2015, 1009 Rn 13.

62 AG Frankfurt/M NJW 2006, 3010 = SBT Fall 12 Rn 435. Das AG hat den Fall fälschlich nach Werkmängelrecht gelöst.

63 BGH NJW 1993, 923.

3. Ersatz vergeblicher Aufwendungen

680 Der Gläubiger kann anstelle des Schadensersatzes statt der Leistung auch immer Ersatz seiner vergeblichen Aufwendungen verlangen (§ 284; Rn 591, 617, 667). Das ist für ihn interessant, wenn er zwar erhebliche Kosten hatte, aber mit der Durchführung des Vertrags nur einen geringen oder gar keinen Gewinn erzielt hätte. Da § 284 nur *„anstelle* des Schadensersatzes" anwendbar ist und Schadensersatz immer ein Vertretenmüssen voraussetzt, hat der Gläubiger keinen Anspruch auf Ersatz unnützer Aufwendungen, wenn der Schuldner die Unmöglichkeit nicht zu vertreten hat. *Beispiel:* Herr M aus Walsrode wollte in Lüneburg das Konzert der Pianistin P besuchen und hatte zu diesem Zweck ein Hotelzimmer bestellt. Als er in Lüneburg ankam, wurde ihm mitgeteilt, dass Frau P erkrankt sei und das Konzert ausfalle. Da den Konzertveranstalter keine Schuld traf, hat M gegen ihn keinen Schadensersatzanspruch. Deshalb kann er von ihm auch nicht die Erstattung der Fahrt- und Hotelkosten verlangen.[64]

III. Sonderfälle

1. Die Leistung ist nur teilweise unmöglich geworden

681 § 283 S. 2 regelt die Frage, wie bei einer teilweisen Bewirkung der Leistung zu verfahren ist. Dazu verweist § 283 S. 2 auf § 281 Abs. 1 S. 2 sowie auf § 281 Abs. 5.[65] Das Gesetz stellt auf das Interesse ab, das der Gläubiger an der Teilleistung hat. Ob es besteht, richtet sich allerdings nicht nach der subjektiven Einschätzung des Gläubigers, sondern nach objektiven Kriterien (FD „Schadensersatz nach § 311a oder § 283", Frage 8).

- *„Großer Schadensersatz":* Wenn die Teilleistung für den Gläubiger „kein Interesse hat", kann er die erbrachte Teilleistung ablehnen und „Schadensersatz statt der *ganzen* Leistung ... verlangen" (§ 281 Abs. 1 S. 2; FD „Schadensersatz nach § 311a oder § 283", Spalte 7; so schon Rn 597). Die Pflicht des Gläubigers, die bereits erhaltene Teilleistung zurückzugeben, richtet sich nach den §§ 346 bis 348 (§ 281 Abs. 5, auf den § 283 S. 2 ebenfalls verweist).
- *„Kleiner Schadensersatz":* Wenn die Teilleistung für den Gläubiger von Nutzen (von Interesse) ist, muss er sie nach § 281 Abs. 1 S. 2 behalten (Rn 598). Nur der unmöglich gewordene Teil wird durch eine Schadensersatzzahlung ersetzt.

682 Die Teilunmöglichkeit kommt häufiger vor, als man denken sollte. *Beispiel 1:* Im Beispiel 2, Rn 643, hatte die Stadt S ihre Pflicht zur Überlassung der Fläche an M nur teilweise (für bestimmte Zeit und für bestimmte Flächen) unmöglich gemacht.[66] *Beispiel 2:* Der verpachtete Bauernhof brannte nicht vollständig ab, vielmehr blieb ein Stallgebäude stehen, so dass der Verpächter seine Pflicht zur Überlassung der Pachtsache insofern noch erfüllen konnte.[67] *Beispiel 3:* Frau M hatte für ein Konzert der Backstreet-Boys eine Eintrittskarte erworben, auf der „Sitzplatz überdacht" und „Einlass 16.00 Uhr, Beginn 18.00 Uhr" stand. Die Ordner konnten aber Frau M wegen Überfüllung der Sitztribüne auch um 19.45 Uhr – das Hauptprogramm hatte noch nicht begonnen

64 LG Lüneburg NJW 2002, 614.

65 Die Verweisung auf § 281 Abs. 1 S. 3 spielt hier – im Zusammenhang mit der Unmöglichkeit der Leistung – keine Rolle, weil S. 3 eine Schlechtleistung betriff („nicht wie geschuldet bewirkt").

66 BGHZ 167, 312.

67 BGH NJW 1992, 1036; ähnlich BGH NJW 1995, 1737.

– keinen Sitzplatz zuweisen. Sie verließ deshalb das Konzert.[68] Hier war ein Teil der geschuldeten Leistung, nämlich die Gewährung eines Sitzplatzes, unmöglich geworden. Mit dem Verlassen des Konzerts hat Frau M deutlich gemacht, dass sie an der Teilleistung „kein Interesse" hatte. Das ist auch objektiv nachzuvollziehen, so dass sie „Schadensersatz statt der *ganzen* Leistung ... verlangen" konnte (§§ 283 S. 2, 281 Abs. 1 S. 2).

2. Herausgabe des Ersatzes

a) Grundsatz

683 *Stellvertretendes commodum:* Nach § 285 Abs. 1 kann der Gläubiger vom Schuldner das verlangen, was dieser infolge der Unmöglichkeit erlangt hat. Man nennt diesen Vermögensgegenstand „stellvertretendes commodum" (lateinisch commodum = Vorteil). Macht der Gläubiger von diesem Recht Gebrauch, kann er natürlich nicht seinen *gesamten* Schaden geltend machen, sondern muss sich das stellvertretende commodum anrechnen lassen (§ 285 Abs. 2).

b) Voraussetzungen

684 *Geschuldeter Gegenstand:* Der Schuldner muss einen Gegenstand (also eine Sache oder ein Recht) geschuldet haben („für den geschuldeten Gegenstand"). Eine Dienstleistung ist kein Gegenstand.

685 *Entfall der Leistungspflicht (§ 275 Abs. 1 bis 3):* Die geschuldete Leistung ist unmöglich geworden (§ 275 Abs. 1) oder der Schuldner hat zu Recht die Einrede aus § 275 Abs. 2 oder 3 erhoben.

686 *Surrogat:* Der Schuldner muss „einen Ersatz oder einen Ersatzanspruch" erlangt haben. Erforderlich ist, dass durch den Umstand, der die Leistungspflicht entfallen ließ (§ 275), zugleich das Surrogat entstanden ist. Die Unmöglichkeit muss also für das Surrogat kausal gewesen sein. *Beispiel:* V hatte seinen Traktor an K verkauft. Bevor er ihn übergeben konnte (§ 433 Abs. 1 S. 1), wurde der Traktor durch einen von V verschuldeten Unfall zerstört. K hat einen Anspruch gegen V nach § 283. Aber wenn der Traktor kaskoversichert war, kann K auch nach § 285 Abs. 1 verlangen, dass ihm V seinen Anspruch gegen den Versicherer abtritt. Nur soweit die Versicherungssumme den Zeitwert des Traktors nicht deckt, verbleibt dem K noch ein restlicher Schadensersatzanspruch (§ 285 Abs. 2).

687 *Wesensgleichheit („Identität"):* Zwischen dem Gegenstand, auf den der Gläubiger Anspruch hatte, und dem Surrogat muss ein innerer Zusammenhang bestehen (sogenannte Identität). Dies Erfordernis wird teilweise sehr streng verstanden. *Beispiel:* In dem Fall mit den doppelt vermieteten Flächen (Rn 643, Beispiel 2) konnte M auf jeden Fall seinen Ausfall an Parkgebühren als Schadensersatz verlangen.[69] M nahm aber an, dass die Stadt von den Marktleuten mehr Miete bekommen hatte, als er seinerseits von den Autofahrern bekommen hätte, und verlangte deshalb die Herausgabe der Standmiete. Aber der BGH hat die Klage abgewiesen mit der kaum nachvollziehbaren Begründung, es fehle an der nötigen Identität: Da M die Fläche nicht seinerseits an die Markthänd-

68 AG Herne-Wanne NJW 1998, 3651.

69 Der Schadensersatzanspruch ergab sich nicht aus den §§ 283, 280 Abs. 1, 3, sondern direkt aus dem Mietrecht (§§ 536 Abs. 3, 536a Abs. 1).

ler habe vermieten dürfen (sondern nur an Autofahrer), verlange er etwas, was er selbst nicht habe erzielen können.[70] Das kommt einem Freibrief zum Vertragsbruch gefährlich nahe.

c) Rechtsfolge

688 Der Herausgabeanspruch entsteht noch nicht durch die Existenz des Surrogats, sondern erst mit dem Herausgabeverlangen des Gläubigers. Zwischen dem Schadensersatzanspruch und dem Anspruch aus § 285 besteht eine elektive Konkurrenz. Wählt der Gläubiger das Surrogat, muss er sich dessen Wert auf seinen Schadensersatzanspruch anrechnen lassen (§ 285 Abs. 2).

§ 29 Der Schuldner trägt das Risiko der zufälligen Unmöglichkeit

689 **Fall 29: Porsche 959** §§ 283, 276 Abs. 1 S. 1

Die Porsche AG teilte ihren Direkthändlern mit, sie beabsichtige, ein mit einer Vielzahl technischer Neuerungen ausgestattetes Sondermodell des Typs Porsche 911 zu entwickeln und in einer begrenzten Stückzahl auf den Markt zu bringen. Die Veith KG, eine Direkthändlerin der Porsche AG, unterrichtete davon einige Kunden, darunter auch den Fahrzeughändler Klausen. Klausen und die Veith KG unterzeichneten einen Kaufvertrag über ein Fahrzeug des neuen Typs, wobei als Preis der „am Tage der Lieferung gültige Listenpreis" vereinbart wurde. Ein Vierteljahr danach bestätigte die Veith KG schriftlich den Kaufvertrag. Ein weiteres Jahr später entschloss sich die Porsche AG jedoch, von dem fraglichen Modell nur 200 Stück herzustellen und diese nicht über ihre Händler, sondern direkt ab Werk an ausgesuchte Interessenten für 430 000 Euro zu verkaufen. Nachdem das Modell auf den Markt gekommen war, ließ Klausen durch Anwaltsschreiben bei der Veith KG anfragen, wann mit der Lieferung des Fahrzeugs zu rechnen sei. Es steht inzwischen fest, dass die Veith KG kein Fahrzeug mehr erhalten kann. Sie schrieb deshalb an Klausen, sie könne das Fahrzeug nicht liefern, weil sie selbst nicht beliefert werde. Da Klausen das Fahrzeug für mindestens 1 140 000 Euro hätte weiterverkaufen können, verlangt er von der Veith KG die Zahlung von 710 000 Euro. Muss die Veith KG zahlen? (Nach BGH NJW 1994, 515)

690 Die Zahlungspflicht könnte sich aus § 283 ergeben:

„Braucht der Schuldner nach § 275 Abs. 1 bis 3 nicht zu leisten, ..." Zu prüfen ist zunächst, ob die Veith KG nach § 275 Abs. 1 von ihrer Leistungspflicht frei geworden ist. Dazu müsste es „für den Schuldner oder für jedermann *unmöglich*" sein, das fragliche Porsche-Modell zu besorgen. Der „Schuldner" ist natürlich die Veith KG. Für „jedermann" ist es nicht unmöglich, das Fahrzeug zu liefern. Denn diejenigen Kunden, die von Porsche beliefert wurden, könnten die Lieferpflicht der Veith KG erfüllen. Aber die Lieferung ist der Veith KG *subjektiv* unmöglich, weil sie von der Porsche AG nicht beliefert wird und es für diese Fahrzeuge keinen Markt gibt, auf dem sie ein Fahrzeug erwerben könnte. Da die subjektive Unmöglichkeit der objektiven gleichsteht, kann offen bleiben, welcher Fall vorliegt. Jedenfalls braucht

70 BGHZ 167, 312 Rn 30; siehe auch die berechtigte Kritik von Lehmann JZ 2007, 525.

die Veith KG nicht zu liefern. Das aber bedeutet natürlich nicht, dass sie nicht Schadensersatz zahlen muss.

„... *kann der Gläubiger unter den Voraussetzungen des* § 280 *Abs.* 1 ...“ Der „Gläubiger“ ist Klausen. § 280 Abs. 1 S. 1 setzt voraus, dass die Veith KG „eine Pflicht aus dem Schuldverhältnis ... verletzt“ hat. Das ist gegeben, weil sie ihre vertraglich übernommene Lieferpflicht nicht erfüllt hat. § 280 Abs. 1 S. 2 setzt voraus, dass die Veith KG die Pflichtverletzung „zu vertreten“ oder genau genommen nicht *nicht* zu vertreten hat.

691 Mit den Worten „zu vertreten“ verweist § 280 Abs. 1 S. 2 bekanntlich auf § 276. Da Vorsatz nicht in Frage kommt, ist zu prüfen, ob die Veith KG „die im Verkehr erforderliche Sorgfalt außer Acht“ gelassen (§ 276 Abs. 2), also *fahrlässig* ihre Unfähigkeit zur Belieferung herbeigeführt hat. Der Sachverhalt enthält durchaus Anhaltspunkte für eine Bejahung dieser Frage. Die Veith KG hätte nämlich, bevor sie den Kaufvertrag mit Klausen schloss, einen entsprechenden Kaufvertrag mit der Porsche AG schließen müssen. Denn es entspricht kaufmännischer Vorsicht, nur etwas zu verkaufen, was man entweder selbst bereits besitzt oder über das man mit einem zuverlässigen Lieferanten im Rahmen eines *Deckungsgeschäfts* einen Liefervertrag geschlossen hat. Es dürfte deshalb leichtsinnig gewesen sein, ein Sonderfahrzeug aus der künftigen Porscheproduktion zu verkaufen, ohne vorher einen entsprechenden Vertrag mit Porsche geschlossen zu haben.

Möglicherweise kann aber die Frage der Fahrlässigkeit dahingestellt bleiben. Die Worte *„Übernahme ... eines Beschaffungsrisikos“* in § 276 Abs. 1 S. 1 zielen auf den Fall der *Gattungsschuld* (§ 243 Abs. 1). Die Veith KG hatte sich in dem Vertrag mit Klausen zur Beschaffung (irgend)eines Fahrzeugs des bestimmten Typs verpflichtet, also einen Gattungskauf abgeschlossen (§ 243 Abs. 1). Damit hatte sie sich zugleich verpflichtet, die Sache zu beschaffen und für das Risiko einzustehen, dass ihr die Beschaffung nicht gelingen würde. Dieses Risiko trug sie auch für den Fall, dass ihr ein Verschulden nicht angelastet werden konnte. Die Frage nach einem Verschulden kann deshalb offen bleiben. Die Veith KG hat in jedem Fall ihr Unvermögen zur Lieferung nach § 276 Abs. 1 S. 1 „zu vertreten“.

§ 280 Abs. 1 S. 2 lässt der Veith KG die Möglichkeit, sich gegen die Vermutung, es liege ein Vertretenmüssen vor, zu wehren. Aber der Sachverhalt gibt keinen Hinweis darauf, dass die Veith KG dies mit Erfolg getan hat oder hätte tun können.

692 „... *Schadensersatz statt der Leistung verlangen.*“ Klausen kann also Schadensersatz verlangen, und zwar „statt der Leistung“. Die Veith KG muss Klausen nach § 249 Abs. 1 so stellen, als habe sie den Kaufvertrag erfüllt. Das bedeutet, dass an die Stelle des zu liefernden Fahrzeugs sein Marktwert tritt, also die Summe von 1 140 000 Euro. Von diesem Betrag ist der (von Klausen ja nicht bezahlte) Kaufpreis von 430 000 Euro abzuziehen. Als Schaden bleibt damit der geltend gemachte Betrag von 710 000 Euro übrig. Diesen muss die Veith KG zahlen. Dies Ergebnis kann zusätzlich auf § 252 gestützt werden, der dem Gläubiger ausdrücklich den entgangenen Gewinn zuspricht und dessen Glaubhaftmachung erleichtert (Rn 994 ff).

Aus dem FD „Schadensersatz nach § 311a oder § 283“ ergibt sich folgender Lösungsweg: 1. Nein – 5. Nein (unterstellt) – 9. Nein – 10. Ja (Spalte 10) – 7. Ja (Spalte 6).

Lerneinheit 29

693 **Literatur:** Siehe Rn 633.

I. Das Problem der durch Zufall eintretenden Unmöglichkeit

694 Wenn Verschulden im Spiel ist, ist eine gerechte Lösung der Unmöglichkeitsproblematik leicht zu finden: Wenn der *Schuldner* die Unmöglichkeit vorsätzlich oder fahrlässig herbeigeführt hat, trägt er die Nachteile, die sich aus der Unmöglichkeit ergeben. Im umgekehrten Fall trägt der *Gläubiger* die Konsequenzen seines schuldhaften Verhaltens (§ 326 Abs. 2 S. 1 Var. 1; unten Rn 704 ff). Sehr viel schwieriger ist eine passende Lösung zu finden, wenn keine Partei am Eintritt der Unmöglichkeit schuld ist, die Unmöglichkeit also durch *Zufall* eingetreten ist.

695 *Zufall* ist bekanntlich ein Ereignis, das weder der Schuldner schuldhaft (vorsätzlich oder fahrlässig) herbeigeführt hat noch der Gläubiger und das ihnen auch nicht über ein Verschulden ihrer Hilfspersonen zugerechnet werden kann (ausführlich schon Rn 415).

696 *Verschulden und Vertretenmüssen:* An den genannten Fällen zeigt sich wieder, dass die Begriffe „Verschulden" und „Vertretenmüssen" nicht deckungsgleich sind. § 276 Abs. 1 S. 1 legt zwar fest, dass der Schuldner Vorsatz und Fahrlässigkeit zu vertreten hat – aber nur, „wenn eine strengere ... Haftung weder bestimmt noch aus dem sonstigen Inhalt des Schuldverhältnisses ... zu entnehmen ist". Und „eine strengere ... Haftung" ist oft bestimmt, so dass der Schuldner dann mehr als Vorsatz und Fahrlässigkeit zu vertreten hat (Rn 413 ff).

II. Zuweisung des Zufallsrisikos an den Schuldner

1. Fallgruppen

a) Schuldnerverzug

697 Nach § 287 S. 2 trägt der Schuldner das Zufallsrisiko, wenn er im Schuldnerverzug ist. Bei einer zufälligen Unmöglichkeit ist deshalb zu fragen, ob die Unmöglichkeit zu einer Zeit eingetreten ist, als der Schuldner nach § 286 im Verzug war (FD „Schadensersatz nach § 311a oder § 283", Frage 9). Der Schuldner ist allerdings frei, wenn er nachweisen kann, dass „der Schaden auch bei rechtzeitiger Leistung eingetreten sein würde" (§ 287 S. 2). Der Schuldner trägt deshalb das Risiko nur, wenn er sich sagen lassen muss: „Hätten Sie die Leistung rechtzeitig erbracht, wäre sie nicht unmöglich geworden."

698 § 287 S. 2 ist eine Vorschrift, die zwar in der Theorie, insbesondere in Lehrbüchern und Klausuren, eine Rolle spielt, die aber in der Praxis eine Randexistenz führt. Die ordentlichen Gerichte vom Amtsgericht bis zum BGH kommen weitgehend ohne diesen Paragrafen aus. Das kann im Einzelfall aber daran liegen, dass § 287 S. 2 nicht verstanden oder übersehen wird.[71] Soweit § 287 S. 2 in arbeitsgerichtlichen Entscheidungen herangezogen wird, handelt es sich meist um Variationen der gleichen Grundkonstellation.[72]

Fur semper in mora: Der Rechtsgedanke des § 287 S. 2 hat seinen Niederschlag in § 848 gefunden und immerhin dadurch eine gewisse praktische Bedeutung erlangt. Nach § 848 trägt ein Dieb das Risiko, dass die gestohlene Sache ohne sein Verschulden

71 Wie im Fall BGH NJW 2001, 2878; dazu Hirsch Jura 2003, 42.

72 Beispielsweise BAG DB 1986, 757. Aber es gibt immerhin einen Fall von praktischer Bedeutung (BAG BB 1997, 1415, mit kritischer Anmerkung Hohmeister BB 1997, 1901).

beschädigt wird oder untergeht. Diese Bestimmung geht auf den alten römischen Rechtssatz zurück: „fur semper in mora" (ein Dieb [ist] immer im Verzug). Der Dieb wurde also schon im Altertum so angesehen, als sei er, auch ohne Mahnung, mit der Rückgabe im Verzug.

699 Die Schuldrechtsreform hat durch eine Änderung in der Formulierung den Anwendungsbereich des § 287 S. 2 erweitert: Er ist nun nicht nur (wie früher) in Fällen der Unmöglichkeit anwendbar, sondern bei jedem Schadenseintritt.[73] *Beispiel:* M war mit der Rückgabe des gemieteten Opel Adam im Verzug, als der Wagen durch einen von ihm nicht verschuldeten Unfall (Zufall) beschädigt wurde. M haftet jetzt auch für die Beschädigung. Nach altem Recht hätte er nur gehaftet, wenn der Unfall zu einem Totalschaden geführt hätte, also zu einer Unmöglichkeit der Rückgabe.

b) Nicht konkretisierte Gattungsschuld als „Beschaffungsrisiko"

700 Das Zufallsrisiko trägt der Schuldner ferner, wenn die zu erbringende Leistung eine noch nicht konkretisierte Gattungsschuld ist und der Schuldner nicht leisten kann. Dann wird der Schuldner zwar nach § 275 Abs. 1 frei, muss aber für sein Unvermögen einstehen (FD „Schadensersatz nach § 311a oder § 283", Frage 10). Das ergibt sich aus § 276 Abs. 1 S. 1. Denn der Schuldner einer Gattungsschuld übernimmt ein „Beschaffungsrisiko". Er muss also für seine Unfähigkeit, die geschuldete Gattungssache zu beschaffen, auch dann einstehen, wenn ihm ein Verschulden nicht vorgeworfen werden kann (Rn 117, 417). *Beispiel 1:* Fall 29, Rn 689. *Beispiel 2:* V verkaufte K 14 000 Dutzend Pilothemden (Gattungsschuld). Er wollte mit koreanischer Ware erfüllen, die sich an Bord eines im Hamburger Hafen liegenden Frachtschiffs befand, aber aus zollrechtlichen Gründen nicht eingeführt werden durfte. Im Vertrag war die Lieferpflicht nicht auf diese Ware beschränkt worden. V konnte sich nicht auf § 275 Abs. 1 berufen, weil es auf dem Weltmarkt genügend Hemden der geschuldeten Art gab, die er sich beschaffen konnte.[74] V hatte nach § 276 Abs. 1 S. 1 für sein Unvermögen einzustehen, ohne dass es auf ein Verschulden ankam.

Dass der Gattungsschuldner vom Gesetz so hart in die Pflicht genommen wird, ist verständlich. Denn er kann sich durch ein vorher abgeschlossenes *kongruentes Deckungsgeschäft* gegen das Risiko schützen, selbst nicht beliefert zu werden. Hat er sich auf diese Weise abgesichert, kann er seine Haftung beschränken, etwa mit den Worten „Richtige und rechtzeitige Selbstbelieferung vorbehalten". Er sollte sich seinen Lieferanten aber genau ansehen, denn unsichere Deckungsgeschäfte werden nicht anerkannt.[75]

c) Sonstige Risikozuweisungen

701 *Gesetz:* Gelegentlich legt eine Bestimmung des Besonderen Schuldrechts dem Schuldner das Risiko auf, die Folgen einer zufälligen Unmöglichkeit zu tragen. So trägt der Unternehmer des Werkvertrags bis zur Abnahme die Gefahr, dass das Werk durch Zufall zerstört wird (§ 644 Abs. 1 S. 1; FD „Schadensersatz nach § 311a oder § 283", Frage 11).[76]

---

73 BT-Drucks. 14/4060, 148.
74 Übersehen von BGH NJW 1983, 2873.
75 BGH NJW 1995, 1959.
76 Dazu SBT Rn 496.

702 *Vertrag:* Oft wird auch *vertraglich* vereinbart, dass der Schuldner das Risiko der zufälligen Unmöglichkeit tragen soll. *Beispiel:* M hatte bei der Pkw-Vermietung InterCar GmbH einen Ford Focus gemietet. Im Mietvertrag heißt es: „Der Mieter trägt die Gefahr der zufälligen Verschlechterung, der zufälligen Zerstörung und des zufälligen Abhandenkommens des Fahrzeugs.“ M kann ohne sein Verschulden seine Pflicht zur Rückgabe der Mietsache (§ 546 Abs. 1) nicht erfüllen. Ohne die vertragliche Risikoübernahme wäre er frei (§ 275 Abs. 1) und die InterCar wäre die Geschädigte (Rn 748). Aber M hat vertraglich das Risiko des Verlustes übernommen und ist deshalb schadensersatzpflichtig.

2. Rechtsfolge

703 Wenn eine der oben unter a) bis c) aufgeführten Risikozuweisungen vorliegt, hat – wie dargestellt – der Schuldner die Unmöglichkeit „zu vertreten“ (§ 280 Abs. 1 S. 2; FD „Schadensersatz nach § 311a oder § 283“, Spalten 9 bis 11). Die Rechtslage ist also die gleiche wie in den Fällen, in denen der Schuldner seine Leistung schuldhaft (vorsätzlich oder fahrlässig) unmöglich gemacht hat.

§ 30 Der Gläubiger hat die Unmöglichkeit verschuldet

704 **Fall 30: Verunglückte Opernsängerin** §§ 275 Abs. 1, 326 Abs. 2

Die Oper der Stadt B engagierte die Opernsängerin Tamara Leininger als Gast für die Partie der „Schwarzen Nachbarin“ in der Oper „Die wundersame Schustersfrau.“[77] *Frau Leininger sollte für ein Gesamthonorar von 38 000 Euro von Anfang November bis Ende Januar an den Proben teilnehmen und 14 Vorstellungen singen. Am 21. November stürzte sie während einer Abendprobe vom oberen Ende der steilen, zum Bühnenhaus führenden Treppe und zog sich eine Stauchung der Wirbelsäule und eine Fraktur des Steißbeins zu. Frau Leininger musste in der Klinik behandelt werden und war bis Ende März arbeitsunfähig. Die Städtische Oper zahlte Frau Leininger ein „Verletztengeld“ von 15 000 Euro, aber nicht ihr Honorar. Frau Leininger verlangt ihr Honorar abzüglich des Verletztengeldes, also 23 000 Euro. Die Beweisaufnahme hat ergeben, dass es zu dem Unfall gekommen ist, weil die Städtische Oper die zum Bühnenhaus führende Treppe nicht ausreichend gesichert hatte, und dass Frau Leininger an dem Unfall keine Schuld hatte. (Nach Bühnenoberschiedsgericht Hamburg NJW 1995, 903)*

705 Aufgrund des Vertrags war die Städtische Oper verpflichtet, Frau Leininger das vereinbarte Honorar zu zahlen. Ob die Zahlungspflicht fortbesteht, könnte sich aus § 326 Abs. 2 S. 1 ergeben. Da diese Vorschrift im Titel „Gegenseitiger Vertrag“ steht, setzt sie (stillschweigend) voraus, dass es sich um einen *gegenseitigen Vertrag* handelt. In dem von den Parteien geschlossenen Gastspielvertrag verpflichteten sich beide Seiten zu Leistungen, die sie um der Gegenleistung willen erbringen wollten. Es handelt sich deshalb um einen gegenseitigen Vertrag (Rn 16). Es kann offen bleiben, ob der Vertrag als Dienst- oder Werkvertrag einzuordnen wäre. Denn § 326 fordert nur schlicht einen gegenseitigen Vertrag.

77 Von Udo Zimmermann, Libretto nach F. G. Lorca.

Im Folgenden soll § 326 Abs. 2 wieder abschnittsweise geprüft werden:

706 *„Ist der Gläubiger für den Umstand, aufgrund dessen der Schuldner nach § 275 Abs. 1 bis 3 nicht zu leisten braucht ...“* Schuldner ist immer diejenige Partei eines gegenseitigen Vertrags, deren Leistung irgendwie gestört oder jedenfalls problematisch ist. Das ist in diesem Fall Frau Leininger, weil sie ihre Partie nicht singen konnte. Damit ist die Trägerin der Oper die Gläubigerin.

Wegen der Verweisung auf § 275 ist zu prüfen, ob die von Frau Leininger zu erbringende Leistung unmöglich geworden ist (§ 275 Abs. 1). Ihr Gastspiel war auf bestimmte Opernvorstellungen zeitlich genau fixiert und ist deshalb nicht nachholbar (absolutes Fixgeschäft; Rn 638 f). Der „Umstand“, der zur Unmöglichkeit geführt hat, ist die mangelhafte Sicherung der Treppe und der dadurch verursachte Unfall.

Es muss sich bei der unmöglich gewordenen Leistung um *die* (oder eine) Hauptpflicht des Schuldners handeln, also um die Leistung, für die er die Gegenleistung erhält. Die Rolle zu singen, war Frau Leiningers Hauptpflicht, denn für diese Tätigkeit wurde ihr die Gage zugesagt.

„... allein oder weit überwiegend verantwortlich ...“ Für was der *Gläubiger* „verantwortlich“ ist, sagt das Gesetz nicht. Aber man kann davon ausgehen, dass der Gläubiger – wie der Schuldner nach § 276 Abs. 1 S. 1 – für die Umstände verantwortlich ist, die auf seinen Vorsatz oder seine Fahrlässigkeit zurückgehen (Rn 714). Die zuständigen Mitarbeiter der Oper als deren Erfüllungsgehilfen (§ 278) hatten die erforderlichen Sicherungsmaßnahmen nicht getroffen. Diese Fahrlässigkeit wird dem Träger der Städtischen Oper wie eigenes Verschulden zugerechnet. Er ist deshalb für den Unfall „allein ... verantwortlich“ (FD „Unmöglichkeit nach § 326“, Frage 2, Ja).

„... so behält der Schuldner den Anspruch auf die Gegenleistung.“ Frau Leininger behält also den Anspruch auf die Zahlung ihres Honorars. Bei diesem Anspruch handelt es sich um den ursprünglichen vertraglichen Anspruch aus dem Gastspielvertrag, also nicht etwa um einen Schadensersatzanspruch. Frau Leininger wurde ihrerseits von ihrer Pflicht ersatzlos frei (§ 275 Abs. 1).

„Er muss sich jedoch dasjenige anrechnen lassen, was er infolge der Befreiung von der Leistung erspart oder durch anderweitige Verwendung seiner Arbeitskraft erwirbt oder zu erwerben böswillig unterlässt.“ Frau Leininger war für Zeit ihres Engagements (und weit darüber hinaus) arbeitsunfähig krank und konnte deshalb in dieser Zeit nicht auf andere Weise Geld verdienen (FD „Unmöglichkeit nach § 326“, Frage 3, Nein). Damit steht fest, dass die Städtische Oper die geforderten 23 000 Euro zu zahlen hat.

Die Lösung ergibt sich aus dem FD „Unmöglichkeit nach § 326“ so: 1. Nein – 2. Ja – 3. Nein (Spalte 3).

Lerneinheit 30

707 **Literatur:** Siehe Rn 633; *Dötterl*, Die Verantwortlichkeit des Gläubigers, ZGS 2011, 115.

Literatur zur beiderseits zu vertretenden Unmöglichkeit: *Brade*, Die beiderseits zu vertretende Unmöglichkeit, JA 2013, 413; *Stoppel*, Die beiderseits zu vertretende Unmöglichkeit nach neuem Schuldrecht, Jura 2003, 224; *Gruber*, Schuldrechtsmodernisierung 2001/2002 – Die beiderseits zu vertretende Unmöglichkeit, JuS 2002, 1066; *Faust*, Von beiden Teilen zu vertretende Unmöglichkeit, JuS 2001, 133; *Reinhard*, Die beiderseits zu vertretende Unmöglichkeit im Synallagma,

1998; *Looschelders*, Die Verteilung des Schadens bei beiderseits zu vertretender Unmöglichkeit – OLG Frankfurt, NJW-RR 1995, 435 – JuS 1999, 949.

I. Reihenfolge der Darstellung

708 Wie in den beiden vorigen Abschnitten geht es auch jetzt darum, dass die vom Schuldner zu erbringende Leistung nach Entstehen des Schuldverhältnisses unmöglich geworden ist oder vom Schuldner zu Recht verweigert wird.

Neu ist aber Folgendes: Nachdem zweimal der *Schuldner* die Unmöglichkeit zu verantworten hatte (Rn 670 ff und Rn 689 ff), geht es jetzt (Rn 704 ff) und im folgenden Abschnitt (Rn 723 ff) um Fälle, in denen der *Gläubiger* für die Unmöglichkeit der Schuldnerleistung verantwortlich ist. Geregelt sind diese Fälle in § 326 Abs. 2, dem sich die Darstellung jetzt zuwendet. Das bedeutet allerdings, dass zunächst § 326 Abs. 1 ausgeklammert wird (er wird erst ab Rn 742 erläutert). Das ist ungewöhnlich, weil ja normalerweise gesetzliche Vorschriften nach der Reihenfolge der Absätze erläutert werden. Aber es ist sinnvoll, § 326 Abs. 2 vorzuziehen, weil er sozusagen das Pendant zum bisher behandelten § 283 ist: Statt des Schuldners ist jetzt der Gläubiger verantwortlich.

II. § 326 Abs. 2 S. 1

1. Voraussetzungen

a) Gegenseitiger Vertrag

709 § 326 bestimmt nicht ausdrücklich, dass er nur im Rahmen eines gegenseitigen Vertrags anzuwenden ist (zum Begriff Rn 16). Aber das ergibt sich aus seinem Inhalt und formal daraus, dass er im „Titel 2. Gegenseitiger Vertrag“, also unter den §§ 320 bis 326 steht.

710 Aber § 326 verlangt noch mehr. Während § 323 nur einen gegenseitigen Vertrag voraussetzt und nicht zwischen Haupt- und Nebenpflichten des gegenseitigen Vertrags unterscheidet (Rn 607), muss im Bereich des § 326 die unmögliche (oder nicht zu erbringende) Leistung eine Leistung sein, die im *Gegenseitigkeitsverhältnis* (Synallagma)[78] steht. Es muss also *die* (oder *eine*) Leistung sein, für deren Erfüllung der andere Vertragsteil seine (Gegen)Leistung versprochen hat („synallagmatische Leistungspflicht“).[79]

b) Unmöglichkeit der Schuldnerleistung

711 § 326 Abs. 2 S. 1 setzt voraus, dass „der Schuldner nach § 275 Abs. 1 bis 3 nicht zu leisten braucht“. Deshalb muss die Schuldnerleistung unmöglich sein (§ 275 Abs. 1) oder vom Schuldner nach § 275 Abs. 2 oder 3 zu Recht verweigert werden. § 326 Abs. 2 hat insofern die gleiche Voraussetzung wie § 283. Es besteht aber ein wichtiger Unterschied: Während das Gesetz im Bereich des Schadensersatzes streng zwischen der *anfänglichen* (§ 311a) und der *nachträgliche* Unmöglichkeit der Leistung (§ 283) unterscheidet, kennt § 326 diese Differenzierung nicht. Er gilt so*wohl für die anfängliche als*

78 Griechisch συνάλλαγμα = Austausch, Handel.

79 Der Grund ist folgender: Die von § 326 Abs. 1 S. 1 angeordnete Rechtsfolge lautet: „... entfällt der Anspruch auf die Gegenleistung“. Der Entfall der kompletten Gegenleistung ist aber nur sinnvoll, wenn die unmöglich gewordene Leistung *die* Hauptschuld (oder zumindest *eine* Hauptschuld) des Schuldners war.

auch für die nachträgliche Unmöglichkeit: Es ist also nicht zu prüfen, wann die Unmöglichkeit der Leistung eingetreten ist.

c) Verantwortlichkeit der Gläubigers

712 Der Gläubiger muss für die Unmöglichkeit „... *allein oder weit überwiegend verantwortlich ...*" sein (§ 326 Abs. 2 S. 1 Var. 1).

713 *Gläubiger:* Die Begriffe „Schuldner" und „Gläubiger" werden im gegenseitigen Vertrag immer aus Sicht der gestörten (hier unmöglichen) Leistung definiert: „Schuldner" ist derjenige Partner des gegenseitigen Vertrags, der die gestörte Leistung zu erbringen hat. Dementsprechend ist „Gläubiger" derjenige, der die gestörte Leistung beanspruchen kann.

714 *Verantwortlich:* Das Gesetz sagt „verantwortlich", verwendet also nicht den aus § 276 vertrauten Ausdruck „zu vertreten". Das liegt daran, dass § 276 sich ausdrücklich nur auf den Schuldner bezieht. Der Gläubiger, der ja – als solcher – keine Leistung zu erbringen hat, hat normalerweise nichts zu vertreten. Aber man kann sagen, dass er für seinen Vorsatz und seine Fahrlässigkeit „verantwortlich" ist in dem Sinne, dass ihm ein solches Verhalten zuzurechnen ist. Das gilt zB bei einer Verletzung von Verhaltenspflichten (§ 241 Abs. 2) und eben in § 326 Abs. 2. In diesen Fällen kann man – wie beim Schuldner – von einem Verschulden sprechen. *Beispiel:* In Fall 30 (Rn 704) wurde die Leistung der Opernsängerin unmöglich, weil der Träger des Opernhauses schuldhaft die Treppe nicht gesichert hatte. Das Wort „verantwortlich" umfasst auch die Fälle, in denen dem Gläubiger kein Vorwurf zu machen ist, in denen aber der Gesetzgeber (oder eine Vereinbarung) dem Gläubiger das Risiko der nachträglichen Unmöglichkeit auferlegt hat (FD „Unmöglichkeit nach § 326", Spalten 4 bis 7). Um diese Fälle geht es ab Rn 723.

Nicht verantwortlich: Wenn der Gläubiger für die Unmöglichkeit der Schuldnerleistung *nicht* verantwortlich ist, entfällt die Gegenleistung (§ 326 Abs. 1 S. 1). *Beispiel:* Die BASF lehnte es ab, die kaufmännische Angestellte A wieder einzustellen. Frau A wurde es dadurch unmöglich, die von ihr angebotene Arbeitsleistung zu erbringen. Sie klagte auf Zahlung des ihr entgangenen Gehalts. Einen solchen Anspruch hatte sie aber nur, wenn die BASF für die Ablehnung verantwortlich war. Denn die Ablehnung war der „Umstand, auf Grund dessen der Schuldner nach § 275 Abs. 1 ... nicht zu leisten" brauchte (§ 326 Abs. 2 S. 1 Var. 1). Die BASF hätte die Wiedereinstellung aus heutiger Sicht nicht ablehnen dürfen. Aber sie konnte sich für ihre Rechtsansicht auf ein damals aktuelles BAG-Urteil berufen. Deshalb war ihr Rechtsirrtum nicht fahrlässig (was selten ist, Rn 398). Weil es bei der Grundregel des § 326 Abs. 1 S. 1 blieb, entfiel für Frau A „der Anspruch auf die Gegenleistung" (auf ihr Gehalt).

715 *Beweislast:* Ist strittig, ob die Unmöglichkeit infolge eines Verschuldens des Gläubigers eingetreten ist, stellt sich die Frage, wer die Beweislast hat. Es gilt die allgemeine Regel, dass jeder die Tatsachen beweisen muss, auf die er sich beruft. Da sich im Fall des § 326 Abs. 2 S. 1 Var. 1 der *Schuldner* auf ein Verschulden des Gläubigers beruft, ist der Schuldner beweispflichtig.[80]

80 Dass die in § 280 Abs. 1 S. 2 angedeutete Beweislastverteilung analog – diesmal zulasten des Gläubigers – angewendet werden kann, wird von der Rechtsprechung und der hM verneint (BGHZ 116, 278; differenzierend Müller NJW 1993, 1678).

2. Rechtsfolgen

a) Der Schuldner behält den Anspruch auf die Gegenleistung

716 *„... so behält er den Anspruch auf die Gegenleistung“:* Wenn es der Gläubiger zu verantworten hat, dass der Schuldner seine Leistung nicht erbringen kann, muss der Gläubiger nicht etwa Schadensersatz leisten, sondern wird dadurch benachteiligt, dass er schlicht seine vertraglich geschuldete Leistung erbringen muss, obwohl er nichts erhält. Das Gesetz sagt es mit Blick auf den Schuldner. Dieser „behält den Anspruch auf die Gegenleistung“. Er behält also seinen ursprünglichen Vertragsanspruch.

717 *Beispiel 1:* Fall 30 (Rn 704). *Beispiel 2:* X hatte zwei Eintrittskarten für ein Tennisturnier fest bestellt und sollte sie vor Turnierbeginn abholen und bezahlen. Er vergaß beides. Dem Veranstalter V wurde es dadurch unmöglich, seine Verpflichtung zu erfüllen, X das Verfolgen des Turniers zu ermöglichen. X war für die Unmöglichkeit „allein ... verantwortlich“. Deshalb behielt V seinen Anspruch auf den Eintrittspreis. *Beispiel 3:* Fabrikant F stellte in einer gemieteten Halle leicht brennbare Produkte her. Da er die Brandschutzvorschriften nicht einhielt, brannte die Halle ab. Der Vermieter V kann seine Verpflichtung aus dem Mietvertrag, F die Nutzung der Halle zu ermöglichen, nicht mehr erfüllen. Verantwortlich dafür ist F. V wird nach § 275 Abs. 1 frei, behält aber seinen Anspruch auf die Miete.[81] Sollte ihm ein geringes Mitverschulden anzulasten sein, wäre das unbeachtlich, weil es ausreicht, wenn F „weit überwiegend“ für das Feuer verantwortlich war (§ 326 Abs. 2 S. 1). *Beispiel 4:* R schloss mit dem Bauunternehmer U einen Vertrag über die Errichtung eines Neubaus, vergab den Auftrag aber kurz darauf erneut und endgültig an Y.[82] R war der Gläubiger der von U zu erbringenden Bauleistung. Er hat schuldhaft seinem Schuldner U das Bauen unmöglich gemacht, indem er Y beauftragte. U behält deshalb im Prinzip seinen Anspruch auf den Werklohn.

b) Anrechnung

718 Der Schuldner muss sich nach § 326 Abs. 2 S. 2 auf seinen fortbestehenden Erfüllungsanspruch das anrechnen lassen, was er infolge der Befreiung von seiner Pflicht ersatzweise erlangt oder „durch anderweitige Verwendung seiner Arbeitskraft ... zu erwerben böswillig unterlässt“. *Beispiel:* Im Fall mit dem Tennisturnier (Rn 717, Beispiel 2) erfuhr X am nächsten Tag, dass der Veranstalter die Karten kurz vor Turnierbeginn noch anderweitig verkaufen konnte. Dann kann der Veranstalter natürlich von X nicht mehr die Bezahlung der Karten verlangen.

Da der Gläubiger der unmöglichen Leistung sich auf § 326 Abs. 2 S. 2 beruft, muss *er* beweisen, dass der Schuldner etwas erspart oder erworben hat.[83]

§ 326 Abs. 2 S. 2 enthält ein naheliegendes Gebot der Gerechtigkeit. Es gibt deshalb für bestimmte Schuldverhältnisse Vorschriften ähnlichen Inhalts, etwa die §§ 537 Abs. 1 S. 2, 615 S. 2 und 649 S. 2. Diese verdrängen als leges speciales § 326 Abs. 2 S. 2.

---

81 BGH NJW 1976, 1315.

82 BGH NJW 2005, 1651.

83 BGH NJW 2007, 3488 Rn 28 f; 2002, 57; 1991, 166.

c) Kein Rücktrittsrecht

719 Nach § 326 Abs. 5 kann der Gläubiger zurücktreten, wenn die Leistung des Schuldners unmöglich oder undurchführbar geworden ist. Daraus könnte man entnehmen, dass der Gläubiger auch im Fall des Abs. 2 zurücktreten könne. Aber § 326 Abs. 5 Hs. 2 verweist auf den ganzen § 323, auch auf § 323 Abs. 6. Dieser aber schließt in diesem Fall einen Rücktritt aus. Zu den Einzelheiten des Verhältnisses von § 323 Abs. 6 zu § 326 Abs. 5 siehe sogleich Rn 720 f.

3. Einzelfragen

a) Verhältnis zu § 323 Abs. 6

720 Schon beim ersten Lesen fällt die Ähnlichkeit von § 326 Abs. 2 und § 323 Abs. 6 auf: Beide Vorschriften setzen voraus, dass es mit der Leistung des Schuldners ein Problem gibt, für das nicht der Schuldner, sondern der *Gläubiger* „allein oder überwiegend verantwortlich" ist. Aber auch die Unterschiede sind deutlich: § 323 Abs. 6 verbietet dem Gläubiger nur den Rücktritt, während § 326 Abs. 2 den Gläubiger erheblich belastet (er muss leisten, obwohl er nichts bekommt). Die – bei gleichem Gläubigerverhalten – unterschiedlichen Rechtsfolgen erklären sich so: § 323 geht davon aus, dass die Leistung des Schuldners noch möglich ist, dass also der vereinbarte Leistungsaustausch erfolgen kann (Rn 610). Abs. 6 nimmt dem Gläubiger (bei eigenem Fehlverhalten) deshalb nur das Recht, trotz noch möglicher Erfüllung vorzeitig den Rücktritt zu erklären. Wenn der Schuldner – trotz der Behinderung durch den Gläubiger – doch noch erfüllt, verzeiht § 323 dem Gläubiger sein in Abs. 6 angesprochenes Fehlverhalten und er muss seinerseits leisten. Wenn jedoch die Leistung des Schuldners aufgrund des Gläubigerverhaltens endgültig im Sinne des § 275 Absätze 1 bis 3 scheitert, gilt § 326 Abs. 2: Der Gläubiger muss leisten, obwohl er nichts erhält.

b) Sonderfall § 615

721 Nach seinem Wortlaut erfasst § 326 Abs. 2 auch die Fälle, in denen jemand eine ihm geschuldete, zeitlich fixierte Dienstleistung nicht wahrnimmt (zB Unterrichtsstunde, ärztliche Behandlung, Beratung durch einen Rechtsanwalt). *Beispiel:* Patient G des Psychotherapeuten S vergisst („verdrängt") seine auf 11.00 Uhr festgesetzte Therapiestunde, so dass S untätig wartet. Dieser Fall ließe sich nach § 326 Abs. 2 S. 1 lösen, weil G als Gläubiger der Behandlung für den Ausfall der Stunde „allein … verantwortlich" ist. Aber das Gesetz hat diese Fälle in § 615 speziell geregelt und als Gläubigerverzug gedeutet (Rn 481 ff). Wegen der gleichen Rechtsfolgen kann aber oft dahingestellt bleiben, ob § 326 Abs. 2 oder § 615 im Einzelfall anwendbar wäre.[84]

III. Exkurs: Die beiderseits zu vertretende Unmöglichkeit

722 Es gibt nicht nur den Fall, dass der *Schuldner* die Unmöglichkeit seiner Leistung zu vertreten hat, und den Fall, dass der *Gläubiger* für den Eintritt der Unmöglichkeit „verantwortlich" ist. Es kommt auch vor, dass ein Umstand die Unmöglichkeit herbeigeführt hat, den *beide* zu vertreten haben. Dieser Fall spielt in der Praxis keine Rolle, ist aber vielfach diskutiert worden (siehe Literaturverzeichnis Rn 707). Deshalb soll das Problem wenigstens skizziert werden. *Beispiel:* M war damit beauftragt, Arbeiten

84 BGH NJW 2002, 595.

an einer Moselbrücke vorzunehmen. Er mietete für 10 000 Euro von V eine mit einem Kran ausgerüstete Fähre im Wert von 110 000 Euro. V gestattete M eine unzureichende Verankerung. M seinerseits ließ die Fähre mehrere Tage ohne Aufsicht. Die Fähre sank aus beiden Gründen. Die Schuld am Verlust der Fähre lag zu zwei Dritteln bei M, zu einem Drittel bei V. Die Fähre musste verschrottet werden. M mietete eine andere Fähre für 30 000 Euro.[85] Unter allen Lösungsvorschlägen ist der folgende mE am überzeugendsten:[86]

- Man unterstellt zunächst, dass die *Alleinschuld bei M* lag. Dann würde V mit dem Sinken der Fähre von seiner Vermieterpflicht frei (§ 275 Abs. 1), während M nach § 326 Abs. 2 S. 1 die volle Miete von 10 000 Euro bezahlen müsste. Außerdem müsste er, da er die Fähre nicht nach § 546 Abs. 1 zurückgeben kann, deren Wert ersetzen (§§ 280 Abs. 1, 3, 283). Insgesamt müsste M 120 000 Euro zahlen.
- Sodann unterstellt man, dass *V die Alleinschuld* trägt. Dann könnte M nach den §§ 280 Abs. 1, 3, 283 Ersatz des Schadens verlangen, der ihm durch die Unbenutzbarkeit der Fähre entstanden ist. V hätte deshalb die zweite Miete von 30 000 Euro zu erstatten.
- Da die Schuld zu zwei Dritteln bei M lag und zu einem Drittel bei V, werden die gegenseitigen Forderungen nach dem Gedanken des § 254 (Rn 945) gekürzt. M muss demnach zwei Drittel von 120 000 Euro bezahlen, also 80 000 Euro, während er von V 10 000 Euro erhält. Im Ergebnis zahlt M 70 000 Euro, V nichts.

§ 31 Der Gläubiger trägt das Risiko der zufälligen Unmöglichkeit

723 **Fall 31: Unauffindbarer Fünfer** §§ 275 Abs. 1, 326 Abs. 2

Die K-GmbH hatte als Geschäftswagen für ihren Geschäftsführer Wolfgang Greiner von der BMW-Niederlassung Stuttgart einen BMW der Fünferreihe gekauft. Da der Kaufpreis in drei Raten bezahlt werden sollte, lieferte die Niederlassung das Fahrzeug unter Eigentumsvorbehalt. Dreieinhalb Monate später wurde es nach Angaben des Geschäftsführers Greiner von Unbekannten gestohlen. Es ist nicht wieder aufgefunden worden und befindet sich nach Ansicht der Kriminalpolizei bereits im Ausland. Greiner ist der Meinung, dass seine GmbH die restlichen Raten nicht zu zahlen brauche. BMW vertritt die Ansicht, dass die GmbH weiterhin zahlen müsse. Ist das richtig?

724 Der Anspruch der BMW AG auf den restlichen Kaufpreis ergibt sich zunächst aus § 433 Abs. 2. Dieser Anspruch könnte nach § 326 Abs. 2 S. 1 fortbestehen:

„Ist der Gläubiger ...“ § 326 steht unter der Titel-Überschrift „Gegenseitiger Vertrag“, setzt also einen gegenseitigen Vertrag voraus. Der Kaufvertrag ist das Paradebeispiel eines gegenseitigen Vertrags. Bei solchen Verträgen sind immer beide Partner Schuldner und Gläubiger in einer Person. Da § 326 die Unmöglichkeit der Schuldnerleistung voraussetzt, ist „Schuldner“ der Partner, dessen Leistung unmöglich geworden ist. Das ist nicht die K-GmbH, denn zahlen kann man immer, es könnte aber die BMW AG sein:

85 In Anlehnung an BGH VersR 1981, 426.

86 Weitgehend übereinstimmend Huber, Leistungsstörungen II, § 57; Looschelders Rn 729; Medicus/Lorenz Rn 449; Palandt/Grüneberg § 326 Rn 15.

Nach § 433 Abs. 1 S. 1 ist die BMW AG verpflichtet, der K-GmbH „die Sache zu übergeben und das Eigentum an der Sache zu verschaffen". Die Übergabe ist erfolgt, die Eigentumsverschaffung nicht, weil BMW nach § 449 den Eigentumsübergang von der vollständigen Bezahlung des Kaufpreises abhängig gemacht hat. Inzwischen kann sie die Pflicht zur Eigentumsübertragung nicht mehr erfüllen, weil davon auszugehen ist, dass das Fahrzeug nicht mehr auftauchen wird. Es liegt deshalb auf der Verkäuferseite ein Fall der nachträglichen Unmöglichkeit vor. Damit steht fest: Die BMW AG ist die Schuldnerin, so dass die K-GmbH die Gläubigerin sein muss (nämlich des Anspruchs auf die Übereignung des Fahrzeugs nach § 433 Abs. 1 S. 1).

„... für den Umstand, auf Grund dessen der Schuldner nach § 275 *Abs.* 1 *bis* 3 *nicht zu leisten braucht, ..."* Dieser Umstand ist das Abhandenkommen des Fahrzeugs. Denn der Diebstahl macht es der BMW-Niederlassung unmöglich, das Eigentum nach § 929 S. 2 auf die GmbH übergehen zu lassen. BMW ist nach § 275 Abs. 1 von der Pflicht zur Übereignung frei geworden.

725 *„... allein oder weit überwiegend verantwortlich ..."* Die Frage ist, ob die K-GmbH für den Diebstahl verantwortlich ist. Das würde Greiner als ihr Geschäftsführer natürlich entrüstet bestreiten. Und wenn es sich um einen echten (also nicht gestellten) Diebstahl handelt, ist ein *Verschulden* des Geschäftsführers Greiner und damit der GmbH auch nicht erkennbar. Aber hier ist § 446 S. 1 zu beachten: In § 446 S. 1 wird bewusst nur die *Übergabe* (Besitzverschaffung) erwähnt, nicht die Übereignung (§ 929). Deshalb ist § 446 auch beim Eigentumsvorbehalt (§ 449 Abs. 1) anwendbar. Die K-GmbH trug also das Risiko, dass der Wagen durch Zufall zerstört wurde, verloren ging oder beschädigt wurde. Durch diese Risikozuweisung in § 446 war die GmbH für den Diebstahl, wie es in § 326 Abs. 2 S. 1 heißt, „... *allein ... verantwortlich ...*" Denn das Wort „verantwortlich" umfasst mehr als Vorsatz und Fahrlässigkeit, es erfasst auch die Fälle, in denen dem Gläubiger die Gefahr des zufälligen Untergangs zugeordnet wird.

„... so behält der Schuldner den Anspruch auf die Gegenleistung." Der Schuldner ist wieder die BMW AG, weil sie die Übereignung schuldet (§ 433 Abs. 1 S. 1). Die „Gegenleistung" ist aus Sicht von BMW die Zahlung des Kaufpreises. Die BMW-Niederlassung (und damit die BMW AG selbst) behält also ihren Anspruch auf die weiteren Raten.

Das Ergebnis lautet demnach: Die K-GmbH muss weiterhin die Kaufpreisraten bezahlen, auch wenn sie nie Eigentümerin des Fahrzeugs werden kann.

Aus dem FD „Unmöglichkeit nach § 326" ergibt sich der Lösungsweg so: 1. Nein – 2. Nein – 4. Ja (Spalte 4, die auf Frage 3 verweist) – 3. Nein (Spalte 3).

Lerneinheit 31

726 **Literatur:** Siehe Rn 633; *Dötterl*, Die Verantwortlichkeit des Gläubigers, ZGS 2011, 115

I. Problemstellung

727 Wenn die Unmöglichkeit infolge eines Ereignisses eingetreten ist, das weder der Schuldner verschuldet hat (§ 276 Abs. 1 S. 1) noch der Gläubiger, ist bekanntlich *zufällige Unmöglichkeit* gegeben (Rn 695). Grundsätzlich liegt dann ein Fall des § 326 Abs. 1 S. 1 vor (unten Rn 748 ff). Im Einzelfall kann aber eine andere Regelung vorgehen. Denn es kann nicht nur der Schuldner das Zufallsrisiko zu tragen haben, es kann

auch *dem Gläubiger* zugeordnet sein. Trägt der Gläubiger das Risiko des Zufalls, muss er selbst leisten, obwohl er die durch Zufall unmöglich gewordene Leistung des Schuldners nicht erhält (§ 326 Abs. 2 S. 1; FD „Unmöglichkeit nach § 326", Fragen 4 bis 7).

II. Verantwortlichkeit des Gläubigers ohne Verschulden

1. Durch Gesetz oder Vertrag zugewiesenes Risiko

a) Kraft Gesetzes

728 Manchmal lädt das Gesetz dem Gläubiger das Risiko auf, dass die für ihn bestimmte Leistung durch Zufall nicht erbracht werden kann. Ist das der Fall, ist der Gläubiger für den Zufall „verantwortlich" (§ 326 Abs. 2 S. 1 Alt 1).

Die wichtigsten Fälle, in denen der Gläubiger *gesetzlich* für die zufällige Unmöglichkeit verantwortlich ist, sind folgende:

729 ■ *Zufälliger Untergang der unter Eigentumsvorbehalt gelieferten Ware (§ 446):* Siehe dazu Fall 31, Rn 723.

730 ■ *Zufälliger Untergang beim Versendungskauf* (§ 447): Beim Versendungskauf (Rn 62) trägt der Käufer – sofern kein Verbrauchsgüterkauf vorliegt (§ 474 Abs. 4) – das Transportrisiko, so dass ein zufälliger Verlust der Sache beim Transport von ihm zu tragen (zu verantworten) ist (§§ 447, 326 Abs. 2 S. 1; FD „Unmöglichkeit nach § 326", Frage 5). *Beispiel:* Bei einem Versendungskauf unter Unternehmern gingen auf dem Transportweg einige der zu liefernden Bleche aus ungeklärten Gründen verloren. Der Käufer (Gläubiger der Übereignung) musste sie bezahlen, obwohl er sie nie erhielt.[87] Dies Ergebnis wird von anderen Autoren und von der Rechtsprechung zu Unrecht nicht aus § 326 Abs. 2 S. 1 hergeleitet, sondern nur aus § 447.

b) Vertraglich vom Gläubiger übernommenes Risiko

731 Manchmal übernimmt der Gläubiger *im Vertrag* ausdrücklich oder stillschweigend das Risiko, dass die Leistung des Schuldners durch Zufall unmöglich wird.

732 ■ *Zufälliger Untergang des Leasingguts:* Nach dem Gesetz trägt der Leasinggeber die Gefahr, dass das Leasinggut beim Leasingnehmer durch Zufall untergeht (§§ 326 Abs. 1, 275 Abs. 1). *Beispiel:* Die von N geleaste Fokker Friendship ist ohne Mitverschulden des N gestohlen worden. Nach dem BGB würde die Leasinggesellschaft einerseits nach § 275 Abs. 1 von ihrer Pflicht zur Gebrauchsüberlassung frei, verlöre aber andererseits nach § 326 Abs. 1 ihren Anspruch auf die Leasingraten.[88] Die AGB der Leasinggeber enthalten jedoch durchweg Klauseln wie: „Die Gefahr des zufälligen Untergangs trägt der Leasingnehmer."[89] Da der Leasingnehmer eine ähnliche wirtschaftliche Stellung hat wie ein Vorbehaltskäufer (§ 449) und dieser die Gefahr des zufälligen Untergangs trägt (§ 446; Rn 729), ist es nicht unangemessen, diese Gefahr vertraglich dem Leasingnehmer zuzuweisen.

733 ■ *Konkludent übernommenes Risiko:* Manchmal übernimmt der Gläubiger stillschweigend die Gefahr der zufällig eintretenden Unmöglichkeit. *Beispiel:* Die Kon-

87 BGH NJW 1965, 1324; ähnlich OLG Köln NJW 1995, 3128.
88 OLG Düsseldorf NJW 1997, 2528.
89 Beispiel in BGH NJW 2004, 1041.

zertveranstalterin K hatte für eine Tournee der Gruppe „Tic Tac Toe" den Lichtdesigner L engagiert. Die Tournee musste ausfallen, weil sich die Mitglieder der Gruppe endgültig zerstritten hatten. Aus dem Vertrag ergab sich, dass K es L gegenüber konkludent übernommen hatte, für das Risiko eines zufälligen Unmöglichwerdens einzustehen.[90] L konnte deshalb nach § 326 Abs. 2 S. 1 Var. 1 sein volles Honorar verlangen, musste sich aber gegebenenfalls die Einnahmen aus einem Ersatzauftrag anrechnen lassen (§ 326 Abs. 2 S. 2).

2. Eintritt der zufälligen Unmöglichkeit im Gläubigerverzug

a) Kein Verschulden des Schuldners und des Gläubigers

Schuldner: Der Grund der Unmöglichkeit muss im Fall des § 326 Abs. 2 S. 1 Var. 2 ein „vom Schuldner *nicht zu vertretender* Umstand" sein. Der Schuldner darf also den Umstand nicht schuldhaft herbeigeführt haben; Haftungserleichterungen kommen ihm zugute (zB § 300). Es darf aber auch keine Norm dem Schuldner das Zufallsrisiko zuweisen (wie etwa § 287 S. 2; Rn 697). 734

Gläubiger: Über ein Verschulden *des Gläubigers* sagt § 326 Abs. 2 S. 1 Var. 2 nichts. Aber es ist klar, dass ein Verschulden nicht vorliegen darf. Denn in diesem Fall läge die Verantwortung ja bereits nach § 326 Abs. 2 S. 1 Var. 1 beim Gläubiger (Rn 712 ff). 735

b) Gläubigerverzug

Die zufällige Unmöglichkeit muss zu einer Zeit eingetreten sein, *„zu welcher der Gläubiger im Verzug der Annahme ist, …"* Der Gläubiger gerät bekanntlich in Gläubigerverzug (§§ 293 ff), wenn er die ihm korrekt angebotene Leistung nicht angenommen hat. Der Gläubigerverzug setzt auf Seiten des Gläubigers kein Verschulden voraus. Aber ein gewisses Fehlverhalten liegt schon darin, die vom Schuldner angebotene Leistung nicht anzunehmen. Der Gesetzgeber sieht jedenfalls ausreichenden Anlass, in diesem Fall den Gläubiger mit den Folgen einer zufällig eintretenden Unmöglichkeit zu belasten. Der Gläubiger, der sich im Gläubigerverzug befindet, wird also für die zufällig eintretende Unmöglichkeit so verantwortlich gemacht, als habe er die Unmöglichkeit verschuldet (FD „Unmöglichkeit nach § 326", Frage 7, Ja, Spalte 7). *Schulfall:* K sollte die von ihm gekaufte Vase bis zum 18. März im Ladenlokal des Verkäufers V abholen, konnte aber an diesem Tag nicht kommen (Gläubigerverzug nach § 296 S. 1). In der folgenden Nacht wurde die Vase aus dem sorgfältig gesicherten Laden des V gestohlen. V kann seine Vertragspflicht zu Übereignung (§ 433 Abs. 1 S. 1) nicht mehr erfüllen und wird deshalb frei (§ 275 Abs. 1), behält aber nach § 326 Abs. 2 S. 1 Var. 2 seinen Anspruch auf den Kaufpreis. Selbst wenn V den Diebstahl durch leichte Fahrlässigkeit begünstigt haben sollte, würde ihm das wegen § 300 Abs. 1 nicht schaden. 736

Reale Fälle zu § 326 Abs. 2 S. 1 Var. 2 sind sehr selten. Den beiden Entscheidungen, die man anführen kann,[91] liegen ähnliche Sachverhalte zu Grunde. *Beispiel:* V hatte an K zehn Festmeter Holz verkauft, das im Wald lagerte. Bezahlung und Übereignung waren nicht erfolgt. Da K das Holz nicht abfahren ließ, drohte es zu verrotten. Nachdem V den K in Gläubigerverzug gesetzt hatte (§ 293), verkaufte und übereignete er das Holz zu einem geringeren Preis an D. *Lösung:* Da V (durch die Übereignung an D) sein Ei-

---

90 BGH NJW 2002, 595.

91 BGH LM § 325 Nr. 5 und OLG Köln NJW-RR 1995, 52.

gentum verloren hat, ist er außerstande, seine Hauptpflicht aus § 433 Abs. 1 S. 1 gegenüber K zu erfüllen (§ 275 Abs. 1). Aber dieses Unvermögen (die subjektive Unmöglichkeit) ist ein „vom Schuldner nicht zu vertretender Umstand" (§ 326 Abs. 2 S. 1 Var. 2). Denn V hat wirtschaftlich vernünftig gehandelt, also nicht rechtswidrig und damit weder fahrlässig noch vorsätzlich (§ 276 Abs. 1 S. 1). Selbst wenn man ihm leichte Fahrlässigkeit vorwerfen könnte, so wäre ihm diese nicht anzurechnen, weil K im Gläubigerverzug war (§ 300 Abs. 1). Schuldner V behält nach § 326 Abs. 2 S. 1 Var. 2 gegenüber K seinen Kaufpreisanspruch aus § 433 Abs. 2. Er muss aber den Betrag abziehen, den er von D erhalten hat (§ 326 Abs. 2 S. 2; FD „Unmöglichkeit nach § 326", Frage 7, Ja, Frage 3, Ja, Spalte 2).

III. Rechtsfolge

737 Da die hier diskutierten Fälle auch von § 326 Abs. 2 S. 1 erfasst werden, werden sie so behandelt, als sei der Gläubiger an der Unmöglichkeit schuld. Es gilt deshalb das oben Gesagte (Rn 716 ff).

§ 32 Keiner von beiden ist verantwortlich

738 **Fall 32: Kein Training mehr im Fitnessstudio** § 326

Frau Claudia Wagner hatte mit Henning Rupp, der ein Sport- und Fitnessstudio betreibt, auf ein Jahr einen sogenannten Mitgliedsvertrag geschlossen. Der Vertrag berechtigte Frau Wagner, gegen ein monatlich zu zahlendes Entgelt in dem Fitnessstudio zu trainieren. Als Frau Wagner schwanger wurde, riet ihr Frauenarzt ihr von einem weiteren Training ab. Frau Wagner sagte deshalb Rupp, da sie nicht weiter trainieren könne, werde sie vom nächsten Monat ab den Beitrag nicht mehr zahlen. Rupp erwiderte, die Schwangerschaft sei ihr Problem, die weiteren Monatsbeiträge müsse sie trotzdem zahlen. (Nach BGH NJW 1997, 193)

739 Zu prüfen ist, ob Frau Wagner nach § 326 Abs. 1 von ihrer Verpflichtung zur Beitragszahlung frei geworden ist.

„Braucht der Schuldner nach § 275 *Abs.* 1 *bis* 3 *nicht zu leisten ...."* Durch die Verweisung auf § 275 macht § 326 Abs. 1 S. 1 deutlich, dass ein Fall der Unmöglichkeit der Leistung vorliegen muss (§ 275 Abs. 1) oder ein gleichgestellter Fall (§ 275 Abs. 2, Abs. 3). Unbefangene Leser würden jetzt vielleicht denken: „Ja natürlich, Frau Wagner kann nicht mehr trainieren, darin liegt ein Fall der Unmöglichkeit." Aber das wäre nicht richtig. Das Trainierendürfen ist *keine Leistung,* die Frau Wagner zu erbringen hätte, sondern das wichtigste *Recht,* das sie aufgrund des Vertrags erworben hat. Frau Wagner ist nur hinsichtlich der Zahlung Schuldnerin, aber die Zahlung ist (wie immer) nicht unmöglich geworden. Es muss also Rupps Leistung unmöglich geworden sein. Und das ist auch so, denn infolge der Schwangerschaft kann er die von ihm geschuldete Leistung (Frau Wagner das Training zu ermöglichen) nicht mehr erbringen (§ 275 Abs. 1).

„... entfällt der Anspruch auf die Gegenleistung; ... " Herr Rupp verliert mit Eintritt der Unmöglichkeit seinen vertraglichen Anspruch auf Zahlung der Monatsbeiträge.

Das wäre nicht so, wenn Frau Wagner als Gläubigerin „für den Umstand, aufgrund dessen der Schuldner ... nicht zu leisten braucht, allein oder weit überwiegend verantwortlich" wäre (§ 326 Abs. 2 S. 1). Man kann aber nicht sagen, dass Frau Wagner für ihre Schwangerschaft – und damit für das Ende des Trainierens – im Sinne einer Vorwerfbarkeit „verantwortlich" sei. Dasselbe gilt übrigens nach dem zugrunde liegenden BGH-Urteil auch für alle, die in Folge einer Krankheit am Training gehindert sind (Schwangerschaft ist keine Krankheit!). Auch sie sind für die Unmöglichkeit der (vom Studio-Inhaber zu erbringenden) Leistung nicht „verantwortlich".

Für die Pflicht, die Beiträge weiterhin zu entrichten, spricht allerdings eine Vorschrift des Mietrechts, mit der sich der BGH deshalb auch auseinandersetzen musste. § 537 besagt, dass der Mieter von der Mietzahlung nicht befreit wird, wenn er die Mietsache aus einem „in seiner Person liegenden Grund" nicht nutzen kann. § 537 will verhindern, dass sich ein Mieter (Gläubiger des Nutzungsanspruchs), der – zB durch eine Reise oder einen Krankenhausaufenthalt – an der Nutzung der Mietsache gehindert ist, sich auf § 326 Abs. 1 beruft. Der Vertrag über die Nutzung eines Fitnessstudios ist zwar ein Vertrag eigener Art, aber er enthält – das ist unbestritten – Elemente eines Mietvertrags.[92] Denn der Kunde ist in erster Linie berechtigt, die aufgestellten Geräte zu nutzen, sein Anspruch auf Beratung ist nachrangig. Der Anwalt des Studiobetreibers Rupp hatte deshalb argumentiert, § 537 müsse in diesem Fall entsprechende Anwendung finden. Der BGH hat aber darauf hingewiesen, dass ein wesentlicher Unterschied zum Mietvertrag besteht: Ein Mieter ist unter Ausschluss jedes Dritten zur Nutzung der Mietsache berechtigt, während der Kunde eines Fitnessstudios die Nutzung der Geräte mit allen anderen Kunden teilen muss. Es findet deshalb nicht § 537, sondern § 326 Abs. 1 Anwendung.

„... bei einer Teilleistung findet § 441 entsprechende Anwendung": Da Rupp bisher seine Pflicht erfüllt hat, hat er immerhin eine Teilleistung erbracht. Er behält deshalb für diese Zeit seinen Anspruch auf das Entgelt und verliert nur seinen Anspruch auf künftige Monatsbeiträge. Dazu verweist das Gesetz auf die Regelung, die für eine Herabsetzung (Minderung) des Kaufpreises gilt, wenn die Kaufsache mangelhaft ist (§ 441).

Aus dem FD „Unmöglichkeit nach § 326" ergibt sich die Lösung so: 1. Nein (Rupp hat die Schwangerschaft nicht zu vertreten) – 2. Nein – 4. Nein – 5. Nein – 6. Nein (auch keine entsprechende Anwendung des Mietrechts) – 7. Nein – 9. Ja – 10. Ja (Spalte 8).

Lerneinheit 32

740 **Literatur:** Siehe Rn 633. 32; *Kiehnle*, Unmöglichkeit nach Verjährung: Zu „Doppelwirkungen" und zur Auslegung des § 326 I und IV BGB, Jura 2010, 481.

I. Problemstellung

741 In den bisher besprochenen Fällen war es immer möglich, entweder den Schuldner oder den Gläubiger für den Eintritt der Unmöglichkeit verantwortlich zu machen. Denn entweder lag ein Verschulden vor oder das Risiko des Unmöglichwerdens war (gesetzlich oder vertraglich) dem Schuldner oder dem Gläubiger zugewiesen.

Wenn der Umstand, der die Schuldnerleistung unmöglich gemacht hat, weder dem Schuldner noch dem Gläubiger zugerechnet werden kann, ergibt sich die Lösung aus

92 OLG Brandenburg NJW-RR 2004, 271; Palandt/Weidenkaff Vor § 535 Rn 36.

§ 326 Abs. 1 S. 1: Die Pflicht zur Erbringung der (immer noch möglichen) *Gegenleistung* entfällt, der Gläubiger wird also (in seiner Eigenschaft als Schuldner) von seiner Leistungspflicht befreit.

Es ist aber zu beachten, dass der eben geschilderte Fall nicht der einzige ist, der nach § 326 Abs. 1 S. 1 zu beurteilen ist. Diese Vorschrift hat einen weiteren Anwendungsbereich, wie gleich darzustellen ist.

II. Voraussetzungen des § 326 Abs. 1 S. 1 Hs. 1

1. Unmöglichkeit der vom Schuldner zu erbringenden Leistung

742 § 326 Abs. 1 S. 1 beginnt mit den Worten: „Braucht der Schuldner nach § 275 Abs. 1 bis 3 nicht zu leisten ...“ Deshalb muss die Schuldnerleistung unmöglich sein (§ 275 Abs. 1) oder vom Schuldner nach § 275 Abs. 2 oder 3 zu Recht verweigert werden (ebenso wie nach Abs. 2).

2. Hauptpflicht aus einem gegenseitigen Vertrag

743 Weil § 326 im „Titel 2. Gegenseitiger Vertrag“ steht, setzt er voraus, dass ein gegenseitiger Vertrag vorliegt (Rn 16) und die unmögliche (oder nicht zu erbringende) Leistung im *Gegenseitigkeitsverhältnis* (Synallagma) steht (Rn 710).

3. Verschulden des Schuldners gleichgültig

744 § 326 Abs. 1 lässt die Schuldfrage offen. Es ist deshalb gleichgültig, ob der Schuldner die Unmöglichkeit zu vertreten hat oder nicht. Auch ein Schuldner, dem das Unmöglichwerden seiner Leistung anzulasten ist, wird von seiner Pflicht frei (§ 275 Abs. 1 bis 3) und verliert nach § 326 Abs. 1 S. 1 Hs. 1 seinen Anspruch auf die Gegenleistung.

745
- *Vertretenmüssen des Schuldners:* Wenn der Schuldner die Unmöglichkeit zu vertreten hat, kann der Gläubiger nicht nur nach § 283 Schadensersatz verlangen. Er kann auch alternativ oder kumulativ (§ 325) zurücktreten. *Beispiel 1:* Das Telekommunikationsunternehmen T hatte sich gegenüber K verpflichtet, ihm gegen ein monatliches Entgelt einen DSL-Anschluss zur Verfügung zu stellen. Wegen eines technischen Fehlers konnte die T trotz mehrerer Versuche drei Monate lang keine Verbindung herstellen. Für jeden Tag dieses Zeitraums war es der T unmöglich, ihre Vertragspflicht zu erfüllen. Deshalb war für K „der Anspruch auf Leistung“ (auf den DSL-Anschluss) „ausgeschlossen“ (§ 275 Abs. 1). Aus Sicht der T bedeutet das, dass sie insofern von ihrer Pflicht, den Anschluss zur Verfügung zu stellen, frei wurde. Aber sie verlor für diese Zeit ihren Anspruch auf ihr Entgelt (§ 326 Abs. 1 S. 1).[93] *Beispiel 2:* In dem Fall mit Schönheitschirurg S (Beispiel 2, Rn 676) hatte dieser die Unmöglichkeit seiner Leistung vorsätzlich herbeigeführt und musste deshalb Schadensersatz nach § 283 leisten. Ob ein Schaden vorlag, war aber zweifelhaft, weil Frau G offenbar medizinisch korrekt operiert worden war. Es war deshalb für sie günstiger, das Arzthonorar nach § 326 Abs. 1 S. 1 Hs. 1, Abs. 4 zurückzufordern. Die Tatsache, dass die Unmöglichkeit seiner Leistung vom Schuldner schuldhaft (vorsätzlich) herbeigeführt worden war, stand dem nicht entgegen.[94]

93 BGHZ 196, 101 Rn 22. Das schloss allerdings einen Schadensersatzanspruch des K nicht aus.

94 OLG Koblenz NJW 2008, 1679. Das Gericht hat dem Arzt auch einen Anspruch aus den §§ 812 ff verwehrt, weil eine aufgedrängte Bereicherung vorliege. Das ist etwas problematisch.

746 ■ *Nichtvertretenmüssen des Schuldners:* Wenn der Schuldner die Unmöglichkeit nicht zu vertreten hat und auch nicht der Gläubiger, ist § 326 Abs. 1 S. 1 die einzige anzuwendende Vorschrift (Beispiel: Fall 32, Rn 738, und die weiteren Beispiele Rn 748).

4. Keine Verantwortlichkeit des Gläubigers

747 § 326 Abs. 1 setzt – wenn auch stillschweigend – voraus, dass nicht der *Gläubiger* für die Unmöglichkeit der Schuldnerleistung „allein oder weit überwiegend verantwortlich" ist. Denn in diesem Fall gilt nur § 326 Abs. 2 S. 1, der Anspruch des Schuldners auf die Gegenleistung entfällt gerade *nicht*.

III. Rechtsfolgen

748 Nach § 326 Abs. 1 S. 1 Hs. 1 „entfällt der Anspruch auf die Gegenleistung", dh der Gläubiger wird von seiner eigenen Verpflichtung frei. Das ist auch nur recht und billig. Denn nach § 275 wird ja der *Schuldner* frei. Und es besteht kein Anlass, in diesem Fall den Gläubiger an seiner Leistungspflicht festzuhalten.

Beispiel 1: Fall 32, Rn 738.[95] *Beispiel 2:* Während des Ersten Weltkriegs hatte V eine bestimmte Schiffsladung Waltran an K verkauft, doch wurde der Kapitän des Schiffes von britischen Behörden gezwungen, den Tran in Liverpool zu verkaufen. Da es V durch höhere Gewalt unmöglich geworden war, seine Verpflichtung aus dem Kaufvertrag zu erfüllen, wurde er von seiner Pflicht frei (§ 275 Abs. 1), verlor aber auch nach § 326 Abs. 1 S. 1 den „Anspruch auf die Gegenleistung", also seinen Kaufpreisanspruch.[96] *Beispiel 3:* Der verpachtete Bauernhof brannte ab, weil sich das Heu selbst entzündet hatte (ein Naturereignis). Der Verpächter S konnte seine Pflicht, dem Pächter die Nutzung zu ermöglichen, nicht mehr erfüllen. Er wurde von seiner Pflicht frei (§ 275 Abs. 1), verlor aber auch seinen Anspruch auf die Zahlung der Pacht.[97] *Beispiel 4:* Eine Jagdgenossenschaft hatte ihren Jagdbezirk an P verpachtet. Sie konnte während eines Nato-Manövers ihre Verpflichtung, dem P die Jagdausübung zu ermöglichen, nicht erfüllen.[98] *Beispiel 5:* Das geleaste Fahrzeug erlitt durch Alleinschuld eines Dritten einen Totalschaden, so dass die Leasinggeberin ihre Hauptpflicht aus dem Leasingvertrag, dem Leasingnehmer die Nutzung zu ermöglichen, nicht mehr erfüllen konnte. Nach dem BGB wird die Leasinggesellschaft von ihrer Pflicht zur Nutzungsgewährung ersatzlos frei (§ 275 Abs. 1), verliert aber auch ihren Anspruch auf die Leasingraten (§ 326 Abs. 1 S. 1). In der Praxis übertragen die Leasinggeber dieses Risiko aber auf die Leasingnehmer (Rn 732).[99] Falls das misslungen ist, gilt aber § 326 Abs. 1 S. 1 Hs. 1.[100]

749 Die Befreiung des Gläubigers erfolgt kraft Gesetzes (automatisch). Ein Rücktritt ist dafür nicht erforderlich, er ist aber zulässig (unten Rn 756). Hinsichtlich der „Gegenleistung", also der vom Gläubiger ursprünglich zu erbringenden Leistung, ist zu unterscheiden:

750 ■ Wenn der Gläubiger seine Leistung noch nicht erbracht hatte, unterbleibt sie, weil der entsprechende Anspruch des Schuldners „entfällt" (§ 326 Abs. 1 S. 1 Hs. 1).

95 BGH NJW 1997, 193 und in einem Parallelfall NJW 1997, 195.
96 RGZ 91, 260.
97 BGH NJW 1992, 1036.
98 BGH NJW 1991, 1421.
99 BGH NJW 1996, 1888; OLG Köln NJW 1993, 1273; BGHZ 116, 278.
100 OLG Düsseldorf NJW 1997, 2528.

Dass der Gläubiger von seiner eigenen Verpflichtung frei wird, gilt unabhängig davon, ob er nach § 283 Schadensersatz verlangt oder nicht.

751 ▪ Wenn der Gläubiger seine Leistung bereits ganz oder teilweise erbracht hatte, kann „das Geleistete nach den §§ 346 bis 348 zurückgefordert werden" (§ 326 Abs. 4).

IV. Sonderfälle

1. Die Schuldnerleistung ist nur teilweise unmöglich

752 § 326 Abs. 1 S. 1 Hs. 2 regelt den Fall, dass die Leistung nur teilweise unmöglich ist (FD „Unmöglichkeit nach § 326", Frage 9). Dann gilt § 326 Abs. 1 S. 1 Hs. 1 nur hinsichtlich des *unmöglichen* Teils. Den *möglichen* Teil muss der Schuldner erbringen und der Gläubiger entgelten (bezahlen).

753 § 326 Abs. 1 S. 1 Hs. 2 legt fest, in welchem Umfang sich die Gegenleistung des Gläubigers (meist die Zahlung) ermäßigt: Das Gesetz verweist auf die Verhältnisgleichung, die nach § 441 Abs. 3 für die Berechnung der Minderung des Kaufpreises aufzustellen ist.[101] *Beispiel:* Die Eheleute E hatten bei V eine Kücheneinrichtung gekauft, zu der nach ihrem besonderen Wunsch ein zwei Meter hoher „Finesse"-Kühl- und Gefrierschrank gehören sollte. V konnte diese Teilleistung nicht erbringen, da der „Finesse" nicht mehr gebaut wurde und im Großhandel nicht mehr erhältlich war.[102] Nach § 326 Abs. 1 S. 1 Hs. 2 müssten die Eheleute die übrigen Küchenteile abnehmen, würden aber – nach dem Modell der Minderung (§ 441 Abs. 3) – einen herabgesetzten Kaufpreis bezahlen. Das kann ungerecht sein, nämlich wenn die Eheleute an dem Küchentorso kein Interesse haben. Für diesen Fall gibt ihnen § 326 Abs. 5 ein Rücktrittsrecht. Nach § 323 Abs. 5 S. 1, auf den § 326 Abs. 5 ja ebenfalls verweist, können sie, wenn sie „an der Teilleistung kein Interesse" haben, „vom *ganzen* Vertrag ... zurücktreten" (§ 323 Abs. 5 S. 1; FD „Unmöglichkeit nach § 326", Frage 10, Nein).[103] Sie zahlen dann natürlich nichts. Dies ist übrigens einer der wenigen Fälle, in denen ein Rücktritt nach § 326 Abs. 5 sinnvoll ist (Rn 758).

2. Herausgabe des Ersatzes

a) Grundlagen

754 Nach § 326 Abs. 3 S. 1 kann der Gläubiger vom Schuldner das verlangen, was dieser anstelle der unmöglich gewordenen Leistung erlangt hat, also das sogenannte *stellvertretende commodum* (§ 285 Abs. 1; FD „Unmöglichkeit nach § 326", Frage 11). *Beispiel:* V hatte K für 1,2 Millionen Euro ein Haus verkauft. Noch bevor V und K ihre Pflichten (§ 433 Abs. 1, Abs. 2) erfüllt hatten, brannte das Haus ab. V erhielt vom Brandversicherer 1,5 Millionen Euro. K konnte nach § 285 Abs. 1 die Zahlung der Versicherungsleistung verlangen, blieb dann aber selbst zur Zahlung des Kaufpreises verpflichtet (§ 326 Abs. 3 S. 1).[104] Im Ergebnis musste V deshalb von der Versicherungsleistung 300 000 Euro an K zahlen, während K nichts zahlte.

---

101 Dazu SBT Rn 147.
102 LG Rottweil NJW 2003, 3139 mit falscher Lösung.
103 Lorenz NJW 2003, 3097.
104 BGH NJW 1995, 1737.

b) Regeln der kaufrechtlichen Minderung

755 Es kann sein, dass der Wert des stellvertretenden commodums hinter dem Wert der vom Schuldner ursprünglich zu erbringenden Leistung zurückbleibt. In diesem Fall wäre es ungerecht, wenn der Gläubiger die von ihm geschuldete Leistung in vollem Umfang erbringen müsste. § 326 Abs. 3 S. 2 verweist für die Herabsetzung der Gläubigerleistung auf § 441 Abs. 3, also auf eine Regel der kaufrechtlichen *Minderung*. Das macht die Sache zwar gerecht, aber auch kompliziert. § 441 Abs. 3 berücksichtigt nämlich, dass der *Preis* einer Ware durchaus nicht ihrem *Wert* entsprechen muss. Deshalb verlangt § 441 Abs. 3 eine Verhältnisgleichung, die sicherstellen soll, dass ein Käufer, der sehr günstig gekauft hat, auch *nach* der Minderung besser dasteht als ein Käufer, der einen zu hohen Kaufpreis vereinbart hatte.[105] Durch die Verweisung auf § 441 Abs. 3 will das Gesetz das auch für § 285 sicherstellen.

V. Rücktritt des Gläubigers nach § 326 Abs. 5

1. Fälle, in denen ein Rücktritt sinnvoll ist

756 Der Gläubiger einer unmöglich gewordenen, im Rahmen eines gegenseitigen Vertrags geschuldeten Leistung kann nach § 326 Abs. 5 zurücktreten. Das ist zunächst erstaunlich, weil die sich durch den Rücktritt ergebende Rechtslage schon ohne Rücktritt gegeben ist: Die Schuldnerleistung unterbleibt (§ 275 Abs. 1 bis 3) und der Gläubiger braucht nicht zu leisten (§ 326 Abs. 1 S. 1). Und falls er schon geleistet hat, kann er seine Leistung zurückfordern, sogar ausdrücklich nach den Rücktrittsvorschriften (§ 326 Abs. 4). Es stellt sich deshalb die Frage, warum der Gläubiger zurücktreten sollte. Aber in folgenden Fällen ist der Rücktritt sinnvoll:

- 757 Wenn die unmöglich gewordene Leistung zwar aus einem gegenseitigen Vertrag stammt, aber *nicht im Synallagma* steht, entfällt die Gegenleistung nicht schon nach § 326 Abs. 1 S. 1. Wenn der Gläubiger von seiner eigenen Leistungspflicht frei werden und die Gegenleistung zurückweisen will, muss er deshalb nach § 326 Abs. 5 den Rücktritt erklären.
- 758 Wenn die Leistung des Schuldners *teilweise unmöglich* geworden ist, müsste der Gläubiger den möglichen Teil annehmen (§ 326 Abs. 1 S. 1 Hs. 1). Aber wenn er am Rest der Schuldnerleistung kein Interesse hat, kann er nach § 326 Abs. 5 zurücktreten (Finesse-Fall, Rn 753).[106]
- 759 Schließlich gibt es Fälle, in denen der Gläubiger nur merkt, dass die Leistung ausgeblieben ist (§ 323 Abs. 1), aber nicht weiß, ob die Schuldnerleistung – wie § 326 Abs. 1 S. 1 verlangt – unmöglich ist. Dann muss ein Rücktritt erlaubt sein, auch wenn sich später herausstellt, dass der Gläubiger – weil die Schuldnerleistung unmöglich geworden war – bereits kraft Gesetzes nach § 326 Abs. 1 S. 1 frei geworden war.[107] In der Zeit der Unsicherheit sollte der Gläubiger vor dem Rücktritt eine Frist setzen (§ 323 Abs. 1) und sich nicht darauf verlassen, dass § 326 Abs. 5 Hs. 2 die Fristsetzung für entbehrlich erklärt.

105 Zu dieser Verhältnisgleichung SBT Rn 147.
106 Lorenz NJW 2003, 3097.
107 Palandt/Grüneberg § 326 Rn 18.

2. Voraussetzungen des Rücktritts nach § 326 Abs. 5

760 *Unmöglichkeit:* Da § 326 Abs. 5 (wie § 326 Abs. 1) mit den Worten beginnt: „Braucht der Schuldner nach § 275 Abs. 1 bis 3 nicht zu leisten ...", muss die geschuldete Leistung unmöglich sein oder vom Schuldner zu Recht verweigert werden.

761 *Gegenseitiger Vertrag:* Weil § 326 im „Titel 2. Gegenseitiger Vertrag" steht, setzt er voraus, dass die nach § 275 unmögliche oder nicht zu erbringende Leistung eine Pflicht aus einem gegenseitigen Vertrag ist. Außerhalb von gegenseitigen Verträgen kann der Gläubiger nicht zurücktreten, weil er daran kein Interesse haben kann. Der Schadensersatzanspruch nach § 283 ist deshalb für ihn allein interessant.

762 *Wesentliche Schuldnerleistung:* Es muss sich nicht um eine Leistung handeln, die im *Gegenseitigkeitsverhältnis* steht. Das ist auf den ersten Blick erstaunlich, weil § 326 Abs. 1 S. 1 eine (im Synallagma stehende) *Haupt*pflicht voraussetzt (Rn 743). In § 326 Abs. 5 ist das anders, weil das Gesetz hier nicht (wie in § 326 Abs. 1 S. 1 Hs. 1) von einer „Gegenleistung" spricht, sondern nur davon, dass der Schuldner nach § 275 nicht zu leisten braucht. Außerdem verweist § 326 Abs. 5 auf die Voraussetzungen des § 323, und dieser setzt keine synallagmatische Verknüpfung voraus (Rn 607).

763 Aus der Verweisung auf § 323 ergibt sich aber, dass dessen Voraussetzungen erfüllt sein müssen. Die Pflichtverletzung darf deshalb nicht „unerheblich" sein (§ 323 Abs. 5 S. 2; Rn 607). Das ist ein gewisser Ausgleich dafür, dass es sich bei der unmöglichen Schuldnerleistung nicht um eine *Haupt*pflicht des gegenseitigen Vertrags zu handeln braucht.

764 *Verschulden des Schuldners gleichgültig:* Im Gegensatz zum Schadensersatzanspruch setzt der Rücktritt bekanntlich kein Vertretenmüssen des Schuldners voraus. Es ist deshalb nicht zu prüfen, ob die Unmöglichkeit der Leistung vom Schuldner verschuldet oder aus anderen Gründen zu vertreten ist (§ 276 Abs. 1 S. 1).

765 *Keine Verantwortlichkeit des Gläubigers:* Wie sich aus § 323 Abs. 6 ergibt, auf den § 326 Abs. 5 ebenfalls verweist, darf die Unmöglichkeit nicht vom rücktrittswilligen Gläubiger zu verantworten sein. Denn anderenfalls könnte er sich durch unzulässiges Verhalten selbst einen Rücktrittsgrund schaffen.

766 *Fristsetzung unnötig:* Während § 323 die Nachholbarkeit der Leistung voraussetzt und deshalb im Prinzip eine Fristsetzung verlangt, ist die fragliche Leistung im Fall des § 326 unmöglich. Deshalb verweist § 326 Abs. 5 Hs. 2 auf § 323 mit der Maßgabe, dass die Fristsetzung entfällt. Eine Fristsetzung ist aber ratsam, wenn der Gläubiger nicht weiß, ob die Leistung des Schuldners unmöglich ist oder nachholbar (Rn 610).[108]

3. Rechtsfolge des Rücktritts

767 Nach dem Rücktritt ergeben sich die beiderseitigen Rechte und Pflichten aus den §§ 346 bis 354. Das bedeutet, dass noch nicht erfüllte Ansprüche erlöschen und erbrachte Leistungen zurückzugewähren sind.

768 *Zusätzlich Schadensersatz:* Wenn der Gläubiger den Rücktritt erklärt hat, ist damit zwar das Vertragsverhältnis in ein Rückgewährschuldverhältnis umgewandelt worden (§ 346). Er kann aber trotzdem noch Schadensersatz verlangen (§ 325).

---

108 Palandt/Grüneberg § 326 Rn 18; Looschelders Rn 745; BT-Drucks. 14/7052, 193.

Zehntes Kapitel: Andere Pflichtverletzungen

§ 33 Schlechterfüllung

Fall 33: Wachmann als Brandstifter § 280 769

Die Vlotho Sicherheits-Gesellschaft mbH übernimmt für andere Unternehmen den Pförtner-, Wach- und Streifendienst. Sie schloss mit der Dollmann AG einen Bewachungsvertrag. Der bei der Vlotho GmbH angestellte Wachmann Florian Eurich wollte sich Anerkennung als besonders aufmerksamer Wachmann verschaffen. In der Nacht vom 7. auf den 8. August legte er deshalb in einer Halle der Dollmann AG Feuer und meldete den Vorfall. Es entstand ein Sachschaden von 1 751 387 Euro. Die Dollmann AG nimmt nun die Vlotho GmbH auf Schadensersatz in Anspruch. Ist der Anspruch dem Grunde nach berechtigt? (Nach BGH NJW 1999, 1031)

770 Die Frage ist, aus welchem Rechtsgrund die Dollmann AG die Vlotho GmbH in Anspruch nehmen kann. Die Vlotho GmbH hatte sich verpflichtet, die Werksanlagen der Dollmann AG ordnungsgemäß zu bewachen. Sie hatte sich dazu ihres Mitarbeiters Eurich als ihres Erfüllungsgehilfen bedient (§ 278). Dieser hat die Bewachung nicht korrekt durchgeführt. Es könnte deshalb eine Pflichtverletzung vorliegen (§ 280 Abs. 1 S. 1) – es fragt sich nur, welche. Die Bewachung ist nicht unterblieben, so dass keine Nichtleistung und keine Unmöglichkeit vorliegt. Auch Verzug (§§ 280 Abs. 1, 2, 286) ist nicht gegeben, weil die Vlotho GmbH ihre Bewachungspflicht nicht zu spät erfüllt hat. Sie hat vielmehr die von ihr übernommenen Pflichten rechtzeitig, aber *schlecht* erfüllt.

Zunächst ist zu prüfen, ob es im Besonderen Schuldrecht eine Regelung des vorliegenden Problems gibt. Die Parteien haben einen Bewachungsvertrag geschlossen. Ein Vertrag dieses Namens findet sich nicht im Besonderen Schuldrecht („Abschnitt 8. Einzelne Schuldverhältnisse", §§ 433 ff). Der Bewachungsvertrag könnte aber als Werkvertrag (§ 631) oder als Dienstvertrag (§ 611) eingeordnet werden. Da der Bewachungsunternehmer eine qualifizierte Tätigkeit schuldet, aber keinen definierten Erfolg, liegt ein Dienstvertrag vor.[1] Die Regelung des Dienstvertrags enthält keine spezielle Vorschrift über die Folgen einer mangelhaften Leistung (Rn 775).

Gebraucht wird eine Vorschrift, die etwa so lauten müsste: „Erbringt der Schuldner schuldhaft die ihm obliegende Leistung *schlecht*, hat er dem Gläubiger den daraus entstehenden Schaden zu ersetzen." Zu prüfen ist, ob § 281 Abs. 1 S. 1 die gesuchte Anspruchsgrundlage ist. Die Vlotho GmbH hat die fällige Leistung *„nicht wie geschuldet"* erbracht. Mit dieser Formulierung bezeichnet das Gesetz die Schlechtleistung.[2] Aber § 281 erfasst nur den Schaden „statt" der Leistung, also nur den Schaden, der durch eine Nacherfüllung wieder beseitigt werden könnte (Rn 776). Das Wort „Nacherfüllung" steht auch am Ende von § 281 Abs. 1 S. 1. Einen solchen Schaden macht die Dollmann AG aber nicht geltend. Sie verlangt vielmehr Ersatz des Schadens, der ihr durch das Abbrennen ihrer Werkhalle entstanden ist. Es leuchtet ein, dass dieser Schaden nicht durch eine Nacherfüllung beseitigt werden könnte.

1 Dubischar NJW 1989, 3241; BGH NJW-RR 2000, 648.
2 Palandt/Grüneberg § 281 Rn 44.

Abgesehen davon lässt sich eine falsch durchgeführte Bewachung generell nicht nachholen und damit auch nicht nacherfüllen. Damit scheidet § 281 Abs. 1 S. 1 als Anspruchsgrundlage aus.

Der von der Dollmann AG verlangte Schadensersatz ist der Schadensersatz *neben* der Leistung, denn sie macht einen Folgeschaden geltend oder, wie man auch sagt, ihr Integritätsinteresse. Dieser Schadensersatz wird „neben" der Leistung verlangt, weil durch ihn nicht die Mangelhaftigkeit der Leistung ausgeglichen werden soll, sondern ein daneben eingetretener Schaden an einem sonstigen Rechtsgut des Gläubigers (Rn 785). Anspruchsgrundlage für diesen Schadensersatz ist auch bei der Schlechterfüllung § 280 Abs. 1 S. 1.

Eine Haftung nach § 280 Abs. 1 S. 1 setzt voraus, dass die Vlotho GmbH „eine Pflicht aus dem Schuldverhältnis" verletzt hat. Zu den Pflichten, die die Vlotho GmbH im Bewachungsvertrag übernommen hatte, gehörte es, Gefahren von den bewachten Gebäuden abzuhalten. Diese Pflicht ist die „Kardinalpflicht" eines Bewachungsunternehmers (so der BGH in der zugrunde liegenden Entscheidung). Durch das Verhalten ihres Erfüllungsgehilfen Eurich (§ 278) hat die Vlotho GmbH diese Pflicht objektiv verletzt. Nach § 280 Abs. 1 S. 2 muss der Schuldner die Pflichtverletzung aber auch nach § 276 Abs. 1 S. 1 „zu vertreten" haben. Die Vlotho GmbH haftet deshalb nur dann, wenn Eurich *schuldhaft* gehandelt hatte. Das ist bei vorsätzlicher Schädigung natürlich gegeben.

Damit liegen alle Voraussetzungen einer Schlechterfüllung nach § 280 Abs. 1 vor. Die Höhe des geltend gemachten Schadensersatzanspruchs ergibt sich aus § 249 Abs. 1: Die Dollmann AG kann verlangen so gestellt zu werden, als habe Eurich kein Feuer gelegt. In diesem Fall wäre das Gebäude unversehrt geblieben. Die Vlotho GmbH muss also den Zeitwert des Gebäudes und seines Inventars ersetzen.

Aus dem FD „Schlechterfüllung einer Leistungspflicht" ergibt sich die Lösung so: 1. Nein – 2. Ja – 3. Nein (Spalte 9).

Lerneinheit 33

771 **Literatur:** *Kohler,* Gewährleistung und Vergütungsanspruch in Fällen des § 323 VI BGB – Rechtsfragen bei Mangelbehebungsverweigerung von Patienten, AcP Bd. 215 (2015), 165; *Söns*, Schadensersatzpflicht des Architekten oder Ingenieurs bei mangelhafter Grundlagenermittlung, NZBau 2015, 23; *Buck-Heeb,* Kreditberatung, Finanzierungsberatung, BKR 2014, 221; *Fischer*, Die Rechtsprechung des BGH zur Rechtsberaterhaftung in den Jahren 2012 bis 2013, VersR 2014, 777; *Gehrlein*, Die Rechtsprechung des IX. Zivilsenats des BGH zur Steuerberaterhaftung in den Jahren 2012 und 2013 (Teil I), DStR 2014, 226; *Bassler/Büchler,* Die Reform des Rücktrittsrechts, AcP Bd. 214 (2014), 888; Svigac, Die Schlechtleistung als Lauterkeitsverstoß, NJOZ 2013, 721.

I. Einführung

772 Man kann alles im Leben auf drei Weisen verkehrt machen, nämlich indem man es zu spät, überhaupt nicht oder schlecht macht (Rn 489). Es ist deshalb nicht verwunderlich, dass auch der Schuldner eine „Pflichtverletzung" auf diese drei Arten begehen kann.

Zunächst ging es um Fälle, in denen der Schuldner die von ihm geschuldete Leistung nicht pünktlich erbracht hat oder überhaupt nicht. Im Folgenden geht es um den dritten Fall, die Schlechterfüllung. Sie liegt immer dann vor, wenn die Pflichtverletzung nicht darin besteht, dass der Schuldner zu spät oder überhaupt nicht leistet, sondern darin, dass er *schlecht* leistet.

§ 280 Abs. 1 erfasst als zentrale Schadensersatznorm alle Fälle der schuldhaften Pflichtverletzung. Der Gesetzgeber hat sich aber bekanntlich dazu entschlossen, nicht alle Pflichtverletzungen ausschließlich in den einen Topf des § 280 Abs. 1 zu werfen, sondern in anderen Vorschriften zu differenzieren. So hat er nicht nur Sondervorschriften über den Verzug und die Unmöglichkeit aufgenommen, sondern auch besondere Regeln über die Schlechterfüllung. Er beschreibt sie mit den Worten, dass der Schuldner seine Leistung „nicht wie geschuldet erbringt" (§ 281 Abs. 1 S. 1) oder „nicht vertragsgemäß" (§ 323 Abs. 1).

II. Schadensersatz „statt der Leistung" wegen Schlechterfüllung

1. Voraussetzungen

a) Fällige Leistung

773 Mit den Worten „... die fällige Leistung ..." macht § 281 Abs. 1 S. 1 klar, dass es sich um eine Pflicht zur *Leistung* handeln muss. Es darf sich nicht um eine *Verhaltens*pflicht nach § 241 Abs. 2 handeln (Rn 807).

b) „... nicht wie geschuldet ..."

774 Mit den Worten „nicht wie geschuldet" ist die *Schlechterfüllung* gemeint. Der Schuldner erbringt seine Leistung streng genommen auch dann „nicht wie geschuldet", wenn er sie zu spät oder gar nicht erbringt. Aber sein Verzug ist bekanntlich in den §§ 280 Abs. 1, 2, 286 geregelt. Und die Nichtleistung wird in § 281 Abs. 1 S. 1 von den Worten „nicht ... erbringt" erfasst, während § 283 die Fälle der Unmöglichkeit regelt (Rn 673 ff). Mit den Worten „nicht wie geschuldet erbringt" ist deshalb gemeint, dass der Schuldner seine Leistung überhaupt und auch pünktlich, aber *schlecht* erbringt. *Beispiel:* Der Angestellte A setzt sich jeden Morgen pünktlich vor den PC seines Arbeitsplatzes, aber er surft dann im Internet und chattet mit Freunden.

Abgrenzung von der Nichterfüllung: Manchmal ist es nicht leicht zu entscheiden, ob eine Nichterfüllung oder eine Schlechterfüllung vorliegt. *Beispiel:* Die Spielbank S hatte sich auf Wunsch des spielsüchtigen G verpflichtet, ihn vom Spielen dauernd auszuschließen. Bei seinen nächsten Besuchen sah G, dass die S ein Schild aufgestellt hatte mit dem Hinweis, gesperrte Spieler seien ausgeschlossen. G wurde jedoch nicht kontrolliert, spielte und verlor 5 000 Euro.[3] Den G vom Spielen abzuhalten, war die einzige Pflicht, die die S vertraglich übernommen hatte. Aber hat sie diese Pflicht nun schlecht oder nicht erfüllt? Da sie den G nicht kontrolliert hat, kann man einen Fall der Nichterfüllung annehmen. Der BGH ist dagegen von einer *Schlechterfüllung* ausgegangen, wohl weil die S mit dem Anbringen des Schildes immerhin eine Mindestanstrengung unternommen hatte, den G auszuschließen. Man kann die Frage aber offen lassen, weil das Ergebnis das gleiche ist.

3 BGHZ 165, 276; anzuwenden war noch das alte Schuldrecht.

c) Keine Sonderregelung im Besonderen Schuldrecht

775 Als nächstes ist zu fragen, ob es sich bei der Schlechtleistung um einen Fall der Gewährleistung handelt (FD „Schlechterfüllung einer Leistungspflicht", Frage 1). Zu beachten ist nämlich, dass das Gesetz für bestimmte Schuldverhältnisse die Schlechterfüllung speziell geregelt hat. Prominente Beispiele sind die Haftung des Verkäufers für Sach- und Rechtsmängel der Kaufsache (§§ 434 ff) und die ganz entsprechende Haftung des Unternehmers für Mängel seines Werks (§§ 633 ff). Die Vorschriften im Kauf- und Werkvertragsrecht nehmen zwar ausdrücklich Bezug auf § 281 (§§ 437 Nr. 3, 634 Abs. 1 Nr. 4). Aber gerade deshalb wäre es falsch, in diesen Fällen § 281 direkt und isoliert anzuwenden. Die mangelhafte Leistung des Reiseveranstalters ist in den §§ 651c bis 651f geregelt, die des Vermieters in den §§ 536 bis 536d und die des Schenkers in § 524. Auch in diesen Fällen gehen die speziellen Vorschriften natürlich vor.

Aus dieser Aufzählung ergibt sich im Umkehrschluss, dass es Verträge gibt, die keine eigene Regelung für die Schlechterfüllung der Schuldnerpflicht haben. § 281 hat für diese Verträge eine zentrale Bedeutung. Der wichtigste Vertrag dieser Gruppe ist der Dienstvertrag (§§ 611 ff).

d) Ein Schaden, der sich nur an der Leistung selbst zeigt

776 Aufgrund von § 281 Abs. 1 S. 1 kann der Gläubiger nur „... Schadensersatz *statt* der Leistung verlangen ..." § 281 ersetzt also den Schaden, der dem Gläubiger gerade durch die *Unzulänglichkeit* und *Minderwertigkeit* der Leistung entstanden ist. Da der Schadensersatz *an die Stelle* der geschuldeten Leistung tritt (wie eine Beinprothese an die Stelle des Beins), wird er vom Gesetz selbst „Schadensersatz *statt* der Leistung" genannt (FD „Schlechterfüllung einer Leistungspflicht", Frage 3, Ja).

§ 281 Abs. 1 S. 1 verpflichtet den Gläubiger, dem Schuldner eine Frist zur Nacherfüllung zu setzen. Wenn es § 281 nicht gäbe, wäre allein § 280 Abs. 1 anzuwenden mit der Folge, dass der Schuldner keine Gelegenheit zur Nacherfüllung hätte (weil § 280 Abs. 1 sie nicht vorsieht). § 281 ist nur geschaffen worden, damit der Schuldner eine ihm drohende Schadensersatzforderung durch eine zweite, diesmal korrekte Leistung (Nacherfüllung) abwenden kann. *Beispiel:* Zahnarzt Z hatte Frau P ein Goldinlay in den Zahn 27 eingesetzt. Weil sie Schmerzen hatte, begab sie sich in die Ambulanz der Universitätsklinik Jena, die eine Sekundärkaries feststellte.[4] Der Schaden, der sich am Zustand des Zahns 27 zeigte, könnte durch eine Nacherfüllung (Nachbehandlung) ausgeglichen werden. Wenn Frau P (nach einer erfolglosen Fristsetzung oder deren Entfall) Schadensersatz geltend macht, handelt es sich deshalb um Schadensersatz statt der Leistung.

Gegensatz Schadensersatz neben der Leistung: Diese schuldnerfreundliche Regelung wäre sinnlos, wenn der Schaden bereits *an einem anderen Rechtsgut* des Gläubigers endgültig eingetreten ist (Folgeschaden) und deshalb durch eine Nacherfüllung nicht mehr beseitigt werden kann (Schadensersatz neben der Leistung). Deshalb entfällt die Fristsetzung in diesen Fällen (Rn 785). *Beispiel:* Fall 33, Rn 769.

4 OLG Jena NJW 2012, 2357 mit Anm. Ballhausen

e) *Nacherfüllung nicht nach § 275 ausgeschlossen*

777 § 281 sagt nicht, dass die Nacherfüllung *möglich* sein muss. Man kann das nur indirekt daraus entnehmen, dass die Leistung „fällig" sein muss – und eine unmögliche Leistung kann nicht fällig sein. Außerdem ergibt sich aus dem Zusammenhang der Vorschriften, dass § 281 die Fälle erfassen soll, in denen der Schuldner im Prinzip eine Nacherfüllung leisten kann, während die §§ 311a und 283 die Fälle regeln, in denen eine Nacherfüllung entweder unmöglich ist (§ 275 Abs. 1) oder vom Schuldner zu Recht abgelehnt wird (§ 275 Abs. 2, 3). Im FD „Schlechterfüllung einer Leistungspflicht" trennt die Frage 4 die mögliche von der unmöglichen Nacherfüllung. *Beispiel:* Dr. A hatte E vor dessen Tod behandelt. Die Behandlung hat nicht zum Tod geführt, aber sie war nicht lege artis und wirkungslos. Deshalb will seine Witwe und Erbin W die Rechnung über 13 453 Euro nicht bezahlen. Der Schaden beschränkt sich auf die erbrachte medizinische Leistung, denn er besteht nur darin, dass sie wertlos ist. Es liegt kein Folgeschaden vor (FD „Schlechterfüllung einer Leistungspflicht", Frage 3, Ja). Aber eine Nacherfüllung (eine erneute, diesmal richtige Behandlung) ist wegen des Todes des E unmöglich (§ 275 Abs. 1; FD, Frage 4, Ja). Es kommt nach Spalte 2 des FDs darauf an, ob die Nacherfüllung von Anfang an unmöglich war (dann § 311a) oder ob sie es später geworden ist (dann § 283). Im Beispielsfall wurde sie erst durch den Tod unmöglich, also nachträglich.

f) *Vertretenmüssen (§ 280 Abs. 1 S. 2)*

778 Mit den Worten: „... *unter den Voraussetzungen des § 280 Abs. 1 ...*" verweist § 281 Abs. 1 S. 1 auf die beiden Sätze des § 280 Abs. 1. Wenn der Schuldner seine Leistung „nicht wie geschuldet" erbracht hat, liegt immer eine Pflichtverletzung vor. Abs. 1 S. 1 ist deshalb unproblematisch. Wichtiger ist die in § 280 Abs. 1 S. 2 aufgestellte Voraussetzung, dass die Pflichtverletzung vom Schuldner nach § 276 Abs. 1 S. 1 „zu vertreten" sein muss oder dass er zumindest außerstande sein muss, sich zu entlasten (FD „Schlechterfüllung einer Leistungspflicht", Frage 5, Ja).

g) *Angemessene Frist zur Nacherfüllung (§ 281 Abs. 1 S. 1)*

779 *Regel:* § 281 Abs. 1 S. 1 macht den Schadensersatzanspruch davon abhängig, dass der Gläubiger dem Schuldner erfolglos eine letzte Frist bestimmt hat. Diese Fristsetzung entspricht der, die § 281 bei Nichtleistung vorschreibt (Rn 580). Aber während der Gläubiger bei Nichtleistung die *„Leistung"* innerhalb der Frist verlangt, verlangt er jetzt *„Nacherfüllung"*. Dieses Wort ist typisch für die Schlechterfüllung. So wie die „Leistung" die Lücke schließt, die durch die Nichtleistung entstanden ist, so gleicht die „Nacherfüllung" das Minus aus, das durch die Mangelhaftigkeit der Leistung entstanden ist. „Nacherfüllung" ist also die Leistung, die die Schlechtleistung wiedergutmacht.

Entfall der Fristsetzung (§ 281 Abs. 2): Auch wenn die Nacherfüllung im Bereich des § 281 grundsätzlich möglich sein muss (Rn 777), kann die Fristsetzung im Einzelfall nach § 281 Abs. 2 entfallen (FD „Schlechterfüllung einer Leistungspflicht", Frage 9, Ja). Es sind die schon bekannten Ausnahmen (Rn 592 ff). *Beispiel 1:* Im Fall mit dem mangelhaften Goldinlay (Rn 776) musste Frau P dem Zahnarzt Z im Prinzip eine angemessene Frist zur Nacherfüllung setzen (sozusagen zur Nach*füllung*). Die Fristsetzung konnte aber nach § 281 Abs. 2 Alt. 2 entfallen, wenn P (unter Einbeziehung anderer Erfahrungen mit Z) zu Recht so enttäuscht war, dass sie sich nicht mehr in die Behandlung des Z begeben wollte.[5] *Beispiel 2:* V hatte Frau K, die in einem weit entfernten Ort wohnt, einen Welpen verkauft, der kurz darauf erkrankte. Frau K hätte V eigentlich erst Gelegenheit zur Nacherfüllung geben müssen (Behandlung des Hundes durch einen von V beauftragten Tierarzt). Aber weil die tierärztliche Versorgung keinen Aufschub duldete, konnte Frau K auf die Fristsetzung verzichten (§ 281 Abs. 2 Alt. 2).[6]

h) Erfolgloser Ablauf der Frist

780 Die letzte Voraussetzung für einen Schadensersatz statt der Leistung ist, dass der Schuldner nicht innerhalb der Frist nacherfüllt hat (FD „Schlechterfüllung einer Leistungspflicht“, Frage 7, Nein). Bei erfolgreicher Nacherfüllung innerhalb der Frist muss der Schuldner natürlich keinen Schadensersatz statt der Leistung bezahlen, aber möglicherweise noch einen Verzugsschaden ausgleichen (§§ 280 Abs. 1, 3, 286).

2. Rechtsfolge: „großer“ oder „kleiner“ Schadensersatz (§ 281 Abs. 1 S. 3)

781 Mit den Worten: „... *so kann der Gläubiger Schadensersatz statt der ganzen Leistung nicht verlangen, wenn die Pflichtverletzung unerheblich ist*“, baut § 281 Abs. 1 S. 3 eine wichtige Weiche ein, nämlich die Unterscheidung zwischen einer „unerheblichen“ und einer „erheblichen“ Schlechterfüllung (FD „Schlechterfüllung einer Leistungspflicht“, Frage 8). Nur dann, wenn die Leistung so stark von dem abweicht, was der Schuldner schuldete, dass die Leistung für den Gläubiger insgesamt unbrauchbar ist, kann er „Schadensersatz statt der *ganzen* Leistung“ verlangen, also den „großen Schadensersatz“ (FD, Spalte 5). Der „kleine Schadensersatz“, den es bei einer „unerheblichen“ Pflichtverletzung gibt, steht in Spalte 4. Im obigen *Beispiel* mit dem Goldinlay (Rn 779) hatte die Patientin P Anspruch auf den „großen“ Schadensersatz, weil die Leistung des Z insgesamt nicht zu brauchen war.

III. Schadensersatz neben der Leistung

1. Allgemeines

782 Wie oben festgestellt, gleicht § 281 nur die Schäden aus, die durch eine Nacherfüllung beseitigt worden wären. Die in der Praxis wichtigsten Schäden sind aber die Schäden, die an anderen Rechtsgütern des Gläubigers entstanden sind und deshalb von einer Nacherfüllung nicht erreicht werden würden (FD „Schlechterfüllung einer Leistungspflicht“, Frage 3, Nein, Spalte 9). Die Beispiele unter Rn 788 bis 790 zeigen die Vielfalt der Entscheidungen zum Schadensersatz neben der Leistung bei Schlechterfüllung. Die Anspruchsgrundlage für solche Folgeschäden ist allein § 280 Abs. 1, ohne einen ergänzenden Paragrafen.

2. Voraussetzungen des § 280 Abs. 1 bei der Schlechterfüllung einer Leistungspflicht

783 *Pflichtverletzung:* Der Schuldner muss eine ihm obliegende *Leistungs*pflicht (keine Verhaltenspflicht nach § 241 Abs. 2) zwar erbracht haben, aber in unzureichender Weise,

---

5 Einige wollen es Patienten generell erlassen, sich nach einem Misserfolg noch einmal in die Behandlung des Arztes zu begeben (Ballhausen NJW 2011, 2694; unklar OLG Jena NJW 2012, 2357 [2358]).

6 BGH NJW 2005, 3211 (zum Sachmangelrecht des Kaufvertrags).

so dass er „eine Pflicht aus dem Schuldverhältnis" verletzt hat (§ 280 Abs. 1 S. 1). Insofern gilt das Gleiche wie für § 281 Abs. 1 S. 1 (Rn 774).

784 *Vertretenmüssen (§ 280 Abs. 1 S. 2):* Der Schuldner muss den Mangel seiner Leistung „zu vertreten" haben (§§ 280 Abs. 1 S. 2, 276 Abs. 1 S. 1). Auch insofern gilt das Gleiche wie für § 281 (Rn 778).

785 *Schaden, der durch eine Nacherfüllung nicht ausgeglichen werden kann:* Es geht nicht (wie in § 281) um Schäden, die in der Minderwertigkeit der Leistung selbst, also in der eigentlichen Schlechterfüllung bestehen. Es muss sich vielmehr um einen Schaden handeln, der sich an einem anderen Rechtsgut des Gläubigers zeigt und der deshalb nicht durch eine ordnungsgemäße Nacherfüllung (wenn sie überhaupt möglich wäre) ausgeglichen würde (FD „Schlechterfüllung einer Leistungspflicht", Frage 3, Nein, Spalte 9). Der Schaden ist endgültig eingetreten[7] und kann nur durch eine Geldzahlung ausgeglichen werden (§§ 249 Abs. 1, 251 Abs. 1). *Beispiel 1:* In dem Spielbankfall (Rn 774) wäre eine Nacherfüllung (durch eine erneute, diesmal ausreichende Kontrolle) nicht möglich, weil die geschuldete Leistung in einem bestimmten Augenblick zu erbringen war und deshalb nicht nachholbar ist. Wenn man sich trotzdem eine Nacherfüllung vorstellt, würde sie den G nur künftig am Betreten der Spielhalle hindern, könnte aber den eingetretenen Schaden – das Verspielen von 5 000 Euro – nicht beseitigen. Wenn G seinen verlorenen Einsatz verlangt, macht er deshalb Schadensersatz *neben* der Leistung geltend.[8]

Beispiel 2: Die B-Bank vermittelte und finanzierte den Kauf von Eigentumswohnungen. G ließ sich vom Mitarbeiter M der B-Bank beraten, wodurch zwischen G und der B-Bank ein Beratungsvertrag zustande kam. Durch bewusste Falschinformationen verleitete M den G zum Kauf von zehn überteuerten Eigentumswohnungen. G verlangt von der B-Bank Schadensersatz.[9] Da die B-Bank ihre Beratungsleistung „nicht wie geschuldet" erbracht hat, scheint § 281 gut zu passen. Aber der Schaden besteht nicht darin, dass G eine falsche Beratung erhalten hat, sondern in dem durch sie veranlassten Fehlkauf. Wenn der Schaden sich auf die Falschinformation beschränken würde, könnte die B-Bank ihn durch eine neue, diesmal richtige Beratung ausgleichen (Nacherfüllung). Aber G macht einen Folgeschaden geltend, der durch eine erneute – nun richtige – Beratung nicht ausgeglichen werden kann. Die von § 281 Abs. 1 S. 1 vorgesehene Fristsetzung „zur ... Nacherfüllung" wäre also sinnlos. Deshalb gilt nicht § 281 Abs. 1 (mit § 280 Abs. 1, 3), sondern *allein* § 280 Abs. 1: Der Schuldner zahlt Schadensersatz *neben* der Leistung.

786 *Keine Nachfrist:* Da eine Nacherfüllung den Schaden nicht ausgleichen würde, braucht der Gläubiger keine Nachfrist zu setzen (die § 280 Abs. 1 deshalb auch nicht fordert).

3. Rechtsfolge

787 Wenn die genannten Voraussetzungen vorliegen, kann der Gläubiger „Ersatz des hierdurch entstehenden Schadens verlangen" (§ 280 Abs. 1 S. 1). Der Schadensersatz umfasst alle Schäden, die durch eine Nacherfüllung nicht verhindert wurden (oder nicht verhindert werden könnten). Der Gläubiger kann deshalb verlangen, durch Zahlung

7 Palandt/Grüneberg § 281 Rn 2.
8 Da der BGH den Fall nach altem Schuldrecht zu beurteilen hatte, nimmt er zu diesen Fragen nicht Stellung (BGHZ 165, 276).
9 BGH NJW 2004, 1868.

eines Geldbetrags so gestellt zu werden, als habe der Schuldner korrekt erfüllt (§§ 249 Abs. 1, 251 Abs. 1).

4. Anwendungsbereiche

788 Der Schadensersatz neben der Leistung spielt auch bei der Schlechterfüllung eine große Rolle. Denn die größeren Schäden sind meist die, die an den übrigen Rechtsgütern des Gläubigers aufgetreten sind und sich deshalb nicht durch einen „Schadensersatz statt der Leistung“ nach § 281 ausgleichen lassen. Aus der umfangreichen Rechtsprechung folgen nur einige Anwendungsbereiche und Fälle:

Arbeitsvertrag: Im Prinzip gelten im Arbeitsrecht die allgemeinen Bestimmungen des BGB, insbesondere die des Dienstvertrags (§§ 611 ff). Dabei ist jedoch die besondere Schutzbedürftigkeit der Arbeitnehmer zu berücksichtigen. Aus diesem Grund erklärt (der durch die Schuldrechtsreform eingefügte) § 619a die Schuldvermutung des § 280 Abs. 1 S. 2 (Rn 778) gegenüber einem Arbeitnehmer für nicht anwendbar. Folglich hat sich nicht der Arbeitnehmer zu entlasten, vielmehr muss der Arbeitgeber ihm ein Verschulden nachweisen. Das entspricht den schon vorher vom BAG praktizierten Grundsätzen.[10] *Beispiel 1:* Bauarbeiter B beschädigte, weil er sich nicht an die Vorschriften hielt, mit einem Bagger eine Gasleitung und löste dadurch eine Explosion aus.[11] B hat die sich aus seinem Arbeitsvertrag ergebende Pflicht verletzt, sich an die Vorschriften zu halten (§ 280 Abs. 1 S. 1). Er ist aber nur dann schadensersatzpflichtig, wenn sein Arbeitgeber ihm Fahrlässigkeit nachweisen kann (§ 619a modifiziert § 280 Abs. 1 S. 2). § 619a schützt den Arbeitnehmer aber nicht bei Vorsatz. *Beispiel 2:* Ein Trägerverein, der private Wirtschaftsakademien betreibt, stellte X als Leiter seiner Dresdener Niederlassung ein. X ließ die Honorare auf ein Konto überweisen, für das nur er verfügungsberechtigt war, und entzog sie so dem Zugriff des Vereins.[12] Dadurch hat X vorsätzlich seine Pflicht aus dem Arbeitsverhältnis verletzt und ist nach § 280 Abs. 1 dem Trägerverein zum Schadensersatz verpflichtet. *Beispiel 3:* Ein bei einem Speditionsunternehmen beschäftigter Kraftfahrer meldete sich krank. Wie ein Privatdetektiv herausfand, fuhr er jedoch für ein Konkurrenzunternehmen. Das „Krankfeiern“ stellte eine vorsätzliche Schlechterfüllung des Arbeitsvertrags dar. Zu den Folgeschäden, die der Arbeitgeber nach § 280 Abs. 1 ersetzt verlangen konnte, gehörte auch das Honorar des Detektivs.[13] *Beispiel 4:* Eine Kassiererin hatte jahrelang ihren Angehörigen nicht alle Waren berechnet und dadurch vorsätzlich eine Pflicht aus dem Arbeitsvertrag verletzt.[14] Der Schadensersatzanspruch des Arbeitgebers ergibt sich aus § 280 Abs. 1.

Behandlungsvertrag zwischen Arzt und Patient: Einige Aspekte des Behandlungsvertrags sind neuerdings in Anlehnung an den Dienstvertrag gesetzlich geregelt worden (§§ 630a bis 630h). Bestimmungen über die Schlechterfüllung fehlen aber nach wie vor (§ 630h regelt nur die Beweislast). Ein Schadensersatzanspruch gegen einen Arzt kann deshalb nur unmittelbar auf § 280 Abs. 1 (gegebenenfalls mit § 281) gestützt werden. *Beispiel 1:* Eine Frauenärztin erkannte fahrlässig nicht, dass das Kind ihrer Patientin P mit schweren Fehlbildungen zur Welt kommen würde. Wegen schuldhafter Schlechterfüllung des Behandlungsvertrags muss sie Frau P nach § 280 Abs. 1 mit § 249 Abs. 1

10 BAG NJW 1998, 1011.
11 BAG NJW 1993, 1732.
12 BGH NJW 1995, 1284.
13 BAG NJW 1999, 308.
14 BAG NJW 1999, 2059.

so stellen, als habe diese das Kind nicht ausgetragen. Deshalb ist sie verpflichtet, den gesamten Unterhalt des Kindes zu übernehmen.[15] *Beispiel 2:* Ein Chirurg verursachte durch Keimübertragung die Infektion der Operationswunde.[16]

Falsche Beratung durch Rechtsanwälte und Steuerberater (§ 675 Abs. 1): Der Vertrag zwischen einem Rechtsanwalt und seinem Mandanten ist in § 675 Abs. 1 als „entgeltliche Geschäftsbesorgung" nur kümmerlich geregelt.[17] Nach § 675 Abs. 1 S. 1 muss der konkrete Vertrag entweder als Dienst- oder als Werkvertrag eingeordnet werden. Ist er (wie meist) als Dienstvertrag anzusehen, gelten die §§ 611 ff und außerdem bestimmte Vorschriften des Auftragsrechts. Da weder das Dienstvertragsrecht noch das Auftragsrecht den Fall regelt, dass der Anwalt eine Pflicht gegenüber seinem Mandanten verletzt, kann der Mandant vertragliche Schadensersatzansprüche nur auf die Regeln des Allgemeinen Schuldrechts über die Schlechterfüllung stützen. *Beispiel 1:* Anwalt A übersah eine drohende Verjährung, so dass er den Anspruch seines Mandanten M nicht mehr durchsetzen konnte.[18] Der Schaden, der M entstanden ist, könnte nicht durch eine Nacherfüllung (eine diesmal korrekte Prozessführung) ausgeglichen werden. Deshalb kommt nicht § 281 in Betracht, sondern nur § 280 Abs. 1. Das über den Anwalt und seinen Mandanten Gesagte gilt auch für einen Steuerberater. *Beispiel 2:* Steuerberater S setzte sich eigenmächtig über eine Weisung seines Mandanten hinweg. Darin lag eine Pflichtverletzung, die ihn nach § 280 zum Schadensersatz verpflichtete.[19]

789

Vertrag zwischen einem Kreditinstitut und seinem Kunden: Die vielfältigen Vertragsbeziehungen, die zwischen einem Kreditinstitut und seinem Kunden bestehen können, sind nur teilweise gesetzlich geregelt (zB in den §§ 675c bis 676c). Erbringt das Kreditinstitut seine Leistungen so, dass es die berechtigten Interessen des Kunden in vorwerfbarer Weise verletzt, und kann der Schaden nicht durch Nacherfüllung ausgeglichen werden, ist das Kreditinstitut wegen Schlechterfüllung nach § 280 Abs. 1 schadensersatzpflichtig. *Beispiel 1:* Der Medienunternehmer Kirch war Großkunde der Deutschen Bank. Deren Vorstandssprecher Breuer gab in New York einem Fernsehsender ein Interview über die schwierige Lage des Kirch-Konzerns und sagte dann sinngemäß, weder die Deutsche Bank noch andere Banken würden Kirch und seiner Gruppe auf unveränderter Basis weitere Kredite zur Verfügung stellen. Damit hatte die Deutsche Bank ihre aus der Geschäftsbeziehung folgende „Interessenwahrungs-, Schutz- und Loyalitätspflicht verletzt" (§§ 241 Abs. 2, 280 Abs. 1).[20] *Beispiel 2:* Die X-Bank riet ihrem Kunden K, sich mit 25 000 Euro an der „Film- und Entertainment VIP Medienfonds 3 GmbH & Co KG" zu beteiligen. Sie verschwieg ihm die erheblichen Provisionen (Rückvergütungen, Kickbacks), die sie von den Initiatoren dieses Fonds erhielt. Dadurch konnte K nicht erkennen, dass die X-Bank mit ihrem Rat weniger seine Interessen verfolgte als ihre eigenen.[21] Die Anlageberater der Kreditinstitute raten auch gelegentlich zu einem Investment, das für den Kunden ungeeignet ist. *Beispiel 3:* Frau D, die monatlich 890 Euro verdient und über kein nennenswertes Vermögen verfügt, wur-

15 BGH NJW 2002, 2636; siehe auch Rn 1028.
16 BGH NJW 1991, 1541.
17 SBT Rn 775 ff.
18 BGH NJW 1997, 2168 und 1302.
19 BGH NJW 2015, 770 Rn 19.
20 BGHZ 166, 84 Rn 37, 40.
21 BGH NJW 2011, 3227. Das BVerfG hat eine dagegen erhobene Verfassungsbeschwerde der Bank nicht angenommen (NJW 2012, 443).

de von einer Anlageberaterin dazu bestimmt, sich mit hohen Beträgen an einem Immobilienfonds zu beteiligen.[22] Wenn die Beratung zu einer Zeit stattfand, in der noch kein Vertrag zwischen dem Kunden und der Bank geschlossen worden war, nimmt der BGH häufig an, dass ein gesonderter Beratungsvertrag geschlossen wurde (Rn 856).

790 *Vertragshändler:* Der Vertrag zwischen einem Hersteller (oder Importeur) und seinem Direkthändler ist nicht gesetzlich geregelt. Bei einer Schlechterfüllung ist deshalb § 280 Abs. 1 unmittelbar (ohne Verweisung) anzuwenden. *Beispiel:* Die deutsche Chrysler-Importgesellschaft hatte X für ein bestimmtes Gebiet das ausschließliche Vertriebsrecht für Chrysler- und Jeep-Automobile übertragen. Später verkleinerte sie dieses Gebiet erheblich zugunsten neuer Vertragshändler.[23] Darin lag eine Schlechterfüllung des Vertrags, die zum Schadensersatz nach § 280 Abs. 1 verpflichtete.

IV. Rücktritt wegen „nicht vertragsgemäß" erbrachter Leistung

1. Allgemeines

791 Wenn der Schuldner die geschuldete Leistung *schlecht* erbracht hat, kann der Gläubiger nicht nur Schadensersatz nach § 281 oder nach § 280 Abs. 1 verlangen, sondern – alternativ oder zusätzlich (§ 325) – auch nach § 323 *zurücktreten*. Dieses Wahlrecht zwischen Schadensersatz und Rücktritt hat der Gläubiger ja auch bei der Nichtleistung (einerseits § 281, andererseits § 323) und bei der Unmöglichkeit der Leistung (einerseits § 283, andererseits § 326).

Interessenlage: Der Rücktritt ist nur dann vorzuziehen, wenn es dem Gläubiger ausschließlich darum geht, seine eigene Leistung zurückzuerhalten oder nicht erbringen zu müssen. Aber nicht immer hat der Gläubiger ein Wahlrecht. Denn der Rücktritt ist sein einziger Rechtsbehelf, wenn der Schuldner die Schlechtleistung nicht zu vertreten hat (Rn 796).

Parallelen: Die Voraussetzungen des § 323 decken sich weitgehend mit denen des § 281, es bedarf nur keines Vertretenmüssens. Andererseits stimmen sie weitgehend mit den Voraussetzungen überein, die der Gläubiger beim Rücktritt wegen *Nichtleistung* zu beachten hat (Rn 606 ff). Denn schließlich sind beide Rücktrittsrechte in § 323 geregelt.

792 *Keine Minderung:* Wer sich im Kauf- und im Werkvertragsrecht auskennt, müsste vermuten, dass der Gläubiger bei einer Schlechtleistung auch die Möglichkeit der Minderung hat. Denn wenn die Kaufsache einen Mangel hat, kann der Käufer mindern, also den Kaufpreis entsprechend herabsetzen (§ 441). Gleiches gilt für den Besteller eines Werks (§ 638). Aber die Minderung sucht man in den Vorschriften des Allgemeinen Schuldrechts vergeblich, sie beschränken die Rechte des Gläubigers auf Schadensersatz und Rücktritt (§§ 281, 323). *Beispiel:* Frau K hatte Rechtsanwalt R in einer Mietsache Mandat erteilt, aber R machte einen Fehler, so dass der Prozess im Wesentlichen verloren wurde. Frau K wollte deshalb nur einen kleinen Teil der Gebührenrechnung bezahlen.[24] Aber weder das hier (über § 675) anzuwendende Dienstvertragsrecht (§§ 611 ff) noch die Regeln des Allgemeinen Schuldrechts über die Schlechterfüllung sehen eine

---

22 OLG Brandenburg NJW 2012, 2449.
23 BGH NJW 2001, 821.
24 LG Darmstadt NJW 2006, 519.

Kürzung der Gegenleistung vor. Denkbar wäre nur eine Aufrechnung mit einem Schadensersatzanspruch.[25]

2. Voraussetzungen

793 *Leistung erbracht, aber „nicht vertragsgemäß" (§ 323 Abs. 1):* Die Worte „nicht vertragsgemäß" haben die gleiche Bedeutung wie die Worte „nicht wie geschuldet" in § 281 (Rn 774). Der andere Begriff soll nur zum Ausdruck bringen, dass es sich jetzt immer um einen *Vertrag* handelt (sogar um einen gegenseitigen).

794 *Kein Fall der Gewährleistung:* Es darf sich nicht um einen Fall der Gewährleistung handeln. Die „nicht vertragsgemäße" Leistung darf also nicht in einem Mangel bestehen, zB nach den §§ 434, 435 (Kauf) oder § 633 (Werkvertrag). Denn diese Vorschriften gehen vor, auch wenn sie dann doch auf § 323 verweisen.

795 *Gegenseitiger Vertrag:* Es gilt das unter Rn 606 f Gesagte. Bei einem vollzogenen Dauerschuldverhältnis tritt an die Stelle des Rücktritts die Kündigung (Rn 629).

796 *Vertretenmüssen nicht erforderlich:* Da § 323 bewusst nicht auf § 280 verweist (und damit insbesondere nicht auf § 280 Abs. 1 S. 2), ist ein Vertretenmüssen nicht zu prüfen.

797 *Erhebliche Pflichtverletzung:* Ein Rücktritt setzt eine erhebliche Schlechtleistung voraus *(§ 323 Abs. 5 S. 2).* Das ist bemerkenswert. Denn in dieser Frage sind das Recht des Gläubigers, Schadensersatz zu verlangen, und sein Recht zum Rücktritt unterschiedlich geregelt:

- Das Gesetz schränkt den *Schadensersatz* nur ein (§ 281 Abs. 1 S. 3, „kleiner Schadensersatz", Rn 781).
- Der *Rücktritt* wird nicht eingeschränkt, sondern völlig ausgeschlossen (§ 323 Abs. 5 S. 2). Denn § 323 Abs. 5 S. 2 macht den Rücktritt davon abhängig, dass die Schlechtleistung *erheblich* ist. Das ist verständlich, weil ein Schadensersatz fein dosiert werden kann, während ein Rücktritt eine Entweder/Oder-Entscheidung ist: Man kann nicht teilweise zurücktreten. *Beispiel:* K hatte von V für 30 000 Euro einen neuen Pkw gekauft, musste aber feststellen, dass die Einparkhilfe nicht funktionierte (keine Warnung beim Rückwärtsfahren). Er erklärte nach mehren Reparaturversuchen den Rücktritt, aber V war der Ansicht, dass ein unerheblicher Mangel vorliege, so dass ein Rücktritt ausgeschlossen sei. Über diese Frage wird im Kaufrecht sehr häufig gestritten (§ 437 Nr. 2 verweist auf § 323).[26]

798 *Keine überwiegende Verantwortlichkeit des Gläubigers (§ 323 Abs. 6):* Wenn die Schlechterfüllung im Wesentlichen auf den Gläubiger zurückzuführen ist, kann dieser nicht zurücktreten (§ 323 Abs. 6 Alt. 1; Rn 612, 626). *Beispiel:* Die von Rechtsanwalt R angefertigte Klageschrift ist unbrauchbar, weil sein Mandant M ihm Angaben zum Sachverhalt gemacht hatte, die zwar glaubhaft waren, aber in entscheidenden Punkten falsch. M kann dann nicht zurücktreten. Das Gleiche gilt, wenn sich der Gläubiger im Annahmeverzug befand, als die Leistung unverschuldet missglückte (§ 323 Abs. 6 Alt. 2; Rn 626). *Beispiel:* Kameramann K sollte Filmaufnahmen von einer Hochzeits-

25 Das LG hat dem klagenden Rechtsanwalt den Gebührenanspruch ganz versagt, aber mit einer abwegigen Begründung (§ 628 Abs. 1 S. 2).

26 BGH NJW 2014, 3229. Der BGH hat entschieden, dass ein erheblicher Mangel idR vorliegt, wenn der Beseitigungsaufwand 5 % des Kaufpreises übersteigt (aaO Rn 12).

feier machen, wurde aber stundenlang hingehalten. Als er endlich beginnen sollte, fiel der Strom aus, so dass K nur bei Kerzenlicht filmen konnte.

799 *Frist zur „Nacherfüllung“:* Der Gläubiger muss dem Schuldner eine letzte Chance einräumen. Aber wie in der Parallelvorschrift § 281 muss der Gläubiger keine Frist zur *Leistung* setzen, sondern zur *„Nacherfüllung“* (§ 323 Abs. 1: „... eine angemessene Frist zur ... Nacherfüllung ...“).

800 Wenn die in § 323 Abs. 2 genannte Nr. 1 oder die Nr. 3 gegeben ist, entfällt die Fristsetzung (FD „Schlechterfüllung einer Leistungspflicht“, Frage 14). Die Nr. 2 bezieht sich nur auf eine Leistung, die „nicht bewirkt“ wurde, also auf eine Nichtleistung, so dass sie bei einer Schlechtleistung nicht anzuwenden ist (dazu schon Rn 619 bis 623).

Es kommt bei der Frage, ob der Gläubiger ohne Fristsetzung zurücktreten kann, auf eine Interessenabwägung an. Abzuwägen ist das Interesse des Gläubigers an einem sofortigen Rücktritt gegen das Interesse des Schuldners, die Leistung innerhalb einer Frist noch erbringen zu dürfen (und sich damit den Anspruch auf die Gegenleistung zu erhalten).[27]

801 Die von § 323 Abs. 1 geforderte Fristsetzung zur Nacherfüllung entfällt ebenfalls, wenn die Nacherfüllung nach § 275 Abs. 1 unmöglich ist oder nach § 275 Abs. 2, 3 vom Schuldner zu Recht verweigert wird. Dass die Fristsetzung dann unterbleiben kann, ist selbstverständlich, weil niemand seinen Schuldner zu etwas Unmöglichem auffordern muss.[28] So trivial das Ergebnis ist, so kompliziert ist aber die gesetzliche Regelung. Sie steht nicht in § 323, sondern – zunächst etwas überraschend – in § 326 Abs. 1 S. 2 und Abs. 5 (FD „Schlechterfüllung einer Leistungspflicht“, Spalte 14). Da solche Fälle nur im Kaufrecht eine Rolle spielen, kann auf entsprechende Lehrbücher verwiesen werden.[29]

3. Rechtsfolge

802 Wenn der Schuldner die Frist zur Nacherfüllung untätig hat verstreichen lassen (oder die Frist nicht gesetzt werden musste), kann der Gläubiger „... *vom Vertrag zurücktreten*“ (§ 323 Abs. 1 aE; FD„Schlechterfüllung einer Leistungspflicht“, Spalte 11). Es handelt sich um ein gesetzliches Rücktrittsrecht. Der Rücktritt wandelt den gegenseitigen Vertrag um in ein Rückabwicklungsverhältnis (§§ 346 ff).

§ 34 Verletzung von Verhaltenspflichten im Rahmen eines Vertrags

803 **Fall 34: Unfall auf dem Tennisplatz** §§ 241 Abs. 2, 280 Abs. 1

Der Tennistrainer Alois Tenner gab dem 42-jährige Thomas Rohde die fünfte Einzelstunde. Rohde sollte lernen, vom Netz aus, ohne sich umzudrehen, rückwärts zu laufen, um hohe Bälle zu erreichen. Hinter Rohde lagen mehrere Bälle auf der Spielfläche, worauf ihn Tenner nicht hinwies. Beim Rückwärtsgehen trat Rohde auf einen Ball und stürzte. Dabei erlitt er

27 BGH NJW 2012, 3714 Rn 24.

28 Es wäre daran zu denken, die Notwendigkeit einer Fristsetzung an § 323 Abs. 2 Nr. 3 scheitern zu lassen. Das wäre aber nicht richtig, weil § 323 Abs. 2 voraussetzt, dass die Nacherfüllung möglich ist.

29 Etwa SBT Rn 82.

eine Patellarsehnenruptur im rechten Knie. Rohde verklagt Tenner auf Ersatz seiner Behandlungskosten und auf Zahlung eines Schmerzensgeldes in Höhe von 4 500 Euro. (Nach OLG Bremen NJW 2013, 2206)

803a

Zu prüfen ist, ob Rohde nach § 280 Abs. 1 S. 1 einen Anspruch auf Schadensersatz geltend machen kann. Voraussetzung dafür ist zunächst, dass Tenner als Schuldner „eine Pflicht aus dem Schuldverhältnis" verletzt hat. Das zwischen Rohde und Tenner bestehende Schuldverhältnis war ein Dienstverhältnis (§§ 611 ff). Es verpflichtete Tenner „zur Leistung der versprochenen Dienste" (§ 611 Abs. 1), also zu einem lehrreichen Tennisunterricht. Diese *Leistungspflicht* hat Tenner erfüllt. Er könnte aber die in § 241 Abs. 2 genannte *Verhaltenspflicht* „zur Rücksicht auf die Rechte, Rechtsgüter und Interessen des anderen Teils" verletzt haben.

Zu den „Interessen des anderen Teils", also zu Rohdes Interessen, gehörte es, während des Trainings nicht verletzt zu werden. Denn die Gesundheit ist für jedermann eines seiner – in § 241 Abs. 2 ebenfalls genannten – „Rechtsgüter", vielleicht das höchste. Ein Tennistrainer hat deshalb alles zu tun, um Gefahrenquellen zu vermeiden. Diese Pflicht hat Tenner fahrlässig verletzt. Denn er hat entweder nicht gesehen, dass im Rücken seines Schülers Bälle herumlagen, oder er hat Rohde nicht darauf aufmerksam gemacht. Jede in § 241 Abs. 2 genannte Verhaltenspflicht ist auch „eine Pflicht aus dem Schuldverhältnis" (§ 280 Abs. 1 S. 1). Deshalb führt ihre Verletzung zum „Ersatz des hierdurch entstehenden Schadens" (§ 280 Abs. 1 S. 1).

Das von § 280 Abs. 1 S. 2 verlangte Vertretenmüssen wird, wie sich aus der Formulierung ergibt, vermutet. Tenner konnte diese Vermutung nicht widerlegen. Da damit auch das nötige Vertretenmüssen gegeben ist, liegen alle Voraussetzungen des § 280 Abs. 1 vor. Auf die weiteren Voraussetzungen, die § 280 in den Absätzen 2 und 3 macht, kommt es nicht an. Denn Rohde verlangt keinen Verzugsschaden (Abs. 2) und auch keinen „Schadensersatz statt der Leistung" nach Abs. 3. Letzteres nicht, weil er keine Zahlung verlangt, die an die Stelle eines ordnungsgemäßen Unterrichts treten soll. Vielmehr verlangt er Ersatz von Schäden, die ihm an einem anderen Rechtsgut – seinem Körper – entstanden sind (Schadensersatz *neben* der Leistung). Deshalb ist § 280 Abs. 1 die einzige Anspruchsgrundlage für den geltend gemachten Schadensersatz.

Der Umfang des Schadens ergibt sich aus § 249 Abs. 2 S. 1 (Behandlungskosten) und aus § 253 Abs. 2 (Schmerzensgeld).

Nachbemerkung: Das zugrunde liegende Urteil des OLG Bremen stützt den Anspruch auf Schadensersatz nur auf § 280 Abs. 1. Dass es sich um die Verletzung einer *Verhaltenspflicht* nach § 241 Abs. 2 handelt, wurde übersehen. Das ist aber bei vielen Urteilen der Instanzgerichte zu beobachten.

Lerneinheit 34

804

Literatur: *Einsele*, Verhaltenspflichten im Bank- und Kapitalmarktrecht, ZHR 2016, 233; *Fleindl*, Die Eigenbedarfskündigung: Tatbestand und Rechtsmissbrauch, NZM 2016, 289; *Weiss*, Das Verhältnis von Rücktritt und Schadensersatz statt der Leistung – Autonomie statt künstlicher Parallelität, NJW 2015, 3393; *Mergner/Matz*, Gefahrenquellen und Verkehrssicherungspflichten, NJW 2015, 197; *Einsele*, Kapitalmarktrecht und Privatrecht, JZ 2014, 703 (zu kapitalmarktrechtlichen Verhaltenspflichten); *Witt*, Aktive Wahrnehmung der Interessen des anderen Teils als Schuldnerpflicht, NJW 2012, 3130; *Ackermann*, Schadensersatz statt der Leistung: Grundlagen und Grenzen, JuS 2012, 865; *Grams*, Verkehrssicherungspflichten des Einzelhandelsunternehmens vor und im Ladengeschäft, NZM 2011, 460; *Emmerich*, Aufklärungspflichten des Mieters, NJW 2011, 2321.

I. Einführung

1. Leistungspflichten und Verhaltenspflichten

805 Der Schuldner kann nicht nur seine *Leistungs*pflicht schlecht erfüllen, sondern auch eine der in § 241 Abs. 2 genannten *Verhaltens*pflichten. Um diese Fälle geht es im Folgenden. Deshalb sind die Verhaltenspflichten zunächst von den Leistungspflichten abzugrenzen.

806 - *Leistungspflichten:* Eine Leistungspflicht ist die Pflicht des Schuldners, die von ihm nach dem Inhalt des Schuldverhältnisses geschuldete Leistung zu erbringen (§ 241 Abs. 1). Zu einer Leistung ist immer nur der Schuldner verpflichtet. Wenn – wie im gegenseitigen Vertrag – beide Vertragspartner Schuldner sind, ist jeder Partner nur in seiner Eigenschaft als Schuldner zu einer Leistung verpflichtet. *Beispiele:* Die Verpflichtung des Verkäufers zur Übereignung der Kaufsache, des Käufers zur Bezahlung, des Werkunternehmers zur Herstellung des Werks, des Rechtsanwalts zur richtigen Beratung. Seine Leistungspflicht kann der Schuldner verletzen, indem er überhaupt nicht (insbesondere §§ 281, 323), zu spät (§§ 280 Abs. 1, 2, 286) oder schlecht (§§ 281, 323) erfüllt.

807 - *Verhaltenspflichten:* Die wichtigsten Verhaltenspflichten sind die in § 241 Abs. 2 genannten Pflichten „zur Rücksicht auf die Rechte, Rechtsgüter und Interessen des anderen Teils". Verhaltenspflichten dienen nicht dazu, einen geschuldeten *Erfolg* herbeizuführen. Ihre Erfüllung soll nur dazu beitragen, das Schuldverhältnis für beide Teile erträglich (oder sogar angenehm) zu gestalten. Deshalb hat nicht nur der Schuldner, sondern *auch der Gläubiger* sie zu erfüllen (§ 241 Abs. 2: „... jeden Teil ..."). Da ein Gläubiger nie zu einer *Leistung* verpflichtet ist, sind Verhaltenspflichten die einzigen Pflichten, die auch er haben kann.

808 Der Schuldner kann eine Verhaltenspflicht verletzen, auch wenn er seine Leistungspflicht korrekt erfüllt. *Beispiel 1*: Fall 34, Rn 803. *Beispiel 2*: In der Zeit, in der Frau F verreist war, sollte X in ihrer Küche eine Reparatur durchführen. Er brauchte für seine Bohrmaschine die Steckdose der Tiefkühltruhe, vergaß aber später, diese wieder anzuschließen, so dass der Inhalt verdarb.[30] Auch wenn die Schuldner in beiden Fällen ihre *Leistungs*pflicht aus dem Vertrag korrekt erfüllt haben, haben sie doch ihre *Verhaltens*pflicht „zur Rücksicht auf die Rechte, Rechtsgüter und Interessen des anderen Teils" verletzt (§ 241 Abs. 2), nämlich ihre Pflicht, die Gesundheit bzw das Eigentum ihres Vertragspartners zu schützen. Bei der Verletzung von Verhaltenspflichten gibt es keine Einteilung in Nichterfüllung, Späterfüllung und Schlechterfüllung.

Die Verletzung einer Verhaltenspflicht führt zu einem Schadensersatzanspruch nach § 282 (Rn 810) oder – wesentlich häufiger – nach § 280 (Rn 812 ff) oder zum Rücktritt nach § 324 (Rn 820 ff).

30 Es gab noch eine viel schlimmere Folge, siehe Fall 41, Rn 1030.

2. Probleme der Abgrenzung

809 Manchmal ist zweifelhaft, ob es sich im konkreten Fall um die Verletzung einer *Leistungspflicht* oder einer *Verhaltenspflicht* handelt.[31] Man kann diese Frage aber offen lassen, wenn – wie sehr oft – die Rechtsfolgen im Rahmen des § 280 die gleichen sind.[32] *Beispiel 1:* A wollte an der New Yorker Wertpapierbörse spekulieren, konnte das aber nur über ein deutsches Kreditinstitut tun. Die B-Bank in Frankfurt/M verpflichtete sich, nur die Aufträge, die ihr A ausdrücklich erteilt hatte, an New Yorker Broker weiterzuleiten. Die B hielt sich nicht an diese Abmachung, was zu großen Verlusten führte. Der BGH sah darin die Verletzung einer von der B übernommenen *Verhaltens*pflicht.[33] Näher liegt es jedoch, in der korrekten Weitergabe der Aufträge eine (oder sogar die *einzige*) *Leistungs*pflicht der B zu sehen. Für die Frage, ob die B dem A nach § 280 Abs. 1 schadensersatzpflichtig ist, ist die Frage der Zuordnung jedoch unerheblich. *Beispiel 2:* Eine Krankenschwester wollte den halbseitig gelähmten 73-jährigen Patienten P vom Stuhl heben und auf die Bettkante setzen. Dabei stürzte P und zog sich einen Oberschenkelhalsbruch zu.[34] Zu fragen ist, ob der Träger des Krankenhauses (durch die Schwester als seine Erfüllungsgehilfin nach § 278) eine geschuldete *Leistung* schlecht erfüllt (§ 281 Abs. 1) oder eine *Verhaltenspflicht* verletzt hat. Wenn man die vom Träger des Krankenhauses geschuldete Leistung eng definiert, umfasste sie nur die therapeutischen Maßnahmen, die zur Heilung erforderlich waren. Dann war die Pflicht, den P vor Unfällen zu schützen, nur eine Nebenpflicht (Verhaltenspflicht). Man kann das aber auch anders sehen, ohne dass sich etwas am Ergebnis ändert. Denn letztlich ergibt sich der Schadensersatz immer aus § 280 Abs. 1.

II. Schadensersatz statt der Leistung

810 Wenn der Schuldner eine Verhaltenspflicht nach § 241 Abs. 2 verletzt hat, kann es dem Gläubiger uU nicht mehr zuzumuten sein, die Leistung des Schuldners weiterhin anzunehmen. Für diesen Fall gibt § 282 dem Gläubiger das Recht, sich vom Vertrag zu lösen und Schadensersatz statt der Leistung zu verlangen. *Beispiel 1:* M tapezierte und strich korrekt, beschädigte aber Türen und Möbel so erheblich, dass dem Auftraggeber „die Leistung durch den Schuldner nicht mehr zuzumuten" war (§ 282).[35] Er beendete deshalb das Vertragsverhältnis mit M und beauftragte einen anderen Malermeister mit den noch ausstehenden Arbeiten. Er macht nun seine Mehrkosten gegenüber M als „Schadensersatz statt der Leistung" geltend (§ 282). *Beispiel 2:* Die B-GmbH verpflichtete sich, zum Pauschalpreis von 1,6 Mio Euro ein Geschäftshaus zu errichten, beantragte aber wenige Monate später die Eröffnung des Insolvenzverfahrens. Damit verletzte sie ihre Pflicht zur Rücksichtnahme auf die Interessen des Auftragnehmers, sodass dieser kündigen und Schadensersatz statt der Leistung verlangen konnte (§§ 280 Absätze 1 und 3, 282).[36]

811 *Kritik:* § 282 ist eine Vorschrift, die in der Praxis kaum eine Rolle spielt. Denn § 282 gleicht nur den Schaden aus, der durch den Ausfall der *Leistung* (Restleistung) entstanden ist. Die Schäden, die direkt durch die Verletzung der Verhaltenspflicht ausgelöst

31 Dazu Kandelhard NJW 2002, 3293.
32 Palandt/Grüneberg § 280 Rn 24.
33 NJW 1997, 1360.
34 BGH NJW 1991, 1540.
35 Ausgedachtes Beispiel der amtlichen Begründung, BT-Drucks 14/6040, 141.
36 BGH NJW 2016, 1945 Rn 42.

werden, spielen in der Praxis eine deutlich größere Rolle. Sie werden allein von § 280 erfasst (Rn 812 ff).

III. Schadensersatz neben der Leistung

1. Voraussetzungen des § 280 Abs. 1 bei der Verletzung von Verhaltenspflichten

812 *Verletzung einer Verhaltenspflicht:* Nach § 280 Abs. 1 S. 1 muss der Schuldner „eine Pflicht aus dem Schuldverhältnis" verletzt haben. Zu diesen Pflichten gehören die in § 241 Abs. 2 genannten Verhaltenspflichten. Während § 282 – wie gesagt – eine tote Vorschrift ist, spielt § 241 Abs. 2 in Verbindung mit § 280 Abs. 1 in der Praxis eine große Rolle.

813 *Vertretenmüssen:* § 280 Abs. 1 S. 2 setzt bekanntlich voraus, dass der Schuldner die Pflichtverletzung – hier die Verletzung der Verhaltenspflicht nach § 241 Abs. 2 – nach § 276 Abs. 1 S. 1 zu vertreten hat. Zumindest muss er die für ein Vertretenmüssen sprechende Vermutung des § 280 Abs. 1 S. 2 nicht entkräften können (Rn 558, 578, 675, 778).

2. Rechtsfolgen

814 Der Schadensersatzanspruch nach § 280 Abs. 1 tritt nicht *an die Stelle* der (regelmäßig korrekt erbrachten) geschuldeten Leistung, sondern *neben* den Anspruch auf Erfüllung (Schadensersatz „neben" der Leistung, Rn 561, 579a, 785, 989 f). Sein Umfang wird von den §§ 249 ff festgelegt.

3. Anwendungsbereiche

a) Schutzpflicht

815 Die Schutzpflicht (oder Obhutspflicht) wird in § 241 Abs. 2 mit den Worten „zur Rücksicht auf die ... Rechtsgüter ... verpflichtet" beschrieben. Die Schutzpflicht verpflichtet den Schuldner, die ihm während des Schuldverhältnisses anvertrauten Rechtsgüter des Gläubigers (hauptsächlich Personen und Sachen) zu schützen und zu schonen.

Schutz von Personen: Jeder, der seinem Vertragspartner den Zugang zu einer Örtlichkeit ermöglicht, muss Maßnahmen ergreifen, um den Vertragspartner vor Schäden zu bewahren. *Beispiel 1:* Fall 34, Rn 803. *Beispiel 2:* Frau R erwarb einen Fahrausweis der Deutschen Bahn für eine Fahrt von Solingen nach Dresden. Sie stürzte auf dem Bahnsteig des Hauptbahnhofs Solingen, weil dieser trotz Schnee und Eis nicht gestreut war. Die Hauptpflicht der DB war die Beförderung. Aber sie hatte Frau R gegenüber auch die vertragliche Nebenpflicht, den Bahnsteig verkehrssicher zu halten.[37]

816 *Schutz von Sachen:* Der Schuldner muss auch die ihm anvertrauten Sachen des Gläubigers schonend behandeln. *Beispiel 1:* Beispiel 2, Rn 808. *Beispiel 2:* Frau K übergab ihren Pkw dem Werkstattinhaber U wegen eines defekten Anlassers. U reparierte den Anlasser, fuhr aber den Wagen versehentlich gegen eine Werkbank, was einen Schaden von rund 2 700 Euro verursachte.[38] Da U den Anlasser ordnungsgemäß repariert hat, liegt kein Fall der Schlechterfüllung einer Leistungspflicht vor (§§ 281, 323). U hat

37 BGH NJW 2012, 1083 Rn 9.
38 OLG Saarbrücken NJW 2007, 3503.

vielmehr die Verhaltenspflicht verletzt, den ihm anvertrauten Wagen vor einer Beschädigung zu bewahren (§§ 241 Abs. 2, 280 Abs. 1). *Beispiel 3:* M mietete von V einen Teilbereich einer Scheune und stellte dort zwölf Oldtimer ab. V schweißte in der Scheune eine Bremstrommel, wodurch die Scheune und alle Fahrzeuge verbrannten. V hat seine Schutzpflicht (Fürsorgepflicht) gegenüber seinem Mieter M verletzt.[39]

b) Aufklärungspflicht

817 Die Aufklärungspflicht nennt man auch Anzeige-, Informations-, Hinweis-, Auskunfts- oder Warnpflicht. Sie verpflichtet den Schuldner, den Gläubiger auf Risiken und Gefahren hinzuweisen, die sich im Rahmen des Schuldverhältnisses ergeben können und die dem Schuldner aufgrund seiner Fachkunde bekannt sind, möglicherweise aber nicht dem Gläubiger. Diese Pflicht ergibt sich aus den Worten „... Rücksicht auf die ... *Interessen des anderen Teils* ...“ (§ 241 Abs. 2). *Beispiel:* B beauftragte die K-Bau-AG, für 49 Millionen Euro eine Baugrube auszuheben und eine Bodenplatte von 350 mal 150 m zu erstellen. Die K erstellte das Werk vertragsgemäß. Aber sie erkannte, dass die Bodenplatte im Winter ungeschützt sein würde und dass deshalb die Gefahr von Rissbildungen bestand. Da sie die Bauherrin B auf diese Gefahr nicht hinwies, verletzte sie ihre in § 241 Abs. 2 normierte Aufklärungspflicht.[40]

Eine große Rolle spielen Aufklärungs- und Warnpflichten im Bereich von Mobilfunk- und Internetverträgen. *Beispiel:* B hatte mit der T eine monatliche Flatrate von 34,95 Euro vereinbart. Nach einem Spanienurlaub sollte er aber zusätzlich 3 366,87 Euro zahlen. B hatte in Spanien das Internet genutzt, so dass Roaminggebühren in dieser Höhe entstanden waren. Die T hätte ihn rechtzeitig durch eine SMS warnen oder seinen Zugang sperren müssen.[41]

Auch wer *Finanzdienstleistungen* anbietet, ist vielfältig zur Aufklärung verpflichtet. *Beispiel:* Mit dem Versprechen hoher Zinsen verleitete T viele seiner türkischen Landsleute dazu, ihre Ersparnisse auf sein Konto bei der O-Bank zu überweisen. Die O-Bank hatte zu Recht den dringenden Verdacht, dass T die Beträge veruntreute, unternahm aber nichts. A, der ebenfalls bei der O-Bank ein Konto unterhielt, überwies von dort einen größeren Betrag auf das Konto des T. A hat den Betrag verloren. Die O-Bank war verpflichtet, ihren Kunden A über ihren Verdacht zu informieren. Da sie ihre Warnpflicht verletzt hat, ist sie A nach den §§ 241 Abs. 2, 280 Abs. 1 zum Schadensersatz verpflichtet.[42]

c) Pflicht zur Rücksicht auf die wirtschaftlichen Interessen des Vertragspartners

818 Jeder Vertragspartner darf seine eigenen Interessen verfolgen. Er muss aber auch die Interessen seines Vertragspartners beachten und darf sie nicht unnötig verletzen. Das bestimmt § 241 Abs. 2 mit den Worten „zur Rücksichtnahme auf die ... *Interessen* des anderen Teils verpflichten“. Eine klare Abgrenzung zu den anderen Verhaltenspflichten besteht natürlich nicht und ist auch nicht nötig.

---

39 BGH NJW 2009, 142. Der BGH spricht nur von einer „positiven Vertragsverletzung gemäß § 280 Abs. 1“, erwähnt aber nicht § 241 Abs. 2 (aaO Rn 13).
40 BGH NJW 2012, 3291 Rn 25 ff
41 LG Saarbrücken NJW 2012, 2819. Siehe auch BGH NJW 2012, 2103.
42 BGH NJW 2008, 2245 Rn 39.

Nicht nur ein Kreditinstitut, auch sein Kunde muss die Interessen des anderen Teils berücksichtigen. *Beispiel:* K unterhielt ein Konto bei der B-Bank, das er online verwaltete. Er ließ sich durch einen Betrüger dazu verleiten, zehn TAN anzugeben. Danach wurden von seinem Konto 5 000 Euro auf ein griechisches Konto überwiesen. K hatte seine gegenüber der B bestehende Verhaltenspflicht, die ihm übermittelten TAN geheim zu halten, fahrlässig verletzt. Deshalb hatte die B gegen ihn einen Schadensersatzanspruch in Höhe von 5 000 Euro.[43]

819 *Andere Bereiche:* Natürlich kann auch in allen anderen Vertragsverhältnissen die Rücksichtspflicht verletzt werden. *Beispiel 1:* Fall 27, Rn 650. *Beispiel 2:* M hatte von V eine Wohnung gemietet. V wollte die Wohnung verkaufen und kündigte, angeblich wegen Eigenbedarfs. M zog aus, musste aber später feststellen, dass V die Wohnung für 830 000 Euro an E verkauft hatte. V hat durch seine unberechtigte Kündigung keine Leistungspflicht verletzt, sondern die *Verhaltens*pflicht, Rücksicht auf die Interessen seines Vertragspartners (Mieters) zu nehmen (§§ 241 Abs. 2, 280 Abs. 1, 249, 251).[44] *Beispiel 3:* Bei einem Heimspiel von Hansa Rostock lief B auf das Spielfeld und versuchte, dem Schiedsrichter den Ball abzunehmen. Unter anderem wegen dieses Vorfalls verurteilte das DFB-Sportgericht den Verein zu einer Geldstrafe von 20 000 Euro.[45] B war aufgrund des (mit dem Erwerb der Eintrittskarte geschlossenen) Werkvertrags verpflichtet, das Spiel nicht zu stören (§ 241 Abs. 2), und haftet deshalb für den angerichteten Schaden nach § 280 Abs. 1.[46]

IV. Rücktritt wegen der Verletzung einer Verhaltenspflicht

1. Voraussetzungen des Rücktritts

820 *Gegenseitiger Vertrag:* § 324 ist nur im Rahmen eines gegenseitigen Vertrags anwendbar („... bei einem gegenseitigen Vertrag"). Da es um eine *Verhaltens*pflicht geht und diese nie im Synallagma stehen kann, kommt es auf die Frage „Hauptpflicht oder Nebenpflicht?" nicht an.

821 *Kein vollzogenes Dauerschuldverhältnis:* Die Verletzung von Verhaltenspflichten spielt insbesondere bei *Dauerschuldverhältnissen* eine Rolle. Deshalb muss man gerade in diesem Zusammenhang daran denken, dass bei einem vollzogenen Dauerschuldverhältnis an die Stelle des Rücktritts die Kündigung aus wichtigem Grund tritt (Rn 629). *Beispiel:* Der Stromkunde K des Versorgungsunternehmens V hatte trotz Abmahnung erneut den Stromzähler manipuliert. V kann nach § 314 fristlos kündigen. Ein Rücktritt nach § 324 ist ausgeschlossen, weil ein Stromliefervertrag ein Dauerschuldverhältnis begründet und ein solches, wenn es bereits vollzogen ist, nicht rückabgewickelt werden kann.

822 *Besonders schweres Fehlverhalten:* § 324 setzt voraus, dass der Schuldner nicht eine Leistungspflicht verletzt hat, sondern „eine Pflicht nach § 241 Abs. 2", also eine *Verhaltens*pflicht. Aber es muss sich um einen besonders gravierenden Fall der Pflichtverletzung handeln. Denn der Gläubiger darf nur zurücktreten, „wenn ihm das Festhalten am Vertrag nicht mehr zuzumuten ist" (§ 324 aE). *Beispiel:* Die sehbehinderte Frau T

43 BGH NJW 2012, 2422. Der BGH erwähnt nur § 280 Abs. 1, nicht jedoch § 241 Abs. 2.

44 BGH NJW 2010, 1068. In dieser Entscheidung erwähnt der BGH nicht § 241 Abs. 2 (Rn 12, 18). Das tut er jedoch in der ähnlichen Entscheidung BGH NJW 2010, 3775.

45 OLG Rostock NJW 2006, 1819; die Gesamtstrafe schloss andere Vorfälle ein.

46 Das OLG wendet zwar § 280 Abs. 1 an, erwähnt aber nicht § 241 Abs. 2.

ist bei der V privat krankenversichert. Sie gab beim Optiker O eine Brille für 568 Euro in Auftrag. Diesen Betrag konnte sie erst bezahlen, wenn die V den Betrag an sie überwiesen hatte. Diese erwartete zu Recht, dass Frau T ihr dafür zuerst die Rechnung des O einreichte. O weigerte sich jedoch trotz zahlreicher Bitten und Mahnungen, diese (sich aus § 241 Abs. 2 ergebende) Nebenpflicht (Verhaltenspflicht) zu erfüllen. Zur Begründung gab er an, dass er die Rechnung erst ausstelle, wenn Frau T sie bezahlt habe. Daraufhin trat Frau F erfolgreich nach § 324 vom Vertrag zurück.[47]

Wenn dem Gläubiger das Festhalten am Vertrag *zuzumuten* ist, kann er nur Erfüllung und daneben nach § 280 Abs. 1 Ersatz des durch die Pflichtverletzung verursachten Schadens verlangen.

823 *Vertretenmüssen nicht erforderlich:* Da § 324 nicht (wie § 282) auf § 280 verweist, wird (wie immer beim Rücktritt) ein Vertretenmüssen nicht vorausgesetzt. Es darf deshalb im Gutachten auch nicht geprüft werden.

824 *Abmahnung:* § 324 sagt nicht, dass der Gläubiger eine Frist setzen muss. Darin liegt ein auffälliger Gegensatz zu § 323. Der Grund ist, dass der Schuldner zwar eine *Schlechtleistung* durch einen erneuten Versuch ausgleichen kann (§ 323 Abs. 1). Aber ein rücksichtsloses Fehlverhalten, wie es § 324 voraussetzt, kann nicht durch eine Wiederholung (nur diesmal als löbliches Verhalten) wiedergutgemacht werden. Der Gläubiger muss aber den Schuldner bei einem leichteren Verstoß zunächst abmahnen. Nur wenn der Schuldner nach der Abmahnung erneut das gerügte Fehlverhalten zeigt, kann der Gläubiger zurücktreten.

2. Rechtsfolge

825 Liegen die Voraussetzungen des § 324 vor, kann der Gläubiger vom Vertrag zurücktreten. Es handelt sich um ein gesetzliches Rücktrittsrecht. Der Rücktritt wandelt den gegenseitigen Vertrag um in ein Rückabwicklungsverhältnis (§§ 346 ff).

§ 35 Pflichtverletzung vor Vertragsschluss (culpa in contrahendo)

826 **Fall 35: Salatblatt** §§ 311 Abs. 2, 241 Abs. 2, 280 Abs. 1

Frau Gaby Grün war zum Einkaufen in einen SB-Markt der Lebensmittelkette K & O GmbH gegangen. Als sie mit dem Einkaufswagen in der Schlange stand, fiel ihr ein, dass sie noch ein Netz Apfelsinen brauchte. Sie ließ deshalb den Einkaufswagen stehen und ging zum Obststand. Dabei rutschte sie auf einem feuchten Salatblatt aus. Ob dieses Blatt schon länger auf dem Fußboden gelegen hatte, ließ sich nicht mehr klären. Frau Grün zog sich einen schmerzhaften Gelenkbluterguss am rechten Knie zu. Sie wurde mit dem Krankenwagen in die Klinik gebracht und musste operiert werden. Mit der Begründung, die K & O GmbH habe ihre Verkehrssicherungspflicht verletzt, verklagte Frau Grün die K & O auf Schadensersatz. Die K & O GmbH entgegnete, Frau Grün könne keine vertraglichen Ansprüche geltend

47 AG Berlin-Lichtenberg NJW 2010, 1083.

machen, weil ein Kaufvertrag im Augenblick des Unfalls noch nicht abgeschlossen gewesen sei. (Nach BGHZ 66, 51)

826a Frau Grün könnte versuchen, die K & O nach § 823 Abs. 1 in Anspruch zu nehmen. Diese Anspruchsgrundlage setzt bekanntlich nicht den Abschluss eines Vertrags voraus (Fall 1, Rn 1).

Aber Frau Grün wollte einen *vertraglichen* Anspruch geltend machen. Voraussetzung dazu wäre, dass zwischen Frau Grün und der K & O GmbH im Zeitpunkt des Unfalls ein Vertrag bestand. Als Vertrag käme nur ein Kaufvertrag in Betracht. Aber der war im Unfallzeitpunkt noch nicht zustande gekommen, weil im Selbstbedienungsladen die Kaufverträge erst an der Kasse geschlossen werden.[48] Die Rechtsansicht der K & O GmbH ist also insofern zutreffend.

Zu prüfen ist jedoch, ob Frau Grün ihren Schadensersatzanspruch auf die §§ 241 Abs. 2, 311 Abs. 2 stützen kann, also auf eine „culpa in contrahendo" (ein Verschulden bei Vertragsverhandlungen) oder, wie man auch sagt, ein Verschulden vor Vertragsschluss. Als sich Frau Grün zum Einkaufen in die K & O-Filiale begab, entstand zwischen ihr und der K & O GmbH nach § 311 Abs. 2 Nr. 2 ein *„Schuldverhältnis mit Pflichten nach § 241 Abs. 2"*. Dieses Schuldverhältnis verpflichtete die K & O GmbH „zur Rücksicht auf die Rechte, Rechtsgüter und Interessen" von Frau Grün (§ 241 Abs. 2). Bei der Erfüllung dieser Sorgfaltspflicht bediente sich die K & O ihrer Ladenangestellten als ihrer Erfüllungsgehilfen (§ 278; Rn 431). Diese mussten insbesondere darauf achten, dass die Kunden nicht in ihrer Gesundheit gefährdet wurden (Verkehrssicherungspflicht). Dazu gehörte, dass sie den Fußboden von gefährlichen Abfällen freihielten, um ein Ausrutschen der Kunden zu verhindern.

Aus den §§ 241 Abs. 2 und 311 Abs. 2 ergibt sich nur, dass zwischen Frau Grün und der K & O ein Schuldverhältnis entstanden war, das die K & O zu bestimmten Verhaltensweisen verpflichtete. Eine Schadensersatzpflicht ergibt sich aus diesen beiden Vorschriften nicht. Zu prüfen ist deshalb, ob die K & O Frau Grün gegenüber nach § 280 Abs. 1 S. 1 eine „Pflicht aus dem Schuldverhältnis ... verletzt" hat. Das ist zu bejahen, weil die K & O nach § 241 Abs. 2 die Pflicht hatte, die Gesundheit ihrer Kunden zu schützen.

Es fragt sich aber, ob die K & O die Sorgfaltspflicht *schuldhaft* verletzt hat (§ 280 Abs. 1 S. 2). Das ist von der Antwort auf die Frage abhängig, ob das Salatblatt schon einige Zeit vor dem Unfall auf dem Boden gelegen hatte. Denn nur in diesem Fall kann man den Angestellten den Vorwurf der Fahrlässigkeit machen (§ 276 Abs. 2). Grundsätzlich lautet die Beweisregel, dass jeder die Tatsachen beweisen muss, auf die er sich beruft. Demnach müsste Frau Grün beweisen, dass das Salatblatt schon längere Zeit auf dem Boden gelegen hatte. Aber § 280 Abs. 1 S. 2 ist bekanntlich so formuliert, dass der Schuldner die Umstände darlegen und beweisen muss, aus denen sich ergibt, dass er „die Pflichtverletzung nicht zu vertreten hat". Deshalb müsste die K & O GmbH beweisen, dass das Salatblatt erst so kurz vor dem Unfall zu Boden gefallen war, dass ihre Angestellten es auch bei gehöriger Sorgfalt nicht rechtzeitig entfernen konnten. Da sie das nicht beweisen kann, ist davon auszugehen, dass das Blatt schon längere Zeit vor dem Unfall auf dem Boden gelegen hatte. Die K & O-Angestellten haben demnach ihre Sorgfaltspflicht gegenüber Frau Grün fahrlässig verletzt. Die Voraussetzungen einer Haftung aus Verschulden vor Vertragsschluss liegen deshalb vor.

48 BGB-AT Rn 219 f.

Frau Grün kann folglich verlangen, so gestellt zu werden, wie sie stehen würde, wenn sie den K & O-Markt nicht betreten hätte. Sie wäre dann nicht gestürzt und hätte die Behandlungskosten nicht aufwenden müssen. Diese sind ihr deshalb im Grundsatz zu ersetzen. Allerdings muss sie sich ein gewisses eigenes Verschulden anrechnen lassen (§ 254 Abs. 1; Rn 945). Wie hoch ihr eigener Anteil an dem Unfall war, kann nur der Richter entscheiden, der die Einzelheiten des Falles kennt.

Lerneinheit 35

827 Literatur: *Dassbach*, Vorvertragliche Informationspflichten, JA 2016, 325; *Diercks-Harms*, Bewirtungsvertrag – Stornogebühren für Sternemenüs, MDR 2016, 6; *Einsele*, Verhaltenspflichten im Bank- und Kapitalmarktrecht, ZHR 2016, 233; *Stephan Lorenz*, Grundwissen – Zivilrecht: Culpa in contrahendo (§ 311 II, III BGB), JuS 2015, 398; *Mergner/Matz*, Gefahrenquellen und Verkehrssicherungspflichten, NJW 2015, 197; *Holtz*, Die Prospekthaftung im Franchiserecht, ZVertriebsR 2014, 23; *Oppenheim*, Verteidigungslinien von Banken in „Kick-Back"-Prozessen, BKR 2014, 454; *Beck*, Kapitalmarktrechtliche Prospekthaftung im Konzern, NZG 2014, 1410; *Freitag/Korch*, Persönliche Geschäftsleiterhaftung aus culpa in contrahendo, GmbHR 2013, 1184.

I. Hintergrund

828 Wer vorsätzlich oder fahrlässig geschädigt wird, hat oft nach den §§ 823 ff gegen den Schädiger einen Anspruch auf Schadensersatz. Aber der Schadensersatzanspruch aus den §§ 823 ff ist in Einzelheiten für den Geschädigten nicht so vorteilhaft wie ein Schadensersatzanspruch, der auf die Verletzung eines Vertrags gestützt werden kann.[49] Der Geschädigte ist deshalb besser geschützt, wenn er sich darauf berufen kann, er sei im Rahmen eines Schuldverhältnisses, insbesondere eines *Vertragsverhältnisses* geschädigt worden. Es ist aus diesem Grund verständlich, dass Rechtsprechung und Lehre schon früh nach Wegen gesucht haben, möglichst vielen Geschädigten die Vorteile vertraglicher Ansprüche zukommen zu lassen. Die naheliegende Idee war, den Zeitpunkt vorzuverlegen, von dem an ein Geschädigter vertragliche oder quasivertragliche Ansprüche geltend machen kann. Denn wenn einer Kundin eine umkippende Linoleumrolle auf den Kopf fällt, muss es eigentlich für die Haftung des Warenhauses gleichgültig sein, ob die Kundin schon gekauft hatte oder noch nicht.[50]

Lehre und Rechtsprechung haben deshalb den Grundsatz entwickelt, dass nicht erst mit dem Vertragsschluss, sondern schon *mit der Aufnahme von Verhandlungen* ein vorvertragliches Vertrauensverhältnis entsteht, dessen Verletzung zu vertragsähnlichen Ansprüchen führt. Schließlich hat man den Zeitpunkt noch weiter vorverlegt und verlangt nicht einmal mehr die Aufnahme von Vertragsverhandlungen, sondern zB nur noch das Betreten eines Ladenlokals oder die Ausgabe von Prospekten.

49 So schützt zB § 823 Abs. 1 nur einzelne Rechtsgüter, aber nicht das Vermögen als Ganzes. Und der Geschäftsherr kann für ein Verhalten seines Mitarbeiters nicht belangt werden, wenn er nachweist, dass er diesen gut ausgesucht und beaufsichtigt hatte (§ 831 Abs. 1 S. 2; Rn 449; SBT Rn 1693 ff).

50 Linoleumrollenfall, RGZ 78, 239 v. 7. Dezember 1911.

II. Zur Geschichte der culpa in contrahendo

829 Der große Jurist Rudolph von Jhering[51] hatte lange vor der Formulierung des BGB, nämlich schon 1861, diese Zusammenhänge erkannt und den Ausdruck „culpa in contrahendo" (Verschulden beim Kontrahieren = Vertragschließen) geprägt.[52] Als deutscher Ausdruck hat sich „Verschulden bei Vertragsverhandlungen" oder „... beim Vertragsschluss" durchgesetzt. Da in Wirklichkeit gar nicht verlangt wird, dass es schon zu Vertragsverhandlungen gekommen war, ist als treffenderer Ausdruck „Verschulden bei der *Anbahnung* von Vertragsverhandlungen" vorgeschlagen worden. Da es aber auch nicht einmal einer Anbahnung bedarf, erscheint mir der Ausdruck „Verschulden *vor* Vertragsschluss" genauer zu sein. Damit soll nicht gesagt sein, dass es später noch zum Vertragsschluss gekommen sein müsste, sondern nur, dass im Zeitpunkt des schädigenden Verhaltens der Vertragsschluss noch nicht stattgefunden hatte.

Die Verfasser des BGB hatten Jherings Lehre von der culpa in contrahendo nicht als allgemeine Norm übernommen, sie aber in Ausnahmefällen berücksichtigt (zB in den §§ 122, 179 Abs. 2). Aus diesen Einzelfällen haben Lehre und Rechtsprechung nach 1900 wiederum den allgemeinen Grundsatz der culpa in contrahendo als Gewohnheitsrecht entwickelt. Erst die Schuldrechtsreform hat Bestimmungen über die culpa in contrahendo in das BGB aufgenommen (§§ 311 Abs. 2, 241 Abs. 2).

Die culpa in contrahendo ist, auch wenn sie bis zum 1. Januar 2002 nicht gesetzlich geregelt war, keine Randerscheinung des Zivilrechts, sondern nimmt seit Jahrzehnten in der Gerichtspraxis und in der Literatur einen hohen Rang ein.

III. Definition und Überblick

1. Definition

830 Culpa in contrahendo ist die schuldhafte Verletzung von Verhaltenspflichten (§ 241 Abs. 2), die sich aus einem vorvertraglichen Vertrauensverhältnis ergeben (§ 311 Abs. 2; Rn 834 ff). Die culpa in contrahendo verpflichtet zum Schadensersatz (§§ 311 Abs. 2, 280 Abs. 1).

831 *Abgrenzung:* Wenn eine Verhaltenspflicht *nach* dem Vertragsschluss verletzt wird, ergibt sich die Schadenersatzpflicht aus den §§ 280 Abs. 1 S. 1, 241 Abs. 2 (Rn 812 f).

Wenn eine Verhaltenspflicht *vor* dem Vertragsschluss verletzt wird (in der Zeit des vorvertraglichen Vertrauensverhältnisses nach § 311 Abs. 2), handelt es sich um eine culpa in contrahendo.

2. Die gesetzliche Regelung im Überblick

832 Die Schuldrechtsreform hat die culpa in contrahendo in § 311 Abs. 2 Nr. 1 bis 3 geregelt. Der Standort ist sinnvoll. Denn die culpa in contrahendo ist eine Ausnahme von dem in § 311 Abs. 1 festgelegten Grundsatz, dass ein Schuldverhältnis idR durch ein *Rechtsgeschäft* begründet wird, und zwar hauptsächlich durch einen *Vertrag*. Deshalb wird gleich im nächsten Absatz darauf hingewiesen, dass ein Schuldverhältnis (aller-

51 Rudolph von Jhering (gesprochen Jehring), geboren 1818 in Aurich, gestorben 1892 in Göttingen. Die Schreibweise „Ihering" wird noch gelegentlich benutzt, ist aber falsch.

52 Jahrbücher für Dogmatik IV (1861), 1.

dings mit den sich aus § 241 Abs. 2 ergebenden Beschränkungen) *auch durch die Aufnahme von Verhandlungen* entstehen kann, also *vor* und folglich *ohne* Vertragsschluss.

833 Die culpa in contrahendo ist aber nicht nur in § 311 Abs. 2 geregelt, vielmehr ergeben sich ihre Voraussetzungen und Rechtsfolgen aus drei Paragrafen. Ihr Zusammenspiel muss man sich besonders klarmachen:

- § 311 Abs. 2 bestimmt, wie das vorvertragliche Vertrauensverhältnis *entsteht*.
- § 241 Abs. 2 nennt die Verhaltenspflichten, die im vorvertraglichen Vertrauensverhältnis verletzt werden können.
- § 280 Abs. 1 ist die *Anspruchsgrundlage* für einen Schadensersatzanspruch bei Verletzung dieser Pflichten.

834 *Abgrenzung:* Wenn eine Verhaltenspflicht des § 241 Abs. 2 ...

- zeitlich *nach* dem Vertragsschluss verletzt wird, handelt es sich um einen Fall der §§ 280 Abs. 1, 241 Abs. 2 (oben Rn 812).
- Wenn dieselbe Verletzung einer Verhaltenspflicht in den Zeitraum des vorvertraglichen Vertrauensverhältnisses fällt, ist sie eine culpa in contrahendo (§§ 311 Abs. 2, 241 Abs. 2, 280 Abs. 1).

IV. Das vorvertragliche Vertrauensverhältnis

1. Entstehung

a) Aufnahme von Vertragsverhandlungen

835 In § 311 Abs. 2 zählt das Gesetz drei Vorgänge auf, durch die ein vorvertragliches Vertrauensverhältnis entstehen kann. Nach § 311 Abs. 2 Nr. 1 entsteht es durch die „*Aufnahme von Verhandlungen*". Es beginnt also, sobald sich jemand an einen anderen in der Absicht wendet, möglicherweise mit ihm ein Rechtsgeschäft abzuschließen, insbesondere einen Vertrag. *Beispiel 1:* Eine Behörde, die für die Rekultivierung von Braunkohletagebau-Flächen zuständig ist, schrieb Baumaßnahmen aus. Bauunternehmer U forderte die Ausschreibungsunterlagen an. Bereits dadurch kam ein vertragsähnliches Vertrauensverhältnis zustande.[53] Bei Ausschreibungen nehmen die Verpflichtungen der Parteien zu, wenn der Unternehmer sein Gebot abgegeben hat. Die ausschreibende Stelle ist dann insbesondere verpflichtet, ihn und die anderen Bieter ausreichend zu informieren[54] und beim Zuschlag nicht willkürlich zu übergehen.[55] *Beispiel 2:* Weil B einen Campingplatz gekauft hatte, den er nicht nutzen durfte, suchte er Rechtsanwalt R zu einem Beratungsgespräch auf. Später erhielt er eine Rechnung über mehr als 3 000 Euro. Nach § 49b Abs. 5 BRAO hätte R nach der Begrüßung und den einleitenden Worten, aber vor dem Abschluss des Beratungsvertrags (vor dem Beginn der Beratung) darauf hinweisen müssen, dass er die Gebühr nach dem Gegenstandswert berechnen werde.[56] Da er das nicht getan hat, ist er nach den §§ 311 Abs. 2, 241 Abs. 2, 280 Abs. 1 schadensersatzpflichtig.[57]

836 *Ende:* Das vorvertragliche Vertrauensverhältnis endet mit dem Abbruch der Verhandlungen oder mit dem Abschluss des angestrebten Vertrags. Die culpa in contrahendo

53 BGHZ 182, 218 Rn 33.
54 BGH NJW 2007, 366 Rn 11.
55 BGH NJW 1993, 520; ähnlich NJW 2001, 3698.
56 Dessen Höhe und die Höhe der Gebühr hätte R nicht nennen müssen (BGH NJW 2007, 2332 Rn 8 und 21).
57 BGH NJW 2007, 2332.

erfasst also nur den Zeitraum bis zu einem dieser beiden Zeitpunkte. Im Fall eines Vertragsschlusses gehen die Ansprüche, die in der Zeit der Verhandlungen entstanden sind, nicht mit dem Vertragsschluss unter.

b) Anbahnung eines Vertrags

837 § 311 Abs. 2 Nr. 2 umschreibt mit den Worten „Anbahnung eines Vertrags" ein Verhalten, das unterhalb von Verhandlungen geblieben ist. Vorausgesetzt wird nur, dass sich jemand in den (für den Abschluss von Geschäften geöffneten) räumlichen Bereich eines anderen begeben hat, um *möglicherweise* mit diesem zu verhandeln oder gar einen Vertrag zu schließen. In den Schutzbereich der Nr. 2 werden nur solche Personen *nicht* aufgenommen, die sich aus geschäftsfremden Gründen in den fraglichen Räumen aufhalten, zB zum Aufwärmen oder zum Auskundschaften. Dass Verhandlungen tatsächlich stattgefunden haben, ist nicht erforderlich. Der Interessent hat durch das Betreten eines Raumes oder Geländes dem Geschäftsinhaber „die Möglichkeit zur Einwirkung auf seine Rechte, Rechtsgüter und Interessen gewährt" (wie es etwas ungeschickt in § 311 Abs. 2 Nr. 2 heißt). *Beispiel 1:* Fall 35, Rn 826; auf diese Entscheidung[58] wird in der amtlichen Begründung zu § 311 Abs. 2 Nr. 2 verwiesen. [59] *Beispiel 2:* Die Deutsche Vermögensberatung AG (DVAG) lässt Versicherungsverträge und Kapitalanlagen über Personen vertreiben, die selbstständig sind, aber nach außen wie Angestellte der DVAG auftreten. Zu ihnen gehörte X. Die DVAG hatte von ihm kein polizeiliches Führungszeugnis verlangt, sonst hätte sie bemerkt, dass er zweimal wegen Betrugs zu einer Freiheitsstrafe verurteilt worden war. Eine Frau H nahm in der „Regionalgeschäftsstelle der DVAG" das Angebot des X an, größere Summen für sie sehr günstig anzulegen. X unterschlug das Geld. Die DVAG musste Frau H nach § 311 Abs. 2 Nr. 2 Schadensersatz leisten.[60] Denn sie hatte die entscheidende Gefahrenquelle geschaffen, indem sie einem vorbestraften Betrüger erlaubte, wie ihr Angestellter aufzutreten.

Ein vorvertragliches Vertrauensverhältnis entsteht auch durch Teilnahme an einer Ausschreibung (§§ 311 Abs. 2, 241 Abs. 2).[61] *Beispiel 3:* Niedersachsen hatte die Fahrbahnerneuerung der L 341 ausgeschrieben (Invitatio ad offerendum). Der Straßenbauunternehmer A gab ein Angebot (einen Antrag) ab. Dadurch waren beide Seiten verpflichtet, auf die berechtigten Interessen der Gegenseite Rücksicht zu nehmen (§§ 311 Abs. 2, 241 Abs. 2; Fortsetzung unter Rn 849).[62]

c) Ähnliche geschäftliche Kontakte

838 § 311 Abs. 2 Nr. 3 erfasst mit den Worten „ähnliche geschäftliche Kontakte" alle Fälle, die nicht unter die Nummern 1 und 2 fallen, aber den dort beschriebenen Verhaltensweisen so ähnlich sind, dass sie einen Betroffenen ebenfalls schutzwürdig erscheinen lassen. „Ähnliche geschäftliche Kontakte" können insbesondere vorliegen, wenn die Beteiligten in einen rechtlichen Kontakt getreten sind, der nicht auf den Abschluss eines Vertrags zielt. *Beispiel:* A hat seinen Wettbewerber B wegen eines unlauteren Verhaltens abgemahnt. Dadurch entstand ein einem Vertragsverhältnis „ähnlicher ge-

58 BGHZ 66, 4.
59 BT-Drucks. 14/6040, 163.
60 BGHZ 196, 340. Der BGH hat die Sache zur weiteren Sachverhaltsaufklärung zurückverwiesen.
61 BGH NJW 2015, 1513 Rn 8.
62 BGH NJW 2015, 1513 Rn 8.

schäftlicher Kontakt", der beide Parteien zu rücksichtsvollem Verhalten nach § 241 Abs. 2 verpflichtete.[63]

2. Inhalt des vorvertraglichen Vertrauensverhältnisses

839 Durch die in § 311 Abs. 2 Nr. 1 bis 3 aufgeführten Tatbestände entsteht „ein Schuldverhältnis mit Pflichten nach § 241 Abs. 2" (§ 311 Abs. 2). Das vorvertragliche Vertrauensverhältnis kennt keine *Leistungspflichten* (zB nicht die Pflicht zur Zahlung, zur Übereignung oder zur Dienstleistung). Leistungspflichten entstehen erst durch den Vertragsschluss. Vorher bestehen lediglich *Verhaltenspflichten*, nämlich die Pflicht zur *„Rücksicht auf die Rechte, Rechtsgüter und Interessen des anderen Teils"* (§ 241 Abs. 2). Die Beteiligten sind also nur gehalten, die körperliche Integrität, das Eigentum, sonstige Rechtsgüter und alle berechtigten Interessen des anderen zu schonen. Wie weit diese Pflicht im Einzelfall reicht, hängt von der Art des angestrebten Vertrags ab.

840 *Vertragsähnliches Schuldverhältnis:* Das vorvertragliche Vertrauensverhältnis ist ein Schuldverhältnis, das nicht auf einem Vertrag beruht und auch auf keinem anderen Rechtsgeschäft, sondern auf einem Verhalten, an das das Gesetz in § 311 Abs. 2 die Entstehung eines Schuldverhältnisses knüpft. Es ist deshalb ein *gesetzliches Schuldverhältnis*, ist aber zugleich einem Vertragsverhältnis stark angenähert. Man kann es deshalb als „vertrags*ähnliches* Schuldverhältnis" bezeichnen[64] oder – wie die amtliche Überschrift des § 311 – als „rechtsgeschäftsähnliches Schuldverhältnis". Denn dem Geschädigten wird, wenn er Nachteile erleidet, teilweise die Stellung eines geschädigten *Vertragspartners* zugebilligt.

V. Voraussetzungen einer Haftung

841 Aus dem Gesagten ergibt sich, dass ein Schadensersatzanspruch aus culpa in contrahendo entsteht, wenn drei Voraussetzungen erfüllt sind:

- Es ist ein vorvertragliches Vertrauensverhältnis nach § 311 Abs. 2 Nr. 1 bis 3 entstanden, also ein „Schuldverhältnis mit Pflichten nach § 241 Abs. 2" (§ 311 Abs. 2).
- Der Schuldner hat eine der in § 241 Abs. 1 genannten Verhaltenspflichten und damit „eine Pflicht aus dem Schuldverhältnis" verletzt (§ 280 Abs. 1 S. 1).
- 842 Er hat die Pflichtverletzung nach § 276 Abs. 1 S. 1 zu vertreten oder kann jedenfalls die Verschuldensvermutung des § 280 Abs. 1 S. 2 nicht ausräumen (Rn 558).

VI. Fallgruppen

1. Verletzung des Körpers oder des Eigentums

843 Zu den in § 241 Abs. 2 genannten „Rechtsgütern" gehören in erster Linie die körperliche Unversehrtheit und das Eigentum. Für diesen Anwendungsbereich des § 311 stehen der historische Linoleumrollen-Fall (Rn 828) und der Salatblatt-Fall (Fall 35, Rn 826).[65] An ihnen ist gut zu erkennen, dass die Lehre von der culpa in contrahendo geschaffen wurde, um dem Geschädigten mehr zu geben als die beschränkten Rechte aus den §§ 823 ff (Rn 828).

63 BGH NJW 1995, 715.
64 BGH NJW 1981, 1035.
65 BGHZ 66, 51; ähnlich BGH BB 1986, 1185.

2. Der angestrebte Vertrag ist nicht zustande gekommen

a) Übergehen bei der Ausschreibung

844 Die Vergabe öffentlicher Aufträge ist heute in den §§ 97 ff GWB geregelt. Hält sich die Behörde nicht an diese Regeln, kann der übergangene Bieter nach § 126 S. 1 GWB Ersatz seines Vertrauensschadens verlangen (des negativen Interesses), also im Wesentlichen die Erstattung der von ihm aufgewendeten Kosten. § 126 S. 2 GWB lässt jedoch weitergehende Schadensersatzansprüche ausdrücklich unberührt. Damit hat das Gesetz die Rechtsprechung des BGH berücksichtigt: Wenn der übergangene Bieter „in berechtigter und schützenswerter Weise darauf vertrauen durfte, bei Beachtung der geltenden Vergaberegeln den Auftrag zu erhalten", kann er verlangen, so gestellt zu werden, als sei der Vertrag zustande gekommen[66] (dazu Rn 851). Das setzt aber nicht nur voraus, dass der Bieter das günstigste Gebot abgegeben hatte, sondern auch, dass der ausgeschriebene Auftrag überhaupt vergeben wurde.[67]

b) Abbruch von Vertragsverhandlungen

845 *Grundstücksverträge:* Grundsätzlich verpflichten Vertragsverhandlungen nicht zum Abschluss des angestrebten Vertrags. Das gilt insbesondere, wenn der Vertrag notariell zu beurkunden wäre.[68] Denn die strenge Form des § 311b Abs. 1 S. 1 hat auch den Zweck, beiden Parteien bis zur Beurkundung freie Hand zu lassen. In diesen Fällen stellt der Nichtabschluss nur dann einen Fall des § 311 Abs. 2 Nr. 1 dar, wenn die Partei damit „ihre Treupflicht besonders schwerwiegend verletzt".[69]

In anderen Fällen kann eine culpa in contrahendo vorliegen, wenn ein Verhandlungspartner nie die Absicht hatte, den von der Gegenseite angestrebten Vertrag zu schließen, dies aber verheimlicht und sich dadurch einen Vorteil verschafft hat. *Beispiel 1:* Frau X hielt die Mehrheit an einer Handelsgesellschaft. A war ein mit ihr und ihrem Ehemann befreundeter Angestellter der Gesellschaft. In einer finanziellen Krise der Gesellschaft bot er Frau X 200 000 Euro an und äußerte die Erwartung, im Gegenzug als Gesellschafter in die Gesellschaft aufgenommen zu werden. Frau X nahm das Geld, verheimlichte A aber, dass sie nicht die Absicht hatte, seiner Erwartung zu entsprechen.[70] Eine culpa in contrahendo kann auch vorliegen, wenn der eine Teil seine anfänglich bestehende Abschlussbereitschaft unter besonderen Umständen grundlos aufgibt. *Beispiel 2:* Die G-GmbH ließ ein Geschäftshaus in München errichten. Die Kunsthändlerin B erklärte, sie wolle in diesem Gebäude zwei Stockwerke mieten, und äußerte Änderungswünsche. Die GmbH änderte deshalb noch in der Bauphase ihre Planung. Kurz vor der Unterzeichnung des Mietvertrags brach Frau B die Verhandlungen ab.[71]

---

66 BGH NJW 2002, 2558; ähnlich 1998, 2900; 1993, 520; 1992, 827.
67 BGHZ 139, 259 (268); 139, 280 (284); BGH NJW 2004, 2165.
68 BGH NJW 2001, 2713.
69 BGH NJW 2013, 928 Rn 8.
70 BGH NJW 2002, 1336.
71 BGH NJW 2006, 1963 Rn 9. Allerdings scheiterte die Klage an der Verjährungseinrede der Beklagten (Rn 11).

3. Umgekehrt: Der Schaden ist durch den Vertragsschluss entstanden

a) ... durch eine Täuschung

846 Die Pflicht, nach „Aufnahme von Vertragsverhandlungen" (§ 311 Abs. 2 Nr. 1) „Rücksicht auf die ... Interessen des anderen Teils" zu nehmen (§ 241 Abs. 2) kann auch dadurch verletzt werden, dass eine Partei bei den Verhandlungen die andere arglistig täuscht. Dann kommt der Vertrag gegen die Interessen des anderen Teils *zustande*. Hier ist an dieselben Fälle zu denken, die auch zur Anfechtung nach § 123 berechtigen. Nur dass es nicht um eine Anfechtung (Vernichtung) des Vertrags geht, sondern um Schadensersatz. Zum problematischen Verhältnis von § 123 und § 311 Abs. 2 siehe Rn 854a.

Wie bei § 123 kann die Arglist in einer bewusst falschen Aussage liegen oder in einem Verschweigen trotz Aufklärungspflicht.

b) ... durch eine fahrlässige Falschinformation

847 Auch wer in den Verhandlungen nur *fahrlässig* die Unwahrheit sagt oder schreibt, begeht nach § 280 Abs. 1 eine schuldhafte Verletzung seiner Pflichten aus § 241 Abs. 2.[72] Denn das Zivilrecht verlangt für einen Schadensersatzanspruch nur Vorsatz und Fahrlässigkeit (prominente Ausnahme: § 826). In diesem Punkt liegt ein wichtiger Unterschied zu § 123.

Da der Geschädigte dem Schädiger keinen Vorsatz nachweisen muss, sind die Voraussetzungen des § 311 Abs. 2 leichter zu beweisen als die des § 123. *Beispiel 1:* Der Gebrauchtwagenhändler G verkaufte K einen Audi A6 und gab im Kaufvertrag an: „Gesamtfahrleistung nach Angabe des Vorbesitzers 201 000 km." In Wirklichkeit betrug die Laufleistung mindestens 340 000 km. G hatte den Audi nicht von demjenigen gekauft, der als letzter Halter in der Zulassungsbescheinigung II aufgeführt war, sondern von einem ihm nur dem Vornamen nach bekannten sogenannten „fliegenden Zwischenhändler". G hätte K auf diesen Umstand ungefragt hinweisen müssen. Denn bei einer dunklen Herkunft ist der Verdacht einer Manipulation des Kilometerzählers noch größer als sonst und eine Mitteilung nach „Angabe des Vorbesitzers" besonders wertlos. Es konnte aber offenbleiben, ob bei G Vorsatz oder Fahrlässigkeit vorlag.[73] *Beispiel 2:* V bot auf einer Verbrauchermesse eine Solaranlage „zur Selbstmontage" an. Laut Montageanleitung waren „Fachkenntnisse entsprechend einer abgeschlossenen Berufsausbildung im Gas- oder Wasserinstallationshandwerk" erforderlich. V legte dem Kaufinteressenten K, einem Laien, die Montageanleitung nicht vor und machte auf den fraglichen Satz nicht aufmerksam. Das hätte er aber tun müssen.[74]

848 Auch bei der Vorbereitung anderer Verträge ist das Vorenthalten wichtiger Informationen häufig. *Beispiel 1:* Die Stadtwerke M vergaben an den Bauunternehmer U einen Auftrag über rund 250 000 Euro. Nach Abschluss der Arbeiten machten sie geltend, der Vertrag sei nicht wirksam, weil zusätzlich zum Werksleiter der Stadtwerke auch der Bürgermeister hätte unterschreiben müssen. Die Stadtwerke hatten ihre Aufklärungspflicht verletzt, weil sie bei U den Eindruck erweckt hatten, ihr Werksleiter sei

---

72 Palandt/Grüneberg § 311 Rn 24.

73 BGH NJW 2010, 858 Rn 16. Auf Arglist konnte K seinen Anspruch offenbar deshalb nicht stützen, weil dem G die Kenntnis des wahren Kilometerstands nicht nachgewiesen werden konnte.

74 BGH NJW 2007, 3057 Rn 37.

einzelvertretungsberechtigt.[75] *Beispiel 2:* G, der in einer rechtlichen Auseinandersetzung mit der Großbank DB stand, beauftragte die Sozietät S mit der Wahrnehmung seiner Interessen. G wusste nicht, dass die Sozietät sehr häufig für die DB tätig ist. Das wurde ihm erst offenbart, als er ihr schon ein Beratungshonorar von über 22 000 Euro gezahlt hatte (Stundensatz 500 Euro). Weil die Sozietät nicht von Anfang an (vor Übernahme des Mandats) ihre engen Beziehungen zum Gegner offenbart hatte, hat sie ihre vorvertragliche Aufklärungspflicht verletzt.[76]

c) ... durch die rücksichtslose Annahme eines als irrig erkannten Antrags

849 Die vorvertraglichen Pflichten kann auch der verletzen, der den Antrag der anderen Partei gegen deren Willen in rücksichtsloser Weise annimmt. *Beispiel:* Niedersachsen hatte die Fahrbahnerneuerung der L 341 ausgeschrieben (Invitatio ad offerendum). Das Angebot des A lag um 27 % unter dem zweitniedrigsten Angebot. A merkte nun, dass er sich um rund 180 000 Euro verrechnet hatte. Ein solcher *Kalkulationsirrtum* berechtigt nicht zur Irrtumsanfechtung nach § 119.[77] Deshalb bat A das Land, sein Angebot aus der Wertung zu nehmen. Aber Niedersachsen lehnte das ab und erteilte A den Zuschlag (Annahme). Damit verstieß das Land gegen die Pflicht zur Rücksichtnahme auf die berechtigten Interessen des A (§§ 311 Abs. 2, 241 Abs. 2).[78]

VII. Rechtsfolge: Schadensersatz

1. Der Geschädigte verlangt den Ausgleich eines Personen- oder Sachschadens

850 Wenn die Verletzung des vorvertraglichen Vertrauensverhältnisses zu einem Personen- oder Sachschaden geführt hat (oben Rn 843), muss dieser nach § 280 Abs. 1 ersetzt werden, wobei § 249 den Umfang des zu ersetzenden Schadens festlegt. So musste im Salatblattfall der Inhaber des Lebensmittelgeschäfts die Aufwendungen tragen, die zur Wiederherstellung der Gesundheit erforderlich waren (Fall 35, Rn 826). Das Problem des negativen oder positiven Interesses stellt sich in diesen Fällen nicht. Denn diese Unterscheidung spielt nur eine Rolle, wenn es um den Abschluss oder Nichtabschluss eines Vertrags und entsprechende Vermögensschäden geht.

2. Der Geschädigte verlangt den Abschluss des vereitelten Vertrags

851 *Übergangener Bieter:* Wie bereits unter Rn 844 dargestellt, wird ein zu Unrecht übergangener Bieter so gestellt, als sei ihm der Zuschlag erteilt worden.

3. Der Geschädigte verlangt das negative Interesse

852 *Schaden:* Der falsch Beratene hat schon dadurch einen Schaden erlitten, dass er einen Vertrag geschlossen hat, den er nicht wollte und der ihn „in seiner wirtschaftlichen Dispositionsfreiheit beeinträchtigt".[79] Das gilt auch dann, wenn Leistung und Gegenleistung objektiv gleichwertig sind. Der erforderliche wirtschaftliche Schaden des

---

75 BGHZ 164, 166 (174); solche Fälle sind bei öffentlich-rechtlichen Körperschaften offenbar häufig: BGHZ 157, 168; 142, 51; 92, 164.

76 BGH NJW 2008, 1307 Rn 8 ff.

77 BGB-AT Rn 560 bis 562.

78 BGH NJW 2015, 1513 Rn 8. Zu dieser Entscheidung schon Rn 837, Beispiel 3.

79 BGH NJW 2012, 3647 Rn 64 f.

falsch Beratenen liegt schon darin, dass der Vertrag „für seine Zwecke nicht voll brauchbar ist“.[80]

Schadensersatz: Wer in Folge einer Verletzung der Informationspflicht einen Vertrag geschlossen hat, ist nach den §§ 311 Abs. 2, 280 Abs. 1, 276 Abs. 1 so zu stellen, wie er ohne Aufklärungspflichtverletzung gestellt wäre. Dann hätte er den Vertrag nicht geschlossen.[81] Er kann deshalb im Rahmen des negativen Interesses (Rn 978). verlangen, von dem Vertrag befreit zu werden. Das führt zur Rückabwicklung des Vertrags. *Beispiel 1:* Eine KG, die einen Immobilienfonds betrieb, warb Anleger mit der Behauptung, es sei nach den „Erfahrungswerten der Vergangenheit“ mit Mietsteigerungen von jährlich zwei bis drei Prozent zu rechnen. In Wirklichkeit gab es solche Erfahrungswerte nicht, sie waren frei erfunden.[82] G, der dem Fonds beigetreten war, konnte nach den §§ 311 Abs. 2, 280 Abs. 1 verlangen, „so gestellt zu werden, als wenn er sich an dem Fonds nicht beteiligt hätte“.[83] Er erhielt deshalb die gezahlten 100 000 Euro zurück, abzüglich der erhaltenen Ausschüttungen. *Beispiel 2:* Im Fall des Audi mit der dunklen Vorgeschichte (Rn 848, Beispiel 1) musste der Verkäufer den Kaufpreis und die vom Käufer gezahlten Reparaturkosten erstatten, abzüglich eines Entgelts für die gefahrenen Kilometer.[84] Damit wurde der Käufer vermögensrechtlich in den Zustand zurückversetzt, in dem er sich ohne den Kaufvertrag befinden würde (negatives Interesse).

4. Der Geschädigte verlangt das positive Interesse

a) Fortführung der gewachsenen Regeln

853 Solange die culpa in contrahendo nicht kodifiziert war, ging die hM und die Rechtsprechung davon aus, dass nur das negative Interesse zu ersetzen sei.[85] Die Schuldrechtsreform wollte mit dem neuen § 311 Abs. 2 ausdrücklich nur die gewachsenen Grundzüge der culpa in contrahendo festschreiben, ohne mit der Tradition zu brechen. Das spricht für das negative Interesse.[86] Für diese Beschränkung wird auch heute noch angeführt, dass sich das Verschulden auf die Zeit *vor* dem Vertragsschluss beziehe und deshalb nur zum Ersatz des negativen Interesses führen könne.[87]

b) Gesetzliche Regelung in § 311 Abs. 2

853a Dafür, auch das *positive* Interesse zuzulassen, spricht, dass sich der Schadensersatzanspruch letztlich aus § 280 Abs. 1 S. 1 ergibt, der das positive Interesse gewährt. § 311 Abs. 2 und § 241 Abs. 2 beschränken die Schadensersatzpflicht nicht auf das negative Interesse, was sie tun müssten, wenn diese Ausnahme gelten sollte.

Schon nach altem Recht konnte der Ersatz des positiven Interesses nicht immer ausgeschlossen werden.[88] *Beispiel:* U sagte dem Mitarbeiter M des Versicherers V, er plane eine Autofahrt nach Nordzypern, und bat um eine Grüne Versicherungskarte. Er er-

80 BGH NJW 2012, 3647 Rn 64; BGHZ 162, 306 (309 f).
81 BGHZ 168, 1, Rn 61.
82 BGH NJW 2010, 2506.
83 BGH NJW 2010, 2506 Rn 19. Ebenso getäuschte Anleger in BGH NJW 2010, 1279 Rn 33.
84 BGH NJW 2010, 858.
85 BGH NJW 1994, 663; 1993, 1323.
86 BGHZ 168, 35 Rn 21; Stoll JZ 1999, 95.
87 Aber das Gesetz verpflichtet denjenigen, der einen anderen durch eine arglistige Täuschung zum Vertragsschluss verleitet hat, durchaus zum Ersatz des positiven Interesses, zB im Kaufrecht (§§ 437 Nr. 3, 281 Abs. 1 S. 1, 280 Abs. 1).
88 Lorenz NJW 1999, 1001; derselbe JuS 2015, 398 (399).

hielt sie, aber durch ein Versehen des M galt der Versicherungsschutz nicht für Nordzypern. U erlitt dort einen Verkehrsunfall. Hätte der BGH dem U nur das *negative* Interesse gewährt, wäre dieser rechtlos gewesen. Denn dann wäre er so behandelt worden, als habe er den Vertrag nicht geschlossen, also gar keinen Versicherungsschutz erhalten.[89] Der BGH hat deshalb den U so gestellt, als habe er den *gewünschten* Vertrag geschlossen, der auch Nordzypern einschließen sollte.[90]

VIII. Sonderfälle

1. Prospekthaftung

854 Der BGH hat schon vor vierzig Jahren die Grundsätze der sogenannten Prospekthaftung entwickelt. Danach sind diejenigen schadensersatzpflichtig, die als Initiatoren oder Hintermänner Kapitalanlagen auf dem Grauen Kapitalmarkt mit Prospekten bewerben, die unrichtige oder unvollständige Angaben enthalten. Ab 2005 hat das Gesetz zur Verbesserung des Anlegerschutzes (AnSVG) diese Rechtsprechung weitgehend übernommen. Seit dem 1. Juni 2012 ist die Materie im Gesetz über Vermögensanlagen (Vermögensanlagengesetz) geregelt.[91] Es ist auf Vermögensanlagen anzuwenden, die im Inland öffentlich angeboten werden und *nicht* in Wertpapieren verbrieft sind. Bei den öffentlichen Angeboten handelt es sich im Wesentlichen um das Versprechen, den Anleger am Ergebnis eines Unternehmens zu beteiligen oder ihm Anteile an einem Vermögen zu verschaffen, das der Emittent (nach eigenen Angaben) treuhänderisch verwaltet (§ 1 Vermögensanlagengesetz – VermAnlG).

Nach § 20 Abs. 6 S. 2 VermAnlG bleiben Ansprüche, die nach den Vorschriften des bürgerlichen Rechts aufgrund von Verträgen erhoben werden können, unberührt. [92]Dazu gehören insbesondere Ansprüche nach den §§ 280 Abs. 1, 311 Abs. 2.[93]

2. Anfechtung nach § 123 und culpa in contrahendo

854a *Arglistige Täuschung:* Eine bei Vertragsverhandlungen begangene arglistige Täuschung (§ 123 Abs. 1), die für den Vertragsschluss kausal war, stellt immer einen Fall der culpa in contrahendo dar (Rn 846 ff).[94] Der arglistig Getäuschte kann deshalb nicht nur anfechten (§ 123 Abs. 1) und damit das Rechtsgeschäft vernichten (§ 142 Abs. 1), er kann auch den Täuschenden aus culpa in contrahendo schadensersatzpflichtig machen.[95] Beide Rechte bestehen nebeneinander, weil sie ganz verschiedene Rechtsfolgen auslösen, sich also nicht gegenseitig ersetzen können. Der Anspruch aus culpa in contrahendo kann deshalb auch noch *nach* einer erfolgreichen Anfechtung geltend gemacht werden.[96] Die Anfechtung macht das angefochtene Rechtsgeschäft nichtig

---

89 Aber es liegt wohl gar kein Fall des § 311 Abs. 2 vor, sondern ein Fehlen der Geschäftsgrundlage (Rn 186, 201 ff). Denn beide Vertragspartner sind beim Vertragsschluss übereinstimmend von der falschen Vorstellung ausgegangen, der gewährte Schutz beziehe sich auch auf Nordzypern (§ 313 Abs. 2). Alternativ kann auch angenommen werden, dass der Versicherungsvertrag – wie beide Parteien wollten – Nordzypern einschloss. Die individuelle Vereinbarung ging dann den abweichenden AGB vor (§ 305b).

90 BGHZ 108, 200, 207/208.

91 Artikel 1 G. v. 6. Dezember 2011, BGBl. I, 2481 (Nr. 63).

92 Kritisch Suchomel NJW 2013, 1126.

93 BGH NJW 2011, 1666; BGH NJW 2006, 2410.

94 BGH NJW 1996, 2503; 1995, 2361. Das gilt auch für die widerrechtliche Drohung (BGH NJW 2013, 1591 Rn 9 ff; siehe auch BGHZ 184, 209 Rn 37).

95 BGH NJW 2010, 596 Rn 23.

96 BGH NJW 1996, 451; 1995, 2361 und 45; 1993, 1323; 1991, 1673; BGB-AT Rn 472.

(§ 142 Abs. 1), aber das schadet nichts, weil die §§ 241 Abs. 2, 311 Abs. 2, 280 Abs. 1 ja gerade *nicht* den Abschluss eines Vertrags voraussetzen. Der Getäuschte kann dann die von ihm erbrachte Leistung sowohl nach den §§ 123, 142, 812 zurückfordern als auch nach den Grundsätzen der culpa in contrahendo.[97]

Widerspruch zu § 124? Problematisch ist die Anwendung der §§ 311 Abs. 2, 280 Abs. 1 wegen der Jahresfrist, in der der arglistig Getäuschte oder widerrechtlich Bedrohte die Anfechtung erklären muss (§ 124 Abs. 1, 2).[98] Wenn man ihm die Möglichkeit lässt, sich über die culpa in contrahendo vom Vertrag zu lösen (Rn 854), wird dadurch die einjährige Anfechtungsfrist des § 124 weitgehend ausgehöhlt. Das legt es nahe, die §§ 123, 124 als abschließende Sonderregelung zu verstehen, die nicht auf dem Umweg über die culpa in contrahendo umgangen werden darf.[99] Der BGH geht aber heute wie selbstverständlich davon aus, dass auf den Anspruch auf Rückabwicklung des Vertrags nach culpa in contrahendo „die Jahresfrist des § 124 BGB weder direkt noch entsprechend Anwendung" findet.[100]

Das stärkste Argument für ein unbeschränktes Nebeneinander von Anfechtung und Schadensersatz ergibt sich mE aus folgender Überlegung: Wenn die Falschinformation nur *fahrlässig* gegeben wurde, liegt keine arglistige Täuschung vor, so dass die Möglichkeit, den Vertrag im Rahmen der culpa in contrahendo rückgängig zu machen, uneingeschränkt gegeben ist. Der Geschädigte sollte aber bei einer vorsätzlichen Täuschung nicht schlechter gestellt werden als bei einer fahrlässigen.

3. Sachmängelansprüche des Käufers und culpa in contrahendo

855 Wenn die Kaufsache einen Mangel aufweist (§ 434), verdrängen nach dem Gefahrübergang die in § 437 genannten Gewährleistungsrechte des Käufers alle anderen Regelungen.[101] Denn anderenfalls könnte der Käufer über die §§ 311 Abs. 2, 241 Abs. 2, 280 Abs. 1 Beschränkungen unterlaufen, die er bei der Gewährleistung beachten muss.[102] Wenn sich die vorvertragliche Pflichtverletzung auf einen Umstand bezieht, der keinen Mangel der Kaufsache darstellt, sind die §§ 280 Abs. 1, 311 Abs. 2, 241 Abs. 2 auch nach dem Gefahrübergang anwendbar.[103]

4. Alternative: Beratungsvertrag

856 Nach ständiger Rechtsprechung des BGH kommt zwischen einem Anbieter von Vermögensanlagen und seinem Kunden ein – konkludent geschlossener – *Beratungsvertrag* zustande, wenn der Berater dem Kunden die (angeblichen) Vorzüge der Anlage ausführlich erläutert,[104] insbesondere an einem Rechenbeispiel.[105] Die Annahme eines

97 BGH NJW 1995, 587.
98 BGH NJW 2001, 3163.
99 Medicus JuS 1965, 209; ihm folgend etwa Soergel/Wiedemann Vor § 275 Rn 199.
100 NJW 2013, 1591 Rn 9; BGHZ 165, 363 Rn 22. Siehe auch BGH NJW-RR 2002, 308.
101 So die hM, anders zB MüKo/Emmerich § 311 Rn 93 und Bamberger/Roth/Faust § 437 Rn 190.
102 Das gilt insbesondere für die kurze Verjährungsfrist (§ 438) und die Notwendigkeit, zunächst Nacherfüllung zu verlangen.
103 BGH NJW 2012, 846 Rn 6 ff. Eine überzeugende andere Lösung hat derselbe (V.) Senat in einem ganz parallelen Fall durch Auslegung (§§ 133, 157) gefunden (BGH NJW 2008, 1658 Rn 12; ausführlich BGB-AT Rn 137).
104 BGH NJW 2014, 2945 Rn 14 sowie NJW 2014, 2947 Rn 15.
105 BGHZ 193, 159 Rn 15; BGHZ 156, 371 (374); 140, 111 (115); 123, 126 (128); BGH NJW 2008, 2852 Rn 11; 2004, 1868, 1869 unter 2 a.

Beratungsvertrags hat den Nachteil, dass sie die gesetzliche Regelung in den §§ 241 Abs. 2, 311 Abs. 2 für den Bereich der Kapitalanlagen fast vollständig verdrängt hat.[106] Aber sie hat den Vorteil, dass Pflichtverletzungen, die in die Zeit der Beratung fallen, als Pflichtverletzungen innerhalb eines *Vertrags* gewertet werden können. Die Anwendung von § 311 Abs. 2 und die mit ihm meist verbundene Beschränkung auf den Ersatz des negativen Interesses (Rn 852) entfallen damit. *Beispiel:* Der Verkäufer einer Eigentumswohnung erteilte „im Zuge eingehender Vertragsverhandlungen" dem späteren Käufer „auf Befragen einen ausdrücklichen Rat", indem er ihm die Kosten und die steuerlichen Vorteile des Erwerbs einer bestimmten Eigentumswohnung detailliert vorrechnete.[107] Der Verkäufer ist dann „aus der Rolle des typischen Verkäufers herausgetreten".[108] Es liegt oft weniger ein Kaufvertrag mit vorgeschalteter Beratung vor, als eine Finanzberatung mit nachgeschaltetem Investment. In solchen Fällen ist die Annahme eines eigenständigen Beratungsvertrags besonders einleuchtend.

Bei der Anlageberatung spielt die Pflicht, über Rückvergütungen[109] aufzuklären, eine besondere Rolle.[110]

IX. Persönliche Haftung eines Dritten

1. Grundsatz

857 Oft werden die Vertragsverhandlungen von einem Dritten als Vertreter der späteren Vertragspartei geführt. *Beispiel:* GF war Geschäftsführer und Gesellschafter der S-GmbH, für die er mit Z verhandelte. Durch falsche Informationen verleitete er Z zum Vertragsschluss. Es stellt sich dann die Frage, ob Z nicht nur die S-GmbH, sondern auch deren Vertreter GF persönlich in Anspruch nehmen kann. Das ist besonders dann von Interesse, wenn die S-GmbH zahlungsunfähig ist, ihr Vertreter GF aber zahlen könnte. Die grundsätzliche Antwort ergibt sich aus § 164 Abs. 1 S. 1: Ein Vertreter wird durch das von ihm abgeschlossene Rechtsgeschäft weder berechtigt noch verpflichtet. § 311 Abs. 3 S. 1 macht davon jedoch eine – auch dogmatisch sehr interessante – Ausnahme. Er eröffnet nämlich die Möglichkeit, auch einen Dritten persönlich in Anspruch zu nehmen, der lediglich Vertreter, Gutachter oder sogar nur Verhandlungsteilnehmer ist. Denn ein Schuldverhältnis nach § 241 Abs. 2 kann auch begründet werden zu Personen, *„die nicht selbst Vertragspartei werden sollen"* (§ 311 Abs. 3 S. 1).

2. Voraussetzungen

a) Nicht selbst Vertragspartei

858 § 311 Abs. 3 S. 1 ist eine unscharfe und blasse Vorschrift. Sie enthält nur die (negative) Voraussetzung, dass die später in Anspruch genommene Person „nicht selbst Vertragspartei werden" sollte. Außerdem gibt sie die Rechtsfolge an, nämlich das Entstehen eines Schuldverhältnisses „mit Pflichten nach § 241 Abs. 2".

106 Krüger NJW 2013, 1845.
107 BGHZ 156, 371, 374; NJW 2003, 1811.
108 BGH NJW 2007, 1874 Rn 14; 2008, 506 Rn 7.
109 Von diesem Begriff sind die versteckten Innenprovisionen zu unterscheiden. Zu ihnen zuletzt BGH NJW 2014, 2947.
110 BGHZ 196, 233 Rn 12 f; BGHZ 193, 159 Rn 17; BGH WM 2011, 925 Rn 20.

b) Besonderes persönliches Vertrauen

859 § 311 Abs. 3 S. 2 ist wesentlich inhaltsreicher und anschaulicher. Er stellt den wichtigsten Fall der in Abs. 3 S. 1 genannten Haftung eines Nicht-Vertragspartners mit den Worten heraus, dass die betreffende Person „in besonderem Maße Vertrauen für sich in Anspruch" genommen und „dadurch die Vertragsverhandlungen oder den Vertragsschluss erheblich beeinflusst" haben muss.

860 Aus den Worten „in besonderen Maße" ergibt sich, dass der Dritte „über das bei der Anbahnung von Geschäftsbeziehungen immer vorauszusetzende normale Verhandlungsvertrauen hinaus" den Eindruck von Sachkunde und Zuverlässigkeit erweckt haben muss. Auf diese Weise muss der Geschädigte geglaubt haben, dass der Dritte ihm „eine zusätzliche, gerade von ihm persönlich ausgehende Gewähr für Bestand und Erfüllung des in Aussicht genommenen Rechtsgeschäfts" biete.[111] *Beispiel 1:* V verkaufte K einen GmbH-Geschäftsanteil. An den Verkaufsverhandlungen war X maßgeblich beteiligt. X ist der Steuerberater der GmbH, war früher selbst ihr Gesellschafter und ist der Bruder des V. Der BGH hat in X einen der in Abs. 3 S. 2 umschriebenen sogenannten „Sachwalter" gesehen. X haftete deshalb für die Falschinformationen, die dem Vertragsschluss vorausgegangen waren, nach § 311 Abs. 3 S. 2 persönlich.[112] *Beispiel 2:* Der Verfassungsrechtler und zeitweilige Bundesverteidigungsminister Prof. Dr. Sch erklärte: „Meine Forderung an das Management der Deutschen Anlagen AG für meine Mitwirkung war: ... Kompetenz, Kontrolle und Transparenz. Das haben wir geschafft." In Wirklichkeit konnte Sch von Anfang an keinen Einfluss nehmen und keine Kontrolle ausüben. Schon kurz darauf musste die beworbene Gesellschaft jede geschäftliche Tätigkeit einstellen. Der BGH hat entschieden, dass nicht nur die Initiatoren und Hintermänner persönlich haften, sondern auch Personen wie Sch, „die mit Rücksicht auf ihre allgemein anerkannte und hervorgehobene berufliche und wirtschaftliche Stellung ... eine Garantenstellung einnehmen".[113] Es fällt allerdings auf, dass sich der BGH dabei nicht auf § 311 Abs. 3 bezogen hat, sondern nur auf die Grundsätze der Prospekthaftung (Rn 854).

Eine Rolle spielt § 311 Abs. 3 auch im Gebrauchtwagenhandel. *Beispiel 3:* Der Gebrauchtwagenhändler G bot einen Audi A6 an und führte mit dem späteren Käufer K alle Verhandlungen ganz so, als sei er selbst der Verkäufer. Erst in dem schriftlichen Kaufvertrag wurde ein gewisser X als Verkäufer genannt, der weder an den Verhandlungen noch am Vertragsschluss beteiligt war und den K auch sonst nicht kannte. Damit hat V die Voraussetzungen des § 311 Abs. 3 erfüllt.[114]

Die Rolle des Wortführers bei den Verhandlungen *allein* reicht aber nicht aus,[115] auch nicht besondere Sachkunde.[116] *Beispiel 4:* Ein Rechtsanwalt schloss als Betreuer im Namen des Betreuten einen Vertrag. Er nahm weder als Rechtsanwalt noch in seiner Funktion als Betreuer nach § 311 Abs. 3 S. 2 „in besonderem Maße Vertrauen für sich in Anspruch".[117]

111 BGH NJW 1997, 1233; ähnlich schon NJW 1994, 197§. Der durch das SMG neu eingefügte § 311 nF greift auf diese Rechtsprechung des BGH erkennbar zurück.
112 BGH NJW 2001, 2163.
113 BGHZ 191, 310 Rn 19 ff.
114 BGH NJW 2010, 858 Rn 24.
115 BGH WM 1993, 295.
116 BGH NJW 1992, 2080.
117 BGH NJW 1995, 1213.

c) Alternativ: Eigenes wirtschaftliches Interesse

861 Aus dem Wort „insbesondere“ in § 311 Abs. 3 S. 2 ergibt sich, dass die Gruppe der Dritten nicht auf die beschränkt sein soll, die in § 311 Abs. 3 S. 2 näher bezeichnet sind. Es kann deshalb auch ein erhebliches *eigenes wirtschaftliches Interesse* des Vertreters zu seiner persönlichen Haftung führen. Dieser Begriff wird heute – nach einer Zeit der fast unbeschränkten Ausdehnung – von der Rechtsprechung eng ausgelegt. Es reicht für ein eigenes wirtschaftliches Interesse *nicht* aus, dass sich der Vertreter oder Verhandlungsgehilfe durch den Abschluss des Vertrags eine Provision oder Prämie verdient oder einen anderen Vermögensvorteil erlangt hat.[118] Sonst würde etwa ein GmbH-Geschäftsführer idR haften, was nicht gewollt ist. Erforderlich ist vielmehr, dass der Beteiligte letztlich in eigener Sache aufgetreten ist. *Beispiel:* Architekt A wollte ein ihm gehörendes Grundstück mit einem Gebäudekomplex bebauen. Den Bauauftrag vergab er als Geschäftsführer einer „Analysis III GmbH“ an den Bauunternehmer B. Er verschwieg dem B, dass es sich bei dieser Gesellschaft um eine vermögenslose so genannte Briefkastenfirma handelte, die er in Budapest gegründet hatte, um sein persönliches Risiko möglichst gering zu halten. Der BGH hat zu Recht angenommen, dass A im Grunde in eigener Sache auftrat und nur zum Schein als Geschäftsführer. A schuldete B deshalb persönlich den Werklohn.[119]

3. Rechtsfolge

862 Wenn die genannten Voraussetzungen gegeben sind, entsteht zwischen dem Geschädigten und dem sogenannten Sachwalter „ein Schuldverhältnis mit Pflichten nach § 241 Abs. 2“ (§ 311 Abs. 3 S. 1). Damit ist der Sachwalter nicht zu einer *Leistung* verpflichtet, haftet aber für die schuldhafte Verletzung der in § 241 Abs. 2 genannten *Verhaltens*pflichten (§§ 280 Abs. 1, 241 Abs. 2, 311 Abs. 3, 249 ff). Der Schadensersatzanspruch umfasst idR (wie bei der cic) das negative Interesse.[120] Der Sachwalter muss den Geschädigten deshalb vermögensrechtlich so stellen, als habe er die Verhaltenspflichten eingehalten.

„... geht jedenfalls nicht weiter ...“: Daneben hat der Geschädigte idR auch einen Schadensersatzanspruch gegen seinen Vertragspartner aus der Verletzung vertraglicher oder vorvertraglicher Pflichten (§§ 280 Abs. 1, 241 Abs. 2, 311 Abs. 2, 249 ff). Dabei beschränkt der Anspruch gegen den Vertragspartner den Umfang des Schadensersatzes, den der Geschädigte gegen den *Sachwalter* geltend machen kann.[121]

118 BGH NJW 1997, 1233; MüKo/Emmerich § 311 Rn 188 ff ff.
119 BGH NJW-RR 2002, 1309.
120 Palandt/Grüneberg § 311 Rn 55, siehe aber dort auch Rn 56.
121 BGH NJW-RR 2011, 462 Rn 17.

Elftes Kapitel: Umfang des Schadensersatzes

§ 36 Grundsätze

Fall 36: Explodierter Tank §§ 249 ff 863

Wilfried Werker fuhr einen Diesel-Pkw, den er illegal mit Heizöl betrieb. An einem kalten Januar-Wochenende besuchte er seine Freundin, die eine Mietwohnung im Haus von Heinz Hansen bewohnte. Infolge der strengen Kälte war das Heizöl eingedickt, so dass Werker nicht starten konnte. Werker schob deshalb seinen Pkw in die im Keller des Hauses gelegene Garage. Dort bockte er den Wagen hinten hoch, stellte einen elektrischen Heizstrahler so auf, dass er den Kraftstofftank erwärmte, und verließ mit seiner Freundin das Haus. Einige Stunden später explodierte der Kraftstofftank, und das Gebäude brannte vollständig ab. Hansen plant nun, auf dem Grundstück ein neues Gebäude zu errichten. Da das abgebrannte Haus aus dem Jahre 1927 stammte, kommt ein Wiederaufbau im alten Stil nicht in Betracht. Der vom Architekt vorgelegte Entwurf sieht deshalb ein Gebäude vor, das zwar in der Größe dem alten entspricht, ansonsten aber keine Ähnlichkeit mit ihm aufweist. Die Kosten für den Neubau werden auf 324 255 Euro veranschlagt. Es ist unstreitig, dass Werker nach § 823 Abs. 1 verpflichtet ist, Hansen den Schaden zu ersetzen, der durch sein fahrlässiges Verhalten entstanden ist. Die Parteien streiten nur über die Höhe des Schadensersatzes. Hansen verlangt 291 830 Euro. Das entspricht den Kosten für den Neubau nach einem Abzug „neu für alt“ von 10 %. Werker will nur 160 000 Euro zahlen. Diese Summe entspricht dem Wert, den das Haus vor seiner Zerstörung hatte. (Nach BGHZ 102, 322)

864 Die Frage, wie die Höhe des Schadensersatzes zu berechnen ist, ist in den §§ 249 bis 255 geregelt. Es gibt zwei grundlegend verschiedene Methoden der Schadensberechnung:

- *Naturalherstellung:* Nach § 249 hat der Schädiger den früheren Zustand herzustellen. Da es letztlich nicht um eine Geldzahlung geht, sondern um die Wiederherstellung in Natur, nennt man diese Art des Schadensersatzes Naturalherstellung oder Naturalrestitution.
- *Wertersatz:* Nach § 251 Abs. 1 hat der Schädiger den Wert der zerstörten Sache zu ersetzen. In diesem Fall besteht der Schadensersatz in einer Geldzahlung (Wertersatz, Kompensation), eine Wiederherstellung erfolgt nicht.

Diese beiden Wege der Berechnung werden im vorliegenden Fall sehr anschaulich, weil Hansen Schadensersatz nach § 249 verlangt, während Werker nur Schadensersatz nach § 251 leisten will.

Zunächst soll die Naturalherstellung geprüft werden. Nach § 249 Abs. 1 hätte Werker „den Zustand herzustellen, der bestehen würde“, wenn der Kraftstofftank nicht explodiert wäre. Ohne die Explosion würde das alte Haus noch stehen. Werker wäre deshalb nach § 249 Abs. 1 verpflichtet, das Haus wieder aufzubauen. Die Vorschrift geht davon aus, dass Werker *selbst* den Wiederaufbau übernimmt. Aber nach § 249 Abs. 2 S. 1 kann Hansen auch „den dazu erforderlichen Geldbetrag verlangen“. Da dieser dazu verwendet werden soll, den früheren Zustand wieder herzustellen, geht es – wie in § 249 Abs. 1 – um Naturalherstellung, nur in einer anderen Gestalt.

Nun setzt aber der Anspruch auf Naturalherstellung – gleichgültig ob der nach § 249 Abs. 1 oder Abs. 2 S. 1 – immer voraus, dass die Wiederherstellung in Natur überhaupt *möglich* ist. Diese Voraussetzung ergibt sich aus § 249 nur indirekt, aber ausdrücklich aus § 251 Abs. 1. Denn dort heißt es: „Soweit die Herstellung *nicht* möglich ... ist." Daraus ergibt sich im Umkehrschluss, dass § 251 Abs. 1 nicht anzuwenden ist, soweit die Herstellung möglich ist. Dann gilt § 249. Ob die Herstellung möglich ist, ist also auch im Rahmen des § 249 zu prüfen.

Muss ein Gebäude nur *teilweise* neu errichtet werden, lässt sich aber im Übrigen sanieren, ist eine Naturalrestitution (Wiederherstellung) im Prinzip möglich. Wie sich aus dem Sachverhalt ergibt, ist aber im vorliegenden Fall ein kompletter Neubau erforderlich. Er soll mit dem zerstörten Haus noch die ungefähre Größe gemein haben, stellt aber zwangsläufig etwas anderes, Neues dar. Denn seit 1927 haben sich die Bauvorschriften, der Geschmack, das Baumaterial und die Anforderungen an den Wohnkomfort so wesentlich geändert, dass ein Neubau kein Ersatz mehr für einen über 80 Jahre alten Altbau ist. Deshalb ist in diesem Fall eine Wiederherstellung des früheren Zustands nicht möglich (und wird von Hansen ja auch nicht gewünscht). Der BGH sagt dazu: „Bei solcher Sachlage kann deshalb der Geschädigte vom Schädiger nicht die Kosten für den Neubau, auch nicht mit einem Abzug ‚neu für alt' verlangen."

Zu prüfen ist deshalb, ob Hansen *Wertersatz (Kompensation)* verlangen kann. Wie bereits gesagt, ist § 251 Abs. 1 anzuwenden, wenn die Naturalherstellung nicht möglich ist. Deshalb hat Werker „den Gläubiger in Geld zu entschädigen". Wenn man diese Vorschrift unbefangen liest, denkt man, sie sei inhaltlich mit § 249 Abs. 2 S. 1 gleichzusetzen, der ja auch einen Geldanspruch normiert. Das wäre aber ein grundlegendes Missverständnis. Der nach § 251 Abs. 1 zu zahlende Geldbetrag soll nämlich gerade nicht der Wiederherstellung des früheren Zustands dienen. Denn § 251 Abs. 1 setzt voraus, dass dies im konkreten Fall nicht möglich ist (Rn 885). Vielmehr tritt nach § 251 Abs. 1 der zu zahlende Geldbetrag an die Stelle der zerstörten Sache. Zu zahlen hat Werker also den *Verkehrswert des Hauses*, so wie er vor der Zerstörung bestand. Hansen kann deshalb von Werker nur die Zahlung der von Werker angebotenen 160 000 Euro verlangen (§ 251 Abs. 1).

Lerneinheit 36

865 **Literatur:** *Höke*, Schadensersatz und Steuerrecht, NZV 2016, 10 (zu steuerrechtlichen Aspekten von Erwerbsschäden); *Förster*, Schadensrecht – Systematik und neueste Rechtsprechung, JA 2015, 801; *Ostendorf*, Vertragsstrafe und pauschalierter Schadensersatz als Instrumente der Vertragsgestaltung, JuS 2015, 977; *Rodemann*, Abstrakter Schadensersatz – Anwendungsprobleme in der Praxis – ZfBR 2015, 634 (zur Abrechnung nach Gutachten); *Kohler*, Schadensersatz statt der Leistung bei Besitzherausgabeansprüchen, NZM 2014, 729; *Nietsch*, Schadensersatz beim Deckungskauf trotz Erfüllung, NJW 2014, 2385; *Rodemann*, Abstrakter Schadensersatz – Anwendungsprobleme in der Praxis, ZfBR 2015, 634; *Kohler*, Schadensersatz statt der Leistung bei Besitzherausgabeansprüchen, NZM 2014, 729; *Koch*, Erstattungsfähigkeit von Abschleppkosten, NJW 2014, 3696; *Ziegler/Hartwig*, Fiktiver Schadensersatz für Körperschäden, VersR 2012, 1364; *Giesen*, Unfallregress nach Spätfolgen, NJW 2012, 3609; *Burmann*, Aktuelle Entwicklung beim Haushaltsführungsschaden, DAR 2012, 127; *Chr. Huber*, Abgrenzungen und Wechselwirkungen zwischen den einzelnen Schadensposten, r + s Sonderheft 2011, 34.

I. Grundsätze

1. Die §§ 249 ff sind keine Anspruchsgrundlagen

866 § 249 Abs. 1 bestimmt nicht, *ob* jemand Schadensersatz zu leisten hat, sondern in welcher Weise er das tun muss, wenn feststeht, dass er schadensersatzpflichtig ist. § 249 regelt also nicht das Ob, sondern *das Wie* des Schadensersatzes. Das gilt auch von den Folgeparagraphen (§§ 250 bis 255).

2. Differenzhypothese

867 § 249 folgt der von Friedrich Mommsen begründeten Differenzhypothese.[1] Diese besagt, dass sich der Schaden durch einen Vergleich zwischen zwei Vermögenslagen bestimmen lässt. Die eine Vermögenslage ist die nach dem Schadensereignis tatsächlich bestehende. Die andere ist die, die bestehen würde, wenn das schädigende Ereignis nicht eingetreten wäre.[2] Die Differenz dieser beiden Vermögenslagen ist „id quod interest" (das, was dazwischen ist = den Unterschied ausmacht), also der Schaden. So ist zu erklären, dass der Schaden von Juristen auch als „Interesse" bezeichnet wird (negatives und positives Interesse). § 249 Abs. 1 drückt Mommsens Gedanken mit den Worten aus, der Schuldner habe „den Zustand herzustellen, der bestehen würde, wenn der zum Ersatze verpflichtende Umstand nicht eingetreten wäre".

3. Umfang des Schadensersatzes

868 Der Schadensersatz soll dazu führen, „dass sich die Vermögenslage des Geschädigten ... nicht besser, aber auch nicht schlechter darstellt, als wenn der Schadensfall nicht eingetreten wäre".[3] Der Schadensersatz soll den Geschädigten also nicht ärmer machen, aber auch nicht reicher. Es ist eines der Grundprinzipien des Schadensersatzrechts, dass der Geschädigte am Schadensereignis nichts verdienen darf.

869 *Totalreparation:* Nach § 249 Abs. 1 hat der Schuldner den hypothetischen Zustand, der ohne Schadensereignis bestehen würde, *in vollem Umfang* herzustellen, auch wenn das Millionen Euro kosten sollte. Es gibt also keine Abstufungen der Schadensersatzpflicht, etwa nach dem Grad des Verschuldens oder nach der Leistungsfähigkeit des Schuldners. Es gilt der Grundsatz „Alles oder Nichts".[4] Er wird aber dadurch abgeschwächt, dass ein Schädiger für unvorhersehbare, ganz ungewöhnliche Schadensverläufe nicht einzustehen hat (Adäquanztheorie, Rn 1036).

4. Der Grundsatz der Naturalrestitution

870 Nach § 249 Abs. 1 hat der Schädiger grundsätzlich „den *Zustand* herzustellen", der ohne das schädigende Ereignis bestehen würde. Das Schadensersatzrecht geht damit von dem Grundsatz aus, dass der Schädiger den eingetretenen Schaden in Natur wiedergutmachen soll (Naturalrestitution oder Naturalherstellung).[5] Das kann auf zweifache Weise geschehen:

1 Lehre vom Interesse, 1855.
2 BGH NJW 1994, 1403.
3 BGH NJW 2005, 1112 (1113).
4 Medicus/Lorenz Rn 624.
5 Allgemeine Meinung, zB BAG NJW 2001, 92.

- Der Schädiger stellt *selbst* den Zustand her, der ohne das schädigende Ereignis bestehen würde. Das ist für den Gesetzgeber der Königsweg des Schadensersatzes. Deshalb hat er ihn auch ganz zu Anfang – in § 249 Abs. 1 – normiert.
- Der Geschädigte lässt seine Körperverletzung durch einen Arzt heilen oder die Sachbeschädigung durch einen Handwerker beseitigen und verlangt vom Schädiger die Erstattung der Kosten (§ 249 Abs. 2 S. 1). Auch in diesem Fall handelt es sich um eine Naturalrestitution. Denn die Geldzahlung dient der Wiederherstellung des früheren Zustands.

Gegensatz Wertersatz (Geldersatz, Kompensation): Es gibt noch einen ganz anderen Weg des Schadensersatzes, denn der Schädiger kann auch die Wertminderung ausgleichen, die die von ihm beschädigte Sache erlitten hat (Fall 36, Rn 863). Diese Möglichkeit ist in § 251 geregelt. Sie ist aber auf Fälle beschränkt, in denen die Naturalherstellung entweder nicht möglich ist (§ 251 Abs. 1) oder zu teuer wäre (§ 251 Abs. 2 S. 1).

Das Gesetz bevorzugt die *Naturalrestitution,* weil der Geschädigte oft ein besonderes Interesse daran hat, den beschädigten Gegenstand so zu erhalten, wie er einmal war („Erhaltungsinteresse“ oder „Integritätsinteresse“), und nicht nur dessen Wert ersetzt zu bekommen (Kompensation, Wertinteresse). Aber die Naturalrestitution kann der Geschädigte nur verlangen, wenn sie *möglich* ist.[6] Wenn sie aus technischen oder rechtlichen Gründen nicht (mehr) möglich ist, erfolgt die Entschädigung nach § 251 Abs. 1 (Rn 885). Die wichtigste Frage ist also die, ob eine „Herstellung“ (Wiederherstellung) des Zustands, der ohne das Schadensereignis bestehen würde, überhaupt möglich ist (FD „Umfang des Schadensersatzes“, Frage 3).

Die folgende Darstellung diskutiert zunächst die Beschädigung oder Zerstörung einer Sache (Rn 871 ff), danach die Verletzung eines Menschen (Rn 889 ff) und dann die übrigen Fälle (Rn 894 ff). Dass der Mensch an zweiter Stelle steht, hat seinen Grund nur darin, dass man die Regelung leichter verstehen kann, wenn man die Sachbeschädigung verstanden hat.

II. Es geht um eine Sache

1. Die Wiederherstellung der Sache ist möglich, und zwar mit angemessenem Aufwand

871 Im Folgenden wird vorausgesetzt, dass eine Sache (oder ein Tier) beschädigt wurde und die Herstellung (Wiederherstellung) technisch möglich ist, und zwar mit angemessenem Aufwand (FD „Umfang des Schadensersatzes“, Frage 4, Ja). Wenn die Wiederherstellung „nur mit unverhältnismäßigen Aufwendungen“ möglich ist, gilt § 251 Abs. 2 S. 1(Rn 879 ff).

Der Geschädigte hat nach § 249 mehrere Möglichkeiten.

a) Reparatur

872 - *Reparatur durch den Schädiger (§ 249 Abs. 1):* Das Gesetz geht zunächst davon aus, dass der Schädiger selbst den Schaden beseitigt, nicht der Geschädigte und nicht ein Dritter (§ 249 Abs. 1). Das kommt in der Praxis selten vor, kann aber im Interesse des Geschädigten sein. *Beispiel:* A, der Inhaber einer Autowerkstatt, hatte

6 BGH NJW 1997, 520 mwN.

bei einer Probefahrt den Wagen seines Kunden G beschädigt. G ließ den Schaden von A beheben.

- *Reparatur durch einen Dritten (§ 249 Abs. 2 S. 1):* Der Geschädigte kann auch die Reparatur bei einem Unternehmer seiner Wahl in Auftrag geben und vom Schädiger die Erstattung der Kosten verlangen (§ 249 Abs. 2 S. 1). Das ist natürlich der Normalfall.
- *Reparatur in Eigenarbeit:* Der Geschädigte kann die Sache auch selbst reparieren und Ersatz der Kosten verlangen, die ein Dritter in Rechnung gestellt hätte.[7] *Beispiel 1:* K hatte die Holzdecken seines Einfamilienhauses mit dem giftigen Holzschutzmittel „Xyladecor 2000" gestrichen und dadurch Gesundheitsschäden erlitten. Obwohl er die Sanierung selbst übernommen hatte, konnte er den Betrag in Rechnung stellen, den ein Fachbetrieb berechnet hätte.[8] *Beispiel 2:* U ist darauf spezialisiert, Autobahn-Baustellen abzusichern. Nachdem ein Lkw des S eine solche Absicherung beschädigt hatte, übernahm U selbst die Reparatur. U und S stritten darüber, in welcher Höhe S Schadensersatz zu leisten hatte. Der BGH hat dem U den Betrag zugesprochen, den ein anderer Unternehmer für die Reparatur verlangt hätte.[9] Das ist naheliegend, wurde aber dadurch infrage gestellt, dass der BGH anders entschieden hat in Fällen, in denen ein Straßenbahnwagen oder ein Bus beschädigt und von der eigenen Werkstatt des Verkehrsbetriebs repariert wurde. In diesen Fällen hat der BGH dem Geschädigten nur die Erstattung seiner Selbstkosten zugesprochen.[10] Der Versuch des BGH, diese Unterscheidung zu rechtfertigen,[11] ist nicht überzeugend. 873

Abzug neu für alt: In allen drei Fällen kann die Sache nach der Instandsetzung einen höheren Wert haben als vor dem schädigenden Ereignis. Wenn das der Fall ist, muss sich der Geschädigte einen „Abzug neu für alt" gefallen lassen.[12] Aber nicht jede Wiederherstellung führt zu einer Werterhöhung. *Beispiel:* Eine auf einer Tuffsteinsäule stehende Skulptur des heiligen Franziskus wurde durch einen Lkw schwer beschädigt. Die Wiederherstellung kostete 24 000 Euro, führte aber nicht zu einer Werterhöhung, weil Säule und Skulptur erst 40 Jahre alt und nicht verwittert waren.[13] 874

Die Herstellung ist möglich, aber als Entschädigung „nicht genügend": Wenn die Naturalherstellung nach § 249 Abs. 1 oder Abs. 2 S. 1 durchgeführt worden ist, kann sich herausstellen, dass „die Herstellung ... zur Entschädigung des Gläubigers *nicht genügend* ist", weil sie den eingetretenen Vermögensschaden nicht vollständig ausgleicht (§ 251 Abs. 1 Var. 2). In diesem Fall hat der Schädiger durch eine Zahlung den Restschaden auszugleichen (FD „Umfang des Schadensersatzes", Spalte 3). *Beispiel:* Mitarbeiter der Stadt S errichteten eine Stützmauer und beschädigten dabei die Wurzeln eines alten Nussbaums, der dem E gehört. Die S musste die Kosten der besonderen Pflege übernehmen, die zur Erhaltung des Baums nötig war (§ 249 Abs. 2 S. 1). Es blieb aber eine verkürzte Lebenserwartung. Diese musste die S durch eine Geldzahlung ausgleichen (§ 251 Abs. 1 Var. 2).[14] 875

7 BGH NJW 2014, 1376.
8 BGH NJW 1995, 1160.
9 BGH NJW 2014, 1376 Rn 11; siehe auch OLG Frankfurt NJW 2012, 2977.
10 BGHZ 54, 82 (87 f); BGH VersR 1983, 755.
11 BGH NJW 2014, 1376 Rn 9 ff.
12 St Rspr, zB BGH NJW 1997, 520.
13 AG München NJW 2008, 767.
14 BGH NJW 2006, 1424 Rn 19, 22.

Die Wiederherstellung des früheren Zustands ist auch dann „nicht genügend", wenn der Geschädigte zur Durchsetzung seines Schadensersatzanspruchs fachliche Hilfe – insbesondere durch einen Anwalt oder durch einen Kfz-Sachverständigen – in Anspruch nehmen musste. Dann sind auch die dafür aufgewendeten Honorare ein auszugleichender Schaden.

b) Ersatzbeschaffung

876 Wenn am Markt Sachen erhältlich sind, die der fraglichen Sache gleich oder zumindest ähnlich sind, kann der Schaden auch dadurch ausgeglichen werden, dass sich der Geschädigte eine solche Sache auf Kosten des Schädigers besorgt. Diese Form der Naturalrestitution spielt bei Pkw-Unfällen eine große Rolle (Rn 903), kann aber auch bei anderen Sachen vorkommen. *Beispiel:* K unterhielt in Österreich ein anonymes Wertpapierdepot. Seine Stieftochter B verschaffte sich durch Kennwort und Safeschlüssel Zugang zu 466 Mannesmann-Aktien, ließ sie verkaufen und behielt den Erlös für sich. K kaufte schon eine Woche später die gleiche Zahl von Aktien für 30 000 Euro.[15] K hat mit der Wiederanschaffung der Aktien seinen Schaden ausgeglichen und kann deshalb nur Ersatz des dafür aufgewendeten Betrags verlangen (§ 249 Abs. 2 S. 1), nicht den (inzwischen sehr stark gestiegenen) Wert der von B entwendeten Aktien.

c) Abrechnung „auf Gutachtenbasis"

877 § 249 Abs. 2 S. 1 eröffnet dem Geschädigten bekanntlich die Möglichkeit, „statt der Herstellung den dazu erforderlichen Geldbetrag" zu verlangen. *Beispiel 1:* Ein Lkw hinterließ auf der Autobahn eine Ölspur von etwa einem Kilometer Länge. Die zuständige Straßenmeisterei beauftragte ein Spezialunternehmen mit der Reinigung, zahlte die Rechnung über 1 709,32 Euro und verlangte diesen Betrag vom Haftpflichtversicherer des Halters.[16]

878 Der Geschädigte kann den für die Wiederherstellung erforderlichen Geldbetrag aber auch verlangen, *ohne die Reparatur* durchgeführt zu haben und ohne sie durchführen zu wollen. Man spricht dann von einer „fiktiven Schadensberechnung" oder volkstümlich von „Schadensersatz auf Gutachtenbasis" (FD „Umfang des Schadensersatzes", Frage 5, Ja). Eine solche Abrechnung ist zulässig, weil der Geschädigte nach allgemeiner Überzeugung nicht verpflichtet ist, den ihm nach § 249 Abs. 2 S. 1 gezahlten Betrag auch wirklich zur Herstellung des früheren Zustands zu verwenden.[17] *Beispiel 2:* Bei einem Manöver war ein Bundeswehrpanzer gegen eine 400 Jahre alte, dem E gehörende Trockenmauer aus Natursteinen gefahren. Das Gericht sprach dem E über 25 000 Euro allein aufgrund von Gutachten zu. Auf die Frage, ob er die Mauer ausbessern lassen würde, kam es nicht an.[18] Das ist richtig, denn ein entsprechender Schaden ist ihm ja in jedem Fall entstanden.

15 BGH NJW 2008, 2430.
16 BGH NJW 2015, 1298.
17 BGH NJW 1997, 520; 1995, 1160; 1989, 3009 mwN.
18 OLG Hamm NZV 1999, 45.

2. Die Herstellung ist möglich, aber „nur mit unverhältnismäßigen Aufwendungen"

a) Einführung

879 § 251 Abs. 2 S. 1 eröffnet dem Schädiger die Möglichkeit, dem Geschädigten zu sagen: „Die Reparatur der Sache, die ich beschädigt habe, ist zwar möglich, aber nur mit *unverhältnismäßigen Aufwendungen*. Deshalb werde ich die Reparaturkosten nicht übernehmen, sondern werde Ihnen den Betrag bezahlen, der dem Wertverlust der Sache entspricht" (FD „Umfang des Schadensersatzes", Frage 4, Nein).

b) Unverhältnismäßig

880 Die Kosten der Wiederherstellung sind „unverhältnismäßig" (§ 251 Abs. 2 S. 1), wenn sie wesentlich höher sind als die durch sie erreichbare Wertsteigerung (FD „Umfang des Schadensersatzes", Frage 4). Man kann auch sagen: ... wenn sie deutlich höher sind als der *Wertverlust*, den die Sache erlitten hat.[19] Viele Urteile sprechen aber davon, dass der „Wert der Sache"[20] oder der „Verkehrswert der herzustellenden Sache"[21] den Herstellungskosten gegenüberzustellen sei. Das ist nicht richtig. Es kommt nicht darauf an, welchen Wert die Sache vor der Beschädigung hatte (oder nach einer Wiederherstellung haben würde), sondern darauf, in welchem Verhältnis Aufwand und Ertrag stehen würden. Den Wertverlust als Vergleichsgröße zu nehmen, wird allerdings dadurch nahegelegt, dass dieser Betrag gegebenenfalls vom Schuldner als Schadensersatz nach § 251 Abs. 2 S. 1 zu zahlen ist (Rn 885). *Beispiel:* B beauftragte H, auf den großformatigen Marmorplatten seines Badezimmers einen Spiegelschrank anzubringen. Die von H gebohrten Löcher sind um 1 bis 3 mm ausgefranst, weil er einen falschen Bohrer verwendet hat. Die Löcher sind aber nach dem Aufhängen des Spiegelschranks nicht mehr sichtbar. B verlangte für den Austausch der Marmorplatten über 10 000 Euro (§ 249 Abs. 2 S. 1). Den Wertverlust hat das OLG auf 2 000 Euro geschätzt. Da die „Herstellung ... nur mit unverhältnismäßigen Aufwendungen" möglich war (10 000 Euro), hatte H lediglich den Wertverlust auszugleichen (§ 251 Abs. 2 S. 1).[22]

881 *Beispiel:* Das Roemer- und Pelizaeus-Museum der Stadt Hildesheim hatte die Nachbildung eines ägyptischen Grabes (Grab des Sennefer) an die Stadt Grevenbroich verliehen, aber beschädigt zurückerhalten. Eine Wiederherstellung sollte über 500 000 Euro kosten. Der Wert der Nachbildung vor ihrer Beschädigung betrug, da sie schon älter war, 120 000 Euro. Auch nach ihrer Rückgabe hat das Museum die beschädigte Nachbildung noch ausgestellt und verliehen, woraus sich ergibt, dass sie auch zu dieser Zeit noch einen Wert hatte. Das OLG Celle hat 120 000 Euro zugesprochen,[23] aber zu Unrecht. Denn Hildesheim hatte nicht Anspruch auf den Zeitwert vor der Beschädigung, sondern nur auf Ausgleich der *Wertminderung*. Vom Zeitwert, der vor der Beschädigung bestand, hätte deshalb der (offensichtlich noch vorhandene) Restwert abgezogen

---

19 Palandt/Grüneberg § 251 Rn 6: „Die Unverhältnismäßigkeit ergibt sich idR aus einem Vergleich zwischen den Herstellungskosten ... und dem gemäß § 251 geschuldeten Geldbetrag" (ähnlich BGH NJW 2006, 1066; OLG Bamberg NJW-RR 2006, 742 [745 aE]; OLG Hamm NJW-RR 2001, 1390).

20 BGH NJW 2010, 2341 Rn 20; 2009, 1066 Rn 14.

21 BGH NJW 2006, 2399 Rn 27; BGHZ 102, 322 (330).

22 OLG Bamberg NJW-RR 2006, 742. In Wirklichkeit dürfte sich der Wertverlust (da die Löcher nicht sichtbar waren) nur auf etwa ein Zehntel des angesetzten Betrags belaufen. Das Gericht spricht zu Recht von einem „an Schikane grenzenden" Verhalten des Bauherrn (745 unter dd).

23 OLG Celle NJW 2001, 607.

werden müssen. *Beispiel 3:* Frau B stieß versehentlich ein Rotweinglas um, das sich über den hellen Teppichboden und ein weißes Sofa der Eheleute K ergoss. Diese verlangten die Kosten für einen neuen Teppichboden und einen neuen Sofabezug, insgesamt rund 20 000 Euro. Der Wert beider Gegenstände hat sich aber (durch blassgraue Flecken) nur um 7 000 Euro vermindert. Angesichts dieser Wertminderung stellen die Kosten der Wiederherstellung „unverhältnismäßige Aufwendungen" dar (§ 251 Abs. 2 S. 1). Das OLG hat deshalb nur 7 000 Euro zugesprochen.[24]

882 *Kein Mittelweg:* Das Gesetz sieht nicht vor, dass der Schädiger eine Kompromiss-Sanierung zu bezahlen hat. *Beispiel:* Einige Fliesen im Badezimmer waren beschädigt. Identische Fliesen sind nicht mehr erhältlich. Die Kosten für eine komplette Neuverfliesung würden 6 000 Euro betragen. Das Gericht hätte die Wertminderung zusprechen müssen, die durch die Beschädigung eingetreten ist. Stattdessen hat es einen unzulässigen Kompromiss gewählt (Ausbesserung der Fehlstellen mit ähnlichen Fliesen für 2 600 Euro).[25]

c) Rechtsfolge

883 Wenn der Schädiger geltend macht, dass die Kosten unverhältnismäßig seien, was er beweisen muss,[26] kann er die Reparatur ablehnen und stattdessen den durch die Beschädigung eingetretenen Wertverlust ausgleichen (§ 251 Abs. 2 S. 1).[27] Er ersetzt also nicht die Kosten einer fiktiven Wiederherstellung (§ 249 Abs. 2 S. 1), sondern gleicht durch Zahlung eines Geldbetrags die beim Gläubiger eingetretene Vermögensminderung aus. Das meint § 251 Abs. 1 mit den Worten: „... in Geld zu entschädigen." Der Grundsatz des § 251 lautet deshalb „Kompensation statt Restitution" (Ausgleich des Wertverlustes statt Wiederherstellung).

d) Heilbehandlung eines Tieres

884 Sofern ein Tier (Haustier) betroffen ist, sind die Behandlungskosten „nicht bereits dann unverhältnismäßig", wenn sie den Wert des Tieres „erheblich übersteigen" (§ 251 Abs. 2 S. 2; FD „Umfang des Schadensersatzes", Spalte 5). Das bedeutet aber nicht, dass sie *nie* „unverhältnismäßig" wären; sie sind es nur nicht schon dann, wenn sie „erheblich" höher sind als der Wert des Tieres. *Beispiel:* Ein Wolfshund hatte einen Jack-Russel-Mischling erheblich verletzt. Die Behandlungskosten betrugen mehr als 4 000 Euro. Hätten sie 1 000 Euro betragen, wären sie zwar erheblich höher gewesen als der Wert des Mischlings, hätten aber ersetzt werden müssen.[28] Doch Kosten von über 4 000 Euro waren unverhältnismäßig. Der BGH hat dem Hundehalter deshalb nur 3 000 Euro zugesprochen.[29] Aber die Urteilsgründe machen deutlich, dass es keine überzeugenden Maßstäbe gibt, um im Einzelfall einen angemessenen Wert zu finden.

---

24 OLG Hamm NJW-RR 2001, 1390. Der Rechengang ist nicht nachvollziehbar. Das entscheidende Wort „Wertverlust" taucht zum ersten Mal im letzten Absatz auf, seine Höhe wird nicht erläutert.

25 LG München NJW-RR 2005, 1546.

26 Erman/Ebert § 251 Rn 28; MüKo/Oetker § 251 Rn 73; BGH NJW 2009, 1066 Rn 14.

27 Es ist in diesen Fällen gleichgültig, ob der Geschädigte vom Schädiger nach § 249 Abs. 1 die Wiederherstellung verlangt oder nach § 249 Abs. 2 S. 1 die dafür erforderlichen Kosten (BGH NJW 2006, 2399 Rn 27; BGHZ 102, 322, 330).

28 LG Bielefeld NJW 1997, 3320.

29 NJW 2016, 1589 Rn 10 ff.

3. Die Wiederherstellung ist nicht möglich

a) Einführung

885 In den bisher diskutierten Fällen war die Wiederherstellung des früheren Zustands technisch möglich, nur dass einmal der dafür nötige Aufwand vertretbar war (§ 249 Abs. 1, 2), in den anderen Fällen nicht (§ 251 Abs. 2 S. 1). Jetzt geht es um ganz andere Fallgestaltungen. Denn § 251 Abs. 1 setzt voraus, dass „die Herstellung *nicht möglich*" ist. Das bedeutet, dass eine Wiederherstellung des früheren Zustands (eine Naturalherstellung nach § 249) bereits *technisch* ausgeschlossen ist. Der Schädiger kann deshalb den Schaden nur dadurch ausgleichen, dass er dem Geschädigten den Wertverlust ersetzt. Das meint § 251 Abs. 1 mit den Worten: „... in Geld zu entschädigen." Dieses „Geld" gleicht – wie bei § 251 Abs. 2 S. 1 – die Vermögenseinbuße aus, die der Geschädigte erlitten hat.

b) Zerstörung eines Gebäudes

886 § 249 Abs. 2 S. 1 setzt zu Recht voraus, dass bei der *„Beschädigung"* einer Sache eine Naturalherstellung möglich ist. Daraus darf man schließen, dass sie bei der *Zerstörung* einer Sache grundsätzlich nicht in Betracht kommt, so dass ein Fall des § 251 Abs. 1 vorliegt (FD „Umfang des Schadensersatzes", Spalte 7). *Beispiel:* Die Errichtung eines Neubaus anstelle eines zerstörten 60 Jahre alten Hauses würde etwas qualitativ anderes (ein „aliud") schaffen (Fall 36, Rn 863).[30] Wenn das ältere Gebäude dagegen nur *teilweise* neu aufgebaut werden muss, ist eine Wiederherstellung möglich.[31]

c) Zerstörung einer nicht vertretbaren beweglichen Sache

887 Die Wiederherstellung einer untergegangenen Sache, die schon im Neuzustand eine *nicht vertretbare* bewegliche Sache war,[32] ist unmöglich (§ 251 Abs. 1 Var. 1; FD „Umfang des Schadensersatzes", Spalte 7). *Beispiel 1:* G hatte ein zwei Meter langes, funkgesteuertes Modell eines Torpedoboots gebaut, mit dem er an Wettbewerben teilnahm. S nahm es aus seinem Standgestell und ließ es versehentlich fallen. Das Modell war so stark zerstört, dass eine Reparatur einer Neuherstellung gleichgekommen wäre. Sie war deshalb unmöglich. Auch eine Wiederherstellung durch Beschaffung einer Ersatzsache (wie bei Autos, Rn 903) ist bei einem Unikat nicht möglich.[33] *Beispiel 2:* M hatte die Abluftanlage des V gehörenden Grillrestaurants beschädigt. Ihre Reparatur wäre zunächst möglich gewesen (§ 249 Abs. 1, Abs. 2). Aber V ließ die Anlage demontieren und verschrotten. Dadurch konnte M den Schaden nur noch nach § 251 Abs. 1 ausgleichen werden.[34] Zur Zerstörung eines Kraftfahrzeugs („technischer Totalschaden") siehe Rn 926 ff.

---

30 BGHZ 102, 322.

31 BGH NJW 1997, 520; vgl auch BGH NJW 1992, 2884 und OLG Düsseldorf NJW-RR 1993, 664 zur Neuerrichtung einer Mauer.

32 Auch Sachen, die im Neuzustand vertretbare Sachen waren (§ 91), werden durch ihre Gebrauchsspuren zu nicht vertretbaren Sachen (zB Gebrauchtwagen). Auf die Zerstörung *dieser* nicht vertretbaren Sachen ist § 251 Abs. 1 Var. 1 nicht anwendbar.

33 BGHZ 92, 85.

34 BGH NJW 1985, 2413.

d) *Rechtsfolge: Kompensation statt Restitution*

888 In den Fällen des § 251 Abs. 1 hat der Schädiger den Geschädigten „in Geld zu entschädigen". Aufgabe der Geldzahlung nach § 251 Abs. 1 ist es, die durch das schädigende Ereignis eingetretene Vermögensminderung auszugleichen (Kompensation). Das zu zahlende Geld dient nicht dazu, den früheren Zustand wiederherzustellen. § 251 schützt deshalb nur das „*Wertinteresse*" des Geschädigten,[35] während § 249 sein (im Prinzip weitergehendes) „*Erhaltungsinteresse*" schützt.

III. Verletzung eines Menschen

1. Naturalherstellung möglich

889 Besteht der Schaden in der Verletzung einer Person, liegt zunächst – so merkwürdig das klingt – kein durch Geld zu ersetzender Schaden vor. Denn die Gesundheit ist ein *immaterielles* Gut, und Schadensersatz gibt es im Grundsatz nur für materielle Schäden, also Vermögensschäden (§ 253 Abs. 1; Rn 1016 ff). Aber der Verletzte hat selbstverständlich das Recht, sich behandeln zu lassen – und die Behandlungskosten sind ein materieller Schaden.

Das Gesetz öffnet dem Geschädigten zwei Wege zur Naturalherstellung (FD „Umfang des Schadensersatzes", Spalte 8):

890 Er kann nach § 249 Abs. 1 vom Schädiger selbst die erforderliche Heilbehandlung verlangen. Denn § 249 Abs. 2 S. 1 gibt ihm ja nur *das Recht,* sich einem Dritten anzuvertrauen. Die Vorstellung, sich ausgerechnet von seinem Schädiger behandeln zu lassen, kommt einem zunächst abwegig vor, aber auch das gibt es. *Beispiel 1:* P war durch eine fehlerhafte Operation verletzt worden, er begab sich aber zur Nachoperation in dasselbe Krankenhaus. *Beispiel 2:* Frau F hatte ihren fünfjährigen Sohn R in ihrem Pkw nicht gesichert und verschuldete einen Verkehrsunfall. R ist seitdem querschnittgelähmt. Frau F betreut ihn und erfüllt so teilweise ihre Pflicht, den Zustand herzustellen, der ohne den Verkehrsunfall bestehen würde (§ 249 Abs. 1).[36]

891 Der Verletzte kann sich von einem Arzt seiner Wahl behandeln lassen und vom Schädiger die Erstattung der Kosten verlangen (§ 249 Abs. 2 S. 1). Das ist natürlich der Normalfall. Die Kosten, die durch Krankenhausbesuche naher Angehöriger entstehen, hat der Schädiger ebenfalls zu ersetzen.[37]

892 *Keine Abrechnung „auf Gutachtenbasis":* Der Geschädigte kann nicht durch einen Gutachter die Kosten für eine Heilbehandlung schätzen lassen und dann diesen Betrag verlangen, obwohl er sich der Behandlung gar nicht unterzogen hat und nicht unterziehen will.[38] Denn anderenfalls könnte er entgegen § 253 Abs. 1 aus einem immateriellen Schaden einen finanziellen Vorteil ziehen. Diese Regelung steht im strengen Gegensatz zu derjenigen bei der Beschädigung einer Sache (Rn 876).

2. Naturalherstellung nicht möglich

893 Wenn ein Mensch so verletzt ist, dass seine Gesundheit nicht wiederhergestellt werden kann, darf § 251 Abs. 1 nicht angewendet werden. Es gilt also nicht die Regel, dass

35 BGH NJW 1988, 1835.
36 OLG München NZV 1997, 402; dazu Chr. Huber NZV 1997, 377.
37 BGH NJW 1991, 2341.
38 BGHZ 97, 14: Narbenkorrektur.

„der Ersatzpflichtige den Gläubiger in Geld zu entschädigen" hat (FD „Umfang des Schadensersatzes", Spalte 9). Denn der Gesundheitsschaden ist ein Nichtvermögensschaden (§ 253 Abs. 1; Rn 1016), der nicht in Geld auszugleichen ist. Der Geschädigte kann aber uU Schmerzensgeld verlangen (§ 253 Abs. 2; Rn 1018).

IV. Weder Mensch noch Sache

1. Naturalherstellung durch den Schädiger selbst

894 § 249 Abs. 2 S. 1 macht mit den Worten „Ist wegen Verletzung einer Person oder wegen Beschädigung einer Sache Schadensersatz zu leisten ..." deutlich, dass er nur bei Personen- und Sachschäden anwendbar ist. In allen anderen Schadensfällen kann der Geschädigte *nicht* „den dazu erforderlichen Geldbetrag verlangen". Es gilt vielmehr – sofern eine Naturalherstellung möglich ist – der Grundsatz des § 249 Abs. 1. Das bedeutet, dass der Schuldner den geschuldeten Zustand tatsächlich (in Natur) herbeiführen muss *(Naturalrestitution,* Herstellungsanspruch). Die Anwendungsfälle sind oft einer der folgenden Gruppen zuzuordnen:

- 895 *Richtigstellung:* Wenn der Schaden durch die Abgabe einer Ehrenerklärung oder einer Richtigstellung beseitigt oder begrenzt werden kann, ist diese Erklärung abzugeben. *Beispiel:* Die Bild-Zeitung hatte von einer leicht alkoholhaltigen Zahnpasta behauptet, ihr Gebrauch könne bei einer Verkehrskontrolle Probleme bereiten. Sie musste kostenlos eine richtigstellende Werbeanzeige veröffentlichen.[39]
- 896 *Aufhebung eines nachteiligen Vertrags:* Wer durch falsche Angaben zum Vertragsschluss verleitet wurde, hat nach den Regeln der culpa in contrahendo einen Schadensersatzanspruch (§§ 241 Abs. 2, 311 Abs. 2, 280 Abs. 1; Rn 850 ff). Dieser kann gemäß § 249 Abs. 1 durch Naturalherstellung, also durch Aufhebung des Vertrags und Wiederherstellung des früheren Zustands realisiert werden (Rn 852).[40]
- *Rücknahme einer unberechtigten Kündigung:* Ein Vermieter kann einem Mieter dadurch Schaden zufügen, dass er ihm unberechtigt kündigt und ihn dadurch zum Auszug veranlasst. Der Vermieter kann den Schaden (zumindest teilweise) durch Naturalrestitution ausgleichen, indem er den Mieter wieder einziehen lässt.[41]
- 897 *Ausgleich eines Anwaltsfehlers:* Ein Anwalt kann einen von ihm verschuldeten Schaden manchmal durch entsprechendes Verhalten ausgleichen. Beispiel 1: Die Handelsvertreterin H hatte durch einen Fehler ihres Anwalts R in erster Instanz verloren. Besteht Aussicht, den eingetretenen Schaden[42] durch ein Urteil in zweiter Instanz auszugleichen, muss R diesen Prozess führen – für H kostenfrei.[43] Beispiel 2: Das Einfamilienhaus, in dem Frau E mit ihren Kindern wohnte, sollte zwangsversteigert werden. Frau E bat Rechtsanwalt R, ihr zum Zuschlag zu verhelfen. Da R die neuen Regeln der Zwangsversteigerung nicht kannte, kamen er und Frau E erst, als X bereits den Zuschlag erhalten hatte.[44] R ist zum vollen Schadensersatz ver-

39 BGHZ 70, 39.
40 BGHZ 167, 239 Rn 31; BGH NJW 2001, 436; BAG NJW 2001, 92.
41 BGH NJW 2010, 1068 Rn 23. Die Naturalherstellung war in diesem Fall dadurch unmöglich geworden, dass die Wohnung inzwischen einem Erwerber als Eigentumswohnung übereignet war. In diesem Fall hatte der Vermieter nach § 251 Abs. 1 Schadensersatz zu leisten.
42 Ein durch Anwaltsfehler verlorener Prozess ist schon vor der Rechtskraft des Urteils ein Schaden (BGH WM 1998, 786 [787 f]). Die anderslautende Entscheidung WM 1992, 2023 (2024 f) hat der BGH damit aufgegeben.
43 BGH NJW 2006, 288 Rn 10.
44 OLG Celle NJW-RR 2004, 1605.

pflichtet,[45] und zwar durch Naturalrestitution (§ 249 Abs. 1). Er muss deshalb Frau E in die Lage versetzen, von X das Haus zu kaufen. R könnte sich nur dann auf § 251 Abs. 2 S. 1 berufen, wenn X einen völlig überhöhten Preis verlangen würde. Wenn X 126 % des Verkehrswerts verlangt, muss R das hinnehmen.[46] Beispiel 3: Landwirt L sollte ein Gutachten über den Ertragswert seines Hofes beibringen. Durch Verschulden seines Anwalts gab er aber ein Gutachten über den Verkehrswert in Auftrag. Er forderte vom Anwalt Ersatz der von ihm gezahlten Gutachterkosten, aber der Anwalt verschaffte ihm kostenlos das richtige Gutachten.[47] Damit hatte er den entstandenen Schaden durch Naturalrestitution ausgeglichen (§ 249 Abs. 1).

2. Naturalherstellung durch den Geschädigten

898 Der Geschädigte kann auch den geschuldeten Zustand selbst herbeiführen oder durch einen Dritten herbeiführen lassen und vom Schädiger Ersatz seiner Kosten verlangen. *Beispiel:* R hatte auf dem Parkplatz seines Supermarkts ein Schild aufstellen lassen mit der Aufschrift: „Nur für Kunden während des Einkaufs. Unberechtigt geparkte Fahrzeuge werden kostenpflichtig abgeschleppt." Frau Y missachtete den Hinweis, so dass R ihr Fahrzeug abschleppen ließ. R verlangt die Erstattung der Abschleppkosten. *Lösung:* Frau Y hatte den Zustand herzustellen, der ohne ihr unzulässiges Parken bestanden hätte (§ 249 Abs. 1). Sie schuldete deshalb das Entfernen ihres Fahrzeugs. Da sie den Parkplatz nicht beschädigt hatte, lag kein Fall des § 249 Abs. 2 S. 1 vor. Es sieht deshalb so aus, als habe R nicht das Recht gehabt, „statt der Herstellung den dazu erforderlichen Geldbetrag" zu verlangen. Aber Absatz 2 Satz 1 schließt es nicht aus, dass der Geschädigte auch außerhalb von Personenverletzungen und Sachbeschädigungen den nach Absatz 1 geschuldeten Zustand selbst herstellt und die dafür erforderlichen Kosten verlangt. R hätte nur nicht einen fiktiven Schaden abrechnen können („Abrechnung auf Gutachtenbasis"; Rn 876). Er durfte aber selbst zur Tat schreiten und die Kosten des Abschleppens als Schaden geltend machen.[48]

3. Naturalherstellung bei Vermögensschäden

899 Wenn es sich *nicht* um die Verletzung eines Menschen oder die Beschädigung einer Sache handelt, ist meist – in allgemeiner und unbestimmter Weise – das *Vermögen* des Geschädigten betroffen. In diesen Fällen erfolgt die Naturalherstellung nach § 249 Abs. 1 durch Zahlung von Geld. *Beispiel:* Die Kundenberaterin der Sparkasse S hatte das Wertpapierdepot der Frau F so schlecht verwaltet, dass dessen Wert allein aufgrund der Beratungsfehler um über 20 000 Euro gesunken war. Dass Frau F als Schadensersatz die Zahlung von Geld verlangen kann, lässt sich aus § 251 Abs. 1 oder allein aus § 249 Abs. 1 herleiten:

- Da die Wiederherstellung des ursprünglichen Wertpapierbestands „nicht möglich" ist, „hat der Ersatzpflichtige den Gläubiger in Geld zu entschädigen" (§ 251 Abs. 1).

---

45 §§ 675 Abs. 1, 611, 280 Abs. 1, 281.
46 OLG Celle NJW-RR 2004, 1605, 1606.
47 BGH NJW 1997, 250.
48 BGH NJW 2012, 528 Rn 8.

- Man kann den Zahlungsanspruch aber auch direkt aus § 249 Abs. 1 herleiten, weil hier im Wege der Naturalrestitution ein Geldabfluss durch einen Geldzufluss ausgeglichen wird.[49]

Um Schäden, die das Vermögen als Ganzes betreffen, geht es ausführlich ab Rn 974.

§ 37 Schadensersatz bei Pkw-Unfällen

Fall 37: Trennung vor Ablauf von sechs Monaten §§ 249, 251

900

Thomas Gerstners BMW wurde bei einem Verkehrsunfall beschädigt, an dem Bernhard Ostrowski die Alleinschuld trug. Eine fachgerechte Instandsetzung hätte nach Schätzung des Sachverständigen 23 550 Euro gekostet. Gerstner ließ das Fahrzeug nicht in einer Fachwerkstatt reparieren, sondern setzte es – nicht ganz fachmännisch und nicht vollständig – selbst instand. Rund fünf Monate nach dem Unfall verkaufte er es für 32 000 Euro. Er verlangt von Ostrowski die vom Gutachter geschätzten Reparaturkosten von 23 550 Euro. Der Versicherer, bei dem Ostrowskis Fahrzeug haftpflichtversichert war, erstattete Gerstner nur 21 000 Euro. Dieser Betrag ergibt sich aus dem Wert, den das Fahrzeug vor dem Unfall hatte (dem sogenannten Wiederbeschaffungswert) von 39 000 Euro unter Abzug des Restwertes, den der Gutachter mit 18 000 Euro angesetzt hat. Gerstner verlangt die Differenz zwischen dem, was er haben wollte (23 550 Euro) und dem, was er schon bekommen hat (21 000 Euro), also 2 550 Euro. (Nach BGH NJW 2011, 667)

901

Anspruchsgrundlagen für den von Gerstner geltend gemachten Schadensersatzanspruch sind § 823 Abs. 1 und § 7 StVG. Demgegenüber ergibt sich der *Umfang des zu ersetzenden Schadens* aus § 249 Abs. 1. Danach hat Ostrowski (oder sein Versicherer) „den Zustand herzustellen, der bestehen würde, wenn der zum Ersatz verpflichtende Umstand nicht eingetreten wäre“. Stattdessen kann Gerstner auch den zur Schadensbeseitigung „erforderlichen Geldbetrag verlangen“ (§ 249 Abs. 2 S. 1). Gerstner könnte den Schaden nach § 249 Abs. 2 S. 1 auf zwei Weisen berechnen:

- Er lässt sein Fahrzeug auf Ostrowskis Kosten reparieren für (geschätzte) 23 550 Euro.
- Gerstner könnte das Unfallauto aber auch verkaufen und sich stattdessen einen anderen BMW des gleichen Typs aus einem ähnlichen Baujahr und mit vergleichbarem Kilometerstand kaufen. Diesen Kaufpreis, zu dem einige weitere Positionen hinzukommen können, nennt man den Wiederbeschaffungs*wert* (Rn 905). Der Wiederbeschaffungs*wert* beträgt im vorliegenden Fall 39 000 Euro. Diese Summe vermindert sich aber um den für das Unfallfahrzeug laut Gutachten zu erzielenden Erlös von 18 000 Euro. Die Endsumme, die eigentliche Schadenssumme, nennt der BGH (etwas unglücklich) den Wiederbeschaffungs*aufwand* (Rn 907). Dieser beläuft sich auf (39 000 Euro minus 18 000 Euro =) 21 000 Euro. Das ist der Betrag, den der Versicherer gezahlt hat.

Über die Frage, welche der beiden Arten des Schadensersatzes anzuwenden ist, streiten Gerstner und Ostrowskis Versicherer. Der BGH stellt in diesen Fällen drei Fragen:

---

49 PWW/Medicus § 249 Rn 15; BGH NJW 2013, 450 Rn 16. Eines Umwegs über (den bedeutungslosen) § 250 bedarf es jedenfalls nicht (BGH aaO Rn 15).

- Sind die (geschätzten) Reparaturkosten geringer als der Wiederbeschaffungs*wert*? Diese Frage ist hier zu bejahen, denn laut Gutachten betrugen die Reparaturkosten 23 550 Euro, während der Wiederbeschaffungs*wert* mit 39 000 Euro angegeben war. Die Reparaturkosten waren damit zwar eigentlich unwirtschaftlich hoch, weil eine Ersatzbeschaffung (die zum Ersatz des Wiederbeschaffungs*aufwands* führt) deutlich billiger gewesen wäre. Aber dass die geschätzten Reparaturkosten eine noch vertretbare Höhe hatten, war für Gerstner (und seinen Wunsch, die geschätzten Reparaturkosten zu erhalten) günstig.
- Hat der Geschädigte sein Fahrzeug nach dem Unfall noch sechs Monate lang genutzt und damit bewiesen, dass ihm wirklich an einer Reparatur (statt einer Ersatzbeschaffung) gelegen ist? Diese Frage war im vorliegenden Fall zu verneinen, weil Gerstner den BMW schon fünf Monate nach dem Unfall verkauft hat. Damit hat er gezeigt, dass er keine persönliche Beziehung zu dem Fahrzeug hatte. Eine solche Beziehung ist aber gerade der Grund dafür, dass der BGH in gewissen Grenzen die teurere (unwirtschaftliche) Reparatur zulässt und den Geschädigten nicht zwingt, einen ihm unbekannten Gebrauchtwagen zu kaufen. Dass die Sechsmonatsfrist noch nicht abgelaufen war, bedeutet für Gerstner also einen Nachteil.
- Hat der Geschädigte das Fahrzeug in einer Fachwerkstatt nach den Vorgaben des Gutachters reparieren lassen? Auch diese Frage war hier zu verneinen. Denn Gerstner hat das Fahrzeug in Eigenregie nur notdürftig und unvollständig repariert. Er soll dann nicht die hohen Reparaturkosten verlangen dürfen, die der Gutachter auf der Basis einer ordentlichen Reparatur und der Verrechnungssätze einer Fachwerkstatt berechnet hat.

Da Gerstner zwei der drei genannten Kriterien nicht erfüllte, konnte seine Forderung auf Zahlung der geschätzten (fiktiven) Reparaturkosten nicht erfüllt werden. Das ist – etwas vereinfacht gesagt – das Ergebnis der Prüfung. Genaueres ergibt sich aus dem FD „Pkw-Unfallschäden". Dort findet sich die Lösung in Spalte 6 unter Buchst. b.

Gerstner hat also nur Anspruch auf Ersatz seiner Reparaturkosten oder auf den Wiederbeschaffungs*aufwand* (Rn 907). Den letzteren Betrag, der in diesem Fall der höhere war, hatte ihm die gegnerische Versicherungsgesellschaft bereits überwiesen. Gerstners Klage musste deshalb abgewiesen werden.

Lerneinheit 37

902 **Literatur:** *Becker*, Der Restwert in der Unfallschadenregulierung, ZfS 2016, 130; *Schreier*, Ersatzfähigkeit fiktiver Reparaturkosten einer Markenwerkstatt in der Kfz-Kaskoversicherung, NJW 2016, 289; *Neumann*, Die Haftung bei Verkehrsunfällen – eine Einführung, JA 2016, 167; *Nietsch*, Schadensersatz beim Deckungskauf trotz Erfüllung, NJW 2014, 2385; *Buller/Figgener*, Neue Nuancen in der Kfz-Sachschadensabrechnung, NJW 2015, 2913; *Nugel*, Smart Repair zur Schadensbeseitigung, NZV 2015, 12; *Böhm/Strecke*, Erstattung von Sachverständigenkosten nach einem Verkehrsunfall, ZfS 2015, 4; *Balke*, Die Wertminderung bei unfallbeschädigten Fahrzeugen – Teil 1, SVR 2014, 371, Teil 2, SVR 2014, 408; *Grüneberg*, Verkehrsunfälle zwischen Kraftfahrzeug und Radfahrer, SVR 2014, 14; *Luckey*, Der Verkehrsunfall im Ausland, SVR 2014, 361; *Pietsch*, Verweisung des Geschädigten auf eine freie Werkstatt, DAR 2014, 174; *Stalinski*, Mietwagenkosten – Wer trägt die Beweislast? NZV 2014, 337; *Süß*, Das finanzierte Fahrzeug in der Unfallregulierung, SVR 2014, 169; *Thees*, Wertminderung statt Schadensbeseitigung? DS 2014, 176; *Vuia*, Die Rolle des Sachverständigen bei der Ermittlung des merkantilen Minderwerts, DS 2014, 25; *Zoll*, Schadensregulierung bei vermehrten Bedürfnissen Schwerstverletzter, NJW 2014, 967; ; *Allendorf*, Die Rechtsprechung des BGH zur Erstattungsfähigkeit der Repara-

turkosten im Falle einer fiktiven Abrechnung, NZV 2014, 340; *Grüneberg*, Verkehrsunfälle zwischen Kraftfahrzeug und Fußgänger, SVR 2014, 256; *Heßeler*, Erforderlichkeit von Sachverständigenhonoraren, NJW 2014, 1916; *Nugel/Schneider*, Psychische Folgen nach einem Verkehrsunfall und ihre rechtliche Bewertung, NJW 2014, 2977.

I. Einführung

1. Allgemeines

903 Nachdem im vorigen Abschnitt die wichtigsten Grundsätze des Schadensersatzrechts behandelt wurden, geht es jetzt speziell um die Frage, wie Schäden an Personenkraftwagen ausgeglichen werden. Im Folgenden wird also immer vorausgesetzt, dass der Eigentümer eines Pkw gegen einen anderen Verkehrsteilnehmer einen Anspruch auf Ersatz seines Unfallschadens hat. Ein solcher Anspruch ergibt sich insbesondere aus § 823 und aus § 7 StVG. Zu kaum einem anderen Gebiet des Schuldrechts werden Jahr für Jahr so viele Entscheidungen und so viele Zeitschriftenaufsätze veröffentlicht wie zum Thema Verkehrsunfall.

Wer aufgrund eines (von ihm nicht verschuldeten) Autounfalls Ersatz für den an seinem Fahrzeug entstandenen Schaden geltend machen kann, kann im Prinzip einen der drei folgenden Wege gehen:

- Er kann sein Fahrzeug reparieren lassen.
- Er kann auch ein gleichwertiges (gebrauchtes) Ersatzfahrzeug kaufen.[50]
- Oder er fordert den Betrag, den ein von ihm beauftragter Gutachter als zu erwartenden Reparaturaufwand errechnet hat, und verlangt vom Schädiger oder dessen Versicherer diese „fiktiven Reparaturkosten". Im Volksmund heißt das „Abrechnung auf Gutachtenbasis".

Die Frage, wann der Geschädigte welchen Weg gehen kann, darf oder muss, steht im Vordergrund der folgenden Ausführungen.

2. Begriffe

904 *Zeitwert:* Der Zeitwert eines Unfallwagens ist der Preis, den der Geschädigte *vor* dem Unfall für sein Fahrzeug bei einem Verkauf an einen Händler erzielt hätte (Händler*einkauf*spreis).

905 *Wiederbeschaffungswert:* Der Wiederbeschaffungswert geht vom Händler*verkauf*spreis aus, also von dem Preis, den der Geschädigte zahlen muss, wenn er einen vergleichbaren (aber natürlich unbeschädigten) Gebrauchtwagen bei einem seriösen Gebrauchtwagenhändler kauft. Hinzu kommen die weiteren Kosten einer Wiederbeschaffung, zB die Kosten eines technischen Gutachtens und die Finanzierungskosten. Da die Verkaufspreise der Gebrauchtwagenhändler um 20 bis 25 % über den Einkaufspreisen liegen, kann man vereinfacht definieren: Wiederbeschaffungswert = Zeitwert + 20 bis 25 %.

906 *Restwert:* Der Restwert ist der Preis, den der Geschädigte beim Verkauf des *beschädigten* Fahrzeugs erzielen kann oder erzielt hat. Der Restwert steht dem Geschädigten zu und vermindert seinen Schaden.

50 Nach Ansicht des BGH handelt es sich in beiden Fällen um Naturalrestitution (§ 249 Abs. 1, 2 S. 1), auch im Fall der Ersatzbeschaffung (BGHZ 163, 180 [184]; 162, 161 [164]).

907 *Wiederbeschaffungsaufwand:* Wenn das Unfallfahrzeug noch einen *Restwert* hat (Rn 906), ist dieser bei der Schadensberechnung vom Wiederbeschaffungswert abzuziehen. Der zu ersetzende Schaden besteht dann „in der Differenz zwischen dem Wiederbeschaffungswert und dem Restwert des beschädigten Fahrzeugs".[51] Der BGH verwendet für diesen Wert den Ausdruck „Wiederbeschaffungs*aufwand*".[52] Daraus ergibt sich die Faustformel:

Wiederbeschaffungsaufwand gleich Wiederbeschaffungswert minus Restwert.

Die beiden inhaltlich und sprachlich ähnlichen Begriffe „Wiederbeschaffungs*wert*" und „Wiederbeschaffungs*aufwand*" können leicht verwechselt werden. Dieser Fehler unterläuft gelegentlich sogar dem BGH.[53] Es ist deshalb besondere Vorsicht geboten.[54]

908 *Merkantiler Minderwert:* Auch nach einer fachmännischen Reparatur kann das Unfallfahrzeug noch einen verborgenen Mangel haben. Deshalb besteht die Gefahr, dass ein späterer Käufer dem Geschädigten einen geringeren Kaufpreis zahlt.[55] Er ist nur bei Fahrzeugen zu berücksichtigen, die zur Zeit des Unfalls noch nicht zwölf Jahre alt waren,[56] und bei höherem Reparaturaufwand (ab 10 % des Wiederbeschaffungswerts). Obwohl der Geschädigte den Wertverlust erst spürt, wenn er das Fahrzeug verkauft, kann er den merkantilen Minderwert gleich mit den Reparaturkosten abrechnen.[57] Seine Höhe ist vom Alter des Fahrzeugs und der Höhe der Reparaturkosten abhängig. Zur Berechnung werden mehrere Methoden angewandt, von denen sich aber keine durchgesetzt hat.[58]

3. Vom BGH verwendete Kategorien und Kriterien

a) Unwirtschaftlichkeit einer Reparatur

909 Der BGH fragt, in welchem Verhältnis die vom Gutachter geschätzten Reparaturkosten zu den Kosten einer Ersatzbeschaffung stehen würden, und kommt so zu vier Stufen der Wirtschaftlichkeit oder Unwirtschaftlichkeit einer Reparatur. So ist auch das FD „Pkw-Unfallschäden" aufgebaut, denn auf die Frage 2 gibt es die vier möglichen Antworten a), b), c) oder d):

Frage 2, Buchst. a): Wenn es sich um einen geringfügigen Unfall handelt, liegen die vom Gutachter geschätzten Reparaturkosten *unter* dem (ebenfalls vom Gutachter geschätzten) Wiederbeschaffungsaufwand (zu diesem Begriff Rn 907). In diesen Fällen ist immer eine Reparatur möglich, sogar *nur* eine Reparatur.

Frage 2, Buchst. b): Bei schwereren Unfällen liegen die geschätzten Reparaturkosten über dem Wiederbeschaffungsaufwand, aber noch unter dem Wiederbeschaffungswert (Rn 920 f). In diesen Fällen ist eine Ersatzbeschaffung der wirtschaftlich vernünftige Weg. Aber der BGH lässt eine Reparatur noch zu (FD, Frage 2, b und Frage 5).

---

51 BGH NJW 1992, 903.

52 NJW BGHZ 154, 395.

53 BGH NJW 2009, 1340 Rn 6; BGH NJW 2010, 2121 Rn 8.

54 *Eselsbrücke:* Das Wort „Aufwand" steht im Alphabet vorn, das Wort „Wert" hinten. Deshalb ist der Wiederbeschaffungs*aufwand* kleiner als der Wiederbeschaffungs*wert*.

55 BGHZ 161, 151 (159).

56 BGHZ 161, 151 (160 f).

57 BGHZ 35, 396.

58 Überblick bei Palandt/Grüneberg § 251 Rn 14.

Frage 2, Buchst. c): Auch wenn die geschätzten Reparaturkosten um bis zu 30 % über dem geschätzten Wiederbeschaffungswert liegen, sollte der Geschädigte sich ein Ersatzfahrzeug kaufen. Aber der BGH lässt noch eine Reparatur zu, wenn auch unter deutlich erschwerten Umständen (FD, Frage 2, *Buchst.* c und Frage 6).

Frage 2, Buchst. d): Wenn die Reparatur um mehr als 30 % teurer wäre als der Wiederbeschaffungswert, liegt ein sogenannter wirtschaftlicher Totalschaden vor (FD, Frage 2, *Buchst.* d). Der BGH lässt es dann endgültig nicht mehr zu, dass der Geschädigte sein Fahrzeug auf Kosten des Schädigers reparieren lässt.

b) Beim Vergleich zählt der Wiederbeschaffungswert

910 Wenn es im konkreten Fall um die Frage geht, ob repariert werden darf oder ob die Anschaffung eines vergleichbaren Gebrauchtwagens die wirtschaftlichere Lösung ist, müssten eigentlich verglichen werden:

- *die Reparaturkosten* einschließlich Mehrwertsteuer (zuzüglich eines möglichen merkantilen Minderwertes) mit dem
- *Wiederbeschaffungsaufwand,* also den Kosten, die bei Anschaffung eines vergleichbaren Ersatzfahrzeugs unter dem Strich tatsächlich entstehen und vom Gegner zu zahlen sind (Definition Rn 907). Der (höhere) Wiederbeschaffungs*wert* (Rn 905) ist nicht die richtige Vergleichsgröße, weil der Betrag um den Erlös aus dem Verkauf des Unfallfahrzeugs zu hoch ist.

911 Aber der BGH setzt für den Vergleich trotzdem den (höheren) Wiederbeschaffungs*wert* ein (Definition Rn 905). Er lässt dadurch bewusst die Ersatzbeschaffung teurer erscheinen, als sie tatsächlich sein würde. Dadurch erscheint eine Reparatur oft auch dann noch als wirtschaftlich, wenn sie es eigentlich nicht mehr ist. Den Wiederbeschaffungs*wert* als Vergleichsgröße heranzuziehen, beruhte möglicherweise zunächst auf einem Versehen. Aber der BGH hat diese Art der Berechnung zum Prinzip erhoben.[59] Damit begünstigt der BGH die Geschädigten, die ihr Fahrzeug behalten und nicht gegen einen Gebrauchtwagen tauschen möchten.

Der BGH lässt aber den Restwert nur bei der Entscheidung: „Reparatur oder Ersatzbeschaffung?" unberücksichtigt. Wenn es später um die tatsächliche Abrechnung geht, muss bei einer Ersatzbeschaffung selbstverständlich der Erlös aus dem Verkauf des Unfallfahrzeugs berücksichtigt werden.

c) Weitere Kriterien des BGH

912 *Sechs Monate Eigennutzung:* Der BGH hat selbst erkannt, dass er mit dem Vergleich Reparaturkosten/Wiederbeschaffungs*wert* die Entscheidung sehr zugunsten der Reparatur verschoben hat. Weil nur die Autofahrer in den Genuss einer (eigentlich unwirtschaftlichen) Reparatur kommen sollen, die wirklich Wert darauf legen, das ihnen vertraute Fahrzeug weiter zu fahren, fragt der BGH danach, ob der Geschädigte sein Fahrzeug nach der Reparatur noch mindestens sechs Monate lang selbst gefahren hat (FD „Pkw-Unfallschäden", Fragen 5 und 6).

59 BGHZ 115, 364: „Dabei erscheint es aus Gründen der einfachen und praktikablen Handhabung vertretbar, auf der Seite der Ersatzbeschaffung den Restwert des Fahrzeugs außer Betracht zu lassen und allein auf den Wiederbeschaffungswert abzustellen" (Leitsatz b). Diese unlogische und komplizierte Rechnerei „einfach und praktikabel" zu nennen, ist nicht gerade einleuchtend.

913 *Qualität der Reparatur:* Außerdem unterscheidet der BGH danach, ob der Geschädigte das Fahrzeug ordnungsgemäß hat reparieren lassen (nach den Vorgaben des Gutachtens) oder unvollständig oder gar nicht (FD „Pkw-Unfallschäden", Spalten 5 bis 8, jeweils unter a, b und c).

Die folgende Darstellung ist nach der Schwere der Beschädigung gegliedert. Sie beginnt mit den Fällen, in denen die Reparaturkosten gering sind und endet mit dem technischen Totalschaden. Ebenso ist das FD „Pkw-Unfallschäden" aufgebaut.

II. Beurteilung der Reparaturkosten

1. Reparaturkosten niedriger als Wiederbeschaffungsaufwand

a) Einleitung

914 Die erste Kategorie bilden die Fälle, bei denen die vom Gutachter geschätzten Reparaturkosten niedriger sind als der geschätzte Wiederbeschaffungs*aufwand* (FD „Pkw-Unfallschäden", Frage 2, Buchst. a). Diese Gruppe ist in der Praxis die größte, weil die meisten Unfallschäden Bagatellschäden sind. Hier ist die Vergleichsgröße ausnahmsweise der Wiederbeschaffungs*aufwand* (also der geringere Betrag), nicht wie sonst der Wiederbeschaffungswert. Denn das Besondere dieser Kategorie ist, dass die Reparatur sogar teurer wäre als die *realistischen* Kosten einer Ersatzbeschaffung, nämlich als der Wiederbeschaffungsaufwand (Definition Rn 907). Der Geschädigte kann nur wählen, ob er das Fahrzeug reparieren lässt oder nicht. Wie es zu beurteilen ist, wenn er trotzdem ein Ersatzfahrzeug kauft, steht im FD „Pkw-Unfallschäden" in Spalte 3.

b) Reparatur

915 *Fachwerkstatt:* Der Geschädigte darf sein Fahrzeug in einer (teuren) Markenwerkstatt reparieren lassen. Denn der BGH hat nur für die Abrechnung *fiktiver* Reparaturkosten entschieden, dass der Geschädigte auf eine günstigere, nicht markengebundene Fachwerkstatt verwiesen werden darf (Rn 918). *Beispiel:* P hatte seinen Porsche 911 in einem Porsche-Zentrum reparieren lassen. Es spielte keine Rolle, dass das Fahrzeug in einer anderen guten Werkstatt billiger repariert worden wäre.[60] Der Geschädigte muss aber von zwei Reparaturmethoden, die zum gleichen Ergebnis führen, die günstigere wählen.[61]

916 *Abweichende Reparaturkosten:* Nach der Reparatur kann sich herausstellen:

- *Die tatsächlichen Reparaturkosten sind höher als vom Gutachter geschätzt*: Der Geschädigte kann die höheren Kosten verlangen, weil nicht er, sondern der Schädiger das Prognoserisiko trägt.[62]
- *Die tatsächlichen Reparaturkosten sind geringer als vom Gutachter geschätzt:* Der Geschädigte darf nur die tatsächlichen Kosten abrechnen.[63] Das ist vernünftig, aber doch bemerkenswert, weil er die geschätzten Kosten abrechnen dürfte, wenn er die Reparatur gänzlich unterlassen hätte (Rn 908).

---

60 BGHZ 155, 1.
61 OLG Karlsruhe NJW 2003, 3208: „lackschadenfreie Ausbeultechnik".
62 BGH NJW 1992, 302; Medicus/Lorenz Rn 668.
63 BGH NJW 2014, 535 Rn 11. Ebenso OLG Stuttgart NJW 2014, 3317.

917 *Reparatur in Eigenarbeit:* Wenn der Geschädigte das Fahrzeug selbst repariert hat, darf er trotzdem die vom Gutachter geschätzten Reparaturkosten verlangen.[64] Denn der Schädiger schuldet nicht die vom Geschädigten tatsächlich aufgewendeten Reparaturkosten, sondern den zur Herstellung *„erforderlichen* Geldbetrag" (§ 249 Abs. 2 S. 1). Das ist der Betrag, den eine Fachwerkstatt in Rechnung gestellt hätte.

c) Fiktive Reparaturkosten aufgrund des Sachverständigengutachtens

918 Der Geschädigte kann den für die Reparatur in einer markengebundenen Werkstatt erforderlichen Betrag verlangen, unabhängig davon, ob er „den Wagen tatsächlich voll, minderwertig oder überhaupt nicht reparieren lässt".[65] Denn sein Fahrzeug hat ja auch ohne Reparatur die Wertminderung erlitten, die er als Ersatzleistung erhält (FD „Pkw-Unfallschäden", Spalte 4). Der Geschädigte wird also durch die Zahlung der geschätzten Reparaturkosten nicht ungerechtfertigt bereichert. Man spricht in diesen Fällen von einem Ersatz „fiktiver" Reparaturkosten oder von einer Abrechnung „auf Gutachtenbasis"

919 *Unterschiedliche Stundensätze:* Wenn der Gutachter die (hohen) Stundensätze einer markengebundenen Werkstatt angesetzt hat und der Geschädigte aufgrund des Gutachten abrechnen will, kann der Versicherer des Schädigers nachweisen, dass die Reparatur in einer gleich qualifizierten Werkstatt zu geringeren Stundensätzen hätte durchgeführt werden können. Der Geschädigte kann dann aufgrund der ihn treffenden Schadensminderungspflicht (§ 254 Abs. 2) nur den geringeren (fiktiven) Betrag verlangen.[66] Diese Regel gilt aber nur unter bestimmten Voraussetzungen.[67]

Den Einwand, dass die vom Gutachter angesetzten Stundensätze überhöht seien, kann der Versicherer des Schädigers noch im Rechtsstreit vorbringen.[68] Der Geschädigte kann dann nicht einwenden, dass der Einwand zu spät komme. Denn es geht ja ohnehin nur um *fiktive* Reparaturkosten, also um ein reines Zahlenwerk.

2. Reparaturkosten zwischen Wiederbeschaffungsaufwand und Wiederbeschaffungswert

920 Die Reparaturkosten können auch zwischen Wiederbeschaffungsaufwand und Wiederbeschaffungswert liegen (FD „Pkw-Unfallschäden", Frage 2, Buchst. b). Die Reparatur ist dann unwirtschaftlich, weil eine Ersatzbeschaffung billiger wäre. Denn diese führte nur zu einem Schaden in Höhe des Wiederbeschaffungsaufwands (Definition Rn 907). Der BGH erlaubt aber dem Geschädigten auch in diesen Fällen, das Fahrzeug auf Kosten des Schädigers reparieren zu lassen. Denn er erkennt das „Integritätsinteresse" des Geschädigten an, also sein Interesse, das ihm vertraute Auto weiterhin fahren zu können.

921 Allerdings verlangt der BGH, dass der Geschädigte, der Reparaturkosten geltend macht, sein Interesse an der Weiternutzung seines Fahrzeugs dadurch beweist, dass er es nach dem Unfall noch sechs Monate selbst fährt, es also nicht vorher verkauft oder sonst aus der Hand gibt (FD „Pkw-Unfallschäden", Frage 5). Außerdem unterscheidet

64 BGH NJW 1992, 1618.
65 BGH NJW 2014, 3236 Rn 8; BGHZ 155, 1 (4).1985, 2469.
66 BGH NJW 2010, 2118 („BMW-Entscheidung"). Ähnlich schon die „VW-Entscheidung" BGHZ 183, 21 sowie die spätere Entscheidung NJW 2010, 2941.
67 BGH NJW 2015, 2110; 2010, 2941 Rn 7 f; 2010, 2727 Rn 7; 2010, 606 Rn 14 f.
68 BGH NJW 2013, 2817 Rn 10; bestätigt von BGH NJW 2014, 3236 Rn 7 ff.

der BGH danach, ob das Fahrzeug fachmännisch, unzureichend oder gar nicht repariert wurde. Für die Einzelheiten, die man sich doch nicht merken kann, wird auf das FD verwiesen.

3. Reparaturkosten 30 % über Wiederbeschaffungswert

922 Die vom Gutachter geschätzten Reparaturkosten können auch den Wiederbeschaffungs*wert* übersteigen (FD, Frage 2, Buchst. c, Spalten 7 und 8). Dann ist die Reparatur doppelt unwirtschaftlich, weil die Reparatur bereits unwirtschaftlich ist, wenn ihre Kosten den (niedrigeren) Wiederbeschaffungs*aufwand* übersteigen (Rn 907). Trotzdem erlaubt der BGH auch bei Überschreitung des Wiederbeschaffungswerts die Abrechnung der tatsächlich angefallenen Reparaturkosten, aber nur unter zwei Bedingungen: Der Geschädigte muss sein Fahrzeug noch mindestens sechs Monate nach dem Unfall selbst gefahren haben. Und es muss fachmännisch repariert worden sein.[69]

Die Einzelheiten aufzuführen, würde die Geduld des Lesers zu sehr auf die Probe stellen. Es sei deshalb auch hier auf das FD „Pkw-Unfallschäden", Frage 2, Buchst. c, Spalten 7 und 8 verwiesen. Dort wird detailliert differenziert unter Angabe wichtiger BGH-Urteile. Bei einem Blick auf das FD fällt auf, dass der Geschädigte bei diesen sehr hohen Reparaturkosten nur in einem von sechs Fällen die tatsächlich angefallenen Kosten geltend machen kann. In den fünf anderen Fällen wird sein Anspruch auf den Wiederbeschaffungs*aufwand* beschränkt.

4. Wirtschaftlicher Totalschaden

923 *Definition:* Ein *wirtschaftlicher* Totalschaden ist ein Schaden, dessen Reparatur technisch möglich, aber wirtschaftlich nicht sinnvoll ist. Dieser Fall liegt vor, wenn die Reparaturkosten den Wiederbeschaffungswert (Rn 905) um mehr als 30 % übersteigen würden (FD, Spalte 9).[70] In diesem Fall braucht der Schädiger nur den Wiederbeschaffungs*aufwand*[71] zu zahlen, nie die Reparaturkosten[72]. Auf die Frage, ob eine fachmännische, notdürftige oder gar keine Reparatur erfolgt ist, kommt es nicht an. Auch die Einhaltung der Sechsmonatsfrist ist gleichgültig.

924 *Keine Aufteilung der Reparaturkosten:* Wenn der Geschädigte sein Fahrzeug trotzdem reparieren lässt, kann er nicht etwa die Reparaturkosten so aufteilen, dass der Schädiger 130 % des Wiederbeschaffungswertes zahlt und er den Rest selbst trägt. Denn „anderenfalls würde ein Anreiz zu wirtschaftlich unsinnigen Reparaturen geschaffen".[73] Auch wenn er die 130 %-Grenze dadurch einhält, dass er eine Notreparatur vornehmen lässt, kann er nur den Wiederbeschaffungsaufwand beanspruchen.[74]

925 *Unterschreitung der geschätzten Kosten:* Der Geschädigte ist jedoch kein Gefangener der vom Gutachter geschätzten Reparaturkosten. Wenn er eine fachmännische, den Vorgaben des Gutachters entsprechende Reparatur nachweisen kann, deren Kosten

---

69 BGH NJW 2015, 2958 Rn 10.

70 BGHZ 115, 375; BGH VersR 2007, 1244 Rn 6.

71 Offenbar auf Grund eines Versehens heißt es in BGH NJW 2010, 2121 Rn 8 zweimal, der Geschädigte habe Anspruch auf den Wiederbeschaffungs*wert*.

72 Der Geschädigte kann aber nachweisen, dass der Gutachter die Kosten zu hoch eingeschätzt hat, indem er die Reparatur fachmännisch, aber zu Kosten durchführen lässt, die innerhalb der 130 %-Grenze liegen (OLG München NJW 2010, 1462).

73 BGHZ 115, 375.

74 BGH NJW 2007, 2917.

(entgegen dem Gutachten) unter der 130 %-Grenze geblieben sind, und er auch noch die Sechsmonatsfrist einhält, kann er die vollen Reparaturkosten in Rechnung stellen (wie FD, Spalte 7, Buchstabe a).[75]

III. Technischer Totalschaden

926 *Definition:* Ein technischer Totalschaden ist ein Schaden, dessen Reparatur technisch unmöglich oder aus Gründen der Verkehrssicherheit unzumutbar ist. Die Besonderheit des technischen Totalschadens liegt darin, dass es keiner Entscheidung zwischen einer Reparatur und einer Ersatzabschaffung bedarf, weil eine Reparatur von vornherein ausscheidet.

927 *Kauf eines Ersatzfahrzeugs:* Der Geschädigte kann Schadensersatz in Höhe des tatsächlichen Wiederbeschaffungs*aufwands* (Rn 907) verlangen.

928 *Abrechnung auf Gutachtenbasis:* Der Geschädigte kann auch den Betrag verlangen, der sich als Wiederbeschaffungsaufwand aus dem Gutachten ergibt. Ob sich der Geschädigte tatsächlich ein Ersatzfahrzeug kauft, ist unerheblich. Er kann das Geld auch als Anzahlung für einen Neuwagen verwenden, für einen ganz anderen Zweck ausgeben oder einfach sparen.

IV. Streitpunkt Restwert

929 Für die Höhe des Restwerts (Rn 906) ist im Prinzip der Betrag maßgebend, der vom Gutachter festgesetzt wurde.[76] Da der Gutachter idR vom Geschädigten beauftragt wird, neigen viele Gutachter dazu, den Restwert wesentlich zu niedrig anzusetzen. Sie wollen ihrem Auftraggeber dadurch die (illegale) Möglichkeit verschaffen, das Fahrzeug später zu einem deutlich höheren Preis zu verkaufen und die Differenz für sich zu behalten.[77] Der BGH hat diesem Missstand sehr spät dadurch Einhalt geboten, dass er den Gutachter verpflichtet, auf dem regionalen Gebrauchtwagenmarkt drei Angebote einzuholen und in seinem Gutachten konkret zu benennen.[78] Wenn der Haftpflichtversicherer des Schädigers trotzdem den Schätzwert für zu niedrig hält, kann er selbst ein Angebot für den Unfallwagen abgeben oder das Angebot eines Aufkäufers vermitteln. Das Angebot eines überregional tätigen Aufkäufers kann leicht doppelt so hoch sein wie der vom Gutachter angesetzte Betrag.[79] Auf ein solches Angebot muss der Geschädigte eingehen.[80] Verkauft er das Unfallfahrzeug zu einem geringeren Preis, verletzt er seine Pflicht, den Schaden gering zu halten (§ 254 Abs. 2 S. 1), und muss die Differenz selbst tragen.[81]

---

75 BGH NJW 2011, 669 Rn 13. In diesem Fall konnten die tatsächlichen Reparaturkosten sogar so gesenkt werden, dass sie *unterhalb* des Wiederbeschaffungswerts lagen. Siehe auch BGH NJW 2011, 2616 Rn 13 und 2011, 1435 Rn 8.

76 BGH NJW 2011, 667 Rn 10 ff; 2010, 2722 Rn 7 mwN; BGHZ 171, 287 (290 f); 163, 362 (366); BGH NJW 2010, 605; BGHZ 143, 189 (193).

77 Aufschlussreich AG Dortmund NZV 1997, 403.

78 BGH NJW 2010, 605 Rn 11; NJW 2009, 1265. Der Gutachter muss nach Ansicht des BGH keine Internet-Angebote einholen, wenn sein Auftraggeber das auch nicht tun müsste (NJW 2009, 1265 Rn 10).

79 BGH NJW 2007, 2918.

80 BGHZ 143, 189.

81 BGH NJW 2010, 2722 Rn 8 ff; BGHZ 163, 362 (367).

V. Unechter Totalschaden (Abrechnung auf Neuwagenbasis)

930 *Definition:* Ein unechter Totalschaden ist ein erheblicher Schaden an einem (fast) *neuen* Pkw. Der Geschädigte ist berechtigt, sich auf Kosten des Schädigers ein *neues* Fahrzeug gleichen Typs zu kaufen. *Beispiel:* Ein BMW M 6 Coupé, das 97 379,30 Euro gekostet hatte, wurde am Tage nach seiner Erstzulassung erheblich beschädigt.[82]

Voraussetzungen: Das Privileg, auf der Basis eines unechten Totalschadens abrechnen zu dürfen, ist an enge Voraussetzungen geknüpft. Insbesondere darf der Pkw nicht älter als einen Monat sein[83] und nur eine Fahrleistung bis 1 000 km,[84] in Ausnahmefällen bis 3 000 km aufweisen[85].

Rechtsfolge: Der Geschädigte hat Anspruch auf ein *Neufahrzeug,* natürlich unter Anrechnung des Restwerts des beschädigten Wagens.[86]

VI. Mietwagenkosten oder Nutzungsausfallentschädigung

1. Mietwagenkosten

931 *Grundsatz:* Der Geschädigte kann sich in der Zeit, in der er sein Fahrzeug reparieren lässt oder auf der Suche nach einem Ersatzfahrzeug ist, auf Kosten des Schädigers einen Mietwagen nehmen (§ 249 Abs. 2 S. 1). Denn auch dies dient dazu, den Zustand herzustellen, der ohne den Unfall bestehen würde (§ 249 Abs. 1).

932 Wenn der Geschädigte ein Fahrzeug der gleichen Preisklasse wählt, muss er, weil er während der Mietzeit sein eigenes Fahrzeug schont, nach dem Grundsatz des Vorteilsausgleichs (Rn 1062) einen Teil der Mietwagenkosten selbst tragen. Lange wurde angenommen, dass der Eigenanteil 15 bis 20 % betrage, doch gehen die Gerichte heute vielfach nur noch von 10 %[87] und teilweise sogar von 3 % aus.[88] Entgegen einer älteren Auffassung[89] entfällt die Selbstbeteiligung ganz, wenn der Geschädigte ein Fahrzeug der nächstkleineren Klasse gewählt hat.[90] Das entspricht auch der Praxis der meisten Versicherer.

933 *Unfallersatztarif:* Kein Thema hat den VI. Zivilsenat des BGH in den letzten Jahren mehr beschäftigt als das Thema „Unfallersatztarif". Denn die Autovermieter bieten seit vielen Jahren allen Kunden, die die Miete auf den gegnerischen Versicherer abwälzen können, einen „Unfallersatztarif" an. Diese Tarife sind völlig überhöht[91] nach dem auch sonst beliebten Motto: Die Versicherungsgesellschaften muss man schamlos ausnehmen.[92] Der BGH hat lange gebraucht, um diesem Treiben endlich Einhalt zu gebieten.[93] Heute vertritt er folgende Linie:

82 BGH NJW 2009, 3022 Rn 18.
83 OLG Nürnberg NJW-RR 1995, 919.
84 BGH VersR 1983, 658.
85 KG VersR 1992, 196.
86 BGH NJW 1982, 433.
87 BGH NJW 2010, 1445 Rn 20 f.
88 Offen gelassen von BGH NJW 1996, 1958.
89 BGH NJW 1967, 552, OLG Frankfurt, NJW 1990, 3212.
90 BGH NJW 2013, 1870 Rn 26 mwN.
91 Sie liegen teilweise um mehr als 100 % über dem Normaltarif (BGH NJW 2010, 2569 Rn 15: 174 Euro pro Tag statt 72,43 Euro).
92 Diese Mietverträge wurden zu Recht als „Verträge zu Lasten Dritter", nämlich der Versicherer, bezeichnet (van Bühren NJW 2007, 1677 [Urteilsanmerkung]).
93 Den Wendepunkt markiert die Entscheidung BGHZ 160, 377.

- Der Geschädigte darf nur einen Tarif akzeptieren, den „ein verständiger, wirtschaftlich denkender Mensch ... für zweckmäßig und notwendig halten darf“.[94] 934
- Um eine Auswahl treffen zu können, muss er telefonisch drei oder vier Vergleichsangebote einholen.[95] Wer keine Vergleichsangebote eingeholt hat, ist für seine Behauptung beweispflichtig, ein günstigerer Tarif sei ihm nicht zugänglich gewesen.[96] Eine überhöhte Miete kann er nur ersetzt verlangen, wenn er beweist, „dass ihm unter Berücksichtigung seiner individuellen Erkenntnis- und Einflussmöglichkeiten ... kein wesentlich günstigerer Normaltarif zugänglich war“.[97]
- Einen (höheren) „Unfalltarif“ darf er nur akzeptieren, wenn die höhere Miete durch unfallbezogene Leistungen des Vermieters gerechtfertigt und damit „zur Schadensbehebung ... erforderlich“ ist.[98] Welche Umstände im Einzelfall einen höheren Unfalltarif rechtfertigen können, hat der BGH ausführlich erörtert.[99]

935 Einige Vermieter sind dazu übergegangen, ihren bisher als „Unfallersatztarif“ bezeichneten Tarif in „Normaltarif“ umzubenennen, ohne die Miete herabzusetzen. Aber der BGH hat sich davon nicht bluffen lassen.[100] Der Haftpflichtversicherer des Schädigers darf den Geschädigten darauf aufmerksam machen, dass er mit einem bestimmten Vermieter zusammenarbeitet, der ein günstigeres Angebot machen kann.[101] Wenn die Gefahr besteht, dass der Haftpflichtversicherer den überhöhten Tarif nicht akzeptiert, muss der Kfz-Vermieter den Geschädigten darüber aufklären.[102] Der Richter kann die Angemessenheit der Miete anhand des „Schwacke-Mietpreisspiegels“[103] oder des „Fraunhofer-Mietspiegels“[104] feststellen. Er darf die Werte aber nicht ungeprüft übernehmen, insbesondere dann nicht, wenn der Versicherer des Schädigers konkrete Möglichkeiten eines günstigeren Mietvertrags mitgeteilt hatte.[105]

936 *Sonstige Schadensminderung (§ 254 Abs. 2):* Das Mieten eines Ersatzwagens bietet auch sonst viele Anwendungsfälle für den Grundsatz, dass der Geschädigte den Schaden im eigenen Interesse gering halten sollte (§ 254 Abs. 2 S. 1; Rn 953). So sollte er bei sehr geringem Fahrbedarf auf einen Ersatzwagen verzichten und ein *Taxi benutzen.*[106] *Beispiel:* G mietete für sechs Tage ein Porsche Carrera Cabrio und fuhr damit 241 km. Hätte er jeweils ein Taxi genommen, hätte er statt 1 726 Euro nur etwa 500 Euro aufwenden müssen. Das LG Wuppertal hat dies Verhalten zu Recht „unternehmerisch geradezu unvertretbar“ genannt.[107] Ein Taxiunternehmer, dem ein Fahrzeug beschädigt worden ist, darf sich nicht für täglich 550 Euro ein Taxi mieten, wenn er mit ihm nur einen durchschnittlichen Tagesgewinn von 162 Euro macht.[108]

---

94 BGH NJW 2013, 1870 Rn 15; 2011, 1947 Rn 10; 2010, 2569 Rn 8; 2008, 1519 Rn 7; 2007, 3782 Rn 5 (mit Anmerkung Chr. Huber); BGHZ 163, 19 (22); 160, 377 (383); NJW 2007, 2916 Rn 7.
95 BGH NJW 2010, 2569 Rn 18.
96 BGH NJW 2009, 58, Rn 14.
97 BGH NJW 2013, 1539, Rn 8.
98 BGH NJW 2013, 1870 Rn 15; 2010, 2569 Rn 8; 2007, 3782 Rn 5; VersR 2007, 516 (517).
99 NJW 2013, 1870 Rn 15-26.
100 NJW 2008, 1519 Rn 15 und 17.
101 BGH NJW 2012, 3241 Rn 21: Tagesmiete 36 Euro statt 84,39 Euro.
102 BGHZ 168, 168; BGH NJW-RR 2009, 1101.
103 BGH NJW 2010, 2569 Rn 9; 2008, 1519 Rn 8; 2007, 2916 Rn 8.
104 BGH NJW 2011, 1947 Rn 15 ff
105 BGH NJW 2013, 1539 Rn 12.
106 OLG München VersR 1993, 769.
107 NJW 2012, 1971 (1972).
108 OLG Celle NZV 1999, 209. Ähnlicher Sachverhalt, aber andere Entscheidung OLG Saarbrücken NJW 2012, 2978.

Ein Geschädigter sollte außerdem die Mietzeit kurz halten, indem er die Reparatur nicht verschleppt bzw sich den Ersatzwagen in etwa drei Wochen beschafft.[109] 168 Tage für die Anschaffung eines Ersatzfahrzeugs sind jedenfalls viel zu viel.[110]

2. Nutzungsausfallentschädigung

937 Der Eigentümer eines privat genutzten Pkw, der unfallbedingt einen Mietwagen nehmen könnte, aber darauf verzichtet, hat Anspruch auf eine Nutzungsausfallentschädigung.[111] Dieser vom BGH schon 1963 entwickelte Grundsatz ist in der Praxis zum Gewohnheitsrecht geworden (Rn 1024 f). Die Höhe der Entschädigung hängt vom Fahrzeugtyp ab. Die Praxis richtet sich seit 1966 nach der Tabelle von Sanden/Danner/Küppersbusch, die heute „Schwacke-Liste Nutzungsausfallentschädigung" genannt wird. Die Sätze werden auf der Basis der Vorhaltekosten berechnet und liegen weit unter den Mietkosten. Bei einem fast zehn Jahre alten Pkw kann eine Herabsetzung des Tagessatzes um eine Gruppe angemessen sein.[112]

938 *Schadensminderung:* Auch wer eine Nutzungsausfallentschädigung in Anspruch nehmen will, muss § 254 Abs. 2 S. 1 beachten. *Beispiel:* Frau F wartete mit dem Kauf eines Ersatzfahrzeugs 168 Tage und verlangte für diese Zeit Nutzungsausfallentschädigung. Der BGH schrieb dazu treffend: „Dass die Ersatzbeschaffung bei einem handelsüblichen Kraftfahrzeug im Allgemeinen nicht 168 Tage dauert, ist offenkundig."[113] Er überließ es aber dem Berufungsgericht, die angemessene Frist für die Suche nach einem Ersatzfahrzeug festzusetzen.

VII. Umsatzsteuer

939 Nach § 249 Abs. 2 S. 2 kann ein Betrag für Mehrwertsteuer nur angesetzt werden, wenn diese auch „tatsächlich angefallen ist". Tatsächlich angefallen ist die Mehrwertsteuer, wenn der Geschädigte das Fahrzeug einem umsatzsteuerpflichtigen Unternehmer zur Reparatur gegeben oder ein Ersatzfahrzeug bei einem umsatzsteuerpflichtigen Händler gekauft hat.[114]

940 *Nicht* „tatsächlich angefallen" ist die Umsatzsteuer in zwei Fällen:

- Der Geschädigte hat kein umsatzsteuerpflichtiges Unternehmen für eine Reparatur oder einen Ersatzkauf in Anspruch genommen.[115] *Beispiel:* Der Geschädigte hat das Ersatzfahrzeug vom bisherigen Halter und Eigentümer („von Privat") gekauft oder die Reparatur in Eigenregie durchgeführt.
- Der Geschädigte rechnet „auf Gutachtenbasis" ab, stellt also einen fiktiven Reparaturbetrag oder einen fiktiven Kaufpreis in Rechnung. In diesen Fällen wird die Schadenssumme um die vom Gutachter angesetzte Mehrwertsteuer gekürzt.[116]

---

109 KG VersR 1987, 822.
110 BGH NJW 2010, 2426 Rn 32.
111 BGHZ 45, 212; GSZ BGHZ 98, 212.
112 BGHZ 161, 151; NJW 2005, 1044.
113 BGH NJW 2010, 2426 Rn 32; siehe auch BGH NJW 2009, 1663.
114 AG Halle NJW 2003, 2616.
115 BGH NJW 2009, 3713 Rn 10.
116 BGH NJW 2013, 3719 Rn 9; BGHZ 162, 270, 273 f; BGH NJW 2006, 2181 Rn 10.

§ 38 Mitverschulden

Fall 38: Elfenbeinminiatur § 254 941

Der Frankfurter Kaufmann Balthasar Böldmann besaß eine alte, aus Elfenbein geschnitzte Miniatur, die in einer silbernen Schatulle verwahrt wurde. Der Wert der Miniatur war bei früherer Gelegenheit auf 100 000 Euro geschätzt worden. Um Genaueres zu erfahren, wollte Böldmann die Miniatur von einem Fachmann des Auktionshauses „Sotheby's" schätzen lassen. Auf der Fahrt von Frankfurt nach Hannover, in der Nähe von Northeim, hielt er auf einem Autobahnparkplatz an. Nachdem er etwa 50 km weitergefahren war, bemerkte er den Verlust seiner Aktentasche. Er fuhr deshalb zur nächsten Station der Autobahnpolizei und meldete den Verlust, erwähnte aber nicht die Miniatur, um – wie er später sagte – „keine schlafenden Hunde zu wecken". Die Tasche wurde einige Stunden später von Arbeitern der Autobahnmeisterei gefunden und gelangte noch am selben Tag zur Autobahnwache Göttingen. Der Einsatzführer übernahm die Tasche, überprüfte ihren Inhalt und fand auch die Miniatur. Bei der Rückgabe der Tasche stellte Böldmann jedoch fest, dass die Miniatur fehlte. Sicher ist, dass die Miniatur in der Zeit abhanden gekommen ist, in der sie sich in der Verwahrung der niedersächsischen Polizei befand. Unklar ist jedoch, wie und durch wen sie gestohlen oder unterschlagen wurde. Böldmann verlangt vom Land Niedersachsen Schadensersatz in Höhe von 100 000 Euro. Niedersachsen ist der Meinung, Böldmann müsse sich zumindest ein erhebliches Mitverschulden anrechnen lassen. (Nach BGH NJW 1990, 1230)

942 Die niedersächsische Polizei und damit letztlich das Land Niedersachsen hatte die Miniatur in Verwahrung genommen. Auf die öffentlich-rechtliche Verwahrung sind die §§ 688 ff entsprechend anzuwenden. Da es dem Land unmöglich geworden ist, die Miniatur zurückzugeben, könnte Böldmann einen Schadensersatzanspruch nach den §§ 280 Abs. 1, Abs. 3, 283 haben. Das setzt allerdings voraus, dass die Unmöglichkeit der Rückgabe auf einem Verschulden des Landes beruht (§§ 280 Abs. 1 S. 2, 276 Abs. 1 S. 1). Da die Polizei keine Umstände anführen kann, die ein Verschulden der Beamten ausschließen, muss nach § 280 Abs. 1 S. 2 davon ausgegangen werden, dass das Land die Unmöglichkeit zu vertreten hat. Damit hat Böldmann einen Anspruch auf Schadensersatz. Die Höhe dieses Anspruchs richtet sich nach dem Wert der abhanden gekommenen Miniatur (§§ 249 Abs. 1, 251 Abs. 1 Var. 1).

Zu prüfen ist jedoch, ob Böldmann nach § 254 einen Teil seines Schadens selbst tragen muss. Zunächst ist zu fragen, ob schon „bei der Entstehung des Schadens ein Verschulden des Beschädigten mitgewirkt hat" (§ 254 Abs. 1). Die Entstehung des Schadens wurde zumindest angelegt, als Böldmann die Tasche auf dem Parkplatz liegen ließ. Dieses Verhalten war angesichts des hohen Wertes der Miniatur zweifellos besonders nachlässig. Trotzdem kann Niedersachsen daraus noch kein Mitverschulden ableiten. Denn anderenfalls müsste sich jeder, der sich fahrlässig selbst geschädigt hat und anschließend fremde Hilfe in Anspruch nimmt, zB die eines Arztes, ein Mitverschulden anrechnen lassen.[117]

Ein Mitverschulden ergäbe sich aber, wenn Böldmann es unterlassen hätte, „den Schaden abzuwenden" (§ 254 Abs. 2 S. 1). Böldmann hätte, nachdem er den Verlust der Tasche bemerkt hatte, zum Parkplatz zurückfahren müssen. Dass ein Zurückfahren auf der Autobahn

117 Offen gelassen von BGH NJW 1995, 449.

im eigentlichen Sinn nicht möglich ist, hätte ihn nicht davon abhalten dürfen, durch Ab- und Auffahren den Parkplatz wieder zu erreichen. Er hätte die Tasche samt Miniatur dann vermutlich noch gefunden und damit den Schaden abgewendet. Dass er das nicht getan hat, stellt ein erhebliches Mitverschulden dar. Schließlich hat es Böldmann unterlassen, die Polizei „auf die Gefahr eines ungewöhnlich hohen Schadens aufmerksam zu machen" (§ 254 Abs. 2 S. 1). Denn er hat bei seiner Anzeige nicht gesagt, dass sich in der Tasche eine Kostbarkeit befand, geschweige denn, welch hohen Wert sie hatte. Böldmanns Befürchtung, ein solcher Hinweis könne einen Beamten zur Unterschlagung ermuntern („schlafende Hunde wecken"), ist zwar nachvollziehbar, war aber in diesem Fall falsch. Denn ein Hinweis auf den ungewöhnlichen Wert der Miniatur wäre „geeignet gewesen, die zuständigen Beamten zu besonderer Aufmerksamkeit und Sorgfalt ... zu veranlassen".[118]

In welchem Umfang Niedersachen Böldmann Ersatz leisten muss, hängt davon ab, „inwieweit der Schaden vorwiegend von dem einen oder dem anderen Teile verursacht worden ist" (§ 254 Abs. 1). Das schuldhafte Verhalten der Polizei muss man Böldmanns selbstschädigendem Verhalten gegenüberstellen und fragen, wie die Schuldanteile zu bewerten sind. Eine solche Entscheidung kann niemand anhand eines kurzen Sachverhalts oder nach Aktenlage treffen. Sie muss dem Gericht vorbehalten bleiben, das in der mündlichen Verhandlung den Sachverhalt ermittelt hat.[119] Unter anderem deshalb hat der BGH die Sache an das OLG zurückverwiesen. Unterstellt, das Gericht würde Böldmanns Beitrag zum Entstehen des Schadens mit 60 %, den Anteil der Polizei mit 40 % bewerten, müsste Niedersachen nur 40 % des Wertes der Miniatur ersetzen.

Lerneinheit 38

943 **Literatur:** *Chr. Huber*, Die Radfahrerhelm-Entscheidung des BGH – was ist geklärt, was noch offen? NZV 2014, 489; *Balke*, Nichtanlegen des Sicherheitsgurtes gem. § 21a StVO, SVR 2014, 287; *Foerster*, Der Vorbehalt des Mitverschulden in Grundurteilen unter besonderer Berücksichtigung von Feststellungsbegehren, ZZP Bd. 127, 203; *Kraft*, Mitverschulden des Beifahrers bei Alkoholisierung des Fahrzeugführers, NZV 2014, 245; *Meier/Jocham*, Mitverschulden des Fahrradfahrers ohne Helm? VersR 2014, 1167, *Morell*, Die Rolle von Tatsachen bei der Bestimmung von „Obliegenheiten" iSv § 254 BGB am Beispiel des Fahrradhelms, AcP Bd. 214 (2014), 387; *Rütten*, Unterlassener Selbstschutz als Mitverschulden am Beispiel des Radhelms, SVR 2014, 441; *Koch*, Erstattungsfähigkeit von Abschleppkosten, NJW 2014, 3696.

I. Einführung

944 Wer einen Schaden erlitten hat, kann die Schuld nicht immer allein beim anderen suchen, sondern muss sich oft selbst Vorwürfe machen oder anhören. Sie können dahin gehen, er habe fahrlässig den Schadenseintritt gefördert oder später den Schadensumfang nicht begrenzt oder sogar ausgeweitet. In diesen Fällen wäre es ungerecht, den Schädiger den Schaden allein tragen zu lassen. § 254 gibt deshalb dem Richter die Möglichkeit, die Schadenslast in angemessener Weise zwischen dem Schädiger und dem Geschädigten aufzuteilen.

Welch große Bedeutung eine Schadensteilung nach § 254 in der Gerichtspraxis hat, ergibt sich aus der fast unübersehbaren Fülle von Gerichtsentscheidungen zu § 254. Wenn es darum ginge, welcher Paragraf des BGB in den Entscheidungen deutscher Zi-

118 BGH in der zugrunde liegenden Entscheidung NJW 1990, 1230.
119 St Rspr, zB BGH NJW 1993, 1191.

vilgerichte am häufigsten zitiert wird, hätte § 254 gute Aussichten, auf einen der ersten Plätze zu kommen.

II. Grundsätze

945 *Definition:* Ein Mitverschulden liegt vor, wenn der Geschädigte die Entstehung (§ 254 Abs. 1) oder die Ausweitung des Schadens (§ 254 Abs. 2) durch eigenes Verschulden begünstigt hat. Der Tatbeitrag des Geschädigten muss für den Schadenseintritt adäquat kausal gewesen sein (ebenso wie das Verhalten des Schädigers). Es ist nicht erforderlich, dass das Verhalten des Geschädigten verboten ist oder eine Rechtspflicht verletzt.[120]

Rechtliche Einordnung: § 254 gibt dem Schädiger nicht etwa seinerseits einen Anspruch gegen den Geschädigten, sondern eine *Einwendung* gegen dessen Schadensersatzanspruch.[121] Beweispflichtig für das Vorliegen eines Mitverschuldens ist der Schädiger.[122] Gelingt ihm der Beweis, wird der Schadensersatzanspruch des Geschädigten gekürzt oder entfällt ausnahmsweise ganz (§ 254 Abs. 1).

946 *Verschulden gegen sich selbst:* Mit dem Wort „Verschulden" meint § 254 Abs. 1 ein Verhalten, bei dem der Geschädigte „diejenige Sorgfalt außer Acht lässt, die ein ordentlicher und verständiger Mensch zur Vermeidung eigenen Schadens anzuwenden pflegt".[123] Eine *Pflicht,* Schaden von sich abzuwenden, hat niemand, denn eine Pflicht kann man nur gegenüber einem anderen haben. § 254 normiert deshalb eine sogenannte *Obliegenheit* des Geschädigten, sozusagen eine Verpflichtung des Geschädigten gegen sich selbst.

947 *Terminologisches:* Ein Mitverschulden kann immer nur den *Geschädigten* – also den Gläubiger eines Schadensersatzanspruchs – treffen. Beim Schädiger (Schuldner) spricht man von Vorsatz, von Fahrlässigkeit oder allgemein von Schuld, aber nicht von Mitschuld.

948 *Anwendung außerhalb des BGB:* Da § 254 ein grundlegendes Prinzip der Gerechtigkeit postuliert, wird er außerhalb von Schadensersatzansprüchen analog angewendet, zB bei Abwehransprüchen und Ansprüchen auf Kostenerstattung.[124] Außerhalb des BGB wird teils direkt, teils indirekt auf § 254 verwiesen.[125]

III. Gesetzliche Fallgruppen

1. Verschulden „bei der Entstehung des Schadens"

949 Ein Mitverschulden des Geschädigten kann schon „bei der *Entstehung* des Schadens" mitgewirkt haben (§ 254 Abs. 1). Der Maßstab ist diejenige Sorgfalt, „die ein ordentlicher und verständiger Mensch zur Vermeidung eines eigenen Schadens anzuwenden pflegt".[126] Es ist also der gleiche Maßstab, der an das Verhalten des Schuldners ange-

120 MüKo/Oetker § 254 Rn 3.
121 Brox/Walker § 31 Rn 37.
122 BGH NJW 1997, 2946.
123 BGH NJW 2014, 2493 Rn 9; 1992, 2961, 1991, 165.
124 BGH NJW 1997, 2234 und 1995, 395: Eigentumsbeeinträchtigung durch Baumwurzeln.
125 So verweisen § 9 StVG und § 4 HaftPflG auf § 254. Für den Fall, dass „ein Schaden durch mehrere Kraftfahrzeuge verursacht" worden ist, nennt das StVG zwar § 254 nicht ausdrücklich, lehnt sich aber erkennbar an ihn an (§ 17 Abs. 1 und Abs. 2).
126 BGH NJW 2007, 1809 Rn 36; 2006, 1426 Rn 20; VersR 2006, 953; NJW 2001, 149 (150); BGHZ 74, 25 (28).

legt wird (§ 276 Abs. 2). Aber eine direkte Anwendung von § 276 Abs. 2 verbietet sich, weil es nicht um eine Schuldnerpflicht geht, sondern um eine Obliegenheit des Geschädigten gegen sich selbst. *Beispiel 1:* B war freier Mitarbeiter im Ingenieurbüro des K. Er ließ seinen 12-jährigen Sohn auf einem zum Betrieb gehörenden Rechner ein Computerspiel installieren, was zum Verlust aller Daten führte. K beziffert seinen Schaden auf eine Million Euro. Aber weil er seine Daten nicht gesichert hatte, muss er sich ein erhebliches Mitverschulden zurechnen lassen.[127] *Beispiel 2:* G ist Inhaber einer Großhandlung für ausländische Presseerzeugnisse. Hinter seinem Rücken verkaufte sein Vertriebsleiter V vier Jahre lang nicht mehr aktuelle Hefte in großem Stil an K und ließ sich dafür Schmiergeld zahlen. G verlangt von K 267 000 Euro Schadensersatz. Aber er muss sich als Mitverschulden anrechnen lassen, dass er V nicht gehörig kontrolliert und damit dessen Machenschaften nicht verhindert hat („Organisationsmängel im Haus des Klägers").[128]

Straßenverkehr: Besonders häufig ist Mitverschulden bei Verkehrsunfällen anzunehmen. *Beispiel 3:* F hatte seinen Pkw in einer zwei Meter breiten Parkbucht geparkt und stand in der geöffneten hinteren linken Tür, um sein Kind abzuschnallen, als ein vorbeifahrender Lkw gegen die Tür stieß und diese stark beschädigte. In diesem Fall hat der BGH eine (nicht nachvollziehbare) hälftige Schadensteilung für angemessen gehalten.[129] *Beispiel 4:* Frau P fuhr im Jahre 2011 ohne Fahrradhelm auf der rechten Seite einer Straße, auf der rechts Fahrzeuge geparkt waren. Frau X öffnete die Fahrertür ihres Pkw so plötzlich, dass Frau P nicht mehr bremsen oder ausweichen konnte. Sie stürzte und erlitt schwere Schädel-Hirnverletzungen. Frau X wollte Frau P eine Mitschuld zuweisen, aber der BGH hat entschieden, dass zumindest bis zum Jahr 2011 das Nichttragen eines Fahrradhelms kein Mitverschulden bedeutete.[130]

2. Gefahr eines ungewöhnlich hohen Schadens

950 Ein Mitverschulden liegt auch vor, wenn der Geschädigte es „unterlassen hat, den Schuldner auf *die Gefahr eines ungewöhnlich hohen Schadens* aufmerksam zu machen ..." (§ 254 Abs. 2 S. 1 Var. 1). Denn eine Warnung hätte dem späteren Schädiger Gelegenheit gegeben, „Gegenmaßnahmen gegen den drohenden Schaden zu ergreifen".[131] *Beispiel 1:* Fall 38 (Rn 941). *Beispiel 2:* Der Übersetzerin eines Prospekts für eine neuartige Motorradfederung wurde nicht gesagt, dass bei Fehlern ein Schaden drohte, der vierzigmal höher war als ihr Honorar.[132] *Beispiel 3:* Frau E war Eigentümerin eines in Kanada gelegenen Grundstücks im Wert von 1,2 Millionen Euro. Sie hatte S mit dem Verkauf beauftragt. Als sie hörte, dass S es weit unter Wert verkaufen wollte, nannte sie den von S vorgesehenen Preis vor Freunden eine „Lächerlichkeit", informierte S aber nicht über ihre Wertvorstellung. Später verlangte sie von S Schadensersatz mit der Begründung, er habe das Grundstück „verschleudert".[133] *Beispiel 4:* U beauftragte den Frachtführer F, einen Karton mit acht Flaschen Wein zu transportie-

127 BGH NJW 2009, 1066. Der BGH war an ein rechtskräftiges Feststellungsurteil gebunden, das den von K zu tragenden Anteil auf 30 % festgelegt hatte. Aber das war viel zu wenig. Betriebliche Daten nicht zu sichern, ist unverantwortlich.

128 BGH NJW 2014, 2720 Rn 42 und 45. Der BGH hat die Sache letztlich nicht entschieden, sondern zur Aufklärung von Einzelheiten zurückverwiesen.

129 BGH NJW 2009, 3791.

130 NJW 2014, 2493 Rn 15.

131 BGH NJW 2006, 995 Rn 9; NJW-RR 2005, 1277.

132 OLG Hamm NJW 1989, 2066.

133 BGH NJW 1993, 522.

ren, machte aber keine Angaben zum Wert der Sendung. Dem Fahrer des F übergab er mit dem Karton eine Frachtkarte, die erstmals einen Versicherungswert von 20 400 Euro auswies. Bei der Ablieferung stellte sich heraus, dass der Karton von der Unterseite her geöffnet worden war und sechs Flaschen fehlten. Im Prinzip musste F dem U den Schaden ersetzen. Aber U hatte so spät Angaben über den ungewöhnlich hohen Wert der Sendung gemacht, dass F keine Sicherungsmaßnahmen mehr ergreifen konnte. U trug deshalb 50 % des Schadens (§ 254 Abs. 2 S. 1 Var. 1).[134]

951 *„... weder kannte noch kennen musste“:* Allerdings liegt ein Mitverschulden nur vor, wenn der Schuldner die besondere Gefahr „weder kannte noch kennen musste“ (§ 254 Abs. 2 S. 1 Var. 1). *Beispiel:* Bei der Sanierung eines Hallenbades war eine 3 000 qm große Zwischendecke fachgerecht eingezogen worden. Bauherr B beauftragte den Unternehmer U, einen Betonstreifen zu entfernen, der oberhalb der Zwischendecke verlief. U ließ die Arbeit von einem Auszubildenden durchführen. Ein Betonstück fiel auf die neue Zwischendecke, die zerbrach und auf den Hallenboden stürzte. Der Schaden betrug 873 000 Euro. U machte geltend, B habe ihn nicht „auf die Gefahr eines ungewöhnlich hohen Schadens aufmerksam“ gemacht (§ 254 Abs. 2 S. 2). Es kam deshalb darauf an, ob U die Gefahr „weder kannte noch kennen musste“. „Kennen musste“ bedeutet bekanntlich „infolge von Fahrlässigkeit nicht kannte“ (§ 122 Abs. 2). Wenn U als Fachmann die Gefahr nicht erkannt haben sollte, wäre das fahrlässig gewesen (§ 276 Abs. 2). B musste sich deshalb kein Mitverschulden anrechnen lassen. Es nützte U auch nichts, dass der Schaden seinen Werklohn um ein Vielfaches übertraf.[135]

3. Schaden abwenden

952 Sobald die *Schadensursache* entstanden ist, sollte der Betroffene versuchen, „den Schaden abzuwenden“, ihn also gar nicht erst entstehen zu lassen (§ 254 Abs. 2 S. 1). *Beispiel 1:* Wer eine Kostbarkeit verloren hat, muss sofort umkehren und sie suchen (Fall 38, Rn 941).[136] Manchmal muss man auch gerichtliche Hilfe in Anspruch nehmen, um einen drohenden Schaden von sich abzuwenden,[137] oder muss die Einrede der Verjährung erheben.[138]

4. Schaden eindämmen

953 Der Geschädigte sollte im eigenen Interesse versuchen, den Schaden „... *zu mindern*“ (§ 254 Abs. 2 S. 1 Var. 3), also einen bereits eingetretenen Schaden zu begrenzen. Er sollte deshalb Maßnahmen ergreifen, um den Schaden nicht weiter wachsen zu lassen.[139] *Beispiel:* L hatte für seinen Internetzugang an die W-GmbH monatlich 19,79 Euro zu zahlen, die monatlich abgebucht wurden. Im Dezember buchte die W 290,94 Euro ab und in den Folgemonaten sogar noch mehr. Das lag an einer Änderung, die L unbeabsichtigt veranlasst hatte. L bemerkte das erst im Juli. Er verlangte von der W Schadensersatz, weil diese ihn nicht gewarnt hatte. Aber seine eigene Nachlässigkeit,

134 BGH NJW 2012, 3774. Da es sich um einen grenzüberschreitenden Transport handelte, fand die CMR Anwendung, die keine Regelung über das Mitverschulden enthält. Deshalb war § 254 Abs. 2 S. 1 anzuwenden.
135 BGH NJW 2006, 995.
136 BGH NJW 1990, 1230.
137 BGH NJW 1994, 1211; 1993, 522.
138 LG Würzburg NJW 1997, 2606.
139 BGH NJW 1994, 999.

über ein halbes Jahr seine Kontoauszüge nicht zu lesen, wog so schwer, dass das Verschulden der W-GmbH dahinter ganz zurücktrat.[140]

954 *Verletzung einer Person:* Manches Opfer einer Körperverletzung neigt dazu, die Hände in den Schoß zu legen und sich ganz auf die Unfallrente zu verlassen. Der Verletzte muss aber ärztliche Hilfe in Anspruch nehmen und darf idR „nicht anders handeln als ein verständiger Mensch, der die Vermögensnachteile selbst zu tragen hat".[141] Diese Grundsätze gelten auch für Hinterbliebene. *Beispiel 1:* M tötete den Polizisten P durch Messerstiche und ist deshalb verpflichtet, P's Witwe eine Rente zu zahlen (§ 844 Abs. 2). Frau P ist 33 Jahre alt, kinderlos und arbeitsfähig, geht aber keiner Erwerbstätigkeit nach. Sie verstößt damit gegen ihre Schadensminderungspflicht.[142]

Beschädigung eines Fahrzeugs: Wer nach einem Unfall sein Fahrzeug auf Kosten des Schädigers reparieren lassen will (oder die fiktiven Kosten in Rechnung stellt), kann nicht immer auf der Basis der Stundensätze einer markengebundenen Werkstatt abrechnen (Rn 919).[143] Außerdem muss er im eigenen Interesse die Mietwagenkosten gering halten (Rn 932). *Beispiel 2:* G hatte ohne Not fünf Monate mit dem Kauf eines Ersatzfahrzeugs gewartet und konnte deshalb nicht für die volle Zeit Nutzungsausfallentschädigung verlangen.[144]

955 *Inanspruchnahme Dritter:* Ein Mitverschulden kann auch darin liegen, dass der Geschädigte nicht einen Dritten in Anspruch nimmt. *Beispiel 1:* Die Dresdner Bank hatte ihren Kunden K falsch beraten, so dass dieser für 33 000 Euro die später berüchtigten Lehmann-Zertifikate kaufte. Die US-amerikanische Lehman Brothers Holding Inc. garantierte den Wert der Papiere. Der BGH hat die Commerzbank (als Rechtsnachfolgerin der Dresdner Bank) zum Schadensersatz verurteilt. Aber K musste sich ein Mitverschulden anrechnen lassen, weil er seine Forderung nicht im Insolvenzverfahren von Lehman Brothers angemeldet hatte. Das hätte immerhin zu einer Zahlung von 5 626,83 Euro geführt.[145]

Rechtsverfolgung: Der Geschädigte muss Abschlepp-, Rechtsanwalts-, Gutachter- und Detektivkosten in wirtschaftlich vernünftigen Grenzen halten. *Beispiel 2:* F, der ein Fitnessstudio betreibt, beauftragte den U damit, den Pkw des K abzuschleppen, der unberechtigt auf seinem Parkplatz abgestellt war. F und U vereinbarten ein Entgelt von 250 Euro. Aber K brauchte nur die ortsüblichen Abschleppkosten zu zahlen.[146] Denn ein Geschädigter muss sich um einen wirtschaftlich vertretbaren Weg des Schadensausgleichs bemühen.[147] *Beispiel 3:* Nach einem Unfall wollte X bei seinem Kaskoversicherer Ansprüche anmelden und beauftragte damit einen Rechtsanwalt. Da X das selbst hätte übernehmen können, waren die Rechtsanwaltsgebühren ein vermeidbarer Schaden.[148] *Beispiel 4:* Dr. W aus Berlin versteckte seine drei und sechs Jahre alten Kinder vor seiner Frau in seiner westfälischen Heimat. Seine Frau ließ sie durch einen Detektiv

140 BGH NJW 2012, 2878 Rn 29. Der BGH bezieht sich auf Abs. 1, aber Abs. 2 wäre richtiger.

141 BGH NJW 2015, 2246 Rn 15.

142 BGH NJW 2007, 64 Rn 8; ähnlich BGHZ 149, 337 (353). Siehe auch BGH NJW 2010, 927 Rn 17 ff und (zum gleichen Sachverhalt) BGH NJW 2009, 930.

143 BGHZ 183, 21; BGH NJW 2010, 2941 Rn 6 ff.

144 AG Frankfurt/M NJW 1993, 137.

145 BGH NJW 2015, 398 Rn 33.

146 BGH NJW 2014, 3727 Rn 21 ff. Der BGH stützt sich dazu aber nur auf § 249 Abs. 2 S. 1. Das genannte BGH-Urteil liegt auch Fall 57 in SBT Rn 1661 zugrunde.

147 BGHZ 171, 287 Rn 6.

148 BGH NJW 2012, 2194 Rn 10. Siehe dazu auch BGH NJW 2015, 3447 Rn 55; NJW 2014, 3151 Rn 14 ff und NJW 2012, 919 Rn 20.

suchen, der über 45 000 Euro in Rechnung stellte.[149] Der BGH bezweifelte zu Recht, dass Frau W als „ordentlicher und verständiger Mensch" diese enorme Summe in einer *eigenen* Angelegenheit aufgewendet hätte.[150]

IV. Rechtsfolgen des Mitverschuldens

956 Wenn ein Mitverschulden vorliegt, trägt der Geschädigte einen Teil seines Schadens selbst. Wie hoch dieser Anteil ist, hängt nach § 254 Abs. 1 von „den Umständen" ab, insbesondere davon, wer von beiden den Schaden *„vorwiegend ... verursacht"* hat. In einem physikalisch-philosophischen Sinn kann es eine „vorwiegende" Verursachung nicht geben, weil jede Ursache gleichwertig ist (Äquivalenztheorie; Rn 1035). Entscheidend ist deshalb nach hM, wessen Tatbeitrag mit höherer Wahrscheinlichkeit geeignet war, den Schadenseintritt herbeizuführen.[151] Eine Ursache wiegt deshalb „umso schwerer, je wahrscheinlicher sie den Schaden gemacht hat".[152] Es ist also eine ähnliche Überlegung anzustellen wie bei der Frage der Adäquanz, die auch auf die Wahrscheinlichkeit des Schadenseintritts abstellt (Rn 1036).

In zweiter Linie kommt es darauf an, wessen *Verschulden* (bzw wessen Betriebsgefahr) größer war. Dieser Gesichtspunkt führt idR zum gleichen Ergebnis wie das Kriterium der Wahrscheinlichkeit.[153] Denn je größer das Verschulden (bzw die Betriebsgefahr) ist, desto wahrscheinlicher ist meist auch der Schadenseintritt.

Grobe Schätzung: Die Rechtsprechung begnügt sich zu Recht mit gerundeten Werten. Eine Schadensteilung im Verhältnis 43 : 57 würde eine Genauigkeit vortäuschen, die nicht zu erreichen ist. Der BGH überlässt die Entscheidung über die Haftungsverteilung grundsätzlich dem „Tatrichter" und prüft nur, ob die Abwägung im Rahmen des rechtlich Zulässigen liegt.[154]

Völliges Zurücktreten des Mitverschuldens: Das Mitverschulden des Geschädigten kann unter besonderen Umständen ganz vernachlässigt werden. *Beispiel 1:* Frau F fuhr ohne Benutzung des Sicherheitsgurts auf einer Landstraße, als sie mit einem Golf kollidierte. Dessen Fahrer hatte sich schon vor dem Unfall zu seiner Beifahrerin gebeugt, um sie zu küssen, und hatte deshalb die Mittellinie um mindestens 1,6 m überschritten. Die Tatsache, dass Frau F nicht angeschnallt war, war angesichts der groben Verkehrswidrigkeit des Golffahrers zu vernachlässigen.[155] *Beispiel 2:* Frau F fuhr vorsichtig aus ihrer Grundstücksausfahrt über den Bürgersteig. Da sie anschließend eine Busspur überqueren musste, blickte sie nach links und sah, dass sie frei war. Sie fuhr an und stieß mit der Radfahrerin R zusammen, die von rechts kam, weil sie auf der Busspur entgegen der Fahrtrichtung fuhr. Hier trat die leichte Fahrlässigkeit der F hinter die grobe Fahrlässigkeit der R völlig zurück.[156]

149 BGHZ 111, 168, 179.
150 Siehe auch BGH NJW 2007, 1809 Rn 36; NJW 2006, 1426 Rn 20; VersR 2006 953; NJW 2001, 149 (150); Soergel/Mertens § 254 Rn 23.
151 BGH NJW 1994, 379.
152 Medicus/Lorenz Rn 726.
153 Ähnlich Palandt/Grüneberg, § 254 Rn 9.
154 BGH NJW 2009, 3791 Rn 9.
155 LG Saarbrücken NJW 2012, 1456. Der Unfallhergang konnte durch die Zeugenaussage des nachfahrenden Verkehrsteilnehmers ermittelt werden.
156 OLG Frankfurt NJW 2012, 3249

V. Einzelfragen

1. Mitverschulden eines Laien

957 *Grundsatz:* Im Allgemeinen kann einem „Auftraggeber nicht als mitwirkendes Verschulden vorgeworfen werden, er habe das, worüber ihn sein Berater hätte aufklären sollen, bei entsprechenden Bemühungen auch ohne fremde Hilfe erkennen können".[157] Das gilt insbesondere für die, die bei Rechtsanwälten, Ärzten und Steuerberatern Rat und Hilfe suchen.[158] Es ist nicht Sache des Ratsuchenden, seinen Steuerberater nach möglichen Steuervergünstigungen zu fragen[159] oder seinen Rechtsanwalt auf die Möglichkeit einer Vertragskündigung[160] oder auf eine drohende Verjährung[161] hinzuweisen. *Beispiel:* B beauftragte den Unternehmer U, sein neues Einfamilienhaus an den Schmutzwasserkanal anzuschließen. U schloss es irrtümlich an den Regenwasserkanal an. Er kann sich nicht darauf berufen, er habe von B nicht alle Informationen erhalten.[162] Denn technische Information muss sich ein Bauunternehmer beim Bauherrn holen, sie sind keine Bringschuld des Bauherrn (eines Laien in Bausachen). Anders wäre die Rechtslage möglicherweise, wenn B *falsche* Informationen gegeben hätte.

958 *Mitwirkungspflicht des Laien:* Aber auch ein Laie muss im Rahmen seiner Kenntnisse und Fähigkeiten mitdenken und mithandeln, wenn er eine Mitschuld vermeiden will. *Beispiel 1:* Der 42-jährige R sollte in seiner fünften Trainerstunde lernen, vom Netz aus rückwärts zu laufen, um einen hohen Ball zu erreichen. Dabei trat er auf einen liegengebliebenen Ball, stürzte und verletzte sich erheblich (Fall 34, Rn 803). Das OLG Bremen hat zu Recht angenommen, dass es in erster Linie die Aufgabe des Trainers war, für eine hindernisfreie Spielfläche zu sorgen, gab aber K eine Mitschuld von einem Drittel.[163] Ein Mandant muss seinen Berater richtig und vollständig über die Sachlage informieren.[164] Ein Patient, der eine Weisung des Arztes missachtet, muss einen Teil des Schadens selbst tragen.[165] Ein Kaufmann, der seinen Steuerberater drei Jahre lang nicht an die Abgabe der Steuererklärung erinnert hat, kann den daraus entstehenden Schaden mitzutragen haben.[166] Das gilt auch im Verhältnis Bauherr-Architekt. *Beispiel 2:* E wollte sein Einfamilienhaus erweitern und dabei den vorgeschriebenen Mindestabstand von drei Metern zum Nachbargrundstück unterschreiten. Auf ungeklärte Weise erlangte er eine (rechtswidrige) Baugenehmigung und beauftragte A mit der Planung. Später musste der Anbau auf Widerspruch des Nachbarn abgerissen werden. E muss sich gegenüber A eine Mitschuld zurechnen lassen. Denn er konnte „bereits bei einer laienhaften Bewertung" das Risiko erkennen, dass die Baugenehmigung fehlerhaft war.[167] Wenn der Bauherr selbst ein Fachmann der Baubranche ist, kommt im Verhältnis zum Architekten ein Mitverschulden erst recht in Betracht.[168]

157 BGH NJW 2009, 1141 Rn 21; BGH WM 2008, 950 Rn 17.
158 BGH NJW 2009, 1141 Rn 21.
159 BGH NJW 1994, 379.
160 BGH NJW 1996, 2648.
161 BGH NJW 1993, 2045 und 1779; 1992, 820.
162 OLG Frankfurt NJW 2011, 1609.
163 NJW 2013, 2206.
164 BGH NJW 1999, 1391; 1996, 2929.
165 BGH NJW 1992, 2961.
166 BGH NJW 1992, 307.
167 BGH NJW 2011, 1442 Rn 46.
168 BGH NJW 2013, 684 Rn 27 f.

2. Kein Mitverschulden eines selbstlosen Helfers

959 Wer einem anderen selbstlos zu Hilfe kommt, muss sich kein Mitverschulden anrechnen lassen. *Beispiel:* Bei einem Gruppenausritt stellte der Reitlehrer R fest, dass die 13-jährige M das Pferd „Mistral" nicht reiten konnte, und bat den erfahrenen Reiter H, das Pferd zu übernehmen. H tat das, um R zu helfen, aber erlitt durch Fahrlässigkeit des R einen tödlichen Unfall. R versuchte gegenüber den Erben des H, diesem ein Mitverschulden anzulasten, verstieß aber damit gegen Treu und Glauben.[169]

3. Leichtgläubigkeit des Geschädigten

960 Wenn der Schädiger den Schaden *vorsätzlich* herbeigeführt hat, kann er sich nicht auf ein fahrlässiges Mitverschulden des Geschädigten berufen.[170] *Beispiel 1:* A hatte auf die Zusage seines Freundes F vertraut, ihn als Partner in sein Geschäft aufzunehmen. F, der nie vorhatte, sein Wort zu halten, kann dem A dessen Leichtgläubigkeit nicht als Mitverschulden anrechnen.[171] *Beispiel 2:* Rechtsanwalt und Notar N war beim Kauf von zehn neuen Eigentumswohnungen über die Höhe der erzielbaren Mieten arglistig getäuscht worden. Ihm konnte nicht vorgehalten werden, dass er als Fachmann des Grundstücksrechts den Angaben nicht vertrauen durfte.[172] Etwas anderes kann ausnahmsweise gelten, wenn der Geschädigte sich extrem leichtsinnig verhalten und der Schädiger nur *bedingt* vorsätzlich gehandelt hat[173] oder wenn auf beiden Seiten Erfüllungsgehilfen tätig waren[174].

4. Gefährdungshaftung

961 Obwohl § 254 nur von einem „Verschulden" spricht, wird dem Geschädigten auch eine von ihm zu vertretende Sach- oder Betriebsgefahr zugerechnet (Gefährdungshaftung). *Beispiel:* Ein zwölfjähriger Radfahrer nahm infolge einfacher Fahrlässigkeit einem Pkw-Fahrer die Vorfahrt und wurde schwer verletzt. Den Fahrer traf keine Schuld, aber er musste sich über § 254 und § 7 StVG die Betriebsgefahr seines Pkw wie ein Mitverschulden anrechnen lassen.[175]

5. Jugendliche

962 Wenn die Mitschuld eines Kindes, eines Jugendlichen (sieben bis 17 Jahre) oder eines Unzurechnungsfähigen zu beurteilen ist, sind die §§ 827 bis 829 zu beachten (Rn 421 bis 424). Nach § 828 Abs. 2 wird einem bis zu neun Jahre alten Kind ein nicht vorsätzliches Fehlverhalten *im Verkehr* nie angelastet (Rn 423). Außerhalb von Verkehrsunfällen ist einem 7- bis 17-Jährigen ein Mitverschulden zuzurechnen, soweit er „die zur Erkenntnis der Verantwortlichkeit erforderliche Einsicht" hatte (§ 828 Abs. 3). *Beispiel:* Eine 15-jährige Schülerin setzte sich trotz eines Verbots ihrer Mutter auf ein ihr überlassenes Reitpferd und verunglückte schwer.[176] Im konkreten Fall hatte sie die

169 BGHZ 161, 79, 85 f.
170 BGH NJW 1998, 2923; 1991, 3208; OLG München NJW 1994, 667.
171 BGH NJW 2002, 1335; ähnlich NJW 2003, 1811 (1814).
172 BGH NJW 2004, 1868 (1870 unter 2 f).
173 BGH NJW 2002, 1643 mwN.
174 BGH NJW 1997, 2236.
175 OLG Saarbrücken NJW 2012, 3245; OLG Nürnberg DAR 1999, 25; Brox/Walker § 31 Rn 42.
176 BGH NJW 1993, 2611.

nach § 828 Abs. 3 erforderliche Einsicht, so dass ihr ein Mitverschulden zugerechnet werden musste.

6. Schadensersatzansprüche gegen eigene Arbeitnehmer

963 Nach dem BGB müsste ein Arbeitnehmer, der durch ein (auch nur leicht) fahrlässiges Verhalten seinen Arbeitgeber geschädigt hat, für den Schaden uneingeschränkt einstehen. Das ist offensichtlich ungerecht. Das BAG ging deshalb seit 1957 von dem Grundsatz aus, dass ein Arbeitnehmer für einen Schaden, den er bei der Verrichtung *gefahrgeneigter Arbeit* fahrlässig verursacht, seinem Arbeitgeber nur eingeschränkt haftet.[177] Seit 1994 hat das BAG die Beschränkung auf gefahrgeneigte Arbeit fallen lassen[178] und dafür auch die erforderliche Zustimmung des BGH erhalten.[179] Deshalb gilt jetzt für alle Arbeiten, die durch den Betrieb veranlasst sind, auch wenn sie nicht gefahrgeneigt sind, Folgendes:

964 ■ *Leichteste Fahrlässigkeit:* Ein Arbeitnehmer haftet nicht für einen Schaden, der auf „leichtester Fahrlässigkeit" beruht.[180] Den Begriff der leichtesten Fahrlässigkeit gibt es nur im Arbeitsrecht (Rn 412).

965 ■ *Einfache Fahrlässigkeit:* Bei einfacher (leichter, normaler) Fahrlässigkeit ist der Schaden zwischen dem Arbeitgeber und dem Arbeitnehmer nach dem Rechtsgedanken des § 254 zu teilen.[181] Dabei wird dem Arbeitgeber die Gefährlichkeit der Arbeit (das „Betriebsrisiko") und seine Verantwortung für die Organisation wie ein Verschulden zugerechnet und gegen das Verschulden des Arbeitnehmers abgewogen. Seit der Schuldrechtsreform kann die Haftungsbeschränkung auf § 276 Abs. 1 S. 1 gestützt werden („aus dem sonstigen Inhalt des Schuldverhältnisses"), ein Umweg über § 254 ist nicht mehr nötig.[182] Wenn der Arbeitgeber im Einzelfall durch tatsächliches Verschulden den Schadenseintritt begünstigt hat, wird dies bei der Aufteilung zusätzlich berücksichtigt.[183]

966 ■ *Grobe Fahrlässigkeit:* Bei grober Fahrlässigkeit (Rn 400) hat der Arbeitnehmer idR den gesamten Schaden allein zu tragen.[184] *Beispiel:* Ein Auslieferungsfahrer wurde in der Innenstadt von Köln über Mobilfunk von einem Kollegen angerufen. Um dessen Frage beantworten zu können, blätterte er beim Weiterfahren in Unterlagen, die auf dem Beifahrersitz lagen. Dadurch fuhr er bei Rot über eine Kreuzung und kollidierte mit dem Querverkehr. Er musste den vollen Schaden allein tragen.[185] Dass sich das BAG nicht immer an diese Grundsätze hält, ist Fall 19 (Rn 383) zu entnehmen.

967 Die von § 280 Abs. 1 S. 2 indirekt aufgestellte Vermutung, dass der Schuldner schuldhaft gehandelt hat, gilt nicht zugunsten eines Arbeitgebers gegenüber seinem Arbeitnehmer. Denn § 619a weist die Beweislast „abweichend von § 280 Abs. 1" dem Arbeitgeber zu.

---

177 Großer Senat des BAG BAGE 5, 1.
178 Großer Senat des BAG BAGE 78, 56.
179 NJW 1994, 856; 1996, 1532.
180 Großer Senat des BAG BAGE 78, 56.
181 Großer Senat des BAG BAGE 78, 56.
182 Palandt/Grüneberg § 276 Rn 44.
183 BAG NJW 1995, 3204.
184 BAGE 78, 56.
185 BAG NZV 1999, 164.

Die Beschränkung der Arbeitnehmerhaftung gilt nur im Innenverhältnis zwischen Arbeitnehmer und Arbeitgeber. Wenn ein Dritter den Arbeitnehmer persönlich in Anspruch nimmt (meist nach § 823), kann sich dieser nicht auf die Beschränkung seiner Haftung berufen.[186]

VI. Mitverschulden von Hilfspersonen

1. Grundsatz

968 Manchmal ist nicht der Geschädigte selbst an der Entstehung oder Ausweitung des Schadens beteiligt, sondern einer seiner Leute. Dann muss er sich dessen Verhalten im Prinzip zurechnen lassen. Die „Leute" des Geschädigten können entweder Erfüllungsgehilfen (§ 278) oder Verrichtungsgehilfen (§ 831) sein. Erfüllungsgehilfen des Geschädigten sind die „Personen, deren er sich zur Erfüllung seiner Verbindlichkeit" gegenüber dem Schädiger „bedient" (§ 278 S. 1; Rn 431). Von einem Erfüllungsgehilfen kann man nur sprechen, wenn bereits ein Schuldverhältnis zwischen dem Geschädigten und dem Schädiger vorliegt. Deshalb ist im Folgenden zu differenzieren:

2. Schädigung im Rahmen eines bestehenden Schuldverhältnisses

969 Wenn schon *vor* dem schädigenden Ereignis zwischen dem Geschädigten und dem Schädiger ein Schuldverhältnis (oder eine ähnliche Beziehung) bestand, kann eine der Personen, deren sich der Geschädigte „zur Erfüllung seiner Verbindlichkeit bedient" hat (§ 278 S. 1), am Schaden beteiligt sein. Der Geschädigte muss sich dann dieses Mitverschulden seines Erfüllungsgehilfen in vollem Umfang als eigenes Verschulden anrechnen lassen (§ 254 Abs. 2 S. 2). *Beispiel:* Das Hochhaus des B erhielt eine neue Fassade aus Tonplatten. Der Unternehmer verlegte die Platten mit unterschiedlicher Fugenbreite. Aber dafür trug der Architekt A als Erfüllungsgehilfe des B[187] eine Mitschuld, die sich B anrechnen lassen musste.[188]

Der Geschäftsherr muss sich sogar dann das Verhalten seines Erfüllungsgehilfen als Mitverschulden zurechnen lassen, wenn dieser in erster Linie ihn selbst schädigen wollte.[189] *Beispiel:* Der Leiter der Finanzabteilung einer GmbH veranlasste eine Bank mithilfe eines Tricks dazu, 1,25 Millionen Euro vom Konto der GmbH auf sein eigenes Konto zu buchen. Die von der GmbH auf Schadensersatz in Anspruch genommene Bank kann sich darauf berufen, dass sich die GmbH das Verschulden ihres Angestellten nach § 254 Abs. 2 S. 2 zurechnen lassen muss.[190]

970 *§ 254 Abs. 2 S. 2 zu lesen als Abs. 3:* Formal betrachtet bezieht sich § 254 Abs. 2 S. 2 nur auf den vorangehenden Satz, also nur auf § 254 Abs. 2 S. 1, nicht auf 254 Abs. 1. Dabei handelt es sich aber um ein Redaktionsversehen der BGB-Verfasser (das bis heute nicht korrigiert wurde). Der Satz: „Die Vorschrift des § 278 findet entsprechende Anwendung" muss als dritter Absatz gelesen werden, weil er sich dann auch auf Abs. 1 bezieht.[191] Denn es wäre willkürlich, das Verschulden eines Erfüllungsgehilfen

186 BGH NJW 1995, 1150.
187 BGHZ 179, 55 Rn 33 ff.
188 BGH NJW 2014, 3645 Rn 24.
189 BGH NJW 1991, 3208.
190 BGH NJW 1991, 3208.
191 Allgemeine Meinung seit RGZ 62, 107; PWW/Medicus Rn 26.

zB bei der *Minderung* des Schadens (§ 254 Abs. 2 S. 1) zu berücksichtigen, nicht aber sein Verschulden bei der *Entstehung* des Schadens (§ 254 Abs. 1).

3. Nichtbestehen eines Schuldverhältnisses

971 Im Augenblick der Schädigung besteht oft noch kein Schuldverhältnis zwischen dem Schädiger und dem Geschädigten. *Beispiel:* Pkw-Fahrer S trug die Hauptschuld an einem Verkehrsunfall, der Lkw-Fahrer F des Kaufmanns K einen geringeren Teil der Schuld. Im Augenblick des Unfalls bestand zwischen S und K noch kein Schuldverhältnis. Trotzdem muss sich K das Verschulden seines Fahrers F zurechnen lassen. Denn er haftet für ihn als seinen Verrichtungsgehilfen nach § 831 (Rn 449). § 254 Abs. 2 S. 2 verweist aber nur auf § 278, der ein bereits bestehendes Schuldverhältnis voraussetzt. Das ist offensichtlich zu eng. § 254 Abs. 2 S. 2 ist deshalb so zu lesen: *„Abs. 3: Die Vorschriften der §§ 278 und 831 finden entsprechende Anwendung.“*[192]

Wenn – wie im Beispielsfall – vor dem schädigenden Verhalten noch kein Schuldverhältnis zwischen den Parteien bestand, sind zwei Phasen zu unterscheiden:

972
- *Haftungsbegründender Vorgang:* Während des haftungsbegründenden Vorgangs (des Verkehrsunfalls) muss sich der (durch die Beschädigung seines Lkw) geschädigte K ein Verhalten seiner Hilfsperson (seines Fahrers F) nur nach § 831 zurechnen lassen. Eine Mindermeinung will auch in diesen Fällen die §§ 254 Abs. 2 S. 2, 278 anwenden. Der BGH und die hM folgen aber zu Recht der engen Auslegung, verlangen also auch im Rahmen des § 254 für die Anwendung des § 278 das Bestehen eines Schuldverhältnisses oder jedenfalls einer ähnlichen „Sonderverbindung“.[193]

973
- *Zeit danach:* Für die Zeit danach besteht ein Schuldverhältnis zwischen Schädiger und Geschädigtem, im Beispiel aufgrund von § 823 sowie von § 7 StVG. Die für den Geschädigten handelnden Personen können deshalb dessen Erfüllungsgehilfen sein (§ 278). Versäumen sie es, den Schaden abzuwehren oder zu mindern, wird dies dem Geschädigten zugerechnet (§ 254 Abs. 2 S. 2).

§ 39 Schadensersatz wegen Verletzung einer Vertragspflicht

974 **Fall 39: Wärmedämmung für ein Holzhaus** §§ 252, 284

Wolfram Ohlers Haus wurde in Holzrahmenbauweise errichtet. Er wollte die Außenwände mit Dämmplatten verkleiden und neu verputzen lassen. Die Dämmplatten besorgte er selbst, während er die Arbeiten von der AIW-GmbH ausführen ließ. Ohler zahlte den vereinbarten Werklohn von 10 739 Euro. Aber die GmbH führte die Arbeiten so mangelhaft aus, dass die Fassadenverkleidung abgerissen und neu ausgeführt werden muss. Dafür hat der Gutachter Kosten in Höhe von 44 672 Euro veranschlagt. Diese setzen sich wie folgt zusammen:

192 Ganz hM, zB Brox/Walker § 31 Rn 46.
193 BGH NJW 1992, 1095; Hager NJW 1989, 1640; abwägend Medicus/Lorenz Rn 723.

17 017 Euro für die Entfernung der verlegten Dämmplatten und deren Entsorgung

09 520 Euro für neue Fassadenplatten

05 831 Euro für die Montage der neuen Fassadenplatten und

12 304 Euro für einen neuen Außenputz.

a) Wie ist der Schaden zu berechnen, wenn Ohler das positive Interesse verlangen kann?

b) Welchen Umfang hätte das negative Interesse? (Nach BGH NJW 2012, 3510)

a) Positives Interesse 975

Wenn Ohler das positive Interesse verlangen kann, kann er verlangen, finanziell so gestellt zu werden, wie er bei ordnungsgemäßer Durchführung des Vertrags gestanden hätte. Er hätte dann ein mit Dämmplatten verkleidetes und ordnungsgemäß verputztes Haus.

Um diesen vertraglich geschuldeten Zustand jetzt noch herzustellen, müsste die GmbH (a) die verlegten Dämmplatten entfernen und entsorgen, (b) neue Fassadenplatten kaufen, (c) die neuen Dämmplatten anbringen und (d) die Fassade verputzen. Wenn es um die Berechnung von Schadensersatz geht, sind diese Positionen allerdings nicht real auszuführen, sondern nur monetär (virtuell), nämlich durch entsprechende Zahlungen. Wenn man die unter a) bis d) aufgeführten Tätigkeiten mit den Geldbeträgen vergleicht, die der Gutachter ermittelt hat und die am Schluss des Sachverhalts aufgeführt sind, stellt man fest, dass sie übereinstimmen. Im vorliegenden Fall beläuft sich deshalb das positive Interesse auf 44 672 Euro.

Den gezahlten Werklohn von 10 739 Euro muss die GmbH *nicht* erstatten. Denn durch die Zahlung des positiven Interesses stellt sie Ohler finanziell so, als sei das von ihr geschuldete Ziel erreicht. Sie hat deshalb ihrerseits Anspruch auf den Werklohn.

b) Negatives Interesse

Beim *negativen* Interesse ist der Blick in die Vergangenheit gerichtet. Gefragt wird: „Wie war der Vermögensstand des Geschädigten vor dem Eintritt des schädigenden Ereignisses?“ Wenn Ohler das negative Interesse verlangen kann, kann er verlangen, so gestellt zu werden, wie er *vor* dem schädigenden Ereignis gestanden hat. Anders gesagt: Das negative Interesse stellt durch eine Zahlung (nicht real) den *früheren* Zustand wieder her und schafft nicht (wie das positive Interesse) einen angestrebter *späterer* Zustand.

Ohler verfügte vor dem Vertragsschluss noch über den von ihm später gezahlten Werklohn von 10 739,35 Euro. Er hat deshalb in erster Linie Anspruch auf Rückzahlung dieses Betrags (während er diesen Anspruch beim positiven Interesse nicht hat). Die Rückzahlung allein stellt ihn aber noch nicht finanziell so, wie er vor dem Vertragsschluss gestanden hat. Es sind auch noch die fehlerhaft angebrachten Dämmplatten zu entfernen und zu entsorgen. Außerdem müssen die Dämmplatten neu angeschafft werden, die Ohler der GmbH zur Verfügung gestellt hatte. Deshalb umfasst das negative Interesse auch die Lieferung neuer Platten. Erst danach ist der Zustand hergestellt, der vor dem Vertragsschluss (oder vor dem Beginn der Arbeiten) bestand: Ein gut gefülltes Bankkonto, ein Vorrat an Platten und ein Haus ohne Dämmung.

Auch im Rahmen des negativen Interesses ist der geschuldete Zustand *nicht real* herzustellen, sondern monetär, also durch Zahlung der entsprechenden Beträge. Im vorliegenden Fall umfasst das negative Interesse folgende Positionen:

10 739 Euro als Rückzahlung des Werklohns

17 017 Euro für die Entfernung der verlegten Dämmplatten und deren Entsorgung

09 520 Euro für die Anschaffung neuer Fassadenplatten.

Insgesamt beläuft sich das negative Interesse auf 37 276 Euro.

Wenn man diese Positionen mit denen vergleicht, die das positive Interesse von 44 672 Euro ausmachen, ergeben sich einige Übereinstimmungen, aber auch gravierende Unterschiede. Zunächst fällt auf, dass im negativen Interesse zwei Posten fehlen, die im positiven Interesse enthalten sind, nämlich

05 831 Euro für die Montage der neuen Fassadenplatten und

12 304 Euro für einen neuen Außenputz.

Diese beiden Positionen fehlen, weil die Montage der neuen Fassadenplatten und das erneute Verputzen nicht der Wiederherstellung des *früheren* Zustands dienen würden, sondern nur für das Erreichen des künftigen (vertraglich geschuldeten) Zustands nötig sind.

Bei einem Vergleich fällt besonders auf, dass zum negativen Interesse die Rückzahlung des Werklohns gehört, zum positiven Interesse nicht. Aber das ergibt sich logisch aus den beiden unterschiedlichen Sichtweisen, die bei der Ermittlung des Schadens jeweils einzunehmen sind.

Das Größenverhältnis der beiden Schadensbeträge lässt keinen allgemeinen Schluss zu. Aber es ist durchaus typisch, dass das negative Interesse kleiner ist als das positive.

Nachbemerkung 1: Die Ausführungen könnten den Schluss nahe legen, dass Ohler wahlweise das positive oder das negative Interesse verlangen konnte. Das wäre aber ein Missverständnis. Das Gesetz legt im Einzelfall fest, ob der eine oder der andere Schadensersatz verlangt werden kann. Ein Wahlrecht besteht nie.

Nachbemerkung 2: Der BGH hat beide Arten der Schadensberechnung wie in einem Lehrbuch diskutiert und musste das auch tun. Denn Ohlers Anwalt hatte – vermutlich ohne das zu bemerken – das *positive* Interesse eingeklagt. Der BGH hat Ohler aber (nur) das negative Interesse zugebilligt.

Lerneinheit 39

976 **Literatur:** *Weiss*, Das Verhältnis von Rücktritt und Schadensersatz statt der Leistung – Autonomie statt künstlicher Parallelität, NJW 2015, 3393; *Nietsch*, Schadensersatz beim Deckungskauf trotz Erfüllung, NJW 2014, 2385; *Benicke/Hellwig*, Das System der Schadensersatzhaftung wegen Leistungspflichtverletzung, NJW 2014, 1697; *Chr. Hirsch*, Schadensersatz statt oder neben der Leistung – Aktuelle Fragen der Abgrenzung, JuS 2014, 97; *Harz/Dahmen/Bornmann*, Der entgangene Gewinn, ZInsO 2012, 1821; *Staudenmayer*, Steuervorteile und Steuernachforderungen als Schadensersatzpositionen, VuR 2011, 43; *Derleder*, Beschaffungsrisiko, Lieferungsengpass und Leistungsfrist – Vom Smartphone zum Solarmodul, NJW 2011, 113; *Bredemeyer*, Zur Abgrenzung der Schadensarten bei § 280 BGB, ZGS 2010, 71; *Ulrich Huber*, Schadensersatz statt der Leistung, AcP 210 (2010), 319; *Ostendorf*, Die Abgrenzung zwischen Schadensersatz statt und neben der Leistung – Versuch einer Neubetrachtung, NJW 2010, 2833.

I. Einführung

977 Zu Beginn dieses Kapitels ging es vorrangig um Schäden, die an Menschen, Sachen und Tieren entstanden sind. In diesem Bereich war die Lösung recht einfach zu finden:

Der Schädiger muss den Zustand herstellen, der ohne das schädigende Ereignis bestehen würde.

Jetzt geht es um Schäden, die sich aus der Nichterfüllung oder Schlechterfüllung *vertraglicher Pflichten* ergeben. Hier hat das BGB zwei schon in ihrem Ansatz ganz unterschiedliche Arten der Schadensberechnung vorgesehen, nämlich den Ersatz des negativen Interesses und den Ersatz des positiven Interesses. Dieser Gegensatz soll zunächst im Vordergrund stehen. Dabei geht es wieder nicht darum, *ob* ein Schaden entstanden ist, sondern nach welchen Vorschriften er ersetzt werden muss.

II. Negatives Interesse

978 Das Gesetz gewährt dem Geschädigten manchmal nur den Ersatz des negativen Interesses (des Vertrauensschadens), so insbesondere in den §§ 122 Abs. 1, 179 Abs. 2 und 1298.[194]

Definition: Wer das negative Interesse verlangen kann, kann verlangen, so gestellt werden, wie er stehen würde, wenn er die Unwirksamkeit des fraglichen Rechtsgeschäfts von Anfang an erkannt hätte. Er hätte in diesem Fall nicht auf die Wirksamkeit des Rechtsgeschäfts vertraut und folglich im Hinblick auf das Rechtsgeschäft keine für ihn nachteiligen Vermögensdispositionen getroffen. Das negative Interesse ist also der Schaden, den der Geschädigte durch sein Vertrauen auf die Gültigkeit der fraglichen Erklärung erlitten hat. Es wird deshalb auch *Vertrauensschaden* genannt.

979 *Blick zurück:* Das negative Interesse umfasst den Schaden, der im Vergleich zu einem *früheren Zeitpunkt* eingetreten ist. Bei der Ermittlung des negativen Interesses ist also der Blick in die Vergangenheit gerichtet und die Frage lautet: Welcher Schaden muss ersetzt werden, um die *frühere* Vermögenslage des Geschädigten wiederherzustellen? Als Schlagwort kann man sich zum negativen Interesse die „Kostenerstattung" merken.[195] Denn ein entgangener Gewinn (§ 252) wird nur im Rahmen des positiven Interesses ersetzt.

III. Positives Interesse = Erfüllungsinteresse

1. Einführung

980 *Definition:* Das positive Interesse (Erfüllungsinteresse) ist die Differenz zwischen der Vermögenslage, in der sich der Geschädigte (der Gläubiger) tatsächlich befindet, und der günstigeren Vermögenslage, in der er sich befinden würde, wenn sein Vertragspartner (der Schuldner) seine Vertragspflichten ordnungsgemäß erfüllt hätte.[196] Anders gesagt: Wenn der Schuldner das positive Interesse zu ersetzen hat, muss er den Gläubiger so stellen, wie dieser stehen würde, wenn er (der Schuldner) seine vertragliche Pflicht erfüllt hätte.[197] Der Schuldner hat also durch eine Geldzahlung die Vermögenslage herzustellen, in der sich der Gläubiger bei vertragstreuer Erfüllung befinden würde.

Nur unter Vertragspartnern: Wie sich aus der Definition ergibt, setzt ein Anspruch auf Ersatz des positiven Interesses (des Erfüllungsinteresses) voraus, dass der Gläubiger des Schadensersatzanspruchs mit dem Schuldner einen Vertrag geschlossen hatte, der den

194 BGB-AT Rn 568 ff.
195 Allerdings gewährt § 284 die Kostenerstattung auch (Rn 591, 1001 ff).
196 Fast wörtlich so BGH NJW 2012, 3510 Rn 14; NJW 2012, 601 Rn 9.
197 Palandt/Grüneberg Vor § 249 Rn 16.

Schuldner zu einer Leistung (zur Erfüllung einer Verbindlichkeit) verpflichtete. Der Schuldner hat die geschuldete Leistung aber entweder gar nicht, zu spät oder nicht ordnungsgemäß erbracht, so dass dem Gläubiger ein Schaden entstanden ist.

981 *Blick nach vorn:* Das positive Interesse (Erfüllungsinteresse) hat die Vermögensvorteile im Blick, die zu einem *späteren Zeitpunkt* entstanden wären. Deshalb ist bei der Ermittlung des positiven Interesses der Blick in die Zukunft gerichtet und die Frage lautet: Welchen Betrag muss der Schuldner zahlen, um beim Geschädigten die (hypothetische) Vermögenslage herzustellen, die sich aus der Vertragserfüllung für ihn ergeben hätte?

Wenn der Schuldner das positive Interesse (Erfüllungsinteresse) ausgleicht, stellt er folglich – zumindest in der Regel – den Geschädigten *besser,* als dieser bei Eintritt des schädigenden Ereignisses stand. Das ist aber gewollt, denn auch durch die korrekte Erfüllung der (unterbliebenen oder unzureichend erbrachten) Leistung wäre der Gläubiger besser gestellt worden.

982 *Schadensersatz „statt" und „neben" der Leistung:* Innerhalb des positiven Interesses unterscheidet das Gesetz zwischen dem „Schadensersatz statt der Leistung" und dem sonstigen Schadensersatz, den das Gesetz nicht benannt hat, der aber treffend „Schadensersatz *neben* der Leistung" genannt wird. Diese beiden Arten des positiven Interesses sollen jetzt näher erläutert werden.

2. Schadensersatz statt der Leistung

a) Anspruchsgrundlagen und Definition

983 *Anspruchsgrundlagen:* § 280 Abs. 3 legt fest, wann der Gläubiger „Schadensersatz statt der Leistung" verlangen kann, nämlich „nur unter den zusätzlichen Voraussetzungen des § 281, des § 282 oder des § 283". Das Wort „zusätzlich" soll deutlich machen, dass für einen Schadensersatzanspruch statt der Leistung in erster Linie die Voraussetzungen des § 280 Abs. 1 gegeben sein müssen. Nach der amtlichen Begründung soll sogar *nur* § 280 Abs. 1 die Anspruchsgrundlage sein, während die drei anderen Paragrafen lediglich als Ausgestaltungen und Ableger dieser Grundnorm angesehen werden.[198] Aus dem Wortlaut der §§ 281 bis 283 lässt sich das aber nicht entnehmen, sie sind vielmehr – trotz ihrer Verweisung auf § 280 Abs. 1 – als eigenständige Anspruchsgrundlagen formuliert.[199] Letztlich ist diese Frage aber akademisch, weil sie Art und Umfang des Anspruchs nicht berührt.

In § 280 Abs. 3 nicht genannt wird § 311a Abs. 2 S. 1, obwohl er (wie sich aus § 311a Abs. 2 S. 1 ergibt) ebenfalls „Schadensersatz *statt* der Leistung" gewährt. Der Grund für die Nichterwähnung ist, dass § 311a nicht auf § 280 Abs. 1 verweist, sondern als eine von § 280 unabhängige Anspruchsgrundlage formuliert wurde.

Es gibt deshalb insgesamt vier Anspruchsgrundlagen für einen Schadensersatz statt der Leistung, nämlich § 280 Abs. 1 mit § 281 Abs. 1, mit § 282 oder mit § 283 und (ohne § 280 Abs. 1) § 311a Abs. 2 S. 1.

198 BT-Drucks. 14/6040, 135.
199 So von Wilmowsky JuS 2002, Heft 1, Beilage, 4: „Klarer kann man eine Anspruchsgrundlage nicht formulieren."

Definition: Der Schadensersatz *statt* der Leistung gleicht die Vermögenseinbuße aus, die beim Gläubiger dadurch entstanden ist, dass der Schuldner die Leistung gar nicht, nur unvollständig oder schlecht erbracht hat. 984

- *Vollständiges Ausbleiben der Schuldnerleistung:* Der Schadensersatz statt der Leistung „beruht auf dem ... endgültigen Ausbleiben der Leistung".[200] Anders gesagt: Der Schadensersatz statt der Leistung tritt in Form einer Geldzahlung vollständig an die Stelle der eigentlich geschuldeten Leistung. Er ist deshalb einer Beinprothese vergleichbar, die an die Stelle eines amputierten Beins tritt. Das Gesetz selbst nennt diesen Schadensersatz deshalb recht anschaulich Schadensersatz „*statt* der Leistung".
- *Teilleistung oder mangelhafte Leistung:* Wenn die Leistung teilweise erbracht wurde oder mangelhaft, tritt der Schadensersatz statt der Leistung in Form einer Zahlung an die Stelle dessen, was der Leistung fehlt. In einem Bild könnte man sagen, dass der Schadensersatz statt der Leistung in diesen Fällen ein Fehlen oder einen Fehler ausgleicht wie Asphalt ein Schlagloch glättet oder ein Inlay ein Loch im Zahn schließt.

b) Warum ist der „Schadensersatz statt der Leistung" eine eigene Kategorie?

Der Schadensersatz statt der Leistung ist im Interesse des *Schuldners* als eigene Kategorie des Schadensersatzes eingeführt worden. Der Gesetzgeber will verhindern, dass der Gläubiger *sofort* nach dem Ausbleiben der Leistung Schadensersatz fordern kann, der an die Stelle der geschuldeten Leistung tritt. Deshalb wird der Gläubiger verpflichtet, wo immer das sinnvoll erscheint, dem Schuldner vor der Geltendmachung eines Schadensersatzes, der an die Stelle der Primärleistung treten soll (Schadensersatz statt der Leistung), eine Frist zur Leistung (oder Nacherfüllung) zu setzen. Denn es ist für den Schuldner in fast allen Fällen sehr viel günstiger, die Leistung noch zu erbringen, als für das Ausbleiben der Leistung Schadensersatz zu zahlen. 985

§ 281 Abs. 1 S. 1 verlangt die Fristsetzung mit den Worten „... wenn er dem Schuldner erfolglos eine angemessene Frist zur Leistung oder Nacherfüllung bestimmt hat". § 281 will dem Schuldner dadurch Gelegenheit geben, die ihm anderenfalls drohende Schadensersatzpflicht durch eine nachträgliche Vertragserfüllung zu vermeiden. Anders gesagt: Der Schuldner soll, bevor er Schadensersatz statt der Leistung zahlen muss, eine zweite Chance zur (korrekten) Leistung erhalten, indem der Gläubiger ihm dazu eine Frist setzt. Nur ausnahmsweise entfällt die Fristsetzung, zB nach § 281 Abs. 2 oder wenn feststeht, dass der Schuldner die Leistung nicht mehr erbringen kann (§ 283).

c) Umfang des Ersatzes

Der *Schadensersatz statt der Leistung* (Definition Rn 984) wird in Geld geleistet. *Beispiel:* Im Fall 38, Rn 941, konnte das Land Niedersachsen seine Pflicht, die Miniatur zurückzugeben, nicht mehr erfüllen und musste Schadensersatz leisten. Die Höhe des Ersatzes entsprach dem Wert der Miniatur, trat also an ihre Stelle (allerdings fand eine Schadensteilung nach § 254 statt). 986

200 BGH NJW 2010, 2426 Rn 13 im Anschluss an Faust JZ 2008, 471 (472) und Staudinger/Otto § 280 Rn E 34.

Der „Schadensersatz statt der Leistung“ umfasst nur solche Schäden, die durch eine neue, diesmal korrekte Leistung gänzlich beseitigt werden können (oder hätten beseitigt werden können). *Beispiel 1:* Siehe das Beispiel Rn 579. *Beispiel 2:* Die Eheleute E haben von V ein Einfamilienhaus gekauft, mussten aber feststellen, dass der Keller feucht war, weil das Fundament nicht ausreichend gegen drückendes Wasser isoliert wurde. Die Eheleute verlangten von V die Kosten der Mängelbeseitigung. Sie machten damit einen Schadensersatz *statt* der Leistung geltend (§ 281 Abs. 1 S. 1 mit § 280 Abs. 1, Abs. 3). Denn sie verlangten den Geldbetrag, der die tatsächlich erbrachte (mangelhafte) Leistung bis zum Wert der geschuldeten (mangelfreien) Leistung auffüllt.[201]

d) Terminologisches

987 Die amtliche Bezeichnung „Schadensersatz statt der Leistung“ macht deutlich, dass hier ein *Schadensersatz* an die Stelle der Leistung tritt. Leider wird aber gelegentlich von einem „Schaden statt der Leistung“ gesprochen[202] oder davon, dass „Schadensposten … einen funktionalen Ersatz der Primärleistung darstellen“.[203] An die Stelle der Leistung kann jedoch nur ein Schaden*ersatz* treten, natürlich nicht der Schaden selbst.[204]

3. Schadensersatz „neben“ der Leistung

a) Anspruchsgrundlage und Definition

988 Den Gegensatz zum Schadensersatz *statt* der Leistung (§ 280 Abs. 3) bildet ein Schadensersatz, der vom BGB keine eigene Bezeichnung erhalten hat. Es ist der Schadensersatz, der in § 280 Abs. 1 geregelt ist, aber *nicht* in § 280 Abs. 3 als „Schadensersatz *statt* der Leistung“ besonderen Voraussetzungen unterworfen wird. In den Materialien zur Schuldrechtsreform wird er sehr blass als der „einfache“ Schadensersatz bezeichnet.[205] Die bessere Bezeichnung ist Schadensersatz *neben* der Leistung. Denn dieser Schadensersatz ist dadurch charakterisiert, dass er nicht an die Stelle der Primärleistung tritt („statt der Leistung“), sondern *neben* sie. Der Schuldner schuldet diesen Schadensersatz also *zusätzlich* zur Erfüllung der Primärleistung.

989 *Definition:* Der Schadensersatz *neben* der Leistung erfasst die Schäden, die auch dann bestehen bleiben, wenn der Schuldner seine Leistung doch noch erbringt (oder im Irrealis: „… dann bestehen geblieben wären, wenn der Schuldner seine Leistung doch noch erbracht hätte“). Solche Schäden würden also nicht durch eine nachträgliche ordnungsgemäße Leistung oder Nacherfüllung ausgeglichen. Die Anspruchsgrundlage für diesen Schadensersatz ist allein § 280 Abs. 1. Die in § 280 Abs. 3 genannten Vorschriften sind nicht einschlägig. Da nur sie vom Gläubiger eine Fristsetzung verlangen, entfällt die Fristsetzung. Der Gläubiger kann deshalb seinen Schaden geltend machen, *ohne* dem Schuldner vorher eine Frist zur Leistung gesetzt zu haben. Das ist auch logisch, denn eine solche Leistung würde den Schaden definitionsgemäß nicht mehr beseitigen.

201 LG Bonn NJW 2004, 74; dazu Lorenz NJW 2004, 26.
202 BGHZ 197, 357 Rn 25, 27.
203 Benicke/Hellwig NJW 2014, 1697 (1701).
204 Chr. Hirsch JuS 2014, 97 (100).
205 BT-Drucks. 14/6040, 135.

b) Arten

990 *Verzugsschaden:* Der wichtigste Schaden, der *neben* den Anspruch auf die Leistung tritt (also auch nach erbrachter Leistung bestehen bleibt), ist der *Verzugsschaden* nach § 280 Abs. 1, 2 mit § 286. Denn er kann durch die doch noch erfolgte Leistung nicht mehr beseitigt werden. Er muss deshalb auch dann ersetzt werden, wenn die Leistung schließlich doch vollständig und richtig erbracht worden ist (Rn 561 f, 600). Dass es sich bei ihm *nicht* um einen Schadensersatz *statt* der Leistung handeln kann, ergibt sich bereits daraus, dass er in § 280 Abs. 2 genannt ist und nicht in Abs. 3 (wo alle Anspruchsgrundlagen für Schadensersatzansprüche *statt* der Leistung aufgeführt sind mit Ausnahme von § 311a Abs. 2 S. 1).

991 *Sonstige Schäden, die nicht mehr beseitigt werden können:* Der Schadensersatz neben der Leistung erfasst auch andere Schäden, die bereits endgültig eingetreten sind. *Beispiel 1:* Bauherr B beauftragte den Statiker S, die Tragwerksplanung für ein neues Geschäftshaus zu erstellen. Erst als das Gebäude errichtet war, wurde erkennbar, dass die Planung mangelhaft war und damit auch das Gebäude. B macht einen Geldbetrag als Schadensersatz geltend. Zu fragen ist, ob der Schaden am Gebäude durch eine (gedachte) Nacherfüllung der Planung noch behoben werden könnte. Da diese Frage zu verneinen ist, handelt es sich um Schadensersatz neben der Leistung.[206]. *Beispiel 2:* B ließ sein Privatflugzeug von U reparieren. Beim anschließenden Flug zeigte die Tankanzeige einen vollen Tank an, aber B musste auf einem Acker notlanden, was zu schweren Beschädigungen der Maschine führte. Es stellte sich heraus, dass U die Tankanzeige falsch verkabelt hatte, so dass sie immer einen vollen Tank anzeigte. Der Unfallschaden am Flugzeug lässt sich nicht dadurch ausgleichen, dass U die Tankanzeige nunmehr richtig verkabelt. Es wäre deshalb sinnlos, wenn B dem U dazu eine Frist setzen müsste. Es handelt sich um einen Schadensersatzanspruch, der neben die Leistung tritt, nämlich neben den Anspruch auf ordnungsgemäße Verkabelung.[207] *Beispiel 3:* Architekt A hatte sich gegenüber B verpflichtet, bei der Planung und Überwachung eines Bauvorhabens einen bestimmten Kostenrahmen einzuhalten, überschritt ihn aber wesentlich. Eine (nur theoretisch denkbare) Neuplanung und Neuaufsicht würde den Schaden nicht ausgleichen. B braucht dem A deshalb keine Frist zur Neuplanung zu setzen. Die Mehrkosten sind ein Schaden, dessen Ersatz neben den Anspruch auf die Leistung tritt.[208]

4. Streitfrage Deckungskauf

992 Die oft strittige Frage, ob ein Schadensersatz als Schadensersatz statt oder neben der Leistung einzuordnen ist, hat sich in letzter Zeit besonders am Fall eines *Deckungskaufs* entzündet. *Beispiel:* K, der eine Spedition betreibt, kaufte von V zwei Millionen Liter Biodiesel. Nachdem V etwa ein Drittel der Menge geliefert hatte, teilte er dem K mit, dass seine Lieferantin insolvent sei, und verweigerte nachdrücklich jede weitere Belieferung. K besorgte sich die fehlenden Mengen bei anderen Händlern, wofür er einen Aufpreis von 475 000 Euro zahlen musste. Diese Summe macht er gegenüber V

206 Vom BGH wohl versehentlich als Schadenersatz statt der Leistung bezeichnet (NJW 2013, 2268 Rn 10). Dazu Chr. Hirsch NJW 2014, 97 (99).

207 BGH NJW 1993, 923.

208 Das OLG Hamm hat angenommen, dass es sich um einen Schadensersatz *statt* der Leistung nach § 281 handele und diskutiert deshalb unnötig den Entfall der Fristsetzung (NJW 2012, 1739 [1742]).

geltend.[209] Der BGH hat sich der herrschenden Meinung angeschlossen und den geforderten Betrag als Schadensersatz *statt* der Leistung angesehen. Diese Entscheidung ist im Ergebnis richtig,[210] ist aber kontrovers diskutiert worden.[211]

IV. Berechnung des positiven Interesses

1. Grundsätze

993 Die Höhe des Schadens wird beim positiven Interesse (Rn 980) nach § 249 Abs. 1 berechnet. Danach hat der Schuldner „den Zustand herzustellen, der bestehen würde, wenn der zum Ersatze verpflichtende Umstand nicht eingetreten wäre". Der „zum Ersatze verpflichtende Umstand" ist die Pflichtverletzung nach § 280 Abs. 1 S. 1. Deshalb muss der Schuldner den Vertragspartner so stellen, „wie er bei ordnungsgemäßer Vertragsdurchführung gestanden hätte".[212] Der Schaden liegt also „in der Differenz zwischen der vorhandenen Vermögenslage und derjenigen, die bei ... ordnungsgemäßer Erfüllung eingetreten wäre".[213] Wenn dieser Zustand (wie fast immer) nicht durch Naturalrestitution nach § 249 Abs. 1 herzustellen ist, ist „die Herstellung nicht möglich" (§ 251 Abs. 1). Der Schädiger muss deshalb nach § 251 Abs. 1 „den Gläubiger in Geld entschädigen".

2. Entgangener Gewinn

a) Grundlagen

994 Wer Schadensersatz statt der Leistung verlangen darf, kann auch den ihm entgangenen Gewinn geltend machen (§ 252). Der Begriff „Gewinn" bezieht sich auf Geschäfte, die Gewerbetreibende machen, insbesondere Kaufleute.[214] Gemeint ist deshalb zunächst der Gewinn, den zB ein Händler, ein Schweinemäster[215] oder ein Kreditinstitut[216] zu erzielen pflegen. Der Grundsatz, dass der Geschädigte Anspruch auf Ersatz des entgangenen Gewinns hat, ergibt sich schon aus § 249 Abs. 1. Denn der erzielte Gewinn gehört zu dem „Zustand … der bestehen würde, wenn …" und der vom Schuldner „herzustellen" ist. Deshalb ist § 252 S. 1 auch als leerlaufende Wiederholung oder als reine Anknüpfung an § 249 Abs. 1 zu verstehen. Sehr wichtig ist aber Satz 2, der eine *Beweiserleichterung für den Geschädigten* enthält:[217]

b) Abstrakte Berechnung

995 Der Geschädigte kann den entgangenen Gewinn *abstrakt* berechnen. Das meint § 252 S. 2 mit dem „Gewinn, welcher nach dem gewöhnlichen Lauf der Dinge … mit Wahrscheinlichkeit erwartet werden konnte". Dass ein Gewinn zum „gewöhnlichen Lauf der Dinge" gehört, trifft nur auf Gewerbetreibende zu.[218] Für den, der nur gelegentlich

209 BGHZ 197, 357 (Sachverhalt leicht vereinfacht).
210 Chr. Hirsch JuS 2014, 97.
211 Benicke/Hellwig NJW 2014, 1697; Nietsch NJW 2014, 2385.
212 BGH NJW 2002, 2713; ähnlich BGH NJW 1998, 2901.
213 BGH NJW 2000, 2342.
214 Das HGB hat das Wort „Gewinn" allerdings für die Bilanz und die GuV ersetzt durch die Worte „Jahresüberschuss" und „Bilanzgewinn" (§ 266 Abs. 3 A V, § 268 Abs. 1 S. 2, § 275 Abs. 2 Nr. 20 HGB).
215 BGH NJW 1997, 2943.
216 BGH NJW 1997, 2875.
217 BGH NJW 1991, 3277, NJW-RR 1988, 1060 – allgemeine Meinung.
218 BGHZ 126, 305 (308).

etwas kauft oder verkauft, gibt es keinen für ihn üblichen Gewinn. Er kann seinen entgangenen Gewinn nur konkret berechnen (Rn 997).

996 Wer als Gewerbetreibender einen Vertrag geschlossen hat, „muss lediglich die Umstände dartun und beweisen, aus denen sich mit Wahrscheinlichkeit ergibt, dass er einen solchen Gewinn gemacht hätte".[219] Gäbe es § 252 S. 2 nicht, würde es dem Gläubiger in vielen Fällen schwerfallen, seine Gewinnerwartungen überzeugend nachzuweisen. *Beispiel:* K hatte vom Kfz-Händler V ein Neufahrzeug gekauft, verweigerte aber die Bezahlung und Abnahme. V verlangte nach seinen AGB 15 % des Bruttopreises als Schadensersatz, und der BGH hat das akzeptiert.[220] Im Gebrauchtwagenhandel ist eine Pauschale von 10 % angemessen.[221]

c) Konkrete Berechnung

997 Satz 2 ist so zu lesen: „Als entgangen gilt *mindestens* der Gewinn, der ..." Denn § 252 Satz 2 will dem Geschädigten bei der Beweisführung helfen und will nicht die Höhe des zu ersetzenden Schadens begrenzen. Der Geschädigte kann deshalb auch den Ersatz des (höheren) Gewinns beanspruchen, der *im konkreten Fall* eingetreten wäre. Das meint § 252 S. 2 mit den Worten: „... oder nach den besonderen Umständen, insbesondere nach den getroffenen Anstalten und Vorkehrungen mit Wahrscheinlichkeit erwartet werden konnte". Eine solche Berechnung des entgangenen Gewinns steht auch dem offen, der nicht ständig derartige Geschäfte macht. *Beispiel:* S schuldete G einen größeren Geldbetrag, kam aber mit der Rückzahlung in Verzug. G kann nachweisen, dass er bei pünktlicher Zahlung bestimmte Aktien gekauft hätte. Er muss seinen Verzugsschaden nicht nach § 288 berechnen (Rn 530 ff), sondern kann Ersatz des Gewinns verlangen, den er mit dem konkreten Aktiengeschäft gemacht hätte.[222]

d) Analoge Anwendung auf Unfallrenten

997a Wenn es nicht um Gewinnerwartungen geht, sondern um die hypothetische Einkommensentwicklung von Unfallopfern, wendet die Rechtsprechung § 252 analog an. *Beispiel 1:* Der Gynäkologe X machte bei der Geburt des G einen Behandlungsfehler, so dass G hörbehindert ist. G, der Tischlergeselle wurde, ist der Ansicht, dass er ohne seine Hörbehinderung ein Studium der Informationstechnologie abgeschlossen hätte. Wenn sich das Gericht dieser Annahme anschließt, kann G als „entgangenen Gewinn" die Differenz zwischen seinem Tischlerlohn und dem Gehalt eines Informatikers verlangen.[223] *Beispiel 2:* Beim Verladen trat ein Turnierpferd Frau F in den Unterleib, so dass sie dauerhaft arbeitsunfähig ist. Bei dem Unfall war Frau F fast 39 Jahre alt, hatte erst zwei Jahre vorher ihr Germanistikstudium abgeschlossen und verfolgte keine konkreten Promotionspläne. Sie ist der Meinung, dass sie ohne die Unfallfolgen im Alter von 45 Jahren eine Promotion abgeschlossen hätte und will auf dieser Basis ihre Rente errechnet wissen.[224] Die Gerichte müssen in solchen Fällen die (fast unmögliche) Prognose wagen, wie sich die Einkommensverhältnisse ohne das Schadensereignis über die

219 BGH NJW 2002, 2556.
220 NJW 2012, 323 Rn 2. Dabei hat der BGH auch § 309 Nr. 5 Buchst. a berücksichtigt.
221 BGHZ 185, 178.
222 BGH NJW 2002, 2553; ähnlich BGH NJW 2002, 2556.
223 BGH NJW 2011, 1148.
224 BGH NJW 2011, 1146.

Jahre entwickelt haben könnten. Sie wenden dazu § 252 an, ohne allerdings darauf hinzuweisen, dass es sich um eine Analogie handelt.[225]

3. Besonderheiten des gegenseitigen Vertrags

998 *„Schuldner" und „Gläubiger":* Bei einem gegenseitigen Vertrag hat meist nur einer der beiden Vertragspartner „eine Pflicht aus dem Schuldverhältnis ... verletzt" (§ 280 Abs. 1 S. 1). Der Schuldner dieser Leistung wird bekanntlich vom Gesetz schlicht „Schuldner" genannt (Rn 713), obwohl sein Vertragspartner ja ebenfalls Schuldner ist (Rn 16).

999 *Differenzmethode:* Wenn die Leistung des Schuldners entfällt, bleibt die Gegenleistung – die Leistung des Gläubigers – im Prinzip erfüllbar. Der Gläubiger kann dann seine eigene (noch mögliche) Leistung ebenfalls unterlassen, so dass beide Leistungen *nicht* erbracht werden. Der Gläubiger kann aber auch, wenn der Wert der Schuldnerleistung höher war als der Wert seiner eigenen Leistung, als Schadensersatz die Wertdifferenz verlangen. Da der Schaden in der *Differenz* zwischen dem Wert der endgültig nicht erbrachten Schuldnerleistung und der (möglichen, aber unterlassenen) Gegenleistung des Gläubigers besteht, spricht man von der *„Differenzmethode"*. *Beispiel:* Im Beispiel Rn 996, war der Wert der Schuldnerleistung (Kaufpreis) für den Gläubiger (Kfz-Händler V) höher als der Wert seiner eigenen Leistung (Neufahrzeug), weil der Kaufpreis einen Gewinnanteil von 15 % enthielt. Diesen Gewinn konnte V nach der Differenzmethode als Schadensersatz geltend machen.[226] Die Differenzmethode geht davon aus, dass der Schadensersatz nicht nur Ersatz für die unmögliche Leistung ist, sondern für *beide Leistungen.* An ihre Stelle tritt nämlich „ein einseitiges, am Erfüllungsinteresse ausgerichtetes Abrechnungsverhältnis, bei dem die gegenseitigen Ansprüche nur noch unselbstständige Rechnungsposten sind".[227] Dadurch verwandelt sich das Schuldverhältnis in einen einseitigen Anspruch des Gläubigers auf Zahlung eines Geldbetrags (der Differenz).

1000 *Austauschmethode:* Der Gläubiger kann ein Interesse daran haben, seine eigene (ja noch mögliche) Leistung tatsächlich zu erbringen. [228] *Beispiel:* Der Tennistrainer T und der Gärtner G hatten vereinbart, dass T dem G zehn Trainerstunden gegen zehn Stunden Gartengestaltung erteilen sollte. T verlor bei einem Motorradunfall seinen rechten Arm und ist seitdem berufsunfähig. G will trotzdem die Gartenarbeit leisten. Das ist einem Gläubiger gestattet. An die Stelle der Trainerstunden tritt in diesem Fall deren Marktwert in Euro. Da beide Leistungen ausgetauscht werden (die Gartenarbeit wie geschuldet und das Training in Form einer Zahlung in Höhe seines Werts), spricht man von einer Abwicklung nach der *Austauschmethode.* Die Austauschmethode ist sogar die einzig mögliche, wenn der Gläubiger die von ihm geschuldete Leistung bereits erbracht hat.

225 BGH NJW 2011, 1148 Rn 18; NJW 2011, 1146 Rn 17; 1999, 3711; 1997, 941; 1995, 1023 und 2227.
226 BGH NJW 2012, 323 Rn 2. Dabei hat der BGH auch § 309 Nr. 5 Buchstabe a berücksichtigt.
227 BGH NJW 1999, 3625.
228 BGH NJW 1999, 3115.

V. Ersatz vergeblicher Aufwendungen

1. Einführung

1001 Als Alternative zum Schadensersatz statt der Leistung bietet das Gesetz dem Gläubiger auch immer die Möglichkeit, nach § 284 den Ersatz seiner „vergeblichen Aufwendungen" zu verlangen. Denn § 284 beginnt mit den Worten: „Anstelle des Schadensersatzes statt der Leistung ..."

Definition: Vergebliche Aufwendungen sind „freiwillige Vermögensopfer, die der Gläubiger im Vertrauen auf den Erhalt der Leistung erbracht hat, die sich aber wegen der Nichtleistung oder der nicht vertragsgerechten Leistung des Schuldners als nutzlos erweisen".[229]

2. Interessenlage

a) Die Aufwendungen sind höher als das Erfüllungsinteresse

1002 Den Ersatz seiner vergeblichen Aufwendungen zu verlangen, ist dem Gläubiger besonders dann zu empfehlen, wenn diese höher sind als der Vorteil, den er durch die Erfüllung seines Anspruchs erlangt hätte. *Beispiel 1:* Frau K hatte von V ein Einfamilienhaus gekauft, aber V verweigerte zu Unrecht die Übereignung. Es stellte sich heraus, dass der Kaufpreis überhöht war, so dass Frau K durch die Nichterfüllung keinen Schaden erlitten hatte. Aber Frau K hatte eine Maklerin bezahlt, hatte Kosten zur Kaufpreisfinanzierung zu tragen und hatte an eine Spedition eine Entschädigung zu zahlen, weil sie den Umzugsvertrag stornieren musste. Sie hatte Anspruch auf Ersatz ihrer vergeblichen Aufwendungen von rund 17 000 Euro.[230] *Beispiel 2:* Der Saarbrücker Holzhändler V hatte dem elsässischen Händler K Holz geliefert. Da K nicht zahlte, musste V aufgrund seines Eigentumsvorbehalts das Holz zurückholen. Die Anwalts-, Gerichts- und Transportkosten waren viel höher als sein entgangener Gewinn. V machte deshalb nicht Schadensersatz, sondern den Ersatz seiner vergeblichen Aufwendungen geltend.[231]

b) Es liegt ein Nichtvermögensschaden vor

1002a Manchmal kann der Gläubiger überhaupt keinen Schadensersatz verlangen, weil es sich um einen Nichtvermögensschaden (oder immateriellen Schaden) handelt (§ 253). In diesem Fall kann § 284 besonders wertvoll sein (siehe Rn 1023a).

3. Voraussetzungen des Aufwendungsersatzanspruchs nach § 284

a) Schadensersatz statt der Leistung

1003 Der Geschädigte kann nur dann Ersatz vergeblicher Aufwendungen verlangen, wenn er auch Schadensersatz statt der Leistung geltend machen könnte. Denn § 284 beginnt ja mit den Worten: „*Anstelle* des Schadensersatzes statt der Leistung ..." Es muss also zuerst geprüft werden, ob die Voraussetzungen des § 281, alternativ des § 282, des § 283 oder des § 311a vorliegen. Das bedeutet insbesondere, dass der Schuldner sein Verhalten zu vertreten haben muss (§ 280 Abs. 1 S. 2, § 311a Abs. 2 S. 2). Ob ein Scha-

229 BGHZ 163, 381, 387.
230 BGH NJW 2006, 1198 Rn 25.
231 In Anlehnung an BGHZ 153, 293.

densersatzanspruch nach diesen Vorschriften scheitern würde, weil kein ersatzfähiger Schaden vorliegt, ist allerdings für § 284 unerheblich.[232]

b) Wirtschaftlich vernünftige Aufwendungen

1004 Der Gläubiger muss „Aufwendungen ... im Vertrauen auf den Erhalt der Leistung gemacht“ haben (§ 284). Er muss deshalb auf den Erhalt der ihm versprochenen Leistung vertraut haben, und dieses Vertrauen muss die Basis (das Motiv) für die Aufwendungen gewesen sein. *Beispiel:* Zwei Thailänder wollten in München ein thailändisches Restaurant eröffnen und hatten dazu von V mehrere Räume gemietet, die sie für 100 000 Euro ausgestattet hatten. Die Eröffnung des Restaurants scheiterte jedoch, weil die Stadt München wegen fehlender Parkplätze die Konzession nicht erteilte. Die Voraussetzungen des § 281 lagen vor, aber alternativ konnten die Thais von V die Erstattung ihrer Aufwendungen für die Raumgestaltung verlangen (§ 284).[233] Denn sie hatten die Räume im Vertrauen darauf ausgestaltet, sie als Restaurant nutzen zu können.

Es wird ferner vorausgesetzt, dass der Gläubiger diese Aufwendungen auch „billigerweise machen durfte“. Durch diese Einschränkung will das Gesetz sicherstellen, dass der Gläubiger nur solche Aufwendungen ersetzt verlangen kann, die ein wirtschaftlich denkender Mensch in seiner Lage gemacht hätte. Im Beispielsfall lag auch diese Voraussetzung vor, weil die Ausstattung der Räume im Hinblick auf die Nutzung als Thai-Restaurant sinnvoll war.

c) Keine ohnehin verlorenen Aufwendungen

1005 Der Anspruch ist ausgeschlossen, wenn der Zweck der Aufwendungen „auch ohne die Pflichtverletzung des Schuldners nicht erreicht worden“ wäre. Man muss also eine Hypothese darüber aufstellen, ob sich die Aufwendungen rentiert hätten, falls der Vertrag nicht gescheitert wäre. *Beispiel 1:* Im obigen Fall mit dem thailändischen Restaurant (Rn 1004) lag dem Gericht ein Gutachten vor, nach dem ein solches Restaurant an dem fraglichen Standort nicht gewinnbringend betrieben werden kann. Wenn von der Richtigkeit dieses Gutachtens auszugehen sein sollte, wären die 100 000 Euro in jedem Fall eine Fehlinvestition gewesen. Es besteht für den Vermieter kein Anlass, den Thais Investitionen zu erstatten, die sich auch beim Betrieb des Restaurants nicht amortisiert hätten.

4. Rechtsfolge

a) Kostenerstattung

1006 Wenn die genannten Voraussetzungen des § 284 gegeben sind, kann der Gläubiger Ersatz seiner unnütz gewordenen Aufwendungen verlangen.

b) Nicht zusätzlich Schadensersatz statt der Leistung

1007 § 284 schließt es aus, neben dem Ersatz vergeblicher Aufwendungen auch Schadensersatz *statt* der Leistung geltend zu machen („*Anstelle* des Schadensersatzes statt der Leistung ...“). *Beispiel:* Der Anwalt der beiden Thailänder (Rn 1004) verlangte von

232 Lorenz JuS 2008, 6737.
233 BGH NJW 1997, 2813.

deren Vermieter, seine Mandanten so zu stellen, als hätten sie ihr Restaurant erfolgreich betreiben können (Schadensersatz statt der Leistung). Außerdem (!) verlangte er die Erstattung ihrer Aufwendungen für die Raumgestaltung. Das war unzulässig.[234] Denn der Schadensersatz statt der Leistung soll den Geschädigten so stellen, wie er bei ordnungsgemäßer Erfüllung des Vertrags gestanden hätte. Dann hätten die Thais die Ausstattungskosten aber selbst getragen. Sie mussten sich deshalb zwischen beiden Ansprüchen entscheiden.

1008 *Beispiel 1:* Die Ärztin Dr. M hatte in Chemnitz Räume für die Eröffnung einer Praxis gemietet. Dem Mietvertrag entsprechend bezahlte sie die nötigen Umbau- und Renovierungsmaßnahmen selbst. Nach drei Jahren wurde sie vom neuen Vermieter V rücksichtslos aus dem Haus gedrängt. Es steht fest, dass V die dadurch verursachten Kosten als Schadensersatz zu zahlen hat. Auch die neuen Praxisräume musste Frau Dr. M auf eigene Kosten renovieren. Da sich die Aufwendungen für den Umbau der alten Praxisräume als vergeblich erwiesen hatten, verlangte Frau Dr. M von V nach § 284 die Erstattung dieser Kosten. Außerdem verlangte sie im Wege des Schadensersatzes statt der Leistung die Erstattung der Kosten für die Herrichtung der *neuen* Räume. Das war unzulässig. Denn dann hätte sie die Renovierungskosten weder im einen noch im anderen Fall getragen.[235] *Beispiel 2:* K hatte von V für 1,2 Millionen Euro ein Geschäftshaus gekauft, doch brannte das Gebäude vor dem Gefahrübergang ab. K hat den Kaufpreis noch nicht bezahlt. Nach dem vom Landgericht eingeholten Gutachten hatte das Grundstück vor dem Brand einen Verkehrswert von 1,9 Millionen Euro. K verlangte als Schadensersatz die Differenz von 0,7 Millionen Euro und die Erstattung der von ihm aufgebrachten Notarkosten von 29 512,24 Euro. Diese Häufung war unzulässig. Denn die Zahlung der 700 000 Euro hat K so gestellt, als habe V den Vertrag erfüllt (Schadensersatz statt der Leistung). Hätte V den Vertrag tatsächlich erfüllt, hätte K die Notarkosten auch selbst getragen.[236]

c) Aber zusätzlich Schadensersatz „neben der Leistung"

1009 Aus der ausdrücklichen Beschränkung auf den Schadensersatz *statt* der Leistung folgt, dass zusätzlich zum Aufwendungsersatz durchaus Schadensersatz *neben* der Leistung (Rn 989) verlangt werden kann.[237]

§ 40 Nichtvermögensschäden

Fall 40: Verlorener Schlüssel einer Schließanlage §§ 280, 253

1010 *Volker Viessmann ist Eigentümer einer Wohnung, die er ab März 2010 an Winfried Mock vermietet hatte. Einen Tag vor Mietbeginn unterzeichneten beide Parteien ein Übergabeprotokoll, in dem Mock bestätigte, zwei Wohnungsschlüssel erhalten zu haben, die Teil der Schließanlage sind. Als das Mietverhältnis drei Monate später endete, gab Mock nur einen Wohnungsschlüssel zurück und bestritt nachdrücklich, einen zweiten erhalten zu haben. Viessmann meldete das dem Hausverwalter, der die Wohnungseigentümergemeinschaft*

234 BGH NJW 1997, 2813.
235 BGH NJW 2000, 2342.
236 BGHZ 129, 103. Ähnlich BGH NJW 1999, 3625.
237 BGHZ 163, 381 (386 f).

informierte. Anschließend teilte der Verwalter Viessmann mit, dass aus Sicherheitsgründen die Schließanlage ausgetauscht werden müsse, und fügte einen Kostenanschlag über 1 468 Euro bei. Er forderte von Viessmann die Zahlung dieses Betrags und kündigte an, dass nach Zahlungseingang mit dem Austausch begonnen werde. Viessmann hat den Betrag nicht bezahlt, und die Schließanlage wurde nicht ausgetauscht. Viessmann hat seinen Schadensersatzanspruch gegen Mock nach § 398 an die Eigentümergemeinschaft abgetreten.[238] *Diese verklagt nun Mock auf Zahlung der Summe. (Nach BGH NJW 2014, 1653).*

1011 Als Anspruchsgrundlage für den geltend gemachten Schadensersatz kommt § 280 Abs. 1 mit § 546 Abs. 1 in Betracht. Zu den vertraglichen Nebenpflichten des Mieters gehört die Pflicht zur Rückgabe der Mietsache (§ 546 Abs. 1). Zu den vermieteten Sachen einer Wohnung gehören auch die Wohnungsschlüssel.[239] Durch die Nichtrückgabe hat Mock deshalb seine Pflicht aus § 546 Abs. 1 verletzt. Er ist nach § 281 Abs. 1 S. 1, der auf § 280 Abs. 1 verweist, zum Schadensersatz verpflichtet. Viessmann konnte darauf verzichten, Mock eine Nachfrist zu setzen, weil dieser mit der nachdrücklichen Behauptung, er habe keinen zweiten Schlüssel erhalten, die Rückgabe ernsthaft und endgültig verweigert hat (§ 281 Abs. 2 Var. 1). Das für den Schadensersatz nötige Vertretenmüssen (§ 280 Abs. 1 S. 2) ergibt sich daraus, dass Mock zu den Umständen des Verlusts nicht Stellung genommen und damit die Vermutung des § 280 Abs. 1 S. 2 nicht entkräftet hat.[240]

Es gibt also für Viessmann – und nach der Abtretung für die Eigentümergemeinschaft – eine Anspruchsgrundlage gegen Mock. Es fragt sich nur, welcher Schaden der Eigentümergemeinschaft entstanden ist. Wenn ein Mieter die Schlüssel einer Schließanlage nicht zurückgegeben hat, ist nach einer verbreiteten Ansicht die Schließanlage in ihrer Funktion beeinträchtigt und hat damit einen Sachschaden erlitten. Aber dem ist der BGH zu Recht nicht gefolgt, sondern hat mit der Gegenmeinung angenommen, dass der Verlust des Schlüssels keinen Eingriff in die Sachsubstanz der Schließanlage bedeutet. Aber um welchen Schaden geht dann? Der BGH zitiert zustimmend die Ansicht, „allein die Sorge, es könne mit dem verlorenen Schlüssel Missbrauch getrieben werden, sei nicht kommerzialisierbar".[241]

Das ist richtig, aber der BGH hätte noch einen Schritt weitergehen und darlegen sollen, dass es sich um einen *Nichtvermögensschaden nach § 253 Abs.* 1 handelt. Denn die Sicherheit vor Einbrüchen ist ein Rechtsgut, es gehört nur nicht zum Vermögen. Deshalb ist die Beeinträchtigung dieser Sicherheit ein *Nichtvermögensschaden* (Rn 1016). Das wird ganz deutlich, wenn man sich fragt, ob das Vermögen der Eigentümergemeinschaft nach dem Verlust des Schlüssels geringer war als vorher. Das ist nicht der Fall. Zu wissen, dass ein Schlüssel fehlt, ist für die Wohnungseigentümer zwar unangenehm, aber dadurch vermindert sich nicht ihr Vermögen. Deshalb kann die Eigentümergemeinschaft keine Entschädigung in Geld verlangen (§ 253 Abs. 1). Der BGH hat den Schaden nicht als Nichtvermögensschaden bezeichnet und § 253 Abs. 1 nicht erwähnt. Er stand aber offenbar kurz vor dieser Einsicht, denn er schreibt, das „rein abstrakte Gefährdungspotenzial" stelle „keinen erstattungsfähigen Vermögensschaden dar".[242] Also einen Nichtvermögensschaden!

238 Im Originalsachverhalt gibt es die Abtretung nicht. Die Änderung hat aber keinen Einfluss auf die Fragen, um die es hier gehen soll, sondern erleichtert ihr Verständnis.
239 Palandt/Weidenkaff § 535 Rn 16.
240 Der BGH hat den Schadensersatzanspruch in der zugrunde liegenden Entscheidung auf eine Verletzung des § 241 Abs. 2 gestützt (aaO Rn 10). Aber das ist nicht überzeugend.
241 BGH NJW 2014, 1653 Rn 17 unter Hinweis auf LG Wiesbaden NZM 1999, 308.
242 BGH in der zugrunde liegenden Entscheidung Rn 19.

§ 253 Abs. 1 schließt einen Schadensersatzanspruch bei Nichtvermögensschäden nicht aus, sondern beschränkt ihn auf eine *Naturalherstellung* (Rn 1022). Die Eigentümergemeinschaft hätte also die Maßnahmen ergreifen dürfen, die nötig waren, um die Sicherheit der Wohnanlage zu gewährleisten. Der Austausch der Schließanlage wäre dafür eine sinnvolle Maßnahme gewesen und hätte im Wege der Naturalrestitution zur Herstellung des früheren Zustands geführt (§ 249 Abs. 1). Aber der Austausch ist nicht erfolgt, so dass die Klage gegen Mock nach § 253 Abs. 1 abzuweisen war.

Nachbemerkung: Es stellt sich die Frage, ob die Eigentümergemeinschaft nach dem verlorenen Prozess die Schließanlage auf eigene Rechnung erneuern und die Kosten Mock in Rechnung stellen könnte. Damit würde die Eigentümergemeinschaft einen Vermögensschaden geltend machen, also nicht an § 253 Abs. 1 scheitern. Aber aus einem Grund wären die Erfolgsaussichten eines neuen Prozesses fraglich. Denn die Eigentümergemeinschaft könnte nach vier Jahren, in denen es keinen Schlüsselmissbrauch gegeben hat, kaum noch eine Gefährdung geltend machen.

Lerneinheit 40

1012 **Literatur:** *Chr. Huber,* Brennpunkte der Schmerzengeldbemessung, (Schweizer) Jahrbuch zum Straßenverkehrsrecht 2016, 97 (rechtsvergleichend); *Exner,* Der Ausfall des Internetzugangs als Vermögensschaden? JuS 2015, 680; *Weller/Rentsch/Thomale,* Schmerzensgeld nach Flugzeugunglücken, NJW 2015, 1909; *Stern/Hoppenstedt,* Einführung eines Anspruchs auf Angehörigenschmerzensgeld, ZRP 2015, 18; *Zwirlein,* Die Rechtsprechung zur Ersatzfähigkeit des abstrakten Nutzungsausfallschadens, JuS 2013, 487; *Chr. Huber,* Kein Angehörigenschmerzensgeld de lege lata – Deutschland auch künftig der letzte Mohikaner in Europa oder ein Befreiungsschlag aus der Isolation? NZV 2012, 5; *Leube,* Verzugszinsen bei Schmerzensgeldansprüchen nach ärztlichen Behandlungsfehlern, NJW 2012, 3606; *Druckenbrodt,* Die Haftung des Rechtsanwalts für Nichtvermögensschäden – Eine Betrachtung aus versicherungsrechtlicher und vertragsgestalterischer Sicht, VersR 2010, 601; *Martens,* Schadensersatz für entgangene Theaterfreuden? AcP 209 (2009), 445; *Führich,* Entschädigung wegen nutzlos aufgewendeter Urlaubszeit, MDR 2009, 906; *Merrath,* Erstattungsfähigkeit von Schadensermittlungskosten, SVR 2008, 334.

I. Einführung

1013 Unter einem *Schaden* versteht das BGB sowohl einen Vermögens- als auch einen Nichtvermögensschaden. Beide werden aber vom Gesetz sehr unterschiedlich behandelt. Denn Vermögensschäden sind immer voll zu ersetzen, sei es durch Naturalherstellung (§ 249) oder durch Geldersatz (§ 251). Dagegen besteht für Nichtvermögensschäden nach § 253 Abs. 1 eine erhebliche Einschränkung: Der Geschädigte kann, von wenigen Ausnahmen abgesehen, keine Entschädigung *„in Geld"* verlangen, sondern nur, soweit sie überhaupt möglich ist, eine *Naturalherstellung.* Deswegen ist die Abgrenzung der Vermögensschäden von den Nichtvermögensschäden in den letzten Jahrzehnten zu einer Kernfrage des Schadensrechts geworden.

II. Schäden am Vermögen

1014 *Vermögen* ist die Summe der Rechtsgüter einer Person, deren Wert in Geld angegeben werden kann. Den Gegensatz dazu bilden die immateriellen Rechtsgüter (Rn 1016).

1015 *Vermögensschäden* sind Schäden am Vermögen des Geschädigten. Nach der Differenzhypothese liegt ein Vermögensschaden vor, wenn der Wert des Vermögens aufgrund des schädigenden Ereignisses geringer ist, als er es ohne das schädigende Ereignis wäre

(Rn 867). In freier Rechtsfortbildung wird der Begriff des Vermögensschadens heute von der Rechtsprechung etwas weiter gefasst, indem auch der zeitweise Entzug von Nutzungsmöglichkeiten einbezogen wird (Rn 1024 f).

Die Vermögensschäden können meist einer der folgenden drei Gruppen zugeordnet werden:

- Eine zum Vermögen gehörende *Sache* wird beschädigt oder zerstört.
- Eine rechtlich gesicherte, nicht nur formal bestehende Möglichkeit,[243] *das eigene Vermögen zu mehren,* wird beeinträchtigt. Hauptfälle sind der Entgang eines Gewinns und der Verdienstausfall (§ 252).
- Oder der Schaden besteht darin, dass eine *Verbindlichkeit begründet* wird (zB erhöhte Steuerbelastung durch Verschulden des Steuerberaters).

III. Schäden an immateriellen Rechtsgütern (Nichtvermögensschäden)

1. Allgemeines

1016 *Nichtvermögensschäden* sind Schäden an immateriellen Rechtsgütern. *Immaterielle Rechtsgüter* sind Rechtsgüter, deren Wert nicht in Geld angegeben werden kann und die deshalb nicht zum Vermögen gehören. Zu den *immateriellen Rechtsgütern* zählen insbesondere:

1017
- der Körper des Menschen und damit auch seine körperliche Unversehrtheit, seine Gesundheit und sein Wohlbefinden
- die persönliche Freiheit, insbesondere die Freiheit der Ortsbestimmung
- das allgemeine Persönlichkeitsrecht auf Achtung der Menschenwürde und auf freie Entfaltung der Persönlichkeit (Art. 1 und 2 GG)
- der Genuss ungestörten Urlaubs (Rn 1020) und
- das „Affektionsinteresse", also der nur für den Eigentümer bestehende Gefühlswert einer Sache (zB am Teddybär aus Kindertagen).

2. Ausnahmsweise Geld

a) Schmerzensgeld

1018 Nach § 253 Abs. 2 kann eine „Entschädigung in Geld" ausnahmsweise auch für einen Schaden verlangt werden, „der nicht Vermögensschaden ist", also für einen immateriellen Schaden. § 253 Abs. 2 beschränkt diese Regelung aber auf vier Fälle. Ein Mensch, dessen Körper verletzt oder dessen Gesundheit (zB durch giftige Gase) geschädigt wurde oder der Opfer einer Freiheitsentziehung oder eines sexuellen Missbrauchs nach § 825 war, kann nicht nur Ersatz für seine Vermögensschäden verlangen. Er kann auch für das erlittene Leid eine angemessene („billige"[244]) Entschädigung „in Geld" fordern (§ 253 Abs. 2). Diese Entschädigung nennt man *Schmerzensgeld.* Das Schmerzensgeld soll nicht etwa die Kosten einer ärztlichen Versorgung, eines Kuraufenthalts oder einer psychotherapeutischen Behandlung abdecken oder die Anschaffung eines Rollstuhls ermöglichen. Denn diese Schäden sind schon nach § 823 oder § 825 als *materielle* Schä-

243 BGH NJW 1994, 453; 1993, 2799.

244 Das Wort „billig" wird vom Gesetz in der altmodischen Bedeutung von „angemessen" verwendet. Dieser Wortsinn ist noch in dem Wort billigen erkennbar („Das kann ich billigen").

den zu ersetzen. Vielmehr stellt das Schmerzensgeld einen Ausgleich für verlorene Lebensfreude dar. Der Verletzte soll sich damit also einen Wunsch erfüllen können.

Schockschaden: Wenn ein Mensch getötet oder schwer verletzt wurde, kann ein Angehöriger dadurch einen Schock erleiden. Aber Schmerzensgeld gibt es in diesen Fällen nur, wenn der Schockschaden ausnahmsweise zu einer Beeinträchtigung mit Krankheitswert geführt hat.[245] Der BGH unterscheidet danach, ob der Angehörige am Unfall beteiligt war, ihn mitansehen musste oder (nur) die Nachricht erhalten hat.[246]

b) Verletzung des Persönlichkeitsrechts

1019 Nach der Rechtsprechung des BGH genießt auch das (in Art. 1 und 2 GG vorausgesetzte) *Allgemeine Persönlichkeitsrecht* einen besonderen Schutz. Wer dieses Recht schwerwiegend verletzt, muss als Genugtuung Schadensersatz in Geld leisten. Diese Rechtsprechung hat der BGH durch sein berühmtes „Herrenreiter"-Urteil vom 14. Februar 1958 begründet.[247]

c) Nutzlos aufgewendete Urlaubszeit

1020 Die im Jahre 1979 neu in das BGB aufgenommene Regelung des Reiserechts gibt dem Reisenden, wenn die Reise „vereitelt oder erheblich beeinträchtigt" ist, einen Geldanspruch gegen den Reiseveranstalter wegen *„nutzlos aufgewendeter Urlaubszeit"* (§ 651f Abs. 2). Diese Bestimmung will nicht etwa Vermögensnachteile des Reisenden ausgleichen, sondern gewährt ihm eine Entschädigung in Geld für die versäumte Erholung im Urlaub, also für einen Nichtvermögensschaden. Die Vorschrift wird auf den Mietvertrag über ein Ferienhaus entsprechend angewendet.[248]

3. Ansonsten gilt: Keine Entschädigung „in Geld" ...

1021 Außerhalb der drei genannten Bereiche lehnt das Gesetz eine Geldentschädigung bei Nichtvermögensschäden ab (§ 253 Abs. 1). Denn die Verfasser des BGB hielten es zu Recht für anstößig, aus Ärger und seelischem Leid Kapital zu schlagen. *Beispiel 1:* Ein Schüler der 13. Klasse stellte im Kunstunterricht aus einem Bierfass ein „Hausbar" genanntes Kunstwerk her, das in der Schule ausgestellt wurde, aber nicht mehr auffindbar ist. Da die „Hausbar" keinen Marktwert hatte, ist die Schule nicht zur Zahlung von Schadensersatz verpflichtet.[249] *Beispiel 2:* E wurde sein Notebook gestohlen, auf dessen Festplatte er für ihn wichtige persönliche Dateien und Fotos gespeichert hatte. Das Gesetz erkennt nur einen Schaden im Wert eines gebrauchten Notebooks an, nicht den für E viel bedeutenderen Schaden, den er durch den Verlust seiner Daten erlitten hat.

4. ... aber Naturalherstellung

1022 Die tatsächliche Herstellung des schadensfreien Zustands (Naturalherstellung nach § 249 Abs. 1; Rn 870) kann der Verletzte auch bei der Verletzung von Nichtvermö-

245 Grundlegend BGHZ 56, 163 (168), zuletzt BGH NJW 2015, 2246 Rn 9; BGHZ 193, 34 Rn 8. Anders MüKo/Oetker § 249 Rn 148.
246 NJW 2015, 2246 Rn 19 f; BGHZ 172, 263 Rn 13 f.
247 BGHZ 26, 349; BGB-AT Rn 16.
248 BGH NJW 1985, 906; 1980, 1947.
249 OLG Brandenburg NJW 2004, 620.

genswerten verlangen. Denn § 253 Abs. 1 untersagt ja nur eine „Entschädigung *in Geld*". *Beispiel:* Fall 40, Rn 1010.

Heilungskosten: Für den wichtigsten Fall des Nichtvermögensschadens, die *Körperverletzung*, bestimmt § 249 Abs. 2 S. 1 bekanntlich, dass der Gläubiger „statt der Herstellung den dazu erforderlichen Geldbetrag verlangen" kann. Das bedeutet, dass der Verletzte einen Arzt seiner Wahl aufsuchen und die Kosten dem Schädiger in Rechnung stellen kann. Wenn der Gläubiger in diesem Fall Zahlung verlangt, fordert er keine unzulässige „Entschädigung in Geld" (§ 253 Abs. 1). Denn die Aufwendungen, die nötig sind, um einen immateriellen Schaden durch eine Naturalherstellung zu beseitigen, stellen einen *Vermögensschaden* dar. Man kann diesen Schaden höchstens einschränkend einen *mittelbaren* Vermögensschaden nennen, weil er erst durch die Maßnahmen des Geschädigten zum Vermögensschaden geworden ist.

1023 *Affektionsinteresse:* Auch im Fall eines Diebstahls oder einer Sachbeschädigung lassen sich Schäden an einem immateriellen Wert manchmal im Wege der Naturalherstellung ausgleichen. *Beispiel 1:* In dem obigen Fall mit dem gestohlenen Notebook (Rn 1021) könnte E versuchen, von einem Fachmann die Daten rekonstruieren zu lassen. Die dadurch entstandenen Kosten hätte der Dieb zu ersetzen. *Beispiel 2:* X zerriss aus Wut das einzige Foto, das eine alte Dame von ihrem im Kriege gefallenen Bruder besaß. In diesem Fall verbietet es § 253 Abs. 1, der Geschädigten den Ersatz ihres Affektionsinteresses zuzubilligen, also etwa die Zahlung von 5 000 Euro als eine Art Schmerzensgeld. Aber sie kann nach § 249 Abs. 2 S. 1 auf Kosten des Schädigers eine angemessene Wiederherstellung des Fotos in Auftrag geben, zB im Wege der digitalen Bildbearbeitung der vorhandenen Teile.

5. ... oder Aufwendungsersatz

1023a Wenn der Gläubiger keinen Schadensersatz verlangen kann, weil es sich um einen Nichtvermögensschaden (oder immateriellen Schaden) handelt, kann § 284 (Rn 1001) für ihn besonders wertvoll sein. *Beispiel 1:* Die Hausfrau F aus Köln hatte den Kurs „Kreatives Arbeiten mit Ton" gebucht. Als sie in Starnberg ankam, stellte sich heraus, dass sie nur versehentlich eine Zusage erhalten hatte. Die Nichtteilnahme stellte für Frau F einen immateriellen Schaden dar, den sie nicht geltend machen konnte (§ 253; Rn 1021). Aber sie konnte nach § 284 die Erstattung ihrer Fahrtkosten verlangen. *Beispiel 2:* Die rechtsradikale Vereinigung M hatte für einen Vortrag des britischen Historikers und Hitler-Verehrers David Irving die Luise-Albertz-Halle der Stadt Oberhausen gemietet. Nachdem Proteste laut geworden waren, weigerte sich die Stadt, die Halle zur Verfügung zu stellen.[250] Darin lag ein Vertragsbruch, der die Stadt schadensersatzpflichtig machte (§§ 281 Abs. 1 S. 1, 280 Abs. 1). Da die M an der Veranstaltung nichts verdient hätte und deshalb nur ein *immaterielles* (politisches) Interesse an der Durchführung hatte, blieb ihr ein Schadensersatzanspruch in Geld versagt (§ 253). Aber sie hatte in erheblichem Umfang für die Veranstaltung geworben. Das waren Aufwendungen, die sie „im Vertrauen auf den Erhalt der Leistung gemacht" hatte und „billigerweise" machen durfte (§ 284).

250 BGHZ 99, 182. Damals gab es § 284 noch nicht, so dass der BGH anders entschieden hat.

IV. Einzelfälle

1. Nutzungsausfallentschädigung

a) Entzug der Nutzung durch eine unerlaubte Handlung

1024 Am 30. September 1963 hat der BGH zum ersten Mal einem Autofahrer eine *Nutzungsausfallentschädigung* zugesprochen. Dieser Autofahrer hatte durch einen Unfall, den ein anderer verschuldet hatte, für einige Zeit seinen Pkw nicht fahren können, hatte aber keinen Mietwagen genommen. Der BGH hat ihm eine Entschädigung in Geld zugesprochen, eine sogenannte Nutzungsausfallentschädigung (Rn 939).[251] Das war damals fast eine Revolution im Schadensrecht. Der Autofahrer, der zeitweise auf sein Fahrzeug verzichten muss, erleidet nämlich – nach den herkömmlichen Kriterien beurteilt – keinen Vermögensschaden. Denn sein Vermögen ist vor und nach der autolosen Zeit gleich hoch (Differenzhypothese, Rn 867).

Der BGH argumentiert aber folgendermaßen: Heute sind die meisten Lebensgüter „*kommerzialisiert*", dh man kann sie sich für Geld verschaffen und tut das auch. Wer sich zB einen Pkw anschafft, gibt viel Geld aus, um jederzeit fahren zu können. Wenn ihm diese Möglichkeit zeitweise genommen wird, hat er ein für Geld beschaffbares und deshalb auch geldwertes Gut eingebüßt, nämlich das Fahrenkönnen. Folglich ist ihm ein Vermögensschaden entstanden. Wenn die Differenzhypothese diese Fälle des Vermögensschadens nicht zu erfassen vermag, muss sie im Wege der Rechtsfortbildung ergänzt werden. Man kann sich diese Argumentation an folgendem Fall klarmachen: A kaufte sich für 80 Euro eine Konzertkarte, aber B stahl sie ihm und ging selbst ins Konzert. Nachher behauptete er, dem A sei gar kein Vermögensschaden entstanden, weil der Genuss, Musik zu hören, ein immaterielles Gut sei. Natürlich ist die Ausrede des B falsch, weil die Konzertkarte unbestreitbar im Zeitpunkt des Diebstahls einen Vermögenswert von 80 Euro hatte. Wenn aber das Musikhören einen materiellen Wert hat, liegt es nahe, in der Möglichkeit, sein eigenes Auto zu nutzen, ebenfalls einen Vermögenswert zu sehen.

b) Auch bei einer Vertragsverletzung

1024a Zur Zahlung einer Nutzungsausfallentschädigung kann auch verpflichtet sein, wer einem anderen *vertraglich* eine Sache schuldet, sie aber nicht zur Verfügung stellt.[252] *Beispiel:* K lebte mit seiner Frau und seinen drei Kindern beengt in einer 73 m² großen Mietwohnung. Er kaufte von der V-KG eine noch zu sanierende Altbauwohnung mit einer Fläche von 136 m², die nach acht Monaten zu übergeben war. Da sich die Übergabe um zwei Jahre verzögerte, ohne dass sich die V-KG entschuldigen konnte (§ 286 Abs. 4), hatte K Anspruch auf Ersatz seines Verzugsschadens (§§ 280 Abs. 1, Abs. 2, 286 Abs. 1, Abs. 2). Der Verzugsschaden bestand zunächst darin, dass K während der Zeit des Verzugs Miete zahlen musste, die er bei pünktlicher Übergabe nicht gezahlt hätte (Fall 23, Rn 537). Aber es gab noch einen weiteren Schaden: K war wegen seiner fünfköpfigen Familie auf die fast doppelt so große Wohnung angewiesen, musste aber ein Jahr lang auf diesen Komfort verzichten. Der BGH hat ihm deshalb zusätzlich zur Erstattung der Miete auch eine Nutzungsausfallentschädigung von über 10 000 Euro

251 BGHZ 40, 345 (348 ff).
252 BGHZ 196, 101 Rn 9.

zugesprochen.[253] Er hat aber darauf hingewiesen, dass K keine Nutzungsausfallentschädigung erhalten hätte, wenn die alte und die neue Wohnung annähernd gleich groß und komfortabel gewesen wären.[254]

c) Beschränkung auf Sachen des täglichen Bedarfs

1025 Die Gewährung von Nutzungsausfallentschädigung hatte schon bald zu einer nicht mehr kalkulierbaren *Ausweitung der Schadenersatzpflicht* geführt. Im Jahre 1986 hat der Große Zivilsenat des BGH deshalb versucht, die Grenzen enger zu ziehen.[255] Die Entscheidung stellt fest, dass nicht jeder Eingriff in ein kommerzialisiertes Gut einen Vermögensschaden darstellen kann.

- Eine Nutzungsausfallentschädigung ist nur bei Entzug derjenigen Sachen zu gewähren, auf deren *„ständige Verfügbarkeit"* ihr Eigentümer *„typischerweise angewiesen"* ist.[256] Neben dem selbstgenutzten Pkw sind das zB das Fernsehgerät, die Küchenausstattung und ein für Fahrten zur Arbeit benutztes Fahrrad.[257] Typischerweise angewiesen ist man natürlich auch auf die selbstbewohnte Wohnung (Rn 1024).[258] Seit dem 24. Januar 2013 rechnet der BGH außerdem den Internetzugang zu den Gütern, auf deren ständige Verfügbarkeit die Menschen heute angewiesen sind.[259] Die Entschädigung ist in diesen Fällen aber äußerst gering.
- Für den Nutzungsausfall von Luxusgegenständen wie Motorbooten, Wohnwagen, Pelzmänteln, Swimmingpools und Rennwagen gibt es keine Entschädigung.[260]

2. Eigener Zeitaufwand als Schaden

1026 Wenn der Geschädigte zur Schadensermittlung, zur außergerichtlichen Geltendmachung eines Schadens oder sonst zur Wahrung seiner Rechte Zeit aufwenden muss, erleidet er keinen ersatzfähigen Schaden,[261] jedenfalls nicht, solange der Aufwand die „typischerweise zu erbringende Mühewaltung nicht überschreitet".[262] Deshalb kann der Geschädigte in einfach gelagerten Rechtsfällen die Wahrnehmung seiner Rechte auch nicht zulasten des Schädigers einem Rechtsanwalt übertragen.[263] Soweit die eigene Rechtsverfolgung tatsächlich einen ungewöhnlichen Aufwand erfordert, muss er konkret dargelegt werden. Eine undifferenzierte „Auslagenpauschale" kann der Geschädigte nicht geltend machen.[264]

Die Arbeitsleistung gilt aber schadensrechtlich dann als Vermögenswert, „wenn sich für sie ein ‚Marktwert' ermitteln lässt".[265] Auch die Arbeit einer nicht berufstätigen Person kann einen Marktwert und damit einen Vermögenswert haben, [266] insbesonde-

253 BGH NJW 2014, 1374 Rn 13 ff.
254 BGH aaO Rn 17.
255 BGHZ 98, 212.
256 BGH (GSZ) BGHZ 98, 212 (222 ff); BGHZ 196. 101 Rn 9.
257 AG Frankfurt NJW 1993, 137; LG Tübingen NJW 1989, 1613; AG Frankfurt NJW 1990, 1918.
258 BGH NJW 2014, 1374; NJW 1994, 442.
259 BGHZ 196, 101 Rn 16.
260 BGHZ 89, 60 (64); BGHZ 86, 128; BGHZ 63, 393; BGHZ 76, 179; OLG Hamm NJW 1998, 2292.
261 BGH NJW 1995, 446 mwN; BGHZ 111, 168.
262 BGH NJW 1996, 921.
263 BGH NJW 2012, 2194 Rn 9; 1995, 446.
264 BGH NJW 2012, 2267 Rn 9; etwas anderes wird bei der Abwicklung von Verkehrsunfallschäden zugelassen (BGH aaO Rn 11).
265 BGH NJW 1996, 921; Klarstellung gegenüber BGHZ 69, 34.
266 BGH NJW 1996, 921.

re die Haushaltsführung einer Ehefrau und Mutter.[267] Denn diese Arbeit könnte auch von einer Hauswirtschafterin oder einer Erzieherin übernommen werden. Das gleiche gilt von der Pflege eines verletzten Kindes, soweit damit eine professionelle Hilfskraft eingespart wird.[268] Wer ein Kind verletzt hat, muss deshalb dessen Mutter für ihren zusätzlichen Pflegeaufwand Schadensersatz leisten. Dagegen ist der Zeitaufwand von Eltern, die ihr Kind im Krankenhaus besuchen, grundsätzlich nicht zu entschädigen,[269] weil eine liebevolle Zuwendung zum eigenen Kind nicht von bezahlten Kräften übernommen werden kann. *Beispiel:* Das Gebiss von Yannik ist durch Dauernuckeln von süßem Tee geschädigt. Seine Eltern verklagten den Hersteller auf Schadensersatz mit der Begründung, sie hätten für die besondere Betreuung des Kindes viel Zeit aufwenden müssen. Die Klage war in allen drei Instanzen erfolglos.[270]

3. Beschränkung der Dispositionsfreiheit

1027 Der Partner eines gegenseitigen Vertrags kann auch dann einen Schaden erleiden, wenn zwar Leistung und Gegenleistung gleichwertig sind, ihm das Geschäft aber aufgedrängt wurde. *Beispiel:* Der Versicherungsvertreter V veranlasste K dazu, einen Lebensversicherungsvertrag abzuschließen, der ein ausgeglichenes Preis-Leistungs-Verhältnis bot und deshalb für K keinen materiellen Schaden darstellte. Aber er war für K nicht geeignet. Darin lag eine unzulässige Einschränkung seiner Dispositionsfreiheit und damit ein immaterieller Schaden. Zwar konnte K nur Schadensersatz durch Naturalrestitution verlangen (§§ 253 Abs. 1, 249 Abs. 1). Aber zu dieser gehört auch die Rückabwicklung des Vertrags (Rn 852).[271]

4. Das ungewollte Kind als Schaden

1028 Der BGH geht seit 1980 davon aus, dass der Unterhalt für ein Kind einen Vermögensschaden darstellt und dass deshalb die Eltern eines ungewollten Kindes einen Schadensersatzanspruch gegen den Arzt haben können, den sie zu dem ausdrücklichen Zweck aufgesucht hatten, die Geburt eines Kindes zu vermeiden, insbesondere durch eine Sterilisation.[272] Ebenso verhält es sich nach Ansicht des BGH in den Fällen, in denen die Geburt eines behinderten Kindes durch einen ärztlichen Fehler nicht verhindert wurde.[273] Der BGH hat sogar in einem Fall, in dem eine Abtreibung misslungen war und das Kind allen Bemühungen zum Trotz doch noch gesund zur Welt kam, den Eltern Schadensersatz zugesprochen.[274] Diese Rechtsprechung ist in der Literatur überwiegend mit der Begründung kritisiert worden, dass die Geburt eines Kindes nicht als Vermögensschaden angesehen werden dürfe. Dieser Kritik hat sich der *Zweite* Senat des BVerfG 1993 in seinem zweiten Abtreibungsurteil angeschlossen.[275] Er hat ausgeführt, die Verpflichtung der staatlichen Gewalt, jeden Menschen um seiner selbst willen zu achten, verbiete es, ein Kind als Schadensquelle zu begreifen, und hat daraus ge-

---

267 BGHZ 86, 372; BGH NJW 1996, 921.
268 BGHZ 106, 28.
269 BGH aaO.
270 BGH NJW 1999, 2819.
271 BGH NJW 2012, 3647 Rn 63 ff: Der BGH ist auf die Frage, ob ein materieller oder immaterieller Schaden vorlag, nicht eingegangen.
272 BGH NJW 2007, 989; 2006, 1660; 1999, 2731;BGHZ 76, 249 und 259.
273 BGHZ 151, 133, 138.
274 BGH NJW 1985, 671; einschränkend BGHZ 143, 389 (393 ff).
275 BVerfGE 88, 203.

folgert, dass die Rechtsprechung des BGH überprüft werden müsse. Der BGH hat anschließend seine Rechtsprechung ausdrücklich überprüft, hat aber an ihr festgehalten.[276]

1029 Der *Erste* Senat hat sich auf die Seite des BGH gestellt.[277] In seiner ausführlichen Begründung betont er, man dürfe – wie schon das Reichsgericht – zwar nicht die Existenz eines Kindes als Schaden betrachten, könne aber sehr wohl die (davon streng zu unterscheidende) *Unterhaltspflicht* als Vermögensschaden ansehen. Das scheint den richtigen Weg zu weisen.

§ 41 Zurechnung des Schadens

1030 **Fall 41: Vergessener Stecker** § 249

Bevor Frau Faltenhauser in die Ferien fuhr, bat sie ihre 78-jährige Nachbarin Inge Sager, diesmal nicht nur die Blumen zu gießen, sondern auch den Handwerker Huber in die Wohnung zu lassen. Frau Sager sagte das zu. Einige Tage nachdem Herr Huber da gewesen war, fiel Frau Sager beim Blumengießen ein fauliger Geruch auf, der aus der Küche kam. Sie öffnete die Tiefkühltruhe und stellte fest, dass sie warm war. Jetzt fiel ihr auf, dass Huber, der eine Steckdose gebraucht hatte, den Stecker der Tiefkühltruhe gezogen, aber später nicht wieder in die Steckdose gesteckt hatte. Das Kühlgut, das in Alufolie oder eine undurchsichtige Plastikfolie verpackt war, schwamm in einer übel riechenden Flüssigkeit. Um Frau Faltenhauser eine Freude zu machen, brachte Frau Sager den gesamten Inhalt der Kühltruhe in den Müllcontainer, reinigte die Truhe und lüftete die Küche. Als Frau Faltenhauser zurückkam, war sie aber nicht dankbar, sondern hell entsetzt. „Ich hatte meinen ganzen Schmuck in der Truhe versteckt, in Alufolie und in Plastiktüten", rief sie. Der verlorene Schmuck hatte einen Wert von 34 120 Euro. Diesen Betrag verlangt Frau Faltenhauser nun von Huber. Zu Recht? (Nach einem Bericht der tz, München, Sommer 2006)[278]

1031 Zu prüfen ist, ob Huber nach den §§ 280 Abs. 1, 241 Abs. 2 zum Schadensersatz verpflichtet ist. Er hatte mit Frau Faltenhauser einen Werkvertrag geschlossen, über dessen Inhalt allerdings nichts bekannt ist. Das „Werk", vermutlich eine Reparatur, hat er offenbar ordentlich erbracht. Aber er hatte auch „Rücksicht auf die ... Rechtsgüter ..." seiner Auftraggeberin Faltenhauser zu nehmen (§ 241 Abs. 2; Rn 807). Diese Pflicht hat er verletzt, indem er vergaß, den Stecker wieder in die Steckdose zu stecken. Da Huber fahrlässig gehandelt hat (§ 276 Abs. 2), ist er im Prinzip nach § 280 Abs. 1 zum Schadensersatz verpflichtet.

Zu prüfen ist aber, ob ihm die Folgen seines Fehlverhaltens zugerechnet werden können. Dazu müssen die Begriffe „Kausalität" und „Adäquanz" herangezogen werden.

Kausalität: Wenn Huber für den Verlust des Schmucks verantwortlich gemacht werden soll, muss sein Verhalten in erster Linie für den Verlust *kausal* gewesen sein. Dazu muss man sich das zu prüfende Verhalten wegdenken und fragen, ob dann der Erfolg ebenfalls entfällt. Es kommt also darauf an, ob der Schmuck auch dann im Müllcontainer gelandet wäre,

276 BGHZ 124 (128); 129, 178 (181); 143, 389 (393 ff).
277 BVerfGE 96, 375.
278 Derselbe Sachverhalt dient auch als Vorlage für den GoA-Fall im SBT (Fall 61, Rn 1768).

wenn Huber den Stecker der Tiefkühltruhe wieder in die Steckdose gesteckt hätte (Rn 1033). Diese Frage ist zu verneinen. Denn wenn Huber die Stromversorgung der Truhe wiederhergestellt hätte, wäre der Inhalt nicht verfault, hätte Frau Sager die Truhe nicht geleert und wäre der Schmuck deshalb noch vorhanden. Die erforderliche Kausalität zwischen Hubers Verhalten und Frau Faltenhausers Schaden ist also gegeben. Im Sinne der Äquivalenztheorie (Rn 1035) ist deshalb der Schaden von Huber verursacht worden.

Adäquanz: Huber muss aber für den Schaden nur aufkommen, wenn die Kausalität auch eine *adäquate* war (Rn 1036). Dazu fragt man: Hätte es ein verständiger Beobachter mit Hubers Kenntnisstand zu der Zeit, als Huber die Wohnung verließ, für möglich gehalten, dass durch die Unterbrechung der Stromversorgung Frau Faltenhausers Schmuck endgültig verloren ging? Das ist nicht anzunehmen. Ein Beobachter mit dem Wissen, das Huber zur Verfügung stand, hätte natürlich vorausgesagt, dass das Kühlgut auftauen und möglicherweise faulen würde. Aber da er nicht gewusst hätte, dass sich Schmuck in der Tiefkühltruhe befand, wäre er nicht auf die Idee gekommen, dass das Auftauen des Kühlguts zu einem Verlust von Schmuck führen könnte. Daraus ergibt sich, dass der eingetretene Schaden keine *adäquat-kausale* Folge des Unfalls war.

Huber muss deshalb nicht für diesen Schaden einstehen.

Lerneinheit 41

1032 **Literatur:** *Galle,* Der Anscheinsbeweis in Schadensersatzfolgeklagen – Stand und Perspektiven, NZKart 2016, 214; *Doukoff,* Grundlagen des Anscheinsbeweises, SVR 2015, 245; *Hoeren/Kairies,* Der Anscheinsbeweis im Bankenbereich – aktuelle Entwicklungen, WM 2015, 549; *Janeczek,* Der Anscheinsbeweis in der Praxis, ZfS 2015, 244; *Sieger,* Der Anscheinsbeweis im Verkehrsunfallprozess, ZfS 2015, 669; *Wenker,* Der Anscheinsbeweis beim Verkehrsunfall, VersR 2015, 34; *Schröder,* Der Anscheinsbeweis im Verkehrsrecht, SVR 2015, 19; *Wenker,* Der Anscheinsbeweis beim Verkehrsunfall, VersR 2015, 34; *Geipel,* Der Anscheinsbeweis unter besonderer Berücksichtigung des Verkehrsrechts, NZV 2015, 1; *Brand,* Beweiserleichterungen im Versicherungsvertragsrecht, VersR 2015, 10.

I. Kausalität

1. Condicio sine qua non

a) Kausalität zwischen Ereignis und Schaden

1033 Jeder ist nur für solche Schäden haftbar, für die sein Verhalten die Ursache (den Grund, die causa) bildet, also nur für Schäden, die eine *Folge seines Verhaltens* sind. Ursache (causa) ist jede Bedingung, die nicht hinweggedacht werden kann, ohne dass der Erfolg entfiele (lateinisch condicio sine qua non, wörtlich Bedingung, ohne die nicht). Ob ein Vorgang ursächlich für einen Schaden ist, prüft man deshalb, indem man sich vorstellt, der fragliche Vorgang existiere *nicht.* Man stellt dann die Frage, ob unter diesen Umständen auch der Schaden entfallen würde. Wenn das der Fall ist, besteht eine Kausalität (eine Ursache-Folge-Beziehung) zwischen dem Ereignis (Verhalten) und dem Schaden. *Beispiel:* B wollte sein Geschäftshaus umbauen und beauftragte Architekt A mit einer detaillierten Kostenschätzung. Aufgrund der Schätzung entschloss sich B zum Umbau, aber die tatsächlichen Umbaukosten waren um 1,3 Millionen Euro höher als von A ermittelt. Bei einer korrekten Kostenschätzung hätte B das Gebäude nicht umbauen lassen. Das schadenstiftende Ereignis war die falsche Kostenschätzung. Zu fragen ist deshalb, wie die Vermögenslage des B wäre, wenn die Kostenschätzung richtig gewesen wäre und er deshalb den Umbau unterlassen hätte. Die Schadenshöhe ergibt sich aus einem Vergleich zwischen dem Vermögen, über das B nach dem Umbau tatsächlich verfügt, und dem (hypothetischen) Vermögen, das er ohne den Umbau besäße. Wenn das hypothetische Vermögen um 500 000 Euro höher wäre als das tatsächliche, wäre dieser Betrag der von A zu ersetzende Schaden.[279]

b) Keine Kausalität zwischen Ereignis und Schaden

1034 Wenn der Schaden auch ohne den fraglichen Vorgang eingetreten wäre, fehlt es an der Kausalität zwischen dem Vorgang und dem Schaden. *Beispiel 1:* W beantragte bei der B-Bank einen Kredit und legte dazu ein falsches Wertgutachten vor. Es stellte sich später heraus, dass die Bank den Kredit auch ohne das Gutachten gewährt hätte. Das Gutachten war deshalb für die Kreditentscheidung der Bank nicht kausal.[280] *Beispiel 2:* Der Inhaber eines Supermarkts hatte das Fahrzeug von Frau Y zu Recht abschleppen lassen und verlangte von ihr Schadensersatz. Seine Schadensersatzforderung enthielt auch einen Betrag, mit dem er Frau Y an seinen laufenden Kosten für die Parkplatzüberwachung beteiligen wollte. Aber wenn Frau Y nicht unbefugt geparkt hätte, wären diese Kosten nicht entfallen. Sie waren deshalb nicht durch das schädigende Verhalten verursacht worden.[281] Das ergibt sich schon daraus, dass diese Kosten *vor* dem fraglichen Verhalten entstanden waren und es keine rückwirkende Kausalität gibt. Das gilt auch für *Beispiel 3:* Die K-GmbH sichert Autobahn-Baustellen. Da ihr Eigentum häufig beschädigt wird, unterhält sie eine eigene Schadensabteilung. Sie darf deren Kosten nicht anteilig auf die Schädiger umlegen.[282]

c) Kausalität einer Unterlassung

1034a Nicht nur ein Verhalten, auch ein *Unterlassen* kann für den Eintritt eines Schadens kausal sein. In diesem Fall prüft man die Kausalität nicht, indem man das Unterlassen hinwegdenkt (was auch etwas schwierig wäre), sondern indem man das gebotene Verhalten hinzudenkt. *Beispiel:* Frauenarzt A erkannte, dass bei Frau F eine extreme Frühgeburt zu erwarten war. Er hätte Frau F darauf hinweisen müssen, dass die Geburt durch einen Muttermundverschluss (eine Cerclage) verzögert werden konnte, unterließ das aber. Das Kind kam viel zu früh und deshalb mit starken Behinderungen zur Welt. Das Unterlassen der Aufklärung war für den Schaden dann kausal, wenn eine Aufklärung den Schaden verhindert hätte. Ob das anzunehmen ist, hing davon ab, ob Frau F einer Cerclage zugestimmt hätte, diese zu einer Verlängerung der Schwangerschaft geführt hätte und das Kind deshalb gesund geboren worden wäre.[283]

2. Äquivalenztheorie

1035 *Grundsatz:* Im logisch-naturwissenschaftlichen Sinne sind alle Ursachen gleichwertig (äquivalent). Nach der – heute nicht mehr vertretenen – *Äquivalenztheorie* muss deshalb jeder, dessen schuldhaftes Verhalten nicht hinweggedacht werden kann, ohne dass

279 BGH NJW 2011, 3242 Rn 22. Wenn die Gesamtkosten des Umbaus (einschließlich der Mehrkosten von 1,3 Millionen) zu einer gleich hohen Wertsteigerung des Gebäudes geführt hätten, wäre B kein Schaden entstanden.
280 BGH NJW 1997, 1235.
281 BGH NJW 2012, 528 Rn 12
282 OLG Frankfurt NJW 2012, 2977 (2978).
283 BGH NJW 2012, 850 Rn 11 ff.

der Schaden entfiele, für den Schaden in vollem Umfang verantwortlich sein. Das kann bei ungewöhnlichen Kausalketten zu ungerechten Zurechnungen führen. Dabei ist aber zu unterscheiden:

Vorsatz: Für Schäden, die vom *Vorsatz* des Schädigers umfasst sind, haftet er immer.[284] *Beispiel 1:* Eine Hausgehilfin hatte Schmuck gestohlen und beim Pfandhaus in der Erwartung verpfändet, er werde versteigert werden. Es kam auch zur Versteigerung, allerdings auf unvorhersehbaren Umwegen. Da der Erfolg (die Versteigerung) vom Vorsatz der Täterin umfasst war, stellt sich nicht die Frage, ob es ungerecht wäre, ihr diesen Erfolg zuzurechnen.[285]

Fahrlässigkeit: Die Notwendigkeit einer Zurechnungsbegrenzung besteht nur für Schäden, die der Schädiger *fahrlässig* herbeigeführt hat (§ 276 Abs. 2). *Beispiel 2:* Fall 41, Rn 1030. *Beispiel 3:* A ergriff auf dem Flughafen versehentlich das Handgepäck des B, was zur Folge hatte, dass B seinen Flug verpasste und mit der nächsten Maschine startete. Diese wurde von Terroristen entführt, wodurch B einen Herzinfarkt erlitt. Es ist klar, dass das Verhalten des A für dieses traurige Ergebnis kausal war. Aber A darf nicht dafür haften. Man hat deshalb schon früh nach Möglichkeiten gesucht, die Zurechnung von Schäden zu begrenzen und so gewisse Härten und Ungerechtigkeiten der Äquivalenztheorie zu vermeiden. Aus diesen Bemühungen ist die *Adäquanztheorie* entstanden (Rn 1036).

II. Beschränkung des zu ersetzenden Schadens

1. Adäquanztheorie

1036

Die bereits vor über 150 Jahren entwickelte *Adäquanztheorie* beschränkt die Haftung auf solche Schäden, die *adäquat* (angemessen) verursacht worden sind. Der „Filter der Adäquanz“[286] soll die Kausalverläufe ausschließen, die ihrem Veranlasser „billigerweise rechtlich nicht mehr zugerechnet werden können“.[287] Ein Schaden ist nur dann adäquat verursacht, wenn er „nicht außerhalb aller Wahrscheinlichkeit liegt“, sondern „im Rahmen dessen bleibt, was erfahrungsgemäß vorkommt“.[288] Ein adäquater Zusammenhang besteht folglich, „wenn das Ereignis im Allgemeinen und nicht nur unter besonders eigenartigen, unwahrscheinlichen und nach dem gewöhnlichen Verlauf der Dinge außer Betracht zu lassenden Umständen geeignet ist, einen Erfolg dieser Art herbeizuführen“.[289] Um die Adäquanz der Haftung zu beurteilen, stellt man sich vor, ein Beobachter mit umfassender Lebenserfahrung und Kenntnis aller damals dem Verursacher bekannten Umstände habe das Verhalten des Schädigers im Augenblick der Tat zu beurteilen. Von seinem Wahrscheinlichkeitsurteil hängt es dann ab, ob die Schadensfolge dem Schädiger zugerechnet werden muss oder nicht. *Beispiel 1:* Frau M war im Krankenhaus bei einer Bluttransfusion mit dem HIV infiziert worden. Es lag nahe, dass sie ihren Ehemann anstecken würde (Fall 1, Rn 1).[290] *Beispiel 2:* X duldete Schweißarbeiten in einer aus Holz errichteten Halle. Es lag nicht außerhalb jeder

284 Ganz hM; BAG NJW 1990, 3228.
285 BAG NJW 1990, 3228.
286 BGH NJW 1995, 126.
287 BGHZ 79, 259.
288 BGH NJW 1991, 3275.
289 BGH NJW 2001, 512; 1995, 126.
290 BGHZ 114, 284.

Wahrscheinlichkeit, dass die Halle abbrennen und sich ein Feuerwehrmann beim Löschen verletzen würde.[291]

1037 *Keine Adäquanz* der Kausalität ist gegeben, wenn die Möglichkeit des Schadenseintritts so entfernt lag, „dass sie nach der Erfahrung des Lebens vernünftigerweise nicht in Betracht gezogen" werden konnte,[292] sie also „außerhalb aller Wahrscheinlichkeit" lag.[293] Ein solcher Fall liegt im Flughafenbeispiel vor (Rn 1035), so dass A nach der Adäquanztheorie für den Herzinfarkt nicht verantwortlich ist. Ein weiteres Beispiel ist Fall 41, Rn 1030.

Das von der Adäquanztheorie zur Eingrenzung der Haftung verwendete Kriterium der Wahrscheinlichkeit des Schadenseintritts ist aber nicht in der Lage, alle Fälle der Zurechnung angemessen zu lösen. Deshalb ist noch nach dem Zurechnungszusammenhang und dem sogenannten Schutzzweck der verletzten Norm zu fragen.

2. Fehlen des Zurechnungszusammenhangs

a) Eingreifen eines Dritten

1038 Manchmal macht ein Schädiger („Erstschädiger") geltend, dass der Ursachenzusammenhang fehle, weil ein Dritter („Zweitschädiger") den eingetretenen Schaden vergrößert oder sogar erst eigentlich herbeigeführt habe. Dieser Einwand ist aber nur dann berechtigt, „wenn der weitere Schaden durch ein völlig ungewöhnliches und unsachgemäßes Verhalten" des Dritten ausgelöst worden ist.[294]

Die Unterbrechung des Zurechnungszusammenhangs ist meist abzulehnen. *Beispiel 1:* K geriet bei einem Überholmanöver auf die Gegenfahrbahn und kollidierte dort mit einem Geldtransportfahrzeug, dessen Insassen erheblich verletzt wurden. Noch an der Unfallstelle entwendete ein Unbekannter zwei Geldkoffer, die eine Viertelmillion Euro enthielten. Der BGH sah im Diebstahl des unbekannten Zweitschädigers keinen völlig ungewöhnlichen Eingriff in den vom Erstschädiger K in Gang gesetzten Ablauf. Der Zurechnungszusammenhang zwischen dem Autounfall und dem Diebstahl war also gewahrt, so dass K (bzw sein Haftpflichtversicherer) den Schaden auszugleichen hatte.[295]

Beispiel 2: Frau D betäubte Frau F mit vergiftetem Kaffee, um gemeinsam mit ihrem Komplizen E an F's Bankguthaben heranzukommen. Ohne Wissen der D misshandelte E anschließend Frau F tagelang mit unvorstellbarer Brutalität. Darin lag aber kein völlig ungewöhnlicher Eingriff in den Kausalverlauf, so dass die bleibenden Schäden, die Frau F davontrug, auch Frau D zugerechnet werden.[296] *Beispiel 3:* Die niedergelassene Frauenärztin F machte einen Behandlungsfehler, so dass ihre Patientin in einer Klinik operiert werden musste. Ein Fehler des Klinikarztes verschlimmerte das Leiden und führte zu einer dauerhaften Gesundheitsschädigung. F haftet auch für diesen Schaden.[297]

291 BGH NJW 1996, 2646.
292 RGZ 78, 272.
293 RGZ 158, 38.
294 BGH NJW 2000, 947; ähnlich 1993, 2797; 1997, 865; 1993, 1779; 1990, 2882.
295 NJW 1997, 865.
296 BGH NJW 1992, 1381.
297 BGH NJW 2003, 2311; ähnlich OLG Koblenz NJW 2008, 3006.

Nur der *Erstschädiger* kann geltend machen, dass für seinen Beitrag der Zurechnungszusammenhang fehle, nicht umgekehrt. *Beispiel 4:* A verursachte auf der Autobahn einen Unfall. B raste ungebremst in die ordnungsgemäß gesicherte Unfallstelle. A als Erstschädiger könnte argumentieren, dass er für den Zweitunfall und seine Folgen nicht verantwortlich sei, weil das Eingreifen des B den Zurechnungszusammenhang gelöst habe. Aber darum ging es nicht. Vielmehr versuchte B, den Spieß rumzudrehen und A mit dem Stichwort „Zurechnungszusammenhang" die Hälfte des von ihm verursachten Schadens anzulasten. Der BGH hat das im Ergebnis zu Recht abgelehnt. [298] Aber die richtige Begründung wäre gewesen, dass nur das zeitlich *zweite* Ereignis den Zurechnungszusammenhang des ersten entfallen lassen kann.

1038a *Verhältnis Anwalt-Gericht bei einem Fehlurteil:* Anwälte, die von ihrem ehemaligen Mandanten wegen falscher Prozessführung in Anspruch genommen werden, versuchen manchmal, sich hinter dem breiten Rücken des Gerichts zu verstecken. *Beispiel:* Rechtsanwalt R vertrat die Vermieterin V in einer Mietsache. R übersah ein erst drei Jahre altes BGH-Urteil, das der Rechtsauffassung seiner Mandantin genau entsprach. Da auch das Gericht dieses Urteil übersehen hatte, ging der Prozess verloren. Frau V nahm nun R auf Schadensersatz in Anspruch. R wandte zu Unrecht ein, der Zurechnungszusammenhang (zwischen seinem Fehler und dem abweisenden Urteil) sei dadurch unterbrochen worden, dass das Gericht den gleichen Fehler gemacht habe.[299] Es gibt aber auch den Fall, dass ein Anwaltsfehler für ein Fehlurteil nicht kausal war.[300]

b) Eingriff des Geschädigten

1039 Es kommt auch vor, dass „der *Geschädigte selbst* in völlig ungewöhnlicher oder unsachgemäßer Weise in den schadensträchtigen Geschehensablauf eingreift und eine weitere Ursache setzt, die den Schaden endgültig herbeiführt".[301] Es fehlt dann ebenfalls an dem erforderlichen Zurechnungszusammenhang.[302] *Beispiel 1:* K kaufte von V ein Wohnhaus, das in einem Landschaftsschutzgebiet lag. Es stellte sich heraus, dass V das Haus teilweise ohne Baugenehmigung errichtet hatte. Die Baubehörde verlangte deshalb von K, den nicht genehmigten Teil abzureißen. Da K lieber einen Neubau errichten wollte, ließ er das *ganze* Gebäude abreißen. Das führte dazu, dass das Grundstück seine Eigenschaft als Bauland verlor und nur noch als Gartenland genutzt werden darf. In diesem Fall hat K als Geschädigter den fast vollständigen Wertverlust des Grundstücks durch sein eigenmächtiges Eingreifen (den Totalabriss) selbst herbeigeführt. V brauchte als Erstschädiger nur den Wertverlust auszugleichen, der durch das teilweise Fehlen der Baugenehmigung entstanden war.[303]

Nicht nur ein eigenmächtiges Eingreifen, auch ein krankhaftes Verhalten des Geschädigten kann den Zurechnungszusammenhang auflösen, so dass der Schädiger nicht mehr zu haften braucht. *Beispiel 2:* K hatte einen Verkehrsunfall erlitten, an dem S schuld war. S zahlte ihm 7 000 Euro für den Fahrzeugschaden und als Schmerzensgeld 1 000 Euro. Später führte K zahlreiche Leiden und Benachteiligungen an und machte eine zusätzliche Schadensersatzforderung von 579 900 Euro geltend. Der BGH ist auf-

298 BGH VersR 2004, 529.
299 BGH NJW 2009, 987 Rn 19.
300 BGHZ 174, 205 Rn 13 ff, insbesondere Rn 21.
301 BGH NJW 1995, 126; ähnlich 1993, 2744; 1991, 1109.
302 BGH NJW 1991, 3275.
303 BGH NJW 2011, 142. Der BGH löst den Fall allerdings über § 254 Abs. 1 (Rn 7).

grund medizinischer Gutachten zu dem Schluss gekommen, dass dieser Schaden – wenn er überhaupt bestand – nicht durch den Unfall verursacht worden war, sondern auf eine Begehrens- oder Rentenneurose zurückging.[304]

c) Nachvollziehbares Verhalten des Geschädigten

1040 Oft beeinflusst der Geschädigte den Geschehensablauf, ohne dass sein Verhalten als überzogen oder irrational bewertet werden kann. Dann liegt kein Eingriff in den Zurechnungszusammenhang vor. Ein solcher Fall ist insbesondere gegeben, wenn das Verhalten des Geschädigten „durch das haftungsbegründende Ereignis *herausgefordert* wurde und eine nicht ungewöhnliche Reaktion auf das Ereignis darstellt“.[305] In diesen Fällen bleibt deshalb der Zurechnungszusammenhang zwischen dem Verhalten des Schädigers und dem eingetretenen Schaden bestehen. *Beispiel 1:* X verletzte bei dem Versuch, einer Verkehrskontrolle zu entgehen, eine Polizistin. Um sich der Verfolgung zu entziehen, fuhr er auf der Autobahn mit etwa 200 km/h, auch unter Benutzung des Standstreifens. Die Polizei verlangsamte den Verkehr durch zwei vorausfahrende Einsatzwagen und ließ den Standstreifen von einem Lkw-Fahrer blockieren. X versuchte dennoch, die Sperre zu durchbrechen. Er konnte nur gestoppt werden, nachdem ein Polizeifahrzeug auf sein Fahrzeug aufgefahren war und ein anderes ihn an die Mittelleitplanke abgedrängt hatte. Die Schäden an den Polizeifahrzeugen waren von X und seinem Haftpflichtversicherer zu ersetzen. Denn das Eingreifen der Polizei war durch das Verhalten des X „herausgefordert“ worden und stellte deshalb keinen willkürlichen Eingriff in den Kausalverlauf dar.[306].

Ähnliche Grundsätze gelten auch im Vertragsrecht. *Beispiel 2:* Frau F und ihr Lebensgefährte L hatten einen Türkeiurlaub gebucht. Der Rückflug war auf 16.40 Uhr festgelegt. Am Vortag wurde ihnen mitgeteilt, dass der Rückflug auf 5.15 Uhr vorverlegt sei und sie um 1.25 Uhr im Hotel abgeholt würden. F und L waren damit nicht einverstanden. Sie buchten eine Maschine, die um 14.00 Uhr startete, und verlangen nun vom Reiseveranstalter die Erstattung der Kosten. Dieser wendet ein, F und L hätten durch einen willkürlichen Eingriff in den Kausalverlauf selbst den Schaden herbeigeführt. Aber das hat der BGH zu Recht nicht gelten lassen. Die Buchung des Ersatzflugs stellte eine angemessene Reaktion auf die unzumutbare Vorverlegung dar und unterbrach nicht den Zurechnungszusammenhang.[307]

3. Schutzzweck der verletzten Norm

a) Einführung

1041 Viele Normen, die direkt oder indirekt einen Schadenersatzanspruch begründen, wollen vor *bestimmten Gefahren* schützen, vor anderen nicht. Der eingetretene Schaden muss dann „im Bereich der Gefahren liegen, um deretwillen die Rechtsnorm erlassen wurde“.[308] Anderenfalls kann ein Schadensersatzanspruch nicht auf diese Norm gestützt werden. Der BGH sagt das so: „Eine Haftung besteht nur für diejenigen äquivalenten und adäquaten Schadensfolgen, die aus dem Bereich der Gefahren stammen, zu

304 BGH NJW 2012, 2964 Rn 10
305 BGH NJW 2001, 512; 1995, 449; 1993, 1139; 1990, 2882 mwN.
306 BGH NJW 2012, 1951 Rn 8 ff. Siehe auch BGHZ 132, 164.
307 BGH NJW 2012, 2107 Rn 28 f
308 BGH NJW 1990, 2057.

deren Abwendung die verletzte Norm erlassen oder die verletzte Vertragspflicht übernommen wurde."[309]

b) Deliktsrecht

1042 Die Lehre vom *Schutzzweck der Norm* ist für das Deliktsrecht entwickelt worden. *Beispiel 1:* Das Zuschlagen einer Pkw-Tür verursachte den Tod von 143 überzüchteten Hühnern in Käfighaltung. Dieser Schaden wurde vom Schutzzweck der in § 7 StVG normierten Gefährdungshaftung des Kfz-Halters nicht erfasst.[310] *Beispiel 2:* Der Geschäftsführer einer GmbH hatte den Antrag auf Eröffnung des Insolvenzverfahrens über Jahre verschleppt. Ohne das offenzulegen, übernahm er im Namen der GmbH Bauarbeiten für O und hat ihn dadurch geschädigt. O konnte einen Schadensersatzanspruch nur auf eine bestimmte Norm stützen, die insolvente Gesellschaften aus dem Geschäftsleben ausschließen will.[311] Es stellte sich die Frage, ob diese Norm *auch* den Zweck hat, Bürger vor Verträgen mit einer insolvenzreifen GmbH zu schützen. Der BGH hat das ausführlich geprüft und bejaht.[312]

c) Vertragsrecht

1042a Der Grundsatz, dass nur Schäden auszugleichen sind, die innerhalb des Schutzzwecks liegen, gilt auch für das *Vertragsrecht.*[313] Zu ersetzen sind deshalb nur die Schäden, die die verletzte Norm oder Vertragsbestimmung verhindern will.[314] *Beispiel 1:* Frau A ließ sich von Steuerberater X über die steuerlichen Folgen einer Beteiligung an der C-GmbH beraten. Da X Steuervorteile aufzeigte, beteiligte sich Frau A an der C. Später verlangte sie von X Schadensersatz, weil die C in Vermögensverfall geraten war. Es gehörte aber nicht zum Schutzzweck der von X übernommenen Beratung, Frau A vor einer Fehlinvestition zu bewahren.[315] *Beispiel 2:* K hatte vor dem Kauf eines Mietshauses von der Bank B die unrichtige Auskunft erhalten, die Mieten unterlägen nicht der Sozialbindung. Nachdem K erhebliche Schäden am Haus festgestellt hatte, verlangte er von der B Ersatz des ihm dadurch entstandenen Schadens. Er konnte aber nur Ausgleich der Nachteile verlangen, die sich aus der Sozialbindung ergaben.[316]

d) Kritik

1043 Die Lehre vom Schutzzweck der Norm kann nur dann zu einer eigenständigen Beschränkung der Schadensersatzpflicht führen, wenn die fragliche Norm einen *speziellen Schutzzweck* hat, also die Aufgabe, vor bestimmten Schäden zu schützen und vor anderen nicht. Das ist nur selten der Fall und gilt jedenfalls nicht für die wichtigsten Schadenersatz-Anspruchsgrundlagen des BGB, die §§ 280 und 823 Abs. 1, sowie für § 7 StVG. Denn sie sind zwangsläufig so unbestimmt und umfassend formuliert, dass sie keinen bestimmten Schutzzweck erkennen lassen. Man kann deshalb nicht aus ihnen entnehmen, ob ein konkreter Schaden von ihnen erfasst wird oder nicht. *Beispiel*

309 NJW 2012, 3371 Rn 11
310 OLG Hamm DAR 1997, 275; ähnlich BGHZ 115, 84.
311 § 823 Abs. 2 iVm § 64 S. 1 GmbHG.
312 NJW 2012, 3510 Rn 13 ff.
313 BGH NJW 2009, 3025 Rn 12; 1997, 2946; 1993, 1779.
314 BGH NJW 2009, 1589 Rn 9, 14; 1995, 449; 1992, 555.
315 BGH NJW-RR 2003, 1035.
316 BGH NJW 1992, 555.

1: G hielt sein Fahrzeug bei Glatteis vor einer vorfahrtsberechtigten Straße an. S fuhr auf das Fahrzeug auf. G stieg aus, um sich den Schaden anzusehen. Dabei rutschte er aus und brach sich das rechte Schultergelenk.[317] Das OLG hatte angenommen, dass S für diesen Schaden nicht zu haften brauche. Das hat der BGH zu Recht zurückgewiesen. Aber er macht lange Ausführungen zum Schutzbereich des § 823 Abs. 1 und des § 7 StVG. Wie man jedoch diesen Vorschriften entnehmen kann, ob der Geschädigte dieses Falles einen Schadensersatzanspruch auch hinsichtlich seines Körperschadens hat, bleibt offen. Die richtige Begründung wäre gewesen, dass der Schaden innerhalb der von der Adäquanztheorie gezogenen Grenzen lag (Rn 1036). Denn es liegt bei einem Glatteisunfall (natürlich) nicht außerhalb aller Wahrscheinlichkeit, dass der Geschädigte aussteigt und ausrutscht.

Beispiel 2: Dr. X sollte bei Frau P einen Polyp entfernen und einen tiefer gelegenen Tumor. Er entfernte den Polyp, vergaß aber den Tumor. Später wurde der Tumor in einer anderen Klinik entfernt, doch trat dabei eine Komplikation auf, für die Frau P von Dr. X Schadensersatz verlangt. Bei der Prüfung der Frage, ob Dr. X für die Folgen der Zweitoperation einzustehen hatte, erwähnt der BGH den „Schutzzweck der Norm".[318] Aber die hier einschlägigen Normen § 280 und § 823 geben für die Frage nichts her, wie weit die Pflicht des Erstoperierenden geht, für die Folgen der Zweitoperation einzustehen. Der BGH macht auch gar nicht den Versuch, sein Ergebnis mit einem Normzweck zu begründen. Richtigerweise ergab sich die Lösung auch hier aus der Adäquanztheorie. Denn es lag nicht außerhalb aller Wahrscheinlichkeit, dass sich bei der Zweitoperation Komplikationen ergeben konnten.

III. Einzelprobleme

1. Mitursächlichkeit

1044 Es ist nicht erforderlich, dass das Verhalten des Schädigers die alleinige Ursache war, es genügt Mitursächlichkeit.[319] *Beispiel:* Nach einem schweren Unfall blieben beim Unfallopfer psychische Störungen zurück, von denen zweifelhaft ist, ob sie *allein* auf den Unfall zurückzuführen sind. Das ist aber unerheblich.[320]

2. Doppelkausalität

1045 Ein Problem ergibt sich, wenn zwei Ereignisse unabhängig voneinander denselben Schaden verursacht haben. *Beispiel 1:* Die A-GmbH hatte im Neubau einer pharmazeutischen Fabrik 3 500 m² Fliesenboden zu verlegen und verwendete dazu einen Fugenmörtel, den sein Lieferant L empfohlen hatte. Schon einen Monat später zeigten sich Ausblühungen und Abplatzungen an den Fugen, so dass der gesamte Boden entfernt und neu erstellt werden musste. Diese Maßnahme war zugleich deshalb nötig, weil die Mitarbeiter der A die Fliesen falsch verlegt hatten, so dass sie teilweise hohl lagen. Der Abriss war also aus zwei voneinander unabhängigen Gründen erforderlich (Doppelkausalität). Nach der Lehre von der condicio sine qua non (Rn 1033) wäre zu fragen, ob man das Verhalten der A hinwegdenken kann, ohne dass der Erfolg entfiele. Das wäre zu bejahen, weil der Schaden dann allein durch die Mangelhaftigkeit des von

317 BGH NJW 2013, 1679.
318 NJW 2012, 2024 Rn 14
319 BGH NJW 2005, 2072 (2073); BGH VersR 2000, 1282.
320 BGH NJW 1991, 747.

L gelieferten Mörtels eingetreten wäre. Dasselbe gilt von dem Kausalbeitrag des L. Insofern bedarf die Lehre von der condicio sine qua non einer Korrektur, „um zu verhindern, dass von zwei schädigenden Ereignissen letztlich keines zu einer Haftung führt".[321] Im Beispielsfall werden deshalb die Kosten der Neuverlegung nach § 254 Abs. 1 „entsprechend dem Gewicht der beiderseitigen Verursachungsanteile" geteilt.[322]
Beispiel 2: Das Grundstück des E ist mit 10 000 l Heizöl und mit Asphaltablagerungen verunreinigt. Den Ölschaden hat X verursacht, die Asphaltablagerungen Y. Beide Verunreinigungen können aus technischen Gründen nur in *einem* Arbeitsgang beseitigt werden. X könnte genau so wenig wie Y behaupten, sein Verhalten sei keine condicio sine qua non, weil die Sanierung auch wegen der jeweils anderen Verunreinigung durchgeführt werden müsse.[323]

3. Vorschädigung

1046 *Personenschäden:* Der Schaden kann durch eine besondere Konstitution des Geschädigten verschlimmert oder sogar erst ermöglicht worden sein. *Beispiel:* G litt seit langem an einer krankhaften Gefäßausdehnung der Gehirnschlagader. S, der das nicht wusste, misshandelte ihn mit Faustschlägen, kurz darauf starb G. S berief sich darauf, dass seine Schläge bei einem gesunden Mann nicht zum Tod geführt hätten.[324] Wer einen gesundheitlich geschwächten Menschen verletzt, kann aber nicht verlangen, so gestellt zu werden, als sei der Verletzte gesund gewesen.[325] Bei der Bemessung des Schmerzensgeldes kann eine Vorschädigung aber mindernd berücksichtigt werden.[326]

1047 *Beschädigung von Sachen und Entzug von Rechten:* Völlig anders sind die Fälle zu beurteilen, in denen sich der Schaden auf eine Sache oder ein Recht bezieht. *Beispiel:* S hatte das Gebäude des G beschädigt. Das Gebäude war ohne Baugenehmigung errichtet worden und hätte deshalb abgerissen werden müssen.[327] Da der Zeitwert eines illegal errichteten Gebäudes gering ist, reduzierte sich der zu ersetzende Schaden erheblich. Besonders deutlich wird der Grundsatz, dass eine Vorschädigung zu berücksichtigen ist, bei Kraftfahrzeugen. Denn derjenige, der einen Totalschaden verursacht hat, bezahlt nur den Zeitwert des zerstörten Fahrzeugs. Der kann je nach Alter und Zustand sehr gering sein.

4. Hypothetische Kausalität

1048 In seltenen Fällen wäre der Schaden auch durch ein späteres Ereignis eingetreten, das nur deshalb nicht mehr ursächlich werden konnte, weil bereits das fragliche Erstverhalten den Schaden ausgelöst hat. *Beispiel:* Durch Verschulden des S wurde bei einem Verkehrsunfall ein Taxi des Unternehmers T zerstört. Drei Tage später verbrannten alle Taxis des T bei einem Garagenbrand.[328] Eine beachtliche Mindermeinung will die Reserveursache (Brand) zugunsten des Schädigers grundsätzlich berücksichtigen. [329]

321 BGHZ 200, 350 Rn 16; BGH NJW 2013, 2018 Rn 27; BGH WM 2012, 990 Rn 25.
322 BGH NJW 2013, 2018 Rn 33.
323 BGH NJW 2004, 2526. Durch die besonderen Umstände des Falles trug aber einer allein die vollen Kosten der Sanierung.
324 BGH NJW 1992, 3298.
325 BGH NJW 1993, 2234.
326 BGH NJW 1997, 455.
327 BGH NJW 1997, 520 aE.
328 Palandt/Grüneberg Vor § 249 Rn 60.
329 MüKo/Oetker § 249 Rn 213; Jauernig/Teichmann Vor § 249 Rn 44.

Nach Ansicht der Rechtsprechung haben jedoch hypothetische Ereignisse, die später den gleichen Schaden herbeigeführt hätten, „grundsätzlich außer Betracht zu bleiben".[330] Auch in der Literatur besteht weitgehend Einigkeit darüber, dass im Taxifall die Reserveursache (Brand) für den Schaden nicht kausal war, weil sie nicht mehr wirksam werden konnte. Man kann drei Aspekte unterscheiden:

Ersatzpflicht eines Dritten: Dass die Reserveursache nicht zu berücksichtigen ist, wird besonders deutlich in den Fällen, in denen dem Geschädigten auch dann, wenn die Reserveursache wirksam geworden wäre, ein Ersatzanspruch zugestanden hätte. *Beispiel:* Wie das vorige Beispiel, aber T hat nicht nur einen Schadensersatzanspruch aus dem Verkehrsunfall gegen S, sondern hätte, wenn das Taxi verbrannt wäre, auch einen ähnlichen Anspruch gegen die Versicherungsgesellschaft V gehabt. In diesem Fall kann die V sagen: „Es liegt kein Versicherungsfall vor, weil das fragliche Taxi nicht verbrannt ist." Es wäre widersinnig, wenn sich T von S sagen lassen müsste: „Von mir bekommen Sie nichts, denn Ihr Taxi wäre ja kurz darauf verbrannt." Denn dann bekäme T von beiden Seiten nichts.

Nutzungsausfallschaden: Der Taxiunternehmer hat mit dem Unfall einen Schadensersatzanspruch in Höhe des Wiederbeschaffungswertes seines Fahrzeugs erlangt *(Objektschaden)*. Diesen Anspruch, der Teil seines Vermögens geworden ist, kann er nicht mehr infolge eines späteren Ereignisses verlieren.[331] Fraglich ist aber, welchen Einfluss der spätere Brand auf den Schaden hat, den im Beispielsfall T dadurch erlitten hat, dass er das Taxi *nicht mehr nutzen* kann. Dieser *Nutzungsausfallschaden* ist mit dem Verkehrsunfall noch nicht abgeschlossen, so dass ein Brand ihn hätte beeinflussen können. Man kann deshalb der Meinung sein, dass S den Nutzungsausfall nur für drei Tage ausgleichen müsse.[332] Aber auch hier stellt sich die Frage, ob die Brandschutzversicherung den Nutzungsausfall abgedeckt hätte.

Schadensanlage: Wenn sich der Schaden an einer Sache verwirklicht hat, die bereits vorgeschädigt war, mindert das bekanntlich die Höhe des Schadensersatzes (Rn 1047). Das ist aber kein Fall der hypothetischen Kausalität.[333] Denn in diesem Fall wird nicht ein künftiges (hypothetisches) Ereignis in die Überlegungen einbezogen, sondern der im Zeitpunkt des Schadenseintritts tatsächlich bestehende Zustand.

5. Rechtmäßiges Alternativverhalten

1049 Mit dem Einwand rechtmäßigen Alternativverhaltens versucht der Schuldner, die Haftung für einen von ihm verursachten Schaden abzuwenden. Das Alternativverhalten wird berücksichtigt, wenn folgende Voraussetzungen gegeben sind:

- Die Haftung des Schuldners steht im Prinzip fest.[334]
- Der Schaden wäre auch entstanden, wenn der Schädiger sich auf andere Weise, aber rechtmäßig verhalten hätte.[335]

330 BGH NJW 1994, 999 mwN.
331 BGH VersR 1969, 803; hM, Larenz § 30 I; Palandt/Grüneberg Vor § 249 Rn 61; Brox/Walker § 30 Rn 21.
332 BGH DB 1979, 352; Brox/Walker AS Rn 356; Looschelders Rn 914.
333 So aber Palandt/Grüneberg Vor § 249 Rn 57; Looschelders Rn 911.
334 BGH NJW 2012, 850 Rn 13.
335 BGH NJW 2012, 2022 Rn 17; BGH NJW 1996, 311; MüKo/Oetker, § 249 Rn 217.

- Das alternative Verhalten hätte mit Sicherheit (nicht nur möglicherweise) den fraglichen Erfolg herbeigeführt.[336]
- Der Schädiger beruft sich auf das rechtmäßige Alternativverhalten.

Wenn diese Voraussetzungen vorliegen, wird der eingetretene Schaden dem Schädiger nicht zugerechnet. *Beispiel:* X trat seine neue Stelle nicht an, so dass sein Arbeitgeber A sie neu ausschreiben musste. A verlangte von X die Erstattung der dadurch entstandenen Kosten. X konnte einwenden, dass er den Arbeitsvertrag sogleich hätte kündigen können und A auch in diesem Fall die Kosten hätte aufwenden müssen.[337]

6. Hypothetisches Gerichtsurteil

1050 Die Antwort auf die Frage, welchen Verlauf die Dinge ohne das schädigende Ereignis genommen hätten, hängt oft davon ab, wie ein Gericht, wäre es angerufen worden, einen Fall entschieden hätte. *Beispiel:* Rechtsanwalt R hatte versäumt, Berufung gegen ein Urteil einzulegen, und wurde deshalb von seinem Mandanten mit der Begründung, die Berufung wäre erfolgreich gewesen, auf Schadensersatz verklagt.[338] Der Richter darf dann nicht darüber spekulieren, welche Ansicht das Berufungsgericht vermutlich vertreten hätte. Vielmehr muss er sich fragen, wie nach *seiner* Meinung richtig zu entscheiden gewesen wäre.[339] Das Gleiche gilt, wenn es darauf ankommt, wie eine *Behörde* entschieden hätte. Auch dann muss der Richter so entscheiden, wie er an Stelle der Behörde entschieden hätte.[340]

IV. Beweisfragen

1. Haftungsbegründende und haftungsausfüllende Kausalität

1051 Der Geschädigte trägt die Beweislast für die Voraussetzungen des Schadensersatzanspruchs. Dazu gehört auch der Beweis, dass das Verhalten des Schuldners kausal war für den eingetretenen Schaden.[341] Dabei ist zwischen der haftungs*begründenden* und der haftungs*ausfüllenden* Kausalität zu unterscheiden. *Beispiel:* G wurde mit einer akuten Legionellenpneumonie in ein Krankenhaus aufgenommen. Zehn Tage später untersuchte die Gesundheitsbehörde den Boiler der zentralen Warmwasserversorgung in dem Mietshaus, in dem G gewohnt hatte. Dabei wurde eine erhöhe Legionellenkonzentration festgestellt. G starb wenig später. Seine Erben nehmen den Vermieter des G auf Schadensersatz in Anspruch.[342]

- Die *haftungsbegründende* Kausalität ist der Kausalzusammenhang zwischen dem Verhalten des Vermieters (Betrieb eines Boilers mit kontaminiertem Wasser) und der primären Rechtsgutverletzung (Erkrankung des G). Für die haftungsbegründende Kausalität verlangt § 286 ZPO einen hohen, aber doch „für das praktische Leben brauchbaren Grad von Gewissheit".[343] Im Beispiel müssen also die Hinterbliebenen des G beweisen, dass sich G beim Duschen in seiner Wohnung (und nicht anderswo) durch Einatmen von Erregern infiziert hat.

336 BGHZ 120, 281 (287).
337 BAG NZA 1984, 122.
338 BGH NJW 1996, 2501.
339 BGHZ 163, 223 (227); 145, 256 (261); 133, 110 (111); BGH NJW 2008, 1309 Rn 9.
340 BGHZ 145, 256 (260); 124, 86 (95 f); NJW 2008, 440 Rn 16; 1996, 842 (843).
341 BGH NJW 1988, 200.
342 BGH NJW 2015, 2111.
343 BGH NJW 2015, 2111 Rn 11; 2013, 790 Rn 16 f; 2008, 1381 Rn 9.

1052 ■ Die *haftungsausfüllende* Kausalität ist der Kausalzusammenhang zwischen der primären Rechtsgutverletzung (Infektion beim Duschen) und dem eingetretenen Schaden (Tod des G). Hier kommt dem Geschädigten die Beweiserleichterung des § 287 Abs. 1 ZPO zugute, so dass eine „überwiegende" oder „erhebliche Wahrscheinlichkeit"[344] oder „hinreichende Gewissheit"[345] genügt. Im Beispielsfall mussten die Hinterbliebenen deshalb nur beweisen, dass der Tod mit *hoher* Wahrscheinlichkeit nicht ohne das Einatmen der Erreger (legionella pneumophila) eingetreten wäre.

Auch im *Vertragsrecht* spielt diese Unterscheidung eine Rolle.[346] Ob zB ein Rechtsanwalt oder ein Notar seine Amtspflicht verletzt hat, ist eine Frage der haftungsbegründenden Kausalität. Dagegen betrifft die Frage, ob die Pflichtverletzung den geltend gemachten Schaden verursacht hat, die haftungsausfüllende Kausalität.[347] In letzterem Fall gelten deshalb für den Geschädigten die Beweiserleichterungen des § 287 ZPO. Er braucht nur *wahrscheinlich* zu machen, „was geschehen wäre, wenn der Rechtsanwalt sich vertragsgerecht verhalten hätte, und wie die Vermögenslage des Mandanten dann wäre".[348]

2. Anscheinsbeweis

a) *Typischer Sachverhalt*

1053 ■ Wenn zweifelhaft ist, ob zwei Ereignisse oder Tatbestände miteinander im Sinne von Ursache und Wirkung verknüpft sind, kann der „Beweis des ersten Anscheins" die Vermutung begründen, dass eine solche Kausalbeziehung besteht.[349]

Der zu beurteilende Vorgang muss aber so häufig vorkommen, dass er zur Lebenserfahrung gehört. Der Beweis des ersten Anscheins setzt deshalb „einen typischen Geschehensablauf" voraus, „der nach der allgemeinen Lebenserfahrung auf eine bestimmte Ursache ... als maßgeblich für den Eintritt eines bestimmten Erfolgs hinweist".[350] *Beispiel 1:* Es steht fest, dass die Treppenstufen ungewöhnlich glatt waren und dass die Mieterin auf ihnen ausgerutscht ist. Dann ergibt der Beweis des ersten Anscheins, dass die Glätte für das Ausrutschen kausal war.[351] *Beispiel 2:* Es steht fest, dass zwei Elfjährige in einer Scheune mit einem Feuerzeug gespielt haben und dass unmittelbar danach die Scheune abgebrannt ist. Daraus lässt sich schließen, dass das Spielen mit dem Feuerzeug die Ursache für den Brand war.[352] *Beispiel 3:* Jemand hat vom Konto der B-GmbH 235 000 Euro an einen Dritten überwiesen. Dabei wurde die PIN verwendet, die dem Geschäftsführer der B zugewiesen war, außerdem die TAN, die unmittelbar vor der Überweisung als SMS auf das Mobiltelefon des Geschäftsführers gesendet worden war. Wenn dies Verfahren zum fraglichen Zeitpunkt ein „allgemein praktisch nicht zu überwindendes ... Sicherheitssystem" war, ergibt sich daraus der Anscheinsbeweis, dass der Geschäftsführer den Betrag selbst überwiesen hat.[353] Es

344 BGH NJW 2008, 1381 Rn 9; 1993, 734; 1992, 3298; 1991, 1412.
345 BGH NJW 1991, 747.
346 BGH NJW 2000, 509.
347 BGH NJW 2000, 2814, 1572, 730 und 509; 1996, 3343 und 3009.
348 BGH NJW 2000, 1572.
349 BGHZ 160, 308, 313; NJW 2005, 2395 unter II 4; 2001, 1140.
350 BGH NJW 2012, 1277 Rn 16; 2010, 1072 Rn 8; ähnlich BGH NJW 2014, 2795 Rn 2.
351 BGH NJW 1994, 945. Zum Anscheinsbeweis beim Sturz auf nicht gestreutem Gehweg siehe BGH NJW 2009, 3302.
352 BGH NJW 2010, 1072.
353 BGH NJW 2016, 2024 Rn 34, 38. Siehe zum Abheben an Geldautomaten BGH NJW 2012, 11277 Rn 16; BGHZ 170, 18 Rn 31.

steht ihm aber frei, den Anscheinsbeweis zu erschüttern, indem er etwa nachweist, dass er zur fraglichen Zeit verreist und nicht im Besitz des Mobiltelefons war.[354]

b) Untypischer Sachverhalt

1054 Wenn der zu beurteilende Sachverhalt zu kompliziert oder zu selten ist, um Bestandteil der Lebenserfahrung zu sein, ist ein Anscheinsbeweis ausgeschlossen. *Beispiel 1:* Als A in einem Balkangrill ein Fleischgericht aß, biss er auf etwas Hartes und verlor einen Zahn. Die Lebenserfahrung spricht nicht dafür, dass A auf ein Steinchen gebissen hat. Es kann sich auch um einen Knochensplitter gehandelt haben oder der Zahn kann vorgeschädigt gewesen sein.[355] *Beispiel 2:* Auf der linken Spur einer Autobahn fuhr ein Porsche Carrera auf einen Mercedes Benz auf. Es gibt keinen Erfahrungssatz, der die Vermutung nahe legt, dass der Porschefahrer schuld war. Der Mercedesfahrer kann auch plötzlich und unvorhersehbar nach links ausgeschert sein.[356] *Beispiel 3:* Auf dem Parkplatz eines Baumarkts fuhren zwei Autofahrer gleichzeitig rückwärts aus ihrer Parkreihe und kollidierten in der Mitte der Fahrbahn. Es steht nicht fest, ob einer von ihnen rechtzeitig angehalten hatte. Der BGH braucht mehr als zwei NJW-Seiten um festzustellen, dass es in solch einem Fall keinen Erfahrungssatz zur Schuldfrage gibt.[357]

c) Rechtsfolge

1055 Durch den Anscheinsbeweis kann der Richter geringfügige Aufklärungslücken „überbrücken“,[358] indem er auf seine Lebenserfahrung zurückgreift. Diese Lebenserfahrung muss aber auf der Beobachtung so vieler Fälle beruhen, „dass die Wahrscheinlichkeit, einen solchen Fall vor sich zu haben, sehr groß ist“.[359]

Der Gegenseite bleibt die Möglichkeit, den Anscheinsbeweis zu erschüttern.[360]

3. Vermutung aufklärungsrichtigen Verhaltens

1056 *Ausgangslage:* Der „Vermutung aufklärungsrichtigen Verhaltens“ (oder beratungsgerechten Verhaltens) liegt immer folgende Situation zugrunde: S war verpflichtet, den G zu beraten oder ihn über eine Gefahr aufzuklären, hat das aber entweder gar nicht oder unzureichend getan. Dem G ist in der Folgezeit ein Schaden entstanden, den er auf die fehlende oder mangelhafte Aufklärung/Beratung zurückführt. S bestreitet einen Kausalzusammenhang zwischen seiner Pflichtverletzung und dem eingetretenen Schaden mit dem Argument, es stehe keinesfalls fest, dass sich S durch eine ordnungsgemäße Aufklärung von seinem Verhalten hätte abbringen lassen. Das Problem taucht insbesondere bei falscher Beratung durch Ärzte,[361] Rechtsanwälte, Steuerberater und Kreditinstitute (Anlageberater)[362] auf.

---

354 BGH NJW 2016, 2024, Rn 49 ff.
355 BGH NJW 2006, 2262.
356 BGH NJW 2012, 608
357 BGH NJW 2016, 1098 Rn 15. Siehe auch das anschließend abgedruckte Urteil NJW 2016, 1100 zur gleichen Frage.
358 BGH NJW 1998, 79.
359 BGH NJW 1997, 528.
360 BGH NJW 2010, 1072 Rn 11.
361 BGH NJW 1994, 2414.
362 BGH NJW 1996, 3009; 1994, 1472.

Beweislastumkehr: Der (für das Bankrecht und damit auch für fehlerhafte Kapitalanlage-Beratungen) zuständige XI. Senat des BGH nimmt an, dass es sich bei der Vermutung aufklärungsrichtigen Verhaltens „... nicht lediglich um eine Beweiserleichterung im Sinne eines Anscheinsbeweises, sondern um eine zur Beweislastumkehr führende widerlegliche Vermutung" handelt.[363] Nicht der Geschädigte muss beweisen, dass er sich im Fall richtiger Beratung an den Rat gehalten hätte. Vielmehr muss der Berater beweisen, dass der Geschädigte auch bei richtiger Beratung das gleiche Verhalten gezeigt und damit den Schaden ebenfalls herbeigeführt hätte.[364] *Beispiel 1:* Der Anlageberater S der B-Bank riet dem K zur Beteiligung am „VIP-3-Medienfonds". Er hätte den K darüber aufklären müssen, dass die B-Bank ein erhebliches eigenes Interesse an diesem Geschäft hatte, weil sie von den Initiatoren des „VIP-3-Medienfonds" eine hohe Rückvergütung erhielt. S erwähnte diesen Punkt aber nicht. K machte später geltend, er hätte bei richtiger Aufklärung von dem fraglichen Investment abgesehen. Die B-Bank bestreitet das. Aber sie müsste beweisen, dass K die Beteiligung auch in Kenntnis der hohen Rückvergütung erworben hätte.[365]

Der (für die Anwaltshaftung zuständige) IX. Senat des BGH nimmt an, dass die „Vermutung beratungsgerechten Verhaltens" nicht zu einer Beweislastumkehr führe, sondern nur ein Fall des Anscheinsbeweises (Rn 1053 ff) sei.[366] Nach dieser Ansicht wechselt also nicht die Beweislast, sie wird nur dem unverändert Beweispflichtigen nur erleichtert. Das macht aber in der Praxis kaum einen Unterschied. *Beispiel 2:* G war von Rechtsanwalt S falsch beraten worden und hat den Rat befolgt. Es besteht nach Ansicht des IX. Senats zu Gunsten des G nur eine (widerlegliche) Vermutung für die Annahme, dass er sich auch bei *richtiger* Beratung an den Rat des S gehalten hätte.[367] S muss die Vermutung ausräumen, indem er nachweist, G sei von seiner falschen Ansicht so überzeugt gewesen, dass er sich auch von einem richtigen Rat nicht hätte umstimmen lassen.[368]

„Entscheidungskonflikt" unerheblich: Die Vermutung für ein aufklärungsrichtiges Verhalten wurde meist davon abhängig gemacht, dass es für den Geschädigten bei richtiger Beratung nur *ein* vernünftiges Verhalten gegeben hätte.[369] Anders gesagt: Die Beweislastumkehr sollte nicht gelten, wenn es *zwei* Möglichkeiten einer vernünftigen Reaktion gegeben hätte und der Beratene dadurch in einen „Entscheidungskonflikt" geraten wäre.[370] Aber diese (nicht überzeugende) Einschränkung hat der XI. Senat des BGH (im Anschluss an den II. und III. Senat) ausdrücklich aufgegeben.[371]

363 BGHZ 196, 233 Rn 19; BGHZ 193, 159 Rn 29 unter Hinweis auf BVerfG NJW 2012, 443, BGH NJW 2014, 2348 Rn 20; 2011, 3227 und BGHZ 189, 13 Rn 490.
364 BVerfG NJW 2012, 443 Rn 20; BGHZ 189, 13 Rn 40; BGHZ 193, 159 Rn 28; BGH NJW 2011, 3227 Rn 33.
365 BGHZ 193, 159 Rn 26 ff.
366 NJW 2015, 3447 Rn 23; NJW 2014, 2795 Rn 2 f; 2012, 2435 Rn 36 mwN; NJW 2009, 1141 Rn 18.
367 BGH NJW 2009, 1141 Rn 18; 2000, 2814 und 1944; 1999, 308 mwN.
368 BGH NJW 1998, 302.
369 So heute noch der IX. Senat des BGH (NJW 2014, 2795 Rn 2 und 2012, 2435 Rn 36).
370 BGH NJW 2009, 1591 Rn 9 ff; BGH NJW 2008, 2647 Rn 12.
371 BGHZ 193, 159 Rn 33.

§ 42 Anrechnung von Vorteilen

Fall 42: Befall mit echtem Hausschwamm § 249 1057

Frau Kilian kaufte vom Ehepaar Vollmann für 260 000 Euro ein in Berlin gelegenes, über 100 Jahre altes Mietshaus. Sie plante eine umfassende Renovierung, die insbesondere alle Küchen und Badezimmer betreffen sollte. Bei den Vorarbeiten stellte sich heraus, dass die tragenden Balken vom Dach bis in den Keller vom echten Hausschwamm befallen sind. Zu seiner Beseitigung muss nicht nur der Dachstuhl neu errichtet, es müssen auch alle Küchen und Badezimmer neu aufgebaut werden. Außerdem sind alle Elektro- und Klempnerinstallationen sowie alle Fliesenarbeiten zu erneuern. Es steht fest, dass die Eheleute Vollmann Frau Kilian den Schaden zu ersetzen haben, der ihr durch den Mangel des Hauses (den Befall mit Hausschwamm) entstanden ist. Sie haben deshalb bereits 135 000 Euro gezahlt. Nunmehr verlangt Frau Kilian für die Schwammbeseitigung weitere 499 728 Euro. Die Eheleute Vollmann sind der Meinung, dass sie mit Zahlung dieser Summe weitgehend die Renovierungskosten tragen würden, die auch ohne den Hausschwamm angefallen und allein von Frau Kilian zu tragen wären. (Nach BGHZ 200, 350)

1058 Es ist zwischen den Parteien unstreitig, dass das Ehepaar Vollmann verpflichtet ist, „den Zustand herzustellen, der bestehen würde, wenn der zum Ersatze verpflichtende Umstand nicht eingetreten wäre" (§ 249 Abs. 1). Der „zum Ersatz verpflichtende Umstand" ist der Befall mit dem echten Hausschwamm. Die Kosten zu seiner Beseitigung muss das Ehepaar Vollmann im Prinzip tragen. Gestritten wird nur über die Frage, ob Frau Kilian sich den Vorteil anrechnen lassen muss, der ihr dadurch entsteht, dass die Kosten der von ihr schon vorher geplanten Renovierung teilweise entfallen (*Vorteilsausgleich*, Rn 1062 ff).

Die erste Voraussetzung für einen Vorteilsausgleich ist, dass der schädigende Umstand den Vorteil *adäquat kausal* verursacht hat (Rn 1064 f). Die Kausalität des Hausschwamms für die Kosteneinsparung, die Frau Kilian zugutekommt, ist nicht zu bezweifeln. Denn wenn man sich den Hausschwamm wegdenkt, entfällt der Kostenvorteil. Dieser Vorteil ist auch *adäquat* verursacht worden. Denn es liegt im Rahmen der Lebenserfahrung, dass eine umfassende Hausschwammsanierung eine Modernisierung und Steigerung des Wohnkomforts teilweise vorwegnimmt und damit überflüssig macht.

Zu prüfen ist aber, ob es gerecht erscheint, den entstandenen Vorteil nicht der geschädigten Frau Kilian, sondern dem Ehepaar Vollmann zugutekommen zu lassen. Das hängt davon ab, ob die Anrechnung „dem Geschädigten zumutbar ist und den Schädiger nicht unangemessen entlastet".[372] Ein Vorteil kann den Schadensersatz nur mindern, wenn Vor- und Nachteile „bei wertender Betrachtung gleichsam zu einer Rechnungseinheit verbunden" sind.

Diese Voraussetzungen hat der BGH im vorliegenden Fall zu Recht als gegeben angesehen und deshalb entschieden, dass Frau Kilians Kosteneinsparung dem Ehepaar Vollmann zugutekommt. Er hat das mit dem „schadensrechtlichen Bereicherungsverbot" begründet. Nach diesem Grundsatz soll der Geschädigte durch den Schadensersatz „nicht besser gestellt werden, als er ohne das schädigende Ereignis stünde".[373] Diese Besserstellung wäre aber gegeben, wenn Frau Kilian infolge des Mangels (des Hausschwamms) Umbau- und Renovie-

372 So der BGH auch in der zugrunde liegenden Entscheidung.
373 BGHZ 200, 350 Rn 20 unter Hinweis auf BGHZ 173, 83 Rn 18 und NJW-RR 2013, 825 Rn 11.

rungskosten einsparen würde, die sie ohne ihn allein getragen hätte. Anders gesagt, wäre es für Frau Kilian „ein unverdienter Vorteil, wenn sie die ohnehin vorgesehenen Sanierungsarbeiten teilweise auf Kosten der Beklagten durchführen könnte".[374]

Lerneinheit 42

1059 **Literatur:** *Ramme*, Die Berücksichtigung von Steuervorteilen bei Schadensersatz wegen Falschberatung: Schadensentwicklung oder Vorteilsanrechnung im Haftungsprozess? VersR 2016, 160; *Sohn*, Vorteilsausgleich in der Planerkette, NJW 2016, 1996; *Knops*, Die Berücksichtigung von Steuervorteilen bei der Rückabwicklung fehlgeschlagener Kapitalanlagen, WM 2015, 993; *Ganter*, Schadensberechnung und Vorteilsausgleichung in der Haftung der rechtsberatenden Berufe, NJW 2012, 801; *Zoller*, Die Haftung anlageberatender Banken bei Cross-Currenc-Swaps ... BKR 2012, 405; *Staudenmayer*, Steuervorteile und Steuernachforderungen als Schadensersatzpositionen, VuR 2011, 43.

I. Glück im Unglück

1060 Auch der schwerste Schicksalsschlag kann noch seine guten Seiten haben. Und so kann auch dasselbe Ereignis dem Geschädigten außer dem Schaden zugleich einen Vorteil bringen. In diesem Fall fragt es sich, ob dieser Vorteil dem Schädiger zugute kommt, also seine Schadensersatzpflicht mindert. Eine gesetzliche Regelung gibt es nicht, weil die Verfasser des BGB das Problem Wissenschaft und Rechtsprechung überlassen haben. Einzige gesetzliche Grundlage ist der in § 242 aufgestellte Grundsatz von Treu und Glauben.[375] Aber seine notwendige Unschärfe hat auch in hundert Jahren nicht zu einer klaren Lösung geführt. Es lassen sich nur Grundsätze aufstellen und Fallgruppen bilden. Dabei geht die Tendenz eher dahin, dem Geschädigten seinen Vorteil zu lassen, diesen also nicht anzurechnen.[376]

1061 *Terminologisches:* Üblich ist der Begriff „Vorteilsausgleichung". Dabei handelt es sich wohl um eine unbeabsichtigte Hybridbildung aus den Worten „Vorteils*ausgleich*"[377] und „Vorteilsanrechnung".[378] Es ist deshalb besser, diese beiden Ausdrücke zu benutzen. Da der Vorteil nicht ausgeglichen (?), sondern angerechnet wird (nämlich auf die Forderung des Geschädigten), wäre der Begriff „Vorteilsanrechnung" vorzuziehen. Aber der Begriff „Vorteilsausgleich" beginnt sich durchzusetzen – und er ist immer noch besser als „Vorteilsausgleichung".

II. Definition

1062 *Vorteilsausgleich* ist die schadensmindernde Berücksichtigung eines Vorteils, den der Geschädigte infolge des schädigenden Ereignisses erlangt hat. Die Notwendigkeit eines Vorteilsausgleichs folgt aus dem das ganze Schadensrecht beherrschenden Grundsatz, dass „der Geschädigte nicht besser gestellt werden" soll, „als er ohne das schädigende Ereignis stünde".[379] Ein Vorteilsausgleich findet aber nur statt, wenn er dem Sinn und

374 BGHZ 200, 350 Rn 21.
375 BGHZ 200, 350 Rn 21; 198, 150 Rn 22.
376 Medicus/Lorenz Rn 646.
377 So zB BGHZ 200, 350 Rn 21; 164, 235 Rn 13; 127, 391; BGH NJW 2004, 3557 (unter II 1).
378 Das unschöne Wort „Ausgleichung" wird allerdings in anderem Zusammenhang vom BGB selbst verwendet (§ 426 Abs. 1 S. 2 und Abs. 2 S. 1).
379 BGHZ 200, 350 Rn 20; BGHZ 173, 83 Rn 18; 127, 391.

Zweck der Schadensersatzpflicht entspricht, den Geschädigten nicht unzumutbar belastet und den Schädiger nicht unbillig begünstigt.[380]

III. Voraussetzungen des Vorteilsausgleichs

1. Eintritt eines Schadens

1063 Es muss einen Schädiger geben, einen Schaden und einen Geschädigten. Wenn kein Schaden entstanden ist, kann man nicht von einem Vorteilsausgleich sprechen.[381]

2. Adäquate Kausalität

1064 *Kausalität:* Damit der Vorteil dem Schädiger zugute kommen kann, muss zunächst das schädigende Ereignis für den Vorteil (nicht nur für den Schaden) *ursächlich* gewesen sein. Das ist nach der bekannten Methode zu prüfen (Rn 1033). Stammen Schaden und Vorteil nicht aus derselben Wurzel, ist der Vorteil nie zu berücksichtigen. *Beispiel:* Bei einem Verkehrsunfall wurde A getötet, sein Bruder B verletzt. B wurde Erbe seines Bruders. Der Schädiger machte geltend, B müsse sich den Vorteil der Erbschaft schadensmindernd anrechnen lassen. Das ist nicht nur geschmacklos, sondern auch logisch falsch. Denn der Vorteil ist hier nicht durch das schädigende Ereignis (Verletzung des B) verursacht worden, sondern durch ein anderes Ereignis, nämlich den Tod des A.[382]

1065 *Adäquanz:* Das schädigende Ereignis muss den Vorteil *adäquat* verursacht haben (Rn 1036). Das Erfordernis der Adäquanz im Rahmen des Vorteilsausgleichs wird von der hM in Frage gestellt.[383] Doch hat der BGH zu Recht daran festgehalten.[384] Es müsste also im Zeitpunkt des schädigenden Ereignisses einem erfahrenen Beobachter als möglich erschienen sein, dass sich der konkrete Vorteil einstellen könnte. *Beispiel:* Frau F fragte Rechtsanwalt R, ob sie ihren (befristeten) Unterhaltsanspruch gegen den Vater ihres unehelichen Kindes verliere, wenn sie ihren jetzigen Freund heirate. R verneinte das zu Unrecht. Frau F verlor durch ihre Eheschließung den Unterhaltsanspruch, so dass R im Prinzip schadensersatzpflichtig war (§ 280 Abs. 1). Sie erlangte aber durch ihre Heirat zugleich einen entsprechenden Anspruch gegen ihren Ehemann. Darin lag ein ausgleichender Vorteil, der R zugutekam.[385]

3. Gerechtigkeit im Einzelfall

1066 Ob ein Vorteilsausgleich angemessen ist, entscheidet nicht nur „eine rein kausale Sicht“, sondern eine „wertende Betrachtung“[386] und die „Interessenlage“[387]. Dabei spielen drei Gesichtspunkte eine Rolle:

1067
- *Keine unzumutbare Belastung:* Ein Vorteilsausgleich kommt nur in Frage, wenn er „den Geschädigten nicht unzumutbar belastet“.[388] Ihm darf deshalb kein Vorteil ge-

380 BGH NJW 1997, 2378.
381 Anders (oder zumindest unklar) BGH NJW 2007, 2695; ähnlicher Sachverhalt und gleiche Problematik in dem Parallelurteil vom gleichen Tage NJW 2007, 2697.
382 BGH NJW 1976, 747.
383 Zuerst Cantzler, Die Vorteilsausgleichung beim Schadensersatzanspruch, Diss. 1956.
384 NJW 2016, 1961 Rn 25; NJW 1992, 3175; 1990, 1360.
385 BGH NJW 2016, 1961 Rn 24 ff.
386 BGH NJW 1997, 2378.
387 BGH NJW 1994, 511.
388 BGH NJW 2010, 675 Rn 9; 2008, 2773 Rn 7; BGHZ 173, 83; BGH NJW 2006, 499 Rn 7.

nommen werden, der ihm gerechterweise belassen werden müsste. Dabei ist auf „den Sinn und Zweck der Schadensersatzpflicht" abzustellen.[389]

1068
- *Keine unangemessene Entlastung:* Auf der anderen Seite darf der Vorteilsausgleich den Schädiger nicht „unbillig entlasten".[390] Es ist also zu fragen, ob es gerecht ist, den Vorteil gerade dem Schädiger zugute kommen zu lassen. Diese Frage wird man gefühlsmäßig meist verneinen wollen, doch ist der Grundgedanke des Schadensersatzrechts zu berücksichtigen, dass der Geschädigte nicht besser gestellt werden darf, als er ohne das schädigende Ereignis stünde.[391]
- *Enge Verbindung:* Ein Vorteilsausgleich kommt schließlich nur in Betracht, wenn Schaden und Vorteil so miteinander verknüpft sind, dass sie als die beiden Seiten derselben Medaille erscheinen oder „gleichsam zu einer Rechnungseinheit verbunden" sind[392] oder miteinander „korrespondieren".[393]

Natürlich sind diese drei „Voraussetzungen" viel zu unbestimmt, um sichere Ergebnisse zu ermöglichen. Sie dienen letztlich dazu, einer Einzelfallentscheidung den Anschein einer Systematik zu geben.

IV. Fallgruppen

1. Vorteilsausgleich anerkannt (Besserstellung des Schädigers)

1069 *Wertsteigerung:* Die Wertsteigerung, die eine Sache – meist ein Grundstück – durch das Schadensereignis erfahren hat, ist grundsätzlich schadensmindernd zu berücksichtigen, also anzurechnen.[394] *Beispiel:* Architekt A hatte sich gegenüber dem Bauherrn B verpflichtet, bei einem Neubau einen bestimmten Kostenrahmen nicht zu überschreiten, hielt diese Vereinbarung aber nicht ein. Dem B ist in Höhe der Überschreitung ein Schaden entstanden. Aber wenn die zusätzlichen Kosten auch zu einer zusätzlichen Wertsteigerung des Grundstücks geführt haben, muss sich B diesen Vorteil anrechnen lassen.[395]

1070 *Abzug „neu für alt":* Wenn die beschädigte Sache nach ihrer Wiederherstellung deutlich wertvoller ist als vor dem Schadenseintritt, muss sich der Geschädigte meist einen Abzug „neu für alt" gefallen lassen (Rn 874). *Beispiel:* Straßenbäume hatten mit ihren Wurzeln allmählich eine über hundert Jahre alte Mauer zum Einsturz gebracht. Da die neue Mauer etwa dreimal so viel wert ist wie die alte, musste der Geschädigte einen Teil ihrer Wertsteigerung selbst tragen.[396] Streng genommen ist der „Abzug neu für alt" (entgegen der üblichen Einordnung) kein Fall des Vorteilsausgleichs. Denn der Vorteil der Neuheit entsteht nicht durch das schädigende Ereignis, sondern erst durch die (für den Geschädigten vorteilhafte) Art der Schadensbeseitigung.

1071 *Sonstige ersparte Aufwendungen:* Wenn der Geschädigte infolge des Schadens Aufwendungen erspart hat, die er sonst hätte machen müssen, wirkt das schadensmindernd. *Beispiel 1:* Fall 42, Rn 1057. *Beispiel 2:* A erlitt einen Autounfall, den S verschuldet

389 BGH NJW 1992, 3175.
390 BGHZ 173, 83; BGH NJW 2010, 675 Rn 9; 2008, 2773 Rn 7.
391 BGH NJW 1990, 1360; 1989, 3150.
392 BGH NJW 2007, 2695 Rn 18; 2000, 734; 1990, 1360; MüKo/Oetker § 249 Rn 228, 234 mwN.
393 NJW 1997, 2378.
394 BGH NJW 1997, 2378; 1989, 2117.
395 OLG Frankfurt NJW 2012, 1739 (1742). Das OLG geht allerdings auf die Frage eines Vorteilsausgleichs nicht ein.
396 BGH NJW 1992, 2884.

hatte. Er nahm auf Kosten des S einen Mietwagen, der derselben Preisklasse angehört wie sein beschädigtes Fahrzeug. Er schonte in dieser Zeit sein eigenes Auto (Vorteil). Er muss deshalb einen Teil der Kosten selbst zahlen (Rn 932). *Beispiel 3:* V hatte K eine noch im Bau befindliche Eigentumswohnung verkauft, konnte sie aber nicht zum zugesagten Termin übergeben. K musste weiterhin Miete zahlen und machte das als Verzugsschaden geltend. Aber er brauchte das nötige Bankdarlehen erst später in Anspruch zu nehmen. Die dadurch ersparten Zinsen musste er sich als Vorteil anrechnen lassen.[397]

1072 *Vermiedene Verluste:* Wenn das schädigende Ereignis zugleich den Nebeneffekt hatte, dem Geschädigten Verluste zu ersparen, muss auch dieser Umstand schadensmindernd berücksichtigt werden.[398] *Beispiel:* Die Cap San Lorenzo war durch einen Zusammenstoß beschädigt worden, an dem der Kapitän eines anderen Schiffes schuld war. Während der Reparaturarbeiten ließ der Reeder der Cap San Lorenzo zugleich auf seine Kosten andere fällige Arbeiten ausführen. Er vermied auf diese Weise die übliche Jahresdockung und die mit ihr verbundene Umsatzeinbuße. Dieser Vorteil kommt dem Schädiger zugute.[399]

Weitergabe eines überhöhten Preises: Wer an seinen Lieferanten einen zu hohen Preis bezahlt hat, kann diesen Schaden manchmal dadurch ausgleichen, dass er den überhöhten Preis an seinen Abnehmer weitergibt. *Beispiel 1:* Y betreibt ein örtliches Stromverteilnetz. Sein Lieferant X hatte ihm 634 000 Euro zu viel berechnet. Als Y deren Erstattung verlangte, wandte X ein, Y habe die überhöhten Preise an seine Kunden weitergeben können und müsse sich diesen Vorteil anrechnen lassen. Der BGH hat das nicht akzeptiert mit dem einleuchtenden Argument, dass X anderenfalls die Vorteile seiner unzulässigen Preisgestaltung erhalten bleiben würden.[400] Bei Verstößen gegen das Kartellrecht entscheidet der BGH leider anders.[401]

1073 *Gewinn aus einem Deckungsverkauf:* Wenn ein Verkäufer beim Deckungsverkauf einen höheren Preis erzielt, stellt sich die Frage, wem er zugute kommt. *Beispiel:* V hatte ein Grundstück an K verkauft, der es aber nicht abnahm. Darauf verkaufte V das Grundstück an D, und zwar zu einem höheren Preis. Richtig ist es wohl, einen Mehrerlös dem *Schädiger* K zugute kommen zu lassen, weil er auch einen Mindererlös auszugleichen hätte. Nach Meinung des BGH ist aber zu differenzieren: Der Mehrerlös kommt dem V zugute, wenn der höhere Preis auf seiner Geschäftstüchtigkeit beruht.[402] Wenn der höhere Preis auf allgemein gestiegene Grundstückspreise zurückzuführen ist, entlastet das den Erstkäufer (Vorteilsausgleich).

Mieteinnahmen: Manchmal hat der Gläubiger des Schadensersatzanspruchs Mieteinnahmen erzielt, so dass sich die Frage stellt, ob er sie behalten darf. *Beispiel:* K kaufte vom Bauträger V eine neue Wohnung und vermietete sie. Später machte er Feuchtigkeitsschäden geltend, so dass V die Wohnung zurücknehmen musste. Die von K erzielten Mieteinnahmen sind nach Ansicht des BGH als Vorteilsausgleich dem V zuzuordnen.[403] Das ist problematisch, weil K so gestellt werden muss, als habe V ordnungsge-

397 BGH NJW 1983, 2137.
398 BGH NJW 1989, 2117.
399 BGHZ 81, 271.
400 BGH NJW 2014, 3089 Rn 51.
401 BGHZ 190, 145 Rn 56.
402 BGH NJW 1997, 2378.
403 BGHZ 167, 108; BGH NJW 2009, 1870 Rn 15.

mäß erfüllt (positives Interesse). In diesem Fall wären die Mieten dem K zugeflossen.[404]

Werksangehörigenrabatt: S beschädigte den Mini des BMW-Werksangehörigen G. G ließ den Mini in einer BMW-Niederlassung reparieren und zahlte als Werksangehöriger statt 4 005 Euro nur 2 906 Euro. Dieser Vorteil kam dem S zugute, weil G anderenfalls an dem Schadensfall über 1 000 Euro verdient hätte.[405]

2. Kein Vorteilsausgleich (Besserstellung des Geschädigten)

1074 *Vorteile aus Zuwendungen Dritter:* Der Schädiger wird nicht dadurch entlastet, dass andere dem Geschädigten zu Hilfe gekommen sind.[406]

1075 Oft ist ein Dritter gesetzlich oder vertraglich verpflichtet, vorläufig den Schaden auszugleichen (zB Lohn- und Gehaltsfortzahlung im Krankheitsfall, Leistungen des Sozialversicherungsträgers, Leistungen eines privaten Versicherers). Dadurch könnte der Eindruck entstehen, dem Geschädigten sei gar kein Schaden entstanden, so dass der Schädiger auch keinen Schadensersatz zu leisten habe. Das kann aber nicht der Sinn dieser vorläufigen Hilfe sein. Der Schadensersatzanspruch geht deshalb idR kraft Gesetzes auf den Leistenden über.[407]

1076 *Steuervorteile eines geschädigten Unternehmers:* Das schädigende Ereignis kann zu einem finanziellen Verlust des geschädigten Unternehmers und damit zur Verminderung seiner Steuerbelastung führen. Diese ist jedoch nicht schadensmindernd zu berücksichtigen. Denn der Geschädigte muss andererseits den Geldbetrag versteuern, den er als Schadensersatz erhält, so dass der frühere Steuervorteil zumindest weitgehend kompensiert wird.[408]

404 Die Mieten dem *Verkäufer* zuzusprechen, ist vielleicht damit zu begründen, dass dieser die Erwerbskosten des Käufers (Notar-, Makler- und Finanzierungskosten) zu tragen hat (BGH NJW 2009, 1870 Rn 14).

405 BGH NJW 2012, 50 Rn 8. Der VI. Senat hat den Gesichtspunkt des Vorteilsausgleichs allerdings nicht diskutiert.

406 BGH NJW 1990, 1360.

407 So nach § 67 VVG auf den Versicherer, nach § 4 Lohnfortzahlungs-Gesetz auf den Arbeitgeber und nach § 116 SGB X auf den Versicherungsträger oder Träger der Sozialhilfe.

408 BGH NJW 1993, 1643 mwN; 1990, 571.

Zwölftes Kapitel: Einbeziehung Dritter in das Schuldverhältnis

§ 43 Verträge zugunsten Dritter

Fall 43: Maklerklausel § 328 1077

Die Eheleute Seloger hatten eine im Jahre 1909 erbaute Jugendstilvilla ersteigert, wollten sie aber fünf Jahre später wieder verkaufen. Sie beauftragten die Willi Becker GmbH (WBG), die als Grundstücksmaklerin tätig ist, mit der Suche nach einem Käufer. In dem Maklervertrag verpflichteten sich die Eheleute Seloger, an die WBG eine Maklercourtage von 5,5 % des Kaufpreises zuzüglich 15 % Mehrwertsteuer zu zahlen. Der WBG gelang es, als Kaufinteressenten die Eheleute Kluthe zu finden. Diese erklärten sich bereit, die Maklercourtage – wie üblich – an Stelle der Verkäufer zu zahlen. Auf Vorschlag des Geschäftsführers Willi Becker der WBG wurde als § 12 folgende Bestimmung in den notariell beurkundeten Kaufvertrag aufgenommen:

> *„Der Vertrag ist auf Nachweis der WBG zustande gekommen. Der Käufer hält den Verkäufer von der Verpflichtung zur Zahlung der Maklercourtage frei und verpflichtet sich deshalb, an den Makler eine Courtage in Höhe von 5,5 % des Kaufpreises zuzüglich 15 % Mehrwertsteuer zu zahlen. Diese ist fällig und verdient mit dem Abschluss dieses Vertrags. Dem Makler entsteht ein selbstständiger Anspruch aus dem Vertrag gegen den Käufer auf Zahlung."*

Die WBG verlangt von den Eheleuten Kluthe die Zahlung der Courtage. Zu Recht? (Nach BGH NJW 2005, 3778)

1078 Die Parteien des notariell beurkundeten Kaufvertrags haben in § 12 bestimmt, dass nicht mehr die Selogers, sondern die Käufer Kluthe verpflichtet sein sollten, der WBG die Maklercourtage zu zahlen sie auch direkt an sie zu überweisen. Zu prüfen ist, ob diese Vereinbarung einen Vertrag nach § 328 zugunsten eines Dritten, nämlich der WBG, darstellt. Dazu soll § 328 wieder abschnittsweise geprüft werden.

„Durch Vertrag kann eine Leistung ..." Der „Vertrag" ist der Grundstückskaufvertrag zwischen den Eheleuten Seloger und Kluthe, speziell dessen § 12. Die Leistung ist die Zahlung der Courtage.

„... an einen Dritten ..." Der „Dritte" ist die WBG. Zu beachten ist, dass die WBG nicht an der Vereinbarung beteiligt ist, die in § 12 getroffen wurde. Das entspricht dem Wesen des Vertrags zugunsten eines Dritten, denn der begünstigte Dritte ist an seinem Abschluss nie beteiligt.

„... mit der Wirkung bedungen werden, dass der Dritte unmittelbar das Recht erwirbt, die Leistung zu fordern." Zu prüfen ist, ob die WBG das Recht erwerben sollte, die Courtage von den Eheleuten Kluthe zu fordern. Das ist in vielen Fällen, in denen es an einer ausdrücklichen Vertragsbestimmung fehlt oder die Regelung ungenau gefasst ist, nur durch eine Auslegung zu ermitteln. Aber im vorliegenden Fall hat der Notar (möglicherweise unterstützt durch den versierten Geschäftsführer der Makler-GmbH) einen Text formuliert, der sehr deutlich macht, dass der WBG ein unmittelbarer Anspruch gegen die Eheleute Kluthe zuste-

hen soll. Denn es heißt ja in § 12: „Dem Makler entsteht ein selbstständiger Anspruch aus dem Vertrag gegen den Käufer auf Provisionszahlung."

Damit steht fest, dass die Eheleute Kluthe die Courtage an die WBG zu zahlen haben.

Lerneinheit 43

1079 **Literatur:** *Werkmüller,* Verträge zugunsten Dritter auf den Todesfall im Lichte der EuErbVO: Probleme bei der lebzeitigen Übertragung von Vermögen „am Nachlass vorbei"? ZEV 2016, 123; *Hornberger*, Grundfälle zum Vertrag zugunsten Dritter, JA 2015, 7, 93; *Schreindorfer,* Verwahrung zugunsten Dritter, MittBayNot 2015, 282; *Wall,* Wider die herrschende Meinung: Forderungsvermächtnis statt Schenkung im Valutaverhältnis des Vertrags zugunsten Dritter auf den Todesfall, ZEV 2011, 3; *Lehmann-Richter,* Mietvertrag zugunsten Dritter – zur Drittbegünstigung nach § 328 BGB auf Mieterseite, ZMR 2010, 813; *Peters,* Die Lebensversicherung als Instrument für Zuwendungen an Dritte auf den Todesfall ... ZErb 2010, 165; *Rahbari*, Der Anwendungsbereich des Vertrags zugunsten Dritter gemäß §§ 328 ff. BGB – Insbesondere zur Frage der analogen Anwendung der §§ 328 ff. BGB auf Verfügungsgeschäfte, ZGS 2010, 172.

I. Hintergrund

1080 Wenn A und B einen Vertrag schließen, der A zu einer Leistung verpflichtet, ist A der Schuldner dieser Leistung und im Normalfall B deren Gläubiger. Denn B, nicht ein Dritter, soll das Recht haben, „von dem Schuldner eine Leistung zu fordern" (§ 241 Abs. 1 S. 1). Die Vertragsparteien können aber bei jedem Vertragstyp vereinbaren, dass nicht der Vertragspartner B der Gläubiger der versprochenen Leistung sein soll, sondern dass der Anspruch einem von B benannten Dritten zustehen soll. Die Folge ist dann, „dass der Dritte unmittelbar das Recht erwirbt, die Leistung zu fordern" (§ 328 Abs. 1). Eine solche Vereinbarung kann auch stillschweigend erfolgen oder sich aus der Interessenlage ergeben (§ 328 Abs. 2). Da der Vertrag zugunsten eines Dritten kein eigener Vertragstyp ist, sondern eine mögliche Modifikation jedes Vertragstyps, ist er zu Recht im Allgemeinen Teil des Schuldrechts, nicht im Besonderen Teil geregelt worden.

Zur Terminologie: Das Gesetz spricht in der Überschrift des Titels 3 von einem „Versprechen der Leistung an einen Dritten". Den Ausdruck „Vertrag zugunsten Dritter" kannte das Gesetz hundert Jahre lang nicht. Er hatte sich aber im Lauf der Zeit durchgesetzt, so dass jetzt § 328 diese Bezeichnung als amtliche Überschrift trägt. Treffender wäre aber „Vertrag zugunsten eines Dritten", denn normalerweise gibt es nur *einen* begünstigen Dritten. Von mehreren Dritten zu sprechen, ist eigentlich nur sinnvoll, wenn man auch das Wort „Vertrag" im Plural verwendet (Verträge zugunsten Dritter). Vermutlich ist der unkorrekte Ausdruck „Vertrag zugunsten Dritter" auch von dem korrekten Ausdruck „Verträge zugunsten Dritter" abgeleitet.

1081 *„Unechte Verträge* zugunsten *Dritter": Kein* Vertrag zugunsten eines Dritten liegt vor, wenn ein Dritter lediglich der Nutznießer der geschuldeten Leistung sein soll, ohne einen *Anspruch* auf sie zu erwerben. *Beispiel:* Der Einladende E gibt für seine Freunde und sich Bestellungen beim Wirt W auf. Dann sollen die Speisen und Getränke den Freunden serviert werden, aber einen eigenen Anspruch gegen W erwerben sie dadurch nicht. Gläubiger der von W geschuldeten Leistung ist vielmehr allein E. Dieser Fall, der viel häufiger vorkommt als der Vertrag zugunsten eines Dritten, wirft keine Probleme auf und ist deshalb im Gesetz zu Recht nicht geregelt worden. Man hat diese Verträge aber trotzdem mit einer eigenen Bezeichnung belegt und nennt sie *„unechte* Verträge zugunsten Dritter".

II. Definition

1082 Ein Vertrag zugunsten eines Dritten ist ein schuldrechtlicher Vertrag beliebigen Typs (zB Kauf-, Werk-, Reise-, Darlehensvertrag) mit der besonderen Vereinbarung, dass ein Dritter (nicht der Vertragspartner des Schuldners) „unmittelbar das Recht erwirbt, die Leistung zu fordern" (§ 328 Abs. 1).

III. Fallgruppen

1. Absicherung eines Dritten

1083 *Lebensversicherung:* Ehemann E hatte einen Lebensversicherungsvertrag abgeschlossen, in dem seine Ehefrau als Bezugsberechtigte benannt wurde (§ 330). Nach E's Tod hat seine Witwe einen originären Anspruch auf die Versicherungssumme. Der Anspruch gehört nicht zum Nachlass. Das ist wichtig, denn das führt dazu, dass die Witwe ihn nicht mit anderen Erben teilen muss.

Absicherung der Reisenden: Reiseveranstalter müssen mit einem Kundengeldabsicherer (§ 651k Abs. 2 S. 1) einen Vertrag schließen, in dem sich der Kundengeldabsicherer verpflichtet, den Reisenden vor allen Nachteilen zu bewahren, die sich aus einer Zahlungsunfähigkeit des Veranstalters ergeben können. Weil der Reisende gegen den Kundengeldabsicherer einen unmittelbaren Anspruch erhält (§ 651k Abs. 3 S. 1), handelt es sich um einen Vertrag zugunsten des Reisenden (§ 328 Abs. 1).[1]

Bürgschaft: Die Bürgschaft ist normalerweise kein Vertrag zugunsten des Gläubigers (§ 765). Aber sie kann so vereinbart werden. *Beispiel 1* B übernahm die Bürgschaft zugunsten des Gläubigers G, aber nicht (wie in § 765 Abs. 1 vorgesehen) in einem Vertrag mit G, sondern in einem Vertrag mit dem Schuldner S zugunsten des G.[2]

Schuldbeitritt: Ein Schuldbeitritt, der vom Schuldner mit dem Beitretenden vereinbart wird (Rn 1295), ist ein Vertrag zugunsten des Gläubigers.

Schuldübernahme nach § 414: Auch die Schuldübernahme nach § 414 ist ein Vertrag zugunsten eines Dritten (Rn 1209 f).

Maklerlohn: Die Parteien eines Grundstückskaufs können vereinbaren, dass die eigentlich vom Verkäufer zu zahlende Courtage des Maklers „vom Käufer gezahlt wird" (Fall 43, Rn 1077). Sie haben damit zugunsten des Maklers einen Anspruch auf Zahlung der Courtage begründet.[3]

Heterologe Insemination: Wenn ein mit der späteren Mutter nicht verheirateter Mann einer heterologen künstlichen Befruchtung zustimmt, übernimmt er damit nicht kraft Gesetzes die Unterhaltspflicht für das Kind. Das ist aber anders, wenn er sich dazu (formlos) verpflichtet. *Beispiel 2:* Der mit der A nicht verheiratete B war, weil er zeugungsunfähig ist, mit einer künstlichen Befruchtung der A einverstanden und beschaffte sogar das Fremdsperma. Er schrieb in der Arztpraxis auf einen Zettel: „Hiermit erkläre ich, dass ich für alle Folgen einer eventuell eintretenden Schwangerschaft aufkommen und die Verantwortung übernehmen werde." Damit hatten A und B einen Vertrag zugunsten des aus der Befruchtung hervorgehenden Kindes geschlossen.[4]

1 BGH NJW 2012, 997 Rn 24; SBT Rn 700.
2 BGH NJW 2003, 2231; 2001, 3327.
3 BGH NJW 2005, 3778; 2003, 1249; 1998, 1552.
4 BGH NJW 2015, 3434 Rn 9 ff.

2. Reisevertrag (§§ 651a ff)

1084 Ein Reisevertrag kann als Vertrag zugunsten eines Mitreisenden abgeschlossen werden. *Beispiel:* Das Ehepaar W wollte eine Urlaubsreise auf einem Donauschiff machen. Herr W buchte die Reise im eigenen Namen (nicht auch im Namen seiner Frau). Aber soweit es um seine Frau ging, handelte es sich um einen Vertrag zu ihren Gunsten (§ 328). Denn die Mitreisende sollte einen eigenen Anspruch auf die Reiseleistungen haben.[5]

3. Ärztliche Versorgung

1085 *Vertrag zwischen Krankenkasse und Krankenhaus:* Eine Krankenkasse schließt mit einem Krankenhaus einen Vertrag über die Versorgung ihrer Versicherten. Dann hat der Kassenpatient als Begünstigter gegen das Krankenhaus einen unmittelbaren Anspruch auf Behandlung.[6]

Vertrag mit dem Krankenhaus zugunsten *des Kindes:* Wenn Eltern ihr Kind zur Behandlung ins Krankenhaus bringen, schließen sie mit dem Träger im eigenen Namen einen Behandlungsvertrag zugunsten des Kindes.[7]

4. Sparkonto

1086 *Sparbuch auf den Namen eines Dritten:* Die Anlage eines Sparguthabens auf den Namen eines Dritten kann ein Vertrag nach § 328 sein. *Beispiel 1:* Die geschiedene Frau F eröffnete ein Sparkonto und gab als „Sparer" den Namen ihrer 13-jährigen Tochter Tanja an. Sie unterschrieb dementsprechend in der Zeile „Unterschrift des gesetzlichen Vertreters", nicht in der Zeile „Unterschrift des Sparers". Das Sparbuch behielt Frau F in Verwahrung. Vier Jahre später verunglückte Tanja tödlich. Ihr Vater erhob nun als gesetzlicher Erbe Anspruch auf die Hälfte des Sparguthabens. Es stellte sich deshalb die Frage, ob die Tochter oder die Mutter Gläubigerin des Sparguthabens war.[8] Entscheidend ist, wer bei der Kontoeröffnung aus Sicht der Bank Forderungsberechtigter sein sollte.[9] Das ist idR der, aus dessen Vermögen das eingezahlte Geld stammt und der das Sparbuch verwahrt.[10] Deshalb war Frau F die Gläubigerin. Das Sparguthaben gehörte nicht zu Tanjas Nachlass.[11]

Wenn aber jemand auf seinen Namen ein Sparkonto eröffnet hat und dann *ein anderer* einen Geldbetrag auf dieses Sparkonto einzahlt, liegt kein Fall des § 328 vor. *Beispiel 2:* S eröffnete auf seinen Namen ein Sparkonto bei einer Sparkasse. Gleich danach zahlte sein Vater V auf dieses Konto 60 000 Euro und nahm das Sparbuch an sich. S war nach der ausdrücklichen Festlegung im Vertrag mit der Sparkasse deren Gläubiger. Dass V das Geld einzahlte und das Sparbuch verwahrte, spielte keine Rolle.[12] Ein Vertrag des V zugunsten des S lag deshalb nicht vor.

5 BGH NJW 2010, 2950 Rn 14.
6 BGH NJW 1991, 1540.
7 BGHZ 163, 42 (48); 106, 153 (161); BGH NJW 2005, 2222.
8 OLG Zweibrücken WM 1990, 754.
9 BGH NJW 2005, 2222; 2005, 980 (teilweise abweichend von NJW 1994, 931); Palandt/Grüneberg § 328 Rn 9a.
10 BGHZ 66, 8 (11); 46, 198 (203).
11 Die Frage ist aber sehr umstritten: einerseits OLG Köln (MDR 1995, 1027) und OLG Düsseldorf (WM 1993, 835 und NJW-RR 1992, 625), andererseits OLG Koblenz (WM 1995, 1953) und LG Mainz (NJW-RR 1994, 1075).
12 BGH NJW 2005, 2222; fast gleicher Sachverhalt und gleiches Ergebnis: BGH NJW 1994, 931.

IV. Beteiligte Personen und bestehende Rechtsverhältnisse

1. Personen

1087 „*Versprechender*“ wird der Schuldner genannt, weil er die Leistung verspricht. In Fall 43 (Rn 1077) sind die Eheleute Kluthe die Versprechenden.

1088 „*Versprechensempfänger*“ ist derjenige, der normalerweise der Gläubiger wäre, nämlich der Vertragspartner des Versprechenden. In Fall 43 sind die Eheleute Seloger die Versprechensempfänger. Wenn es sich – wie meist, aber nicht in Fall 43 – um einen gegenseitigen Vertrag handelt, muss der Versprechensempfänger die geschuldete Gegenleistung erbringen. Er wird nicht als „Gläubiger“ bezeichnet, weil er das für den Gläubiger typische Recht, die Leistung zu fordern (§ 241 Abs. 1 S. 1), von Anfang an einem anderen, nämlich dem „Dritten“ zuweist. Er tritt es nicht etwa an den Dritten ab (§ 398). Das ist ein kleiner, aber feiner Unterschied, der besonders in zwei Fällen Bedeutung hat: Da das Recht nie, auch nicht durchgangsweise, in der Person des Versprechensempfängers bestand, ist es dem Zugriff seiner Gläubiger entzogen. Außerdem kann der Versprechensempfänger vom Versprechenden nicht Leistung an sich, sondern nur Leistung an den Dritten verlangen (§ 335).

1089 „*Dritter*“ ist der Begünstigte. In Fall 43 ist die WBG die Dritte. Wenn der Vertrag einem Dritten nicht ausdrücklich das Recht zugesteht, die Leistung zu fordern (§ 328 Abs. 1), ist „aus den Umständen, insbesondere aus dem Zwecke des Vertrags, zu entnehmen, ob der Dritte das Recht erwerben ... soll“ (§ 328 Abs. 2). Beim Abschluss des Vertrags muss noch nicht feststehen, wer konkret der Dritte sein soll, es genügt, dass dieser bestimmbar ist.[13] *Beispiel:* Bei Abschluss eines Chartervertrags zwischen einem Reiseveranstalter und einer Fluggesellschaft steht noch nicht fest, wer als Kunde des Reiseveranstalters Reisender und damit „Dritter“ sein wird.[14]

Der Dritte ist am Vertragsschluss nicht beteiligt und wird deshalb nicht „Gläubiger“ genannt. Er hat aber nach dem Vertragsschluss die *Stellung eines Gläubigers*, weil er „unmittelbar das Recht erwirbt, die Leistung zu fordern“ (§ 328 Abs. 1). Dies Recht entsteht originär in seiner Person. Der Dritte, der ja nicht gefragt wurde, ob er die Forderung erwerben wollte, kann sie natürlich zurückweisen (§ 333).

1090

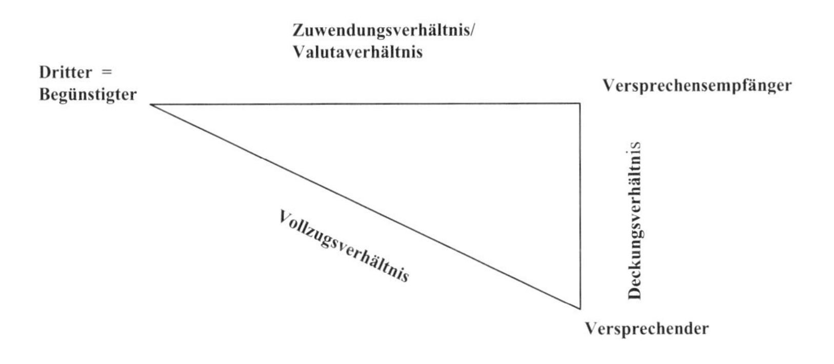

13 BGH NJW 2001, 3327; Palandt/Grüneberg § 328 Rn 2.
14 BGH NJW 1985, 1457.

2. Rechtsverhältnisse

1091 *Zuwendungsverhältnis = Valutaverhältnis:* Das Rechtsverhältnis zwischen dem Versprechensempfänger und dem Dritten nennt man Valutaverhältnis oder Zuwendungsverhältnis. Aus ihm ergibt sich, warum der Versprechensempfänger auf die Leistung verzichtet und sie dem Begünstigten zuwendet. Es kann eine Schenkung (§ 516) vorliegen, aber auch ein anderes Schuldverhältnis, zB ein Auftrag (§ 622) oder eine entgeltliche Geschäftsbesorgung (§ 675 Abs. 1).[15] Im Fall 43 wendeten die Eheleute Seloger der WBG etwas zu, weil sie im Gegenzug von ihrer (der WBG gegenüber bestehenden) Verpflichtung zur Courtagezahlung befreit werden wollten.

1092 *Grundverhältnis = Deckungsverhältnis:* Das Rechtsverhältnis zwischen dem Versprechenden und dem Versprechensempfänger nennt man Grundverhältnis oder *Deckungsverhältnis,* weil der Versprechende aus ihm Deckung (eine Gegenleistung) für seine Leistung erhält. In Fall 43 besteht das Deckungsverhältnis zwischen den Eheleuten Kluthe und Seloger. Die Eheleute Kluthe hatten sich verpflichtet, weil sie die Übernahme der Courtage sozusagen als Teil des Kaufpreises ansahen. Der Vertrag, der das Deckungsverhältnis begründet, muss alle Voraussetzungen eines wirksamen Vertrags erfüllen. Ob der Vertrag zugunsten eines Dritten einer Form bedarf, richtet sich nach dem Deckungsverhältnis.[16] Da im Fall 43 der Vertrag zugunsten der WBG Teil eines Grundstückskaufvertrags war (als dessen § 12), musste er die Form des § 311b Abs. 1 erfüllen.

1093 *Vollzugsverhältnis:* Das Rechtsverhältnis zwischen dem Versprechenden und dem Dritten nennt man Drittverhältnis oder *Vollzugsverhältnis.* Im Fall 43 bestand es zwischen den Eheleuten Kluthe und der WBG. Einen Vertrag hatten sie nicht geschlossen. Das ist typisch für Verträge zugunsten Dritter. Denn das Vollzugsverhältnis ist „kein eigenständiges vertragliches Rechtsverhältnis“,[17] obwohl der Dritte gegen den Versprechenden eine Forderung hat und diese Tatsache eigentlich das Kennzeichen eines Schuldverhältnisses ist (§ 241 Abs. 1 S. 1). Die dem Dritten zustehende Forderung ist nur abgespalten aus dem Deckungsverhältnis.[18] Der Versprechende kann dem Dritten die Einwendungen entgegensetzen, die ihm gegenüber dem Versprechensempfänger zustehen (§ 334). Dieses Recht kann aber abbedungen werden, auch stillschweigend.[19]

V. Unsichere Rechtsposition des Dritten

1094 So vorteilhaft die Stellung des Dritten auch ist, sie steht manchmal auf recht wackeligem Fundament.

Aufhebung des Rechts durch die Vertragschließenden (§ 328 Abs. 2): Die Vertragsparteien können sich im Vertrag vorbehalten, „das Recht des Dritten ohne dessen Zustimmung wieder aufzuheben oder zu ändern“ (§ 328 Abs. 2). Dieser Vorbehalt kann sich, wie § 328 Abs. 2 klarmacht, auch „aus den Umständen, insbesondere aus dem Zwecke des Vertrags“ ergeben.

Rechtserwerb erst nach dem Tod des Versprechensempfängers (§ 331): Es kann vereinbart werden, dass die Leistung an den Dritten erst nach dem Tode des Versprechens-

15 BGHZ 157, 79 (82 f).
16 BGHZ 54, 145 (147).
17 BGH NJW 2005, 3778.
18 BGHZ 54, 145 (147).
19 BGH NJW 1985, 1457.

empfängers erfolgen soll (§ 331 Abs. 1). *Beispiel:* Frau M hat ein Sparguthaben für ihren Sohn S angelegt, das ihm erst nach ihrem Tode ausgezahlt werden soll. In diesem Fall steht das Geld bis zu ihrem Tode der M zu. S hat bis dahin kein Recht, sondern nach § 331 lediglich eine Rechtsposition, die man als „Hoffnung" auf den Erwerb der Summe bezeichnen kann.[20] Wenn S *vor* M stirbt, bleibt das Sparguthaben endgültig bei M, es fällt nicht etwa in den Nachlass des S, sondern nach dem Tode der M in deren Nachlass.

1095 *Einseitige Benennung eines anderen Dritten durch den Versprechungsempfänger (§ 332):* Der Versprechensempfänger kann sich das Recht vorbehalten, *einseitig*, also ohne Mitwirkung des Versprechenden, einen anderen als „Dritten" zu benennen. *Beispiel:* Bei der Kapitallebensversicherung steht dem Versicherungsnehmer (Versprechensempfänger) das Recht zu, ohne Zustimmung des Versicherers einen anderen als Bezugsberechtigten zu benennen (§ 159 Abs. 1 VVG). Dann kann die Änderung im Zweifel auch durch eine Verfügung von Todes wegen erfolgen (§ 332), soweit die Lebensversicherungsbedingungen nichts anderes bestimmen.[21]

VI. Störungen

1096 Die Rechtsstellung, die normalerweise der Gläubiger hat, wird – wie gesagt – durch den Vertrag zugunsten Dritter auf zwei Personen aufgespalten: Die Rechtsstellung des *Vertragsschließenden* hat der Versprechensempfänger, die Rechtsstellung des *Gläubigers* der Dritte. Daraus ergeben sich Zuständigkeitsfragen, wenn es bei der Abwicklung des Schuldverhältnisses zu Störungen kommt.

1097 *Einwendungen des Versprechenden:* Der Versprechende kann Einwendungen aus seinem Vertrag mit dem Versprechensempfänger, also aus dem Grundverhältnis (Deckungsverhältnis), auch dem Dritten gegenüber geltend machen (§ 334). Er kann also zB bei einem gegenseitigen Vertrag seine Leistung verweigern, bis der Versprechensempfänger seinerseits seine Leistung anbietet (§ 320). Oder er kann sich (aus den üblichen Gründen) auf die Nichtigkeit des Vertrags berufen.

1098 *Pflichtverletzungen:* Größere Probleme tauchen auf, wenn Pflichtverletzungen auf Seiten des Versprechenden auftreten. Dann stellt sich nämlich die Frage, wer die sich daraus ergebenden Rechte geltend machen kann, der Versprechensempfänger oder der Dritte oder nur beide gemeinsam. Da der Dritte Inhaber der Forderung ist, müssten ihm auch die entsprechenden Rechte zustehen, zB der Schadensersatzanspruch aus § 280. Wenn aber – wie meist – der Vertrag zugunsten Dritter ein *gegenseitiger* Vertrag ist (also der Versprechensempfänger seinerseits dem Versprechenden eine Gegenleistung schuldet), ist bei einer Leistungsstörung auch die Gegenleistung im Spiel (§§ 323 bis 326). Deshalb müssten dem *Versprechensempfänger* die Rechte zustehen. Gesetzlich geregelt sind die damit skizzierten Probleme nicht, ihre Lösung ist entsprechend umstritten. Oft lassen sich auch kaum Regeln aufstellen, so dass auf den Einzelfall abzustellen ist.

VII. Verfügungen

1099 Aus der Formulierung des § 328 Abs. 1 wird klar, dass er sich nur auf die Begründung von Verpflichtungen, also auf den Abschluss von *Verpflichtungsgeschäften* bezieht.

20 BGH NJW 1993, 2127.
21 BGH NJW 1993, 3133.

Verfügungsgeschäfte[22] zugunsten eines Dritten werden vom Wortlaut des § 328 nicht gedeckt.[23] Trotzdem sind Verfügungen zugunsten eines Dritten denkbar.[24]

Infrage käme eine *analoge* Anwendung des § 328 auf Verfügungsgeschäfte. Sie wird von einem Großteil der Literatur bejaht,[25] aber von der Rechtsprechung konsequent abgelehnt.[26] Der entscheidende Grund für die Ablehnung ist, dass sich die erwünschten Ergebnisse sehr wohl auch auf andere Weise erreichen lassen, es einer Verfügung zugunsten Dritter also nicht bedarf.[27]

1100 *Schuldübernahme nach § 414:* Es gibt allerdings eine Ausnahme, die das Gesetz selbst anordnet: Die Schuldübernahme nach § 414 ist eine Verfügung (Rn 1211), zugleich ist sie aber auch ein Vertrag zugunsten eines Dritten, nämlich zugunsten des Schuldners, der von seiner Schuld befreit wird. Die Schuldübernahme nach § 415 ist dagegen kein Vertrag zugunsten eines Dritten, da der Gläubiger nicht begünstigt wird.[28]

§ 44 Verträge mit Schutzwirkung für Dritte

1101 **Fall 44: Steuerberater verschuldet Insolvenzverschleppung**

Frau Jansen war Alleingesellschafterin und Alleingeschäftsführerin der C-GmbH. Deren Jahresabschlüsse erstellte seit 2002 Steuerberater Steuben. Im Februar 2006 fand ein Gespräch zwischen Frau Jansen und Steuben statt, bei dem Frau Jansen die Frage stellte, ob sie verpflichtet sei, wegen Überschuldung der GmbH den Antrag auf Eröffnung des Insolvenzverfahrens zu stellen. Steuben war damals mit dem Jahresabschluss 2005 beschäftigt und wusste, dass die GmbH überschuldet war, sagte das aber nicht. Aus Unkenntnis veranlasste Frau Jansen weiterhin Zahlungen der GmbH an deren Schuldner, obwohl solche Zahlungen vom Zeitpunkt der Überschuldung an nach der Insolvenzordnung unzulässig sind. Vier Monate später, Ende Juni 2006, überreichte Steuben Frau Jansen den Jahresabschluss 2005. Aus ihm ergab sich, dass die GmbH spätestens ab Ende 2005 überschuldet war. Frau Jansen stellte deshalb sofort den Insolvenzantrag. Weil sie für die GmbH noch in den ersten sechs Monaten des Jahres 2006 Zahlungen veranlasst hatte, wurde Frau Jansen persönlich zur Zahlung von 234 707 Euro verurteilt. Es steht fest, dass Frau Jansen die fraglichen Zahlungen der GmbH nicht veranlasst hätte (und deshalb auch nicht zu ihrer Erstattung verurteilt worden wäre), wenn Steuben sie bereits bei dem Gespräch im Februar 2006 über die Überschuldung der GmbH informiert hätte. Frau Jansen verlangt deshalb von Steuben Schadensersatz in Höhe von 234 707 Euro. Steuben wendet ein, seine Vertragspartnerin sei nur die GmbH gewesen, nicht Frau Jansen, so dass diese gegen ihn auch keine Ansprüche geltend machen könne. (Nach BGH NJW 2012, 3165)

1102 Vertragliche Beziehungen zwischen Frau Jansen und Steuben bestanden und bestehen nicht. Steubens Vertragspartner war allein die GmbH, nicht deren Geschäftsführerin und

22 BGB-AT Rn 324.
23 BayObLG NJW 2003, 1402.
24 BGH NJW 1993, 2617.
25 So zB Larenz § 17 IV.
26 BGH NJW 1993, 2617; NJW-RR, 1986, 849.
27 Palandt/Grüneberg Vor § 328 Rn 8.
28 Übersehen von BGH NJW 1995, 2290; 1986, 1165.

Gesellschafterin Jansen. Vertragliche Schadensersatzansprüche kann Frau Jansen gegen Steuben deshalb nicht geltend machen. Steuben und die GmbH haben den zwischen ihnen geschlossenen Vertrag auch nicht nach § 328 zugunsten von Frau Jansen geschlossen. Denn Anspruch auf die von Steuben geschuldete Leistung (die Erstellung des Jahresabschlusses) sollte die GmbH haben, nicht Frau Jansen.

Zu prüfen ist aber, ob Frau Jansen in den *Schutzbereich* des Vertrags zwischen der GmbH und Steuben einbezogen worden war. Dass Verträge eine Schutzwirkung zugunsten Dritter entfalten können, ergibt sich nicht aus dem Gesetz. Aber Rechtsprechung und Lehre nehmen seit langem in vielen Fällen solche Schutzwirkung an. Der Anspruch auf die geschuldete Leistung steht dann allein dem Vertragspartner zu. Der Dritte ist aber so in die vertraglichen Sorgfalts- und Obhutspflichten des Schuldners einbezogen, „dass er bei deren Verletzung vertragliche Schadensersatzansprüche geltend machen kann".[29]

Ursprünglich hat die Rechtsprechung die Schutzwirkung nur für solche Personen angenommen, deren „Wohl und Wehe" dem Vertragspartner anvertraut war (Rn 1104). Das passt im vorliegenden Fall nicht, denn eine GmbH hat nicht für das Wohl und Wehe ihrer Gesellschafterin oder Geschäftsführerin zu sorgen. Diese Voraussetzung muss aber auch nicht mehr gegeben sein. Heute hat sich das Rechtsinstitut der Schutzwirkung zugunsten eines Dritten deutlich auf Verträge verlagert, die mit Rechtsanwälten, Steuerberatern, Wirtschaftsprüfern und Sachverständigen geschlossen werden (Rn 1108). Das gilt auch für den vorliegenden Fall. Denn es standen erhebliche persönliche Interessen von Frau Jansen auf dem Spiel. Steuben wusste das, denn als Fachmann kannte er das Risiko, das der Geschäftsführer einer GmbH persönlich eingeht, wenn er nach dem Eintritt der Überschuldung nicht unverzüglich den Antrag auf Eröffnung des Insolvenzverfahrens stellt.[30] Steuben hätte Frau Jansen deshalb rechtzeitig auf die Überschuldung hinweisen müssen. Er kann nicht einwenden, seine Vertragspartnerin sei allein die GmbH gewesen, er habe deshalb die persönlichen Interessen ihrer Geschäftsführerin nicht berücksichtigen müssen. Der BGH hat deshalb zu Recht angenommen, dass Frau Jansen in den Schutzbereich des von der GmbH mit Steuben geschlossenen Vertrags zur Aufstellung des Jahresabschlusses eingebunden war.

Da Steuben gegenüber der GmbH seine vertragliche Pflicht verletzt hat, sie rechtzeitig auf die Überschuldung hinzuweisen, wäre er der GmbH zum Schadensersatz wegen Schlechterfüllung des Geschäftsbesorgungsvertrags verpflichtet (§ 280 Abs. 1 mit § 675 Abs. 1). Wegen ihrer Einbeziehung in die Schutzwirkung des Vertrags kann Frau Jansen einen eigenen Schadensersatzanspruch gegen Steuben geltend machen. Steuben ist deshalb verpflichtet, ihr den Schaden zu ersetzen, den sie durch das fahrlässige Vorenthalten der Information erlitten hat.

Lerneinheit 44

1103

Literatur: *Prütting/Fischer*, Vertragsnahe gesetzliche Schuldverhältnisse: § 122 BGB, Jura 2016, 511 (auch zur Schutzwirkung eines Vertrags und Drittschadensliquidation); *van Bühren*, Das rechtsschutzversicherte Mandat – ein Vertrag mit Schutzwirkung für Dritte? VersR 2014, 148; *Walla*, Der Fall Thielert, NZG 2014, 1336; *Zetzsche*, Vertrag mit Schutzwirkung für Dritte bei Prüfung der Insolvenzreife einer GmbH? JR 2013, 435;; *Grundmann/Renner*, Vertrag und Dritter – zwischen Privatrecht und Regulierung, JZ 2013, 379; *Sagan/Hübner*, Die Abgrenzung von Vertrag mit Schutzwirkung zugunsten Dritter und Drittschadensliquidation, JA 2013, 741; *Höhne/*

29 BGH in der zugrunde liegenden Entscheidung NJW 2012, 3165 Rn 13
30 §§ 15 Abs. 1 S. 1, 15a Abs. 1 S. 1 InsO; § 64 GmbHG.

Kühne, Der Vertrag mit Schutzwirkung zu Gunsten Dritter – Anspruchsgrundlage und Anspruchsumfang, JuS 2012, 1063.

I. Einleitung

1. Historische Entwicklung

1104 Grundsätzlich kann nur ein Vertragspartner Ansprüche aus einem Vertrag geltend machen. Einem Dritten steht dieses Recht nach dem BGB nur zu, wenn es sich ausnahmsweise um einen Vertrag zugunsten eines Dritten handelt (§ 328 Abs. 1; Rn 1082). Ansonsten kann er sich nur auf Anspruchsgrundlagen berufen, die kein Vertragsverhältnis voraussetzen (gesetzliche Schuldverhältnisse), insbesondere auf die §§ 823 ff. Diese Anspruchsgrundlagen sind aber – verglichen mit den vertraglichen – für den Gläubiger nachteilig. So schützt § 823 Abs. 1 nur einige absolute Rechte, nicht das Vermögen als solches. Und § 831 lässt einen Exkulpationsbeweis zu. Wegen dieser Nachteile hat man zunächst versucht, nahe Angehörige des Gläubigers so in den Vertrag einzubeziehen, als seien sie selbst Vertragspartner.

Beispiel: Herr M hatte von Frau V eine Wohnung gemietet. Im Juni 1949 wurde seine minderjährige Tochter T verletzt auf den Steinstufen der Kellertreppe aufgefunden. Der Unfall war darauf zurückzuführen, dass der Handlauf der Kellertreppe schadhaft war, was Frau V wusste. T (vertreten durch ihre Eltern) machte Frau V gegenüber einen Schadensersatzanspruch aufgrund des Mietvertrags geltend. Das war unzulässig, weil T nicht Mieterin war. Der BGH ging deshalb davon aus, dass der T aufgrund des zwischen ihrem Vater und Frau V bestehenden Mietverhältnisses „nach § 328 BGB vertragliche Ansprüche zustehen".[31] Aber auch das ging zu weit, denn dadurch erhielt T die Rechte einer Mieterin, u. a. mit eigenem Anspruch auf Überlassung der Wohnung. Später hat sich – zunächst in der Lehre, dann auch in der Rechtsprechung – die Ansicht durchgesetzt, der Mietvertrag werde nur *„mit Schutzwirkung"* für die Angehörigen des Mieters abgeschlossen. Die Angehörigen können dann zwar, wenn der Schuldner seine Sorgfaltspflichten (§ 241 Abs. 2) verletzt, Schadensersatz wie ein Vertragspartner (Gläubiger/Mieter) verlangen. Aber andere Rechte aus dem Vertrag stehen ihnen nicht zu. Im Lauf der Zeit ist der Kreis der geschützten Personen immer mehr ausgeweitet worden.

2. Definition

1105 Ein Vertrag mit Schutzwirkung für Dritte ist ein Schuldverhältnis beliebigen Typs (zB Kaufvertrag, Mietvertrag, Werkvertrag, auch vorvertragliches Vertrauensverhältnis nach § 311 Abs. 2), in dessen Schutzbereich auch Nicht-Vertragspartner einbezogen sind. Dabei ist zu unterscheiden:

- *Leistungspflichten:* Der Schuldner schuldet die von ihm zu erbringende *Leistung* nur dem Gläubiger.
- *Verhaltenspflichten:* Seine vertraglichen *Verhaltens*pflichten (Sorgfalts-, Obhuts- und Fürsorgepflichten nach § 241 Abs. 2) schuldet der Schuldner beim Vertrag mit Schutzwirkung für Dritte auch einem (oder mehreren) Dritten. Verletzt der Schuldner seine Sorgfaltspflicht und erleidet einer der Dritten dadurch einen Schaden,

31 BGHZ 5, 378.

kann der Dritte wie ein Gläubiger vom Schuldner Schadensersatz verlangen.[32] Im Übrigen (hinsichtlich der Leistungspflichten) hat der Dritte nicht die Stellung eines Gläubigers.

1106 *Gesetzlich nicht geregelt:* Auch die Schuldrechtsreform hat das Rechtsinstitut des Vertrags mit Schutzwirkung für Dritte nicht gesetzlich geregelt. Nach Ansicht der Rechtsprechung ergibt sich die Schutzwirkung für Dritte im Einzelfall durch eine Auslegung des Vertrags nach § 157[33] oder aus einer Analogie zu § 328[34]. Nach überwiegender Ansicht der Lehre handelt es sich um Richterrecht (Gewohnheitsrecht), das im Wege der Rechtsfortbildung aus dem Grundsatz von Treu und Glauben entwickelt worden ist.[35]

II. Voraussetzungen

1. Bestimmungsgemäße Nähe

1107 Zu den geschützten Dritten gehört nur, wer mit dem vertraglichen Verhalten des Schuldners bestimmungsgemäß in Berührung kommt und schutzbedürftig ist.[36] Das ist insbesondere bei den Personen der Fall, für deren „Wohl und Wehe" der Gläubiger verantwortlich ist.[37] Dazu gehören in erster Linie die engeren Familienangehörigen des Gläubigers *Beispiel 1:* Handlauffall Rn 1104. *Beispiel 2:* Tamara kam infolge eines ärztlichen Behandlungsfehlers behindert zur Welt. In den Schutzbereich des Behandlungsvertrags zwischen ihrer Mutter und dem Krankenhaus war Tamara schon vor ihrer Geburt einbezogen. Sie hat deshalb einen eigenen Schadensersatzanspruch gegen den Träger der Klinik.[38]

Mitarbeiter: Zum geschützten Personenkreis gehören auch die Mitarbeiter des Gläubigers. *Beispiel 3:* Die F-GmbH hatte ihre Büroräume von V gemietet. Frau A war bei der F-GmbH angestellt. Eines Tages löste sich ein in Kippstellung befindlicher Fensterflügel und schlug von hinten auf den Kopf von Frau A. Wegen Mängeln der Mietsache haftet V eigentlich nur seiner Mieterin F-GmbH. Aber Mitarbeiter sind in den Schutzbereich des Mietvertrags ihrer Arbeitgeberin einbezogen.[39] Ähnliches gilt für die Mieter des Gläubigers. *Beispiel 4:* Vermieter V hatte seine Streupflicht auf B übertragen. Da B nicht ordentlich gestreut hatte, rutschte die Mieterin M des V vor dem Haus aus und verletzte sich erheblich. M war in den Schutzbereich des Vertrags V-B einbezogen.[40]

1108 *Schutz des Eigentums:* Die Schutzwirkung des Vertrags beschränkt sich nicht auf die körperliche Integrität der Angehörigen. *Beispiel:* Die 19-jährige T nahm mit einem Pferd ihres Vaters V an einem Springturnier teil. T verunglückte bei dem Versuch, eine Hürde zu nehmen, weil der veranstaltende Verein den Parcours nicht genügend gesichert hatte. Das Pferd des V musste eingeschläfert werden. Vertragspartner des Vereins war nur T. Aber V war als Vater in die Schutzwirkung dieses Vertrags einbezogen. Er

32 BGH NJW 2014, 2577 Rn 9.
33 BGH NJW 2014, 2345 Rn 9.
34 BGH NJW-RR 1911, 462.
35 MüKo/Gottwald § 328 Rn 62.
36 BGH NJW 2014, 2577 Rn 9.
37 BGHZ 51, 91 (95).
38 BGHZ 161, 255, 262 – Geburtshaus; BGH NJW 1991, 2350.
39 BGH NJW 2010, 3152 Rn 20.
40 BGH NJW 2008, 1440 Rn 11.

konnte deshalb seinen Schaden (den Verlust des Pferdes) gegenüber dem Verein geltend machen.[41]

2. Erkennbarkeit für den Schuldner

1109 Es muss bei Vertragsschluss für den Schuldner erkennbar gewesen sein, dass sein Verhalten auch Auswirkungen haben kann auf Personen, die seinem Gläubiger anvertraut sind. Nicht vorausgesetzt wird allerdings, dass der Schuldner auch schon in einem frühen Zeitpunkt den Namen des später geschädigten Dritten kennt.[42]

3. Kein eigener vertraglicher Anspruch

1110 Wenn der Geschädigte einen *eigenen vertraglichen Anspruch* hat, der zum selben Ziel führt wie der Umweg über einen Vertrag mit Schutzwirkung, ist die Einbeziehung in die Schutzwirkung eines fremden Vertrags überflüssig.[43] *Beispiel:* V vermietete eine Lagerhalle an M. Dieser vermietete sie seinerseits an Untermieter U. Nach starken Regenfällen drang Wasser ein, so dass in der Halle aufgestellte Möbel des U beschädigt wurden. U hat vertragliche Ansprüche aus § 536a Abs. 1 gegen seinen Vermieter M. Er kann deshalb nicht den V in Anspruch nehmen mit der Begründung, er sei in den Schutz des Vertrags V-M einbezogen gewesen.[44]

III. Haftung von Sachverständigen gegenüber Dritten

1. Allgemeines

1111 Die wichtigste Gruppe von Verträgen mit Schutzwirkung für Dritte bilden die Fälle, in denen jemand einen Sachverständigen mit einem Gutachten beauftragt hat. Es geht dann um die Frage, ob auch ein Dritter den Sachverständigen schadensersatzpflichtig machen kann, wenn er im Vertrauen auf das Gutachten einen Schaden erlitten hat.[45] Das setzt voraus, dass die Stellungnahme des Sachverständigen „den Zweck hat, das Vertrauen eines Dritten zu erwecken und … Grundlage einer Entscheidung mit wirtschaftlichen Folgen zu werden".[46] Der BGH nimmt in solchen Fällen so häufig eine Haftung gegenüber Dritten an, dass er schon von einer „Berufshaftung von Rechtsanwälten, Sachverständigen, Steuerberatern und Wirtschaftsprüfern" gegenüber Dritten gesprochen hat.[47]

2. Die Person des Sachverständigen

1112 *Qualifikation:* Die Rechtsprechung hat zunächst verlangt, dass der Sachverständige „über eine besondere, vom Staat anerkannte oder durch einen vergleichbaren Akt nachgewiesene Sachkunde" verfügt, und hat als Beispiele öffentlich bestellte Sachverständige, Wirtschaftsprüfer[48] und Steuerberater[49] genannt. Er hat aber später auch einen Architekten, der lediglich „verpflichteter Bausachverständiger" einer Kreisspar-

41 BGH NJW 2011, 139 Rn 13.
42 Hk-BGB/Schulze § 328 Rn 17.
43 BGH NJW 2014, 2578 Rn 8 ff; BGHZ 133, 168, 170.
44 BGHZ 70, 327.
45 BGHZ 181, 12; BGH NJW 2014, 2345.
46 BGH NJW 2014, 2345 Rn 14 mwN.
47 BGHZ 133, 168; ähnlich BGH NJW 2002, 3625.
48 BGHZ 167, 155 Rn 12; 145, 187 (197); BGH WM 2006, 423 (425).
49 BGH NJW-RR 2003, 1035; NJW 2001, 514.

kasse war, als noch hinreichend qualifiziert betrachtet.[50] Seitdem hat der BGH die Anforderungen an die Qualifikation des Gutachters weiter zurückgenommen.[51] Das ist richtig, weil diejenigen, die auf die Sachkunde des Gutachters vertrauen, dessen formale Qualifikation meist gar nicht erkennen können.

1113 *Kenntnis des Sachverständigen:* Es ist nicht erforderlich, dass der Sachverständige schon beim Abschluss des Vertrags die Namen der zu schützenden Personen kennt.[52] Die Vertragsleistung muss nur „von vornherein erkennbar zum Gebrauch gegenüber Dritten bestimmt ... und nach dem Willen des Auftraggebers mit einer entsprechenden Beweiskraft ausgestattet sein".[53]

1114 *Architekten:* Viele Entscheidungen zur Schutzwirkung für Dritte betreffen Architekten, da sie häufig als Gutachter eingesetzt werden. *Beispiel:* P und H schlossen einen Vertrag mit dem Ziel, H zum Eigentümer einer noch zu errichtenden Dachgeschosswohnung werden zu lassen. Bei bestimmten Bautenständen musste H Abschlagszahlungen leisten. P beauftragte den Architekten A mit den Bautenstandsberichten. Er machte gegenüber A deutlich, dass er auf die Abschlagszahlungen angewiesen sei und A deshalb nicht kleinlich sein solle. Obwohl die Bauarbeiten erhebliche Mängel aufwiesen, behauptete A in sieben Berichten, dass alles in Ordnung sei. Das veranlasste H zu Zahlungen, die er bei korrekter Information nicht geleistet hätte. Da H in den Schutzbereich des Vertrags zwischen P und A einbezogen war, haftete ihm A auf Schadensersatz.[54]

3. Geschützter Personenkreis

1115 Zum Kreis der geschützten Personen gehören grundsätzlich alle, deren Interessen durch die Stellungnahme des Fachmanns betroffen sind oder auf deren Willensbildung der Auftraggeber mit Vorlage des Gutachtens Einfluss genommen hat. Es reicht aus, dass der Dritte mit der Leistung des Sachverständigen „bestimmungsgemäß in Berührung" gekommen ist.[55] Andererseits muss der Kreis der Geschützten im Interesse des Sachverständigen eingeschränkt werden, um dessen Haftung nicht „uferlos auszudehnen".[56] Hier liegt das Hauptproblem der Verträge mit Schutzwirkung für Dritte.[57]

Gesellschafter: Wenn eine Gesellschaft einen Fachmann mit einem Gutachten oder einer Beratung beauftragt, sind die Gesellschafter oft in den Schutz einbezogen.[58] *Beispiel 1:* Fall 44 (Rn 1101). *Beispiel 2:* Y wollte eine GmbH gründen und beauftragte im Namen der künftigen GmbH den Steuerberater S, ihn bei der Gründung zu beraten. Der Vertrag kam zwar nur zwischen S und der GmbH zu Stande, aber Y selbst war in die Schutzwirkung des Beratungsvertrags einbezogen.[59]

§ 323 Abs. 1 S. 3 HGB regelt die Haftung eines Abschlussprüfers (Wirtschaftsprüfers), der bei der Prüfung des Jahresabschlusses Fehler gemacht hat. Nach dieser Vorschrift können nur die geprüfte Kapitalgesellschaft selbst und ein verbundenes Unternehmen

50 BGH NJW 1995, 392.
51 NJW 2001, 514; BGHZ 159, 1 (5).
52 BGHZ 159, 1, 10; NJW 1998, 1059; 1995, 392.
53 BGH NJW 2002, 3625; ähnlich BGHZ 138, 257 (261); BGHZ 133, 168.
54 BGH NJW 2009, 217 Rn 15 ff; 2002, 1196.
55 BGH NJW 2014, 2345 Rn 11; BGHZ 181, 12 Rn 17 mwN.
56 BGH NJW 2004, 3630 (3633): Rechtsanwalt.
57 Die Rechtsprechung der BGH-Senate in dieser Frage ist nicht einheitlich (Zugehör, NJW 2008, 1105).
58 BGH NJW 2000, 725.
59 BGH NJW 1993, 1139; ähnlich schon NJW 1983, 1053.

Schadensersatzforderungen stellen, keine Gesellschafter. Der BGH ist deshalb bei der Einbeziehung eines Dritten (eines Aktionärs oder eines anderen Investors) in den Schutzbereich sehr zurückhaltend.[60]

1116 *Erwerber von Geschäftsanteilen:* Wer sich an einer Gesellschaft beteiligt, tut dies häufig aufgrund eines Prospekts. Wenn dieser eine gutachtliche Stellungnahme enthält, kann der Gutachter dem Investor für falsche Angaben haften. *Beispiel:* Die T-AG wollte Namensaktien ausgeben und verfasste dazu einen Wertpapierprospekt, der Gewinnprognosen für die folgenden fünf Jahre enthielt. Diese Angaben bezeichnete Wirtschaftsprüfer W im Prospekt zu Unrecht als korrekt ermittelt. Im Vertrauen darauf beteiligte sich Z mit 9 000 Euro, aber die T-AG wurde kurz darauf insolvent. W war Z schadensersatzpflichtig.[61]

1117 *Käufer eines Grundstücks:* Bei Kaufverhandlungen über eine Sache (Grundstück, Gemälde) legt der Verkäufer oft Gutachten vor, um seine Kaufpreisvorstellung zu untermauern.[62] Wenn es um den Verkauf eines Unternehmens geht, spielen Jahresabschlüsse eine große Rolle, die ein Wirtschaftsprüfer erstellt hat. Dann ist der spätere Käufer in den Schutzbereich des Vertrags zwischen dem Verkäufer und dem Gutachter (bzw dem Wirtschaftsprüfer) einbezogen.[63] *Beispiel:* G ließ sein Haus von Architekt A bewerten. Das Gutachten kam zu dem völlig falschen Schluss, dass „nennenswerte Reparaturen zur Zeit nicht erforderlich" seien. Aufgrund dieses Gutachtens kaufte K das Haus. K war in den Schutzbereich des Vertrags G-A einbezogen, konnte also A haftbar machen. Dem stand nicht entgegen, dass G den Wert des Hauses möglichst hoch veranschlagt sehen wollte und K gegenläufige Interessen hatte.[64]

Kreditgeber: Zum geschützten Personenkreis gehören auch Kreditgeber, die durch ein falsches Testat,[65] einen falschen Prüfungsbericht[66] oder ein fehlerhaftes Wertgutachten[67] zur Kreditvergabe verleitet wurden.[68]

IV. Rechtsfolge

1118 Der Dritte, der in die Schutzwirkung des Vertrags einbezogen ist, kann zwar nicht die Erfüllung des Vertrags verlangen. Denn der Schädiger schuldet ihm keine *Leistung*. Aber er schuldet ihm die Einhaltung der *Verhaltenspflichten* nach § 241 Abs. 2. Bei deren Verletzung hat der Geschädigte deshalb die gleichen (quasi-vertraglichen) Schadensersatzansprüche gegen den Schuldner, die der Gläubiger selbst hätte.

Im Grundsatz kann der in den Schutzbereich Einbezogene keine Rechte geltend machen, die über die hinausgehen, die dem Vertragspartner zustehen würden. Davon gibt es aber eine Ausnahme. *Beispiel:* Hauseigentümer H wollte sein Haus verkaufen und beauftragte den G mit einem Wertgutachten. Weil die Balken des Dachstuhls durchgefault waren, verhinderte H mit einem Trick, dass G den Dachboden betrat. Aufgrund des unzutreffenden Gutachtens kaufte K das Haus. In diesem Fall hätte H von G na-

60 BGH NJW 2009, 512 Rn 10; BGH WM 2006, 423, 425; BGHZ 167, 155 Rn 14 f.
61 BGH NJW 2014, 2345 Rn 8 ff. Siehe auch BGH NJW-RR 2003, 1035;
62 ZB BGH WM 1998, 440.
63 KG NJW 1998, 1408: Kauf einer Briefmarkensammlung, die falsch bewertet worden war.
64 BGH NJW 1995, 392.
65 BGH NJW 1997, 1235.
66 BGH NJW 2004, 3420.
67 BGHZ 159, 1 (10).
68 BGH WM 1998, 440.

türlich keinen Schadensersatz wegen des falschen Gutachtens verlangen können. Das galt aber nicht für K.[69]

Es können gleichzeitig die Voraussetzungen der *Drittschadensliquidation* gegeben sein (Rn 1124). Dann kann offen gelassen werden, welche rechtliche Konstruktion anzuwenden ist.[70]

V. Abgrenzung von § 311 Abs. 3

1119 Die Schutzwirkung für Dritte hat Ähnlichkeit mit der Haftung des sogenannten Sachwalters nach § 311 Abs. 3 (Rn 857 ff). Denn in beiden Fällen gibt es einerseits einen Vertrag zwischen A und B und andererseits einen Außenstehenden D, der kein Vertragspartner ist, aber teilweise in die vertraglichen Beziehungen eingebunden wird. Doch die Unterschiede sind groß:

- Beim Vertrag mit Schutzwirkung ist der *Geschädigte* der Außenstehende. Er erhält ähnlich wie ein *Gläubiger* einen Schadensersatzanspruch aus einem Vertrag, dessen Partner er nicht ist.
- Bei der Haftung nach § 311 Abs. 3 ist der *Schädiger* (Sachwalter) der Außenstehende. Er wird zum *Schuldner* aus einem Vertrag, dessen Partner er nicht ist.

Welche der beiden Konstruktionen anzuwenden ist, kann im Einzelfall zweifelhaft sein. Wenn es zB um einen Schaden geht, den ein Außenstehender durch ein falsches Gutachten erlitten hat, bezieht der BGH den Geschädigten in die Schutzwirkung des Vertrags ein.[71] Man kann aber im Gutachter auch einen Sachwalter sehen, der besonderes Vertrauen für sich in Anspruch genommen hat und deshalb nach § 311 Abs. 3 haftet.[72] Beide Konstruktionen führen zum gleichen Ergebnis, nämlich zur Haftung des Gutachters.

§ 45 Drittschadensliquidation

Fall 45: Wassereinbruch auf der Baustelle

1120

Der Freistaat Bayern ließ den Neubau einer Fachhochschule errichten. Er hatte die Kappel KG beauftragt, das Flachdach mit einer ununterbrochenen Reihe von Lichtkuppeln zu versehen, einem so genannten Lichtband. An einem Freitag wollte die Kappel KG die Baustelle über das Wochenende gegen Regen sichern. Sie bedeckte deshalb das noch offene Lichtband mit lose verlegten Grobspanplatten (OSB-Platten) und überspannte sie mit einzelnen, nicht verschweißten Abdeckfolien. An den folgenden beiden Tagen regnete und stürmte es so stark, dass sich auf den Folien zunächst Wassersäcke bildeten und das Wasser schließlich in das Gebäude eindrang. Dadurch wurden Arbeiten beschädigt, die der Bauunternehmer Hitzelgruber bereits ausgeführt hatte, die aber noch nicht abgenommen waren. Hitzelgruber musste sein beschädigtes Werk teilweise abreißen und neu herstellen. Diese Arbeiten sind mit 173 000 Euro zu bewerten. Hitzelgruber kann diese Arbeiten dem Freistaat Bayern nicht in Rechnung stellen, weil ein Werkunternehmer bis zur Abnahme das Risiko trägt,

69 BGHZ 127, 378.
70 BGH NJW 1999, 1031.
71 Grundlegend BGHZ 127, 378; ebenso BGH NJW 1997, 1235.
72 So die Gesetzesbegründung (BT-Drucks. 14/6040, 163); Finn NJW 04, 3752; Canaris JZ 2001, 499 (520 f).

dass sein Werk beschädigt oder zerstört wird (§ 644). Deshalb hat Hitzelgruber gegenüber der Kappel KG die Summe geltend gemacht. Diese erwiderte jedoch, sie sei Hitzelgruber nicht schadensersatzpflichtig, weil dieser nicht ihr Vertragspartner sei. (Nach OLG München NJW 2011, 3375)

1121 Das Rechtsgefühl sagt einem, dass die Kappel KG zahlen muss. Aber ihre Argumentation ist zunächst bestechend: Der Freistaat Bayern hatte die Baustelle durch den Abschluss des Werkvertrags in die Obhut der Kappel KG gegeben. Deshalb kann er zwar gegen die Kappel KG vertragliche Ansprüche aus einer fahrlässigen Pflichtverletzung des Werkvertrags geltend machen (§§ 280 Abs. 1, 241 Abs. 2). Der Freistaat Bayern hat aber als Bauherr selbst keinen Schaden erlitten. Denn § 644 bestimmt, dass der Bauherr das Risiko einer Beschädigung erst trägt, wenn er das Werk abgenommen hat (§ 640). Beschädigungen, die vor der Abnahme aufgetreten sind, hat der Werkunternehmer (hier Hitzelgruber) auf eigene Kosten zu beseitigen. Hitzelgruber geht es umgekehrt: Er hat den Schaden, aber keinen vertraglichen Anspruch gegen die Kappel KG, sondern nur den meist wenig attraktiven Anspruch aus § 823. Diese missliche Lage darf aber nicht dazu führen, dass die Kappel KG von ihrer Ersatzpflicht frei wird. Die Frage ist nur, wie man dieses Ergebnis konstruieren kann.

Es wäre daran zu denken, dass der Freistaat Bayern den Werkvertrag mit der Kappel KG als Vertrag mit Schutzwirkung für Hitzelgruber geschlossen hat (Rn 1105). Das OLG München ist auf diese Frage jedoch nicht weiter eingegangen, weil die Möglichkeit einer *Drittschadensliquidation* bestand: Bayern konnte Hitzelgrubers Schaden bei der Kappel KG als Drittschaden liquidieren. Die von der Kappel KG zu leistende Schadensersatzzahlung muss Bayern dann an Hitzelgruber weiterleiten.

Lerneinheit 45

1122 **Literatur:** *Koller*, Konkurrenz der vertraglichen Zahlungs- oder Freistellungsansprüche mit Ansprüchen aus Drittschadensliquidation und die Verjährung, RdTW 2015, 361; *Prütting/Fischer*, Vertragsnahe gesetzliche Schuldverhältnisse: § 122 BGB, Jura 2016, 511 (zur Schutzwirkung eines Vertrags und zur Drittschadensliquidation); *Weiss*, Die Drittschadensliquidation – alte und neue Herausforderungen, JuS 2015, 9; *Koller*, HGB-Frachtführer und Drittschadensliquidation, TranspR 2013, 220; *Luther*: Kompensationsschadensersatz statt Drittschadensliquidation, AcP Bd. 213 (2013), 572; *Sagan/Hübner*, Die Abgrenzung von Vertrag mit Schutzwirkung zugunsten Dritter und Drittschadensliquidation, JA 2013, 741; *Bredemeyer*, Das Prinzip „Drittschadensliquidation“, JA 2012, 102; *Nissen*, Die Drittschadensliquidation in der Insolvenz des Gläubigers, KTS 2010, 29; *Pinger/Behme*, Die Haftung Sachverständiger für fehlerhafte Wertgutachten, DS 2009, 54.

I. Hintergrund

1123 Grundsätzlich kann A von seinem Vertragspartner X nur dann Schadensersatz verlangen, wenn er selbst einen Schaden erlitten hat. Hat nicht A, sondern ein am Vertrag nicht beteiligter Dritter D den Schaden erlitten, so haftet der Schädiger X dem D idR nur nach den §§ 823 ff, die für den Geschädigten ungünstig sind. Es gibt jedoch Fallgestaltungen, in denen es zu einer ungerechten Entlastung des Schädigers führen würde, wenn er seinem Vertragspartner entgegenhalten könnte, dieser habe keinen Schaden erlitten, und dem Geschädigten, er stehe zu ihm in keinem Vertragsverhältnis. Auf diese Weise würde sich der Schädiger um den von ihm eigentlich geschuldeten Schadensausgleich drücken können. Zumindest könnte er den Geschädigten auf die (nachteiligen) Ansprüche aus unerlaubten Handlungen verweisen (§§ 823 ff). Aus diesem Grund lassen Rechtsprechung und Lehre in einigen eng begrenzten Fällen zu, dass der Vertragspartner des Schädigers den Schaden eines Dritten liquidiert (Drittschadensliquidation).

Die Väter des BGB haben die Drittschadensliquidation nicht in das BGB aufgenommen. Daran hat auch die Schuldrechtsreform nichts geändert. Aber die Lehre von der Drittschadensliquidation ist zum Gewohnheitsrecht geworden, obwohl sie immer noch grundsätzlichen Widerspruch findet.[73]

II. Definition

1124 Die Drittschadensliquidation ist eine Form des Schadensregulierung unter Beteiligung von drei Personen: X hat einen Schaden verursacht und muss ihn letztlich ausgleichen. Sein Vertragspartner A könnte einen vertraglichen Anspruch auf Schadensersatz geltend machen, hat aber keinen Schaden erlitten. D hat den Schaden, kann aber X nicht wegen einer Vertragsverletzung belangen, weil er kein Vertragspartner des X ist. Deshalb liquidiert A bei seinem Vertragspartner X und leitet den Schadensersatz an D weiter.[74]

Bildlicher Vergleich: Die Jäger A und D wollen einen Keiler schießen. A hat ein Gewehr, aber keine Munition, während D die passende Munition hat, aber kein Gewehr. Wenn sie sich zusammentun, können sie Erfolg haben.

Das Rechtsinstitut der Drittschadensliquidation soll die ungerechtfertigte Entlastung des Schädigers verhindern, die sich daraus ergeben würde, dass sich die Entstehung des Schadens zufällig von A auf D verlagert hat.[75] Die Drittschadensliquidation ist nicht gesetzlich geregelt. Sie ist nur in den Fällen zulässig, in denen der Schaden durch eine zufällige Verlagerung nicht beim Vertragspartner, sondern bei einem Dritten aufgetreten ist.

III. Fallgruppen

1. Beschädigung eines Werks vor der Abnahme

1125 Wenn auf einer Baustelle das noch nicht abgenommene Werk des Unternehmers U1 durch einen Mitarbeiter des Unternehmers U2 beschädigt wird, kann der Bauherr den Schaden des U1 gegenüber U2 geltend machen. *Beispiel:* Fall 45 (Rn 1120).

2. Verwahrung fremder Sachen

1126 Wer fremde Sachen in Verwahrung nimmt, kann in vielen Fällen den Schaden des Eigentümers geltend machen.[76] *Beispiel:* D hatte Pelze im Wert von 60 000 Euro im Lagerhaus des A eingelagert. A ließ das Lagerhaus vom Bewachungsunternehmer S bewachen. Ein bei S angestellter Wachmann half einer Einbrecherbande, die Pelze des D zu stehlen. A könnte aufgrund des Bewachungsvertrags Ansprüche gegen S geltend machen, hat aber keinen Schaden erlitten. D hat den Schaden, aber keinen vertraglichen

73 Insbesondere von Büdenbender, zB NJW 2000, 986.
74 BGH NJW 2016, 1089 Rn 27; BGHZ 181, 12 Rn 43.
75 MüKo/Oetker § 249 Rn 277; BGHZ 133, 36 (41); BGH NJW-RR 2008, 786 Rn 18.
76 BGH NJW 1985, 2411; 1974, 1614.

Anspruch gegen S. Aber A kann die 60 000 Euro als Drittschaden bei S liquidieren.[77] Einen Sonderfall der Drittschadensliquidation regelt § 701. Denn der Gast kann auch dann vom Hotelwirt Schadensersatz verlangen, wenn die eingebrachte Sache nicht ihm gehört.

3. Versendungskauf

1127 Der Versendungskauf (Rn 62) war früher das wichtigste Anwendungsgebiet der Drittschadensliquidation. Das hat sich durch die Reform des Frachtrechts und des Kaufrechts geändert. Zu unterscheiden sind drei Sachverhalte:

Beispiel 1: V verkaufte einen Dreispindelfutterautomaten an K und verpflichtete sich, ihm den Automaten zustellen zu lassen. Deshalb schloss V im eigenen Namen einen Frachtvertrag mit dem Frachtführer F. Durch Verschulden des F wurde der Automat stark beschädigt. Da beim Versendungskauf der *Käufer* das Risiko eines Transportschadens trägt (§ 447), kann der Verkäufer von ihm trotz der Beschädigung den vollen Kaufpreis verlangen. Deshalb ist im Beispiel dem V kein Schaden entstanden. Andererseits ist der geschädigte Käufer K nicht Vertragspartner des Frachtführers und hat deshalb eigentlich gegen ihn keinen vertraglichen Schadensersatzanspruch. Das war früher der Ansatzpunkt für die Drittschadensliquidation. Aber heute bestimmt § 421 Abs. 1 S. 2 HGB, dass „der Empfänger die Ansprüche aus dem Frachtvertrag im eigenen Namen gegen den Frachtführer geltend machen“ kann. Einer Drittschadensliquidation bedarf es deshalb nicht mehr.[78]

Beispiel 2: Das Ehepaar E bestellte für sein Wohnzimmer beim V-Versand einen Luftbefeuchter, der auf dem Transport verloren ging. Es liegt ein Verbrauchsgüterkauf vor, so dass nach § 474 Abs. 2 die Anwendung des § 447 ausgeschlossen ist (Rn 70 f). Der Geschädigte ist also der V-Versand, der jedoch seinen Schaden beim Transportunternehmer als seinem Vertragspartner geltend machen kann.

Beispiel 3: Der Warenhausdetektiv V aus St. Wendel hatte auf dem Flohmarkt eine Bismarck-Büste erworben und über das Internet an K nach Hamburg verkauft. K bat V, ihm die Büste irgendwie zukommen zu lassen. F, ein Freund des V, der mit seinem Polo zu einer Familienfeier nach Hamburg fahren musste, nahm die Büste für 10 Euro mit. Bei einem Stopp in Hannover ließ F das Auto über Nacht unverschlossen und fand es am nächsten Morgen ausgeplündert vor. In diesem Fall ist weder § 421 HGB anzuwenden (F ist kein Frachtführer) noch § 474 Abs. 2 (V ist kein Unternehmer), so dass die klassische Situation für eine Drittschadensliquidation vorliegt: V, der wegen § 447 selbst keinen Schaden erlitten hat, muss den Schaden des K bei F geltend machen.

4. Verdeckte Stellvertretung (Treuhand)

1128 Wer für Rechnung eines Dritten *im eigenen Namen* einen Vertrag schließt, berechtigt und verpflichtet nicht den Dritten, sondern sich selbst (*verdeckte Stellvertretung*).[79] Allein der Handelnde, nicht der hinter ihm stehende Dritte, kann also vertragliche Ansprüche geltend machen. Wenn sich aus der Vertragsabwicklung ein Schaden ergibt, wird es aber häufig ein Schaden des Dritten sein. In diesem Fall kann der Vertragspartner den Schaden des Dritten liquidieren. Das Gleiche gilt, wenn ein *Treuhänder* auf-

77 BGH NJW 1987, 2510.
78 Oetker JuS 2001, 833.
79 BGB-AT Rn 829.

tritt. Da er fremdes Vermögen verwaltet, trifft der Schaden nicht ihn selbst, aber der geschädigte Treugeber ist formal nicht der Vertragspartner des Schädigers.[80]

5. Interne Kostenübernahme

1129 Die „zufällige" Verlagerung des Schadens auf einen Nichtvertragspartner kann sich auch aus einer Vertragsklausel ergeben. *Beispiel:* A ist Eigentümer einer Halle, die er an den Fleischfabrikanten D vermietet hat. Nach dem Mietvertrag hat D alle baulichen Veränderungen zu bezahlen. A beauftragte den Architekten X mit einer Erweiterung der Halle. Weil X falsch geplant hatte, wies der Hallenboden Mängel auf, die D für 841 000 Euro beseitigen ließ. Wie der Mietvertrag es vorsieht, hat D den Betrag bezahlt. A könnte seinen Vertragspartner X wegen falscher Planung (Vertragsverletzung) in Anspruch nehmen, hat aber keinen Schaden erlitten. D hat den Schaden, ist jedoch nicht Vertragspartner des X. Aber A konnte den Schaden des D gegenüber X geltend machen.[81]

IV. Rechtsfolgen

1130 *Liquidation des Drittschadens durch den Vertragspartner:* Der Vertragspartner des Schädigers kann den Schaden des Dritten geltend machen (allerdings nicht gegen den Willen des Dritten). Er kann vom Schädiger Leistung wahlweise an sich oder an den geschädigten Dritten verlangen.[82] Im ersteren Fall ist er natürlich verpflichtet, die empfangene Leistung an den Geschädigten weiterzuleiten.[83]

1131 *Liquidation des Drittschadens durch den Dritten:* Der Dritte kann seinen Schaden auch selbst geltend machen. Dazu muss der Gläubiger (Vertragspartner des Schädigers) seinen Anspruch gegen den Schädiger an den Dritten abtreten (§ 398).[84] Auch auf diese Weise vereinigen sich Anspruch und Schaden in einer Hand.

1132 *Verhältnis zum Vertrag mit Schutzwirkung für Dritte:* In vielen Fällen, in denen das Rechtsinstitut der Drittschadensliquidation angewandt wird, kann man zum gleichen Ergebnis auch über einen Vertrag mit Schutzwirkung für Dritte gelangen. Es kann dann offen bleiben, welcher Weg einzuschlagen ist.[85] *Beispiel:* In Fall 45, Rn 1120, kann man auch annehmen, dass der Freistaat Bayern den Werkvertrag mit der Kappel KG als Vertrag mit Schutzwirkung für Hitzelgruber geschlossen hat (Rn 1105). Der Unterschied besteht in Folgendem: Beim Vertrag mit Schutzwirkung für Dritte wird der Geschädigte einem Vertragspartner gleichgestellt, bei der Drittschadensliquidation der Vertragspartner einem Geschädigten. Anders gesagt: Bei der Drittschadensliquidation wird der Schaden zur Anspruchsgrundlage gezogen, dagegen zieht man beim Vertrag mit Schutzwirkung die Anspruchsgrundlage zum Schaden.[86]

Die Rechtsinstitute der Drittschadensliquidation und des Vertrags mit Schutzwirkung für Dritte stehen gleichrangig nebeneinander.[87] Es besteht kein Grund, einen Vorrang

80 BGHZ 128, 371. Um einen Treuhänder ging es auch in dem rätselhaften Kriminalfall, der der Entscheidung BGH NJW 1998, 1864 zu Grunde liegt.
81 BGH NJW 2016, 1089 Rn 26 ff.
82 BGH NJW 1989, 452; KG NJW-RR 1991, 273.
83 BGH NJW 2016, 1089 Rn 32.
84 BGH NJW 1987, 2510.
85 BGH NJW 1999, 1031.
86 Medicus/Petersen, Bürgerliches Recht, Rn 839; Medicus/Lorenz Rn 825.
87 BGH NJW 1987, 2510; Söllner JuS 1970, 163.

der Drittschadensliquidation anzunehmen[88] oder einen Vorrang des Vertrags mit Schutzwirkung.[89]

88 So aber Berg NJW 1978, 2018.
89 So Strauch JuS 1982, 823.

Dreizehntes Kapitel: Die Rechtsnachfolge in Forderungen und Schulden

§ 46 Voraussetzungen der Abtretung

Fall 46: Schenkweise Abtretung an die Ehefrau § 398 1133

Eckart Vogelsang ist Eigentümer und Verpächter eines großen Geschäftshauses mit mehreren Ladenlokalen und einem Kino. Er schloss mit seinem Bruder Heinrich Vogelsang einen Vertrag, in dem sich Heinrich als stiller Gesellschafter mit einer Einlage von 200 000 Euro an Eckarts Verpächterbetrieb beteiligte. Nach § 8 des Gesellschaftsvertrags konnten beide Parteien den Vertrag kündigen. In diesem Fall sollte Heinrich einen Auseinandersetzungsanspruch von mindestens 200 000 Euro haben. Fast drei Jahre später schloss Heinrich mit seiner Ehefrau Irmela einen schriftlichen Vertrag, in dem es heißt: „Heinrich und Irmela Vogelsang sind sich einig, dass bei einer eventuellen Auflösung der stillen Gesellschaft zwischen Eckart und Heinrich Vogelsang der Heinrich zustehende Auseinandersetzungsanspruch in Höhe eines Teilbetrags von 100 000 Euro seiner Ehefrau Irmela zustehen soll.“ Wie ist dieser Vertrag rechtlich zu beurteilen? (Nach BGH NJW 1997, 3370)

1134 Wenn eine stille Gesellschaft durch Kündigung aufgelöst wird, „hat sich der Inhaber des Handelsgeschäfts mit dem stillen Gesellschafter auseinander zu setzen und dessen Guthaben in Geld zu berichtigen” (§ 235 Abs. 1 HGB). Diesen Anspruch könnte Heinrich an seine Frau Irmela abgetreten haben (§ 398). Deshalb sollen die Voraussetzungen von § 398 S. 1 wieder Schritt für Schritt geprüft werden:

„Eine Forderung ...“ Es geht um die Forderung von Heinrich gegen seinen Bruder Eckart Vogelsang. Das Problem ist nur, dass diese Forderung im Zeitpunkt der Abtretung noch gar nicht bestand, weil die Kündigung noch nicht erfolgt war. § 398 lässt aber – obwohl das Gesetz selbst das nicht sagt – auch die Abtretung *künftiger Forderungen* zu. Die künftige Forderung muss dann nur bei der Abtretung so klar bestimmt sein, dass sie bei ihrer späteren Entstehung ohne Weiteres als die abgetretene Forderung identifiziert werden kann (Rn 1151). Das ist hier der Fall, weil die stille Gesellschaft und die Art der Forderung im Abtretungsvertrag klar bestimmt sind.

„... kann von dem Gläubiger ...“ Gläubiger der Forderung war Heinrich Vogelsang als stiller Gesellschafter.

„... durch Vertrag ...“ Der „Vertrag“ ist der Abtretungsvertrag, den die Eheleute Vogelsang geschlossen haben. Die Abtretung ist ein Verfügungsgeschäft, das von dem zugrunde liegenden Verpflichtungsgeschäft scharf zu unterscheiden ist. Da das Gesetz nichts anderes sagt, ist der Abtretungsvertrag grundsätzlich – wie auch in diesem Fall – formfrei.

„... mit einem anderen ...“ Die „andere“ ist in diesem Fall Frau Irmela Vogelsang.

„... auf diesen übertragen werden (Abtretung).“ Nach diesen Worten wäre also Frau Vogelsang neue Gläubigerin der Forderung geworden. Das Gesetz geht davon aus, dass eine Forderung *insgesamt* abgetreten wird. Hier hat aber Herr Vogelsang die ihm künftig zustehende Forderung nur zum Teil, nämlich nur in Höhe von 100 000 Euro an seine Frau abgetreten.

Es taucht also die Frage auf, ob man eine Forderung auch teilweise abtreten kann. Diese Frage ist zu bejahen, die Teilabtretung kommt sogar sehr häufig vor. Frau Irmela Vogelsang ist damit grundsätzlich befugt, die ihr abgetretene Teilforderung gegenüber ihrem Schwager Eckart geltend zu machen – allerdings erst, wenn die Forderung auf das Auseinandersetzungsguthaben nach der Kündigung der stillen Gesellschaft entstanden ist.

Wie auch allen anderen Verfügungen liegt der Abtretung ein *Verpflichtungsgeschäft* zugrunde (Rn 1155 ff). Es handelt sich oft um einen Kaufvertrag (Forderungskauf), aber in diesem Fall liegt der Abtretung ein Schenkungsvertrag zugrunde (§ 516). Denn offensichtlich sollte Frau Vogelsang für die ihr übertragene Gläubigerstellung nichts bezahlen. Das von Herrn Vogelsang erklärte Schenkungsversprechen wurde nicht notariell beurkundet, so dass der Schenkungsvertrag zunächst formnichtig war (§§ 125, 518 Abs. 1). Er wurde aber durch „die Bewirkung der versprochenen Leistung", nämlich den Abschluss des wirksamen Abtretungsvertrags, „geheilt" (§ 518 Abs. 2). Deshalb ist die Schenkung als von Anfang an wirksam anzusehen.

Lerneinheit 46

1135 **Literatur:** *Stamm*, Schuldnerschutz und Rechtskrafterstreckung bei Unkenntnis der Abtretung, NJW 2016, 2369; *Lieder/Berneith*, Echte und unechte Ausnahmen vom Abstraktionsprinzip, JuS 2016, 673; *Möller*, Abtretung und Geltendmachung von Ansprüchen gegen Rechtsschutzversicherungen, NJW 2015, 216; *Habersack/Weber*, Die Einlageforderung als Gegenstand von Aufrechnung, Abtretung, Verpfändung und Pfändung, ZGR 2014, 509; *van Bühren*, Das Abtretungsverbot in der Rechtsschutzversicherung, ZfS 2014, 126; *Stackmann*, (Rück-)Abwicklung von Finanzanlagen, NJW 2013, 341; *Tiedemann/Neumann*, Zessionen von prozessualen und materiellen „Verbraucherrechten", NJ 2013, 17; *Neumann*, Vorgaben des europäischen Datenschutzrechts für die Abtretung von Telekommunikationsentgeltforderungen, CR 2013, 21; *Kilian*, Factoring von Honoraren, AnwBl 2012, 728; *Flechsig*, Vorausabtretung gesetzlicher Vergütungsansprüche ... MMR 2012, 293; *Stumpf*, Factoring – ein modernes und attraktives Finanzierungsinstrument zur Liquiditätssicherung, BB 2012, 1045; *Giesen*, Zum Begriff des Offenbarens nach § 203 StGB im Falle der Einschaltung privatärztlicher Verrechnungsstellen, NStZ 2012, 122.

I. Abtretung

1136 *Definition:* Die Abtretung ist die Übertragung einer Forderung von ihrem bisherigen Gläubiger auf einen Dritten (§ 398 S. 1). Sie erfolgt durch einen Vertrag zwischen dem bisherigen Gläubiger und dem Dritten. Der Schuldner ist an der Abtretung nicht beteiligt. Mit der Abtretung tritt der Dritte als neuer Gläubiger in die Rechtsstellung des bisherigen Gläubigers ein (§ 398 S. 2).

1137 *Forderung:* Eine Forderung ist das Recht des Gläubigers, vom Schuldner aufgrund eines Schuldverhältnisses eine Leistung zu verlangen (§ 241 Abs. 1 S. 1). Der Begriff „Forderung" ist inhaltlich identisch mit dem in § 194 Abs. 1 definierten Begriff „Anspruch". Unter einer Forderung darf man sich nicht nur eine Geldforderung vorstellen. Gegenstand einer Abtretung kann jedes Recht sein, von einem anderen eine „Leistung" zu verlangen. *Beispiel:* Der Käufer K 1 eines Grundstücks trat an K 2 seinen Anspruch ab, den er gegen den Verkäufer V auf Übereignung hatte (§ 433 Abs. 1 S. 1).[1]

1138 *Vertrag:* Die Abtretung ist kein einseitiges Rechtsgeschäft, sondern ein *Vertrag* (§ 398 S. 1: „... durch Vertrag ..."), und zwar zwischen dem bisherigen Gläubiger und dem

1 BGH NJW 1994, 2947.

neuen Gläubiger (§ 398 S. 1). Sie setzt also zwei Willenserklärungen voraus, Antrag und Annahme.

1139 *Verfügungsgeschäft:* Die Abtretung ist zugleich ein Verfügungsgeschäft, kein Verpflichtungsgeschäft. Denn durch die Abtretung wird ein bestehendes Recht (die Forderung) auf einen anderen, den neuen Gläubiger, übertragen.[2] Da Verfügungsgeschäfte abstrakt sind, ist nur die Einigung über den Forderungsübergang erforderlich. Auf die Wirksamkeit des zugrunde liegenden Verpflichtungsgeschäfts kommt es nicht an (Rn 1155). Die häufigste und wichtigste Verfügung ist bekanntlich die Übertragung des Eigentums an beweglichen Sachen (§ 929 S. 1). Der Unterschied zwischen § 398 und § 929 besteht eigentlich nur darin, dass § 398 die Übertragung einer Forderung regelt, § 929 die Übertragung des Eigentums an einer beweglichen Sache.

1140 *Zedent, Zessionar:* Das Gesetz spricht immer vom „bisherigen Gläubiger“ und vom „neuen Gläubiger“. An diesen gut verständlichen Ausdrücken sollte man festhalten. Es ist aber üblich, den bisherigen Gläubiger „Altgläubiger“, „Abtretender“ oder „Zedent“ zu nennen und den neuen Gläubiger „Neugläubiger“, „Abtretungsempfänger“ oder „Zessionar“.

II. Voraussetzungen der Abtretung

1. Abtretungsvertrag

1141 *Vertragspartner:* Der bisherige Gläubiger und der Dritte (der neue Gläubiger) müssen einen Abtretungsvertrag schließen (§ 398 S. 1), dh sie müssen sich einig sein, dass die Forderung auf den neuen Gläubiger übergehen soll. Der Schuldner *kann* von der Abtretung benachrichtigt werden, aber nötig ist das nicht *(stille Zession)*. Dass der Schuldner kein Vetorecht hat und nicht einmal benachrichtigt werden muss, klingt schlimmer als es ist. Denn da die Forderung sich inhaltlich nicht ändert, ist es für den Schuldner im Grunde gleichgültig, wer sein Gläubiger ist. Soweit der Schuldner trotzdem benachteiligt wird, wird die Benachteiligung durch zahlreiche Schutzvorschriften ausgeglichen (Rn 1175 ff).

1142 *Form:* Die Abtretung bedarf grundsätzlich keiner Form und kann sogar konkludent erfolgen.[3] Nur in seltenen Ausnahmefällen ist eine Form vorgeschrieben, zB in § 1154 für die Abtretung einer Hypothek oder Grundschuld (§ 1192 Abs. 1).

2. Existenz der Forderung

1143 Die abgetretene Forderung darf keine „Luftforderung“ sein, dh sie muss wirklich bestehen. Wenn im Augenblick der Abtretung diese Voraussetzung nicht vorliegt und die Forderung auch später nicht entsteht, erwirbt der „neue Gläubiger“ nichts. Das gilt auch dann, wenn er bei der „Abtretung“ an den Bestand der „abgetretenen Forderung“ geglaubt hatte. Denn es gibt beim Forderungserwerb keinen Schutz des guten Glaubens, anders als beim Erwerb des Eigentums an beweglichen Sachen (§§ 932 ff) und an Grundstücken (§ 892). Ausnahmen bestehen bei der Ausstellung einer Schuldurkunde (§ 405) und im Wertpapierrecht.

2 BGB-AT Rn 324.
3 BGH NJW 1997, 729.

3. Gläubigerstellung des Abtretenden

1144 Der Abtretende muss der Gläubiger der abgetretenen Forderung sein. Das ist nicht der Fall, wenn der ehemalige Gläubiger die Forderung zum zweiten Mal „abtritt". In diesem Fall ist der erste Abtretungsempfänger der aktuelle Gläubiger, so dass die zweite „Abtretung" ins Leere geht. Beim Erwerb der Forderung gilt also der Grundsatz der Priorität. Einen Schutz Gutgläubiger gibt es nicht. *Beispiel:* Der betrügerische B vermittelte Kredite zwischen Kommunen. Er trat Forderungen über 183 Millionen Euro an bestimmte Kommunen ab. Später schloss er mit der R-Bank einen Vertrag, in dem er ihr dieselben Forderungen „abtrat". Die Leiter der R-Bank waren guten Glaubens, B sei der Gläubiger der Forderungen. Aber das nützte ihnen nichts – die R-Bank wurde nicht neue Gläubigerin.[4]

4. Bestimmtheit der Forderung

1145 Eine bereits bestehende Forderung muss bei der Abtretung so genau bezeichnet werden, dass auch für Außenstehende klar ist, welche Forderung gemeint ist. Es müssen also der Inhalt, die Höhe und der Schuldner der Forderung festgelegt werden. *Beispiel:* „Die Kaufpreisforderung über 712 000 Euro gegen die Pfeffer-GmbH aus dem Kaufvertrag vom 21. Januar 2012 trete ich hiermit an die Ansgar-Schulde-KG ab."

Wenn eine *künftige* Forderung abgetreten wird, muss sie zumindest *bestimmbar* sein (Rn 1151).

5. Abtretbarkeit der Forderung

1146 Letzte Voraussetzung einer wirksamen Abtretung ist die Abtretbarkeit der Forderung. Sie kann vertraglich oder kraft Gesetzes ausgeschlossen sein (Rn 1163 ff).

III. Rechtsfolgen der Abtretung

1147 *Gläubigerwechsel:* Mit der Abtretung „tritt der neue Gläubiger an die Stelle des bisherigen Gläubigers" (§ 398 S. 2). Der neue Gläubiger kann nicht nur die Forderung einziehen – bei einem Verzug des Schuldners stehen *ihm* auch die Verzugszinsen zu (§§ 286, 288).[5]

1148 *Keine Inhaltsänderung:* Der Inhalt der Forderung ändert sich durch die Abtretung nicht. Der neue Gläubiger erwirbt sie genau so, wie sie dem bisherigen Gläubiger zustand. Aus diesem Grunde verbessert oder verschlechtert die Abtretung die Rechtsstellung des Schuldners nie (Rn 1179 ff).

Keine Vertragsübernahme: Die Abtretung darf nicht mit der Vertragsübernahme verwechselt werden (zu dieser Rn 1229). Bei der Abtretung übernimmt der neue Gläubiger nur eine Forderung, er tritt nicht in die Vertragsbeziehung ein, aus der die abgetretene Forderung stammt. *Beispiel:* Vermieter V trat seine Mietforderung gegen M an D ab. Dadurch wurde D nicht zum Vermieter des M.[6] M muss sich deshalb zB wegen Mängeln der Mietsache oder wegen der Nebenkostenabrechnung weiterhin an V hal-

---

4 BGHZ 164, 50.

5 BGH NJW 2006, 1662 Rn 9: Ob § 288 Abs. 1 oder 2 anzuwenden ist, richtet sich nach der Person des neuen Gläubigers (BGH NJW-RR 1992, 219).

6 BGH NJW 2003, 2987.

ten. Und auch wenn M den Mietvertrag anfechten oder kündigen will (§§ 142 Abs. 1, 542), muss er das gegenüber V tun.[7]

1149 *Übergang der Sicherheiten (§ 401 Abs. 1):* Mit der Abtretung gehen bestimmte für die Forderung bestellte Sicherheiten auf den neuen Gläubiger über.[8] § 401 Abs. 1 nennt die Hypothek, die Schiffshypothek, das Pfandrecht und die Bürgschaft. Diesen Sicherungsrechten ist gemeinsam, dass sie *akzessorisch* sind, also vom Bestand der gesicherten Forderung abhängig und von ihr nicht zu trennen. Daneben gibt es aber im Wirtschaftsleben besonders wichtige Sicherungsrechte, die *nicht* akzessorisch, also in ihrem Bestand unabhängig von der gesicherten Forderung sind. Zu ihnen gehören insbesondere die durch *Sicherungsabtretung* erlangte Gläubigerstellung (Rn 1154), das Sicherungseigentum und die Grundschuld (§ 1191). Diese Rechte gehen nicht nach § 401 Abs. 1 kraft Gesetzes (automatisch) mit der abgetretenen Forderung auf den neuen Gläubiger über. Der Gläubiger ist aber verpflichtet, sie auf den neuen Gläubiger zu übertragen.

IV. Sonderfälle

1. Teilabtretung

1150 Der Gläubiger kann einen Teil der Forderung abtreten, den anderen Teil behalten (Teilabtretung). *Beispiel 1* Fall 46, Rn 1133).

Bestimmbarkeit bei Teilabtretung: Wenn der Gläubiger von mehreren Forderungen einen bestimmten Betrag abtritt, ergeben sich besondere Probleme. *Beispiel 2:* H hatte schuldlos einen Verkehrsunfall erlitten und beauftragte den Kfz-Sachverständigen X mit der Erstellung eines Gutachtens. Er unterschrieb einen Formularvertrag, in dem er seine Ansprüche gegen den Fahrer, den Halter und den Versicherer der Gegenseite in Höhe der Gutachterkosten von 1 202 Euro an X abtrat. Das Problem bestand darin, dass H insgesamt drei Forderungen gegen die genannten Schuldner hatte. H hätte angeben müssen, von welcher Forderung ein Teilbetrag in Höhe der Gutachterkosten abgetreten werden sollte. Falls eine einzige Forderung nicht ausreichte, hätte H mehrere Forderungen benennen und deren Reihenfolge angeben müssen. Die Abtretung war deshalb wegen Unbestimmtheit unwirksam.[9]

2. Abtretung künftiger Forderungen

1151 *Vorausabtretung:* Es kann auch eine noch nicht entstandene (künftige) Forderung abgetreten werden (Vorausabtretung). *Beispiel 1:* Gesellschafter G trat den Anspruch, den er bei der künftigen Auflösung einer Gesellschaft erwarten konnte, an seine Frau ab (Fall 46, Rn 1133).[10]

Bestimmbarkeit: Eine im Zeitpunkt der Abtretung noch nicht bestehende (künftige) Forderung muss bei der Abtretung so genau bezeichnet werden, dass sie *bestimmbar* ist, dh später (bei ihrer Entstehung) eindeutig als die abgetretene identifiziert werden kann.[11] *Beispiel 2:* Ein Unternehmer trat an seine Hausbank Forderungen ab mit der Formulierung: „Abgetreten sind alle künftigen Forderungen aus Lieferungen und Leis-

7 BGH NJW 2012, 3718 Rn 23.
8 § 401 Abs. 1; BGH NJW 1998, 2134.
9 BGH NJW 2011, 2713 Rn 6 bis 8.
10 BGH NJW 1997, 3370.
11 BGH NJW 1988, 3204.

tungen gegen Kunden mit den Anfangsbuchstaben A–K." *Beispiel 3:* Die Arbeitnehmerin A hatte an ihren Vermieter V den pfändbaren Teil ihres Arbeitseinkommens abgetreten. Der Arbeitgeber der A konnte anhand der Tabelle zu § 850c ZPO errechnen, welcher Teil des Lohns damit an V abgetreten war. Damit war die nötige Bestimmbarkeit gegeben.[12]

Globalzession: Der Gläubiger kann auch mehrere Forderungen zugleich abtreten, insbesondere auch mehrere *künftige* Forderungen. Diese so genannte Globalzession künftiger Forderungen kommt hauptsächlich bei der Sicherungsabtretung vor (Rn 1154) und beim Factoring (Rn 1156). Es gibt aber auch andere Fälle. *Beispiel 4:* F betreibt ein Fitnessstudio. Er hat den Abschleppunternehmer U damit beauftragt, alle Fahrzeuge abzuschleppen, die unerlaubt auf seinem Kundenparkplatz abgestellt werden. Als Entgelt hat er ihm im Voraus die Schadensersatzansprüche abgetreten, die ihm gegen die Falschparker zustehen.[13]

3. Gesetzlicher Forderungsübergang

1152 Nach § 412 gelten die §§ 399 bis 410 (mit Ausnahme des § 405) auch in den Fällen, in denen der Forderungsübergang nicht *vereinbart* wird, sondern das Gesetz ihn anordnet *(gesetzlicher Forderungsübergang, Legalzession, cessio legis).* Von dieser Möglichkeit macht das Gesetz häufig Gebrauch. *Beispiel 1:* Bürge B zahlte an Stelle des Schuldners S an Gläubiger G. Damit ging die Forderung des G gegen S kraft Gesetzes auf B über (§ 774 S. 1), so dass B ohne Weiteres an die Stelle des bisherigen Gläubigers G trat. *Beispiel 2:* S verschuldete einen Schaden des G. Die Versicherungsgesellschaft V hat den Schaden ausgeglichen. Damit ging der Anspruch des G gegen S (etwa aus § 823 Abs. 1) kraft Gesetzes auf die V über (§ 86 Abs. 1 S. 1 VVG).

„Übertragung einer Forderung" lautet die Überschrift des Abschnitts 5, während in den ersten Paragrafen dieses Abschnitts nur von der *Abtretung* die Rede ist. Die Überschrift ist aber sinnvoll, denn sie stellt den Oberbegriff dar für die Abtretung (§ 398) und den *vom Gesetz* angeordneten Forderungsübergang (§ 412).

4. Übertragung anderer Rechte

1153 Die §§ 398 ff haben über die Abtretung von Forderungen hinaus Bedeutung, weil sie nach § 413 auch dann anzuwenden sind, wenn andere Rechte abgetreten werden. *Beispiel 1:* Der Gesellschafter G der X-GmbH trat seinen Geschäftsanteil an Y ab (§ 15 Abs. 3 GmbHG). Damit übertrug er ihm keine Forderung, sondern die mit der Gesellschafterstellung verbundenen Rechte. *Beispiel 2:* Die L-GmbH hatte dem K ein Garagengrundstück verkauft, sich aber einen Rücktritt vorbehalten. Später trat sie das Rücktrittsrecht an die Stadt S ab.[14]

5. Sicherungsabtretung

1154 Eine wichtige, aber gesetzlich nicht geregelte Form der Abtretung ist die Sicherungsabtretung. Sie dient dem Zweck, einen Bankkredit oder einen Warenkredit zu sichern. *Beispiel:* Unternehmer U hatte gegen seine Abnehmerin S-GmbH größere Forderungen. Er braucht einen Kredit der B-Bank und trat an sie seine jetzigen und künftigen Forde-

12 BAG NJW 2001, 1443.
13 BGH NJW 2014, 3727; siehe zu diesem Fall auch Rn 955, Beispiel 2.
14 BGH NJW 2009, 10. Das Rücktrittsrecht ist ein Gestaltungsrecht, keine Forderung.

rungen gegen die S-GmbH ab. Man nennt den bisherigen Gläubiger U „Sicherungsgeber“, weil er der B-Bank eine Sicherheit gibt (gegen das Risiko, dass U den Kredit nicht zurückzahlen kann). Die neue Gläubigerin B-Bank nennt man „Sicherungsnehmerin“, weil sie eine Sicherheit erhält. Bei der Sicherungsabtretung ist zu unterscheiden:

- *Juristisch* ist die Sicherungsabtretung eine vollständige Abtretung nach § 398, dh der bisherige Gläubiger (Sicherungsgeber) verliert die Forderung, während der neue Gläubiger (Sicherungsnehmer) die unbeschränkte Gläubigerstellung erlangt (§ 398 S. 2).
- *Wirtschaftlich* soll der neue Gläubiger aber nur eine Stellung erhalten, die der eines Pfandgläubigers ähnlich ist. Denn der Sicherungsnehmer soll nicht unbeschränkt über die Forderung verfügen dürfen, sondern nur insoweit, als es zur Durchsetzung seiner Forderung aus dem Kredit nötig ist. Deshalb wird die Abtretung den Schuldnern nicht bekannt gemacht, solange der Sicherungsgeber den Kredit bedient. Und (als wäre nichts geschehen) zieht der Sicherungsgeber die Forderungen im eigenen Namen ein.

V. Das zugrunde liegende Verpflichtungsgeschäft

1. Bedeutung des Verpflichtungsgeschäfts

1155 *Trennungsprinzip:* Jeder Verfügung liegt ein Verpflichtungsgeschäft zugrunde.[15] Nach dem Trennungsprinzip[16] ist das Verfügungsgeschäft von dem zugrunde liegenden Verpflichtungsgeschäft unabhängig.[17] Das bedeutet: Ob der Abtretung ein wirksames Verpflichtungsgeschäft zugrunde liegt, ist für die Wirksamkeit der Abtretung grundsätzlich ohne Bedeutung.[18] In Ausnahmefällen kann aber der Mangel, der zur Nichtigkeit des Verpflichtungsgeschäfts führt, auch dem Erfüllungsgeschäft anhaften.[19]

In der Praxis wird die Abtretung oft gleichzeitig mit dem Verpflichtungsgeschäft abgeschlossen und deshalb – äußerlich betrachtet – mit ihm ununterscheidbar vermengt. Das ändert jedoch nichts daran, dass beide Geschäfte bei der rechtlichen Beurteilung streng voneinander unterschieden werden müssen.

2. Forderungskauf

1156 *Kaufvertrag:* Das Verpflichtungsgeschäft ist häufig ein Kaufvertrag, denn es gibt nicht nur den Kauf von Sachen, sondern auch den Kauf von Rechten (§ 453 Abs. 1 – bitte lesen). Nur in seltenen Fällen hat der Kaufpreis die Höhe der verkauften (und abgetretenen) Forderung, meist ist er deutlich niedriger. *Beispiel 1:* Ein Kreditinstitut kauft einen erst in drei Monaten fälligen Wechsel über 87 000 Euro. Sie zahlt dem Wechselgläubiger als Kaufpreis nicht die Wechselsumme, sondern den Betrag, der durch Verzinsung in drei Monaten einen Wert von 87 000 Euro erreichen würde. Hinzu kommen noch andere Abzüge. Sie zahlt dem Verkäufer also nur den Barwert des Wechsels (Diskontgeschäft). *Beispiel 2:* Eine Factorbank kauft die Forderungen, die ihr Anschlusskunde gegen seine Abnehmer hat. Sie zahlt sofort, obwohl die gekauften (und

---

15 Wichtigstes Beispiel: Wenn eine bewegliche Sache aufgrund eines Kaufvertrags übereignet wird (§ 929), liegt dieser Verfügung der Kaufvertrag als Verpflichtungsgeschäft zugrunde.
16 BGB-AT Rn 317.
17 BGH NJW 1997, 3370; vgl aber Rn 1146.
18 BGH NJW 1997, 3370.
19 BGH NJW 1991, 1414.

abgetretenen) Forderungen oft noch nicht fällig sind. Sie werden deshalb abgezinst auf den Tag der Fälligkeit. Dadurch zahlt die Factorbank als Kaufpreis nach den §§ 453, 433 Abs. 2 nur den Barwert der Forderung. Auch für unsichere Forderungen wird als Kaufpreis nicht der Nominalbetrag gezahlt. *Beispiel 3:* Die B-Bank war Gläubigerin einer Darlehensforderung in Höhe von 37,4 Millionen Euro, verkaufte sie aber für 22,2 Millionen Euro, weil die Durchsetzbarkeit nicht vollständig gesichert war.[20] Für den Käufer der Forderung handelte es sich um ein Spekulationsgeschäft, bei dem er viel gewinnen, aber auch viel verlieren konnte.

1157 *Bedeutung des Kaufpreises:* Anfänger neigen dazu, das Verpflichtungsgeschäft für ein eher nebensächliches Beiwerk der Abtretung zu halten. Aber das Gegenteil ist richtig. Das Verpflichtungsgeschäft ist oft juristisch interessanter und wirtschaftlich wichtiger als die Abtretung, vor allem für den Verkäufer der Forderung. Denn allein aus dem Kaufvertrag ergibt sich, dass er für die abgetretene Forderung ein Entgelt, nämlich den Kaufpreis erhält (§§ 453 Abs. 1, 433 Abs. 2). Der Kaufvertrag ist deshalb aus Sicht des bisherigen Gläubigers (des Verkäufers) viel wichtiger als der Abtretungsvertrag.

Haftung des Verkäufers für Verität und Bonität: Der Verkäufer haftet dem Käufer nach § 453 Abs. 1 mit § 433 Abs. 1 für den Bestand der verkauften Forderung (Verität der Forderung). Für die Zahlungsfähigkeit und Zahlungsbereitschaft des Schuldners (Bonität der Forderung) haftet der Verkäufer dagegen nur, wenn er diese Haftung vertraglich übernommen hat (heute nicht mehr gesetzlich geregelt, aber Gewohnheitsrecht).

3. Andere Verpflichtungsgeschäfte

1158 *Schenkung:* Das der Abtretung zugrunde liegende Verpflichtungsgeschäft kann auch eine Schenkung sein. *Beispiel:* H hatte gegen seinen Bruder E einen Anspruch in Höhe von 100 000 Euro, den er formlos seiner Frau schenkte und an sie abtrat (Fall 46, Rn 1133).

1159 *Sicherungsabrede:* Im Fall der Sicherungsabtretung (Rn 1154) ist das der Abtretung zugrunde liegende Verpflichtungsgeschäft eine *Sicherungsabrede.* In ihr verpflichtet sich der Sicherungsgeber zur Abtretung. Eine Gegenleistung erhält er nicht, deshalb handelt es sich nicht etwa um einen Kaufvertrag.

1160 *Inkassozession:* Ein Gläubiger kann seine Forderung an einen Dritten abtreten, damit dieser sie im eigenen Namen geltend machen kann. *Beispiel:* Der Arzt A tritt seine Forderungen gegen seine Patienten an die Ärztliche Verrechnungsstelle V zum Zweck der Einziehung ab. A erhält für die Abtretung kein Entgelt (keinen Kaufpreis), so dass das Verpflichtungsgeschäft kein Forderungskauf sein kann. Die V soll die Forderung vielmehr nur für den A einziehen und den eingezogenen Betrag an ihn – nach Abzug anteiliger Verwaltungskosten – weiterleiten.

VI. Wirtschaftliche Bedeutung

1161 Die Abtretung ist im Wirtschaftsleben sehr häufig:

Hypothekendarlehen: Es war in den vergangenen Jahren in einem außergewöhnlichen Umfang üblich geworden, dass Kreditinstitute ihre Forderungen aus Darlehensverträgen verkauften und abtraten. *Beispiel:* Die Kreissparkasse W hatte den Eheleuten E

20 BGH NJW 2011, 2294.

zum Erwerb eines Einfamilienhauses ein Darlehen von 100 000 Euro gewährt und sich zur Sicherung des Rückzahlungsanspruchs eine Grundschuld auf dem Grundstück eintragen lassen. Später verkaufte die W ihre Forderung an die B-Bank (§ 453 Abs. 1) und trat die Forderung an sie ab (§ 398).[21] Da viele europäische Banken faule Forderungen aus Darlehensverträgen von US-Banken gekauft hatten, hat die Immobilienkrise der USA auch die europäischen Finanzmärkte geschädigt. So unerfreulich diese Entwicklung war, so zeigt sie doch die große wirtschaftliche Bedeutung der Abtretung und des ihr zugrunde liegenden Forderungskaufs.

Sicherungsabtretung: Die Abtretung bestehender und künftiger Forderungen an ein Kreditinstitut zur Sicherung eines Kredits (Sicherungsabtretung, Rn 1154) ist wohl der häufigste Fall der Abtretung überhaupt.

Factoring: Beim Factoring tritt ein Unternehmer alle bestehenden und künftigen Forderungen gegen seine Schuldner an eine Factoring-Bank ab, die ihm dafür den jeweiligen Barwert gutschreibt.[22] Man unterscheidet das echte Factoring und das unechte.[23]

1162 *Kommissionsgeschäft:* Ein Kommissionär, der für seinen Auftraggeber (den Kommittenten) ein Geschäft ausgeführt und dabei eine Forderung erworben hat, muss diese an den Kommittenten abtreten (§ 392 Abs. 1 HGB).[24]

Inkasso: Inkassounternehmen lassen sich fremde Forderungen abtreten, um sie im eigenen Namen gerichtlich geltend machen zu können (Rn 1160).[25]

§ 47 Abtretungsverbote

1163

Fall 47: Provisionsansprüche einer Versicherungsvertreterin §§ 398, 134

Frau Margot Mager hatte im Jahre 2002 mit der Schwäbischen Versicherungs-AG einen Handelsvertretervertrag geschlossen. Sie hatte die Aufgabe, den Abschluss von Unfallversicherungsverträgen zu vermitteln. Im Jahre 2007 trat sie sämtliche Forderungen, die ihr gegen die Versicherungs-AG zustanden, an Alfons Tümmelmann ab, der ein Inkassobüro betreibt. Zu den abgetretenen Forderungen gehörten in erster Linie Provisionsansprüche, die Frau Mager gegen die Versicherungs-AG zustanden. Tümmelmann verlangt von der Versicherungs-AG, dass diese die Provisionen an ihn auszahlt. Die Versicherungs-AG ist der Meinung, dass Tümmelmann nicht ihr Gläubiger geworden sei. (Nach BGH NJW 2010, 2509)

1164 Tümmelmann ist nicht für die Schwäbische Versicherungs-AG tätig gewesen. Ihm können die geltend gemachten Provisionsforderungen deshalb nur zustehen, wenn Frau Mager sie ihm abgetreten hat (§ 398). Davon ist nach dem Sachverhalt zunächst auszugehen.

Bedenken gegen die Wirksamkeit der Abtretung könnten sich aber aus § 402 ergeben. Nach dieser Vorschrift hätte Frau Mager als bisherige Gläubigerin Herrn Tümmelmann als dem neuen Gläubiger „die zur Geltendmachung der Forderung nötige Auskunft zu erteilen“. Der

21 Dieser Fall ist in § 496 Abs. 2 geregelt.
22 BGH NJW 1992, 1032.
23 Zur Unterscheidung BGH NJW 2001, 756.
24 BGH NJW 1988, 3203.
25 BGH NJW 1994, 997.

Hintergrund ist folgender: Wer als Versicherungsnehmer einen Unfallversicherungsvertrag schließen möchte, muss im Regelfall dem Versicherungsvertreter Einzelheiten seines Gesundheitszustands offenbaren. Die Krankengeschichte der von Frau Mager geworbenen Versicherungsnehmer war Frau Mager deshalb weitgehend bekannt. Diese Informationen könnten eine Rolle spielen, wenn Tümmelmann mit der Versicherungs-AG über die Höhe der Provisionen streitet. Falls nämlich die Schwäbische Versicherungs-AG Einwände gegen die Provisionsforderungen vorbringen sollte, müsste sich Tümmelmann bei Frau Mager kundig machen, um der Argumentation der Versicherungs-AG entgegentreten zu können. Frau Mager wäre dadurch gezwungen, ihm Einzelheiten aus der Individualsphäre der von ihr geworbenen Versicherungsnehmer zu offenbaren (§ 402).

Der Gesetzgeber hat die unbefugte Weitergabe von Informationen über die Krankengeschichte anderer als Verletzung von Privatgeheimnissen nach § 203 Abs. 1 Nr. 6 StGB unter Strafe gestellt. Diese Vorschrift richtet sich an die „Angehörigen eines Unternehmens der privaten Kranken-, Unfall- oder Lebensversicherung“ und verbietet ihnen „ein zum persönlichen Lebensbereich“ der Versicherungsnehmer „gehörendes Geheimnis“ zu offenbaren. Fraglich war im vorliegenden Fall nur, ob Frau Mager als Handelsvertreterin (und damit als Selbstständige) eine *„Angehörige“* der Schwäbischen Versicherungs-AG war. Das hat der BGH aber überzeugend bejaht.[26]

§ 203 Abs. 1 Nr. 6 StGB ist wie die meisten Paragrafen des StGB ein Verbotsgesetz iSv § 134. Aus § 134 ergibt sich demnach, dass die Abtretung nichtig ist.[27] Tümmelmann hat die Forderung also nicht erworben, so dass die Schwäbische Versicherungs-AG nicht an ihn zu zahlen braucht.

Lerneinheit 47

1165 **Literatur:** *Herrler*, Grenzen des Schuldnerschutzes beim Forderungsverkauf, NJW 2011, 2762; *Schultze-Zeu*, Die Übergangsfähigkeit zivilrechtlicher Akteneinsichtsansprüche von Patienten und Pflegeheimbewohnern gegen Ärzte, Kliniken und Pflegeheime, VersR 2011, 194; *Wagner*, Verkehrsfähigkeit contra Schuldnerschutz im kaufmännischen Geschäftsverkehr mit Geldforderungen, WM 2010, 202; *Schramm/Wolf*, Das Abtretungsverbot nach der VVG-Reform, r + s 2009, 358; *Jaeger/Heinz*, Risikobegrenzungsgesetz untermauert Abtretbarkeit von Sparkassendarlehensforderungen! BKR 2009, 273; *Stürner*, Verkauf und Abtretung von Darlehensforderungen, ZHR Bd. 173, 363; *Rupietta/Möller*, Abtretungsverbote in Gewerbemietverträgen, NZM 2009, 225; *Seggewiße*, Das Kaufmännische Abtretungsverbot und seine Rechtsfolgen, NJW 2008, 3256

I. Inhaltsänderung

1166 Eine Forderung ist in vielen Fällen nicht abtretbar. § 399 Var. 1 nennt in erster Linie den Fall, dass die Leistung an einen anderen Gläubiger „nicht ohne Veränderung ihres Inhalts erfolgen kann“. *Beispiel 1:* Der begabte Klavierschüler G wollte seine Klavierstunde bei Professor P ausfallen lassen und trat seinen Anspruch auf den Unterricht an seinen unbegabten Freund F ab. P braucht F nicht zu unterrichten. *Beispiel 2:* Mieter M wollte seinen Anspruch auf die Überlassung der Mietsache an D abtreten. Das war nicht möglich, weil es einem Vermieter nicht gleichgültig ist, wer seine Sache nutzt.[28] Demgegenüber kann der *Vermieter* seinen Anspruch auf die Miete abtreten, weil die

26 NJW 2010, 2509 Rn 12 bis 20.
27 Dazu auch BGB-AT Rn 720.
28 BGH NJW 2003, 2987.

Abtretung einer Geldforderung nicht zu einer „Veränderung ihres Inhalts" führt. Anders gesagt: Es ist einem Geldschuldner gleichgültig, an wen er zu zahlen hat.[29]

Wenn die Abtretung nur zu einer geringfügigen inhaltlichen Änderung der Forderung führt, schließt das die Abtretung nicht aus. *Beispiel 3:* B war vertraglich verpflichtet, T von allen Ansprüchen freizustellen, die D gegen ihn geltend machte (Freistellungsanspruch). Als D von T Zahlung verlangte, trat T seinen Freistellungsanspruch an ihn ab. In der Hand des D wurde der Freistellungsanspruch zum Zahlungsanspruch gegenüber B. Aber im Kern blieb er gleich. Denn B war vor und nach der Abtretung zur Zahlung einer bestimmten Summe verpflichtet. Die Abtretung scheiterte deshalb nicht an § 399 Var. 1.[30]

II. Ausschluss oder Erschwerung der Abtretung durch Vertrag

1. Grundregel

1167 *Ausschluss der Abtretung:* Eine Forderung ist nicht abtretbar, „wenn die Abtretung durch Vereinbarung mit dem Schuldner ausgeschlossen ist" (§ 399 Var. 2). Solche Vereinbarungen sind häufig. Die Initiative geht immer vom Schuldner aus, weil dieser sich die mit einem Gläubigerwechsel verbundene Mehrarbeit und Unsicherheit ersparen will.[31] *Beispiel:* Die A-GbR ließ das ihr gehörende Geschäftshaus von B renovieren. In dem zugrunde liegenden Werkvertrag heißt es: „Forderungsabtretungen sind unzulässig."[32] Zu beachten ist, dass Gläubiger und Schuldner den Ausschluss vereinbart haben müssen, *bevor* der Gläubiger die Forderung abgetreten hat.

1168 *AGB:* Ein Abtretungsverbot kann nicht nur individuell vereinbart werden, sondern auch durch AGB. Die §§ 308, 309 regeln die Frage nicht. Die Unwirksamkeit einer Klausel, die die Abtretung verbietet, könnte sich deshalb nur aus § 307 ergeben. Das ist aber idR nicht der Fall.[33] Etwas anderes gilt nur, wenn der Schuldner im konkreten Fall kein Interesse an dem Verbot hat oder das Interesse des Gläubigers an einer Abtretung objektiv schwerer wiegt.[34] *Beispiel:* Frau U und ihr Lebenspartner P waren mit der Reise des Reiseveranstalters R unzufrieden und wollten Schadensersatzansprüche geltend machen. Herr P trat dazu seine Ansprüche an U ab. R verwies auf seine AGB, nach denen die Abtretung von Schadensersatzansprüchen ausgeschlossen ist. Das hat der BGH aber nach einer ausführlichen Interessenabwägung nicht gelten lassen.[35]

1169 *Wirkung:* Ein wirksames Verbot macht die Abtretung unwirksam, und zwar gegenüber jedermann.[36] Das ergibt sich aus den Worten „kann nicht abgetreten werden" (§ 399). Das Abtretungsverbot lässt deshalb die Forderung von vornherein als ein unveräußerliches Recht entstehen.[37]

Tritt der Gläubiger die Forderung trotz des Verbots ab, kann der Schuldner die Abtretung durch sein Einverständnis wirksam machen. Umstritten ist nur, wie diese Aufhe-

29 BGH aaO und NJW 1995, 323.
30 BGHZ 189, 45 Rn 14. Der Leitsatz 1 der Entscheidung ist ein Beispiel dafür, wie man einen Leitsatz nicht formulieren sollte.
31 BGH NJW 1990, 976.
32 BGH NJW 2006, 3486.
33 BGHZ 108, 52, 54 und 108, 172, 174.
34 BGH NJW 2012, 2107 Rn 9 ff; NJW 2006, 3486 Rn 13.
35 NJW 2012, 2107
36 BGH NJW 1991, 559; Bülow, NJW 1993, 901.
37 BGH NJW 1990, 109.

bung des Verbots zu konstruieren ist und ob sie rückwirkende Kraft hat.[38] Wenn die Abtretung wirksam geworden ist, führt das nicht dazu, dass der *neue* Gläubiger die Forderung nun seinerseits ohne Zustimmung des Schuldners abtreten kann.[39]

2. Sonderregel für Kaufleute und Behörden nach dem HGB

1170 Für den Fall, dass das Abtretungsverbot zwischen Kaufleuten oder zwischen einem Kaufmann und einer Behörde vereinbart wurde, enthält § 354a HGB eine von § 399 abweichende Sonderregel. *Beispiel:* Die Stadt S vergab an den Tiefbauunternehmer T einen Bauauftrag, aber verbot ihm, seine Forderung gegen sie an einen Dritten abzutreten. T brauchte aber einen Kredit von der Volksbank V, den er nur erhielt, wenn er seine Forderung gegen die Stadt zur Sicherheit an die Volksbank abtrat (Sicherungsabtretung, Rn 1154). Der Gesetzgeber hat für solche Fälle in § 354a HGB eine Regelung getroffen, die den Interessen der Beteiligten einigermaßen gerecht wird. Einzelheiten gehören ins Handelsrecht. Eine analoge Anwendung auf Nichtkaufleute wird mit guten Gründen befürwortet, aber vom BGH wegen des eindeutigen Gesetzeswortlauts abgelehnt.[40]

III. Gesetzliche Abtretungsverbote

1. Unpfändbarkeit

1171 Die Abtretung ist ausgeschlossen, wenn und soweit die Forderung „der Pfändung nicht unterworfen ist“ (§ 400). Der Pfändung nicht unterworfen ist insbesondere der für das Existenzminimum erforderliche Teil des Arbeitseinkommens (§§ 850 ff ZPO). Deswegen darf dieser Teil auch nicht abgetreten werden.[41] § 400 bezieht sich nur auf solche Forderungen, die der Gläubiger für seinen Lebensunterhalt braucht.[42] Das Abtretungsverbot des § 400 entspricht dem Aufrechnungsverbot des § 394 (Rn 259).

2. Kontokorrent

1172 Wenn zwei Geschäftspartner ihre gegenseitigen Forderungen in ein laufendes Konto (Kontokorrent) einstellen, sind die einzelnen Forderungen damit sozusagen eingefroren oder eingeschmolzen und können nicht mehr abgetreten werden (§ 355 HGB).[43] Abtretbar ist dann nur der jeweils zum Rechnungsabschluss für den einen oder den anderen Teil bestehende Überschuss. Das bekannteste Kontokorrent ist das Girokonto.

3. Verstoß gegen ein gesetzliches Verbot

1173 *Abtretung ärztlicher Honorarforderungen:* Wer eine Forderung abtritt, ist nach § 402 gegenüber dem neuen Gläubiger umfassend auskunftspflichtig. Die Abtretung einer ärztlichen Honorarforderung führt deshalb oft zur Offenbarung von Berufsgeheimnissen. Damit verletzt der Arzt in einer strafbaren Weise (§ 203 Abs. 1 Nr. 1 StGB) die ärztliche Schweigepflicht. Die Abtretung ärztlicher und zahnärztlicher Honorarforde-

38 Der BGH lehnt die Rückwirkung zu Recht ab, weil die Voraussetzungen der §§ 184, 185 gerade nicht vorliegen (NJW 1990, 109; BGHZ 70, 299). Offen gelassen von MüKo/Roth § 399 Rn 29.
39 BGH NJW 1997, 3434.
40 BGH NJW 2006, 3486 Rn 11.
41 BAG NJW 2001, 1443.
42 BGH NJW 1994, 1057.
43 BGH NJW 2002, 2865.

rungen ist deshalb nach § 134 nichtig.[44] Das hatte der BGH zunächst nur für die Abtretung an ein gewerbliches Unternehmen entschieden.[45] Später hat er aber auch die Abtretung an eine Standesorganisation der Ärzteschaft in der Rechtsform eines eV – zumindest in einem Sonderfall – für unwirksam erklärt.[46] Die Abtretung ist nur wirksam, wenn sie mit Einwilligung des Patienten erfolgt, an die strenge Anforderungen zu stellen sind.[47] Eine Besonderheit besteht darin, dass in diesen Fällen die Nichtigkeit nicht beschränkt ist auf das zugrunde liegende Verpflichtungsgeschäft (den Forderungskauf), sondern auch das – idR sittlich neutrale – Verfügungsgeschäft, also die Abtretung erfasst. Siehe auch Fall 47, Rn 1163.

Abtretung anwaltlicher Honorarforderungen: Auch ein Rechtsanwalt oder Steuerberater macht sich strafbar, wenn er unbefugt ein ihm von einem Mandanten anvertrautes Geheimnis offenbart (§ 203 Abs. 1 Nr. 3 StGB).[48] Dazu wäre er aber im Fall der Abtretung nach § 402 gegenüber dem neuen Gläubiger verpflichtet. Deshalb ist die Abtretung der Honorarforderung auch in diesen Fällen nach § 134 nichtig. Das gilt aber nicht für die Abtretung an einen Kollegen.[49]

Inkasso: Wer sich Forderungen abtreten lässt, um sie gewerbsmäßig für den Abtretenden einzuziehen, betreibt eine Rechtsdienstleistung, die nur Rechtsanwälten gestattet ist (§§ 2 Abs. 2, 3 RDG). *Beispiel:* Die K-AG wandte sich an Personen, die ihre Kapital-Lebensversicherung kündigen wollten, und bot Ihnen Hilfe an bei dem Versuch, eine möglichst hohe Erstattung der eingezahlten Prämien zu erreichen. Dazu mussten die Kunden ihre Ansprüche gegen ihren Versicherer an die K-AG abtreten. Wenn die K-AG dafür einen festen Betrag gezahlt und damit das Risiko übernommen hätte, vom Versicherer weniger oder gar nicht zu bekommen, hätte es sich um eine erlaubte Abtretung gehandelt. Aber das geschäftliche Risiko sollte bei den Kunden bleiben. Deshalb war die Abtretung ein Verstoß gegen das RDG und damit nach § 134 nichtig.[50]

1174 *Abtretung von Darlehensforderungen:* Es ist verständlich, dass sich Kreditnehmer auf die Abtretungsverbote berufen haben, die für die Honorarforderungen der Ärzte und Rechtsanwälte gelten. Denn Kreditnehmer haben idR dem Kreditgeber Einblick in ihre finanziellen Verhältnisse gewähren müssen und wollen nicht, dass Dritte davon erfahren. Aber im Regelfall handelt es sich bei der Vergabe von Krediten und beim Forderungsverkauf um ein Massengeschäft ohne persönlichen Einschlag.[51] Es besteht deshalb weitgehende Übereinstimmung darüber,[52] dass Kreditinstitute, auch öffentlich-rechtliche wie die Sparkassen,[53] ihre Darlehensforderungen verkaufen und abtreten dürfen.[54] Der Gesetzgeber hat diese Ansicht durch den im Jahre 2008 eingefügten § 496 Abs. 2 bestätigt. Denn diese Vorschrift verbietet die Abtretung nicht, sondern verpflichtet den Darlehensgeber lediglich, den Darlehensnehmer zu informieren.

44 BGB-AT Rn 719.
45 BGHZ 115, 123, bestätigt von BGH NJW 1992, 2348; auch LG Heilbronn NJW 2003, 2389.
46 BGH NJW 1993, 2371.
47 BGH NJW 1992, 2348.
48 BGHZ 122, 115; BGB-AT Rn 721.
49 § 49b Abs. 4 BRAO; aA LG München I NJW 2004, 451 mwN.
50 BGH NJW 2014, 847 Rn 12 ff.
51 BGHZ 171, 180 Rn 13 bis 34; bestätigt von BVerfG (1. Kammer des Ersten Senats) NJW 2007, 3707 (in derselben Sache).
52 Anders aber OLG Frankfurt/Main WM 2004, 1386 (1387); einschränkend Schwintowski/Schantz NJW 2008, 472.
53 BGH NJW 2010, 361 Rn 13 ff.
54 Vgl nur Böhm BB 2004, 1641; Nobbe WM 2005, 1537 (1540 ff); Palandt/Grüneberg § 399 Rn 8.

§ 48 Schutz des Schuldners

1175 **Fall 48: Stoffe für 19,8 Millionen Euro** §§ 398, 407

Die Carlo Bauer AG aus Lörrach stellt Herrenanzüge, Sakkos und Hosen her. Sie schloss mit dem Stofffabrikanten Hayretin Güngör aus Edirne (Türkei) einen Rahmenvertrag über die Lieferung von Stoffen im Wert von 19,8 Millionen Euro. Die Zweigniederlassung London der Bank of California hatte Güngör erhebliche Kredite gewährt. Deshalb trat Güngör die ihm gegen die Carlo Bauer AG zustehende Kaufpreisforderung an die Bank ab. In dem Abtretungsvertrag übernahm Güngör die Verpflichtung, der Carlo Bauer AG die Abtretung anzuzeigen und sie aufzufordern, ab dem 14. August nur noch an die Bank zu zahlen. Güngör übersandte deshalb eine auf Englisch verfasste Abtretungsanzeige an den Vorstandsvorsitzenden der Carlo Bauer AG, Herrn Harald Mahler. Die Carlo Bauer AG behauptet, dieses Schreiben nicht erhalten zu haben. Das Gegenteil lässt sich nicht beweisen. Die Kreditorenbuchhaltung der Carlo Bauer AG bezahlte die einzelnen Lieferungen nach wie vor durch Überweisung an Güngör, der die Beträge nicht an die Bank weiterleitete. Die Bank of California lässt die Zahlungen der AG an Güngör nicht gelten und verlangt Zahlung an sich. Zu Recht? (Nach BGH NJW 1997, 1775)

1176 Die Bank of California kann nur dann einen Anspruch gegen die Carlo Bauer AG haben, wenn Güngör ihr die Kaufpreisforderung wirksam abgetreten hat (§ 398). Das ist geschehen. Aber die Carlo Bauer AG hat die einzelnen Beträge nicht an die Bank of California, sondern an Güngör gezahlt. Die Kaufpreisforderung kann deshalb eigentlich nicht nach § 362 Abs. 1 erloschen sein. Denn nur die Leistung an den *Gläubiger,* nicht an einen Dritten, gilt als Erfüllung. So gesehen, hätte die Bank of California also mit ihrem Verlangen nach erneuter Zahlung Recht.

Es ist aber zu prüfen, ob die Carlo Bauer AG sich auf § 407 Abs. 1 berufen kann. Diese Vorschrift schützt den Schuldner, der von der Abtretung nichts weiß und deshalb ein Rechtsgeschäft mit dem bisherigen statt mit dem neuen Gläubiger abschließt. Geprüft wird § 407 Abs. 1 wieder Schritt für Schritt, wobei die Satzteile weggelassen werden, auf die es in diesem Fall nicht ankommt:

„Der neue Gläubiger muss eine Leistung, ...“ Der bisherige Gläubiger war Güngör, die neue Gläubigerin ist die Bank of California. Die Leistung ist die Zahlung der 19,8 Millionen Euro, die die Carlo Bauer AG an Güngör geleistet hat.

„... die der Schuldner nach der Abtretung an den bisherigen Gläubiger bewirkt, ...“ Der Schuldner ist die Carlo Bauer AG, der bisherige Gläubiger ist Güngör. An ihn hat die Carlo Bauer AG gezahlt, nachdem die Forderung an die Bank abgetreten war.

„... gegen sich gelten lassen, ...“ Die Bank of California müsste die Zahlung an Güngör in dem Sinne „gegen sich gelten lassen“, dass die Zahlung (an den Nicht-mehr-Gläubiger Güngör) als Erfüllung nach § 362 Abs. 1 gilt und damit die Forderung der Bank of California erlöschen lässt.

„... es sei denn, dass der Schuldner die Abtretung bei der Leistung ... kennt.“ Zu beachten ist, dass in § 407 nur „kennt“ steht.[55] Es kommt deshalb allein darauf an, ob die Carlo Bauer AG bei Zahlung der fraglichen Summen tatsächlich wusste, dass die Forderung an die Bank of California abgetreten war. Der Sachverhalt sagt dazu, dass der Zugang der Anzeige von der Bauer AG bestritten wird und weder von Güngör noch von der Bank of California bewiesen werden kann. Es muss deshalb davon ausgegangen werden, dass die Carlo Bauer AG die Abtretung bei der Zahlung nicht kannte. Sie hat deshalb wirksam – dh mit der Wirkung des Erlöschens (§ 362 Abs. 1) – an Güngör gezahlt (§ 407 Abs. 1).

Lerneinheit 48

1177 **Allgemeine Literatur:** *Hoffmann*, Abtretungsrechtlicher Schuldnerschutz bei nichtiger Globalzession und bei dinglicher Teilverzichtsklausel, WM 2011, 433; *Purrmann/Ulrici*, Einwendungen und Einreden, JuS 2011, 104; *Valdini*, Kostenerstattung und Schuldnerschutz bei der Teilabtretung, ZGS 2010, 442; *Haertlein*, Die Rechtsstellung des Schuldners einer abgetretenen Forderung, JuS 2007, 1073; *Brand/Fett*, Vollstreckungsgegenklage bei Wegfall der Einwendung aus § 407 I BGB? JuS 2002, 637.

1178 **Literatur zu § 406:** *Coester-Waltjen*, Aufrechnung bei Abtretung, Jura 2004, 391; *Schwarz*, Zum Schuldnerschutz bei der Aufrechnung abgetretener Forderungen, AcP Bd. 203 (2003), 241; *Kesseler*, Der Aufrechnungsschutz bei sicherungszedierten Forderungen, NJW 2003, 2211; *Schwarz*, Schuldnerschutz durch § 406 BGB bei der Vorausabtretung, WM 2001, 2185; *Rensen*, Schutz des Schuldners vor doppelter Inanspruchnahme – Vollstreckungsgegenklage gestützt auf die Unmöglichkeit befreiender Leistung an den Zedenten? MDR 2001, 856;.

I. Allgemeines

1179 Der Schuldner ist bekanntlich an der Abtretung nicht beteiligt (§ 398 S. 1). Er muss nicht einmal über die Abtretung informiert werden (stille Zession) und hat erst recht kein Vetorecht. Diese Regelung ist nur deshalb akzeptabel, weil auf der anderen Seite dafür gesorgt ist, dass dem Schuldner durch den Wechsel in der Person des Gläubigers *nicht der geringste Nachteil* entstehen kann. Das bedeutet, dass sich seine Rechtsposition durch die Abtretung in keiner Weise verschlechtert (und andererseits natürlich auch nicht verbessert). Dieser Grundsatz ist vom Gesetz in den §§ 404, 406 bis 411 sehr sorgfältig geregelt worden. Dabei unterscheidet das Gesetz zwischen dem Schutz aller Schuldner, einschließlich des von der Abtretung informierten (Rn 1180 ff) und dem zusätzlichen Schutz des Schuldners, der von der Abtretung nichts wusste (Rn 1185 ff).

II. Schutz aller Schuldner

1180 § 404 enthält den (eigentlich selbstverständlichen) Grundsatz, dass die Auswechselung des Gläubigers auf Art und Umfang der Forderung keinen Einfluss hat. Die Forderung wird also für den neuen Gläubiger nicht besser und nicht schlechter, als sie es für den bisherigen war. Das ergibt sich auch schon aus § 398 S. 2. Aus Sicht des Schuldners bedeutet das: Seine Rechtsstellung – insbesondere sein Recht, sich gegen seine Inanspruchnahme zu verteidigen – darf sich nicht dadurch verschlechtern, dass er jetzt einen anderen Gläubiger hat.

55 Es fehlen bewusst die (in § 122 Abs. 2 definierten) Worte „oder kennen muss“. Es ist also gleichgültig, ob eine mögliche Unkenntnis der Carlo Bauer AG auf Fahrlässigkeit beruhte.

1181 *Einwendungen:* Der Begriff „Einwendungen" ist hier im weitesten Sinn zu verstehen. Der Schuldner darf deshalb zB geltend machen, die angebliche Forderung bestehe nicht, etwa wegen § 138, § 125 oder § 105 *(rechtsverhindernde* Einwendung). Er kann sich auch darauf berufen, sie bestehe nicht mehr, zB wegen eines von ihm erklärten Rücktritts (§ 346), wegen Erfüllung (§ 362) oder wegen einer Aufrechnung (§ 387), die er schon vor Abtretung erklärt habe (*rechtsvernichtende* Einwendung).[56] *Beispiel:* Der A-Versand hatte die 77-jährige Frau F mit betrügerischen Gewinnzusagen zu Bestellungen verleitet. Es galt deshalb § 661a, aber die Verträge waren auch nichtig (§ 138).[57] Der A-Versand trat seine „Forderungen" an eine Factor-Bank ab. Dieser konnte Frau F nach § 404 die Einwendung der Nichtigkeit entgegenhalten.[58]

1182 *Einreden:* Mitgemeint sind auch alle Einreden, zB die, dass der abgetretene Anspruch verjährt sei (§ 214),[59] oder die Einrede des nichterfüllten gegenseitigen Vertrags (§ 320; Rn 131).

1183 *Zeitpunkt:* Die Einwendung muss „zur Zeit der Abtretung der Forderung ... begründet" gewesen sein. Damit wird nicht verlangt, dass der Schuldner schon zu dieser Zeit in der Lage gewesen sein muss, das fragliche Recht geltend zu machen. Es reicht aus, wenn die Einwendung zur Zeit der Abtretung im Schuldverhältnis „ihre Grundlage gehabt hat"[60] oder „angelegt" war und „erst später entstanden" ist[61]. *Beispiel 1:* Der Verkäufer trat seine Kaufpreisforderung an D ab. Der Käufer verlor dadurch nicht das Recht, Mängel der gelieferten Ware zu rügen, nur dass er die entsprechenden Rechte jetzt auch gegenüber D geltend machen kann. *Beispiel 2:* Der Käufer hatte sich im Kaufvertrag ein Rücktrittsrecht vorbehalten. Er kann dieses Recht nicht dadurch verlieren, dass der Verkäufer die Kaufpreisforderung später abtritt.[62] Bei der Abtretung *künftiger* Forderungen kommt es (entgegen § 404) nicht auf den Zeitpunkt der Abtretung an, sondern auf den der *Entstehung* der Forderung.[63]

1184 *Irreführender Schuldschein (§ 405):* Ausnahmsweise kann sich die Position des Schuldners durch die Abtretung doch verschlechtern, nämlich wenn er leichtsinnig einen irreführenden Schuldschein über die Forderung ausgestellt hat. Nach § 405 kann der Schuldner nämlich einem neuen Gläubiger, der auf den Schuldschein vertraut, zwei Einwendungen nicht entgegensetzen:

- „Ich habe den Schuldschein nur zum Schein ausgestellt" (§ 117 Abs. 1) und
- „Ich habe mit dem Gläubiger – ohne das auf dem Schuldschein zu vermerken – die Unabtretbarkeit der Forderung vereinbart (§ 399)."

In diesen beiden Fällen ist der Schuldner aber an seiner Schlechterstellung selbst schuld. Denn er hätte das Abtretungsverbot auf dem Schuldschein vermerken können. Und erst recht sollte niemand einen Schuldschein nur zum Schein ausstellen.

56 BGH NJW 1993, 2041.
57 BGH NJW 2005, 2991.
58 Karsten Schmidt hat in einer Besprechung der Entscheidung zu Recht beanstandet, dass der BGH das nicht geprüft hat (JuS 2005, 1127).
59 BGH NJW 1998, 1142.
60 BGH NJW 1986, 919.
61 BGHZ 93, 71, 79; BGH NJW 2006, 219 Rn 27; NJW-RR 2004, 1347 (1348).
62 BGH NJW 1986, 919.
63 MüKo/Roth § 404 Rn 12 ff; BGHZ 88, 205 (206); BGH NJW 2008, 1153 Rn 33.

III. Zusätzlicher Schutz für den unwissenden Schuldner

1. Rechtsgeschäfte zwischen dem Schuldner und dem bisherigen Gläubiger

1185 *Zahlung an den bisherigen Gläubiger in Unkenntnis der Abtretung:* Zusätzlichen Schutz verdient der Schuldner, wenn er in Unkenntnis der Abtretung an den alten Gläubiger leistet (§ 407 Abs. 1). Nach § 362 kann die Schuld in diesem Fall eigentlich nicht erlöschen, weil der Schuldner nicht an den wahren Gläubiger geleistet hat. Der Schuldner müsste deshalb noch einmal leisten, diesmal an den neuen Gläubiger. Vor diesem schweren Nachteil bewahrt ihn § 407 Abs. 1, indem er als Ausnahme von § 362 auch die Leistung an den bisherigen Gläubiger für wirksam erklärt (Fall 48, Rn 1175).[64] Allerdings kann der Schuldner auf die Wohltat des § 407 Abs. 1 verzichten und die Leistung vom bisherigen Gläubiger als ungerechtfertigte Bereicherung zurückverlangen, um sie dem wahren Gläubiger zuzuwenden.[65] Tut er das nicht, kann der neue Gläubiger vom bisherigen Gläubiger Zahlung an sich verlangen (§ 816 Abs. 2).[66]

1186 *Andere Rechtsgeschäfte mit dem bisherigen Gläubiger in Unkenntnis der Abtretung:* Der Schutz des nichtwissenden Schuldners gilt nicht nur für die *Leistung* (Zahlung) an den bisherigen Gläubiger, sondern für „jedes Rechtsgeschäft, das nach der Abtretung zwischen dem Schuldner und dem bisherigen Gläubiger in Ansehung der Forderung vorgenommen wird" (§ 407 Abs. 1). Dem neuen Gläubiger gegenüber wirksam sind alle Rechtsgeschäfte zwischen dem bisherigen Gläubiger und dem unwissenden Schuldner, die für den Schuldner von Vorteil sind, zB ein Erlass (§ 397), eine Stundung der Schuld oder eine Kündigung durch den Schuldner. *Beispiel:* M hatte von V eine Wohnung gemietet. Die Stellung des Vermieters ging von V auf X über, ohne dass M davon erfuhr. M kündigte den Mietvertrag gegenüber V. Diese Kündigung hätte gegenüber X erklärt werden müssen, aber seine Unkenntnis schützte M, so dass seine Kündigung wirksam war.[67] § 407 gilt dagegen nicht für Erklärungen des bisherigen Gläubigers, die für den Schuldner *nachteilig* sind wie Mahnung und Kündigung. Im vorigen Beispiel wäre die Kündigung also nicht wirksam gewesen, wenn nicht M dem V, sondern V dem M gekündigt hätte. Denn § 407 will den Schuldner *schützen* und nicht benachteiligen.

1187 *Rechtsgeschäfte in Kenntnis der Abtretung:* Wichtig ist, dass § 407 Abs. 1 den Schuldner nicht schützt, wenn dieser „die Abtretung … kennt".[68] *Beispiel:* Die Leasinggesellschaft L hatte gegen U Forderungen aus rückständigen Leasingraten in Höhe von insgesamt 1,2 Millionen Euro. Diese Forderungen trat sie an die Bank B ab und informierte U darüber. Später vereinbarte die L mit U eine Aufhebung des Leasingvertrags. Aber die B brauchte die Vertragsaufhebung nicht gegen sich gelten zu lassen. Denn U wusste bei der Vertragsaufhebung von der Abtretung (§ 407 Abs. 1). U musste deshalb weiterhin an die B zahlen.[69]

---

64 BGH NJW 1997, 1775.

65 BGH NJW 2001, 231; BGHZ 102, 68 (71 f); aA OLG Dresden NJW-RR 1996, 444.

66 SBT Rn 1453.

67 BGH NJW 2012, 1881 Rn 12 ff. Es handelte sich nicht um eine Kündigung, sondern um eine der Kündigung ähnliche Erklärung („Enthaftungserklärung"). Außerdem war nur eine analoge Anwendung von § 407 möglich, weil der Erwerber eines Grundstücks zwar als neuer Vermieter in die Mietverträge eintritt (§ 566), aber nicht im Wege der Abtretung (BGH aaO Rn 17).

68 Ein Kennenmüssen (fahrlässige Unkenntnis, § 122 Abs. 2) ist unschädlich.

69 BGH NJW 1990, 1785.

2. Sonstige Schutzvorschriften

a) Doppelabtretung

1188 *Gutgläubige Zahlung an den zweiten „neuen Gläubiger“:* Es kommt vor, dass jemand eine Forderung zweimal abtritt. In diesem Fall ist nur die erste Abtretung wirksam, weil der „Gläubiger“ bei der zweiten „Abtretung“ der Forderung nicht mehr deren Gläubiger ist (Rn 1144). Die Interessen der Beteiligten werden vom Gesetz sehr unterschiedlich berücksichtigt:

Der zweite *„neue Gläubiger“* wird nicht geschützt, weil es einen gutgläubigen Erwerb von Forderungen nicht gibt (Rn 1143).

Der gute Glaube kann aber den *Schuldner* schützen. *Beispiel:* G hatte gegen S eine Forderung von 50 000 Euro, die er zuerst (wirksam) an seine Tochter T abtrat, danach (unwirksam) an den Diplom-Betriebswirt D. G benachrichtigte S nur von der zweiten „Abtretung“. Dieser hielt deshalb den D für seinen neuen Gläubiger und zahlte an ihn. S wird durch § 408 Abs. 1 in seinem Vertrauen auf die angebliche „Abtretung“ geschützt. Das bedeutet, dass er befreiend an D gezahlt hat und der Anspruch der T erloschen ist.[70] Allerdings hat jetzt T einen Bereicherungsanspruch gegen D (§ 816 Abs. 2).[71]

Das Gleiche wie für die Zahlung gilt für alle Rechtsgeschäfte, die der gutgläubige Schuldner mit dem vermeintlichen Gläubiger über die Forderung abschließt.

b) Falsche Mitteilung einer Abtretung

1189 Wenn der Gläubiger dem Schuldner mitgeteilt hat, er habe die Forderung abgetreten, darf der Schuldner auf die Richtigkeit dieser Mitteilung vertrauen. Er kann deshalb an den in der Anzeige genannten „neuen Gläubiger“ auch dann befreiend zahlen, wenn die Mitteilung unrichtig war (§ 409 Abs. 1 S. 1). § 409 begründet für den Schuldner aber nur das *Recht,* nicht die Pflicht, an den Scheinberechtigten zu zahlen.[72] Er kann sich bei Zweifeln auch für eine Hinterlegung (§ 372) entscheiden.[73]

Das Gleiche gilt, wenn jemand dem Schuldner eine Urkunde vorlegt, in der der Gläubiger ihn als neuen Gläubiger bezeichnet (§ 409 Abs. 1 S. 2).[74]

c) Aushändigung der Abtretungsurkunde

1190 Wenn sich beim Schuldner ein ihm Unbekannter als neuer Gläubiger vorstellt und Zahlung verlangt, wird der Schuldner misstrauisch sein, jedenfalls dann, wenn sein Gläubiger ihm die Abtretung nicht schriftlich angezeigt hatte (§ 410 Abs. 2). Der Schuldner darf deshalb seine Leistung davon abhängig machen, dass ihm der angebliche neue Gläubiger die Abtretungsurkunde nicht nur vorlegt (§ 409 Abs. 1 S. 2), sondern *aushändigt* (§ 410 Abs. 1 S. 1). Auf eine solche Urkunde hat der neue Gläubiger nach § 403 gerade deshalb Anspruch, um sich im Fall des § 410 legitimieren zu können. Die *Aushändigung* kann der Schuldner verlangen, weil er dann sozusagen eine

70 BGH NJW 1989, 899.
71 SBT Rn 1453; Eselsbrücke: 816 Abs. 2 ist das Doppelte von 408 Abs. 1.
72 BGH NJW 2001, 231.
73 BGH NJW 1997, 1501.
74 Vgl. etwa BAG NJW 1991, 2038.

Quittung in Händen hat.[75] Nur in Ausnahmefällen ist es dem Schuldner verwehrt, sich auf § 410 Abs. 1 S. 1 zu berufen. *Beispiel:* A hatte B den Auftrag erteilt, ein sanierungsbedürftiges Mietshaus mit Balkonen zu versehen. B arbeitete so mangelhaft, dass A ein Schadensersatzanspruch in Höhe von rund 20 000 Euro zustand. A trat diese Forderung an C ab und hielt das in einem (an C gerichteten) Telefax fest. C forderte B zur Zahlung auf und legte dabei das Telefax vor. B vertrat die Meinung, dass C die Abtretungsurkunde im Original vorlegen müsse.[76] Der BGH konnte die Streitfrage offenlassen. Denn da A, B und C seit Jahren zusammenarbeiteten und B über die Details informiert war, konnte er nicht ernsthaft bezweifeln, dass C sein neuer Gläubiger war. Er hatte deshalb kein schutzwürdiges Interesse daran, mehr als eine Faxkopie vorgelegt zu bekommen.[77]

Wenn sich der Schuldner zu Recht auf § 410 Abs. 1 S. 1 beruft, macht er ein Leistungsverweigerungsrecht geltend und damit eine Einrede,[78] aber kein Zurückbehaltungsrecht nach § 273.[79] Der Schuldner verhindert den Schuldnerverzug nur, wenn er die Einrede des § 410 auch tatsächlich erhebt.[80]

IV. Aufrechnung nach der Abtretung gegenüber dem bisherigen Gläubiger

1. Einleitung

1191 Der einzige etwas schwierige Fall innerhalb der Abtretung ist gegeben, wenn der Schuldner nach der Abtretung mit einer Forderung aufrechnen will, die ihm gegen den bisherigen Gläubiger zusteht. Dann gibt es prinzipiell zwei Möglichkeiten: Er kann gegenüber dem bisherigen Gläubiger aufrechnen oder er rechnet gegenüber dem neuen Gläubiger auf (Rn 1194 ff). Zunächst geht es, wie die Überschrift deutlich macht, nur um eine Abtretung gegenüber dem *bisherigen Gläubiger*.

2. Aufrechnung in Kenntnis der Abtretung

1192 Wenn der Schuldner gegenüber dem bisherigen Gläubiger aufrechnet, obwohl er weiß, dass die Forderung abgetreten ist, kann er sich nicht auf den Schutz des § 407 berufen („... es sei denn, dass der Schuldner die Abtretung bei ... der Vornahme des Rechtsgeschäfts kennt"). Wenn der Schuldner die Abtretung kennt, kann er nur noch versuchen, *gegenüber dem neuen Gläubiger* aufzurechnen (Rn 1194 ff; FD „Aufrechnung nach der Abtretung", Spalte 1).

3. Aufrechnung in Unkenntnis der Abtretung

1193 Weiß der Schuldner nichts von der Abtretung, kann er eine ihm gegen den bisherigen Gläubiger zustehende Forderung diesem gegenüber aufrechnen. Diese Aufrechnung ist nach § 407 Abs. 1 wirksam, denn sie ist „ein Rechtsgeschäft, das nach der Abtretung zwischen dem Schuldner und dem bisherigen Gläubiger in Ansehung der Forderung

75 BGH NJW 1993, 1468: „... quittungsähnliche Eigenschaft" der Abtretungsurkunde.
76 So eine verbreitete Meinung, etwa KG FamRZ 2009, 1781; MüKo/Roth § 410 Rn 5.
77 BGH NJW 2012, 3426 Rn 18.
78 BGH WM 1969, 598.
79 BGH NJW 2007, 1269 Rn 24.
80 BGH aaO Rn 28.

vorgenommen wird“ (FD „Aufrechnung nach der Abtretung“, Spalte 2).[81] Ein Fall des § 406 liegt nicht vor.

V. Aufrechnung gegenüber dem neuen Gläubiger

1. Aufrechnungslage schon vor der Abtretung

1194 Wenn die Aufrechnungslage bereits *vor der Abtretung* gegeben war, hätte der Schuldner schon zu dieser Zeit aufrechnen können (dann natürlich gegenüber dem bisherigen Gläubiger). Dies Recht behält er auch nach der Abtretung, nur dass er nun gegenüber dem neuen Gläubiger aufrechnet. Dass er das kann, ergibt sich aus dem Grundgedanken des § 404.[82] Denn § 404 stellt sicher, dass der Schuldner durch die Abtretung kein Recht verliert, das ihm vor der Abtretung gegen den bisherigen Gläubiger zustand (FD „Aufrechnung nach der Abtretung“, Spalte 3).

2. Aufrechnungslage erst nach der Abtretung

a) Grundsatz: Wirksame Aufrechnung gegenüber dem neuen Gläubiger

1195 Wenn die Aufrechnungslage bei der Abtretung noch nicht bestand, ist nicht § 404 anwendbar, sondern § 406. *„Der Schuldner kann eine ihm gegen den bisherigen Gläubiger zustehende Forderung …“* Mit diesen Worten geht § 406 davon aus, dass der Schuldner gegen den bisherigen Gläubiger eine Forderung hat. Die Worte *„bisherigen Gläubiger“* machen klar, dass dieser die Forderung abgetreten hat.

1196 *„… auch dem neuen Gläubiger gegenüber aufrechnen, …“* Das Gesetz schützt den Schuldner, indem er ihm im Prinzip die Möglichkeit einräumt, auch dem neuen Gläubiger gegenüber die Aufrechnung zu erklären. Das ist eine sehr bemerkenswerte Durchbrechung des sonst von § 387 streng durchgehaltenen Grundsatzes, dass eine Aufrechnung nur zwischen zwei Personen möglich ist, nicht in einer Dreierbeziehung (Grundsatz der Gegenseitigkeit, Rn 248). Aber „im Interesse des Schuldners, der auf die Abtretung grundsätzlich keinen Einfluss nehmen kann, wird die Gegenseitigkeit von Forderung und Gegenforderung … trotz der Abtretung der Forderung als weiterbestehend behandelt“.[83]

1197 § 406 stellt insofern eine *Erweiterung* des durch § 404 gewährten Schutzes dar, als er dem Schuldner nicht nur die Rechtslage zum Zeitpunkt der Abtretung erhält. Er „soll sich vielmehr auch auf solche Umstände berufen können, die später eingetreten sind und die ihm ohne die Abtretung das Recht zur Aufrechnung gegenüber dem früheren Gläubiger gegeben hätten“.[84] Wenn sich der Schuldner einer abgetretenen Forderung in irgendeiner Weise wehren will, muss man also immer fragen: „Hätte der Schuldner dieses Gegenrecht geltend machen können, wenn die Forderung nicht abgetreten worden wäre?“ Falls diese Frage zu bejahen ist, kann er von diesem Recht auch gegenüber dem neuen Gläubiger Gebrauch machen. Anders gesagt: Die Aufrechnung gegenüber dem neuen Gläubiger ist ausgeschlossen, wenn der Schuldner auch bei Nichtabtretung nicht aufrechnen könnte. § 406 nennt deshalb zwei Ausnahmetatbestände:

81 BGH NJW-RR 1986, 538.
82 BGH NJW 2002, 2865; BGHZ 58, 327 (331); BGHZ 19, 153 (156) ließ offen, ob in solchen Fällen § 404 oder § 406 anzuwenden ist.
83 BGH NJW 1996, 1056.
84 BGH NJW 2003, 1182; ähnlich 2002, 2865.

b) *Erste Ausnahme: Erwerb der Forderung in Kenntnis der Abtretung*

1198 § 406 Var. 1 schließt die Aufrechnung aus, wenn der Schuldner „... *bei dem Erwerbe der Forderung von der Abtretung Kenntnis hatte* ...“ (FD „Aufrechnung nach der Abtretung“, Spalte 4). Die Aufrechnung ist also ausgeschlossen, wenn der Schuldner sich die Forderung, mit der er aufrechnen will, erst besorgt hat, nachdem er bereits von der Abtretung wusste.[85] In diesem Fall hat er sich gesagt: „Mein Gläubiger G 1 hat die Forderung zwar an G 2 abgetreten, aber jetzt verschaffe ich mir noch schnell eine Forderung gegen G 1 und erkläre gegenüber G 2 die Aufrechnung.“ In Wirklichkeit konnte der Schuldner zu keiner Zeit auf die Möglichkeit einer Aufrechnung vertrauen und ist deshalb nicht schutzwürdig.[86] Die Aufrechnung scheitert endgültig. Es bedarf keiner weiteren Prüfung des § 406. Denn die weiteren Worte („... oder dass ...“) formulieren einen *zusätzlichen* Ausschlusstatbestand.

c) *Zweite Ausnahme: Doppelt späte Fälligkeit der Schuldnerforderung*

1199 § 406 Var. 2 schließt die Aufrechnung zusätzlich aus, wenn *kumulativ* zwei Voraussetzungen gegeben sind, nämlich wenn ...

„... *die Forderung erst nach der Erlangung der Kenntnis ... fällig geworden ist* ...“ (FD „Aufrechnung nach der Abtretung“, Frage 5, Ja). Wenn diese Voraussetzung *nicht* gegeben war, war die Forderung des Schuldners schon fällig, bevor er von der Abtretung erfuhr. In diesem Fall hätte er schon vor der Kenntniserlangung (gegenüber dem bisherigen Gläubiger) aufrechnen können. Diese Position soll ihm auch nach der Abtretung erhalten bleiben. Ist dieser Fall gegeben, kommt es auf die nächste Teilbedingung nicht mehr an, da sie kumulativ gegeben sein muss. Der Schuldner kann gegenüber dem neuen Gläubiger aufrechnen (FD „Aufrechnung nach der Abtretung“, Spalte 7).

1200 „... *und später als die abgetretene Forderung* ...“ (FD „Aufrechnung nach der Abtretung“, Frage 6). Dem Schuldner ist eine Aufrechnung verwehrt, wenn zusätzlich seine (in Unkenntnis der Abtretung erworbene) Forderung besonders spät fällig wird, genauer gesagt, wenn die Fälligkeit seiner Forderung in der zeitlichen Reihenfolge am Schluss dreier Ereignisse steht. Die drei Ereignisse sind:

- Erlangung der Kenntnis von der Abtretung
- Fälligkeit der abgetretenen Forderung und
- Fälligkeit der dem Schuldner zustehenden Forderung.

1201 Der Schuldner ist in diesem Fall Gläubiger einer Forderung, die erst nach der abgetretenen Forderung fällig wird. Da man bekanntlich nicht mit einer noch nicht fälligen Forderung aufrechnen kann (§ 387; Rn 251), aber fällige Schulden bezahlen muss, konnte der Schuldner in diesem Fall nicht darauf vertrauen, einmal aufrechnen zu können. Der Gläubiger durfte ihn vielmehr bei Fälligkeit der abgetretenen Forderung zur Zahlung zwingen und brauchte nicht zu warten, bis der Schuldner ab Fälligkeit seiner eigenen Forderung die Aufrechnung erklären konnte. Wenn der Schuldner die fällige Forderung nicht bezahlt und wartet, bis auch seine Forderung fällig ist, nützt ihm das nichts. Denn niemand kann dadurch eine Aufrechnungsmöglichkeit erwerben, dass er seine Schuld nicht pünktlich zahlt.[87] Wenn der Schuldner gegenüber dem neuen Gläu-

85 BGH NJW 2003, 1182.
86 Beispiel in BGH NJW 1996, 1056. Zur Anwendung von § 406 bei der Globalabtretung siehe BGH NJW 2002, 2865 und NJW 2003, 1182.
87 BGH NJW 1996, 1056.

biger *erfolglos* aufgerechnet hat, kann das zu seinen Gunsten immerhin noch die Wirkung des § 204 Abs. 1 Nr. 5 haben.[88]

1202 *Fälligkeiten in anderer Reihenfolge:* Wenn die Forderung des Schuldners vor der abgetretenen Forderung fällig wurde, ist dem Schuldner die Aufrechnung möglich (FD „Aufrechnung nach der Abtretung", Spalte 6). Denn der Schuldner konnte ab Fälligkeit seiner Forderung die Aufrechnung erklären, also bevor der Gläubiger von ihm Zahlung verlangen konnte. Es schadet nichts, wenn die Forderung des Schuldners noch nicht fällig war, als er von der Abtretung erfuhr (FD, Frage 5, Ja).[89] Denn die beiden Teilbedingungen, die in § 406 nach dem Wort „oder" genannt werden, sind mit einem „und" verbunden, müssen also kumulativ vorliegen, um die Aufrechnung auszuschließen. Deshalb ist die Aufrechnung auch dann möglich, wenn zwar die erste Teilbedingung für den Entfall der Aufrechnung gegeben ist, die zweite aber nicht.

§ 49 Schuldübernahme

1203 **Fall 49: Hans Hollenstein Tiefbau** § 415

Frau Annegret Hollenstein war als Alleinerbin ihres Ehemanns Hans Hollenstein Inhaberin eines Baugeschäfts. Da immer größere Verluste entstanden, beschlossen Frau Hollenstein und ihr Sohn Günter Hollenstein, das Baugeschäft auf eine GmbH zu übertragen. Günter Hollenstein gründete deshalb die „Hollenstein Bau-GmbH", deren einziger Geschäftsführer er wurde. Annegret Hollenstein und die GmbH (vertreten durch Günter Hollenstein) schlossen daraufhin einen Vertrag, in dem Frau Hollenstein ihr zum Baugeschäft gehörendes bewegliches Vermögen auf die GmbH übertrug. Außerdem wurde bestimmt, dass die GmbH die Verbindlichkeiten des Baugeschäfts übernahm. Kurze Zeit später verlangte die Sparkasse von Frau Hollenstein die Rückzahlung eines Darlehens, das Frau Hollenstein für das Baugeschäft aufgenommenen hatte. Frau Hollenstein erklärte, diese Verbindlichkeit habe die GmbH übernommen, an die die Sparkasse sich bitte halten möge. Die Sparkasse hörte bei dieser Gelegenheit zum ersten Mal von einer Schuldübernahme durch die GmbH und erklärte, sie stimme ihr nicht zu. Sie ist der Meinung, Frau Hollenstein sei immer noch ihre Schuldnerin, und verlangt von ihr Zahlung. (Nach BGH NJW 2004, 220)

1204 Der Darlehensvertrag wurde zwischen der Sparkasse und Frau Hollenstein geschlossen. Viele Laien meinen, dass in einem solchen Fall nicht Frau Hollenstein die Vertragspartnerin des Darlehensvertrags gewesen sei, sondern das Baugeschäft. Das ist aber nicht richtig. Denn der Inhaber eines Unternehmens (als Einzelkaufmann oder sonstiger Gewerbetreibender) ist selbst der Gläubiger der Geschäftsforderungen und der Schuldner der Geschäftsverbindlichkeiten. Frau Hollenstein ist deshalb selbst die Vertragspartnerin der Sparkasse und ist verpflichtet, das Darlehen zurückzuzahlen und die Zinsen zu entrichten (§ 488 Abs. 1 S. 2).

Zu prüfen ist jedoch, ob die Verbindlichkeit auf die GmbH übergegangen ist (§ 415 Abs. 1). In dem Vertrag, den Frau Hollenstein mit der GmbH geschlossen hat, war die Übernahme der Schuld durch die GmbH vereinbart. Damit liegt die in § 415 Abs. 1 S. 1 genannte Voraus-

88 BGH NJW 2008, 2429 Rn 19.
89 Unrichtig BGH NJW 1996, 1056.

setzung vor, dass „die Schuldübernahme von dem Dritten mit dem Schuldner vereinbart" wird. Der „Dritte" war die GmbH, Frau Hollenstein war die Schuldnerin.

§ 415 Abs. 1 S. 1 fährt mit den Worten fort: „... so hängt ihre Wirksamkeit von der Genehmigung des Gläubigers ab". Gläubigerin war die Sparkasse, und die Genehmigung ist die „nachträgliche Zustimmung" (§ 184 Abs. 1). Die Schuldübernahme hätte also nur wirksam werden können, wenn die Sparkasse der Schuldübernahme nachträglich zugestimmt hätte. Dazu hätte sie die GmbH ausdrücklich als ihre neue (einzige) Schuldnerin akzeptieren müssen. Das hat sie aber bei der Schuldübernahme nicht getan, weil sie damals nicht informiert wurde. Und später hat sie sogar ausdrücklich nicht zugestimmt und nimmt Frau Hollenstein in Anspruch. Deshalb ist die zwischen der GmbH und Frau Hollenstein vereinbarte Schuldübernahme nicht wirksam. Mit anderen Worten: Die Sparkasse hat Recht, wenn sie Frau Hollenstein immer noch als ihre Schuldnerin ansieht und von ihr Zahlung verlangt.

Nachbemerkung: Dies Ergebnis ist für Frau Hollenstein natürlich bitter. Denn sie hat ihr wesentliches Vermögen – die Baumaschinen, die Geräte, die Fahrzeuge, das Lagermaterial und die Büroeinrichtung – wirksam nach § 929 auf die GmbH übertragen, ist aber auf ihren Schulden sitzen geblieben. Auch für die Sparkasse ist das Auseinanderfallen von Vermögen und Schulden nachteilig, denn sie hat jetzt eine Schuldnerin, die kaum noch Vermögen besitzt. So gesehen, hätte die Sparkasse vermutlich besser daran getan, die Schuldübernahme zu genehmigen und die GmbH in Anspruch zu nehmen.[90]

Lerneinheit 49

1205 Literatur: *Ebbinghaus/Osenroth/Hinz*, Schuldübernahme durch Gesellschafter als Sanierungsinstrument unter Berücksichtigung der Schenkungsteuer, BB 2013, 1374; *Schuhmacher*, Debt Push Down und § 418 BGB im Rahmen von Akquisitionsfinanzierungen, BKR 2013, 270; *Brand*, Die verpfändete Forderung als Gegenstand der privativen Schuldübernahme, JR 2012, 319; *Derleder*, Im Überblick: Die Sicherung des Vermieters durch Barkaution, Bürgschaft, Verpfändung, Sicherungsabtretung und Schuldübernahme, NZM 2006, 601; *Kerber*, Unternehmenserwerb im Wege der Schuldübernahme und nachfolgender Verschmelzung ..., NZG 2006, 50; *Grigoleit*, Die Schuldübernahme, Jura 2002, 393.

I. Hintergrund

1206 Bekanntlich wird bei der Abtretung die Person des *Gläubigers* ausgewechselt (§ 398). Das Gegenstück zur Abtretung bildet die Schuldübernahme (§§ 414 ff). Bei ihr wird der *Schuldner* ausgewechselt, indem an die Stelle des alten Schuldners ein neuer tritt. So ähnlich sich Abtretung und Schuldübernahme in vielem sind, so besteht doch in einem Punkt ein strenger Unterschied, den man sich gar nicht klar genug machen kann: Während der Gläubiger seine Rechtsstellung auf einen Dritten übertragen kann, ohne den Schuldner auch nur zu informieren, kann der Schuldner *niemals ohne Einverständnis des Gläubigers* seine Schuld auf einen Dritten übertragen! Es muss nämlich immer und unter allen Umständen dem *Gläubiger* überlassen bleiben, ob er an Stelle seines bisherigen Schuldners einen anderen als Schuldner akzeptieren will. Denn der Wert einer Forderung wird wesentlich durch die Leistungsfähigkeit und Leistungsbereitschaft des Schuldners bestimmt. Es darf deshalb nie vorkommen, dass ein (zahlungskräftiger) Schuldner seine Schuld von sich aus auf einen (zahlungsschwachen)

90 Eine Lösung des Problems könnte sich für die Sparkasse aus § 25 HGB ergeben. Aber diese Frage war nicht Gegenstand der zugrunde liegenden BGH-Entscheidung.

Dritten übertragen kann. Wenn das anders wäre, würden viele Schuldner gern ihre Schulden für eine Flasche Wermut auf einen Stadtstreicher übertragen. Deshalb kann keine noch so raffinierte Konstruktion dazu führen, dass ein Gläubiger gegen seinen Willen seinen Schuldner verliert.

1207 In der Praxis kommt die Schuldübernahme hauptsächlich in drei Fällen vor:

- *Geschäftsübernahme:* Der Erwerber eines Betriebs übernimmt die bestehenden Verbindlichkeiten und zahlt einen entsprechend geringeren Kaufpreis. Es muss aber in jedem Einzelfall geprüft werden, ob der jeweilige Gläubiger der Schuldübernahme wirklich zugestimmt hat (§ 25 HGB ändert daran nichts).
- *Sanierung:* Unternehmen setzen die Schuldübernahme gelegentlich ein, um eine Tochtergesellschaft zu sanieren und/oder um Verlustvorträge zu schaffen, die steuerlich genutzt werden können.[91]
- *Hypothekenübernahme:* Der Käufer eines Grundstücks übernimmt die – durch eine Grundschuld oder Hypothek gesicherte – Darlehensschuld des Veräußerers und zahlt als Gegenleistung einen geringeren Kaufpreis. Auch in diesem Fall bedarf es der Genehmigung des Gläubigers, doch wollte sie der Gesetzgeber erleichtern (§ 416; Rn 1223).

II. Definition

1208 Schuldübernahme ist die Übernahme einer Schuld durch einen „Übernehmer" („Dritten"), der an die Stelle des bisherigen Schuldners tritt. Der bisherige Schuldner wird dadurch von seiner Schuld befreit. Die Schuldübernahme wird vom Dritten mit dem *Gläubiger* vereinbart (§ 414). Vereinbart sie der Dritte mit dem *bisherigen Schuldner* (§ 415), bedarf sie der Genehmigung des Gläubigers.

III. Das Verfahren nach § 414

1209 *Vertrag zwischen dem Gläubiger und dem Übernehmer:* § 414 setzt voraus, dass die Schuldübernahme vom künftigen Schuldner (dem „Übernehmer" oder „Dritten") mit dem *Gläubiger* vereinbart wird. *Beispiel:* V wollte sein Grundstück verkaufen und ließ sich dazu ausführlich von Steuerberater G beraten. K war bereit, das Grundstück zu kaufen. G schlug K vor, er solle die Beratungskosten übernehmen, die V ihm schuldete. K war einverstanden. Damit war K an die Stelle des bisherigen Schuldners V getreten und musste die Honorarrechnung des G bezahlen.[92] Da nach § 414 der Gläubiger (im Beispiel Steuerberater G) selbst Vertragspartner der Schuldübernahme ist, ist gesichert, dass sie nicht ohne ihn zustande kommen kann.

1210 *Stellung des Schuldners:* Der Schuldner (im Beispiel Verkäufer V) ist nicht an der Schuldübernahme beteiligt. Das ist aber unschädlich, weil dem Schuldner durch die Befreiung von der Schuld kein Nachteil entsteht.

Vertrag zugunsten eines Dritten (§ 328): Die Schuldübernahme nach § 414 ist ein Vertrag zugunsten des Schuldners (§ 328), weil der Schuldner von seiner Schuld befreit wird (Rn 1100).

1211 *Verfügungsgeschäft*: Die Schuldübernahme nach § 414 ist ein Vertrag (zwischen dem Gläubiger und dem neuen Schuldner), aber kein Verpflichtungsgeschäft, sondern eine

91 Schmidt/Hageböke DStR 2002, 2150; Vogt DStR 2002, 1432.
92 BGH NJW 2000, 1560.

Verfügung.[93] Denn durch sie wird eine Forderung übertragen, nämlich vom bisherigen auf einen neuen Schuldner. Im Fall des § 414 ist die Verfügung sofort wirksam, weil der Gläubiger als der Berechtigte an ihr als Vertragspartner beteiligt ist (anders nach § 415, Rn 1216). Als Verfügungsgeschäft ist die Schuldübernahme getrennt (losgelöst) von dem zugrunde liegenden Verpflichtungsgeschäft *(Trennungsprinzip).*[94]

1212 *Zusätzliches Verpflichtungsgeschäft:* Die Schuldübernahme weist die Besonderheit auf, dass sie nicht nur ein Verfügungsgeschäft ist, sondern dass sie „in untrennbarer Verknüpfung" auch ein *Verpflichtungsgeschäft* enthält.[95] Denn der Dritte verpflichtet sich durch die Schuldübernahme zur Erfüllung der Schuld.

1213 *Zugrunde liegendes Verpflichtungsgeschäft:* Auch der Schuldübernahme liegt – wie jeder Verfügung – ein Verpflichtungsgeschäft zugrunde, das von der Verfügung streng zu unterscheiden ist. Oft wird das Verpflichtungsgeschäft jedoch nicht ausdrücklich vorgenommen und fällt zeitlich mit dem Verfügungsgeschäft zusammen. Das der Schuldübernahme zugrunde liegende Verpflichtungsgeschäft ist nicht gesetzlich geregelt. Es handelt sich um einen *einseitig verpflichtenden Vertrag*, wenn – wie meist – der Gläubiger dem Dritten keine Gegenleistung verspricht. Ob der Dritte vom *Schuldner* etwas erhält, ist für diese Frage unerheblich.

1214 *Kein Vertrag zulasten des Dritten:* Ausgeschlossen ist eine Schuldübernahme durch Vertrag zwischen dem Schuldner und dem Gläubiger, denn es gibt natürlich keinen Vertrag zulasten Dritter („Dritter" wäre hier der neue Schuldner). Der Gläubiger und der Schuldner können aber einen Vertrag über die Frage schließen, unter welchen Voraussetzungen der Gläubiger bereit wäre, einen neuen Schuldner zu akzeptieren.[96]

Rechtsfolgen: Zu den Rechtsfolgen der Schuldübernahme siehe Rn 1224 ff.

IV. Das Verfahren nach § 415

1. Allgemeines

1215 *Vertrag zwischen dem Schuldner und dem Übernehmer:* Nach § 415 Abs. 1 können der Schuldner und der „Dritte" (der „Übernehmer") die Schuldübernahme vereinbaren. Dies ist in der Praxis sogar häufiger als eine Vereinbarung nach § 414. *Beispiel:* Mieter M 1 schuldete beim Auszug dem Vermieter die Renovierung der Wohnung. Nachmieter M 2 übernahm durch Vertrag mit M 1 dessen Renovierungspflicht.[97] Ohne Genehmigung des Vermieters ist ein solcher Vertrag aber nicht gültig (Rn 1219).

1216 *Verfügung Nichtberechtigter (§ 185 Abs. 1):* Auch im Fall des § 415 Abs. 1 S. 1 ist die Schuldübernahme eine Verfügung, aber diesmal wird sie von zwei Nichtberechtigten getroffen. Denn weder der Schuldner noch der Dritte ist der Inhaber der Forderung, über die beide verfügen. Die Verfügung bedarf deshalb nach § 185 Abs. 1 oder 2 der Zustimmung des Gläubigers (Rn 1218 ff).

1217 *Zugrunde liegendes Verpflichtungsgeschäft:* Im Fall des § 415 verpflichtet sich der Dritte gegenüber dem Schuldner idR deshalb zur Schuldübernahme, weil er von ihm als Gegenleistung etwas bekommt. Das Verpflichtungsgeschäft ist in diesem Fall ein

93 BGB-AT Rn 324.
94 BGB-AT Rn 317.
95 BGH NJW 1983, 678.
96 BGH NJW 1990, 1662.
97 LG Hamburg MDR 1986, 938.

gegenseitiger Vertrag (§§ 320 ff). *Beispiel:* Wenn der Käufer eines Grundstücks die hypothekarisch gesicherte Darlehensverbindlichkeit des Verkäufers übernimmt (§ 416; Rn 1223), ist die Schuldübernahme eine Gegenleistung für die Übereignung des Grundstücks,[98] also wirtschaftlich betrachtet ein Teil des Kaufpreises.

2. Zwingend erforderliche Zustimmung des Gläubigers

a) Vorherige Zustimmung (Einwilligung)

1218 Der Gläubiger kann der Schuldübernahme schon vorher zustimmen (Einwilligung, § 183 Abs. 1). § 415 sieht diesen Fall nicht vor, sondern spricht nur von der Genehmigung (§ 184), doch ist das zu eng. Die Einwilligung kann der Gläubiger dem Schuldner oder dem Dritten gegenüber formlos erklären (§ 182 Abs. 1, 2). Liegt die Einwilligung des Gläubigers vor, wird die zwischen dem Schuldner und dem Dritten vereinbarte Schuldübernahme sofort wirksam (§ 185 Abs. 1).

b) Nachträgliche Zustimmung (Genehmigung)

1219 Das Gesetz geht in § 415 Abs. 1 S. 1 davon aus, dass der Dritte und der Schuldner die Schuldübernahme vereinbaren, ohne die erforderliche Einwilligung (§ 183) des Gläubigers eingeholt zu haben.

Schwebend unwirksame Verfügung zweier Nichtberechtigter (§ 185 Abs. 2 S. 1): In diesem Fall ist die Schuldübernahme zunächst schwebend unwirksam. Denn der Schuldner und der Dritte sind nicht befugt, über die Schuldübernahme zu entscheiden. Ihre Verfügung ist also eine Verfügung zweier Nichtberechtigter, die nach § 185 Abs. 2 S. 1 erst durch die Genehmigung des Gläubigers wirksam oder durch die Ablehnung der Genehmigung endgültig unwirksam wird (Rn 1221).

Mitteilung an den Gläubiger: Nach § 415 Abs. 1 S. 2 kann die Genehmigung erst erfolgen, wenn einer der Vertragspartner dem Gläubiger die (schwebend unwirksame) Schuldübernahme mitgeteilt hat. Diese Vorschrift spielt aber in der Praxis keine Rolle.

1220 *Ausdrückliche Erklärung der Genehmigung:* Der Gläubiger kann frei entscheiden, ob er die Schuldübernahme genehmigt. Es ist davon auszugehen, „dass kein Gläubiger ohne Weiteres auf seinen bisherigen Schuldner verzichten wird".[99] Bloßes Schweigen des Gläubigers reicht deshalb als Zustimmung keinesfalls aus. Das ergibt sich schon aus dem allgemeinen Grundsatz, dass Schweigen keine Zustimmung bedeutet, wird aber durch § 415 Abs. 2 S. 2 noch besonders unterstrichen. Denn nach dieser Vorschrift bedeutet sogar das Schweigen eines ausdrücklich zur Genehmigung aufgeforderten Gläubigers noch keine Zustimmung. Ein Gläubiger, der eine Schuldübernahme nicht will, ist auch nicht etwa verpflichtet, ihr zu widersprechen.[100] Wenn ein Gläubiger einen neuen Schuldner stillschweigend akzeptiert, dann im Zweifel als *zusätzlichen* Schuldner *(Schuldbeitritt;* Rn 1290).

Wirkung der Genehmigung: Durch die Genehmigung wird die Schuldübernahme rückwirkend wirksam (§ 184 Abs. 1).

98 BGH NJW 1996, 2027.
99 BGH NJW 1983, 678.
100 BGH NJW 1983, 678.

c) Verweigerung der Genehmigung

1221 Wird die Genehmigung verweigert (§ 415 Abs. 2 S. 1) oder gilt sie als verweigert (§ 415 Abs. 2 S. 2), wird der Dritte nicht Schuldner (§ 415 Abs. 2 S. 1). Der *Gläubiger* kann deshalb keine Zahlung von ihm verlangen.

1222 *Verpflichtung gegenüber dem Schuldner (§ 415 Abs. 3):* Auch wenn der gescheiterte Übernahme-Interessent (sozusagen der Möchtegernschuldner) dem Gläubiger nicht als neuer Schuldner verpflichtet ist, so kann er doch – ohne Schuldner zu sein – die fragliche Schuld erfüllen. Das Gesetz nimmt eine entsprechende *Pflicht* an, wenn auch nur „im Zweifel" (§ 415 Abs. 3). Wenn im konkreten Fall keine Zweifel bestehen, kann also der *Schuldner* (nicht der Gläubiger!) den Übernahme-Interessenten auf Zahlung an den Gläubiger verklagen. Der *Gläubiger* aber könnte, da er weiterhin nur Gläubiger des Schuldners ist, nur diesen verklagen.

Erfüllungsübernahme (§ 329): Die von § 415 Abs. 3 angeordnete Rechtslage ist die gleiche wie die nach einer *Erfüllungsübernahme* (§ 329; Rn 1228). Aus der Vereinbarung zwischen dem Schuldner und dem Übernahme-Interessenten kann sich aber anderes ergeben, zB die Pflicht des Letzteren, statt an den Gläubiger an den Schuldner zu zahlen.[101]

3. Sonderfall: Übernahme einer hypothekarisch gesicherten Schuld

1223 Wie bereits erwähnt, findet eine Schuldübernahme häufig im Rahmen eines Grundstückskaufs als „Hypothekenübernahme" statt (Rn 1207). Das ist zunächst ein Fall des § 415 – und die Schuldübernahme kann auch nach den Regeln dieser Vorschrift durchgeführt werden. Der Gesetzgeber wollte jedoch für diesen speziellen Fall die Einholung der erforderlichen Genehmigung *erleichtern* und hat aus diesem Grund in § 416 einen Sonderweg eröffnet. Seine Besonderheit besteht darin, dass uU ein *Schweigen* des Kreditgebers als Genehmigung der Schuldübernahme gilt. Das ist vertretbar, weil der Kreditgeber durch die Hypothek gesichert ist (die ihm in jedem Fall erhalten bleibt) und es ihm deshalb auf die Person des Schuldners nicht so sehr ankommen muss. Leider ist aber § 416 den BGB-Verfassern so kompliziert geraten, dass die Parteien eines Grundstückskaufvertrags in den meisten Fällen nicht diesen Weg, sondern den einfacheren nach § 415 gehen. Auf eine nähere Erläuterung des § 416 wird deshalb hier verzichtet. Unglücklicherweise enthält § 416 Abs. 1 S. 1 auch noch das Wort „nur". Dadurch wird der falsche Eindruck erweckt, man könne bei einer hypothekarisch gesicherten Forderung *nur* nach § 416 die Genehmigung des Gläubigers (der Bank) einholen.

V. Rechtsfolgen der Schuldübernahme

1224 *Neuer Schuldner:* Durch die Schuldübernahme bekommt der Gläubiger an Stelle des bisherigen Schuldners einen neuen. Selbstverständlich ändert sich die Forderung des Gläubigers durch den Schuldnerwechsel in ihrem Inhalt nicht. Der neue Schuldner schuldet also dasselbe und in demselben Umfang wie der Altschuldner.

1225 *Einwendungen des neuen Schuldners:* Der neue Schuldner kann dem Gläubiger gegenüber alle Gegenrechte geltend machen, die sich aus der übernommenen Schuld ergeben (§ 417 Abs. 1 S. 1). Dagegen braucht sich der Gläubiger keine Einwendungen entge-

101 BGH NJW 1991, 1822.

genhalten zu lassen, die sich im Fall des § 415 aus dem Rechtsverhältnis zwischen dem Neuschuldner und dem Altschuldner ergeben (§ 417 Abs. 2).

1226 *Erlöschen von Sicherungsrechten (§ 418):* Wenn jemand für die fragliche Forderung eine Sicherung (zB eine Bürgschaft) bestellt hatte, erlischt diese nach § 418 Abs. 1 S. 1 im Fall der Schuldübernahme. Das ist ein weiterer Grund, warum der Gläubiger sich seine Zustimmung zu einem Schuldnerwechsel dreimal überlegen sollte. *Beispiel:* B hatte sich für die Schuld des Schuldners S 1 verbürgt, weil S 1 ein zuverlässiger Mann ist und B deshalb nicht mit einer persönlichen Inanspruchnahme zu rechnen brauchte. Wenn nun nicht mehr S 1, sondern S 2 der Schuldner ist, könnte der Bürge in erhebliche Gefahr geraten. Die Bürgschaftsverpflichtung entfällt deshalb im Augenblick der Schuldübernahme (§ 418 Abs. 1 S. 1). Etwas anderes gilt natürlich, wenn der Bürge mit der Schuldübernahme einverstanden war (§ 418 Abs. 1 S. 3). § 418 bezieht sich nicht nur auf die im Beispiel genannte Bürgschaft, sondern auch auf ein für die Forderung bestelltes Pfandrecht (§§ 1204 ff) und eine Hypothek (§ 1113). Der Hypothek steht eine zur Sicherung der Forderung bestellte Grundschuld gleich.[102]

VI. Abgrenzung von ähnlichen Verträgen

1. Schuldbeitritt

1227 Ein Dritter kann einer bestehenden Schuld auch *neben* dem Schuldner – also als weiterer Schuldner – beitreten. In diesem Fall wird der Schuldner nicht aus seiner Schuld entlassen, vielmehr bekommt der Gläubiger in der Person des Dritten einen zweiten Schuldner. Diesen Fall nennt man *Schuldbeitritt* oder – im Gegensatz zur „befreienden“ Schuldübernahme – „kumulative“ Schuldübernahme (von lateinisch cumulus = der Haufen). Der Schuldbeitritt ist nicht gesetzlich geregelt (Einzelheiten unter Rn 1290).

2. Erfüllungsübernahme

1228 Ein Dritter kann sich dem Schuldner gegenüber verpflichten, dessen Schuld zu erfüllen, ohne selbst Schuldner zu werden (Erfüllungsübernahme). *Beispiel:* Die Mutter der Studentin S versprach dieser, regelmäßig die Miete an deren Vermieter V zu überweisen. Die Mutter wurde dadurch weder zur Mieterin noch zur Schuldnerin des V. Eine Erfüllungsübernahme ist nur möglich, wenn „der Schuldner nicht in Person zu leisten” hat und deshalb „auch ein Dritter die Leistung bewirken“ kann (§ 267 Abs. 1 S. 1), es sich also nicht um eine höchstpersönliche Verpflichtung handelt. Bei Geldschulden kann natürlich immer auch ein Dritter leisten.

Für den Fall der Erfüllungsübernahme bestimmt § 329, dass im Zweifel der Gläubiger nicht das Recht erwirbt, die Leistung von dem Dritten zu verlangen. Das folgt aus der Tatsache, dass der Dritte nicht dem Gläubiger, sondern dem Schuldner die Erfüllung zugesagt hat. Die Erfüllungsübernahme begründet also kein Schuldverhältnis zwischen dem Gläubiger und dem Dritten. Aber sie ist ein Vertrag zwischen *dem Schuldner* und dem Dritten, aufgrund dessen der Schuldner vom Dritten verlangen kann, dass dieser die Schuld erfüllt. Ein gesetzlicher Fall der Erfüllungsübernahme ergibt sich aus § 415 Abs. 3 (Rn 1222).

102 BGH NJW 1992, 110.

3. Vertragsübernahme

1229 Bei der Vertragsübernahme tritt ein Dritter mit allen Rechten und Pflichten an die Stelle eines Vertragspartners in einen Vertrag ein. Die Vertragsübernahme bedarf der Zustimmung aller drei Beteiligten. Diese kann durch einen dreiseitigen Vertrag sichergestellt werden. Es können aber auch zwei der Beteiligten den Vertrag schließen, den der Dritte genehmigt.[103]

Das gleiche Ergebnis kann auch ohne Vertragsübernahme erreicht werden, indem die alten Partner den Vertrag aufheben und der eine von ihnen mit dem Dritten einen identischen Vertrag schließt.[104] *Beispiel:* L hatte als Eigentümer einer Wohnung mit der G-GmbH einen Vertrag über die Belieferung mit Fernwärme geschlossen. Er verkaufte seine Wohnung an K, der sich verpflichtete, in den Fernwärme-Vertrag einzutreten. Die G-GmbH schloss daraufhin mit K einen identischen Vertrag.[105]

Gescheiterte Vertragsübernahme: Die Vertragsübernahme scheitert, wenn der Partner dessen, der aus dem Vertrag ausscheiden möchte, seine Zustimmung verweigert. Dann ist nach Ansicht des BGH aber derjenige, der in den Vertrag eintreten wollte, nicht frei. Er ist vielmehr analog § 415 Abs. 3 S. 2 verpflichtet, denjenigen, der ausscheiden wollte, von seinen Verpflichtungen aus dem fortbestehenden Vertrag freizustellen.[106] Die Literatur lehnt eine solche Lösung weitgehend ab.[107]

1230 *Kraft Gesetzes:* Das Gesetz ordnet die Vertragsübernahme in vier Fällen an:

- Jeder Erwerber eines Mietshauses übernimmt vom bisherigen Eigentümer/Vermieter die Stellung des Vermieters, so dass die Mietverträge fortbestehen (§§ 566 bis 567b).[108]
- Bei der Wohnraummiete tritt mit dem Tode des Mieters dessen Ehegatte in den Mietvertrag ein (§§ 563 f). Das gilt auch für den überlebenden Partner einer eheähnlichen Lebensgemeinschaft (§ 563 Abs. 1 S. 2).[109]
- Der Erwerber eines Unternehmens tritt zwingend in alle Arbeitsverträge ein (§ 613a).
- Wenn sich die Gesellschafter einer Rechtsanwalts-Sozietät trennen, finden ebenfalls Vertragsübernahmen statt. *Beispiel:* Rechtsanwalt A und Rechtsanwalt B beschlossen, ihre in Form einer Gesellschaft bürgerlichen Rechts (§ 705) betriebene Sozietät aufzulösen. Sie fragten jeden Mandanten, ob das Mandat künftig von A oder von B bearbeitet werden solle (§ 32 Abs. 1 S. 1 BORA). Mandant M entschied sich für Rechtsanwalt B. Dadurch übernahm B den bisher zwischen M und der GbR bestehenden Vertrag.[110]

---

103 BGH NJW 2013, 1083 Rn 19.
104 Unklar BGH NJW 1998, 531.
105 BGHZ 125, 235.
106 BGH NJW 2012, 1718 Rn 33.
107 Erman/Röthel Vor § 414 Rn 5; Staudinger/Rieble § 414 Rn 114; Heinig NJW 2012, 1722.
108 Nach hM handelt es sich in diesem Fall allerdings nicht um eine Vertragsübernahme, sondern um die Entstehung eines neuen Mietvertrags zwischen dem Erwerber und dem Mieter in der Weise, dass der Vertrag im Wesentlichen identisch ist mit dem bisherigen (BGHZ 166, 125 Rn 14; BGH NJW 2000, 2346). Kritisch zu Recht Staudinger/Emmerich § 566 Rn 4.
109 BGH NJW 1993, 999.
110 OLG Hamm NJW 2011, 1606.

Vierzehntes Kapitel: Mehrheit von Schuldnern oder Gläubigern

§ 50 Teilschuld

Fall 50: Heizölbestellung §§ 420, 421 1231

Um einen günstigen Preis aushandeln zu können, bestellten Ferdi Frank und seine beiden Nachbarn Müller-Haselbach und v. Wartenstein seit sechs Jahren das von ihnen benötigte Heizöl gemeinsam beim Heizölhändler Olbrich. Der vereinbarte Literpreis war dann für alle gleich, doch waren die jeweiligen Rechnungsbeträge verschieden, weil die abgenommenen Mengen differierten. Da jeder eine eigene Rechnung über die von ihm bezogene Menge bekam, wusste keiner der drei, was seine Nachbarn jeweils zu zahlen hatten. Im Frühjahr waren die drei Nachbarn übereingekommen, wieder gemeinsam bei Olbrich Heizöl zu bestellen. Frank rief deshalb bei Olbrich an, teilte ihm mit, dass seine Nachbarn und er diesmal rund 22 000 Liter brauchten, handelte auf dieser Mengenbasis mit Olbrich den Literpreis aus und bestellte das Heizöl. Drei Tage später fuhr Olbrich mit seinem Tankwagen vor und füllte nacheinander die Öltanks der drei Nachbarn. Später schickte er jedem eine Rechnung über die von ihm bezogene Einzelmenge. Müller-Haselbach kann seine Rechnung über 2 668,78 Euro nicht bezahlen. Olbrich verlangt nun Zahlung dieses Betrags von Frank. Muss Frank zahlen? (Nach LG Konstanz NJW 1987, 2521)

1232 Frank müsste zahlen, wenn er bei der Heizölbestellung mit Olbrich eine *Gesamtschuld* vereinbart hätte (§ 421; Rn 1245). Eine Gesamtschuld wäre gegeben, wenn die Voraussetzungen des § 427 vorliegen würden. Ob das der Fall ist, soll wieder Schritt für Schritt geprüft werden:

„Verpflichten sich mehrere durch Vertrag gemeinschaftlich ...“ Als Frank das Heizöl bestellte, schloss er mit Olbrich einen Kaufvertrag. Dabei trat er hinsichtlich der von ihm selbst benötigten Teilmenge im eigenen Namen auf. Hinsichtlich der von seinen Nachbarn benötigten Menge trat er (für Olbrich erkennbar) in deren Namen auf (§ 164 Abs. 1 S. 1). Da Frank auch eine stillschweigend erteilte Vollmacht seiner Nachbarn besaß, konnte er sie wirksam vertreten (§ 164 Abs. 1 S. 1). Aufgrund von Franks Bestellung haben sich also „mehrere durch Vertrag gemeinschaftlich“ verpflichtet.

„... zu einer teilbaren Leistung ...“ Die Zahlung einer Geldsumme ist das Schulbeispiel einer teilbaren Leistung. Dort liegt also nicht das Problem. Die Frage ist aber, ob sich die drei Nachbarn zu *„einer“*, dh zu einer einzigen Leistung verpflichtet hatten. Anders gesagt: Es kommt darauf an, ob sie gemeinsam die Zahlung einer einzigen Summe (der Gesamtsumme für alle drei Lieferungen) versprochen hatten, oder ob sich jeder nur zur Zahlung des auf ihn entfallenden Kaufpreises verpflichten wollte. Die Frage ist beim Vertragsschluss zwischen Olbrich und Frank nicht erörtert worden, die Antwort muss sich also im Wege der Vertragsauslegung aus den Umständen und der Interessenlage der Beteiligten ergeben (§§ 157, 133).

Dabei ist von entscheidender Bedeutung, dass Olbrich schon in den vergangenen sechs Jahren jedem der drei Abnehmer nur eine Rechnung über den jeweils *von diesem* zu zahlenden

Kaufpreis geschickt hatte, und dass jeder der drei Nachbarn immer nur den *von ihm* zu zahlenden Betrag an Olbrich überwiesen hatte. Wie hoch jeweils die Summe der drei Kaufpreise war, war nie berechnet worden, geschweige denn Gegenstand des Vertrags gewesen. Daraus ergibt sich, dass Olbrich seine drei Kunden nie als gemeinsame Schuldner der Gesamtsumme angesehen hatte (und diese sich auch nicht als solche gefühlt hatten). Die drei Käufer haben sich also nicht zu „einer", sondern zu *drei* Leistungen verpflichtet, nämlich jeder zur Zahlung des auf ihn entfallenden Kaufpreises.

Der Vertrag wäre anders auszulegen, wenn Olbrich in den vergangenen sechs Jahren jeweils eine Rechnung über den *Gesamtbetrag* ausgestellt hätte. Damit hätte er zum Ausdruck gebracht, dass er von einem einheitlichen Kaufvertrag über die Gesamtmenge an Heizöl ausgegangen wäre und seine drei Kunden als Schuldnergemeinschaft – nämlich als Gesamtschuldner – angesehen hätte (§ 427). Ein solches Verfahren wäre auch durchaus praktikabel gewesen. Olbrich hätte dann nur auf der Rechnung vermerken müssen, wer wieviel Liter bekommen hatte, so dass die drei Käufer untereinander hätten abrechnen können (§ 426). Olbrich ist aber in den vergangenen Jahren ebenso wenig wie bei seiner letzten Rechnung in dieser Weise vorgegangen. Damit hat er zum Ausdruck gebracht, dass er jeden seiner drei Kunden nur als Schuldner des jeweils von ihm zu zahlenden Kaufpreises ansah.

Die Voraussetzungen des § 427 liegen deshalb nicht vor. Da sich eine Gesamtschuld auch nicht aus einer anderen Vorschrift ergibt, liegt eine *Teilschuld* vor (Rn 1237). Frank braucht den von Müller-Haselbach geschuldeten Kaufpreis deshalb nicht zu bezahlen.

Nachbemerkung: Das Landgericht Konstanz ist in dem zugrunde liegenden Urteil von einer Gesamtschuld ausgegangen und hat folglich Frank zur Zahlung verurteilt. Das Gericht hat nämlich angenommen, die drei Nachbarn hätten durch die gemeinsame Bestellung des Heizöls eine *Gesellschaft bürgerlichen Rechts* begründet (§ 705). Falls das richtig wäre, könnte man daraus tatsächlich eine gesamtschuldnerische Verpflichtung herleiten (Rn 1257). Aber die Voraussetzungen einer Gesellschaft lagen nicht vor, weil sich die drei Besteller nicht verpflichtet hatten, „die Erreichung eines gemeinsamen Zweckes ... zu fördern" (§ 705). Sie verfolgten keinen gemeinsamen, sondern jeder verfolgte seinen eigenen Zweck. Denn jeder betrieb seine eigene Heizung, jeder lagerte sein Heizöl in seinem eigenen Tank, jeder wollte gesondert beliefert werden, jeder eine eigene Rechnung bekommen und insbesondere auch nur diese bezahlen. Das einzige, was die drei Besteller verband, war der Wunsch jedes Einzelnen, für seinen Teil möglichst billig einzukaufen. Das ist aber kein gemeinsamer, sondern ein eigennütziger Zweck. Es liegt deshalb keine Gesellschaft, sondern ein sogenanntes *partiarisches Rechtsgeschäft* vor.[1]

Das Landgericht hat seine Entscheidung zusätzlich auf die Erwägung gestützt, Olbrich habe den drei Bestellern einen günstigen Preis zugestanden und habe dafür den Vorteil erhalten müssen, mehrere gesamtschuldnerisch verpflichtete Vertragspartner zu haben. Auch dieses Argument ist nicht überzeugend. Olbrich zog selbst aus der Sammelbestellung unmittelbaren Nutzen, weil er durch sie mehr Öl verkaufte als bei einer Einzelbestellung und zusätzlich seine Transportkosten minimieren konnte. Einen Nachteil erlitt er nicht. Insbesondere ging er bei diesem Geschäft kein erhöhtes Risiko ein, das durch eine Gesamtgläubigerschaft der Besteller hätte ausgeglichen werden müssen.

1 BGH NJW 1992, 2696; 1990, 573; Palandt/Sprau § 705 Rn 9.

Lerneinheit 50

1233 **Literatur:** *Streyl*, Mietermehrheiten, NZM 2011, 377; *Briesemeister*, Das Haftungssystem der Wohnungseigentümergemeinschaft nach der WEG-Reform, NZM 2007, 225.

I. Einführung

1234 In den bisherigen Fällen schuldete immer *eine* Person die fragliche Leistung. Es kommt aber vor, dass zwei oder mehr Personen gemeinsam eine Leistung schulden. Die entscheidende Frage ist dann, ob jeder nur einen Teil der Gesamtleistung schuldet (Teilschuld, § 420), oder ob jeder nach Wahl des Gläubigers die gesamte Leistung zu erbringen hat (Gesamtschuld, § 421).

1235 *Getrennte Schuldverhältnisse:* Wenn mehrere Personen nicht gemeinsam eine einzige Leistung schulden, sondern *jeder eine eigene,* schon in der Entstehung selbstständige Verpflichtung zu erfüllen hat, liegt weder Teil- noch Gesamtschuld vor. Es handelt sich dann vielmehr um getrennte Schuldverhältnisse. *Beispiel:* Fünf Freunde feiern gemeinsam in einem Restaurant. Jeder bestellt Speisen und Getränke nach seiner Wahl für sich, und es ist erkennbar, dass keiner die anderen einladen will. In diesem Fall schließt jeder mit dem Wirt einen selbstständigen Vertrag. Der Wirt hat deshalb fünf Zahlungsansprüche, die nicht miteinander rechtlich verbunden sind. Die Gäste des Wirts schulden nicht „*eine* … Leistung", wie es sowohl in § 420 als auch in § 421 S. 1 heißt, sondern jeder seine eigene. Damit fehlt schon die erste Voraussetzung einer Teil- oder Gesamtschuld. Der Wirt kann die Zahlung der Gesamtsumme (die es juristisch nicht gibt) deshalb von keinem der Gäste ganz (Gesamtschuld) oder zum Teil (Teilschuld) verlangen. Würde einer der Freunde heimlich gehen, um sich der Zahlung zu entziehen, könnte der Wirt dessen Rechnungsbetrag nicht von einem der anderen fordern.

II. Gesetzliche Regelung

1236 Das BGB hat die Mehrheit von Schuldnern in den §§ 420 bis 432 geregelt. Leider ist diese Regelung sehr unübersichtlich ausgefallen. Das liegt hauptsächlich daran, dass das Gesetz die Mehrheit von Schuldnern und ihr Gegenstück, die Mehrheit von Gläubigern, in einem Abschnitt vermengt hat. Statt nach Schuldner- und Gläubigermehrheiten zu trennen, hat das Gesetz als Gliederungsgesichtspunkt die Frage gewählt, ob es sich jeweils um eine „teilbare Leistung" (§§ 420 bis 430) oder um eine „unteilbare Leistung" (§§ 431, 432) handelt. Aber diese Aufteilung ist nicht nur ungeschickt, sie wird auch für den Leser des Gesetzes kaum erkennbar.

Immerhin treten zwei Paragrafengruppen deutlicher hervor: Die §§ 421 bis 427 regeln die wichtige *Gesamtschuld,* während die §§ 428 bis 430 die (wenig wichtige) *Gesamtgläubigerschaft* regeln. Hier empfiehlt sich zur besseren Übersicht ein entsprechender Trennstrich im Gesetzestext. Zusätzlich kann man noch die legal definierten Wörter *„Gesamtschuldner"* in § 421 und *„Gesamtgläubiger"* in § 428 farbig markieren.

Zunächst soll es nur um die Mehrheit von *Schuldnern* gehen (die Gläubigermehrheit wird in den Randnummern 1303 ff behandelt). Bei der Schuldnermehrheit steht die Gesamtschuld (§§ 421 ff) ganz im Vordergrund des Interesses (Rn 1245 ff), doch soll zuerst die Teilschuld behandelt werden.

III. Definition der Teilschuld

1237 *Teilschuld* ist eine Schuld, bei der mehrere Schuldner *eine* Leistung, aber eine teilbare, in der Weise schulden, dass jeder Schuldner nur einen Teil der Leistung zu erbringen hat (§ 420). Der Gläubiger kann also von jedem seiner Teilschuldner nur den auf diesen entfallenden Anteil verlangen.

Teilbarkeit: Eine Leistung ist *teilbar,* wenn sie auch in Teilleistungen erbracht werden kann und die Summe dieser Teilleistungen so wertvoll und brauchbar ist wie die ungeteilte Leistung. Der Hauptfall der teilbaren Leistung ist die Zahlung, doch ist zB auch der Bau einer Kläranlage[2] oder eine Rechtsberatung[3] eine teilbare Leistung.

IV. Interessenlage

1238 *Im Vergleich zur Gesamtschuld:* Die Teilschuld ist für den Gläubiger nachteilig, weil er jeden seiner Schuldner einzeln in Anspruch nehmen muss. Ist einer der Teilschuldner nicht in der Lage, seine Leistung zu erbringen, fällt der Gläubiger mit dieser Teilforderung endgültig aus. Er kann von den anderen Teilschuldnern nicht verlangen, dass sie – wie nach § 421 bei der Gesamtschuld – für den zur Leistung unfähigen Schuldner einspringen.

Im Vergleich zu getrennten Schuldverhältnissen: Für den Gläubiger macht es keinen Unterschied, ob seine Schuldner Teilschuldner sind oder Schuldner, die ihm aus selbstständigen (getrennten) Schuldverhältnissen verpflichtet sind (Beispiel mit den Freunden im Restaurant, Rn 1235). Es gibt nur einen mehr theoretischen Unterschied: Eine Teilschuld setzt (wie die Gesamtschuld) voraus, dass mehrere „*eine* ... Leistung" schulden, also eine einzige, wenn auch teilbare Leistung. Demgegenüber schuldet bei getrennten Schuldverhältnissen jeder Schuldner je eine eigene, von vornherein selbstständige Leistung.

Das BGB ordnet in § 420 die Teilschuld als Regelfall an, wenn „mehrere eine teilbare Leistung" schulden. In der Praxis ist aber die Teilschuld eher die Ausnahme. Denn in § 427 wird für den wichtigsten Fall, die gemeinschaftliche vertragliche Verpflichtung mehrerer zu *einer* Leistung, die Gesamtschuld und nicht die Teilschuld angeordnet (Rn 1251 ff).

V. Anwendungsfälle

1239 *Unterhaltspflicht:* Die Unterhaltspflicht von Söhnen und Töchtern gegenüber ihren unterstützungsbedürftigen Eltern ist Teilschuld (§ 1606 Abs. 3 S. 1). Zwar ist jeder Abkömmling nach seinen Vermögensverhältnissen verpflichtet, zum Unterhalt der Eltern beizutragen, aber jeder schuldet nur seinen Anteil. Ist ein vermögender Abkömmling zahlungsunwillig, können die Eltern nicht die anderen für den Ausfall in Anspruch nehmen.

1240 *Ungerechtfertigte Bereicherung:* Mehrere Bereicherungsschuldner (§ 812) haften ebenfalls als Teilschuldner (§ 420). *Beispiel:* Zwei Personen haben gemeinsam ein Grundstück verkauft, müssen aber, nachdem sich der Kaufvertrag als nichtig erwiesen hat,

2 BGH NJW 1991, 97.
3 BGH NJW 1993, 1320; 1991, 1227.

den Kaufpreis nach § 812 zurückzahlen. Jeder schuldet nur den Teil des Geldes, den er empfangen hat.[4]

1241 *Begrenzung des Risikos:* Eine Teilschuld ist ferner anzunehmen, wenn durch eine Gesamtschuld (§ 421) das Risiko des einzelnen Schuldners unzumutbar hoch würde. *Beispiel:* Bei der Buchung einer Klassenfahrt für mehr als 3 000 Euro verpflichtet sich der einzelne Teilnehmer gegenüber der Bahn nicht zur Zahlung des gesamten Fahrpreises, sondern nur zur Zahlung des auf ihn entfallenden Teilbetrags.[5] Im Übrigen kann eine Teilschuld auch vertraglich an Stelle einer Gesamtschuld vereinbart werden. *Beispiel:* Eine Gesellschaft bürgerlichen Rechts (§§ 705 ff) vereinbarte mit ihrem Darlehensgeber, dass die Gesellschafter für die Rückzahlung des Darlehens nicht wie üblich als Gesamtschuldner, sondern nur als Teilschuldner (entsprechend ihrer Beteiligung an der Gesellschaft) in Anspruch genommen werden können.[6]

§ 51 Gesamtschuld

Fall 51: Lahmende Stute Liana § 421

1242

Philippa Vollmer bot ihrer Reitkameradin Claudia Klüsing den Kauf ihrer Stute Liana an, die Frau Klüsing gut gefiel. Um sicherzugehen, beauftragte Frau Klüsing den Tierarzt Dr. Trobel mit einer sogenannten Ankaufsuntersuchung. In seinem Gutachten schrieb Trobel: „Verhalten: lebhaft, Atemruhefrequenz: 18/Minute, Palpation des Rückens: erhöhte Drucksensibilität BWS/LWS, Bewegungsapparat / Ruheuntersuchung / Sehnen / Muskeln: verändert, schwach bemuskelt." Aufgrund dieses Ergebnisses kaufte Frau Klüsing die Stute Liana. Ein halbes Jahr später stellte ein Gutachter fest, dass Liana an einer spontanen Lahmheit vorne rechts leidet und an RAO, einer bei Pferden häufigen Erkrankung der Atemwege. Diese Symptome bestanden bereits bei der Ankaufsuntersuchung, wurden aber von Dr. Trobel übersehen. Frau Klüsing könnte Ansprüche aus dem Kaufvertrag gegen Frau Vollmer geltend machen, hat das aber aus persönlicher Rücksichtnahme nicht getan. Sie verlangt stattdessen von Dr. Trobel Schadensersatz in voller Höhe von 8 225 Euro. Dieser Betrag umfasst den Kaufpreis, die Kosten der Eigentumsumschreibung, die Prämie der Haftpflichtversicherung, die Honorare des Hufschmieds und des Tierarztes, Kosten für Futter und Unterbringung sowie Gerichts- und Anwaltskosten. Dr. Trobel ist der Meinung, Frau Klüsing müsse sich an Frau Vollmer halten, er selbst schulde ihr nichts. (Nach BGH NJW 2012, 1070)

1243 Der BGH hat zunächst festgestellt, dass der Vertrag über die Ankaufsuntersuchung einen Werkvertrag darstellt (§ 631) und dass Dr. Trobels Werk mangelhaft ist (§ 633). Da Trobel fahrlässig gehandelt hat, ist er schadensersatzpflichtig (§§ 634 Nr. 4, 280 Abs. 1). Der Schadensersatz umfasst alle Positionen, die im Sachverhalt aufgeführt sind, hat also die geltend gemachte Höhe von 8 225 Euro. Insofern könnte man fragen: „Wo ist das Problem?" Aber es stellt sich die Frage, ob Dr. Trobel allein Schadensersatz zu leisten hat oder ob sich Frau Klüsing auch – oder sogar nur – an Frau Vollmer halten muss.

4 BGH NJW 1993, 648.
5 OLG Frankfurt NJW 1986, 1941; im Ergebnis auch BGH LM § 164 Nr. 43; aA LG Wiesbaden NJW 1985, 1905, Palandt/Grüneberg § 427 Rn 2.
6 BGH NJW 1997, 1580; ähnlich NJW 1996, 3270.

Frau Vollmer hat Frau Klüsing ein mangelhaftes Pferd verkauft und wäre deshalb aus dem Kaufvertrag verpflichtet, ihr die Positionen zu erstatten, die sich insgesamt auf 8 225 Euro summieren.[7] Dr. Trobel und Frau Vollmer schulden Frau Klüsing also die Zahlung des gleichen Betrags. Zu prüfen ist, ob es sich um eine Teilschuld handelt oder um eine Gesamtschuld nach § 421. Da die Schadenssumme nicht in der Weise aufgeteilt werden kann, dass einige Schäden allein Frau Vollmer, andere allein Dr. Trobel zuzurechnen sind, scheidet eine Teilschuld aus (Rn 1237 f).

Eine Gesamtschuld setzt in erster Linie voraus, dass die Verpflichtungen *gleichstufig* nebeneinander stehen, dass also nicht der eine Schuldner nur vorläufig und subsidiär haftet, während der andere endgültig zu leisten hat (Rn 1262). Das ist hier gegeben, weil es keine Bestimmung gibt, die in diesem Fall einen der beiden Schuldner verpflichtet, im Endergebnis die Verpflichtung allein zu erfüllen (wie bei der Bürgschaft der Hauptschuldner, Rn 1263). Auch andere Umstände sprechen für oder zumindest *nicht* gegen eine Gesamtschuld:

- Es ist gleichgültig, dass sich Frau Vollmer und Dr. Trobel nicht in *einem* Vertrag gemeinsam verpflichtet haben, dass also kein Fall des § 427 vorliegt. Eine Gesamtschuld kann auch durch *zwei* Verträge begründet werden (Rn 1261).
- Es spielt auch keine Rolle, dass Dr. Trobel *schadensersatzpflichtig* ist, während Frau Vollmer nur Pflichten aus einem Rücktritt zu erfüllen hätte. Denn im Ergebnis decken sich beide Zahlungsverpflichtungen ganz oder zumindest weitgehend.
- Vor Abschluss des Kaufvertrags vertrat Dr. Trobel die Interessen der Kaufinteressentin Klüsing, während Frau Vollmer ihre eigenen Interessen als Verkäuferin wahrnahm. Dr. Trobel und Frau Vollmer standen deshalb *nicht* „im selben Lager", und verfolgten „kein gemeinsames Interesse".[8] Aber auch das schließt eine Gesamtschuld nicht aus.
- Unerheblich ist auch, dass sich beide Schuldner zu ganz unterschiedlichen Leistungen verpflichtet hatten, Dr. Trobel zu einer Untersuchung (§ 631) und Frau Vollmer zur Übereignung einer mangelfreien Kaufsache (§ 433 Abs. 1).
- Das OLG Schleswig, das als Berufungsgericht über den Fall zu entscheiden hatte, hatte angenommen, dass die Verantwortung des Gutachters Trobel hinter der Verantwortung der Verkäuferin Vollmer zurücktrete und dass deshalb eine Gesamtschuld ausscheide. Aber das ist nicht richtig. Selbst wenn man von leicht unterschiedlichen Anteilen an der Gesamtverantwortung ausgehen würde, schlösse das eine Gesamtschuld nicht aus.

Entscheidend ist, dass sowohl Frau Vollmer also auch Dr. Trobel durch ihren jeweiligen Beitrag den Schaden herbeigeführt haben, der darin besteht, dass Frau Klüsing ein lahmendes Pferd hat, dessen Kauf und dessen Versorgung sie viel Geld gekostet haben.

Dr. Trobel kann auch nicht einwenden, Frau Klüsing habe sich zunächst an Frau Vollmer zu halten. Es steht Frau Klüsing frei, welchen Gesamtschuldner sie in Anspruch nimmt. Denn der Gläubiger kann die Leistung „nach seinem Belieben" von jedem der Schuldner verlangen (§ 421 S. 1). Einen Grund, der es als rechtsmissbräuchlich erscheinen ließe, dass Frau Klüsing sich allein an Dr. Trobel gehalten hat, ist nicht ersichtlich. Im Gegenteil, es ist nachvollziehbar, dass sie ihre Reitkameradin nicht verklagen wollte und das Dr. Trobel überlässt. Im Ergebnis werden sich Dr. Trobel und Frau Vollmer den Schaden so oder so teilen (§ 426; Rn 1273 ff).

---

7 Es kann offen bleiben, ob Frau Klüsing von Frau Vollmer *Schadensersatz* verlangen kann oder ob sie die genannten Positionen über einen Rücktritt beanspruchen kann (§§ 433, 434 Nr. 2, 323, 346, 347 Abs. 2).

8 BGH in der zugrunde liegenden Entscheidung Rn 18.

Lerneinheit 51

Literatur: *Becker/Weidt,* Die deliktische Haftung mehrerer, JuS 2016, 481; *Gänswein*, Gesamtschuldnerausgleich unter Kartellbeteiligten: Bestimmung des Haftungsanteils und Verjährung der Ausgleichsansprüche, NZKart 2016, 50; *Kersting,* Gesamtschuldnerausgleich bei Kartellgeldbußen, NZKart 2016, 147; *Knops/Martens,* Darlehenswiderruf bei Mehrheit von Kreditnehmern, Kreditverträgen und Widerrufsrechten, WM 2015, 2025 (zur Gesamtschuldnerschaft); *Segna,* Organhaftung und (gestörte) Gesamtschuld, ZIP 2015, 1561; *Wever,* Gesamtschuldnerausgleich – mitgefangen, mitgehangen? FF 2015, 135; *Götsche,* Entstehung einer Gesamtschuld bei Ehegatten, jM 2015, 178; *Langen*, Gesamtschuld der Planungs- und Baubeteiligten – Eine kritische Bestandsaufnahme (Teil 1), NZBau 2015, 2; *Gothe/Koppermann,* Zum Gesamtschuldnerausgleich bei grob fehlerhafter Medikamentengabe, MedR 2014, 90; *Bolz,* Architekt und Unternehmer sind keine Gesamtschuldner! IBR 2014, 324; *Fischer*, Die Verjährung beim Gesamtschuldnerregress unter Organmitgliedern, ZIP 2014, 406; *Hachenberg*, Gesamtschuld in Zugewinnausgleich und Gemeinschaft, NZFam 2014, 731; *Maase*, Die gesamtschuldnerische Haftung des bauüberwachenden Architekten für Ausführungsmängel des Werkes, BauR 2014, 889: *Preussner*, Steter Tropfen höhlt den Stein, BauR 2014, 751 (gegen eine gesamtschuldnerische Haftung von Architekt und Bauunternehmer); *Sass,* Die Gesamtschuld ist alles schuld? – Ein Rechtsinstitut unter falschem Verdacht! BauR 2014, 1378. 1244

I. Allgemeines

1245 *Definition:* Eine Gesamtschuld ist eine Schuld, die mehrere Schuldner in der Weise schulden, dass „jeder die ganze Leistung zu bewirken verpflichtet, der Gläubiger aber die Leistung nur einmal zu fordern berechtigt ist“ (§ 421 S. 1). Der Gläubiger kann deshalb *einen* Schuldner auf die gesamte Leistung in Anspruch nehmen. Er kann allerdings nach seinem Belieben auch alle oder einige (in unterschiedlicher oder gleicher Höhe) verklagen. Er kann nur nicht von einem oder von mehreren zusammen mehr fordern, als ihm insgesamt zusteht.[9]

1246 *Tilgungsgemeinschaft:* Der Gläubiger hat gegen jeden Gesamtschuldner einen eigenen Anspruch, so dass ebenso viele Schuldverhältnisse bestehen wie Gesamtschuldner vorhanden sind. Diese einzelnen Schuldverhältnisse werden durch das übergreifende Gesamtschuldverhältnis nur insofern zusammengefasst, als die Erfüllung durch *einen* Gesamtschuldner auch zugunsten der übrigen Schuldner wirkt (§ 422 Abs. 1 S. 1: *Tilgungsgemeinschaft).* Im Übrigen sind die Forderungen gegen die Gesamtschuldner aber grundsätzlich rechtlich selbstständig (§ 425 Abs. 1).

1247 *Gegensätze:* Den Gegensatz zur Gesamtschuld bildet in erster Linie die *Teilschuld,* bei der jeder Schuldner nur den auf ihn entfallenden Teil einer Leistung schuldet (Rn 1237). Von der Gesamtschuld ist aber auch die (gesetzlich nicht geregelte) *gemeinschaftliche Schuld* zu unterscheiden. Sie liegt vor, wenn jeder einzelne Schuldner weder das Ganze noch einen Teil schuldet, sondern ein Zusammenwirken mit anderen Schuldnern. *Beispiel:* Mehrere Musiker verpflichten sich zu einem gemeinsamen Konzert.[10]

II. Interessenlage

1248 *Aus Sicht des Gläubigers:* Die Gesamtschuld gibt dem Gläubiger eine sehr starke Stellung, weil er nicht Teile der geschuldeten Gesamtleistung bei den einzelnen Schuldnern

9 Dazu BGH NJW 1998, 537.

10 Palandt/Grüneberg Vor § 420 Rn 9.

einzufordern braucht. Der Gläubiger kann grundsätzlich frei entscheiden, an welchen Gesamtschuldner er sich hält (§ 421 S. 1: „nach seinem Belieben von jedem Schuldner …"). Zwar darf der Gläubiger bei seiner Entscheidung, gegen welchen Schuldner er vorgeht, „nicht jede Rücksichtnahme vermissen lassen".[11] Aber es ist nur in Ausnahmefällen rechtsmissbräuchlich, bewusst den Gesamtschuldner in Anspruch zu nehmen, der nach der Absprache zwischen den Gesamtschuldnern im Innenverhältnis (§ 426) frei sein soll.[12] Der große Zivilrechtler Philipp Heck (1858–1943) hat den Gläubiger einer Gesamtschuld mit einem Pascha verglichen, der über einen Harem verfügt („Der Gläubiger ist gewissermaßen ein juristischer Pascha").[13] Allerdings bleiben die Rechte des Gläubigers insofern hinter denen eines Paschas zurück, als der Gläubiger „die Leistung *nur einmal* zu fordern berechtigt ist" (§ 421), während der Pascha ...

Aus Sicht der Schuldner: Für die Schuldner hat die Gesamtschuld den Nachteil, dass jeder von ihnen damit rechnen muss, vom Gläubiger in voller Höhe in Anspruch genommen zu werden. Derjenige, den es getroffen hat, kann zwar bei den anderen Gesamtschuldnern Rückgriff nehmen (§ 426; Rn 1273 ff), muss aber sehen, ob ihm das gelingt. Ist der andere (oder sind die anderen) Schuldner nicht zahlungsfähig, bleibt der Schwarze Peter letztlich an dem in Anspruch genommenen Schuldner hängen.

III. Gesetzlich angeordnete Gesamtschuld

1. Unteilbare Leistungen

1249 Wenn mehrere Schuldner eine *unteilbare* Leistung zu erbringen haben, schreibt § 431 die Gesamtschuld zwingend vor.

Unteilbare Leistung: Eine Leistung ist unteilbar, wenn sie nur ganz oder gar nicht erbracht werden kann, oder wenn die Summe ihrer Teile weniger wert ist als die ungeteilte Leistung. Beispiele sind die Übergabe einer bestimmten Sache,[14] die mietweise Überlassung einer Wohnung,[15] die Abgabe einer Willenserklärung und die Übereignung einer vollständigen Münzsammlung. *Beispiel:* Die Schwestern Carolin S und Sophie S waren nach dem Tod ihrer Mutter gemeinsam Mieterinnen der ursprünglich von ihrer Mutter gemieteten Wohnung geworden. Die Vermieterin V hatte das Mietverhältnis wirksam gekündigt, verlangte aber nur von Sophie S die Räumung der Wohnung. Das war korrekt. Denn die Rückgabe war eine *unteilbare Leistung*, für die die Schwestern als Gesamtschuldnerinnen hafteten (§ 431). Die Rückgabe konnte V deshalb wahlweise auch nur von *einer* der Schwestern verlangen (§ 421 S. 1).[16]

1250 Wenn mehrere eine unteilbare Leistung schulden, wird der Einzelne oft nicht in der Lage sein, die Leistung allein zu bewirken. Das schließt nach der ausdrücklichen Anordnung des § 431 die Annahme einer Gesamtschuld nicht aus.[17] Es kann aber zu prüfen sein, ob nicht eine *gemeinschaftliche Schuld* (Rn 1247) in Betracht kommt.

11 BGH NJW 2012, 1070 Rn 19.
12 BGH NJW 2012, 1070 Rn 19; NJW 2010, 861 Rn 30; NJW 1991, 1289.
13 Grundriss des Schuldrechts (Tübingen 1929), 234.
14 BGHZ 65, 227.
15 OLG Düsseldorf NJW-RR 1986, 507.
16 BGH NJW 2015, 473 Rn 19.
17 BGH NJW 1986, 2644.

2. Gemeinsame Verpflichtung zu einer teilbaren Leistung

1251 Wenn sich mehrere in einem Vertrag zu einer *teilbaren* Leistung verpflichten, begründen sie damit nach § 427 im Zweifel eine Gesamtschuld. *Beispiel 1:* Die Eheleute M haben gemeinsam als Mieter einen Mietvertrag unterschrieben,[18] so dass jeder von ihnen zur Zahlung der ganzen Miete verpflichtet ist (§§ 427, 421). *Beispiel 2:* Zwei streitende Parteien gaben gemeinsam bei D ein Schiedsgutachten in Auftrag. Sie schulden dann, wenn nichts anderes vereinbart ist, das Honorar als Gesamtschuldner.[19]

1252 *Teilbare Leistung:* Eine Leistung ist teilbar, wenn sie ihrer Natur nach auch in Teilleistungen erbracht werden kann und diese zusammen so viel wert sind wie die ungeteilte Leistung (Rn 1237).

1253 *Einheitliche Leistung:* Wichtig ist, dass sich die Schuldner nach § 427 zu *„einer"* Leistung verpflichten müssen. Das bedeutet, sie müssen sich zu einer einzigen (gemeinsamen) Leistung verpflichten, nicht jeder zu einer auf ihn entfallenden Teilleistung. Kein Fall des § 427 liegt deshalb vor, wenn drei Nachbarn gemeinsam Heizöl bestellen, aber getrennte Abrechnung vereinbart ist (Fall 50, Rn 1231).

Im Fall des § 427 gilt nicht die von § 420 aufgestellte Vermutung zugunsten einer Teilschuld. Da Fälle des § 427 sehr häufig sind, ist in der Praxis die Gesamtschuld die Regel, nicht die Teilschuld. Letztlich ist es aber nicht erforderlich, dass sich mehrere Personen, wie § 427 verlangt, „durch Vertrag", dh durch *einen* Vertrag verpflichtet haben und „gemeinschaftlich". *Beispiel:* Eine KG hatte den Fachanwalt für Steuerrecht Dr. F beauftragt, für ein Problem eine steuerlich günstige Lösung zu finden. An den Überlegungen war auch der langjährige Steuerberater S der KG beteiligt. Die Beratung führte zu erheblichen steuerlichen Nachteilen.[20] Dr. F und S hafteten als Gesamtschuldner, obwohl beide unabhängig von einander beauftragt worden waren (siehe auch Rn 1261).

1254 *§ 309 Nr. 11 a:* Vorsicht ist geboten, wenn jemand, der als Vertreter eines anderen einen Vertrag schließt, durch AGB zur gesamtschuldnerischen Mithaftung verpflichtet werden soll. Eine versteckt untergeschobene Mithaftung ist unwirksam (§ 309 Nr. 11 a). Nur wenn das Formular dem Vertreter seine persönliche Haftung „unübersehbar vor Augen führt", wird er Gesamtschuldner.[21]

„... im Zweifel": Liegen die Voraussetzungen des § 427 vor, sind die Schuldner nur „im Zweifel" Gesamtschuldner. Die Interessenlage kann ergeben, dass keine Gesamtschuld, sondern eine Teilschuld vorliegt, zumal § 420 ja von der Teilschuld als dem Regelfall ausgeht. Eine Teilschuld ist anzunehmen, wenn durch eine Gesamtschuld das Risiko für den einzelnen Schuldner unzumutbar würde (Beispiele Rn 1241).

3. Mehrere Bürgen

1255 Wenn sich zwei oder mehr Personen für dieselbe Schuld verbürgt haben, haften sie dem Gläubiger als Gesamtschuldner (§ 769). Zwischen den Bürgen einerseits und dem Hauptschuldner andererseits besteht aber kein Gesamtschuldverhältnis.

18 BGH NJW 2002, 2866.
19 OLG München NJW 2008, 3505.
20 BGH NJW 2001, 3477.
21 BGH NJW 2002, 3464; anders noch BGH NJW 1988, 1908.

4. Haftung für die Schulden einer Personengesellschaft

1256 *OHG/KG:* Nach § 128 Abs. 1 HGB haften die Gesellschafter einer *Offenen Handelsgesellschaft* den Gesellschaftsgläubigern „als Gesamtschuldner". Das HGB bezieht sich mit diesen Worten bewusst auf § 421 BGB. Diese gesamtschuldnerische Haftung aller Gesellschafter macht die klassische OHG in Kaufmannskreisen sehr vertrauenswürdig. Zwischen den Gesellschaftern einerseits und der Gesellschaft andererseits besteht aber kein Gesamtschuldverhältnis (Rn 1263, Beispiel 3). Für die Schulden der *Kommanditgesellschaft* haften deren persönlich haftende Gesellschafter als Gesamtschuldner (§§ 161 Abs. 2, 128 HGB).

1257 *BGB-Gesellschaft:* Auch die Gesellschafter einer Gesellschaft des bürgerlichen Rechts (GbR, §§ 705 ff) haften für die Gesellschaftsverbindlichkeiten als Gesamtschuldner.[22] *Beispiel 1:* Rechtsanwalt R bildet mit Kollegen eine Sozietät in der Rechtsform einer GbR (§§ 705 ff). Er schloss einen Beratungsvertrag mit dem Mandanten M. Früher nahm man an, dass R sich selbst zur Rechtsberatung verpflichtete und zugleich alle seine Sozien (als deren Vertreter nach § 164 Abs. 1 S. 1).[23] Seitdem der BGH die Teilrechtsfähigkeit der Außen-GbR anerkannt hat,[24] hat sich die Rechtslage geringfügig geändert: R schließt jetzt den Vertrag im Namen der GbR, die (als Folge ihrer Teilrechtsfähigkeit) selbst Vertragspartnerin wird.[25] Für Beratungsfehler haftet die GbR mit ihrem Vermögen. Außerdem haftet in gleicher Höhe jeder Gesellschafter mit seinem Vermögen unbeschränkbar.[26] Die Gesellschafter untereinander sind Gesamtschuldner des Mandanten. Das Gleiche gilt für eine Sozietät steuerlicher Berater,[27] soweit das Mandat nicht ausnahmsweise erkennbar auf nur einen Berater bezogen war.[28] Auch die Ärzte einer Gemeinschaftspraxis, die alle der gleichen Fachrichtung angehören, haften für einen Behandlungsfehler als Gesamtschuldner.[29]

Anders Wohnungseigentümergemeinschaft: Auch die Wohnungseigentümergemeinschaft ist insoweit rechtsfähig, als sie am Wirtschaftsleben teilnimmt, ist aber keine GbR.[30] Das hat für den einzelnen Wohnungseigentümer den Vorteil, dass er nicht für die Verbindlichkeiten der Gemeinschaft als Gesamtschuldner haftet. *Beispiel 2:* Eine Wohnungseigentümergemeinschaft hatte zwei Jahre lang keine Müllentsorgungsgebühren bezahlt. Das Versorgungsunternehmen wollte deshalb einen der Wohnungseigentümer auf Zahlung von 2 685,18 Euro in Anspruch nehmen.[31] Aber ein Wohnungseigentümer haftet einem Gläubiger der Wohnungseigentümergemeinschaft nicht als Gesamtschuldner, sondern nur „nach dem Verhältnis seines Miteigentumsanteils" (§ 18 Abs. 8 WEG), also als Teilschuldner (§ 420).

---

22 BGHZ 146, 341.
23 Zuletzt BGH NJW 2000, 1333.
24 BGHZ 146, 341; dazu SBT Rn 1115 ff.
25 Karsten Schmidt NJW 2005, 2801; BGH DB 2006, 722.
26 BGHZ 142, 315, 318 = SBT Fall 34, Rn 1100. Die Haftung der Gesellschafter erfolgt in Analogie zur Haftung der OHG-Gesellschafter (§ 128 HGB).
27 BGH NJW 1990, 827.
28 BGH NJW 2000, 1560.
29 BGH NJW 1999, 2731.
30 BGHZ 163, 154.
31 BGH NJW 2012, 1948.

5. Gemeinsame unerlaubte Handlung

1258 Wenn mehrere für einen Schaden aus einer unerlaubten Handlung verantwortlich sind, schulden sie dem Verletzten Schadensersatz als Gesamtschuldner (§ 840). Beispiele sind etwa eine Wirtshausschlägerei, aber auch ein von einem Chirurgen und einem Narkosearzt gemeinsam verschuldeter ärztlicher Kunstfehler.[32] Die gesamtschuldnerische Haftung gilt auch dann, wenn mehrere *unabhängig voneinander* den rechtswidrigen Erfolg verursacht haben.[33] *Beispiel:* Eine diebische Hausangestellte und eine Staatsanwältin haben je für sich den Verlust bestimmter Schmuckstücke verschuldet.[34]

1259 *Mitverschulden des Geschädigten:* Ein besonderes Problem ergibt sich, wenn mehrere Schädiger einem Geschädigten haften, aber diesem seinerseits ein Mitverschulden nach § 254 anzulasten ist.[35]

IV. Fälle, in denen Rechtsprechung und Lehre eine Gesamtschuld annehmen

1. Allgemeines

1260 Auch in Fällen, in denen weder das Gesetz die Gesamtschuld anordnet noch die Vertragspartner sie ausdrücklich vereinbart haben, kann sie gegeben sein. Das ist aber oft nicht leicht zu entscheiden. Denn § 421 sagt nicht, *ob* eine Gesamtschuld vorliegt, sondern nur, welche Konsequenzen sie hat, *wenn* sie vorliegt. Trotzdem kann man bei der Frage, ob im Einzelfall eine Gesamtschuld anzunehmen ist, § 421 S. 1 heranziehen. Denn die dort genannten Eigenheiten müssen im konkreten Fall gegeben sein. Diese Vorgehensweise führt dazu, dass die in § 421 S. 1 genannten *Rechtsfolgen* zu *Voraussetzungen* der Gesamtschuld werden. Zusätzlich ist aber erforderlich, dass die Schuldner auf gleicher Stufe stehen *(Gleichstufigkeit*, Rn 1262).

2. Voraussetzungen

a) Die in § 421 genannten Besonderheiten

1261 *„Schulden mehrere eine Leistung …“* Die Leistung, die die Schuldner zu erbringen haben, muss *eine* Leistung sein. Für die Annahme einer Gesamtschuld ist aber nicht erforderlich, dass die Verpflichtungen auf demselben Rechtsgrund beruhen.[36] *Beispiel 1:* Am Außenputz eines Neubaus zeigten sich Risse, die sowohl auf Fehler des Rohbauunternehmers als auch auf Fehler des Verputzers zurückzuführen sind. Sie haften für die Mängelbeseitigung als Gesamtschuldner, obwohl sie getrennte Verträge mit dem Bauherrn geschlossen hatten (und § 427 deshalb nicht anwendbar ist). Denn der Mangel kann nur einheitlich beseitigt werden.[37]

Keine Voraussetzung einer Gesamtschuld ist ferner, dass sich die von den einzelnen Schuldnern geschuldeten Leistungen inhaltlich decken. *Beispiel 2:* Fall 51 (Rn 1242). *Beispiel 3:* Ein Bauherr hat wegen bestimmter Baumängel einen Geldanspruch gegen seinen Architekten und einen Anspruch auf Beseitigung der Mängel gegen den Bauunternehmer. Dass die beiden Ansprüche (einerseits Geld, andererseits Mängelbeseiti-

---

32 Zur Abgrenzung der Verantwortlichkeiten BGH NJW 1991, 1539.
33 BGH NJW 1993, 1779.
34 BAG NJW 1990, 3228.
35 SBT Rn 1763 f.
36 OLG Düsseldorf NJW 1995, 2565; BGH NJW 1992, 2817 und 41.
37 BGHZ 155, 265.

gung) nicht identisch sind, schließt die Annahme einer Gesamtschuld nicht aus.[38] Es schadet auch nichts, wenn die beiden Schuldner unterschiedlich hohe Beträge schulden.[39] Eine Gesamtschuld ist dann in dem Umfang gegeben, in dem sich die Schulden decken.[40] Eine Gesamtschuld kann auch dann gegeben sein, wenn ein Schuldner als Schadensersatz das positive Interesse, der andere das negative Interesse schuldet.[41] Entscheidend ist nur, dass die Schuldner verpflichtet sind, „ein inhaltsgleiches Gläubigerinteresse zu befriedigen“.[42]

„... in der Weise, dass jeder die ganze Leistung zu bewirken verpflichtet ... ist ...“ Von mehreren Schuldnern muss jeder einzelne zur ganzen Leistung verpflichtet sein. Das bedeutet, dass kein Fall der Teilschuld (§ 420) oder der gemeinschaftlichen Schuld (Rn 1247) vorliegen darf.

„... der Gläubiger aber die Leistung nur einmal zu fordern berechtigt ist ...“ Unerlässliche Voraussetzung ist schließlich, dass der Gläubiger nicht mehrere Schuldner jeweils voll in Anspruch nehmen kann, sondern sich mit insgesamt *einer* Leistung zufrieden geben muss.[43]

b) Gleichstufigkeit

1262 Eine Gesamtschuld liegt nur vor, wenn die Forderungen gegen die einzelnen Schuldner *„gleichstufig“* sind.[44] Das ist nur gegeben, wenn jeder der Schuldner die Leistung endgültig (nicht nur vorläufig) zu erbringen hat.[45]

1263 *Gegensatz Nachrangigkeit:* Die Gleichstufigkeit fehlt insbesondere, wenn Schuldner 1 endgültig zu leisten hat (Primärschuldner, Hauptschuldner), während Schuldner 2 nur vorläufig leisten muss (Sekundärschuldner, akzessorische Haftung). Die Verpflichtung von Schuldner 2 ist dann nur „vorläufig“ oder „nachrangig“.[46] Sie dient „nur der leichten und sicheren Durchsetzung“ des Anspruchs.[47] Der klassische Fall einer solchen Konstellation ist das Verhältnis von Bürge und Hauptschuldner. *Beispiel 1:* B hatte sich für die Schuld des S gegenüber G verbürgt (§ 765). Er hat an G gezahlt. Dadurch ist der Anspruch des G gegen S auf B übergegangen (§ 774 Abs. 1 S. 1). Daraus ist zu entnehmen, dass zwischen dem Hauptschuldner (Schuldner 1) und dem Bürgen (Schuldner 2) keine Gleichstufigkeit und deshalb keine Gesamtschuldnerschaft besteht. Denn der endgültige Schuldner ist S, während der Bürge nur in Vorlage treten muss.

So ist es auch in anderen Fällen, in denen der Anspruch des Gläubigers kraft Gesetzes auf den in Anspruch genommenen Schuldner übergeht (gesetzlicher Forderungsübergang, § 412). *Beispiel 2:* G ist von S geschädigt worden, doch hat der Versicherer V des G den Schaden ausgeglichen. Damit ist der Anspruch des G gegen S kraft Gesetzes auf

38 BGH GrZS BGHZ 43, 232; BGH NJW 1993, 585; siehe auch OLG München NJW 2011, 3375 (3378).
39 BGH NJW 1998, 537.
40 OLG Düsseldorf NJW 1995, 2565.
41 BGH NJW 2012, 1070 Rn 18 sowie in der Parallelentscheidung NJW 2012, 1071 (ebenfalls) Rn 18.
42 BGH NJW 2012, 1070 Rn 18.
43 BGH NJW 1993, 585.
44 BGHZ 159, 318 (320); 155, 265 (268); BGH NJW 2007, 1208 Rn 17; Brox/Walker § 37 Rn 10; Bamberger/Roth/Gehrlein § 421 Rn 8; Palandt/Grüneberg § 421 Rn 7 f; aA Staudinger/Looschelders § 421 Rn 28.
45 BGH NJW 2007, 1208 Rn 17. Die ältere BGH-Rechtsprechung verlangte statt der Gleichstufigkeit eine *„Zweckgemeinschaft“* zwischen den Schuldnern (zB NJW 1992, 2817), doch war dieser Begriff immer mehr zu einem inhaltsleeren Schlagwort geworden. Der BGH verwendet deshalb heute zu Recht das von der Lehre entwickelte Kriterium der Gleichstufigkeit.
46 MüKo/Bydlinski § 421 Rn 12.
47 BGH NJW 2007, 1208 Rn 19.

V übergegangen (§ 86 Abs. 1 S. 1 VVG). Daran zeigt sich, dass der Versicherer und der Schädiger nicht auf einer Stufe stehen, dass sie also keine Gesamtschuldner sind. *Beispiel 3:* OHG-Gesellschafter A ist von einem Gesellschaftsgläubiger in Anspruch genommen worden und hat gezahlt. Er hat als Sekundärschuldner einen vollen Ausgleichsanspruch gegen die OHG als Primärschuldnerin.[48]

V. Rechtsverhältnis zwischen den Gesamtschuldnern und dem Gläubiger

1. Gesamtwirkung

1264 Nur die drei in den §§ 422 bis 424 genannten Ereignisse haben für alle Gesamtschuldner Bedeutung (§ 425 Abs. 1):

- *Erfüllung:* Die Erfüllung durch einen Gesamtschuldner befreit auch die übrigen von ihrer Verpflichtung (§ 422 Abs. 1). Das ergibt sich schon aus der Legaldefinition des § 421, derzufolge der Gläubiger „die Leistung *nur einmal* zu fordern berechtigt ist". Allerdings wird nur der leistende Gesamtschuldner endgültig frei, die anderen sind jetzt nach § 426 Abs. 2 S. 1 *ihm* verpflichtet (Rn 1273 ff).
- *Erlass aller Forderungen:* Der Gläubiger kann mit einem Gesamtschuldner einen Erlass vereinbaren (§ 397). Wenn „die Vertragschließenden das ganze Schuldverhältnis aufheben wollten" (und nicht nur die Verbindlichkeit des den Vertrag schließenden Gesamtschuldners), wirkt der Erlass „auch für die übrigen Schuldner" (§ 423; vgl. aber Rn 1269).
- 1265 *Vergleich (§ 779):* Was § 423 für den Erlass anordnet, gilt auch für einen Vergleich (§ 779), den einer der Gesamtschuldner mit dem Gläubiger schließt. *Beispiel:* V verkaufte K für 60 000 Euro einen Trakehnerhengst, der schwere Mängel hatte. V und K schlossen einen Vergleich (§ 779) mit dem Inhalt, dass gegen Zahlung von 75 000 Euro alle Ansprüche abgegolten waren, die K gegen V zustanden. Nun hatte aber (ähnlich wie im Fall 51) vor dem Abschluss des Kaufvertrags ein Tierarzt ein Gutachten angefertigt, das K zum Kauf veranlasst hatte, aber schwere Fehler enthielt. Aus diesem Grunde wollte K den Tierarzt wegen weiterer Schäden in Anspruch nehmen. Da V und der Tierarzt Gesamtschuldner waren (wie in Fall 51, Rn 1242), stellte sich die Frage, ob der Vergleich eine Gesamtwirkung hatte, also den Tierarzt ebenfalls von Ansprüchen des K freistellen sollte. Der BGH hat das zu Recht verneint.[49]
- *Annahmeverzug:* Wenn der Gläubiger durch einen der Gesamtschuldner in Annahmeverzug gesetzt worden ist (§§ 293 ff), können sich auch die übrigen darauf berufen (§ 424).

2. Einzelwirkung

1266 In anderen Fällen gehen die Forderungen des Gläubigers gegen die einzelnen Gesamtschuldner *eigene rechtliche Wege.* Denn alle anderen Tatsachen wirken im Zweifel „nur für und gegen den Gesamtschuldner, in dessen Person sie eintreten" (§ 425 Abs. 1). Zu beachten ist, dass sich § 425 nur auf Vorgänge bezieht, die *nach* Begrün-

48 Karsten Schmidt NJW 1997, 2201 gegen BGH NJW 1997, 1580.
49 BGH NJW 2012, 1071 Rn 20 ff

dung der Gesamtschuld eintreten. Bei Begründung der Gesamtschuld, zB durch einen Schuldbeitritt, sind die Verpflichtungen der Gesamtschuldner gleich.[50]

Den Grundsatz der Selbstständigkeit macht das Gesetz noch einmal sehr deutlich, indem es in § 425 Abs. 2 eine Reihe von Ereignissen nennt, die nur für denjenigen Schuldner Bedeutung haben, in dessen Person sie eintreten (bitte lesen).

1267 *Erlass einer einzelnen Forderung:* Aus § 423 ist zu entnehmen, dass der Gläubiger den Erlass nicht immer auf alle Forderungen erstrecken muss, sondern auf einen einzigen Gesamtschuldner (oder auf einige) beschränken kann. Daraus ergeben sich folgende Möglichkeiten:

1268
- Der Gläubiger hat einem der Gesamtschuldner zugesagt, ihn nicht in Anspruch zu nehmen. Dann braucht dieser Gesamtschuldner zwar nicht an den Gläubiger zu leisten, ist aber im Innenverhältnis nach § 426 Abs. 1 den anderen zum Ausgleich verpflichtet.[51] Denn anderenfalls wäre der Erlass ein Vertrag zulasten Dritter. Er hätte nämlich zur Folge, dass die anderen Gesamtschuldner um so mehr zu leisten hätten.

1269
- Der Gläubiger hat gegenüber einem der Gesamtschuldner auf den Teil seiner Forderung, der im Innenverhältnis auf diesen Schuldner entfallen wäre, endgültig verzichtet. Dann tragen die übrigen Gesamtschuldner den Rest im Innenverhältnis anteilig.[52]

§ 52 Ausgleich unter Gesamtschuldnern

1270 **Fall 52: Bröckelnder Putz der Friedhofsmauer** § 426

Die katholische Kirchengemeinde Mönningen wollte eine Friedhofsmauer instand setzen lassen. Sie beauftragte deshalb im Jahre 1993 den Architekten Greinsmeyer mit der Planung und Bauleitung sowie die Beckmann-Bau-GmbH mit den Verputzarbeiten. Drei Jahre später bröckelte der Putz. Der gerichtlich bestellte Sachverständige hat festgestellt, dass Greinsmeyer zu 30 % für die Schäden verantwortlich ist und die Beckmann-Bau-GmbH zu 70 %. Die Kirchengemeinde beauftragte ein anderes Unternehmen mit der Beseitigung der Mängel und zahlte dafür 8 642 Euro. Im Jahre 2004 verklagte sie Greinsmeyer auf Zahlung dieses Betrags. Da die Verjährung längere Zeit gehemmt gewesen war (§ 204 Abs. 1 Nr. 7), konnte sich Greinsmeyer nicht auf Verjährung berufen und zahlte den Betrag. Ein Jahr später, im Jahre 2005, verlangte er von der Beckmann-Bau-GmbH, ihm 70 % der Summe im Wege des Gesamtschuldnerausgleichs nach § 426 zu zahlen. Zu dieser Zeit war der Anspruch der Kirchengemeinde bereits verjährt. Die Beckmann-Bau-GmbH erhob deshalb gegenüber Greinsmeyer die Einrede der Verjährung. Zu Recht? (Nach BGHZ 181, 310)

1271 Ein Ausgleichsanspruch nach § 426 setzt zunächst voraus, dass Greinsmeyer und die Beckmann-Bau-GmbH für den Schaden nach § 421 als Gesamtschuldner haften. Das ist nicht selbstverständlich, weil sie sich nicht (wie § 427 voraussetzt) in *einem* Vertrag zu einer gemeinsamen Leistung verpflichtet hatten. Vielmehr hatte sich Greinsmeyer zur Planung und

50 BGH NJW 1993, 1914.
51 BGH NJW 1989, 2386; 1986, 1097; MüKo/Bydlinski § 426 Rn 55.
52 BGH NJW 2000, 1942; 1986, 1097; Palandt/Grüneberg § 426 Rn 18, Möglichkeit 2.

Bauleitung und die Beckmann-Bau-GmbH zu einer handwerklichen Leistung verpflichtet. Aber letztlich haben sie sich doch „gemeinschaftlich zu einer teilbaren Leistung" verpflichtet, nämlich – wenn auch mit sehr unterschiedlichen Beiträgen – zu einem fachmännischen Verputz der Mauer (siehe auch Rn 1261, Beispiel 3).

Im Prinzip sind die Gesamtschuldner „im Verhältnis zueinander zu gleichen Anteilen verpflichtet" (§ 426 Abs. 1 S. 1). Aber in diesem Fall ist "ein anderes bestimmt". Denn die Beckmann-Bau-GmbH hat im Innenverhältnis nicht 50 %, sondern 70 % des Schadens zu tragen. Da Greinsmeyer den vollen Betrag an die Kirchengemeinde bezahlt hat, muss ihm die Beckmann-Bau-GmbH deshalb 70 % erstatten.

Greinsmeyer könnte seinen Anspruch auf § 426 Abs. 2 S. 1 stützen. Denn nach dieser Vorschrift ist der Anspruch der Kirchengemeinde gegen die Beckmann-Bau-GmbH (auf Zahlung des auf die Beckmann-Bau-GmbH entfallenden Anteils von 70 %) auf Greinsmeyer übergegangen (gesetzlicher Forderungsübergang, § 412). Der Anspruch der Kirchengemeinde gegen die beiden Gesamtschuldner war zu dieser Zeit noch nicht verjährt, stand aber kurz vor der Verjährung. Er ging genau so auf Greinsmeyer über, wie er zur Zeit des Übergangs bestand, also von Verjährung bedroht. Da er inzwischen verjährt ist, kann Greinsmeyer gegen die Beckmann-Bau-GmbH nur einen verjährten Anspruch geltend machen. Die Beckmann Bau-GmbH konnte ihm also die Einrede der Verjährung entgegensetzen.

Zu prüfen ist jedoch, ob Greinsmeyer die Möglichkeit hat, der Einrede der Verjährung zu entgehen, indem er seinen Anspruch nicht auf Absatz 2, sondern auf Absatz 1 stützt. In Absatz 1 steht nicht ausdrücklich, dass Greinsmeyer einen Anspruch gegen die GmbH auf Erstattung des von ihm ausgelegten Betrags hat. Aber immerhin steht dort, dass die Gesamtschuldner einander „verpflichtet" sind. Daraus wird entnommen, dass § 426 Abs. 1 S. 1 einen Anspruch gegen den anderen Gesamtschuldner auf Ausgleich darstellt. Dieser Anspruch verjährt natürlich ebenfalls (wie jeder Anspruch), und zwar auch in drei Jahren (§§ 195, 199 Abs. 1). Aber die Verjährungsfrist läuft nicht synchron mit der Verjährungsfrist des ursprünglich der Kirchengemeinde zustehenden Schadensersatzanspruchs, sondern nach eigenen Regeln. Zu prüfen ist deshalb, wann die dreijährige Verjährungsfrist begonnen hatte (§ 199 Abs. 1). Nach Ansicht einiger Autoren ist Greinsmeyers Ausgleichsanspruch erst „entstanden" (§ 199 Abs. 1 Nr. 1), als er die 8 642 Euro an die Kirchengemeinde zahlte. Wenn er im Verlauf des Jahres 2005 auch die nach § 199 Abs. 1 Nr. 2 nötigen Kenntnisse hatte, hätte die dreijährige Verjährungsfrist am 31. Dezember 2005 begonnen. Dann konnte die Beckmann-Bau-GmbH Im Jahre 2005 nicht die Einrede der Verjährung erheben.

Der BGH und die hM gehen aber davon aus, dass der Anspruch auf Ausgleich nach § 326 Abs. 1 S. 1 schon sehr viel früher „entstanden" ist (§ 199 Abs. 1 Nr. 1). Nach dieser Ansicht entsteht der Ausgleichsanspruch nämlich mit der Begründung des Gesamtschuldverhältnisses (Rn 1284a). Da sich bereits im Jahre 1996 erste Schäden zeigten, entstand der Schadensersatzanspruch der Kirchengemeinde gegen die beiden Gesamtschuldner schon zu dieser Zeit. Damit hatte auch jeder von ihnen schon zu dieser Zeit gegen den anderen einen Anspruch nach § 426 Abs. 1 S. 1 auf Beteiligung an der Schadensregulierung. Der Anspruch war also, als Greinsmeyer ihn im Jahre 2005 (in Form eines Zahlungsanspruchs) gegen die Beckmann-Bau-GmbH geltend machte, bereits neun Jahre alt. So gesehen, könnte die Beckmann-Bau-GmbH berechtigt sein, die Einrede der Verjährung zu erheben. Aber § 199 Abs. 1 macht ja den Beginn der Verjährungsfrist nicht nur von der Entstehung des Anspruchs abhängig (Nr. 1), sondern auch davon, dass Greinsmeyer bestimmte *Kenntnisse* hatte (Nr. 2). Der BGH hat zu dieser Frage in der zugrunde liegenden Entscheidung ausführlich Stellung genommen.[53] Er verlangt, dass Greinsmeyer insgesamt vier Umstände kannte. Es ist deshalb zu fragen: Seit wann kannte Greinsmeyer die Umstände, ...

- ... die den Schadensersatzanspruch der Kirchengemeinde gegen ihn selbst begründeten?
- ... die zu dem Schadensersatzanspruch der Kirchengemeinde gegen die Beckmann-Bau-GmbH führten?
- ... aus denen sich das Gesamtschuldverhältnis zwischen ihm und der Beckmann-Bau-GmbH ergibt?
- ... die im Innenverhältnis eine Ausgleichspflicht begründeten und ihm deshalb das Recht geben, von der Beckmann-Bau-GmbH einen Ausgleich zu verlangen?

Erst am Ende des Jahres, in dem der letzte der vier Zeitpunkte lag, konnte die Verjährungsfrist beginnen (§ 199 Abs. 1 Nr. 2). Der BGH konnte die vier Zeitpunkte nicht selbst ermitteln und hat die Sache deshalb an das OLG zurückverwiesen. Aus seinen Ausführungen wird aber klar: Es kann durchaus sein, dass der letzte der vier Zeitpunkte erst in das Jahr 2002 fiel. Dann hätte die dreijährige Verjährungsfrist am 31. Dezember 2002 um 24.00 Uhr begonnen und wäre folglich im Jahre 2005 (als die Beckmann-Bau-GmbH die Verjährungseinrede erhob) noch nicht abgelaufen gewesen.

Lerneinheit 52

1272 **Literatur:** Siehe auch Rn 1244. *Pfeiffer*, Gesamtschuldnerausgleich und Verjährung, NJW 2010, 23; *Einsiedler*, Auswirkung einer Erlassvereinbarung mit einem Gesamtschuldner in Bezug auf die übrigen Gesamtschuldner, MDR 2009, 1369; *Schmieder*, Die gestörte Gesamtschuld – ein Normenkonflikt, JZ 2009, 189; *Binnewies/Wollweber*, Die Verjährung von Innenausgleichsansprüchen bei steuerrechtlicher Gesamtschuld, ZEV 2008, 517; *Lemcke*, Die gestörte Gesamtschuld in der Personenschadenregulierung, r + s 2006, 52; *Schulz*, Ausgleich von Gesamtschulden bei Trennung und Scheidung (§ 426 BGB), FPR 2006, 472; *Stamm*, Die Bewältigung der „gestörten Gesamtschuld" – Ein Beitrag zum Konkurrenzverhältnis zwischen § 426 I BGB und § 426 II BGB, NJW 2004, 811.

I. Aufteilung im Innenverhältnis

1273 *„Die Gesamtschuldner sind im Verhältnis zueinander ..."* Mit diesen Worten bezeichnet § 426 Abs. 1 S. 1 das *Innenverhältnis*, also das Rechtsverhältnis zwischen den Gesamtschuldnern. Im Gegensatz dazu wird das Rechtsverhältnis zwischen den Gesamtschuldnern einerseits und dem Gläubiger andererseits als „Außenverhältnis" bezeichnet. Es ist dadurch geprägt, dass der Gläubiger auf jeden der Gesamtschuldner nach seinem Belieben zugreifen kann (§ 421).

1274 *„... zu gleichen Teilen verpflichtet ..."* Im Innenverhältnis hat jeder Gesamtschuldner gegen alle anderen Gesamtschuldner Anspruch auf Mitwirkung bei der gemeinsamen Befriedigung des Gläubigers. Im Prinzip tragen die Gesamtschuldner die Last zu gleichen Teilen (§ 426 Abs. 1 S. 1).

1275 *„... soweit nicht ein anderes bestimmt ist"* Eine andere Aufteilung kann sich „aus dem Gesetz, einer ausdrücklichen oder stillschweigenden Vereinbarung, Inhalt und Zweck des Rechtsverhältnisses oder 'aus der Natur der Sache' ergeben".[54] Die Verteilung im Innenverhältnis richtet sich aber immer nur nach den Rechtsbeziehungen der Schuld-

53 BGH aaO Rn 21, wortgleich Leitsatz 2.
54 BGH NJW 2010, 868 Rn 9.

ner untereinander – der Gläubiger kann nicht bestimmen, wer die Lasten endgültig zu tragen hat.[55] Die Gründe für eine unterschiedliche Aufteilung sind vielfältig. *Beispiel 1:* Die Gesellschafter einer GmbH hatten für die Verbindlichkeiten der Gesellschaft die persönliche Haftung übernommen. Es kann dann davon ausgegangen werden, dass sie im Innenverhältnis entsprechend ihrer Beteiligung an der GmbH haften wollten.[56] Maßgeblich sind die Beteiligungsverhältnisse im Zeitpunkt der Inanspruchnahme.[57] *Beispiel 2:* Haften zwei Schädiger wegen einer unerlaubten Handlung, richtet sich im Innenverhältnis die Aufteilung nach dem Maß ihrer Verursachung und dem Anteil der Schuld.[58]

1276 *Völlige Freistellung eines Gesamtschuldners:* Manchmal ergibt sich aus der Interessenlage, dass ein Gesamtschuldner von den anderen im Innenverhältnis ganz freigestellt werden muss. *Beispiel 1:* Die Eheleute E hatten gemeinsam erhebliche Darlehen aufgenommen (§ 427). Auch nach ihrer Trennung zahlte der Ehemann allein Tilgung und Zinsen. Aber das hatte seinen Grund darin, dass seine Frau auf Unterhalt verzichtet hatte.[59] *Beispiel 2:* Die Gesellschafter einer GmbH hatten die persönliche Haftung für einen Bankkredit ihrer Gesellschaft übernommen. Als einzige Nichtgesellschafterin hatte sich die Ehefrau E eines Gesellschafters ebenfalls verpflichtet. Sie war im Innenverhältnis freizustellen.[60] *Beispiel 3:* Kevin und Mia lebten zwei Jahre lang in einer nichtehelichen Lebensgemeinschaft. Sie hatten gemeinsam den Mietvertrag unterschrieben (§ 427). Aber weil Mia das gemeinsame Kind versorgte, zahlte der Alleinverdiener Kevin die Miete. Nach Beendigung der Lebensgemeinschaft kann er nicht von Mia nach § 426 Abs. 1 eine Beteiligung an den Mietzahlungen verlangen. Das ergibt sich „aus der Natur der Sache“.[61]

1277 *„Beschränkte Gesamtwirkung“:* Im Beispiel Rn 1264 hatte K das Recht, sich wegen weiterer Schäden an den Tierarzt zu halten. Nimmt K ihn in Anspruch, kann der Tierarzt im Prinzip nach § 426 anteilig bei V Regress nehmen. Es stellt sich dann aber die Frage, ob V durch den mit K geschlossenen Vergleich nicht von *allen* künftigen Ansprüchen freigestellt werden sollte (so genannte „beschränkte Gesamtwirkung“ des Vergleichs). Der BGH hat das aber in diesem Fall nicht angenommen.[62]

1278 *„Gestörtes Gesamtschuldverhältnis“:* Manchmal ist einer der Gesamtschuldner kraft gesetzlicher Bestimmung von der Haftung befreit oder in der Haftung beschränkt, zB nach § 106 Abs. 3 Var.3 SGB VII. Es fragt sich dann, welche Folge das für den oder die anderen Gesamtschuldner hat.[63] Die Frage ist von hoher praktischer Bedeutung, wie schon die Tatsache zeigt, dass es dazu aus den letzten Jahren fünf Entscheidungen des BGH gibt, die in die Amtliche Sammlung aufgenommen wurden.[64] Die Einzelheiten werden meist im Zusammenhang mit § 840 erörtert.[65]

---

55 BGH NJW 1998, 537.
56 BGH NJW 1992, 3228 und 1986, 1097.
57 OLG Köln NJW 1995, 1685.
58 BGHZ 59, 97.
59 BGH NJW 2005, 2307. Der BGH hat die Sache allerdings zur weiteren Klärung des Sachverhalts zurückverwiesen.
60 BGH NJW 1992, 3228.
61 BGH NJW 2010, 868 Rn 11.
62 BGH N JW 2012, 1071 Rn 23
63 BGH NJW 2003, 2984; 1990, 1361; BGH NJW-RR 1989, 23; NJW 1987, 2669.
64 BGHZ 145, 321 (Rangierlok); 148, 209 (Tierarzt); 148, 214 (Treppenhausschacht); 157, 9 (Injektionsnadel); 157, 213 (morsche Bohle); siehe auch BGH NJW 2008, 2116 (Leiter).
65 Etwa SBT Fall 60 Rn 1751 ff.

II. Rechte des in Anspruch genommenen Gesamtschuldners

1. Ausgangsfall

1279 Zur leichteren Verständigung soll im Folgenden immer von derselben Personenkonstellation ausgegangen werden: G hatte als Gläubiger einen Zahlungsanspruch gegen die Gesamtschuldner A, B und C. A hat die geschuldete Summe an G bezahlt und fordert nun anteilige Erstattung von B und C.

2. Gesetzlicher Forderungsübergang

1280 Wenn der Gesamtschuldner A den Gläubiger G voll befriedigt oder mehr geleistet hat, als im Innenverhältnis auf ihn entfällt, erlischt der Anspruch des G nicht nach § 362. Vielmehr geht er nach § 426 Abs. 2 S. 1 auf A über. Der Grundsatz heißt also: „Durch Zahlung geht der Anspruch nicht unter, sondern über." Auf eine solche Legalzession sind nach § 412 die §§ 399 ff anzuwenden.

Teilschuldnerschaft: A kann nicht seinerseits B und C als Gesamtschuldner (§ 421) in Anspruch nehmen, auch nicht gekürzt um den Teil, den er selbst zu tragen hat. Vielmehr schuldet ihm jeder der anderen nur den auf ihn entfallenden Teil, ist also *Teilschuldner* (§ 420).[66]

1281 *Einreden:* B und C können gegenüber A alle Einreden erheben, die ihnen auch gegen G zugestanden hätten, wenn dieser sie belangt hätte. Das ergibt sich aus § 404 (Rn 1180 ff), der über § 412 anwendbar ist. Dass der Anspruch des A gegen B und C ein übernommener (sozusagen ein gebrauchter) Anspruch ist, kann für A insbesondere bei der Verjährung von Nachteil sein. *Beispiel:* Die Forderung des G stand, als sie auf A überging, kurz vor der Verjährung und ist inzwischen verjährt. Dann können B und C dem A die Einrede der Verjährung entgegenhalten (wie im Fall 52, Rn 1270).

1282 *Übergang der Sicherheiten:* Aber der Forderungsübergang hat für A auch einen Vorteil. Denn ihm bleiben die für die Forderung bestellten Sicherheiten erhalten (§§ 412, 401).[67]

Ausfall eines Gesamtschuldners (§ 426 Abs. 1 S. 2): Wenn entweder B oder C nicht zahlen kann, darf dies nicht den A benachteiligen.[68] Der Ausfall ist deshalb von allen zahlungsfähigen Gesamtschuldnern anteilig zu tragen (§ 426 Abs. 1 S. 2).

3. Ansprüche aus § 426 Abs. 1 S. 1

a) Originärer Ausgleichsanspruch

1283 Wegen der Nachteile, die sich aus dem gesetzlichen Forderungsübergang (§ 426 Abs. 2 S. 1) für A[69] ergeben können, geben Rechtsprechung und hM dem A einen eigenen (nicht übergegangenen) Anspruch gegen B und C. [70] Als Anspruchsgrundlage für diesen *originären Ausgleichsanspruch* wird (etwas gewaltsam) § 426 Abs. 1 S. 1 herangezogen. A kann also seinen Ausgleichsanspruch wahlweise auf zwei Anspruchsgrundla-

66 Ganz hM, zB MüKo/Bydlinksi § 426 Rn 29 f; Staudinger/Looschelders § 426 Rn 38.
67 BGH NJW 1991, 97.
68 BGH NJW 1983, 1845.
69 Auch im Folgenden gilt die Festlegung in Rn 1279 zu den Personen G, A, B und C.
70 BGH NJW 2010, 62 Rn 11; 1991, 2899.

gen stützen, die nebeneinander bestehen.[71] Aus Sicht des A hat der originäre Ausgleichsanspruch den Vorteil, dass ihm B und C nicht die Einreden und Einwendungen entgegensetzen können, die ihnen gegenüber G zugestanden hätten. Denn § 404 gilt mangels eines Forderungsübergangs nicht. Da die Einrede der Verjährung (§ 214 Abs. 1) die wichtigste Einrede ist, bedeutet das insbesondere: B und C können gegenüber A nicht die Einrede erheben, der gegen sie gerichtete Anspruch des G sei verjährt.[72] *Beispiel:* Fall 52 (Rn 1270).

b) Verjährung des originären Ausgleichsanspruchs

1284 Das bedeutet aber nicht, dass B und C unter keinen Umständen gegenüber A die Einrede der Verjährung erheben könnten. Denn wie alle Ansprüche verjährt auch der originäre Ausgleichsanspruch (§ 194). Er verjährt in drei Jahren (§ 195), so dass sich der Beginn der Verjährungsfrist aus § 199 Abs. 1 ergibt.

1284a *Entstehung des Anspruchs (§ 199 Abs. 1 Nr. 1):* Um den Beginn der dreijährigen Verjährungsfrist zu ermitteln, ist zunächst zu fragen, wann der originäre Ausgleichsanspruch des A *„entstanden"* ist (§ 199 Abs. 1 Nr. 1). Die nächstliegende Antwort ist, dass er entsteht, wenn A an G zahlt.[73] Denn erst in diesem Augenblick steht fest, dass und in welcher Höhe A die anderen Gesamtschuldner auf Zahlung in Anspruch nehmen kann. Diese Ansicht hat aber zwei gravierende Nachteile:

- Der Anspruch aus § 426 Abs. 1 S. 1 besteht mit anderem Inhalt schon viel früher, nämlich als Anspruch aller Gesamtschuldner gegen alle anderen Gesamtschuldner auf Mitwirkung bei der gemeinsamen Befriedigung des Gläubigers (Rn 1274). Der Anspruch wandelt sich erst später – wenn A an G zahlt – in einen Zahlungsanspruch. Die Zahlung an G lässt den Anspruch nach § 426 Abs. 1 S. 1 also nicht (wie § 199 Abs. 1 Nr. 1 verlangt) *entstehen,* sondern ändert ihn nur inhaltlich.[74]
- Wenn der Anspruch erst durch die Zahlung entstehen würde, hätte es A in der Hand, die Zahlung und damit den Beginn der Verjährungsfrist zu verzögern. Er könnte dann B und C die Einrede der Verjährung für lange Zeit unmöglich zu machen.[75]

Die hM[76] und der BGH gehen deshalb davon aus, dass der Ausgleichsanspruch nach § 426 Abs. 1 S. 1 bereits in dem Augenblick entsteht, in dem die *Voraussetzungen der Gesamtschuld gegeben* sind,[77] wenn also die Gläubigerforderung fällig geworden ist.[78] Der Nachteil dieser Lösung ist, dass die Verjährungsfrist abgelaufen sein kann, bevor A an G geleistet hat und B und C auf Ausgleich in Anspruch nimmt. Man kann also sagen: Die Mindermeinung setzt das Entstehen des Anspruchs und damit den Beginn der Verjährung sehr spät an. Das begünstigt A, geht aber zulasten von B und C. Dagegen führt die vom BGH vertretene Ansicht zu einer sehr frühen Entstehung des Ausgleichsanspruchs und damit im Prinzip auch zu einem frühen Beginn der Verjährung. Das geht zulasten von A.

71 BGH NJW 1991, 97. Das gleiche Problem und eine ähnliche Lösung gibt es im Bürgschaftsrecht (SBT Rn 1252 [Fall 40] und Rn 1256).
72 BGH NJW 2010, 435 Rn 8 f.
73 So Peters NZBau 2007, 337 (341).
74 Staudinger/Looschelders § 426 Rn 28 ff; Palandt/Grüneberg § 426 Rn 4.
75 BGHZ 175, 161, 169.
76 Klutinius/Karwatzki VersR 2008, 617.
77 BGHZ 181, 310 Rn 12; BGH NJW 2010, 62 Rn 21; BGHZ 114, 117, 122.
78 OLG Bremen NJW 2016. 1248 Rn 12.

1284b *Kenntnis des A vom Anspruch (§ 199 Abs. 1 Nr. 2):* Die dem A drohende Gefahr, dass der originäre Ausgleichsanspruch wegen seiner frühen Entstehung schon bald verjährt sein kann, wird eingeschränkt durch § 199 Abs. 1 Nr. 2. Denn die Verjährungsfrist wird nicht allein durch das *Entstehen* des Anspruchs in Gang gesetzt (§ 199 Abs. 1 Nr. 1), vielmehr muss A auch die Tatsachen kennen, aus denen sich sein Anspruch ergibt (§ 199 Abs. 1 Nr. 2). Der BGH hat in der Entscheidung, die Fall 52 (Rn 1270) zu Grunde liegt, sehr ausführlich die vielfältigen Umstände dargelegt, die A kennen muss, damit am Jahresende die Verjährungsfrist beginnen kann.[79] Wenn im Einzelfall kritisch geprüft wird, wann die Voraussetzungen der Nr. 2 gegeben waren (oder ob sie möglicherweise noch gar nicht vorliegen), werden B und C die Einrede der Verjährung gegen den originären Ausgleichsanspruch vielfach nicht erheben können.

§ 53 Schuldbeitritt

1285 **Fall 53: Erwin** § 421

Geschäftsführer und Gesellschafter der Maurer-Bau-GmbH war Manfred Maurer. Ein alter Bekannter von ihm, Erwin Leybold, hatte sechs Reihenhäuser von der Maurer-Bau-GmbH errichten lassen. Drei Jahre später wurden einige der Flachdächer undicht. Leybold verklagte deshalb die Maurer-Bau-GmbH auf Zahlung von 43 000 Euro. Im Rahmen dieses Prozesses fand ein Ortstermin statt, bei dem das Gericht und die Parteien die Feuchtigkeitsschäden besichtigten. Leybold wusste zu dieser Zeit, dass die Maurer-Bau-GmbH Steuerschulden von über 640 000 Euro hatte und deshalb insolvent war. Er wusste auch, dass Manfred Maurer bereits eine neue GmbH gegründet hatte, die ebenfalls seinen Namen trug und auch im Baugewerbe tätig sein sollte. Er sagte deshalb zu Maurer: „Selbst wenn ich den Prozess gewinne, werde ich wohl leer ausgehen, weil du die alte GmbH kaputtgehen lassen willst." Daraufhin sagte Maurer: „Erwin, darüber brauchst du dir wirklich keine Sorgen zu machen. Wenn dir jemals was in diesem Prozess zugesprochen werden sollte, dann wird auch bezahlt, und wenn von mir persönlich. Da kannst du dich felsenfest drauf verlassen." Durch rechtskräftiges Urteil wurde die Maurer-Bau-GmbH verurteilt, an Leybold 28 200 Euro zu zahlen. Da die Maurer-Bau-GmbH zahlungsunfähig ist, fordert Leybold nun von Manfred Maurer aufgrund seiner Zusage die Bezahlung der fraglichen Summe. Manfred Maurer ist der Meinung, er habe eine Bürgschaftserklärung abgegeben, die jedoch wegen der fehlenden Schriftform nichtig sei. (Nach BGH NJW 1986, 580)

1286 Leybold stützt seinen Zahlungsanspruch auf Maurers Äußerung: „... dann wird auch bezahlt, und wenn von mir persönlich". In dieser Erklärung könnte entweder eine Bürgschaftserklärung (§ 765) zu sehen sein oder ein Schuldbeitritt (Rn 1290). Da Maurer sich nicht eindeutig ausgedrückt hat, ist der „wirkliche Wille zu erforschen" (§ 133). Falsch wäre es zu argumentieren, es müsse sich um einen Schuldbeitritt handeln, weil eine Bürgschaft nach den §§ 766, 125 formnichtig wäre. Vielmehr muss die Frage, ob eine Bürgschaft oder ein Schuldbeitritt vorliegt, inhaltlich nach den von Maurer verwendeten Formulierungen und aus der beiderseitigen Interessenlage beantwortet werden. Dass er sich mündlich geäußert hat, ist für *diese* Frage unerheblich.

79 BGHZ 181, 310 Rn 21.

Wenn Manfred Maurer sich als Bürge verpflichten wollte, hätte er in irgendeiner Weise zum Ausdruck bringen müssen, dass in erster Linie die Maurer-Bau-GmbH die Verbindlichkeit erfüllen sollte, nämlich als Hauptschuldnerin, während er selbst für die (für ihn) fremde Schuld nur *hilfsweise* einstehen wollte. Für eine solche Interpretation sprechen die Worte „... *und wenn* von mir persönlich", denn aus ihnen kann man heraushören, dass Manfred Maurer nur notfalls (hilfsweise) zahlen wollte.

Aber gegen eine solche – mehr am Wortlaut orientierte – Interpretation spricht andererseits die besondere Interessenlage: Die Zahlungsunfähigkeit der Maurer-Bau-GmbH stand bereits fest, was Leybold wusste und Maurer erst recht. Es wäre deshalb sinnlos gewesen, wenn Maurer sich nur hätte *hilfsweise* verpflichten wollen (also als Bürge). Denn er hätte dann eine zahlungsunfähige GmbH zur Hauptschuldnerin gemacht. Deshalb muss Maurers Erklärung so verstanden werden, dass er sich *gleichrangig und selbstständig* neben der Maurer-Bau-GmbH verpflichten wollte. Das aber spricht deutlich für einen *Schuldbeitritt*.

Hinzu kommt, dass Manfred Maurer ein eigenes wirtschaftliches Interesse an der Zahlung der fraglichen Summe hatte (Rn 1300). Denn er hatte die Absicht, mit seiner neuen GmbH – die ja ebenfalls seinen Namen trug – weiterhin im Baugewerbe tätig zu sein, und war deshalb daran interessiert, dass dem Namen Maurer nicht der Ruf schlechter Zahlungsmoral anhaftete. Zwar ist das eigene wirtschaftliche Interesse des Erklärenden weder eine notwendige noch eine hinreichende Voraussetzung für die Annahme eines Schuldbeitritts. Aber es ist ein wichtiges Indiz, das den Ausschlag geben kann, wenn nicht zugunsten der Bürgschaft stärkere Anzeichen sprechen.

Im Ergebnis sind Maurers Worte deshalb als Antrag zum *Schuldbeitritt* zu verstehen. Da Leybold diesen Antrag stillschweigend angenommen hat, ist es zu einem entsprechenden Vertragsschluss gekommen. Einer *Form* bedarf der Schuldbeitritt nicht (Rn 1291). Manfred Maurer muss deshalb als Gesamtschuldner (§ 421) die ganze Summe zahlen. Theoretisch könnte er bei der GmbH vollen Rückgriff nehmen (§ 426), weil es sich im Innenverhältnis zwischen den Schuldnern um eine reine GmbH-Schuld handelte. Doch ist die GmbH zahlungsunfähig, so dass Maurers Ausgleichsanspruch faktisch nicht durchsetzbar ist.

Lerneinheit 53

1287 **Literatur:** *Mertins*, Verbraucherschutz bei Bürgschaft, Schuldbeitritt und Schuldmitübernahme, NJ 2012, 397; *Heeg*, Mithaftung des geschäftsführenden GmbH-Gesellschafters für Investitionszuschüsse, DB 2008, 391; *Schmitz*, Schuldbeitritt und Konzernprivileg, DB 2006, 2656; *Harke*, Schuldbeitritt und Form, ZBB 2004, 147; *Grigoleit/Herresthal*, Der Schuldbeitritt, Jura 2002, 825

I. Hintergrund

1288 Aus § 427 ergibt sich, dass sich mehrere Personen vertraglich zu einer einzigen Leistung verpflichten können und dass sie dann als Gesamtschuldner haften. Wenn eine solche gemeinschaftliche Verpflichtung *gleichzeitig* möglich ist, dann muss sie auch *nacheinander* möglich sein. Dieser Fall ist zwar im Gesetz nicht geregelt. Aber es muss zulässig sein, dass jemand nachträglich einem Schuldverhältnis auf der Schuldnerseite in der Weise beitritt, dass er *neben* dem ersten Schuldner mit allen Pflichten weiterer Schuldner wird. Denn der Unterschied zu § 427 liegt nur darin, dass die beiden Verpflichtungen nicht gleichzeitig, sondern nacheinander übernommen werden.

Der insgesamt unproblematische Schuldbeitritt macht in einem Punkt Schwierigkeiten: Er hat unverkennbare Ähnlichkeit mit der Bürgschaft (§ 765). Und da sich Laien oft nicht eindeutig ausdrücken, ist manchmal schwer zu entscheiden, ob ein Schuldbeitritt gewollt ist oder eine Bürgschaft (Rn 1299 ff). Diese Unterscheidung ist aber sehr wichtig, insbesondere weil die Bürgschaftserklärung der Schriftform bedarf (§ 766) und anderenfalls nichtig ist (§ 125), während der Schuldbeitritt immer formlos wirksam ist. Es liegt deshalb verführerisch nahe, eine formnichtige Bürgschaft einfach in einen wirksamen Schuldbeitritt umzudeuten und damit die Formvorschrift des § 766 zu umgehen. Aber das wäre unzulässig.

1289 *Zur Terminologie:* Statt Schuldbeitritt sagt man auch – weniger klar – Schuldmitübernahme oder kumulative Schuldübernahme („häufende" Schuldübernahme, von lateinisch cumulus = der Haufen). Die Schuldübernahme nach den §§ 414, 415 nennt man entsprechend auch „befreiende" Schuldübernahme. Diese Ausdrücke führen aber leicht zu Verwechslungen. Man sollte deshalb einerseits nur den gesetzlichen Ausdruck „Schuldübernahme" (§§ 414, 415) und andererseits den unterscheidungskräftigen Ausdruck „Schuldbeitritt" verwenden. Der Ausdruck „kumulativer Schuldbeitritt"[80] ist aber in jedem Fall falsch, nämlich eine Tautologie, und den „anfänglichen Schuldbeitritt"[81] gibt es auch nicht, denn das wäre der Fall des § 427.

II. Grundsätzliches

1290 *Definition:* Schuldbeitritt ist ein Vertrag zwischen einem Dritten (dem Beitretenden) und dem Gläubiger oder zwischen einem Dritten und dem Schuldner, in dem sich der Dritte verpflichtet, mit allen Pflichten *als weiterer Schuldner* neben den schon vorhandenen Schuldner zu treten. Der Schuldbeitritt ist im Gesetz nicht geregelt, aber zulässig. Er begründet, wenn nichts anderes vereinbart ist (Rn 1297), gemäß § 421 eine gesamtschuldnerische Verpflichtung des bisherigen Alleinschuldners und des Beitretenden.

1291 *Form:* Der Schuldbeitritt bedarf (mangels einer entsprechenden gesetzlichen Vorschrift) keiner Form. Ist jedoch das Rechtsgeschäft formbedürftig, zu dem der Beitritt erfolgen soll (zB § 311b Abs. 1 S. 1), ist dessen Form idR auch beim Beitritt einzuhalten. Das gilt jedoch nur, wenn die Formvorschrift vor Übereilung schützen soll, nicht dann, wenn sie nur klaren Beweisverhältnissen dient.[82]

1292 *Rechtsnatur:* Der Schuldbeitritt ist ein Verpflichtungsgeschäft,[83] keine Verfügung.[84] Denn er ändert nicht die bestehende Forderung, sondern begründet nur die zusätzliche Verpflichtung des Beitretenden, seinerseits die Leistung zu erbringen.

III. Entstehung des Schuldbeitritts

1. Entstehung kraft Gesetzes

1293 Obwohl das Gesetz den Schuldbeitritt nicht geregelt hat, ordnet es ihn gelegentlich an, insbesondere im HGB. So führt die Übernahme und Fortführung eines Unternehmens

80 BGH NJW 1993, 1914.
81 BGH aaO.
82 Deshalb ist der Beitritt zu einem abstrakten Schuldanerkenntnis (§ 781) nicht formbedürftig (BGHZ 121, 1; str).
83 BGB-AT Rn 318.
84 BGB-AT Rn 324.

unter der alten Firma[85] nach § 25 Abs. 1 S. 1 HGB dazu, dass der Übernehmer neben dem früheren Inhaber für die Altverbindlichkeiten gesamtschuldnerisch haftet (Schuldbeitritt kraft Gesetzes). Ähnliche Regelungen finden sich in den §§ 28 Abs. 1 und 130 HGB.

2. Entstehung durch Vertrag

a) Vertrag zwischen dem Beitretenden und dem Gläubiger

1294 Der Schuldbeitritt kann zwischen dem Beitretenden und dem Gläubiger vereinbart werden (diese Personenkonstellation ähnelt der des § 414). Der erste Schuldner braucht dann nicht gefragt zu werden, da seine Rechtsstellung nicht beeinträchtigt wird. In diesem Fall hat der Schuldbeitritt auch Ähnlichkeit mit der gemeinsamen vertraglichen Verpflichtung nach § 427: Der Unterschied besteht nur darin, dass sich die Schuldner nach § 427 *gleichzeitig* verpflichten, während sie das beim Schuldbeitritt nacheinander tun.

Es ist gleichgültig, zu welchem Schuldverhältnis der Beitritt erfolgt. *Beispiel 1:* Bekanntlich verlangen Kreditinstitute von einem Angehörigen ihres Darlehensnehmers häufig eine Bürgschaft, aber manchmal auch einen – der Bürgschaft im Ergebnis ähnlichen – Schuldbeitritt. *Beispiel 2:* X betreibt ein Architekturbüro, seine Frau ein Bauträgerunternehmen. Frau X schuldete der V-GmbH eine Provision. Als diese Verpflichtung später schriftlich festgelegt wurde, unterschrieb Herr X als weiterer Schuldner.[86] *Beispiel 3:* W hatte schriftlich anerkannt, K 182 000 Euro zu schulden (§ 781). Später trat B diesem Schuldanerkenntnis bei, indem er K gegenüber erklärte: „Ich erkenne die von W geschlossene Vereinbarung mit Wirkung für und gegen mich an und hafte für die Einhaltung persönlich."[87] Ein weiteres Beispiel für einen Schuldbeitritt ist Fall 53, Rn 1285.

Vereinfachter Vertragsschluss: Wenn der Beitrittswillige gegenüber dem Gläubiger erklärt, er sei zum Schuldbeitritt bereit (Antrag), bedarf die Annahme durch den Gläubiger „nach der Verkehrssitte" keines Zugangs (§ 151 S. 1).[88] Denn ein Schuldbeitritt bringt dem Gläubiger – im strengen Gegensatz zur Schuldübernahme nach § 415 – nur Vorteile.

b) Vertrag zwischen dem Beitretenden und dem bisherigen Alleinschuldner

1295 Der Schuldbeitritt kann auch zwischen dem Beitretenden und dem bisherigen Alleinschuldner vereinbart werden. *Beispiel:* Der Erwerber X eines Hotelgrundstücks hatte an die früheren Eigentümer eine monatliche Rente von 2 500 Euro zu zahlen. X schloss einen Vertrag mit seiner Ehefrau, in dem diese als weitere Schuldnerin die Verpflichtung zur Zahlung der monatlichen Rente übernahm.[89]

Bei einem zwischen dem Beitretenden und dem bisherigen Alleinschuldner vereinbarten Schuldbeitritt ist die Personenkonstellation ähnlich wie in § 415. Der Schuldbeitritt bedarf aber nicht der Zustimmung des Gläubigers, weil diesem – im strengen Gegen-

85 Die „Firma" ist – anders als in der Umgangssprache – nicht das Unternehmen, sondern sein Name (§ 17 Abs. 1 HGB).
86 BGH NJW 1993, 1914.
87 BGHZ 121, 1.
88 BGH NJW 1997, 1580 und NJW-RR 1994, 280.
89 BGH NJW 1991, 2899.

satz zu § 415 – nichts genommen wird. Im Gegenteil, er bekommt einen zusätzlichen Schuldner, was ihm uU sehr nützlich, aber nie schädlich sein kann. Der zwischen dem alten und dem beitretenden Schuldner vereinbarte Schuldbeitritt ist deshalb ein Vertrag zugunsten des Gläubigers (§ 328, Rn 1083).[90] Falls dieser den zusätzlichen Schuldner nicht akzeptieren will, hat er ein Zurückweisungsrecht nach § 333.[91]

IV. Rechtsfolgen des Schuldbeitritts

1296 *Gesamtschuld:* Durch den Schuldbeitritt werden der bisherige Alleinschuldner und der Beitretende – falls nichts anderes vereinbart ist (Rn 1297) – zu Gesamtschuldnern des Gläubigers (§ 421). Der Gläubiger kann somit nach seiner Wahl den einen oder den anderen ganz oder teilweise in Anspruch nehmen.

Der Umfang der Schuld des Beitretenden bestimmt sich im Augenblick des Beitritts nach der Schuld des bisherigen Alleinschuldners. Beide Verbindlichkeiten sind also zunächst identisch, auch hinsichtlich der Verjährung. *Beispiel 1:* Gegen den Schuldner lag beim Schuldbeitritt ein rechtskräftiges Urteil vor. Die 30-jährige Verjährungsfrist des § 197 Abs. 1 Nr. 3 gilt dann auch zulasten des Beitretenden.[92] Nach dem Beitritt können sich die beiden Verbindlichkeiten unterschiedlich entwickeln (§ 425; dazu Rn 1266), aber auch einheitlich. *Beispiel 2:* Ein Ehemann war der Kaufpreisschuld seiner Frau beigetreten. Da sie nicht zahlte, ging der Gläubiger gegen sie vor und erhielt so einen Anspruch auf Schadensersatz statt der Leistung. Diesen Schadensersatz schuldet auch der Ehemann.[93]

1297 *Ausnahmsweise Teilschuld:* Der Beitretende kann mit dem Gläubiger vereinbaren, dass er nicht als Gesamt- sondern als Teilschuldner der bestehenden Schuld beitritt. *Beispiel:* B trat einer Bauherrengemeinschaft bei, die in der Rechtsform einer Gesellschaft bürgerlichen Rechts betrieben wurde, vereinbarte aber mit deren Darlehensgeber, dass er nur in Höhe eines bestimmten Betrags, also als Teilschuldner (§ 420) zu haften hatte.[94]

V. Abgrenzung von ähnlichen Verträgen

1. Abgrenzung von der Schuldübernahme

1298 Der Schuldbeitritt unterscheidet sich von der Schuldübernahme (§§ 414, 415) dadurch, dass der Beitretende *neben* den bisherigen Alleinschuldner tritt, nicht an dessen Stelle. Während also der Gläubiger im Fall der Schuldübernahme nach wie vor nur *einen* Schuldner hat, hat er durch einen Schuldbeitritt statt eines Schuldners deren zwei. Wenn es im Einzelfall zweifelhaft ist, ob Schuldübernahme oder Schuldbeitritt gewollt war, ist Schuldbeitritt anzunehmen, weil er für den Gläubiger und den Dritten wesentlich günstiger ist.[95]

90 BGH NJW 1991, 2899.
91 Palandt/Grüneberg Vor § 414 Rn 2.
92 BGH NJW 1987, 2864.
93 BGH NJW 1997, 1231.
94 BGH NJW 1997, 1580; Karsten Schmidt NJW 1997, 2201.
95 BGH NJW 1983, 678.

2. Abgrenzung von der Bürgschaft

1299 Schuldbeitritt und Bürgschaft (§ 765) sind einander ähnlich, weil beide dem Gläubiger einen zusätzlichen Anspruch gegen einen Dritten verschaffen. Dieser Dritte ist im Fall der Bürgschaft der Bürge, im Fall des Schuldbeitritts der Beitretende. Es bestehen aber auch wesentliche Unterschiede: Der Bürge verpflichtet sich, für die Erfüllung einer *fremden* Verbindlichkeit einzustehen (§ 765),[96] der Beitretende hingegen übernimmt eine *eigene* Verbindlichkeit. Der Bürge ist nur *Hilfsschuldner*, der nur für den Notfall ein „Einstehen" zusagt (§ 765 Abs. 1). Der Beitretende dagegen schuldet gleichrangig neben dem ursprünglichen Alleinschuldner.

Für die Frage, ob im Einzelfall eine Bürgschaftserklärung vorliegt oder ein Schuldbeitritt, gilt Folgendes:

- Wenn der Erklärende Fachausdrücke wie einerseits „Bürgschaft" oder „Bürge" oder andererseits „gesamtschuldnerisch" oder „Schuldbeitritt" verwendet hat, ist anzunehmen, dass er auch meinte, was er gesagt hat.
- Wenn er sich laienhaft oder missverständlich ausgedrückt hat, ist nach § 133 „der wirkliche Wille zu erforschen". Es ist deshalb zu fragen, ob er erkennbar nur für eine fremde Schuld in einer angelehnten (akzessorischen) Weise haften wollte (dann Bürgschaft) oder ob er eine selbstständige, eigene Schuld begründen wollte (dann Schuldbeitritt).

1300 *Eigenes wirtschaftliches Interesse:* Dass der Erklärende an der Erfüllung der Verbindlichkeit ein eigenes wirtschaftliches oder auch rechtliches Interesse hat, ist weder erforderlich noch ausreichend.[97] Das eigene Interesse kann aber „einen wichtigen Anhaltspunkt für das Vorliegen eines Schuldbeitritts" ergeben.[98] *Beispiel:* Der Gesellschafter-Geschäftsführer einer GmbH hat idR ein eigenes wirtschaftliches Interesse daran, dass die Verbindlichkeiten der GmbH bezahlt werden, insbesondere wenn er unter seinem Namen eine neue GmbH gründen will (Fall 53, Rn 1285). *Für* einen Schuldbeitritt und damit gegen eine Bürgschaft spricht es ferner, wenn feststeht, dass der erste Schuldner zahlungsunfähig ist und deshalb für die Rolle des „Hauptschuldners" im Rahmen einer Bürgschaft nicht mehr ernsthaft in Betracht kommt.

Im Zweifel Bürgschaft: Wenn sich endgültig nicht feststellen lässt, wie sich der Erklärende verpflichten wollte, ist seine Erklärung als *Bürgschaft* zu werten, weil sie die mildere Form der Schuld begründet.[99]

Mögliche Formnichtigkeit ist unerheblich: Bei der Entscheidung zwischen Bürgschaft und Schuldbeitritt darf keinesfalls folgendermaßen argumentiert werden: „Da sich X nur mündlich geäußert hat und eine Bürgschaft deshalb nach § 766 S. 1 formnichtig wäre (§ 125), kann es sich nur um einen Schuldbeitritt handeln." Wenn die Auslegung zu dem Ergebnis führt, dass es sich um eine Bürgschaft handelt, gilt dies Ergebnis auch dann, wenn die „Bürgschaft" formnichtig ist (§§ 766, 125). Das hat dann allerdings zur Folge, dass der Erklärende gar nichts schuldet. Die Berufung auf die Formnichtigkeit ist in diesem Fall (wie grundsätzlich) nicht treuwidrig.[100]

96 SBT Rn 1162.
97 Palandt/Grüneberg Vor § 414 Rn 4.
98 BGH NJW 1981, 47.
99 BGH DB 1987, 1139; OLG Hamm NJW 1988, 3022.
100 OLG Hamm NJW 1993, 2625.

3. Abgrenzung von der Erfüllungsübernahme

1301 Wenn die Vereinbarung zwischen dem Schuldner und dem Dritten getroffen worden ist (Rn 1295), ist oft nicht leicht zu entscheiden, ob ein Schuldbeitritt vorliegt oder nur eine *Erfüllungsübernahme* (§ 329; Rn 1228). Die Antwort muss sich aus den gewählten Formulierungen und aus der Interessenlage ergeben (§§ 133, 157).[101] Im Zweifel ist eine *Erfüllungsübernahme* anzunehmen, weil sie die geringere Verpflichtung begründet.

4. Abgrenzung vom Vertragsbeitritt

1302 Ein Dritter kann einem bestehenden Vertragsverhältnis beitreten, wenn die bisherigen Vertragsparteien damit einverstanden sind. *Beispiel 1:* In das Vertragsverhältnis zwischen L und T tritt D auf Seiten des T ein. Eine gesetzliche Regelung besteht nicht.

Konstruktion: Im obigen Beispiel wird D hinsichtlich *der Pflichten* des T neben diesem Gesamtschuldner des L (§ 421). Insofern liegt ein (wie immer nicht zustimmungsbedürftiger) Schuldbeitritt vor (Rn 1291). Außerdem wird D hinsichtlich *der Rechte* des T gegenüber L dessen Gesamtgläubiger (§ 428; Rn 1311) oder Mitgläubiger (§ 432; Rn 1317). Deshalb bedarf der Vertragsbeitritt der Zustimmung des L.

Beispiel 2: Herr A schloss einen Wohnraummietvertrag zu einer Zeit, als seine Ehefrau über Monate im Ausland war. Er unterschrieb den Mietvertrag deshalb allein. Nach ihrer Rückkehr zog auch Frau A in die Wohnung ein. Zehn Jahre später trennten sich die Eheleute und Herr A zog aus. Frau A erfüllte nun allein alle Pflichten einer Mieterin und nahm die Mieterrechte wahr. Eine Klage des Vermieters auf Übernahme von Schönheitsreparaturen wies das LG Berlin mit der Begründung ab, Frau A sei nicht Mieterin. Das hat der BGH zu Recht korrigiert: Frau A war durch eine mit ihrem Ehemann konkludent abgeschlossene Vereinbarung dem Vertrag als weitere Mieterin beigetreten. Die nötige Zustimmung hat V erteilt, indem er Frau A jahrelang als Mieterin behandelt hat.[102]

§ 54 Gläubigermehrheit

1303 **Fall 54: Fenster** § 420

Richard Vogel ist Inhaber einer Fensterfabrik. Er lieferte an die Fritz Flieder Fensterbau-GmbH eine größere Zahl von Fenstern, die diese in ein Neubauprojekt des Immobilienkaufmanns Schimmelmann einbaute. Die Flieder GmbH trat an Vogel einen Teil der ihr gegen Schimmelmann zustehenden Werklohnforderung ab. Schimmelmann möchte wissen, ob die Flieder GmbH und Vogel seine Gläubiger sind, und wenn ja, welche Art der Gläubigerschaft vorliegt. (Nach BGH NJW 1991, 2629)

---

101 Zur Abgrenzung BGH DB 1975, 2081.

102 NJW 2005, 2620. Da der Ehemann im Vertragsformular unter „Mieter" auch den Namen seiner Ehefrau angegeben hatte, ist die näher liegende Lösung, dass er den Vertrag auch im Namen seiner Frau abgeschlossen hat, entweder mit Vollmacht (§ 164 Abs. 1 S. 1) oder mit Genehmigung (§ 177 Abs. 1). Der BGH ist darauf aber nicht eingegangen.

1304 Schimmelmann hat mit der Flieder GmbH einen Werkvertrag geschlossen (§ 631), der Schimmelmann „zur Entrichtung der vereinbarten Vergütung" verpflichtete (§ 631 Abs. 1). Aufgrund dieses Vertrags war nur die Flieder GmbH Schimmelmanns Gläubigerin, nicht auch Vogel. Aber Vogel ist – durch Abtretung eines Teils der Forderung an ihn – zusätzlich Schimmelmanns Gläubiger geworden (§ 398). Denn eine Teilabtretung ist zulässig (Rn 1150) und auch die Teilabtretung einer noch nicht fälligen (künftigen) Forderung (Rn 1151). Der Schuldner braucht dazu bekanntlich nicht gefragt zu werden.

Durch die Teilabtretung wurde die Forderung aufgespalten in einen Teil, der bei der Flieder GmbH verblieben ist, und einen Teil, der nunmehr Vogel zusteht. Das hat zur Folge, dass Schimmelmann jetzt zwei Gläubiger hat. Zu fragen ist deshalb, ob es sich um Teil-, Gesamt- oder Mitgläubigerschaft handelt.

§ 420 Var.2 setzt voraus, dass „mehrere eine teilbare Leistung zu fordern" haben. Es handelt sich dann um eine Teilgläubigerschaft. Vogel und die Flieder GmbH sind „mehrere". Die Leistung ist die Zahlung des Werklohns durch Schimmelmann. Das ist eine „teilbare" Leistung, weil Geld im Prinzip immer teilbar ist, auch wenn die Rechtsprechung manchmal bewusst eine Unteilbarkeit unterstellt, um zu angemesseneren Ergebnissen zu kommen (Rn 1320). Da die Voraussetzungen des § 420 gegeben sind, ist „im Zweifel ... jeder Gläubiger nur zu einem gleichen Anteile berechtigt" (§ 420). Aber eben nur „im Zweifel". Zu einem gleichen Anteil sind Vogel und die Flieder GmbH nicht berechtigt, vielmehr ergibt sich die Aufteilung aus den zwischen beiden getroffenen Vereinbarungen. Aber wichtig ist nicht, ob Vogel und die Flieder GmbH hier in gleicher Höhe berechtigt sind oder nicht. Entscheidend ist, dass jeder der beiden Gläubiger nur seinen Teil des Ganzen beanspruchen kann (Teilgläubigerschaft) und es sich nicht etwa um Gesamtgläubigerschaft (§ 428; Rn 1311) oder Mitgläubigerschaft handelt (§ 432; Rn 1317).

Lerneinheit 54

1305 **Literatur:** *Armbrüster,* Verteilung nicht ausreichender Versicherungssummen in D&O-Innenhaftungsfällen, VersR 2014, 1 (zur Gläubigermehrheit); *Petersen,* Gläubigermehrheiten, Jura 2014, 483; *Streyl,* Mietermehrheiten, NZM 2011, 377; *Niederstetter/Kreikenbohm,* Abtretung von Forderungen eines Gläubigers an Gesamtgläubiger – Ein Problem (auch) der Immobilienwirtschaft, NZM 2010, 848; *Lemcke,* Haftung aus Verkehrsunfall mit mehreren Beteiligten, r + s 2009, 45; *Amann,* Auf der Suche nach einem interessengerechten und grundbuchtauglichen Gemeinschaftsverhältnis, DNotZ 2008, 324; *Lenkaitis/Messing,* Nichts Neues zum Oder-Konto? ZBB 2007, 364; *Peters,* § 366 BGB bei einer Mehrheit von Gläubigern, JR 2007, 397; *Meier,* Die Gesamtgläubigerschaft – ein unbekanntes, weil überflüssiges Wesen? AcP Bd. 205 (2005), 858.

I. Hintergrund

1306 Nicht nur auf der Schuldnerseite können mehrere Personen stehen (Schuldnermehrheit), auch auf der *Gläubigerseite* kann es mehr als eine Person geben *(Gläubigermehrheit).* Die Verfasser des BGB sahen einen so engen Zusammenhang zwischen der Schuldner- und der Gläubigermehrheit, dass sie beide nebeneinander und durcheinander im selben Abschnitt (§§ 420 bis 432) geregelt haben. Wenn man die §§ 420 ff unter dem Gesichtspunkt der *Gläubiger*mehrheit betrachtet, ergeben sich drei Regelungsbereiche:

1307
- § 420 bestimmt, dass bei mehreren Gläubigern einer teilbaren Leistung „jeder Gläubiger nur zu einem ... Anteile berechtigt" sein soll *(Teilgläubigerschaft;* Rn 1308).

- Die §§ 428 bis 430 befassen sich mit der *Gesamtgläubigerschaft* (Rn 1311). Das Wort „Gesamtgläubiger" wird vom Gesetz selbst verwendet, so dass auch das Wort „Gesamtgläubigerschaft" amtlichen Charakter hat – im Gegensatz zu den Ausdrücken „Teilgläubigerschaft" und „Mitgläubigerschaft".
- § 432 bestimmt, welche Rechte mehrere Gläubiger einer *unteilbaren* Leistung haben, wenn keine Gesamtgläubigerschaft vorliegt. Diesen Fall der Gläubigermehrheit nennt man *„Mitgläubigerschaft"*. Sie ist in der Praxis die weitaus wichtigste Form der Gläubigermehrheit (Rn 1317).

Kombination von Gläubigermehrheit und Schuldnermehrheit: Es kommt auch vor, dass nicht nur auf der Gläubigerseite mehrere beteiligt sind, sondern auch auf der Schuldnerseite. *Beispiel:* A und B hatten gemeinsam die 44 Wohnungen einer von ihnen errichteten Wohnanlage einzeln verkauft. Sie schulden als Gesamtschuldner allen 44 Käufern gemeinsam die Instandsetzung der Garagenanlage. Da hier auf beiden Seiten mehrere Personen stehen, verdoppeln sich die Schwierigkeiten, die schon gegeben sind, wenn nur auf *einer* Seite mehrere beteiligt sind. Für Einzelheiten muss auf die BGH-Entscheidung verwiesen werden.[103]

II. Teilgläubigerschaft

1308 *Definition:* Bei der Teilgläubigerschaft steht eine Leistung mehreren Gläubigern in der Weise zu, dass jeder Gläubiger nur einen Teil der Leistung für sich beanspruchen kann (§ 420 Var. 2). Die Teilgläubigerschaft setzt also immer eine *teilbare* Leistung voraus (§ 420). Jeder Teilgläubiger hat eine eigene, auf einen Teil der Gesamtleistung bezogene Forderung. Wenn man sich unter der geschuldeten Leistung eine Torte vorstellt, kann also kein Gläubiger die ganze Torte, sondern jeder nur sein Tortenstück verlangen. Das Gesetz kennt den Ausdruck „Teilgläubigerschaft" nicht. Sie ist das Gegenstück zur Teilschuld, weshalb das Gesetz beide auch im selben Paragrafen regelt.

Beispiele: Fall 54, Rn 1303.[104] Im Fall 50 (Rn 1231) waren die drei Nachbarn hinsichtlich ihres Lieferanspruchs gegenüber dem Heizölhändler Teilgläubiger.

1309 *Interessenlage:* Die Teilgläubigerschaft ist für den Schuldner aus zwei Gründen nachteilig: Erstens kann er die Leistung nicht auf einmal, sondern muss sie an die verschiedenen Gläubiger in Teilen erbringen, was zusätzlichen Aufwand bedeuten kann (bei Geldschuld Buchungsaufwand und Überweisungskosten, bei Sachschuld Verpackungs-, Porto- oder Transportkosten). Zweitens trägt er das Risiko, die Gesamtleistung falsch aufzuteilen. Denn gleich groß sind die Anteile der Gläubiger nur „im Zweifel" (§ 420). Wenn der Schuldner aber einem der Teilgläubiger zu wenig zukommen lässt, wird er insofern nicht frei.

Wegen dieser Nachteile nimmt die Rechtsprechung möglichst selten Teilgläubigerschaft an. Sie erreicht das dadurch, dass sie in der Regel eine Leistung als *„unteilbar"* ansieht, so dass nicht § 420, sondern entweder § 428 oder § 432 anzuwenden ist. Selbst eine Geldforderung gilt als unteilbar, wenn eine aufgeteilte Überweisung von den Gläubigern nicht erwartet wird und nicht üblich ist (Rn 1320). Deshalb ist die Bedeutung der Teilgläubigerschaft gering.

103 BGH NJW 1994, 443.
104 BGH NJW 1991, 2629.

1310 *Verknüpfung der Forderungen:* Die Rechtsstellung eines Teilgläubigers ist der eines Einzelgläubigers sehr ähnlich: Beide haben gegen ihren Schuldner eine eigene Forderung auf eine bestimmte Leistung, über die sie frei verfügen können. Während aber Forderungen von Einzelgläubigern nichts miteinander zu tun haben, sind bei der Teilgläubigerschaft die Forderungen der Gläubiger in zwei Punkten miteinander verbunden: Nach § 320 Abs. 1 S. 2 kann der Schuldner eines gegenseitigen Vertrags jedem Teilgläubiger die Einrede des nichterfüllten Vertrags entgegenhalten, solange auch nur einer der Teilgläubiger seine Gegenleistung noch nicht erbracht (oder ordnungsgemäß angeboten) hat. Im Tortenbeispiel könnte also der Konditor jedem Kunden sein Tortenstück vorenthalten, bis der letzte Käufer zur Zahlung Zug um Zug bereit ist. Außerdem können Teilgläubiger einen Rücktritt nur gemeinsam erklären (§ 351).

III. Gesamtgläubigerschaft

1. Überblick

a) Definition

1311 Bei der Gesamtgläubigerschaft kann jeder Gläubiger „die ganze Leistung fordern", aber der Schuldner ist „die Leistung nur einmal zu bewirken verpflichtet" (§ 428 S. 1). Der Schuldner erbringt die von ihm geschuldete Leistung also ungeteilt gegenüber einem der Gesamtgläubiger – und kann sich diesen auch noch aussuchen (§ 428 S. 1 aE und S. 2). Es ist dann Sache der Gesamtgläubiger, die Leistung unter sich aufzuteilen (§ 430). Wenn man sich unter der geschuldeten Leistung eine Torte vorstellt, kann also jeder der Gesamtgläubiger – wenn die Lieferung noch aussteht – verlangen, dass der Schuldner ihm die ganze Torte übergibt.

b) Interessenlage

1312 *Gläubiger:* Die Gesamtgläubigerschaft ist für die Gläubiger nachteilig. Da die Leistung in vollem Umfang an *einen* von ihnen bewirkt werden kann, müssen die anderen Gläubiger manchmal befürchten, leer auszugehen. Sie haben natürlich gegen den Empfänger der Leistung einen Anspruch auf gerechte Verteilung (§ 430), müssen aber sehen, wie sie ihn durchsetzen können. Bei einer Geldschuld tragen sie insbesondere das Risiko, dass der Empfänger insolvent wird, bevor er an sie geleistet hat.[105] Eine Gesamtgläubigerschaft bedarf deshalb nach der restriktiven Rechtsprechung des BGH einer gesetzlichen Anordnung (selten) oder einer ausdrücklichen, vom Schuldner und allen Gläubigern getragenen Vereinbarung, die ebenfalls selten ist.[106] Ganz im Gegensatz zu ihrem Gegenstück, der Gesamtschuld (§ 421), ist die Gesamtgläubigerschaft deshalb von geringer praktischer Bedeutung.

Schuldner: Auf der anderen Seite muss man sagen, dass die Gesamtgläubigerschaft für den *Schuldner* recht komfortabel ist: Er braucht die von ihm geschuldete Leistung nicht – wie bei der Teilgläubigerschaft – aufzuteilen und kann sich sogar den Gläubiger aussuchen, an den er leisten will (§ 428 S. 1: „... nach seinem Belieben"). Die Vorteile auf Seiten des Schuldners machen aber die Nachteile auf Seiten der Gläubiger nicht wett. Das führt dazu, dass die Gesamtgläubigerschaft „nur selten vorkommt".[107] Für

105 MüKo/Bydlinksi § 428 Rn 3; Medicus JuS 1980, 697.
106 Staudinger/Looschelders § 428 Rn 17; BGH NJW 1996, 2859.
107 BGH NJW 2010, 2054 Rn 15.

sie spricht keine Vermutung, „sie ist vielmehr angesichts der mit ihr verbundenen Gläubigerrisiken eine Ausnahme".[108]

2. Beispiele

1313 *„Oder-Konto":* Der Hauptfall der Gesamtgläubigerschaft ist in der Praxis das sogenannte Oder-Konto. Bei der Eröffnung eines Girokontos kann vereinbart werden, dass nicht eine Person allein, sondern zwei Personen – meist Ehegatten – verfügungsberechtigt sein sollen. Es muss dann geklärt werden, ob beide Eheleute nur zusammen verfügen dürfen („Und-Konto"; Rn 1321) oder ob jeder für sich allein verfügungsberechtigt sein soll („Oder-Konto"). Ist ein Oder-Konto vereinbart, sind die Eheleute hinsichtlich des Guthabens Gesamtgläubiger.[109] Jeder Ehegatte kann deshalb die Auszahlung des gesamten Guthabens an sich allein verlangen.[110] Er kann aber nicht einseitig die Umwandlung in ein Und-Konto durchsetzen.[111] Wenn Eheleute einen *Bausparvertrag* abschließen, ist ebenfalls von einem Oder-Konto auszugehen.[112] Auch für ein *Wertpapierdepot* kann vereinbart werden, dass zwei Personen – wiederum meist Ehegatten – einzelverfügungsberechtigt sein sollen („Oder-Depot"). Das sagt aber nichts darüber aus, wem von beiden die Wertpapiere gehören.[113]

1314 *Wohnrecht:* Auch hinsichtlich eines Wohnrechts können mehrere Berechtigte Gesamtgläubiger sein. *Beispiel:* Die Eheleute E übertrugen ihr Haus auf ihren Sohn, ließen sich aber von ihm „als Gesamtberechtigte im Sinne von § 428 BGB" ein lebenslanges Wohnrecht einräumen.[114] Jeder Ehegatte konnte dann als Gesamtgläubiger allein die Nutzung der Wohnung verlangen, musste aber seinem Ehegatten die Mitbenutzung ermöglichen (§ 430). Sein Wohnrecht wurde durch den Auszug seines Ehegatten nicht berührt,[115] auch nicht durch dessen Tod.[116]

3. Rechtliche Regelung

1315 *Verknüpfung der Forderungen:* Die Forderungen der Gläubiger werden miteinander enger verknüpft als bei der Teilgläubigerschaft. Das Vorbild ist die Gesamtschuld, auf deren Regelung (§§ 422, 423 und 425) auch ausdrücklich verwiesen wird (§ 429 Abs. 3 S. 1). So befreit die Leistung an *einen* der Gesamtgläubiger den Schuldner auch gegenüber den anderen (§§ 429 Abs. 3, 422 Abs. 1 S. 1). Im Übrigen gilt aber der Grundsatz, dass die Forderungen der einzelnen Gesamtgläubiger rechtlich selbstständig sind und deshalb ihre eigenen Wege gehen können (§§ 429 Abs. 3 S. 1, 425).

1316 *Aufteilung im Innenverhältnis:* Der Gesamtgläubiger, der die Leistung empfangen hat, muss sie unter den anderen und sich (also im Innenverhältnis) gerecht aufteilen (§ 430). Wenn sich aus dem Innenverhältnis nichts anderes ergibt, bekommt jeder einen gleich großen Anteil. Wenn allerdings ein Ehegatte während intakter Ehe über ein Oder-Konto verfügt, wird idR kein Ausgleichsanspruch gegeben sein,[117] außer bei

108 BGH NJW 1984, 1356.
109 BGH NJW 2000, 2347.
110 BGH NJW 1991, 420 und NJW 90, 705.
111 BGH NJW-RR 1993, 233.
112 BGH NJW 2009, 2054 Rn 11 ff.
113 BGH NJW 1997, 1434.
114 BGH NJW 1996, 2153; ähnlich NJW 1996, 3006 und 1993, 3326.
115 BGH NJW 1996, 2153.
116 BGH NJW 1996, 3006.
117 BGH NJW 1990, 705.

ungewöhnlich hohen Beträgen.[118] Wenn sich die Gesamtgläubigerschaft auf ein Wohnrecht bezieht (Rn 1314), besteht die Pflicht nach § 430 nur darin, die Mitbenutzung durch den anderen zu dulden.[119]

IV. Mitgläubigerschaft

1. Allgemeines

1317 *Definition:* Im Fall der Mitgläubigerschaft kann jeder Gläubiger „nur die Leistung an alle fordern" und darf „der Schuldner nur an alle gemeinschaftlich leisten" (§ 432 Abs. 1 S. 1). Eine Mitgläubigerschaft ist nach § 432 Abs. 1 S. 1 immer gegeben, wenn es sich um eine *unteilbare* Leistung handelt und keine Gesamtgläubigerschaft vorliegt (§ 432 Abs. 1 S. 1).

Terminologisches: Das Gesetz kennt für diese Form der Gläubigerschaft keinen Ausdruck. Der Ausdruck „Mitgläubigerschaft" hat den Vorteil, sich elegant in die Reihe der Ausdrücke „Teilgläubigerschaft" und „Gesamtgläubigerschaft" einzufügen. Der ebenfalls gebräuchliche Ausdruck „Gläubigergemeinschaft" tut dies nicht. Außerdem kann man zwar zwanglos von einem „Mitgläubiger" reden, aber schlecht von einem „Gläubigergemeinschaftsgläubiger".

1318 *Interessenlage:* Die Mitgläubigerschaft entspricht insgesamt am besten den Interessen sowohl des Schuldners als auch der Gläubiger. *Vorteile für den Schuldner:* Der Schuldner braucht nicht portionsweise an mehrere zu leisten (wie bei der Teilgläubigerschaft), sondern kann seine Leistung auf einmal und ungeteilt erbringen (wie bei der Gesamtgläubigerschaft). *Vorteile für die Gläubiger:* Die Gläubiger brauchen keine Sorge zu haben, dass einer von ihnen heimlich die ganze Leistung in Empfang nimmt und die anderen leer ausgehen lässt (wie bei der Gesamtgläubigerschaft). Jeder von ihnen kann vielmehr sicher sein, dass keine Erfüllung ohne seine Mitwirkung möglich ist.

2. Beispiel

1319 *„Und-Konto":* Ein wichtiger Fall der Mitgläubigerschaft ist das Und-Konto. *Beispiel:* Bei der Eröffnung eines Kontos hat ein Ehepaar mit der Bank vereinbart, dass beide Ehegatten nur gemeinsam verfügungsbefugt sein sollen.[120] Jeder Ehegatte ist dann hinsichtlich des Guthabens Mitgläubiger der Bank.[121] Die Bank kann deshalb befreiend nur an beide Kontoinhaber gemeinsam leisten.

1320 *Schadensersatzansprüche:* Miteigentümern, deren Eigentum beschädigt wurde, steht der Schadensersatzanspruch als Mitgläubigern zu. *Beispiel*: Ein Dreijähriger hatte die Wohnung eines Ehepaares in Brand gesteckt. Der Schadensersatzanspruch nach § 832 stand den Eheleuten als Mitgläubigern zu.[122]

3. Unteilbare Leistungen

1321 § 432 lässt die Mitgläubigerschaft nur zu, wenn „mehrere eine *unteilbare* Leistung zu fordern" haben. *Beispiel 1:* Der Miteigentümer C eines Berliner Mietshauses verlangte

118 OLG Zweibrücken NJW 1991, 1835: 170 000 Euro.
119 BGH NJW 1996, 2153.
120 Wenn jeder allein zu verfügen berechtigt sein soll, spricht man von einem Oder-Konto.
121 BGH NJW 1991, 420.
122 BGH NJW 1992, 1095.

vom Verwalter Auskunft und Rechnungslegung über alle Einnahmen und Ausgaben.[123] Diese Auskunft ist unteilbar, so dass jeder Miteigentümer nur die Auskunft an alle fordern kann und der Verwalter nur alle Miteigentümer gemeinschaftlich zu informieren braucht (§ 432 Abs. 1 S. 1). *Beispiel 2:* Die fünf Miteigentümer eines Münchner Mietshauses hatten beschlossen, alle Wohnungen mit einem Balkon auszustatten. Die Mieter waren nach § 555d Abs. 1 verpflichtet, diese Modernisierungsmaßnahme zu dulden, aber Mieter Y sträubte sich und verweigerte den Handwerkern den Zugang zu seiner Wohnung. Als er von den Miteigentümern L und D auf Duldung der Maßnahme verklagt wurde, wandte er ein, diese seien dazu nicht legitimiert. Das war aber nicht richtig. Denn in diesem Fall hatten „mehrere eine unteilbare Leistung zu fordern", nämlich alle Eigentümer die Duldung der Baumaßnahme. Folglich konnte „jeder Gläubiger nur die Leistung an alle fordern" (§ 432 Abs. 1 S. 1). Aber genau diese „Leistung an alle" forderten die Miteigentümer L und D. Es reichte deshalb aus, dass Y nur von diesen beiden Miteigentümern verklagt wurde.[124]

4. „Rechtliche Unteilbarkeit"

1322 Da die Mitgläubigerschaft den Interessen der Beteiligten am besten gerecht wird, haben sich Rechtsprechung und Lehre zu Recht vom Wortlaut des § 432 frei gemacht, der eigentlich zwingend eine *unteilbare* Leistung verlangt. Auf diese Weise können sogar Gläubiger einer *Geldforderung* Mitgläubiger sein.[125] Der BGH räumt zwar ein, dass eine Zahlung eine „im natürlichen Sinn teilbare Leistung" ist,[126] nimmt aber meist eine „rechtliche Unteilbarkeit" an, zB wenn der Geldbetrag einem „gemeinschaftlichen Verwendungszweck" dient.[127] Als unteilbar gilt eine Summe schon dann, wenn ihre Aufteilung für den Schuldner unbequem wäre und die Gläubiger keine getrennten Zahlungen erwarten. Die Mitgläubigerschaft ist deshalb in der Praxis die häufigste Form der Gläubigermehrheit.

Beispiel 1: Ein Dreijähriger hatte die Wohnung eines Ehepaares in Brand gesteckt. Der Schadensersatzanspruch nach § 832 stand den Eheleuten als Mitgläubigern zu.[128] *Beispiel 2:* A und B ließen sich beim Verkauf ihres Unternehmens von Rechtsanwalt R beraten, der einen Fehler machte. Die Schadensersatzforderung stand A und B als Mitgläubigern zu. Es war deshalb rechtsfehlerhaft, dass das OLG die Schadenssumme beiden je zur Hälfte zugesprochen hat.[129]

5. Regelung

1323 *Leistung an alle:* Der Schuldner wird nur frei, wenn er an alle Mitgläubiger gemeinsam leistet (nicht nur an einen oder einige). Wenn die Leistung an alle für den Schuldner unzumutbare Schwierigkeiten macht, kann er die Sache – soweit sie sich dafür eignet – auch für alle hinterlegen (§§ 372 ff). Das kann auch von vornherein jeder Mitgläubiger vom Schuldner verlangen (§ 432 Abs. 1 S. 2).

123 BGH NJW 1996, 656.
124 BGH NJW 2012, 63 Rn 18.
125 BGH NJW 1997, 2233.
126 BGH NJW 1992, 2817.
127 BGH NJW 1997, 2233 mwN.
128 BGH NJW 1992, 1095 mwN.
129 BGH NJW 2015, 3447 Rn 37.

1324

Verknüpfung der Forderungen: Im Grundsatz wird jede Forderung eines Mitgläubigers als rechtlich selbstständig behandelt (§ 432 Abs. 2). So beeinflusst die von einem Mitgläubiger ausgesprochene Kündigung oder die von ihm veranlasste Hemmung der Verjährung durch Klageerhebung (§ 204 Abs. 1 Nr. 1) nur *seine* Forderung, ist also für die Forderungen der anderen Mitgläubiger ohne Wirkung. *Beispiel 1:* Die Eheleute E waren als Miteigentümer eines Bungalows Mitgläubiger eines Anspruchs aus Mängeln des Flachdachs. Es musste deshalb jeder für sich die Hemmung der Verjährung herbeiführen, wobei allerdings der eine den anderen vertreten konnte.[130] *Beispiel 2:* Von mehreren Gläubigern einer Schadensersatzforderung traf nur einen eine Mitschuld an der Entstehung des Schadens (§ 254 Abs. 1). Nach § 432 Abs. 2 wurde deshalb nur der auf diesen Gläubiger entfallende Teil des Anspruchs gekürzt.[131]

130 BGH NJW 1985, 1826.
131 BGH NJW 1992, 1095.

Sachregister

Die Zahlen verweisen auf die Randnummern.